DZIECKO

DZIECKO

BENJAMIN SPOCK

uaktualnił i rozszerzył
ROBERT NEEDLMAN

DZIECKO

PIELĘGNACJA I WYCHOWANIE

Przełożyła
Hanna Burdon

DOM WYDAWNICZY REBIS
POZNAŃ

Tytuł oryginału
Dr Spock's Baby and Child Care, 8th Edition

Redakcja
Elżbieta Bandel

Redakcja merytoryczna
prof. zw. dr hab. n. med. Marian Krawczyński

Konsultacja stomatologiczna
lek. stom. Sylwia Klewin

Opracowanie graficzne i projekt okładki
Jacek Pietrzyński

Fotografia na okładce
Getty Images / Flash Press Media

Ilustracje na stronach: 37, 42, 57, 81, 83, 87, 95, 114, 119, 125, 153, 154, 181, 358, 475 (z lewej strony), 482, 507, 521, 536, 537, 538, 539, 540, 544, 549 (z lewej strony na górze)
Sharon Scotland, na podstawie prac Dorothei Fox, ilustratorki poprzednich wydań

Wydanie I w tej edycji (dodruk)
Poznań 2014

ISBN 978-83-7301-746-7

Dom Wydawniczy REBIS Sp. z o.o.
ul. Żmigrodzka 41/49, 60-171 Poznań
tel. 61-867-47-08, 61-867-81-40; fax 61-867-37-74
e-mail: rebis@rebis.com.pl
www.rebis.com.pl
Fotoskład: *Akapit*, Poznań, tel. 61-879-38-88

Dla Alberta Farvera

SPIS TREŚCI

PODZIĘKOWANIA

Publikacja nowego wydania *Dziecka* nie byłaby możliwa, gdyby nie praca wielu osób. Najważniejszą z nich jest oczywiście sam doktor Spock, którego mądre i życzliwe słowa żyją na kartach tej książki. Wychowały się na niej całe pokolenia. Moja mama miała egzemplarz drugiego wydania, z roku 1958. Ja urodziłem się w roku 1959.

Nigdy nie poznałem Bena Spocka, ale nasze drogi życiowe wielokrotnie się przecięły. Obaj studiowaliśmy w Yale, gdzie najpierw ukończyliśmy anglistykę, a następnie podjęliśmy studia medyczne (Ben przeniósł się później na wydział medyczny Uniwersytetu Columbia). Po skończeniu medycyny i odbyciu stażu z pediatrii szkoliłem się w zakresie pediatrii rozwojowo--behawioralnej na Uniwersytecie Bostońskim, gdzie jednym z moich nauczycieli był doktor Steven Parker. Wiele lat później Steve został współautorem siódmego wydania *Dziecka*. Kiedy podjąłem pracę na Uniwersytecie Case Western Reserve w Cleveland, nie zdawałem sobie sprawy, że będę pracował na tym samym wydziale co Ben, w tej samej klinice, z niektórymi z jego kolegów. Wśród rezydentów, których miałem przyjemność uczyć, była nadzwyczaj utalentowana młoda lekarka o nazwisku Laura Jana. Okazało się, że Laura przyjaźniła się z Benem Spockiem i jego żoną, Mary Morgan. Po śmierci Be-na Laura i Mary – wraz z siostrą bliźniaczką Laury – wpadły na pomysł, aby dzieło doktora Spocka przełożyć na język Internetu. Dwa lata po opuszczeniu uniwersytetu Laura namówiła mnie, żebym pomógł im urzeczywistnić to marzenie.

Przez wszystkie te zbiegi okoliczności trudno się oprzeć wrażeniu, że praca nad *Dzieckiem* była mi przeznaczona. Oczywiście nie wszystko jednak zawdzięczam przeznaczeniu (choć może należałoby mówić raczej o szczęściu). Nigdy nie podjąłbym się tego zadania, nie wspominając nawet o jego ukończeniu, gdyby nie wiara i ciężka praca wielu osób. Chciałbym podziękować Barry'emu Zuckermanowi za to, że namówił mnie na zajęcie się pediatrią rozwojowo-behawioralną – „tylko przez jeden rok" – a potem przez wiele lat był dla mnie wspaniałym mentorem. Na podziękowania zasłużyli również: Steve Parker, Debbie Frank, Margot Kaplan-Sanoff, Howard Bauchner, Perri Klass, Kathleen Fitzgerald-Rice, Kathleen MacLean, Jean Nigro, Joel Alpert, Karen Olness, John Kennell, Howard Hall, Denny Drotar, a także wielu innych nauczycieli i kolegów z Uniwersytetu Bostońskiego i Uniwersytetu Case, którzy byli dla mnie źródłem inspiracji. Moim pacjentom chciałbym wyrazić wdzięczność za to, że mogłem się nimi zajmować i uczyć się od nich.

Dziękuję też moim kolegom-lekarzom pracującym w Dr. Spock Company. Laura Jana, K. Lynn Cates i Marjorie Greenfield zaraziły mnie pasją wychowywania dzieci, David Markus i Mona Behan znakomicie spisali się w roli redaktorów, a wiele innych osób również zaangażowało się w to przedsięwzięcie całym sercem. Mary Morgan, żonie i wieloletniej współpracowniczce Bena Spocka, winien jestem szczególne słowa uznania: to dzięki twojemu niewzruszonemu zaufaniu uwierzyłem, że jestem w stanie sprostać wyzwaniu, jakim jest przekazywanie przesłania i wizji Bena.

Ogromny wkład w ósme wydanie *Dziecka* mieli liczni eksperci. Tina Anderson-Schulin i Marjorie Greenfield podzieliły się ze mną wiedzą na temat karmienia piersią, a Marjorie również na wszelkie tematy związane z ciążą i porodem; Nathan Blum na temat treningu czystości; Laura Cummings na temat leków; Abdulla Gori i Andrea Mann na ogólne tematy w zakresie pediatrii; Laura Harkness, Amy Lanou i Neal Barnard na temat odżywiania; Mary Lou Kumar na temat szczepień; James Kozik na temat opieki stomatologicznej; Bob Sege na temat rozwoju dziecka, zwłaszcza w wieku szkolnym i w okresie dojrzewania; John Kennell na temat tworzenia się więzi z dzieckiem; Sari Feldman na temat czytania na głos; James Quilty na temat rozwoju emocjonalnego; Gloria Needlman na temat rozwoju i edukacji dziecka; wreszcie Martha Wright na temat bezpieczeństwa i pierwszej pomocy w nagłych wypadkach. Martin Stein, wieloletni przyjaciel Bena, który współpracował z nim przy siódmym wydaniu książki, z uwagą przestudiował wiele rozdziałów rękopisu. Dziękuję ci, Marty, zarówno za krytykę, jak i za nieustające wsparcie. Choć wymienione wyżej osoby w istotny sposób przyczyniły się do powstania tej książki, biorę na siebie całkowitą odpowiedzialność za jej ostateczny kształt. Dziękuję też Robertowi Lescherowi, wieloletniemu agentowi Bena, a teraz również mojemu; oraz Micki Nuding i Maggie Crawford, redaktorkom w wydawnictwie Simon and Schuster, za to, że zwracając uwagę na najdrobniejsze szczegóły, nie straciły z oczu tego, co najważniejsze.

Dziękuję moim rodzicom, Allenowi i Glorii Needlmanom, którzy dali mi życie i solidne zasady. Carol Farver, moja ukochana żono: dziękuję, że znosisz moje fatalne nawyki, śmiejesz się z moich dowcipów i każdego dnia dajesz mi natchnienie do dalszej pracy. Grace, moja córko: nieustannie dajesz mi nadzieję na przyszłość i mnóstwo radości na co dzień.

PRZEDMOWA

O ósmym wydaniu książki doktora Spocka
Dziecko. Pielęgnacja, opieka i wychowanie

Od pierwszego wydania książki *Dziecko. Pielęgnacja, opieka i wychowanie* w roku 1945 wiele pokoleń rodziców wychowało swoje dzieci, korzystając z jej rozsądnych, popartych głęboką wiedzą zaleceń. Książka przemawiała do rodziców głosem doktora Benjamina Spocka: ciepłym, bezpośrednim i podnoszącym na duchu. Czytelnik miał wrażenie, że doktor Spock jest tuż obok niego i osobiście udziela mu rad. Ten sam głos pobrzmiewa we wszystkich siedmiu wydaniach *Dziecka*.

W wydaniu ósmym – pierwszym od śmierci doktora Spocka w roku 1998 – głos ten ma zabrzmieć ponownie. Oznacza to między innymi, że potrzebne są inne słowa. Doktor Spock wiedział doskonale, że życie polega na zmianach. Siedmiolatek jest innym dzieckiem niż siedmiomiesięczne niemowlę, którym był, i siedemnastolatek, którym się stanie. Przez wszystkie te lata *Dziecko* nieustannie ewoluowało w odpowiedzi na nowe problemy, przed którymi stawali rodzice, a także na postępy w medycynie. Jednocześnie zaś książka, jak dorastające dziecko, zachowała swoją indywidualną tożsamość.

Wprowadziłem dwa rodzaje zmian. Przede wszystkim, idąc za przykładem doktora Spocka, uaktualniłem wszystkie rozdziały, tak aby odzwierciedlały najnowszy stan wiedzy na dany temat. Podobnie jak doktor Spock, zwróciłem się do licznego grona ekspertów z prośbą o krytyczne uwagi i sugestie. Postanowiłem również omówić kilka nowych problemów, z którymi boryka się wielu dzisiejszych rodziców, jak korzyści i zagrożenia związane ze szczepieniami czy też lęk dzieci przed terroryzmem.

Zmieniłem również układ i styl książki. Rozdziały omawiające zagadnienia charakterystyczne dla danego wieku zostały oddzielone od tych, które koncentrują się na kwestiach obejmujących całe dzieciństwo, jak odżywianie czy dyscyplina. Fragmenty, w których doktor Spock opisuje własne doświadczenia, przedstawiłem ze swojego punktu widzenia bądź też umieściłem w ramce zatytułowanej „Klasyczny Spock". „Ja" w pozostałej części książki to nie doktor Spock, ale jego pełen szacunku młodszy kolega.

Doktor Spock wynalazł podręczniki dla rodziców w ich obecnym kształcie. Był zarówno niezrównanym pediatrą, jak i świetnym pisarzem. Nie wyobrażam sobie, że mógłbym jego dzieło ulepszyć. Mogę jednak – i mam nadzieję, że udało mi się to osiągnąć – rzucić nowe światło na cenny klejnot. Chciałbym, żeby kolejnemu pokoleniu rodziców książka ta dostarczyła odpowiedzi na dręczące pytania i dodała otuchy, kiedy wyruszą, by przeżyć najważniejszą i najbardziej ekscytującą życiową przygodę.

ZAUFAJCIE SOBIE I SWOJEMU DZIECKU

ZAUFAJCIE SOBIE

Wiecie więcej, niż wam się wydaje. Spodziewając się pierwszego dziecka, boicie się, że nie dacie sobie rady w nowej roli. Kiedy na świat ma przyjść kolejne, macie już doświadczenie w opiece nad niemowlęciem, ale obawiacie się wyzwań, przed którymi staniecie w przyszłości: pojawienia się w domu kolejnego noworodka, uczenia starszego dziecka samodzielnego korzystania z toalety, pierwszego dnia w przedszkolu.

Być może kiedyś rodzice wiedzieli dokładnie, jak wychowywać dzieci, a w każdym razie tak im się wydawało. My nie dysponujemy jednym zestawem jasno wytyczonych reguł, którymi należy się kierować. Mamy więcej możliwości, ale musimy też podejmować dużo więcej decyzji. Czy karmienie piersią rzeczywiście jest konieczne? Czy trzeba przytulić niemowlę za k a ż d y m r a z e m, gdy zapłacze, i co się stanie, jeśli się tego nie zrobi? Kiedy mama może wrócić do pracy? Czy dwulatkowi rzeczywiście wyjdzie na dobre oglądanie „edukacyjnych" programów w telewizji? A co ze szczepieniami? Zewsząd dobiegają opinie ekspertów, którzy mówią wam, jak macie postępować. Szkoda tylko, że ich zalecenia często są zupełnie sprzeczne!

Nie bierzcie zbyt poważnie tego, co mówią sąsiedzi. Nie pozwólcie, żeby onie- śmieliły was pouczenia specjalistów. Zaufajcie własnemu zdrowemu rozsądkowi. Nie stresujcie się, zdajcie się na intuicję, opowiedzcie o swoich problemach przyjaciołom, rodzinie, lekarzowi lub pielęgniarce środowiskowej, a okaże się, że opieka nad dzieckiem wcale nie jest taka skomplikowana. Nie ulega wątpliwości, że instynktowne okazywanie dziecku miłości i czułości jest sto razy ważniejsze od precyzyjnego zawijania pieluchy albo właściwej kolejności wprowadzania stałych pokarmów. Za każdym razem, gdy przytulacie swoje maleństwo (nawet jeśli początkowo robicie to nieco niezgrabnie), za każdym razem, gdy je przewijacie, kąpiecie, karmicie, uśmiechacie się do niego – dajecie mu poczucie, że ono należy do was, a wy do niego.

Im dłużej naukowcy badają różne metody wychowawcze, tym bardziej przekonują się, że najlepsze dla dziecka jest zazwyczaj to, co dobrzy rodzice robią instynktownie. Wszyscy rodzice spisują się najlepiej, jeśli cechuje ich naturalna, niewymuszona pewność siebie. Lepiej jest podejść do opieki nad dzieckiem na luzie i popełnić parę błędów, niż zbyt usilnie starać się zostać ideałem mamy czy taty.

Dzieci uczą się od nas nie tylko wtedy, gdy postępujemy właściwie, ale również wtedy, gdy robimy coś źle. Nie reagując natychmiast, gdy niemowlę zaczyna płakać, dajecie mu szansę nauczenia się, jak uspokoić się samodzielnie. Jeśli w starciu z dwulatkiem mamę poniosły nerwy (co może się zdarzyć każdemu), pokazała mu, że ona również ma uczucia; opanowując się po chwili, dowiodła, że można nad nimi zapanować. Dzieci mają silną wewnętrzną potrzebę rozwijania się, poznawania, uczenia się i budowania związków z ludźmi. Dobre wychowanie polega między innymi na pozwoleniu, aby zaspokajały tę potrzebę. Zaufajcie więc nie tylko sobie, ale także swojemu dziecku.

Jak się nauczyć rodzicielstwa? To nie z książek i wykładów rodzice dowiadują się, jak opiekować się dziećmi i wychowywać je, choć oczywiście mogą w nich znaleźć odpowiedzi na konkretne pytania i wątpliwości. Podstaw nauczyli się w dzieciństwie, od swoich opiekunów. Bawiąc się w dom i zajmując lalkami, ćwiczyli te umiejętności. Dziecko wychowywane na luzie będzie wychowywać swoje dzieci podobnie. Po dziecku surowych rodziców można się spodziewać, że będzie surowe w stosunku do swoich pociech. Wszyscy przynajmniej częściowo stajemy się tacy jak nasi rodzice, zwłaszcza w sposobie wychowywania dzieci. Każdy łapie się czasem na tym, że przemawia do dziecka słowami i tonem własnego ojca albo matki – jeżeli jeszcze ci się to nie zdarzyło, to na pewno się zdarzy!

Przypomnijcie sobie, jak wychowywali was rodzice. Które z ich metod postrzegacie jako dobre i konstruktywne z punktu widzenia osoby dorosłej? Być może niektórych metod wychowawczych absolutnie nie chcecie stosować. Narodziny dziecka dają wspaniałą okazję do zastanowienia się nad czynnikami, które sprawiły, że jesteście dziś tacy, jacy jesteście, a także nad tym, jakimi chcecie być rodzicami. Próba odpowiedzi na te pytania pomoże wam zrozumieć swoje naturalne instynkty i zaufać im, a w rezultacie doda wam wiary w siebie.

Opiekując się niemowlęciem, zauważycie, że stopniowo uczycie się rodzicielstwa. Przekonacie się, że potraficie dziecko nakarmić, przewinąć i wykąpać, a nawet wiecie, w jakiej pozycji najlepiej trzymać je po karmieniu, żeby odbiło mu się nagromadzone w brzuszku powietrze. Wasze starania nagradzane są zadowoleniem maleństwa i jego miłością, dzięki czemu przestajecie się czuć niepewni i zagubieni. W ten sposób tworzy się podstawa silnego, pełnego wzajemnej ufności związku z dzieckiem. Nie oczekujcie jednak, że uczucie to pojawi się od razu.

Wywieranie wpływu na dzieci rodzice uważają za naturalne, często zaskakuje ich natomiast fakt, że zachodzi również proces odwrotny: od swoich pociech dowiadują się wiele o sobie i o otaczającym ich świecie. Rodzicielstwo może się stać jednym z najważniejszych etapów waszego własnego dojrzewania i rozwoju.

WYCHOWYWANIE DZIECI W ZMIENIAJĄCYM SIĘ ŚWIECIE

Wszyscy jesteśmy w pewnym sensie imigrantami. Naród amerykański wzbogacają kolejne fale imigrantów. Wielu Amerykanów ma za sobą przeprowadzkę do obcego kraju. Pozostawienie wszystkiego, co znajome – rodziny, języka, kultury, kraju – jest źródłem ogromnego stresu. Niewątpliwie trudno jest wychowywać dzieci w nowym, nieznanym miejscu. Obowiązują w nim zupełnie inne reguły.

Wartości wyznawane od pokoleń nagle wydają się niestosowne. To, co w domu uważane było za skuteczną metodę wychowawczą, tutaj uchodzi za znęcanie się nad dzieckiem! Nic dziwnego, że nowo przybyli imigranci często są niepewni siebie, zaniepokojeni i źli.

Jednak nawet rodzice, którzy urodzili się i wychowali w Stanach Zjednoczonych, borykają się z podobnymi problemami. Wielu z nas już dawno odeszło od tradycyjnych poglądów na świat, które pozwalały zapomnieć o wątpliwościach i podążać jasno wytyczoną ścieżką, kierując się jednoznacznymi drogowskazami moralnymi. Odsunęliśmy się od naszych rodzin pochodzenia i nie polegamy już na doświadczeniach naszych rodziców. Świat zmienia się w takim tempie, że niejednokrotnie zastanawiamy się, czy w ogóle można porównywać nasze własne dzieciństwo z dzieciństwem naszych pociech. Większość dzisiejszych rodziców wyrosła w kulturze, w której oczekiwano, że matka zostanie w domu z niemowlęciem; w której nikt nie miał komputera; w której największe zagrożenie dla Stanów Zjednoczonych stanowiło nie istniejące już mocarstwo. Wszyscy próbujemy zrozumieć nowe, obce miejsce, w którym przyszło nam żyć. Wszyscy jesteśmy w pewnym sensie imigrantami.

Kluczem do sukcesu jest umiejętność przystosowania się. Doświadczenia wielu pokoleń imigrantów uczą, że sukces odnoszą te rodziny, które potrafią żyć zgodnie z najważniejszymi wyznawanymi przez siebie wartościami kulturowymi, jednocześnie angażując się w życie otaczającej je społeczności. Niełatwo jest osiągnąć taką elastyczność, ale alternatywne wyjście jest zazwyczaj dużo gorsze. Całkowite odcięcie się od korzeni etnicznych i kulturowych sprawia, że rodzina zaczyna bezradnie dryfować, pozbawiona jakichkolwiek wartości, które mogłyby jej posłużyć za ster. Próby otoczenia rodziny murem często się kończą runięciem muru pod naciskiem świata zewnętrznego albo ucieczką dzieci na drugą stronę. Sukces odnoszą te dzieci, które uczą się mówić innym językiem w domu, a innym w szkole, a także płynnie przełączać się pomiędzy dwoma odmiennymi zestawami reguł postępowania. Ich rodzice wspierają żyjące w dwóch światach pociechy, pomagając im zaakceptować zarówno tradycje, jak i nowości.

Taką samą postawę mogą przyjąć w s z y-s c y rodzice postawieni przed wyzwaniem, jakim jest wychowywanie dzieci w zmieniającym się społeczeństwie. Przestrzegajcie najważniejszych wartości, ale bądźcie otwarci na zmiany. Musicie zdecydować, na które się zgodzić, a które odrzucić. W książkach takich jak ta znajdziecie informacje o dzieciach i ich potrzebach na różnych etapach rozwoju, ale nie dowiecie się, jak powinniście postąpić. Sami musicie dokonać wyboru, kierując się tym, co uważacie za mądre, ważne i prawdziwe.

DO CZEGO DĄŻYCIE, WYCHOWUJĄC DZIECKO?

Zastanówcie się, jakie cele chcecie osiągnąć. W świecie targanym niepewnością wszyscy zadajemy sobie pytanie: Do jakich celów powinniśmy dążyć, wychowując dzieci? Czy najważniejsze powinny być dla nich dobre wyniki w nauce? A może istotniejsza jest umiejętność pielęgnowania bliskich relacji z ludźmi? Czy powinny wyrosnąć na ambitnych indywidualistów, mających największe szanse na przetrwanie w świecie rządzonym prawami dżungli? Czy też wolelibyśmy, żeby nauczyły się współpracować i niekiedy rezygnować z własnych pragnień dla dobra innych? Na jakich dorosłych powinniśmy wychować dzieci, żeby były szczęśliwymi i wartościowymi członkami społeczeństwa?

Pytania te dotykają istoty wychowania dzieci. Wychowywanie polega bowiem na nieustannym dokonywaniu wyborów. Za-

nim zdecydujecie, co jest dla waszego dziecka najlepsze, poświęćcie chwilę na rozważenie tych trudnych kwestii. Wielu rodziców tak bardzo zaabsorbowanych jest codziennymi kłopotami i zastanawianiem się nad tym, j a k wychowywać, że zapomina o najważniejszym: d l a c z e g o wychowują. Mam nadzieję, że wychowywanie dziecka pomoże wam uświadomić sobie, co jest dla was w życiu najważniejsze, a odpowiedź na to pytanie ułatwi wam podejmowanie rodzicielskich decyzji.

🏛 KLASYCZNY SPOCK

Jesteśmy rozczarowani Przez sześćdziesiąt lat pracy w charakterze pediatry zaobserwowałem w naszym społeczeństwie wiele wspaniałych zmian. Współczesna medycyna potrafi zdziałać cuda, a dzieci nigdy nie były zdrowsze. Nowoczesne technologie zapewniają nam wygody, o jakich jeszcze kilkadziesiąt lat temu nawet najbogatsi mogli co najwyżej pomarzyć. Dużo więcej wiemy o tym, co się dzieje na świecie. Globalna wioska stała się rzeczywistością. A wszystko to jedynie zapowiedź zmian, które przyniesie przyszłość.

Jednocześnie w literaturze, teatrze i filmie zauważam tendencję do umniejszania dobrych i duchowych aspektów ludzkości i do koncentrowania się na jej prymitywniejszej stronie. W życiu społecznym pogarszają się maniery, zanikają wielowiekowe wierzenia religijne. Media schlebiają najgorszym gustom dzieci. Przepaść pomiędzy bogatymi i biednymi, pomiędzy tymi, którym nie brak niczego, i tymi, którzy nie mają nic, coraz bardziej się pogłębia.

W pewnym stopniu straciliśmy wiarę w sens życia i nadzieję, że uda nam się zrozumieć nasz świat i nasze społeczeństwo. Chodzi mi o to, że wychowujecie dzieci w czasach gwałtownych zmian. Wasze cele i aspiracje wychowawcze będą w dużym stopniu pozostawały pod wpływem obowiązujących w naszym świecie ideałów i przekonań. Podstawowe wartości i przekonania – te, które opierają się burzliwym przemianom społecznym – posłużą wam jako kompas, kiedy będziecie szukać drogi. Mam nadzieję, że przynajmniej raz na jakiś czas, pod koniec kolejnego gorączkowego dnia, usiądziecie i zastanowicie się nad tym, dokąd zmierzacie i czy wasze codzienne kontakty z dziećmi odzwierciedlają wasze prawdziwe ideały i marzenia o przyszłości.

RODZICE TEŻ SĄ LUDŹMI

Rodzice mają swoje potrzeby. Książki poświęcone opiece nad dziećmi, wśród których ta nie stanowi wyjątku, tak bardzo koncentrują się na potrzebach dzieci – potrzebie miłości, zrozumienia, cierpliwości, konsekwencji, stanowczości, ochrony, przyjaźni – że rodzice czują się niekiedy wyczerpani fizycznie i psychicznie już samym czytaniem o tym, czego się od nich oczekuje. Wydaje im się, że nie wolno im mieć żadnych potrzeb nie związanych z dziećmi. Nie mogą się też oprzeć wrażeniu, że skoro książki tak intensywnie zabiegają o dobrobyt dziecka, to winą za każde niepowodzenie bez wahania obarczą rodziców.

Sprawiedliwość wymagałaby, żeby poświęcić jednakową liczbę stron problemom rodziców: ich frustracjom (w domu i poza nim), ich zmęczeniu, ich potrzebie, by przynajmniej raz na jakiś czas usłyszeć, że świetnie sobie radzą. Opieka nad dziećmi wymaga niesłychanie ciężkiej pracy: dbania, aby właściwie się odżywiały, wiecznego prania, przewijania i sprzątania, przerywania kłótni i osuszania łez, wysłuchiwania długich i niezrozumiałych opowieści, brania udziału w dziecinnych zabawach i czytania książeczek niezbyt pasjonujących dla dorosłego, włóczenia się po ogrodach zoologicznych i muzeach, pomagania przy odrabianiu lekcji, zatrudniania pełnych entuzjazmu małych pomocników, dzięki którym każda praca w domu czy ogrodzie trwa dwa razy dłużej, chodzenia na wywiadówki wieczorem po męczącym dniu i tak dalej, i tak dalej.

Prawda jest taka, że wychowywanie dzieci to długotrwała, ciężka praca, nie zawsze wynagradzana od razu i często niedoceniana, a rodzice są tylko ludźmi, potrzebującymi opieki niemal tak samo jak ich pociechy.

Oczywiście ludzie nie dlatego mają dzieci, że marzą o statusie męczenników. Decydują się na rodzicielstwo, bo kochają dzieci i chcą mieć własne, zwłaszcza jeśli pamiętają, jak bardzo w dzieciństwie kochali ich rodzice. Opiekowanie się dziećmi, obserwowanie, jak dorastają i stają się wspaniałymi ludźmi, stanowi dla większości rodziców źródło największej w życiu satysfakcji, mimo iż wymaga tak ogromnego wysiłku. Jest to pod każdym względem akt twórczy, przy którym blednie duma z bardziej przyziemnych osiągnięć.

Niepotrzebne poświęcenia i nadmierne zaabsorbowanie dzieckiem. Osoby sumienne, którym urodziło się właśnie dziecko, dochodzą często do wniosku, że powinny poświęcić całą swoją wolność i zrezygnować z wszelkich przyjemności, nie ze względów praktycznych, ale po prostu dla zasady. Niektórzy rodzice wpadają wręcz w obsesję, zapominając, że oprócz opieki nad dzieckiem istnieją również inne rozrywki. Nawet jeśli uda im się czasem wymknąć z domu, poczucie winy przytłacza ich do tego stopnia, że nie są w stanie dobrze się bawić. Zanudzają swoich przyjaciół i siebie nawzajem. Na dłuższą metę zaczyna im ciążyć niewola, o którą mają nieświadomy żal do dziecka.

Dla wielu rodziców całkowite zaabsorbowanie dzieckiem jest jak najbardziej naturalne. Jednak po pewnym czasie (zazwyczaj dwóch–czterech miesiącach) trzeba zacząć wracać do innych zainteresowań. Przede wszystkim zaś trzeba pamiętać o pielęgnowaniu pełnego miłości i bliskości związku z partnerem. Znajdźcie trochę czasu dla męża, żony czy towarzysza życia. Zauważajcie się, uśmiechajcie się do siebie i okazujcie sobie miłość. Postarajcie się o trochę prywatności i energii na seks. Nie zapominajcie, że bliski związek pomiędzy rodzicami jest dla dziecka najlepszym wzorem tworzenia więzi z drugą osobą, lekcją, która przyda mu się w dorosłym życiu. Zatem jedną z najlepszych rzeczy, które możecie zrobić dla swojego dziecka, a także dla siebie, jest pozwolenie, żeby rodzicielstwo nie zniszczyło, ale umocniło wasz związek.

NATURA CZY WYCHOWANIE?

Do jakiego stopnia można wpłynąć na osobowość dziecka? Czytając książki o wychowywaniu dzieci, często można odnieść wrażenie, że to, jakimi będą ludźmi, zależy wyłącznie od postępowania rodziców. Jeśli dobrze się spiszą, ich dziecko będzie grzeczne. Sąsiadka, której synek to chodzący ideał, jest z siebie bardzo dumna. Wasze dziecko później zaczęło mówić albo częściej wpada w złość – to na pewno wasza wina.

To nieprawda. Dzieci rodzą się z określonym temperamentem. Niektóre trudno jest uspokoić, inne są nieco bojaźliwe, zbyt lekkomyślne, nadpobudliwe albo pod jakimś innym względem stanowią wychowawcze wyzwanie. Jeśli dopisze wam szczęście, dziecko będzie miało dobry i dopasowany do waszego charakter. Jeśli macie trochę mniej szczęścia, zwłaszcza zaś w sytuacji, gdy malec ma odmienny od waszego temperament, a jego osobowość odbiega od waszych oczekiwań, będziecie musieli się nauczyć, jak radzić sobie z dzieckiem i pomagać mu we właściwym rozwoju, nie popadając przy tym w obłęd. Tak jak rodzice niemowlęcia cierpiącego na kolkę stopniowo uczą się je uspokajać, tak rodzice dziecka przesadnie ostrożnego będą musieli się dowiedzieć, jak zachęcić je do podejmowania ryzyka (choć naturalnie wszyscy wolelibyśmy, żeby zdobywanie tej wiedzy nie było konieczne).

Nie wystarczą jednak dodatkowe umiejętności. Najpierw musicie zaakceptować dziecko takim, jakie jest. Rodzice mają większy niż ktokolwiek inny wpływ na rozwijającą się osobowość swoich pociech, ale nie oznacza to bynajmniej, że są wszechmocni. Dzieci muszą się czuć akceptowane i muszą b y ć akceptowane. Tylko wtedy mogą współpracować z rodzicami, ucząc się coraz skuteczniej radzić sobie ze swoimi problemami.

Zaakceptujcie swoje dziecko. Zdarza się, że rodzice przed narodzeniem dziecka mają w stosunku do niego określone, choć nie do końca uświadomione oczekiwania. Jeśli dziecko ich nie spełnia, a rodzice nie zdają sobie sprawy z przyczyn swojego rozczarowania, może to prowadzić do konfliktów. Oczywiście osobowości matki i ojca są już w pełni ukształtowane i nie można ich zmienić z dnia na dzień. Rodzice o spokojnym usposobieniu mogą bez problemu wychowywać wrażliwego chłopca, ale nie radzić sobie z synkiem energicznym i stanowczym, którego nie potrafią zrozumieć, niezależnie od tego, jak bardzo go kochają. Inna para może z łatwością i radością opiekować się pełną animuszu córeczką, choć rozczarowałaby ją dziewczynka spokojna i rozważna.

Chociaż rodzice są ludźmi inteligentnymi i doskonale wiedzą, że nie można sobie zamówić dziecka o określonych cechach, nic nie poradzą na to, że – jak wszyscy ludzie – miewają irracjonalne oczekiwania i niekiedy czują się zawiedzeni.

Ponadto dorastając, dzieci mogą nam przypominać, świadomie lub nieświadomie, brata, siostrę, ojca lub matkę, którzy kiedyś uprzykrzali nam życie. Jeśli młodsza siostra mamy w dzieciństwie ciągle jej dokuczała, a córka przypomina ciocię, może to powodować irytację mamy nieświadomej, jaka jest rzeczywista przyczyna jej złości. Ojciec może nadmiernie przejmować się nieśmiałością syna, nie kojarząc tego z faktem, że sam jako dziecko z wielkim trudem przezwyciężał nieśmiałość.

Niektórzy nazywają „dopasowaniem" stopień, do jakiego wasze oczekiwania, cele, nadzieje, marzenia i aspiracje w stosunku do dziecka pokrywają się z jego wrodzonymi uzdolnieniami i temperamentem. Dopasowanie w dużym stopniu decyduje o tym, jak ułożą się wasze stosunki z wychowywanym dzieckiem.

Niedopasowanie może się przyczyniać do powstawania konfliktów w rodzinie. Jeśli na przykład stale jesteście rozczarowani, że wasze dziecko nie jest geniuszem matematycznym albo sportowym, i dużo czasu poświęcacie, próbując uczynić z niego kogoś, kim nie jest (i nie ma szansy zostać), mogę zagwarantować, że wynikną z tego problemy. Jeśli natomiast zaakceptujecie i pokochacie swoje dziecko takim, jakie jest (a nie takim, jakim chcielibyście je widzieć), wasze wspólne życie stanie się dużo łatwiejsze i szczęśliwsze.

Czy można coś zrobić, żeby dziecko było mądrzejsze? Krótka odpowiedź brzmi: Tak… i nie. Naukowcy się zgadzają, że za inteligencję odpowiadają w połowie geny, a w połowie inne czynniki, takie jak dieta, przebyte choroby i inne przeżycia wieku dziecięcego. Mówimy tu o tym rodzaju inteligencji, który mierzy się standardowymi testami IQ (patrz *Nauka i mózg* w części V). Istnieją też inne rodzaje inteligencji: interpersonalna (objawiająca się np. zdolnością zrozumienia drugiego człowieka, umiejętnością słuchania), sportowa, muzyczna. Również one prawie na pewno zależą zarówno od genów, jak i od doświadczeń.

Geny stanowią zaledwie nie uformowany materiał wyjściowy dla mózgu; kształt nadadzą mu dopiero doświadczenia życiowe. Geny sprawiają, że w określonych obszarach mózgu pojawiają się komórki nerwowe, i określają główne połączenia pomiędzy tymi obszarami. Doświadczenie i nauka wpływają na sposób, w jaki poszczególne komórki łączą się ze sobą, tworząc miniaturowe obwody elektryczne odpowiedzialne za myślenie. Na przykład kiedy dziecko uczy się angielskiego, pewne połączenia w obszarze mózgu odpowiedzialnym za mowę wzmacniają się. Jednocześnie połączenia charakterystyczne dla innych języków (np. chińskiego) zanikają nie używane.

Geny wpływają na łatwość i szybkość, z jaką dana osoba potrafi się czegoś nauczyć. W ten sposób mogą zadecydować o uzdolnieniach – mówimy na przykład, że ktoś ma głowę do liczb albo że jest świetny w pracy z ludźmi. Geny wyznaczają też granice tego, co dziecko jest w stanie osiągnąć. Ja na przykład przez cały rok gry w baseball w szkolnej „Małej Lidze" ani razu nie trafiłem w piłkę. (Wielu z moich pacjentów słyszało tę anegdotkę; bawi ich i jednocześnie podnosi na duchu fakt, że aby odnieść w życiu sukces, nie trzeba być dobrym we wszystkim.) Czy gdybym więcej ćwiczył pod okiem dobrego trenera, nauczyłbym się trafiać w piłkę? Być może, ale prawdopodobnie i tak nigdy nie byłbym w tym naprawdę dobry, niezależnie od tego, ile wysiłku włożyłbym w naukę.

Doświadczenia dziecka (np. trening odbijania piłki w przypadku baseballu) wywierają wpływ na połączenia nerwowe mózgu, ale mózg odgrywa dużą rolę w decydowaniu, jakich doświadczeń dziecko szuka, bo sprawiają mu przyjemność. Mądrzy rodzice pomagają dziecku odkryć i pielęgnować wrodzone uzdolnienia. Rozumieją też, że każdy ma pewne ograniczenia, i umieją to uszanować.

Superniemowlaki? Proces uczenia się powoduje fizyczne zmiany w mózgu. Nie oznacza to jednak, że należy niemowlakowi zapewniać nieustanną stymulację i edukację, aż uczynimy z niego „superniemowlaka". Niemowlę uczy się najlepiej, gdy jest szczęśliwe, odprężone, z uwagą przypatruje się otoczeniu i próbuje je aktywnie poznawać, nie zaś wtedy, gdy narzuca mu się informacje w sposób pozbawiony emocji, niepożądany i nienaturalny. W edukacji niemowlaka naprawdę nie ma miejsca na świadectwa.

Dla niemowlęcia najlepsze są te doświadczenia, które sprawiają mu naturalną przyjemność. Nie odniesie żadnego pożytku z obserwacji wydarzeń, których nie jest w stanie pojąć. Stymulacja ma sens, kiedy niemowlę się uśmiecha, śmieje, gaworzy lub uważnie przygląda jasnymi, błyszczącymi oczami. Malutkie dzieci nie rozumieją słów wymawianych przez rodziców, ale liczy się dla nich fakt, że się do nich mówi!

Producenci twierdzą często, iż „badania naukowe dowiodły", że dzięki ich produktom niemowlęta staną się mądrzejsze. Wszystkie takie twierdzenia są co najmniej przesadzone, jeśli nie całkowicie kłamliwe.

MIŁOŚĆ I GRANICE

Wychowywanie szczęśliwego dziecka wymaga w zasadzie opanowania tylko jednej sztuczki: umiejętności budowania związku opartego na miłości, trosce i wzajemnym szacunku. Zastanówcie się przez chwilę nad tym, co oznaczają te trzy pojęcia: miłość, troska i wzajemny szacunek.

Miłość wyraża się przede wszystkim akceptowaniem faktu, że dziecko jest indywidualnością, wspaniałą, ale nie idealną. Jak każdy, ma swoje zalety i wady, swoje uzdolnienia i problemy. Niektóre niemowlęta są ciche i lubią, gdy je przytulać; inne są hałaśliwe i są szczęśliwe, gdy dużo się wokół nich dzieje. Zamiast wtłaczać dziecko w sztywne ramy swoich oczekiwań, kochający rodzice dostosowują te oczekiwania do dziecka.

Miłość to również znalezienie sposobów na dzielenie się szczęściem. Może to oznaczać zabawę w łaskotanie, wspólne oglądanie książeczek, wyjście na spacer do parku albo po prostu rozmowę na różne tematy. Nie musimy poświęcać na to całych dni. Dzieci potrzebują jednak paru spędzonych razem radosnych chwil każdego dnia.

Oczywiście dzieci mają też inne potrzeby. Troska polega na próbie zrozumienia ich i spełnienia. Potrzeby się zmieniają. Noworodek potrzebuje wszystkiego: karmienia, przewijania, kąpania, przytulania, ciepłych słów. W pierwszym roku życia powtarzanie czynności dających niemowlakowi poczucie, że się o niego troszczymy, uczy go podstaw zaufania do ludzi i optymistycznego spojrzenia na cały otaczający świat.

W miarę jak ich możliwości rosną, dzieci potrzebują coraz więcej okazji do samodzielności. Potrzebują wyzwań na tyle trudnych, żeby starając się im sprostać, nauczyły się czegoś nowego, a jednocześnie nie za trudnych, żeby się nie zniechęciły. Dzieci muszą mieć szansę podjęcia ryzyka bez narażania się na niepotrzebne niebezpieczeństwo. Niemowlę nie nauczy się samodzielnie jeść, jeśli nie pozwoli mu się przez pewien czas brudzić. Maluch uczący się zawiązywania sznurówek będzie musiał wielokrotnie próbować i ponosić porażkę, zanim wreszcie mu się uda. Zadaniem rodziców jest wyznaczenie granic, w których podejmowanie ryzyka jest bezpieczne i dozwolone.

Wzajemny szacunek polega na wyznaczaniu granic innego typu. Kiedy dzieci czegoś chcą, to chcą tego koniecznie i natychmiast. Muszą się dowiedzieć, na czym polega różnica między „chcę" a „potrzebuję". Dzieci, które mają poczucie bezpieczeństwa, wiedzą, że zawsze dostają to, czego p o t r z e b u j ą, choć czasem odmawia im się czegoś, czego c h c ą. Rozumieją też, że inni ludzie również mają swoje potrzeby i pragnienia. Uczą się tego, kiedy rodzice traktują je z dobrocią i szacunkiem, wymagając w zamian szacunku, współpracy i grzeczności. Sama miłość nie wystarczy, żeby dobrze wychować dziecko. Dzieci potrzebują zarówno miłości, jak i granic. (W rozdziałach *Czego potrzebują dzieci* i *Dyscyplina* w części III znajdziecie więcej informacji na temat rozwoju emocjonalnego i moralnego dzieci oraz skutecznej dyscypliny.)

RODZINY SĄ RÓŻNE

Nie istnieje jeden właściwy sposób wychowywania dzieci; skuteczne mogą się okazać różne metody. Nie istnieje też jeden ideał rodziny, do którego wszyscy powinniśmy dążyć. Dzieci mogą świetnie dorastać pod opieką mamy i taty, pod opieką tylko mamy albo tylko taty, pod opieką dziadków albo rodziców zastępczych, pod opieką dwóch matek albo dwóch ojców lub wreszcie w „rozszerzonej", wielopokoleniowej rodzinie. (Mam nadzieję, że książka odzwierciedla tę wspaniałą różnorodność, choć dla zwięzłości często używam stereotypowej formułki „mama i tata".)

Rodziny odbiegające od stereotypu często napotykają na swojej drodze dodatkowe przeszkody. Muszą walczyć z uprzedzeniami i trudno im znaleźć społeczność, która je zaakceptuje. Często muszą też świadomie się starać, żeby dzieci poznały różne typy ludzi i zaznały doświadczeń różnego rodzaju. Na przykład rodzice homoseksualni będą musieli się zastanowić, jak umożliwić dzieciom nawiązanie bliskich stosunków z dorosłymi obojga płci. Rodzice dzieci adoptowanych z innych krajów będą chcieli zapewnić im kontakt z kulturą kraju pochodzenia. Rodzice pracujący będą musieli się postarać, aby dzieci wzrastały w przekonaniu, że stanowią część większej społeczności. Dobre wychowanie oznacza jak najlepsze zaspokajanie potrzeb dziecka; odnosi się to do w s z y s t k i c h rodzin bez wyjątku.

Istnieją problemy, które trudniej jest rozwiązać: bieda, choroba psychiczna lub uzależnienie jednego z rodziców, przemoc w społeczności lokalnej i w domu rodzinnym. Inny rodzaj wyzwań to przewlekłe choroby i problemy rozwojowe samych dzieci. Niewielu rodzinom szczęście sprzyja do tego stopnia, że nigdy nie zetknęły się z żadnymi trudnościami. Jednak miłość i odwaga pozwalają większości matek i ojców pokonać te przeszkody. Wychowywane przez nich dzieci często wyrastają na ludzi równie wspaniałych jak ich rodzice. Każdy z nas z osobna i wszyscy razem jako społeczeństwo powinniśmy nie tylko dostrzegać problemy, z jakimi borykają się rodziny, ale też podziwiać ich wytrwałość i siłę, pozwalającą na wychowanie zdrowych i mądrych dzieci.

WSTĘP DO WYDANIA POLSKIEGO

SPOCK – to dziś powszechnie znane w świecie „hasło", kojarzone bezbłędnie z vademecum spopularyzowanej wiedzy o dziecku od urodzenia do pełnej dojrzałości. Oryginał angielski jest już VIII wydaniem tego podręcznika dla rodziców o pielęgnacji i wychowaniu dziecka. Ostatnie polskie wydanie tej książki ukazało się w 2001 roku również nakładem Domu Wydawniczego REBIS.

Tym razem polski przekład oparto na nowym tekście książki, całkowicie przeredagowanym i uaktualnionym przez dr. Roberta Needlmana – ucznia Benjamina Spocka. Było to konieczne z dwóch powodów: znacznego postępu wiedzy w dziedzinie pediatrii oraz śmierci znanego autora w 1998 roku. Dr Robert Needlman przyjął ciekawą koncepcję książki: w znacznej części własny tekst przeplatał wstawkami oryginału swego Mistrza w zagadnieniach, które nadal pozostają aktualne.

To obszerne dzieło to prawdziwa encyklopedia wiedzy o dziecku.

Pierwsza część poświęcona jest zmianom zachodzącym u dzieci w zależności od wieku i fazy rozwojowej dziecka od urodzenia do 18 roku życia.

Na początku książki autor daje wskazówki dotyczące przygotowania i wyposażenia domu na przyjęcie noworodka, a także psychicznie przygotowuje rodziców do zmiany trybu życia z chwilą pojawienia się trzeciego członka rodziny. Następnie informuje o specyfice potrzeb pielęgnacyjnych noworodka, żywieniu i śnie, a także związkach emocjonalnych, kształtujących się między rodzicami (zwłaszcza matką) a dzieckiem.

Omawiane są także najczęstsze, niekiedy niepokojące rodziców, zachowania lub objawy chorobowe niemowlęcia, np. nieutulony płacz, kolka jelitowa, biegunka lub wysypki skórne. Autor informuje o specyfice rozwoju fizycznego dziecka w pierwszym roku życia i pojawiających się umiejętnościach motorycznych, co pozwala rodzicom ocenić prawidłowość rozwoju ruchowego ich dziecka.

Kolejne rozdziały poświęcone są problemom wczesnego dzieciństwa i wieku przedszkolnego: zmianom zachowania, treningu czystości, charakterystycznej ciekawości, pojawiającego się negatywizmu i lęków. Autor zwraca uwagę na przystosowywanie się do otaczającego świata, rozwój samokontroli, a także początek kształtowania postaw etycznych. Czytelnik poznaje także różnice psychospołecznych uwarunkowań problemów i potrzeb dzieci w wieku szkolnym w środowisku amerykańskim.

Część II poświęcona jest jedzeniu i ocenie stanu odżywienia dziecka. Szczególną uwagę zwraca autor na najwyższą wartość karmienia piersią, zarówno z punktu widzenia jakości pokarmu dla niemowlęcia, jak i rodzącej się podczas karmienia więzi emocjonalnej między matką i dzieckiem. W kolejnych rozdziałach znaleźć można dokładne informacje o karmieniu w dalszych miesiącach życia, sposobie odstawiania od piersi i żywieniu sztucznym. Szczególnie cenne dla matek są tu szczegółowe informacje, jak się zachować w konkretnej sytuacji, z którą mogą się zetknąć.

W oddzielnym rozdziale znaleźć można wskazówki dotyczące żywienia w późniejszym okresie życia, w wieku szkolnym, zarówno pod względem jakościowym, jak i ilościowym. Przedstawiane jest również stanowisko autora w sprawie różnego rodzaju diet eliminacyjnych, a także diety wegetariańskiej. Autor nie pomija również trudnych problemów jadłowstrętu psychicznego (anoreksji), szczególnie często występującego u dziewcząt i młodych kobiet.

W części III przedstawione są problemy zdrowia psychicznego i związków emocjonalnych z rodziną. Autor zajmuje się także związkiem między pracą rodziców i zapewnieniem opieki dziecku, dając przykłady optymalnych rozwiązań, także w zależności od typu rodziny. Znajduje tu również wyraz problem adopcji, separacji lub rozwodu, a nawet śmierci w rodzinie. W tej części książki rodzice znaleźć mogą nie tylko profesjonalną informację na różnorodne tematy dotyczące funkcjonowania rodziny, ale także wiele cennych myśli, które błyszczą w tekście swoją wartością i mogą stanowić drogowskaz w codziennym postępowaniu z dzieckiem,

np.: „Ważne jest, żeby dzieci dorastały w rodzinie, której członkowie zawsze liczą się z uczuciami innych" lub: „Grzeczność rodziców w stosunku do siebie nawzajem oraz do dziecka stanowi niezastąpiony wzór do naśladowania". Ile prawdy kryją w sobie te stwierdzenia!

Niezmiernie ważny i cenny dla rodziców jest rozdział poświęcony problematyce okresu dojrzewania: somatycznemu pokwitaniu, a także zmianom w psychice zachodzącym w tym okresie życia. Autor podejmuje też bardzo trudny problem kształtowania się orientacji psychoseksualnej: homoseksualizmu i biseksualizmu, wskazując, jakiej postawy należałoby oczekiwać od rodziców w różnych sprawach dotyczących seksualności ich dzieci.

We współczesnym świecie niebagatelną rolę odgrywają media, m.in. telewizja, film. Ich rola i wpływ na kształtowanie postaw dzieci i młodzieży, łącznie z Internetem, została również omówiona w tej książce.

Stres i urazowość, w tym także krzywdzenie dzieci (przemoc domowa – maltretowanie fizyczne i psychiczne, wykorzystywanie seksualne) – to również problemy, które autor przybliża rodzicom i komentuje.

Kolejna IV część poświęcona jest rozwojowi zachowań i kształtowaniu nawyków i umiejętności fizjologicznych we wczesnym dzieciństwie, jak i postaw w wieku późniejszym. Wiele miejsca poświęca autor dzieciom z zaburzeniami rozwoju, m.in. zespołem Downa, autyzmem, a także dziecku upośledzonemu umysłowo (niepełnosprawnemu intelektualnie). Wskazuje również, gdzie rodzice mogą szukać wsparcia w tego rodzaju sytuacjach.

Część V przedstawia problemy nauczania i środowiska szkolnego od wieku przedszkolnego do planowania studiów. W tym zakresie czytelnik ma możliwość porównania warunków amerykańskich z systemem nauczania w Polsce.

Część VI poświęcona jest zdrowiu i bezpieczeństwu. Wiele miejsca zajmują zagadnienia szczepień ochronnych, urazowość, problematyka zdrowia psychospołecznego (papierosy, alkohol, depresja, ucieczki z domu, kradzieże, próby samobójcze). Szczególną uwagę kieruje autor na profilaktykę tego rodzaju patologii oraz uzależnień. Informuje czytelnika również o rodzaju pierwszej pomocy, jakiej należy udzielić w różnych stanach chorobowych i zagrożeniach życia przed przybyciem fachowej pomocy. Rodzice znaleźć tu mogą także informacje dotyczące higieny jamy ustnej, w tym uzębienia, oraz żywienia w czasie choroby. W końcowej części przedstawione są najczęstsze choroby i problemy zdrowotne wieku rozwojowego.

Książka kończy się słowniczkiem terminów medycznych i najczęściej stosowanych leków, a także grup i instytucji społecznych zajmujących się wybraną problematyką, które mogą służyć pomocą zainteresowanym rodzicom.

Poglądy autora przedstawione w tej książce są wyrazem najnowszego poziomu wiedzy z zakresu rozwoju, zdrowia, pielęgnacji i wychowania dziecka od urodzenia do dojrzałości. Niejednokrotnie podkreśla się szczególne znaczenie postępowania prewencyjnego, które ma zasadnicze znaczenie w opiece nad dzieckiem. Zagrożenia dla dziecka należy przewidywać i wcześnie im zapobiegać. Dr Robert Needlman często podkreśla, że w razie wątpliwości lub pogarszania się stanu ogólnego dziecka, bezwzględnie należy korzystać z porady lekarskiej. Ale nie tylko zdrowie, pielęgnacja i żywienie dziecka we wczesnym dzieciństwie jest przedmiotem zainteresowania autora.

Ostatnie kilkanaście lat to okres istotnych zmian w naszym kraju, który coraz bardziej upodabnia się do wielu krajów zachodnich, zarówno w zakresie budownictwa, handlu, bardziej racjonalnego żywienia i dostępności wszelakiego rodzaju dóbr materialnych. Niestety rozwarstwienie ekonomiczne polskiego społeczeństwa, typowe dla okresu wielkich przemian, nie wszystkim umożliwia pełne korzystanie z tych dóbr. Negatywnym wyrazem takiej sytuacji są również, jakże często eksponowane w mediach, aspołeczne, niekiedy agresywne postawy części współczesnej młodzieży. Przyczyn tego rodzaju postaw szukać należy przede wszystkim w rodzinie, której znaczenia dla kształtującej się osobowości młodego człowieka nie można przecenić.

Wiele miejsca poświęca autor ważnemu okresowi dorastania, znanego jako „ziemia niczyja", bo już często nie domeny pediatrii, a jeszcze nie medycyny dorosłych. Nie można zapominać, że nastolatek też jest ważny, kto wie, czy nie ważniejszy niż dziecko w każdym innym okresie życia. Trudno nie akceptować poglądu autora, że: „Głównym źródłem dobrej dyscypliny i szczęśliwego życia jest dorastanie w kochającej rodzinie, bycie kochanym i uczenie się odwzajemniania miłości". Przecież „dorastanie w szczęśliwej rodzinie to naturalny sposób uczenia się, jak wychowywać dzieci".

Książka ta, zaplanowana jako podręcznik dla rodziców, powinna zainteresować również pielęgniarki i opiekunki pracujące z dziećmi, a także młodych psychologów klinicznych, którzy z pewnością znajdą w niej wiele cennych praktycznych uwag.

Poradnik Spocka, unowocześniony przez jego ucznia dr. Roberta Needlmana, wykorzystujący aktualne poglądy z dziedziny medycyny (pediatrii), psychologii, pedagogiki i socjologii, z pełnym przekonaniem można polecić wszystkim młodym małżonkom przygotowującym się do powiększenia rodziny, a także wszystkim rodzicom już posiadającym dzieci i mającym różne własne doświadczenia wychowawcze. Zachęcam wszystkich, zarówno matki, jak i ojców, do studiowania rozdzia-

łów tej niezmiernie wartościowej książki, dobieranych w zależności od indywidualnych potrzeb. Często mawia się, że „diabeł tkwi w szczegółach". Tych szczegółów, niezmiernie istotnych w codziennym życiu, nie brakuje w tej książce. To jej szczególnie duża, praktyczna wartość i realna pomoc w codziennym życiu rodziny.

Prof. dr hab. med. Marian Krawczyński

Poznań, 5 kwietnia 2006

CZĘŚĆ PIERWSZA

Twoje dziecko rok po roku

ZANIM PRZYJDZIE NA ŚWIAT

DZIECI ROZWIJAJĄ SIĘ; RODZICE RÓWNIEŻ

Rozwój płodu. Czy można nie czuć podziwu na myśl o niezwykłych zmianach, którym podlega zapłodnione jajo, zanim stanie się nowo narodzonym dzieckiem? Kobieta zazwyczaj zdaje sobie sprawę z tego, że jest w ciąży, około pięciu tygodni po ostatniej miesiączce, kiedy płód jest już dosyć złożony. Ma kształt dysku i trzy warstwy komórek: wewnętrzną, z której powstanie większość narządów wewnętrznych, środkową, z której wykształcą się mięśnie i kości, oraz zewnętrzną, która utworzy skórę oraz neurony mózgu i rdzenia kręgowego. Osiem tygodni od poczęcia (czyli około dziesięciu tygodni od ostatniej miesiączki) zaczynają się już formować wszystkie najważniejsze narządy i płód zaczyna wyglądać jak istota ludzka. Na razie ma dopiero pięć centymetrów długości i waży około dziesięciu gramów.

Moment przełomowy następuje po czterech, pięciu miesiącach, mniej więcej w połowie ciąży. Wtedy właśnie po raz pierwszy czujesz ruchy dziecka. Jeśli nie miałaś badania USG, te delikatne kopnięcia i uderzenia mogą być pierwszym namacalnym dowodem, że rzeczywiście nosisz w sobie dziecko – niezapomniane przeżycie!

W trzecim trymestrze, około dwudziestego siódmego tygodnia ciąży, dziecko zaczyna przede wszystkim rosnąć, rosnąć i rosnąć. Jego długość zwiększa się dwukrotnie, a masa ciała trzykrotnie. Jeszcze szybciej rośnie mózg. Jednocześnie pojawiają się nowe zachowania. Około dwudziestego dziewiątego tygodnia dziecko drgnie w odpowiedzi na nagły głośny dźwięk. Jeśli jednak dźwięk powtarza się w odstępach mniej więcej dwudziestosekundowych, maleństwo wkrótce zaczyna go ignorować. Takie zachowanie, nazywane habituacją, stanowi dowód na pojawienie się pamięci.

Nie narodzone dziecko prawdopodobnie zapamięta też powtarzające się przyjemne dźwięki, na przykład twój głos czytający wiersze. Noworodki wolą słuchać głosu mamy niż nie znanego człowieka. Jeśli w trzecim trymestrze w kółko słuchasz tej samej piosenki, może się okazać, że dziecko też ją uwielbia, zarówno przed narodzeniem, jak i potem. Nie ma wątpliwości, że nauka zaczyna się w łonie matki. Nie oznacza to, że powinnaś zaopatrzyć się w fiszki w tym samym czasie co w ubrania ciążowe. Nikt nie udowodnił jak dotąd, że płód rozwija się lepiej, jeśli się go sztucznie stymuluje. Rozwojowi dziecka najbardziej sprzyjają naturalne bodźce – dźwięk twojego głosu, ruch twojego ciała.

Mieszane uczucia podczas ciąży. Istnieje stereotyp idealnej matki, zgodnie z którym każda kobieta z bezbrzeżną radością reaguje na wiadomość, że będzie miała dziecko. Okres ciąży mija jej na przyjemnych rozmyślaniach o niemowlęciu, a kiedy pojawi się ono na świecie, świeżo upieczona mama z łatwością i zadowoleniem wchodzi w nową rolę. Miłość przychodzi momentalnie i wiąże jak supercement.

Jest to poniekąd prawda – czasem w mniejszym, czasem w większym stopniu – ale to tylko jedna strona medalu. Teraz wiemy już to, co mądre kobiety wiedziały zawsze: nie ma nic dziwnego w fakcie, że ciąży, zwłaszcza pierwszej, towarzyszą również negatywne uczucia.

Można powiedzieć, że pierwsza ciąża zapowiada koniec beztroskiej, wolnej od obowiązków młodości. Ubrania, które do tej pory były luźne, stają się obcisłe, a w te obcisłe w ogóle nie można się zmieścić. Miłośniczki sportu stwierdzają, że ich ciało porusza się nieco inaczej niż do tej pory, zjawisko tymczasowe, ale wyraźnie odczuwalne. Kobieta zdaje sobie sprawę, że pojawienie się dziecka będzie oznaczać ograniczenie życia towarzyskiego i rezygnację z wielu rozrywek poza domem. Skurczy się rodzinny budżet, a uwaga partnera (i jej własna) skoncentruje się na czymś zupełnie nowym.

Podczas każdej ciąży uczucia są inne. Kiedy macie już jedno czy dwoje dzieci, zmiany związane z pojawieniem się kolejnego nie wydają się aż tak drastyczne, ale w każdej ciąży nastroje mamy mogą się zbuntować. Przyczyny wzmożonego napięcia mogą być oczywiste: ciąża nie była zaplanowana, jedno z rodziców ma problemy w pracy, ktoś z rodziny jest poważnie chory albo stosunki pomiędzy rodzicami źle się układają. Niekiedy zaś przyczyny są niejasne.

Nawet mamę, która gorąco pragnie kolejnego dziecka, mogą nagle ogarnąć wątpliwości: czy wystarczy jej czasu, energii, nieograniczonych zasobów miłości

---

🏛 KLASYCZNY SPOCK

Nie ma nic bardziej fascynującego niż obserwowanie, jak dziecko rośnie i się rozwija. Początkowo zauważacie przede wszystkim to, że jest coraz większe. Później, w miarę jak niemowlę staje się bardziej aktywne, myślicie: „Nauczyło się kolejnej sztuczki". Tymczasem dzieje się coś o wiele ważniejszego i bardziej skomplikowanego.

Można powiedzieć, że rozwój każdego dziecka stanowi powtórzenie krok po kroku całej historii rodzaju ludzkiego, w sensie fizycznym i duchowym. Najpierw w łonie matki pojawia się pojedyncza komórka, dokładnie tak, jak w oceanie pojawiła się pierwsza żywa istota świata. Parę tygodni później przebywające w ciepłym płynie owodniowym dziecko ma skrzela jak ryby i ogonek jak płazy. Pod koniec pierwszego roku życia, kiedy stawia pierwsze niepewne kroki, przywodzi na myśl naszych przodków sprzed milionów lat, którzy podnieśli się do pozycji wyprostowanej i zaczęli ćwiczyć umiejętne i delikatne posługiwanie się palcami rąk.

potrzebnych, aby zająć się jeszcze jednym maleństwem? Wątpliwości mogą równie dobrze ogarnąć tatę, który czuje się zaniedbywany, gdy jego żonę coraz bardziej pochłania opieka nad dziećmi. W obu przypadkach niepewność jednego z rodziców sprawia, że i drugie zaczyna się czuć zniechęcone. W miarę upływu czasu rodzice mają sobie coraz mniej do zaoferowania, a problem się utrwala.

Nie jest moim celem sugerowanie, że takie reakcje są nieuniknione. Chciałbym tylko zapewnić, że przydarzają się nawet najlepszym rodzicom, że stanowią zazwyczaj część normalnej ciążowej mieszanki uczuć i że w większości przypadków mijają bez śladu. W pewnym sensie może łatwiej uporać się z takimi uczuciami wcześnie, zanim dziecko przyjdzie na świat. Niekiedy rodzice, którzy nie mieli negatywnych odczuć podczas ciąży, muszą im sprostać już po porodzie, kiedy ich rezerwy emocjonalne są wyczerpane opieką nad noworodkiem.

Uczucia ojca podczas ciąży. Mężczyzna może zareagować na ciążę różnymi uczuciami: opiekuńczością w stosunku do żony, większą satysfakcją z małżeństwa, dumą ze swojej płodności (co do której panowie zawsze mają pewne obawy), radością dziecka, które ma się pojawić w jego życiu. Bardzo często mężczyźni zastanawiają się pełni obaw: „Czy będę dobrym ojcem?" Zwłaszcza ci, którzy mieli trudne dzieciństwo.

Gdzieś pod powierzchnią może się też czaić strach przed odrzuceniem, podobnie jak u małych dzieci, które dowiadują się, że mama jest w ciąży. Mężczyzna może go wyrażać na różne sposoby: poirytowaniem w stosunku do żony, znikaniem na całe wieczory z kolegami, flirtowaniem z innymi kobietami. Takie reakcje nie są niczym wyjątkowym, ale nie pomagają

w żaden sposób partnerce, która na tym niezwykłym etapie życia potrzebuje dodatkowego wsparcia. Ojcowie, którzy potrafią rozmawiać o swoich uczuciach, stwierdzają często, że negatywne emocje (obawa, zazdrość) ustępują miejsca pozytywnym (radosnemu podnieceniu, poczuciu więzi z żoną).

Pomoc taty podczas ciąży i porodu. W ostatnich dziesięcioleciach zmieniły się oczekiwania w stosunku do ojców. Dawniej ojcom nie przyszłoby nawet do głowy, że mogliby przeczytać książkę o pielęgnacji dziecka. Dziś bierze się niemal za pewnik, że tata weźmie na siebie część obowiązków związanych z opieką nad dzieckiem (choć w rzeczywistości to kobiety nadal wykonują większość pracy). Ojcowie angażują się też bardziej w okresie poprzedzającym narodziny potomka. Tata może towarzyszyć żonie podczas wizyt u lekarza prowadzącego ciążę i na zajęciach szkoły rodzenia. Może aktywnie uczestniczyć w porodzie i jako pierwszy wziąć maleństwo na ręce. Jeśli mama źle się czuje albo niemowlę wymaga szczególnej opieki, może się okazać, że to właśnie tata zajmuje się nim w pierwszych godzinach życia. Już nie musi być samotnym, stojącym z boku obserwatorem.

Miłość do dziecka może pojawiać się stopniowo. Wielu rodzicom z trudnością przychodzi kochać dziecko, którego nigdy nie dotknęli, mimo iż cieszą się z ciąży i są z niej dumni. Miłość jest nieuchwytna i dla każdego oznacza co innego. W wielu rodzicach zacznie kiełkować uczucie, kiedy zobaczą na ekranie USG bijące serduszko. Inni uwierzą, że w brzuchu mamy rozwija się prawdziwy mały człowieczek, kiedy po raz pierwszy poczują jego ruchy. Jeszcze inni zaczną naprawdę kochać maleństwo dopiero wtedy, kiedy będą się nim zajmować już od pewnego czasu. Nie istnieje norma określająca, kiedy pokochacie swoje dziecko. Nie czujcie się winni, że wasza miłość i przywiązanie do niego nie są tak silne, jak waszym zdaniem powinny być. Miłość może przyjść wcześnie albo późno, ale w 999 przypadkach na 1000 przyjdzie dokładnie wtedy, kiedy będzie potrzebna.

Nawet wtedy, gdy ciąży towarzyszą pozytywne uczucia i rodzice nie mogą się doczekać dziecka, pojawienie się maleństwa – zwłaszcza pierwszego – może się wiązać z rozczarowaniem. Rodzicom się wydaje, że od razu ujrzą w niemowlęciu krew z krwi, kość z kości swojej, że natychmiast ogarną ich macierzyńskie i ojcowskie uczucia, że poczują nierozerwalną więź z maleństwem i wieczną miłość do niego. Jednak w wielu przypadkach nie stanie się to ani pierwszego dnia, ani pierwszego tygodnia. Często pojawiają się zupełnie naturalne negatywne odczucia. Dobrzy, kochający rodzice mogą nagle dojść do wniosku, że decyzja o dziecku była fatal-

nym błędem – i natychmiast przytłacza ich poczucie winy, że taka myśl w ogóle przyszła im do głowy! Proces budowania więzi z dzieckiem rzadko zostaje ukończony, gdy rodzice jeszcze czują fizyczne i emocjonalne skutki pełnego napięcia porodu. Długość tego procesu zależy od danej osoby, nie ma ustalonych norm.

Większości z nas wpojono, że nie należy żywić nadziei co do płci dziecka, moglibyśmy się bowiem rozczarować. Nie traktowałbym tego zbyt poważnie. Trudno jest wyobrazić sobie i pokochać nie narodzone dziecko, nie myśląc o nim jako o chłopcu albo dziewczynce. Jest to jeden z wczesnych etapów budowania więzi z dzieckiem, jeszcze zanim ono przyjdzie na świat. Większość rodziców ma podczas ciąży jakieś preferencje, ale na pewno równie mocno pokochają dziecko płci odmiennej niż oczekiwana. Z radością wyobrażajcie sobie swoje dziecko i nie miejcie poczucia winy, jeśli podczas badania USG lub porodu okaże się, że pomyliliście się co do płci.

OPIEKA PRENATALNA

Postaraj się o dobrą opiekę medyczną podczas ciąży. Ze wszystkich rzeczy, które mogą zrobić rodzice, żeby zapewnić dziecku właściwy rozwój, jedną z najważniejszych są regularne wizyty u lekarza. Kiedy tylko zaczniesz rozważać zajście w ciążę, powinnaś zacząć brać preparat witaminowy z kwasem foliowym, żeby zmniejszyć ryzyko powstania wad wrodzonych cewy nerwowej w pierwszych tygodniach życia płodowego – czyli zanim się zorientujesz, że jesteś w ciąży. Jeśli masz jakiekolwiek wątpliwości, możesz umówić się na pierwszą wizytę jeszcze przed rozpoczęciem starań o zajście w ciążę: lekarz odpowie na twoje pytania dotyczące płod-

ności, związanych z ciążą zagrożeń zdrowia, ryzyka chorób genetycznych.

Wizyty lekarskie podczas ciąży to okazja dla rodziców, żeby wspólnie zadbać o zdrowie dziecka i zastanowić się, jakiego pragną porodu. Proste sprawy – przyjmowanie witamin przez kobiety w ciąży, unikanie papierosów i alkoholu, regularne mierzenie ciśnienia krwi – mogą zaważyć na zdrowiu dziecka i matki. Rutynowe badania mogą wykryć problemy, na przykład infekcje, które można wyleczyć, zanim wywrą wpływ na dziecko. Nawet pod koniec ciąży, jeśli nie byłaś jeszcze z wizytą u lekarza, nie jest za późno – może się ona okazać bardzo korzystna dla dziecka i ciebie samej.

Przez pierwsze siedem miesięcy wizyty u lekarza zazwyczaj odbywają się raz na miesiąc, w ósmym miesiącu raz na dwa tygodnie, a potem raz na tydzień. Jest to dobra okazja, żeby uzyskać odpowiedzi na najczęstsze pytania, dotyczące np. nudności porannych, przyboru masy ciała i ćwiczeń fizycznych. Jest to też najlepszy sposób upewnienia się, że wszystko układa się pomyślnie, a wszelkie infekcje i inne poważne schorzenia zostaną wcześnie wykryte i wyleczone. W wielu miejscach rutynowe są badania USG. Nawet ziarniste, czarno-białe zdjęcie może sprawić, że dziecko wyda się dużo bardziej realne, szczególnie ojcu. Badanie USG daje też szansę poznania płci dziecka.

Wybór opieki prenatalnej. W wielu miejscowościach opieką prenatalną zajmują się różni specjaliści: lekarze położnicy, lekarze rodzinni, pielęgniarki-położne, dyplomowane położne (nie będące pielęgniarkami), akuszerki. Dokonując wyboru, dobrze jest wziąć pod uwagę preferowany rodzaj porodu. Położnicy prawie zawsze odbierają dzieci w szpitalach; akuszerki specjalizują się w porodach domowych. Decyzja zależy też od tego, czy lubisz daną osobę i czy masz do niej zaufanie. Czy twój lekarz albo położna słucha cię uważnie i jasno odpowiada na pytania? Czy chcesz, żeby poród odbierała osoba, do której będziesz chodzić na wizyty podczas ciąży? Jeśli nie, to czy masz pewność, że inny specjalista zapewni ci właściwą opiekę? Czy twoje ubezpieczenie medyczne obejmuje pobyt w danym szpitalu oraz usługi wybranego lekarza i położnej?

PORÓD

Jaki poród? Rodzicielstwo polega na nieustannym podejmowaniu decyzji, a jedną z pierwszych jest wybór rodzaju porodu. Kiedyś możliwości było niewiele. Powszechne było otępiające znieczulenie; czasem po odzyskaniu przytomności kobieta mogła przez kilka minut popatrzeć na dziecko. Karmienie piersią było nie do pomyślenia dla szanującej się matki. Lekarze obawiali się infekcji, więc maleństwo umieszczane było na tydzień na oddziale noworodkowym, gdzie ostrożnie zajmowały się nim wymyte pielęgniarki w antyseptycznych białych fartuchach i czepkach, podczas gdy mama leżała na wznak i dochodziła do siebie.

Od tamtych czasów zaszły ogromne zmiany i przyszła mama ma wiele możliwości do wyboru. Poród naturalny czy znieczulenie zewnątrzoponowe? Uczestnictwo w porodzie męża albo partnera życiowego, wykwalifikowanej pomocniczki (douli), a może zarówno członka rodziny, jak i douli? Starsze dzieci na sali porodowej? Na leżąco czy w kucki? W domu czy w szpitalu? Poród odbierany przez lekarza czy położną? Noworodek po porodzie zostaje z mamą czy też spędza więcej czasu na oddziale noworodkowym? Domowe wizyty pielęgniarki, konsultantki do spraw laktacji, a może jednej i drugiej?

Każdej kobiecie odpowiada inne rozwiązanie, a żadne nie jest wyraźnie lepsze dla dziecka. Podejmując decyzję, zastanów się nad tym, czego pragniesz – jak wyglądałby twój wymarzony poród – ale przygotuj się na to, że być może będziesz musiała dostosować swoje życzenia do niespodziewanych okoliczności. Poród jest dziś bezpieczniejszy niż kiedykolwiek przedtem, ale nadal nieprzewidywalny. Zadawaj mnóstwo pytań i dużo czytaj. Dobrym i przystępnym źródłem rzetelnej wiedzy na najważniejsze tematy jest książka *Dr. Spock's Pregnancy Guide*, której autorką jest lekarz położnik Marjorie Greenfield (Pocket Books, 2003).

Doule. „Doula" to greckie słowo oznaczające „pomocnicę kobiety". Zadaniem douli jest wspieranie rodzącej; niektóre pomagają również po narodzeniu dziecka. Podczas porodu doula doradza rodzącej, jaką pozycję przybrać, jak się poruszać i co robić, żeby jak najlepiej znieść ból, masuje plecy i na inne sposoby przynosi ulgę. Być może najważniejsze jest to, że doula, która widziała wiele porodów, często może zapewnić przyszłą mamę, że wszystko jest w porządku, jeśli ta wpada w panikę albo ma wrażenie, że nie da sobie rady. Istotny jest też fakt, że doula zapewnia rodzącej kobiecie n i e p r z e r w a n e wsparcie od pierwszych chwil porodu aż do jego zakończenia.

Obecność douli może być korzystna zarówno dla mamy, jak i dla taty. Tylko nieliczni ojcowie potrafią ukoić ból i rozproszyć obawy rodzącej równie skutecznie, jak wykwalifikowana doula, tym bardziej że często sami odczuwają niepokój. Biorąc obowiązki doradcy na siebie, doula umożliwia partnerowi kobiety skoncentrowanie się na wspieraniu jej miłością. Dla większości ojców doula stanowi pomoc, nie zastępstwo.

Już od dłuższego czasu prowadzone są badania na temat wpływu douli na przebieg porodu i ich rezultaty są znaczące. Zdaniem wielu naukowców obecność douli sprawia, że rzadziej wykonuje się cesarskie cięcie i zakłada znieczulenie zewnątrzoponowe. (Znieczulenie zewnątrzoponowe, chociaż w wielu sytuacjach stanowi wybawienie, wiąże się z pewnymi

zagrożeniami. Zwiększa na przykład ryzyko, że dziecko będzie miało podwyższoną temperaturę i przez kilka dni po porodzie będzie musiało przyjmować antybiotyki.) Więcej informacji na temat douli można uzyskać z witryny internetowej organizacji Doulas of North America pod adresem www.dona.org*.

Emocjonalna reakcja na poród. Każda kobieta inaczej reaguje na stres związany z porodem. Niektóre są dumne, że nie skorzystały z żadnych środków przeciwbólowych; inne od początku uważają, że znieczulenie zewnątrzoponowe to najlepsze wyjście. Dla niektórych poród stanowi bolesne przeżycie, o którym należy jak najszybciej zapomnieć; dla innych jest to głęboko wzruszające doświadczenie, rytuał przejścia. Niektóre kobiety całymi godzinami prą z każdym kolejnym skurczem; inne zniechęcają się i wolą, żeby lekarz wyciągnął dziecko kleszczami albo wykonał cięcie cesarskie. Zdarza się, że wyczerpana kobieta każe Bogu ducha winnemu mężowi wynosić się z sali porodowej i nigdy nie wracać. Niektóre świeżo upieczone mamy natychmiast ogarnia czułość i miłość do noworodka; inne, upewniwszy się, że dziecku nic nie jest, po prostu chcą się trochę przespać. Większość z nich okazuje się wspaniałymi, kochającymi matkami.

Złe samopoczucie, a nawet wyrzuty sumienia, gdy poród przebiega niezgodnie z twoimi oczekiwaniami, to jak najbardziej naturalna reakcja. Chciałaś urodzić siłami natury, a skończyło się na cięciu cesarskim: nie jest niczym dziwnym poczucie, że to w jakimś stopniu twoja wina (choć tak nie jest) albo że spowoduje to trwały uszczer-

---

* W Polsce nie istnieje organizacja douli. W roli douli występują czasem instruktorki szkół rodzenia lub położne (przyp. tłum.).

🏛 KLASYCZNY SPOCK

Nic nie wywołuje wyrzutów sumienia równie skutecznie jak rodzicielstwo, a pierwszy cios otrzymujemy zazwyczaj podczas porodu. Przyczyną takiej sytuacji jest chyba przekonanie, że aby dziecko dobrze się rozwijało, trzeba mu stworzyć idealne pod każdym względem warunki. Oczywiście nie jest to prawda. Przede wszystkim nikt jeszcze nigdy nie widział „idealnych rodziców". Po drugie, nie ma potrzeby być „idealnym" ani kierować się ściśle określonym scenariuszem. Rozwój człowieka to proces niezwykle dynamiczny, zróżnicowany i dopuszczający popełnianie błędów. Niemowlę jest nadzwyczaj odporne. Jeżeli tylko jest zdrowe, rodzaj porodu prawdopodobnie nie będzie miał długofalowych konsekwencji. Niebezpieczeństwo pojawia się dopiero wtedy, gdy wspomnienie o porodzie wiąże się z tak ogromnymi wyrzutami sumienia, że wywiera to negatywny wpływ na samopoczucie matki, a wychowywaniu dziecka towarzyszy silne, choć całkowicie nieuzasadnione poczucie winy. Radzę więc, żebyś rodziła dziecko w taki sposób, który wydaje się najwłaściwszy dla ciebie i twojej rodziny. Nie martw się, jeśli nie wszystko pójdzie zgodnie z planem. Rodzicielstwo jest wystarczająco trudne bez szukania problemów tam, gdzie ich nie ma.

bek na zdrowiu dziecka (co nie zdarza się prawie nigdy). Wielu rodziców obawia się, że jeśli zostaną oddzieleni od dziecka w ciągu pierwszych godzin albo dni po porodzie, nigdy nie uda im się nawiązać z nim prawdziwej więzi. To również nieprawda. Tworzenie się więzi pomiędzy dzieckiem a rodzicami trwa miesiące, nie godziny.

WYBÓR LEKARZA DLA DZIECKA

Pediatra, lekarz rodzinny czy pielęgniarka? Jeszcze w ciąży możesz się zastanowić nad wyborem lekarza albo pielęgniarki dla dziecka. Kogo powinnaś wybrać i jak ocenić, czy dana osoba się sprawdzi? Jeśli opiekuje się tobą lekarz rodzinny z dużą praktyką w zajmowaniu się dziećmi, wybór nie przysparza trudności. Jeśli jednak ciążę prowadzi położnik, będziesz musiała znaleźć dla dziecka pediatrę albo samodzielnie praktykującą pielęgniarkę.

Jakich cech szukać u potencjalnych kandydatów? Niektórym rodzicom najlepiej ułożą się stosunki z lekarzem bezpośrednim i wyluzowanym. Inni chcą, żeby udzielać im jak najbardziej szczegółowych wskazówek. Możesz mieć więcej zaufania do starszego specjalisty z większym doświadczeniem albo preferować młodego lekarza, który niedawno ukończył studia medyczne.

Samodzielnie praktykująca pielęgniarka to dyplomowana pielęgniarka, która ukończyła dodatkowe szkolenia i ma zazwyczaj tytuł magistra, może więc wykonywać wiele czynności zwykle zarezerwowanych dla lekarza. Pielęgniarki zawsze pracują w porozumieniu z lekarzem; w zależności od danej praktyki, w różnym stopniu angażuje się on w ich pracę. Lekarze często mają więcej doświadczenia w radzeniu sobie z ciężkimi chorobami, pielęgniarki natomiast mogą poświęcić więcej czasu na wizyty i zazwyczaj oferują znakomitą opiekę prewencyjną. Nie wahałbym się skorzystać z usług praktyki pielęgniarskiej, gdyby została mi polecona.

Poszukiwania właściwego specjalisty dobrze jest zacząć od rozmów z innymi rodzicami. O rekomendacje można też poprosić położnika albo położną.

Wizyta zapoznawcza. Jeśli jest to twoja pierwsza ciąża albo niedawno się przeprowadziłaś, zdecydowanie sugerowałbym umówienie się na wizytę u lekarza albo samodzielnie praktykującej pielęgniarki kilka tygodni przed przewidywanym terminem porodu. Nie ma lepszego sposobu niż osobista wizyta, żeby się przekonać, czy dana osoba będzie ci odpowiadać, czy będziesz się czuła swobodnie, opowiadając jej o swoich problemach i wątpliwościach. Podczas takiej wizyty możesz się dużo dowiedzieć i wyjdziesz pewna, że znalazłaś dla dziecka właściwego specjalistę.

Kiedy przyjdziesz na wizytę, zwróć uwagę na personel i wygląd gabinetu. Czy obsługa jest uprzejma i miła? Czy dziecko będzie się miało czym zająć w poczekalni? Czy są w niej książeczki z obrazkami? Czy otoczenie jest przyjazne dzieciom?

Personel może odpowiedzieć na wiele praktycznych pytań: ilu lekarzy i samodzielnych pielęgniarek praktykuje w danej przychodni? W jaki sposób odpowiada się na telefony? Co zrobić, gdy dziecko zachoruje poza godzinami otwarcia przychod-ni? Co zrobić, jeśli w ciągu dnia wydarzy się wypadek? Jakie rodzaje ubezpieczenia akceptuje przychodnia? Za co pobiera opłaty i w jakiej wysokości? Z usług którego szpitala korzysta? Ile czasu poświęca na wizyty kontrolne zdrowych dzieci? (Obecnie średnia wynosi około 15 minut, 20–30 minut to dużo.)

Niezwykle istotna jest ciągłość opieki medycznej. Czy dzieckiem będzie się zajmował jeden lekarz albo pielęgniarka, czy też pacjenci są rejestrowani do tego specjalisty, który jest akurat dostępny? W tym drugim przypadku prawdopodobnie będziecie musieli krócej czekać na wizytę, ale wielu rodziców woli, żeby dzieckiem zajmował się jeden konkretny specjalista, „ich" lekarz, którego dobrze znają. Wzajemne zaufanie jest bardzo ważne. Opieka medyczna nad dziećmi wymaga pracy zespołowej – a głównymi członkami zespołu są rodzice i lekarz albo pielęgniarka. Współpraca z dużą grupą specjalistów może być trudniejsza.

Rozmawiając z lekarzem, zapytaj o kilka kwestii, które są dla ciebie ważne, na przykład o jego poglądy na karmienie piersią, obecność rodziców podczas wykonywania zabiegów bolesnych dla dziecka, a także o podejście do problemów, które nie są ściśle medyczne, jak na przykład spanie dziecka w jednym łóżku z rodzicami albo uczenie samodzielnego korzystania z toalety. Zwróć uwagę na to, jak s i ę c z u j e s z podczas rozmowy. Jeśli jesteś swobodna, masz wrażenie, że rozmówca uważnie cię słucha, nie spieszy się, to prawdopodobnie znalazłaś właściwą osobę; jeśli nie, konieczna może się okazać wizyta w innej przychodni lub gabinecie pielęgniarskim.

Konsultacje w sprawie karmienia piersią przed narodzeniem dziecka. Jeśli nie jesteś pewna, czy chcesz dziecko karmić piersią czy butelką, pomocna może być dyskusja na ten temat z lekarzem albo pielęgniarką, którą wybrałaś dla swojego dziecka. Możesz się też umówić z konsultantką laktacyjną. Przy wielu przychodniach i szpitalach istnieją poradnie laktacyjne i grupy wsparcia dla matek karmiących. Im więcej dowiesz się na ten temat, tym łatwiej będzie ci podjąć właściwą decyzję. Jeśli zdecydujesz się na karmienie piersią, konsultacje przed narodzeniem dziecka pomogą ci przewidzieć ewentualne problemy i zawczasu się z nimi uporać. (Więcej informacji na temat karmienia piersią znajdziesz na stronie 159.)

PLANOWANIE POWROTU DO DOMU

Organizowanie dodatkowej pomocy w pierwszych tygodniach. Jeśli możesz poprosić kogoś o pomoc w ciągu pierwszych kilku tygodni po powrocie z dzieckiem do domu, zrób to bez wahania. Szczególnie korzystna jest obecność taty przez pierwsze dwa tygodnie. Jeśli będziesz próbowała robić wszystko sama, może cię to wyczerpać i wprawić w depresję, a w rezultacie sprawić, że opieka nad dzieckiem wyda ci się trudniejsza, niż jest w rzeczywistości. Większość rodziców odczuwa lekkie przerażenie na myśl, że po raz pierwszy w życiu będą musieli samodzielnie zająć się bezbronnym maleństwem. Takie odczucia nie oznaczają, że sobie nie poradzisz albo że pielęgniarka musi ci najpierw wszystko pokazać. Jeśli jednak wpadasz w prawdziwą panikę, prawdopodobnie będziesz się czuć bezpieczniej w towarzystwie sympatycznej i pomocnej osoby. Niekiedy ojciec dziecka nie jest najlepszą osobą do udzielania wsparcia, ponieważ sam się boi albo czuje przytłoczony odpowiedzialnością.

Idealną pomocą może być twoja mama, jeśli stosunki między wami dobrze się układają. Jeśli jednak uważasz, że jest apodyktyczna i wciąż traktuje cię jak dziecko, prawdopodobnie będzie lepiej, jeśli jej wizyty nie zmienią się w przeprowadzkę do was na stałe. Musisz mieć poczucie, że dziecko należy do ciebie i że potrafisz dać sobie z nim radę. Pomoże ci wsparcie osoby, która ma już doświadczenie w opiece nad niemowlętami, najważniejsze jest jednak, żeby jej obecność sprawiała ci przyjemność.

Zastanów się nad wynajęciem na kilka tygodni gosposi albo douli. Doule to kobiety specjalizujące się w zapewnianiu wsparcia rodzącej (patrz str. 8). Coraz więcej douli oferuje swoje usługi również w pierwszych tygodniach po porodzie. Jeśli wasz budżet jest ograniczony, może stać was będzie przynajmniej na opłacenie kogoś, kto odwiedzi cię raz albo dwa razy w tygodniu, zrobi pranie, pomoże w obowiązkach domowych i przez kilka godzin dopilnuje dziecka, kiedy ty będziesz odpoczywać lub wyjdziesz z domu. Korzystaj z pomocy tak długo, jak długo tego potrzebujesz (lub jak długo możecie sobie na to pozwolić).

Domowe wizyty pielęgniarki. Wiele szpitali i organizacji oferujących prywatne ubezpieczenie zdrowotne może zorganizować wizytę pielęgniarki dzień albo dwa po powrocie z dzieckiem do domu, zwłaszcza jeśli pobyt w szpitalu był krótki (krótszy niż trzy dni). Wizyty pielęgniarki często mają uspokajający wpływ na rodziców. Ponadto niektóre problemy medyczne, jak żółtaczkę, trudno dostrzec bezpośrednio po porodzie. Pielęgniarka może też pomóc w rozwiązaniu problemów związanych z karmieniem piersią albo zorganizować wizytę specjalistki z poradni laktacyjnej (patrz str. 164).

Goście. Narodziny dziecka sprawiają, że krewni i znajomi zaczynają walić drzwiami i oknami. Jest to miłe i napełnia rodziców dumą, ale zbyt intensywne życie towarzyskie może być wyczerpujące. Kiedy powiedzieć „dość"? Jest to kwestia indywidualna. Większość mam łatwo się męczy podczas pierwszych tygodni w domu. Odczuwają skutki ogromnych zmian hormonalnych, sypiają nieregularnie, a co być może najważniejsze, muszą emocjonalnie przystosować się do zupełnie nowej sytuacji, zwłaszcza po przyjściu na świat pierwszego dziecka.

Dla niektórych goście to czysta przyjemność – pomagają się odprężyć, pomyśleć przez chwilę o czym innym, nabrać energii. Jednak najczęściej tak zbawienny efekt mają tylko nieliczni, najlepsi przyjaciele. Inni w mniejszym lub większym stopniu wprawiają nas w stan lekkiego napięcia, nawet jeśli ich lubimy, a po ich wyjściu czujemy się zmęczeni, szczególnie jeśli nie jesteśmy akurat w najlepszej formie. Dlatego dobrym pomysłem może być ograniczenie na początek liczby gości, a potem w zależności od rozwoju sytuacji zwiększenie jej, kiedy będziecie mieć więcej sił.

Większość gości traktuje niemowlęta z entuzjazmem. Chcą je nosić, kołysać, łaskotać, podrzucać, robić śmieszne miny i zalewać niepowstrzymanym potokiem dziecinnego gaworzenia. Niektóre niemowlęta znoszą bardzo wiele, inne w ogóle nie tolerują takiego traktowania. Większość sytuuje się mniej więcej pośrodku. Zwróć uwagę na reakcje swojego maleństwa i ogranicz kontakt fizyczny, jeśli uważasz, że jest zestresowane lub zmęczone taką ilością uwagi. Krewni i przyjaciele, którym zależy na tobie i twoim dziecku, nie obrażą się. Małe dzieci często przenoszą w noskach i na rączkach wirusy, którymi mogą zarazić noworodka. Dlatego sensowne jest trzymanie kuzynów i innych małych gości na dystans przez pierwsze trzy czy cztery miesiące; jeśli chcą dotknąć dziecka, upewnijcie się, że dokładnie umyli ręce.

Przygotowanie domu. Jeśli wasz dom został wybudowany przed rokiem 1980, jest bardzo prawdopodobne, że do malowania zastosowano farby ołowiowe. Choć sensowne będzie usunięcie odprysków farby i pomalowanie łatwo dostępnych, zniszczonych miejsc, samodzielne usuwanie farby opalarką albo szlifierką jest niebezpieczne; drobny pył i opary ołowiu mogą podnieść stężenie ołowiu w organizmie mamy, wywierając negatywny wpływ na dziecko. Bezpieczniejsze, choć droższe jest wynajęcie profesjonalnej firmy usuwającej farby ołowiowe. Więcej informacji na temat ołowiu znajdziecie na stronie 517.

Jeśli używacie wody ze studni, przed narodzeniem dziecka sprawdźcie, jaka jest w niej zawartość bakterii i azotanów. Związki azotu mogą powodować sinienie warg i skóry niemowlęcia. Skontaktujcie się z miejscowym sanepidem. Woda studzienna nie jest fluoryzowana, zapytajcie więc lekarza o podawanie niemowlęciu związków fluoru.

RODZEŃSTWO

Rozmowa o ciąży. Najlepiej z wyprzedzeniem powiedzieć dziecku, że będzie miało braciszka albo siostrzyczkę, jeśli jest na tyle duże, żeby to zrozumieć (około półtora roku). Dzięki temu może stopniowo przyzwyczajać się do tej myśli. Oczywiście wyjaśnienia muszą być dostosowane do wieku rozwojowego dziecka. Tak naprawdę jednak żadne wyjaśnienia, choćby nie wiem jak szczegółowe, nie przygotują go w pełni na pojawienie się w domu prawdziwego, wymagającego malucha. Waszym zadaniem jest zainicjowanie dialogu na temat narodzin nowego brata albo siostry, tego, gdzie niemowlę będzie spało i na czym polegać będzie udział starszego dziecka w opiece nad nim. Przede wszystkim zaś musicie stale zapewniać dziecko, że nadal kochacie je tak samo jak zawsze. Nie przesadzajcie z entuzjazmem i nie oczekujcie entuzjazmu. Temat można poruszyć, kiedy kształt ciała mamy zaczyna się zmieniać i zakończyła się pierwsza faza ciąży, podczas której ryzyko poronienia jest najwyższe.

Pojawienie się niemowlęcia powinno spowodować jak najmniej zmian w życiu starszego dziecka, zwłaszcza jeśli do tej pory było jedynakiem. Podkreślajcie konkretne rzeczy, które pozostaną takie same: „Nadal będziesz miał te same zabawki; będziemy bawić się w tym samym parku; będziemy nadal czytać razem książeczki, będziemy spędzać razem specjalne chwile".

Wprowadzajcie zmiany z wyprzedzeniem. Jeśli starsze dziecko jest nadal karmione piersią, łatwiej będzie je odstawić na kilka miesięcy przed urodzeniem kolejnego, nie dopiero wtedy, kiedy ma wrażenie, że maluch zajął jego miejsce. Jeśli niemowlę ma spać w pokoju zajmowanym dotychczas przez brata, przenieście starszego syna do nowego pokoju kilka miesięcy wcześniej, dając mu odczuć, że został w ten sposób wyróżniony, bo jest już dużym chłopcem, nie zaś, że teraz zastąpi go nowy maluch. To samo odnosi się do spania w dużym łóżku. Jeśli dziecko ma iść do przedszkola, w miarę możliwości powinno zacząć co najmniej dwa miesiące przed pojawieniem się nowego niemowlęcia. Nic tak źle nie usposabia dziecka do przedszkola jak poczucie, że zostało skazane na wygnanie przez intruza. Natomiast jeśli już od jakiegoś czasu chodzi do przedszkola i dobrze się w nim czuje, ma życie towarzyskie poza domem, co zazwyczaj zmniejsza rywalizację w domu.

Poród i po porodzie. Niektórzy rodzice mają nadzieję, że pozwolenie starszym dzieciom na uczestnictwo w porodzie wzmocni więzi rodzinne. Jednak przyglądanie się, jak mama rodzi, może być bardzo nieprzyjemne dla małych dzieci, przekonanych, że dzieje się coś strasznego. Również dla starszych dzieci stres, wysiłek i krew, towarzyszące nawet najłatwiejszym porodom, mogą stanowić wstrząs. Z punktu widzenia mamy poród sam w sobie jest wystarczająco trudny, nawet gdy nie musi dodatkowo się martwić, jak znosi go dziecko. Niektórym dzieciom sprawi przyjemność przebywanie w pobliżu, choć nie w tym pomieszczeniu, w którym mama rodzi.

Noworodka można pokazać starszemu po porodzie, kiedy wszyscy są szczęśliwi i spokojni. Można zachęcić dziecko do dotykania maleństwa, mówienia do niego i pomocy przy prostych zadaniach, jak przyniesienie pieluszki. Starsze dziecko powinno czuć, że jest integralną częścią rodziny i jego obecność jest pożądana. Powinno odwiedzać mamę i brata albo siostrę tak często, jak ma na to ochotę, ale nigdy pod przymusem.

Powrót z niemowlęciem do domu. Powrót ze szpitala jest zazwyczaj gorączkowy. Mama jest zmęczona i zaabsorbowana noworodkiem, tata kręci się po domu, pomagając. Obecne przy tym starsze dziecko stoi samotnie w kącie, odsunięte na drugi plan, i myśli nieufnie: „A więc to jest to nowe niemowlę".

Lepszym pomysłem jest powrót do domu, gdy starsze dziecko jest na spacerze, jeśli to możliwe. Niech wróci godzinę później, kiedy niemowlę i bagaże są już na swoich miejscach, a mama odpoczywa w łóżku. Mama może je przytulić i poświęcić mu całą swoją uwagę. Jako że dzieci doceniają konkretne nagrody, dobrze jest przygotować dla starszego jakiś prezent.

Własna lalka-niemowlę albo inna wspaniała zabawka sprawi, że nie będzie się czuło zupełnie opuszczone. Nie musicie pytać go nieustannie: „I jak ci się podoba nowa siostrzyczka?" Niech zacznie o niej mówić, kiedy będzie gotowe. Nie zdziwcie się, jeśli pierwsze komentarze będą pozbawione entuzjazmu lub wręcz wrogie.

Starsze rodzeństwo zazwyczaj dosyć dobrze daje sobie radę podczas pierwszych paru dni po pojawieniu się nowego dziecka. Często dopiero po kilku tygodniach zdaje sobie sprawę, że konkurent nigdzie się nie wybiera. Upłynie wiele miesięcy, zanim niemowlę dorośnie na tyle, żeby zacząć im dokuczać i zabierać zabawki. W części poświęconej rodzeństwu (patrz str. 355) znajdziecie więcej informacji o tym, co zrobić, żeby stosunki pomiędzy rodzeństwem układały się jak najlepiej.

WYPRAWKA

Kupowanie z wyprzedzeniem. Niektórzy rodzice nie chcą nic kupować przed narodzeniem dziecka. Powstrzymywanie się od wcześniejszych zakupów w obawie, że ciąża źle się zakończy, jest charakterystyczne dla wielu kultur. Rodzice nie chcą kusić losu.

Zaopatrzenie się w niezbędne rzeczy i zorganizowanie wszystkiego zawczasu zmniejszy ciężar obowiązków po porodzie. Wiele matek łatwo się męczy i zniechęca w pierwszych dniach samodzielnej opieki nad niemowlęciem. Nawet drobne zadania, jak kupno pieluch, urastają w ich oczach do rangi niemożliwej do spełnienia misji.

Co jest naprawdę potrzebne? Nawet jeśli nie macie zamiaru przygotowywać wszystkiego zawczasu, dobrze jest przed

porodem mieć pod ręką przynajmniej najważniejsze rzeczy. Poniższe informacje pomogą wam zdecydować, co kupić od razu, a co później (albo wcale). Jeśli chcecie dowiedzieć się czegoś o konkretnych markach, sugerowałbym zajrzenie do najnowszego wydania czasopisma publikującego badania konsumenckie, jak np. amerykańskie „Consumer Reports", w którym można znaleźć najnowsze informacje o bezpieczeństwie, trwałości i praktyczności wyrobów.

Wyprawka
Rzeczy, które będą wam potrzebne od razu:
- Fotelik samochodowy z certyfikatem bezpieczeństwa (patrz str. 15).
- Łóżeczko, kołyska albo przenośny kosz do spania – nawet jeśli dziecko ma spać z wami w nocy, będzie mu potrzebne miejsce na dzienne drzemki.

◆ Kilka dopasowanych do materacyka prześcieradeł bawełnianych, ceratka pod prześcieradło i dwa albo trzy podkłady z materiału.

◆ Kilka niewielkich kocyków bawełnianych do zawijania dziecka, ewentualnie dodatkowy cieplejszy kocyk.

◆ Kilka koszulek lub body; w chłodniejszym klimacie dwa lub trzy pajacyki.

◆ Pieluchy jednorazowe albo tetrowe bądź zamówienie usług pralni pieluch (patrz str. 36); chusteczki pielęgnacyjne. (Pieluchy tetrowe mają wiele zastosowań, przydadzą się nawet, jeśli będziecie używać jednorazówek.)

◆ Biustonosze dla matek karmiących i (prawdopodobnie) odciągacz pokarmu (patrz str. 181), jeśli dziecko będzie karmione piersią.

◆ Dwie albo trzy butelki plastikowe ze smoczkami; więcej butelek i zapas mieszanki, jeśli macie zamiar karmić butelką.

◆ Chusta albo nosidełko do noszenia niemowlęcia na brzuchu.

◆ Torba z przegródkami na pieluszki, chusteczki, krem przeciw odparzeniom, składaną matę do przewijania i przybory do karmienia.

◆ Termometr cyfrowy i gruszka do nosa.

Foteliki samochodowe. Dla noworodka jednym z największych zagrożeń jest jazda samochodem ze szpitala do domu – chyba że jedzie w foteliku samochodowym. Sprawdźcie, czy fotelik spełnia wymagania obowiązujących norm bezpieczeństwa*. Noworodka zawsze woźcie na tylnym siedzeniu, tyłem do kierunku jazdy. Nigdy nie sadzajcie niemowlęcia na siedzeniu, przed którym umieszczona jest działająca

---

* W Polsce wymagania te określa norma europejska ECE R44/03 i norma polska PN-88/S-80053 (przyp. tłum.).

poduszka powietrzna. Otwierająca się poduszka powietrzna może poważnie zranić, a nawet zabić małe dziecko.

Istnieją dwa podstawowe rodzaje fotelików. Foteliki pierwszego typu są zawsze skierowane tyłem do kierunku jazdy i mają rączkę, tak że można niemowlę w nich przenosić. Foteliki drugiego typu można obrócić przodem do kierunku jazdy, kiedy dziecko jest wystarczająco duże (ponad 12 miesięcy oraz ponad 9 kilogramów). Oba rodzaje są bezpieczne. Jeśli to możliwe, kupcie nowy fotelik. Fotelik, który brał udział w wypadku, może nie wytrzymać kolejnego, nawet jeśli wygląda na nieuszkodzony. Plastik się starzeje, więc fotelik używany w rodzinie od wielu lat może nie zapewnić maluchowi odpowiedniej ochrony. Wybierzcie fotelik, w którym dziecko przytrzymują miękkie szelki, nie plastikowy pałąk, który może je zranić podczas wypadku.

Czasopismo „Consumer Reports" często uaktualnia swoje opinie o fotelikach samochodowych. Sugerowałbym również zamówienie publikacji dotyczącej fotelików samochodowych wydawanej przez Amerykańską Akademię Pediatrii. Warto też zatelefonować na infolinię udzielającą informacji o bezpieczeństwie podczas jazdy samochodem.

Trudno jest poprawnie umocować fotelik samochodowy (ja sam odbyłem tygodniowe szkolenie, żeby się tego nauczyć), więc jeśli istnieje taka możliwość, poproście fachowca, żeby pokazał wam, jak to zrobić. Amerykańskie szpitale i jednostki straży pożarnej często prowadzą darmowe szkolenia mocowania fotelików. Więcej szczegółowych informacji o fotelikach samochodowych znajdziecie na stronie 497.

Miejsce do spania. Możecie się wykosztować na prześliczny, luksusowy kosz do spania wykładany jedwabiem. Niemowlęciu nie zrobi to jednak najmniejszej różnicy. Jemu potrzebne są tylko boki, które zabezpieczą je przed wypadnięciem, i wygodny, ale niezbyt miękki materacyk. Dziecko może też spać w waszym łóżku (na stronie 32 opisane są zalety i wady takiego rozwiązania).

Materac powinien być dosyć twardy, bo niemowlę może się udusić, leżąc buzią w dół na zbyt miękkim podłożu. (Pomimo iż niemowlęta p o w i n n y spać na plecach, co zmniejsza ryzyko zespołu nagłej śmierci niemowlęcia, tak zwanej śmierci łóżeczkowej, czasem i tak się zdarza, że śpią na brzuszku.) Na początek praktyczny jest prosty kosz zaopatrzony w kółka. W niektórych rodzinach używane są kołyski przekazywane z pokolenia na pokolenie. Przez pierwsze kilka miesięcy wystarczy nawet kartonowe pudło albo szuflada z dobrze dopasowanym podkładem o odpowiedniej twardości.

Większość rodziców zaczyna od łóżeczka niemowlęcego. Ze względów bezpieczeństwa szczebelki łóżeczka powinny być umieszczone w odstępach mniejszych niż 6 centymetrów. Również wszelkie wycięcia w ściankach łóżka powinny być mniejsze niż 6 centymetrów. Materac powinien być dokładnie dopasowany, mechanizm blokujący boki powinien być zabezpieczony przed starszymi dziećmi, a odległość pomiędzy górną krawędzią łóżeczka a materacem w najniższej pozycji powinna wynosić co najmniej 65 centymetrów. Uważajcie na ostre kanty i elementy, które odstają bardziej niż półtora milimetra; to wystarczy, żeby zaczepić o nie ubraniem, może więc spowodować unieruchomienie lub uduszenie niemowlęcia. Łóżeczko powinno być solidne; płaszczyzna, na której leży materac, musi być mocno przymocowana do szczytów łóżka. Meble produkowane przed rokiem 1975 były często malowane farbą ołowiową i są bezpieczne dopiero po całkowitym jej usunięciu. Kupując nowe łóżeczko, sprawdźcie, czy spełnia wymagania norm bezpieczeństwa. W przypadku używanych łóżeczek, niekiedy znajdujących się w rodzinie od pokoleń, sami musicie być inspektorami bezpieczeństwa.

Niemowlę nie potrzebuje poduszki pod głowę i nie należy jej stosować. Najlepiej jest też nie wkładać do łóżeczka czy kołyski pluszowych zabawek; maluszkom nie bardzo na nich zależy, a stwarzają ryzyko uduszenia. Ochraniacze na szczebelki bywają ładne, ale tylko w nieznacznym stopniu chronią niemowlę; natomiast jeśli się poluzują, również mogą stwarzać ryzyko uduszenia.

Więcej informacji o śnie i bezpieczeństwie podczas snu znajdziecie na stronie 30.

Akcesoria do kąpania i przewijania. Niemowlę można kąpać w kuchennym zlewie, plastikowej wanience (kupcie taką z szerokim brzegiem, na którym można oprzeć ramię), misce albo umywalce. Kran z wyciąganą wylewką, pełniącą rolę miniprysznica, przydaje się do płukania włosków niemowlęcia; poza tym dzięki niej dziecko mniej marznie i mniej marudzi. Plastikowe profilowane wanienki z wkładem z gąbki są praktyczne i zazwyczaj niedrogie.

Termometr kąpielowy nie jest niezbędny, ale może dodać niedoświadczonym rodzicom pewności siebie. Zawsze sprawdzajcie też temperaturę ręką (powierzchnią grzbietową lub łokciem). Woda nigdy nie powinna być gorąca, tylko ciepła. Nigdy nie dolewajcie ciepłej wody do wanienki albo zlewu, w którym znajduje się niemowlę, chyba że macie pewność, że jej temperatura jest stała. Żeby zapobiec oparzeniom, bojler powinien być ustawiony na temperaturę nie wyższą niż 50 stopni.

Przewijać i ubierać niemowlę możecie na niskim stole lub blacie w łazience, gdzie woda jest w zasięgu ręki, albo na komodzie o odpowiedniej wysokości. Specjalne stoły do przewijania z wodoodpornym podkładem, paskami bezpieczeństwa i półkami lub szufladami są wygodne, ale drogie, a nie wszystkie można później zaadaptować do innych celów. Niektóre rodzaje można złożyć, inne są wyposażone w wanienkę. Niezależnie od tego, gdzie przewijacie niemowlę (chyba że jest to podłoga), warto zawsze przytrzymywać je jedną ręką: paski są pomocne, ale nie należy im całkowicie ufać.

Pieluszki są omówione na str. 36-37. Zamiast chusteczek pielęgnacyjnych można stosować zwilżoną i namydloną ściereczkę albo wilgotne papierowe ręczniki. Jeśli zdecydujecie się na wygodne gotowe chusteczki, unikajcie tych nasączonych substancjami zapachowymi i innymi substancjami chemicznymi, mogą bowiem powodować wysypkę.

Leżaczki, huśtawki i chodziki. Bardzo praktyczny jest plastikowy leżaczek, w którym niemowlę można zapiąć, przenieść na małą odległość i postawić właściwie w dowolnym miejscu, skąd będzie mogło oglądać świat. (Do tego celu mogą też służyć niektóre foteliki samochodowe.) Podstawa leżaczka powinna być szersza niż siedzisko, w przeciwnym razie będzie się przewracał, gdy niemowlę zacznie być bardziej aktywne. Niektóre leżaczki zrobione są z materiału i poruszają się wraz z dzieckiem. Przestrzegałbym przed stawianiem niemowlęcia w jakimkolwiek leżaczku lub foteliku na stole albo blacie, albowiem pod wpływem ruchów dziecka leżaczek może przesunąć się w kierunku krawędzi i spaść.

Leżaczków często się nadużywa, zostawiając w nich dziecko zbyt długo i pozbawiając je fizycznego kontaktu z ludźmi (patrz str. 24). Malca należy trzymać na rękach podczas karmienia, kiedy potrzebuje pociechy i przy wielu innych okazjach. Plastikowe leżaczki nie są też najlepsze do noszenia dzieci: niemowlę jest szczęśliwsze i bezpieczniejsze w nosidełku albo chuście, a rodzic ma obie ręce wolne i mniej obciążone ramiona.

Niemowlęta zazwyczaj kochają ruch i huśtawka może działać na nie niezwykle uspokajająco. Nosidełko ma podobne działanie, ale huśtawka da wam szansę odpocząć przez chwilę. Nie wydaje mi się, żeby dziecko mogło uzależnić się od kołysania, ale zbyt wiele godzin tego samego hipnotycznego ruchu prawdopodobnie nie jest dla niego najlepsze.

Chodziki są przyczyną wielu wypadków (patrz str. 71). Poza zapewnieniem dziecku chwilowej rozrywki, nie przynoszą żadnych korzyści, a ryzyko związane z ich używaniem zostało jasno dowiedzione. Nie należy ich stosować. Można obecnie kupić nieruchome chodziki, w których dziecko może podskakiwać, obracać się i kołysać. Jego uwagę przykuwają ponadto dołączone do chodzika zabawki. Chodziki tego typu są znacznie bezpieczniejsze.

Wózki i nosidełka. Wózek spacerowy przydaje się do wożenia dziecka na zakupy albo podczas załatwiania innych spraw. Jest najlepszy dla dziecka, które potrafi już utrzymać główkę prosto. Dla noworodków i małych niemowlaków lepsze jest zakładane na brzuch nosidełko, z którego widzą twarz mamy albo taty i słyszą rytm ich serca. Składany wózek typu parasolka można łatwo wnieść do autobusu albo zapakować do samochodu, ale upewnijcie się, że jest solidny. Wózki stanowiące połączenie spacerówki i fotelika samochodowego są atrakcyjne i ułatwiają przeniesienie śpiącego niemowlęcia z samochodu do wózka bez budzenia go. Z drugiej

strony, nie są tak poręczne jak składane parasolki. Dziecko w wózku powinno być zawsze przypięte.

Głęboki wózek jest jak kosz do spania na kółkach: przydatny przez pierwsze parę miesięcy, jeśli planujecie długie spacery,

ale na pewno nie niezbędny. Kiedy dziecko wyrośnie z nosidełka noszonego z przodu, można kupić nosidełko plecakowe. Bywają bardzo wyszukane, z metalowymi stelażami i wyściełanymi pasami biodrowymi, dzięki którym duże niemowlę albo małe dziecko można nosić bez większego wysiłku. Dziecko może wyglądać ci przez ramię, rozmawiać z tobą, bawić się twoimi włosami albo zasnąć z buzią wtuloną w twoją szyję.

Kojce. Niektórzy rodzice i psychologowie są przeciwni zostawianiu dzieci w kojcach, obawiając się, że w ten sposób stłumiona zostanie ich niezależność i chęć eksplorowania świata, ja jednak widziałem w życiu wiele niemowląt, które mimo że spędzały w kojcu kilka godzin dziennie, były prawdziwymi szatanami badającymi otoczenie z niespożytą energią. Małe niemowlę można zostawić w kołysce albo łóżeczku, ale kiedy zacznie raczkować, dobrze jest zapewnić mu ograniczoną przestrzeń, gdzie może się bezpiecznie bawić, podczas gdy wy zajmujecie się czym innym. Niektóre kojce są zaprojektowane w taki sposób, że można je złożyć do poręcznych, podróżnych rozmiarów, dzięki czemu można je zabierać ze sobą, udając się z wizytą. Są zalecane dla dzieci poniżej 13 kilogramów albo 85 centymetrów wzrostu.

Jeśli macie zamiar używać kojca, powinniście umieszczać w nim dziecko codziennie od momentu, gdy ukończy trzy miesiące. Dzieci są różne: niektóre dobrze znoszą pobyt w kojcu, inne nie. Jeśli zaczniecie wkładać do niego maluszka dopiero wtedy, gdy nauczy się raczkować (sześć do ośmiu miesięcy), kojec na pewno wyda mu się więzieniem i zareaguje nań wytrwałymi krzykami.

Pościel. Kocyki z akrylu albo mieszanki poliestru z bawełną łatwo się piorą i nie powodują alergii. Wygodny jest kocyk z dzianiny albo robiony na drutach, bo łatwo w niego owinąć niemowlę, które nie śpi. Dziecko otulone w taki kocyk nie rozwija się, kiedy położyć je w łóżeczku. Upewnijcie się, że z kocyka nie wystają długie nitki, które mogłyby owinąć się wokół niemowlęcych paluszków, i że nie ma w nim dużych otworów, w które maleństwo mogłoby się zaplątać. Kocyki powinny być na tyle duże, żeby ich krawędzie można było podłożyć pod materac. Niemowlę w polarowym pajacyku prawdopodobnie nie potrzebuje dodatkowego okrycia, chyba że w pokoju jest zimno. Dziecko musi mieć ciepło, ale nie należy go przegrzewać.

Niezbyt ciepłe kocyki bawełniane przydają się do owijania niemowlęcia, które inaczej rozkopałoby się. Niektóre maluchy lubią też, żeby ciasno je opatulić – czują się bezpiecznie i dobrze śpią jedynie wtedy, kiedy mają ograniczoną możliwość poruszania się.

Prawdopodobnie przyda wam się ceratka pod prześcieradło. Plastikowa warstwa, w którą wyposażonych jest większość nowych materaców, sama w sobie nie wystarcza; prędzej czy później mocz przesiąka przez nią i materac zaczyna brzydko pachnieć. Podkład z materiału umożliwia cyrkulację powietrza pod prześcieradłem; będziecie potrzebować trzy do sześciu takich podkładów, w zależności od tego, jak często robicie pranie. Wodoodporne prześcieradło z warstwą flaneli na wierzchu służy do tego samego celu. Nigdy nie należy umieszczać w łóżeczku dziecka cienkich toreb foliowych, takich jak te, w których odbiera się ubrania z pralni, ponieważ grożą uduszeniem dziecka, jeśli jego główka się w nie zaplącze.

Będziecie potrzebować od trzech do sześciu prześcieradełek. Należy nimi ciasno owijać materac, żeby się nie pofałdowały i nie stworzyły ryzyka uduszenia.

Najlepsze są prześcieradełka z bawełnianej dzianiny. Łatwo je uprać, szybko schną, nie wymagają prasowania i nie wydają się lepkie, gdy są mokre.

Ubranka. Pamiętaj, że przez pierwszy rok dziecko będzie bardzo szybko rosło, więc kupuj trochę większe ubranka. Z wyjątkiem majtek przytrzymujących tetrowe pieluchy, zazwyczaj lepiej jest zacząć od kupna ubranek w rozmiarze od trzech do sześciu miesięcy (68 cm) zamiast dla noworodka.

Niemowlę nie musi być ubrane i przykryte cieplej niż dorosły; zwykle odpowiada mu nawet nieco niższa temperatura. Bardzo praktyczne są koszulki nocne, które niemowlę może nosić zarówno w dzień, jak i w nocy. Na końcach rękawów mają rękawiczki, żeby dziecko się nie podrapało, ale można je odwinąć i rękawy zostawić otwarte. Długa koszulka sprawia, że dziecku trudniej jest się rozkopać; krótka może być lepsza na gorące noce. Dobrze jest mieć trzy albo cztery; więcej przyda się, jeśli nie możecie codziennie robić prania.

Koszulki bywają wciągane przez głowę, zapinane lub zawiązywane. Body to koszulka wciągana przez głowę i zapinana w kroku, dzięki czemu nie przesuwa się do góry. Małe niemowlę trochę łatwiej jest ubrać w koszulki zapinane lub zawiązywane. Niezbyt grube koszulki z krótkimi rękawami powinny wystarczyć, chyba że w domu jest bardzo zimno. Ubranka dla niemowląt powinny być wykonane ze stuprocentowej bawełny. Zacznijcie od rozmiaru na roczek (86 cm), albo – jeśli nie lubicie zbyt obszernych ubranek – od rozmiaru na sześć miesięcy (74 cm). Kupcie przynajmniej trzy albo cztery koszulki. Wygodnie będzie mieć dwie lub trzy dodatkowo, zwłaszcza jeśli nie macie pralki z suszarką. Metki można wypruć albo odciąć, żeby nie drażniły szyjki dziecka.

Śpioszki są dobre na dzień i na noc. Regularnie sprawdzajcie stópki; zbierają się w nich włosy, które mogą owinąć się wokół paluszków niemowlęcia i sprawiać mu ból. Sweterek może stanowić dodatkowe ocieplenie. Sprawdźcie, czy otwór na głowę wystarczająco się rozciąga, chyba że sweterek ma zatrzaski na ramionach, zabezpieczone guziczki albo zamek błyskawiczny na plecach.

Czapeczki z dzianiny akrylowej albo bawełny są odpowiednie do wychodzenia na dwór w dni, kiedy dorośli zakładają czapki, a także do spania w zimnym pokoju. Należy unikać zbyt dużych czapeczek na noc, bo mogą przesunąć się na twarz niemowlęcia, kiedy rusza się przez sen. W cieplejsze dni czapeczki są zbędne; większość niemowląt i tak ich nie lubi. Nie potrzebujecie bucików ani rajstop, przynajmniej do czasu, kiedy dziecko zacznie siadać i bawić się w zimnym domu. Dziewczynka ślicznie wygląda w sukienkach, jednak są one niepotrzebne i kłopotliwe zarówno dla niej, jak i dla rodziców. Zawiązywany pod brodą kapelusik chroniący przed słońcem przyda się, jeśli niemowlę go toleruje. Buty zostały opisane na stronie 69.

Niektórzy rodzice wybierają dla swoich szybko rosnących dzieci używane ubranka w dobrym stanie, często podarowane przez członków rodziny i przyjaciół. Uważajcie na drapiącą koronkę w okolicach twarzy i rąk; jest irytująca nawet dla dorosłego. Opaski na głowę wyglądają słodko, ale jeśli są zbyt ciasne albo drapią, mogą sprawiać dziecku ból (podobnie jak zbyt mocno ściągnięta kitka). Przede wszystkim jednak zwracajcie zawsze uwagę na luźne guziczki i inne ozdoby, którymi dziecko mogłoby się udławić, oraz wstążki i sznurki, które mogłyby owinąć się wokół rączek lub szyi.

Kosmetyki, przybory toaletowe i lekarstwa. Do kąpieli wystarczy jakiekolwiek łagodne mydło. Unikajcie mydeł dla niemowląt w płynie i mydeł perfumowanych; mogą powodować wysypkę. Z wyjątkiem najbardziej zabrudzonych części ciała, niemowlę wystarczy myć czystą wodą. W sprzedaży są łagodne szampony nie powodujące łzawienia. Waciki przydają się podczas kąpieli do mycia oczu. Balsam dla niemowląt nie jest niezbędny, chyba że skóra dziecka jest sucha, ale przyjemnie jest go wcierać, a maluchy uwielbiają masaż. Wielu rodziców woli używać kremów i balsamów bez dodatków zapachowych i kolorystycznych. Często kosztują mniej niż zwyczajne kosmetyki dla dzieci.

Oliwki dla dzieci, w większości produkowane z olejów mineralnych, były w przeszłości obficie używane na skórę suchą i normalną oraz na odparzenia pupy. Badania wykazały jednak, że same oleje mineralne mogą powodować łagodną wysypkę u niektórych niemowląt, dobrze jest więc nie używać ich rutynowo, chyba że zauważycie, że waszemu dziecku nie szkodzą, lecz przynoszą korzyści.

Zasypki (pudru) dla niemowląt należy unikać, ponieważ działa drażniąco na płuca i wdychana może powodować poważne problemy. Jeśli musicie użyć zasypki, najbezpieczniejsza jest czysta skrobia kukurydziana lub ziemniaczana.

Maść zawierająca lanolinę i wazelinę, w tubce albo słoiczku, chroni skórę zakrytą pieluszką przed odparzeniami. Skuteczna jest też czysta wazelina, ale może pozostawiać tłuste plamy.

Nożyczki dla niemowląt mają tępe końcówki. Wielu rodziców uważa, że niemowlęcym obcinaczem łatwiej jest obciąć paznokcie i trudniej zranić dziecko. Osobiście wolę pilnik: nie można nim skaleczyć i nie zostawia nierównych brzegów, którymi można się podrapać.

Termometr przyda się do mierzenia temperatury chorego dziecka. Cyfrowe termometry kosztują około 40 złotych, są szybkie, dokładne, łatwe w użyciu i bezpieczne. Skomplikowane termometry do ucha są mniej dokładne i dużo droższe. Tradycyjne termometry rtęciowe nie są bezpieczne. Jeśli macie taki termometr, nie wyrzucajcie go do śmieci; skontaktujcie się z miejscowym wydziałem ochrony środowiska, który udzieli wam informacji na temat bezpiecznego usuwania takich odpadów.

Jeśli wydzielina z nosa podczas kataru utrudnia karmienie, pomocna jest niemowlęca gruszka do nosa. Na stronie 541 znajduje się lista przyborów medycznych, które powinny się znaleźć w domowej apteczce.

Akcesoria do karmienia. Jeśli zamierzasz karmić piersią, to możliwe, że nie będą ci potrzebne żadne przybory oprócz tych, w które wyposażyła cię natura. Wiele matek karmiących uważa, że pomocny bywa odciągacz pokarmu (patrz str. 181). Ręczne odciągacze są często mało efektywne i męczące w użyciu; dobre odciągacze elektryczne są drogie, ale można je wypożyczyć w punkcie zaopatrzenia medycznego, a także – za niewielką opłatą – w niektórych szpitalach*. Jeśli będziesz korzystać z odciągacza, potrzebnych ci będzie kilka (przynajmniej trzy, cztery) plastikowych butelek do przechowywania mleka i smoczki do nich. Wkładki laktacyjne, biustonosze dla matek karmiących, osłonki piersi i inne akcesoria opisane są w części poświęconej karmieniu piersią (patrz str. 159).

---

* Wypożyczalnie odciągaczy znajdują się również w niektórych szkołach rodzenia, poradniach laktacyjnych, gabinetach lekarskich i aptekach (przyp. tłum.).

Jeżeli wiecie, że dziecko będzie karmione sztucznie, kupcie przynajmniej dziewięć butelek o pojemności 250 ml. Na początku będziecie potrzebować dziennie sześć do ośmiu butelek mieszanki mlecznej. Plastikowe butelki są praktyczne, gdyż nie tłuką się upuszczone przez dorosłego lub dziecko. Potrzebna też będzie szczotka do mycia butelek. Wodę i soki (niepotrzebne przez pierwsze cztery miesiące) niektórzy rodzice wolą podawać w butelkach o pojemności 125 ml. Kupcie kilka dodatkowych smoczków na wypadek, gdyby nie udało wam się zrobić dziurki odpowiedniej wielkości. Istnieje wiele rodzajów specjalnie wyprofilowanych smoczków, ale marketingowe zapewnienia ich producentów nie zostały naukowo potwierdzone. Niektóre smoczki lepiej znoszą gotowanie i wolniej się niszczą. Po upływie zalecanego okresu smoczki należy zastąpić nowymi.

Nie musicie sterylizować butelek, jeśli woda z kranu nadaje się do picia (więcej informacji o sterylizacji znajdziecie na stronie 189).

Podgrzewanie mleka nie jest konieczne, chociaż większość niemowląt woli mleko przynajmniej o temperaturze pokojowej. Skuteczne jest ogrzanie butelki w gorącej wodzie. Jeśli trudno o gorącą wodę, przyda się elektryczny podgrzewacz do butelek. W sprzedaży są podgrzewacze, które można podłączyć do samochodowej zapalniczki. Nigdy nie podgrzewajcie mleka w kuchence mikrofalowej: mimo że butelka wydaje się chłodna, mleko w środku może być gorące. Zawsze sprawdzajcie temperaturę mleka na wewnętrznej stronie nadgarstka.

Małe okrągłe śliniaczki chronią ubranka przed śliną. Jedząc pokarmy stałe, niemowlęta i dzieci brudzą się tak bardzo, że potrzebują dużego śliniaka z plastiku, nylonu lub materiału frotté (albo ich mieszanki), najlepiej z kieszenią wzdłuż dolnej krawędzi, do której spada jedzenie. Śliniak z kształtowanego plastiku z kieszenią na dole łatwo jest umyć. Śliniakiem frotté można też wytrzeć dziecku buzię – jeśli tylko uda wam się znaleźć suchy kawałek. Śliniaki znakomicie nadają się na prezenty.

Smoczki gryzaczki. Jeśli chcecie ich używać, wystarczą trzy albo cztery (patrz str. 34). Zwyczaj zatykania smoczka do butelki zwitkiem bawełny albo papieru i używania go jako gryzaczka jest niebezpieczny, bo prowizoryczne urządzenie łatwo może się rozlecieć na małe kawałki, którymi niemowlę może się udławić.

NOWORODEK – OD PIERWSZYCH CHWIL DO TRZECIEGO MIESIĄCA ŻYCIA

CIESZ SIĘ DZIECKIEM

Wyzwania pierwszych trzech miesięcy. Kiedy minie zachwyt, szok, ulga i wyczerpanie związane z porodem, stwierdzicie prawdopodobnie, że opiekowanie się noworodkiem to wspaniała, ale bardzo wyczerpująca praca. Zresztą trudno się temu dziwić, skoro na rodzicach spoczywa odpowiedzialność za zaspokajanie wszystkich podstawowych potrzeb życiowych nowo narodzonego dziecka: jedzenia, spania, wydalania i utrzymywania właściwej temperatury ciała. Na dodatek niemowlę nie potrafi powiedzieć, czego mu potrzeba – sami musicie się tego domyślić.

Wielu rodziców stwierdza, że całkowicie koncentruje się na oswajaniu noworodka ze światem zewnętrznym. Dają mu jeść, kiedy jest głodny, i przestają karmić, kiedy się naje; uczą go mniej spać w dzień, a więcej w nocy; czuć się swobodnie w jaskrawym, hałaśliwym otoczeniu, bombardującym go bodźcami, których nie znał w łonie matki. Niektóre dzieci przystosowują się bez problemu, innym sprawia to więcej trudności. Jednak po dwóch, trzech miesiącach większość niemowląt (i ich rodziców) ma już opanowane podstawy i może zacząć poznawać świat.

Odpręż się i ciesz się dzieckiem. Sądząc po tym, co ludzie – nie wyłączając niektórych lekarzy – mówią o zaspokajaniu potrzeb niemowląt, wydawałoby się, że przychodzą one na świat zdecydowane podporządkować sobie rodziców za wszelką cenę. To nieprawda. Wasze dziecko rodzi się rozsądne i przyjacielskie, choć czasem rzeczywiście wymagające.

Nie bójcie się nakarmić niemowlęcia, kiedy wydaje się głodne. Jeśli się mylicie, to najwyżej zje tylko trochę. Nie bójcie się okazywać maleństwu miłości i cieszyć się nim. Dziecko potrzebuje nie tylko witamin i kalorii, ale również uśmiechu, rozmowy, zabawy i czułego dotyku. Zaspokojenie tych potrzeb sprawi, że w przyszłości będzie lubić ludzi i czerpać radość z życia. Dzieci wychowywane w atmosferze pozbawionej miłości stają się osobami chłodnymi i nieczułymi.

Nie bójcie się spełniać innych żądań niemowlęcia, jeśli wydają się uzasadnione i nie czynią z was niewolników. Płacz w pierwszych tygodniach życia jest zawsze oznaką jakiegoś problemu: może maleństwo jest głodne albo boli je brzuszek, może jest zmęczone albo niespokojne? Kiedy dziecko płacze, czujecie dyskomfort oraz pragnienie, żeby je pocieszyć; to naturalna, instynktowna reakcja. Niewykluczone, że potrzeba mu właśnie przytulenia, ukołysania, ponoszenia na rękach.

Takim traktowaniem nie rozpieścicie dziecka, oczywiście jeśli zachowacie przy tym minimum zdrowego rozsądku. Poza tym na pewno nie zepsujecie go z dnia na dzień. Rozpieszczanie to stopniowy proces. Dochodzi do niego, kiedy rodzice obawiają się postępować zgodnie ze swoją intuicją albo kiedy chcą zostać niewolnikami i zachęcają dziecko do przejęcia roli poganiacza.

Rodzicom zależy na tym, żeby dzieci miały zdrowe nawyki i były łatwe we współżyciu. Dzieci pragną tego samego. Chcą jeść o rozsądnych godzinach i nauczyć się właściwie zachowywać przy stole. Niemowlę ustala sobie godziny snu zgodnie z zapotrzebowaniem. Jego przemianą materii kierują zdrowe reguły, co niekoniecznie oznacza regularność. Kiedy będzie starsze i mądrzejsze, pokażecie mu, gdzie należy usiąść, żeby załatwić swoje potrzeby. Prędzej czy później postara się dostosować do zasad panujących w rodzinie, przy minimalnej pomocy z waszej strony.

Niemowlęta nie są z chińskiej porcelany. „Boję się, że zrobię jej krzywdę, jeśli nie będę jej trzymać we właściwy sposób" – może powiedzieć świeżo upieczona mama albo tata. Nie martwcie się, wasze dziecko jest dość wytrzymałe. Można je trzymać na różne sposoby i nic mu się nie stanie, jeśli przypadkiem jego główka opadnie do tyłu. Ciemiączko – miękkie miejsce na czaszce – okrywa błona wytrzymała jak brezent, którą trudno niechcący uszkodzić.

System kontrolujący temperaturę ciała działa sprawnie u większości niemowląt, jeżeli okrywa się je z zachowaniem odrobiny zdrowego rozsądku. Maluchy dziedziczą też dobrą odporność na większość zarazków. Kiedy cała rodzina zachoruje na przeziębienie, niemowlę przejdzie je najłagodniej. Jeśli jego głowa w coś się zaplącze, instynkt nakaże mu walczyć i krzyczeć. Gdy dostanie zbyt mało pokarmu, prawdopodobnie będzie płakać, domagając się więcej. Na zbyt ostre, jaskrawe światło zareaguje mruganiem i marudzeniem albo po prostu zamknie oczy. Wie, ile snu mu potrzeba, i śpi, kiedy ma na to ochotę. Jak na osobę, która nie potrafi powiedzieć ani słowa i nie wie nic o świecie, potrafi całkiem nieźle o siebie zadbać.

DOTYK I WIĘŹ Z DZIECKIEM

Niemowlęta potrzebują dotyku. Przed narodzeniem ciało mamy nie tylko chroni, ogrzewa i odżywia dziecko – uczestniczy ono w każdym jego ruchu. W wielu częściach świata noworodek po narodzeniu całymi dniami przebywa przytulony do mamy w takim czy innym nosidle, a w nocy śpi razem z nią. Podczas gdy mama wykonuje codzienne czynności – zbiera i przygotowuje pożywienie, pracuje na roli, tka, zajmuje się domem – dziecko nadal uczestniczy we wszystkich jej ruchach. Jest przystawiane do piersi, gdy tylko zakwili. Nie tylko słyszy, ale również czuje wibracje mowy i śpiewu mamy. Często gdy niemowlę troszkę podrośnie, starsza siostra nosi je na biodrach albo na plecach. Dzieci wychowywane w taki sposób mniej płaczą, a ulewanie i marudzenie są niemal nieznane.

Nasze społeczeństwo opracowało dziesiątki sposobów na zwiększenie dystansu pomiędzy mamą a niemowlęciem. Po urodzeniu zabiera się je na oddział noworodkowy, gdzie opiekują się nim obcy, podczas gdy rodzice zostają sam na sam z poczuciem niekompetencji. Maluchy karmi się butelką, kupowaną w sklepie mieszanką mleczną, odbierając mamie i dziecku możliwość stworzenia najsilniejszej z możliwych więzi. Wydaje nam się naturalne układanie niemowlęcia do snu na płaskim materacyku w nieruchomym łóżeczku, najchętniej w cichym pokoju. Wymyśliliśmy leżaczki, w których przypinamy niemowlęta, żeby nie trzymać ich na rękach, gdy nie śpią. Istnieją nawet takie foteliki samochodowe, które po wyjęciu z samochodu można od razu umieścić na wózku, więc rodzice w ogóle nie muszą dziecka dotykać. A przecież najskuteczniejszym lekarstwem na rany, przykrości i smutki niemowląt, dzieci i dorosłych jest czuły dotyk.

Zarówno niemowlęta, jak i rodzice odczuwają silną potrzebę kontaktu fizycznego. U jednych i u drugich dotyk uwalnia hormony wywołujące uczucie odprężenia i szczęścia oraz zmniejszające ból. Kiedy na przykład nakłuwa się piętę noworodka podczas rutynowych badań, płacze on mniej, jeśli ma w tym momencie bezpośredni kontakt ze skórą mamy. Wcześniaki lepiej się rozwijają, gdy zapewnić im codzienny kontakt z mamą „skóra do skóry".

Kontakt i więź w pierwszych dniach życia. Fascynujące jest obserwowanie naturalnego zachowania mam, którym umożliwiono przebywanie z noworodkami wkrótce po porodzie. Nie tylko im się przyglądają, ale też spędzają dużo czasu, dotykając maleńkich rączek, nóżek i twarzyczek. Statystycznie rzecz biorąc, matki,

🏛 KLASYCZNY SPOCK

Żeby ujrzeć z właściwej perspektywy metody stosowane w naszym kręgu kulturowym, powinniśmy porównać je z tymi, które w sposób naturalny dominują w krajach nieuprzemysłowionych. Jak postępować zgodnie z naturą? Wyciągnąłbym następujące wnioski:

- Należy wszystkim chętnym umożliwić naturalny poród i przebywanie w jednym pomieszczeniu z dzieckiem bezpośrednio po porodzie.

- Rodzice powinni mieć możliwość trzymania dziecka na rękach i przytulania go przez godzinę po porodzie, zwłaszcza jeśli niemożliwe jest pozostawienie go w tym samym pomieszczeniu na dłużej.

- Rodziny, pielęgniarki i lekarze powinni zachęcać kobiety do karmienia piersią.

- Należy unikać stosowania podpórki pod butelkę podczas karmienia, chyba że nie ma innego wyjścia – na przykład w przypadku matki bliźniaków, która sama się nimi zajmuje i podczas każdego karmienia musi podeprzeć butelkę przynajmniej jednego z niemowląt.

- Należy zachęcać rodziców do korzystania z nosidełka częściej niż z leżaczka, w domu i na dworze. Najlepsze są nosidełka wykonane z materiału, w których niemowlęta są przytulone do klatki piersiowej mamy albo taty.

którym umożliwiono taki kontakt z noworodkami, odczuwają silniejszą więź z nimi nawet wiele miesięcy później, a ich dzieci lepiej reagują na bodźce.

W wyniku takich obserwacji pediatrzy John Kennell i Marshall Klaus zaczęli używać terminu *bonding** na określenie procesu tworzenia się naturalnej więzi pomiędzy rodzicami a dziećmi. Ich badaniom zawdzięczamy ogromny sukces: szpitale w całych Stanach Zjednoczonych zaczęły umożliwiać matkom przebywanie z nowo narodzonymi dziećmi w tym samym pomieszczeniu – tzw. system *rooming-in***. W niektórych postępowych szpitalach natychmiast po porodzie zdrowe noworodki są wycierane i umieszczane na klatce piersiowej mamy, gdzie mogą się przytulić i często po raz pierwszy skosztować mleka z piersi.

Istnieje jednak wiele nieporozumień dotyczących procesu powstawania więzi, które stają się przyczyną niepotrzebnych zmartwień. Wielu rodziców i specjalistów uważa, że jeśli kontakt nie został nawiązany podczas pierwszych dwudziestu czterech albo czterdziestu ośmiu godzin życia dziecka, nigdy nie uda się tego naprawić. To nieprawda. Powstawanie więzi to proces długotrwały i nie można jednoznacznie określić, kiedy się kończy. Rodzice nawiązują kontakt z adoptowanymi dziećmi niezależnie od ich wieku. Więź, rozumiana jako poczucie wspólnoty i wzajemnej przynależności rodziców i dzieci, to potężna siła. Tworzy się p o m i m o stosowania praktyk odgradzających niemowlęta od rodziców. Wcześniaki często spędzają pierwsze miesiące życia odizolowane od świata w plastikowych inkubatorach, ale rodzicom i tak udaje się ich dosięgnąć przez otwory w ściankach.

---

* Ang. *bond* – więź (przyp. tłum.).
** System obowiązujący również w Polsce na oddziałach położniczych (przyp. red. nauk.).

Tworzenie się więzi a wczesny powrót do pracy. W naszych czasach większość matek wraca do pracy zawodowej wkrótce po urodzeniu dziecka. Potrzeby finansowe i wymagania związane z karierą zawodową wywierają na kobiety ogromną presję. Znalezienie godnej zaufania opiekunki do dziecka może być bardzo trudne (patrz rozdział *Praca a opieka nad dziećmi* w części III). Poza tym matki często żałują, że tracą cenne pierwsze miesiące życia dziecka i martwią się, jaki wpływ rozłąka wywrze na niemowlę.

Niemowlę odczuwa silną więź emocjonalną z mamą i tatą nawet wtedy, gdy podczas dnia zajmuje się nim kto inny. Pełna miłości opieka rano, wieczorem, w weekendy i (oczywiście) w środku nocy wystarczy, żeby scementować tę więź (patrz rozdział *Czego potrzebują dzieci* w części III).

Zdarza się, że kobieta wycofuje się emocjonalnie już w pierwszych dniach życia dziecka, w ten sposób przygotowując się na moment, gdy będzie musiała się z nim rozstać, wcześniej, niżby chciała. Taka reakcja ochronna jest naturalna, ale negatywnie odbija się na mamie i jej relacjach z dzieckiem. Ojcowie zazwyczaj nie przeżywają rozstania tak silnie, bo są przyzwyczajeni do myśli o natychmiastowym powrocie do pracy.

Matkom (i ojcom), którzy odczuwają presję, aby powrócić do pracy wcześniej, niż sobie tego życzą, udzieliłbym następującej rady: posłuchajcie, co podpowiada wam serce. Jeśli istnieje jakiś sposób, aby przedłużyć urlop macierzyński, nawet jeśli wiązałoby się to z utratą jednej pensji, może warto dokonać takiego wyboru. Po mniej więcej czterech miesiącach większość matek chętniej wraca do pracy, miały bowiem szansę nawiązać prawdziwy kontakt z niemowlęciem i zaczyna im brakować towarzystwa ludzi dorosłych.

UCZUCIA PO PORODZIE

Przygnębienie. Możliwe, że kiedy zaczniesz zajmować się dzieckiem, opanuje cię uczucie zniechęcenia. Po angielsku nazywa się je *baby blues*. Zdarza się dość często, zwłaszcza przy pierwszym dziecku. Być może nie potrafisz określić, co właściwie jest nie tak. Płaczesz bez powodu albo masz poczucie winy.

Przygnębienie może się pojawić kilka dni albo kilka tygodni po porodzie. Najczęściej ujawnia się po powrocie ze szpitala do domu. Nie chodzi tylko o ogrom pracy; przytłacza cię znajome poczucie odpowiedzialności za dom w połączeniu z całkowicie nową odpowiedzialnością za niemowlę i jego bezpieczeństwo. Kobiecie przyzwyczajonej do codziennego chodzenia do pracy na pewno będzie brakować towarzystwa kolegów. Do tego dochodzą fizyczne i hormonalne zmiany zachodzące podczas porodu, które mogą do pewnego stopnia wpłynąć na twój nastrój.

Jeśli w pierwszych miesiącach po porodzie zaczniesz odczuwać przygnębienie lub zniechęcenie, spróbuj odpocząć od nieustannego zajmowania się maleństwem, zwłaszcza jeśli często płacze. Idź na spacer albo zacznij uprawiać gimnastykę. Zajmij się jakimś nowym albo nie ukończonym projektem – pisz, maluj, szyj, buduj; niech to będzie coś twórczego i dającego satysfakcję. Odwiedź bliską przyjaciółkę albo zaproś znajomych do siebie. Takie zajęcia poprawią ci humor. Początkowo możesz nie mieć ochoty na robienie niczego. Jednak jeśli zmusisz się do działania, poczujesz się lepiej, a to jest ważne nie tylko dla ciebie, ale też dla twojego dziecka i twojej rodziny.

Porozmawiaj o swoich uczuciach z partnerem. Przygotuj się też na to, aby go wysłuchać. Dość często zdarza się, że świeżo upieczony tata czuje się odrzucony, bo żona całą swoją uwagę poświęca niemowlęciu. Naturalne, choć niezbyt pomocne w takiej sytuacji bywa emocjonalne wycofanie się ojca albo narzekanie i krytykowanie mamy w okresie, kiedy najbardziej potrzebuje wsparcia. Poczucie osamotnienia może mamę rozzłościć, zasmucić albo pogrążyć w depresji, co oczywiście tylko pogorszy sytuację. Żeby uniknąć tego błędnego koła, trzeba się zdecydować na otwartą rozmowę.

Jeśli po kilku dniach twój nastrój nie poprawia się albo wręcz się pogarsza, być może cierpisz na depresję poporodową. Zwykłe przygnębienie niemal zawsze przechodzi po upływie dwóch miesięcy; depresja poporodowa może trwać bez końca. Prawdziwa depresja poporodowa dotyka 10 do 20 procent kobiet. Niekiedy jej przebieg jest tak ostry, że istnieje niebezpieczeństwo samobójstwa. Jeśli ty albo twój partner doświadczacie ostrych wahań nastroju, zwłaszcza po porodzie, od razu skontaktujcie się z lekarzem. Nikt nie wie dokładnie, co powoduje depresję poporodową, ale kobiety, które już wcześniej cierpiały na depresję, są na nią bardziej podatne.

Nie jest to problem, który można sobie po prostu wyperswadować, potrzebna jest fachowa pomoc. Możesz zacząć od rozmowy z lekarzem rodzinnym, który w razie potrzeby skieruje cię do specjalisty. Dobra wiadomość o depresji poporodowej jest taka, że można ją wyleczyć. Bardzo skuteczna bywa zarówno terapia, jak i leki antydepresyjne. Żadna mama nie powinna samotnie borykać się z tym problemem.

Uczucia ojca podczas pierwszych tygodni po porodzie. Ojciec powinien być przygotowany na mieszane uczucia w sto-

🏛 KLASYCZNY SPOCK

W pierwszych tygodniach po powrocie do domu większość rodziców stwierdza, że jeszcze nigdy w życiu nie była tak zmęczona i zestresowana. Zamartwiają się, gdy maleństwo płacze albo marudzi, podejrzewając, że kryje się za tym jakiś poważny problem. Najcichsze kichnięcie i najmniejszy ślad wysypki spędza im sen z powiek. Na palcach zakradają się do pokoiku dziecka, żeby sprawdzić, czy jeszcze oddycha. Nadmierna opiekuńczość rodziców w tym okresie jest prawdopodobnie instynktowna. Moim zdaniem natura sprawia w ten sposób, że miliony młodych rodziców na całym świecie traktują swoje nowe obowiązki poważnie, choć niektórzy są jeszcze bardzo niedojrzali. Trochę zaniepokojenia nie zaszkodzi. Na szczęście z czasem strach mija.

sunku do żony i dziecka, zarówno podczas ciąży i porodu, jak i po powrocie mamy z noworodkiem do domu. Jednocześnie jednak musi zdawać sobie sprawę, że jego emocje prawdopodobnie nie są nawet w przybliżeniu tak wzburzone jak jego żony, zwłaszcza wkrótce po wyjściu ze szpitala. U kobiety dochodzi do intensywnych zmian hormonalnych, a jeśli jest to jej pierwsze dziecko, nic nie poradzi na to, że nieustannie czuje się niespokojna. Opieka nad niemowlęciem na początku zawsze jest wyczerpująca fizycznie i emocjonalnie.

Wszystko to sprawia, że większość kobiet potrzebuje w tym okresie dużo wsparcia ze strony partnera. Oznacza to nie tylko pomoc w opiece nad noworodkiem i pozostałymi pociechami oraz w pracach domowych, ale przede wszystkim cierpliwość, zrozumienie, uznanie i miłość. Zadanie ojca komplikuje fakt, że zmęczona i zdenerwowana żona zamiast podziękować mu za jego wysiłki może narzekać i krytykować. Mimo to tata, który rozumie, jak bardzo jest potrzebny, jest w stanie opanować negatywne emocje i zaakceptować rolę osoby udzielającej wsparcia.

WSPÓŁŻYCIE SEKSUALNE PO PORODZIE

Ciąża i poród mogą na pewien czas zakłócić współżycie seksualne młodych rodziców. Pod koniec ciąży znalezienie wygodnej i satysfakcjonującej pozycji może się okazać trudne. Po porodzie zaś następuje naturalny okres dyskomfortu, powracania ciała kobiety do stanu sprzed ciąży, zmian hormonalnych. Nie bez znaczenia jest również zaabsorbowanie ciężką pracą, jaką jest opieka nad noworod-

kiem, spowodowane nią zmęczenie i nieprzespane noce. Na wiele dni, tygodni, a nawet miesięcy seks schodzi na dalszy plan.

Popęd płciowy mężczyzny może w tym okresie ulec zahamowaniu. Przyczyną może być po prostu zmęczenie. Ponadto nie wszyscy potrafią odczuwać pożądanie partnerki w jej nowej roli – niektórzy mężczyźni mają kompleks Madonny i ladacznicy: trudno im przyjąć do wiadomości, że kobieta może być zarówno matką, jak i kochanką. Zmiana perspektywy wywołuje u nich głęboki konflikt emocjonalny, czują się rozdarci pomiędzy dwoma pozornie sprzecznymi uczuciami. (Podobnie niektórzy z nas nie potrafią wyobrazić sobie własnych rodziców uprawiających seks, pomimo iż sami jesteśmy najlepszym dowodem, że to robią.)

Jeśli pogodzicie się z myślą, że nie od razu wznowicie współżycie, jego chwilowy brak nie będzie się wydawał alarmujący. Tymczasowa rezygnacja ze stosunków seksualnych nie oznacza, że nie możecie okazywać sobie czułości. Poświęćcie trochę czasu na przytulanie się, pocałunki, romantyczne słowa, pełne uznania spoj-

rzenia, drobne prezenty i kwiaty wręczane bez specjalnej okazji.

Powodzenie w wychowywaniu dzieci i w małżeństwie wymaga znalezienia równowagi pomiędzy rodzicielstwem a innymi aspektami życia. Niemal we wszystkich przypadkach współżycie płciowe po pewnym czasie wraca do normy. Najważniejsze, abyście w całym zamieszaniu związanym z przyjściem na świat dziecka nie zapomnieli o tym, jak bardzo się kochacie i jak bardzo wam na sobie zależy. Postarajcie się wyrażać miłość słowami i dotykiem. Czytajcie sobie na głos wiersze, idźcie razem na spacer (bez dziecka), zróbcie sobie wzajemny masaż ciepłym olejkiem, wspólnie medytujcie, zjedzcie romantyczną kolację, a przede wszystkim często się przytulajcie i całujcie.

OPIEKA NAD NIEMOWLĘCIEM

Przyjazny stosunek do dziecka. Bądźcie przyjaźnie nastawieni do niemowlęcia. Za każdym razem gdy je karmicie, przewijacie, kąpiecie, ubieracie, nosicie na rękach albo po prostu siedzicie w tym samym pokoju, sygnalizujecie mu, jak ważni jesteście dla siebie nawzajem. Mleko sprawia, że rosną kości; wy natomiast, przytulając maleństwo, wydając zabawne odgłosy i na tysiąc sposobów okazując, że jest najwspanialsze na świecie, pobudzacie je do duchowego rozwoju. Pewnie właśnie dlatego dorośli instynktownie przemawiają do niemowląt dziecięcym językiem i robią zabawne miny, nawet ci dorośli, którzy zazwyczaj zachowują się bardzo dostojnie albo stronią od towarzystwa.

Niedoświadczeni rodzice często biorą swoje obowiązki związane z opieką nad dzieckiem tak poważnie, że zapominają czerpać z nich przyjemność. Zarówno

oni, jak i dziecko coś na tym tracą. Oczywiście nie zamierzam nikogo namawiać do nieustannego zabawiania, kołysania i łaskotania malucha, kiedy tylko nie śpi. Zmęczyłby się i na dłuższą metę mogłoby go to stresować. Możecie milczeć przez większość spędzanego wspólnie czasu. Pogodna, niewymuszona serdeczność jest najlepsza dla wszystkich. Najbardziej liczy się radość, którą odczuwacie, biorąc niemowlę na ręce, pełen miłości i spokoju wyraz twarzy, kiedy na nie patrzycie, i łagodny ton głosu, kiedy do niego mówicie.

Zmysły noworodka. Kiedy dziecko się rodzi, a nawet jeszcze wcześniej, działają już (w różnym stopniu) wszystkie zmysły. Do najsprawniejszych należą zmysły dotyku i ruchu, co wyjaśnia, dlaczego noszenie na rękach, ciasne owijanie w kocyk i kołysanie ma tak uspokajający wpływ na noworodka. Dobrze rozwinięty jest również węch. Nawet nie narodzone dzieci rozpoznają zapachy w płynie owodniowym i bardzo wcześnie zaczynają preferować zapach własnej mamy.

Noworodek słyszy, ale jego mózg powoli przetwarza bodźce nerwowe reprezentujące dźwięk. Jeśli szepniecie mu coś do ucha, być może dopiero po paru sekundach zareaguje, próbując znaleźć źródło szeptu. Proces rozwoju ucha wewnętrznego sprawia, że niemowlęta lepiej słyszą wysokie tony i wolą głosy powolne i melodyjne – takie, jakimi instynktownie mówią do nich rodzice.

Noworodek także widzi, ale jest bardzo krótkowzroczny. Jego wzrok najlepiej skupia się na przedmiotach znajdujących się w odległości 20–30 centymetrów – w takiej mniej więcej odległości znajduje się twarz mamy podczas karmienia piersią. Kiedy zauważysz, że dziecko na ciebie patrzy, spróbuj wolno przesunąć głowę, a niewykluczone, że podąży za nią wzrokiem. Niemowlęta najbardziej lubią przyglądać się twarzom – są towarzyskie od pierwszych chwil życia. Ich oczy są bardzo wrażliwe na światło. Najczęściej zamyka-

ją je w normalnie oświetlonym pokoju i otwierają, kiedy światła przygasną.

Noworodek jest indywidualnością. Rodzice, którzy mają więcej niż jedno dziecko, wiedzą, że niemowlęta rodzą się z określoną osobowością. Niektóre są spokojne, inne łatwo się ekscytują. Niektóre jedzą, śpią i wydalają jak w zegarku, inne robią to nieregularnie. Niektóre wytrzymują dużą liczbę bodźców, inne potrzebują cichszego, ciemniejszego, spokojniejszego otoczenia. Kiedy czuwają, z otwartymi oczami i wyrazem koncentracji na buzi, wchłaniają informacje o otaczającym je świecie. Jedno niemowlę pozostanie czujne i nastawione na odbiór przez wiele minut, inne na zmianę obserwuje, przysypia i marudzi. Zajmując się dzieckiem, stopniowo nauczycie się, jak podtrzymać ten stan czujności, zapewniając wystarczająco dużo, ale nie za dużo, rozmowy, dotyku i zabawy. Niemowlę również będzie się uczyć, jak dać wam znać, że chce więcej albo że ma dosyć. Stopniowo zaczniecie działać jak zgrany zespół. Proces ten potrwa jednak wiele tygodni, a nawet miesięcy.

KARMIENIE I SPANIE

Karmienie. Na ten temat tak dużo jest do powiedzenia, że w części II (od strony 141) znajdują się osobne rozdziały poświęcone karmieniu piersią i butelką. Niemowlęta dobrze się rozwijają zarówno na mleku matki, jak i na mieszankach mlecznych, ale karmienie piersią jest tak korzystne dla obu stron, że warto dobrze się zastanowić przed podjęciem decyzji. Karmiąc dziecko, trzymając je na rękach, uśmiechając się i mówiąc do niego, dostarczacie pożywienia ciału, umysłowi i duszy. Jeśli wszystko układa się pomyślnie, karmienie

sprawia dziecku i rodzicom przyjemność. Niektóre dzieci od samego początku jedzą bez żadnych problemów; inne potrzebują kilku dni, żeby się przystosować. Jeśli pomimo pomocy członków rodziny i doświadczonych przyjaciół problemy z karmieniem trwają dłużej niż tydzień, dobrze jest zwrócić się o pomoc do specjalisty (patrz str. 419).

Odróżnianie dnia od nocy. Pierwszy problem związany ze spaniem, który mogą napotkać rodzice, to mylenie dnia z nocą. Noworodek woli spać w dzień, w nocy zaś czuwa. Nie ma się czemu dziwić – jest mu najzupełniej obojętne, jaka jest pora doby, jeżeli tylko się najadł, jest mu ciepło i sucho i czuje bliskość rodziców. W łonie matki i tak było dosyć ciemno, więc nie miał okazji przyzwyczaić się do podziału na noc i dzień.

Wszystkim rodzicom udzielam tej samej rady: jak najwięcej bawcie się z dzieckiem w dzień. Budźcie je na karmienie, jeśli minęło wystarczająco dużo czasu od poprzedniego posiłku. Bawcie się z nim wtedy, gdy na dworze jest jasno. W nocy postępujcie odwrotnie. Karmiąc niemowlę po zmroku, starajcie się zrobić to sprawnie i bez zbędnego zamieszania. Nie budźcie go na karmienie, chyba że istnieją jakieś medyczne wskazania ku temu. Niech jak najwcześniej się zorientuje, że dzień to czas zabawy, a noc jest spokojna i nudna. Większość dzieci między drugim a czwartym miesiącem życia umie już więcej czuwać w dzień i dłużej sypiać w nocy.

Jak długo powinno spać niemowlę?
Rodzice często zadają to pytanie. Oczywiście odpowiedzieć na nie może tylko samo niemowlę. Niektóre maluchy lubią sobie pospać, innym wystarcza zadziwiająco mało snu. Jeżeli tylko dziecko jest najedzone, dobrze się czuje, ma dużo świeżego powietrza i śpi w chłodnym pomieszczeniu, pozwólcie mu spać tak długo, jak ma ochotę.

Zazwyczaj przez pierwsze miesiące niemowlęta śpią od jednego karmienia do drugiego, pod warunkiem że dostają wystarczająco dużo pokarmu i nie cierpią na niestrawność. Zdarzają się jednak maluchy nadzwyczaj aktywne już od pierwszych dni i nie oznacza to, że coś z nimi jest nie w porządku. Jeśli właśnie takie jest wasze dziecko, nie starajcie się go zmienić.

W miarę upływu czasu okresy czuwania stają się coraz dłuższe, a drzemki coraz rzadsze. Prawdopodobnie najpierw zauważycie, że wasza pociecha częściej budzi się późnym popołudniem, a potem również o innych porach. Każde dziecko ma własny rytm snu i zazwyczaj budzi się codziennie mniej więcej o tych samych godzinach.

Nawyki związane ze spaniem. Wiele niemowląt łatwo przywyka do tego, że po karmieniu idą do łóżeczka, inne zaś właśnie po posiłku są w najbardziej towarzyskim nastroju. Sami musicie zdecydować, co lepiej pasuje do rozkładu zajęć w waszej rodzinie.

Noworodek śpi tam, gdzie się akurat znajduje. Dobrze jest zacząć przyzwyczajać go do spania we własnym łóżeczku, bez towarzystwa (chyba że planujecie wspólne spanie przez dłuższy czas), kiedy ma trzy, cztery miesiące. Pozwala to zapobiec późniejszym problemom z usypianiem. Niemowlę przyzwyczajone do noszenia na rękach i kołysania przed spaniem może oczekiwać takiego traktowania przez całe miesiące, a nawet lata. Jeśli obudzi się w nocy, nie będzie umiało samo zasnąć ponownie.

Niemowlęta potrafią przywyknąć do ciszy albo umiarkowanego hałasu. Nie ma sensu przez pierwsze dni po powrocie do domu chodzić na palcach i szeptać. Dziecko, przyzwyczajone słyszeć we śnie i na jawie normalną domową krzątaninę i ludzkie głosy, nie obudzi się podczas wizyty roześmianych znajomych, niezbyt głośnego programu radiowego albo telewizyjnego, a nawet gdy ktoś wejdzie do jego pokoju. Zdarzają się jednak niemowlęta nadwrażliwe na dźwięki. Łatwo je przestraszyć nawet najcichszym odgłosem i sprawiają wrażenie najszczęśliwszych w zupełnej ciszy. Jeśli takie jest wasze dziecko, prawdopodobnie będziecie musieli zapewnić mu spokój w czasie snu, w przeciwnym razie bowiem będzie się co chwilę budzić i marudzić.

Spanie z dzieckiem. Specjaliści często wyrażają zdecydowane opinie na ten temat, zarówno za, jak i przeciw. Ja uważam, że jest to kwestia osobistego wyboru. W wielu społecznościach na całym świecie rodzice śpią razem z dziećmi. To prawda, że osoba, która ma nadzwyczaj twardy sen albo znajduje się pod wpływem leków, narkotyków lub alkoholu, może przygnieść dziecko i udusić je. Wydaje mi się jednak, że w przypadku większości rodziców jest to bardzo mało prawdopodobne. Dużo większe jest ryzyko, że rodzice nie wyśpią się, ponieważ nieustannie będą mieli świadomość, że obok nich leży niemowlę. Nie ma żadnych dowodów na to, że wspólne spanie – albo samotne spanie – ma trwały wpływ na zdrowie fizyczne bądź emocjonalne dziecka. Najlepiej więc podjąć decyzję na podstawie tego, co jest dla was najlepsze i najwygodniejsze. Jeśli zdecydujecie się na wspólne spanie, stosujcie wymienione dalej środki ostrożności.

Dziecko może spać we własnym pokoiku od urodzenia, jeśli rodzice znajdują się na tyle blisko, żeby usłyszeć jego płacz. Pomocna może się okazać niedroga elektroniczna niania, czyli ustawiany przy łóżeczku interkom, umożliwiający podsłuchiwanie niemowlęcia. Jeśli początkowo niemowlę sypia w waszym pokoju, dobrze jest przenieść je do własnego pokoiku w wieku dwóch, trzech miesięcy, kiedy przesypia już całe noce i nie potrzebuje tak dużo uwagi. Około szóstego miesiąca niemowlę, które regularnie sypia w pokoju rodziców, może uzależnić się od takiego rozwiązania i nie chcieć zasnąć gdzie indziej. Przeniesienie go na noc do innego pokoju może się wtedy okazać trudne, choć nigdy nie jest niemożliwe.

Na brzuszku czy na wznak? Pytanie to wzbudzało niegdyś ogromne emocje,

dziś jednak zalecenia są jednoznaczne. Obowiązująca zasada brzmi: „Sen tylko na wznak". Wszystkie niemowlęta należy układać do snu na plecach, chyba że istnieją przeciwwskazania medyczne. Ta prosta zmiana pozycji pozwoliła zredukować liczbę przypadków zespołu nagłej śmierci niemowlęcia (ang. skrót SIDS) o 50 procent. (Zapytajcie lekarza albo pielęgniarkę, czy istnieje jakikolwiek powód, dla którego wasze dziecko powinno spać na brzuszku albo na boku.)

Skąd taka zmiana? Liczne badania wykazały, że ryzyko zespołu nagłej śmierci niemowlęcia, tzn. śmierci łóżeczkowej, jest mniejsze, kiedy dziecko śpi na plecach. Spanie w tej pozycji nie ma żadnego negatywnego wpływu na zdrowe niemowlęta. Większość z nich szybko przyzwyczaja się do spania na wznak. Spanie na boku nie jest tak bezpieczne jak na plecach, ponieważ dziecko może obrócić się na brzuszek. Od samego początku należy więc układać niemowlę do snu na wznak. U niemowląt, które cały czas spędzają, leżąc buzią do góry, pojawia się czasem spłaszczenie z tyłu głowy, dlatego warto kłaść dziecko na brzuszku, kiedy nie śpi i możecie je obserwować.

BEZPIECZNY SEN

Zasady, których należy przestrzegać, układając niemowlę do snu:

- ❖ Zawsze kładźcie dziecko do snu na wznak (na plecach), chyba że lekarz zaleci inaczej.
- ❖ Wyjmijcie z łóżeczka wszystkie miękkie, puszyste koce, poduszki, ochraniacze na szczebelki i inne przedmioty wykonane z materiału – stwarzają ryzyko uduszenia.
- ❖ Używajcie kołyski lub łóżeczka z certyfikatem bezpieczeństwa (patrz str. 16). W razie wątpliwości wybierzcie markę

polecaną przez organizację zajmującą się badaniami konsumenckimi, jak np. „Consumer Reports", albo skontaktujcie się z organizacją Consumer Product Safety Commission (www.cpsc.gov).

◆ Starajcie się nie ubierać i nie przykry-

wać dziecka zbyt ciepło; przegrzanie zwiększa ryzyko śmierci łóżeczkowej.

◆ Chrońcie dziecko przed dymem papierosowym, który zwiększa ryzyko śmierci łóżeczkowej i ma inne niepożądane działania.

PŁACZ

Co oznacza ten płacz? To pytanie często dręczy rodziców, którym urodziło się właśnie pierwsze dziecko. Płacz niemowlęcia oznacza co innego niż płacz starszego dziecka. Dla noworodka jest to jedyna forma komunikacji ze światem zewnętrznym i wyraża nie tylko ból albo smutek. W miarę jak maluch rośnie, ma coraz mniej powodów do płaczu, a i rodzice mniej się nim stresują, wiedzą już bowiem, czego się spodziewać.

Jednak w pierwszych tygodniach nieustannie łamiecie sobie głowę: Czy jest głodne? Czy ma mokro? Czy jest mu niewygodnie? Czy jest chore? Czy ma niestrawność? Czy czuje się samotne? Najczęstsza przyczyna płaczu, jaką jest zmęczenie, rzadko przychodzi rodzicom do głowy.

Na wiele z powyższych pytań łatwo odpowiedzieć, ale marudzenia i płaczu często nie da się wytłumaczyć. Od około drugiego tygodnia życia niemal wszystkim niemowlętom – zwłaszcza pierworodnym – przydarzają się okresy marudzenia, które możemy nazwać, ale których nie potrafimy precyzyjnie wyjaśnić. Gdy dziecko płacze regularnie o tej samej godzinie po południu lub wieczorem, mówimy o kolce. Często towarzyszy jej wzdęcie brzuszka i gazy. Jeśli dziecko grymasi o różnych porach dnia i nocy, wzdychamy i mówimy, że trafiło nam się marudne niemowlę. W odniesieniu do niemowlęcia nadzwyczaj spiętego i nerwowego używa się cza-

sem pojęcia „hipertoniczne" (w odróżnieniu od etykietki „hiperaktywnego", nadawanej czasem starszym dzieciom).

Pozornie nieuzasadniony, nie dający się ukoić płacz występuje u zdrowych dzieci na całym świecie podczas pierwszych trzech miesięcy życia. Zazwyczaj nasila się w ciągu pierwszych sześciu tygodni, po czym stopniowo słabnie. W porównaniu z niemowlętami w Stanach Zjednoczonych napady marudzenia u dzieci z krajów mniej uprzemysłowionych trwają krócej, ale i tak się zdarzają. W okresie od narodzin do ukończenia trzeciego miesiąca życia niedojrzały system nerwowy i trawienny niemowlęcia przystosowuje się do samodzielnego życia. Okres adaptacji jest dla niektórych dzieci trudniejszy niż dla innych.

Niewiele rzeczy stresuje rodziców tak bardzo jak płacz maleństwa, którego nie sposób uspokoić. Dlatego warto pamiętać, że częsty płacz w pierwszych tygodniach życia zazwyczaj mija i nie jest oznaką poważnych problemów. Jeśli się martwicie (a którzy rodzice nie martwią się o swoje dziecko?), poproście lekarza o dokładne przebadanie waszej pociechy, w razie potrzeby kilkakrotnie, tak byście byli pewni, że wszystko jest w porządku. Druga istotna rzecz, którą warto powtórzyć, bo trzeba ją dobrze zapamiętać: N i e w o l n o potrząsać niemowlęciem, żeby przestało płakać. To niebezpieczne. Więcej informacji o nieutulonym płaczu (kolka niemowląt) znajdziecie na stronie 58.

Przyczyny płaczu. Kiedyś się mówiło, że dobra matka uczy się rozpoznawać różne rodzaje płaczu niemowlęcia i wie, jak na każdy z nich zareagować. W rzeczywistości nawet najlepsi rodzice rzadko potrafią rozpoznać przyczynę płaczu wyłącznie po jego brzmieniu. Zamiast tego zgadują, co go powoduje, analizując sytuację i wypróbowując różne rozwiązania. Oto kilka możliwych przyczyn płaczu (patrz też lista na stronie 36):

◆ **Może jest głodne?** Niezależnie od tego, czy karmicie dziecko zgodnie z regularnym planem czy na żądanie, prawdopodobnie znacie mniej więcej rozkład jego posiłków i wiecie, o której godzinie je najwięcej, a o której najczęściej się budzi. Niektóre dzieci nigdy nie jedzą regularnie, przez co trudniej jest zgadnąć, czego im w danej chwili potrzeba. Jeśli podczas ostatniego karmienia dziecko zjadło połowę normalnej porcji, to może obudzić się i płakać już po godzinie, a nie – jak zazwyczaj – dopiero po trzech. Oczywiście zdarza się również, że dziecko, które zjadło dużo mniej niż normalnie, zadowolone śpi aż do następnego karmienia. Jeśli płacze wcześniej niż dwie godziny po zjedzeniu pełnego posiłku, to jest mało prawdopodobne, że przyczyną jest głód.

◆ **Może czuje potrzebę ssania?** Ssanie uspokaja niemowlęta, nawet jeśli w jego wyniku nie zaczyna płynąć mleko. Jeśli niemowlę marudzi, choć zostało dobrze nakarmione, nie ma nic złego w podaniu mu smoczka albo zachęceniu do ssania palca. W pierwszych miesiącach życia większość niemowląt ssie dla przyjemności. Z własnej woli przestają to robić w pierwszym lub drugim roku życia. Ssanie smoczka w pierwszych miesiącach życia nie powoduje długotrwałego uzależnienia (więcej informacji o smoczkach znajdziecie na stronie 22).

◆ **Może przestały mu wystarczać dotychczasowe porcje albo mama ma mniej pokarmu?** Konieczność zwiększenia ilości podawanego mleka nie pojawia się z dnia na dzień. Przez parę dni niemowlę dłużej ssie pierś albo do dna wypija każdą butelkę i rozgląda się w poszukiwaniu kolejnej. Zaczyna się budzić i płakać nieco wcześniej niż zwykle. Najczęściej dopiero po kilku dniach budzenia się z głodu zaczyna płaczem domagać się karmienia.

◆ **Może chce, żeby je przytulić?** Małe niemowlę może szczególnie potrzebować przytulania i kołysania, żeby się uspokoić. Niektórym pomaga ciasne zawinięcie w kocyk, w taki sposób, żeby nie mogły machać rączkami. Owijanie i kołysanie działa uspokajająco być może dlatego, że przypomina znajome odczucia z łona matki. Podobny efekt może mieć tzw. biały szum – jednostajny hałas odkurzacza, radia nie nastawionego na żadną stację albo jednego z rodziców mówiącego „szszsz".

◆ **Może ma mokrą albo brudną pieluszkę?** Większości niemowląt jest wszystko jedno, zwłaszcza w pierwszych miesiącach, ale niektóre bywają grymaśne. Spróbujcie przewinąć maleństwo. Jeśli używacie pieluszek tetrowych, upewnijcie się, że nie kłuje go agrafka. Zdarza się to raz na sto lat, ale sprawdzić nie zaszkodzi. Sprawdźcie też, czy wokół paluszków niemowlęcia nie owinął się włos albo nitka.

◆ **Może ma niestrawność?** Niektóre niemowlęta mają trudności z trawieniem mleka i mogą płakać godzinę lub dwie po karmieniu, kiedy następuje najbardziej intensywna faza trawienia. Jeśli karmisz piersią, zastanów się nad zmianą własnej diety – na przykład pij mniej mleka lub zrezygnuj z kofeiny. Jeśli dziecko jest karmione butelką, zapytajcie lekarza albo pielęgniarkę, czy warto zmienić mieszankę. Niektóre badania wykazują, że w wielu przypadkach przejście na mieszankę hipoalergiczną zmniejsza częstotliwość płaczu; inni specjaliści uważają, że metodę tę należy stosować jedynie wówczas, gdy występują również inne oznaki alergii, jak wysypka lub skłonność do alergii pokarmowej w rodzinie.

* **Może ma zgagę?** Większość niemowląt ulewa, niektóre więcej, inne mniej. Niektóre odczuwają przy tym ból, ponieważ kwasy żołądkowe działają drażniąco na przełyk. Niemowlęta płaczą z powodu zgagi wkrótce po karmieniu, kiedy mleko jest jeszcze w żołądku. Spróbujcie podnieść niemowlę do pozycji pionowej, żeby odbiło mu się zgromadzone w brzuszku powietrze, nawet jeśli już raz mu się odbiło. Jeśli płacz tego typu pojawia się często, powinniście wspomnieć o tym lekarzowi albo pielęgniarce. (Problem ten fachowo nazywa się chorobą refluksową przełyku lub refluksem żołądkowo-przełykowym; patrz str. 72).

* **Może jest chore?** Płacz jest niekiedy spowodowany złym samopoczuciem. Drażliwość może być oznaką rozwijającej się choroby, która dopiero się ujawni. Zazwyczaj oprócz płaczu występują inne objawy: katar, kaszel lub biegunka. Jeśli niemowlę nie tylko płacze, ale również źle wygląda, zachowuje się inaczej niż zazwyczaj, ma nienaturalny kolor skóry lub inne objawy choroby, zmierzcie mu temperaturę i skontaktujcie się z lekarzem lub pielęgniarką.

* **Może jest rozpieszczone?** Starsze dzieci bywają rozpieszczone, ale możecie być pewni, że w pierwszych miesiącach

życia niemowlę płacze dlatego, że coś mu dolega.

* **Może jest zmęczone?** Niektóre niemowlęta nie potrafią spokojnie zasnąć. Zmęczenie pod koniec każdego okresu czuwania wprawia je w stan napięcia, który nie pozwala mu zasnąć. Muszą płakać, niektóre intensywnie i głośno. Potem stopniowo lub nagle płacz cichnie i dziecko zasypia. Niemowlęta mogą reagować napięciem i drażliwością na zbyt długie okresy czuwania, a także na nadmiar bodźców, wywołany na przykład towarzystwem obcych osób, pobytem w nowym miejscu lub nawet zabawą z rodzicami. Zamiast ułatwiać, może im to utrudniać zapadnięcie w sen. Zabawianie, zagadywanie i podrzucanie tylko pogarsza sytuację. Jeśli więc maleństwo płacze pod koniec okresu czuwania, po nakarmieniu i przewinięciu, spróbujcie najpierw założyć, że jest zmęczone, i położyć je do łóżeczka. Jeśli płacz nie ustaje, spróbujcie zostawić je na parę minut, żeby dać mu szansę uspokojenia się w samotności. Niektóre przemęczone niemowlęta łatwiej odprężają się pod wpływem łagodnego ruchu – kołysania w kołysce albo wózku bądź noszenia na rękach albo w nosidełku, najlepiej w cichym, przyciemnionym pokoju. Noszenie lub kołysanie dziecka w momentach szczególnego napięcia wydaje mi się dobrym pomysłem. Niekiedy przydaje się wtedy huśtawka dla niemowląt. Niektórzy rodzice umieszczają maleństwo w foteliku samochodowym lub leżaczku na włączonej suszarce do ubrań; jej odgłos i wibracje mogą działać uspokajająco. W takich wypadkach trzeba się upewnić, że dziecko jest bezpiecznie przypięte, i mocno przymocować fotelik do suszarki, żeby nie spadł na podłogę. Jednak aktywne usypianie dziecka za każdym razem może się okazać nie-

wskazane. Niemowlę może się uzależnić i domagać takiego traktowania, a wówczas znajdziecie się w tarapatach. (W części dotyczącej kolki znajdziecie więcej informacji o dzieciach, które trudno jest uspokoić; patrz str. 58.)

USPOKAJANIE PŁACZĄCEGO NIEMOWLĘCIA

Pomocne wskazówki:
◆ Spróbujcie dziecko nakarmić lub dać mu smoczek.

◆ Przewińcie je.
◆ Przytulcie je, owińcie w kocyk i kołyszcie (n i g d y nie potrząsajcie niemowlęciem).
◆ Włączcie biały szum (odkurzacz, radio nie nastawione na żadną stację, mruczcie monotonnie).
◆ Przygaście światło lub zasłońcie okna i zmniejszcie liczbę bodźców.
◆ Pocieszcie się, że dziecku nic nie jest i że zrobiliście wszystko, co w waszej mocy. Odpocznijcie. Dajcie mu-szansę uspokojenia się w samotności.

PRZEWIJANIE

Mycie przy przewijaniu. Nie ma potrzeby mycia dziecka, jeśli pielucha jest tylko mokra. Jeśli jest brudna, można umyć pupę watą lub myjką zwilżoną czystą wodą lub mydłem w płynie dla niemowląt; można też używać chusteczek pielęgnacyjnych. Dostępne w sklepach gotowe wilgotne chusteczki są praktyczne, ale często nasączone substancjami zapachowymi i innymi środkami chemicznymi, które mogą powodować wysypkę. Dziewczynki należy zawsze wycierać od przodu do tyłu. Przewijając chłopca dobrze jest przykryć mu penis zapasową pieluszką do momentu, kiedy będziecie gotowi, żeby zapiąć pieluchę; dzięki temu nie opryska was, jeśli niespodziewanie zacznie siusiać. Dobrze jest pozostawić dziecko odkryte, tak by skóra wyschła na powietrzu. Po przewinięciu dziecka należy zawsze umyć ręce mydłem, żeby zapobiec rozprzestrzenianiu się szkodliwych drobnoustrojów.

Kiedy przewijać. Większość rodziców przewija dziecko przed karmieniem i ponownie przed położeniem go z powrotem do łóżeczka. Bardzo zapracowani rodzice mogą zaoszczędzić czas, przewijając dziecko tylko raz przy każdym karmieniu – najlepiej po nim, ponieważ niemowlęta często oddają stolec podczas jedzenia. Większości niemowląt nie przeszkadza mokra pieluszka, choć zdarzają się dzieci nadwrażliwe, które trzeba przewijać częściej. Jeśli maluch jest wystarczająco ciepło okryty, mokra pieluszka nie wydaje mu się zimna. Tylko wtedy, gdy mokre ubranka wystawione są na powietrze, parowanie powoduje, że sprawiają wrażenie zimnych.

Pieluchy jednorazowe. Większość dzisiejszych rodziców decyduje się na używanie wygodnych pieluch jednorazowych. Wchłaniają one większą ilość płynu, dlatego mogą robić wrażenie suchych, ale trzeba je zmieniać równie często jak pieluchy tetrowe. Koszt jednych i drugich jest porównywalny, jeśli korzysta się z usług pralni pieluch. Pranie pieluch tetrowych w domu kosztuje mniej, ale wymaga dużo więcej pracy. Niektóre rodziny wybierają pieluchy tetrowe ze względów ekologicznych – żeby zmniejszyć zużycie miazgi

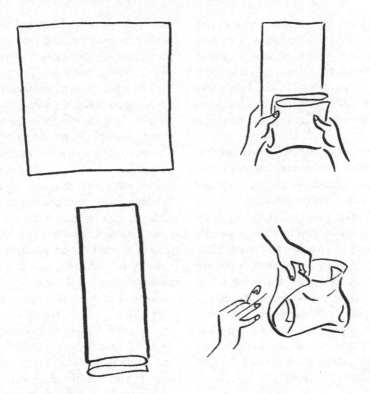

celulozowej i ilość śmieci zalegających na wysypiskach. Nie dziwi fakt, że producenci jednorazowych pieluch przekonują, iż ich produkty nie są bardziej szkodliwe dla środowiska niż pieluchy tetrowe, ale nigdy nie potrafiłem dostrzec sensu w ich argumentach. Zdarza się, że jednorazowa pieluszka pęka i wydostaje się z niej część substancji żelującej, czyli materiału pochłaniającego wilgoć. Rodzice mogą go wziąć za pasożyty albo wysypkę, ale nie jest szkodliwy.

Pieluchy tetrowe. Jeśli korzystacie z usług pralni, raz na tydzień dostaniecie torbę czystych pieluch*. Jeśli pierzecie sami, będziecie potrzebować przynajmniej dwóch tuzinów pieluch, ale chociaż zaoszczędzi-

* W Polsce usługa taka nie jest powszechnie dostępna (przyp. red.).

cie pieniądze (kosztuje to o połowę taniej niż korzystanie z pralni), stracicie dużo czasu i energii. Wielu rodziców wybiera gotowe złożone pieluchy zapinane na rzepy. Jeśli wolicie tradycyjne pieluchy, musicie pamiętać o dwóch sprawach: umieśćcie najwięcej materiału tam, gdzie będzie najwięcej moczu, i pilnujcie, aby pieluszka nie zwijała się między nogami niemowlęcia; nóżki powinny być szeroko rozłożone.

Dla przeciętnego noworodka dobre będą zwyczajne pieluchy kwadratowe albo prostokątne. Najpierw złóżcie pieluchę wzdłuż na trzy warstwy. Potem zagnijcie dolną część do środka w odległości mniej więcej jednej trzeciej od dolnej krawędzi. W rezultacie połowa złożonej pieluszki ma sześć warstw, a połowa trzy. Chłopiec potrzebuje sześciu warstw z przodu. Dziewczynka potrzebuje grubszej części z przodu, kiedy leży na brzuszku (oczywiście nie do snu, tylko do zabawy), a z tyłu, kiedy leży na pleckach. Wpinając agrafkę, wsuńcie dwa palce drugiej ręki pomiędzy skórę niemowlęcia a pieluszkę, żeby go nie ukłuć. Agrafki łatwiej przechodzą przez materiał, jeśli przechowuje się je wpięte w mydło.

W przeszłości rodzice zakładali niemowlętom wodoodporne plastikowe majteczki, żeby chronić przez zmoczeniem prześcieradło (i samych siebie). Nowoczesne majtki zakładane na pieluchy są wykonane z zaawansowanych technologicznie, przepuszczających powietrze materiałów, które zmniejszają wilgotność niemowlęcej pupy i dzięki temu zapobiegają wysypkom. Nie są jednak w stu procentach wodoodporne, zdarza się więc, że nieco przeciekną. Zamiast nich można używać dwóch pieluch. Tę drugą można owinąć w pasie jak fartuszek albo złożyć w wąski pasek i podłożyć pośrodku.

Pranie pieluch. Potrzebne wam będzie przykrywane wiaderko częściowo wypełnione wodą, do którego będziecie wkładać zabrudzone pieluszki natychmiast po zdjęciu. Boraks lub wybielacz dodane do wody w proporcji pół szklanki na cztery litry wody pomoże wywabić plamy. Przed wrzuceniem pieluszki do wiaderka kał należy usunąć do sedesu albo spłukać, wkła-

dając pieluszkę do sedesu i spuszczając wodę (pieluszkę trzeba przy tym mocno przytrzymać). Wiaderko myje się przy okazji prania pieluch. (Oczywiście jeśli korzystacie z usług pralni pieluch, wystarczy wrzucić pieluszkę wraz z zawartością do plastikowego wiaderka dostarczonego przez pralnię; pralnia odbiera wiaderko, w zamian zostawiając dużą torbę czystych pieluch.)

Pieluchy należy prać łagodnym mydłem lub łagodnym detergentem w pralce lub misce (najpierw trzeba dobrze rozpuścić środek piorący) i kilka razy płukać. Liczba płukań zależy od tego, po ilu razach woda jest czysta i jak delikatna jest skóra niemowlęcia. Jeśli skóra waszego maleństwa nie jest zbyt wrażliwa, mogą wystarczyć dwa płukania. Jeśli jednak ma skłonność do odparzeń, konieczne będą zapewne dodatkowe środki ostrożności – przynajmniej wtedy, gdy skóra jest podrażniona, a być może stale (patrz str. 74).

Jeśli pieluchy (i inne ubrania) robią się sztywne, gorzej pochłaniają wodę i szarzeją od osadu mydła (podobny osad zbiera się w okolicach odpływu wody z wanny), można je zmiękczyć i oczyścić, dodając do prania środek zmiękczający wodę. Nie należy używać zmiękczającego płynu do płukania tkanin – pozostawia on powłokę, która pogarsza własności absorpcyjne tetry.

WYPRÓŻNIENIA

Smółka. W pierwszej dobie po przyjściu na świat noworodek wydala tak zwaną smółkę, czarnozieloną, gładką i kleistą. Później stolec staje się brązowy, a następnie żółty. Jeśli maleństwo nie oddało stolca przez pierwsze dwa dni po porodzie, należy zawiadomić o tym lekarza.

Odruch żołądkowo-jelitowy. Większość niemowląt wypróżnia się wkrótce po posiłku, bo wypełnianie się żołądka pobudza pracę dalszych odcinków przewodu pokarmowego. Ta zależność nazywana jest odruchem żołądkowo-jelitowym. Wypróżnienie najczęściej następuje po śniadaniu, kiedy żołądek i jelita podejmują pracę po całonocnym odpoczynku.

W pierwszych miesiącach życia odruch ten jest czasem bardzo intensywny, zwłaszcza u niemowląt karmionych piersią, które mogą się wypróżniać po każdym posiłku. Jeszcze więcej kłopotów sprawiają te nieliczne dzieci, które zaczynają się prężyć wkrótce po rozpoczęciu ssania piersi lub butelki. Chociaż nie przynosi to żadnego efektu, dopóki mają w ustach brodawkę lub smoczek, napinają się tak bardzo, że nie są w stanie jeść. Należy poczekać piętnaście minut, aż jelita się uspokoją, a potem kontynuować karmienie.

Niemowlęta karmione piersią. Niemowlęta karmione piersią mogą się wypróżniać rzadko albo często; większość w pierwszych tygodniach życia oddaje stolec kilka razy dziennie, niektóre po każdym karmieniu. Stolec jest zazwyczaj jasnożółty i może być wodnisty, ziarnisty, o konsystencji rzadszej lub gęstszej papki. Niemal nigdy nie jest zbyt twardy.

Po ukończeniu jednego, dwóch lub trzech miesięcy życia wiele niemowląt zaczyna wypróżniać się dużo rzadziej. (Dzieje się tak, ponieważ mleko matki jest tak dobrze trawione, że w jelitach zbiera się niewiele resztek do wydalenia.) Niektóre oddają stolec raz dziennie, inne co drugi dzień lub nawet rzadziej. Może to przestraszyć rodziców, przekonanych, że każdy powinien się wypróżniać przynajmniej raz dziennie. Jednak jeżeli dziecku to nie przeszkadza, nie ma się czym martwić. Stolec niemowlęcia karmionego piersią jest tak samo miękki, kiedy wydalany jest co drugi lub trzeci dzień, a nawet rzadziej.

Niemowlęta karmione butelką. Niemowlę karmione mieszanką mleczną zazwyczaj początkowo wypróżnia się od jednego do czterech razy dziennie (choć zdarzają się niemowlęta oddające stolec i sześć razy dziennie). Z upływem czasu liczba ta zmniejsza się do jednego lub dwóch wypróżnień dziennie. Stolec niemowląt karmionych sztucznie zazwyczaj ma papkowatą konsystencję i bladożółty lub jasnobrązowy kolor. Stolec niektórych niemowląt zawsze przypomina jajecznicę (grudki w rzadszej zawiesinie). Liczba wypróżnień i kolor stolca nie mają znaczenia, jeśli jego konsystencja jest właściwa (miękka, ale nie wodnista), a dziecko dobrze się czuje i przybiera na wadze.

Najczęstszym zaburzeniem u niemowląt karmionych mlekiem krowim jest tendencja do zbyt twardych stolców. Więcej informacji o zaparciach znajdziecie na stronie 571. Nieliczne karmione sztucznie niemowlęta oddają w pierwszych miesiącach rzadki, zielonkawy, grudkowaty stolec. Jeśli konsystencja zawsze jest taka sama, można się tym nie przejmować, pod warunkiem że dziecko dobrze się czuje i normalnie przybiera na wadze, a lekarz i pielęgniarka nie stwierdzili żadnego problemu.

Wysiłek przy oddawaniu stolca. Niektóre rzadko wypróżniające się niemowlęta zaczynają po upływie dwóch lub trzech dni prężyć się i wysilać, a mimo to wydalony stolec jest miękki. Taka konsystencja kału stanowi dowód na to, że nie jest to zaparcie. Myślę, że problem wynika ze słabej koordynacji ruchów. Niemowlę jednocześnie pcha jedną grupą mięśni i powstrzymuje drugą, więc nie dzieje się nic, choć maluszek ogromnie się wysila. Problem znika, kiedy układ nerwowy niemowlęcia osiąga większą dojrzałość.

Dodanie od dwóch do czterech łyżeczek przetartych, odsączonych suszonych śliwek do diety niemowlęcia pomaga wyregulować wypróżnienia, pomimo iż nie potrzebuje ono jeszcze innych pokarmów stałych. Nie ma potrzeby podawać mu lekarstw i lepiej nie stosować czopków ani lewatyw, ponieważ jelita niemowlęcia mogą się od nich uzależnić. Spróbujcie rozwiązać problem, stosując suszone śliwki lub sok z suszonych śliwek.

Zmiany w wypróżnieniach. Jak widać, nie ma większego znaczenia, że wypróżnienia jednego niemowlęcia różnią się od wypróżnień drugiego, jeżeli każde z nich jest zdrowe. Istotniejsze są zmiany w wyglądzie stolca i to o nich należy informować lekarza albo pielęgniarkę. Na przykład zielony stolec może się pojawić niezależnie od tego, czy niemowlę jest karmione naturalnie czy sztucznie. Jeśli barwa jest zawsze taka sama, a dziecku nic nie dolega, nie ma się czym niepokoić. Zmiana stolca z papkowatego na grudkowaty, bardziej wodnisty i częstszy może oznaczać niestrawność lub łagodną infekcję jelitową. Jeśli stolec stał się zdecydowanie wodnisty, częsty, zielonkawy i zmienił zapach, niemal na pewno przyczyną jest infekcja jelitowa, łagodna lub ostra.

Ogólnie rzecz biorąc, zmiana liczby wypróżnień i konsystencji stolca jest ważniejsza niż zmiana koloru. W kontakcie z powietrzem stolec może stać się brązowy lub zielony. Nie ma to znaczenia.

Gdy niemowlę ma biegunkę, w stolcu pojawia się często śluz. Jest to po prostu oznaka podrażnienia jelit. Śluz może też wystąpić przy niestrawności albo pochodzić z wyżej położonych części ciała – gardła i oskrzeli przeziębionego niemowlęcia lub zdrowego noworodka; niektóre dzieci w pierwszych tygodniach życia produkują ogromne ilości śluzu.

Kiedy wprowadzamy do diety nowe warzywo, może ono częściowo przejść przez układ pokarmowy niemowlęcia nie strawione, tak że opuszczając go, wygląda dokładnie tak samo jak przy wejściu (rzadziej zdarza się to w przypadku innych pokarmów). Jeśli powoduje przy tym podrażnienie, objawiające się na przykład stolcem o zbyt rzadkiej konsystencji lub pojawieniem się śluzu, następnym razem podajcie mniejszą ilość. Jeśli podrażnienie ustąpi, możecie kontynuować podawanie małych ilości lub stopniowo zwiększać ilość danego warzywa, aż jelita niemowlęcia nauczą się lepiej je trawić. Buraki mogą zabarwić stolec na czerwono.

Przyczyną pasemek krwi na powierzchni stolca są zazwyczaj drobne pęknięcia w okolicach odbytu, spowodowane zaparciem. Samo krwawienie nie jest niebezpieczne, ale trzeba powiedzieć o nim lekarzowi, żeby jak najszybciej wyleczyć przyczynę.

Większe ilości krwi w stolcu zdarzają się rzadko i mogą być spowodowane wadą rozwojową jelit, ostrą biegunką lub wgłobieniem (patrz str. 569). Należy wezwać lekarza lub natychmiast zabrać dziecko do szpitala.

KĄPIEL

Kiedy kąpać? Po upływie kilku pierwszych tygodni większość niemowląt zaczyna uwielbiać kąpiele. Nie spieszcie się więc, bawcie się razem z dzieckiem. W pierwszych miesiącach zazwyczaj najwygodniej jest kąpać dziecko przed drugim karmieniem, ale równie dobrze można to zrobić przed którymkolwiek karmieniem – nie po nim, bo wtedy chcemy, żeby dziecko zasnęło. Kiedy liczba posiłków zmniejszy się do trzech dziennie, możecie kąpać dziecko przed obiadem lub przed kolacją. Starsze dziecko, które idzie spać trochę później, można wykąpać po kolacji, zwłaszcza jeśli jada ją wcześnie. Kąpcie niemowlę w ciepłym pomieszczeniu – może to być na przykład kuchnia.

Mycie gąbką. W Stanach Zjednoczonych popularne jest kąpanie niemowlęcia lub mycie go gąbką codziennie, chociaż w gruncie rzeczy nie jest to konieczne częściej niż raz lub dwa razy w tygodniu, jeśli utrzymuje się czystość w okolicy pieluszkowanej i często myje buzię. W dni, kiedy nie kąpiecie dziecka, umyjcie mu pupę gąbką. Niedoświadczeni rodzice mogą odczuwać przerażenie na myśl o wykąpaniu dziecka w wanience – niemowlę wydaje się tak bezradne, słabe i śliskie, zwłaszcza po namydleniu. Początkowo niemowlę może się czuć niepewnie w wanience, ponieważ trudno je dobrze podeprzeć. Przez pierwsze kilka tygodni, a nawet dłużej, możecie myć dziecko gąbką, jeśli dzięki temu i wy, i dziecko będziecie czuć się bezpieczniej. Większość lekarzy doradza unikanie kąpieli w wanience aż do wyschnięcia pępka. Ma to sens, choć w gruncie rzeczy nie stanie się nic strasznego, jeśli pępek się zmoczy.

Niemowlę można umyć gąbką na stole albo na kolanach. Jeśli myjecie je na twardej powierzchni, na przykład na stole, trzeba podłożyć coś miękkiego (dużą poduszkę, złożony koc lub kołdrę), żeby nie mogło się stoczyć. Uczucie toczenia się jest dla noworodka przerażające. Umyjcie twarz i głowę dziecka myjką i czystą ciepłą wodą. Raz lub dwa razy w tygodniu można użyć mydła. Lekko namydlcie te części ciała, które tego wymagają, myjką lub ręką. Potem spłuczcie mydło, przecierając całe ciało niemowlęcia wypłukaną myjką przynajmniej dwa razy, zwracając specjalną uwagę na wszelkie fałdki w skórze.

Przygotowanie do kąpieli w wanience. Przed rozpoczęciem kąpieli upewnijcie się, że macie pod ręką wszystko, co potrzebne. Jeśli zapomnicie o ręczniku, będziecie musieli iść po niego z mokrym niemowlęciem na rękach. Należy zdjąć zegarek, warto też włożyć kuchenny fartuch, który osłoni ubranie. Pod ręką trzeba mieć:

- mydło
- myjkę
- ręcznik
- waciki do nosa i uszu, jeśli ich używacie
- balsam lub krem dla niemowląt
- koszulkę, pieluchy, agrafki, koszulkę nocną lub śpioszki.

Niemowlę można wykąpać w umywalce, misce, zlewie lub plastikowej wanience. Niektóre wanienki są wyposażone w gąbkę, na której można dziecko ułożyć w odpowiedniej pozycji. Kąpanie dziecka w dużej wannie może się okazać bolesne dla kręgosłupa i nóg rodziców. Dla własnej wygody możecie ustawić miskę lub wanienkę na stole lub meblu odpowiedniej wysokości, na przykład na komodzie. Przy zlewie można usiąść na kuchennym stołku.

Woda powinna mieć mniej więcej temperaturę ciała (32–38°C). Termometr kąpielowy przydaje się niedoświadczonym rodzicom, ale nie jest niezbędny. Nawet jeśli go używacie, zawsze sprawdzajcie temperaturę wody łokciem lub nadgarstkiem. Powinna być przyjemnie ciepła, nie gorąca. Na początek nalejcie niewielką ilość wody, trzy do pięciu centymetrów, aż nabierzecie wprawy w bezpiecznym trzymaniu niemowlęcia. Żeby wanienka była mniej śliska, można ją wyłożyć ręcznikiem lub pieluchą.

Kąpiel w wanience. Trzymaj niemowlę w taki sposób, żeby jego głowa opierała się na twoim nadgarstku; palcami tej sa-

mej ręki trzymaj je bezpiecznie pod pachą. Najpierw umyj twarz dziecka miękką myjką bez mydła, potem umyj mu głowę. Mydłem wystarczy ją myć raz lub dwa razy w tygodniu. Pianę z głowy spłucz, przecierając ją dwukrotnie wilgotną myjką. Jeśli myjka jest zbyt mokra, woda z mydlinami może się dostać do oczu dziecka i szczypać. (W sprzedaży są szampony dla dzieci, które nie szczypią w oczy.) Potem myjką lub ręką umyj resztę ciała. Delikatnie myj przestrzeń pomiędzy wargami sromowymi. (Mycie obrzezanego i nieobrzezanego prącia opisano na stronie 45.) Kiedy używasz mydła, łatwiej jest namydlić niemowlę ręką niż myjką. Jeśli dziecko ma suchą skórę, lepiej używać mydła tylko raz lub dwa razy w tygodniu.

Jeśli początkowo denerwujesz się, że upuścisz dziecko do wody, namydl je na kolanach lub na stole. Potem spłucz w wanience, bezpiecznie trzymając dziecko obiema rękami. Osusz maluszka miękkim ręcznikiem, starając się dotykać skóry, ale jej nie trzeć. Jeśli pępek jeszcze się nie zagoił, po kąpieli wysusz go dokładnie wacikami.

Balsam lub krem dla niemowląt. Miło jest po kąpieli posmarować niemowlę balsamem, a i niemowlęciu sprawia to przyjemność, ale tak naprawdę zazwyczaj nie jest to konieczne. Balsam dla niemowląt może być pomocny, gdy skóra jest sucha lub występują łagodne odparzenia. Rzadziej używa się oliwek dla dzieci i olejów mineralnych, ponieważ mogą czasem powodować łagodną wysypkę. Należy unikać pudru dla niemowląt zawierającego talk, który szkodzi na płuca. Puder składający się wyłącznie ze skrobi kukurydzianej jest niemal tak samo skuteczny, a dużo bezpieczniejszy.

CZĘŚCI CIAŁA

Skóra. U noworodków mogą wystąpić najrozmaitsze rodzaje plamek i wysypek, z których większość przechodzi sama albo blednie do tego stopnia, że trudno je dostrzec. Jednak niektóre sygnalizują poważną chorobę, warto więc zwrócić się do lekarza lub pielęgniarki, jeśli zauważycie jakąś niepokojącą wysypkę. Więcej informacji o wysypkach (w tym o pieluszkowym zapaleniu skóry) i znamionach można znaleźć na stronie 48.

Uszy, oczy, usta, nos. Należy myć małżowinę i wejście do przewodu słuchowego, ale nie wnętrze ucha. Używajcie tylko myjki, nie patyczków higienicznych, które wpychają woskowinę głębiej do ucha. Woskowina powstaje w przewodzie słuchowym, żeby go chronić i utrzymywać w czystości. Oczy są stale przemywane łzami (nie tylko wtedy, gdy dziecko płacze). Dlatego zbędne jest zapuszczanie kropel do zdrowych oczu. Usta zazwyczaj nie wymagają specjalnych zabiegów.

Nos jest wyposażony w znakomity system oczyszczania. Maleńkie, niewidoczne włoski pokrywające komórki wyściełające wnętrze nosa nieustannie przesuwają śluz w dół, gdzie zbiera się na większych włoskach w pobliżu dziurek. Wywołuje to łaskotanie, więc dziecko kicha albo wyciera nosek rączką. Osuszając niemowlę po kąpieli, można nawilżyć, a następnie delikatnie zetrzeć grudkę zaschniętego śluzu rogiem myjki. Jeśli dziecko niecierpliwi się przy tej czynności, nie należy poświęcać na nią zbyt wiele czasu.

Niekiedy, zwłaszcza gdy w domu włączone jest ogrzewanie, w nosie małych dzieci gromadzi się tyle zaschniętego śluzu, że utrudnia im to oddychanie. Przy każdym wdechu dolna część klatki piersiowej zapada się. Starsze dziecko lub dorosły zaczął by w takiej sytuacji oddychać przez usta, ale większość niemowląt nie potrafi utrzymać otwartej buzi. Sposoby czyszczenia zatkanego noska opisano na stronie 530.

Paznokcie. Paznokcie można obciąć, gdy niemowlę śpi. Łatwiej jest to zrobić obcinaczem do paznokci niż nożyczkami. Pilniczek nie pozostawia ostrych krawędzi, którymi niemowlę może podrapać sobie buzię, kiedy wymachuje rączkami. Nie ryzykuje się przy tym uszczypnięcia ani skaleczenia paluszka. Jeśli piłując, będziecie śpiewać piosenki, skracanie paznokci może się stać przyjemnym zajęciem.

Ciemiączko. Na czubku głowy niemowlęcia znajduje się ciemiączko – miękkie miejsce, gdzie kości czaszki jeszcze się nie zrosły. Wielkość ciemiączka jest różna u różnych niemowląt. Duże ciemiączko nie jest powodem do zmartwienia, choć prawdopodobnie będzie się zrastać dłużej niż małe. Niekiedy ciemiączko znika już w dziewiątym miesiącu życia; niektóre pozostają otwarte aż do ukończenia dwóch lat. Przeciętnie ciemiączko zrasta się w ciągu dwunastu–osiemnastu miesięcy.

Rodzice niepotrzebnie boją się dotykać ciemiączka. Jest pokryte błoną wytrzymałą jak brezent i nie istnieje niebezpieczeństwo zranienia dziecka normalnym dotykiem. We właściwym świetle widać, jak ciemiączko pulsuje z częstotliwością pośrednią pomiędzy rytmem oddechu a biciem serca.

Pępek. W łonie matki pępowina doprowadza do organizmu dziecka krew zawierającą substancje odżywcze. Tuż po porodzie lekarz podwiązuje pępowinę i odcina ją w pobliżu ciała niemowlęcia. Pozostawiony kikut wysycha i w końcu odpada, zazwyczaj po dwóch–trzech tygodniach, choć może to potrwać dłużej.

Po odpadnięciu kikuta pozostaje ranka, która goi się kilka dni lub tygodni. Wystarczy dbać, żeby była czysta i sucha, co zapobiegnie zakażeniu. Na suchej rance tworzy się strup, który okrywa ją aż do zagojenia. Opatrunek jest zbędny, bez niego łatwiej rankę wysuszyć. Po odpadnięciu kikuta można zacząć kąpać noworodka w wanience. Dopóki rana się nie zagoi, po kąpieli należy pępek osuszyć ręcznikiem albo wacikami. Kilka dni przed odpadnięciem kikuta może wystąpić nieznaczne krwawienie lub wysięk, niekiedy utrzymujące się aż do całkowitego wygojenia. Jeśli strup zostanie zerwany ubrankiem, może się pojawić parę kropel krwi, ale nie ma powodu się tym martwić.

Pieluszka nie powinna zakrywać nie zagojonego pępka, utrudnia to bowiem utrzymanie go w suchości. Jeśli nie zagojony pępek jest wilgotny i sączy się z niego wydzielina, trzeba szczególnie uważać, aby nie drażniła go mokra pieluszka, a fałdy skóry wokół pępka codziennie czyścić wacikiem nasączonym roztworem spirytusu. Jeśli gojenie jest powolne, w rance mogą się pojawić grudki zwane tkanką ziarninową, ale nie jest to powód do niepokoju. Lekarz może zastosować środek przyspieszający wysychanie i gojenie się pępka.

Zaczerwienienie okolic pępka i wydzielina o nieprzyjemnym zapachu może być objawem zakażenia. Infekcja może być poważna, dlatego należy natychmiast skontaktować się z lekarzem lub pielęgniarką.

Prącie. Napletek to fałd skóry okrywający żołądź prącia. Ujście napletka jest na tyle duże, żeby przepuścić mocz, ale jednocześnie na tyle małe, żeby chronić końcówkę członka przed odparzeniami. (Na stronie 574 opisano podrażnienie czubka penisa.)

Gdy niemowlę rośnie, napletek zaczyna oddzielać się od żołędzi, aż w końcu można go ściągnąć. Proces ten trwa zazwyczaj około trzech lat. U niektórych chłopców napletka nie można całkowicie zsunąć nawet do okresu dojrzewania, ale nie powinno to być powodem do zmartwień. Rutynowe mycie, nawet bez odciągania napletka, wystarczy, żeby utrzymać penis w czystości.

Na krawędzi napletka można zauważyć białą, woskowatą substancję (mastkę). Jest to zupełnie normalne. Mastka to wydzielina gruczołów znajdujących się po wewnętrznej stronie napletka. Stanowi naturalny środek nawilżający przestrzeń pomiędzy napletkiem a żołędzią.

Obrzezanie. Podczas obrzezania obcina się napletek, pozostawiając żołądź odsłoniętą. Obrzezanie najczęściej przeprowadza się w pierwszych tygodniach życia. Nie wiadomo dokładnie, skąd wziął się zwyczaj obrzezania, ale praktykuje się je od co najmniej czterech tysięcy lat, w wielu częściach świata i z wielu powodów. Dla żydów i muzułmanów ma znaczenie religijne. W niektórych kulturach rytualne obrzezanie w okresie dojrzewania oznacza wejście chłopca w dorosłość.

W Stanach Zjednoczonych powszechnie stosuje się obrzezanie z innych przyczyn. Niektórzy rodzice martwią się, że ich syn nie będzie chciał się odróżniać od obrzezanego ojca lub starszych braci. Zdaniem wielu lekarzy normalne nagromadzenie mastki pod napletkiem może niekiedy powodować łagodne zapalenia albo infekcje, chociaż rutynowe mycie zapobiega tym problemom równie skutecznie jak obrzezanie. Naukowcy uważali kiedyś, że żony nieobrzezanych mężczyzn są bardziej narażone na raka szyjki macicy, teorię tę obaliły jednak nowsze badania. Nieobrzezani chłopcy nieco częściej niż ich obrzezani rówieśnicy przechodzą w dzieciństwie infekcje pęcherza i nerek. Większość lekarzy zgadza się dziś, że nie istnieje medyczne uzasadnienie rutynowego obrzezania, a liczba tych zabiegów spadła w ostatnim dziesięcioleciu.

Jeśli rozważacie obrzezanie, powinniście wiedzieć, że jest to bezpieczny zabieg. Istnieje niewielkie ryzyko wystąpienia krwawienia lub zakażenia, ale łatwo mu zaradzić. Obrzezanie jest oczywiście bolesne, więc wielu lekarzy stosuje miejscowy zastrzyk lub inne rodzaje znieczulenia. Stres związany z operacją zazwyczaj mija mniej więcej po dwudziestu czterech godzinach. Jeśli niemowlę źle się czuje dłużej niż dobę, prącie stale krwawi albo jest opuchnięte, natychmiast zgłoście to lekarzowi. Plamka krwi lub kilka plamek na kilku kolejnych pieluchach oznacza tylko, że zdarty został niewielki strupek.

Higiena prącia. Prawidłowa higiena intymna jest ważna już od pierwszych dni życia, niezależnie od tego, czy prącie jest obrzezane czy nie. Stanowi część procesu uczenia się przez dziecko ogólnych zasad higieny osobistej. Jeśli niemowlę nie zostało obrzezane, prącie należy myć pod-

czas każdej kąpieli. Nie trzeba traktować napletka w jakiś specjalny sposób, delikatne obmycie zewnętrznej części usunie nadmiar nagromadzonej mastki. Niektórym rodzicom szczególnie zależy na upewnieniu się, że napletek i żołądź są tak czyste, jak to tylko możliwe. W takim przypadku można umyć część pod napletkiem, zsuwając go bardzo delikatnie, do napotkania oporu. Nigdy nie należy ściągać napletka na siłę. Jest to bolesne i może prowadzić do zakażenia lub innych komplikacji. Stopniowo napletek będzie można zsuwać coraz dalej.

Jeśli niemowlę zostało obrzezane, w okresie gojenia się rany należy często zmieniać pieluchę. Zmniejszy to ryzyko podrażnienia przez mocz i kał. W okresie gojenia, który trwa około tygodnia, należy postępować zgodnie z zaleceniami lekarza: wytłumaczy on, jak radzić sobie z opatrunkiem, kąpielą i osuszaniem, używaniem maści lub balsamu. Po zagojeniu rany prącie należy myć tak samo jak inne części ciała.

Niemowlęta często miewają wzwód, zwłaszcza przy pełnym pęcherzu, podczas oddawania moczu lub bez oczywistego powodu. Nie ma to znaczenia.

TEMPERATURA, ŚWIEŻE POWIETRZE I SŁOŃCE

Temperatura w mieszkaniu. Podczas jedzenia i zabawy temperatura od 18 do 20°C jest odpowiednia dla niemowląt ważących ponad 2,5 kilograma, podobnie jak dla starszych dzieci i dorosłych. Mniejszym niemowlętom trudniej jest kontrolować temperaturę ciała i dlatego mogą wymagać wyższej temperatury i dodatkowych warstw ubrania. Bardzo małe niemowlęta najlepiej kontrolują temperaturę ciała w kontakcie fizycznym z jednym

z rodziców. Należy unikać zimnych i ciepłych przeciągów powodowanych przez klimatyzację lub otwory wentylacyjne.

W zimne dni powietrze na dworze zawiera bardzo mało wilgoci. Kiedy takie powietrze ogrzeje się w domu, działa jak sucha gąbka, wchłaniając wilgoć ze skóry i nosa. Zaschnięty śluz utrudnia niemowlętom oddychanie i może obniżyć ich odporność na drobnoustroje. Pomocne w takiej sytuacji będzie każde źródło wilgoci: rośliny doniczkowe, naczynie z wodą ustawione na kaloryferze, nawilżacz (patrz str. 556). Im wyższa temperatura w mieszkaniu, tym bardziej wysuszająco działa powietrze.

Czasem niedoświadczeni rodzice, powodowani naturalnym niepokojem i nadopiekuńczością, zamiast zapewnić dziecku wystarczająco chłodne powietrze, ciepło je okrywają, chociaż w pokoju i tak panuje zbyt wysoka temperatura. W takich warunkach niektóre niemowlęta dostają potówek nawet w zimie. Nie należy też zapominać, że przegrzanie zwiększa ryzyko zespołu nagłej śmierci niemowlęcia.

Jak ciepło należy dziecko ubierać?

U zdrowego niemowlęcia biologiczny termostat działa równie skutecznie jak u dorosłego człowieka, jeżeli nie zostało zapakowane w tyle warstw ubranek i kocyków, że utraciło naturalną zdolność regulowania temperatury ciała. Niezbyt chude niemowlęta i dzieci należy ubierać lżej niż dorosłych. Niemowlęta częściej są ubierane za ciepło niż za lekko, chociaż im to nie służy. Ciało osoby, która zawsze jest zbyt grubo ubrana, nie potrafi dostosować się do temperatury otoczenia i łatwiej marznie. Dlatego zazwyczaj lepiej ubrać dziecko w mniej warstw i obserwować je. Nie próbujcie ubierać dziecka tak grubo, żeby miało ciepłe rączki; dłonie większości prawidłowo ubranych niemowląt pozostają chłodne. Sprawdźcie temperaturę nóg, ramion lub karku. Najlepszą wskazówką jest kolor twarzy – niemowlętom, którym jest zbyt zimno, bledną policzki. Mogą też marudzić.

Jeśli na dworze jest zimno, bardzo ważna jest ciepła czapeczka, ponieważ niemowlęta tracą mnóstwo ciepła przez głowę. Do spania w bardzo zimne dni należy wybrać czapeczkę z dzianiny, przez którą niemowlę będzie mogło oddychać, jeśli przez sen zsunie mu się ona na buzię.

Wkładając dziecku sweter czy koszulkę z małym wycięciem na głowę, pamiętajcie, że jego główka kształtem bardziej przypomina jajko niż piłkę. Zbierzcie sweter przy szyi, nasuńcie najpierw na tył głowy, a potem do przodu, rozciągając je przy przesuwaniu nad czołem i noskiem. Na koniec włóżcie ręce dziecka w rękawy. Rozbieranie zacznijcie od wyjęcia rąk z rękawów. Zbierzcie sweter przy szyi, przesuńcie przednią część wycięcia w górę nad nosem i czołem, podczas gdy tył nadal spoczywa na karku. Następnie przesuńcie całą główkę przez wycięcie.

Kocyki. Kiedy niemowlę śpi w chłodnym pokoju (15–18°C), najlepszym okryciem jest kocyk lub śpiworek, ciepły i łatwy do uprania. Niemowlę łatwiej jest owinąć i opatulić w szal z dzianiny niż w kocyk, zwłaszcza gdy nie śpi. Cienkim szalem łatwiej jest też regulować temperaturę niż grubym kocykiem. Unikajcie ciężkich okryć, na przykład kołder. W ciepłym pokoju (ponad 22°C) lub w ciepły dzień niemowlę wystarczy przykryć bawełnianym prześcieradełkiem. Wszystkie kocyki, kołderki i prześcieradełka powinny być na tyle duże, żeby ich boki można było wsunąć pod materac. Luźne okrycia stwarzają niebezpieczeństwo uduszenia.

Świeże powietrze. Zmiany temperatury powietrza sprawiają, że organizm uczy się przystosowywać do zimna i gorąca. Urzędnik bankowy szybciej zmarznie zimą na dworze niż drwal przyzwyczajony do takiej pogody. Niemowlę przebywające stale w ciepłym pokoju zazwyczaj jest blade i może mieć słaby apetyt. Jeśli waży więcej niż 3,5 kilograma, na pewno można je zabrać na dwór przy temperaturze wynoszącej 15 lub więcej stopni. Temperatura powietrza nie jest jedynym czynnikiem, który należy brać pod uwagę. Wilgotne powietrze ziębi bardziej niż suche powietrze o tej samej temperaturze, a najbardziej ziębi wiatr. Nawet w niższych temperaturach niemowlę, którego masa ciała przekracza 5 kilogramów, może dobrze się czuć w słonecznym, osłoniętym od wiatru miejscu, jeśli jest właściwie ubrane.

Jeśli mieszkacie w mieście i nie macie ogródka, do którego moglibyście wystawić niemowlę, możecie zabrać je na spacer w wózku. Jeśli przyzwyczaicie się do noszenia go w nosidełku na brzuchu albo plecach, nabierzecie kondycji, która przyda się wam, gdy dziecko podrośnie. Maleństwu spodobają się takie wycieczki, podczas których może się rozglądać albo spać. Jeśli sprawia wam przyjemność przebywanie na dworze i macie na to czas, róbcie to jak najczęściej.

Słońce i opalanie. Organizm potrzebuje światła słonecznego, żeby produkować aktywną witaminę D. Niemowlęta, które nie mogą przebywać w słonecznym pokoju lub na dworze, powinny otrzymywać niezbędną dawkę witaminy D w mieszance mlecznej lub w postaci kropli (patrz str. 156). Niestety światło słoneczne naraża dzieci na działanie promieni ultrafioletowych, które po wielu latach mogą spowodować raka skóry. Małe dzieci są szczególnie wrażliwe, ponieważ ich skóra

jest cienka i zawiera stosunkowo niewiele melaniny – pigmentu chroniącego skórę przed szkodliwym działaniem promieni UV. Niemowlęta o ciemnej skórze są mniej narażone niż te o jasnej cerze i jasnych albo rudych włosach. Najbardziej trzeba uważać na plaży, basenie i w łódce, gdzie promienie ultrafioletowe nie tylko padają z góry, ale też odbijają się od wody.

Dermatolodzy zalecają, by dorośli i dzieci stosowali środki z filtrem przeciwsłonecznym co najmniej 15; osoby o cerze bardziej wrażliwej na słońce powinny używać środka przeciwsłonecznego z wyższym filtrem. Preparaty przeciwsłoneczne są bezpieczne dla niemowląt, ale dziecko, które będzie przebywać na słońcu dłużej niż kilka minut, należy dodatkowo okryć: powinno mieć kapelusik z szerokim rondem, wykonany z materiału nie przepuszczającego promieni słonecznych, oraz długie spodenki i koszulkę z długimi rękawami. Nawet przy zachowaniu tych środków ostrożności niemowlę o jasnej cerze nie powinno zbyt długo przebywać w pobliżu wody, ponieważ odbite promienie również są szkodliwe. (Na str. 507 znajdziecie więcej informacji o ochronie przed słońcem.) Kąpiele słoneczne – wystawianie skóry na działanie promieni ultrafioletowych w celu uzyskania opalenizny – są niezdrowe w każdym wieku.

🏛 KLASYCZNY SPOCK

Niemowlęciu (jak zresztą każdemu) dobrze robi przebywanie na dworze przez dwie – trzy godziny dziennie, zwłaszcza w tych porach roku, kiedy w domu włączone jest ogrzewanie. Wychowałem się, a później praktykowałem jako pediatra w północno-wschodniej części Stanów Zjednoczonych, gdzie większość sumiennych rodziców przyjmowała za pewnik, że niemowlęta i starsze dzieci powinny przebywać na dworze przez dwie do trzech godzin dziennie. Dzieci uwielbiają bawić się na dworze, mają potem różowe policzki i dobry apetyt. Dlatego muszę wierzyć w tę tradycję.

NAJCZĘSTSZE ZMARTWIENIA RODZICÓW NOWORODKA

Znamiona. Niewiele noworodków rodzi się bez żadnego znamienia. Lekarz, który znamiona wrodzone widuje codziennie, może nie pomyśleć o tym, że warto wyjaśnić rodzicom, że z medycznego punktu widzenia nie mają one żadnego znaczenia i z czasem prawdopodobnie same znikną. Jeśli macie jakiekolwiek wątpliwości, porozmawiajcie o nich z lekarzem.

Uszczypnięcia bociana i pocałunki anioła. Wiele niemowląt rodzi się z jedną lub kilkoma czerwonymi plamkami o nieregularnym kształcie na karku (tzw. „uszczypnięcie bociana"), górnej powiece (tzw. „pocałunek anioła") albo pomiędzy brwiami. Są to naczyniaki płaskie, skupiska małych naczynek krwionośnych, które rozrosły się pod wpływem hormonów przenikających do organizmu dziecka w łonie mamy. Większość z nich stopniowo sama znika (choć naczyniaki na karku mogą pozostać) i nie wymaga leczenia.

Płaskie naczyniaki w kolorze czerwonego wina. Obszary skóry o głębokiej czerwonej barwie mogą występować na skroniach i policzkach lub innych częściach ciała. Niektóre z tych plam znikają, zwłaszcza te jaśniejsze; inne pozostają. Obecnie niektóre większe naczyniaki tego typu leczy się laserowo. Niekiedy mogą stanowić objaw innych schorzeń.

Przebarwienia skóry. Szaroniebieskie przebarwienia skóry nazywano niegdyś plamami mongolskimi, choć występują one u niemowląt wszystkich narodowości, zwłaszcza tych o ciemnej karnacji. Często pojawiają się w okolicach pośladków, ale mogą występować na całym ciele. Są to po prostu miejsca, w których w zewnętrznej warstwie skóry zgromadziło się zbyt dużo pigmentu. Niemal zawsze znikają bez śladu w ciągu pierwszych dwóch lat życia.

Pieprzyki. Pieprzyki mogą mieć rozmaite rozmiary i mogą być gładkie lub owłosione. Należy je pokazać lekarzowi albo pielęgniarce, szczególnie jeśli zaczęły rosnąć lub zmieniać barwę. Większość pieprzyków jest całkowicie łagodna, choć niektóre mogą w późniejszych latach przekształcić się w nowotwór. Można je usunąć operacyjnie, jeśli są potencjalnie niebezpieczne, szpecące lub drażni je ubranie.

Naczyniaki w kształcie truskawki i naczyniaki jamiste. Naczyniaki w kształcie truskawki są dość częste. Zazwyczaj pojawiają się one dopiero w pierwszym roku życia. Początkowo są blade, następnie stopniowo przybierają wypukły kształt o intensywnej karmazynowej barwie, przypominający lśniącą truskawkę. Zmiany tego typu zazwyczaj powiększają się przez rok, potem zaś same przestają rosnąć i zaczynają się kurczyć aż do całkowitego zniknięcia. Ogólnie rzecz biorąc, połowa z nich znika przed ukończeniem piątego roku życia, 70 procent przed ukończeniem siódmego roku życia i 90 procent przed ukończeniem dziewiątego roku życia. Czasem konieczne jest leczenie laserowe lub operacyjne, ale najlepiej pozwolić działać naturze. Zapytajcie o zdanie swojego lekarza. Naczyniaki jamiste to stosunkowo duże niebieskoczerwone zmiany powodowane przez skupienia rozszerzonych żył głęboko w skórze. Czasem znikają same, a w razie potrzeby można je usunąć.

Pęcherzyki od ssania. Niektóre dzieci rodzą się z pęcherzykami na wargach, rękach lub nadgarstkach. Powoduje je ssanie palca lub ręki w łonie mamy. U innych dzieci już po urodzeniu pojawiają się suche białe pęcherzyki od ssania pośrodku wargi. Niekiedy pęcherzyki te odpadają. Zmiany tego typu z czasem znikają same, nie wymagają żadnego leczenia.

Sine palce u rąk i nóg. Ręce i stopy wielu noworodków mają sinawe zabarwienie, zwłaszcza gdy jest im chłodno. Niektóre niemowlęta o jasnej karnacji mają niebieskawe cętki na całym ciele, kiedy się je rozbierze. Takie zmiany koloru są powodowane wolnym krążeniem krwi w skórze i nie są objawem choroby. Niemowlęta często mają też sinawe wargi. Siny odcień dziąseł lub skóry wokół warg może sygnalizować niski poziom tlenu we krwi, zwłaszcza jeśli towarzyszą mu problemy z oddychaniem lub jedzeniem. Jeśli zauważycie takie objawy, skontaktujcie się z lekarzem albo pielęgniarką.

Żółtaczka. Żółtaczka występuje u wielu noworodków. Choroba ta objawia się żółtawym zabarwieniem skóry i oczu. Żółtą barwę powoduje bilirubina, substancja powstająca przy rozpadzie czerwonych krwinek. Zazwyczaj bilirubina jest wychwytywana przez wątrobę i wydalana wraz ze stolcem (któremu nadaje brązowożółty kolor). Jednak wątroba noworodka jest jeszcze niedojrzała, a jelita przez pierwszych parę dni życia mogą być mało aktywne, więc bilirubina pozostaje we krwi, nadając skórze żółtą barwę.

Lekka żółtaczka występuje bardzo często. Mija w ciągu pierwszych paru dni i nie powoduje żadnych komplikacji. W rzadkich przypadkach, kiedy produkcja bilirubiny jest nadzwyczaj szybka albo wątroba reaguje nadzwyczaj wolno, stężenie bilirubiny może niebezpiecznie wzrosnąć. Stężenie bilirubiny w kropli krwi łatwo jest zmierzyć, a leczenie za pomocą specjalnych naświetlań (które powodują rozpad bilirubiny) pozwala utrzymać stężenie tej substancji w normie. Jeśli niemowlę wydaje się żółte w pierwszym tygodniu życia, zwróćcie na to uwagę lekarza lub pielęgniarki.

Czasem żółtaczka utrzymuje się dłużej niż przez jeden albo dwa tygodnie. Zazwy-

czaj dotyczy to dzieci karmionych piersią. Niektórzy lekarze zalecają całkowite zaprzestanie karmienia piersią na dzień lub dwa. Inni zalecają kontynuację, a nawet bardziej intensywne karmienie piersią. Poprawa następuje niezależnie od przyjętej strategii. Niezmiernie rzadko żółtaczka, która utrzymuje się przez dłuższy czas, jest objawem przewlekłej choroby wątroby, którą trzeba rozpoznać, przeprowadzając specjalistyczne badania.

Problemy z oddychaniem. Świeżo upieczeni rodzice zazwyczaj niepokoją się oddechem dziecka, który często jest nieregularny, a niekiedy tak płytki, że trudno go usłyszeć albo zaobserwować. Mogą się też martwić, słysząc, jak niemowlę lekko chrapie. Zarówno jedno, jak i drugie zjawisko jest normalne. Jeśli jednak macie jakiekolwiek wątpliwości w związku z oddychaniem dziecka, zawsze warto skonsultować się z lekarzem lub pielęgniarką.

Przepuklina pępkowa. Po zagojeniu się pępka w głębszej, mięśniowej warstwie brzucha często pozostaje otwór, przez który przechodziła pępowina. Kiedy niemowlę płacze, przez otwór ten wypychany jest kawałek jelita, sprawiając, że pępek wysuwa się do przodu. Zjawisko to nazywa się przepukliną pępkową. Kiedy otwór jest niewielki, guz przepukliny jest nie większy niż groszek, a otwór zamyka się w ciągu kilku tygodni albo miesięcy. Kiedy otwór jest większy, guz może być większy od wiśni i zamykać się przez wiele miesięcy, a nawet lat.

Kiedyś uważano, że można przyspieszyć proces zamykania się otworu przepuklinowego, przyklejając do pępka monetę, żeby nie wysuwał się do przodu. W rzeczywistości nie robi to żadnej różnicy. Innym zalecanym niegdyś sposobem było powstrzymywanie niemowlęcia od płaczu, co w praktyce jest niemożliwe i również nie pomaga. W odróżnieniu od innych rodzajów przepuklin, przepuklina pępkowa niemal nigdy nie powoduje żadnych komplikacji i z czasem znika. Jeśli w wieku sześciu–ośmiu lat otwór nadal jest duży i nie zmniejsza się, lekarz może zalecić zabieg chirurgiczny. Bardzo rzadko się zdarza, że w miejscu przepukliny pępkowej pojawia się twarda, bolesna opuchlizna. Wymaga ona natychmiastowej konsultacji z lekarzem (jednak zdarza się to niezwykle rzadko).

Obrzmienie sutków. Wiele noworodków – tak chłopców, jak i dziewczynek – ma przez pewien czas po porodzie obrzmiałe sutki, z których wydobywa się niekiedy trochę mleka (kiedyś nazywano je „mlekiem czarownic", choć nie mam pojęcia, dlaczego). Jest to efekt działania hormonów mamy, które w jej łonie przeniknęły do organizmu dziecka. Stan ten nie wymaga żadnej interwencji, a obrzmienie samo z czasem zniknie. Sutków nie należy masować ani wyciskać, ponieważ może je to podrażnić i doprowadzić do infekcji.

Wydzielina z pochwy. U noworodków płci żeńskiej często występuje gęsta, klesta biała wydzielina. Powodują ją hormony mamy (te same, przez które niemowlęta miewają obrzmiałe sutki). Wydzielina znika sama i nie wymaga leczenia. W wieku kilku dni u wielu dziewczynek może się pojawić lekkie krwawienie z pochwy. Przypomina miesiączkę i wywoływane jest przez fakt, że po porodzie hormony mamy przestają działać na organizm dziecka. Zazwyczaj krwawienie trwa tylko jeden dzień. Jeśli nie ustało po upływie pierwszego tygodnia życia, należy skontaktować się z lekarzem albo pielęgniarką.

Niezstąpienie jąder. U niektórych noworodków płci męskiej jedno albo oba jądra nie zeszły do moszny (worka, w którym normalnie się znajdują), ale pozostały w kanale pachwinowym albo nawet wyżej, w jamie brzusznej. W wielu przypadkach jądra schodzą do moszny wkrótce po porodzie.

Łatwo jest dojść do mylnego wniosku, że jądro nie zeszło do moszny. Jądra powstają w jamie brzusznej i dopiero krótko przed porodem zstępują do moszny. Przyczepione są do mięśni, które w każdej chwili mogą wciągnąć je z powrotem do pachwiny albo nawet do brzucha. Chroni to jądra przed urazem w wyniku przypadkowego uderzenia. Jądra wielu chłopców cofają się pod wpływem najlżejszego bodźca. Nawet ochłodzenie skóry po rozebraniu może sprawić, że z powrotem znikną w jamie brzusznej. Często cofają się pod wpływem dotyku. Dlatego rodzice nie powinni zakładać, że skoro jąder zazwyczaj nie widać, to na pewno nie zstąpiły. Dobrze jest sprawdzać ich położenie, gdy niemowlę jest w ciepłej kąpieli. Jądra, których obecność stwierdzono w mosznie, nawet jeśli schodzą do niej tylko sporadycznie, nie wymagają leczenia. Na pewno przestaną wędrować przed osiągnięciem dojrzałości płciowej.

Jeśli jedno lub oba jądra nigdy nie pojawiły się w mosznie do ukończenia przez chłopca dziewięciu–dwunastu miesięcy, powinien go zbadać dobry chirurg pediatra. Niezstąpienie jąder zwykle koryguje się chirurgicznie; po zabiegu jądra zachowują swoją prawidłową funkcję.

Nagłe wzdrygnięcia i nerwowe ruchy. Noworodki boją się głośnych dźwięków i nagłych zmian pozycji. Niektóre są bardziej wrażliwe, inne mniej. Wrażliwy noworodek położony na twardej powierzchni gwałtownie rozprostowuje rączki i nóżki, przez co cały zaczyna się kołysać; ten nieoczekiwany ruch wystarcza, żeby niemal „wyskoczył ze skóry" i zaczął płakać z przerażenia. Może też nie lubić kąpieli, bo w wanience nie jest wystarczająco mocno podtrzymywany. Trzeba go myć na kolanach, a potem płukać w wanience, mocno przytrzymując obiema rękami. Wrażliwe niemowlę należy zawsze mocno trzymać i unikać gwałtownych ruchów. Nadwrażliwość z czasem mija.

Drżenie. W pierwszych miesiącach życia u niektórych niemowląt można zaobserwować drżące albo nerwowe ruchy. Może im się trząść broda albo ręce i nogi, zwłaszcza gdy są podekscytowane albo jest im zimno, bo właśnie zostały rozebrane. Zazwyczaj takim drżeniem nie należy się niepokoić. Jest to po prostu jeden z objawów niedojrzałości układu nerwowego. Skłonność ta z czasem mija.

Skurcze mięśni. Niektóre niemowlęta czasem wzdrygają się przez sen; zdarzają się takie, u których skurcze mięśni pojawiają się często. To zjawisko również zazwyczaj mija z czasem. Wspomnijcie o nim lekarzowi albo pielęgniarce.

PIERWSZY ROK ŻYCIA – OD CZWARTEGO DO DWUNASTEGO MIESIĄCA

WSZYSTKO PO RAZ PIERWSZY

Odkrycia pierwszego roku. Przez pierwsze trzy miesiące życia ciało niemowlęcia przystosowuje się do otaczającego je świata; reszta pierwszego roku jest poświęcona poznawaniu. Dziecko odkrywa własne ciało i uczy się kontrolować mięśnie, te duże i te małe. Poznaje świat przedmiotów i zaczyna rozumieć najprostsze związki przyczynowo-skutkowe. Uczy się rozpoznawać, co czują inni ludzie, a także przewidywać, w jaki sposób jego własne działania mogą wpłynąć na ich uczucia. Dzięki tym fundamentalnym odkryciom niemowlę staje u wrót języka; niektóre przekraczają te wrota przed pierwszymi urodzinami, inne zaś jakiś czas później.

Kamienie milowe. Lekarze często koncentrują się na łatwych do zauważenia przełomowych wydarzeniach w rozwoju dziecka, takich jak obracanie się z pleców na brzuszek i odwrotnie, samodzielne siadanie, stanie i chodzenie. To prawda, że duże opóźnienia w nabywaniu pewnych umiejętności mogą sygnalizować problemy rozwojowe. Jednak wiele zupełnie zdrowych dzieci osiąga te kamienie milowe wcześniej lub później, niż przewiduje norma, i moment ich osiągnięcia nie ma większego znaczenia. Ważniejsza jest zdolność komunikacji z ludźmi: uśmiechanie się w odpowiedzi na uśmiech, słuchanie, kiedy ktoś do dziecka mówi, uważne obserwowanie twarzy mamy lub taty w celu ustalenia, czy nowa sytuacja nie wiąże się z żadnym zagrożeniem, wreszcie zauważanie, czy rodzice są zadowoleni czy niezadowoleni. Rodzice zazwyczaj dostrzegają społeczny rozwój niemowlęcia, choć nie zawsze przykładają do niego taką samą wagę jak do postępów w siadaniu, staniu i chodzeniu.

Dobrze jest zwrócić uwagę nie tylko na tempo osiągania kolejnych kamieni milowych, ale również na ogólne zachowanie dziecka. Podczas gdy jedno niemowlę woli z pozycji obserwatora pochłaniać informacje o otoczeniu, ruszając się przy tym niewiele, inne jest nieustannie aktywne, nie może usiedzieć w miejscu i szybko traci zainteresowanie aktualnym zajęciem. Niektóre dzieci zauważają najdrobniejsze nawet zmiany, inne nie. Bywają maluchy poważne i maluchy towarzyskie. To, że różnią się między sobą, nie oznacza, że jedne są gorsze, a drugie lepsze, może tylko wymagają nieco odmiennego traktowania. (Więcej informacji o cechach osobowości znajdziecie w rozdziale *Czego potrzebują dzieci* w części III.)

⬛ KLASYCZNY SPOCK

Istnieją tabele, w których można sprawdzić, czy dziecko prawidłowo się rozwija, to znaczy czy osiąga poszczególne stopnie rozwoju w odpowiednim wieku. Od pięćdziesięciu lat sprzeciwiam się umieszczeniu takiej tabeli w mojej książce. Przede wszystkim każde niemowlę i każde dziecko rozwija się w innym tempie. Niektóre maluchy to prawdziwi sportowcy: są silne fizycznie i cechują się dobrą koordynacją, choć opanowanie precyzyjnych ruchów palców i nauka mówienia może im zabrać więcej czasu. Dzieci, które późno uczą się mówić, w przyszłości mogą się okazać bardzo uzdolnione. Z kolei niemowlęta rozwijające się z dużym wyprzedzeniem w stosunku do rówieśników mogą się okazać zupełnie przeciętne.

Myślę, że błędem jest obsesyjne porównywanie tempa rozwoju niemowlęcia z tak zwaną „normą". Najważniejsze, żeby dziecko stale się rozwijało. Trzeba też pamiętać, że rozwój często następuje skokami, które może poprzedzać kroczek do tyłu, dlatego nieznaczne cofnięcie się w rozwoju nie powinno rodziców niepokoić. Nie należy dążyć do tego, żeby maluch jak najszybciej opanowywał kolejne umiejętności. Nie istnieją żadne dowody na to, że wysiłek włożony w jak najwcześniejsze nauczenie dziecka chodzenia, mówienia albo czytania daje jakiekolwiek długoterminowe korzyści, może natomiast powodować problemy i być dla rodziców źródłem frustracji. Dzieciom potrzebne jest przyjazne otoczenie, w którym będą mogły osiągać kolejne etapy rozwoju bez presji ze strony rodziców.

OPIEKA NAD NIEMOWLĘCIEM

Jak spędzać czas z dzieckiem, aby go nie rozpieścić. Kiedy niemowlę nie śpi, powinno przebywać w pobliżu rodziców (oraz rodzeństwa, jeśli je ma), tak by mogło im się przyglądać, zwracać na siebie uwagę wydawaniem różnych odgłosów, słuchać, jak mówią, czasem nauczyć się nowej zabawy. Jednak nie jest ani konieczne, ani rozsądne przez większość czasu je zabawiać, trzymając na kolanach lub na rękach. Niech spędza czas wśród rodziny, czerpiąc z tego przyjemność i korzyść, ale jednocześnie uczy się zajmować samo sobą. Jeśli rodzice są tak zachwyceni niemowlakiem, że bez przerwy noszą go na rękach i wymyślają mu rozrywki, maleństwo może się uzależnić od takiego traktowania i domagać się go nieustannie.

Rzeczy do oglądania i rzeczy do zabawy. W miarę upływu czasu niemowlę coraz mniej śpi, a coraz więcej czuwa. Potrzebne jest mu jakieś zajęcie i towarzystwo ludzi. W wieku dwóch, trzech, czterech miesięcy maluchy lubią patrzeć na poruszające się przedmioty w żywych kolorach, chociaż jeszcze większą przyjemność sprawia im obserwowanie ludzi i ich twarzy. Na dworze z radością przyglądają się liściom i cieniom. W domu oglądają swoje rączki i obrazki na ścianach. Nad łóżeczkiem, w zasięgu rąk niemowlęcia (kiedy zacznie sięgać po przedmioty), ale nie tuż nad jego noskiem, można przymocować kolorowe zabawki. Karuzelę do powieszenia nad łóżeczkiem można zrobić samodzielnie, na przykład z kształtów wyciętych z tektury i oklejonych kolorowym papierem, zamocowanych wysoko na suficie lub lampie, gdzie będą się poruszały przy każdym powiewie powietrza – taka zabawka nie jest na tyle wytrzymała, żeby się nią bawić, ani zbyt zdrowa do żucia. Można też w zasięgu rączek dziecka powiesić odpowiednie przedmioty codziennego użytku, jak łyżeczki czy plastikowe kubki. (Sznurki, na których zabawki są zawieszone, powinny być krótkie, żeby nie stwarzały ryzyka uduszenia, w razie gdyby niemowlęciu udało się je zerwać.) Miło jest mieć najróżniejsze zabawki, nie należy jednak zapominać o tym, że towarzystwo ludzi sprawia niemowlęciu największą przyjemność i najbardziej stymuluje jego rozwój.

Pamiętajcie, że każda zabawka prędzej czy później trafi do buzi dziecka. Półroczne niemowlę uwielbia dotykać i wkładać do buzi najróżniejsze przedmioty: plastikowe zabawki (dostosowane do wieku dziecka), grzechotki, gryzaczki, pluszowe zwierzątka i szmaciane lalki, przedmioty codziennego użytku (upewnijcie się, że można je bezpiecznie gryźć). Dziecko nie powinno się bawić zabawkami ani przedmiotami, które pomalowano farbą zawierającą ołów, zabawkami z cienkiego plastiku, który może popękać lub które malec może rozgryźć na drobne, ostre kawałki, ani szklanymi paciorkami i innymi małymi przedmiotami, którymi można się udławić.

NIEMOWLĘ JE I ROŚNIE

Rodzaj karmienia. Karmienie niemowlęcia w pierwszym roku życia to temat tak obszerny, że poświęcony mu został osobny rozdział (początek na str. 143). Tutaj wystarczy wspomnieć o tym, co najważniejsze. Amerykańska Akademia Pediatrii zachęca matki do karmienia piersią przynajmniej przez pierwszy rok życia. Największe korzyści z karmienia piersią dziecko odnosi przez pierwsze sześć miesięcy. Lepiej karmić piersią nawet przez najkrótszy czas niż wcale.

Mieszanki mleczne dla niemowląt mogą być produkowane na bazie modyfikowanego mleka krowiego lub soi. Nie ma jednoznacznych dowodów, że któryś z tych dwóch rodzajów mieszanek jest lepszy; specjaliści mają na ten temat różne opinie.

Mieszanki przygotowywane samodzielnie i mieszanki ubogie w żelazo zazwyczaj nie dostarczają wystarczającej ilości składników odżywczych. W pierwszym roku życia nie zaleca się karmienia niemowląt mlekiem krowim. Walory mleka krowiego w ogóle stanowią przedmiot gorących debat (na str. 187 znajdziecie informacje o sztucznym mleku i nabiale).

Większość rodziców zaczyna wprowadzać pokarmy stałe koło czwartego miesiąca, na początku podając wzbogacone żelazem kaszki albo kleiki i stopniowo dodając warzywa, owoce i mięso. Dobrze jest odczekać tydzień albo dwa przed wprowadzeniem nowego składnika, żeby upewnić się, że na ostatnio wprowadzony niemowlę nie reaguje bólem brzucha lub wysypką. Nie należy zbytnio się spieszyć, pamiętając jednak, że w pierwszym roku życia niemowlęta chętniej akceptują nowe pokarmy niż później.

Zachowanie podczas posiłków. Wielu rodzicom trudno jest pogodzić się z faktem, że niemowlaki uwielbiają bawić się jedzeniem. Rzut przecierem z marchewki i polowanie na toczący się po talerzu groszek to ważne sposoby poznawania otaczającego świata; natomiast drażnienie i prowokowanie rodziców to ważny sposób poznawania świata związków międzyludzkich. Rodzice muszą uczestniczyć w zabawie, jednocześnie wyznaczając jej granice: „Możesz bawić się ziemniaczkami, ale jeśli rzucisz je na podłogę, obiad uznam za zakończony". Najlepszym znakiem, że karmienie przebiega prawidłowo, jest to, że po posiłku zarówno wy, jak i dziecko jesteście zadowoleni. Jeśli posiłki regularnie wprawiają was w stan napięcia, troski lub zdenerwowania, czas coś zmienić. Dobrze jest zacząć od rozmowy z pediatrą.

Około dziewiątego miesiąca życia niemowlę może zacząć okazywać niezależność w jedzeniu. Chce samo trzymać ły-

żeczkę i odwraca główkę, gdy próbujecie je nakarmić. Takie zachowanie często jest pierwszym przejawem wolnej woli, która w pełni rozwinie się w ciągu następnych kilku lat. (Jeśli natomiast chodzi o łyżeczki, to dobrze jest mieć dwie: jedną dać dziecku, żeby trzymało ją i próbowało jej używać w miarę swoich skromnych możliwości, podczas gdy wy drugą staracie się trafić do jego buzi.)

Wzrost. W ciągu pierwszych czterech miesięcy życia większość niemowląt podwaja, a w ciągu roku potraja swoją masę urodzeniową. Lekarze zazwyczaj nanoszą masę ciała, długość i obwód główki dziecka na siatki centylowe, które pozwalają porównać te dane ze średnią i normą dla danego wieku. Takie porównanie może mieć uspokajający wpływ: skoro maluch zdrowo rośnie, to znaczy, że je wystarczająco dużo (ale nie za dużo) i jego organizm działa prawidłowo. Niekiedy odnoszę jednak wrażenie, że rodzice za dużą wagę przykładają do liczb. Wielkość nie jest najistotniejsza; krzywa wzrostu w okolicach 95 centyla oznacza, że w przedszkolu dziecko prawdopodobnie będzie jednym z najwyższych, ale nic poza tym.

SPANIE

Wieczorna rutyna. Wielu dorosłych przyzwyczaja się do powtarzanych co wieczór tych samych czynności. Lubimy konkretną poduszkę, a kołdra musi leżeć tak, a nie inaczej. Niemowlęta również przyzwyczajają się do pewnych rzeczy. Jeśli nauczą się zasypiać tylko na rękach, nie będą umiały zasnąć inaczej. Jeśli zaś nauczą się zasypiać same, będą potrafiły to zrobić również w środku nocy, co oszczędzi rodzicom ciągłego wstawania. Dlatego radziłbym, żeby trzy- lub

czteromiesięczne niemowlę układać w łóżeczku, kiedy jeszcze czuwa, dając mu w ten sposób szansę nauczenia się samodzielnego zasypiania. Będziecie zadowoleni, kiedy zacznie robić postępy i zmniejszy się liczba bezsennych nocy. (Więcej informacji o niemowlętach, które nie chcą zasypiać, znajdziecie na stronie 58.)

Wczesne budzenie się. Niektórzy lubią zrywać się o wschodzie słońca i przyjemność sprawiają im wczesne poranki w towarzystwie niemowlęcia. Jeśli jednak wolicie rano pospać, prawdopodobnie możecie nauczyć dziecko, żeby dłużej spało albo przynajmniej nie marudziło natychmiast po obudzeniu. Mniej więcej w szóstym miesiącu życia większość niemowląt zaczyna sypiać dłużej niż do piątej lub szóstej rano. Jednak większość rodziców odruchowo nasłuchuje przez sen płaczu niemowlęcia i wyskakuje z łóżka na odgłos najmniejszego poruszenia, nie dając dziecku szansy ponownego zaśnięcia. W rezultacie może się okazać, że maluch ma dwa czy trzy lata, a rodzice nadal zrywają się przed siódmą. Dziecko, które przez tak długi czas miało o świcie towarzystwo, będzie się go domagać.

Śpiworki i śpioszki. Około szóstego miesiąca życia, kiedy niemowlę zaczyna poruszać się po łóżeczku, praktyczniejsze może się okazać układanie go do snu w śpiworku lub śpioszkach niż pod ko-

cykiem – spod kocyka po prostu się wyczołga. Niemowlęcy śpiworek ma kształt długiej koszulki nocnej okrywającej stopy i może mieć rękawy. Niektóre modele można regulować na długość i w ramionach, w miarę jak dziecko rośnie. Śpioszki przypominają kombinezon i okrywają każdą nogę osobno, łącznie ze stopami. (Podeszwa stopy może być wykonana z grubszego, mało śliskiego materiału.) Najwygodniejsze są śpioszki z zamkiem od szyi aż do stopy. Dobrze jest regularnie sprawdzać wnętrza stópek, gdzie czasem gromadzą się włosy – owinięte wokół paluszków niemowlęcia mogą mu sprawiać ból.

Jeśli w pokoju, w którym sypia niemowlę lub starsze dziecko, jest tak ciepło, że wy czulibyście się dobrze w bawełnianej koszulce, przykryci tylko bawełnianym kocem, to i śpiworek, śpioszki lub okrycie dziecka nie powinny być cieplejsze niż bawełniany kocyk. Jeśli natomiast pokój jest na tyle chłodny, że dorosły potrzebowałby

ciepłej kołdry z wełny lub akrylu, niemowlę także trzeba cieplej ubrać i okryć.

Zmiany rytmu snu. Czteromiesięczne niemowlęta zazwyczaj więcej sypiają w nocy niż w dzień. W nocy mogą się raz albo dwa obudzić, a w dzień ucinają sobie dwie lub trzy drzemki. Pod koniec pierwszego roku liczba dziennych drzemek najczęściej zmniejsza się do dwóch. Całkowita ilość snu zależy od dziecka. Niektóre sypiają tylko dziesięć–jedenaście godzin, inne aż piętnaście–szesnaście. Dobowe zapotrzebowanie na sen stopniowo zmniejsza się w ciągu pierwszego roku życia.

Około dziewiątego miesiąca wiele niemowląt, które do tej pory nie miały problemów ze spaniem, zaczyna się budzić w nocy, domagając się uwagi rodziców. Zmiana następuje zazwyczaj w tym samym czasie, kiedy niemowlę odkrywa, że zabawka lub inny przedmiot schowany pod kocykiem nie przestaje istnieć. Psychologowie nazywają ten intelektualny przełom „zrozumieniem stałości przedmiotu". Z punktu widzenia niemowlęcia oznacza to, że co z oczu, to niekoniecznie z serca. (Rozumienie stałości przedmiotu można zaobserwować, kiedy zabieranie dziecku pewnych przedmiotów zaczyna być trudne: nawet gdy schowacie zabawkę za plecami, maluch cały czas będzie próbował jej dosięgnąć.)

To samo dzieje się w środku nocy: niemowlę budzi się, stwierdza, że jest samo, wiedząc zaś, że jesteście blisko, stara się zwrócić na siebie uwagę.

Czasem wystarczy powiedzieć „śpij", żeby uspokoić maleństwo. Innym razem będziecie musieli je przytulić, żeby się przekonało, że naprawdę jesteście w pobliżu. Kładąc je z powrotem do łóżeczka, zanim na dobre zaśnie, dacie mu szansę ćwiczenia umiejętności samodzielnego zasypiania.

Problemy ze snem. U wielu dzieci występują problemy z zasypianiem lub budzeniem się w nocy. Często zaczynają się podczas lekkiej choroby, np. przeziębienia lub infekcji ucha, i trwają długo po powrocie dziecka do zdrowia.

Rodzicom, którzy cały dzień spędzają w pracy, czasem trudno jest wieczorem pożegnać się z dzieckiem. Często słyszę: „Wracam do domu o siódmej, a ona idzie do łóżeczka o ósmej, więc spędzamy ze sobą tak mało czasu". Nie sposób się oprzeć wrażeniu, że w tej sytuacji bezsenność dziecka jest rozwiązaniem, nie problemem.

Jednak niemowlę, które za wszelką cenę stara się nie zasnąć lub nieustannie się budzi, jest dla rodziców przyczyną stresu, a i samo nie jest zbyt szczęśliwe. Więcej o problemach ze snem i ich rozwiązywaniu znajdziecie na str. 88.

KOLKA

Zwykły płacz czy kolka? Wszystkie niemowlęta czasem płaczą i marudzą. Najczęściej nietrudno jest się domyślić przyczyny. Więcej o przyczynach płaczu w pierwszym roku życia znajdziecie na str. 33. Zazwyczaj do ukończenia szóstego–ósmego tygodnia niemowlęta płaczą

coraz więcej, później zaś na szczęście coraz mniej. W wieku trzech–czterech miesięcy przeciętny maluch marudzi przez mniej więcej godzinę dziennie.

Jednak w wypadku niektórych niemowląt płacz nigdy się nie kończy, trwa godzinę po godzinie, tydzień po tygodniu, pomimo iż rodzice stają na głowie, żeby temu zaradzić. Kolkę definiuje się jako nie dający się ukoić płacz, który trwa ponad trzy godziny dziennie więcej niż trzy dni w tygodniu, przy czym stan ten utrzymuje się dłużej niż trzy tygodnie. W rzeczywistości każdy płacz, krzyki czy marudzenie trwające dużo dłużej, niż można by się tego spodziewać u zdrowego niemowlęcia, nie mającego powodów do płaczu, można zakwalifikować jako kolkę. Kolka to w zasadzie ból jelit, ale nie jest wcale pewne, że taka właśnie jest przyczyna nieutulonego płaczu niemowląt.

Kolka niemowląt najczęściej przybiera jedną z dwóch form. Pierwsza polega na tym, że płacz pojawia się o określonej porze wieczorem, zazwyczaj między piątą a ósmą. Przez większość dnia niemowlę jest zadowolone i łatwo je uspokoić; problemy zaczynają się po zmroku. Dziecko przez wiele godzin płacze i niekiedy wcale nie daje się pocieszyć. Rodzi się pytanie: Co takiego dzieje się późnym popołudniem lub wczesnym wieczorem, że niemowlę staje się marudne? Gdyby była to na przykład niestrawność, pojawiałaby się o różnych godzinach, nie tylko wieczorem.

Druga forma kolki polega na tym, że niemowlę płacze o dowolnej porze dnia i nocy. Niektóre z niemowląt cierpiących na ten rodzaj kolki wydają się ogólnie spięte i nerwowe. Ich organizm nie potrafi się odprężyć. Takie dziecko łatwo jest przestraszyć, zaczyna kwilić pod wpływem niewielkiego hałasu, a także w wyniku nagłej zmiany pozycji. Gdy położone na wznak na twardym podłożu obróci się na bok, gdy jest niewystarczająco mocno trzymane na rękach albo gdy niosąca je osoba wykona szybki ruch, niemal wyskakuje ze skóry z przerażenia. Z tego powodu przez pierwszych kilka miesięcy może nie lubić kąpieli w wanience.

Jak sobie radzić z kolką. Nie jest łatwo rodzicom niemowlęcia marudnego, hipertonicznego, cierpiącego na kolkę lub nerwowego. Maleństwo nerwowe albo mające kolkę uspokaja się na chwilę, kiedy weźmiecie je na ręce, ale już po kilku minutach zaczyna krzyczeć ze wzmożoną siłą. Wymachuje przy tym rączkami i kopie nóżkami. Nie tylko nie daje się utulić, ale wręcz wydaje się rozdrażnione faktem, że ktoś próbuje je uspokoić. Zachowanie dziecka sprawia wam przykrość. Początkowo mu współczujecie, potem zaczynacie się czuć coraz bardziej niekompetentni, ponieważ nie jesteście w stanie mu pomóc. Upływają kolejne minuty, niemowlę coraz bardziej się złości, macie wrażenie, że czuje do was pogardę, i w głębi duszy zaczyna was to drażnić. Ale wstyd wam, że irytuje was maleńkie niemowlę, próbujecie więc stłumić to uczucie. W rezultacie narasta w was wewnętrzne napięcie.

Istnieje wiele sposobów radzenia sobie w takiej sytuacji, najważniejsze jest jednak, by zaakceptować swoje uczucia. Wszyscy rodzice czują się niespokojni, zdenerwowani, zmartwieni i nieudolni, kiedy nie potrafią uspokoić niemowlęcia. Większość ma poczucie winy, zwłaszcza przy pierwszym dziecku, jak gdyby płakało ono dlatego, że coś zrobili źle (co nie jest prawdą). Większość rodziców czasem wpada w złość na niemowlę. To naturalne. Wrzeszczące stworzenie przewraca wasze życie do góry nogami, więc jesteście rozżaleni i źli, mimo iż doskonale zdajecie sobie sprawę, że w gruncie rzeczy nie jest to wina niemowlęcia, które nie płacze wam na złość i tak naprawdę wcale się na was nie gniewa. Niektórzy rodzice dodatkowo mają wyrzuty sumienia z powodu swojego rozdrażnienia, jak gdyby negatywne emocje oznaczały, że są złymi rodzicami. Tak więc pierwszy etap radzenia sobie z cierpiącym na kolkę niemowlęciem polega na zaakceptowaniu swoich uczuć. Nawet jeśli same uczucia się przez to nie zmienią, przynajmniej będziecie ich świadomi i będziecie wiedzieć, że wszyscy rodzice odczuwają to samo.

Nigdy nie potrząsajcie niemowlęciem. Desperacja i złość popychają niektórych rodziców do ostateczności: potrząsania niemowlęciem, żeby przestało płakać. Często kończy się to prawdziwą tragedią: ciężkim i trwałym uszkodzeniem mózgu lub nawet śmiercią. Poszukajcie pomocy, zanim osiągniecie stan, w którym potrząsanie niemowlęciem wyda wam się sposobem rozwiązania problemu. Dobrze jest zacząć od rozmowy z pediatrą. W Stanach Zjednoczonych w większości miast działają infolinie dla rodziców, na które można zadzwonić o każdej porze dnia i nocy.

Należy również przypominać wszystkim innym osobom opiekującym się dzieckiem, że potrząsanie nim jest bardzo niebezpieczne.

Badanie lekarskie. Jeśli wasze niemowlę ma kolkę, przede wszystkim powinien je zbadać lekarz, żeby się upewnić, że płacz nie jest powodowany żadną dolegliwością natury medycznej. Poczujecie się lepiej, wiedząc, że wasze dziecko rośnie i rozwija się normalnie, a badanie lekarskie nie wykazało żadnych nieprawidłowości. Czasem wizytę u lekarza trzeba powtórzyć kilkakrotnie. (Niemowlę, które ma kolkę i nie rośnie w normalnym tempie, należy zbadać bardzo dokładnie.)

Kiedy już zyskacie pewność, że to „tylko" kolka, pocieszcie się myślą, że z niemowląt z kolką wyrastają ludzie równie szczęśliwi, inteligentni i zdrowi emocjonalnie jak z innych dzieci. Wy musicie po prostu przetrwać kolejne kilka miesięcy, nie tracąc pewności siebie i pogody ducha.

Jak pomóc dziecku? Oto kilka sposobów ulżenia niemowlęciu cierpiącemu na kolkę. Można je wypróbować po konsultacji z lekarzem lub pielęgniarką (patrz też strony 33, 176). Każdy z tych sposobów bywa skuteczny przez pewien czas; żaden nie rozwiąże problemu na stałe.

- Dajcie dziecku smoczek. (Jak ujął to pewien pediatra: „Chociażby w celu zatkania otworu, z którego wydobywa się ten kakofoniczny hałas".)
- Ciasno owińcie je w kocyk.
- Kołyszcie je w kołysce lub w wózku.
- Weźcie je na długi spacer w nosidle zawieszonym na piersi.
- Weźcie je na przejażdżkę samochodem.
- Posadźcie je na huśtawce (choć większość niemowląt szybko się nią nudzi i po kilku minutach zaczyna znowu płakać).
- Pomasujcie mu brzuszek.
- Połóżcie mu na brzuszku niezbyt gorący termofor owinięty w pieluszkę lub ręcznik.
- Dajcie mu herbatkę ziołową, wypróbujcie inną mieszankę lub – jeśli jest karmione naturalnie – niech mama spróbuje wprowadzić zmiany w swojej diecie, np. wyeliminować z niej mleko albo kofeinę.
- Puśćcie muzykę.
- Możecie też spróbować położyć niemowlę na swoich kolanach lub na termoforze i pomasować mu plecki. Woda w termoforze nie powinna być zbyt gorąca – sprawdźcie temperaturę, przykładając do niego wewnętrzną stronę nadgarstka. Nie powinniście odczuć przy tym dyskomfortu. Dodatkowo należy termofor owinąć w pieluchę lub ręcznik.

Niemowlętom hipertonicznym często pomaga spokój: ciche pomieszczenie, niewielu gości, przyciszone głosy, powolne ruchy i mocne przytrzymywanie podczas noszenia, przewijanie i mycie na dużej poduszce (okrytej wodoodpornym materiałem), na której nie będzie się mogło przetoczyć na bok, ciasne owijanie w kocyk przez większość dnia.

A jeśli nie skutkuje żadna z tych metod, niemowlę nie jest chore ani głodne, a jego pieluszka jest czysta i sucha? Myślę, że nic złego się nie stanie, jeśli ułożycie dziecko w łóżeczku i pozwolicie, aby przez parę minut płakało, żeby sprawdzić, czy nie uspokoi się samodzielnie. Trudno jest nie reagować na płacz niemowlęcia, ale co innego możecie zrobić? Niektórzy rodzice wychodzą na krótki spacer i pozwalają dziecku płakać; inni nie są w stanie opuścić pokoju. Zróbcie to, co najbardziej wam odpowiada, każdy sposób jest dobry. Jeśli po pewnym czasie niemowlę nadal płacze, wyjmijcie je z łóżeczka i raz jeszcze wypróbujcie wszystkie zaproponowane metody.

Jak pomóc sobie? Zastanówcie się również nad tym, co możecie zrobić dla siebie. Być może należycie do tych rodziców, którzy nie przejmują się zbytnio, jeśli wiedzą, że dziecku nic poważnego nie dolega i że zrobili wszystko, co w ich mocy, żeby je pocieszyć. Takie podejście na pewno ułatwia życie. Jednak wielu rodziców gorączkuje się i męczy, słuchając płaczu niemowlęcia, zwłaszcza pierworodnego. Najtrudniej jest osobie, która stale przebywa z dzieckiem.

Bardzo dobrze zrobi jej wyjście z domu i oddalenie się od dziecka na kilka godzin przynajmniej dwa razy w tygodniu lub częściej, jeśli to możliwe. Najlepiej, jeśli rodzice mogą wyjść razem. Wynajmijcie opiekunkę albo poproście przyjaciela lub sąsiadkę, by posiedzieli przy dziecku.

Być może wahacie się, podobnie jak wielu rodziców: „Dlaczego mielibyśmy kogo innego obarczać tym problemem? Poza tym denerwowalibyśmy się, zostawiając dziecko na tak długo". Nie traktujcie wyjścia z domu wyłącznie jako luksusu. To bardzo ważne dla was i dla maleństwa, żebyście nie byli wyczerpani i przygnębieni. Jeśli nie macie kogo poprosić o pomoc, spróbujcie zmieniać się przy dziecku, tak aby każde z was raz albo dwa razy w tygodniu mogło wyjść z wizytą do znajomych lub do kina. Niemowlęciu nie pomoże fakt, że przysłuchuje mu się dwójka zmartwionych rodziców zamiast jednego.

Zaproście przyjaciół z wizytą do siebie. Pamiętajcie, że wszystko, co pomaga wam odzyskać równowagę i nie pozwala skupić się bez reszty na dziecku, na dłuższą metę pomaga i jemu, i pozostałym członkom rodziny.

Choć może się to wydawać nieuprzejme, przypominajcie każdemu, kto zajmuje się waszym dzieckiem, że nigdy nie wolno nim potrząsać.

ROZPIESZCZANIE

Czy można rozpieścić niemowlę? Jeśli w ciągu pierwszych tygodni w domu niemowlę zamiast spać, dużo marudzi pomiędzy karmieniami, rodzice zaczynają się zastanawiać, czy go nie rozpieścili: przestaje płakać, gdy wyjmie się je z łóżeczka i nosi na rękach, ale położone na

pleckach natychmiast zaczyna znowu marudzić. Jednak przez pierwsze sześć miesięcy nie trzeba zbytnio przejmować się możliwością rozpieszczenia dziecka. Waszemu maleństwu prawdopodobnie po prostu coś dolega. Noszone na rękach przestaje marudzić przypuszczalnie dlatego, że ruch i ciepły nacisk na okolice brzuszka przynajmniej na pewien czas odwracają jego uwagę od bólu i napięcia.

Odpowiedź na pytanie postawione na początku zależy od tego, czego uczą się niemowlęta w pierwszych miesiącach życia. To mało prawdopodobne, że na tak wczesnym etapie są w stanie oczekiwać natychmiastowego spełniania wszystkich swoich życzeń 24 godziny na dobę, a to właśnie nazwalibyśmy rozpieszczeniem. Wiemy przecież, że w tym wieku maluchy nie potrafią przewidywać przyszłości; żyją całkowicie chwilą obecną. Nie potrafią też sformułować charakterystycznej dla rozpieszczonego brzdąca myśli: „Zamienię ich życie w koszmar, aż dadzą mi wszystkiego, czego zażądam".

W pierwszych miesiącach życia niemowlęta uczą się ogólnego zaufania (lub braku zaufania) do świata. Jeśli ich potrzeby są spełniane szybko i z miłością, dochodzą do wniosku, że świat jest w zasadzie niegroźny, przeważa w nim dobro, a złe doświadczenia nie trwają długo. Słynny psychiatra Erik Erikson uważał, że to podstawowe poczucie zaufania do świata staje się podstawą charakteru dziecka. Dlatego odpowiedź na pytanie: „Czy można rozpieścić małe niemowlę?" brzmi: „Nie" – dopóki nie będzie na tyle duże, żeby zrozumieć, dlaczego jego potrzeby nie są zaspokajane natychmiast, a to następuje mniej więcej w dziewiątym miesiącu życia. Lepiej więc zastanawiać się: „Jak wpoić niemowlęciu zaufanie do świata?"

Rozpieszczanie po ukończeniu szóstego miesiąca. W tym wieku należy być bardziej podejrzliwym. Kolka i inne fizyczne dolegliwości zazwyczaj mijają w pierwszym półroczu. Naturalnie niemowlęta, które mają kolkę i są często noszone na rękach, przyzwyczajają się do tego, że nieustannie poświęca się im uwagę.

Chciałyby nadal być noszone na rękach i stale mieć towarzystwo.

Wyobraźmy sobie mamę, która nie może znieść marudzenia dziecka nawet przez chwilę, więc nosi je na rękach przez większość czasu, kiedy maluch nie śpi. W wieku sześciu miesięcy niemowlę zaczyna płakać i wyciągać ręce, kiedy tylko mama próbuje je położyć. Zrobienie czegokolwiek w domu staje się niemożliwe. Zniewolona mama nie potrafi ani stłumić irytacji, ani zignorować pełnego oburzenia płaczu dziecka. Wyczuwając jej niepokój i rozdrażnienie, niemowlę staje się jeszcze bardziej wymagające.

Sytuacja jest inna w przypadku mamy, która z przyjemnością bierze na ręce kwilące niemowlę lub po prostu nosi je w nosidle przez cały dzień, nawet kiedy maluch nie płacze.

Przyczyny rozpieszczania. Dlaczego rodzice dają się złapać w pułapkę rozpieszczania? Przede wszystkim najczęściej zdarza się to przy pierwszym dziecku. Dla większości ludzi pierwsze niemowlę to najbardziej fascynująca zabawka świata. Biorąc pod uwagę, że dorośli potrafią obsesyjnie zakochać się nawet w nowym samochodzie, łatwo zrozumieć, że niemowlę może kompletnie pochłonąć ich uwagę na wiele miesięcy.

Zachwyt nie jest jednak jedynym czynnikiem. Rodzicom zdarza się przelewać na pierworodnego wszystkie swoje nadzieje i obawy. Do tego dochodzi niepokój i nie znane wcześniej poczucie całkowitej odpowiedzialności za bezpieczeństwo i szczęście bezradnej istotki. Płacz niemowlęcia to stanowcze żądanie, żebyście coś zrobili, ale często nie macie pojęcia co. Przy drugim dziecku macie już więcej pewności siebie i poczucie proporcji: nie wątpicie, że dzieciom niektórych rzeczy trzeba odmawiać dla ich własnego dobra, i nie czujecie się winni, wiecie bowiem, że postępujecie właściwie.

Niektórzy rodzice mają tendencję do rozpieszczania dzieci dlatego, że dużo pracują albo często czują gniew. Niektórzy długo starali się o dziecko i obawiają się, że nigdy nie uda im się mieć następnego. Niektórzy mają niskie poczucie własnej wartości, więc chętnie wchodzą w rolę niewolników. Niektórzy adoptowali dziecko i uważają, że muszą stać się superrodzicami, żeby na nie zasłużyć. Niektórzy studiowali psychologię dziecięcą lub pracowali w tym zawodzie i czują się podwójnie zobligowani do zaprezentowania własnych umiejętności. Niektórzy na dźwięk płaczu dziecka reagują rozdrażnieniem lub poczuciem winy, którego nie mogą znieść.

Niezależnie od przyczyny, wszyscy ci rodzice nieco zbyt chętnie poświęcają własną wygodę i prawa, dając dziecku wszystko, o co poprosi. Nie byłby to aż taki problem, gdyby niemowlęta prosiły wyłącznie o to, co jest im rzeczywiście potrzebne. Tylko że niemowlęta n i e w i e d z ą, co jest dla nich dobre. Oczekują, że rodzice im to powiedzą, dzięki temu czują się spokojniejsze. Kiedy rodzice się wahają, niemowlę ogarnia niepewność. Niespokojnie podnosząc maleństwo, gdy tylko zapłacze – jak gdyby zostawienie go na chwilę samemu sobie było prawdziwą tragedią – sugerują, że w samotności grozi mu poważne niebezpieczeństwo. Im bardziej rodzice poddają się woli niemowlęcia, tym bardziej wymagające staje się niemowlę. W odpowiedzi rodzice zaczynają odczuwać rozdrażnienie, co prowadzi do poczucia winy i kolejnych ustępstw.

Jak „odpieścić" dziecko? Im wcześniej dostrzeżecie problem (po ukończeniu szóstego–dziewiątego miesiąca), tym łatwiej będzie go rozwiązać. Odmówienie

dziecku i wyznaczenie pewnych granic będzie wymagało od was dużo siły woli, a nawet nieco bezduszności. Pamiętajcie jednak, że na dłuższą metę postawa roszczeniowa i nadmierna zależność najbardziej zaszkodzą nie wam, lecz samemu dziecku: trudno mu będzie dojść do ładu ze światem i z samym sobą. Warto pomóc malcowi zmienić przyzwyczajenia dla jego własnego dobra.

Opracujcie, a w razie potrzeby spiszcie plan prac domowych, które macie do wykonania w czasie, kiedy dziecko nie śpi. Zabierzcie się do nich z ogromnym entuzjazmem, żeby wywrzeć wrażenie tak na dziecku, jak i na sobie. Wyobraźmy sobie, że jesteś mamą chłopczyka, który przyzwyczaił się, że bez przerwy nosisz go na rękach. Kiedy marudzi i wyciąga do ciebie rączki, wytłumacz mu przyjaznym, ale bardzo stanowczym głosem, że tego popołudnia masz do zrobienia to i to. Chłopczyk może nie zrozumieć znaczenia słów, ale zrozumie ton głosu. Trzymaj się ustalonego planu. Najtrudniejsza jest pierwsza godzina pierwszego dnia.

Niektóre niemowlęta łatwiej zaakceptują zmianę, jeżeli przez większość czasu mama nie będzie im się pokazywać i do nich mówić. Pozwoli im to zająć się czym innym. Inne natomiast szybciej się przystosują, jeżeli będą mamę przynajmniej widzieć i słyszeć, pomimo iż nie będą noszone na rękach. Kiedy przyniesiesz dziecku zabawkę i pokażesz, jak się nią bawić, albo późnym popołudniem zdecydujesz, że nadszedł czas na chwilę zabawy, usiądź obok niego na podłodze. Pozwól, żeby maluch wszedł ci na kolana, jeśli ma na to ochotę, ale nie bierz go na ręce. Jeśli usiądziesz z nim na podłodze, w końcu zda sobie sprawę, że nie masz zamiaru go nosić, i zacznie raczkować. Jeśli natomiast weźmiesz go na ręce, na pewno zacznie głośno protestować, gdy tylko spróbujesz posadzić go z powrotem na podłodze. Może się zdarzyć, że usiądziesz koło dziecka, a ono będzie bez przerwy marudzić; w takim przypadku najlepiej przypomnieć sobie o kolejnym ważnym zajęciu i zabrać się do pracy.

Waszym celem jest nauczenie dziecka – małymi krokami – jak radzić sobie z frustracją. Jeśli nie opanuje tej umiejętności w okresie niemowlęcym (pomiędzy szóstym a dwunastym miesiącem życia), później będzie mu dużo trudniej.

ROZWÓJ FIZYCZNY

Niemowlę zaczyna od głowy. Niemowlę stopniowo uczy się kontrolować swoje ciało. Zaczyna od głowy, a potem przychodzi kolej na tułów, ręce i nogi. Wiele z tych wczesnych ruchów zostało wstępnie zaprogramowanych w mózgu. Jeszcze przed narodzeniem dziecko potrafi ssać. Kiedy coś dotknie policzka noworodka – brodawka sutkowa lub palec – próbuje dosięgnąć tego czegoś ustami. Po kilku dniach jest już gotowe do wzięcia aktywnego udziału w karmieniu i chętnie to robi. Próba przytrzymania jego główki siłą sprawia, że zaczyna się denerwować i próbuje ją uwolnić. (Jest to prawdopodobnie instynktowna reakcja pozwalająca bronić się przed uduszeniem.) Już przed ukończeniem pierwszego miesiąca życia dziecko zaczyna wodzić wzrokiem za poruszającymi się przedmiotami i wyciągać do nich ręce.

Używanie rąk. Niektóre noworodki zaraz po urodzeniu potrafią włożyć do buzi kciuk lub palec, kiedy tylko mają na to ochotę. Z badań USG wykonywanych podczas ciąży wynika, że płód robi to już w łonie matki. Jednak większość dzieci opanowuje trafianie rączką do buzi dopiero w okolicach drugiego–trzeciego miesiąca. A ponieważ piąstki niemowląt są początkowo mocno zaciśnięte, nauka wkładania do buzi samego kciuka trwa jeszcze dłużej.

W wieku dwóch–trzech miesięcy wiele niemowląt całymi godzinami wpatruje się w swoje dłonie. Przybliżają je do twarzy, aż ze zdumieniem stwierdzają, że uderzyły się w nos – po czym wyprostowują ramiona i zaczynają cały proces od nowa. Są to początki rozwoju koordynacji wzrokowo--ruchowej.

Najważniejszym zadaniem dłoni jest chwytanie przedmiotów i manipulowanie nimi. Wydaje się, że niemowlę z góry wie, czego będzie się uczyć w następnej kolejności. Na wiele tygodni zanim uda mu się chwycić przedmiot, sprawia wrażenie, jakby chciało i próbowało to zrobić. Jeśli na tym etapie włożycie mu do rączki grzechotkę, przytrzyma ją i zacznie nią potrząsać.

Sześciomiesięczne niemowlę uczy się chwytać zabawki znajdujące się w zasięgu jego ręki. W tym samym czasie uczy się też przekładania ich z jednej ręki do drugiej. Stopniowo doskonali umiejętność manipulowania przedmiotami. Mniej więcej od dziewiątego miesiąca przyjemność sprawia mu ostrożne i przemyślane podnoszenie maleńkich rzeczy, zwłaszcza takich, których waszym zdaniem nie powinno dotykać (jak okruchy z podłogi).

Prawo- i leworęczność. Początkowo niełatwo jest określić, czy dziecko jest prawo- czy leworęczne. Większość dzieci przez pierwszy rok lub dwa z jednakową sprawnością posługuje się obiema rękami, a potem stopniowo zaczyna preferować jedną z nich. Tylko nieliczne niemowlęta ujawniają swoje preferencje w pierwszych sześciu–dziewięciu miesiącach życia. Lewo- lub praworęczność to cecha wrodzona; około 10 procent ludzi jest leworęcznych. Skłonność ta jest dziedziczna; w niektórych rodzinach wiele osób jest leworęcznych, w innych żadna. Próby skłonienia leworęcznego dziecka do używania prawej ręki mają negatywny wpływ na rozwój mózgu, zaprogramowanego do pracy według innego schematu. Prawo- lub leworęczność wiąże się z preferencją jednej nogi i jednego oka.

Turlanie się i spadanie. Wiek, w którym niemowlę zaczyna się obracać z brzuszka na plecki i odwrotnie, siadać, raczkować, stawać i chodzić, nie jest tak ściśle określony jak etapy zdobywania kontroli nad ruchami głowy i kończyn. Dużo zależy od temperamentu i budowy ciała. Silne, energiczne niemowlę nie może się doczekać, kiedy zacznie samo przemieszczać się z miejsca na miejsce. Maluchowi pulchnemu i spokojnemu zwykle aż tak bardzo się nie spieszy.

Niemowlęcia, które potrafi się obrócić, nie należy ani na chwilę spuszczać z oka, kiedy znajduje się na podwyższonej powierzchni. Ponieważ nie można mieć pewności, kiedy niemowlę obróci się po raz pierwszy, najbezpieczniej jest po prostu zawsze przytrzymywać je jedną ręką, nawet kiedy musimy tylko na chwilę odwrócić wzrok. Umiejącego się turlać niemowlęcia nie można bezpiecznie zostawić nawet na środku dużego łóżka. To niesamowite, jak szybko niemowlę potrafi dotrzeć do jego krawędzi. Wielu zdarza się spaść z łóżka na podłogę, co nieodmiennie przyprawia rodziców o ogromne wyrzuty sumienia.

Jeśli po upadku z łóżka niemowlę od razu zaczyna płakać, a potem przestaje i w ciągu kilku minut kolor skóry i zachowanie wraca do normy, to prawdopodobnie nic mu się nie stało. Jeśli w ciągu następnych paru godzin lub dni zauważycie jakieś zmiany zachowania (np. dziecko jest bardziej marudne, więcej śpi, nie ma apetytu), dobrze jest zadzwonić do lekarza lub pielęgniarki i opisać wydarzenie; w większości przypadków usłyszycie, że dziecku nic nie jest. Jeśli dziecko straciło przytomność, nawet tylko na krótki czas, należy od razu skontaktować się z lekarzem.

Siadanie. Większość niemowląt uczy się pewnie siedzieć bez podparcia między siódmym a dziewiątym miesiącem życia. Jednak chętnie próbują wcześniej, kiedy brak im jeszcze koordynacji, żeby odnieść sukces. Przytrzymywane za rączki, próbują się podciągnąć. Widząc taki entuzjazm, rodzice często zaczynają się zastanawiać: kiedy można zacząć sadzać dziecko w wózku lub krzesełku? Generalnie rzecz biorąc, lepiej nie podpierać go w pozycji siedzącej, jeśli nie potrafi jeszcze przez dłuższy czas siedzieć bez podparcia. Nie oznacza to, że nie można go w zabawie unieść do pozycji siedzącej, posadzić sobie na kolanach albo podeprzeć w wózku poduszką, jeśli tylko plecy i szyja będą wyprostowane. Pozostawanie przez dłuższy czas w skulonej pozycji może być szkodliwe.

Wysokie krzesełko do karmienia jest bardzo praktyczne, kiedy dziecko zaczyna jeść posiłki z resztą rodziny. Jednak z drugiej strony upadki z takiego krzesełka są niebezpieczne, a nie należą niestety do rzadkości. Jeśli macie zamiar używać krzesełka, wybierzcie model z szeroką podstawą, który trudno jest przewrócić, i zawsze przypinajcie niemowlę. N i g d y nie zostawiajcie niemowlęcia samego na krześle, wysokim ani niskim.

Wyrywanie się podczas przewijania. Jedną z rzeczy, których dzieci nie uczą się nigdy, jest to, że powinny leżeć spokojnie podczas przewijania i ubierania. Jest to kompletnie sprzeczne z ich naturą. Dziecko, które umie się już przekręcać z brzuszka na plecki, zwykle wyrywa się i płacze podczas przewijania i ubierania. I tak jest mniej więcej do ukończenia roczku, gdy można już ubierać malucha na stojąco.

Istnieje kilka sposobów na nieznaczne polepszenie sytuacji. Uwagę niektórych niemowląt przyciągną śmieszne odgłosy wydawane przez przewijającą je osobę, innym warto zaproponować mały kawałek krakersa lub ciasteczka. Na czas ubierania można zarezerwować jakąś szczególnie fascynującą zabawkę – pozytywkę lub karuzelę. Postarajcie się zająć niemowlę tuż przed położeniem go na wznak, nie dopiero wtedy, gdy już zacznie płakać.

Pełzanie i raczkowanie. Niemowlę może zacząć pełzać – ciągnąć ciało po podłodze – pomiędzy szóstym a dwunastym miesiącem życia. Zazwyczaj parę miesięcy później uczy się raczkować, czyli poruszać na rękach i nogach. Niekiedy normalnie rozwijające się dzieci wcale nie pełzają ani nie raczkują; po prostu siedzą sobie, dopóki nie nauczą się wstawać.

Jest wiele technik pełzania i raczkowania. W miarę rozwoju dziecko może przechodzić od jednej techniki do drugiej. Niektóre najpierw pełzają do tyłu, inne w bok jak krab. Niektóre próbują raczkować na dłoniach i palcach stóp, z wyprostowanymi nogami, inne na dłoniach i kolanach, jeszcze inne na kolanie jednej nogi i stopie drugiej. Sprawnie raczkującemu niemowlęciu nauka chodzenia może zająć więcej czasu niż takiemu, któremu pełzanie i raczkowanie nie wychodzi, ma więc motywację, żeby jak najszybciej zacząć wstawać.

Stanie. Większość niemowląt zaczyna wstawać pomiędzy dziewiątym a dwunastym miesiącem życia, choć niemowlę nadzwyczaj ambitne, o dobrze rozwiniętej motoryce, może pewnie stać już w wieku siedmiu miesięcy. Niekiedy zdarzają się maluchy, które zaczynają wstawać dopiero po ukończeniu pierwszego roku, choć pod innymi względami sprawiają wrażenie zdrowych i bystrych. Niektóre z tych niemowląt są pulchne i beztroskie, innym po prostu z trudnością przychodzi koordynowanie nóg. Nie martwiłbym się takim rozwojem sytuacji, jeżeli oczywiście lekarz lub pielęgniarka stwierdzi, że dziecko jest zdrowe i rozwija się normalnie.

Wiele niemowląt znajduje się w tarapatach, kiedy umie już wstawać, ale jeszcze nie wie, jak z powrotem usiąść na podłodze. Biedactwa stoją, kurczowo trzymając się szczebelków kojca, aż do zupełnego wyczerpania. Rodzicom robi się w końcu żal malucha, odczepiają go więc od szczebelków i pomagają usiąść. On zaś natychmiast zapomina o zmęczeniu i podciąga

się do pozycji stojącej. Tym razem zaczyna płakać już po kilku minutach. Rodzice mogą w takiej sytuacji najwyżej dać mu coś ciekawego do zabawy w pozycji siedzącej, zabierać na dłuższe niż zazwyczaj spacery wózkiem i pocieszać się faktem, że prawdopodobnie w ciągu tygodnia nauczy się siadać. Pewnego dnia spróbuje. Bardzo ostrożnie opuści pupę tak nisko, jak pozwala mu na to długość ramion, i po długiej chwili wahania puści się. Odkryje w ten sposób, że upadek nie jest taki straszny, a pielucha świetnie amortyzuje.

Z czasem dziecko uczy się chodzić po pokoju, przytrzymując się mebli, najpierw obiema, potem tylko jedną ręką. W końcu utrzymuje równowagę na tyle sprawnie, że zaabsorbowane czym innym puszcza się na kilka sekund i nie zauważa nawet, na jak niebezpieczny wyczyn się poważyło. Do samodzielnego chodzenia już niedaleko.

Chodzenie. Wiele czynników decyduje o tym, w jakim wieku dziecko zaczyna samodzielnie chodzić. Najważniejszym są prawdopodobnie geny, a po nich ambicja, budowa ciała, umiejętność pełzania lub raczkowania, choroby i złe doświadczenia. Dziecko, które rozchoruje się na dwa tygodnie, w momencie kiedy właśnie zaczyna chodzić, może na miesiąc lub nawet dłużej zrezygnować z prób. Maluch, który boleśnie się przewrócił, może na kilka tygodni powrócić do kurczowego przytrzymywania się mebli.

Większość dzieci uczy się chodzić pomiędzy dwunastym a piętnastym miesiącem życia. Niektóre ambitne i umięśnione maluchy zaczynają już w dziewiątym miesiącu. Całkiem sporo inteligentnych dzieci nie zaczyna przed ukończeniem osiemnastego miesiąca, a czasem nawet dużo później. Nie trzeba uczyć dziecka chodzenia. Kiedy jego mięśnie, nerwy i psychika będą gotowe, nie uda wam się go powstrzymać. (Chodziki nie pomagają dzieciom w nauce chodzenia i mogą być niebezpieczne; patrz strona 71.)

Krzywe nogi, nieprawidłowe stawianie stóp. Rodzice malucha, który wcześnie nauczył się chodzić, mogą się niepokoić, że zaszkodzi mu to na nóżki. Jednak zgodnie ze współczesną wiedzą medyczną organizm jest w stanie poradzić sobie ze wszystkim, co dziecko zaczyna robić z własnej inicjatywy i samodzielnie. Czasem w pierwszych miesiącach chodzenia może się wydawać, że dziecko ma krzywe nogi – wygięte w kształt litery „O" lub „X" – ale jest to niezależne od wieku, w którym zaczęło chodzić. Większość dzieci początkowo stawia stopy nieco na zewnątrz, a potem stopniowo coraz bardziej równolegle. Niektóre wyglądają wręcz jak Charlie Chaplin, ze stopami zupełnie odstającymi na boki, ale po pewnym czasie same uczą się jedynie lekko kierować palce na zewnątrz. Przeciętne dziecko zaczyna od pozycji lekko na zewnątrz, a pod koniec stawia stopy niemal

---

⛫ KLASYCZNY SPOCK

Pamiętam mamę, która narobiła sobie kłopotu, często bowiem prowadzała synka za rączkę, kiedy nie umiał jeszcze samodzielnie chodzić. Chłopiec był tym tak zachwycony, że domagał się chodzenia za rękę przez cały dzień na okrągło. Łatwo się domyślić, kto pierwszy miał tego dosyć.

równolegle. Te dzieci, które na początku stawiają stopy równolegle, zwykle później stawiają je do środka, czemu często towarzyszy wygięcie nóg w kształt litery „O".

To, jak proste będą nogi, kostki i stopy, zależy od wielu czynników, także wrodzonych. Niektóre dzieci, (zazwyczaj ciężkie) mają tendencję do wykrzywiania kostek do środka. Inne zaś rodzą się ze skłonnością do pałąkowatych nóg i stawiania stóp do wewnątrz. Wydaje mi się, że najczęściej dotyczy to dzieci bardzo aktywnych i sprawnych ruchowo. Wpływ może mieć też pozycja, w jakiej dziecko najczęściej trzyma nogi i stopy. Zdarza się na przykład, że stopa skręca się w kostce, bo dziecko siedząc, zawsze podwija

ją pod siebie. Możliwe, że niektóre dzieci zaczynają skręcać stopy do środka, bo leżąc na brzuchu, zawsze kierują stopy do wewnątrz. Teraz, kiedy wiemy, że spanie na brzuchu zwiększa ryzyko śmierci łóżeczkowej (patrz str. 596), problem ten jest rzadziej spotykany.

Kiedy dziecko zacznie stawać, lekarz przyjrzy się jego nóżkom podczas badań kontrolnych. Między innymi dlatego tak ważne są regularne wizyty u lekarza w drugim roku życia. Jeśli się okaże, że dziecko ma słabe kostki, krzywe nogi lub źle stawia stopy, lekarz może zalecić odpowiednie ćwiczenia korekcyjne, jednak większość tych nieprawidłowości ustępuje z czasem sama.

POZNAWANIE LUDZI

Zmienia się stosunek do obcych. Można się wiele dowiedzieć o etapach rozwoju dziecka, obserwując, jak z wiekiem zmienia się jego reakcja na nieznajome osoby. Wizyty typowego niemowlęcia u lekarza w pierwszym roku życia wyglądają tak: w wieku dwóch miesięcy zwraca na lekarza niewielką uwagę, leżąc podczas badania na stole, przez cały czas spogląda na mamę. Czteromiesięczne niemowlę to ulubieniec lekarza, żywiołową radością wita każdy uśmiech i śmieszny odgłos. W okolicach piątego–szóstego miesiąca maluch staje się mniej ufny, a w wieku dziewięciu miesięcy ma już pewność: lekarz jest obcy, więc należy się go obawiać. Na jego widok niemowlę przestaje machać nóżkami i gaworzyć, całe sztywnieje w napięciu i przez pewien czas intensywnie, a nawet podejrzliwie mu się przygląda. W końcu bródka zaczyna mu się trząść i dziecko zaczyna płakać. Czasem denerwuje się tak bardzo, że płacze jeszcze długo po zakończeniu badania.

Lęk przed obcymi. Dziewięciomiesięczne dziecko podejrzliwie odnosi się nie tylko do lekarza; lękiem reaguje na wszystko, co nowe i nieznane, nawet nowy kapelusz mamy albo ogoloną twarz taty, którego dotąd widywało z brodą. Takie zachowanie nazywane jest lękiem przez obcymi. Co takiego się zmieniło, że zamiast – jak dotąd – traktować wszystkich z sympatią, maluch stał się podejrzliwy i wszystkiego się boi?

Przed ukończeniem szóstego miesiąca życia niemowlęta rozpoznają rzeczy, które już wcześniej widziały (wiemy o tym, ponieważ takim rzeczom przypatrują się dłużej), ale wydaje się, że nie dzielą ich na obce i znajome. Prawdopodobnie dzieje się tak dlatego, że u czteromiesięcznego niemowlęcia kora mózgowa, czyli zewnętrzna warstwa mózgu odpowiedzialna za myślenie, nie jest jeszcze w pełni aktywna. Kilka miesięcy później kora mózgowa działa już o wiele sprawniej. W rezultacie pamięć dziecka jest dużo lepsza. Wyraźnie dostrzega ono różnicę pomiędzy tym, co znajome, a tym, co obce, oraz wydaje się rozumieć, że rzeczy nieznane mogą być niebezpieczne. Proces myślowy dziecka można niemal zaobserwować: najpierw wpatruje się w obcą osobę, potem zerka na mamę, z powrotem na obcego i wreszcie kilka sekund później wybucha płaczem.

Pomiędzy szóstym a dziewiątym miesiącem życia dziecko jest dużo mądrzejsze, ale wciąż nie bardzo potrafi – na podstawie doświadczeń z przeszłości – ocenić, co stanie się za chwilę. Półroczne dziecko żyje chwilą obecną. Kiedy więc widzi przed sobą obcą osobę, nie rozumie, dlaczego nie jest to ktoś znajomy, i nie wie, co dobrego może wyniknąć z takiej sytuacji. Nie potrafi zrobić nic oprócz protestu i krzyku. Pomiędzy dwunastym a piętnastym miesiącem, kiedy lęk przed obcymi na ogół znika, dziecko lepiej potrafi wyciągać wnioski z przeszłych wydarzeń i przewidywać przyszłość: „Może nie wiem, kim jest ta osoba, ale w przeszłości nie przydarzyło mi się nic strasznego, więc nie muszę teraz wpadać w panikę".

Niektóre dzieci (średnio jedno na siedmioro) w kontakcie z nieznajomymi rzeczami i osobami stają się szczególnie lękliwe. Nawet we wczesnym niemowlęctwie ich serduszka zaczynają bić szybciej, kiedy zobaczą coś nieoczekiwanego, i przez całe dzieciństwo są one nadzwyczaj ostrożne. Pomiędzy pierwszym a trzecim rokiem życia długo przyglądają się nowej sytuacji, zanim włączą się do zabawy. O takich dzieciach mówi się niekiedy, że „wolno się rozgrzewają", co dość dokładnie oddaje tę cechę charakteru. Jest ona wrodzona, ma związek ze sposobem funkcjonowania mózgu dziecka, a nie postępowania rodziców. Najważniejsze zaś, że nie jest to choroba i nie wymaga leczenia.

Jeśli półroczne dziecko sprawia wrażenie szczególnie nerwowego w obecności nieznanych osób i w nieznanych miejscach, warto chronić je przed strachem, trzymając obce osoby na dystans, dopóki dziecko się do nich nie przyzwyczai. Nie rezygnujcie jednak zupełnie z kontaktów z ludźmi. Dzięki powtarzającym się spotkaniom nieznane staje się znane i nawet dzieci „wolno się rozgrzewające" zaczynają się czuć pewniej.

UBRANIA I SPRZĘTY

Buty: kiedy i jakie? W większości przypadków dziecko nie potrzebuje butów, dopóki nie zacznie wychodzić na dwór. W domu stopy mają taką samą temperaturę jak dłonie, chodzenie na bosaka nie wiąże się więc dla niego z żadnym dyskomfortem. Innymi słowy, miękkie buciki dla niemowląt są zbędne przed ukończeniem pierwszego roku życia, chyba że podłoga jest nadzwyczaj zimna.

Kiedy dziecko umie już stać i chodzić, naprawdę warto pozwalać mu na chodze-

nie boso, jeżeli tylko warunki są odpowiednie. Łuk stopy jest początkowo dosyć płaski. Stopniowo się wysklepia, a kostki wzmacniają, w miarę jak dziecko intensywnie ich używa, stojąc i chodząc. Chodzenie po nierównych powierzchniach również dobrze wpływa na rozwój mięśni stóp i nóg.

Oczywiście chodzące dziecko potrzebuje butów do wychodzenia na dwór, kiedy jest zimno, oraz do chodzenia po chodnikach i innych powierzchniach, na których mogłoby się zranić. Jednak dobrze byłoby, gdyby do ukończenia dwóch lub trzech lat nadal chodziło boso (lub w skarpetkach) w domu, a także na przykład na plaży, w piaskownicy i w innych bezpiecznych miejscach, kiedy jest ciepło.

Na początek najlepsze są buty o miękkiej podeszwie, dające stopom dziecka większą swobodę ruchu. Buty w wymyślny sposób usztywniające nogę to na dobrą sprawę wyrzucanie pieniędzy. Buty powinny być na tyle duże, żeby palce nie były ściśnięte, ale nie za duże, żeby nie spadały ze stóp.

Małe dzieci wyrastają z butów w niewiarygodnym tempie, czasem już po dwóch miesiącach, dlatego rodzice powinni przyzwyczaić się do sprawdzania co kilka tygodni, czy rozmiar jest nadal odpowiedni. Musi być wystarczająco dużo miejsca na palce, ponieważ kiedy dziecko chodzi, palce z każdym krokiem przesuwają się do przodu i są dociskane do czubka buta. Kiedy dziecko stoi, pomiędzy palcami a czubkiem buta powinno być około 6 mm miejsca. Nie można tego ocenić, kiedy dziecko siedzi, ponieważ stopy osoby stojącej bardziej wypełniają buty. Naturalnie buty powinny być również odpowiednio szerokie. Praktyczne są antypoślizgowe podeszwy, dzięki którym dziecko najpierw uczy się chodzić, a dopiero potem jeździć na łyżwach. Śliskie podeszwy można przetrzeć gruboziarnistym papierem ściernym.

Wybierzcie dobrze dopasowane, niedrogie buty. Tenisówki są bardzo dobre, jeśli stopy dziecka nie pocą się w nich nadmiernie. Stopy małego dziecka są pulchne i niskie buty czasem spadają z nich łatwiej niż wysokie. Nie istnieje żaden inny powód, żeby wkładać dziecku buty sięgające nad kostkę; kostki nie potrzebują dodatkowego usztywnienia.

Kojce. Kojec może się bardzo przydać, zwłaszcza zapracowanym rodzicom, już od czasu, gdy dziecko ukończy trzy miesiące. Kojec w pokoju lub kuchni umożliwia maluchowi przebywanie w centrum akcji bez ryzyka, że ktoś nań nadepnie lub coś rozleje. Kiedy dziecko zaczyna wstawać, kojec zapewnia barierkę do przytrzymania i twarde podłoże pod stopami. Przy ładnej pogodzie malec może bezpiecznie siedzieć w kojcu na tarasie i przyglądać się światu.

Jeśli macie zamiar korzystać z kojca, najlepiej przyzwyczajać do niego dziecko już w wieku trzech–czterech miesięcy, zanim nauczy się siedzieć i raczkować i zazna swobody poruszania się po całej podłodze. W przeciwnym razie od początku może uznać kojec za więzienie. Dziecku siedzącemu i raczkującemu sprawia przyjemność dosięganie rzeczy znajdujących się w odległości kilkudziesięciu centymetrów i bawienie się większymi przedmiotami, jak drewniane łyżki, garnki i sitka. Kiedy znudzi mu się w kojcu, można je posadzić w huśtawce lub wysokim krzesełku. Dobrze jest też dać mu szansę swobodnego raczkowania.

Niemowlę nie powinno przebywać w kojcu przez cały czas, nawet jeśli ma na to ochotę. Potrzebuje czasu na poznawanie otaczającego je świata, oczywiście pod czujnym okiem osoby dorosłej. Mniej więcej raz na godzinę trzeba się z nim pobawić, przytulić, a może na pewien czas umieścić w nosidełku na piersi. Pomiędzy dwunastym a osiemnastym miesiącem życia dzieci zaczynają gorzej znosić przebywanie w kojcu.

Huśtawki. Huśtawki przydają się, kiedy niemowlę umie już siedzieć, ale jeszcze nie chodzi. Niektóre mają silniczek, inne przymocowuje się do futryny drzwi, jeszcze inne wyposażone są w sprężyny, więc dziecko może w nich podskakiwać. Sprężyny powinny być osłonięte, żeby dziecko nie mogło włożyć w nie paluszków, albo odstępy pomiędzy zwojami nie powinny być większe niż 3 milimetry. Jedno niemowlę z zadowoleniem huśta się przez długi czas, inne dość prędko się nudzi. Huśtając się, niemowlę jest bezpieczne, ale nie można pozwolić, żeby spędzało na huśtawce cały dzień. Trzeba mu dać okazję do raczkowania, poznawania otoczenia, wstawania i chodzenia.

Chodziki. Chodziki były niegdyś bardzo popularne, bo powszechne było przekonanie, że dzięki nim niemowlęta szybciej uczą się chodzić. W rzeczywistości jednak chodziki przeszkadzają w nauce chodzenia, niemowlę bowiem musi w nich tylko przebierać nogami, nie przejmując się utrzymywaniem równowagi. Do chodzenia potrzebne są różnorodne umiejętności i dziecko może stracić motywację do opanowania ich, skoro i tak porusza się bez problemu. Po co się uczyć trudnej sztuki chodzenia?

Chodziki są poza tym niebezpieczne i mogą stać się przyczyną wielu obrażeń. Dziecko w chodziku jest wyższe, więc może dosięgnąć jakiegoś niebezpiecznego przedmiotu i zranić się; jego środek ciężkości znajduje się wyżej, więc łatwiej może się przewrócić; porusza się z dużą szybkością. Upadek w chodziku ze schodów może się skończyć tragicznie. Chodzików w ogóle nie powinno się produkować. Jeśli już macie chodzik, najlepiej jest odczepić od niego kółka, żeby nie mógł się toczyć, albo po prostu go wyrzucić.

CZĘSTE DOLEGLIWOŚCI PIERWSZEGO ROKU ŻYCIA

Jeśli zauważycie jakąkolwiek zmianę stanu zdrowia dziecka najlepiej natychmiast skontaktować się z lekarzem. Nie próbujcie sami stawiać diagnozy, zbyt łatwo jest popełnić błąd. Problemy, które zostaną tu pokrótce przedstawione, mogą mieć przyczyny inne od sugerowanych. Ich opis ma przede wszystkim pomóc rodzicom oswoić się z niektórymi częstymi, łagodnymi dolegliwościami fizycznymi okresu niemowlęcego, które musi jednak rozpoznać lekarz.

Czkawka. Większość niemowląt w pierwszych miesiącach życia regularnie ma czkawkę po posiłkach. Czkawkę można zaobserwować nawet u płodu podczas badania USG, a także wyczuć ją pod koniec ciąży. Prawdopodobnie nie ma ona żadnego znaczenia i nie musicie w żaden sposób na nią reagować – oprócz sprawdzenia, czy dziecku nie powinno się odbić.

Jeśli bardzo chcecie coś zrobić, na czkawkę pomaga czasem podanie ciepłej wody do picia.

Ulewanie i wymioty. O „ulewaniu" mówimy, kiedy zawartość żołądka łagodnie wylewa się z buzi dziecka, zazwyczaj w niewielkich ilościach. Mięśnie, których zadaniem jest zamykanie przejścia z przełyku do żołądka, nie są jeszcze tak sprawne, jak u starszego dziecka albo dorosłego. Każde poruszenie może spowodować ulanie: kołysanie, zbyt mocne przytulenie, położenie niemowlęcia na plecach lub nawet ruchy trawiącego żołądka. Większość niemowląt dużo ulewa w pierwszych miesiącach. Zazwyczaj nie ma to większego znaczenia. Niektórym ulewa się kilka razy po każdym karmieniu. Innym zdarza się to tylko czasami. (Plamy z mleka łatwiej usunąć z pościeli, pieluch i ubrań, jeśli namoczy się je najpierw w zimnej wodzie.)

W przypadku większości niemowląt tendencja do ulewania jest najsilniejsza w pierwszych tygodniach, a z wiekiem słabnie. Zazwyczaj zanika, zanim dziecko nauczy się siedzieć. Niekiedy utrzymuje się dłużej, aż maluch zacznie chodzić. Zdarzają się niemowlęta, które zaczynają ulewać dopiero w wieku paru miesięcy. Czasem sytuacja pogarsza się w okresie ząbkowania. Ulewanie powoduje, że mamy więcej prania, ale jest niegroźne, jeśli dziecko prawidłowo przybiera na wadze, nie kaszle, nie krztusi się i ogólnie ma dobre samopoczucie.

O „wymiotowaniu" mówimy, kiedy zawartość żołądka jest wypychana z siłą wystarczającą, żeby odrzucić ją na co najmniej kilka centymetrów od buzi. Rodzice często się niepokoją, widząc po raz pierwszy, jak niemowlę zwraca dużą ilość mleka. Nie jest to jednak poważny problem, jeśli nie powtarza się często i dziecko sprawia wrażenie szczęśliwego i zdrowego. Zdarzają się niemowlęta, które wymiotują nawet codziennie, zwłaszcza w pierwszych tygodniach życia. Naturalnie jeśli wasze maleństwo regularnie ulewa lub zwraca mleko, powinniście omówić to z lekarzem, zwłaszcza jeśli towarzyszą temu inne oznaki niestrawności. Należy pamiętać, żeby nakarmionemu dziecku odbiło się powietrze nagromadzone w brzuszku podczas jedzenia, ale w większości przypadków ulewanie lub wymioty występują niezależnie od tego, jakie mleko podacie i w jakiej ilości ani jak długo będziecie swoją pociechę po każdym posiłku trzymać pionowo i klepać po pleckach.

Jeśli wygląda na to, że maluch zwymiotował cały posiłek, czy należy go od razu nakarmić ponownie? Jeśli się tego nie domaga, lepiej poczekać, aż zgłodnieje, by dać żołądkowi chwilę czasu na uspokojenie. Pamiętajcie, że zazwyczaj ilość zwymiotowanego pokarmu wygląda na większą niż jest w rzeczywistości. Można by przysiąc, że niektóre niemowlaki zwracają większość każdego posiłku, a mimo to normalnie przybierają na wadze.

To, że zwymiotowane mleko jest kwaśne i zwarzone, nie ma znaczenia. Pierwszym etapem trawienia jest wydzielanie kwasu żołądkowego. Każdy spożyty pokarm w żołądku ulega zakwaszeniu, a mleko pod wpływem kwasu warzy się.

Ulewanie niewielkich ilości mleka lub sporadyczne wymioty nie powinny być powodem do zmartwień. Należy jednak skontaktować się z lekarzem, jeżeli:

◆ ulewaniu towarzyszy drażliwość, płacz, krztuszenie się, wyginanie pleców w łuk, kaszel lub słabe przybieranie na wadze; mogą to być objawy refluksu żołądkowo-przełykowego (patrz str. 35);

◆ dziecko wymiotuje kilka razy z rzędu, a zawartość żołądka jest zwracana z dużą siłą albo ma odcień żółty lub zielony, świadczący o obecności żółci;

◆ wymiotom towarzyszy gorączka, zmiana zachowania (senność, brak chęci do zabawy, drażliwość) lub inne objawy choroby;

◆ wymioty lub ulewanie z jakiegokolwiek powodu was martwią. Nawet jeśli okaże się, że jest to najzwyczajniejsze na świecie niemowlęce ulewanie, nie ma nic złego w konsultacji z lekarzem.

Zmiany w kolorze stolca. Nic tak nie martwi niektórych rodziców jak zmiana barwy stolca. Nie ma znaczenia, czy jest brązowy, żółty czy zielony. W pieluszce można ujrzeć tyle kolorów, ile na pokazie mody i żaden z nich nie jest bardziej prawidłowy niż pozostałe. Powodem do niepokoju może być tylko barwa czarna (może to oznaczać dużą zawartość krwi, która przechodząc przez jelita, czernieje i zaczyna wyglądem przypominać smołę), czerwona (możliwa obecność krwi) lub kredowobiała (możliwe zaburzenia w produkcji żółci).

Zaparcie. O zaparciu mówimy, kiedy stolec jest twardy, suchy i trudny do wydalenia. Nie ma znaczenia, ile razy dziennie niemowlę (a także starsze dziecko albo dorosły) się wypróżnia. Kiedy stolec jest bardzo twardy, na jego powierzchni można czasem dostrzec niewielkie pasemka czerwonej krwi. Choć zdarza się to dość często, o obecności krwi w stolcu należy zawsze powiadomić lekarza.

Jedno niemowlę robi kupkę codziennie o tej samej porze, inne codziennie o innej. U jednego niemowlęcia może być kilka wypróżnień dziennie, u innego jedno raz na kilka dni. Nie oznacza to, że któreś z nich jest zdrowsze. Nie ma sensu się starać, żeby nieregularnie wypróżniające się dziecko zaczęło to robić zgodnie z harmonogramem. Prawdopodobnie i tak się to nie uda, a próba wymuszenia wypróżnień może doprowadzić do frustrującej i bezowocnej walki.

Po upływie pierwszych kilku miesięcy niemowlęta karmione piersią zazwyczaj wypróżniają się mniej regularnie niż karmione sztucznie. Jeśli karmiony piersią trzy- lub czteromiesięczny maluch wypróżnia się co drugi dzień lub rzadziej, nie oznacza to, że ma zaparcie, pod warunkiem że stolce są miękkie. Niemowlę nie musi wypróżniać się codziennie.

U starszych niemowląt karmionych piersią zaparcia czasem pojawiają się po wprowadzeniu pokarmów stałych. Ich jelitom tak łatwo przychodziło uporać się z mlekiem mamy, że teraz nie radzą sobie z nowymi pokarmami. Stolce zaczynają być twarde i sporadyczne, a niemowlę odczuwa dyskomfort. Można mu podać trochę osłodzonej wody (łyżeczka glukozy na 60 mililitrów wody), sok z jabłek, gruszek albo suszonych śliwek (zaczynając od 60 mililitrów i stopniowo zwiększając ilość) lub gotowane suszone śliwki (zaczynając od dwóch łyżeczek dziennie i stopniowo zwiększając ilość). Niektóre dzieci po suszonych śliwkach boli brzuszek, ale większość znosi je dobrze. Zaparcie zazwyczaj jest tylko tymczasowe; jeśli trwa dłużej niż tydzień, skontaktujcie się z lekarzem.

Zaparcia przytrafiają się również niemowlętom karmionym mieszanką. Możecie wypróbować sposoby sugerowane powyżej. Jeśli nie pomogą, skonsultujcie się z lekarzem albo pielęgniarką.

Biegunka. Łagodna biegunka to częsta przypadłość niemowląt i małych dzieci. Ich jelita przez pierwszy rok czy dwa są bardzo wrażliwe i mogą je podrażniać nie tylko bakterie i wirusy, ale też nowe pokarmy albo zbyt duże ilości soków owocowych. Na szczęście rezultatem jest zazwyczaj tylko łagodne rozwolnienie bez dalszych konsekwencji. Dziecko może się wypróżnić kilka razy więcej niż zazwyczaj, a jego stolec będzie miał trochę inny zapach i będzie nieco rzadszy, często o zielonkawym zabarwieniu. Najważniejsze przy tym rodzaju rozwolnienia jest zachowanie dziecka. Dziecko chętnie się bawi, jest aktywne, oddaje mocz równie często jak zazwyczaj i nie ma innych objawów choroby niż może lekko zatkany nosek i nieznaczny spadek apetytu. Po paru dniach objawy znikają bez żadnego leczenia. Można dać dziecku więcej wody do picia albo przeciwdziałający odwodnieniu preparat Pedialyte*, a także zrezygnować z wprowadzonego ostatnio pokarmu.

Dawniej w przypadku łagodnej biegunki zalecano odstawienie pokarmów stałych oraz mleka i podawanie dużej ilości płynów o wysokiej zawartości cukru (jak oranżada czy sok jabłkowy). Badania wykazały, że ta tradycyjna dieta w rzeczywistości powoduje nasilenie i przedłużenie trwania biegunki. W przypadku łagodnej niemowlęcej biegunki najlepiej jest nadal

---

* W Polsce niedostępny (przyp. tłum.)

karmić maleństwo mlekiem matki lub mieszanką mleczną oraz innymi podawanymi
do tej pory pokarmami i pozwolić mu jeść
tyle, na ile ma ochotę. Jeśli rozwolnienie
trwa dłużej niż dwa–trzy dni, powinniście skontaktować się z lekarzem, nawet
jeśli dziecko sprawia wrażenie zdrowego.
Więcej informacji na temat rozwolnienia
i odwodnienia znajdziecie na stronie 568.

Wysypki, ogólnie. Wysypkę zawsze warto pokazać lekarzowi. Często trudno ją
opisać słowami, a chociaż większość z nich
to nic poważnego, niektóre mogą być objawem choroby wymagającej natychmiastowej interwencji lekarskiej.

**Odparzenia skóry w miejscach przy-
krytych pieluszką (pieluszkowe zapalenie skóry).** W pierwszych miesiącach życia niemowlęca skóra jest bardzo
wrażliwa. Najbardziej podatne na podrażnienia są okolice pieluszkowane, gdzie pozbawiona dostępu powietrza delikatna skóra jest narażona na kontakt z wilgocią. Każdy z nas dostałby odparzeń, gdyby musiał
przez 24 godziny na dobę nosić pieluchę.
Dlatego najlepszym lekarstwem na odparzenia jest pozwolić dziecku leżeć bez pieluszki tak długo, jak to możliwe – najlepiej
kilka godzin dziennie. Dobrze jest na wietrzenie wybrać moment zaraz po wypróżnieniu, kiedy prawdopodobieństwo oddania kolejnego stolca jest najmniejsze.
Pod pupę niemowlęcia podłóżcie złożoną
pieluchę tetrową albo dużą wodoodporną
podkładkę (chłopcy potrafią siusiać dość
daleko, dlatego dobrze mieć na wszelki
wypadek pod ręką papierowe ręczniki).
Ciepłe powietrze i brak kontaktu z materiałem zazwyczaj pomaga na odparzenia. Niemal wszystkie niemowlęta raz na
jakiś czas miewają nieznaczną wysypkę.
Jeśli plamek jest niewiele i znikają równie
szybko, jak się pojawiły, poza wystawia-

niem odparzonego miejsca na powietrze
niepotrzebne jest leczenie.

Odparzonej skóry nie należy myć mydłem, gdyż może ono działać drażniąco.
Zamiast chusteczek pielęgnacyjnych dobrze jest używać czystej wody. Na skórę
można nałożyć ochronną warstwę wazeliny albo maści na odparzenia przeznaczonej dla niemowląt. Jeśli pieluchy pierzecie
w domu, do ostatniego płukania możecie
dodać ćwierć szklanki octu spirytusowego.

U starszych niemowląt odparzenia często są powodowane długotrwałym kontaktem skóry z ciepłym, kwaśnym moczem.
Wietrzenie i częste przewijanie zazwyczaj
wystarcza, żeby je wyleczyć.

Zakażenie drożdżakami *Candida* objawia się jaskrawoczerwonymi punktami,
które często zlewają się w jednolitą czerwoną plamę otoczoną pojedynczymi punktami. Fałdy skóry pod pieluszką są zazwyczaj zaczerwienione, a jaskrawoczerwone
plamki można zauważyć na wypukłościach
skóry. W leczeniu stosuje się maści prze-
ciwgrzybicze dostępne na receptę.

Jeśli tworzą się pęcherze lub wysypka ro-
pieje (przy czym dziecko może mieć podwyższoną temperaturę), najprawdopodobniej przyczyną są bakterie; w takim wypadku należy skontaktować się z lekarzem.

Wysypka spowodowana biegunką.
Wypróżnienia podczas biegunki drażnią
skórę niemowlęcia, wywołując czasem bolesną wysypkę wokół odbytu albo gładkie,
jaskrawoczerwone plamy na pośladkach.
Leczenie polega na przewijaniu dziecka
natychmiast po każdym wypróżnieniu, co
samo w sobie stanowi wyczyn nie lada. Następnie zabrudzone miejsce należy umyć
oliwką albo – jeśli ból jest tak dotkliwy, że
skóry nie można pocierać – potrzymać pupę dziecka pod kranem z ciepłą wodą, osuszyć delikatnie, dotykając ręcznikiem i posmarować grubą warstwą jakiejkolwiek ma-

ści ochronnej. Jeśli to nie pomoże, należy zdjąć pieluchę i wystawić skórę na działanie powietrza. Zdarza się, że nic nie przynosi większej ulgi, kiedy dziecko ma biegunkę. Na szczęście wysypka tego typu szybko znika, gdy wypróżnienia wrócą do normy.

Wysypki na twarzy. Istnieje kilka łagodnych rodzajów wysypki, które pojawiają się na twarzy niemowląt w pierwszych miesiącach życia, ale chociaż powszechne, nie są na tyle konkretne, żeby nadawać im nazwę.

Prosaki to malutkie, lśniące, białe krostki, którym nie towarzyszy zaczerwienienie. Wyglądają jak maleńkie perełki w skórze. Gruczoły łojowe niemowlęcia produkują już łój, ale ponieważ nie ma on jeszcze ujścia przez skórę, po prostu się w niej zbiera. W ciągu kilku najbliższych tygodni lub miesięcy pory otworzą się, a łój wydostanie na zewnątrz.

Niektóre niemowlęta mają małe skupiska czerwonych plamek albo gładkich krostek na policzkach i czole. Wyglądają jak trądzik i jest to właśnie trądzik. Wywołuje go działanie matczynych hormonów na płód. Trądzik może utrzymywać się przez dłuższy czas i być dla rodziców powodem do zmartwienia. Czasem zaczyna znikać, a potem na nowo się pojawia. Przeróżne maści okazują się nieskuteczne. W końcu jednak zmiany tego typu zawsze znikają.

Rumień toksyczny to nieregularne czerwone plamy wielkości sześciu do dwunastu milimetrów, niektóre z maleńką białą krostką pośrodku. U niemowląt o ciemniejszej karnacji barwa plamek może wpadać w fiolet. Zmiany tego typu pojawiają się i znikają na różnych częściach twarzy i reszty ciała. Nie wiemy, co wywołuje tę częstą przypadłość, ale kiedy zniknie, nie powraca. Większe pęcherzyki lub krostki wypełnione ropą mogą być zakażone i należy jak najszybciej powiedzieć o nich lekarzowi.

Wysypka na ciele i głowie. *Potówki czerwone* bardzo często pojawiają się na ramionach i szyi niemowląt, kiedy na dworze jest bardzo ciepło. Są to skupiska bardzo małych różowych grudek, otoczonych plamami o barwie różowej u dzieci o jasnej karnacji, a ciemnoczerwonej lub fioletowej u dzieci o ciemnej skórze. Na niektórych grudkach tworzą się niewielkie pęcherzyki. Potówki czerwone najczęściej pojawiają się najpierw na szyi. Mogą się rozprzestrzenić w dół, na klatkę piersiową i plecy, a także w górę, w okolice uszu i twarzy, ale nie są dla dziecka uciążliwe. Wysypkę tego typu można kilka razy dziennie przetrzeć wacikiem nasączonym roztworem sody oczyszczonej (łyżeczkę wodorowęglanu sodu rozpuścić w szklance wody). Druga możliwość to oprószenie pudrem niemowlęcym ze skrobi kukurydzianej (nic zaleca się stosowania talku, który może działać drażniąco na płuca). Potówki czerwone najczęściej same znikają i nic wymagają leczenia. Ważniejsze jest utrzymywanie właściwej temperatury ciała niemowlęcia. Nie obawiajcie się rozebrać dziecka, kiedy jest gorąco. Nie ma żadnych dowodów na to, że niemowlęta, którym pozwala się leżeć nago, w dorosłym życiu zostają nudystami.

Ciemieniucha (niemowlęca postać łojotoku) to zazwyczaj łagodna dolegliwość. Na głowie niemowlęcia pojawiają się tłuste, żółte lub czerwonawe łuski. Ciemieniucha może też pojawić się na twarzy, w obszarze pieluszkowanym i na innych częściach ciała. Plamy można posmarować oliwką, żeby je rozmiękczyć, a potem umyć łagodnym szamponem przeciwłupieżowym i wyczesać odchodzące łuski. Oliwki nie należy pozostawiać na skórze zbyt długo przed umyciem. Pomocne mogą być też szampony lecznicze i leki dostępne na receptę. Ciemieniucha rzadko trwa dłużej niż przez pierwsze sześć miesięcy.

Rumień liszajowaty (liszajec) to bakteryjne zakażenie skóry. Zazwyczaj nie jest poważne, ale jest zakaźne, nie należy więc zwlekać z wizytą u lekarza. Zaczyna się od bardzo delikatnego, małego pęcherzyka wypełnionego żółtawym płynem lub białą ropą, otoczonego przez zaczerwienioną skórę. Pęcherzyk łatwo pęka, pozostawiając małą rankę. U niemowląt nie pokrywa się ona grubym strupem tak jak u starszych dzieci. Rumień liszajowaty najczęściej pojawia się w wilgotnym miejscu, na przykład na skraju pieluchy, w pachwinie lub pod pachą. Po pierwszym pęcherzyku mogą się pojawić kolejne. Pomocne bywają maści przeciwbakteryjne dostępne bez recepty oraz zapewnienie dostępu powietrza. Należy tak ubierać i okrywać dziecko, żeby nie zasłaniać zakażonego miejsca; w razie potrzeby należy zwiększyć temperaturę w pokoju. Maści antybiotykowe dostępne na receptę szybko rozwiązują problem. Podczas zakażenia liszajcem pieluchy, pościel, bieliznę, piżamki, ręczniki i myjki należy dezynfekować zwyczajnym wybielaczem zawierającym podchloryn sodu, zgodnie z instrukcjami na butelce.

Usta. *Pleśniawki* to bardzo pospolita, łagodna forma grzybicy jamy ustnej. Z wyglądu przypominają kawałeczki kożucha z mleka, które przykleiły się do wewnętrznej strony policzków, języka lub podniebienia dziecka. Jednak w odróżnieniu od mleka, nie można ich łatwo zetrzeć. Jeśli zostaną usunięte, skóra pod spodem może lekko krwawić i być mocno zaczerwieniona. Pleśniawki w buzi bywają dla niemowlęcia bolesne, tak że dziecko marudzi podczas ssania. Pleśniawki mogą się pojawić u każdego niemowlęcia i nie wynikają z braku higieny. Leczenie polega na przecieraniu ich kilka razy dziennie lekarstwem dostępnym na receptę, należy się jednak liczyć z tym, że mogą powrócić. Jeśli niemożliwy jest natychmiastowy kontakt z lekarzem, dobrze jest po każdym karmieniu mlekiem podać niemowlęciu trzydzieści mililitrów wody. Wypłucze ona z ust resztki mleka, odbierając drożdżom pożywkę, na której się rozwijają. Myląca jest niekiedy barwa wewnętrznej strony górnych dziąseł, gdzie wyrosną w przyszłości zęby trzonowe; naturalny blady kolor tych miejsc bywa mylony z pleśniawkami przez zatrwożonych rodziców.

Torbiele na dziąsłach i podniebieniu. U niektórych niemowląt na krawędzi dziąseł mogą się pojawić jedna albo dwie małe perłowobiałe torbielki. Przypominają zęby, ale są zbyt okrągłe i nie wydają dźwięku, kiedy uderzy się w nie lekko łyżeczką. Podobne torbielki można zaobserwować na podniebieniu, wzdłuż linii biegnącej w jego najwyższej części od dziąseł do gardła. Torbiele takie nie są oznaką żadnej choroby i w końcu znikają.

Ząbkowanie omówiono na stronie 543.

Problemy z oczami. Kilka dni po porodzie wiele niemowląt miewa lekko zaczerwienione oczy. Przyczyną jest prawdopodobnie niedojrzałość kanalików łzowych, które mogą być częściowo zamknięte. Nie wymaga to leczenia i zazwyczaj samo przechodzi.

Niedrożność kanalika łzowego. W pierwszych miesiącach u niemowląt często dochodzi do łagodnej, ale przewlekłej infekcji, zazwyczaj w jednym oku. Oko zbyt mocno łzawi, zwłaszcza przy wietrznej pogodzie. W kąciku i wzdłuż krawędzi powieki gromadzi się biała wydzielina, która może sklejać powieki podczas snu. Stan taki jest spowodowany zatkaniem kanalika łzowego. Kanalik prowadzi od małego otworu w wewnętrznym kąciku oka najpierw w kierunku nosa, następnie w dół po ścianie oczodołu do jamy nosowej. Jeśli jest częściowo niedrożny, łzy nie są odprowadzane równomiernie, lecz zbierają się w oku i spływają po policzku. Wywiązuje się łagodna infekcja, ponieważ oko nie jest wystarczająco dobrze przemywane łzami. Leczenie polega zazwyczaj na stosowaniu maści lub kropli do oczu dostępnych na receptę oraz łagodnym masowaniu kanalików łzowych, żeby je udrożnić. Lekarz pokaże wam, jak to robić.

Niedrożność kanalików łzowych zdarza się dość często, nie stanowi poważnego problemu i nie powoduje uszkodzenia oka. Może trwać nawet kilka miesięcy. W większości przypadków nawet bez interwencji medycznej dziecko wyrasta z tego problemu. Jeśli nie ustępuje do końca pierwszego roku życia, okulista może łatwo udrożnić kanalik. Wydzielinę, która skleja powieki, można rozmiękczyć, nawilżając ją czystym palcem albo szmatką zamoczoną w ciepłej wodzie (nie może być gorąca, skóra powiek jest bowiem bardzo wrażliwa na temperaturę). Niedrożny kanalik łzowy nie powoduje zaczerwienienia białka oka.

Zapalenie spojówek. Ta bakteryjna lub wirusowa infekcja wyściółki twardówki sprawia, że oko nabiega krwią lub jest mocno różowe. Towarzyszy mu na ogół żółta lub biała ropna wydzielina z oka. Należy natychmiast skontaktować się z lekarzem.

Zez. Często się zdarza, że w pierwszych miesiącach życia oczy dziecka momentami uciekają do środka lub na zewnątrz. W większości przypadków do ukończenia trzeciego miesiąca życia oczy dziecka ustawiają się prawidłowo. Jednak nawet w pierwszym miesiącu życia jeśli oczy noworodka zbiegają się lub rozbiegają przez cały czas lub przez większość czasu albo jeśli zdarza się to po ukończeniu trzech miesięcy, należy skonsultować się z okulistą.

Rodzicom często się wydaje, że ich dziecko zezuje, choć w rzeczywistości patrzy prosto. Dzieje się tak, ponieważ skóra pomiędzy oczami (na grzbiecie nosa) jest u niemowlęcia szersza niż u osoby dorosłej. Nadmiar skóry zasłania niewielką część twardówki (od strony nosa), sprawiając, że oko wydaje się mniejsze niż po stronie zewnętrznej (od strony ucha). Nierzadko jedna z powiek noworodka opada bardziej niż druga albo jedno oko wydaje się mniejsze. W większości staje się to coraz mniej zauważalne, w miarę jak dziecko rośnie. Należy jednak poddać dziecko badaniu okulistycznemu, żeby upewnić się, że nie ma zeza.

Innym powodem, dla którego wydaje się niekiedy, że dziecko zezuje, są jego krótkie rączki. Przyglądając się trzymanemu przedmiotowi, musi koncentrować na nim wzrok. Tak samo patrzą dorośli, ale ponieważ ich ręce są dłuższe, nie muszą ustawiać oczu aż tak zbieżnie. Oczy dziecka nie pozostaną w takiej pozycji na zawsze.

Rodzice często pytają, czy bezpieczne jest wieszanie zabawek nad łóżeczkiem, ponieważ dziecko często zezuje, przyglądając się im. Nie należy wieszać zabawek tuż nad jego twarzą, ale już w odległości trzydziestu centymetrów jest to całkowicie bezpieczne. (Na stronie 495 znajdują się wskazówki odnośnie do bezpieczeństwa.)

Jeśli istnieje podejrzenie, że oczy dziecka są nieprawidłowo ustawione, należy jak najszybciej udać się do lekarza, ponieważ zezujące oko stopniowo przestaje być używane, jeśli nie podejmie się wysiłków, aby skłonić dziecko do używania go. Kiedy oczy są źle skoordynowane i zbiegają się, każde z nich widzi nieco inny obraz oglądanego przedmiotu – dziecko widzi podwójnie. Jest to tak mylące i uciążliwe, że mózg automatycznie zaczyna ignorować jedno oko i blokować dochodzące z niego obrazy. W ciągu pierwszych dwóch lat życia mózg traci zdolność przetwarzania informacji wzrokowych z danego oka, które na dobrą sprawę staje się ślepe. Jeśli trwa to zbyt długo, przywrócenie wzroku staje się niemożliwe. Stan spowodowanego w ten sposób niedowidzenia nazywa się również „leniwym okiem" lub amblyopią.

Zadaniem okulisty jest natychmiastowe zmuszenie oka do pracy, zazwyczaj przez zalecenie, aby dziecko przez dłuższy czas nosiło opaskę na zdrowym oku. Okulista może też przepisać okulary poprawiające koordynację oczu. Później należy zdecydować, czy konieczna jest operacja. Niekiedy zadowalający rezultat osiąga się dopiero po przeprowadzeniu kilku operacji.

Problemy z oddychaniem. Niemowlęta często kichają. Nie jest to oznaka przeziębienia, jeśli nie mają przy tym kataru. Kichanie najczęściej powodowane jest kurzem i zaschniętym śluzem, który gromadzi się w nosku i łaskocze.

U niektórych niemowląt zaobserwować można *przewlekły głośny oddech*. Choć zazwyczaj nie ma to większego znaczenia, każde głośno oddychające dziecko powinien zbadać lekarz. U wielu niemowląt z głębi nosa wydobywają się dźwięki przypominające chrapanie dorosłego, z tym że dzieje się to w czasie, gdy dziecko czuwa. Prawdopodobnie przyczyną jest słaba kontrola nad podniebieniem miękkim. Problem ten mija z wiekiem.

Chrząstka tworząca drogi oddechowe w obrębie krtani jest jeszcze niedostatecznie wykształcona. Przy wdechu fragmenty chrząstki wibrują i ocierają się o siebie, powodując odgłos nazywany przez lekarzy świstem krtaniowym (stridor). Brzmi to tak, jakby niemowlę krztusiło się i może oddychać w ten sposób bardzo długo. W większości przypadków świst krtaniowy występuje tylko wtedy, gdy dziecko ma trudności z oddychaniem, na przykład podczas przeziębienia. Zazwyczaj ustaje, kiedy maluch uspokaja się lub zasypia. Ułożenie go na brzuszku czasem uła-

twia oddychanie. Jeśli zauważycie u niemowlęcia świst krtaniowy, porozmawiajcie z lekarzem, chociaż leczenie rzadko jest konieczne; dzieci zazwyczaj z tego wyrastają.

Głośny, chrapliwy oddech pojawiający się nagle, zwłaszcza u starszego niemowlęcia lub małego dziecka, to nie to samo co przewlekły głośny oddech. Może być objawem krupu, astmy albo innej infekcji i wymaga natychmiastowej konsultacji z lekarzem (patrz strona 563).

Wstrzymywanie oddechu. Niektóre niemowlęta potrafią wpaść w taką złość, że przestają oddychać i sinieją. Szczególnie za pierwszym razem jest to dla rodziców przerażający widok. (Często robią tak niemowlęta z natury pogodne.) Pamiętajcie, że nie sposób się udusić, wstrzymując oddech. W najgorszym przypadku niemowlę straci przytomność, a wtedy organizm automatycznie przejmie kontrolę nad sytuacją i dziecko zacznie oddychać normalnie. Niekiedy niemowlę nie oddycha przez tak długą chwilę, że nie tylko mdleje, ale i wpada w drgawki przypominające atak padaczki. Choć wygląda to strasznie, w rzeczywistości nie jest groźne.

Niektóre maluchy, mocno przestraszone albo pod wpływem nagłego bólu, tracą przytomność po pierwszym krzyku. Jest to również wynik wstrzymania oddechu.

Powiedzcie lekarzowi o wszelkich problemach z oddechem, żeby upewnić się, że z medycznego punktu widzenia wszystko jest w porządku. Poza tym niewiele możecie zrobić. Niekiedy przyczyną wstrzymywania oddechu jest anemia; podaje się wtedy żelazo w kroplach. Można próbować odwrócić uwagę dziecka, kiedy zaczyna płakać, proponując mu nową zabawę, ale nie zawsze jest to skuteczne. Warto pamiętać, że wstrzymywanie oddechu nie jest niebezpieczne i zazwyczaj ustaje w wieku przedszkolnym.

ROCZNE DZIECKO

CO „NAPĘDZA" ROCZNE DZIECKO?

Narodziny buntu. Rok to ekscytujący wiek. Dziecko zmienia się pod wieloma względami: zmieniają się jego upodobania, sposób jedzenia, poruszania się, rozumienia świata, postrzegania siebie i innych. Kiedy było malutkie i bezbronne, mogliście je położyć tam, gdzie chcieliście, podsuwaliście mu odpowiednie waszym zdaniem zabawki i karmiliście tym, co uważaliście za najlepsze. Niemowlę przeważnie bez protestów pozwalało sobą rządzić. Teraz sprawy się komplikują. Wasza pociecha zaczyna sobie uświadamiać, że jej przeznaczeniem nie jest bycie żywą lalką do końca życia; ma wyrosnąć na człowieka o wolnej woli i własnych poglądach.

Pomiędzy piętnastym a osiemnastym miesiącem życia staje się jasne, że dziecko zbliża się do tak zwanego „wieku przekory": określenie krzywdzące, bo dwa lata to wiek wspaniały i porywający, chociaż niewątpliwie uciążliwy dla rodziców. Kiedy proponujecie dziecku coś, co nie przypada mu do gustu, czuje, że musi się wam przeciwstawić. Tak nakazuje mu natura. Są to początki procesu indywiduacji – stawania się niezależną istotą ludzką. Skończyła się idylla; żeby zyskać własną tożsamość, dziecko musi się zbuntować przeciw kontroli, jaką sprawują nad nim rodzice.

Maluch zaczyna więc się sprzeciwiać słowem i czynem, nawet gdy chodzi o coś, co lubi. Niektórzy nazywają to negatywizmem, ale pomyślcie tylko, co by się stało, gdyby dziecko nigdy nie mówiło „nie". Stałoby się posłusznym robotem i nigdy nie poznałoby najskuteczniejszej metody uczenia się, jaką jest metoda prób i błędów. Tymczasem z każdym dniem staje się mądrzejsze i coraz lepiej potrafi samodzielnie podejmować decyzje (nawet jeśli czasem nie są one dobre).

Na tym etapie zaczyna się proces odłączania się od rodziców. Może to być bolesne – czujecie się odrzuceni i trudno wam wyrzec się kontroli – ale jest absolutnie niezbędne, jeśli dziecko ma się rozwijać jako samodzielna istota ludzka. Pożegnajcie się więc z niepowtarzalną więzią opartą na bezwarunkowej, ślepej miłości, którą obdarzało was niemowlę, i przygotujcie się na dużo bardziej złożony związek z osobą świadomą swojej odrębności.

Niezależność i otwartość. Dziecko staje się zarazem bardziej zależne od rodziców i bardziej samodzielne. Wygląda to na sprzeczność, ale małe dzieci są pełne sprzeczności. Mama się skarży, że jej roczny synek płacze za każdym razem, gdy ona próbuje wyjść z pokoju. Nie znaczy to, że chłopiec nabiera złych przyzwyczajeń; po prostu rośnie i zaczyna zdawać sobie sprawę z tego, do jakiego stopnia rodzice są mu potrzebni. Jest to uciążliwe, ale to dobry znak. Dziecko staje się bardziej niezależne, zaczyna odczuwać potrzebę odkrywania nowych miejsc, okazywania przyjaźni nieznanym ludziom.

Przyjrzyjcie się raczkującemu dziecku, którego mama zmywa naczynia. Przez pewien czas z zadowoleniem bawi się w kuchni garnkiem i drewnianą łyżką. Potem zaczyna się nudzić, postanawia więc zwiedzić jadalnię. Czołga się pod meblami, zbiera z podłogi śmieci i wkłada je do buzi, wreszcie ostrożnie staje na nóżkach, żeby dosięgnąć gałki od szuflady. Po chwili najwyraźniej zaczyna mu brakować towarzystwa, nagle bowiem rusza z powrotem w stronę kuchni. W jednej chwili górę bierze pragnienie niezależności, w drugiej bezpieczeństwa. Dziecko zaspokaja najpierw to pierwsze, a potem to drugie.

W miarę upływu kolejnych miesięcy maluch coraz odważniej eksperymentuje i poznaje świat. Nadal potrzebuje rodziców, choć już nie tak często jak kiedyś. Staje się coraz bardziej niezależny, ale jego odwaga po części bierze się z pewności, że w każdej chwili może zaspokoić potrzebę bezpieczeństwa.

Niezależność bierze się zarówno ze swobody, jak i z poczucia bezpieczeństwa. Niektórzy dorośli tego nie rozumieją. Próbują nauczyć malca niezależności, zostawiając go na długi czas samego w pokoju, pomimo iż płacze, domagając się towarzystwa. Poddane tak surowemu treningowi dziecko dochodzi do wniosku, że świat to nieprzyjazne miejsce. W rezultacie staje się jeszcze bardziej zależne.

Można powiedzieć, że roczne dziecko stoi na rozdrożu. Jeśli dacie mu szansę, stopniowo stanie się bardziej niezależne, bardziej otwarte na nieznajomych (zarówno dorosłych, jak i dzieci), bardziej pewne siebie i towarzyskie. Strach przed obcymi, tak intensywny w wieku dziewięciu miesięcy, zacznie zanikać. Dziecko, które większość czasu spędza w domu, jest pozbawione kontaktu z ludźmi i przyzwyczajone tylko do obecności rodziców, dłużej będzie nietowarzyskie poza domem. Jednak dla rocznego malucha najważniejsza jest silna więź ze stałymi opiekunami. Jeśli zapewni mu się emocjonalne bezpieczeństwo, w końcu wyrośnie na człowieka otwartego.

Pasja odkrywania świata. Roczny maluch to żarliwy odkrywca. Wtyka nos w każdy kąt i każdą dziurę, paluszkami bada szpary w meblach, szarpie stołem i podnosi każdy przedmiot, który nie jest przymocowany na stałe, chce ściągnąć z półki wszystkie książki, wspiąć się na wszystko, czego może dosięgnąć, włożyć małe przedmioty do większych, a duże do mniejszych. Nie ma rzeczy, która by go nie interesowała.

Jak to zwykle bywa, każdy kij ma dwa końce. Z jednej strony to dzięki ciekawości dziecko się uczy. Musi poznać rozmiar, kształt i ciężar wszystkiego, co je otacza, a także własne umiejętności, zanim przejdzie do kolejnego etapu rozwoju, tak jak w przyszłości będzie musiało ukończyć szkołę podstawową, zanim pójdzie do gimnazjum. Niestrudzone poznawanie świata świadczy o żywości umysłu i ducha.

Jednak z drugiej strony jest to dla rodziców okres fizycznie wyczerpujący i pełen wyzwań. Nie mogą spuścić malucha z oka ani na chwilę. Muszą umożliwić mu badanie świata, zarazem zapewniając mu bezpieczeństwo i dbając o to, by jego doświadczenia pozytywnie wpływały na jego rozwój.

POMÓŻ DZIECKU BEZPIECZNIE POZNAWAĆ ŚWIAT

Odkrywanie świata a ryzyko. Kiedy dziecko nauczy się chodzić, pora zacząć wypuszczać je z wózka podczas codziennych spacerów. Nie szkodzi, że się pobrudzi; tak ma być. Spróbujcie znaleźć miejsce, w którym będzie mogło się przyzwyczaić do obecności innych dzieci, na tyle bezpieczne, żebyście nie musieli nieustannie stać mu nad głową. Jeśli maluch zacznie zbierać niedopałki papierosów, szybko mu je zabierzcie, a potem zainteresujcie go czym innym. Nie pozwólcie mu jeść garściami piasku ani ziemi, bo grozi to podrażnieniem jelit i zarażeniem pasożytami. Jeśli wszystko wkłada do buzi, dajcie mu do gryzienia twardy herbatnik albo jakiś czysty przedmiot, tak by buzię miało czymś zajętą.

To naturalne, że niezależność w tym wieku wiąże się z nieznacznym ryzykiem. Trzymanie zdrowego, chodzącego dziecka przez cały czas w wózku pomoże uchronić je od niebezpieczeństw, ale ograniczy jego swobodę, zwolni tempo rozwoju i zepsuje mu humor.

Unikanie obrażeń. Rok to niebezpieczny wiek. Rodzice nie są w stanie zapobiec wszystkim obrażeniom. Nadmierna ostrożność i troska sprawią tylko, że dziecko będzie bojaźliwe i niesamodzielne. Skaleczenia i siniaki są nieodłączną częścią aktywnej, zdrowej zabawy. Zachowując czujność i przestrzegając kilku podstawowych środków ostrożności, uchronicie dziecko przed poważniejszym wypadkiem. Informacje o zapobieganiu wypadkom znajdziecie w części VI.

Wypuść dziecko z kojca. Niektóre dzieci chętnie przebywają w kojcu – przynajmniej przez krótki czas – aż do ukończenia półtora roku; inne już w wieku dziewięciu miesięcy traktują kojec jak więzienic. Większość akceptuje kojec, dopóki nie nauczy się chodzić, czyli do mniej więcej piętnastego miesiąca życia. Wypuśćcie dziecko z kojca, jeśli źle się w nim czuje, ale niekoniecznie od razu, gdy tylko zacznie marudzić. Jeśli podsuniecie mu do zabawy nowy przedmiot, być może bez

protestów spędzi w kojcu kolejną godzinę. Dziecko wyrasta z kojca stopniowo: najpierw nudzi się w nim dopiero po długim czasie, a z czasem zaczyna niecierpliwić się coraz szybciej. Po kilku miesiącach przyjdzie chwila, że w ogóle nie pozwoli się do niego włożyć. Tak czy inaczej, wyjmijcie dziecko, jeśli wyraźnie ma już kojca dosyć.

Szelki ze „smyczą" lub pasek przypinany do nadgarstka? W supermarkecie czy innym miejscu publicznym wiele małych dzieci z natury woli trzymać się blisko mamy albo taty, ale te bardziej aktywne i żądne przygód mają skłonność do oddalania się i przyprawiania rodziców o zawał serca. W ich przypadku praktyczny może się okazać pasek przypinany do nadgarstka albo specjalnych szelek. Obawiacie się, że niektórzy będą przyglądać się wam z dezaprobatą, że prowadzicie dziecko „na smyczy"? Prawdopodobnie tak. Czy powinniście się tym martwić? Prawdopodobnie nie. Najważniejsze jest bezpieczeństwo dziecka. Dobre jest wszystko, co umożliwia mu bezpieczne poznawanie otoczenia, a jednocześnie pozwala wam czerpać przyjemność z czasu spędzanego z pociechą. (Taka smycz nie mo-

że być oczywiście stosowana do przywiązywania dziecka w miejscu i zostawiania go samego.)

Przygotowanie domu pod kątem chodzącego dziecka. Jak uchronić roczne dziecko przed wyrządzeniem sobie krzywdy, a dom przed ruiną? Przede wszystkim warto tak urządzić pokoje, w których maluch będzie przebywał, żeby mógł się bawić większością przedmiotów znajdujących się w zasięgu jego ręki. Wtedy rzadko będziecie musieli mu czegoś zabraniać. (Zabraniając mu dotykania większości przedmiotów, których jest w stanie dosięgnąć, doprowadzicie dziecko i siebie samych do obłędu.) Jeśli wokół będzie dużo rzeczy do zabawy, nie będzie mu tak bardzo zależało na tym, co zabronione.

W praktyce oznacza to usunięcie z niskich stołów i półek tłukących się wazonów i bibelotów i ustawienie ich w miejscu dla dziecka niedostępnym. Wartościowe książki należy zdjąć z niskich półek i zastąpić je starymi czasopismami. Pozostałe książki należy ustawić tak ciasno, żeby dziecko nie było w stanie ich wyciągnąć. W kuchni na dolnych półkach można ustawić garnki, patelnie i drewniane łyżki, a porcelanę i żywność umieścić wyso-

---

🏛 KLASYCZNY SPOCK

Kiedy mówię rodzicom, że ich pociecha wyrosła z kojca lub łóżeczka i powinni pozwolić jej bawić się na podłodze, patrzą na mnie z niepokojem i odpowiadają: „Ale boję się, że mała coś sobie zrobi, a już na pewno co najmniej narobi bałaganu". Prędzej czy później trzeba pozwolić dziecku na swobodne wędrowanie po domu, jeśli nie w wieku dziesięciu miesięcy, to najdalej piętnastu, kiedy nauczy się już chodzić, a nie jest wtedy ani trochę rozsądniejsze czy łatwiejsze do upilnowania. Niezależnie od tego, w jakim wieku pozwolicie dziecku poruszać się swobodnie, będziecie musieli odpowiednio przygotować do tego dom. Lepiej zrobić to zawczasu.

ko. Nisko umieszczoną szufladę można wypełnić starymi ubraniami, zabawkami i innymi ciekawymi rzeczami i pozwolić maluchowi do woli badać jej zawartość, opróżniać i napełniać z powrotem.

Wyznaczanie granic: nie wystarczy powiedzieć „nie". Nawet w domu dobrze przygotowanym na wędrówki malucha zawsze pozostanie kilka rzeczy, których nie będzie mu wolno dotykać. Na stołach muszą przecież stać lampy, nie wolno ciągnąć za kable ani przewracać stolików, nie można dotykać gorącej kuchenki, włączać gazu ani wychodzić przez okno.

Początkowo nie wystarczy powiedzieć „nie". Nie można powstrzymać małego dziecka samymi tylko słowami. Nawet później ich skuteczność będzie zależała od tonu głosu, od tego, jak często je wypowiadacie i jakie są wasze rzeczywiste intencje. Nie można polegać na tej metodzie, dopóki dziecko nie nauczy się z własnego doświadczenia, jakie grożą mu konsekwen-

cje – i że naprawdę mu grożą, skoro czegoś zabraniacie. Nie prowokujcie malca, krzycząc „nie" z drugiego końca pokoju – w ten sposób dajecie mu wybór. Dziecko myśli sobie: „Czy mam być mięczakiem i robić to, co mówią, czy też zachować się jak dorosły i złapać za ten przewód od lampy?" Pamiętajcie, że instynkt skłania dziecko do próbowania nowych rzeczy i buntowania się przeciw zakazom. Najprawdopodobniej będzie nadal zbliżać się do lampy, patrząc na was z ukosa, żeby się przekonać, czy naprawdę się gniewacie. Dużo lepiej jest szybko złapać dziecko i zanieść w drugi koniec pokoju. Można jednocześnie powiedzieć „nie", żeby zacząć uczyć malucha, co to słowo oznacza. Potem trzeba szybko wręczyć mu gazetę albo puste pudełko, cokolwiek, co go zainteresuje, a jest bezpieczne.

A jeśli kilka minut później dziecko znów zbliży się do lampy? Raz jeszcze zabierzcie je w inne miejsce i odwróćcie jego uwagę, szybko, zdecydowanie i pogodnie. Podnosząc dziecko, powtórzcie „nie, nie".

🏛 KLASYCZNY SPOCK

Pamiętam panią T., która gorzko skarżyła się, że jej szesnastomiesięczna córeczka jest „niegrzeczna". Właśnie w tym momencie do pokoju weszła mała Suzy – miła dziewczynka obdarzona zupełnie normalnym w tym wieku temperamentem. Pani T. natychmiast spojrzała na nią karcąco i powiedziała: „Tylko pamiętaj, nie podchodź do radia". Suzy nie myślała do tej pory o radiu, ale usłyszawszy przestrogę, musiała zwrócić na nie uwagę. Obróciła się i powoli zaczęła iść w jego kierunku.

Pani T. wpada w panikę za każdym razem, gdy kolejne z jej dzieci zaczyna wykazywać objawy niezależności. Z przerażeniem myśli o chwili, kiedy utraci nad nim kontrolę. Strach sprawia, że szuka problemów tam, gdzie ich nie ma. Zachowuje się jak chłopczyk uczący się jeździć rowerem: widząc kamień na drodze przed sobą, zaczyna się tak bardzo denerwować, że jedzie prosto w jego kierunku.

Posiedźcie z nim przez minutę, pokazując mu, jak się bawić nową zabawką. Jeśli to konieczne, tym razem usuńcie lampę z zasięgu dziecka albo nawet wynieście ją z pokoju. Spokojnie, ale stanowczo pokazujecie dziecku, że bez żadnych wątpliwości lampą bawić się nie wolno. Nie dajecie mu wyboru, nie kłócicie się z nim, nie patrzycie na nie krzywo, nie krzyczycie – co może się okazać nieskuteczne, a tylko rozdrażni malca.

Możecie powiedzieć: „Ale w ten sposób nie nauczy się, że nie wolno niegrzecznie postępować". Zapewniam was, że się nauczy. W rzeczywistości chętniej zaakceptuje nauczkę, jeśli postąpicie umiejętnie. Jeśli z drugiego końca pokoju karcąco kiwacie palcem na malca, który nie wie jeszcze, co właściwie znaczy „nie", i nie rozumie, dlaczego się złościcie, zdenerwujecie go tylko. W rezultacie nabierze ochoty, by wypróbować niegrzeczne zachowanie. Nie lepsze jest podniesienie dziecka, spojrzenie mu prosto w twarz i udzielenie nagany. Nie dajecie mu szansy wyjścia „z twarzą" i zapomnienia o sprawie. Może tylko potulnie się poddać albo się zbuntować.

Wyobraźcie sobie, że małe dziecko zbliża się do gorącego piekarnika. Rodzice nie siedzą nieruchomo, powtarzając z dezaprobatą „nie, nie, nie"; zrywają się z miejsca i chwytają dziecko. Taką metodę postępowania podsuwa im instynkt, kiedy naprawdę chcą malca przed czymś powstrzymać, a nie tylko sprawdzić, kto postawi na swoim.

LĘKI ROCZNEGO DZIECKA

Lęk przed rozłąką. Około dwunastego miesiąca życia wiele dzieci zaczyna się obawiać rozłąki z rodzicami. Prawdopodobnie ten sam instynkt nakazuje młodym innych gatunków, na przykład owiec czy kóz, podążać blisko za matką i beczeć w przypadku rozdzielenia. Pozbawione tego instynktu nowo narodzone jagnię mogłoby się oddalić i zgubić.

Również u ludzi lęk przed rozłąką pojawia się mniej więcej w czasie, kiedy dzieci uczą się chodzić, zyskując tym samym możliwość oddalenia się od rodziców, czyli około dwunastego miesiąca życia. Niektóre odważne i aktywne dzieci okazują niewielki lęk przed rozłąką, u innych jest on bardzo wyraźny. Różnica zależy nie tyle od wychowania, ile od wrodzonego temperamentu. Nie można zmienić bojaźliwego dziecka w odważne, ale można stopniowo dodać mu pewności siebie, cierpliwie akceptując jego zachowanie i delikatnie zachęcając do samodzielności.

W wieku półtora roku wiele dzieci, które do tej pory z zadowoleniem poznawały świat, nagle zaczyna się trzymać matczynego fartucha. Są już w stanie wyobrazić sobie rozłąkę z rodzicami i obraz ten jest przerażający. Okres lękliwego przywiązania do rodziców mija zazwyczaj w okolicach dwóch–dwóch i pół roku, kiedy dziecko przekonuje się, że rozłąka nigdy nie trwa wiecznie.

Przerażające widoki i odgłosy. Roczne dziecko może całymi tygodniami fascynować się jedną rzeczą, na przykład telefonem, przelatującymi nad głową samolotami lub światłem elektrycznym. Pamiętajcie, że maluch najlepiej uczy się, dotykając, wąchając i próbując wszystkiego i że jak mały naukowiec musi w kółko powtarzać swoje eksperymenty. Pozwólcie mu dotykać przedmiotów i poznawać je, jeśli nie jest to niebezpieczne lub niepokojące.

Śmiały odkrywca zaczyna się w tym wieku obawiać pewnych rzeczy. Mogą go przestraszyć nieznane przedmioty, które nagle zaczynają się poruszać albo wydawać dźwięk, jak rozkładane obrazki w książeczce, otwierający się parasol, odkurzacz, syrena, szczekający pies, pociąg, a nawet poruszające się w wazonie gałęzie.

Każde dziecko czegoś się boi; jest to normalny element rozwoju. Nietrudno zrozumieć, dlaczego tak jest. Lęk się pojawia, kiedy dziecko nie rozumie danej rzeczy czy sytuacji i nie potrafi wyjaśnić, dlaczego nagle pojawiła się w jego życiu i czy na pewno jest bezpieczna. Wszyscy obawiamy się tego, czego nie pojmujemy. W drugim roku życia odnosi się to do wielu rzeczy. Sugerowałbym po prostu unikanie tego, czego dziecko się lęka, dopóki się z tym nie oswoi. Jeśli na widok odkurzacza ogarnia je przerażenie, dobrze jest uprzedzić je przed włączeniem urządzenia, pokazać mu, jak to się robi, i pozwolić, żeby trzymane na rękach mamy samo kilkakrotnie włączyło je i wyłączyło. Jeśli nadal się boi, przez pewien czas nie używajcie odkurzacza, gdy maluch jest w pobliżu. Zawsze pocieszajcie przestraszone dziecko i okazujcie zrozumienie. Nie próbujcie go przekonać, że nie ma się czego bać; na tym etapie rozwoju jego przerażenie to jedyna rozsądna reakcja.

Lęk przed kąpielą. Pomiędzy pierwszym a drugim rokiem życia dziecko może zacząć bać się kąpieli. Może się martwić, że ześliźnie się pod wodę albo że mydło dostanie mu się do oczu, nawet widok i odgłos wody wypuszczanej z wanny może być niepokojący. Kąpać je jednak trzeba, musicie więc sprawić, żeby to doświadczenie było jak najmniej przykre i żeby dziecko w końcu się z nim pogodziło. Żeby mydło nie wpadało do oczu, namydlajcie i płuczcie buzię dziecka myjką wilgotną, ale nie na tyle mokrą, żeby kapała z niej woda. Używajcie szamponu, który nie szczypie w oczy. Jeśli maluch obawia się wanny, nie wsadzajcie go do niej na siłę. Możecie spróbować mycia w misce. Jeśli i tego się boi, przez kilka miesięcy myjcie dziecko gąbką, aż lęk przeminie. Wtedy zacznijcie od kilku centymetrów wody i zawsze wyjmujcie dziecko z wanny, zanim wyciągniecie korek.

Lęk w stosunku do nieznajomych.

W tym wieku dziecko z natury nieufnie i podejrzliwie traktuje nieznajomą osobę, dopóki nie będzie miało czasu dobrze jej się przyjrzeć. Potem chce się zbliżyć i w końcu zaprzyjaźnić – oczywiście na swój sposób. Może stanąć w pobliżu i przyglądać jej się uważnie, uroczyście jej coś wręczyć, a potem zabrać albo ułożyć na jej kolanach stosik ze wszystkich znajdujących się w pokoju przedmiotów, które było w stanie unieść.

Wielu dorosłych nie zdaje sobie sprawy z tego, że lepiej zostawić małe dziecko w spokoju, kiedy ocenia nową osobę. Entuzjastycznie do niego podbiegają, a usta im się nie zamykają. W odpowiedzi dziecko bierze nogi za pas i szuka u rodziców ochrony przed natrętem. W rezultacie zebranie odwagi i zawarcie przyjaźni trwa dłużej. Myślę, że nie zaszkodzi na początku wizyty uprzedzić gościa: „Jeśli od razu zaczniesz się nią interesować, będzie onieśmielona. Nie zwracaj na nią uwagi, to sama przyjdzie się z tobą zaprzyjaźnić".

Kiedy dziecko umie już chodzić, dajcie mu jak najwięcej okazji do spotkań z nieznajomymi. Chodźcie razem na zakupy. Tak często, jak to tylko możliwe, zabierajcie je gdzieś, gdzie bawią się inne małe dzieci. W tym wieku nie będzie go jeszcze interesowała wspólna zabawa, ale czasami będzie miało ochotę obserwować. Jeśli przyzwyczai się do widoku innych bawiących się dzieci, będzie lepiej przygotowane na wspólną zabawę, gdy przyjdzie na to czas – w trzecim roku życia.

PROBLEMY Z ZACHOWANIEM

Guzdranie się.

Mama półtorarocznego chłopczyka codziennie zabiera go na spacer do sklepu. Skarży się, że zamiast grzecznie iść przy niej, chłopiec wędruje po całym chodniku i wchodzi na stopnie każdego domu, który mijają po drodze. Im bardziej mama nalega, żeby chłopiec szedł koło niej, tym bardziej on się ociąga. Ona go karci, a on biegnie w przeciwnym kierunku. Mama boi się, że jest to pierwsza oznaka problemów z zachowaniem.

Zachowanie chłopca nie jest przejawem problemów wychowawczych (co nie oznacza, że nie można doprowadzić do tego, że będzie ich nastręczał w przyszłości). W tym wieku malec nie jest w stanie zapamiętać, że idzie na zakupy do sklepu. Instynkt mówi mu: „Trzeba dokładnie zbadać ten chodnik! Patrz, jakie schody!" Wołanie mamy przypomina mu, że powinien bronić swojej niezależności.

Co może zrobić mama? Jeśli musi szybko dotrzeć do sklepu, może posadzić synka w wózku. Jeśli natomiast ma to być jej codzienny spacer z dzieckiem, powinna przeznaczyć nań cztery razy więcej czasu, niż gdyby szła sama, i pozwolić mu zbaczać z trasy. Jeśli będzie powoli szła przed siebie, co jakiś czas chłopiec postanowi ją dogonić.

Problemy z przerywaniem zabawy.

Czas wracać do domu na obiad, ale wasza córeczka z rozkoszą kopie w piasku. Jeśli powiecie: „Już czas iść!" tonem oznaczającym: „Już koniec zabawy!", napotkacie sprzeciw. Jeśli jednak pogodnie zaproponujecie: „Chodź, wdrapiemy się razem na schody!", prawdopodobnie chętnie z wami pójdzie.

Zdarzają się jednak dni, kiedy zmęczona i rozdrażniona dziewczynka absolutnie nie chce wracać do domu. Natychmiast zaczyna protestować, i to w brzydki sposób. Radziłbym spokojnie ją podnieść i zanieść do domu, nawet jeśli krzyczy i kopie. Należy to zrobić z pewnością siebie, jakbyście mówili: „Wiem, że jesteś zmęczona i zła, ale musimy już wracać, nie ma na to rady". Nie karćcie małej, nie pomoże jej to zrozumieć, że jej zachowanie jest niewłaściwe. Nie kłóćcie się z nią, bo nie zmieni przez to zdania, tylko bardziej się zdenerwuje. Małe dziecko, które jest w złym nastroju i urządza sceny, w głębi duszy jest zadowolone, że rodzice wiedzą, co w tej sytuacji zrobić i nie okazują gniewu.

Warto wykorzystać fakt, że uwagę małego dziecka łatwo odwrócić. Roczny maluch jest tak żądny wiedzy o całym świecie, że wszystko mu jedno, gdzie zacznie, a gdzie skończy swoje eksperymenty. Nawet jeśli zaabsorbował go pęk kluczy, zgo-

dzi się go oddać, jeśli wręczycie mu pusty plastikowy kubek. Jeśli po posiłku nie pozwala, żebyście mokrą ściereczką umyli mu ręce i buzię, postawcie przed nim na tacy miseczkę z wodą i pozwólcie mu gmerać w niej palcami, podczas gdy wy umyjecie mu buzię mokrą ręką. Odwracanie uwagi to jedno z narzędzi, za pomocą których mądrzy rodzice wychowują dzieci.

Upuszczanie przedmiotów i rzucanie nimi. Około dwunastego miesiąca życia dzieci uczą się celowo puszczać trzymane przedmioty. Z powagą przechylają się przez oparcie krzesełka i rzucają na podłogę kawałki jedzenia albo wyrzucają z łóżeczka wszystkie zabawki, jedną po drugiej. Potem płaczą, że nie mogą ich dosięgnąć. Czy próbują w ten sposób umyślnie zdenerwować rodziców? Nie. W ogóle nie myślą o rodzicach. Fascynuje je nowa umiejętność i chcą ją ćwiczyć przez cały dzień, tak jak starsze dziecko chciałoby przez cały dzień jeździć na nowym rowerze. Kiedy podniesiecie upuszczony

przedmiot, zdają sobie sprawę, że w tej zabawie mogą brać udział dwie osoby, i są tym zachwycone.

Jeśli nie chcecie cały dzień bawić się w ten sposób, lepiej nie podnosić natychmiast upuszczonej zabawki. Zamiast tego kiedy dziecko nabierze ochoty na rzucanie przedmiotami, posadźcie je na ziemi. Jeśli nie chcecie, żeby rzucało jedzeniem, siedząc w wysokim krzesełku, zabierzcie mu jedzenie, gdy tylko zacznie, i posadźcie je na podłodze, żeby mogło się pobawić. Możecie powiedzieć stanowczym tonem: „Jedzenie jest do jedzenia, zabawki są do zabawy", ale nie podnoście przy tym głosu. Łajanie dziecka za upuszczanie rzeczy prowadzi tylko do frustracji rodziców.

Napady złości. Pomiędzy pierwszymi a trzecimi urodzinami niemal wszystkie dzieci miewają napady złości. Niektórym maluchom o gorącym temperamencie zdarzają się one około dziewiątego miesiąca. Zyskały poczucie indywidualności i wiedzą, czego chcą. Kiedy ich plany zostaną pokrzyżowane, wiedzą o tym i czują gniew. Sporadyczne napady złości nie są niczym nadzwyczajnym; nic dziwnego, że dziecko bywa sfrustrowane.

To zaskakujące, jak często przyczyną napadów złości jest zmęczenie, głód

lub nadmierna liczba bodźców. (Do tej kategorii zalicza się większość napadów złości podczas zakupów w centrach handlowych.) W przypadku takiego napadu rodzice powinni zignorować pozorną przyczynę i zająć się tym, co naprawdę dziecku dolega: „Jesteś zmęczony i głodny, prawda? Chodźmy do domu, zjesz coś i pójdziesz spać. Poczujesz się dużo lepiej".

Przyczyną niektórych napadów złości jest strach. Często dochodzi do nich w gabinecie lekarskim. W takiej sytuacji najlepiej zachować spokój i dodać dziecku otuchy. Besztanie przestraszonego maluszka na nic się nie zda.

Napady złości częściej przytrafiają się dzieciom, które nie lubią zmian albo są szczególnie wrażliwe na bodźce (hałasy, ruch czy dotyk ubrania na skórze). U upartych dzieci napady trwają dłużej. Kiedy coś zaczną, trudno im przestać, niezależnie od tego, czy chodzi o zabawę, ćwiczenie chodzenia czy krzyczenie na cały głos. Częste (zdarzające się więcej niż trzy razy dziennie) i długie (dłuższe niż dziesięć do piętnastu minut) napady mogą być oznaką choroby lub stresu, warto więc skonsultować się z pediatrą. Na stronie 365 znajdziecie więcej informacji o napadach złości i innych sposobach rozładowywania napięcia przez dzieci.

SPANIE

Zmieniają się godziny drzemek. Około dwunastego miesiąca życia większość dzieci zaczyna sypiać w ciągu dnia o innych porach. Maluchy, które do tej pory zasypiały o dziewiątej rano, mogą zrezygnować z tej drzemki lub przesunąć ją na później. W tym drugim przypadku na kolejną drzemkę będą gotowe dopiero późnym popołudniem, a to może utrud-

nić im zaśnięcie po kolacji. Dziecko może też w ogóle nie chcieć spać po południu. W tym okresie preferencje dziecka mogą się zmieniać z dnia na dzień, niewykluczony jest na przykład powrót do drzemki o dziewiątej rano po dwóch tygodniach odmawiania zaśnięcia o tej godzinie. Nie wyciągajcie więc pochopnych wniosków. Znieście jakoś te uciążliwości, pamiętając, że są przejściowe. Maluchy, które nie chcą spać rano, można i tak położyć do łóżeczka przed drugim śniadaniem, około dziewiątej – być może posiedzą lub poleżą spokojnie przez pewien czas. Drzemka nie będzie im wówczas niezbędna. Oczywiście niektóre dzieci złoszczą się, jeśli położyć je do łóżeczka, gdy nie są senne, i z nimi w ten sposób nic się nie osiągnie.

Jeśli dziecko staje się senne tuż przed południem, jest to dla rodziców znak, żeby na kilka dni przesunąć porę drugiego śniadania na jedenastą lub jedenastą trzydzieści. Po posiłku dziecko zapadnie w sen na dłuższy czas, choć zredukowanie liczby drzemek do jednej dziennie, rano albo po południu, może sprawić, że przez pewien czas dziecko będzie przemęczone już przed kolacją.

Nie należy z tych porad wnosić, że wszystkie maluchy rezygnują z porannej drzemki w taki sam sposób albo w tym samym wieku. Jedno nie potrzebuje jej już w wieku dziewięciu miesięcy, inne nie może się bez niej obejść aż do ukończenia dwóch lat. W życiu dziecka często jest tak, że dwie drzemki to za dużo, a jedna za mało! Można wówczas pomóc malcowi, przez pewien czas podając kolację i kładąc go do łóżeczka nieco wcześniej.

Wieczorny rytuał. Chociaż w kwestii spania trzeba się zdobyć na pewną elastyczność, dobrze jest wprowadzić stały wieczorny rytuał. Kiedy każdy dzień kończy się w ten sam, z góry ustalony sposób, małe dziecko zyskuje przyjemne poczucie kontroli nad sytuacją. Na wieczorny rytuał mogą się złożyć bajki, piosenki, modlitwy, przytulanie i pocałunki. Ważne jest, żeby codziennie zachowywać ten sam porządek. Telewizja, wideo i dokazywanie sprawia, że dzieci są podekscytowane i rozbudzone, lepiej więc zrezygnować z tych rozrywek przed snem. Więcej o kwestiach związanych ze spaniem można przeczytać na stronach 56–58.

ODŻYWIANIE

Zmiany w dwunastym miesiącu życia. Pomiędzy dwunastym a piętnastym miesiącem życia dziecko rośnie wolniej, więc i jego apetyt często się wyrównuje. Niektóre maluchy jedzą mniej niż do tej pory, przysparzając rodzicom zmartwień. Jednak jeśli krzywa wzrostu i masy ciała dziecka na standardowej siatce centylowej jest prawidłowa, nie ma powodu do niepokoju. Jeśli okażecie malcowi, że chcielibyście, żeby jadł więcej, prawdopodobnie zacznie jeść jeszcze mniej, aby pokazać, kto tu właściwie rządzi. Lepiej jest podawać niewielkie porcje, żeby mógł zażądać więcej, i nie zwracać większej uwagi na to, ile jedzenia znika z talerza. Zamiast tego obserwujcie dziecko, żeby się upewnić, że jest pełne energii i ma dobre samopoczucie, i sprawdzajcie jego postępy na siatce centylowej.

Na początku drugiego roku życia wielu rodziców odstawia dziecko od piersi lub butelki (patrz strony 183 i 199). Jeżeli dziecko nie znajduje się na diecie wykluczającej pokarmy mleczne (patrz strona 223), najlepszym napojem dla niego będzie pełnotłuste mleko krowie. Małym dzieciom tłuszcz zawarty w mleku (może to być także pełnotłuste mleko sojowe) jest potrzebny do prawidłowego rozwoju mózgu. Po ukończeniu drugiego roku życia można przejść na mleko częściowo lub całkowicie odtłuszczone, żeby zmniejszyć ryzyko chorób serca w wieku dorosłym.

Na stronie 156 znajdziecie więcej informacji o witaminach, warzywach i innych sprawach dotyczących żywienia dzieci. Problemy z niejadkami, dziećmi jedzącymi tylko jeden rodzaj pokarmu i tym podobne kwestie opisano od strony 237.

Jedzenia trzeba się nauczyć. Żeby jeść rozsądnie i zdrowo, dzieci muszą się nauczyć, jak organizm sygnalizuje, że są głodne albo najedzone. Muszą mieć pewność, że kiedy będą głodne, dostaną jeść, a kiedy nie będą głodne, nikt nie będzie ich zmuszał do jedzenia. Rodzice pomagają dziecku zdobyć te ważne umiejętności poprzez przygotowywanie smacznych posiłków i pozostawianie malcowi decyzji, ile zje.

Ważne są też maniery przy stole. Każdy maluch eksperymentuje z mieszaniem i brudzeniem, sprawdzając, jakie zachowania są dopuszczalne. Kiedy przekracza granicę – zaczyna na przykład rzucać ziemniakami – wystarczy powiedzieć stanowczo, ale spokojnie, że jedzenie nie służy do zabawy. Potem należy dziecko wyjąć z krzesełka i znaleźć mu do rzucania piłkę lub inną zabawkę. Kiedy – mniej więcej po dwudziestu minutach – jedzenie przeradza się w zabawę i staje się jasne, że maluch nie jest już głodny, czas zakończyć posiłek.

NAUKA KORZYSTANIA Z TOALETY

Gotowość do nauki. Większość rocznych i półtorarocznych dzieci nie jest jeszcze gotowa na naukę korzystania z toalety. Nie wiedzą, kiedy muszą z niej skorzystać, nie potrafią też kontrolować swojego ciała na tyle, żeby utrzymać mocz czy stolec w środku, a potem w odpowiednim momencie wypuścić. Zazwyczaj w ogóle nie rozumieją, dlaczego mają siadać na nocniku. Dla małych dzieci funkcje fizjologiczne są najczęściej interesujące, nie odrażające. Nie pojmują, o co dorośli robią tyle hałasu, kiedy zawartość pieluszki trochę się porozmazuje dookoła.

Oczywiście niektóre dzieci bardzo wcześnie rezygnują z pieluch, przez co rodzice wszystkich i n n y c h dzieci mają poczucie, że ich pociechy pozostały w tyle. Jednak dla większości maluchów nauka korzystania z toalety przed ukończeniem osiemnastego miesiąca życia jest trudna i nie daje żadnych efektów, a wiele nie osiąga gotowości aż do dwóch–dwóch i pół roku. Psychologowie Nathan Azrin i Richard Foxx w swojej książce *Toilet Training in Less Than a Day* („Nauka korzystania z toalety w mniej niż jeden dzień") opisują metodę wykorzystującą silne techniki modyfikacji zachowania. Jej zasady są jednak dosyć skomplikowane; jeśli nie zastosujecie się do nich co do joty lub dziecko odmówi współpracy, prawdopodobnie skończy się frustracją obu stron.

Dlatego radzę większości rodziców, żeby z nauką korzystania z toalety wstrzymali się do czasu, aż dziecko skończy dwa albo dwa i pół roku. W tym wieku większość maluchów bez marudzenia uczy się korzystać z nocnika. Nie ma sensu się martwić, że spowodowaliście długotrwałe szkody w psychice dziecka, bo zaczęliście wcześniej i sprawy nie potoczyły się pomyślnie (jeśli nie stosowaliście surowych kar ani przemocy), ale proces nauki może być przez to bardziej męczący i trwać dłużej. Więcej o nauce korzystania z toalety przeczytacie na stronie 389.

Wiedza o korzystaniu z toalety. Choć roczne dziecko może nie być gotowe na korzystanie z toalety, na pewno można mu wytłumaczyć, co to jest nocnik. Jeśli wpuścicie dziecko ze sobą do toalety, w której stoi nocnik, maluch może na nim usiąść albo nawet udawać, że z niego korzysta, tak jak naśladuje was, kiedy odkurzacie i wykonujecie inne czynności. Zainteresowanie nocnikiem to oznaka, że dziecko chce zdobyć wiedzę o korzystaniu z toalety, ale niekoniecznie jest gotowe na przejście do kolejnego etapu. Jeśli wywrzecie na nie presję lub nawet będziecie je zbyt gorliwie chwalić, może zacząć się wzbraniać przed korzystaniem z nocnika.

Częścią korzystania z toalety jest mycie rąk i wiele małych dzieci chętnie korzysta z każdej wymówki, żeby rączki zmoczyć i namydlić. Dobrze jest mówić o tym, co robicie w łazience, żeby dziecko uczyło się potrzebnych słów. Wolę proste terminy, takie jak siusiu i kupka, od słodkich spieszczeń czy eufemizmów (jak „psi psi" albo „większa potrzeba"). Mówiąc wprost o potrzebach fizjologicznych, dajemy dziecku do zrozumienia, że korzystanie z toalety to naturalna część życia, nie coś tajnego, wstydliwego, ekscytującego lub tajemniczego.

DZIECKO DWULETNIE

BYĆ DWULATKIEM

Burzliwy okres. Dwa lata niektórzy nazywają „wiekiem przekory", a w języku angielskim funkcjonuje nawet termin *terrible twos* – „potworne dwulatki". Tak naprawdę nie jest to wiek potworny, lecz wspaniały, choć rzadko kiedy słyszy się o „wspaniałych dwulatkach". Dziecko usamodzielnia się i uczy niezależności. Jego umiejętności językowe i wyobraźnia rozwijają się w oszałamiającym tempie. Wciąż jednak nie do końca rozumie otaczający je świat, więc wiele rzeczy może je przerażać.

Życie dwulatków jest pełne sprzeczności. Są zarazem zależne i niezależne, pełne miłości i nienawiści, hojne i samolubne, dojrzałe i infantylne. Jedną nogą nadal stoją w ciepłej, przytulnej, niesamodzielnej przeszłości, a drugą już w ekscytującej przyszłości, czasie autonomii i nowych odkryć. Wszystko wokół jest tak fascynujące! Nic dziwnego, że dwa lata to wiek wyzwań zarówno dla rodziców, jak i dla dzieci. Ale nie jest to wiek potworny. Jest niezwykły.

Dwulatki uczą się, naśladując. W gabinecie lekarskim dwuletnia dziewczynka poważnie przykłada sobie końcówkę stetoskopu do różnych miejsc na klatce piersiowej. Potem wkłada sobie otoskop do ucha i wygląda na zaskoczoną, że nic

nie widzi. W domu chodzi za rodzicami: zamiata, kiedy oni zamiatają, ściera kurze, kiedy oni ścierają kurze, myje zęby, kiedy oni myją zęby. Wszystko to robi z największą powagą. Nieustannie naśladując, robi ogromne postępy w rozwoju umiejętności i rozumienia.

Małe dzieci naśladują zachowanie dorosłych. Uprzejmie odnosząc się do ludzi, uczycie je uprzejmości. Nie zaszkodzi powiedzieć dwulatkowi, żeby używał słów „proszę" i „dziękuję", ale jeszcze lepiej, żeby usłyszał, jak wy używacie ich w odpowiednich sytuacjach. (Nie od razu nauczy się dobrych manier, ale w czwartym lub piątym roku życia ta wczesna inwestycja w grzeczność na pewno zacznie przynosić zyski.) Podobnie dzieci, których rodzice używają raniących słów lub gróźb, często zachowują się w nieprzyjemny sposób. Nie oznacza to, że rodzicom nigdy nie wolno się pokłócić albo mieć odmiennego zdania na jakiś temat. Jednak nieustanna atmosfera konfliktu szkodzi dzieciom, nawet jeśli są tylko postronnymi obserwatorami.

Komunikacja i wyobraźnia. W wieku dwóch lat jedno dziecko mówi trzy- i czterowyrazowymi zdaniami, a drugie dopiero zaczyna łączyć ze sobą poszczególne słowa. Dwulatka, który używa tylko kilku pojedynczych wyrazów, dobrze jest poddać badaniu słuchu i ocenie rozwoju, choć prawdopodobnie należy po prostu do tych dzieci, które późno uczą się mówić.

Wyobraźnia i język rozwijają się równolegle. Fascynujący jest proces rozwoju wyobraźni dziecka pomiędzy dwudziestym czwartym a trzydziestym szóstym miesiącem życia. Zaczyna się od prostego naśladowania i eksperymentowania, a kończy na skomplikowanej zabawie w udawanie. Stymulujcie wyobraźnię dziecka, pozwalając mu na zabawę klockami, lalkami, instrumentami muzycznymi, starymi butami, surowym ciastem, wodą, którą można rozpryskiwać i przelewać, i tyloma interesującymi przedmiotami, ile wam przyjdzie do głowy. Zabierzcie je na łono natury, nawet jeśli będzie to tylko najbliższy park. Oglądajcie razem książki z obrazkami (patrz strona 433) i podsuńcie malcowi papier i kredki. Gryzmolenie to pierwszy krok na drodze do pisania.

Zdecydowanie o d r a d z a m natomiast oglądanie telewizji. Nawet najlepsze programy dziecięce ograniczają wyobraźnię, po prostu dlatego, że wykonują całą pracę za dzieci, wymagając minimum wysiłku umysłowego. Telewizja uczy pasywnego odbioru rozrywki, a dwulatki powinny uczyć się samodzielnie bawić. (Więcej o telewizji na stronie 313.)

Zabawa równoległa i dzielenie się. Dwulatki rzadko bawią się wspólnie. Chociaż ogromną przyjemność może im sprawiać wzajemne obserwowanie swoich zajęć, bawią się przeważnie obok siebie, „równolegle". Nie ma sensu uczyć dwulatka dzielenia się zabawkami, jest na to jeszcze za wcześnie. Żeby móc się dzielić, dziecko musi najpierw zrozumieć, że coś do niego należy – że może przedmiot oddać i oczekiwać, że dostanie go z powrotem. Fakt, że w wieku dwóch lat dziecko nie chce się dzielić zabawkami, nie wpłynie na to, jak hojne będzie, kiedy dorośnie. Nie oznacza to jednak, że musicie akceptować złe maniery, nawet jeśli maluch nie ma pojęcia, dlaczego jesteście niezadowoleni, że wyrwał koledze zabawkę. Możecie stanowczo, ale pogodnie zabrać mu zabawkę, zwrócić prawowitemu właścicielowi i szybko zainteresować dziecko innym ciekawym przedmiotem. Długie tyrady wyjaśniające, dlaczego należy się dzielić, to zwyczajna strata czasu. Malec zacznie się dzielić, kiedy zrozumie, na czym to polega (zazwyczaj w wieku trzech–czterech lat), nie wcześniej.

LĘKI DWULATKA

Lęk przed rozłąką. Niektóre dzieci przestają kurczowo trzymać się mamy przed ukończeniem drugiego roku życia, inne nie. Dwulatek jasno zdaje sobie sprawę z tego, kto zapewnia mu poczucie bezpieczeństwa, i okazuje to na różne sposoby. Mama się skarży: „Z mojej dwuletniej córeczki robi się mazgaj. Kiedy tylko wychodzimy z domu, łapie się mojej spódnicy. Kiedy ktoś się do nas odezwie, ona chowa się za mnie". W wieku dwóch lat ulubioną rozrywką niektórych dzieci staje się marudzenie, które może być objawem lęku przed rozłąką (patrz str. 377). Dziecko może okazywać niepokój z powodu oddalenia się rodziców. Prawdopodobnie będzie wytrącone z równowagi, jeśli ktoś z domowników wyjedzie na kilka dni albo rodzina przeprowadzi się do nowego domu. Planując zmiany w organizacji życia rodzinnego, dobrze jest wziąć pod uwagę szczególną wrażliwość dziecka w tym wieku.

Oto, co może się zdarzyć, kiedy wrażliwy, emocjonalnie zależny dwulatek, zwłaszcza jedynak, zostanie nagle oddzielony od tego z rodziców, które spędza z nim najwięcej czasu. Załóżmy, że jest to mama, która niespodziewanie musi na dwa tygodnie wyjechać albo postanawia wrócić do pracy i o opiekę nad dzieckiem prosi nie znaną mu osobę. Dziecko nie marudzi, kiedy mamy nie ma w pobliżu, ale gdy tylko ona wróci, przyczepia się do niej jak rzep i nie pozwala nowemu opiekunowi podejść. Wpada w panikę na myśl, że mama mogłaby znowu zniknąć.

Rozłąka na czas spania. Lęk przed rozłąką jest najbardziej intensywny w porze kładzenia się spać. Przerażone dziecko walczy o to, żeby się nie kłaść. Jeśli mama uwolni się od niego siłą, może ze strachu płakać całymi godzinami. Jeśli mama usiądzie przy łóżeczku, malec leży spokojnie, ale tylko tak długo, jak długo mama się nie ruszy. Najmniejsze przesunięcie się w kierunku drzwi natychmiast podrywa dziecko na równe nogi.

Jeśli wasz dwulatek zaczął się bać chodzenia spać, najpewniejszy, choć najtrudniejszy do wprowadzenia w życie sposób, to siedzieć spokojnie koło łóżeczka, aż malec zaśnie. Nie próbujcie wymykać się z pokoju, zanim dziecko na dobre zapadnie w sen. Zaniepokoi je to i rozbudzi. Może to potrwać wiele tygodni, ale powinno w końcu poskutkować. Późniejsze kładzenie spać albo rezygnacja z drzemki w ciągu dnia, żeby dziecko było bardziej zmęczone, może nieco pomóc, ale zazwyczaj samo w sobie nie wystarczy. Nawet wyczerpane dziecko może nie spać godzinami, kiedy wpadnie w panikę. Trzeba sprawić, żeby przestało się zamartwiać.

Jeśli dziecko przestraszyło się, bo jedno z was wyjechało, spróbujcie nie wyjeżdżać nigdzie przez dłuższy czas. Jeśli postanowiliście powrócić do pracy, codziennie

żegnajcie dziecko czule, pogodnie i zdecydowanie. Umęczony i pełen zwątpienia
wyraz twarzy – „Czy aby na pewno dobrze
postępuję?" – zwiększa tylko niepokój
dziecka.

Obawa przed zmoczeniem łóżka. Czasem do lęków dwulatka dochodzi obawa
przed zmoczeniem łóżka. Dziecko powtarza „siusiu" lub inne słowo, którym sygnalizuje potrzebę. Zaprowadzone przez
mamę do łazienki robi zaledwie parę kropel, ale gdy tylko znajdzie się z powrotem
w łóżku, zaczyna znowu wołać „siusiu".
Można odnieść wrażenie, że ucieka się do
wymówki, by zatrzymać mamę przy sobie.
To prawda, ale nie cała. Dziecko naprawdę
się martwi, że zmoczy łóżko.

Czasem w nocy budzi się co dwie godziny i myśli o tym. Rodzicom zdarza się
okazać dezaprobatę, kiedy dziecku w tym
wieku przydarzy się wypadek. Maluch

może podejrzewać, że jeśli się zmoczy,
rodzice będą go mniej kochać i dlatego jest bardziej prawdopodobne, że go
zostawią. Teraz ma już co najmniej dwa
powody, żeby obawiać się zaśnięcia. Jeśli
wasze dziecko boi się zmoczyć w nocy,
stale zapewniajcie je, że nawet jeśli zrobi
siusiu do łóżka, wasze uczucia do niego
nie zmienią się – będziecie je kochać dokładnie tak samo.

**Dzieci mogą wykorzystywać lęk przed
rozłąką, żeby kontrolować rodziców.**
Dziecko lgnie do rodziców, ponieważ odczuwa autentyczny strach przez rozsta-
niem. Jeśli jednak odkryje, że przejęci jego
lękiem rodzice są gotowi na każde ustępstwo, żeby je uspokoić, może z czasem
zacząć wykorzystywać ten fakt. Zdarzają
się na przykład trzylatki, które boją się zostawać w przedszkolu – ich rodzice, żeby
dodać im odwagi, nie tylko całymi dniami

▥ KLASYCZNY SPOCK

Dziecko lękające się rozłąki – lub czegokolwiek innego – jest bardzo wy-
czulone na to, czy jego rodzice odczuwają podobny lęk. Jeśli zostawiając
je, zawsze się wahają i okazują poczucie winy, jeśli w nocy słysząc najcichsze nawet kwilenie, biegną pospiesznie do jego pokoju, umacniają dziecko
w przekonaniu, że rozłąka z rodzicami wiąże się z poważnym niebezpieczeństwem.

Może się to wydawać sprzeczne z tym, co powiedziałem wcześniej: że rodzice muszą uspokajać przestraszonego dwulatka, siedząc przy jego łóżku,
kiedy zasypia, i przez wiele tygodni unikając wyjazdów. Chodzi mi o to, że
w takiej sytuacji rodzice powinni roztoczyć nad dzieckiem szczególną opiekę, jak wtedy, kiedy jest chore. Jednocześnie powinni jednak być pogodni, pewni siebie, nie okazywać niepokoju. Powinni wypatrywać oznak, że
dziecko jest gotowe powoli, krok po kroku rezygnować ze swojej zależności,
zachęcać je do tego i chwalić poczynione postępy. Ich postawa to najistotniejszy czynnik pomagający dziecku uporać się ze strachem; postawa rodziców i naturalny proces dojrzewania, który z czasem pozwoli maluchowi
zrozumieć i opanować swoje lęki.

im towarzyszą, ale krążą w pobliżu i spełniają wszystkie ich zachcianki. Po pewnym czasie widać, że dzieci te zaczynają w przesadny sposób demonstrować swój niepokój, bo nauczyły się za jego pomocą dyrygować rodzicami. Należy w takiej sytuacji powiedzieć: „Myślę, że jesteś już duża i nie boisz się zostać w przedszkolu. Po prostu lubisz, kiedy robię to, co ci się podoba. Wobec tego od jutra nie będę już musiał z tobą zostawać".

Jak pomóc lękliwemu dwulatkowi. Przy radzeniu sobie ze strachem dziecka bardzo zależy wam, żeby dziecko szybko opanowało lęk. Nie ma większej potrzeby, żeby namawiać lękliwe dziecko do głaskania psów albo pływania w głębokim jeziorze. Zacznie robić te rzeczy, kiedy nabierze odwagi.

Z drugiej strony nic można pozwolić, żeby dziecko codziennie przychodziło do łóżka rodziców (chyba że zdecydowaliście się na wspólne spanie; patrz str. 32). Należy je pocieszać i uspokajać w jego własnym łóżeczku, żeby spanie z rodzicami nie stało się przyjemnym nawykiem, którego nie ma motywacji się pozbyć.

Jeśli maluch zaczął już uczęszczać do przedszkola, lepiej obstawać przy tym, by nadal tam chodził, chyba że rzeczywiście śmiertelnie go to przeraża. Dobra przedszkolanka potrafi zainteresować dziecko zabawą i ułatwi mu rozłąkę. Dziecko, które ma problemy z zaakceptowaniem przedszkola, wcześniej czy później będzie musiało iść do szkoły; im dłużej będzie się odkładać przyzwyczajenie go do kilkugodzinnej rozłąki z rodzicami, tym będzie mu trudniej. Rodzice powinni się zastanowić, jaką rolę w rozmaitych formach lęku odgrywa ich nadopiekuńczość. Nie jest to łatwe zadanie i rodzice na pewno

mają prawo do pomocy lekarza lub innego specjalisty.

Niektóre przyczyny nadopiekuńczości. Nadmierna opiekuńczość charakteryzuje zazwyczaj oddanych rodziców, którzy mają poczucie winy, chociaż nie ma ku temu powodów. Często ukrytą przyczyną jest gniew. Rodzice i dzieci, którzy nie mają odwagi się przyznać, że zdarza im się żywić wobec siebie wrogie uczucia i źle sobie nawzajem życzyć, zamiast tego wyobrażają sobie, że wszystkie niebezpieczeństwa pochodzą z zewnątrz, i znacznie je wyolbrzymiają. Dziecko, które nie chce uznać możliwości istnienia zła u swoich rodziców i u siebie samego, obdarza nimi potwory, włamywaczy, psy albo pioruny, w zależności od wieku i doświadczenia. Trzyma się kurczowo rodziców, żeby znaleźć u nich ochronę i żeby się przekonać, że nic im się nie dzieje. Mama może niekiedy tłumić pełne żalu myśli i wyolbrzymiać niebezpieczeństwo porwania, groźbę wypadku w domu albo skutki niewłaściwego odżywiania. Nie odstępuje swojej pociechy, żeby się upewnić, że nic jej nie grozi, a pełen obawy wyraz jej twarzy stanowi dla dziecka najlepszy dowód, że jego własne lęki są uzasadnione.

Oczywiście rozwiązanie nie polega na tym, żeby cały swój gniew wyładowywać na dziecku albo pozwolić mu na napastliwe zachowanie w stosunku do siebie. Na pewno jednak nie zaszkodzi, jeśli rodzice uznają, że sporadyczne uczucie złości na dziecko jest nie do uniknięcia i przyznają się do niego sami przed sobą. Wyznanie dziecku raz na jakiś czas swojej złości pomaga oczyścić atmosferę, zwłaszcza jeśli gniew nie był do końca usprawiedliwiony. Dobrze jest też raz na jakiś czas powiedzieć dziecku: „Wiem, jak bardzo jesteś na mnie zły, kiedy muszę ci czegoś zabronić".

PROBLEMY Z ZACHOWANIEM

Negatywizm. Pomiędzy drugimi a trzecimi urodzinami dzieci często wykazują objawy negatywizmu i innych napięć wewnętrznych. Prawdopodobnie nie jest to dla was nic nowego, bo dziecko zaczęło być uparte i przekorne już dawno, w okolicach piętnastego miesiąca życia. Jednak po ukończeniu dwóch lat zjawisko to się nasila i przyjmuje nowe formy. Roczna Petunia sprzeciwia się rodzicom. Dwuipółletnia Petunia sprzeciwia się nawet sama sobie. Trudno jej podjąć decyzję, a kiedy ją wreszcie podejmie, natychmiast zmienia zdanie. Zachowuje się, jakby miała wrażenie, że wszyscy nią dyrygują, nawet wtedy, kiedy nikt nie próbuje jej niczego narzucić albo to ona próbuje narzucić swoją wolę innym. Upiera się, żeby wszystko robić po swojemu, dokładnie tak jak zawsze to robiła. Wpada w złość, kiedy ktoś próbuje jej przeszkodzić albo dotyka jej rzeczy.

W trzecim roku życia natura każe dziecku samodzielnie podejmować decyzje i opierać się presji osób trzecich. Prowadzenie walki na tych dwóch frontach przy niewielkim życiowym doświadczeniu sprawia, że dziecko bywa bardzo spięte. Dlatego często trudno jest się z nim dogadać.

Zadaniem rodziców jest powstrzymać się od nadmiernej ingerencji i w miarę możliwości pozwolić maluchowi działać we własnym tempie. Pozwólcie mu samodzielnie się ubierać i rozbierać, jeżeli ma na to ochotę. Rozpoczynajcie kąpiel na tyle wcześnie, żeby miał czas guzdrać się i myć wannę. Podczas posiłku pozwólcie mu jeść samodzielnie, bez poganiania. Gdy się naje, pozwólcie mu odejść od stołu. Kiedy nadchodzi czas, żeby iść do łóżka, wyjść na spacer albo wrócić do domu, skierujcie go we właściwą stronę, mówiąc o czymś przyjemnym. Osiągajcie swoje cele, unikając konfliktów. Chodzi o to, żeby nie pozwolić dziecku zmienić się w małego tyrana, ale też nie przejmować się drobiazgami.

Dwulatki zachowują się najlepiej, kiedy rodzice wyznaczają stanowcze, konsekwentne i rozsądne granice. Sztuka polega na tym, żeby granice te wybierać rozważnie. Jeśli mówicie „nie" dużo częściej niż „tak", to prawdopodobnie wyznaczacie zbyt wiele niepotrzebnych granic. Pojedynek woli z dwulatkiem jest wyczerpujący, więc zachowajcie siły na naprawdę ważne kwestie. Ważne jest na pewno bezpieczeństwo, na przykład siedzenie w foteliku samochodowym, ale noszenie rękawiczek w zimny dzień nie jest aż tak istotne. (Zawsze można przecież włożyć rękawiczki do kieszeni płaszcza i wyciągnąć je, kiedy dziecku zmarzną ręce.)

Napady złości. Niemal każdy dwulatek miewa od czasu do czasu napady złości; niektóre zdrowe dzieci miewają ich mnóstwo. Napady złości zazwyczaj zaczynają się zdarzać w okolicach pierwszych urodzin (patrz str. 365) i osiągają największe natężenie w trzecim roku życia. Istnieje wiele przyczyn: frustracja, zmęczenie, głód, gniew, strach. Dzieci o silnym temperamencie, wytrwałe i wrażliwe na zmiany, częściej miewają napady złości. Czasem rodzicom udaje się dostrzec nadchodzącą burzę i odwrócić uwagę dziecka, na przykład przekąską albo oddaleniem się od miejsca, w którym zbyt wiele się dzieje i dziecko odbiera zbyt wiele bodźców. Zdarza się też, że burza rozpętuje się niespodziewanie, bez ostrzeżenia. Jedyne, co możecie zrobić, to ją przeczekać.

Podczas napadu złości warto być blisko dziecka, żeby nie czuło się osamotnione. Jednocześnie najlepiej nie okazywać gniewu, nie grozić, nie błagać o uspokojenie ani nie starać się za wszelką cenę naprawić sytuacji. Każda z tych reakcji sprawi, że napady będą zdarzać się częściej i trwać dłużej. Po napadzie złości najlepiej jest zająć się jakąś pozytywną czynnością i zapomnieć o nerwach. Niewielka pochwała w rodzaju: „Dobrze, że udało ci się uspokoić" pozwoli dziecku ocalić nieco godności i nauczyć się szybciej opanowywać gniew. Pamiętajcie też, żeby pochwalić samych siebie za zachowanie spokoju i rozsądku – nie jest to łatwe, gdy dwulatek wpada w furię.

Marudzenie. Młode wielu gatunków ssaków skomlą, żeby zwrócić na siebie uwagę rodziców (wystarczy pomyśleć o szczeniakach). Jęczenie jest więc naturalne i uniwersalne, lecz mimo to irytujące. Mając do czynienia z niemowlakiem, możecie jedynie podjąć próbę odgadnięcia, czego maleństwo się domaga. Jednak kiedy dziecko nauczy się już posługiwać słowami, macie prawo oczekiwać, żeby tak właśnie robiło. Zazwyczaj wystarczy stanowcze i pozbawione emocji stwierdzenie: „Powiedz, czego chcesz, nie słucham jęczenia", chociaż może się okazać konieczne powtarzanie tej kwestii przez wiele miesięcy, zanim jej sens w pełni dotrze do dziecka. Pamiętajcie, że jeśli ulegniecie (a pokusa bywa bardzo silna), odzwyczajenie go od jęczenia może się stać dużo trudniejsze. Na stronie 377 znajdziecie więcej informacji o marudzeniu i sposobach na nie.

Faworyzowanie jednego z rodziców. Czasem pomiędzy trzydziestym a trzydziestym szóstym miesiącem życia dziecko jest grzeczne w towarzystwie jednego z rodziców, ale gdy pojawia się drugie, wpada w złość. Częściowo może to być powodowane zazdrością, ale w wieku szczególnego przewrażliwienia na punkcie przyjmowania i wydawania poleceń, maluch może po prostu czuć się przytłoczony, mając do czynienia z dwiema ważnymi w jego życiu osobami naraz.

Niepopularny w tym okresie częściej staje się ojciec; czasem ma wrażenie, że traktuje się go jak śmiertelnego wroga. Nie powinien brać sobie reakcji dziecka zbytnio do serca, czuć się dotknięty i odrzucony. Sytuacja może się poprawić, jeśli znajdzie czas, żeby zająć się dzieckiem – nie tylko się z nim pobawić, ale także wykonać niektóre z codziennych obowiązków, jak karmienie i kąpanie. Dzięki temu malec przekona się, że tata to nie żaden intruz, tylko kochający, ważny człowiek, z którym można przyjemnie spędzić czas. Jeśli początkowo dziecko oponuje, kiedy tata próbuje przejąć niektóre z obowiązków mamy, powinien on kontynuować pogodnie i zdecydowanie, a i mama odchodząc, powinna przyjąć taką samą pogodną i zdecydowaną postawę.

Kiedy rodzice na zmianę zajmują się dzieckiem, każde z nich może spędzić z nim trochę czasu sam na sam i każde z nich ma dzięki temu trochę czasu dla siebie. Warto jednak również spędzać czas wspólnie, całą rodziną, nawet jeśli dwulatek bywa przy tym zrzędliwy. Ważne, żeby dziecko (zwłaszcza jedynak) przekonało się, że rodzice kochają się, lubią ze sobą przebywać i nie pozwalają sobą dyrygować.

ODŻYWIANIE

Zmiany w diecie. Dwulatek może w zasadzie jeść to samo co reszta rodziny, nie powinien tylko dostawać pokarmów, którymi łatwo się zakrztusić: orzeszków ziemnych, winogron, surowej marchewki, landrynek itp. Jeśli do tej pory dziecko dostawało mleko pełnotłuste, można teraz przejść na mleko odtłuszczone. Po ukończeniu drugiego roku życia mózg rośnie wolniej, więc dieta wysokotłuszczowa nie jest już wskazana. Przyzwyczajenie się do diety niskotłuszczowej we wczesnym dzieciństwie prawdopodobnie zmniejsza ryzyko chorób serca w późniejszym życiu.

Małe dzieci zazwyczaj nie potrafią wytrzymać bez jedzenia pięciu czy sześciu godzin dzielących posiłki. Rozsądny układ to trzy posiłki i trzy przekąski dziennie. Przekąski powinny być zdrowe i pożywne, nie ograniczone do słodyczy.

Dziecko uczy się wybierać. Większość dwulatków umie poradzić sobie z kubkami i łyżkami, choć mogą potrzebować pomocy przy używaniu widelców i noży. Jako że wiele z nich odmawia przyjęcia pomocy, nawet kiedy jej potrzebuje, dobrym pomysłem może być podawanie dziecku potraw, które można zjeść łyżką albo palcami.

Małe dzieci muszą ćwiczyć dokonywanie wyborów. Groszek czy marchewka? Ziemniaki w całości czy purée? Wystarczy jedna lub dwie drobne decyzje; większa liczba decyzji lub waga problemu może się okazać przytłaczająca i doprowadzić do napadu złości. Warto przy każdym posiłku dać dziecku do wyboru kilka atrakcyjnych i zdrowych potraw, tak że każda podjęta przez nie decyzja będzie dobra.

Podejmowanie decyzji zaczyna się już w sklepie. Kupujcie świeże warzywa zamiast gotowych frytek i innych produktów o wysokiej zawartości tłuszczu, owoce zamiast ciast i ciasteczek, sok lub wodę zamiast napojów gazowanych. Jeśli chcecie, żeby dziecko zdrowo się odżywiało, najlepszą strategią jest zaopatrzenie domu w zdrową żywność i unikanie niezdrowych produktów. Więcej o odżywianiu i zdrowiu przeczytacie na stronie 215.

Kaprysy i kłótnie o jedzenie. Jeden dwulatek chce jeść wyłącznie ser, inny domaga się zupy pomidorowej z makaronem. Takie kaprysy zazwyczaj trwają tylko kilka dni, a potem mijają, zastąpione kolejną pokarmową obsesją. Żeby nie zakłócać pokoju i harmonii w domu, można się nieco ugiąć. W końcu pięć dni jedzenia na śniadanie kanapek z dżemem nie wyrządzi dziecku krzywdy, a jeśli dziecko w ciągu dnia je mleko, owoce i jakieś zielone warzywa, to jego dieta jest prawdopodobnie dosyć zrównoważona. Jeśli zastanowić się nad tym, co dziecko je w ciągu całego tygodnia, nie tylko w ciągu jednego dnia, okaże się zapewne, że jego posiłki są w gruncie rzeczy wystarczająco zróżnicowane.

W tym wieku wiele dzieci prowadzi z rodzicami prawdziwe bitwy przy stole. Do niepokojących zachowań należą: zupełna odmowa jedzenia, skrajna wybredność, żądanie wyszukanych potraw, odruch wymiotny, napady złości; jeśli chodzi o rodziców, niepokojące zachowania to namawianie i nakłanianie dziecka do jedzenia, groźby lub wręcz karmienie siłą. Sposoby radzenia sobie z tymi częstymi problemami opisane zostały na stronie 239.

NAUKA KORZYSTANIA Z TOALETY

Kolejny krok do niezależności. Pomiędzy dwudziestym czwartym a trzydziestym szóstym miesiącem życia większość dzieci uczy się korzystać z toalety i rodzice nie mogą się doczekać ostatecznego pożegnania z pieluchami. Śpieszy im się tak bardzo, że nieustannie dziecko nagabują, popędzają i nie dają mu spokoju. W rezultacie nauka trwa dłużej i jest bardziej stresująca. Nauka korzystania z toalety to proces długotrwały, który rozpoczyna się w pierwszym roku życia (patrz str. 90) i kończy parę lat później, kiedy dziecko nie tylko radzi sobie z korzystaniem z ubikacji, wycieraniem pupy i myciem rąk, ale też nie odczuwa zakło-

potania w związku z czynnościami fizjologicznymi i przyjmuje poglądy rodziców na intymność i skromność. Spojrzenie na problem z takiej perspektywy ułatwia pogodzenie się z faktem, że nauka korzystania z toalety musi postępować własnym tempem. Więcej informacji na ten temat, w tym konkretne sugestie, jak i kiedy zacząć i co robić, można znaleźć na stronie 389.

PRZEDSZKOLAK:
OD TRZECH DO PIĘCIU LAT

MIŁOŚĆ DO RODZICÓW

Bunt słabnie. Około trzeciego roku życia chłopcy i dziewczynki osiągają ten etap rozwoju emocjonalnego, na którym uważają tatę i mamę za najwspanialszych ludzi na świecie i chcą się na nich wzorować. Przestają odruchowo protestować przeciwko wszystkiemu, a wrogość, u dwulatka zawsze czająca się tuż pod powierzchnią, teraz zdaje się słabnąć.

Uczucia w stosunku do rodziców są teraz nie tylko przyjacielskie, ale też ciepłe i czułe. Dzieci nie są im jednak oddane do tego stopnia, żeby zawsze posłusznie spełniać polecenia i dobrze się zachowywać. Są ludźmi i mają własne poglądy. Chcą bronić swojej niezależności, nawet jeśli czasem oznacza to sprzeciwienie się woli rodziców.

Mówiąc o tym, jak sympatyczne są dzieci w tym wieku, powinienem uczynić częściowy wyjątek dla czterolatków. U wielu dzieci dużo pewności siebie, arogancji, skłonności do przechwalania się i prowokowania daje się zauważyć w okolicach czwartych urodzin, kiedy dochodzą do wniosku, że wiedzą wszystko – iluzja, która na szczęście szybko się rozwiewa.

Chcę być taki jak moi rodzice. W wieku dwóch lat dzieci z zapałem naśladowały czynności wykonywane przez rodziców. Bawiąc się w zamiatanie albo wbijanie nie istniejącego gwoździa, koncentrowały się na szczotce albo młotku. Teraz zmienia się natura naśladownictwa. Trzylatki chcą być takimi ludźmi jak ich rodzice. Bawią się w chodzenie do pracy, zajmowanie się domem (gotowanie, sprzątanie, pranie) i opiekę nad dziećmi (wykorzystując do tego celu lalkę bądź młodsze rodzeństwo). Na niby jadą na wycieczkę samochodem rodziców albo wychodzą gdzieś wieczorem. Wkładają ubrania rodziców, naśladują ich rozmowy, maniery i manieryzmy. Psychologowie nazywają ten proces identyfikacją.

Identyfikacja to coś więcej niż tylko zabawa. Dzięki niej kształtuje się osobowość. Zależy bardziej od tego, jak dzieci postrzegają rodziców i na czym się wzorują niż od tego, co rodzice próbują im przekazać słowami. W ten sposób tworzą się fundamentalne ideały i postawy – w stosunku do pracy, ludzi, samych siebie – chociaż zostaną one zmodyfikowane, w miarę jak dzieci będą dojrzewać i pogłębiać wiedzę. To, jakimi rodzicami okażą się za dwadzieścia lat, zależy właśnie od tego, czego nauczą się teraz. Tymczasem ćwiczą, z czułością lub przyganą zwracając się do swoich lalek.

Świadomość płci. W tym wieku dziewczynka zaczyna zdawać sobie sprawę z tego, że w przyszłości będzie kobietą. Ze szczególną uwagą przygląda się mamie i stara się ją naśladować: jej stosunek do męża (pan i władca czy ukochany partner) i mężczyzn w ogóle, do kobiet (powierniczki czy rywalki), dziewczynek i chłopców (czy dziecko jednej płci jest bardziej cenione niż dziecko drugiej płci, czy każde jest oceniane na podstawie indywidualnych cech), pracy w domu i poza domem (przykry obowiązek czy przyjemne wyzwanie). Dziewczynka nie stanie się identyczną kopią matki, ale na pewno pod wieloma względami ulegnie jej wpływom.

Chłopiec w tym wieku zaczyna rozumieć, że w przyszłości będzie mężczyzną, dlatego stara się wzorować głównie na ojcu: pod względem stosunku do żony i kobiet w ogóle, do innych mężczyzn, dziewczynek i chłopców, pracy w domu i poza domem.

Choć zasadniczo córki utożsamiają się z matkami, a synowie z ojcami, zachodzi też w pewnym stopniu identyfikacja dziecka z drugim z rodziców. Dzięki temu obie płci są w stanie zrozumieć się na tyle, żeby ze sobą koegzystować.

Fascynacja niemowlętami. Tak dziewczynki, jak i chłopcy zaczynają teraz interesować się wszystkim, co związane jest z niemowlętami. Chcą wiedzieć, skąd się biorą dzieci. Poinformowane, że rosną w brzuchu mamy, pragną same dokonać tego zadziwiającego aktu stworzenia – i chłopcy, i dziewczynki. Chcą się opiekować niemowlętami i kochać je, bo zdają sobie sprawę, że same były kochane i czule się nimi opiekowano. Do roli niemowlęcia angażują młodsze dziecko albo lalkę i całymi godzinami bawią się w tatę bądź mamę.

Często zapomina się o tym, że mali chłopcy równie gorąco jak dziewczynki chcą nosić w brzuchu niemowlę. Kiedy rodzice mówią, że to niemożliwe, przez długi czas nie chcą dać temu wiary. „A właśnie, że ja też urodzę dzidziusia" – mówią, szczerze wierząc, że jeśli będą tego pragnąć wystarczająco mocno, ich życzenie się spełni. Podobnie dziewczynka w wieku przedszkolnym może oznajmić, że ma zamiar wyhodować sobie siusiaczka. Pomysły tego rodzaju nie świadczą o niezadowoleniu z przynależności do danej płci. Moim zdaniem ich źródłem jest raczej przekonanie małego dziecka, że jest w stanie zrobić wszystko, być wszystkim i mieć wszystko.

ROMANTYCZNOŚĆ I RYWALIZACJA

Życzenia i zmartwienia. Chłopcy zaczynają żywić romantyczne uczucia do matki, dziewczynki do ojca. Do tej pory miłość synka do mamy była miłością uzależnionego od niej niemowlęcia. Teraz nabiera coraz więcej cech romantycznych, upodabniając się do uczucia, którym obdarza ją tata. Czterolatek prawdopodobnie będzie się upierał, że kiedy dorośnie, ożeni się z mamą. Co prawda nie wie dokładnie, na czym właściwie polega małżeństwo, ale

nie ma najmniejszych wątpliwości co do tego, kto jest najważniejszą i najbardziej pociągającą kobietą na świecie. W podobny sposób rozwija się miłość, którą do ojca czuje córka, z wiekiem coraz bardziej przypominająca mamę.

Istnienie tej silnej romantycznej więzi przyczynia się do rozwoju duchowego dzieci i wykształcenia zdrowych uczuć do płci przeciwnej, które w przyszłości umożliwią im stworzenie szczęśliwego małżeństwa. Jednak istnieje też druga strona medalu, która u większości dzieci w tym wieku wywołuje nieuświadomione napięcie. Kiedy się kogoś bardzo kocha, niezależnie od wieku, nie można się oprzeć pragnieniu, żeby tę osobę mieć tylko dla siebie. Dlatego w miarę jak cztero- lub pięcioletni chłopczyk coraz lepiej zdaje sobie sprawę ze swojego zaborczego oddania mamie, dostrzega również, do jakiego stopnia należy ona do jego ojca. To go irytuje, niezależnie od tego, jak bardzo kocha i podziwia tatę. Czasami potajemnie pragnie, żeby tata zniknął, a potem opanowuje go poczucie winy, że jest wobec niego nielojalny. Rozumując w sposób typowy dla dziecka, wyobraża sobie, że tata żywi do niego takie same uczucia zazdrości i niechęci.

Mała dziewczynka kocha tatusia taką samą zaborczą miłością. Czasami chciałaby, żeby coś się stało mamusi (którą poza tym bardzo kocha) i mogła mieć tatę tylko dla siebie. Zapewnia mamę: „Możesz wyjechać gdzieś daleko, ja będę się tatusiem dobrze opiekować". Potem jednak wyobraża sobie, że matka jest także zazdrosna o nią, a jest to przerażająca myśl. W klasycznych bajkach, takich jak *Królewna Śnieżka*, te wyobrażenia i zmartwienia ożywają w postaci złej macochy.

Rodzice są więksi i silniejsi, więc dzieci starają się odsunąć od siebie tak okropne myśli, ale często się zdarza, że powracają one w zabawach i snach. Mieszane uczucia – miłości, zazdrości i strachu – dziewczynek do matki i chłopców do ojca mogą znaleźć ujście w złych snach, tak często dręczących małe dzieci w tym wieku; koszmarach, w których goni je olbrzym, włamywacz, wiedźma lub inna przerażająca postać.

Wyrastanie z zaborczości. Romantyczne przywiązanie przedszkolaka do rodzica przeciwnej płci to sposób, w jaki natura kształtuje uczucia dzieci w przygotowaniu na objęcie w przyszłości roli żony albo męża, mamy albo taty. Nie byłoby jednak pożądane, żeby przywiązanie to było zbyt silne, trwało przez całe dzieciństwo lub nawet całe życie.

Zgodnie z naturą w wieku sześciu-–siedmiu lat dzieci powinny zrezygnować z marzeń o posiadaniu jednego z rodziców na wyłączną własność. Nieuświadomiony strach przed wyimaginowanym gniewem rodziców zmienia przyjemne, romantyczne marzenia w awersję. Od teraz dzieci będą unikały rodzicielskich pocałunków. Z ulgą skierują swoje zainteresowania ku sprawom nieosobistym, jak nauka czy sport. Będą chciały być takie jak inne dzieci tej samej płci, nie jak rodzice.

Zdając sobie sprawę z nieuświadomionego uczucia niechęci i lęku, które żywi w stosunku do niego synek, ojciec nie pomoże mu zbytnią łagodnością i pobłażliwością. Nie jest też dobrze udawać, że w gruncie rzeczy nie kocha się żony, żeby nie wzbudzać w chłopcu zazdrości. W rzeczywistości, jeśli chłopiec dojdzie do wniosku, że tata boi się okazać stanowczość i naturalną zazdrość o żonę, zacznie sądzić, że mama w zbyt wielkim stopniu należy do niego, a to przyprawi go o poczucie winy i przerażenie. Ojcowska pewność siebie to dla chłopca źródło inspiracji; bez niej trudno mu będzie zdobyć się na pewność siebie we własnym życiu.

Podobnie matka najlepiej pomoże córeczce dorosnąć, jeśli będzie wierzyć w siebie, nie pozwoli sobą rządzić, będzie wiedziała, jak i kiedy okazać stanowczość, i nie będzie się bała okazać miłości i oddania mężowi.

Życie chłopca komplikuje się, gdy mama jest w stosunku do niego dużo bardziej pobłażliwa i czuła niż tata. To samo dzieje się, gdy wydaje się bliższa i lepiej nastawiona do synka niż do męża. Taka postawa może spowodować oddalenie się chłopca od ojca i sprawić, że zacznie się go obawiać.

Analogicznie ojciec, który pozwala, żeby córeczka owinęła go sobie wokół małego palca, i niweczy wszelkie próby wprowadzenia dyscypliny przez mamę, albo też taki, który towarzystwo córki przedkłada nad towarzystwo żony, utrudnia życie nie tylko żonie, ale też córce. Zakłóca w ten sposób dobre stosunki dziewczynki z mamą, niezbędne, żeby wyrosła na szczęśliwą kobietę.

Nawiasem mówiąc, to normalne, że tata jest nieco łagodniejszy w stosunku do córki, a mama w stosunku do syna, i że syn nieco swobodniej czuje się w towarzystwie mamy, a córka w towarzystwie ojca, ponieważ pomiędzy kobietą a mężczyzną z natury jest mniej rywalizacji niż pomiędzy dwoma mężczyznami lub dwiema kobietami.

W przeciętnej rodzinie panuje równowaga pomiędzy uczuciami ojca, matki, synów i córek, która pozwala im bez zbytniego wysiłku przejść przez ten etap rozwoju.

Jak rodzice mogą pomóc? Na etapie romantycznej zazdrości rodzice mogą pomóc dzieciom, łagodnie dając im odczuć, że należą do siebie nawzajem, że chłopiec nigdy nie będzie mógł posiąść na własność mamy, a dziewczynka taty. Powinni też uświado-

mić dzieciom, że fakt, że bywają na nich złe z tego powodu, jest zupełnie normalny.

Kiedy córeczka oświadcza, że w przyszłości wyjdzie za tatusia, ten może okazać zadowolenie z komplementu, ale powinien również wyjaśnić, że jest już żonaty, a kiedy dziewczynka dorośnie, wyjdzie za mąż za mężczyznę w swoim wieku.

Kiedy rodzice chcą spędzić ze sobą trochę czasu, nie muszą i nie powinni pozwolić, żeby dziecko przerywało im rozmowę. Mogą pogodnie, ale stanowczo przypomnieć mu, że mają coś do omówienia, i zasugerować, żeby zajęło się czymś innym. Powinni taktownie się powstrzymać od okazywania sobie czułości w przesadny i przedłużający się sposób, czego nie robią przecież w obecności innych ludzi, ale nie muszą odskakiwać od siebie jak oparzeni, jeśli dziecko niespodziewanie wejdzie do pokoju w chwili, gdy się przytulają albo całują.

Kiedy chłopiec zachowuje się niegrzecznie w stosunku do ojca, ponieważ jest zazdrosny, albo w stosunku do matki, ponieważ ona jest przyczyną zazdrości, rodzice powinni przywołać go do porządku. To samo odnosi się do złego zachowania dziewczynki. Jednocześnie jednak mogą złagodzić gniew i poczucie winy dziecka, mówiąc mu otwarcie, że wiedzą, iż czasem bywa na nich złe.

CIEKAWOŚĆ I WYOBRAŹNIA

Nienasycona ciekawość. W tym wieku dzieci chcą zrozumieć wszystko, z czym się stykają. Mają bujną wyobraźnię. Kojarzą fakty i wyciągają wnioski. Wszystko odnoszą do siebie. Jeśli mowa jest o pociągach, natychmiast zaczynają się dopytywać: „A czy ja też kiedyś pojadę pociągiem?" Słysząc coś o chorobach, zastanawiają się: „Czy ja też na to zachoruję?"

Dar wyobraźni. Przedszkolak to wirtuoz wyobraźni. Kiedy dzieci trzy-, czteroletnie opowiadają zmyśloną historię, nie kłamią w dorosłym tego słowa znaczeniu. Ich wyobrażenia są dla nich realne. Nie do końca wiedzą, gdzie się kończy rzeczywistość, a zaczyna zmyślenie. Dlatego uwielbiają, kiedy im się opowiada bajki albo czyta książki. Z tego też powodu boją się

🏛 KLASYCZNY SPOCK

Dzieci potrzebują przytulania i wożenia na barana. Muszą mieć okazję, by się pośmiać i swobodnie porozmawiać z rodzicami. Jeśli otaczają je bardzo powściągliwi dorośli, dzieci marzą o miłych, pełnych zrozumienia kolegach, tak jak wygłodniały człowiek marzy o batonikach czekoladowych. Jeśli rodzice są wiecznie niezadowoleni, dzieci wymyślają sobie złego towarzysza, którego obwiniają za wszystkie niegrzeczne rzeczy, które zrobiły lub chciałyby zrobić.

drastycznych scen na ekranie telewizora i nie powinny ich oglądać.

Nie należy besztać dziecka ani zawstydzać go, kiedy czasem coś zmyśli. Wystarczy zauważyć, że jego opowieść nie jest zupełnie zgodna z prawdą, chociaż być może pragnęłoby, żeby była. W ten sposób pomożecie mu dostrzec, gdzie przebiega granica między prawdą a fikcją.

Zmyślony przyjaciel, który pojawia się od czasu do czasu, zwłaszcza po to, żeby pomóc w jakimś przedsięwzięciu –

na przykład samotnym zejściu do piwnicy – to normalny wytwór zdrowej wyobraźni. Czasem jednak dziecko, które czuje się samotne, codziennie spędza całe godziny, opowiadając o urojonych przyjaciołach albo przygodach, nie w formie zabawy, ale tak, jakby naprawdę w to wszystko wierzyło. Umożliwienie dziecku nawiązania przyjaźni z prawdziwymi dziećmi przeważnie sprawia, że potrzeba tworzenia przyjaciół w wyobraźni słabnie.

SPANIE

Większość dzieci przed ukończeniem czwartego roku życia rezygnuje z drzemki w ciągu dnia, ale mimo to może potrzebować popołudniowego odpoczynku. Jeśli w nocy sypiają dużo mniej niż dziesięć godzin, na pewno będą zmęczone (choć w tym wieku zapotrzebowanie na sen u różnych dzieci waha się od ośmiu do dwunastu albo nawet trzynastu godzin na dobę). Problemy, które pojawiły się wcześniej, jak odwlekanie pójścia spać w nieskończoność lub częste budzenie się, mogą trwać przez cały okres przedszkolny (patrz strona 58). W tym okresie pojawiają się też nowe trudności, nawet u dzieci, które do

tej pory nie miały problemów ze spaniem. Koszmary senne i lęki nocne są w tym wieku powszechne.

Problemy ze spaniem mogą też być spowodowane opisanymi powyżej normalnymi uczuciami zaborczości i zazdrości. W środku nocy dziecko wchodzi do sypialni rodziców i do ich łóżka, bo (choć nie potrafiłoby ująć tej myśli w słowa) nie chce zostawić ich sam na sam. Jeżeli mu się na to pozwoli, może dosłownie wykopać tatę z łóżka. Będzie lepiej i dla dziecka, i dla rodziców, jeśli natychmiast i stanowczo, ale bez złości, zaprowadzą malca z powrotem do jego łóżeczka.

LĘKI W WIEKU TRZECH, CZTERECH I PIĘCIU LAT

Wyimaginowane problemy. W czwartym roku życia dość często pojawiają się nowe lęki: przed ciemnością, psami, wozami strażackimi, śmiercią, ludźmi niepełnosprawnymi. Wyobraźnia dziecka jest już na tyle rozwinięta, że potrafi wczuć się w sytuację drugiej osoby i wyobrazić sobie niebezpieczeństwa, których samo nie doświadczyło. Ciekawość aż je rozpiera. Chce nie tylko znać przyczynę wszystkiego, ale też wiedzieć, jaki może to mieć z nim związek. Podsłuchawszy rozmowę o umieraniu, chce wiedzieć, co to takiego „śmierć". Kiedy tylko zyska na ten temat blade pojęcie, pyta: „Czy ja też umrę?"

Lęki tego typu częściej pojawiają się u dzieci, które zmuszano do jedzenia i korzystania z toalety; u dzieci, których wyobraźnia była nadmiernie stymulowana strasznymi bajkami lub ciągłymi przestrogami; u dzieci, które miały za mało okazji do rozwijania niezależności i otwartości na ludzi; i wreszcie u dzieci nadopiekuńczych rodziców. Nagromadzony wcześniej niepokój teraz pod wpływem wyobraźni dziecka przekształca się w prawdziwe przerażenie.

Nie oznacza to, że każde dziecko, które się czegoś lęka, w przeszłości było niewłaściwie traktowane. Świat jest pełen spraw niezrozumiałych dla małych dzieci i nawet te wychowywane w atmosferze miłości dostrzegają własną słabość i bezbronność. Mózgi niektórych dzieci – mniej więcej jednego na siedem – są biologicznie zaprogramowane w taki sposób, że na zmiany reagują strachem. Wszystkie dzieci, niezależnie od tego, jak rozważnie są wychowywane, czegoś się boją.

Lęk przed ciemnością. Jeśli wasze dziecko zacznie bać się ciemności, spróbujcie je uspokoić. Ważniejsze jest wasze zachowanie niż słowa. Nie wyśmiewajcie dziecka, nie okazujcie zniecierpliwienia i nie kłóćcie się z nim. Jeżeli będzie chciało opowiedzieć wam o swoich lękach, na co niektóre dzieci mają ochotę, wysłuchajcie go. Niech wie, że chcecie je zrozumieć, choć jesteście absolutnie pewni, że nic mu nie grozi. Oczywiście nigdy nie straszcie dziecka potworami, policjantami czy diabłem.

Unikajcie przerażających filmów i programów telewizyjnych oraz okrutnych bajek. Wystarczy, że dziecko boi się wytworów własnej wyobraźni. Zaniechajcie walki o jedzenie czy moczenie nocne. Uczcie je zachowywać się właściwie, zdecydowanie je prowadząc, nie zaś pozwalając na niegrzeczność, a potem wywołując poczucie winy. Zorganizujcie mu codzienne rozrywki z udziałem innych dzieci. Im bardziej pochłoną je nowe zabawy i plany, tym mniej będzie się koncentrowało na swoich lękach. Jeśli chce, na noc zostawcie drzwi do jego pokoju uchylone albo zapalcie nocną lampkę. To niewielka cena za pozbycie się potworów. Ani światło, ani dochodzące z drugiego pokoju odgłosy nie rozbudzą dziecka tak bardzo jak jego własny strach. Kiedy lęk minie, malec znów będzie w stanie poradzić sobie z ciemnością.

Lęk przed zwierzętami. W wieku przedszkolnym dzieci często zaczynają bać się jednego albo kilku zwierząt, nawet jeśli nigdy nie miały z nimi złych doświadczeń. Nie pomoże zaciągnięcie dziecka na siłę w pobliże psa, żeby się przekonało, że nic mu nie grozi. Im mocniej będziecie ciągnąć, tym mocniej dziecko będzie ciągnąć w drugą stronę. W miarę upływu kolejnych miesięcy samo spróbuje pokonać strach i zbliżyć się do psa. Bez waszej interwencji stanie się to szybciej, niż gdybyście próbowali je przekonywać.

Lęk przed wodą. Niemal zawsze błędem jest ciągnięcie krzyczącego dziecka na siłę do morza albo do basenu. To prawda, że niekiedy dziecko włożone na siłę do wody stwierdza, że bardzo mu się to podoba, i natychmiast przestaje się bać, ale w większości przypadków skutek jest dokładnie odwrotny. Pamiętajcie, że pomimo strachu dziecko ma ochotę wejść do wody.

Rozmowy o śmierci. W tym wieku dziecko zacznie prawdopodobnie zadawać pytania na temat śmierci. Postarajcie się, żeby pierwsze wyjaśnienia były rzeczowe, nie przerażające. Możecie powiedzieć: „Każdy musi kiedyś umrzeć. Ludzie przeważnie umierają, kiedy są bardzo starzy i chorzy. Ich ciała po prostu przestają działać".

Odpowiedź należy dostosować do poziomu rozwojowego dziecka. Na przykład stwierdzenie: „Wujek odszedł na zawsze" może napełnić dziecko przerażeniem, że opuszczą je inne kochane osoby. Jako że w tym wieku dzieci pojmują wszystko dosłownie, bardzo ważne jest, żeby nie porównywać śmierci do snu. Niejedno dziecko zacznie się bać zasypiania w przekonaniu, że i ono umrze, albo też zaproponuje: „No to obudźmy wujka!"

Dużo lepiej jest wyjaśnić jak najprościej – nie próbując osładzać rzeczywistości – że śmierć to stan, w którym organizm przestaje funkcjonować. Jest to okazja, żeby porozmawiać z dzieckiem o stosunku do śmierci w waszej rodzinie. Większość dorosłych do pewnego stopnia boi się śmierci i ma do niej negatywny stosunek; nie sposób całkowicie tego ukryć w rozmowie z dzieckiem. Jeśli jednak wierzycie, że śmierci trzeba stawić czoło z godnością i hartem ducha, to przekażecie tę postawę dziecku. Pamiętajcie, żeby zachęcić malca do zadawania pytań i odpowiedzieć na nie prosto i zgodnie z prawdą. Przytulcie go i zapewnijcie, że będziecie razem jeszcze przez bardzo długi czas. (Na stronie 343 znajdziecie więcej informacji o tym, jak pomóc dzieciom uporać się z problemem śmierci.)

Jak pomóc dziecku pokonać lęk. Zadaniem rodziców nie jest wypędzenie wszelkich obaw z wyobraźni dziecka, ale nauczenie go konstruktywnych sposobów radzenia sobie ze strachem i pokonywania go. Trafnie ujęła to Selma Fraiberg w książce *The Magic Years* („Magiczne lata"): „Przyszłe zdrowie psychiczne dziecka nie zależy od tego, czy w świecie jego fantazji istnieją wilkołaki czy też nie. Zależy natomiast od tego, w jaki sposób dziecko radzi sobie z problemem wilkołaków".

Jeśli dziecko boi się psów, wozów strażackich, policjantów lub innych konkretnych rzeczy, może spróbować oswoić i pokonać lęk, wymyślając związane z nim gry. Odgrywanie własnego strachu jest bardzo pomocne, jeśli dziecko potrafi to zrobić. Strach mobilizuje organizm do działania. Wydzielana w dużych ilościach adrenalina sprawia, że serce zaczyna bić szybciej i dostarcza ciału szybką energię w postaci cukru. Jesteśmy gotowi pędzić jak wiatr albo walczyć o życie jak dzikie zwierzę (tzw. reakcja „walcz lub uciekaj"). Ucieczka lub walka sprawia, że pozbywamy się lęku, podczas gdy bezczynność ulgi nie przynosi. Kiedy malec lękający się psów bawi się, że jest panem pluszowego pieska, uwalnia się od strachu.

Jeśli lęki dziecka są tak silne, że nie jest ono w stanie normalnie funkcjonować, należy zwrócić się o pomoc do specjalisty do spraw zdrowia psychicznego dzieci. Więcej informacji o lęku znajdziecie na stronie 84.

LĘK PRZED OKALECZENIEM
I RÓŻNICE W BUDOWIE CIAŁA

Skąd się bierze lęk przed okaleczeniem. Dzieci w tym wieku chcą znać przyczynę wszystkiego, łatwo się martwią i wyobrażają sobie, że może im się przydarzyć każde nieszczęście. Widząc osobę upośledzoną fizycznie, przede wszystkim chcą wiedzieć, co jej się stało. Potem stawiają się w jej położeniu i zastanawiają, czy im mogłoby się przydarzyć to samo.

W tym wieku dzieci wykazują również ogromne zainteresowanie wszelkiego rodzaju wyczynami fizycznymi (skakaniem, bieganiem czy wspinaniem się). Dlatego tak ważne jest dla nich, żeby ciało było nie uszkodzone, a każdy defekt wytrąca je z równowagi. Wyjaśnia to, dlaczego dziecko dwuipół- albo trzyletnie może tak bardzo się zdenerwować, że dostało pokruszone ciasteczko, i zażądać w zamian całego.

Różnice w budowie ciała. Dzieci obawiają się nie tylko rzeczywistych okaleczeń. Zdarza się, że wszystko im się myli i zaczynają się martwić naturalnymi różnicami w budowie ciała chłopców i dziewczynek. Kiedy trzyletni chłopiec zobaczy rozebraną dziewczynkę, może uznać za dziwne, że nie ma ona prącia tak jak on. Zapyta: „A gdzie jej siusiaczek?" Jeśli od razu nie otrzyma zadowalającej odpowiedzi, może dojść do wniosku, że dziewczynce przydarzył się jakiś wypadek. Stąd tylko krok do pełnej niepokoju myśli: „Mnie też mogłoby się to przydarzyć". To samo nie-

🏛 KLASYCZNY SPOCK

Strach przed różnicami w budowie ciała może się objawiać na różne sposoby. Pamiętam niemal trzyletniego chłopca, który z niepokojem patrzył, jak mama kąpie jego nowo narodzoną siostrzyczkę, powtarzając: „Dzidzia aua". Tym słowem określał ból. Mama nie mogła zrozumieć, o co mu chodzi, dopóki nie odważył się pokazać palcem. Mniej więcej w tym samym czasie nabrał zwyczaju ze zmartwionym wyrazem twarzy dotykać swojego siusiaczka. Mama była niezadowolona i myślała, że chłopiec nabiera złych nawyków. Nigdy nie przyszło jej do głowy, że pomiędzy tymi dwiema sytuacjami jest jakikolwiek związek.

Pamiętam też małą dziewczynkę, która zaniepokoiła się na wieść, że chłopcy są inaczej zbudowani. Próbowała rozbierać różne dzieci, żeby sprawdzić, jak wygląda ich ciało. Nie robiła tego ukradkiem; widać było, że się boi. Później zaczęła dotykać własnych narządów płciowych.

Chłopca trzyipółletniego najpierw zmartwił widok ciała nowo narodzonej siostrzyczki, a potem stan wszystkich przedmiotów w domu. Nerwowo pytał rodziców: „Dlaczego ten żołnierzyk jest złamany?" Jego pytanie nie miało sensu, bo sam złamał zabawkę poprzedniego dnia. Zepsute przedmioty przypominały mu o obawach o własne ciało.

porozumienie może się przydarzyć małej dziewczynce, która właśnie uświadomiła sobie, że chłopcy są inaczej zbudowani. Najpierw pyta: „Co to?" Potem chce wiedzieć: „Dlaczego ja nie mam siusiaczka? Co się z nim stało?" Taki jest sposób myślenia trzylatka. Dziecko może być tak zaniepokojone, że boi się nawet poprosić rodziców o wyjaśnienie.

Warto już wcześniej zdać sobie sprawę, że normalne dzieci w wieku dwóch i pół—trzech i pół roku prawdopodobnie będą się zastanawiać nad takimi rzeczami, jak różnice w budowie ciała, a jeśli ich ciekawość nie zostanie zaspokojona, mogą samodzielnie dojść do niepokojących konkluzji. Nie ma sensu czekać, aż oświadczą: „Chcę wiedzieć, dlaczego chłopcy są zbudowani inaczej niż dziewczynki", bo nigdy nie ujmą tego tak konkretnie. Mogą zadawać oględne pytania, czynić aluzje albo po prostu czekać i martwić się. Nie traktujcie tego jak niezdrowego zainteresowania seksem. Dla dziecka jest to takie samo ważne pytanie jak każde inne. Nie należy go uciszać ani karcić, ani też rumienić się i odmawiać udzielenia odpowiedzi. W ten sposób zasugerowalibyście tylko, że znalazło się na śliskim gruncie, a tego chcecie uniknąć.

Z drugiej strony nie trzeba się silić na powagę, jakbyście dawali wykład. Nie jest to takie trudne. Przede wszystkim dobrze jest wydobyć lęk dziecka na światło dzienne, pytając, czy wydaje mu się, że dziewczynka miała siusiaczka, ale coś się z nim stało. Potem należy wyjaśnić rzeczowo i swobodnie, że dziewczynki i kobiety są zbudowane inaczej niż chłopcy i mężczyźni; tak właśnie ma być. Małemu dziecku łatwiej będzie to zrozumieć na przykładach. Można wyjaśnić synkowi, że jest zbudowany tak jak tatuś, wujek i kuzyn, a córeczce, że jest zbudowana tak jak mamusia, pani w przedszkolu i babcia (wymieniając osoby dobrze dziecku znane).

Mała dziewczynka potrzebuje dodatkowego uspokojenia, ponieważ to naturalne, że pragnie mieć coś, co widzi. (Pewna dziewczynka skarżyła się mamie: „Ale on ma to takie fajne, a ja nie".) Pomoże jej świadomość, że mama jest zadowolona ze swojej budowy ciała i że rodzice kochają ją taką, jaka jest. Może to też być dobry moment na wyjaśnienie, że dziewczynki w przyszłości będą mogły nosić w brzuszku dziecko i będą miały piersi, żeby to dziecko karmić. W wieku trzech albo czterech lat jest to ekscytująca wizja.

DZIECKO W WIEKU SZKOLNYM: OD SZEŚCIU DO JEDENASTU LAT

SZUKANIE SWOJEGO MIEJSCA W ŚWIECIE

Pięcio- czy sześciolatek nie jest już małym brzdącem. Jego więź z rodzicami, choć nadal ma kluczowe znaczenie, schodzi na drugi plan. Najistotniejsze jest to, co mówią i robią inne dzieci. Na początek w niewielkim, a potem w coraz większym stopniu dziecko uniezależnia się od rodziców, a czasem nawet okazuje im zniecierpliwienie. Zaczyna się czuć odpowiedzialne za to, co jest dla niego ważne. Interesuje się tak mało osobistymi tematami, jak arytmetyka albo lokomotywy. Mówiąc krótko, rozpoczyna proces emancypacji od rodziny i zajmowania swojego miejsca jako obywatel świata.

Samokontrola. Powyżej szóstego roku życia dzieci zaczynają przejawiać dużą precyzję w wykonywaniu pewnych czynności. Wystarczy pomyśleć o tym, jak bawią się w tym wieku. Nie pociąga ich już niezorganizowana zabawa. Lubią gry rządzące się ścisłymi regułami i wymagające umiejętności. Grając w klasy albo w bierki czy skacząc przez gumę (nie wspominając nawet o grach komputerowych), należy pewne rzeczy robić w określonej kolejności, a poziom trudności stale się zwiększa. Konsekwencją błędu jest kara: powrót na początek i rozpoczęcie od nowa. Dla sześciolatka atrakcyjna jest właśnie surowość reguł.

W tym wieku zaczyna się kolekcjonować znaczki, naklejki czy kamienie. Przyjemność z kolekcjonowania polega na porządkowaniu i kompletowaniu całości. Sześciolatki w ogóle zaczynają odczuwać potrzebę porządkowania swoich rzeczy. Sprzątają biurko, umieszczają etykietki na szufladach i układają stosy komiksów w porządku alfabetycznym. Nie potrafią co prawda utrzymać porządku, ale wewnętrzna potrzeba ładu musi być bardzo silna, skoro w ogóle się do tego zabierają.

Niezależność od rodziców. Po ukończeniu sześciu lat dzieci nadal głęboko kochają rodziców, ale zwykle nie okazują tego tak wylewnie jak kiedyś. Często zachowują też większy dystans w stosunku do innych dorosłych. Nie chcą już być kochane tylko dlatego, że są rozkosznymi bobasami. Nabierają poczucia godności jako jednostki i chcą być odpowiednio traktowane.

Potrzeba uniezależniania się od rodziców sprawia, że w poszukiwaniu wzorów i wiedzy zwracają się do zaufanych dorosłych spoza rodziny. Jeśli z wypowiedzi ukochanego nauczyciela biologii błędnie wywnioskują, że krwinki czerwone są większe od białych, to rodzicom w żaden sposób nie uda się ich przekonać, że to nieprawda. Rodzice nauczyli je odróżniać dobro od zła i nauka nie poszła w las. Wręcz przeciwnie, zasady te wpojone zostały dzieciom tak głęboko, że przyjęły je jako własne. Dzieci się niecierpliwią, kiedy rodzice stale przypominają im, co powinny robić, ponieważ same to wiedzą i chcą, żeby uważać je za odpowiedzialne.

Złe maniery. W odstawkę idą niektóre ze słów używanych przez rodziców, a ich miejsce zajmuje mniej wyszukany język rówieśników. Dzieci chcą naśladować styl ubierania się i uczesania kolegów. Rozwiązane sznurowadła stają się dla nich równie istotne jak dla uczestników kampanii wyborczej plakietka symbolizująca przynależność do danej partii. Przy stole zapominają o dobrych manierach, przychodzą na posiłki z brudnymi rękami, garbią się nad talerzem i wpychają do ust zbyt duże kęsy. Czasem bezmyślnie kopią nogę od stołu, rzucają kurtkę na podłogę, trzaskają drzwiami albo w ogóle ich nie zamykają.

Nie zdając sobie z tego sprawy, dążą do osiągnięcia trzech celów. Po pierwsze, zachowaniem upodabniają się do rówieśników. Po drugie, manifestują swoje prawo do większej niezależności od rodziców. Po trzecie, nie wchodzą w konflikt z sumieniem, bo nie robią nic nieetycznego.

Rodziców oczywiście martwią złe maniery i brzydkie nawyki. Wydaje im się, że dziecko zapomniało wszystkiego, co mu tak sumiennie wpajali. Tymczasem zmiany te dowodzą, że ich dziecko nauczyło się dobrych manier – w przeciwnym razie nie odczuwałoby potrzeby, żeby się przeciwko nim buntować. Kiedy dojdzie do wniosku, że zaakcentowało swoją niezawisłość, prawdopodobnie powróci do standardów zachowania respektowanych w rodzinie.

Nie każde dziecko w tym wieku staje się diabłem wcielonym. Jeśli dobrze układają mu się stosunki ze spokojnymi rodzicami, może nie dojść do otwartego buntu, ale uważny obserwator dostrzeże zmiany w zachowaniu.

Co robić? Dziecko musi przecież raz na jakiś czas się wykąpać i schludnie ubrać od święta. Możecie przymknąć oczy na drobniejsze przewinienia, ale powinniście okazać stanowczość w sprawach, które są dla was ważne. Kiedy musicie poprosić dziecko, żeby umyło ręce, zróbcie to obojętnym tonem. Pomóc może podejście do sytuacji z beztroską i humorem. Strofowanie i narzucanie swojej woli irytuje dzieci i nieświadomie zachęca je do dalszego oporu.

KONTAKTY Z RÓWIEŚNIKAMI

Ważni rówieśnicy. Dla dzieci akceptacja rówieśników jest niezwykle istotna. W każdej klasie dzieci bez namysłu odpowiedzą na pytanie, kto jest lubiany, a kto nie. Osobie, która nie zostanie od razu zaaprobowana, trudno będzie znaleźć przyjaciół, w szkole będzie się męczyć i tracić wiarę w siebie. Nic dziwnego więc, że w wieku szkolnym wasze pociechy często stają na głowie, żeby przypodobać się rówieśnikom, nawet jeśli oznacza to łamanie rodzinnych zasad.

To, jak układają się stosunki dorosłych z kolegami z pracy i członkami rodziny oraz jak wygląda ich życie towarzyskie, w dużej mierze zależy od tego, jak w dzieciństwie radzili sobie w szkole. Wysokie standardy i ideały wpojone dzieciom w domu stają się nieodłączną częścią ich charakteru i na dłuższą metę przeważą, nawet jeśli w pewnym okresie górę biorą wulgaryzmy i złe maniery. Jednak jeśli rodzicom nie podoba się ani okolica, w której mieszkają, ani dzieci z sąsiedztwa, jeśli wpajają swoim latoroślom przekonanie, że są lepsze niż ich koledzy, albo zniechęcają je do zawierania przyjaźni, mogą je wychować na ludzi nie umiejących z nikim ułożyć sobie stosunków. Wysokie standardy nie przydadzą się wtedy na wiele ani im samym, ani światu.

Co zrobić, żeby nasze dzieci były towarzyskie i lubiane. Oto niektóre z kroków, które można przedsięwziąć, żeby wychować dziecko na osobę towarzyską i lubianą: w pierwszych latach życia nie robić wokół niego zbyt wiele zamieszania; poczynając od drugiego roku życia, umożliwiać mu zabawę z rówieśnikami; dawać mu wystarczająco dużo swobody, pozwalać na zdobywanie niezależności; jak najrzadziej zmieniać miejsce zamieszkania i szkołę; w miarę możliwości pozwalać mu przebywać z dziećmi z sąsiedztwa, ubierać się tak jak one, mówić, bawić, mieć takie samo kieszonkowe i przywileje. Oczywiście nie oznacza to, że trzeba dziecku pozwolić na branie przykładu z najgorszego łobuza w mieście. Nie trzeba mu też zaraz wierzyć na słowo, kiedy opowiada o tym, co wolno jego kolegom.

Jeśli dziecko ma problemy z nawiązywaniem przyjaźni, najlepiej jest umieścić je w szkole lub klasie oferującej elastyczny program nauczania. Nauczyciel może wtedy tak zorganizować pracę, żeby dziecko miało szansę zaprezentowania swoich możliwości poprzez udział w projektach klasowych. Dzięki temu koledzy zaczną je doceniać i lubić. Dobry, szanowany przez klasę nauczyciel może podnieść prestiż dziecka, okazując mu uznanie. Pomóc może również posadzenie dziecka obok osoby lubianej w grupie albo pozwolenie mu na pracę w parze z taką osobą.

Nie bez znaczenia jest zachowanie rodziców w domu. Kiedy dziecko przyprowadza do domu kolegów, bądźcie mili i gościnni. Zachęćcie je do zaproszenia kolegów na poczęstunek i podajcie potrawy, które dzieci lubią. Planując wyjazdy weekendowe, pikniki, wycieczki, wyjścia do kina i inne rozrywki, zaproście kogoś, z kim dziecko chciałoby się zaprzyjaźnić – niekoniecznie osobę, z którą wy chcielibyście, żeby się zaprzyjaźniło. Tak jak dorośli, dzieci mają swoją przekupną stronę i szybciej dostrzegą zalety kolegi, u którego mogą liczyć na poczęstunek i dobrą zabawę.

Oczywiście nie chodzi o to, żeby dziecko nieustannie kupowało sobie popularność; zresztą taka popularność nigdy nie trwa długo. Chodzi tylko o to, żeby przygotować właściwy grunt, dać mu szansę wejścia do grona, do którego nie uzyskało wstępu z powodu naturalnej w tym wieku skłonności do tworzenia zamkniętych klanów. Potem może wziąć sprawy w swoje ręce i samodzielnie nawiązać nowe przyjaźnie.

Kluby i kliki. Jest to okres rozkwitu najróżniejszych klubów. Kilkoro zaprzyjaźnionych dzieci postanawia stworzyć tajną organizację. Rzucają się w wir pracy, przygotowując plakietki dla członków, miejsce spotkań (najlepiej dobrze ukryte), regulamin. Mogą nawet nie wiedzieć, dlaczego robią z tego taką tajemnicę. Potrzeba skrytości wynika prawdopodobnie z chęci udowodnienia, że potrafią same sobą rządzić, bez ingerencji dorosłych i innych, mniej niezależnych dzieci.

Wydaje się, że dzieciom dojrzewającym do dorosłości pomaga zrzeszenie się z innymi myślącymi podobnie. Grupa stara się następnie podkreślić swoją odrębność, dając osobom nie wtajemniczonym odczuć, że są niechciane, albo dokuczając im. W oczach dorosłych wygląda to na zarozumiałość i okrucieństwo, ale tylko dlatego, że przyzwyczajeni jesteśmy do bardziej wyrafinowanych metod okazywania sobie dezaprobaty. Dzieci instynktownie próbują zorganizować się w społeczność, a instynkt ten to jedna z sił napędowych cywilizacji. Jednak naturalna tendencja do tworzenia zamkniętych grup może się stać destrukcyjna, może prowadzić do okrutnych drwin czy nawet ataków fizycznych. Wtedy interweniować muszą rodzice i nauczyciele.

W wieku dziesięciu–jedenastu lat presja przynależenia do grupy nasila się. Zwarte grupy – kliki – same ustalają, kto może do nich przystąpić. Prawo wstępu może zapewnić atrakcyjny wygląd, dobre wyniki w sporcie albo nauce, pieniądze, strój, odpowiedni sposób mówienia. Dziecko nie posiadające żadnej z wymienionych cech może zostać całkowicie wyobcowane, samotne i nieszczęśliwe. Życzliwy i umiejęt-

ny nauczyciel albo pedagog szkolny potrafi czasem poprawić sytuację; czasem psycholog lub inny specjalista jest w stanie pomóc dziecku w rozwoju umiejętności społecznych.

Znęcanie się. Kiedy instynkt społeczny wymyka się spod kontroli, rezultatem bywa często znęcanie się nad słabszymi. Niektórzy uzyskują pozycję lidera, siłę i prestiż, prześladując młodsze albo wrażliwsze dzieci. Znęcanie się jest szkodliwe dla wszystkich zainteresowanych. Ofiary często cierpią na lęki, bóle fizyczne lub depresję, a prognozy na przyszłość dla ich dręczycieli są jeszcze gorsze. Nauczyli się odnosić sukcesy zastraszaniem i trudno im w inny sposób ułożyć sobie stosunki z ludźmi. W dorosłym życiu często mają kłopoty w pracy i popadają w konflikt z prawem.

Nie ma sensu oczekiwać od gnębionego dziecka, że zacznie się bronić i pokona swojego prześladowcę. Jednak wspólna praca rodziców, nauczycieli i dzieci może uwolnić szkołę od znęcania się. Dobrym źródłem jest książka Dana Olweusa *Mobbing – fala przemocy w szkole: jak ją powstrzymać?* oraz Internet.

Zajęcia pozaszkolne. W wieku siedmiu lat wiele dzieci uczęszcza codziennie na zorganizowane zajęcia pozaszkolne, zwłaszcza jeśli mają tylko jedno z rodziców albo oboje rodzice pracują poza domem. Sport, gimnastyka, muzyka i taniec mogą wzbogacić życie dziecka, jeżeli zachowa się umiar i nie towarzyszy im nadmierna rywalizacja. Jednak dzieci potrzebują też czasu dla siebie, który mogą spędzić tak, jak dyktuje im wyobraźnia, same albo z przyjaciółmi. Jeśli dziecko ma cały tydzień wypełniony dodatkowymi zajęciami, rodzice powinni świadomie postanowić, że przynajmniej część weekendu będzie nie zaplanowana i swobodna.

W DOMU

Praca i obowiązki domowe. W wielu społeczeństwach dzieci w wieku szkolnym pracują w rodzinnym gospodarstwie rolnym lub w firmie rodziców, w warsztacie albo fabryce. W przeszłości również większość amerykańskich dzieci pracowała u boku dorosłych. Dopiero w ostatnim półwieczu zaczęto od nich oczekiwać, by skupiły się wyłącznie albo głównie na nauce. Dobrze jest dać ośmio- i dziewięciolatkom poczucie, że mogą mieć znaczący wkład w dobrobyt rodziny. Jeśli rodzice nie prowadzą własnej firmy, w której dzieci mogłyby wykonywać drobne prace, warto przydzielić im obowiązki domowe, żeby czuły, że naprawdę pomagają. Sześciolatek może pomóc nakrywać do stołu i sprzątać po obiedzie; ośmiolatek może wziąć udział w porządkowaniu i pieleniu ogródka; dziesięciolatek może gotować proste potrawy.

Wykonując obowiązki domowe, dzieci uczą się uczestniczyć w życiu rodziny, tak jak w przyszłości będą uczestniczyć w życiu społeczeństwa. Podział obowiązków często odzwierciedla stereotypowe role męskie i żeńskie – gotowanie dla dziewczynek, koszenie trawnika dla chłopców – ale nie musi tak być. Obowiązki domowe to dla dzieci okazja, żeby zastanowić się nad swoimi możliwościami.

Jeśli kwestię wykonywania obowiązków domowych będziecie traktować konsekwentnie i rzeczowo, dzieci przyjmą taką samą postawę. Najlepiej jest nie robić zbyt wielu wyjątków i nie pozwalać dzieciom na pozostawianie pracy nie skończonej. Zawsze są też do zrobienia jakieś prace dodatkowe – na przykład mycie samochodu albo malowanie płotu – które mogą stanowić okazję dorobienia do kieszonkowego.

Kieszonkowe. Dzięki kieszonkowemu dzieci uczą się gospodarować pieniędzmi, oszczędzać je i wydawać. Większość dzieci zaczyna rozumieć te pojęcia około szóstego–siódmego roku życia i jest to dobry moment, żeby zacząć im dawać kieszonkowe. Jego wielkość będzie zależała od waszych możliwości finansowych oraz od zwyczajów panujących w waszej rodzinie i w waszej społeczności. Dzieci powinny samodzielnie decydować, na co wydadzą kieszonkowe, jeśli nie będzie to coś zabronionego przez rodziców, jak nadmierne ilości słodyczy. Nie należy jednak traktować kieszonkowego jako zapłaty za wykonywanie codziennych obowiązków. Obowiązki domowe to wkład poszczególnych domowników w życie rodziny. Trzeba je wykonywać nie dla pieniędzy, ale dlatego, że wszyscy biorą w nich udział.

Odrabianie lekcji. Początkowo zadania domowe uczą dziecko samodzielnej pracy. Później stanowią okazję przećwiczenia tego, czego nauczyło się w szkole. Statystycznie rzecz biorąc, dzieci, które wykonują więcej zadań domowych, osiągają lepsze wyniki w nauce. Jednak odrabianie lekcji nie powinno zajmować więcej niż dwadzieścia minut w klasach 1–3, czterdzieści minut w klasach 5–6 i dwie godziny w klasach gimnazjalnych. W niektórych szkołach za dużo zadaje się do domu. Wielokrotnie dzieci z problemami w nauce muszą na wykonanie tej samej pracy poświęcać dużo więcej czasu niż ich koledzy. Kiedy zadania domowe są trudniejsze, niż być powinny, nauczyciele i rodzice mogą spróbować wspólnie ustalić przyczynę i zapewnić dzieciom właściwą pomoc. Więcej o odrabianiu lekcji przeczytacie na stronie 451.

PROBLEMY Z ZACHOWANIEM

Kłamstwa. Młodsze dzieci często kłamią po prostu po to, żeby uniknąć kary za swoje przewinienia. Czy zjadłeś ciasteczka? Hm, tak naprawdę nie miałem zamiaru, tylko jakoś tak niechcący je wziąłem, więc w sumie być może odpowiedź brzmi „nie" – myśli maluch.

Dzieci muszą sobie uświadomić, że powiedzenie czegoś nie sprawia, iż staje się to prawdą. Powinny też zrozumieć, że lepiej od razu się przyznać, niż pogarszać sytuację kłamstwami. Uczą się, słuchając tego, co o kłamstwie mają im do powiedzenia rodzice i nauczyciele, a także z własnego doświadczenia.

Dlaczego kłamie starsze dziecko? Każdy, dorosły czy dziecko, niekiedy znajduje się w sytuacji, z której jedynym taktownym wyjściem jest niewinne kłamstwo. Nie jest to powód do niepokoju. Jednak jeśli dziecko kłamie, żeby kogoś oszukać, przede wszystkim należy zadać sobie pytanie: dlaczego wydaje mu się, że musi kłamać?

Dzieci nie są z natury nieuczciwe. Jeśli dziecko regularnie kłamie, oznacza to, że z jakichś względów znajduje się pod zbyt silną presją. Na przykład ukrywanie przed rodzicami złych stopni nie bierze się z obojętności. Skoro kłamie, dowodzi to właśnie tego, że zależy mu na wynikach w szkole. Czy przerabiany materiał jest zbyt trudny? Czy dziecko nie może się skoncentrować na nauce, bo ma umysł zajęty innymi problemami? Czy rodzice stawiają mu zbyt wysokie wymagania?

Wasze zadanie polega na ustaleniu, na czym polega problem; w razie potrzeby należy poprosić o pomoc nauczyciela, pedagoga szkolnego, psychologa albo psychiatrę. Nie musicie udawać, że dziecku udało się zamydlić wam oczy. Możecie łagodnie powiedzieć: „Nie musisz nas okłamywać. Powiedz nam, na czym polega problem, razem spróbujemy go rozwiązać". Dziecko nie będzie w stanie udzielić natychmiastowej odpowiedzi, bo prawdopodobnie samo jej nie zna. Nawet jeśli zdaje sobie sprawę z niektórych swoich zmartwień, nie potrafi od razu wszystkiego wytłumaczyć. Cierpliwie i ze zrozumieniem pomóżcie mu wyrazić swoje uczucia i troski.

Kradzieże, problem często pojawiający się równolegle z kłamstwami, zostały omówione w rozdziale *Jak myślą dzieci* w części V.

Oszukiwanie. Małe dzieci oszukują, bo nie lubią przegrywać. Sześciolatek uważa, że celem gry jest wygrana. Jest radosny, dopóki prowadzi, a nieszczęśliwy, kiedy zaczyna zostawać w tyle. Nauka przegrywania z honorem trwa wiele lat. Prędzej czy później dzieci się orientują, że grając fair, wszyscy bawią się lepiej. Uczą się tego nie tyle od dorosłych, ile od siebie nawzajem. Grupa ośmiolatków może spędzić więcej czasu, dyskutując o tym, jak grać, niż grając. Takie debaty są niesłychanie kształcące.

Początkowo dzieci postrzegają zasady gry jako coś ustalonego i niezmiennego. Później, kiedy ich pojęcie dobra i zła staje się bardziej dojrzałe i elastyczne, zdają sobie sprawę, że reguły można zmieniać, jeśli zgodzą się na to wszyscy gracze.

Oczywiście dzieci mogą też czerpać przyjemność z gier, w których nie ma przegranych, są tylko wygrani. Gry pozbawione elementu rywalizacji są dostępne w sklepach, można też zamówić je przez Internet (patrz *Źródła*, strona 601). Takie gry pomagają dziecku zrozumieć, że celem gry jest zabawa, nie pokonanie przeciwnika.

Natręctwa (kompulsje). Dążenie do precyzji staje się tak silne u wielu dzieci ośmio-, dziewięcio- i dziesięcioletnich, że pojawiają się u nich nerwowe nawyki. Prawdopodobnie pamiętacie je z własnego dzieciństwa. Najczęstszy to omijanie pęknięć w chodniku. Nie ma to żadnego uzasadnienia; po prostu opanowuje cię zabobonne przekonanie, że tak trzeba. Inne przykłady to dotykanie co trzeciego szczebla w płocie, układanie wszystkiego w pary, wypowiadanie konkretnych słów przed przekroczeniem drzwi. Jeśli wydaje ci się, że zrobiłeś błąd, musisz wrócić do miejsca, w którym na pewno jeszcze się nie pomyliłeś, i zacząć od początku.

Wiemy, że bardzo silna skłonność do zachowań kompulsyjnych często jest dziedziczna. Rzadziej zdarza się, że dziecko nagle zaczyna przejawiać zachowania kompulsyjne w wyniku powikłań po zakażeniu paciorkowcem (patrz str. 561). Z psychologicznego punktu widzenia natręctwa mogą być dla dziecka sposobem uporania się z lękiem. Jednym z jego źródeł może być wrogie nastawienie do rodzi-

ców, z którym dziecko nie może się pogodzić. Przypomnijcie sobie dziecięce powiedzenie: „Kto na linii stanie, skręci kark swej mamie". Każdy miewa wrogie uczucia w stosunku do bliskich mu osób, ale myśl, że naprawdę moglibyśmy je zranić, jest szokująca i staramy się w ogóle jej do siebie nie dopuszczać. Jeśli czyjeś sumienie jest przesadnie surowe, dręczy go nawet wtedy, gdy złe myśli zostały zepchnięte głęboko do podświadomości. Człowiek nadal czuje się winny, choć nie wie dlaczego. Ucisza więc sumienie, ze szczególną ostrożnością i poprawnością wykonując czynności tak absurdalne jak omijanie pęknięć chodnika.

Dzieci mają tendencję do zachowań kompulsyjnych około dziewiątego roku życia nie dlatego, że ich myśli są wtedy wyjątkowo niegodziwe, ale dlatego, że na tym etapie rozwoju sumienie staje się bardziej surowe.

Łagodne natręctwa w wieku ośmiu, dziewięciu czy dziesięciu lat są tak rozpowszechnione, że zazwyczaj można je uznać za normalne. Zachowania takie, jak

przeskakiwanie przez szczeliny w chodniku nie powinny martwić u dziecka, które poza tym jest szczęśliwe, towarzyskie i nie ma problemów w szkole. Jednak poszukałbym profesjonalnej pomocy, gdyby przez większość czasu dręczyły dziecko takie natręctwa, jak nieustanne mycie rąk, albo gdyby było spięte, osowiałe lub niekomunikatywne.

Tiki. Tiki to nerwowe nawyki, takie jak mruganie powiekami, wzruszanie ramionami, wykrzywianie twarzy, kręcenie głową, odchrząkiwanie, pociąganie nosem czy pokasływanie. Podobnie jak natręctwa, tiki najczęściej pojawiają się u dziewięciolatków, ale można je zaobserwować już od drugiego roku życia. Ruch jest zazwyczaj szybki, regularnie powtarzany i zawsze ma tę samą postać. Występuje częściej, kiedy dziecko jest zdenerwowane. Tik może się pojawiać przez kilka tygodni albo miesięcy, a potem zniknąć na dobre albo zostać zastąpiony nowym. Mruganie, pociąganie nosem, odchrząkiwanie i pokasływanie często zaczyna się przy przeziębieniu, ale nie mija wraz z ustąpieniem choroby. Wzruszanie ramionami może się pojawić, kiedy dziecko zacznie nosić luźną część ubrania, sprawiającą wrażenie, jakby mogła spaść. Dzieci mogą naśladować tiki innego dziecka, zwłaszcza takiego, które im imponuje, ale nawyki tego typu nie utrzymują się długo.

Najważniejsza przyczyna tików tkwi w rozwoju mózgu, ale psychika też odgrywa pewną rolę. Tiki częściej występują u spiętych dzieci surowych rodziców, które w domu znajdują się pod intensywną presją. Czasem mama albo tata nie daje dziecku spokoju, nieustannie wydaje mu polecenia i poprawia je, kiedy tylko znajdzie się w zasięgu wzroku. Rodzice mogą też okazywać dezaprobatę w bardziej stonowany sposób, stawiając zbyt wysokie wymagania albo organizując zbyt wiele zajęć pozaszkolnych, takich jak taniec, muzyka i treningi sportowe. Gdyby dziecko miało odwagę się sprzeciwić, prawdopodobnie nie byłoby aż tak spięte. Ponieważ jednak zazwyczaj jest na to zbyt dobrze wychowane, powściąga irytację, a ta daje o sobie znać pod postacią nerwowego tiku.

Na tiki nie należy nigdy reagować strofowaniem ani krytykowaniem, ponieważ dziecko i tak nad nimi nie panuje. Wysiłki rodziców powinny pójść w kierunku stworzenia swobodnej i przyjaznej atmosfery w domu i zapewnienia dziecku satysfakcji z uczęszczania do szkoły i kontaktów z rówieśnikami. Mniej więcej u jednego dziecka na dziesięć występują łagodne tiki, które niemal zawsze mijają, jeśli nie zwraca się na nie uwagi. Średnio jedno dziecko na sto ma kilka tików, które utrzymują się dłużej niż rok. Może to być objaw zespołu Tourette'a (patrz *Słowniczek terminów medycznych*); dziecko powinien zbadać lekarz albo pielęgniarka.

Postawa. To, czy dziecko ma prawidłową postawę ciała, zależy od wielu czynników. Jednym z nich – być może najważniejszym – jest cecha wrodzona, jaką jest szkielet. Widuje się osoby, które już od niemowlęctwa miały zaokrąglone ramiona, tak jak przed nimi mama i tata. Niektóre dzieci zdają się rodzić z luźnymi mięśniami i ścięgnami. Inne zawsze wyglądają na spięte, niezależnie od tego, czy akurat się ruszają, czy odpoczywają. Trudno im się garbić.

Istnieją również rzadkie choroby wpływające na postawę ciała, a ponadto przewlekłe choroby i przewlekłe zmęczenie (niezależnie od przyczyny) mogą sprawić, że dziecko się garbi i przyjmuje nieprawidłową postawę. Nadwaga niekiedy prowadzi do nadmiernego wygięcia kręgosłupa ku przodowi (lordozy), koślawości kolan i płaskostopia. Nastolatek, który wstydzi się wysokiego wzrostu, może mieć tendencję do chodzenia z pochyloną głową. Dziecko o nieprawidłowej postawie należy regularnie badać, żeby się upewnić, że nie jest spowodowana dolegliwościami fizycznymi.

Wiele dzieci garbi się z powodu braku pewności siebie. Przyczyną może być nadmierny krytycyzm w domu, trudności w szkole albo ubogie życie towarzyskie. Ludzie pogodni i wierzący we własne siły okazują to sposobem siedzenia, stania i chodzenia. Uświadomienie sobie silnego związku postawy ciała z uczuciami dziecka pomaga rodzicom lepiej radzić sobie z tym problemem.

Naturalnym odruchem rodziców pragnących, żeby dziecko dobrze wyglądało, jest nieustanne napominanie go: „Nie garb się", „Na miłość boską, wyprostuj się wreszcie". Postawa dziecka, które pochyla się dlatego, że rodzice ciągle je strofują, nie poprawi się w wyniku łajania. Na ogół najlepsze rezultaty można osiągnąć, pracując nad postawą przez taniec i inne zajęcia ruchowe albo u fizjoterapeuty. Na takich zajęciach atmosfera jest swobodniejsza niż w domu. Rodzice mogą pomóc dziecku w wykonywaniu ćwiczeń w domu, jeśli ono tego chce i jeśli oni są w stanie zrobić to w przyjacielskiej atmosferze. Jednak ich najważniejsze zadanie polega na wspieraniu dziecka, udzielaniu mu pomocy w przystosowaniu się do szkoły i nawiązywaniu kontaktów z rówieśnikami oraz na dbaniu, żeby czuło się doceniane i szanowane w domu.

NASTOLATEK:
OD DWUNASTU DO OSIEMNASTU LAT

CZAS WYZWAŃ

Okres dojrzewania stawia wyzwania zarówno przed nastolatkami, jak i przed ich rodzicami. Wspólnie muszą znaleźć sposób, żeby stopniowo i w miarę bezboleśnie uniezależnić się od siebie nawzajem. W niektórych rodzinach udaje się tego dokonać bez tarć, w wielu innych jest to okres „wojen domowych", często spowodowanych niezrozumieniem przez rodziców problemów rozwojowych nastolatka. Warto pamiętać, że celem nastolatków nie jest dogryzienie rodzicom, tylko odnalezienie własnej, dorosłej tożsamości.

Nastolatki stają przed wieloma dylematami. Dojrzałość płciowa wpływa na kształt ich ciała, a co za tym idzie na sposób, w jaki postrzegają same siebie i w jaki reaguje na nie otoczenie. Popęd płciowy może być źródłem przyjemności, ale i niepokoju. W naszym kręgu kulturowym chaos panujący w głowach nastolatków powiększają jeszcze mieszane przesłania dotyczące seksualności – z jednej strony ją gloryfikują (wystarczy pomyśleć o reklamach przedstawiających młode, atrakcyjne ciała), a z drugiej traktują jak niebezpieczną siłę, którą należy tłumić i kontrolować. Szkoła dla niektórych nastolatków stanowi przyjazne schronienie, dla innych więzienie. Umiejętność abstrakcyjnego myślenia sprawia, że wiele z nich zaczyna kwestionować zasady panujące w społeczeństwie, w którym mają zacząć funkcjonować jako ludzie dorośli. Idealizm może uczynić wiele dobrego, ale potrafi też przysporzyć trosk.

Pocieszająca dla rodziców powinna być myśl, że fundamentalne wartości wpojone dzieciom nadal się czają pod wzburzoną powierzchnią sprzecznych pragnień i ideałów. W końcu większość nastolatków podziela najważniejsze przekonania rodziców, nawet jeśli farbują włosy na kolor, który nie występuje w naturze.

A jednak istnieją również poważne zagrożenia. Ryzykowne zachowania seksualne czy nadużywanie alkoholu i narkotyków mogą mieć długoterminowe, a nawet nieodwracalne konsekwencje. W tym wieku daje o sobie znać wiele chorób psychicznych. Dlatego rodzice, ufając, że ich pociechy samodzielnie znajdą właściwą drogę, muszą też zdawać sobie sprawę z czyhających na nie pułapek. Skoncentrowanie się na długofalowym dążeniu – wychowaniu zdrowego młodego człowieka, dobrze funkcjonującego w społeczeństwie – może pomóc rodzicom odróżnić zachowania naprawdę niepokojące od tych zaledwie irytujących.

Bycie mądrym rodzicem nastolatka zawsze stanowiło trudne zadanie. Pewien ojciec powiedział kiedyś: „Ach, gdybym był choć w połowie tak wspaniały, za jakiego miało mnie dziecko, i tylko w połowie tak głupi, za jakiego uważa mnie nastolatek!"

DOJRZEWANIE

Dojrzewanie płciowe, nazywane też pokwitaniem, przypada na początek wieku nastoletniego. Jest to okres dwóch do czterech lat intensywnego wzrostu i rozwoju, poprzedzających osiągnięcie dojrzałości fizycznej i zdolności rozmnażania.

Okres dojrzewania. Przede wszystkim trzeba zdać sobie sprawę z dużej rozpiętości wieku, jeśli chodzi o początek dojrzewania. Większość dziewczynek wkracza w okres dojrzewania w wieku około dziesięciu lat i ma pierwszą miesiączkę w wieku około dwunastu i pół roku. Początek dojrzewania przypadający na dziewiąty rok życia również mieści się w normie; niektóre dziewczynki mogą zacząć dojrzewać jeszcze wcześniej. Innym piersi zaczną rosnąć dopiero w wieku dwunastu albo trzynastu lat, a pierwsza miesiączka pojawi się po ukończeniu czternastu–piętnastu lat. Chłopcy wkraczają w okres dojrzewania przeciętnie dwa lata później niż dziewczynki, około dwunastego roku życia; niektórzy zdrowi chłopcy zaczynają dojrzewać dopiero w czternastym lub piętnastym roku życia. Coroczne kontrolne badania nastolatków powinny obejmować ocenę stopnia zaawansowania procesu dojrzewania. Jeśli początek dojrzewania nastąpił bardzo wcześnie albo się opóźnia, lekarz musi się upewnić, że nie jest to spowodowane jakąś patologią.

Najwcześniejsze zmiany okresu dojrzewania zachodzą głęboko w mózgu. Hormony zaczynają płynąć krwiobiegiem z mózgu do gonad (jąder albo jajników), przełączając je na wyższy bieg. Gonady z kolei uruchamiają produkcję głównych hormonów płciowych, testosteronu i estrogenów, wywołujących inne przemiany okresu dojrzewania. Nikt nie wie na pewno, co właściwie sprawia, że mózg w ogóle przystępuje do działania. Na to, kiedy dziecko zaczyna dojrzewać, na pewno wpływają geny, odżywianie i ogólny stan zdrowia. W Stanach Zjednoczonych lepsze (a w każdym razie intensywniejsze) odżywianie w dzieciństwie spowodowało obniżenie przeciętnego początku okresu dojrzewania o kilka lat. Opinie są podzielone, jeśli chodzi o wpływ na to zjawisko innych czynników, takich jak zawartość pestycydów i hormonów w żywności.

Dojrzewanie płciowe dziewczynek. Prześledźmy, co dzieje się z przeciętną dziewczynką, która zaczyna dojrzewać w wieku dziesięciu lat. Kiedy miała siedem lat, rosła około 5–6,5 centymetra rocznie. W wieku ośmiu lat tempo jej wzrostu zmalało do około 4,5 centymetra rocznie. Wyglądało na to, że natura wyhamowała. Nagle w wieku lat dziesięciu hamulce puszczają i przez kolejne dwa lata dziewczynka rośnie 7,5–9 centymetrów na rok. Zamiast przybierać na wadze od 2 do 3,5 kilograma rocznie, jak do tej pory, przybiera od 4,5 do 9 kilogramów. Żeby umożliwić tak szybki rozwój, jej apetyt również zdecydowanie rośnie.

Zachodzą też inne zmiany. Na początku okresu dojrzewania dziewczynce zaczynają rosnąć piersi. Najpierw można zauważyć twardy guzek pod brodawką sutkową. Może to zaniepokoić rodziców obawiających się raka piersi, ale stanowi normalny początek rozwoju sutków. Przez pierwsze półtora roku pierś ma stożkowaty kształt, ale w miarę, jak zbliża się pierwsza miesiączka, zaokrągla się i zaczyna bardziej przypominać półkulę. Zdarza się, że jedna pierś rozwija się kilka miesięcy wcześniej niż druga. Jest to dosyć powszechne i nie stanowi powodu do zmartwień. Pierś, która wcześniej zaczęła rosnąć, zazwyczaj pozostaje większa przez cały okres dojrzewania, a czasami nawet na stałe.

Wkrótce po tym, jak zaczną rosnąć piersi, pojawiają się pierwsze włosy łonowe. Później wyrastają włosy pod pachami, poszerzają się biodra, zmienia się struktura skóry. Jej ciało zaczyna wyglądać jak ciało kobiety.

W wieku dwunastu i pół roku przeciętna dziewczynka przechodzi pierwszą miesiączkę – *menarche*. Od tego momentu tempo wzrostu gwałtownie maleje. W roku następującym po pierwszej miesiączce urośnie prawdopodobnie nie więcej niż 4 centymetry, a w kolejnym roku 2. Krwawienia miesiączkowe wielu dziewczynek są nieregularne i sporadyczne przez pierwszy rok albo dwa. Nie znaczy to, że coś jest nie w porządku, świadczy tylko o tym, że w momencie wystąpienia pierwszej menstruacji pełna dojrzałość nie została jeszcze osiągnięta.

Nie ma określonego wieku, w którym zaczyna się dojrzewanie; każda dziewczynka dojrzewa we własnym tempie i według własnego harmonogramu. Wczesne albo późne rozpoczęcie dojrzewania rzadko kiedy jest objawem nieprawidłowości w funkcjonowaniu gruczołów płciowych. Po prostu indywidualne tempo rozwoju powoduje rozwój szybszy albo wolniejszy od przeciętnego. Jest to prawdopodobnie cecha wrodzona: dzieci rodziców, którzy wcześnie wkroczyli w okres dojrzewania, często dojrzewają wcześniej, i odwrotnie. Trzynastolatka nie mająca żadnych objawów pokwitania może być pewna, że osiągnie dojrzałość płciową, choć potrwa to nieco dłużej niż u koleżanek.

Różnice dotyczą nie tylko wieku, w którym rozpoczyna się pokwitanie. U niektórych dziewczynek owłosienie łonowe pojawia się kilka miesięcy wcześniej, zanim zaczną im rosnąć piersi. Niekiedy zdarza się też, że najwcześniejszym sygnałem dojrzewania jest pojawienie się włosów pod pachami. Pomiędzy pierwszymi objawami dojrzewania a pierwszą miesiącz-

ką upływa zazwyczaj około dwóch i pół roku. Jeśli dziewczynka jest od dwóch lat w pełni rozwinięta albo ma więcej niż szesnaście lat i nie wystąpiła u niej pierwsza miesiączka, powinien ją zbadać lekarz.

Bardzo wczesne lub bardzo późne wkroczenie w okres dojrzewania bywa powodem stresu. Ośmioletnia dziewczynka może być skrępowana, kiedy stwierdzi, że jako jedyna w klasie rośnie w zawrotnym tempie i nabiera kobiecych kształtów. Na jej samopoczucie wpływają reakcje nauczycieli, rodziców i rówieśników. Martwi się również dziewczynka rozwijająca się wolniej. Trzynastolatka, która nie zaczęła jeszcze dojrzewać, może sądzić, że coś z nią jest nie tak. Pomocna może być rozmowa z lekarzem.

Dojrzewanie płciowe chłopców. Przeciętny chłopiec wkracza w okres dojrzewania w wieku dwunastu lat, dwa lata później niż jego przeciętna koleżanka. Zdarzają się chłopcy, którzy zaczynają wcześniej, około dziesiątego roku życia. Wielu nie dojrzewa przed ukończeniem czternastu lat, a niektórzy muszą czekać jeszcze dłużej.

Najpierw pojawia się owłosienie łonowe, następnie rosną jądra, a wreszcie powiększa się penis: najpierw jego długość, a potem średnica. Wszystko to dzieje się przed skokiem wzrostu i może o tym wiedzieć tylko sam zainteresowany (w przeciwieństwie do rozwoju dziewczynki, której dojrzewanie zaczyna się od widocznego dla innych powiększania się piersi).

W okresie dojrzewania chłopiec może rosnąć w tempie dwa razy szybszym niż dotychczas. Często najpierw zwiększa się długość ciała, ramion i stóp, nadając nastolatkowi tyczkowaty i nieskoordynowany wygląd. Później rozwijają się mięśnie i chłopiec zaczyna wyglądać jak mężczyzna. Mniej więcej w tym samym czasie

włosy pod pachami i na twarzy stają się grubsze i dłuższe. Potem głos załamuje się i obniża. U niektórych chłopców niewielki obszar wokół brodawek sutkowych powiększa się i może boleć; jest to normalne. Zdarza się, że piersi rosną na tyle, że stają się przyczyną zażenowania i zmartwień. Częściej zdarza się to w przypadku chłopców z nadwagą. Lekarz powinien zapewnić dziecko, że jest to normalne.

Po mniej więcej dwóch latach organizm chłopca kończy proces przemiany. W ciągu następnych kilku lat będzie rósł wolniej, aż w końcu przestanie w okolicach osiemnastego roku życia. Niektórzy wolniej się rozwijający chłopcy rosną jeszcze po ukończeniu dwudziestu lat. Wczesne dojrzewanie u chłopców rzadko bywa stresujące; przez parę lat chłopiec taki może być najwyższy i najsilniejszy w klasie (choć chłopca dojrzewającego bardzo wcześnie – przed ukończeniem dziesiątego roku życia – powinien zbadać lekarz).

Natomiast późne dojrzewanie może być źródłem poważnego stresu. Chłopiec rozwijający się powoli, który w wieku czternastu lat wciąż jest „krasnalem", podczas gdy większość jego kolegów zmieniła się już niemal w dorosłych mężczyzn, zwykle potrzebuje emocjonalnego wsparcia, a czasem pomocy terapeuty. W tym wieku wzrost, budowa ciała i wyniki w sporcie mają duże znaczenie. Niektórzy rodzice zamiast zapewnić syna, że z czasem dojrzeje i urośnie o 20 centymetrów, szukają lekarza, który przepisze mu kurację hormonalną. To utwierdza chłopca w przekonaniu, że rzeczywiście coś z nim jest nie w porządku. Istnieją wprawdzie preparaty hormonalne, które wywołują objawy dojrzewania płciowego, niezależnie od tego, w jakim wieku się je poda. Jednak nie ma dowodów na to, że rezultatem ich stosowania będą długotrwałe korzyści emocjonalne, a chłopiec może ostatecznie urosnąć mniej niż bez nich, na skutek przedwczesnego zahamowania wzrostu kośćca. W rzadkich przypadkach, kiedy organizm produkuje za mało albo za dużo hormonu wzrostu, przed podjęciem decyzji o podaniu środków hormonalnych należy skonsultować się z pediatrą endokrynologiem (specjalistą od hormonów).

INNE KWESTIE ZDROWOTNE

Nieprzyjemna woń ciała. Jedną z najwcześniejszych zmian związanych z dojrzewaniem jest zwiększone wydzielanie potu pod pachami. Niektóre dzieci (a także ich rodzice) nie zdają sobie sprawy, że roztaczają wokół siebie nieprzyjemny zapach, który na pewno nie przysparza im popularności w szkole. Higiena osobista w tym okresie staje się teraz niezwykle ważna. Codzienne mycie się mydłem, ewentualnie połączone z regularnym używaniem odpowiedniego dezodorantu, rozwiąże problem nieprzyjemnego zapachu ciała.

Trądzik. W ostatnich latach zmieniły się poglądy na przyczyny powstawania i leczenie trądziku. W okresie dojrzewania skóra staje się mniej gładka. Pory powiększają się i wydzielają do dziesięciu razy więcej łoju niż dotychczas. Niektóre mogą się zatkać mieszaniną łoju i martwych komórek skóry. (Komórki naskórka wyściełające pory obumierają, regularnie się złuszczają i są zastępowane nowymi.) Kiedy czop z łoju i skóry wchodzi w kontakt w powietrzem, utlenia się i staje czarny. W ten sposób tworzą się wągry (zaskórniki). Zarazki, które normalnie znajdują się na powierzchni skóry, mogą się dostać do tych powiększonych, zatkanych porów i spowodować powstanie pryszcza, czyli niewielkiego zakażenia. Ten sam proces, który powoduje powstawanie pospolitych wyprysków, może też wywołać trądzik głębszy, pozostawiający blizny, co zwykle jest dziedziczne.

Najnowsze badania obaliły dwa błędne przekonania na temat trądziku. Po pierwsze, wypryski nie są powodowane brudem; po drugie, czekolada i potrawy smażone nie wpływają na stan skóry. Trądzik stanowi naturalną część dojrzewania niemal wszystkich nastolatków, niezależnie od tego, czy mają skórę suchą czy tłustą. Jako że wyciskanie pryszczy może tylko pogorszyć sytuację, należy dzieci do tego zniechęcać.

Niektóre nastolatki wyobrażają sobie, że trądzik jest spowodowany fantazjami erotycznymi albo masturbowaniem się. Można je zapewnić, że to nieprawda. Należy także zapewnić dzieciom wszelką pomoc — pediatry albo dermatologa, żeby mogły poprawić swój wygląd i samopoczucie oraz zapobiec powstaniu trwałych blizn, co się czasem zdarza. Przy użyciu nowoczesnych metod leczenia można przeważnie osiągnąć ogromną poprawę i leczyć nawet ostrzejszą, pozostawiającą blizny postać trądziku. W niektórych przypadkach lekarz może przepisać antybiotyk, krem z nadtlenkiem benzoilu do stosowania miejscowego albo preparat z witaminą A. Środki dostępne na receptę są często skuteczniejsze niż te dostępne bez recepty.

Istnieją też pewne ogólne środki zaradcze, które można wypróbować niezależnie od zaleconego przez lekarza trybu postępowania. Codzienne energiczne ćwiczenia fizyczne, świeże powietrze i bezpośrednie działanie promieni słonecznych (przy zastosowaniu odpowiedniego kremu z filtrem ochronnym w celu uniknięcia oparzeń) miewają zbawienny wpływ na wiele typów skóry. Zazwyczaj dobrze jest rano i wieczorem umyć twarz łagodnym mydłem albo środkiem myjącym nie zawierającym mydła i ciepłą wodą. Istnieją mydła i leki do stosowania miejscowego zawierające pięcio- lub dziesięcioprocentowe stężenie nadtlenku benzoilu, dostępne bez recepty. Jest też wiele kosmetyków na bazie wody (należy unikać tych na bazie oleju), którymi można maskować wypryski, podczas gdy sama natura zajmuje się leczeniem. Kiedy przeminą hormonalne burze dorastania, trądzik zazwyczaj znika.

Dieta nastolatków. Powyżej dziesiątego–dwunastego roku życia coraz trudniej przekonać dzieci do diety odmiennej niż ta, którą stosują ich przyjaciele i rówieśnicy. Do tej pory zazwyczaj podporządkowywały się zwyczajom rodziców, zwłaszcza jeśli rodzice zgadzali się między sobą. Właściwie nie myślały o posiłkach w kategoriach diety; po prostu pewne potrawy

regularnie pojawiały się na stole. Ale kiedy przez parę miesięcy jedzą w towarzystwie kolegów albo w szkole, mogą zacząć życzyć sobie więcej hamburgerów, chipsów, frytek, sera, lodów i innych słodkich, tłustych deserów. Inne nastolatki zaczynają przesadnie ograniczać ilość zjadanego pożywienia (patrz str. 247). Dobrze jest pamiętać, że aktywne i szybko rosnące nastolatki mogą jeść ogromne porcje i potrzebują każdej kalorii.

Jeśli dzieci się zastanawiają, co by się stało, gdyby będąc w szkole, złamały wasze zasady, zwróćcie im uwagę, że coraz częściej przebywają poza zasięgiem waszego wzroku i muszą coraz więcej decyzji podejmować samodzielnie. Wy zaś nie chcecie ich szpiegować ani karać; chcecie tylko zapewnić im najlepsze możliwe jedzenie. Na pewno największy wpływ na dziecko ma fakt, że oboje rodzice jedzą te przemyślane, przygotowane w domu posiłki. Nie zabraniajcie nastolatkowi zjedzenia ulubionego dania, dopóki nie zjadł tego, co jest waszym zdaniem najzdrow-

🏛 KLASYCZNY SPOCK

    Co możecie zrobić, jeśli tak jak ja jesteście gorącymi zwolennikami diety roślinnej? Często nie ma prostej odpowiedzi. Ja sam skłaniam się ku temu, by nadal podawać w domu potrawy roślinne, bez komentarzy i kłótni. (W ogóle jestem zwolennikiem przyjemnych, kulturalnych posiłków, bez połajanek. Jeśli zachowanie dziecka przy stole pozostawia wiele do życzenia, można je skomentować podczas krótkiej rozmowy w cztery oczy po posiłku.) Kiedy dzieci zapytają, dlaczego nie podajecie potraw pochodzenia zwierzęcego, w tym produktów mlecznych, wyjaśnijcie rzeczowo i pogodnie, unikając postawy defensywnej, że według badań naukowych dieta roślinna sprzyja sukcesom w sporcie, długowieczności i zdrowiu, a wy oczywiście chcecie, żeby korzystały z jej zalet. Nie wdawajcie się w długie dyskusje. Gdy się dopytują, dlaczego inni rodzice nie postępują zgodnie z takimi samymi zasadami, możecie zgodnie z prawdą odpowiedzieć, że nie wiecie. (Więcej informacji o dietach roślinnych znajdziecie na stronie 223.)

sze – zawsze przynosi to skutek odwrotny do zamierzonego.

Istnieje ważny powód, żeby unikać kłótni z nastolatkami na temat diety. W tym właśnie wieku bunt przeciw diecie rodziców bywa najsilniejszy, podobnie jak pragnienie jedzenia tego samego co koledzy z klasy i przyjaciele. Zdaniem rodziców i dietetyków, którzy mieli do czynienia z tą fazą u nastolatków, istnieje większa szansa, że dzieci wrócą w przyszłości do diety rodziców, jeśli nie robi się problemu z ich buntu. Jeśli natomiast dieta nastolatka rodzi długi, gorzki konflikt, skutki mogą trwać latami.

Spanie. Okresowi gwałtownego wzrostu nastolatków towarzyszy zwiększone zapotrzebowanie na sen. Przeciętnemu dziesięciolatkowi wystarcza osiem–dziewięć godzin snu dziennie; przeciętny nastolatek potrzebuje godzinę więcej. Naturalnie nastolatki coraz później chodzą spać i chcą coraz później wstawać. Na przeszkodzie temu stoi szkoła, zmuszając je do wczesnego zrywania się z łóżka, pomimo iż późno się położyły. Nastolatek, który w ciągu tygodnia staje się coraz bardziej senny (lub drażliwy) i próbuje to nadrobić, śpiąc w sobotę czternaście godzin bez przerwy, nie wysypia się wystarczająco. W naszym zbyt zapracowanym społeczeństwie nastolatki przypominają pod tym względem dorosłych. Do konsekwencji niedosypiania należą słabe wyniki w szkole, rozdrażnienie wobec rodziców i rodzeństwa, a nawet objawy depresji. Zapewnienie aktywnemu nastolatkowi wystarczającej ilości snu może się okazać bardzo trudne. Łatwo jednak uporać się z jednym z głównych winowajców: oglądaniem po nocach telewizji. Po prostu tego zabrońcie. Moim zdaniem w żadnej sypialni nie powinno być telewizora.

Ćwiczenia fizyczne. Biorąc pod uwagę, jak zajęte bywają nastolatki, rada, żeby zapewniać im wystarczająco dużo ruchu, może się wydawać zbędna. Jednak szkoły często obniżają standardy w zakresie wychowania fizycznego, co prowadzi do spadku sprawności fizycznej dzieci. Regularne ćwiczenia, na przykład gry zespołowe, taniec, sztuki walki albo inne zajęcia, pomagają nastolatkom zachować energię, uniknąć otyłości i być może depresji. Jednak więcej nie zawsze oznacza lepiej. Nadmiar ćwiczeń może być objawem anoreksji (patrz str. 247).

PSYCHOLOGICZNE ASPEKTY DOJRZEWANIA

W rozwoju fizycznym okresu dojrzewania można wyraźnie wskazać moment jego rozpoczęcia i zakończenia. Zmiany w psychice trudniej jest scharakteryzować. Analizując emocjonalny rozwój nastolatka, warto się zastanowić nad psychologicznymi zadaniami, którymi musi on sprostać na drodze do dorosłości. Użyteczne jest też podzielenie okresu dorastania na trzy fazy: wczesną, środkową i późną. Na dalszych stronach opisano, jak zmieniają się zadania nastolatków w sferze dojrzewania psychicznego.

Psychologiczne zadania okresu dorastania
- Zaakceptowanie swojego nowego wyglądu;
- Odnalezienie nowej, męskiej albo żeńskiej tożsamości emocjonalnej;
- Pogodzenie rozbieżności między normami i wartościami rówieśników a normami i wartościami rodziców;

◆ Ustalenie i wyrażenie swoich przekonań etycznych;
◆ Rozwinięcie poczucia odpowiedzialności za siebie;
◆ Zademonstrowanie samowystarczalności finansowej.

Najważniejszym problemem w okresie dorastania i wchodzenia w dorosłość jest ustalenie, jakim człowiekiem będzie się w przyszłości, jaką pracę będzie się wykonywać, według jakich reguł żyć. Proces ten jest po części świadomy, po części nieświadomy. Poszukując swojej tożsamości, nastolatki mogą wypróbowywać najróżniejsze role: marzyciela, kosmopolity, cynika, rycerza walczącego z wiatrakami, ascety. Niektóre nastolatki odnajdują siebie od razu; innym zajmuje to dużo czasu i długo wędrują po bezdrożach, zanim odnajdą własną ścieżkę.

Żeby odkryć, kim są i co chcą w życiu robić, nastolatki muszą emocjonalnie oddzielić się od rodziców. W dużym stopniu są stworzone na ich obraz i podobieństwo – nie tylko ze względu na geny, ale również dlatego, że przez całe życie się na nich wzorowały. Teraz muszą się od nich uniezależnić. Wynik końcowy będzie zależał od tego, jak silnie są związane z rodzicami, jak bardzo skłonne do buntu i rywalizacji, a także w jakim otoczeniu żyją i czego to otoczenie od nich oczekuje.

Podejmowanie ryzyka. Nastolatki osiągają niezależność między innymi poprzez podejmowanie ryzyka. Często nie doceniają niebezpieczeństwa, ponieważ postrzegają siebie jako istoty niezniszczalne. Nigdy nic im się nie stało i dlatego wydaje im się, że nigdy nic im się nie stanie. Odwoływanie się do logiki to często rzucanie grochem o ścianę; nastolatki żyją w realnej teraźniejszości, nie w hipotetycznej przyszłości.

Ryzyko nie zawsze jest złe. Nastolatek uprawiający kolarstwo przełajowe albo godzinami ćwiczący skoki na deskorolce opanowuje różne umiejętności, zwiększa poczucie własnej wartości i uczy się oceniać sytuację. My, dorośli, potrafimy oszacować ryzyko i potencjalne zyski, ponieważ w okresie dorastania metodą prób i błędów nauczyliśmy się, kiedy warto podjąć ryzyko i jakie mogą być tego konsekwencje.

Jednak istnieje też druga strona medalu. Dziecko eksperymentujące z papierosami, żeby zrobić wrażenie na rówieśnikach, może uzależnić się od nikotyny. Alkohol jest akceptowany wśród dorosłych i nastolatkom zbyt łatwo przychodzi upijanie się. Picie to forma podejmowania ryzyka: Ile jestem w stanie wypić? Czy będę umiał się kontrolować? – która może łatwo zakończyć się tragedią, jeśli nietrzeźwy młody człowiek znajdzie się za kierownicą. Sporadyczne zażywanie narkotyków może przerodzić się w nadużywanie i uzależnienie zarówno u nastolatków z rodzin patologicznych, jak i u tych z dobrych domów. Współżycie seksualne to kolejny sposób kuszenia losu. Co prawda liczba nastoletnich ciąż w Stanach Zjednoczonych spada, ale liczba nastoletnich rodziców nie będących małżeństwem wciąż jest wyższa niż w wielu innych krajach rozwiniętych.

Rodzice muszą pomóc nastolatkom podejmować ryzyko w rozsądnych granicach. Trzeba uświadamiać dzieciom niebezpieczeństwa związane z papierosami, alkoholem, narkotykami i nieodpowiedzialnymi stosunkami seksualnymi, z a n i m wkroczą w okres dorastania. To dobrze, że uczy się o tym w wielu szkołach podstawowych i gimnazjach, ale rodzice też muszą się zaangażować. Musicie jasno przedstawić swoje wartości i uczyć przykładem, nie tylko słowami. Mądrze jest też unikać stawiania dziecka w sytuacjach, w których pokusa jest zbyt wielka. Pozwolenie, żeby szesnastolatek później wrócił do domu, bo przygotowuje gazetkę szkolną, to okazanie zaufania i zachęcenie do odpowiedzialno-

ści. Zostawienie czternastolatka samego w domu na weekend to zaproszenie do podjęcia niemądrego ryzyka.

WCZESNA FAZA OKRESU DOJRZEWANIA

Zmienia się ciało i umysł. Pomiędzy dwunastym a czternastym rokiem życia najważniejsze zadanie psychologiczne stojące przed nastolatkiem to pogodzenie się z gwałtownymi zmianami zachodzącymi w jego własnym ciele i w ciałach rówieśników. W tym wieku widać największe zróżnicowanie rozwoju fizycznego. Przeciętna dziewczynka wyprzedza przeciętnego chłopca w rozwoju o prawie dwa lata, góruje nad nim wzrostem i ma bardziej złożone zainteresowania. Ona lubi tańczyć i chciałaby być traktowana jak dama, podczas gdy on wciąż jest małym barbarzyńcą przekonanym, że zwrócenie na nią uwagi przyniosłoby mu ujmę. Dobrze, żeby w tym okresie imprezy towarzyskie obejmowały różne grupy wiekowe, lepiej się ze sobą dogadujące.

We wczesnym okresie dorastania nastolatki są skoncentrowane na wyglądzie fizycznym, który często bywa dla nich przyczyną zażenowania. Przesadnie zamartwiają się niedoskonałościami swojego ciała i często im się wydaje, że wszyscy wokół je dostrzegają. Piegowata dziewczynka może być przekonana, że wygląda potwornie. Najdrobniejsza osobliwość w wyglądzie lub sposobie funkcjonowania ciała może w oczach nastolatka świadczyć o patologii.

Nastolatki miewają trudności z koordynacją ciała; to samo dotyczy emocji. Często są przewrażliwione i łatwo je zranić krytyką. W jednej chwili czują się jak dorośli i chcą być odpowiednio traktowane, w następnej czują się jak dzieci i żądają, żeby się nimi opiekować.

Przyjaźń. Nastolatki często wstydzą się swoich rodziców, szczególnie w obecności kolegów. Częściowo ma to związek z pełnym niepokoju poszukiwaniem własnej tożsamości, a częściowo odzwierciedla charakterystyczną dla tego okresu skrajną koncentrację na wywieranym przez siebie wrażeniu. Mają intensywną potrzebę wtopienia się w grono kolegów i całkowitej akceptacji. Boją się, że jeśli ich rodzice w jakikolwiek sposób odróżniają się od rodziców innych dzieci z ich otoczenia, narażą się na kpiny i brak akceptacji kolegów.

Próbując odnaleźć własną tożsamość, nastolatki często odwracają się od rodziców, co może wywołać poczucie osamotnienia. Żeby mu przeciwdziałać, nawiązują bliskie przyjaźnie z rówieśnikami, początkowo najczęściej tej samej płci. Bliskie relacje z kolegami stanowią dla nastolatka wsparcie w okresie, kiedy rezygnuje z bycia przede wszystkim dzieckiem swoich rodziców, ale jeszcze nie odnalazł nowej tożsamości.

Czasem nastolatek odkrywa siebie, odkrywając podobieństwa w swoim przyjacielu. Mówi, że uwielbia jakąś piosenkę, nienawidzi któregoś z nauczycieli albo marzy o najmodniejszym ciuchu. Przyjaciel ze zdumieniem wykrzykuje, że czuje dokładnie to samo. Obaj są zachwyceni i podniesieni na duchu. Poczucie osamotnienia i odmienności znika i zostaje zastąpione przyjemnym poczuciem przynależności.

Inny przykład to dwie dziewczynki, które rozmawiają przez całą drogę ze szkoły do domu, a potem przez kolejne pół godziny pod domem jednej z nich, zanim w końcu niechętnie się rozstaną. Gdy tylko dotrą do swoich domów, jedna z nich chwyta za telefon i dzwoni do przyjaciółki, żeby kontynuować zwierzenia.

Znaczenie wyglądu fizycznego. Wiele nastolatków próbuje walczyć z poczuciem osamotnienia, niewolniczo podporządkowując się modzie panującej wśród kolegów z klasy – w zakresie ubrania, fryzury, języka, lektur, piosenek, wykonawców. Moda ta musi się różnić od trendów obowiązujących w pokoleniu ich rodziców. Jeśli drażni lub szokuje rodziców, tym lepiej. Warto zauważyć, że nawet nastolatki, które w celu odróżnienia się od rodziców posuwają się do skrajnych ekstrawagancji, dostosowują się do stylu przynajmniej niektórych kolegów albo jakiegoś idola, na przykład gwiazdy rocka.

Rodzice najbardziej pomogą dzieciom, próbując zrozumieć ich zachowanie, a potem przedstawiając swoje stanowisko. Jeśli wyjaśnicie, dlaczego przeciwstawiacie się pewnym stylom, może uda wam się przekonać dziecko do zmiany bez uciekania się do gróźb: „Bo jak nie…" Może się też tak zdarzyć, że nastolatek, który ma możliwość dyskutować i spierać się z rodzicami, w końcu przekona ich do swojego punktu widzenia. Dorośli często wolniej niż młodzież akceptują nowe mody. To, co dziś nas szokuje lub budzi w nas odrazę, pewnego dnia może się dla nas stać równie dopuszczalne jak dla naszych dzieci. Tak było na przykład z modą na długie włosy i dżinsy w latach sześćdziesiątych, noszeniem spodni przez dziewczynki, przeciw czemu tak bardzo oponowały kiedyś władze szkolne, a nawet modą na ekstrawaganckie kolory włosów.

Aktywność seksualna we wczesnej fazie okresu dojrzewania. Większość

nastolatków miewa fantazje seksualne, eksperymentuje z całowaniem i pettingiem, niektóre doświadczają pełnego współżycia. Masturbacja jest w zasadzie powszechna i w zależności od postaw religijnych w rodzinie może się wiązać z większym albo mniejszym poczuciem winy i wstydem. Chłopców, i tak przewrażliwionych na punkcie swojego wizerunku, mogą wprawiać w zakłopotanie erekcje, spontaniczne albo w reakcji na fantazje seksualne. Większości chłopców zdarzają się wytryski nasienia podczas snu (nazywane zmazami nocnymi albo polucjami). Jedni przyjmują to ze spokojem, inni martwią się, że coś jest z nimi nie tak.

Uczucia i eksperymenty seksualne nie zawsze dotyczą płci przeciwnej. Kwestia homoseksualizmu jest trudna i niepokojąca dla nastolatków i ich rodziców. We wczesnym okresie dorastania dzieci bywają bardzo nietolerancyjne w stosunku do najmniejszych nawet przejawów homoseksualizmu. Intensywność tej homofobii prawdopodobnie wynika z głęboko skrywanych obaw niektórych nastolatków, że mogą być homoseksualistami. Nierzadko nastolatkom tej samej płci zdarza się dotykać nawzajem swoich narządów płciowych, a potem martwić się, że jest to homoseksualizm. W przyszłości okaże się, że niektóre rzeczywiście są orientacji homoseksualnej, inne zaś nie.

Biorąc pod uwagę nieprzychylne nastawienie do homoseksualistów w dominujących nurtach amerykańskiej kultury, nastolatkom trudno jest otwarcie okazywać uczucia przyjaciołom tej samej płci, a cóż dopiero rozmawiać o odczuciach, które mogą być homoseksualne. Obdarzony odpowiednią wrażliwością lekarz może udzielić przydatnych informacji i wesprzeć na duchu. Jednym z powodów, dla których każdy nastolatek powinien mieć szansę poufnej rozmowy z lekarzem, bez obecności rodziców, jest umożliwienie rozmów na tak delikatne tematy. Nastolatki o skłonnościach homoseksualnych są narażone na szczególny stres i potrzebują więcej wsparcia, co opisano w części zaczynającej się na stronie 307.

ŚRODKOWA FAZA OKRESU DOJRZEWANIA

Wolność i jej granice. Pomiędzy piętnastym a siedemnastym rokiem życia nastolatki mają do wypełnienia dwa ważne zadania. Po pierwsze, muszą zaakceptować swoją seksualność i sprzeczne emocje rodzące się w pierwszych romantycznych związkach. Po drugie, muszą uniezależnić się emocjonalnie od rodziców i udowodnić, że potrafią samodzielnie funkcjonować. W ramach tego procesu często nasilają się konflikty z rodzicami na tle stawianych przez nich ograniczeń.

Nastolatki często się skarżą, że rodzice dają im za mało swobody. To naturalne, że wchodzące w dorosłość dzieci walczą o swoje prawa, a rodzicom trzeba czasem przypominać, że ich pociechy dorastają. Jednak rodzice nie muszą przyjmować wszystkich skarg bez zastrzeżeń. Nastolatki nie mogą się doczekać dorosłości, lecz jednocześnie się jej boją. Nie są pewne, czy wyrosną na ludzi tak mądrych, zdolnych, eleganckich i czarujących, jak by sobie tego życzyły, ale duma nie pozwala im się do tego przyznać. Kiedy nieświadomie powątpiewają w swoją zdolność sprostania jakiemuś zadaniu albo przedsięwzięciu, szybko znajdują dowody na to, że to rodzice powstrzymują je od działania, nie ich własne obawy. Czynią rodzicom pełne oburzenia wyrzuty albo obwiniają ich w rozmowach z kolegami.

Można podejrzewać, że mamy do czynienia z takim nieuświadomionym manewrem, kiedy nastolatek nagle ogłasza plan eskapady wykraczającej znacznie poza granice tego, co robił do tej pory – na przykład wraz z kolegami i koleżankami chce wyjechać na weekendowy biwak bez rodziców. Nastolatki wychodzące z takimi planami mogą pragnąć jasnego i konsekwentnego określenia obowiązujących je zasad; mogą mieć nadzieję, że się nie zgodzicie. Bacznie wypatrują też dowodów hipokryzji rodziców. Jeśli rodzice są wierni swoim zasadom i ideałom, dzieci czują się zobligowane do przestrzegania ich. Jednak jeśli uda im się dostrzec ślady hipokryzji, zwalnia je to z moralnego obowiązku posłuszeństwa i daje możliwość skrytykowania rodziców. Jednocześnie podkopuje to ich poczucie bezpieczeństwa.

Praca. W tym wieku nastolatki często podejmują pierwsze prace poważniejsze niż sporadyczne doglądanie dzieci sąsiadów czy pielenie chwastów w ogródku. Umiarkowana ilość płatnej pracy pozytywnie wpływa na poczucie własnej wartości, odpowiedzialności i niezależności. Praca pozwala też nastolatkom poszerzyć kontakty towarzyskie i zapoznać się z dziedzinami, w których w przyszłości być może zrobią karierę. Nie powinny jednak pracować tak intensywnie, żeby nie starczało im czasu dla przyjaciół ani na naukę, były stale przemęczone i rozdrażnione. Trzeba też pamiętać, że niektóre rodzaje pracy niosą ze sobą poważne zagrożenia zdrowotne i inne. Kiedy praca nastolatka zaczyna wymykać się spod kontroli, konieczna może być interwencja rodziców.

Eksperymenty seksualne. W środkowej fazie okresu dojrzewania wiele nastolatków eksperymentuje z różnymi rodzajami kontaktów seksualnych. Całowanie się i petting są niemal powszechne; zdarzają się stosunki oralno-genitalne (często nastolatki nie uważają ich za prawdziwy seks); wiele młodych dziewcząt i chłopców w tym wieku odbywa stosunki seksualne. Szeroko zakrojone badania przeprowadzone w roku 1983 wykazały, że 55 do 75 procent dziewiętnastolatków ma za sobą pierwszy stosunek seksualny. Młodzi często umawiają się w większym gronie, chodzą też na dwuosobowe randki. Związki często są przelotne, a więc uczuciowa schodzi na dalszy plan, ustępując miejsca pociągowi seksualnemu i szukaniu nowych doświadczeń. Nie oznacza to, że wszystkie romanse nastolatków są powierzchowne i bez znaczenia. Doświadczane emocje – radości i przygnębienia, zachwytu i rozpaczy – często charakteryzują się intensywnością rzadko spotykaną w późniejszych, bardziej ustatkowanych okresach życia.

Praktycznie rzecz biorąc, rodzice mają ograniczone możliwości kontrolowania zachowań seksualnych nastolatków w tym wieku. Programy edukacyjne promujące całkowite powstrzymywanie się od kontaktów seksualnych mają oczywiście sens, ale nic nie wskazuje na to, że prowadzą do zmniejszenia liczby ciąż u nastolatek. Jeśli nastolatki są zdecydowane eksperymentować z seksem, zasady narzucone przez rodziców mogą ich nie tylko nie powstrzymać, ale wręcz sprawić, że jako owoc zakazany seks wyda się jeszcze atrakcyjniejszy.

Bardziej skuteczne może się okazać otwarte rozmawianie z dziećmi, przedstawienie im swoich poglądów na seks przedmałżeński, ograniczenie okazji do niewłaściwych zachowań seksualnych (jak na przykład wspólne spędzanie całych nocy pod nieobecność rodziców) i poleganie na odpowiedzialności nastolatków. Ro-

dzicom często trudno rozmawiać z dziećmi o seksie. Na szczęście lekarze i pielęgniarki często są dobrze przeszkoleni w prowadzeniu takich rozmów i mogą pomóc rodzicom w zakomunikowaniu swoich uczuć i obaw w pozytywny i skuteczny sposób. Więcej o rozmowach na temat seksu znajdziecie na stronie 303.

Homoseksualizm. Okres dojrzewania jest trudny dla każdego młodego człowieka. Próbujące się uporać z zajęciami szkolnymi i presją chodzenia na randki nastolatki o skłonnościach homoseksualnych mogą się czuć wyobcowane i odmienne, a przez to przygnębione i nieszczęśliwe. Jeśli macie wrażenie, że wasze dziecko boryka się z problemami związanymi z tożsamością seksualną, dajcie mu odczuć, że zawsze może się do kogoś zwrócić o pomoc. Statystyki mówią niestety, że duży odsetek samobójstw i prób samobójczych wśród nastolatków ma związek z problemami dotyczącymi tożsamości seksualnej.

Heteroseksualni rodzice mogą nie wiedzieć, jak zacząć z nastolatkiem rozmowę na temat orientacji seksualnej. Pamiętajcie, że wasze dziecko prawdopodobnie tak samo jak wy boi się poruszyć ten temat i może się poczuć zagrożone, jeśli nagle przyciśniecie je do muru. Na początek postarajcie się, żeby orientacja seksualna była w waszej rodzinie sprawą, o której można swobodnie rozmawiać. Wprowadźcie do domowej kolekcji książki, filmy i płyty artystów otwarcie homo- albo biseksualnych albo takie, które ten temat poruszają. (Tak naprawdę dobrze jest otwarcie rozmawiać o orientacji seksualnej już wtedy, gdy dziecko chodzi do szkoły podstawowej lub gimnazjum; na stronie 299 znajdziecie informacje o wychowywaniu seksualnym dzieci.) Trzeba również zdawać sobie sprawę z istniejącej w społeczeństwie homofobii i podchodzić do niej krytycznie. Sytuacja nie poprawia się, jeśli nastolatek o nastawieniu homoseksualnym będzie musiał w domu wysłuchiwać obraźliwych dowcipów lub tolerować pełne uprzedzeń komentarze krewnych i znajomych.

Niektóre nastolatki szybko zdają sobie sprawę ze swojej orientacji seksualnej i akceptują ją jako istotny element swojej osobowości. Inne mogą przejść przez fazę eksperymentowania, zanim zdecydują się na tożsamość, z którą najlepiej się czują. Nie należy wywierać na nastolatki presji, dopóki nie są gotowe do podjęcia decyzji w kwestii swojej orientacji seksualnej. Jeśli borykają się z poczuciem wyobcowania, izolacji albo głębokiej niepewności, rodzice powinni im zorganizować profesjonalne doradztwo psychologiczne – nie po to, żeby zmienić ich orientację, ale żeby pomóc im w uporaniu się z wstydem i lękiem, które mogą podkopać ich wiarę w siebie. Najwspanialszym darem, jaki rodzice mogą dać dzieciom, jest poczucie dumy i godności. Dostęp do pozytywnych wzorców osobowych oraz umiejętność uczciwego i otwartego radzenia sobie z różnorodnością seksualną może bardzo pozytywnie wpłynąć na samoocenę homoseksualnego nastolatka.

Jeśli wasze dziecko jest homoseksualistą, wam również może się przydać wsparcie. W Stanach Zjednoczonych istnieją takie organizacje jak PFLAG – Parents, Families & Friends of Lesbians & Gays (Rodzice, Rodziny i Przyjaciele Lesbijek i Gejów), które mają oddziały w całym kraju, udzielają informacji i porad oraz organizują spotkania. W większych miastach działają infolinie, pod którymi można uzyskać przydatne informacje, a lokalne organizacje lesbijek i gejów przygotowują programy skierowane do homoseksualnych nastolatków i ich rodziców.

PÓŹNA FAZA OKRESU DOJRZEWANIA

Zadania w późnej fazie dojrzewania. Pomiędzy osiemnastym a dwudziestym pierwszym rokiem życia konflikty pomiędzy młodymi ludźmi a ich rodzicami zaczynają tracić na intensywności. Najważniejsze zadania, którym człowiek musi sprostać w tym wieku, to wybór kariery oraz stworzenie poważnych i trwałych związków emocjonalnych.

Jeszcze kilka lat temu od starszych nastolatków oczekiwano wyjazdu na studia lub podjęcia pracy pozwalającej na niezależne życie. Młodzi ludzie, którzy wybierają uniwersytet, a potem studia podyplomowe, mogą nie zakończyć okresu dojrzewania nawet do ukończenia trzydziestu paru lat. W ostatnich latach wielu z nich postanawia albo musi nadal miesz-kać z rodzicami. W miarę jak w społeczeństwie i gospodarce zachodzą dalsze zmiany, zmieniać się będą również wyzwania późnego okresu dojrzewania.

Idealizm i innowacje. Większa wiedza i niezależność rodzi pragnienie naprawiania świata, poszukiwania nowych rozwiązań, które przewyższą stare, dokonywania odkryć, tworzenia nowych form sztuki, obalania tyranów i wynagradzania krzywd. To zaskakujące, jak wiele postępów w dziedzinie nauki i jak wiele arcydzieł sztuki zawdzięczamy osobom zaledwie stojącym u progu dorosłości. Ludzie ci nie byli zdolniejsi od starszych specjalistów w danej dziedzinie, a już na pewno nie mogli się z nimi równać doświadczeniem, ale krytycznie podchodzili do tradycji, byli przychylnie nastawieni do wszystkiego, co nowe i niesprawdzone, i chętnie podejmowali ryzyko. To wystarczyło. Często w taki właśnie sposób świat kroczy naprzód.

Szukanie własnej drogi. Odnalezienie swojej własnej pozytywnej tożsamości często trwa pięć, a nawet dziesięć lat. W tym czasie młody człowiek trwa w zawieszeniu, na tym przejściowym etapie stawiając bierny opór dominującym nurtom społecznym i wycofując się ze społeczeństwa (które utożsamia z rodzicami) albo też buntując się w sposób radykalny. Odmawia podjęcia zwyczajnej pracy, jaką wykonują jego rodzice; wybiera niekonwencjonalny strój, wygląd, znajomych i miejsce zamieszkania. Decyzje te świadczą w jego przekonaniu o zdecydowanej niezależności. Jednak same w sobie nie składają się na pozytywną postawę życiową ani konstruktywny wkład w funkcjonowanie społeczeństwa. Jest to w gruncie rzeczy jedynie protest przeciw konwencjom wyznawanym przez rodziców. Mimo to nawet kiedy walka o niezależność sprowadza się jedynie do ekscentrycznego wyglądu, należy dostrzec w niej próbę

zrobienia kroku we właściwym kierunku, która może prowadzić do etapu konstruktywnego i twórczego. W rzeczywistości młodzi ludzie, którzy w tak ostentacyjny sposób starają się wywalczyć wolność, często pochodzą z rodzin charakteryzujących się bardzo silnymi więzami i wysokimi ideałami.

Inni młodzi ludzie, o idealistycznym i altruistycznym charakterze, często na wiele lat przyjmują surowe, purystyczne poglądy na politykę, sztukę i inne dziedziny życia. Do zajęcia skrajnych pozycji predysponuje ich wrodzony krytycyzm, cyniczny stosunek do hipokryzji, brak tolerancji dla kompromisu, odwaga i chęć poniesienia ofiar w odpowiedzi na wstrząsającą niesprawiedliwość świata, w którym żyjemy.

Kilka lat później, kiedy młodzi ludzie osiągną emocjonalną niezależność od rodziców i znajdą sposób bycia użytecznymi w wybranej dziedzinie, stają się bardziej tolerancyjni w stosunku do ułomności bliźnich i bardziej gotowi do pójścia na konstruktywny kompromis. Nie oznacza to, że spoczywają na laurach konserwatyzmu. Wielu nadal ma postępowe, niekiedy wręcz radykalne poglądy – ale zazwyczaj łatwiej jest z nimi mieszkać i pracować.

RADY DLA RODZICÓW

Nie bój się ustalać reguł. Większość nastolatków przynajmniej przez pewien czas czuje potrzebę rywalizacji i buntu, niezależnie od tego, jak rozsądnych mają rodziców. Trzeba przede wszystkim pamiętać o tym, że nastolatki pragną i oczekują od rodziców przewodnictwa – konsekwentnych reguł – niezależnie od tego, jak bardzo im się sprzeciwiają. Duma nie pozwala im otwarcie przyznać się do tej

potrzeby, ale w głębi duszy często myślą: „Szkoda, że moi rodzice nie ustalają tak konsekwentnych zasad, jak rodzice moich kolegów". Wyczuwają, że jeden z aspektów rodzicielskiej miłości to dążenie do chronienia dzieci przed nieporozumieniami i kłopotliwymi sytuacjami w życiu, przed robieniem złego wrażenia i zdobywaniem złej reputacji, przez wpadaniem w tarapaty z powodu braku doświadczenia.

Okazuj szacunek i oczekuj szacunku. Nie oznacza to, że rodzice mogą być despotyczni i niekonsekwentni i wydawać przypadkowe, nieuzasadnione decyzje. Nastolatki mają na to zbyt dużo godności. Chcą dyskutować z rodzicami jak dorosły z dorosłym. Jednak gdy spór kończy się remisem, rodzice nie muszą ze skrupulatnością prawdziwego demokraty zakładać, że dziecko prawdopodobnie ma tyle samo racji co oni. Życiowe doświadczenie ma swoją wagę. Powinni jednoznacznie wyrazić swoją opinię, a w razie potrzeby konkretne życzenie. Dziecko zasługuje na jasność i pewność w kwestii stanowiska rodziców. Oni zaś – nawet jeśli nie powiedzą tego wprost – powinni mu dać do zrozumienia, że nie mogą go bezustannie pilnować, więc oczekują, że będzie posłuszne przez wzgląd na własne sumienie i szacunek dla nich, nie zaś dlatego, że są w stanie je do czegoś zmusić lub nie spuszczać go z oka.

Rodzice muszą ustalić z nastolatkiem godzinę, o której ma wrócić do domu z imprezy czy randki, a także się dowiedzieć, dokąd idzie, z kim i kto będzie prowadził samochód. Jeśli dziecko pyta, po co im te informacje, warto mu przypomnieć, że dobrzy rodzice czują się za swoje dzieci odpowiedzialni. „Wyobraź sobie, że zdarzy się jakiś wypadek" – mogą powiedzieć rodzice. „Musimy wiedzieć, gdzie cię szukać, komu zadawać pytania". Albo: „Musimy wiedzieć, jak się z tobą skontaktować, gdyby w domu coś się stało". Z tych samych powodów rodzice powinni mówić dzieciom, dokąd idą i o której mają zamiar wrócić. Jeśli się spóźniają lub zmienili plany, jedni i drudzy powinni wcześniej zadzwonić do domu. Za obopólną zgodą rodzice mogą wyznaczyć konkretną godzinę powrotu dziecka i czekać na nie. Przypomina mu to, że rodzice szczerze przejmują się jego postępowaniem i bezpieczeń-

stwem. Kiedy dzieci urządzają imprezę w domu, rodzice powinni być obecni.

Rodzice nie powinni rozkazywać nastolatkom ani przemawiać do nich protekcjonalnym tonem. Powinni dyskutować z nimi w atmosferze wzajemnego szacunku. Młodych ludzi nie da się prowadzić za rączkę, ale nie znaczy to, że nie wynoszą korzyści z dyskusji.

Wielu rodziców, świadomych niecierpliwego stosunku dzieci do ich poglądów i szanujących ich dążenie do niezależności, starannie ukrywa swoje opinie i powstrzymuje się od krytykowania gustów i manier nastolatków w obawie, że wydadzą się staroświeccy lub despotyczni. Jednak lepiej jest otwarcie przedstawić swój punkt widzenia i porozmawiać o tym, jak sprawy miały się w latach młodości rodziców, takim tonem, jakim rozmawia się z szanowanym znajomym, nie próbując narzucać swojej woli i nie wychodząc z założenia, że opinia osoby starszej na pewno jest lepsza.

Radzenie sobie z buntem. Ale co zrobić, jeśli dziecko otwarcie się buntuje albo po cichu ignoruje polecenia? – pytają rodzice. We wczesnym okresie dorastania, jeśli relacje między dzieckiem a rodzicami są zdrowe, a reguły i ograniczenia sensowne, niewiele dzieci się buntuje lub okazuje nieposłuszeństwo w poważnych kwestiach, choć mogą głośno protestować. Rodzice, którzy odczuwają brak kontroli w kluczowych sprawach bezpieczeństwa lub zachowania, powinni poszukać pomocy lekarza lub innego specjalisty, żeby odzyskać kontrolę nad sytuacją.

Jeśli chodzi o starszego nastolatka, rodzice mogą czasem pozwolić, by postąpił wbrew ich osądowi. Siedemnastolatka z całego serca pragnie studiować na akademii sztuk pięknych, a jej rodzice uważają, że akademia medyczna to lepszy wybór.

W takim przypadku należy córkę zachęcać do podjęcia samodzielnej decyzji, pomimo iż może się ona okazać błędna. Rodzice muszą zachęcać dzieci do spełniania swoich marzeń i aspiracji, nawet wtedy, gdy mieli w stosunku do nich inne plany.

Nawet kiedy nastolatek buntuje się lub ignoruje rodzicielskie rady, nie oznacza to, że udzielanie ich nie miało sensu. Dobrze jest, kiedy człowiek niedoświadczony zapozna się z punktem widzenia różnych osób. Decyzja podjęta wbrew radom dorosłych może się okazać nadzwyczaj rozsądna – nastolatek może dysponować wiedzą, której rodzice nie posiadają. Poza tym w dorosłym życiu będzie musiał niekiedy odrzucać dobre rady i brać odpowiedzialność za swoje decyzje. Kiedy młodzi ludzie odrzucają wskazówki rodziców i pakują się w tarapaty, doświadczenie to zwiększa ich respekt w stosunku do opinii rodziców, choć prawdopodobnie nigdy się do tego nie przyznają.

Okaż, że się martwisz. Jeśli wasz nastolatek robi coś niebezpiecznego lub niemądrego, lepiej dać mu do zrozumienia, że się martwicie, niż krytykować lub rozkazywać. „Zawsze jesteś smutna po randce z Jimem" zadziała skuteczniej niż „Jim to idiota!"

Umowa dotycząca bezpieczeństwa. Wasze dziecko musi mieć pewność, że nie zadając żadnych pytań, pomożecie mu wrócić do domu, niezależnie od tego, która jest godzina i gdzie się znalazło. Taki układ może nie przypaść wam do gustu, ale jest to dużo lepsze wyjście niż narażanie dziecka na niebezpieczeństwo albo konflikt z prawem, do którego może dojść na przykład w następstwie prowadzenia samochodu w stanie nietrzeźwym. Nastolatki muszą też mieć dostęp do poufnej opieki medycznej, żeby mogły swobodnie omówić

wszelkie kwestie, których być może nie mają ochoty dzielić z rodzicami. Dobra opieka medyczna nie sprawi, że dziecko stanie się bardziej rozwiązłe; wręcz przeciwnie.

W granicach rozsądku podejmij środki ostrożności przeciw samobójstwu. Najważniejszym z nich jest nieprzechowywanie w domu broni palnej. Jeśli wasz nastolatek sprawia wrażenie smutnego, przygnębionego lub nieobecnego, traci zainteresowanie tym, co niegdyś go pasjonowało, albo jego oceny nagle się pogarszają, weźcie pod uwagę możliwość depresji i zwróćcie się o pomoc do specjalisty.

Kieruj się rozsądkiem. Czasem rodzice nie wiedzą, co mówić albo myśleć na jakiś temat. Mogą to przedyskutować nie tylko z dzieckiem, ale też z innymi rodzicami. Nie muszą się jednak czuć zobowiązani do przestrzegania zasad innych ludzi, nawet jeśli jako jedyni mają odmienne zdanie. Na dłuższą metę rodzice tylko wtedy dobrze wywiązują się ze swoich obowiązków, kiedy są przekonani, że postępują właściwie. Właściwe jest zaś to, co po wysłuchaniu argumentów różnych stron uważają za słuszne.

Oto kilka pytań, które pomogą wam zdecydować, czy dane zachowanie jest dopuszczalne: Czy to bezpieczne? Czy to legalne? Czy narusza istotne zasady moralne? Czy dziecko się zastanowiło, jakie będą konsekwencje jego postępowania? Czy działa z własnej woli, czy też ktoś inny (nauczyciel albo kolega) wywiera na nie presję? Koncentrując się na takich pytaniach, postarajcie się zdecydować, jak postąpić i jak pomóc dziecku w podjęciu mądrej decyzji.

Oczekuj uprzejmości i współdziałania. Należy oczekiwać, że zarówno indywidualnie, jak i w grupie nastolatki będą zachowywać się grzecznie w stosunku do ludzi i przyjaźnie traktować rodziców, przyjaciół domu, nauczycieli i inne osoby, z którymi mają do czynienia. To naturalne, że czasem postawa młodego człowieka w stosunku do dorosłych – z którymi w nieunikniony sposób rywalizuje – jest nieco wroga, choć może nie zdawać sobie z tego sprawy. Ale nie zaszkodzi, a może przynieść wiele pożytku, jeśli nauczy się kontrolować wrogie nastawienie i mimo wszystko zachowywać grzecznie. Kultu-ralne zachowanie młodzieży na pewno ma duży wpływ na dorosłych.

Nastolatki powinny również pomagać w domu, poważnie traktując obowiązki domowe i dodatkowe prace. Nie tylko pomogą rodzicom, ale też zyskają poczucie godności, wkładu w życie rodziny, odpowiedzialności i zadowolenia.

Nie możecie wymusić przestrzegania powyższych zasad, ale macie prawo wyrazić je w rozmowie z dziećmi. Nastolatki powinny znać oczekiwania rodziców, nawet jeśli nie zawsze mają ochotę je spełnić.

CZĘŚĆ DRUGA

Odżywianie

KARMIENIE W PIERWSZYM ROKU ŻYCIA

CZYM DLA NIEMOWLĘCIA JEST KARMIENIE

Niemowlę zna się na diecie. To ono wie najlepiej, ile kalorii potrzebuje jego organizm i co potrafi strawić. Jeśli regularnie dostaje za mało pokarmu, prawdopodobnie płaczem domaga się dokładki. Jeśli zaś nie opróżnia butelki do końca, nie zmuszajcie go. Uwierzcie mu na słowo, że ma dosyć.

Pomyślcie o pierwszym roku życia dziecka: budzi się, bo jest głodne; płacze, żeby je nakarmić. Kiedy uda mu się chwycić brodawkę piersi albo smoczek, zaczyna łapczywie ssać, aż się całe trzęsie. Widać, że jedzenie to dla niego intensywne przeżycie, nawet poci się przy nim. Nagłe przerwanie karmienia może je rozzłościć i doprowadzić do płaczu. Kiedy już się naje, uszczęśliwione zapomina o całym świecie i zasypia. Można odnieść wrażenie, że nawet śni o jedzeniu, gdy z błogim wyrazem twarzy wykonuje ustami ruchy przypominające ssanie.

Wszystko to świadczy o tym, że jedzenie to dla niemowlęcia ogromna przyjemność. Najwcześniejsze opinie o życiu wyrabia sobie na podstawie tego, jak przebiega karmienie, a jego pierwsze wyobrażenia o świecie kształtuje osoba, która je karmi.

Jeśli rodzice stale nakłaniają niemowlę, żeby jadło więcej, niż ma ochotę, stopniowo może stracić zainteresowanie jedzeniem. Będzie próbowało różnych sposobów ucieczki: zacznie coraz wcześniej zasypiać podczas karmienia albo zbuntuje się i zupełnie odmówi ssania. Na pewno w jakimś stopniu straci aktywne i pozytywne nastawienie do życia, tak jakby doszło do wniosku, *że życie polega na walce*, że musi się bronić, bo ktoś ciągle próbuje je do czegoś przymusić.

Dlatego nie wywierajcie presji na niemowlę, które już się najadło. Pozwólcie mu się cieszyć posiłkami i świadomością, że ma w was przyjaciół. Jest to jeden z najlepszych sposobów zaszczepienia w dziecku pewności siebie, radosnego stosunku do świata i miłości do ludzi już w pierwszym roku życia.

Znaczenie instynktu ssania. Niemowlę chętnie je z dwóch powodów: ponieważ jest głodne i ponieważ uwielbia ssać. Jeśli nie dacie mu wystarczająco dużo czasu na ssanie, potrzeba ta nie zostanie zaspokojona i będzie próbowało wziąć do buzi coś innego – piąstkę, kciuk lub ubranko. (U różnych dzieci potrzeba ssania występuje z różnym natężeniem.)

ROZKŁAD KARMIEŃ

Karmienie według sztywnego harmonogramu. W pierwszej połowie dwudziestego wieku niemowlęta karmiono zwykle według ściśle ustalonego harmonogramu. Lekarze nie znali przyczyny poważnych infekcji jelitowych dotykających rocznie dziesiątek tysięcy niemowląt i wywołujących ostrą biegunkę. Uważano, że infekcje te powodowane są nie tylko zanieczyszczeniami w mleku, ale również niewłaściwymi proporcjami mieszanek oraz nieregularnością karmienia.

W przypadku większości dzieci sztywny harmonogram zdawał egzamin. Jeśli porządnie najadły się z butelki lub z piersi, wystarczało im to na dwie do czterech godzin, ponieważ w takim właśnie rytmie funkcjonuje zazwyczaj układ pokarmowy niemowlęcia.

Jednak trafiały się też niemowlęta, które przez pierwszy miesiąc albo dwa nie potrafiły się dostosować do regularnego rozkładu karmień: niektóre nie były w stanie pomieścić w żołądku porcji mleka wystarczającej na cztery godziny; niektóre zasypiały w połowie karmienia; niektóre niecierpliwiły się zbyt szybko; niektóre miały kolkę. Wszystkie dzień w dzień rozpaczliwie płakały, ale matki i lekarze nie odważali się ich karmić ani nawet wziąć na ręce niezgodnie z harmonogramem. Dzieciom tym było bardzo ciężko, a ich rodzicom chyba jeszcze ciężej.

Pasteryzacja mleka w mleczarniach i dostępność czystej, bezpiecznej wody znacznie zredukowały problem biegunki u niemowląt, ale musiało minąć jeszcze wiele lat, zanim lekarze odważyli się na eksperymenty z elastycznym rozkładem karmień.

Karmienie na żądanie. Pierwsze eksperymenty z karmieniem na żądanie przeprowadzili doktor Preston McLendon, psycholog, i Frances P. Simsarian, młoda matka, przy udziale nowo narodzonego dziecka pani Simsarian. Chcieli sprawdzić, jaki rozkład karmień ustaliłoby sobie niemowlę, gdyby karmić je za każdym razem, gdy wydaje się głodne. Przez pierwszych kilka dni maleństwo budziło się rzadko. W drugiej połowie pierwszego tygodnia, poczynając mniej więcej od dnia, w którym piersi mamy wypełniły się mlekiem, zaczęło się budzić zaskakująco często – około dziesięciu razy dziennie. Po dwóch tygodniach od porodu liczba karmień zmalała do sześciu–siedmiu na dobę, w nieregularnych odstępach czasu. Po dziesięciu tygodniach ustalił się w miarę regularny rozkład karmień w odstępach od dwóch do czterech godzin.

Taki sposób karmienia nazwano karmieniem na żądanie. Od czasu tego eksperymentu, przeprowadzonego w roku 1942, zaczęto mniej rygorystycznie podchodzić do karmienia niemowląt, co pozytywnie wpłynęło na samopoczucie tak dzieci, jak i rodziców. Obecnie ocenia się, że przez pierwsze dwa tygodnie życia przeciętny karmiony piersią noworodek domaga się mleka co dwie godziny. Niektóre niemowlęta jedzą co trzy godziny, a inne co półtorej.

Rozkład karmień zgodny z naturą. Większość niemowląt sama narzuca sobie regularny rytm jedzenia i spania. Chociaż przerwy pomiędzy karmieniami mogą być nieregularne w ciągu doby, każdego dnia wzorzec jest mniej więcej taki sam. Zmienia się, w miarę jak dziecko rośnie, mniej sypia i staje się bardziej aktywne. Na podstawie tego naturalnego rytmu, pod kierunkiem rodziców, powstaje rozkład karmień i drzemek, dzięki któremu życie niemowlęcia i dorosłych może się toczyć nieco bardziej przewidywalnym trybem.

Harmonogram nie musi zakładać karmienia dokładnie co trzy bądź co cztery godziny, choć oczywiście niektórym niemowlętom i ich rodzicom to właśnie odpowiada najbardziej. Niektóre noworodki już w szpitalu uczą się jeść w precyzyjnych, dwu- czy czterogodzinnych odstępach czasu. Inne niemowlęta ustalają własny rozkład, na co potrzebują niekiedy nawet kilku tygodni. O pewnych porach dnia bywają szczególnie głodne i chcą jeść częściej. Zazwyczaj głód budzi je co półtorej do czterech godzin. Maluch może sobie robić pięciogodzinną przerwę na sen, w dzień albo w nocy. Może też być przez kilka godzin płaczliwy, najczęściej wczesnym wieczorem. W tym czasie dziecko karmione naturalnie jest szczęśliwe, gdy przystawić je do piersi, ale płacze, gdy tylko odłożyć je do łóżeczka. Dziecko karmione butelką może się zachowywać tak, jak gdyby było głodne, a mimo to jeść mało i niechętnie. Gorliwie ssie za to smoczek. Niektórzy rodzice z rozpaczą zauważają, że ich maleństwu dzień myli się z nocą: w dzień śpi jak kamień i nie sposób go dobudzić, w nocy natomiast budzi się co półtorej godziny, marudzi i domaga karmienia. (Na stronie 147 przeczytacie, jak zapobiec temu problemowi.)

Po kilku tygodniach niemowlę zaczyna dłużej sypiać w nocy. Wieczorne marudzenie po kilku miesiącach zanika, choć rodzice mogą mieć wrażenie, że będzie trwać wiecznie. Godziny karmienia, zabawy, a nawet marudzenia zaczynają się w przewidywalny sposób przeplatać z godzinami snu.

Dziecko zbliżające się do pierwszych urodzin przeważnie przesypia już całe noce, choć może obudzić się wcześnie rano na karmienie, a potem zasnąć jeszcze na godzinę albo dwie. Jada trzy posiłki dziennie, a pomiędzy nimi dwie przekąski, w ciągu dnia ucina sobie jedną albo dwie drzemki, a wieczorem chodzi spać

o rozsądnej porze, często po ostatnim karmieniu.

Jak to możliwe, że w ciągu roku tyle się zmienia? Nie jest to wyłącznie zasługa rodziców. Samo dziecko wydłuża przerwy pomiędzy karmieniami i skraca godziny snu. Dojrzewając, w naturalny sposób dostosowuje się do trybu życia rodziny.

Ustalanie godzin karmienia. Dla dziecka najważniejsze jest, żeby nie musiało długo płakać z głodu i nie czuło się opuszczone. Stopniowo samo zacznie regulować rozkład karmień. Proces ten będzie szybszy, jeśli zaangażują się weń rodzice. Maleństwo nie będzie miało nic przeciwko temu, że po trzech albo czterech godzinach snu obudzicie je, żeby podać mu pierś albo butelkę.

Małe niemowlęta przeważnie jedzą częściej niż duże. Wszystkie w miarę upływu czasu i przybierania na wadze zaczynają stopniowo wydłużać odstępy pomiędzy karmieniami. Dzieci karmione naturalnie jedzą częściej niż dzieci karmione sztucznie, mleko matki trawi się bowiem łatwiej i szybciej niż mieszanka mleczna na bazie mleka krowiego lub sojowego. Po ukończeniu jednego, dwóch lub trzech miesięcy niemowlę dochodzi do wniosku, że karmienie w środku nocy nie jest konieczne i rezygnuje z niego. Mniej więcej pomiędzy czwartym a dwunastym miesiącem życia zaczyna również przesypiać karmienie w porze, kiedy rodzice kładą się spać.

Postępowanie rodziców może mieć ogromny wpływ na naturalną tendencję niemowlęcia do ustalania regularnego harmonogramu i wydłużania odstępów pomiędzy posiłkami. Budząc dziecko zawsze po czterech godzinach od ostatniego karmienia, mama pomaga mu wyrobić nawyk regularnego jedzenia w ciągu dnia. Kiedy maleństwo zaczyna się wiercić i kwilić, chociaż od poprzedniego posiłku upłynęły jedynie dwie godziny, można zostawić je na kilka minut i dać mu szansę ponownego zaśnięcia; a gdy rozbudzi się i rozpłacze, można mu dać smoczek. W ten sposób żołądek niemowlęcia zacznie się dostosowywać do dłuższych przerw między karmieniami. Natomiast podnosząc dziecko i karmiąc je natychmiast, gdy tylko zacznie się kręcić w łóżeczku, utrwalacie nawyk jedzenia często małych porcji.

To, jak szybko niemowlę przyzwyczai się do regularnego karmienia, zależy od cech indywidualnych. Znakomitą większość dzieci, które nie mają problemów z jedzeniem, nie mają skłonności do marudzenia i do pełna najadają się mlekiem mamy albo mieszanką, można w wieku dwóch miesięcy przyzwyczaić do określonego harmonogramu i nakłonić do rezygnacji z posilania się w środku nocy.

Z drugiej strony, gdy maluch jest apatyczny i przysypia przy karmieniu, gdy jest niespokojny, marudny i często się budzi (patrz str. 56) albo gdy piersi nie produku-

🏛 KLASYCZNY SPOCK

Związek pomiędzy karmieniem na żądanie a rozkładem karmień bywa źle pojmowany. Każdy rozkład ma przede wszystkim na celu dobro dziecka. Jednak ważne jest również, by rodzice opiekujący się niemowlęciem zachowali siły i pogodę ducha. Oznacza to zwykle ograniczenie się do rozsądnej liczby karmień o przewidywalnych porach oraz rezygnację z nocnych karmień, kiedy tylko niemowlę jest na to gotowe.

Niektórzy młodzi rodzice, pragnąc postępować zgodnie z najnowszymi trendami, utożsamiają odejście od surowych harmonogramów z podawaniem dziecku mleka za każdym razem, gdy się obudzi, i niebudzeniem go pod żadnym pozorem, jeśli przesypia porę karmienia. W przypadku spokojnego i zdrowo trawiącego dziecka może to zdać egzamin, jeżeli rodzice nie muszą się martwić o własny rozkład zajęć i nie przeszkadza im wstawanie pomiędzy północą a szóstą rano. (Oczywiście przez pierwsze tygodnie noworodka na pewno trzeba karmić również w nocy.) Jeśli jednak niemowlę jest niespokojne i marudne, takie podejście może zaowocować niezliczoną liczbą karmień i minimalną ilością wypoczynku przez wiele miesięcy. Może się nawet zdarzyć, że pod koniec pierwszego roku życia dziecko nadal będzie domagać się karmienia w środku nocy.

Jeśli rodzice wolą przez wiele miesięcy karmić niemowlę nieregularnie, zawsze, kiedy tego zażąda, jego odżywianie na tym nie ucierpi. Nie zaszkodzi to też rodzicom, jeśli należą do osób, które nie znoszą nic robić z zegarkiem w ręku. Jednak jeżeli w innych aspektach życia muszą dostosować się do jakiegoś planu i mają inne zajęcia, nie powinni myśleć, że im bardziej poświęcą się dla dziecka, tym lepiej, ani że będą dobrymi rodzicami tylko wtedy, gdy całkowicie zignorują swoje własne potrzeby.

Na dłuższą metę taka postawa przysporzy im kłopotów.

ją jeszcze wystarczająco dużo pokarmu, może być lepiej dla wszystkich zainteresowanych, jeśli nie będą się zbytnio spieszyć z wprowadzaniem rozkładu karmień. Nawet wtedy jednak korzystne jest łagodne dążenie do bardziej regularnego harmonogramu, z przerwami dwu–trzygodzinnymi dla niemowląt karmionych piersią i trzy–czterogodzinnymi dla niemowląt karmionych mieszanką. Dzięki temu rodzice nie będą musieli stale borykać się z dylematem, czy już dziecko nakarmić, czy może lepiej jeszcze trochę poczekać, a dziecko szybciej się przystosuje.

Jak przyzwyczaić dziecko do regularnych godzin karmienia? Najlepiej zacząć od budzenia go w ciągu dnia, jeśli po czterech godzinach od ostatniego karmienia nadal śpi. Najprawdopodobniej nie będziecie musieli namawiać go do jedzenia, po kilku minutach samo zacznie okazywać głód.

Maleństwo może się obudzić godzinę po ostatnim posiłku. Nie musicie go karmić, gdy tylko zakwili. Być może samo nie jest pewne, czy ma ochotę na mleko. Jeśli jednak zamiast na powrót zasnąć, rozbudziło się i rozpaczliwie płacze, nie ma sensu dłużej czekać.

A jeśli regularnie budzi się wkrótce po każdym karmieniu? Może potrzebuje więcej mleka. Jeśli jest karmione naturalnie, częstsze przystawianie do piersi w ciągu kilku dni zwiększy produkcję mleka, więc dziecko będzie mogło więcej zjeść podczas każdego karmienia i przerwy pomiędzy karmieniami znowu się wydłużą. (Mama musi dbać o siebie, żeby jej organizm mógł wyprodukować taką ilość mleka, jakiej potrzebuje dziecko; patrz str. 162.) W przypadku niemowlęcia karmionego sztucznie należy zwiększyć porcję o około 30 ml podczas każdego karmienia i sprawdzić, czy wpłynie to na długość przerw pomiędzy posiłkami.

Jak często karmić? Jeśli dziecko, które zazwyczaj je co trzy–cztery godziny, budzi się po dwóch i robi wrażenie bardzo głodnego, można je nakarmić. Ale co zrobić, jeśli budzi się po godzinie? Jeśli w ciągu poprzedniego posiłku opróżniło butelkę, jest mało prawdopodobne, że po tak krótkim czasie znów jest głodne. Obudziła je raczej niestrawność. Spróbujcie pomasować mu plecki, może mu się odbije. A może pocieszy je smoczek albo wypicie 60 ml wody? Nie trzeba spieszyć się z kolejnym karmieniem, choć możecie spróbować, jeśli żaden inny sposób nie skutkuje.

Fakt, że niemowlę gryzie własną rączkę albo gorliwie chwyta butelkę, nie dowodzi, że jest głodne. Często tak właśnie zachowują się dzieci mające kolkę. Prawdopodobnie same nie potrafią odróżnić bólu spowodowanego kolką od głodu.

Innymi słowy, nie trzeba karmić dziecka za każdym razem, gdy zapłacze. Jeśli płacze o nietypowej porze, przeanalizujcie sytuację. Może ma mokrą pieluszkę, może jest mu zbyt ciepło albo zbyt zimno, może powinno mu się odbić, może chce, żeby je przytulić, a może po prostu musi chwilę pokrzyczeć, żeby rozładować napięcie? Jeśli sytuacja taka powtarza się i nie jesteście w stanie dociec przyczyny, skonsultujcie się z lekarzem albo pielęgniarką. (Więcej informacji o płaczu znajdziecie na stronie 33.)

Nocne karmienie. Najprostsza zasada dotycząca karmienia w nocy brzmi: nie budźcie dziecka, pozwólcie, żeby to ono was obudziło, gdy zgłodnieje. Niemowlę, któremu potrzebne jest karmienie w środku nocy, zazwyczaj z zadziwiającą konsekwencją budzi się w okolicach godziny drugiej. Którejś nocy, prawdopodobnie pomiędzy drugim a szóstym tygodniem życia, obudzi się dopiero o trzeciej lub wpół do czwartej. Nakarmcie je wtedy. Kolejnej nocy może się obudzić jeszcze później. Może się też zdarzyć, że się obudzi, ale tylko sennie popłacze przez chwilę i z powrotem zaśnie bez karmienia.

Kiedy niemowlę jest gotowe do rezygnacji z karmienia w środku nocy, pomiędzy szóstym a dwunastym tygodniem życia, dzieje się to przeważnie w ciągu zaledwie dwóch lub trzech nocy. Maluch karmiony naturalnie może dłużej ssać pierś o innych porach. W przypadku dziecka karmionego sztucznie możecie w razie potrzeby zwiększyć ilość mleka podawanego podczas innych karmień, żeby wynagrodzić mu brak jednego posiłku. W nocy należy niemowlę karmić po cichu, w przyciemnionym pokoju, w przeciwieństwie do posiłków w ciągu dnia, którym może towarzyszyć więcej bodźców zewnętrznych.

Odzwyczajanie od karmienia w środku nocy. Jeśli niemowlę ma już dwa–trzy miesiące i waży ponad pięć kilogramów, ale nadal budzi się w środku nocy, oczekując karmienia, warto podjąć próbę zmiany tego przyzwyczajenia. Zamiast biec do dziecka, gdy tylko się poruszy, pozwólcie mu przez chwilę marudzić. Jeżeli zamiast się uspokoić, płacze coraz rozpaczliwiej, przeproście je i natychmiast nakarmcie. Spróbujcie ponownie za tydzień albo

dwa. Z punktu widzenia dietetyki pięcioipółkilogramowe niemowlę, które dużo je w dzień, nie potrzebuje nocnego karmienia.

Karmienie w porze, kiedy rodzice kładą się spać, można prawdopodobnie przesunąć na dogodną dla siebie godzinę. Większość kilkutygodniowych niemowląt chętnie poczeka do jedenastej lub nawet do północy. Jeśli chcecie się położyć wcześniej, obudźcie je o dziesiątej albo wcześniej. Jeśli bardziej odpowiada wam późniejsza pora, nie ma w tym nic złego, jeśli tylko dziecko nie obudzi się wcześniej samo.

W przypadku niemowląt nadal budzących się w środku nocy lepiej nie pozwalać, żeby przesypiały karmienie o dziesiątej lub jedenastej, nawet jeśli mają na to ochotę. Kiedy będą gotowe, by zrezygnować z jednego z karmień, byłoby lepiej, gdyby najpierw było to karmienie nocne, dzięki czemu będziecie mogli się wyspać.

Dzieci, które nie budzą się już w środku nocy, ale wciąż nieregularnie jadają w dzień, radziłbym nadal budzić o dziesiątej lub jedenastej wieczorem, jeśli chcą wtedy jeść. Pozwala to zakończyć dzień zgodnie z planem, uniknąć karmienia pomiędzy północą a czwartą rano i zachęcić dziecko do spania do piątej albo szóstej.

ODPOWIEDNIE PORCJE I PRZYROST MASY CIAŁA

Przyrost masy ciała przeciętnego niemowlęcia. Przeciętne niemowlę w momencie narodzin waży nieco ponad 3 kilogramy. Pomiędzy trzecim a piątym miesiącem życia podwaja urodzeniową masę ciała i waży teraz prawie 6,5 kilograma. W praktyce małe noworodki rosną szybciej, starając się nadrobić zaległości i zrównać z większymi rówieśnikami, natomiast dzieci, które urodziły się duże,

mogą nie podwoić urodzeniowej masy ciała w ciągu pierwszych pięciu miesięcy.

Przez pierwsze trzy miesiące przeciętne niemowlę przybiera miesięcznie prawie kilogram (170–230 gramów tygodniowo; oczywiście niektóre rosną szybciej, inne wolniej). Potem tempo przyrostu masy ciała maleje – półroczne niemowlę przybiera na wadze niecałe 0,5 kilograma miesięcznie (trochę ponad 100 gramów tygodniowo).

Jest to dość duża różnica. Dziecko dobiegające pierwszych urodzin przybiera na wadze 250–300 gramów miesięcznie, a w drugim roku życia trochę więcej niż 200.

Jak widać, z wiekiem niemowlęta rosną coraz wolniej. Przyrost masy ciała staje się też mniej regularny. Ząbkowanie lub przeziębienie może pozbawić dziecko apetytu na kilka tygodni i w tym okresie wcale nie przybierze na wadze. Kiedy poczuje się lepiej i wróci mu apetyt, będzie rosło we wzmożonym tempie.

Niewiele można wywnioskować, porównując masę ciała niemowlęcia w dwóch kolejnych tygodniach. Wynik ważenia będzie zależał od tego, kiedy dziecko ostatnio oddało mocz, kiedy ostatnio się wypróżniło, kiedy ostatnio jadło. Stwierdziwszy pewnego ranka, że wasze maleństwo przez poprzedni tydzień przybrało na wadze tylko 120 gramów, choć do tej pory rosło w tempie 200 gramów tygodniowo, nie wyciągajcie pochopnego wniosku, że za mało je karmicie albo coś mu dolega. Jeśli tylko wydaje się zadowolone i zdrowe, poczekajcie jeszcze tydzień. Możliwe, że nadrobi stracone gramy.

Dziecko karmione piersią, które moczy przynajmniej sześć do ośmiu pielu- szek dziennie, dobrze sypia, a w okresach czuwania jest żwawe i zadowolone i z tygodnia na tydzień przybiera na wadze, najprawdopodobniej dostaje wystarczająco dużo pokarmu. Zawsze pamiętajcie, że im starsze niemowlę, tym wolniej rośnie.

Jak często ważyć dziecko? Większość rodziców nie dysponuje wagą niemowlęcą, więc dzieci są ważone tylko podczas wizyt u lekarza, co w zupełności wystarcza. Kiedy niemowlę jest pogodne i zdrowe, ważenie częściej niż raz na miesiąc służy wyłącznie zaspokojeniu ciekawości. Jeżeli macie wagę, nie ważcie maleństwa częściej niż raz na miesiąc. Jeśli jednak niemowlę dużo płacze, cierpi na niestrawność albo często i obficie wymiotuje, częstsze ważenie w gabinecie lekarskim może pomóc wam i lekarzowi w ustaleniu, na czym polega problem. Na przykład częsty płacz u dziecka, które szybko przybiera na wadze, zazwyczaj sugeruje kolkę (patrz str. 58), nie głód.

Wolny przyrost masy ciała. W porównaniu ze średnią, wiele zdrowych dzieci wolno przybiera na wadze. Fakt, że niemowlę wolno rośnie, nie oznacza, że na

---

🏛 KLASYCZNY SPOCK

Jak szybko niemowlę powinno przybierać na wadze? Najlepsza odpowiedź, jakiej jestem w stanie udzielić, brzmi: tak szybko, jak ma ochotę. Większość niemowląt to wie. Kiedy podaje im się więcej pokarmu, niż mogą zjeść, odmawiają. Kiedy dostają za mało, okazują to: budzą się wcześniej i wkładają rączki do buzi.

Mówiąc o przeciętnym tempie wzrostu, trzeba pamiętać, że żadne niemowlę nie jest przeciętne. Jedno ma rosnąć wolno, a drugie szybko. Kiedy lekarze sporządzają statystyki, po prostu sumują dane na temat niemowląt rosnących szybko, niemowląt rosnących wolno i tych sytuujących się gdzieś pośrodku.

pewno takie właśnie powinno być. Jeśli dziecko cały czas jest głodne, to można być prawie pewnym, że powinno rosnąć szybciej. Niekiedy wolny przyrost masy ciała jest objawem choroby. Dzieci wolniej rosnące powinien częściej badać lekarz, by się upewnić, że są zdrowe.

Sporadycznie zdarzają się wyjątkowo grzeczne niemowlęta, które wolno rosną, ale nie wydają się głodne. Jednak kiedy zaoferować im większą ilość pokarmu, jedzą chętnie i rosną szybciej. Innymi słowy, nie wszystkie niemowlęta krzyczą, kiedy nie najedzą się do syta.

Otyłe niemowlaki. Niektórym trudno zmienić pogląd, że otyłość u niemowlęcia jest czymś ładnym i pożądanym. Znajomi i krewni prawią rodzicom grubiutkiego malucha komplementy, jak gdyby pulchność dowodziła, że szczególnie dobrze się o niego troszczą. Niektórzy rodzice traktują pulchne ciałko dziecka jako rezerwę na przyszłość – coś na kształt oszczędności w banku – na wypadek jakichś trudności życiowych lub choroby. Oczywiście jest to błąd. Grube niemowlęta nie są szczęśliwsze ani zdrowsze od szczupłych, a w miejscach, gdzie fałdy skóry ocierają się o siebie, często pojawiają się wysypki. Otyłość w wieku niemowlęcym nie musi oznaczać, że w przyszłości dziecko będzie miało nadwagę, ale rozmyślne tuczenie niemowląt na pewno im nie służy.

Niechęć do ssania w późniejszych miesiącach. Zdarza się, że pomiędzy czwartym a siódmym miesiącem życia dziecko dziwnie się zachowuje w porze karmienia. Mama stwierdza, że niemowlę przez kilka minut łapczywie ssie pierś lub butelkę, a potem zaczyna się denerwować, puszcza brodawkę czy smoczek i płacze, jakby je coś bolało. Nadal wydaje się głodne, ale za każdym razem, gdy próbuje wró-

cić do ssania, jeszcze szybciej zaczyna się denerwować. Pokarmy stałe je chętnie.

Przyczyną może być ząbkowanie. Kiedy maleństwo ssie, obolałe dziąsła nabiegają krwią i dziecko odczuwa mrowienie nie do zniesienia. Jako że ból pojawia się dopiero po paru minutach ssania, możecie karmienie podzielić na kilka krótkich części, a w przerwach podawać pokarmy stałe. W przypadku dziecka karmionego butelką można spróbować powiększyć dziurkę w smoczku, żeby mogło wypić mleko szybciej, nie ssąc zbyt mocno. Jeżeli ból jest bardzo silny i pojawia się natychmiast po rozpoczęciu ssania, możecie na kilka dni całkowicie zrezygnować z podawania butelki. Spróbujcie zamiast tego podawać mleko w kubeczku, jeżeli maluch potrafi sobie z nim poradzić, łyżeczką albo wymieszane z kaszką i innymi pokarmami. Nie martwcie się, jeśli nie zje tyle co zwykle.

Zapalenie ucha będące powikłaniem przeziębienia może wywołać tak silny ból stawu skroniowo-żuchwowego, że niemowlę odmówi ssania, choć radzi sobie z pokarmami stałymi. Niekiedy dziecko nie chce ssać piersi, kiedy mama ma miesiączkę. Częściej przystawiając je do piersi, można spowodować, że zje chociaż trochę. Aby uniknąć przepełnienia piersi i zmniejszenia produkcji mleka, można je odciągać ręcznie albo przy użyciu odciągacza. Po zakończeniu menstruacji można wrócić do normalnego karmienia.

Woda do picia. Jeśli woda, z której korzystacie, nie jest fluoryzowana, lekarz może zalecić podawanie dziecku związków fluoru, razem z witaminami w kroplach albo osobno. Na stronie 546 opisano znaczenie fluoru.

Niektóre niemowlęta chętnie piją wodę, inne nie. Czasem zaleca się podawanie kilku łyżek stołowych wody pomiędzy posiłkami, raz albo dwa razy dziennie. Nie jest to w gruncie rzeczy konieczne, ponieważ ilość wody w mleku mamy lub mieszance mlecznej zaspokoi normalne potrzeby dziecka. Podawanie wody jest ważniejsze, gdy niemowlę ma gorączkę albo podczas upałów, zwłaszcza jeśli mocz dziecka zmienia kolor na ciemnożółty albo sprawia ono wrażenie wyjątkowo spragnionego. W takich sytuacjach wodę piją często niemowlęta, które zazwyczaj jej nie lubią. Niektóre mamy na zachętę dodają do wody nieco soku jabłkowego. Oprócz wody dziecko musi dostawać normalną ilość mieszanki mlecznej albo mleka mamy. Niemowlęta, które dostają tylko wodę, mogą się rozchorować.

Wiele niemowląt w ogóle nie chce pić wody od ukończenia pierwszego albo drugiego tygodnia życia aż do pierwszych urodzin. W tym okresie uwielbiają wszystko, co pożywne, ale są urażone, kiedy zaproponuje im się czystą wodę. Jeśli niemowlę lubi wodę, możecie ją podawać nawet kilka razy dziennie pomiędzy posiłkami, ale nie tuż przed karmieniem. Możecie dać dziecku tyle wody, ile jest w stanie wypić, pod warunkiem że oprócz tego wypija normalną porcję mleka. Prawdopodobnie nie będzie chciało więcej niż 60 ml. Nie zachęcajcie go jednak, jeśli nie ma na wodę ochoty. Nie ma sensu go złościć – samo najlepiej wie, co jest mu potrzebne.

Może wam szczególnie zależeć na podaniu wody, gdy dziecko jest chore albo na dworze jest gorąco, a ono pije mało mleka. Jeśli odmawia picia czystej wody, spróbujcie ją osłodzić. Dodajemy płaską łyżkę glukozy do pół litra wody i mieszamy do całkowitego rozpuszczenia.

ZMIANY I WYZWANIA

Wolniejszy wzrost w drugim półroczu. Przez pierwsze parę miesięcy niemowlę może chętnie jeść pokarmy stałe, a potem nagle stracić apetyt. Jednym z powodów może być naturalny spadek tempa wzrostu w ciągu pierwszych dwunastu- -piętnastu miesięcy. Przez pierwsze trzy miesiące przeciętne niemowlę przybiera na wadze prawie kilogram miesięcznie. Przybór masy ciała dziecka półrocznego wynosi tylko pół kilograma miesięcznie, w przeciwnym razie za bardzo by utyło. Mogą mu też dokuczać wyrzynające się ząbki. Niektóre niemowlęta rezygnują z większej części pokarmów stałych, inne piją mniej mleka. Niektóre półroczne dzieci nie chcą, żeby je karmić; często można ten problem rozwiązać, dając im kawałek jedzenia do rączki, podczas gdy wy karmicie je łyżeczką.

Jeżeli w drugim półroczu apetyt dziecka maleje, być może czas już przejść na trzy posiłki dziennie, niezależnie od tego, czy wieczorem nadal dostaje mleko. Jeśli i to rozwiązanie nie poprawi apetytu niemowlęcia, trzeba zabrać je do lekarza i upewnić się, że jest zdrowe.

Niechęć do warzyw. Wasza roczna córeczka nagle odmawia jedzenia warzywa, którym zajadała się jeszcze tydzień temu? Nie zmuszajcie jej. Jeśli dziś nie zrobicie z tego problemu, prawdopodobnie za tydzień albo za miesiąc jej przejdzie. Jeśli jednak będziecie ją nakłaniać do jedzenia, kiedy nie ma na to najmniejszej ochoty, dojdzie do wniosku, że to warzywo jest jej śmiertelnym wrogiem. Przejściową antypatię na stałe zmienicie w nienawiść. Jeśli dwa razy pod rząd odmówi jedzenia konkretnego warzywa, nie podawajcie go przez kilka tygodni.

Nic dziwnego, że czujecie się poirytowani: kupujecie coś, przygotowujecie, a tymczasem uparty łobuziak kręci nosem na potrawę, którą kilka dni temu uwielbiał. Trudno jest w takiej chwili nie złościć się i nie pró-

bować zmusić go do jedzenia, ale wszelkie próby nakłonienia dziecka do zmiany zdania źle wpłyną na jego stosunek do jedzenia. W drugim roku życia często się zdarza, że maluch odmawia jedzenia połowy warzyw; podawajcie te, które lubi. Zróbcie jak najlepszy użytek z szerokiego asortymentu

🏛 KLASYCZNY SPOCK

Zabawa podczas posiłku. Nawet przed ukończeniem roku może to być problem. Dziecko nie rzuca się już tak łapczywie na jedzenie i bardziej interesują je różne nowe zajęcia: wspinanie się, trzymanie łyżeczki, grzebanie w jedzeniu, obracanie kubka do góry dnem, upuszczanie różnych rzeczy na podłogę. Widywałem już roczne dzieci, które przez cały posiłek stały tyłem na krzesełku, a także rodziców z anielską cierpliwością goniących malucha po całym domu z miseczką i łyżeczką.

Wygłupianie się podczas posiłków to tylko znak, że dziecko dorasta i że na nakarmieniu go bardziej zależy rodzicom niż jemu samemu. Nie pozwoliłbym na takie zachowanie, jest bowiem nie tylko uciążliwe i irytujące, ale może też prowadzić do problemów z odżywianiem. Zwróćcie uwagę, że dzieci zaczynają się wspinać i bawić, kiedy się już częściowo lub zupełnie najadły, nie wtedy, gdy naprawdę są głodne. Dlatego w momencie, gdy tracą zainteresowanie jedzeniem, przyjmijcie, że zjadły wystarczająco dużo, wyjmijcie je z krzesełka i zabierzcie talerz.

Dobrze jest okazać stanowczość, ale nie ma potrzeby się złościć. Jeśli maluch płaczem domaga się zwrotu talerza i daje wam do zrozumienia, że nadal jest głodny, dajcie mu jeszcze jedną szansę. Jeśli jednak nie okazuje żalu, nie próbujcie podawać posiłku ponownie trochę później. Gdy pomiędzy posiłkami bardzo zgłodnieje, zaserwujcie nieco większą przekąskę albo nieco wcześniej podajcie kolejny posiłek. Jeśli kończycie posiłek, gdy dziecko przestaje się nim interesować, uczycie je jeść w skupieniu, gdy rzeczywiście jest głodne.

Muszę jednak uczynić pewne zastrzeżenie. Roczne dzieci odczuwają przemożną ochotę, żeby wsadzić paluszki w przetarte warzywa, ścisnąć w garści kaszkę i rozmazać po stoliku kroplę mleka. Nie są to tylko wygłupy. Możliwe, że w tej samej chwili chętnie otwierają buzię do karmienia. Nie powstrzymywałbym malucha od takich drobnych eksperymentów z jedzeniem. Jednak kiedy próbuje odwrócić miseczkę do góry nogami, przytrzymajcie ją stanowczo. Jeśli się upiera, przez pewien czas albo aż do końca posiłku trzymajcie ją poza zasięgiem jego rączek.

warzyw świeżych, mrożonych i konserwo-wych. Dziecku, które odmawia jedzenia jakichkolwiek warzyw, spróbujcie podawać więcej owoców. Jeśli je wystarczająco dużo owoców i wysokiej jakości produktów peł-noziarnistych oraz pije mleko (sojowe lub krowie), poradzi sobie bez składników po-karmowych zawartych w warzywach.

Roczne dziecko je mniej i jest bar-dziej wybredne. Około pierwszych uro-dzin dzieci często zmieniają stosunek do jedzenia. Stają się bardziej wybredne i ma-ją mniejszy apetyt. Nie powinno was to dziwić: gdyby nadal jadły i przybierały na wadze tak jak do tej pory, zmieniłyby się w zwały tłuszczu. Teraz patrzą na talerz i zastanawiają się: „Na co mam dziś ocho-tę, co wygląda apetycznie?" Co za zmiana w stosunku do zachowania w wieku ośmiu miesięcy! Wtedy w porze posiłku były wy-głodniałe, żałośnie jęczały, czekając, aż mama skończy im zawiązywać śliniaczek, i wychylały się do przodu, żeby łyżeczka szybciej trafiła im do buzi. Nie miało dla

nich znaczenia, co jest na obiad, były zbyt głodne, żeby grymasić.

Mniejszy apetyt to nie jedyny powód, że dziecko zaczyna wybrzydzać. Zaczy-na zdawać sobie sprawę z tego, że jest indywidualnością o niezależnych poglą-dach, więc wątpliwości żywione w sto-sunku do pewnych potraw zmieniają się w intensywną niechęć. Ma też lepszą pa-mięć. Prawdopodobnie myśli: „Posiłki są tu serwowane regularnie i mogę czekać tak długo, aż dostanę to, na co mam ocho-tę". Na apetyt dziecka może mieć wpływ ząbkowanie, zwłaszcza zaś wyrzynanie się zębów trzonowych. Przez wiele dni może jeść tylko pół normalnej porcji, a niekiedy zostawić pełny talerz.

Ostatnia, i być może najważniejsza kwe-stia: to naturalne, że apetyt zmienia się z dnia na dzień i z tygodnia na tydzień. Dorośli jednego dnia mają ochotę na dużą szklankę soku pomidorowego, drugiego dnia na talerz grochówki. Tak samo jest z dziećmi i niemowlętami. Przed pierw-szymi urodzinami nie rzuca się to tak bar-

dzo w oczy, bo dziecko przeważnie jest zbyt wygłodniałe, żeby odmówić jedzenia.

Mam już dość kaszki. W drugim roku życia wiele dzieci odmawia jedzenia kaszek, kleików i owsianki, zwłaszcza w porze kolacji. Nie próbujcie ich zmuszać. Potrawy te można zastąpić innymi, na przykład chlebem albo makaronem. Zresztą dziecku nie zaszkodzi rezygnacja na kilka tygodni z potraw bogatych w skrobię.

Zmienia się smak. Przygotujcie się na to, że upodobania waszej pociechy będą się zmieniać z miesiąca na miesiąc. Jeśli nie będziecie robić z tego problemu, prawdopodobnie jej dieta w ciągu tygodnia będzie wystarczająco zrównoważona, choć poszczególne posiłki lub nawet dni mogą mieć nieco zachwiane proporcje. Jeżeli przez wiele tygodni dieta dziecka pozostaje niewłaściwa, zasięgnijcie porady lekarza albo pielęgniarki.

SAMODZIELNE JEDZENIE

Początki. To, w jakim wieku dziecko zaczyna samodzielnie jeść, w dużym stopniu zależy od podejścia rodziców. Niektóre maluchy skutecznie posługują się łyżeczką jeszcze przed ukończeniem pierwszego roku życia. Zdarzają się też rodzice skrajnie nadopiekuńczy, przekonani, że ich dwulatek na pewno nie dałby sobie rady z samodzielnym jedzeniem. Wszystko zależy od tego, kiedy da się dziecku szansę. Ambicją większości dzieci jest, by posługiwać się łyżeczką pomiędzy dziewiątym a dwunastym miesiącem życia i jeśli mają okazję potrenować, wiele z nich całkiem nieźle radzi sobie samodzielnie w wieku piętnastu miesięcy. Już półroczne niemowlę przygotowuje się do posługiwania sztućcami, kiedy trzyma w rączce skórkę chleba i kawałki innych pokarmów. Dziewięciomiesięczne dziecko zaś chce podnosić kawałki pokrojonego jedzenia i wkładać je do buzi. Niemowlętom, którym nigdy nie pozwalano na jedzenie rękami, nauka posługiwania się łyżeczką zajmuje z reguły więcej czasu.

Grzeczne niemowlę pomiędzy dziesiątym a dwunastym miesiącem życia zadowoli się położeniem rączki na ręce karmiącej je mamy albo taty. Jednak więk-

szość dzieci próbuje łyżeczkę wyrwać. Nie angażujcie się w próbę sił; dajcie dziecku łyżeczkę, a sami weźcie drugą. Maluch szybko odkryje, że żeby samodzielnie jeść, nie wystarczy mieć w dłoni łyżeczkę. Może teraz spędzić całe tygodnie, ucząc się,

jak nabrać na nią trochę jedzenia, a potem kolejne tygodnie, starając się donieść je do buzi.

Bałagan. Kiedy dziecku znudzi się jedzenie i zaczyna mieszać w talerzu i rozlewać jego zawartość, czas zabrać miseczkę, zostawiając na stoliku najwyżej kilka kawałków mięsa lub chleba, żeby mogło trochę poeksperymentować. Nawet próbując poprawnie jeść, niemowlę potrafi okropnie nabrudzić. Musicie się z tym po

prostu pogodzić. Jeśli martwicie się o dywan, podłóżcie dużą ceratę pod krzesełko malucha. Dobrze się sprawdzają dziecięce łyżeczki z szeroką, płytką miseczką i krótkim, zakrzywionym trzonkiem. Można też używać zwyczajnej łyżeczki do herbaty.

Rezygnacja z kontroli. Kiedy wasze dziecko potrafi już jeść samodzielnie, pozwólcie mu całkowicie przejąć kontrolę. Nie wystarczy p o z w o l i ć mu na używa-

🏛 KLASYCZNY SPOCK

Nie przejmujcie się manierami. Dzieci z natury pragną coraz sprawniej jeść i coraz mniej brudzić. Chcą przejść od jedzenia palcami do jedzenia łyżką, a potem widelcem, kiedy tylko są w stanie sprostać temu wyzwaniu, tak jak chcą posiąść wszystkie inne trudne umiejętności podpatrzone u dorosłych. Doktor Clara Davies zaobserwowała to u niemowląt, które wcale nie były uczone. Zwróciła uwagę, że również u szczeniaków można zaobserwować, że chcą się właściwie zachowywać podczas jedzenia, choć nikt ich tego nie uczy. Początkowo stają w miseczce z mlekiem i zanurzają w niej cały pyszczek. Stopniowo uczą się nie moczyć łapek, potem pić mleko, nie mocząc mordki, wreszcie grzecznie oblizywać wąsiki.

Nalegam na umożliwienie dzieciom samodzielnego jedzenia pomiędzy dwunastym a piętnastym miesiącem życia, ponieważ właśnie wtedy mają na to największą ochotę. Zdarza się, że rodzice nie dają maluchowi żadnej szansy, a kiedy skończy dwadzieścia jeden miesięcy, oznajmiają: „Ty fajtłapo, najwyższy czas, żebyś zaczął sam jeść". Dziecko mogłoby na to odpowiedzieć: „Nie ma mowy. Przyzwyczaiłem się do tego, że się mnie karmi, to mój przywilej". Na tym etapie próby trzymania łyżki nie wydają mu się już ekscytujące. Ma wręcz poczucie, że byłoby to niewłaściwe. Rodzice przegapili znakomitą okazję.

Nie traktujcie jednak tej kwestii zbyt poważnie; nie dochodźcie do wniosku, że tylko jeden moment jest właściwy, żeby nauczyć dziecko samodzielności; nie martwcie się, że za wolno robi postępy, i nie próbujcie go do niczego zmuszać – w ten sposób stworzylibyście tylko nowe problemy. Chciałbym jedynie podkreślić, że niemowlęta chcą się uczyć i opanowują sztukę samodzielnego jedzenia łatwiej, niż się wielu rodzicom wydaje. Ważne, aby stopniowo rezygnować z karmienia, kiedy dziecko jest gotowe przejąć kontrolę.

nie łyżki; musicie dostarczyć mu m o t y-
w a c j i do borykania się z nią. Na początku próbuje, bo samodzielność sprawia mu
satysfakcję, ale jeśli nadal będziecie je karmić, prawdopodobnie zrezygnuje z opa-
nowywania nowej umiejętności, zoriento-
wawszy się, jaka jest trudna. Dlatego gdy
tylko malec nauczy się nabierać na łyżkę
malutkie ilości jedzenia i trafiać nimi do
buzi, dajcie mu kilka minut na trenowanie
tej umiejętności na początku każdego posiłku, kiedy jest najbardziej głodny. Głód
skłoni go do ćwiczeń. Im lepiej sobie radzi,
tym więcej dajcie mu na nie czasu.

Jeśli maluch potrafi swoje ulubione danie zmieść w ciągu dziesięciu minut, czas
zupełnie usunąć się na bok. Na tym etapie rodzice często popełniają błąd. Mówią: „Mała je sama kaszkę i owoce, ale
warzywami i ziemniakami nadal musimy
ją karmić". To ryzykowna postawa. Skoro
dziewczynka radzi sobie z jednym daniem,
to jest w stanie zjeść samodzielnie i inne.
Karmiąc ją tym, co jej nie interesuje, pod-
kreślacie różnicę pomiędzy rzeczami, które lubi, a rzeczami, które waszym zdaniem
powinna jeść. Na dłuższą metę odbierze
jej to apetyt na wiele zdrowych produktów.
Jeśli natomiast skomponujecie zrównowa-
żoną dietę z produktów, które dziecko lubi,
i pozwolicie mu jeść zupełnie samodzielnie, najprawdopodobniej będzie się zdrowo odżywiać, choć od czasu do czasu jakąś
potrawę kompletnie zignoruje.

WITAMINY, SUPLEMENTY I DIETY SPECJALNE

Witamina D. Mleko matki zapewnia
dziecku większość potrzebnych mu witamin, ale zawiera bardzo mało witaminy D.
Zazwyczaj niemowlęta wytwarzają własną
witaminę D, jeśli przebywają na słońcu.
Jednak w dzisiejszych czasach wiele niemowląt spędza całe dnie we wnętrzach,
szczególnie zimą. Dlatego zaleca się, żeby
na wszelki wypadek wszystkie dzieci karmione piersią dostawały dodatkowo 200
jednostek międzynarodowych (IU) witaminy D. Jednak dawka dostępnych w aptekach witamin dla niemowląt zawiera zazwyczaj (oprócz witaminy A i C) 400 jednostek witaminy D. Jest to dwa razy tyle,
ile niemowlę potrzebuje, ale nadal jest to
dawka bezpieczna; uważnie przeczytajcie
informacje na etykiecie, żeby się upewnić,
że podajecie właściwą ilość. Wystarczy
napełnić zakraplacz i wpuścić witaminy
do buzi dziecka przed jednym z karmień,
raz dziennie, codziennie, poczynając od
ukończenia pierwszego miesiąca. Pamiętajcie, że więcej nie znaczy lepiej. Zbyt
duże ilości witaminy D mogą być szkodliwe, więc nie należy przekraczać zalecanej
dawki.

Witamina B$_{12}$. Dodatki witaminowe należy podawać niemowlętom karmionym
piersią przez mamy stosujące dietę wegetariańską, a także dzieciom, które jedzą
wyłącznie roślinne pokarmy stałe. Istnieje
wiele korzyści zdrowotnych stosowania
diety roślinnej (patrz str. 223), a dodanie do niej witaminy B$_{12}$ to prosty sposób
upewnienia się, że dziecko otrzymuje
wszystkie niezbędne składniki. Zaleca się
podawanie 0,5 mikrograma witaminy B$_{12}$
niemowlętom pomiędzy szóstym a dwunastym miesiącem życia oraz 0,7 mikrograma dzieciom od roku do trzech lat.

Inne witaminy. Większość mieszanek
mlecznych jest wzbogacona taką ilością
witamin, że nie potrzeba podawać żad-

nych dodatkowych kropli. Również mleko matki zawiera wystarczająco dużo witamin, by zaspokoić potrzeby dziecka przez pierwszych sześć miesięcy, z wyjątkiem witaminy D oraz witaminy B_{12} w przypadku mam na diecie wegetariańskiej (patrz wyżej). Preparaty multiwitaminowe zazwyczaj zawierają witaminy A, C i D oraz niektóre witaminy z grupy B. Podawane dzieciom kaszki i płatki oraz inne pokarmy dostarczają wystarczającą ilość witaminy B, a owoce i warzywa stanowią źródło witaminy A i C. Dlatego choć dodatki witaminowe nie zaszkodzą, najczęściej nie warto wydawać na nie pieniędzy. Lekarz powie wam, czy powinniście podawać dziecku preparat witaminowy.

Żelazo. Mieszanki mleczne wzbogacone żelazem dostarczają go w wystarczających ilościach. Mleko mamy zawiera mniej żelaza, ale jest ono lepiej przyswajalne. Kaszki dla niemowląt kupowane w sklepach zazwyczaj są wzbogacane żelazem, więc podawane dwa lub trzy razy dziennie z mlekiem przeważnie zaspokajają zapotrzebowanie na ten pierwiastek. Jeśli podajecie dziecku przede wszystkim pokarmy przygotowywane w domu i mleko matki, konieczne może się okazać podawanie żelaza w kroplach. Krople multiwitaminowe z preparatem żelaza przeznaczone dla niemowląt zazwyczaj wystarczają. Dawkowanie powinien ustalić lekarz.

Związki fluoru. Zaleca się podawanie dzieciom związków fluoru, jeśli woda z kranu nie jest fluoryzowana. Jeśli dziecko pije fluoryzowaną wodę, nie ma potrzeby podawania mu dodatkowo związków fluoru. W przypadku dzieci pomiędzy szóstym miesiącem a trzecim rokiem życia zaleca się od 0,2 do 0,5 mg dziennie. Porozmawiajcie na ten temat z lekarzem.

Diety niskotłuszczowe. Dieta niskotłuszczowa nie jest odpowiednia dla dziecka poniżej dwóch lat. Pewna ilość tłuszczu jest niezbędna do prawidłowego wzrostu i rozwoju mózgu, dlatego przed ukończeniem drugiego roku życia dzieci potrzebują skoncentrowanych kalorii zawartych w olejach, maśle orzechowym itp. Dzieci, które jedzą mięso i pełnotłusty nabiał, zazwyczaj spożywają wystarczająco dużo tłuszczu. Oleje roślinne zawierają NNKT, niezbędne nienasycone kwasy tłuszczowe (patrz str. 217). W Ameryce Północnej typowa dieta obfituje w tłuszcze; większość dzieci powyżej drugiego roku życia (oraz dorosłych) powinna jeść ich dużo mniej. Nie dotyczy to jednak niemowląt. Dieta niskotłuszczowa stosowana w pierwszych dwóch latach życia może spowodować wiele problemów rozwojowych, a także długotrwałe trudności w nauce. Oczywiście jeśli ze względów zdrowotnych niemowlę ma szczególne wymagania dietetyczne, należy postępować zgodnie z zaleceniami lekarza.

KARMIENIE PIERSIĄ

ZALETY KARMIENIA PIERSIĄ

Korzyści zdrowotne. Kiedy zaczęto produkować sztuczne mieszanki mleczne dla niemowląt, reklamowano je jako „naukowy" sposób karmienia. Przez ostatnie dwadzieścia lat naukowcy udowodnili jednak, że dla większości niemowląt mleko matki jest zdrowsze niż mieszanki mleczne. Mleko matki zawiera przeciwciała i inne substancje pomagające organizmowi niemowlęcia uporać się z infekcjami, a zawarte w nim żelazo jest bardzo łatwo przyswajalne. Producenci mieszanek muszą dodać do nich dużo więcej żelaza, żeby dostarczyć niemowlęciu taką samą jego ilość. Uważa się, że niektóre substancje chemiczne w mleku matki są istotne dla optymalnego rozwoju mózgu. Nowsze (i bardzo drogie) mieszanki zawierają niektóre z tych substancji, ale mleko matki zawiera ich tak wiele, że żaden producent nie jest w stanie stworzyć jego wiernej kopii.

Niektóre badania wykazały nawet, że statystycznie rzecz biorąc, niemowlęta karmione piersią są nieco inteligentniejsze niż te karmione sztucznie. Możliwe, że mleko matki pozytywnie wpływa na rozwój mózgu; albo też kobiety, które decydują się na karmienie piersią, są przeciętnie mądrzejsze, więc takie są też ich dzieci.

Korzyści praktyczne i osobiste. Z czysto praktycznego punktu widzenia karmienie piersią pozwala zaoszczędzić kilka godzin tygodniowo, ponieważ nie trzeba myć butelek, kupować i przygotowywać mieszanek, martwić się o przechowywanie ich w odpowiedniej temperaturze i podgrzewanie przed podaniem dziecku. Korzyści stają się szczególnie widoczne w podróży. Poza tym karmienie piersią jest tańsze.

Karmienie piersią może pomóc mamie schudnąć po porodzie (organizm matki zużywa wiele kalorii na produkcję pokarmu). Ssanie piersi przez niemowlę uwalnia w organizmie mamy oksytocynę, hormon, dzięki któremu macica kurczy się do poprzedniego rozmiaru. Oksytocyna wywołuje również uczucie zadowolenia i szczęścia. Najbardziej przekonująco o zaletach karmienia piersią mówią matki, które karmiły. Opowiadają o ogromnej satysfakcji płynącej ze świadomości, że dają dziecku coś, czego nie może mu dać nikt inny, jednocześnie doświadczając niezwykłej bliskości.

Jak długo karmić piersią? Amerykańska Akademia Pediatrii zaleca karmienie piersią przynajmniej przez pierwszych dwanaście miesięcy. Wielu specjalistów zga-

---

🏛 KLASYCZNY SPOCK

Rodzice nie czują się rodzicami, nie czerpią przyjemności z bycia rodzicami ani nie doświadczają prawdziwej rodzicielskiej miłości tylko dlatego, że urodziło im się dziecko. Zwłaszcza w przypadku pierwszego dziecka stają się w pełni rodzicami, dopiero sprawując nad nim opiekę. Im lepiej idzie im to na początku i im wyraźniej widać, że zaspokajają potrzeby maleństwa, tym szybciej i łatwiej wchodzą w nową rolę. Pod tym względem karmienie piersią przyczynia się do wytworzenia silnych więzi między matką i niemowlęciem. Oboje są szczęśliwsi i silniej ze sobą związani.

---

dza się, że większość korzyści zdrowotnych niemowlę odnosi przez pierwszych sześć miesięcy, a także że lepiej karmić piersią nawet najkrócej niż wcale.

Zapotrzebowanie na witaminę D. Jedyną substancją, której mleko matki nie dostarcza w wystarczających ilościach, jest witamina D. Organizm dziecka, które regularnie przebywa na słońcu, produkuje witaminę D. Niemowlęta, które większość czasu spędzają w domu, mogą cierpieć na jej niedobór, którego rezultatem bywają poważne problemy z rozwojem kości. Dlatego Amerykańska Akademia Pediatrii zaleca podawanie niemowlętom karmionym piersią witaminy D w kroplach, 200 jednostek dziennie (jeden standardowy zakraplacz), począwszy nie później niż od wieku dwóch miesięcy, tak długo, jak długo mleko matki stanowi główne pożywienie dziecka.

EMOCJONALNY STOSUNEK DO KARMIENIA PIERSIĄ

Mieszane uczucia. Niektóre kobiety z niechęcią myślą o karmieniu piersią. Wychowano je w przekonaniu, że jest to nieprzyzwoite lub że upodabnia nas do zwierząt. Istnieją też ojcowie, niekiedy bardzo dobrzy, którzy sprzeciwiają się naturalnemu karmieniu, nie potrafią bowiem opanować uczucia zazdrości. Inni natomiast są bardzo dumni, że żona karmi piersią ich maleństwo.

Uczucia seksualne. Zbyt rzadko mówi się o tym, że po upływie pierwszych dwóch tygodni karmienie piersią staje się dla matki zdecydowanie przyjemne. Większość matek karmiących mówi o silnym uczuciu miłości i przywiązania. Niektóre wspominają, że przyjemne odczucia doznawane podczas karmienia w piersiach i okolicach narządów płciowych przypominają podniecenie seksualne. Podobieństwo to może sprawić, że kobieta czuje się zakłopotana i winna, jeśli nie wie, że jest to najzupełniej normalne.

Niektórych rodziców krępuje wypływ mleka z piersi podczas zbliżenia seksualnego (innych to podnieca). Dlatego tak ważne jest, żeby rodzice otwarcie mówili o tym, co myślą na temat karmienia piersią. Czasem odbycie takiej rozmowy w obecności lekarza, pielęgniarki lub konsultantki z poradni laktacyjnej pomoże im zrozumieć, że w tym, co czują, nie ma nic złego.

Wypływ pokarmu. Wielu matkom karmiącym zdarza się, że gdy usłyszą w pobliżu płaczące niemowlę, z piersi zaczyna im wypływać pokarm. Może to być krępujące dla mam, które nie wiedzą, że taka reakcja jest zupełnie naturalna.

JAK ODNIEŚĆ SUKCES W KARMIENIU PIERSIĄ

Najważniejsze wskazówki. Słyszy się o kobietach, którym mimo najlepszych chęci nie udaje się karmić piersią. Niekiedy ze względu na problemy zdrowotne karmienie piersią jest trudne lub niewskazane. Jednak w większości przypadków kobieta, która chce karmić piersią, może odnieść sukces, jeśli tylko postępuje właściwie.

Na powodzenie karmienia piersią ogromny wpływ mają trzy czynniki: całkowita rezygnacja z podawania mieszanki mlecznej, niezniechęcanie się na wczesnym etapie oraz stymulowanie produkcji pokarmu. Do tego dodałbym jeszcze wsparcie specjalisty: albo wykwalifikowanej konsultantki z poradni laktacyjnej, albo po prostu kobiety z dużym doświadczeniem w karmieniu piersią. Z książek można czerpać zachętę i wiedzę, ale w razie pojawienia się trudności nic nie zastąpi pomocy eksperta. Większość pielęgniarek opiekujących się kobietami w połogu, położnych i położników może polecić odpowiednią osobę. Jeśli nigdy nie karmiłaś piersią, dobrze jest wcześnie zacząć poszukiwania, żeby już od początku uniknąć niepotrzebnych trudności. W dalszej części tego rozdziału opisano, gdzie szukać wsparcia.

Inne rady. Przez pierwsze godziny i dni po porodzie jak najwięcej czasu spędzaj z dzieckiem. Najlepszy jest system *rooming-in*, w którym noworodka zostawia się w pomieszczeniu, w którym przebywa mama. Jeśli maleństwo jest do tego gotowe, przystaw je do piersi w pierwszej godzinie życia. Już wtedy noworodek osuszony i położony nago na brzuchu mamy często próbuje przesunąć się w kierunku piersi i ssać. Na początku pozwól niemowlęciu jeść tak często, jak chce, dopóki produkcja mleka się nie unormuje, a ty nie nabierzesz pewności siebie. Dzięki stałym ćwiczeniom niemowlęta chwytają pierś i ssą coraz sprawniej, a im częściej będziesz przystawiać dziecko, tym więcej pokarmu będą produkować twoje piersi.

Oznaki sukcesu. Czasem trudno ocenić, czy dziecko karmione piersią je wystarczająco dużo, zwłaszcza na początku. Oto niektóre oznaki, że skutecznie karmisz piersią:

- Dziecko ssie przez co najmniej dziesięć minut, a odstępy pomiędzy karmieniami wynoszą dwie–trzy godziny (albo więcej).
- Karmiąc, słyszysz odgłosy siorbania lub przełykania i czujesz, że pierś się opróżnia.
- Niemowlę wypróżnia się co najmniej trzy–cztery razy dziennie, a jego stolec jest rzadki, grudkowaty, zazwyczaj koloru musztardy.
- Niemowlę moczy co najmniej sześć pieluszek dziennie.
- Niemowlę sprawia wrażenie szczęśliwego i pełnego energii, kiedy nie śpi.

Jeśli nie jesteś pewna, czy dziecko je wystarczająco dużo, koniecznie skonsultuj się ze specjalistą. Doświadczona konsultantka może dokonać cudów, ale problemy z karmieniem piersią zawsze łatwiej jest rozwiązać, jeśli zostaną wcześnie wykryte. Dlatego w razie jakichkolwiek wątpliwości nie wahaj się szukać pomocy.

Unikaj butelki. Jeśli w ciągu pierwszych trzech–czterech dni życia dziecko dostaje mleko z butelki, zmniejszają się szanse na udane karmienie piersią. Dużo łatwiej jest ssać z butelki niż z piersi, a noworodki, leniwe jak my wszyscy, zazwyczaj wybierają najłatwiejsze rozwiązanie. Dziecku nakarmionemu butelką nie zależy na ssaniu piersi. Niedoświadczona mama dochodzi wtedy do wniosku, że jej dziecko woli butelkę od piersi, a to niezupełnie prawda. Najlepiej jest unikać podawania butelki jak najdłużej, na pewno zaś do momentu, kiedy z karmieniem piersią nie ma większych trudności, a preferencje dziecka są ustalone.

Słuchaj słów wsparcia. Postawa lekarza położnika, pielęgniarek w szpitalu, pediatry lub pielęgniarki zajmującej się dzieckiem może podziałać na ciebie bardzo zachęcająco albo bardzo zniechęcająco, podobnie jak komentarze krewnych i znajomych. Nastawienie taty może przeważyć szalę i sprawić, że karmienie piersią stanie się pozytywnym doświadczeniem, lub przeciwnie, szybko położyć mu kres.

Słuchaj tych znajomych i krewnych, które karmiły dzieci piersią. Nie zniechęcaj się opiniami innych. Mama decydująca się na karmienie piersią może się spotkać z zaskakująco dużą liczbą sceptycznych komentarzy miłych skądinąd osób. Przygotuj się na to, że możesz usłyszeć: „Ale chyba nie masz zamiaru karmić piersią?" „A po co ci to?" „Z takimi piersiami nigdy

ci się to nie uda". „Przecież to biedactwo jest głodne. Próbujesz je zagłodzić, żeby tylko postawić na swoim?" Łagodniejsze uwagi mogą być powodowane zaskoczeniem; złośliwe wypływają prawdopodobnie z zazdrości. Nawet w późniejszym okresie, gdy tylko pojawią się jakiekolwiek wątpliwości, czy powinnaś nadal karmić, znajdzie się paru życzliwych, którzy spróbują cię nakłonić, żebyś dała sobie spokój. Jeśli masz zamiar karmić piersią, znajdź osoby, które wesprą twoją decyzję, i ich właśnie słuchaj. Głównym sprzymierzeńcem może zostać twoja mama albo teściowa. Zorientuj się też, jakie lokalne organizacje mogą ci pomóc (patrz str. 164).

Obawy o ilość mleka. Czasem mama się zniechęca, kiedy jej piersi dopiero zaczynają produkować mleko albo dzień czy dwa później, ponieważ mleka jest tak mało. To nie pora na rezygnację z karmienia. Daj sobie szansę.

Mama powinna przede wszystkim zadbać o to, żeby dobrze się odżywiać i dużo wypoczywać. Powinna jak najczęściej przystawiać dziecko do piersi. Zwiększona stymulacja piersi zwiększa produkcję mleka. W początkowym okresie bardzo ważne są nocne karmienia, przyczyniające się do regularnego pobudzania piersi. Przez pierwsze tygodnie niemowlęta w środku nocy często są bardziej rozbudzone, a co za tym idzie – skuteczniej ssą. Warto wtedy zachęcać je do jedzenia, ponieważ dzięki temu wzrośnie produkcja mleka, a dziecko będzie się zdrowo rozwijać. Zaplanuj sobie więcej snu w ciągu dnia, żeby zrekompensować nocne wstawanie. Karmiąc piersią noworodka, często trzeba być przygotowanym na pracę na nocnej zmianie.

Jeśli początkowo dziecko je mało, przez co produkcja mleka nie może wzrosnąć, można po karmieniu opróżnić piersi. Niektóre mamy potrafią zrobić to ręcznie (patrz str. 180), ale najłatwiej jest odciągnąć pokarm za pomocą dobrego elektrycznego odciągacza (patrz str. 181).

A co, jeśli niemowlę traci na wadze? W pierwszym tygodniu życia noworodek przeważnie traci około dziesięciu procent masy ciała; potem masa ciała powinna stale rosnąć. Oczywiście nie można w nieskończoność odmawiać dziecku butelki, jeśli bez przerwy jest rozpaczliwie głodne i chudnie. Lekarz albo pielęgniarka pomoże mamie zdecydować, jak długo można zwlekać z podaniem dziecku mieszanki, ile godzin ssania wytrzymają brodawki sutkowe mamy i jak często powinna przystawiać maleństwo do piersi. Nic nie należy przy tym zapominać, że na opinię lekarza albo pielęgniarki znaczny wpływ może mieć stosunek mamy do karmienia piersią. Jeśli jasno da do zrozumienia, że jej na tym zależy, zachęci lekarza do udzielenia jej wszelkiej możliwej pomocy.

Warto wiedzieć, że istnieją systemy wspomagania laktacji. Urządzenie takie składa się z cienkiej rurki jednym końcem przyklejonej do piersi, a drugim przymocowanej do plastikowej butelki. Kiedy niemowlę ssie brodawkę, mieszanka rurką płynie do jego buzi. Po nakarmieniu dziecka w ten sposób mama musi za pomocą dobrego odciągacza opróżnić piersi, żeby pobudzić produkcję mleka. Z systemu takiego należy korzystać pod opieką konsultantki z poradni laktacyjnej. Pozwala on dostarczyć dziecku wystarczającej ilości pokarmu, zwiększając jednocześnie produkcję mleka w piersi.

Dlaczego niektóre mamy się poddają? Wiele mam zaczyna karmić piersią w szpitalu i przez pewien czas daje sobie radę, ale potem zniechęca się i rezygnuje. Mówią: „Miałam za mało pokarmu", „Dziecku moje mleko nie służyło", „Moje mleko już mu nie wystarczało".

Jak to się dzieje, że tylko w krajach takich jak Stany Zjednoczone, gdzie powszechne jest karmienie butelką, nagminnie występują problemy z laktacją? W naszej kulturze mama, która próbuje karmić piersią, zamiast mieć poczucie, że robi rzecz najbardziej naturalną na świecie, i zakładać, że jej się uda – tak jak wszystkim innym mamom – ma wrażenie, że porywa się na coś trudnego i dziwnego. Jeżeli brak jej pewności siebie, nieustannie się zastanawia, czy jej się powiedzie. W pewnym sensie wypatruje dowodów, że odniosła porażkę. Jeśli któregoś dnia niemowlę płacze więcej niż zwykle, od razu przychodzi jej do głowy, że przyczyną jest zbyt mała ilość pokarmu. Jeśli dziecko ma niestrawność, kolkę lub wysypkę, podejrzenia padają przede wszystkim na mleko matki.

Niepokój sprawia, że butelką wydaje jej się najlepszym rozwiązaniem. Problem w tym, że butelka zawsze jest pod ręką. Wychodząc ze szpitala, prawdopodobnie dostała gotową mieszankę albo paczkę mleka w proszku i instrukcje, jak je przygotowywać („na wszelki wypadek"). Karmione piersią dzieci, którym podaje się duże ilości mieszanki, praktycznie rzecz biorąc zawsze mniej chętnie ssą pierś, a nieopróżnione piersi to dla gruczołów sygnał, żeby produkować mniej pokarmu.

Innymi słowy, połączenie braku wiary w możliwość wykarmienia dziecka piersią z łatwą dostępnością mieszanki mlecznej to najczęstszy powód rezygnacji z naturalnego karmienia. Ujmując to w sposób bardziej pozytywny: żeby odnieść sukces, trzeba karmić piersią, a podawania butelki unikać przynajmniej do czasu, kiedy karmienie piersią przestanie sprawiać problemy.

Oczywiście poważną przeszkodą w naturalnym karmieniu jest praca poza domem. Dla wielu kobiet świadomość, że w końcu będą musiały wrócić do pracy, jest na tyle zniechęcająca, że albo wcale nie próbują karmić piersią, albo szybko przestają. Jednak planowanie, determinacja i dobry odciągacz często umożliwiają kontynuację karmienia piersią. Wiele kobiet nadal karmi rano i wieczorem, a opiekunka dziecka (lub tata) podaje butelkę w ciągu dnia. Jeśli mama może w pracy odciągać mleko, można je podawać butelką pod jej nieobecność.

Wsparcie dla matek karmiących. Obecnie przy wielu szpitalach działają poradnie laktacyjne, które doradzają matkom karmiącym. Większość lekarzy rodzinnych i położnych potrafi pomóc w razie problemów z karmieniem. La Leche League to organizacja matek, które z powodzeniem karmiły piersią własne dzieci, a teraz chcą służyć radą i pomocą mamom bez doświadczenia*.

ZDROWIE MATKI KARMIĄCEJ

Ogólny stan zdrowia. Matki karmiące muszą o siebie dbać. Warto wyłączyć telefon, spać w dzień, kiedy dziecko śpi, zapomnieć o obowiązkach domowych, innych zmartwieniach i zobowiązaniach, przyjmować tylko najbliższych przyjaciół, a także mądrze się odżywiać.

Większość kobiet może bezpiecznie i z powodzeniem karmić piersią. Jeśli jesteś przewlekle chora i przyjmujesz leki, dobrze najpierw skonsultować się z położnikiem albo pediatrą. Jeśli jesteś zdecydowana karmić piersią, wiele problemów da się rozwiązać. Nawet kobiety po mastektomii z powodu raka piersi mogą karmić za pomocą specjalnego sprzętu. Konsultantki z poradni laktacyjnych są bardzo pomysłowe.

Wielkość piersi. Niektóre kobiety o małym biuście myślą, że nie będą w stanie wyprodukować wystarczającej ilości pokarmu. Nie ma podstaw, żeby tak sądzić. Kiedy kobieta nie jest w ciąży i nie karmi piersią, gruczoły produkujące mleko są nieaktywne i stanowią jedynie niewielką część piersi. Reszta to głównie tłuszcz. Duże piersi mają więcej tkanki tłuszczowej, małe piersi mniej. W ciąży hormony zaczynają stymulować gruczoły mlekowe,

które rozwijają się i powiększają. Tętnice i żyły dochodzące do gruczołów również się powiększają, dlatego widać je na powierzchni piersi. Kiedy kilka dni po porodzie piersi zaczynają produkować mleko, powiększają się jeszcze bardziej. Kobieta o wyjątkowo dużym biuście może zapytać konsultantkę, jakie techniki ułatwią jej karmienie.

Płaskie lub wklęsłe brodawki. Brodawka sutkowa ma ciemną otoczkę. Zazwyczaj kiedy lekko ściśnie się otoczkę pomiędzy palcem a kciukiem, brodawka wysuwa się do przodu. Zdarza się jednak, że brodawka jest wklęsła. Kobiety z wklęsłymi brodawkami powinny porozmawiać z konsultantką laktacyjną lub lekarzem przed porodem, żeby uniknąć problemów na początku karmienia.

---

* Liderki La Leche League działają również w Polsce. Ponadto pomocy mogą udzielić m.in. Komitet Upowszechniania Karmienia Piersią (KUKP) oraz Stowarzyszenie na Rzecz Naturalnego Rodzenia i Karmienia, organizujące grupy wsparcia i punkty poradnictwa telefonicznego. Przy wielu szpitalach działają poradnie laktacyjne – ich adresy można znaleźć na przykład w witrynie internetowej KUKP pod adresem www.laktacja.pl (przyp. tłum.).

Gimnastyka. Regularne ćwiczenia fizyczne poprawiają samopoczucie, pomagają utrzymać ciało w dobrej formie i schudnąć. Bardzo skuteczny jest energiczny półgodzinny spacer kilka razy w tygodniu, z dzieckiem w nosidełku. Oprócz aerobiku wskazane są ćwiczenia siłowe, rozwijające mięśnie oraz przyspieszające przemianę materii, a przez to spalanie kalorii. Nie trzeba zaopatrywać się w kosztowny sprzęt, wystarczą tanie ciężarki, podręcznik wypożyczony z biblioteki i kilka minut każdego dnia. Nie ma powodów sądzić, że uprawianie sportu przez matkę karmiącą może zaszkodzić dziecku.

Zmiany kształtu piersi. Niektóre mamy wzbraniają się przed karmieniem piersią w obawie, że wpłynie to na kształt i rozmiar ich biustu. Piersi rosną w ciąży i przez pierwsze dni po porodzie bez względu na to, jak karmione jest dziecko. Tydzień po porodzie maleją i stają się bardziej miękkie, nawet jeśli mama z powodzeniem karmi naturalnie, przez co wiele kobiet zaczyna się zastanawiać, czy przypadkiem nie produkuje za mało pokarmu.

Istotnym czynnikiem jest struktura tkanki piersi, niezależna od tego, czy mama nigdy nie karmiła piersią, czy przestała po miesiącu, trzech, sześciu albo dwunastu. Biust niektórych kobiet z wiekiem opada, choć nie podejmują nawet prób karmienia. Wiele kobiet karmi liczne dzieci bez uszczerbku dla figury, a niektóre są wręcz zadowolone z zauważonych zmian.

Warto pamiętać o pewnych środkach zapobiegawczych. Należy nosić dobrze dopasowany biustonosz, podtrzymujący piersi nie tylko podczas karmienia, ale już pod koniec ciąży, gdy biust rośnie. Zapobiega to nadmiernemu rozciąganiu się skóry i tkanki piersi, gdy są one najcięższe. Warto też kupić specjalne biustonosze dla matek karmiących, które można rozpiąć z przodu (wybierz model, który łatwo rozpiąć jedną ręką).

Dieta matki karmiącej. Niektóre mamy obawiają się, że karmiąc dziecko, będą musiały poważnie ograniczyć dietę. Zazwyczaj nie jest to prawda.

Zdarza się, że niemowlę dostaje niestrawności za każdym razem, gdy mama zje konkretny produkt. Na przykład niektóre białka mleka krowiego przenikają do pokarmu i mogą działać drażniąco na żołądek dziecka (niektóre szczególnie wrażliwe niemowlęta dostają nawet alergicznej wysypki w reakcji na spożywany przez mamę nabiał). Kofeina, czekolada i niektóre ostre przyprawy mogą mieć podobne działanie. Oczywiście jeśli powtarza się to regularnie, mama powinna z danego produktu zrezygnować.

Niektóre leki przenikają do pokarmu, choć zazwyczaj nie w takich ilościach, by zaszkodzić dziecku. Zapytaj lekarza, które leki możesz przyjmować, karmiąc piersią. Palenie papierosów jest oczywiście szkodliwe dla mamy i dla dziecka, zarówno podczas ciąży, jak i po niej.

Wypicie lampki wina czy jednego piwa nie zaszkodzi dziecku. Jednak pierwsze miesiące opieki nad niemowlęciem są bardzo stresujące i młoda mama może zdecydować się na jednego drinka dla odprężenia, potem jeszcze jednego i jeszcze jednego. Dlatego jeżeli w twojej rodzinie – jak w wielu rodzinach – były przypadki alkoholizmu albo wydaje ci się, że problem ten mógłby ciebie dotyczyć, całkowicie zrezygnuj z picia alkoholu.

Karmiąca mama musi dbać, żeby jej dieta zawierała dużo tych składników, które dziecko dostaje wraz z pokarmem. Mleko matki zawiera na przykład dużo wapnia, dzięki czemu kości niemowlęcia mogą szybko rosnąć. Jeśli mama nie uzupełnia poziomu wapnia, jej organizm pobierze wapń dla dziecka z jej kości. Kobieta powinna również pić taką ilość płynów, jaką dostarcza dziecku, plus tyle, żeby zaspokoić własne potrzeby. Jeśli normalnie pijesz mało mleka albo stosujesz dietę bezmleczną, powinnaś pić soki wzbogacone wapniem bądź mleko sojowe albo też zażywać preparat wapniowy w tabletkach. Lista produktów bezmlecznych bogatych w wapń znajduje się na stronie 235.

W diecie matki karmiącej powinny się znaleźć duże ilości warzyw, zwłaszcza zielonych warzyw liściowych jak brokuły czy jarmuż; świeże owoce; fasola, groszek i soczewica, zawierające witaminy, dużo wapnia i śladowe ilości zdrowych tłuszczów; oraz pełne (nieoczyszczone) ziarna zbóż. Produkty te obfitują w witaminy, minerały i błonnik, dzięki któremu jelita pracują bez zakłóceń. Małe porcje mięsa nie są szkodliwe, choć zdaniem wielu osób korzystniejsza jest dieta wegetariańska (patrz str. 223).

Korzystne jest spożywanie większej ilości warzyw, a mniejszej mięsa, ponieważ pestycydy i inne szkodliwe substancje chemiczne odkładają się w mleku i mięsie zwierząt, zwłaszcza ryb. Prawdopodobnie warto ograniczyć spożycie tuńczyka, a zupełnie unikać innych ryb, w których mięsie mogą się znaleźć duże ilości rtęci (patrz str. 518). Ślady toksycznych substancji chemicznych łatwo mogą przeniknąć do mleka, jeśli mama je dużo produktów mięsnych. Produkty roślinne są dużo mniej zanieczyszczone, nawet jeśli nie pochodzą z upraw ekologicznych.

Dobrym pomysłem może być preparat witaminowy na receptę. Należy unikać przyjmowania witamin w dawkach większych niż zalecane przez producenta, chyba że za radą lekarza. Wielu położników sugeruje, żeby mama kontynuowała po prostu przyjmowanie preparatów dla kobiet w ciąży.

Jeśli chodzi o płyny, trzeba pamiętać o dwóch sprawach. Po pierwsze, nie ma sensu zmuszać się do picia, ponieważ organizm szybko się pozbywa nadmiaru wody z moczem. Po drugie, podekscytowana i zapracowana młoda mama może zapomnieć o przyjmowaniu płynów i przez roztargnienie nie zaspokajać pragnienia. Dobrze jest napić się czegoś dziesięć do piętnastu minut przed spodziewaną porą karmienia.

Czy karmienie piersią jest męczące?

Słyszy się czasem, że karmienie piersią to dla kobiety ogromny wysiłek. Istotnie, w pierwszych tygodniach wiele mam odczuwa zmęczenie, ale dotyczy to również tych karmiących butelką. Nie odzyskały jeszcze w pełni sił po porodzie i pobycie w szpitalu. Wyczerpuje je napięcie wywołane opieką nad noworodkiem. Prawdą jest jednak, że każdego dnia piersi muszą dostarczyć niemowlęciu sporą ilość kalorii, więc mama musi jeść więcej niż zwykle, żeby nie tracić sił i energii. Jeśli jest zdrowa i dobrze się czuje, jej apetyt w naturalny sposób wzrośnie na tyle, że zaspokajając go, dostarczy organizmowi kalorii niezbędnych do produkcji pokarmu. Oczywiście matka karmiąca, która źle się czuje lub szybko traci na wadze, powinna niezwłocznie skonsultować się z lekarzem.

Kobieta karmiąca piersią siedzi przez kilka godzin dziennie. Czasem mamy karmiące butelką męczą się bardziej, ponieważ czują się zobligowane do wykonywania obowiązków domowych, podczas gdy mama karmiąca naturalnie ma idealną wymówkę, żeby pozostawić pranie komuś innemu. Karmienie piersią jest na pewno męczące, kiedy w nocy trzeba wielokrotnie zrywać się z łóżka. Nawet najbardziej skory do pomocy tata nie może przejąć tego obowiązku, może jednak podać mamie niemowlę, w razie potrzeby przewinąć je, a potem odłożyć do łóżeczka. W późniejszym okresie, kiedy karmienie przebiega bezproblemowo, tata może też w nocy podać niemowlęciu butelkę odciągniętego przez mamę mleka. Jeśli mama nakarmi dziecko o dziewiątej i zaśnie, tata może podać mu butelkę o północy. Do trzeciej nad ranem, pory kolejnego karmienia, mama zdąży trochę wypocząć. Przy odrobinie szczęścia można liczyć na to, że dziecko przestanie domagać się nocnych karmień pomiędzy czwartym a szóstym miesiącem życia.

Miesiączka i ciąża. Niektóre kobiety nie miesiączkują, dopóki karmią piersią. Inne miesiączkują bardziej lub mniej regularnie. Czasem się zdarza, że kiedy mama ma miesiączkę, dziecko nieco gorzej się czuje albo przez parę dni nie chce ssać piersi.

Prawdopodobieństwo zajścia w ciążę podczas karmienia piersią jest mniejsze. Jeśli dziecko jest karmione wyłącznie piersią, ma mniej niż sześć miesięcy, a mama nie ma miesiączki, istnieje jedynie bardzo niewielka (około dwóch procent) możliwość zajścia w ciążę, nawet jeśli nie stosuje się antykoncepcji. Należy porozmawiać z lekarzem o tym, kiedy powrócić do stosowania wybranej metody planowania rodziny.

POCZĄTKI KARMIENIA PIERSIĄ

Wypoczynek a odruch wypływu pokarmu. Prawdopodobnie zauważysz, że twój stan emocjonalny ma duży wpływ na wypływ pokarmu. Zmartwienia i napięcie mogą zaburzyć odruch wypływu. Dlatego przed rozpoczęciem karmienia postaraj się zapomnieć o kłopotach. Weź kilka głębokich wdechów i rozluźnij ramiona. Jeśli to możliwe, połóż się na piętnaście minut przed spodziewaną porą karmienia i zrób to, co najlepiej pomaga ci się odprężyć: zamknij oczy, poczytaj książkę lub posłuchaj muzyki.

Po kilku tygodniach karmienia możesz zacząć wyraźnie odczuwać moment wypływu pokarmu. Zdarza się, że mleko cieknie z piersi, gdy słyszysz, jak w sąsiednim pokoju niemowlę zaczyna płakać. Pokazuje to, jak silny jest związek pomiędzy emocjami a wytwarzaniem i wypływem pokarmu.

Nie wszystkie matki czują moment wypływu pokarmu.

Pozycje do karmienia. Znajdź wygodną pozycję do karmienia i upewnij się, że dziecko jest dobrze przystawione do piersi, żeby mogło skutecznie ją chwycić. W buzi dziecka powinna się znaleźć część ciemnej otoczki brodawki sutkowej. Aby karmienie było jak najwygodniejsze i najefektywniejsze, pomóż dziecku poprawnie chwycić pierś, jedną ręką przytrzymując jego główkę, a drugą wkładając mu do buzi brodawkę wraz z otoczką.

Kobiecie z dużymi piersiami będzie łatwiej w dobrym biustonoszu przeznaczonym dla matek karmiących, który podtrzyma pierś. Po prostu trudno jest przytrzymywać jednocześnie ciężką pierś i ciężkie niemowlę.

Karmienie na siedząco. Niektóre mamy wolą karmić na siedząco, w pozycji klasycznej: główka dziecka leży w zgięciu twojego łokcia, twarzą w kierunku piersi, a jego plecy podpierasz przedramieniem. Dłonią możesz podtrzymać jego pośladki lub udo. Twarz, klatka piersiowa, brzuszek i kolana dziecka powinny być zwrócone w twoją stronę. Dobrze jest umieścić jedną poduszkę pod niemowlęciem, a drugą pod swoim łokciem. Drugą ręką podeprzyj pierś, umieszczając cztery palce pod nią, a kciuk na niej, wysoko nad otoczką.

Delikatnie połaskocz brodawką dolną wargę niemowlęcia, aż bardzo szeroko otworzy buzię. (Bądź cierpliwa, czasem potrzeba na to kilku minut.) Kiedy usta są już szeroko otwarte, przyciągnij dziecko do siebie, tak aby brodawka sutkowa znalazła się w jego buzi, a dziąsła na otoczce. Buzia dziecka powinna objąć większą część otoczki. Nos maleństwa będzie dotykał piersi, ale zazwyczaj nie ma to znaczenia, chyba że podczas karmienia usłyszysz, że trudno mu oddychać. Żeby ułatwić mu oddychanie, przyciągnij jego pośladki do siebie albo unieś nieco pierś. Dzięki temu między noskiem niemowlęcia a twoją piersią utworzy się szpara wystarczająco szeroka, żeby nie blokować dopływu powietrza.

Karmienie na boku. Jeśli wolisz karmić na leżąco albo w tej pozycji mniej dokuczają ci szwy, poproś kogoś, żeby pomógł ci ułożyć poduszki za plecami i między nogami. Dziecko także powinno leżeć na boku, zwrócone do ciebie buzią. Żeby brodawka znalazła się na odpowiedniej dla niego wysokości, będziesz musiała poeksperymentować z podkładaniem poduszek pod niemowlę oraz pod swoją głowę i ramię. Powiedzmy, że leżysz na lewym boku: lewym ramieniem otocz dziecko, a potem przystaw je do piersi tak samo jak w pozycji klasycznej.

Pozycja spod pachy przyda ci się, jeśli miałaś cesarskie cięcie, niemowlę jest małe al-

bo po prostu potrzebujesz odmiany. Usiądź w wygodnym fotelu (większość pań preferuje fotel bujany) albo na łóżku, podparta mnóstwem poduszek. Oprzyj ramię na poduszce. Dłonią przytrzymaj główkę dziecka, a jego tułów i nogi umieść pod swoim łokciem – nogi powinny być skierowane do tyłu, w stronę oparcia krzesła lub znajdujących się za twoimi plecami poduszek. Pomóż dziecku chwycić pierś tak jak w pozycji klasycznej.

Chwytanie piersi i ssanie. Żeby skutecznie ssać, niemowlę musi chwycić całą brodawkę sutkową i dużą część otoczki. Brodawka powinna być skierowana w stronę podniebienia dziecka. Chwytające pierś maleństwo robi mniej więcej to samo co dorosły jedzący bardzo grubą kanapkę. Mama powinna podtrzymywać pierś podobnie, jak trzymałaby taką przeładowaną kanapkę, ściskając ją pomiędzy kciukiem a palcem wskazującym.

Ssanie samej brodawki nie wystarczy, żeby do buzi niemowlęcia zaczęło płynąć mleko. Mleko powstaje w pęcherzykach mlecznych gruczołu piersiowego, skąd przewodami mlecznymi spływa do zatok mlecznych, znajdujących się pod otoczką brodawki. Krótkimi przewodami wyprowadzającymi pokarm wydostaje się przez brodawkę na zewnątrz (w każdej brodawce jest kilka otworów). Kiedy niemowlę poprawnie ssie, większość lub cała otoczka znajduje się w jego buzi. Najważniejsze podczas karmienia jest uciskanie zatok mlecznych (leżących pod otoczką) przez dziąsła dziecka. Mleko wypływa przez brodawkę do buzi. Ssące działanie języka ma na celu nie tyle ściągnięcie pokarmu, ile utrzymanie otoczki w buzi i przemieszczenie mleka z przedniej części buzi do gardła.

Jeśli dziecko ma w buzi samą brodawkę, może wyssać tylko niewielką ilość mleka, a zaciśnięcie dziąseł na brodawce sprawia mamie ból. Natomiast kiedy w buzi niemowlęcia znajduje się większa część otoczki, dziąsła uciskają otoczkę i nie mogą uszkodzić brodawki. Gdyby dziecko zaczęło żuć brodawkę i zaciskać na niej usta, należy mu natychmiast przerwać. Żeby w razie potrzeby przerwać ssanie, należy wsunąć mały palec w kącik ust dziecka. Przed wyjęciem piersi z buzi dziecka

---

🏛 KLASYCZNY SPOCK

Przystawiając dziecko do piersi, należy unikać dwóch rzeczy. Po pierwsze, nie należy obiema rękami przytrzymywać główki niemowlęcia, żeby skierować je w stronę piersi. Niemowlęta nie znoszą, kiedy przytrzymuje się je za głowę, i próbują się wyszarpnąć. Druga rzecz to ściskanie policzków, żeby skłonić maleństwo do otwarcia buzi. Instynkt każe niemowlęciu obrócić się w kierunku policzka, którego coś dotknęło; odruch ten pomaga mu odszukać brodawkę. Jeśli policzki zostaną ściśnięte z obu stron jednocześnie, dziecko nie wie, co począć, i się denerwuje.

Gdy dziecko nie chce chwycić i ssać piersi, mama może czuć się wzgardzona, sfrustrowana i zła. Nie powinna pozwolić, żeby zraniło ją zachowanie niedoświadczonego uparciucha. Jeśli będzie ponawiać próby karmienia, prawdopodobnie maluch zrozumie w końcu, o co jej chodzi.

należy zawsze najpierw przerwać ssanie, w przeciwnym razie brodawka będzie boleć. Potem trzeba pomóc maleństwu poprawnie chwycić pierś, w taki sposób, aby otoczka wypełniała jego buzię. Jeśli niemowlę uparcie próbuje żuć samą brodawkę, należy przerwać karmienie.

Kiedy kilka dni po porodzie zaczyna się produkcja mleka, często dochodzi do „nawału mlecznego": piersi stają się przepełnione i obrzmiałe. W rezultacie brodawka może się spłaszczyć, co w połączeniu z obrzmieniem utrudnia noworodkowi chwycenie piersi. Dziecko może się tym zdenerwować. Ciepły okład i odciągnięcie niewielkiej ilości mleka na kilka minut przed karmieniem sprawi, że brodawka stanie się na tyle wypukła, żeby niemowlę mogło wziąć do buzi otoczkę. Niektórym kobietom ulgę przynoszą zimne okłady.

Pielęgnowanie brodawek. Niektórzy lekarze zalecają regularne masowanie brodawek w ostatnim miesiącu ciąży, żeby je zahartować. Nie wiadomo jednak, czy to rzeczywiście pomaga, a zbyt częste pocieranie brodawek może powodować ich pękanie i bolesność. Również zbyt intensywne mycie mydłem może wysuszać brodawki i w konsekwencji powodować ból. Najlepiej kierować się zasadą: nie rób tego, co sprawia ci ból. Lepiej też zrezygnować z masażu brodawek, jeśli powoduje on skurcze macicy.

Kiedy niemowlę zaczyna ssać, gruczoły umiejscowione w otoczce brodawki wydzielają substancję nawilżającą. Zazwyczaj nie potrzeba dodatkowo pielęgnować brodawek, zbędne są specjalne zabiegi i maści. W razie potrzeby można ewentualnie wypróbować łagodzące działanie specjalnego kremu z czystej lanoliny, jak Purelan czy Lansinoh.

Niektóre doświadczone matki są przekonane, że najlepszy sposób na utrzyma-

nie brodawek w dobrym zdrowiu to rozprowadzenie po nich niewielkiej ilości mleka po karmieniu i pozwolenie, by same wyschły. Biustonosz nie powinien mieć wodoodpornej podszewki, ciągła wilgoć szkodzi bowiem piersiom. Należy unikać wszelkich preparatów wysuszających brodawki i powodujących ich pękanie, jak silnie działające mydła albo kosmetyki zawierające alkohol.

Jeśli niemowlę ssie prawidłowo, nie ma powodu, żeby mamie pękały brodawki. Pękanie i ból to sygnał, że coś jest nie tak z przystawianiem do piersi, warto więc poszukać pomocy. Kiedy niemowlę dobrze chwyta pierś, karmienie powinno być przyjemnością, nie gehenną.

Ból brodawek. Jeśli brodawki zaczną boleć, przede wszystkim trzeba się upewnić, że dziecko dobrze chwyta pierś i ssie we właściwej pozycji. Można zwiększyć częstotliwość karmienia, żeby piersi były opróżniane, a dziecko nie było bardzo głodne. Pomocna jest też zmiana pozycji, żeby dziąsła niemowlęcia wywierały nacisk na inną część otoczki. (Więcej o bolesnych i popękanych brodawkach patrz str. 178.) Czasem kiedy brodawki bardzo bolą, jedynym wyjściem jest odciągnięcie mleka odciągaczem i podanie go dziecku butelką, co pozwoli brodawkom odpocząć. W takiej sytuacji pomoc doświadczonej konsultantki laktacyjnej może być kluczem do sukcesu.

Wklęsłe brodawki. Płaskie albo wciągnięte (cofnięte przez tkankę podporową) brodawki sutkowe mogą komplikować przystawianie niemowlęcia do piersi, zwłaszcza jeśli z natury jest niecierpliwe. Po chwili bezskutecznego poszukiwania brodawki zaczyna gniewnie płakać i odchylać główkę do tyłu. W tej sytuacji możesz wypróbować parę sposobów. Jeśli to możliwe, przystawiaj dziecko do piersi, gdy tylko się obudzi, tak by nie zdążyło się rozzłościć. Jeśli od razu zaczyna płakać, natychmiast przerwij i uspokój je przed ponowieniem próby. Nie spiesz się. Brodawka czasem bardziej wystaje, gdy pomasować ją lekko palcami. Brodawki niektórych kobiet zawsze są wklęsłe i nie można ich wyciągnąć, nie uniemożliwia to jednak karmienia piersią. Korzystne jest czasem użycie ochraniaczy na brodawkę (formujących). Lekarz, pielęgniarka lub konsultantka laktacyjna wyjaśnią ci, jak ich używać. Również dobry odciągacz może poprawić kształt brodawek.

W gruncie rzeczy brodawki mają tylko naprowadzić niemowlę na pierś, żeby mogło wziąć do buzi otoczkę. Tkanka podporowa, która powoduje cofanie się brodawek, utrudnia czasem chwycenie otoczki i dopasowanie jej do kształtu buzi. Prawdopodobnie najlepszym sposobem przygotowania się do karmienia jest ręczne odciągnięcie (patrz str. 180) niewielkiej ilości mleka z zatok mlecznych, dzięki czemu otoczka będzie bardziej miękka i plastyczna. Wkładając otoczkę do buzi dziecka, należy ścisnąć ją lekko pomiędzy kciukiem a palcami, tak by ją uwypuklić.

Ochraniacze na brodawkę. Wiele kobiet stosuje je jako nakładki korygujące kształt wklęsłych lub wciągniętych brodawek. Ochraniacze pomagają także zmniejszyć obrzmienie piersi podczas nawału mlecznego przez ucisk na okolice otoczki oraz utrzymać brodawkę suchą. Ochraniacz nosi się w biustonoszu, a zdejmuje do karmienia. Wewnętrzna strona ma otwór na brodawkę, doczepiana do niego plastikowa kopuła chroni brodawkę przed ocieraniem się o biustonosz i tworzy przestrzeń, w której zbiera się wyciekające mleko. (Jeśli pokarm wsiąka w biustonosz, brodawka jest stale wilgotna.) Nacisk wewnętrznego krążka na zatoki mleczne zmniejsza obrzęk piersi; sprawia również, że brodawka staje się bardziej wypukła. Kształt ten utrzymuje się przez pewien czas po zdjęciu ochraniacza. Jeśli brodawki są płaskie lub wklęsłe, należy nosić ochraniacze już w ostatnich tygodniach ciąży.

USTALANIE RYTMU KARMIENIA

Naturalny rytm karmienia we wczesnym okresie noworodkowym. Chociaż mleko zazwyczaj pojawia się dopiero po kilku dniach, wczesne i częste karmienie pobudza jego produkcję i pomaga zapobiegać obrzękom piersi. Dlatego dla rozpoczynającej przygodę z karmieniem mamy tak korzystny jest system *rooming-in*, czyli możliwość nieustannego przebywania w tym samym pomieszczeniu co noworodek. Niektóre niemowlęta chętnie dostosowują się do godzin karmienia obowiązujących na oddziale noworodkowym, inne początkowo budzą się z głodu bardzo nieregularnie. Jeśli się obudzą, kiedy nie można ich zanieść do mamy, płaczą czasem bardzo długo, aż w końcu zapadają w głęboki sen w porze karmienia. Natomiast mama, która stale jest przy dziecku, musi tylko przystawić je do piersi, kiedy sprawia wrażenie głodnego. Dzięki temu maleństwo nigdy nie będzie wyczerpane długim płaczem.

Szpitale preferujące *rooming-in* i naturalne karmienie często pozwalają na przystawienie maleństwa do piersi tuż po porodzie. Byłoby najlepiej, gdyby działo się to jeszcze na sali porodowej, natychmiast po osuszeniu noworodka. Często się zdarza, że nowo narodzone dziecko jest całkowicie rozbudzone; gdy położyć je na brzuchu albo klatce piersiowej mamy, potrafi samodzielnie, bez niczyjej pomocy znaleźć brodawkę sutkową.

Po początkowym okresie rozbudzenia wiele dzieci staje się sennych i przez pierwsze dwa lub trzy dni nie ma ochoty na jedzenie. Budzą się bardzo rzadko. Najczęściej tak właśnie się dzieje, gdy mamie podczas porodu podano środki uspokajające lub znieczulające. Później niemowlę prawdopodobnie przez kilka dni będzie się budzić często, nawet co godzinę albo dwie.

Bywają też noworodki, które już od chwili narodzin często się budzą i często są głodne. Przez pierwszy tydzień lub dwa chcą, żeby karmić je dziesięć–dwanaście razy na dobę, zanim zmniejszą liczbę karmień do ośmiu–dziesięciu w drugim, trzecim lub czwartym tygodniu. Nie ograniczaj liczby karmień; pozwól noworodkowi jeść, kiedy tylko ma na to ochotę.

Gdy pojawia się mleko. Początkowo piersi nie wytwarzają mleka, lecz płyn nazywany siarą. Choć nie ma jej wiele i wygląda na rzadką, cechuje się wysoką zawartością składników odżywczych i przeciwciał pomagających zwalczać infekcje.

Nie sposób przewidzieć ze stuprocentową pewnością, kiedy pojawi się mleko i jak to będzie wyglądać. Najczęściej można się go spodziewać w trzecim lub czwartym dniu życia dziecka. Wcześniej pojawia się u matek, które mają starsze dzieci, oraz u tych, które przebywają z maleństwem i już w szpitalu mogą je karmić na żądanie. Niekiedy dzieje się to tak gwałtownie, że można moment określić co do godziny. U innych jest to proces stopniowy. Właśnie około trzeciego lub czwartego dnia życia można zaobserwować wyraźną zmia-

nę w zachowaniu wielu noworodków: zaczynają dużo częściej się budzić, sygnalizując głód. Jest to jeden z wielu przykładów sytuacji płynnie regulowanych przez naturę.

Badania wykazały, że pomiędzy trzecim a szóstym dniem życia noworodki karmione piersią na żądanie przeważnie chcą jeść do dziesięciu–dwunastu razy na dobę. (W tym okresie mogą się też często wypróżniać.) Matki, którym szczególnie zależy na sukcesie karmienia piersią, są rozczarowane, sądząc, że przyczyną jest niedostateczna ilość pokarmu. Jest to nieprawda. Noworodek zaczął się po prostu przygotowywać do czekających go poważnych zadań, takich jak jedzenie i rośnięcie, i dostarcza piersiom stymulacji niezbędnej, żeby mogły sprostać rosnącemu zapotrzebowaniu na pokarm. Również w drugiej połowie pierwszego tygodnia piersi są najsilniej stymulowane przez hormony. Nic dziwnego, że zazwyczaj są przepełnione, a bywa, że maleństwo się nie najada. System i tak działa nadzwyczaj sprawnie.

Pod koniec pierwszego tygodnia stabilizuje się wydzielanie hormonów. Odtąd piersi będą wytwarzać tyle mleka, ile potrzeba, by zaspokoić potrzeby dziecka. Zdarza się, że w okresie przejściowym (przeważnie w drugim tygodniu) pokarmu jest nieco za mało, gdyż piersi dopiero dostosowują podaż do popytu. To dziecko „uczy" piersi, ile mleka mają wytworzyć, nie tylko w drugim i trzecim tygodniu, ale przez cały okres karmienia piersią. Innymi słowy, gdy w wieku kilku miesięcy niemowlę zacznie domagać się większych ilości pokarmu, jego produkcja wzrośnie.

Jak długo powinno trwać jedno karmienie? Kiedyś zakładano, że lepiej początkowo ograniczyć długość karmień, a potem stopniowo wydłużać je, gdy brodawki się przystosują. Miało to zapobiegać ich bolesności. Doświadczenie uczy jednak, że lepiej od początku pozwolić decydować niemowlęciu. Jeśli zawsze pozwala mu się jeść, kiedy jest głodne, tak długo, jak długo ma ochotę, ma czas na poprawne uchwycenie piersi, dzięki czemu nie dochodzi do podrażnienia brodawek. Początkowo dłużej trzeba czekać na wypływ pokarmu, dobrze więc, gdy niemowlę spędza przy piersi dość dużo czasu. Oznacza to, iż świeżo upieczona mama, która chce karmić piersią, musi przygotować się na to, że nie będzie miała czasu na nic oprócz karmienia. Inni członkowie rodziny muszą przejąć jej obowiązki, żeby mogła skoncentrować się na zaspokajaniu potrzeb noworodka.

Jak często karmić? W pewnym sensie odpowiedź brzmi: „Tak często, jak niemowlę sprawia wrażenie głodnego, a mama jest w stanie". W społeczeństwach nieuprzemysłowionych matki niekiedy karmią nawet co pół godziny, choć podczas niektórych karmień dziecko ssie tylko przez chwilę. W naszej kulturze matka, która z powodzeniem wykarmiła poprzednie dziecko i nie brak jej pewności siebie, może czasem bez wahania przystawić niemowlę do piersi już po godzinie, jeśli uważa, że maleństwo może być głodne.

Jednak nie oznacza to, że należy przystawiać niemowlę do piersi za każdym razem, gdy zapłacze. Dzieci płaczą nie tylko z głodu, ale także z powodu kolki bądź innych form niestrawności, w wyniku niezrozumiałego dla nas rozdrażnienia, ze zmęczenia, które z jakiegoś powodu nie pozwala im zasnąć (patrz str. 33). Niespokojna, niedoświadczona mama może doprowadzić się do stanu skrajnego wyczerpania, zamartwiając się i karmiąc przez cały dzień na okrągło, a potem jeszcze przez pół nocy. Niepokój może źle wpły-

nąć na wytwarzanie pokarmu i zakłócić odruch wypływu mleka.

Tak więc można powiedzieć: karm tak często, jak chcesz, ale nie zapominaj przy tym o swoich potrzebach. Można pozwolić niemowlęciu parę minut pomarudzić, w nadziei, że zaśnie; czasem gdy tata przytuli je do swojej nagiej klatki piersiowej, ciepło i zapach – inny niż zapach mamy – podziała na nie uspokajająco. Czasem pomaga ciasne owinięcie w kocyk lub kołysanie. Jeśli jednak żaden z tych sposobów nie skutkuje, trzeba spróbować karmienia.

Jeśli niemowlę ssie i ssie, ale nigdy nie wydaje się zadowolone, być może dostaje za mało mleka. Upewnij się, że podczas karmienia wydaje odgłosy przełykania, kilka razy dziennie oddaje rzadki stolec i często moczy pieluszkę; niech lekarz sprawdzi, czy prawidłowo przybiera. Jak najwcześniej zwróć się po pomoc do poradni laktacyjnej, nie czekając, aż problem stanie się poważny.

Z jednej piersi czy z obu? W tych częściach świata, gdzie karmienie piersią jest podstawowym sposobem żywienia niemowląt, a mamy podczas pracy noszą niemowlęta w chustach, dzieci często się budzą i są przystawiane do piersi. Dość krótko ssą jedną pierś, potem znów zasypiają. W naszym funkcjonującym pod dyktat zegara społeczeństwie, w którym niemowlęta po karmieniu często są układane do snu w cichym pokoju, skłaniamy się ku karmieniom dłuższym i rzadszym. Jeśli pokarmu jest dużo, dziecku może wystarczyć jedna pierś przy każdym karmieniu. Każda pierś jest pobudzana, ponieważ dziecko opróżnia ją dokładnie, choć dzieje się to tylko raz na cztery do ośmiu godzin.

Jednak w wielu przypadkach ilość mleka produkowana przez jedną pierś nie wystarcza dziecku, więc przystawia się je podczas każdego karmienia do obu piersi. Podczas jednego karmienia oferuje się najpierw lewą pierś, podczas kolejnego – najpierw prawą. Niektóre mamy i lekarze zalecają podawanie obu piersi. Prosta i godna zaufania metoda to pozwolenie na opróżnienie jednej piersi przed podaniem drugiej. Zorientujesz się, że maluch skończył, kiedy puści pierś. Drugą pierś może ssać długo albo krótko, wybór należy do niego. Pozwolenie mu na podjęcie decyzji oznacza, że skończy karmienie najedzony, ale nie przejedzony.

Niemowlęta różnie się zachowują przy piersi. Pewien obdarzony poczuciem humoru lekarz, który badał zachowanie setek niemowląt po raz pierwszy przystawianych do piersi, podzielił je na różne typy. **Mały łakomczuszek** chciwie chwyta otoczkę i energicznie ssie aż do zaspokojenia głodu. Problem w tym, że może zbyt brutalnie traktować pierś mamy, jeśli mu się na to pozwoli. Dla **niecierpliwca** karmienie to tak ekscytujące przeżycie, że ciągle wypuszcza brodawkę. Zamiast jej poszukać, zaczyna krzyczeć. Trzeba go przytulić i przez kilka minut pocieszać, zanim uspokoi się na tyle, żeby znów chwycić pierś. Po kilku dniach sytuacja się poprawia. **Maruder** przez pierwszych parę dni nie chce jeść; czeka, aż w piersiach pojawi się mleko. Namawianie go sprawia tylko, że jeszcze bardziej zacina się w uporze. Da sobie radę, kiedy nadejdzie właściwa chwila. **Smakosz** przez chwilę bada ustami brodawkę i mlaskając, próbuje kroplę mleka, zanim zabierze się do roboty. Ponaglanie tylko go złości. **Leniuszek** chce na przemian przez kilka minut ssać, a przez kilka odpoczywać. Nie można go popędzać. Karmienie go trwa dłużej, ale jest efektywne.

W pierwszych tygodniach pojawiają się też inne zachowania, które mogą bardzo utrudnić mamie zadanie i doprowadzić ją niemal do obłędu. Na szczęście po kilku tygodniach dzieci zazwyczaj z nich wyrastają.

Dzieci, które po chwili zasypiają. Nigdy nie jedzą energicznie, a zasypiają pięć minut po chwyceniu piersi. Nie wiadomo, czy zjadły wystarczająco dużo. Nie byłoby tak źle, gdyby spały przez dwie czy trzy godziny, ale kilka minut po położeniu do łóżeczka budzą się i zaczynają znowu marudzić. Nie wiemy, co jest przyczyną takiego zachowania. Być może układ nerwowy i układ trawienny dziecka nie potrafią jeszcze dobrze współpracować. Wystarczą ciepłe ramiona mamy i pierś w buzi, żeby je uśpić. Głód budzi je jednak, gdy znajdą się w twardym, chłodnym łóżeczku. Kiedy podrosną i zrozumieją, o co w tym wszystkim chodzi, głód nie pozwoli im zasnąć, dopóki się nie najedzą. Jeśli po kilku minutach przy piersi niemowlę staje się senne, spróbuj od razu przystawić je do drugiej piersi – być może nie zaśnie, jeśli mleko będzie łatwiej wypływać. Oczywiście byłoby najlepiej, gdyby ssało każdą pierś co najmniej przez piętnaście minut, żeby zapewnić jej właściwą stymulację, ale jeśli nie chce, nie można go zmusić.

Dzieci drażliwe. Inne niemowlęta, bardziej głodne, bardziej rozbudzone lub bardziej asertywne, reagują irytacją, kiedy nie dostaną wystarczająco dużo mleka. Odrywają głowę od piersi i krzyczą, próbują raz jeszcze i raz jeszcze wpadają w złość. Fakt, że dziecko nie chce jeść, tylko zwiększa niepokój mamy i błędne koło się zamyka. Jeśli mama rozumie, że jej napięcie może niekorzystnie wpłynąć na odruch wypływu mleka, znajdzie sposób, żeby zrelaksować się przed karmieniem i podczas niego. Muzyka, czasopisma, telewizja: rób to, co najbardziej ci odpowiada.

CZY DZIECKO SIĘ NAJADA?

Przyrost masy ciała i zadowolenie.
Dobrze pamiętać, że w tych częściach świata, gdzie nie ma wag i lekarzy, matka zakłada po prostu, że niemowlę się najada, jeśli jest zadowolone i dobrze wygląda. Sprawdza się to w dziewięciu przypadkach na dziesięć.

Na pytanie, czy dziecko dostaje wystarczająco dużo pokarmu, odpowiecie wspólnie z lekarzem na podstawie przyrostu masy ciała niemowlęcia oraz jego zachowania w ciągu kilku tygodni. Nie można wyciągnąć wniosków na podstawie tylko jednego z tych czynników. Dziecko szczęśliwe i szybko przybierające na pewno dostaje wystarczająco dużo mleka. Dziecko, które przybiera w przeciętnym tempie, ale płacze godzinami każdego popołudnia lub wieczoru, prawdopodobnie ma kolkę. Dziecko, które rośnie wolno, ale ma dobre samopoczucie, prawdopodobnie jest tak po prostu uwarunkowane genetycznie. Zdarzają się sporadycznie niemowlęta, które nie skarżą się, choć przyrost masy jest zbyt mały. Maleństwo, które rośnie bardzo wolno i przez większość czasu sprawia wrażenie głodnego, prawdopodobnie dostaje za mało pokarmu. Niedożywione niemowlę może być nerwowe albo apatyczne. Rzadko się wypróżnia i moczy mniej niż sześć pieluszek dziennie, a jego mocz jest ciemny i ma silny zapach.

Każde niemowlę, które po upływie dwóch tygodni życia słabo przybiera na wadze, należy budzić co dwie–trzy godziny i zachęcać do jedzenia. Dzieci przysypiające przy piersi można trzymać pionowo, aż im się odbije, a następnie przystawić do drugiej piersi. Jeśli powtarza się to cztery do pięciu razy podczas każdego karmienia, większość niemowląt po pięciu–siedmiu dniach zacznie szybciej przybierać i energiczniej ssać.

Masę ciała dziecka karmionego piersią należy sprawdzić około tygodnia po narodzeniu, a w ciągu dwóch tygodni po opuszczeniu szpitala powinien je obejrzeć lekarz albo pielęgniarka – wcześniej, jeśli w szpitalu karmienie piersią nie przebiegało bezproblemowo lub istnieją jakiekolwiek obawy w związku z tempem przyrostu masy ciała lub wytwarzaniem mleka. Na dłuższą metę najlepiej jest założyć, że dziecko się najada, chyba że ono samo albo też lekarz czy pielęgniarka są odmiennego zdania. Jeśli maluch jest zadowolony z karmienia, to i ty powinnaś być zadowolona.

Trudno powiedzieć, ile dziecko zjadło.
Świeżo upieczonej mamie trudno jest odpowiedzieć na pytanie, czy dziecko je wystarczająco dużo. Nie sposób tego ocenić po długości karmień, wyglądzie piersi czy mleka. W przybliżeniu można powiedzieć, że około piątego dnia życia przeciętny noworodek moczy sześć do ośmiu pieluch, wypróżnia się cztery do dziesięciu razy i je osiem do dwunastu razy na dobę.

Długość karmienia na pewno nie jest decydująca. Niemowlę ssie nadal, choć prawie opróżniło już pierś – czasem przez dziesięć minut, czasem przez trzydzieści – ponieważ pokarm nadal leci cienką strużką, ponieważ lubi ssać, ponieważ po prostu dobrze się przy tym czuje. Uważne obserwacje i ważenie nieco starszych niemowląt wykazały, że to samo dziecko może być zupełnie zadowolone ze 100 ml podczas jednego karmienia, a potrzebować 300 ml podczas następnego.

Większość doświadczonych mam przyznaje, że nie jest w stanie określić na podstawie wyglądu piersi przed karmieniem, ile jest w nich pokarmu. Przez pierwszy tydzień czy dwa zmiany hormonalne sprawiają, że piersi są wyraźnie pełne i twar- de. Po pewnym czasie stają się mniejsze i bardziej miękkie, chociaż zwiększa się produkcja pokarmu. Niemowlę potrafi wyssać ponad 175 ml mleka z piersi, któ- ra mamie wcale nie wydaje się pełna. Nie sposób też niczego ocenić na podstawie koloru lub wyglądu pokarmu. W porów- naniu z mlekiem krowim mleko ludzkie zawsze sprawia wrażenie chudego i nie- bieskawego.

Płacz i głód. Głód nie jest najczęstszym powodem płaczu. Matki często się mar- twią, kiedy dzieci zaczynają marudzić zaraz po karmieniu lub między karmie- niami. Od razu przychodzi im do głowy, że przyczyną jest niedostatek pokarmu, choć to przeważnie nieprawda. Niemal wszystkie dzieci, zwłaszcza pierworodne, miewają napady marudzenia, najczęściej po południu lub wieczorem. Niemowlęta karmione butelką marudzą tak samo jak niemowlęta karmione piersią. Niemowlę- ta dostające tyle mleka, ile tylko zapragną, marudzą tak samo jak niemowlęta, które dostają go nieco mniej (informacje o pła- czu i kolce znajdziesz na stronach 33 i 58). Jeśli mama rozumie, że w pierwszych ty- godniach życia marudzenie rzadko powo- dowane jest głodem, nie straci tak szyb- ko wiary w powodzenie karmienia piersią.

Oczywiście istnieje niewielkie prawdo- podobieństwo, że dziecko płacze z głodu. Zwykle jednak głód budzi niemowlę nieco wcześniej przed kolejnym karmieniem, nie zaś godzinę lub dwie po skończeniu

poprzedniego. Jeśli jest głodne, być mo- że oznacza to, że właśnie doznało nagłe- go przypływu apetytu, a może produkcja mleka nieco zmalała na skutek zmęczenia lub zdenerwowania mamy. Rozwiązanie jest w każdym razie to samo: przyjmij za pewnik, że maleństwo przez kilka dni bę- dzie się budzić i żądać karmienia częściej i energiczniej niż do tej pory, aż twoje piersi dostosują podaż do zwiększonego popytu; potem prawdopodobnie wróci do starego rozkładu karmień.

W przypadku marudnego dziecka klu- czem do sukcesu jest danie szansy karmie- niu piersią. Podawanie mieszanki mlecz- nej należy odłożyć przynajmniej na dwa tygodnie. W tym czasie trzeba pozwolić, by niemowlę jadło tak często, jak chce, i tak długo, jak chce. Jeśli w ciągu tygodnia albo dwóch przybiera na wadze zgodnie z normą, należy po raz kolejny odłożyć na bok myśl o przejściu na karmienie butelką, przynajmniej na następne dwa tygodnie.

Niekiedy zdarza się, że mama wpada w panikę na myśl o próbach karmienia ma- lucha wyjątkowo marudnego albo cierpią- cego na kolkę. Wtedy najlepiej odpocząć od karmienia piersią, podać butelkę albo pozwolić, by ktoś inny (ojciec, przyjaciół- ka, babcia) wziął na siebie uspokajanie dziecka. Chwila odpoczynku i możliwość zatroszczenia się o siebie może sprawić, że mama powróci do karmienia piersią ze zdwojoną energią. Oczywiście jeśli się obawiasz, że twoje dziecko jest niedoży- wione, zawsze warto skonsultować się z pe- diatrą.

POWRÓT DO PRACY

Praca a karmienie piersią. Co ma po- cząć kobieta, która waha się, czy karmić piersią, ponieważ planuje powrót do pra-

cy? (Nie chodzi o to, że wychowywanie dziecka to nie praca. Mam tu na myśli pracę poza domem.) Jeśli zależy ci na karmieniu piersią, prawdopodobnie uda ci się połączyć jedno z drugim. Matki, którym się udało, często karmią po pracy i nie próbują dostosowywać się do ustalonego rozkładu karmień. Wielu pracodawców pozwala karmiącym matkom na przerwę w pracy*, żeby mogły odciągnąć pokarm i zapewnić piersiom stymulację. (Więcej informacji o odciąganiu pokarmu znajdziesz na stronie 180.)

W dni wolne od pracy mama może karmić dziecko przez cały dzień. Pomaga to utrzymać produkcję mleka na wysokim poziomie. Nawet jeśli zdecydujesz się na podawanie mleka modyfikowanego po powrocie do pracy, karmienie piersią przez pierwszych kilka tygodni po porodzie dobrze wpłynie na stan zdrowia dziecka. Warto jeszcze w ciąży porozmawiać z matkami, które z powodzeniem karmiły piersią po powrocie do pracy.

Łączenie karmienia piersią i butelką.
Oto kilka sugestii doświadczonych matek, które nie zaprzestały karmienia piersią po powrocie do pracy (patrz też str. 181).

W miarę możliwości poczekaj z wprowadzeniem butelki, aż dziecko będzie miało trzy–cztery tygodnie. Do tego czasu powinno się nauczyć jeść zgodnie z jakimś rozkładem, a produkcja mleka powinna być ustabilizowana.

Jeden z szybszych sposobów na odciąganie mleka polega na używaniu odciągacza przy jednej piersi podczas karmienia drugą (trzeba to trochę poćwiczyć). Jest to metoda o tyle skuteczna, że odruch wypływu pokarmu wywołany przystawieniem dziecka do piersi przyspiesza odciąganie.

---

* Artykuł 187 polskiego Kodeksu Pracy mówi, że matce karmiącej pracującej dłużej niż sześć godzin dziennie przysługują dwie półgodzinne przerwy, a pracującej dłużej niż cztery godziny – jedna przerwa (przyp. tłum.).

Inna strategia polega na odciąganiu mleka godzinę po karmieniu. Dzięki temu wzrośnie produkcja mleka (tak jakbyś karmiła drugie dziecko).

Pokarm można przechowywać osiem dni w lodówce, a cztery do sześciu miesięcy w zamrażarce. Przed podaniem go dziecku upewnij się, że nie skwaśniał, wąchając go i próbując. Po otwarciu butelki przechowywanego pokarmu wyrzuć resztę po dwóch godzinach. Większość dobrych laktatorów umożliwia odciąganie pokarmu bezpośrednio do małej butelki zaopatrzonej w szczelne zamknięcie. Można ją opatrzyć etykietą i przechowywać w zamrażarce. Można też zamrażać mleko w tackach na kostki lodu. Owiń kostki folią do żywności w pięćdziesięciomililitrowych porcjach, które opiekun dziecka będzie mógł umieścić w butelce. Nigdy nie dodawaj ciepłego mleka do butelki z mlekiem zimnym lub zamrożonym, ponieważ to sprawia, że mleko szybciej się psuje.

Zacznij od podawania butelki odciągniętego pokarmu trzy razy w tygodniu. Wiele niemowląt nie chce jeść z butelki podawanej przez mamę – widzą różnicę – więc czasem musi to zrobić ojciec, starszy brat albo siostra, wynajęta opiekunka. Najlepsze jest ciepłe mleko, dzieci karmione piersią nie są bowiem przyzwyczajone do zimnego. Niektóre niemowlęta zaakceptują butelkę bez problemu; w przypadku innych wymaga to dużo cierpliwości i wysiłku.

Jeśli niemowlę nie ma ochoty pić z butelki, spróbuj wyjść z pokoju lub nawet z domu. (Niektóre dzieci odmawiają ssania butelki, gdy słyszą głos mamy.) Możesz też spróbować trzymać niemowlę w pozycji, która nie kojarzy mu się z karmieniem, na przykład na swoich kolanach, zwrócone do ciebie stopami, a głową w kierunku twoich kolan. Niekiedy dzieci lubiące słodkie smaki chętniej niż mleko zaakceptują z butelki sok jabłkowy rozcieńczony pół na pół z wodą. Najlepiej unikać podawania soków dzieciom poniżej trzeciego lub czwartego miesiąca; w późniejszym okresie nie należy dziecku karmionemu piersią podawać więcej niż 120 ml, gdyż sok ma niewielkie wartości odżywcze w porównaniu z pokarmem matki.

Byłoby dobrze, gdyby przed twoim powrotem do pracy dziecko nauczyło się przynajmniej jeden posiłek dziennie wypijać z butelki. W pracy dobrze jest odciągać pokarm, żeby nie zmniejszyła się jego produkcja i nie doszło do obrzęku piersi. Postaraj się karmić piersią bezpośrednio przed pracą i po niej, a także dwukrotnie odciągać mleko, jeśli pracujesz dłużej niż sześć godzin.

PROBLEMY Z KARMIENIEM PIERSIĄ

Gryzące niemowlę. Ugryzienie w brodawkę bywa tak bolesne, że nie sposób kontynuować karmienia. Nie można mieć do dziecka pretensji, że próbuje gryźć, kiedy podczas ząbkowania bolą je dziąsła albo kiedy wyrżnęły mu się pierwsze ząbki. Nie jest świadome tego, że sprawia mamie ból.

Większość niemowląt można szybko oduczyć gryzienia. Należy natychmiast wsunąć palec pomiędzy dziąsła dziecka i łagodnym tonem powiedzieć: „Nie". Jeśli zrobi to raz jeszcze, trzeba znów wsunąć palec pomiędzy jego dziąsła, powiedzieć: „Nie" i zakończyć karmienie. Dziecko i tak gryzie zazwyczaj wtedy, gdy już się najadło.

Marudzenie przy piersi. Niekiedy dziecko, które przez pierwsze cztery czy pięć miesięcy jadło bez problemu, zaczyna po kilku minutach od chwycenia piersi marudzić albo płakać. Może to być spowodowane ząbkowaniem. Więcej informacji znajdziesz na stronie 543.

Ból podczas karmienia. Przez pierwszy tydzień lub nawet nieco dłużej mogą ci dokuczać bolesne skurcze w okolicach podbrzusza, pojawiające się, gdy tylko niemowlę zacznie ssać pierś. Karmienie powoduje uwolnienie hormonów, które wywołują kurczenie się macicy i jej powrót do rozmiaru sprzed ciąży. Po pewnym czasie skurcze mijają. Przez pierwszych parę dni lub tygodni częsty jest przenikliwy ból brodawki, który pojawia się, kiedy dziecko zaczyna ssać, i trwa kilka sekund. Nie ma on większego znaczenia i wkrótce przestanie się pojawiać.

Bolesne lub popękane brodawki. Ból trwający przez cały czas karmienia może być spowodowany pęknięciem brodawki. Trzeba ją dokładnie obejrzeć. (Zdarzają się matki niezwykle wrażliwe, które odczuwają ból nawet wtedy, gdy ich brodawki są zdrowe.) Jeśli brodawka jest popękana (często dlatego, że dziecko źle chwyta pierś), częstsze karmienie w różnych pozycjach i robienie okładów z lodu może zapobiec obrzękowi piersi i ułatwić niemowlęciu chwytanie otoczki, nie samej brodawki.

Lekarz może przepisać maść albo inny środek, np. opatrunek hydrożelowy.

Obrzęk spowodowany przepełnieniem piersi (nawał mleczny). Uczucie przepełnienia mlekiem, kiedy cała pierś staje się twarda, jest nieprzyjemne. Najczęściej nie jest to poważny problem, sporadycznie zdarza się jednak, że pierś się powiększa, jest bardzo twarda i dotkliwie boli.

Nie leczony obrzęk może spowodować zmniejszenie produkcji pokarmu.

W łagodnym przypadku przepełnienia natychmiastową ulgę przynosi przystawienie dziecka do piersi. Jeżeli otoczka jest tak twarda, że niemowlę nie jest w stanie jej uchwycić, konieczne może być uprzednie zmiękczenie jej poprzez ręczne odciągnięcie pokarmu. Pomocne mogą być też ochraniacze na brodawkę (patrz str. 171).

Poważniejsze przypadki wymagają zastosowania różnych środków. Spróbuj masować całą pierś, zaczynając od zewnątrz i posuwając się w kierunku otoczki. Warto przeprowadzić taki masaż pod ciepłym prysznicem; woda działa relaksująco, sprawia, że łatwiej jest piersi masować, i nic się nie pobrudzi, jeśli nagle na wszystkie strony wytryśnie pokarm. Żeby uniknąć podrażnienia skóry piersi, możesz użyć maści zawierającej czystą lanolinę albo olej roślinny, ale unikaj smarowania otoczki; stanie się przez to zbyt śliska, żeby ręcznie odciągnąć mleko. Piersi można masować raz albo kilka razy dziennie, mama może to robić własnoręcznie albo poprosić kogoś o pomoc. W celu przygotowania piersi do masażu można zrobić okład ze ściereczki zwilżonej wodą na tyle gorącą, żeby nie parzyła. Ulgę przynieść może odciąganie pokarmu elektrycznym odciągaczem, w połączeniu z masażem albo nie (patrz str. 181).

Pomiędzy karmieniami i stosowaniem środków przynoszących ulgę należy nosić duży biustonosz, dobrze podtrzymujący piersi ze wszystkich stron. Na ból pomoże środek przeciwbólowy zawierający paracetamol lub ibuprofen. Na krótko można przyłożyć okład z lodu albo termofor, pomocne bywają też schłodzone liście kapusty. Do poważnego przepełnienia piersi niemal zawsze dochodzi w drugiej połowie pierwszego tygodnia i zazwyczaj trwa tylko parę dni. Później zdarza się bardzo rzadko.

Obrzęk w okolicach otoczki brodawki. Najczęstszą przyczyną obrzęku piersi jest przepełnienie znajdujących się pod otoczką brodawki sutkowej zatok mlecznych, w których zbiera się pokarm produkowany przez gruczoły. Taki zastój pokarmu nie musi być dla mamy nieprzyjemny, ale otoczka staje się czasem tak twarda i płaska, że niemowlę nie może wziąć jej do buzi i ścisnąć dziąsłami. Łapie samą tylko brodawkę, żuje ją i często podrażnia.

Rozwiązanie polega na odciągnięciu niewielkiej ilości mleka z zatok, dzięki czemu okolice otoczki staną się miękkie i wystarczająco elastyczne, żeby dziecko mogło prawidłowo chwycić pierś (na str. 180 opisano ręczne odciąganie mleka). Pomocna może też być muszla laktacyjna.

Żeby otoczka stała się bardziej miękka, nie trzeba odciągać dużych ilości mleka; wystarczy dwie do pięciu minut z każdej piersi. Potem wkładając dziecku pierś do buzi, można ścisnąć ją od góry i od dołu, żeby ułatwić mu rozpoczęcie ssania. Zastój pokarmu za otoczką najczęściej pojawia się pod koniec pierwszego tygodnia. Zazwyczaj trwa dwa do trzech dni i nie powraca, jeżeli karmienie przebiega normalnym trybem.

Obrzęk spowodowany zablokowaniem przewodów mlecznych. Trzeci typ obrzęku piersi podobnie jak nawał mleczny jest bolesny i nie ogranicza się do okolic otoczki. Zastój pokarmu pojawia się jednak tylko w jednym segmencie piersi, a jego przyczyną jest zablokowanie przewodów mlecznych. Najczęściej zdarza się to już po wyjściu ze szpitala. Zalecenia są podobne jak w przypadku obrzęku całych piersi:

◆ masaż segmentu dotkniętego obrzękiem, poprzedzony ciepłym okładem;

◆ noszenie dobrego biustonosza dla matek karmiących;

- przykładanie termoforu albo okładów z lodu;
- częstsze karmienie;
- karmienie z noskiem niemowlęcia skierowanym w stronę zablokowanego segmentu, ponieważ ssanie jest najsilniejsze pośrodku, pod noskiem dziecka;
- częste zmiany pozycji karmienia;
- właściwy wypoczynek mamy.

Zapalenie i ropień piersi. Bolesne miejsce w piersi może być oznaką infekcji: połogowego zapalenia sutka, które niekiedy prowadzi do powstania ropnia piersi. W bolesnym miejscu skóra staje się zaczerwieniona, może się pojawić gorączka i dreszcze. Pierwszymi oznakami zapalenia piersi są często bóle głowy i stawów oraz inne objawy charakterystyczne dla grypy. Zmierz temperaturę i skontaktuj się z lekarzem albo pielęgniarką. Lecząc zapalenie piersi nowoczesnymi metodami, najlepiej jest kontynuować karmienie piersią. Pomaga całkowite opróżnianie piersi przynajmniej raz dziennie.

Kiedy mama jest chora. Podczas niegroźnej choroby, kiedy mama pozostaje w domu, zazwyczaj kontynuuje się karmienie piersią. Oczywiście istnieje ryzyko, że niemowlę się zarazi, ale to samo mogłoby się zdarzyć, gdyby karmienie piersią zostało przerwane. Poza tym większość infekcji jest najbardziej zaraźliwa jeszcze przed pojawieniem się pierwszych objawów. Żeby chronić dziecko, myj ręce częściej niż zwykle. Niemowlęta zazwyczaj przechodzą przeziębienia łagodniej niż pozostali członkowie rodziny, ponieważ przed urodzeniem otrzymały od mamy wiele przeciwciał. Niektóre kobiety zauważają, że w okresie choroby zmniejsza się ilość produkowanego pokarmu, jednak częstsze karmienie szybko rozwiązuje problem.

ODCIĄGANIE POKARMU

Karmiące mamy powinny umieć opróżniać piersi bez pomocy dziecka. Przydaje się to na przykład wtedy, gdy wystąpi obrzęk piersi lub gdy są one zbyt twarde, żeby niemowlę mogło je uchwycić. Zdarza się, że dziecko nie może ssać, jeśli na przykład urodziło się przedwcześnie, ma rozszczep podniebienia lub z innego powodu nie pozwala mu na to stan zdrowia. Mamy pracujące poza domem często wolą w ciągu dnia odciągnąć pokarm i później dać dziecku butelką, niż karmić je mlekiem modyfikowanym. Warto opanować sztukę ręcznego odciągania pokarmu, polegającego na wyciskaniu mleka z piersi palcami lub na przykład kubkiem. Jeśli jednak chcesz regularnie odciągać pokarm, nic nie zastąpi wysokiej jakości elektrycznego laktatora.

Odciąganie ręczne. Ręcznego odciągania pokarmu najlepiej jest się nauczyć jeszcze w szpitalu od doświadczonej osoby. Dobrze jest poprosić o wskazówki, nawet jeśli nie planujesz ręcznego odciągania pokarmu. W razie potrzeby nauczyć cię odciągania może też pielęgniarka środowiskowa albo konsultantka laktacyjna już po powrocie do domu. Możesz nauczyć się tego sama, ale zabierze ci to więcej czasu. W każdym razie na początku nie jest to łatwe i możesz potrzebować kilku sesji, zanim osiągniesz pożądany efekt. Nie zniechęcaj się.

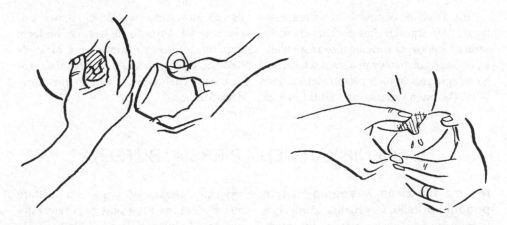

Pokarm produkowany w gruczołach piersiowych przepływa kanalikami mlecznymi i zbiera się w zatokach znajdujących się pod otoczką brodawki. Podczas ręcznego odciągania pokarmu najpierw masuje się pierś, a potem wyciska pokarm z zatok mlecznych, z których każda posiada przewód wyprowadzający pokarm na zewnątrz. Jeśli masz zamiar odciągnąć tylko niewielką ilość mleka, na przykład żeby zmniejszyć obrzęk okolic otoczki, możesz zebrać je w jakikolwiek kubek lub butelkę. Jeśli masz zamiar odciągnąć porcję pokarmu, którą natychmiast podasz dziecku, możesz zebrać ją w czysty kubek i przelać do butelki (wskazówki dotyczące karmienia butelką znajdziesz na str. 194). Niewykorzystane mleko trzeba umieścić w lodówce lub zamrażarce (str. 193). Przed ręcznym odciąganiem mleka należy dokładnie umyć ręce.

Metoda palca wskazującego i kciuka. Umyj ręce. Pomasuj pierś, żeby zatoki napełniły się pokarmem. Żeby ucisnąć znajdujące się głęboko pod otoczką brodawki zatoki, przyłóż opuszki kciuka i palca wskazującego po przeciwnych stronach otoczki, tam, gdzie skóra staje się ciemniejsza. Potem mocno uciśnij pierś, aż poczujesz opór żeber. W tej pozycji rytmicznie przybliżaj

do siebie kciuk i palec, jednocześnie lekko przesuwając je do przodu, żeby ułatwić przepływ mleka. Prawą ręką odciągaj pokarm z lewej piersi, a lewą ręką podtrzymuj pojemnik, w który zbierasz mleko. Ważne jest, żeby uciskać wystarczająco głęboko i na samym skraju otoczki. Nie ściskaj brodawki. Przy każdym uciśnięciu uzyskasz nieco więcej mleka, jeśli nie tylko będziesz przybliżać kciuk i palec ku sobie, ale też lekko przesuwać je w stronę brodawki. Po pewnym czasie zmień ułożenie kciuka i palca wskazującego wokół piersi jak na tarczy zegara, żeby dotrzeć do wszystkich zatok mlecznych. Jeśli ręka ci się zmęczy, co na początku się zdarza, zajmij się drugą piersią, a potem znów zmień strony.

Odciągacze pokarmu. Matki, które muszą pokarm odciągać regularnie – zwłaszcza te, które po powrocie do pracy robią to tygodniami lub miesiącami – zazwyczaj preferują mechaniczne odciąganie za pomocą odciągacza. Nowoczesne odciągacze są wydajne i przenośne. Warto kupić lub wypożyczyć odciągacz wysokiej jakości. Dobry odciągacz może kosztować 250–300 dolarów*. Niedrogie odciągacze

---

* Dostępne w Polsce odciągacze elektryczne kosztują ok. 250–450 złotych (przyp. tłum.).

ręczne działają tak powoli, że są niepraktyczne. W Stanach Zjednoczonych wiele szpitali wypożycza odciągacze za niewielką opłatą; państwowy program właściwego odżywiania kobiet, niemowląt i dzieci WIC (Women, Infants and Children) za darmo dostarcza wysokiej jakości odciągacze kobietom o niskich dochodach; wsparcie na ten cel można też niekiedy uzyskać z programu ubezpieczenia zdrowotnego dla biednych i niepełnosprawnych Medicaid.

ŁĄCZENIE KARMIENIA PIERSIĄ I BUTELKĄ

Nie ma nic złego w sporadycznym podaniu butelki. Czy mama, która chce karmić swoje dziecko piersią, nie może w ogóle podawać dziecku butelki? Nie, nie trzeba być aż tak radykalnym. Większość mam, które regularnie raz dziennie karmią butelką, stwierdza, że nie powoduje to zmniejszenia produkcji mleka, pod warunkiem że już co najmniej od kilku tygodni z powodzeniem karmią piersią i że jest to tylko jedna butelka dziennie. Na pewno zaś mama, która nie podaje butelki regularnie, może uciec się do niej raz na jakiś czas, gdy na przykład musi opuścić jedno karmienie albo jest wyjątkowo zmęczona i zdenerwowana, a niemowlę domaga się dokładki. Jedna butelka nie jest równoznaczna z zakończeniem karmienia piersią. Jednak trudniej jest je kontynuować, jeśli maluch dostaje butelkę dwa lub trzy razy dziennie.

Wprowadzanie butelki. Począwszy od trzeciego lub czwartego tygodnia, można raz lub dwa razy w tygodniu dać dziecku butelkę odciągniętego pokarmu mamy albo mieszanki mlecznej. Jeśli masz zamiar odstawić dziecko od piersi pomiędzy drugim a dziewiątym miesiącem życia, dobrze jest przynajmniej raz na tydzień podać butelkę, choć możesz też karmić wyłącznie piersią. W tym wieku niektóre niemowlęta mają tak silne przyzwyczajenia, że odmówią picia z butelki, jeśli nie są do niej przyzwyczajone. Może się to stać przyczyną konfliktu. Przed ukończeniem dwóch miesięcy niemowlęta raczej nie bywają aż tak uparte, a po ukończeniu dziewiątego miesiąca można już zamiast butelki po prostu dać malcowi kubek, jeśli się na to zgodzi, a tobie to odpowiada.

Pierś i butelka. Łączenie karmienia piersią i butelką ma sens, jeśli masz zamiar wrócić do pracy, chcesz, żeby twój partner wziął bardziej aktywny udział w karmieniu dziecka, albo jeśli twój organizm nie wytwarza wystarczająco dużo pokarmu. Niebezpieczeństwo polega na tym, że produkcja mleka może zacząć się zmniejszać albo też dziecko polubi butelkę i zupełnie odmówi ssania piersi.

Jeśli twoje piersi produkują dość dużo mleka – połowę ilości potrzebnej dziecku lub więcej – dobrym pomysłem może być całkowita rezygnacja z podawania mieszanki. Prawdopodobnie podaż pokarmu wzrośnie w odpowiedzi na zwiększony popyt. Jeśli tak się nie stanie, możesz kontynuować karmienie zarówno piersią, jak i butelką, albo zupełnie przestawić dziecko na mieszankę.

ODSTAWIANIE OD PIERSI

Znaczenie odstawiania od piersi. Moment odstawienia od piersi stanowi fizyczny i emocjonalny przełom tak w życiu niemowlęcia, jak i jego mamy. Kobieta, która przywiązywała do karmienia piersią duże znaczenie, może się czuć rozczarowana i przygnębiona, jak gdyby oddalała się od dziecka i stawała mniej ważna w jego życiu. Dlatego z karmienia piersią dobrze jest rezygnować stopniowo. Mama może karmić piersią raz albo dwa razy dziennie nawet do drugiego roku życia dziecka albo też w pewnym momencie zupełnie zaprzestać karmienia.

Normalny proces odstawiania od piersi rozpoczyna się, kiedy dziecko zaczyna dostawać pokarmy stałe, pomiędzy ukończeniem czwartego a szóstego miesiąca. Trwa przez następne sześć do osiemnastu miesięcy, w zależności od indywidualnych preferencji mamy i dziecka.

Od piersi do butelki. Wiele kobiet decyduje się na naturalne karmienie tylko przez kilka pierwszych miesięcy życia dziecka. Jak długo warto karmić piersią? Oczywiście nie ma na to pytanie prostej odpowiedzi. Najwięcej korzyści fizycznych niemowlę odnosi w pierwszych tygodniach życia, ale w każdym wieku mleko matki jest wartościowym pokarmem. Nie można też zapomnieć o korzyściach emocjonalnych (patrz też str. 159).

Dobrym momentem, by przestawić dziecko na mieszankę mleczną, jest czwarty miesiąc życia. W tym wieku jego układ pokarmowy jest bardziej dojrzały, prawie zupełnie mijają skłonności do kolki. Przez trzy miesiące niemowlę bardzo urosło i nadal szybko przybiera. Jednak można też odejść od karmienia piersią po miesiącu albo dwóch. Jeśli planujesz zakończenie karmienia po ukończeniu przez

maleństwo pierwszego miesiąca życia, warto wcześniej regularnie podawać butelkę dwa–trzy razy w tygodniu albo nawet codziennie.

Jeśli piersi produkują sporą ilość mleka, odstawianie od piersi powinno być stopniowe. Zacznij z wyprzedzeniem przynajmniej dwutygodniowym. Najpierw zrezygnuj z jednego karmienia dziennie, tego, kiedy twoje piersi są najmniej wypełnione; zamiast niego podaj mieszankę. Pozwól dziecku zjeść tyle, ile chce. Odczekaj dwa–trzy dni, aż przyzwyczai się do zmiany, potem zrezygnuj z kolejnego karmienia i zastąp je butelką. Znów odczekaj dwa–trzy dni i zrezygnuj z kolejnego karmienia. Teraz niemowlę dwa razy dziennie ssie pierś, a trzy razy dziennie dostaje mieszankę z butelki. Przed rezygnacją z kolejnego karmienia piersią będziesz prawdopodobnie musiała odczekać trzy lub nawet cztery dni. Za każdym razem, gdy zaczniesz odczuwać dyskomfort w piersiach, przez kilka minut odciągaj mleko odciągaczem albo ręcznie pod ciepłym prysznicem, tylko taką ilość, żeby zmniejszyć przepełnienie.

Kiedy dziecko nie chce butelki. Czteromiesięczne lub starsze dziecko, które nie jest przyzwyczajone do butelki, może zupełnie odmówić picia z niej. Przez tydzień spróbuj podawać butelkę raz albo dwa razy dziennie, przed karmieniem piersią albo przed podaniem stałych pokarmów. Nie zmuszaj dziecka, niech się nie złości. Jeśli odmówi, zabierz butelkę i daj mu resztę posiłku, w tym pierś. Być może po kilku dniach maluch zmieni zdanie.

Jeśli niemowlę wciąż się opiera, zupełnie zrezygnuj z popołudniowego karmienia – może wczesnym wieczorem będzie tak spragnione, że zdecyduje się spróbować picia z butelki. Jeśli nie, prawdopodobnie będziesz musiała nakarmić je z piersi, które do tego czasu staną się nieprzyjemnie pełne. Przez kilka następnych dni spróbuj jednak nie podawać piersi po południu. Nawet jeśli początkowo nie odniosło to skutku, któregoś dnia może się udać.

Następny krok polega na rezygnacji z co drugiego karmienia i zredukowaniu ilości pokarmów stałych, żeby dziecko zgłodniało, albo nawet na całkowitej rezygnacji z pokarmów stałych. Odciągaczem lub ręcznie (patrz str. 180) odciągnij tylko taką ilość mleka, żeby zmniejszyć przepełnienie i odczuwany dyskomfort.

Konieczność nagłego odstawienia od piersi. Niekiedy organizm matki przestaje produkować wystarczającą ilość pokarmu albo z innego powodu dziecko trzeba szybko odstawić od piersi. Najprostszy sposób polega na przygotowaniu tyle mieszanki, by wystarczyło na całą dobę, i podzielenie jej na tyle butelek, ile razy niemowlę ssie pierś. Podczas każdego karmienia po piersi podaj butelkę i pozwól mu jeść tyle, ile chce. Zrezygnuj najpierw z tego karmienia, podczas którego twoje piersi są najmniej wypełnione. Dwa dni później zrezygnuj z kolejnego karmienia, podczas którego piersi są najmniej wypełnione. Co dwa lub trzy dni rezygnuj z kolejnego karmienia. Jeśli produkcja mleka zmniejsza się powoli, a niemowlę nie okazuje wielkiego niezadowolenia, lepiej wprowadzać butelki stopniowo, zaczynając od jednego karmienia.

Sporadycznie zdarza się, że kobieta musi natychmiast przerwać karmienie piersią. W takim wypadku należy unikać odciągania mleka. Może to przynieść chwilową ulgę, ale będzie stymulować produkcję pokarmu. Jedna z metod polega na uciskaniu piersi i przykładaniu okładów z lodu. Jest to nieprzyjemne i lekarz może

przepisać odpowiednie środki na złagodzenie bólu. Leki na zatrzymanie laktacji nie pomagają i nie należy ich przyjmować. Są drogie, mają skutki uboczne, a kiedy przestaje się je zażywać, często następuje ponowny wzrost produkcji mleka i zwiększenie przepełnienia piersi. Jeśli postanowisz mimo wszystko odciągać niewielkie ilości mleka, prawdopodobnie przyniesie ci to ulgę, ale proces całkowitego zahamowania laktacji potrwa dłużej.

Od piersi do kubka. Pomiędzy dziewiątym a dwunastym miesiącem najłatwiej po odstawieniu od piersi od razu zacząć podawać kubek, zupełnie omijając etap butelki. Mniej więcej w tym czasie większość niemowląt sygnalizuje, że nie potrzebuje już tak często ssać. Podczas karmienia kilkakrotnie przerywają ssanie i chcą się bawić. Czasem trzeba je nakłaniać do ponownego chwycenia piersi. Jeśli je odpowiednio zachęcić, w ciągu kilku tygodni nauczą się pić z kubka i całkowicie zrezygnują z piersi, nie okazując przy tym żalu ani poczucia straty.

Z drugiej strony wiele matek chce karmić piersią przez cały rok albo dwa lata i nie ma w tym absolutnie nic złego.

W każdym razie w drugim półroczu życia dziecka warto zacząć podawać mieszankę mleczną albo inny płyn w kubeczku, żeby przyzwyczaiło się do niego, zanim nabierze zdecydowanych nawyków. Około dziewiątego miesiąca zachęć dziecko, żeby samodzielnie trzymało kubek. Dziewięciomiesięczny maluch, który coraz krócej ssie, może być gotowy na stopniowe odstawianie od piersi. Podaj mu kubek podczas każdego posiłku i pozwalaj, żeby pił z niego coraz więcej, jeśli ma na to ochotę, ale nadal karm piersią pod koniec posiłku. Potem zrezygnuj z jednego z karmień – tego, którym jest najmniej zainteresowany – i podaj tylko kubek. Najczęściej jest to

⚕ KLASYCZNY SPOCK

W dwudziestym wieku na całym świecie karmiono piersią mniej niemowląt. Jednak w ostatnich latach naturalne karmienie znów zyskuje na popularności w Stanach Zjednoczonych, zwłaszcza wśród kobiet wykształconych. Częściowo jest to rezultat nowych badań nad fizycznymi i emocjonalnymi zaletami karmienia piersią, częściowo ogólny szacunek, jaki młodzi ludzie żywią do natury, i pragnienie życia w zgodzie z nią. Także coraz więcej niemowląt z mniejszości etnicznych i uboższych rodzin jest karmione piersią. Mam nadzieję, że trend ten się utrzyma.

pierwsze śniadanie albo obiad. Tydzień później zrezygnuj z kolejnego karmienia, jeśli dziecko nie protestuje; kolejny tydzień później zrezygnuj z ostatniego. Gotowość dziecka do rezygnacji z karmienia piersią może się zmieniać. W okresie, kiedy dokucza mu ząbkowanie albo choroba, może chcieć częściowo wrócić do piersi. Jest to naturalne i nie zaszkodzi, jeśli się dostosujesz do tego życzenia.

Kiedy odstawianie od piersi przeprowadzane jest tak powoli, mama zazwyczaj nie ma problemu z nadmiarem pokarmu. Jeśli jednak w którymkolwiek momencie piersi zaczną boleć, wystarczy przez piętnaście do trzydziestu sekund ręcznie odciągać pokarm, żeby odczuć ulgę.

Większość mam z zaskoczeniem stwierdza, że trudno im zrezygnować z tak silnej emocjonalnej więzi; niektóre odkładają odstawienie dziecka od piersi z tygodnia na tydzień. Czasem boją się całkowicie zaprzestać karmienia, ponieważ dziecko nie pije z kubka tyle, ile piło z piersi. W ten sposób odstawianie może przeciągać się w nieskończoność. Można bezpiecznie zrezygnować z karmienia piersią, kiedy dziecko podczas każdego posiłku wypija z kubka około 120 ml, a w ciągu całego dnia 350–500 ml. Po zakończeniu karmienia prawdopodobnie zacznie więcej pić z kubka – 500 ml albo więcej. To przeważnie wystarcza, w połączeniu z wszystkimi innymi zjadanymi pokarmami.

KARMIENIE BUTELKĄ

WYBÓR I PRZYGOTOWANIE MIESZANKI MLECZNEJ

Jeszcze nie tak dawno temu niemowlęta rutynowo karmiono mieszanką mleczną. Dziś wiemy, że karmienie piersią jest korzystniejsze. Jednak i butelką można wykarmić zdrowe dzieci. Wiele kobiet podaje swoim dzieciom wyłącznie mieszankę mleczną albo łączy karmienie sztuczne z naturalnym. Jeśli postanowiliście podawać mieszankę, musicie się teraz zastanowić, którą.

Standardowe mieszanki dla niemowląt są produkowane na bazie mleka krowiego, w którym tłuszcz mleczny został zastąpiony olejami roślinnymi. Dodano węglowodany, witaminy i minerały, zredukowano natomiast zawartość białek. Większość mieszanek jest wzbogacona żelazem. Niemowlęta karmione preparatem ubogim w żelazo prawdopodobnie będą cierpieć na niedobór tego pierwiastka.

Mleko modyfikowane na bazie mleka krowiego. W pewnym sensie to zaskakujące, że większość niemowląt świetnie rozwija się karmiona mieszanką na bazie mleka krowiego, biorąc pod uwagę różnice pomiędzy cielętami a dziećmi. Samo mleko krowie – w odróżnieniu od mieszanki modyfikowanej – rzeczywiście nie jest dla niemowląt bezpieczne. Niewłaściwe są proporcje białka i cukrów, dlatego niemowlęta karmione mlekiem krowim mogą się bardzo poważnie rozchorować. W przeszłości niektóre mamy samodzielnie przygotowywały mieszanki do karmienia niemowląt, wykorzystując w tym celu mleko skondensowane. Takie domowe preparaty nie są tak bezpieczne jak gotowe preparaty dla niemowląt kupowane w sklepach. Również mieszanki na bazie orzechów i ziaren nie są bezpieczne z punktu widzenia dietetyki.

W Stanach Zjednoczonych matki o niskich dochodach są objęte rządowym programem Women, Infants and Children (WIC), tak że niemal wszystkie amerykańskie rodziny powinny być w stanie w razie potrzeby kupić mieszankę mleczną dla niemowląt.

Mieszanki mlekozastępcze na bazie białka sojowego. Mieszanki mlekozastępcze robione z ziaren soi są dostępne w aptekach i w sklepach spożywczych. Kiedyś podawano je tylko dzieciom, które z powodu alergii lub problemów z trawieniem nie mogły dostawać mieszanki mlecznej na bazie mleka krowiego, ale obecnie większość lekarzy uznaje mieszanki sojowe za odpowiednie dla urodzonych o czasie niemowląt, które nie są karmione piersią. Wcześniaki, których urodzeniowa masa ciała wynosi mniej niż 2 kilogramy, nie powinny dostawać mieszanek na bazie soi.

Pamiętajcie, żeby używać mieszanki sojowej dla niemowląt, a nie zwyczajnego mleka sojowego. Mieszanki dla niemowląt wzbogacone są o składniki odżywcze niezbędne szybko rosnącemu maluchowi; mleko sojowe dla starszych dzieci i dorosłych nie zawiera tych składników. Mieszanka na bazie soi może być wzbogacona żelazem. Należy karmić niemowlę preparatem zawierającym żelazo przynajmniej od czwartego miesiąca życia, jeśli nie od urodzenia. W Stanach Zjednoczonych mieszankę mlekozastępczą można dostać w ramach programu WIC.

Zalety i wady mieszanek sojowych. Mieszanki mlekozastępcze na bazie białka sojowego są nieco zdrowsze niż modyfikowane mleko krowie. Niektóre niemowlęta są uczulone na białko mleka krowiego, ponadto mieszanka mleczna powoduje czasem kolkę. Badania sugerują również, że białko mleka krowiego może się przyczyniać do powstawania cukrzycy typu 1 (dziecięcej).

Sojowe mieszanki mlekozastępcze nie zawierają tych problematycznych białek. Są też pozbawione laktozy, z której trawieniem niektóre niemowlęta mają problemy. Choć badania nie wykazały, że mieszanki sojowe leczą kolkę, zdaniem niektórych rodziców ich dzieci wyraźnie lepiej się czują karmione mieszanką mlekozastępczą.

Z drugiej strony mieszanki sojowe mogą również nieść ze sobą pewne ryzyko. Często zawierają dużo większe ilości glinu, który nie jest dobry dla organizmu, a u wcześniaków może spowodować poważny uszczerbek na zdrowiu. Badania nie wykazały szkodliwości glinu zawartego w mieszankach mlekozastępczych dla

niemowląt urodzonych o czasie. Jednak stwierdzono związek pomiędzy ilością spożywanego glinu a rozwojem choroby Alzheimera u osób starszych (istnieją również inne czynniki). Niektórzy naukowcy sugerują też, że pewne substancje chemiczne w mieszankach sojowych (fitoestrogeny) mogą w rzadkich przypadkach wywierać negatywny wpływ na rozwój narządów płciowych. Istnieją kontrowersje w tej kwestii, ale wyniki badań są na tyle poważne, że nie można ich zupełnie zignorować.

Jak widać, żaden rodzaj sztucznego mleka dla niemowląt nie jest idealny. Jest to kolejny dowód na to, że warto karmić piersią, jeśli tylko jest to możliwe. W przypadku niektórych rodzin jedna z wymienionych korzyści lub jedno z wymienionych zagrożeń może przeważyć szalę. Jeśli na przykład zdecydowaliście się stosować dietę ubogą w przetwory mleczne – rozsądne podejście, w szczegółach omówione w części rozpoczynającej się na stronie 223 – wybór sojowej mieszanki mlekozastępczej ma sens.

Alergie. Wielu rodziców obawia się alergii na białko mleka krowiego. Ostre formy tego uczulenia trudno przeoczyć. Objawy obejmują rozwolnienie, niski przyrost masy ciała oraz suchą, podrażnioną wysypkę. Łagodniejsze formy trudniej jest wykryć, ponieważ wiele niemowląt marudzi i miewa niekiedy wysypkę.

Ważną wskazówką jest historia uczuleń na mleko w rodzinie. Jednak większość dorosłych, którzy nie trawią mleka krowiego, w gruncie rzeczy nie jest na nie uczulona. Po prostu ich organizm produkuje za mało enzymu (laktazy) rozkładającego główny cukier zawarty w mleku (laktozę). Większość niemowląt wytwarza wystarczająco dużo laktazy, nawet jeśli ich rodzice produkują jej za mało. Sprawy komplikuje dodatkowo fakt, że wiele dzieci uczulonych na białko mleka krowiego ma alergię również na białko sojowe. Dla tych dzieci istnieją specjalne mieszanki nie zawierające ani białka krowiego, ani sojowego. Najlepiej używać ich pod kierunkiem lekarza.

W płynie czy w proszku? Mieszankę mleczną można kupić w proszku bądź w płynie, ta ostatnia zaś występuje w postaci gotowej do użycia lub zagęszczona. Wartość odżywcza jest zawsze taka sama. Mleko w proszku kosztuje najmniej, mleko gotowe do użycia najwięcej. Można je stosować zamiennie – na przykład mleko w proszku na co dzień, a kosztowniejsze, gotowe do podania niemowlęciu butelki w podróży. Bardzo ważne jest, żeby mleko

w proszku i mleko zagęszczone przygotowywać dokładnie według zaleceń (szczegóły na stronie 192).

Z żelazem czy bez? Żelazo pełni ważną rolę w produkcji czerwonych krwinek i rozwoju mózgu. Niedobór tego pierwiastka w okresie niemowlęcym może później powodować trudności w nauce. Dlatego bardzo istotne jest dostarczenie dziecku odpowiedniej ilości żelaza w diecie. Matki często myślą, że żelazo we wzbogaconej mieszance będzie powodować zaparcia. Badania tego nie potwierdzają. Jednak nawet gdyby tak było, i tak zalecałbym mieszankę z dodatkiem żelaza. Istnieją sposoby radzenia sobic z zaparciami (patrz str. 571), natomiast negatywne skutki niedoboru żelaza mogą być nieodwracalne.

MYCIE I STERYLIZACJA BUTELEK

Czy sterylizacja jest konieczna? Sterylizacja butelek nie jest już standardowo zalecana w Stanach Zjednoczonych osobom korzystającym z godnych zaufania ujęć wody w mieście i na wsi, czyli w praktyce dotyczy to większości ludzi. Jeśli nie sterylizujecie butelek, najlepiej jest przygotowywać jedną butelkę mleka na raz, tuż przed karmieniem. Jeśli natomiast korzystacie ze studni albo z jakiegokolwiek powodu macie wątpliwości co do jakości wody z kranu, zapytajcie lekarza, położną środowiskową albo pracownika stacji sanitarno-epidemiologicznej, czy nie powinniście jednak sterylizować butelek.

Wskazówki dotyczące sterylizacji butelek znajdziecie na stronie 190. Metody sterylizacji mogą się różnić w zależności od zaleceń lekarza albo sanepidu. Ogólnie rzecz biorąc, można przyjąć, że sterylizacja jest konieczna, jeśli z wody niepew-

nej jakości przygotowujecie mieszankę mleczną na całą dobę.

Mycie. Dokładne mycie butelek, smoczków, nakrętek, krążków uszczelniających i słoików do przechowywania pokarmu jest szczególnie ważne, jeśli ich nie sterylizujecie. Wszystkie te akcesoria można umyć szybciej i skuteczniej, jeśli wypłucze się je natychmiast po opróżnieniu butelki, zanim osad z mleka zdąży zaschnąć. Później, w bardziej dogodnej porze, można umyć je płynem do mycia naczyń i szczotką albo umieścić w zmywarce do naczyń. (Smoczki niszczą się w zmywarce, więc najlepiej myć je ręcznie.) Pojemniki do przechowywania pokarmu i ich pokrywki myje się tak samo jak butelki.

Wnętrze butelki łatwo jest umyć szczotką do butelek. Wnętrze smoczka można umyć szczotką do smoczków, a potem igłą

albo wykałaczką oczyścić wszystkie dziurki i przepuścić przez nie strumień wody.

Butelki z jednorazowymi torebkami.
Butelki takie przypadną do gustu rodzicom skłonnym nieco więcej zapłacić, żeby
zaoszczędzić czas na mycie i sterylizowanie. Jeśli lekarz albo położna zalecą sterylizację, nadal konieczne będzie gotowanie
przez pięć minut smoczków i zamknięć.

Butelka, w której umieszcza się torebkę,
to cylinder z twardego plastiku, z otworami z obu stron. Na jego dwóch bokach
znajduje się podziałka mililitrowa, dzięki
której widać, ile pokarmu jest w torebce
i ile dziecko zjadło. Podziałka ta nie jest
jednak na tyle dokładna, żeby korzystać
z niej, przygotowując mleko.

Przygotowanie butelki polega na oder-
waniu plastikowej torebki z rolki i umieszczeniu jej w cylindrze (zgina się ją wzdłuż,
żeby łatwiej weszła). Trzymając za końcówki, otwiera się torebkę, po czym końcówki odwija na zewnątrz butelki. Nie należy dotykać wewnętrznej strony smoczka
ani tej części, którą wkłada się do buzi
dziecka; innymi słowy, smoczek trzeba
przytrzymywać za zewnętrzne krawędzie.
Po umieszczeniu torebki w butelce należy
pamiętać o wyrzuceniu końcówek torebki. Nawet małe dziecko może taką końcówkę oderwać i połknąć. Kiedy butelka
jest w lodówce albo w torbie podczas wycieczki, smoczek osłania się dużym plasti-
kowym ochraniaczem.

Sprzęt do sterylizacji. Możecie kupić
sterylizator umieszczany na kuchence,
który ogólnie rzecz biorąc, pełni taką samą rolę jak garnek, albo sterylizator elektryczny, który automatycznie wyłącza się
we właściwym momencie. Sterylizatory
najczęściej sprzedawane są ze wszystkimi podstawkami, butelkami, krążkami,
smoczkami i nakrętkami niezbędnymi do

karmienia, a także ze szczotkami do butelek i smoczków oraz szczypcami. Możecie
też kupić po prostu garnek na tyle duży, żeby zmieściły się w nim, w metalowym ko-
szyczku, butelki potrzebne do karmienia
niemowlęcia przez całą dobę – zazwyczaj
w pierwszych tygodniach sześć do ośmiu –
oraz wszelkie inne akcesoria.

Szczypce sterylizowane wraz z resztą
sprzętu przydają się do wyjmowania butelek z koszyczka, kiedy są jeszcze gorące.
Smoczki należy trzymać za krawędzie, nie
za końcówkę, która ma kontakt z mlekiem
i z buzią niemowlęcia.

Metody sterylizacji. *Sterylizacja koń-
cowa.* Metoda polega na tym, że mleko
wlewa się do nie wyparzonych butelek,
a potem sterylizuje jedno i drugie razem.
Jest to możliwe tylko wtedy, gdy wszystkie
butelki napełnia się w tym samym czasie.
Sterylizacji końcowej nie można stosować, jeśli używa się butelek jednorazowych
albo przechowuje mleko w jednym pojemniku i napełnia z niego kolejne butelki
w porze karmienia.

Konkretną mieszankę trzeba przygotowywać zgodnie z instrukcją na opakowaniu. Nie musicie używać gotowanej wody
ani sterylizować osobno akcesoriów do
karmienia, ponieważ wszystko zostanie
wysterylizowane razem, ale butelki i smoczki trzeba jak zawsze dokładnie umyć. Na-
pełnijcie wszystkie butelki, włóżcie smoczki dziurką na dół, przykryjcie butelki krążkami uszczelniającymi i załóżcie nakrętki,
nie dokręcając ich zbyt mocno. Nakrętki
muszą być luźne, żeby w miarę podgrze-
wania z butelki mogło uciekać gorące powietrze; w miarę obniżania się temperatury butelek powietrze musi też dostać się
do nich z powrotem.

Postępujcie zgodnie z instrukcją obsługi
sterylizatora. Możecie też nalać do garnka
3–5 centymetrów wody, umieścić butel-

ki w koszyku, włożyć koszyk do garnka i przykryć go. Zagotujcie wodę i gotujcie ją przez dwadzieścia pięć minut z zegarkiem w ręku. Wyłączcie gaz i poczekajcie, aż garnek ostygnie (nie odkrywając go), a butelki będą ledwo ciepłe, około godziny lub dwóch. Dokręćcie wszystkie nakrętki i włóżcie wszystkie butelki do lodówki.

Dziurki w smoczkach będą się mniej zatykać, jeśli ostudzicie mleko powoli, w ciągu godziny albo dwóch, nie potrząsając nim. Dzięki temu uformuje się jeden zwarty kożuch, który w całości przylgnie do wnętrza butelki.

Sterylizacja antyseptyczna. Metoda ta polega na wysterylizowaniu najpierw wszystkich akcesoriów do karmienia, a następnie przygotowaniu sterylnego mleka przy użyciu przegotowanej wody i wlaniu go do przygotowanych butelek. Jeśli stosujecie tę metodę, możecie albo napełnić wszystkie butelki, przy czym mogą to być butelki jednorazowe, albo też całe mleko umieścić w jednym słoiku.

Postępujcie zgodnie z instrukcją obsługi sterylizatora. Jeśli używacie zwyczajnego garnka, włóżcie do niego butelki dnem do góry, żeby para mogła łatwiej się do nich dostać, a woda łatwiej wypłynąć. To samo odnosi się do pojemnika ze smoczkami i innymi akcesoriami. Na dno garnka wlejcie kilka centymetrów wody, włóżcie do środka koszyk, przykryjcie, zagotujcie wodę i gotujcie na dużym gazie przez pięć minut z zegarkiem w ręku. Poczekajcie, aż garnek ostygnie.

Butelki są teraz gotowe. Jeśli nie będziecie ich napełniać natychmiast, odstawcie je w czyste miejsce. Smoczki, nakrętki i krążki uszczelniające na czas napełniania butelek możecie położyć na odwróconej pokrywce garnka albo sterylizatora.

Sterylizowanie słoika. Gotowe mleko można przechowywać w litrowym słoiku

szklanym. (Większość plastikowych pojemników odkształca się podczas gotowania.) Wybierzcie garnek na tyle duży, żeby zmieścił się w nim leżący słoik i zakrętka do niego, i wypełnijcie go wodą. Doprowadźcie wodę do wrzenia i gotujcie przez pięć minut. Kiedy słoik ostygnie na tyle, żeby można go było dotknąć, odsączcie go dobrze i wlejcie do niego całe przygotowane sterylne mleko. Przykryjcie, nie dokręcając do końca, żeby w miarę stygnięcia mleka do środka mogło się dostać powietrze, i włóżcie do lodówki.

W porze karmienia należy przelać odpowiednią ilość mleka do wysterylizowanej butelki, a resztę przechowywać w lodówce.

Co sterylizować? Nie trzeba wyparzać wszystkiego. Nawet jeśli konieczna jest sterylizacja mleka i gotowanie wody do picia, nie musicie równie pedantycznie traktować wszystkiego, co wasze dziecko będzie jadło i piło. Nie ma potrzeby wygotowywać naczyń, kubków i łyżeczek, bo na czystych, suchych przedmiotach zarazki się nie rozwijają.

Nowo kupione smoczki gryzaczki i zabawki, które dziecko może włożyć do buzi, należy umyć wodą i mydłem. Nie ma jednak potrzeby ustawicznego ich mycia, chyba że spadną na podłogę, ponieważ jedyne drobnoustroje, które się na nich znajdą, „należą" do niemowlęcia i jest ono do nich przyzwyczajone.

Kiedy można przestać sterylizować? Zapytajcie lekarza, położną lub pracownika sanepidu, kiedy możecie bezpiecznie zaniechać sterylizacji butelek i mleka. Jeśli nie macie się z kim skonsultować, załóżcie, że dopóki przygotowujecie mieszankę na całą dobę, musicie sterylizować mleko i butelki.

PRZYGOTOWANIE MLEKA

Korzystając z mieszanki mlecznej w proszku lub zagęszczonej, należy zawsze przygotowywać je zgodnie z instrukcjami na opakowaniu. Mieszanka zbyt gęsta lub zbyt rzadka nie jest dobrze tolerowana przez organizm niemowlęcia i nie zaspokaja jego potrzeb.

Przygotowanie mieszanki mlecznej w proszku. Mieszankę mleczną można kupić w puszkach z zamykaną plastikową pokrywką i dołączoną miarką. Taka forma jest najtańsza i bardzo wygodna; nic się nie marnuje, gdy dziecku karmionemu piersią sporadycznie podaje się butelkę. Przydaje się też w podróży. Weźcie ze sobą odmierzone wcześniej porcje oraz przegotowaną lub destylowaną wodę; w porze karmienia możecie przygotować mleko bez konieczności przechowywania go w lodówce. Proszek i wodę trzeba mieszać we właściwej kolejności, żeby nie tworzyły się grudki; postępujcie zgodnie z instrukcjami na etykiecie.

Przygotowując mleko na całą dobę, należy odmierzyć właściwą ilość wody i wymieszać z proszkiem w czystym dzbanku albo misce. Przydać się do tego może trzepaczka do jajek. Przygotowane mleko przelejcie do czystych butelek albo słoika, z którego będziecie napełniać butelki w porze karmienia. Przykryte pojemniki przechowuje się w lodówce.

Jeśli potrzebujecie tylko jedną butelkę, dodajcie proszek do wody zgodnie z instrukcjami na etykiecie. Jeśli nie będziecie karmić dziecka od razu, wstawcie przygotowaną mieszankę do lodówki. W lodówce można mleko przechowywać do czterdziestu ośmiu godzin; po upływie tego czasu najbezpieczniej jest je wyrzucić.

Przygotowanie mieszanki zagęszczonej. Zagęszczoną mieszankę mleczną w płynie kupuje się w puszkach i przed użyciem należy ją rozcieńczyć z wodą w proporcjach 1:1. Nie jest tak wygodna w użyciu jak gotowe mleko, ale kosztuje dwie trzecie ceny, a puszki są mniejsze i zajmują mniej miejsca na półce lub w torbie podróżnej.

Przed otwarciem puszki należy umyć i opłukać wieczko oraz otwieracz. Żeby uzyskać odpowiednie proporcje, dodajemy puszkę wody do puszki albo wlewamy do butelki 100 ml zagęszczonej mieszanki i 100 ml wody. To, czego nie podajemy od razu dziecku, należy przechowywać w lodówce.

Mieszanki gotowe do natychmiastowego podania w puszkach i butelkach. Są one wysterylizowane i nie potrzeba dodawać do nich wody, więc są bardzo wygodne w użyciu. Przed otwarciem puszki należy umyć i opłukać wieczko oraz otwieracz. Mleko przelejcie z puszki prosto do czystych butelek. Zakręćcie butelki i przechowujcie w lodówce. Można też napełnić tylko jedną butelkę i do czasu karmienia trzymać ją zakręconą w lodówce. Niewykorzystaną porcję mleka należy trzymać w lodówce w zamkniętej puszce. Do zamykania puszek można kupić plastikowe pokrywki.

Mleko można też kupić od razu w butelkach, gotowe do karmienia. Kosztuje więcej, ale gwarantuje oszczędność czasu i warto z niego korzystać, jeśli dziecko jest sporadycznie karmione butelką.

NALEWANIE MIESZANKI DO BUTELKI

Ile butelek? Większość niemowląt, zwłaszcza tych małych (poniżej 3 kg), początkowo chce być częściej karmiona. Dzieci karmione butelką mogą przez pierwszy tydzień żądać sześciu–dziesięciu karmień na dobę. Jeśli w szpitalu mama cały czas przebywała z maluszkiem (*rooming-in*), miała okazję poznać jego potrzeby. Z drugiej strony większość niemowląt jest na początku senna i dopiero z czasem – po trzech, czterech dniach – zaczyna częściej się budzić i domagać jedzenia, więc nie zdziwcie się, jeśli i w waszym wypadku tak będzie.

Ogólnie rzecz biorąc, od pierwszego tygodnia do ukończenia pierwszego miesiąca niemowlę chce być karmione siedem, osiem razy na dobę. Liczba ta spada do pięciu lub siedmiu karmień pomiędzy pierwszym a trzecim miesiącem, czterech lub pięciu karmień pomiędzy trzecim a szóstym miesiącem, a wreszcie trzech lub czterech karmień pomiędzy szóstym a dwunastym miesiącem. Pamiętajcie, że trawienie jednego posiłku może dziecku zająć nawet trzy godziny.

Ile mleka w butelce? Zacznijcie od 120 ml. Dziecko da wam znać, kiedy ta ilość przestanie mu wystarczać i będziecie musieli ją podwoić. W pierwszym miesiącu życia przeciętny trzykilogramowy noworodek zjada przeciętnie mniej niż 620 ml mleka w ciągu doby, a trzyipółkilogramowy mniej niż 700 ml. Ilość może się zmieniać z tygodnia na tydzień. Niemowlęta rosną zrywami, w jednym tygodniu dużo, w drugim mało. Wraz z tempem wzrostu z tygodnia na tydzień zmienia się apetyt. Najlepiej słuchać dziecka: pozwólcie, żeby zakomunikowało wam, kiedy jest głodne, a kiedy najedzone. Gdy zaczyna wolniej ssać, a zjadło już sporo, przerwijcie karmienie. Jeśli zacznie marudzić, oddajcie mu butelkę.

PRZECHOWYWANIE MIESZANKI W LODÓWCE

Przechowywanie mieszanki. Jeśli zużyjecie tylko część puszki z mieszanką zagęszczoną albo gotową do spożycia, możecie przechować resztę do następnego dnia. Przykrytą puszkę należy włożyć do lodówki. Następnego dnia jednak należy pozostałą mieszankę zużyć lub wylać. Nigdy nie przechowujcie otwartej puszki dłużej niż przez czas zalecany przez producenta.

To samo odnosi się do przechowywania mieszanki w słoiku lub butelkach: trzymajcie je w lodówce, a to, czego nie zużyjecie następnego dnia, wylejcie. Nigdy nie trzymajcie mleka w lodówce dłużej niż dwadzieścia cztery albo czterdzieści osiem godzin, w zależności od zaleceń producenta.

Jak długo wyjęta z lodówki mieszanka nadaje się do spożycia? W temperaturze pokojowej albo takiej, jaka panuje na dworze w ładną pogodę, bakterie w mleku szybko się rozmnażają. Na wszelki wypadek nie podawajcie niemowlęciu butelki, która została wyjęta z lodówki więcej niż dwie godziny wcześniej, niezależnie od tego, czy jest pełna czy też częściowo opróżniona. (Oczywiście pełna, szczelnie fabrycznie zamknięta butelka może stać w temperaturze pokojowej przez wiele miesięcy.)

Jeśli będziecie musieli dziecko nakarmić dwie albo trzy godziny po wyjściu z domu, natychmiast po wyjęciu butelki z lodówki włóżcie ją do izolowanej termicznie torby z wkładem chłodzącym albo woreczkiem lodu w kostkach. Nie podawajcie mleka, które nie jest już zimne w dotyku. Można też nosić ze sobą mieszankę w proszku i wodę w butelce i mieszać je w miarę potrzeby.

Jeśli niemowlę po wypiciu kilkudziesięciu mililitrów mleka zasypia, a potem w ciągu godziny budzi się i żąda reszty, natychmiast włóżcie butelkę z powrotem do lodówki. Po godzinie wylejcie wszystko, co pozostanie.

Kiedy przechowywanie mleka w chłodzie jest niemożliwe. Jeśli z jakiegoś powodu nie możecie butelek z mlekiem trzymać w niskiej temperaturze aż do karmienia – na przykład zepsuje wam się lodówka albo zabraknie prądu – użyjcie gotowego mleka w jednorazowych butelkach (dobrze jest mieć kilka pod ręką). To, czego dziecko nie wypije, trzeba wylać. Jeśli taka sytuacja powtarza się często, najłatwiejszym rozwiązaniem jest używanie mieszanki mlecznej w proszku i przygotowywanie jednej butelki na raz. Jeśli musicie stosować sterylizację, na wszelki wypadek oprócz mleka w proszku miejcie pod ręką butelkę wody destylowanej i jednorazowe butelki.

Wbrew obiegowym przekonaniom mleka z lodówki nie trzeba podgrzewać. Można je od razu podać dziecku.

PODAWANIE BUTELKI

Pierwsze dni. Pierwszą butelkę zazwyczaj podaje się niemowlęciu cztery do sześciu godzin po narodzinach, choć jeśli wydaje się głodne, można to zrobić wcześniej. W ciągu pierwszych kilku karmień noworodek zazwyczaj je mało. Często dopiero po trzech–czterech dniach zaczyna zjadać ilość, która wyda się wam wystarczająca; czasem trzeba na to czekać tydzień lub nawet dłużej. Nie martwcie się. Stopniowe zwiększanie ilości zjadanego pokarmu jest prawdopodobnie lepsze dla układu pokarmowego. Za kilka dni, kiedy dziecko stanie się bardziej aktywne, samo będzie wiedziało, ile mu potrzeba.

Podgrzewanie mleka. Niemowlęta tak samo lubią i tak samo dobrze rosną na mieszance podgrzanej, w temperaturze pokojowej i prosto z lodówki, pod warunkiem że temperatura jest taka sama podczas każdego karmienia. Wielu rodziców podgrzewa mieszankę, ponieważ z tym zawsze kojarzyło im się karmienie i ponieważ mleko z piersi jest ciepłe, więc podawanie maluchowi zimnej mieszanki wydaje się niewłaściwe. Nie ma w tym jednak nic złego.

Jeśli podgrzewacie butelkę, zróbcie to w garnku, dzbanku gorącej wody albo umywalce. Jeśli w pobliżu pokoju dziecinnego nie ma kranu z gorącą wodą, najwygodniej jest użyć elektrycznego podgrzewacza do butelek. Dobrze jest dążyć do uzyskania temperatury ciała. Żeby sprawdzić temperaturę mieszanki, najlepiej wytrząsnąć kilka kropli na wewnętrzną stronę nadgarstka. Jeśli sprawia wrażenie gorącego, to znaczy że jest zbyt gorące dla niemowlęcia.

Uwaga na kuchenki mikrofalowe! Nigdy nie należy podgrzewać jedzenia dla niemowlęcia w kuchence mikrofalowej. Zawartość może oparzyć buzię dziecka, mimo iż butelka wydaje się chłodna w dotyku. Kuchenki mikrofalowe nie nadają się też do sterylizowania mieszanki i akcesoriów do karmienia. Jeśli czasem postanowicie mimo wszystko skorzystać z kuchenki mikrofalowej (a wiem, że wielu rodziców tak robi, niezależnie od zaleceń specjalistów), zawsze pamiętajcie o tym, żeby dobrze zamieszać mleko łyżką, żeby nie było w nim gorących miejsc. Przed podaniem dziecku należy sprawdzić temperaturę mleka palcem albo wylać kilka kropel na nadgarstek. Jeśli mleko sprawia wrażenie gorącego, to może poparzyć buzię niemowlęcia.

Pozycja przy karmieniu. Usiądź w wygodnym krześle i ułóż niemowlę na zgiętym ramieniu. Większość rodziców wybiera fotel z oparciami na ręce, a dodatkowo podkłada poduszkę pod ramię. Dla niektórych idealnym rozwiązaniem jest fotel bujany. Trzymaj butelkę przechyloną wysoko, aby smoczek był zawsze pełen. Nie należy potrząsać butelką. Większość niemowląt ssie miarowo, aż zaspokoi głód. Butelka powinna być trzymana pod takim kątem, żeby powietrze zbierało się powyżej smoczka i niemowlę nie połknęło go zbyt dużo. Mimo to niektóre dzieci i tak połykają podczas jedzenia dużo powietrza. Gdy pęcherzyk powietrza w żołądku robi się za duży, zaczyna przeszkadzać i dziecko przestaje jeść w połowie butelki. Należy wtedy unieść je do pozycji pionowej, żeby mu się odbiło, a potem kontynuować karmienie. Niektórym dzieciom musi się odbić dwa albo trzy razy podczas jednego karmienia, innym nie jest to potrzebne. Szybko zorientujecie się, do której grupy zalicza się wasze maleństwo.

Kiedy tylko niemowlę przestanie ssać i będzie sprawiać wrażenie zadowolonego, zakończcie karmienie. Ono samo najlepiej wie, ile pokarmu potrzebuje.

Podpieranie butelki. Dobrze jest, kiedy podczas karmienia jedno z rodziców trzyma dziecko. Tak to urządziła natura. Niemowlę i dorosły są tak blisko, jak to tylko możliwe, i mogą obserwować swoje twarze. Karmienie to zdecydowanie najprzyjemniejsze zajęcie niemowlęcia i dobrze jest, kiedy kojarzy mu się z obecnością i twarzą jednego z rodziców. Niemowlęta, które jedzą, leżąc płasko na plecach, czasem cierpią na infekcje ucha, jeśli mleko przez trąbkę słuchową dostaje im się do ucha środkowego.

Przekarmianie i ulewanie. Generalnie rzecz biorąc (z rzadkimi wyjątkami), niemowlę nie powinno w ciągu doby potrzebować więcej niż litr mleka; większości niemowląt wystarcza około 700 ml. Dla dziecka, które wypija dużo więcej niż litr mleka dziennie, butelka może być sposobem na poprawienie nastroju, nie zaś źródłem pożywienia. Ssanie smoczka gryzaczka może służyć temu samemu celowi. Zdarza się też, że rodzice uciekają się do karmienia za każdym razem, gdy maluch zaczyna marudzić albo płakać. Inne sposoby uspokajania mogą się okazać lepsze (patrz str. 58).

Przekarmiane dzieci często wymiotują, ponieważ mają przepełniony żołądek i przynosi im to ulgę. Na stronie 71 znajdziecie więcej informacji o ulewaniu i wymiotowaniu.

Właściwa wielkość dziurek w smoczku. Jeśli dziurki są zbyt małe, niemowlę dostaje za mało pokarmu i marudzi albo męczy się i zasypia na długo przez skończeniem butelki. Ponieważ musi bardzo mocno ssać, połyka przy tym mnóstwo powietrza, które zbiera się w jego brzuszku. Jeżeli dziurki są za duże, dziecko może się zakrztusić lub dostać niestrawności. Na dłuższą metę jedzenie może nie za-

spokajać jego potrzeby ssania, dlatego zaczyna ssać kciuk. Za szybki wypływ mleka
przyczynia się także do połykania powietrza.

Większości niemowląt opróżnienie butelki zajmuje około dwudziestu minut nie-
przerwanego ssania. Dziurki są odpowiedniej wielkości, jeżeli z obróconej dnem do
góry butelki mleko najpierw przez sekundę albo dwie wypływa cienkim strumyczkiem, a potem kroplami. Jeśli po paru sekundach nadal płynie strumyczkiem, dziurki są prawdopodobnie za duże; jeśli od początku tylko kapie, dziurki są prawdopodobnie za małe.

Większość butelek jest wyposażona
w dodatkowe otwory, przez które do butelki dostaje się powietrze. Mocniejsze do-
kręcenie nakrętki zmniejsza lub likwiduje
dopływ powietrza; rezultatem jest powstanie częściowej próżni. Dziecko musi
wtedy ssać mocniej i opróżnienie butelki
trwa dłużej. Luźniej dokręcona nakrętka
umożliwia szybsze picie mleka. (Butelki z wymiennymi torebkami nie muszą
mieć dziurek wpuszczających powietrze,
ponieważ torebka składa się w miarę, jak
dziecko wypija jej zawartość.)

Dziurki w wielu nowych smoczkach są
za małe dla noworodka, choć dobre dla
większego, silniejszego niemowlęcia. Jeśli
są za małe dla waszego dziecka, można je
powiększyć w następujący sposób: tępy koniec cienkiej igły wbijcie w korek. Następnie trzymając za korek, rozgrzejcie ostrze
igły w płomieniu do czerwoności. Wkłuj-
cie igłę na niewielką odległość w czubek
smoczka. Nie musicie celować w starą
dziurkę. Nie używajcie zbyt grubej igły
i nie wkłuwajcie jej zbyt głęboko, dopóki
nie sprawdzicie rezultatu; jeśli zrobicie
zbyt duże dziurki, smoczek będzie do wy-
rzucenia. Możecie zrobić jedną, dwie albo trzy dodatkowe dziurki. Jeśli nie macie
korka, owińcie wokół tępego końca igły

kawałek szmatki albo przytrzymajcie ją
szczypcami.

Zatkane dziurki. Jeśli macie problemy
z zatykającymi się dziurkami, możecie kupić smoczki nacięte na krzyż. Mleko nie
wylewa się przez takie nacięcie, ponieważ
jego brzegi pozostają złączone, dopóki niemowlę nie zacznie ssać. Możecie zrobić nacięcie w normalnym smoczku za pomocą
wysterylizowanej żyletki. Najpierw ściśnijcie czubek smoczka, aż powstanie wąska
krawędź, i przetnijcie ją. Potem obróćcie
smoczek o 90 stopni, ponownie ściśnijcie
czubek i zróbcie kolejne nacięcie, prosto-
padłe do pierwszego. Nie należy używać
takich smoczków do podawania dziecku
z butelki przetartych pokarmów stałych.

**Niemowlęta, które budzą się po kilku
minutach.** A co z niemowlętami, które
zasypiają po wypiciu 120 ze 150 ml mleka, ale po kilku minutach budzą się i zaczynają płakać? Jest to prawdopodobnie
spowodowane zebranym w brzuszku powietrzem, kolką albo okresowym nerwowym płaczem, nie głodem. Niemowlę nie
zauważy 30 ml różnicy, zwłaszcza jeśli po
posiłku zasnęło. Tak naprawdę nawet po
wypiciu zaledwie połowy normalnej porcji spałoby równie dobrze, choć mogłoby
się nieco wcześniej obudzić.

Oczywiście można z powodzeniem podać dziecku resztę porcji nieco później,
jeśli jesteście pewni, że jest głodne. Lepiej
jednak założyć najpierw, że głodne nie
jest, i dać mu szansę ponownego zaśnięcia, ze smoczkiem gryzaczkiem albo bez.
Innymi słowy, spróbujcie kolejne karmienie opóźnić o trzy–cztery godziny. Jeśli
jednak dziecko jest naprawdę głodne, nakarmcie je.

**Noworodek, który wypija tylko poło-
wę porcji.** Mama wraca z noworodkiem

🏛 KLASYCZNY SPOCK

Nie zmuszajcie dziecka, żeby jadło więcej, niż ma ochotę. Moim zdaniem największy problem z karmieniem butelką polega na tym, że osoba karmiąca widzi, ile mieszanki zostało w butelce. Niektóre niemowlęta podczas każdego karmienia wypijają tyle samo mleka, ale apetyt innych zmienia się w zależności od pory dnia. Nie oczekujcie, że dziecko podczas każdego karmienia wypije określoną ilość mieszanki. Być może łatwiej będzie wam podejść do tego tematu na luzie, kiedy uświadomicie sobie, że niemowlęta karmione piersią mogą wypić 300 ml rano, a tylko 100 ml wieczorem, i są z obu tych karmień jednakowo zadowolone. Jeśli można zaufać dziecku karmionemu piersią, to tak samo można zaufać dziecku karmionemu butelką.

Jest to ważny temat, ponieważ u wielu dzieci występują problemy z jedzeniem. Niemowlę traci naturalny apetyt, z którym przyszło na świat, i odmawia jedzenia wielu pokarmów, a czasem nawet nie chce w ogóle nic jeść. W dziewięciu przypadkach na dziesięć winni temu są rodzice, którzy próbują, czasem od wczesnego niemowlęctwa, zmuszać dzieci do jedzenia. Kiedy uda wam się namówić niemowlę albo starsze dziecko do zjedzenia kilku łyżek więcej niż ma ochotę, wydaje wam się, że osiągnęliście sukces, ale tak nie jest. Po prostu podczas kolejnego posiłku zje mniej. Niemowlę wie nie tylko, ile mu potrzeba, ale także jakich składników domaga się jego organizm. Nakłanianie dzieci do jedzenia nie jest konieczne i do niczego nie prowadzi. Bywa wręcz szkodliwe, ponieważ po pewnym czasie dziecko zaczyna tracić apetyt i jeść mniej, niż powinno.

Na dłuższą metę zmuszanie do jedzenia ma skutki poważniejsze niż zmniejszenie apetytu i utrata masy ciała, odbiera bowiem dziecku część pozytywnego nastawienia do życia. Przez pierwszy rok życia niemowlę ma czuć głód, domagać się karmienia, z przyjemnością jeść i doznawać uczucia sytości. Ten radosny schemat powtarza się przynajmniej trzy razy dziennie, tydzień po tygodniu. Daje to dzieciom pewność siebie, sprawia, że stają się towarzyskie i ufają rodzicom. Jeśli jednak posiłki zmieniają się w pole bitwy, jeśli karmienie jest czymś, co się na nich wymusza, zajmują pozycje defensywne i nabierają opornego, podejrzliwego stosunku do jedzenia i do ludzi.

Nie chcę przez to powiedzieć, że powinniście wyrywać niemowlęciu butelkę, gdy tylko na chwilę przestanie ssać. Niektóre niemowlęta lubią trochę odpocząć parę razy podczas karmienia. Jeśli jednak dziecko pozostaje obojętne, gdy próbujecie włożyć mu smoczek z powrotem do buzi (a powietrze już mu się odbiło), to znaczy że się najadło, i to powinno was usatysfakcjonować.

ze szpitala do domu i stwierdza, że maleństwo zasypia podczas karmienia, gdy butelka jest jeszcze do połowy pełna. A przecież w szpitalu powiedzieli, że wypijało wszystko. Mama próbuje noworodka dobudzić, żeby wmusić w niego jeszcze 10 mililitrów, ale jest to zadanie trudne i frustrujące. Na czym polega problem? Być może dziecko jeszcze nie do końca doszło do siebie po porodzie. (Zdarza się, że noworodek przez pierwsze dwa–trzy tygodnie jest ospały i dopiero później nabiera energii do życia.)

Najlepiej pozwolić niemowlęciu przerwać jedzenie, kiedy zechce, nawet jeśli wypiło tylko 30 czy 60 ml. Czy nie zgłodnieje na długo przed porą kolejnego karmienia? Być może. Jeśli tak, nakarmcie je. „Ale – powiecie – karmilibyśmy je dzień i noc bez przerwy". Prawdopodobnie nie będzie tak źle. Chodzi o to, że jeśli pozwoli się niemowlęciu przerwać karmienie, kiedy ma na to ochotę, będzie miało szansę poczuć głód, który nauczy je w przyszłości najadać się do syta i więcej jeść. Możecie pomóc dziecku nauczyć się czekać i znosić głód, wydłużając odstępy między karmieniami do dwóch, dwóch i pół, wreszcie trzech godzin. Nie bierzcie go na ręce, gdy tylko zacznie marudzić. Poczekajcie chwilę, może zaśnie z powrotem. Jeśli jednak bardzo płacze, nakarmcie je.

Ospałość i odmowa jedzenia u noworodka mogą też być objawem choroby. Jeśli martwicie się jego stanem, zasięgnijcie porady lekarza. Konsultacja ze specjalistą nigdy nie jest błędem, zwłaszcza w przypadku noworodka.

Marudzenie i zasypianie. Niemowlę, które zaczyna marudzić albo zasypia, gdy tylko zacznie ssać butelkę, może być zdenerwowane zatkaną albo za małą dziurką w smoczku. Sprawdźcie, czy mleko wypływa cienkim strumyczkiem, kiedy odwrócicie butelkę do góry dnem. Nawet jeśli wszystko wydaje się w porządku, możecie i tak w ramach eksperymentu powiększyć dziurkę w smoczku, żeby sprawdzić, czy to pomoże.

Butelka w łóżeczku. Kiedy dziecku zaczynają się wyrzynać zęby, bardzo ważne jest, żeby nie zasypiało z butelką mleka. Mleko pozostałe na zębach powoduje rozmnażanie się bakterii i próchnicę. Nie tak rzadko widuje się niemowlęta z zupełnie zepsutymi przednimi ząbkami, a jest to poważny problem. Zasypianie z mlekiem w buzi bywa też przyczyną infekcji ucha. Mleko może dostać się do trąbki słuchowej, łączącej tył gardła z uchem środkowym (częścią ucha znajdującą się za błoną bębenkową). Bakterie rozmnażają się w mleku zgromadzonym za błoną bębenkową i wywołują infekcje.

W drugim półroczu niemowlę może usiąść i samodzielnie chwycić butelkę. Praktyczni rodzice, widząc, że nie muszą już dziecku asystować, wkładają je do łóżeczka, gdzie wypija mleko, a potem zasypia. Taki sposób układania niemowlęcia do snu wydaje się wygodny, ale – poza chorobami zębów i uszu – powoduje często uzależnienie od butelki (patrz dalej). Kiedy rodzice próbują odzwyczaić dziecko od zasypiania z butelką w wieku dziewięciu, piętnastu czy dwudziestu jeden miesięcy, maluch płacze histerycznie i przez długi czas ma problemy z zasypianiem. Dlatego jeśli chcecie uniknąć problemów z zasypianiem w przyszłości, pozwólcie dziecku trzymać butelkę tylko wtedy, gdy siedzi wam na kolanach albo w wysokim krzesełku.

OD BUTELKI DO KUBKA

Gotowość do odstawienia butelki. Niektórym rodzicom zależy na tym, żeby przed ukończeniem pierwszego roku życia dziecko zaczęło pić z kubka. Inni głęboko wierzą, że maluch ma prawo do ssania piersi albo butelki przez pierwsze dwa lata. Decyzja zależy częściowo od opinii rodziców, a częściowo od gotowości dziecka.

Niektóre niemowlęta około piątego czy szóstego miesiąca życia tracą zainteresowanie ssaniem. Zamiast gorliwie ssać przez dwadzieścia minut, tak jak do tej pory, po pięciu minutach przerywają, żeby zagadać do rodziców, pobawić się butelką albo własnymi rączkami. Są to pierwsze oznaki gotowości do odstawienia butelki. W wieku ośmiu, dziesięciu bądź dwunastu miesięcy dzieci te będą traktować pierś albo butelkę dość obojętnie, choć zazwyczaj nie odmówią, kiedy im się ją poda. Lubią przy tym pić mieszankę z kubeczka i ostatecznie przejdą na ten sposób.

Przywiązanie do butelki. Niektóre niemowlęta pomiędzy szóstym a dziesiątym miesiącem życia zamiast rezygnować z butelki jeszcze bardziej się do niej przywiązują. Przykładowy tata może powiedzieć: „Ona tak uwielbia swoją butelkę! Jedząc pokarmy stałe, nieustannie na nią patrzy. Kiedy przychodzi czas na mieszankę, z zapałem chwyta butelkę. Pijąc, nieustannie głaszcze ją z czułością i mruczy do niej. Bardzo podejrzliwie traktuje mleko podane w kubeczku, chociaż piła z niego przed ukończeniem szóstego miesiąca życia". Wiele z tych niemowląt w wieku półtora roku bądź dwóch lat nie umie zasnąć bez butelki i protestuje przeciwko podawaniu mleka w kubku albo szklance. (Co ciekawe, wypiją z kubka wodę albo sok.)

W drugim półroczu tak silnym przywiązaniem zaczynają darzyć butelkę naj-częściej te niemowlęta, którym pozwalano na zabieranie jej do łóżka. Butelka działa na nie uspokajająco, przypomina im pierwsze miesiące życia, kiedy źródłem największej przyjemności i bezpieczeństwa była bardzo bliska więź z rodzicami. Butelka zastępuje im rodziców. Dzieci, które w wieku pięciu–siedmiu miesięcy samodzielnie trzymają butelkę, siedząc na kolanach rodziców, nie przywiązują się do niej z taką samą siłą, ponieważ prawdziwa mama albo tata są tuż obok.

Dlatego żeby uniknąć trwałego uzależnienia od butelki, które może opóźnić odstawienie jej do ukończenia osiemnastu lub dwudziestu czterech miesięcy, zawsze podawajcie butelkę, trzymając niemowlę na kolanach, i nie pozwalajcie mu z nią zasypiać.

Jeśli dziecko skończyło sześć miesięcy (lub ma pierwsze zęby) i już jest uzależnione od butelki, trzeba przynajmniej zmienić jej zawartość z mleka na wodę. Dzięki temu nie nabawi się próchnicy. Jeśli zmiana będzie stopniowa, polegająca na rozwadnianiu wieczornego mleka po trochu, dziecko powinno po pewnym czasie zaakceptować czystą wodę bez większego marudzenia. Potem zaś łatwiej mu będzie zupełnie zrezygnować z butelki przed spaniem.

Pierwsze łyki z kubka w wieku pięciu miesięcy. Dobrym pomysłem jest proponowanie niemowlęciu codziennie łyka mleka z kubka, kiedy ma pięć miesięcy. Nie chodzi o to, żeby od razu odzwyczajać je od butelki. Po prostu jest to sposób przyzwyczajenia go do myśli, że mleko można pić z innego naczynia, kiedy nie ma jeszcze wyrobionej opinii na ten temat.

Raz na dzień nalejcie do małego kubeczka lub szklanki 15 ml mleka. Niemowlę nie zechce wypić więcej niż łyk i początkowo niewiele trafi do jego żołądka, ale prawdopodobnie uzna to za niezłą zabawę. Kiedy już nauczy się pić z kubka mleko, podajcie w nim również wodę i rozcieńczony sok. Dzięki temu dowie się, że z kubka można pić różne napoje.

Przyzwyczajanie dziecka do kubka. Po wprowadzeniu kubka podawajcie go dziecku raz albo dwa razy podczas każdego posiłku złożonego z pokarmów stałych, nie robiąc przy tym zbyt wiele szumu. Postawcie kubek na widoku, żeby mogło pokazać, że chce więcej. (Jeśli zazwyczaj po posiłku podajecie mu butelkę, nie pokazujcie mu jej na razie.) Dziecko zainteresuje się też tym, co wy pijecie, więc możecie dać mu się napić ze swojej szklanki, jeśli zawartość jest dla niego odpowiednia.

Możecie też pozwolić, żeby wypróbowało swoje umiejętności. W wieku sześciu miesięcy próbuje wszystko schwycić i włożyć do buzi. Dajcie mu mały, wąski, pusty plastikowy kubek, który samo jest w stanie utrzymać, albo dziecinny kubeczek z dwoma uszkami. Kiedy już dobrze mu to idzie, wlejcie do środka troszkę mleka. W miarę jak umiejętności dziecka rosną, zwiększajcie ilość płynu. Jeśli zacznie protestować albo straci zainteresowanie samodzielnym piciem, nie namawiajcie go. Zapomnijcie o kubku na czas jednego albo dwóch posiłków, a potem znów go podajcie. Pamiętajcie, że w pierwszych miesiącach picia z kubka dziecko prawdopodobnie ograniczy się do jednego łyka za każdym razem. Wiele niemowląt nauczy się picia kilkoma następującymi po sobie łykami dopiero po ukończeniu roku lub półtora. Dobrym miejscem do ćwiczenia tych umiejętności jest wanna.

W drugim roku życia dzieci, które podejrzliwie odnoszą się do starego kubka, w którym dotychczas piły, mogą zachwycić się nowym kubkiem w innym kolorze lub kształcie. Czasem zmieniają zdanie,

gdy dostaną zimne mleko. Niektórzy rodzice stwierdzili, że dodanie do mleka niewielkiej ilości kaszki zmienia jego smak na tyle, żeby stało się atrakcyjne do picia. Po kilku tygodniach można stopniowo zrezygnować z dodawania kaszki.

Istnieją kubki treningowe, zaprojektowane w taki sposób, żeby ułatwić rezygnację z butelki. Mają pokrywkę z płaskim dziobkiem. Dzięki pokrywce mleko nie rozlewa się, a dziobek dziecko wkłada do buzi. Później może używać tego samego kubka bez pokrywki i dziobka. Niektórzy rodzice lubią takie kubki, ponieważ podczas pierwszych miesięcy nauki dziecko nie rozlewa z nich napojów. Innym rodzicom nie podoba się, że dziecko może najpierw protestować przeciw przejściu od butelki do kubka z dziobkiem, a potem ponownie przeciw przejściu od kubka z dziobkiem do normalnego, bez dziobka. Można też kupić kubki z dwoma uchwytami, które łatwiej dziecku trzymać. Niektóre kubki mają specjalnie obciążone dno.

Dlaczego odstawiać od butelki przed ukończeniem pierwszego roku życia?
Przede wszystkim dlatego, że w tym wieku dzieci najłatwiej akceptują zmiany. Większość potrafi podczas posiłku samodzielnie trzymać butelkę i warto im na to pozwolić. Wprowadzenie kubka to kolejny krok w rozwoju. (Jeśli rodzice przyzwyczaili się, że dziecko samo trzyma butelkę, a potem zasypia z nią w łóżku, może to prowadzić do problemów. Na stronie 198 znajdziecie więcej informacji o podawaniu butelki przed spaniem.)

Inne powody do rezygnacji z butelki: niektórym rodzicom nie podoba się, że ich dziecko spaceruje albo bawi się z butelką w ręku, popijając z niej co jakiś czas. Uważają, że wygląda wtedy gapowato. Poza tym małe dzieci, które przez cały dzień sączą mleko z butelki, często dostają próchnicy, słodkawy płyn zostaje bowiem na zębach i sprzyja rozwojowi bakterii. Nieustanne popijanie mleka może też zniechęcić dziecko do jedzenia, bo nigdy tak naprawdę nie czuje ono głodu. W rezultacie może gorzej rosnąć.

Stopniowe odzwyczajanie od butelki. Nie spieszcie się i pozwólcie dziecku nadawać tempo zmianom. Kiedy pomiędzy dziewiątym a dwunastym miesiącem życia zaczyna nieco nudzić się butelką, a lubi pić mleko z kubka, stopniowo zwiększajcie ilość płynu podawanego w kubku. Proponujcie go przy każdym posiłku. Dziecko pije więc z butelki coraz mniej. Potem zrezygnujcie z podawania butelki w porze, gdy dziecko najmniej się nią interesuje – przeważnie przy obiedzie lub śniadaniu. Po tygodniu zrezygnujcie z kolejnego karmienia butelką, tydzień później z jeszcze jednego. Większość dzieci najbardziej lubi wieczorną butelkę i z tą najtrudniej im się rozstać. Inne takim uczuciem darzą butelkę poranną.

Chęć rezygnacji z butelki nie zawsze rośnie z czasem. Złe samopoczucie spowodowane ząbkowaniem albo przeziębieniem często sprawia, że przez pewien czas maluch chce częściej pić z butelki. Zaspokajajcie jego potrzeby. Motywacja do korzystania z kubka powróci, gdy wyzdrowieje.

Kiedy dziecko nie chce zrezygnować. Dziecko, które między dziewiątym a dwunastym miesiącem życia nie chce zrezygnować z butelki, może już po jednym łyku odepchnąć niecierpliwie kubek lub udawać, że nie wie, do czego on służy. Zamiast połykać, wypuszcza mleko kącikiem ust i niewinnie się uśmiecha. Po ukończeniu roku upór może osłabnąć, ale jest bardziej prawdopodobne, że jeszcze w wieku piętnastu miesięcy lub później takie dzieci będą traktować kubek nieufnie. Wlejcie 30 ml mleka do małego kubeczka, który dziecko może utrzymać, i codziennie podczas posiłków stawiajcie go w zasięgu jego ręki w nadziei, że się skusi i coś jednak wypije. Jeśli będzie to tylko jeden łyk, nie próbujcie nawet namawiać go na kolejny. Zachowujcie się tak, jakby nie robiło wam to żadnej różnicy.

Cierpliwość będzie wam potrzebna także wtedy, gdy podejrzliwy maluch w końcu zacznie pić mleko z kubeczka, ponieważ prawdopodobnie upłynie jeszcze kilka miesięcy, zanim będzie gotowy do całkowitej rezygnacji z butelki. Odnosi się to zwłaszcza do butelki podawanej przy kolacji i przed zaśnięciem. Wiele dzieci chce wieczorem pić z butelki aż do ukończenia drugiego roku życia, zwłaszcza jeśli były przyzwyczajone do zasypiania z butelką.

Kiedy rodzice nie chcą zrezygnować. Czasem to rodzice niechętnie rezygnują z podawania dziecku butelki. Martwią się, że z kubka pije mniej. Powiedzmy, że pomiędzy dziewiątym a dwunastym miesiącem życia maluch wypija z kubka 180 ml mleka przy śniadaniu, 180 ml przy obiedzie i 120 ml przy kolacji i że niespecjalnie zależy mu na butelce, ale jeśli mama poda ją po posiłku, to chętnie wypije jeszcze kilkadziesiąt mililitrów. Dziecko, które wypija dziennie 480 ml z kubka i nie domaga się butelki, może być zupełnie od niej odstawione, jeśli rodzice sobie tego życzą.

Odrębny problem mają rodzice, którzy w drugim roku życia dają dziecku butelkę zamiast smoczka gryzaczka, by je uspokoić. Kiedy dziecko zapłacze w dzień albo obudzi się w nocy, mama albo tata dobrotliwie przygotowują kolejną butelkę. Dziecko może dostawać nawet osiem butelek w ciągu doby, co daje prawie dwa litry mleka. Oczywiście odbiera mu to apetyt podczas posiłków. Z punktu widzenia dietetyki ważne jest, żeby dzieci nie piły więcej niż litr mleka krowiego lub mieszanki mlecznej dziennie.

WPROWADZANIE POKARMÓW STAŁYCH

ZDROWA DIETA OD NAJMŁODSZYCH LAT

Preferencje. Zaczynając jeść pokarmy stałe, niemowlę robi milowy krok na drodze do niezależności. Dla rodziców to jedyna okazja, by wpoić mu właściwe nawyki żywieniowe, które przez całe życie będą owocować dobrym zdrowiem. Dzieci zwykle przez całe życie akceptują wzorce odżywiania nabyte na tym wczesnym etapie. Kiedy na stole pojawia się zdrowa żywność, dzieci przyjmują ją jako coś naturalnego. Jest to bardzo ważne, ponieważ łatwo jest zaszczepić dzieciom niewłaściwe nawyki, których w późniejszym życiu trudno im się będzie pozbyć.

Zmysł smaku kształtuje się na wczesnym etapie życia i zazwyczaj się nie zmienia. Na przykład preferencje danej osoby co do ilości soli w potrawach przeważnie kształtują się w niemowlęctwie i wczesnym dzieciństwie. Spożywanie dużych ilości soli może podwyższać ciśnienie krwi. Dlatego rodzice, dodając sól do niemowlęcego jedzenia (ponieważ lubią ją rodzice, nie dlatego, że domaga się jej dziecko), narażają je na problemy z ciśnieniem w późniejszych latach.

Również zamiłowanie do tłustego jedzenia kształtuje się wcześnie. Niektóre – choć nie wszystkie – przypadki trwającej całe życie otyłości prawdopodobnie zaczynają się w okresie niemowlęcym od diety zbyt obfitującej w cukier i tłuszcz. Tłuszcze nasycone i cholesterol, w które obfituje dieta typowego amerykańskiego dziecka, są w dużym stopniu odpowiedzialne za blokowanie tętnic i zawały serca w późniejszym życiu, zwłaszcza u osób z rodzin, w których występują te problemy (patrz *Odżywianie i zdrowie* w części II).

Zdrowsza dieta. W ostatnich latach dużo dowiedzieliśmy się o odżywianiu. Niegdyś zalecaliśmy włączanie do diety dzieci dużych ilości mięsa i nabiału. Okazało się, że lepiej służą im składniki odżywcze pochodzące z roślin. Warzywa, owoce, ziarna zbóż i rośliny strączkowe są bogate w witaminy, minerały i błonnik, przy niskiej zawartości tłuszczu i całkowitym braku cholesterolu. Dopiero niedawno doceniliśmy te niepozorne rośliny i zdaliśmy sobie sprawę z tego, jak wielu chorobom można zapobiec, kiedy uczyni się z nich podstawę diety.

Najlepiej, żeby rodzice jedli równie zdrowo jak dzieci. Choć większości z nas wpojono w dzieciństwie nawyki żywieniowe odmienne od tych, które obecnie uważa się za idealne, wiele osób zaczyna analizować swoją dietę i dokonywać lepszych dla zdrowia wyborów. W ten sposób pomagamy naszym dzieciom wybierać mądrzej.

🏛 KLASYCZNY SPOCK

W wielu rodzinach podaje się mniejsze porcje mięsa, odkrawa z niego tłuszcz i przechodzi na odtłuszczony nabiał. Są to kroki we właściwym kierunku. Sugerowałbym jednak, żebyście poszli jeszcze krok dalej i podstawą diety w swojej rodzinie uczynili produkty roślinne zamiast pokarmów pochodzenia zwierzęcego i smażonych, oleistych potraw. Chciałbym zachęcić was do zapoznania się z daniami wegetariańskimi i przygotowywania bezmięsnych posiłków tak często, jak to możliwe.

KIEDY I JAK ZACZĄĆ

Kiedy zacząć wprowadzanie pokarmów stałych? Nie ma określonego wieku, w którym trzeba wprowadzić pokarmy stałe. Na początku dwudziestego wieku pierwsze pokarmy stałe podawano dziecku po ukończeniu pierwszego roku życia. W miarę upływu lat lekarze eksperymentowali z podawaniem ich coraz wcześniej, nawet już w wieku miesiąca czy dwóch. Dziś zazwyczaj zalecają podanie pierwszych stałych pokarmów pomiędzy czwartym a szóstym miesiącem życia.

Wprowadzenie pokarmów stałych w ciągu pierwszego półrocza ma dwie zasadnicze zalety: niemowlęta akceptują nowości chętniej niż starsze dzieci o bardziej zdecydowanych upodobaniach, a różnorodne pokarmy stałe wzbogacają dietę o tak wartościowe składniki jak żelazo. Nie ma większego sensu zaczynać przed ukończeniem przez dziecko trzech–czterech miesięcy. Mleko matki albo mieszanka mleczna zapewnia mu wszystkie kalorie niezbędne w pierwszych sześciu miesiącach życia. Niedojrzały układ pokarmowy przez wiele miesięcy nie jest w stanie poradzić sobie ze skrobią; w większości jest ona wydalana w postaci niestrawionej.

Jeśli w waszej rodzinie istnieje skłonność do alergii pokarmowych, lekarz może zalecić odczekanie co najmniej sześciu miesięcy przed wprowadzeniem niektórych pokarmów. Im później niemowlę wejdzie w kontakt z danym składnikiem, tym mniej prawdopodobne, że będzie nań uczulone.

Często czynnikiem decydującym o wczesnym wprowadzeniu pokarmów stałych jest niecierpliwość rodziców, którzy nie chcą dopuścić, by ich malec choć dzień później zrobił to co dziecko sąsiadów. Wywierają presję na lekarzy i na swoje dzieci. Ale w wypadku jedzenia, tak jak w wypadku innych aspektów rozwoju, wcześniej niekoniecznie oznacza lepiej. Jeśli będziecie zwracać uwagę na sygnały wysyłane przez dziecko, zorientujecie się, gdy będzie gotowe do przyjmowania pokarmów stałych. Przede wszystkim powinno bez problemu trzymać główkę w górze. Mogą je interesować potrawy stojące na stole, będzie też próbowało chwycić to, co jedzą dorośli. Sprawdźcie, jak zareaguje, kiedy położycie mu na języku niewielką ilość jedzenia.

W pierwszych miesiącach życia niemowlęta mają odruch wysuwania języka, kiedy poczują na nim stały pokarm. Próby karmienia pokarmami stałymi niemowlęcia, u którego odruch ten jest nadal aktywny, są niezwykle frustrujące. Jeśli dziecko wysuwa język, kiedy tylko dotknie nim jedzenia, nie zmuszajcie go. Poczekajcie parę dni i dopiero wtedy ponówcie próbę.

Nie ma pośpiechu. Dajcie dziecku czas na polubienie pokarmów stałych. Lekarze zazwyczaj zalecają na początek podawanie jednej łyżeczki nowego pokarmu i stopniowe zwiększanie ilości do dwóch-–trzech łyżek, jeśli niemowlęciu to odpowiada. Dzięki temu dziecko przyzwyczaja się do nowego smaku i nie denerwuje się. Pozwólcie dziecku przez kilka dni próbować nowy pokarm, dopóki nie okaże, że mu smakuje.

Pokarmy stałe przed mlekiem czy po nim? Większość niemowląt nieprzyzwyczajonych do pokarmów stałych w porze karmienia oczekuje i domaga się mleka. Oburzają się, kiedy zamiast mleka zaproponować im łyżeczkę czegoś innego. Dlatego posiłki zaczynajcie od mleka. Za miesiąc albo dwa, kiedy dziecko zorientuje się, że głód można zaspokoić również pokarmami stałymi, możecie spróbować podawać je w środku lub na początku posiłku. Po pewnym czasie niemal wszystkie niemowlęta uczą się najpierw jeść pokarmy stałe, a dopiero potem je popijać, tak jak robi to większość dorosłych.

Rodzaj łyżeczki. Łyżeczka do herbaty jest nieco zbyt szeroka dla niemowlęcia, a poza tym zwykle tak głęboka, że dziecko nie umie wygarnąć z niej całej zawartości. Lepsza jest łyżeczka przeznaczona dla niemowląt. Można też użyć małej, płytkiej łyżeczki do kawy. Niektórzy rodzice wolą płaski nóż do smarowania masła (bez ostrza) albo drewnianą szpatułkę laryngologiczną – w aptece można kupić duże

opakowanie. Istnieją łyżeczki powlekane gumą, dla niemowląt ząbkujących, które chcą łyżeczkę gryźć. Dla dzieci rocznych, uczących się jeść samodzielnie, przeznaczone są łyżeczki z miseczkami automatycznie powracającymi do pozycji poziomej. Sprawdzają się także szerokie łyżeczki z krótką rączką.

Jak wprowadzać pokarmy stałe. Dziecko powinno siedzieć prosto w solidnym wysokim krzesełku do karmienia i mieć na sobie śliniak. Będzie łatwiej, jeśli malec jest głodny, ale nie przesadnie wygłodniały i nie przemęczony. Niemowlę po raz pierwszy poczęstowane łyżeczką stałego pokarmu wygląda dość pociesznie. Na twarzy ma wypisane zdumienie i obrzydzenie. Marszczy nosek i czoło. Trudno mu się dziwić – smak jest nowy, konsystencja nowa, łyżeczka nowa. Kiedy ssie brodawkę piersi albo smoczek, mleko automatycznie trafia tam, gdzie trzeba. Nikt nie pokazał niemowlęciu, jak przytrzymać jedzenie przednią częścią języka i przesunąć w kierunku gardła. Potrafi tylko przycisnąć język do podniebienia, więc większość kaszki wylewa mu się z powrotem na brodę. Musicie teraz zebrać kaszkę z brody i włożyć mu z powrotem do buzi. Większość wypłynie, ale nie zniechęcajcie się: jakaś część trafi do brzuszka. Bądźcie cierpliwi, wkrótce dziecko nabierze wprawy.

Nie ma większego znaczenia, podczas którego posiłku zaczniecie podawać pokarmy stałe. Niech to jednak nie będzie pora, o której dziecko jest najmniej głodne. Często dobrze jest pokarmy stałe podać godzinę po normalnym karmieniu piersią albo butelką. Niemowlę powinno być rozbudzone, w dobrym humorze i gotowe na nową przygodę – wy powinniście być w takim samym nastroju. Zacznijcie od jednego posiłku dziennie, aż przyzwyczaicie się do nowej sytuacji. Przed ukończeniem przez dziecko szóstego miesiąca dobrze jest ograniczyć liczbę posiłków składających się z pokarmów stałych do dwóch dziennie, ponieważ mleko stanowi tak ważny składnik diety w pierwszych miesiącach życia.

Kaszki i kleiki. Kolejność wprowadzania pokarmów stałych nie jest istotna. Często najpierw podaje się niemowlęciu kaszkę. Niestety jej smak nie zawsze mu odpowiada. Różne dzieci mają różne upodobania. Dobrze jest przyzwyczaić niemowlę do różnorodnych smaków, ale warto wprowadzać tylko jeden nowy pokarm naraz. Często pomaga dodanie do kaszki czy kleiku znajomego napoju: odciągniętego mleka z piersi albo mieszanki mlecznej, w zależności od tego, jak dziecko jest karmione.

Jeśli zaczynacie od kaszek, dobrze jest na początek przygotować kaszkę o konsystencji nieco rzadszej niż zalecana na opakowaniu. Będzie się niemowlęciu wydawała podobniejsza do mleka i łatwiej będzie mu ją przełknąć. Poza tym wiele niemowląt i małych dzieci nie lubi pokarmów o kleistej konsystencji.

Jakie kaszki? Na początku większość rodziców korzysta z kaszek dla niemowląt, których wiele rodzajów można kupić. Nie wymagają gotowania, co jest bardzo wygodne. Większość jest wzbogacona żelazem, którego może brakować w diecie dziecka. Warto jednak zacząć od jednego rodzaju kaszki i podawać ją przez cztery–pięć dni. Czasem, jeśli w rodzinie występują alergie, lekarz może zasugerować późniejsze niż zazwyczaj wprowadzenie kaszek, zaczynając od ryżowych, owsianych, kukurydzianych i jęczmiennych, a z pszennych rezygnując na kilka miesięcy, ponieważ pszenica częściej niż inne zboża wywołuje reakcje alergiczne. Lekarz

może również zalecić unikanie kaszek mieszanych aż do momentu, kiedy będzie wiadomo, że niemowlę toleruje każdy z ich składników osobno.

Można też podawać niemowlęciu te same płatki, które gotuje się dla innych członków rodziny. Nie powinny jednak stanowić podstawy diety, ponieważ nie zawierają wystarczająco dużo żelaza, żeby zaspokoić jego potrzeby.

Niemowlę, które nie chce jeść kaszki. Już po kilku dniach zorientujecie się, jaki jest stosunek waszego dziecka do kaszek. Niektóre uznają: „Jest dziwna, ale można się nią najeść, więc ją zjem". Z dnia na dzień są coraz bardziej entuzjastycznie nastawione do nowego dania. Na jego widok otwierają buzię jak pisklęta w gnieździe.

Inne już drugiego dnia dochodzą do wniosku, że wcale kaszki nie lubią. Trzeciego dnia lubią ją jeszcze mniej. Jeśli wasze dziecko tak się właśnie zachowuje, przyjmijcie to ze spokojem. Nie próbujcie wmuszać mu kaszki wbrew jego woli, bo tylko zatnie się w uporze, a wy niepotrzebnie się zdenerwujecie. Po tygodniu albo dwóch niemowlę stanie się tak podejrzliwe, że może nawet odmówić picia mleka. Podawajcie kaszkę tylko raz dziennie. Dopóki się do niej nie przyzwyczai, dawajcie mu tylko tyle, ile mieści się na końcu łyżeczki. Dodajcie do kaszki trochę owoców – być może wtedy mu zasmakuje. Jeśli po dwóch czy trzech dniach pomimo wszystkich tych zabiegów jest coraz bardziej niechętnie usposobione do kaszki, zrezygnujcie z niej na parę tygodni. Potem ponownie spróbujcie, a jeśli dziecko nadal nie chce jeść, porozmawiajcie na ten temat z lekarzem.

Dużym błędem jest wdawanie się z niemowlęciem w walkę o pierwsze stałe pokarmy. Czasem od tego zaczynają się długotrwałe problemy z jedzeniem. Nawet jeśli tak się nie stanie, niepotrzebne konflikty nie służą ani rodzicom, ani dzieciom.

Jeśli wasze dziecko nie chce jeść kaszki, spróbujcie zamiast niej wprowadzić najpierw owoce. Owoce również wywołują u dzieci zdumienie, ale po dniu albo dwóch niemal wszystkie zaczynają je uwielbiać. Po dwóch tygodniach gotowe są uznać, że wszystko, co jest podawane łyżeczką, jest absolutnie wspaniałe. Wtedy możecie wprowadzić do diety kaszkę.

Owoce. Owoce wprowadza się często w drugiej lub trzeciej kolejności, kiedy niemowlę przyzwyczaiło się już do jedzenia kaszki i być może warzyw. Niektórzy lekarze zalecają rozpoczynanie od owoców, ponieważ dzieci jedzą je tak chętnie; inni nie chcą wykształcać w nich upodobania do słodkich potraw.

W tym samym czasie, kiedy zaczyna się podawać pokarmy stałe, często wprowadza się też sok jabłkowy, początkowo rozcieńczony wodą. Lekarz pomoże wam zadecydować, kiedy zacząć go podawać. (Sok pomarańczowy i inne soki z owoców cytrusowych często wywołują wysypki, dlatego lepiej jest wprowadzić je później, około pierwszych urodzin.)

Niemowlętom zazwyczaj podaje się jabłka, brzoskwinie, gruszki, morele i suszone śliwki. Przez pierwsze sześć–osiem miesięcy życia owoce się gotuje, z wyjątkiem dojrzałych bananów. Można użyć świeżych lub mrożonych owoców, które przygotowuje się dla całej rodziny; dla niemowlęcia należy je zmiksować lub przetrzeć przez sitko. Można też użyć owoców z puszki, które podaje się innym domownikom. Najlepiej kupować owoce konserwowane w wodzie lub we własnym soku, nie w syropie, albo małe słoiczki owoców dla niemowląt. Sprawdźcie na etykiecie, czy słoiczek na pewno zawiera

wyłącznie owoce. (Owoce w syropie mogą się przydać, jeśli niemowlę ma problemy z wypróżnianiem się.) Banan powinien być bardzo dojrzały, mieć czarne kropki na skórce i być ciemnożółty w środku. Rozgniećcie go widelcem na gładką masę. Można dodać trochę mleka modyfikowanego lub odciągniętego mleka z piersi, jeśli konsystencja jest dla dziecka za gęsta.

Owoce można podawać podczas dowolnego posiłku, nawet dwa razy dziennie, w zależności od apetytu i trawienia dziecka. Stopniowo zwiększajcie ilość każdego owocu, w miarę jak dziecko zaczyna go lubić. Większości niemowląt wystarcza połowa niemowlęcego słoiczka. Drugą połowę można podać następnego dnia. Dobrze schłodzone owoce można przechowywać przez trzy dni, ale jeżeli nie macie zamiaru zużyć od razu całej porcji, nie karmcie dziecka prosto ze słoiczka; jeśli do pojemnika dostanie się ślina, zawartość może się szybko zepsuć.

Powszechnie uważa się, że owoce mają właściwości przeczyszczające, ale u większości ludzi, w tym u niemowląt, nie wywołują one rozwolnienia ani bólów żołądka, z wyjątkiem suszonych śliwek, wywaru z suszonych śliwek i czasem moreli. Suszone śliwki na większość niemowląt działają lekko przeczyszczająco, dzięki czemu są podwójnie wartościowe dla tych, które mają skłonności do zaparć. Jeśli dziecko potrzebuje środka przeczyszczającego i lubi owoce, można mu codziennie podać przetarte suszone śliwki lub wywar z suszonych śliwek podczas jednego karmienia, a jakieś inne owoce podczas innego karmienia.

Jeśli dziecko dostanie biegunki, przez parę miesięcy powinniście raczej unikać suszonych śliwek i moreli, a inne owoce podawać tylko raz dziennie.

Po ukończeniu szóstego miesiąca życia można zacząć oprócz bananów podawać inne surowe owoce: tarte jabłko, gruszkę, awokado. (Ze względu na ryzyko zakrztuszenia, zazwyczaj unika się podawania owoców jagodowych i winogron aż do ukończenia przez dziecko dwóch lat, a jeszcze w trzecim roku życia należy je rozgniatać.)

Warzywa. Ugotowane, przetarte warzywa przeważnie wprowadza się, kiedy niemowlę przyzwyczai się już do kaszki, owoców albo jednego i drugiego. Wprowadzenie warzyw przed owocami może mieć tę zaletę, że dziecko nie będzie oczekiwać słodkiego smaku. Jako pierwsze najczęściej podaje się: fasolkę szparagową, groszek, dynię, marchewkę, buraki i słodkie ziemniaki.

Niektóre inne warzywa – na przykład brokuły, kalafior, kapusta, rzepa, jarmuż i cebula – po ugotowaniu mają tak silny smak, że dzieci za nimi nie przepadają. Jeśli warzywa te jada się u was w domu, spróbujcie je przetrzeć i podać niemowlęciu, być może zmieszane z odrobiną soku jabłkowego, który złagodzi ich intensywny smak. Kukurydzy nie podaje się tak wcześnie, ponieważ jej ziarna okryte są skórkami, którymi niemowlę mogłoby się zakrztusić.

Można podać niemowlęciu warzywa świeże lub mrożone, ugotowane i rozdrobnione za pomocą robota kuchennego, blendera albo maszynki do mięsa. Można też podać gotowe warzywa dla niemowląt w słoiczku. Lepiej kupować przeciery z pojedynczych warzyw niż mieszanki. Karmcie dziecko prosto ze słoiczka tylko wtedy, gdy macie zamiar zużyć cały słoiczek; ślina może powodować psucie się jedzenia. Stopniowo zwiększajcie ilość do kilku łyżek stołowych albo połowy słoiczka. Resztę można przechować w lodówce i podać następnego dnia. Gotowane warzywa psują się dosyć szybko.

Niemowlęta częściej bywają wybredne w stosunku do warzyw niż do kaszek lub owoców. Prawdopodobnie stwierdzicie, że jednego albo dwóch warzyw dziecko nie tknie. Nie zmuszajcie go, ale próbujcie podawać je mniej więcej raz na miesiąc. Nie ma sensu robić zamieszania z powodu kilku warzyw, kiedy jest ich tyle do wyboru.

Zmiany w wyglądzie stolca i skóry. Często się zdarza, że po wprowadzeniu pokarmów stałych w stolcu pojawiają się nie strawione warzywa. Nie jest to niepokojące, jeśli nie występuje biegunka i w stolcu nie ma śluzu, ale ilość każdego podawanego warzywa trzeba zwiększać powoli, aż układ pokarmowy dziecka nauczy się radzić sobie z nim. Jeśli dane warzywo wywołuje rozwolnienie albo duże ilości śluzu, zrezygnujcie z niego na razie, a za miesiąc podajcie je znowu w niewielkich ilościach.

Buraki mogą zabarwić mocz albo stolec na czerwono. Nie trzeba się tym martwić, wiedząc, że przyczyną są buraki, a nie krew. Zielone warzywa często sprawiają, że stolec ma kolor zielony. Szpinak powoduje u niektórych niemowląt pierzchnięcie ust i podrażnienie okolic odbytu. Jeśli zaobserwujecie takie objawy u waszego dziecka, na kilka miesięcy zrezygnujcie z podawania szpinaku, a potem spróbujcie ponownie. Skóra dzieci, które jedzą dużo pomarańczowych albo żółtych warzyw, jak marchewka albo dynia, często zyskuje pomarańczowy lub żółty odcień. Nie jest to niebezpieczne i znika, kiedy dziecko zacznie jeść mniej warzyw w tych kolorach.

Potrawy o wysokiej zawartości białka. Kiedy niemowlę zapozna się już z kaszkami, warzywami i owocami, można wprowadzić inne produkty. Spróbujcie bardzo dobrze ugotowanej fasoli albo innych warzyw strączkowych: soczewicy, ciecierzycy. Jeśli używacie fasolki z puszki, odsączcie ją i dobrze opłuczcie na sitku, żeby usunąć część soli. Zacznijcie od niewielkiej ilości gotowanej fasoli. Jeśli zauważycie podrażnienie okolic odbytu, a w stolcu widać kawałki nie strawionej fasoli, poczekajcie kilka tygodni, zanim podacie ją ponownie, i upewnijcie się, że jest bardzo dobrze ugotowana. Dobrym pomysłem jest też tofu. Większość niemowląt chętnie zjada je w postaci małych kostek albo zmieszane z musem jabłkowym bądź innymi przecierami owocowymi lub warzywnymi.

Głównym źródłem białka dla większości ludzi są: mięso, drób, jajka i nabiał. Jednak dietetycy oceniają je coraz gorzej (więcej informacji na stronie 223). Dzieci wcześnie przyzwyczajone do jedzenia tych produktów, w dorosłym życiu mogą zapłacić wysoką cenę za spożywanie zawartego w nich tłuszczu, cholesterolu i białka zwierzęcego. Niezależnie od tego, czy macie zamiar wychowywać dziecko na diecie ściśle wegetariańskiej czy też nie, warto wcześnie zapoznać się z potrawami wegetariańskimi, żeby dzieci mogły odnieść z nich korzyści.

Zwłaszcza w przypadku bardzo małych dzieci istnieją obawy związane z podawaniem mięsa. Drób, wołowina, wieprzowina i inne mięsa często zawierają bakterie mogące powodować poważne choroby, które w ostatnich latach stały się niepokojąco powszechne. Niemowlęta zapadają na nie dużo łatwiej niż dorośli. Mięso musi być zawsze dokładnie ugotowane, żeby żadna jego część nie była różowa, a wszystkie powierzchnie i przybory kuchenne trzeba dokładnie umyć płynem do mycia naczyń.

(Więcej o zachowaniu zasad bezpieczeństwa podczas przygotowywania posiłków dla dziecka przeczytacie na stronie 568 w punkcie *Zatrucia pokarmowe*.)

Jajka. Bardzo długo wierzono, że żółtko jaja jest ważnym źródłem żelaza. Niedawne badania wykazały jednak, że żelazo z żółtka jest słabo przyswajane przez jelita niemowląt. Stwierdzono też, że żółtko może utrudniać przyswajanie żelaza z innych źródeł, chyba że jest spożywane wraz ze źródłem witaminy C. Ponadto żółtko zawiera dużo cholesterolu, który powoduje miażdżycę tętnic, a w konsekwencji ataki serca w starszym wieku, zwłaszcza u osób z rodzin, w których w przeszłości występowały te problemy zdrowotne. Od dawna wiadomo, że białko jaja może wywoływać reakcje alergiczne u niektórych niemowląt, szczególnie jeśli w rodzinie występują alergie.

Obiadki. W sklepach można dostać gotowe obiadki dla niemowląt w słoiczkach. Zazwyczaj składają się z niewielkiej ilości mięsa i warzyw oraz większej ilości ziemniaków, ryżu albo jęczmienia. Jeśli dziecko ma skłonności do uczuleń, taka mieszanka może powodować problemy, chyba że dziecko jadło już każdy ze składników z osobna i nie wystąpiła u niego reakcja alergiczna. Jeśli kupujecie warzywa, produkty zbożowe, rośliny strączkowe i owoce w osobnych słoiczkach, łatwiej jest ocenić, jaką ilość każdego z tych składników zjada dziecko.

POSIŁKI W WIEKU SZEŚCIU MIESIĘCY

Dwa czy trzy posiłki dziennie? W wieku sześciu miesięcy wasze dziecko będzie już prawdopodobnie jadło kaszkę, różne owoce, warzywa i rośliny strączkowe. W ciągu dnia będzie dostawać jeden, dwa lub trzy posiłki składające się z pokarmów stałych. Średnio głodne dziecko często dostaje kaszkę na śniadanie, warzywa i tofu lub ugotowaną fasolkę na obiad, kaszkę i owoce na kolację. Nie ma jednak żelaznych reguł. Wszystko zależy od wygody rodziców i apetytu dziecka.

Niezbyt głodne dziecko może dostać owoce na śniadanie, warzywa i tofu lub fasolkę na obiad i samą kaszkę na kolację. Dziecko ze skłonnościami do zaparć może co wieczór dostać suszone śliwki z kaszką, a inne owoce na śniadanie albo obiad. Możecie podać dziecku fasolkę i warzywa wczesnym wieczorem, kiedy pozostali członkowie rodziny jedzą kolację, a kaszkę i owoce wcześniej.

Wiele niemowląt karmionych piersią albo butelką zaczyna jeść pokarmy stałe dopiero w wieku sześciu miesięcy. Ich układ pokarmowy jest dojrzalszy niż w wieku czterech miesięcy, a zainteresowanie jedzeniem większe. W tym wieku pokarmy stałe można wprowadzać w nieco szybszym tempie i wkrótce dojść do trzech posiłków dziennie.

Jedzenie rączkami. W wieku sześciu––siedmiu miesięcy dzieci chcą i potrafią niektóre pokarmy podnosić palcami, ssać i żuć. Jest to dobre przygotowanie do samodzielnego jedzenia łyżeczką. Jeśli nie pozwala się niemowlęciu na jedzenie rączkami, jest mniej prawdopodobne, że będzie miało ochotę samo jeść łyżeczką.

Tradycyjnie pierwszym pokarmem podawanym dziecku do rączki jest skórka czerstwego razowego chleba. Dobry jest też mały suchy obwarzanek. Niemowlę ssie go i żuje dziąsłami. Dziąsła mogą boleć z powodu ząbkowania, a żucie przynosi wtedy ulgę. W miarę jak ślina stopniowo rozmiękcza chleb czy obwarzanek, niewielka ilość ściera się i rozpuszcza w buzi dziecka, dając mu poczucie, że coś osiągnęło. Oczywiście większość chleba zo-

staje na rączkach, buzi, włosach i meblach. Biszkopty dla ząbkujących niemowląt są często produkowane z dodatkiem cukru, przez co dziecko nabiera ochoty na słodycze. Lepiej, żeby przyzwyczaiło się do mniej słodkich pokarmów.

W wieku ośmiu–dziewięciu miesięcy większość niemowląt ma na tyle dobrą koordynację wzrokowo–ruchową, że może podnosić małe przedmioty. W tym okresie możecie zacząć kłaść na blacie krzesełka do karmienia kawałki owoców lub ugotowanych warzyw i kostki tofu, które dziecko będzie podnosić palcami. (W tym samym okresie musicie się upewnić, że na podłodze nie ma nic, czym dziecko mogłoby się zakrztusić. Dobrze jest kierować się zasadą, że niemowlę może się zakrztusić każdym przedmiotem, który mieści się wewnątrz rolki papieru toaletowego.)

Niemowlęta uwielbiają kawałki jedzenia z talerzy rodziców. Niektóre nie przyjmą jedzenia podanego im przez mamę lub tatę, ale z przyjemnością sięgną po to samo własnymi rączkami. Wiele niemowląt lubi wpychać do buzi wszystko naraz, dlatego na początku dobrze jest podawać im kawałek po kawałku.

Pierwszy ząb pojawia się zazwyczaj około siódmego miesiąca życia. Kończąc rok, wiele dzieci ma cztery do sześciu ostrych siekaczy. (Zęby pojawiają się jednak w różnym czasie u różnych dzieci. Wielu zupełnie zdrowym dzieciom pierwszy ząbek wyrzyna się dopiero w drugim roku życia.) Większość dzieci nie ma zębów trzonowych, służących do rozdrabniania, przed piętnastym miesiącem życia. Jednak z zębami czy bez nich, radzą sobie z większością pokarmów tak skutecznie, że niemal wszystkim rocznym dzieciom można przestać podawać pokarmy dla niemowląt, a pozwolić jeść palcami to, co jedzą pozostali domownicy, pod warunkiem że kawałki są wystarczająco małe i unika się twardych pokarmów, którymi dziecko może się zakrztusić.

Pokarmy siekane i grudkowate. W drugim półroczu życia dziecka warto przyzwyczaić je do jedzenia potraw posiekanych i zawierających grudki. Im dłużej po ukończeniu szóstego miesiąca maluch będzie jadł wyłącznie przeciery, tym bardziej niechętny będzie jego stosunek do potraw o innej konsystencji. Ludziom się wydaje, że niemowlęta nie są w stanie poradzić sobie z grudkami, dopóki nie mają zębów, ale to nieprawda. Potrafią rozgniatać kawałki ugotowanych warzyw lub owoców oraz razowego chleba dziąsłami i językiem.

U niektórych dzieci niechęć do grudek w pożywieniu jest wrodzona. Inne krztuszą się kawałkami jedzenia, gdyż rodzice zbyt późno lub zbyt gwałtownie wprowadzają pokarmy o grudkowatej konsystencji albo też zmuszają dziecko do jedzenia, kiedy nie ma na to ochoty.

Przechodząc do potraw siekanych, należy pamiętać o dwóch ważnych rzeczach. Po pierwsze, zmiana powinna być stopniowa. Podając siekane warzywa po raz pierwszy, dokładnie rozgniećcie je widelcem. Nie wkładajcie dziecku do buzi za dużo naraz. Kiedy niemowlę przyzwyczai się do nowej konsystencji, stopniowo rozgniatajcie jedzenie coraz mniej dokładnie. Po drugie, pozwólcie dziecku podnosić małe grudki lub kostki palcami i samodzielnie wkładać je do buzi. Dzieci nienawidzą, kiedy wkłada im się do buzi całą łyżeczkę kawałków, do których nie są przyzwyczajone.

Zacznijcie od podawania sześciomiesięcznemu malcowi pokarmów, które może jeść rączkami. Możecie rozgnieść i posiekać gotowane warzywa oraz świeże i gotowane owoce, które jedzą także pozostali członkowie rodziny, albo też kupić mniej rozdrobnione dania w słoiczkach dla starszych niemowląt. Nie trzeba wprowadzać grudek do wszystkich pokarmów, ale dobrze jest, żeby dziecko codziennie próbowało jedzenia w kawałkach.

Jeśli jecie mięso, generalnie należy nadal drobno je mielić. Większość małych dzieci nie lubi kawałków mięsa, których nie można łatwo pogryźć. Często zdarza się, że długo i bezskutecznie żują jeden kawałek. Nie odważą się go przełknąć, co mógłby w desperacji uczynić dorosły. W rezultacie mogą dostać mdłości. Istnieją powody, żeby unikać mięsa, a w każdym razie opóźnić podawanie go (patrz str. 224).

Ziemniaki, makaron i ryż są lubiane przez większość dzieci i można je wprowadzić razem z innymi potrawami spożywanymi przez domowników. Makaron z pełnego przemiału i brązowy ryż zawierają więcej błonnika i witamin niż produkty wysoko przetworzone. Dla urozmaicenia spróbujcie również innych produktów zbożowych, jak bulgur czy komosa ryżowa.

Własnoręczne przygotowywanie posiłków niemowlęcia. Wielu rodziców samodzielnie przygotowuje wszystkie lub niektóre posiłki dla niemowlęcia. Jest to bezpieczne, umożliwia całkowitą kontrolę nad składnikami i sposobami przygotowywania jedzenia. Możecie używać świeżych, ekologicznych składników. Poza tym posiłki przygotowywane w domu kosztują mniej niż gotowe, kupowane w sklepie.

Można kupić wiele dobrych książek na ten temat. Będzie wam potrzebny rozdrabniacz, blender albo robot kuchenny. Pojedyncze porcje można odgrzewać w przegródkach garnka do gotowania jajek na parze, w garnuszku umieszczonym w większym garnku wrzącej wody albo w kuchence mikrofalowej. Nie zapomnijcie przed podaniem dobrze wymieszać jedzenia i sprawdzić, jaką ma temperaturę – szczególnie, jeśli podgrzewane było w mikrofalówce. Mikrofale powodują nierównomierne podgrzewanie produktu, więc w rezultacie jedna łyżeczka może być chłodna, a następna poparzyć dziecku buzię. Po ugotowaniu jedzenie należy rozdrobnić, by miało taką konsystencję, jaką lubi wasza pociecha, w razie potrzeby dodając wody, odciągniętego mleka z piersi lub mieszanki. Można gotować większe ilości, a po przygotowaniu zamrażać w małych porcjach w tackach do lodu albo na blaszce do pieczenia i przechowywać w plastikowych torebkach w zamrażarce. Posiłków dla dzieci poniżej pierwszego roku życia nie należy doprawiać.

Jeśli wasze dziecko ma jeść to samo co wy, być może będziecie musieli zmienić nieco swoje upodobania, żeby uniknąć nadmiaru soli albo cukru. Posiłkiem przygotowanym dla dorosłych łatwo jest podzielić się z niemowlęciem, jeśli ma się pod ręką mały, ręczny mikser.

Gotowe jedzenie dla niemowląt. Kiedy pojawiły się dania dla niemowląt w słoiczkach, początkowo były to pojedyncze warzywa, pojedyncze owoce i pojedyncze mięsa. Dziś wielu producentów oferuje mieszanki warzyw i produktów zawierających skrobię, owoców i produktów zawierających skrobię, a także obiadki, składające się z produktów skrobiowych, warzyw i mięs. Źródłem skrobi są najczęściej produkty oczyszczone: ryż, kukurydza i pszenica. W procesie oczyszczania zbóż zmniejsza się ilość zawartych w nich witamin, białek i błonnika.

Kupując gotowe jedzenie w słoiczkach, przeczytajcie to, co napisane jest drobnym druczkiem na etykiecie. Chociaż dużymi literami napisano: „przecier z fasolki", drobny druczek pod spodem może głosić: „fasolka ze skrobią kukurydzianą". Wybierzcie same owoce lub same warzywa bez dodatków – dzięki temu niemowlę dostanie wystarczającą ilość tych warto-

ściowych składników zamiast przetworzonych produktów skrobiowych. Unikajcie dań z dodatkiem cukru albo soli.

Nie wprowadzajcie budyniów z mąką kukurydzianą i deserów z żelatyną. Nie dostarczają wartościowych składników odżywczych, a jedne i drugie zawierają dużo cukru. Zamiast tego podawajcie niemowlęciu przetarte owoce. Dziecko, które nie zasmakowało rafinowanego cukru, uzna je za słodkie i pyszne.

Krztuszenie się pokarmami stałymi. Wszystkie niemowlęta czasem krztuszą się, ucząc się jeść pokarmy w kawałkach, tak jak przewracają się, kiedy uczą się chodzić. Dziesięć produktów najczęściej powodujących krztuszenie się u dzieci poniżej piątego roku życia to:

- parówki
- okrągłe cukierki
- orzeszki ziemne
- winogrona
- ciastka
- kawałki lub plastry mięsa
- plasterki surowej marchwi
- masło orzechowe
- kawałki jabłka
- prażona kukurydza

W dziewięciu przypadkach na dziesięć krztuszące się niemowlę z łatwością samo wypluwa lub przełyka kawałek, który sprawił mu problem, i nie potrzebuje niczyjej pomocy. Gdy samo nie jest w stanie natychmiast wypluć ani przełknąć kawałka, wyciągnijcie go palcami, jeśli jest widoczny. Jeśli go nie widać, połóżcie sobie niemowlę na kolanach, głową do dołu, pośladkami do góry. Uderzcie je kilka razy dłonią pomiędzy łopatkami. To prawie zawsze rozwiązuje problem i dziecko może wrócić do jedzenia. Na stronie 535 znajdziecie wskazówki dotyczące postępowania w przypadku zakrztuszenia.

Niektórzy rodzice tak bardzo się martwią, że ich dziecko się zakrztusi, a oni nie będą wiedzieli, co zrobić, że zwlekają z podawaniem jedzenia w kawałkach, choć dziecko jest już wystarczająco duże.

Problem nie wynika z tego, że małe dzieci nie potrafią żuć i połykać. Jest to rezultat nagłego głębokiego wdechu, który dziecko robi, kiedy się śmieje, chichocze, płacze albo się dziwi. W wyniku takiego wdechu kawałek jedzenia może trafić z ust prosto do płuca, blokując je lub powodując jego zapadnięcie.

Nie oznacza to, że w ogóle nie należy wymienionych artykułów podawać dzieciom poniżej piątego roku życia. (Chociaż w każdym wieku najlepiej jest unikać parówek i twardych, okrągłych cukierków.) Dziecko powinno jeść, siedząc przy stole pod czujnym okiem dorosłych. Należy zachęcać je do dokładnego gryzienia, a kotlety, wegetariańskie parówki, winogrona i tym podobne produkty kroić na małe kawałki.

ODŻYWIANIE I ZDROWIE

NA CZYM POLEGA WŁAŚCIWE ODŻYWIANIE?

To naturalne, że rodzice chcą dzieciom dawać potrawy, które pamiętają z własnego dzieciństwa. Tradycje kulinarne stanowią równie ważną część kultury jak język; łączą członków rodziny i stanowią pomost pomiędzy przeszłością a teraźniejszością. Z drugiej strony wiemy, że niektóre diety są zdrowsze, inne mniej zdrowe. Wiele osób tym bardziej pragnie zmienić dietę swoją i swoich dzieci, im więcej dowiaduje się o odżywianiu i jego wpływie na zdrowie.

Jeden z problemów polega na tym, że stan wiedzy o odżywianiu stale się zmienia. Regularne śledzenie gazet, w szczególności zaś doniesień o nowych badaniach naukowych, niemal zawsze prowadzi do dezorientacji. Osoba, która próbowałaby zawsze postępować zgodnie z najnowszymi zaleceniami, nigdy nie wiedziałaby, co trafi na jej talerz. Porady dietetyków często skierowane są do dorosłych, ale to, co dobre dla organizmu w pełni rozwiniętego, nie zawsze jest dobre – czy wręcz bezpieczne – dla organizmu szybko się rozwijającego.

Pomimo kontrowersji większość ekspertów zgadza się, że dieta na bazie tłustych mięs, dużych ilości sera, potraw smażonych i wysoko przetworzonych jest niezdrowa. Organizm najłatwiej radzi sobie z chorobami, jeśli podstawę diety stanowią owoce, warzywa, produkty zbożowe i rośliny strączkowe. Wielu specjalistów dodaje niskotłuszczowy nabiał, na przykład chude mleko i stosunkowo niewielkie porcje chudego mięsa; inni uważają, że jeszcze korzystniejsza jest dieta pozbawiona mięsa i nabiału.

Waszym zadaniem jest uczynienie zdrowego odżywiania częścią stylu życia w sposób, który najbardziej odpowiada waszej rodzinie. Być może tylko zmniejszycie ilość pokarmów smażonych, czerwonych mięs i pełnotłustego mleka. Być może wystarczy wam zapału i motywacji, żeby dokonać bardziej znaczących zmian. Ten rozdział przedstawia różne możliwości, żeby pomóc wprowadzić zmiany, które według was mają sens.

NASZE SPOŁECZEŃSTWO POTRZEBUJE ZMIAN

Trudno o bardziej przekonujące dowody: duże ilości tłuszczów pochodzenia zwierzęcego i wysoka kaloryczność typowej amerykańskiej diety przyczyniają się do rozwoju wielu chorób u ludzi dorosłych, w tym chorób serca, udarów mózgu, wysokiego ciśnienia krwi, cukrzycy i niektórych nowotworów, nie mówiąc o otyłości. Co więcej, korzenie wielu z tych chorób sięgają dzieciństwa. Już w wieku trzech lat wiele amerykańskich dzieci ma złogi tłuszczu w tętnicach – pierwszy krok na drodze do zawału serca i udaru. W wieku dwunastu lat te wczesne oznaki chorób krążenia ma 70 procent dzieci, a w wieku 21 lat właściwie wszyscy. Niedługo później daje o sobie znać wysokie ciśnienie krwi i inne problemy. Otyłość szerzy się wśród amerykańskich dzieci jak epidemia, niosąc ze sobą problemy tak fizyczne, jak i emocjonalne. Dzieci otyłe dużo częściej chorują na przykład na cukrzycę i choroby stawów. Nie najlepiej układają im się też stosunki z rówieśnikami.

Nie traćmy jednak nadziei. Nawyków żywieniowych nabiera się we wczesnym dzieciństwie. Dzieci, którym pogodnie i regularnie podaje się różnorodne zdrowe potrawy (warzywa, owoce, produkty zbożowe i rośliny strączkowe), uczą się jeść te właśnie produkty, a nawet je preferują. Sztuka polega na tym, żeby wprowadzić je do diety, nie podkreślając przesadnie, że są „zdrowe" (co sugeruje, że nikt nie je ich dla przyjemności). Powtarzając: „Jeśli nie zjesz brokułów, nie dostaniesz deseru", wpajacie dziecku nienawiść do brokułów. Kiedy zdrowe produkty stanowią część

diety wszystkich domowników, dzieci po prostu je akceptują.

Kształtowanie w dzieciach zdrowych nawyków żywieniowych stanowi niekiedy wyzwanie. Dzieci niespecjalnie przejmują się konsekwencjami niezdrowej diety. Być może nie podalibyście w domu tego, co jada się w szkolnej stołówce. Telewizja często wywiera na dzieci negatywny wpływ. Pomyślcie tylko, jakie produkty są tematem krzykliwych reklam skierowanych do dzieci: bardzo często chipsy, ale nigdy gotowane ziemniaki. Dzieci bombardowane są reklamami płatków śniadaniowych w cukrowej polewie i innych bezwartościowych produktów o wysokiej zawartości tłuszczu. Znają towarzyszące im piosenki, zanim jeszcze nauczą się czytać. Nic dziwnego, że w ich przekonaniu tłuste potrawy z fast-foodów są najlepsze.

Związek między telewizją a otyłością jest bardzo silny. Im więcej telewizji dziecko ogląda, tym bardziej grozi mu otyłość. Zdrowie jest jeszcze jednym powodem, dla którego warto ograniczyć ilość czasu spędzanego przed telewizorem (więcej o telewizji na stronie 313).

Ogólnie rzecz biorąc, dzieci większą uwagę zwracają na to, co rodzice robią, niż na to, co mówią. Dlatego jeśli chcemy, żeby od najmłodszych lat były zdrowe i dobrze się odżywiały, musimy zmienić dietę całej rodziny, począwszy od siebie.

BUDULEC CIAŁA

Zanim omówimy potrawy, które dzieci jedzą na co dzień, powinniśmy porozmawiać o najważniejszych substancjach chemicznych, z których składa się jedzenie, oraz o tym, jak wykorzystuje je ciało. Organizm dziecka można porównać do budynku: do wybudowania go i utrzymania w dobrym stanie potrzeba wiele różnych

materiałów. Jednocześnie jest to funkcjonująca maszyna, która, by móc pracować, potrzebuje paliwa dostarczającego energii oraz innych substancji.

Białko. Białko jest najważniejszym budulcem ciała. Mięśnie, serce, mózg i nerki są zbudowane głównie z białka (oraz wody).

Kości składają się z białkowej macierzy wypełnionej minerałami. Dzieci potrzebują białek, żeby stale rosnąć oraz naprawiać to, co się zużywa. Białka dostarczają też energii. Mięso, ryby, jajka i nabiał to źródła skoncentrowanego białka, ale zawierają też cholesterol i tłuszcze. Warzywa, rośliny strączkowe i produkty zbożowe dostarczają wszystkich potrzebnych dziecku białek bez tłuszczów nasyconych i cholesterolu znajdujących się w produktach pochodzenia zwierzęcego.

Węglowodany proste i złożone. Są to produkty skrobiowe i cukry, które zaspokajają większość zapotrzebowania dzieci na energię. Węglowodany złożone zawierają błonnik, a ponieważ organizm musi je rozłożyć, żeby wykorzystać je jako paliwo, dostarczają energii przez długi czas po spożyciu. Warzywa, owoce, pełne ziarna zbóż i rośliny strączkowe to dobre źródła węglowodanów złożonych.

Węglowodany proste, jak cukier i miód, to szybkie źródło energii, ale ponieważ są łatwo przyswajalne, nie zaspokajają głodu na długo. Prowadzi to do jedzenia zbyt dużych ilości i nadwagi. Produkty zawierające dużo cukru oraz produkty wysoko przetworzone, jak cukierki, pączki czy biały chleb, dostarczają „pustych kalorii" – czyli kalorii bez wartości odżywczych; mogą też powodować próchnicę zębów. Jednak pomimo wielu badań nie ma dowodów na to, że cukier powoduje nadmierną aktywność, z wyjątkiem być może niewielu dzieci.

Tłuszcze. Tłuszcze i oleje (tłuszcze ciekłe) dostarczają organizmowi energii i budulca. Kilogram tłuszczu zawiera dwa razy tyle kalorii co kilogram węglowodanów albo białek. W żywności występują dwa naturalne rodzaje tłuszczów. Tłuszcze nasycone to tłuszcze stałe, znajdujące

się głównie w mięsie i nabiale. Tłuszcze nienasycone lub wielonienasycone to tłuszcze płynne, znajdujące się głównie w produktach roślinnych, zwłaszcza orzechach, ziarnach i olejach. Podczas przetwarzania żywności produkowany jest trzeci rodzaj tłuszczów: tłuszcze typu trans (izomery trans kwasów tłuszczowych) powstają w wyniku uwodornienia (utwardzenia) kwasów nienasyconych. Tłuszcze trans występują w margarynach, tłuszczu piekarskim, większości przetworzonych potraw pieczonych oraz wszystkich potrawach zawierających uwodorniony olej roślinny. Tłuszcze nasycone i tłuszcze typu trans – tłuszcze stałe – przyczyniają się do powstawania chorób serca i udaru mózgu; tłuszcze nienasycone nie mają takiego wpływu.

Pewne rodzaje tłuszczu są niezbędne, muszą stanowić składnik diety, ponieważ organizm nie jest w stanie sam ich wyprodukować. Dwa najważniejsze dla ludzi kwasy tłuszczowe to kwas linolowy i kwas linolenowy, znajdujące się głównie w produktach sojowych, orzechach i ziarnach oraz wielu zielonych warzywach liściastych. Mleko ludzkie jest bogate w niezbędne kwasy tłuszczowe; mleko krowie zawiera ich niewiele. Najwięcej kwasów omega-3, do których zalicza się kwas linolenowy, zawierają ryby i siemię lniane. (Mielone siemię lniane można dostać w większości sklepów ze zdrową żywnością; najlepiej smakuje w koktajlach mlecznych, sałatkach i z płatkami śniadaniowymi.)

Błonnik. Warzywa, owoce, pełne ziarna zbóż i rośliny strączkowe zawierają dużo materiału, którego nasze jelita nie są w stanie strawić i wchłonąć, ale który mimo to jest ważny. Dietetycy rozróżniają błonnik rozpuszczalny, znajdujący się na przykład w pektynie i owsie, oraz błonnik nierozpuszczalny, znajdujący się na przykład w selerze naciowym.

Błonnik odgrywa kluczową rolę w regulowaniu wypróżnień, zapewniając część masy pobudzającej jelita do pracy. Osoba na diecie ubogiej w błonnik – składającej się na przykład z mleka, mięsa i jajek – prawdopodobnie będzie cierpieć na zaparcia, ponieważ w dolnym odcinku jelit nie ma wystarczająco dużo treści pokarmowej, żeby utworzyć zdrowy stolec. Błonnik pomaga też utrzymać jelita i okrężnicę w dobrym zdrowiu. Niewykluczone, że jedną z głównych przyczyn choroby nowotworowej jelita grubego jest zbyt wolne przechodzenie treści pokarmowej przez układ trawienny, powodowane brakiem błonnika w naszej diecie, przeładowanej wysoko przetworzonymi składnikami. Błonnik pomaga też obniżyć poziom cholesterolu. Granulowany cukier i rafinowane produkty zbożowe, np. biała mąka, zawierają mało błonnika albo nie zawierają go wcale; mięso, nabiał, ryby i drób nie zawierają błonnika w ogóle.

Kalorie. Wartość energetyczną żywności mierzy się w kaloriach. Woda, minerały i witaminy nie zawierają kalorii, co oznacza, że nie dostarczają energii. Tłuszcz jest bogaty w kalorie; kilogram tłuszczu zawiera dwa razy tyle kalorii co kilogram węglowodanów (w tym cukru; patrz str. 229) albo białka. Masło, margaryna i olej roślinny to niemal czysty tłuszcz, a śmietana i sosy do sałatek zawierają znaczną jego ilość, dlatego są bardzo kaloryczne. Wiele mięs, drobiu, ryb i jajek ma dużo kalorii z powodu wysokiej zawartości tłuszczu, podobnie jak niektóre warzywa (np. awokado). Większość serów zawiera dużo tłuszczu, a co za tym idzie, dużo kalorii. Cukier, miód i syropy są wysokokaloryczne, ponieważ nie zawierają wypełniacza – wody czy błonnika – który zmniejszałby

liczbę kalorii na jednostkę masy. Syrop skrobiowy (kukurydziany) o wysokiej zawartości fruktozy, jeden z głównych składników napojów bezalkoholowych, to w zasadzie skoncentrowany cukier, a więc produkt wysokokaloryczny.

Większość warzyw ma mało kalorii, ponieważ składa się z wody, złożonych węglowodanów, białka i błonnika, z niewielką ilością tłuszczu. Pełne ziarna zbóż, cechujące się dużą zawartością błonnika, mają mniej kalorii niż proste węglowodany, takie jak cukier. Orzechy zazwyczaj mają dużo tłuszczu i kalorii.

Wiele osób uważa, że kalorie są złe. Nie ma sensu myśleć w ten sposób. Bez kalorii (a co za tym idzie energii) życie nie byłoby możliwe. Zły jest nadmiar kalorii, dostarczanie organizmowi więcej, niż potrzebuje do normalnego wzrostu i funkcjonowania. Najważniejszy jest umiar.

Woda. Choć nie dostarcza kalorii ani witamin, woda jest niezbędna do rozwoju i funkcjonowania organizmu. (Ciało dziecka składa się w 60–70 procentach z wody, w zależności od wieku i budowy.) Mleko matki i mieszanka mleczna zazwyczaj zawierają wystarczająco dużo wody, żeby zaspokoić potrzeby niemowlęcia. Dla dzieci woda jest najważniejszym napojem, zwłaszcza gdy jest gorąco albo podczas wysiłku fizycznego, kiedy ciało traci dużo wody wskutek pocenia się i parowania. Większość produktów żywnościowych składa się w dużej mierze z wody; częściowo w ten sposób zaspokajane jest zapotrzebowanie dziecięcego organizmu na wodę.

Składniki mineralne. Wiele różnych składników mineralnych odgrywa ważną rolę w budowie i funkcjonowaniu ciała; należą do nich wapń, żelazo, cynk, miedź, magnez i fosfor. Minerały są pobierane z pożywienia, a potem stopniowo tracone, w miarę jak komórki naskórka obumierają i złuszczają się, a człowiek oddaje kał i mocz. Dorosły musi otrzymać taką ilość minerałów, jaką traci. Rosnące dzieci muszą otrzymywać więcej minerałów, niż tracą, żeby mogły się rozwijać kości, mięśnie, skóra i inne tkanki.

Wszystkie naturalne, nieprzetworzone produkty żywnościowe zawierają różnorodne wartościowe składniki mineralne. Oczyszczanie zbóż usuwa część minerałów. Gotowanie warzyw nie zmienia zawartości składników mineralnych, ale może zmniejszyć ilość witamin. Niemal wszystkie pokarmy są bogate w fosfor i magnez, więc nie ma potrzeby się martwić, że dzieci otrzymują ich za mało, z wyjątkiem szczególnych okoliczności. Z wapniem, żelazem i cynkiem jest jednak inaczej.

Wapń. Kości i zęby zbudowane są głównie z wapnia i fosforu. Od lat lekarze zalecają dzieciom i młodzieży spożywanie dużych ilości wapnia w celu zapobieżenia osłabieniu kości na starość (osteoporozie). Według amerykańskiej Narodowej Akademii Nauk dzieci w wieku od roku do trzech lat potrzebują 500 mg wapnia dziennie, w wieku od czterech do ośmiu lat 800 mg, w wieku dziewięciu do trzynastu lat 1300 mg. Łatwo jest spożyć takie ilości wapnia w nabiale, stąd sponsorowana przez państwo kampania reklamowa nakłaniająca do picia mleka.

Ostatnio jednak specjaliści zaczęli podważać przekonanie, że dzieci i młodzież rzeczywiście potrzebują tak dużo wapnia. Na przykład badania przeprowadzone na dziewczętach w wieku od dwunastu do dwudziestu lat nie wykazały zwiększenia gęstości kości w wyniku spożywania więcej niż 500 mg wapnia (ok. 40 procent zalecanej dziennej dawki). Stwierdzono natomiast różnice wynikające z aktywności

fizycznej: kości dziewcząt bardziej aktywnych miały większą gęstość.

Inne badania sugerują, że spożycie nabiału zwiększa ilość wapnia wydalaną każdego dnia w moczu, natomiast pozostałe źródła wapnia nie mają takiego wpływu. (Oczywiście spożywanie dużych ilości wapnia ma sens, tylko jeżeli zostaje on przyswojony przez organizm; jeżeli zostaje wydalony w moczu, równie dobrze mógł nigdy nie zostać spożyty.) Korzyści zdrowotne płynące z przyjmowania wapnia ze źródeł innych niż nabiał opisano szczegółowo na następnych stronach.

Choć w Ameryce Północnej podstawowym źródłem wapnia jest mleko i produkty mleczne, wapń można czerpać z najróżniejszych warzyw, roślin strączkowych i produktów wzbogaconych wapniem (patrz tabela na str. 235). Na przykład równie dużo wapnia jak mleko krowie zawiera wzbogacony tym pierwiastkiem sok pomarańczowy, łatwo dostępny w sklepach, a także mleko sojowe i ryżowe. Preparaty wapniowe są niedrogie i zazwyczaj bez problemu akceptowane przez dzieci. Oczywiście wapń w formie pigułki nie dostarcza innych składników odżywczych zawartych w warzywach oraz w mleku.

Mleko dostarcza też witaminy D (patrz str. 225). Dzieci na diecie bezmlecznej potrzebują dobrego źródła witaminy D – częstego przebywania na słońcu albo preparatu witaminowego – żeby ich organizm przyswoił wystarczająco dużo wapnia.

(Związki fluoru, innego minerału, który pomaga w budowie kości i utrzymaniu zdrowych zębów, omówiono na stronie 546; woda z ujęć miejskich przeważnie zawiera wystarczająco dużo związków fluoru, natomiast woda studzienna zazwyczaj ma go za mało.)

Żelazo. Żelazo to główny składnik hemoglobiny, substancji przenoszącej tlen do wszystkich komórek ciała, znajdującej się w czerwonych krwinkach. Minerał ten odgrywa też ważną rolę w rozwoju i funkcjonowaniu mózgu. Nawet niewielki niedobór żelaza we wczesnym dzieciństwie może prowadzić do długotrwałych trudności w nauce. Mleko matki zawiera żelazo w niezwykle łatwej do przyswojenia formie, dzięki czemu niemowlęta karmione wyłącznie piersią otrzymują ten pierwiastek w ilościach wystarczających do zdrowego rozwoju mózgu, przynajmniej przez pierwsze sześć miesięcy. Z tego też powodu dodaje się żelazo do mieszanek mlecznych. Mieszanka uboga w żelazo nie wystarcza do właściwego rozwoju mózgu.

Mleko krowie zawiera niewielką ilość żelaza i istnieje duże ryzyko, że karmione nim niemowlęta będą miały niedobór tego pierwiastka. Co więcej, mleko krowie może utrudniać przyswajanie żelaza przez organizm. U niektórych niemowląt mleko krowie powoduje krwawienie jelit, co zwiększa utratę żelaza. Z tych powodów nie należy podawać mleka krowiego dzieciom, które nie ukończyły jeszcze pierwszego roku życia. Powinny one pić mleko matki lub mieszankę mleczną dla niemowląt. Po ukończeniu sześciu miesięcy ważne jest podawanie płatków wzbogaconych żelazem i innych potraw zawierających ten składnik mineralny w dużych ilościach. Mięso zawiera żelazo, ale można też zaspokoić potrzeby dziecięcego organizmu bogatymi w żelazo warzywami i potrawami wzbogaconymi tym pierwiastkiem, a nie zawierającymi tłuszczów nasyconych i cholesterolu. Większość preparatów multiwitaminowych dla dzieci zawiera żelazo.

Cynk. Minerał ten jest ważnym składnikiem wielu enzymów. Jest potrzebny do rozwoju komórek. Pierwszym objawem

niedoboru cynku jest problem z komórkami, które normalnie szybko rosną, np. komórkami wyściełającymi jelita, komórkami gojących się ran czy komórkami odpornościowymi, zwalczającymi infekcje. Mleko matki zawiera cynk w formie łatwej do przyswojenia przez niemowlę. Cynk znajduje się w mięsie, rybach, serze, a także w płatkach pełnoziarnistych, grochu, fasoli i orzechach. Źródła roślinne nie zawierają cholesterolu i tłuszczu zwierzęcego, ale pochodzący z nich cynk jest trudniej przyswajalny, więc małe dzieci na diecie wegańskiej (patrz str. 223) muszą jeść dużo potraw bogatych w ten pierwiastek, a dla pewności zażywać codziennie preparat multiwitaminowy z cynkiem.

Jod jest niezbędny do prawidłowego funkcjonowania tarczycy. Na całym świecie niedobór jodu stanowi jedną z głównych przyczyn niedorozwoju umysłowego. Dzięki dodawaniu jodu do soli kuchennej niedobór tego pierwiastka jest bardzo rzadki w Stanach Zjednoczonych.

Sód jest obecny w soli kuchennej i większości potraw kupowanych w sklepie. Jest to jeden z najważniejszych związków chemicznych we krwi. Nerki ściśle kontrolują poziom sodu. Jeśli na przykład dziecko na obiad jada zupy z puszki – które zazwyczaj zawierają duże ilości sodu (sprawdźcie na etykiecie) – jego nerki pracują intensywniej, żeby pozbyć się jego nadmiaru. Jednocześnie wraz z moczem wydalane są niektóre inne pierwiastki, w tym wapń. Spożywanie dużych ilości sodu prawdopodobnie przyczynia się do osłabienia kości w późniejszym życiu oraz niekiedy do wysokiego ciśnienia krwi.

Witaminy. Są to specjalne substancje, których organizm potrzebuje w niewielkich ilościach. Wszystkich witamin dostarcza dieta składająca się z chudego mięsa, niskotłuszczowego nabiału, warzyw, pełnych ziaren zbóż, owoców, fasoli i grochu, orzechów i nasion. Diety bezmięsne i beznabiałowe również mogą dostarczyć wszystkich niezbędnych witamin, a nawet być bogatsze w niektóre z nich, jak kwas foliowy i witamina C. Ważnym wyjątkiem od tej reguły jest witamina B_{12}, występująca jedynie w źródłach zwierzęcych, wzbogaconych płatkach śniadaniowych i paru innych witaminizowanych produktach. Dziecko, które nie je mięsa ani nabiału, prawdopodobnie powinno przyjmować preparat multiwitaminowy. Codzienne zażywanie preparatu multiwitaminowego ma również sens w wypadku dziecka wybrednego albo takiego, które słabo rośnie. Niektórzy specjaliści zalecają codzienne przyjmowanie preparatów multiwitaminowych przez wszystkie dzieci. Jedna tabletka dziennie jest lepsza niż walka z dzieckiem o zjedzenie porcji warzyw albo większych ilości surowych owoców.

Witamina A. Organizm produkuje witaminę A z beta-karotenu, związku chemicznego, który nadaje marchwi i dyni piżmowej pomarańczowy kolor. Od witaminy A zależy między innymi funkcjonowanie płuc, jelit i układu moczowego, a przede wszystkim oczu. Warzywa i owoce, szczególnie żółte i pomarańczowe, dostarczają dzieciom witaminy A w wystarczających ilościach. Na niedobór witaminy A cierpią chyba tylko dzieci z przewlekłą chorobą jelit oraz dzieci chronicznie niedożywione. Przyjmowanie preparatów uzupełniających z witaminą A w nadmiarze może być szkodliwe zarówno dla dzieci, jak i dla dorosłych; ryzyko to nie wiąże się z jedzeniem dużych ilości warzyw.

Witaminy z grupy B. Kiedyś sądzono, że istnieje tylko jedna witamina B, pełniąca

wiele funkcji w organizmie. Badania wykazały jednak, że jest to kilkanaście różnych witamin, najczęściej występujących w tych samych produktach. Jako że witaminy z grupy B nie są jeszcze dobrze poznane, lepiej jeść dużo produktów, w których występują one naturalnie, niż przyjmować je w tabletkach. Cztery najważniejsze dla ludzi witaminy z tej grupy znane są obecnie pod swoimi nazwami chemicznymi: tiamina, ryboflawina, niacyna i pirydoksyna. Wszystkie tkanki ciała potrzebują tych czterech witamin.

Tiamina (witamina B_1, aneuryna), ryboflawina (B_2) i niacyna (B_3, kwas nikotynowy, witamina PP) występują w sporych ilościach w mleku, jajkach, wątrobie i mięsie oraz w brązowym (niełuskanym) ryżu, pełnych ziarnach zbóż, grochu, fasoli, orzeszkach ziemnych, wzbogaconym pieczywie, makaronie i płatkach śniadaniowych. Niedobór tych witamin u dzieci jest mało prawdopodobny, chyba że ich dieta składa się głównie z rafinowanego cukru i skrobi. Pirydoksyna (witamina B_6) znajduje się w bananach, kapuście, kukurydzy, płatkach owsianych, łuskanym grochu, otrębach pszennych, kantalupach i czarnej melasie trzcinowej*. Wraz ze zbożami zaspokajają one dzienne zapotrzebowanie dziecka.

Kobalamina (B_{12}) znajduje się w wielu produktach zwierzęcych, w tym w mleku, ale nie ma jej w większości warzyw. Dzieci, które nie jedzą produktów zwierzęcych, mogą otrzymać witaminę B_{12} ze wzbogaconych nią płatków śniadaniowych i mleka sojowego (na etykiecie często pod nazwą kobalamina albo cyjanokobalamina). Dla bezpieczeństwa powinny również przyj-

---

* Czarna melasa to końcowy produkt uboczny wielokrotnej ekstrakcji cukru z trzciny cukrowej; jako że usunięto z niej większość cukru, ma gorzkawy smak (przyp. tłum.).

mować codziennie preparat multiwitaminowy dla dzieci.

Kwas foliowy (folan). Ważny przy produkcji DNA i czerwonych krwinek, kwas foliowy znajduje się w szpinaku, brokułach, liściach rzepy, pełnych ziarnach zbóż i owocach takich jak kantalupy czy truskawki. Trudno przecenić rolę kwasu foliowego w zapobieganiu poważnym wadom wrodzonym związanym z rozwojem rdzenia kręgowego (rozszczep kręgosłupa). W wieku dziecięcym nie stanowi to problemu, ale kiedy tylko młoda kobieta osiąga wiek, w którym może zajść w ciążę, warto zacząć zażywać suplement kwasu foliowego, żeby zawsze było go w organizmie pod dostatkiem.

Witamina C (kwas askorbinowy). Rozwój kości, zębów, naczyń krwionośnych i innych tkanek zależy od witaminy C, podobnie jak inne funkcje organizmu. Najwięcej witaminy C zawierają pomarańcze, cytryny, grejpfruty, surowe lub poprawnie zakonserwowane pomidory i sok pomidorowy oraz surowa kapusta, a w mniejszych ilościach inne owoce i warzywa. Witaminę C łatwo jest jednak zniszczyć gotowaniem. Osoby, których dieta zawiera dużo warzyw i owoców bogatych w witaminę C, rzadziej zapadają na choroby nowotworowe, choć częściowo może to być zasługa innych składników odżywczych znajdujących się w tych produktach. Niedobór witaminy C jest rzadki w Ameryce Północnej. Główne objawy to krwiaki, wysypka, bolesne krwawienie dziąseł i bóle stawów.

Witamina D. Ta witamina ułatwia przyswajanie wapnia i fosforu oraz ich przenikanie do kości. W przeciwieństwie do innych witamin jest produkowana przez organizm. Światło słoneczne pobudza produkcję witaminy D w skórze, dlatego ludzie wytwarzają ją naturalnie, jeśli regularnie przebywają na dworze. Jednak kiedy jest zimno, okrywamy się ubraniami i więcej czasu spędzamy w domu. Ponadto dzieci o ciemnej karnacji muszą dłużej przebywać na słońcu, ponieważ pigment w ich skórze blokuje część promieni.

Matki ciężarne i karmiące piersią potrzebują więcej witaminy D. Ciemnoskóre niemowlęta karmione wyłącznie piersią powinny dostawać preparat z witaminą D. Dla pewności Amerykańska Akademia Pediatrii zaleca codzienne podawanie w s z y s t k i m dzieciom karmionym piersią powyżej szóstego miesiąca 200 jednostek suplementu witaminy D (patrz str. 156).

Witamina E. Witamina ta występuje w orzechach, nasionach, pełnoziarnistych płatkach śniadaniowych, wielu olejach roślinnych oraz warzywach, takich jak kukurydza, szpinak, brokuły i ogórki. Pomaga organizmowi uporać się ze szkodliwymi substancjami chemicznymi, które mogą się przyczyniać do starzenia się organizmu i do rozwoju chorób nowotworowych. Dieta wegetariańska jest naturalnie bogata w witaminę E. Nie ma dowodów na to, że przyjmowanie dodatkowo dużych ilości witaminy E jest korzystne, a można ją przedawkować. Z drugiej strony dziecko, którego dieta zawiera niewiele warzyw, może odnieść korzyść z przyjmowania codziennie preparatu multiwitaminowego zawierającego witaminę E.

Toksyczne witaminy. Megawitaminy – witaminy w dawkach dziesięć lub więcej razy wyższych niż minimalna dzienna dawka zalecana przez amerykańską Agencję do spraw Żywności i Leków – mogą być niebezpieczne dla dzieci. Toksyczne w wysokich dawkach są najczęściej witaminy A,

D i K; przedawkowanie innych witamin, jak pirydoksyna (B_6) i niacyna, również może mieć bardzo złe skutki. Zanim po-

dacie dziecku witaminy w dawkach większych niż zalecane, omówcie ten temat z lekarzem.

ZDROWSZA DIETA

Nie ulega wątpliwości, że dieta przeciętnego Amerykanina zawiera za dużo tłuszczu, cukru i soli. W zasadzie wszyscy są zgodni, że dzieci powinny jeść więcej warzyw i pełnych ziaren zbóż, a mniej mięsa, sera i słodyczy. Doktor Spock w swoich dietetycznych zaleceniach posunął się jeszcze kilka kroków dalej: wierzył, że najzdrowsza jest dieta roślinna, bez mięsa, jajek i nabiału. Jego podejście nie jest aż tak niezwykłe, jak mogłoby się wydawać, a swoje konkluzje oparł na solidnych podstawach naukowych. Pomimo iż oficjalne agencje rządowe i grupy ekspertów – np. Amerykańska Akademia Pediatrii – zalecają podawanie dzieciom mleka i niewielkich ilości mięsa, wśród naukowców nie ma zgody co do tego, co jest najlepsze z punktu widzenia dietetyki, i wielu zgadza się z doktorem Spockiem.

Jaką decyzję powinniście więc podjąć jako rodzice? Tak jak w wypadku wielu innych pytań związanych z wychowywaniem dzieci, nie ma jednej odpowiedzi właściwej dla wszystkich. Dieta oparta na „piramidzie zdrowia" amerykańskiego Departamentu Rolnictwa, zawierająca małe ilości mięsa, chude mleko i wiele różnych produktów roślinnych, to częsty wybór wielu rodziców. Z drugiej strony dieta w większości lub zupełnie pozbawiona mleka i mięsa, choć wymaga gruntownego przemyślenia, może być tak samo smaczna i przynieść więcej długofalowych korzyści zdrowotnych wam i waszym dzieciom.

Czy diety wegetariańskie i wegańskie są bezpieczne? Dieta bezmięsna nazywana jest wegetariańską; dieta bez mię-

---

🏛 KLASYCZNY SPOCK

Ja sam jestem na diecie niskotłuszczowej, beznabiałowej i bezmięsnej od roku 1991, kiedy skończyłem 88 lat. W ciągu dwóch tygodni od przejścia na taką dietę minęło mi chroniczne zapalenie oskrzeli, po latach nieskutecznych terapii antybiotykowych. Mam wielu znajomych w wieku średnim i starszych, którzy zatrzymali rozwój choroby serca, eliminując z diety nabiał, mięso i inne produkty zawierające dużo tłuszczów nasyconych. Żeby osiągnąć taki sukces, trzeba zastąpić eliminowane produkty pełnymi ziarnami zbóż i różnorodnymi warzywami i owocami, a także zacząć prowadzić bardziej aktywny tryb życia. [...] Nie zalecam już podawania nabiału dzieciom powyżej drugiego roku życia. Oczywiście kiedyś krowie mleko uważano za bardzo zdrowe. Jednak badania i doświadczenia kliniczne zmusiły lekarzy i dietetyków do zrewidowania poglądów.

sa, jajek, mleka i wszelkich przetworów mlecznych (jak masło i ser) nazywana jest wegańską. Dietetycy zgadzają się, że dzieci mogą dobrze rosnąć na dietach wegetariańskich i wegańskich. Ryzyko wystąpienia niedoborów żywieniowych na diecie lakto-owo-wegetariańskiej (zawierającej jaja i nabiał) jest niewielkie. Co więcej, na takiej diecie dziecko będzie prawdopodobnie lepiej odżywione niż jego koledzy, ponieważ otrzyma więcej błonnika i witamin. W przypadku diety wegańskiej (bez przetworów mlecznych i jaj) rodzice muszą zwrócić szczególną uwagę na to, czy dziecko otrzymuje wystarczająco dużo wapnia, cynku i witaminy B_{12}. Jest to łatwe: wystarczy preparat zawierający witaminy i minerały.

Małe dzieci potrzebują dużo kalorii, ale mają małe żołądki. Dlatego ich dieta musi zawierać skoncentrowane źródła kalorii (np. orzechy, oleje lub potrawy bogate w białko). Diety niskokaloryczne nie są odpowiednie dla małych dzieci; dobre dla nich są diety zrównoważone i bogate w składniki pokarmowe.

Oczywiście niedobory składników odżywczych grożą nie tylko dzieciom na diecie wegetariańskiej lub wegańskiej. Dzieci jedzące mięso i pijące mleko mogą mieć niedobór kwasu foliowego, błonnika lub witaminy E, jeśli w ich jadłospisie brak warzyw.

Niedobory żywieniowe najczęściej dają o sobie znać pomiędzy pierwszym a trzecim rokiem życia, gdy dzieci nie dostają już mleka matki ani mieszanki, ich mózg i ciało nadal szybko rośnie, a maluchy jeszcze nie potrafią same otworzyć lodówki. Bardziej subtelne problemy żywieniowe pojawiają się w okresie dorastania, kolejnym okresie gwałtownego wzrostu. Rodzice świadomi tych problemów mogą zapewnić dzieciom właściwą dietę.

Jeśli zdecydujecie się na dietę wegańską, to, co przeczytacie dalej, pomoże wam zacząć. Jednak – tak jak w przypadku każdej diety – prawdopodobnie będziecie chcieli przeczytać więcej na jej temat, żeby uniknąć pułapek i dowiedzieć się, jak sprawić, by była jak najwygodniejsza i jak najprzyjemniejsza. Możecie też skonsultować się z profesjonalnym dietetykiem, od którego uzyskacie indywidualne informacje i wsparcie. Książki i ulotki są pomocne, ale nie zastąpią rad zaufanej osoby.

Korzyści płynące z ograniczenia spożycia mięsa. Większość rodzin zwraca coraz baczniejszą uwagę na zawartość tłuszczu w mięsie i wybiera chudsze kawałki. Nie ma wątpliwości, że lepiej jeść małe porcje mięsa niż duże (np. zalecana wielkość steku to rozmiar talii kart).

Jeszcze zdrowszym wyjściem może być zmniejszenie ilości spożywanego mięsa albo zupełne wyeliminowanie z diety mięsa i drobiu. Dzieci mogą otrzymać mnóstwo białka z fasoli, ziaren zbóż i warzyw; w ten sposób unikają tłuszczów zwierzęcych i cholesterolu. Niestety rezygnacja z czerwonych mięs na rzecz drobiu nie wystarczy. Kurczak może mieć tyle cholesterolu co wołowina (około 100 mg cholesterolu na porcję 120 g) i niemal tyle samo tłuszczu. Naukowcy odkryli również, że tworzące się w gotowanej wołowinie związki chemiczne odpowiedzialne za powstawanie chorób nowotworowych występują również w mięsie kurzym.

Dzieci odżywiające się głównie produktami pochodzenia roślinnego są zdrowsze. Mniejsze jest ryzyko, że będą miały problemy z nadwagą, cukrzycę, wysokie ciśnienie krwi i niektóre rodzaje nowotworów. Bezmięsne posiłki mogą też wzmocnić kości dziecka, ponieważ białko z mięsa powoduje zwiększone wydalanie wapnia z moczem (patrz str. 226).

Kolejny powód, dla którego z większą przychylnością podchodzimy do posiłków roślinnych, to bezpieczeństwo przygotowywania żywności. W ostatnich latach częstotliwość występowania w mięsie, drobiu i jajach bakterii chorobotwórczych gwałtownie wzrosła, dlatego lekarze i dietetycy kładą nacisk na dokładne gotowanie tych produktów i właściwe obchodzenie się z nimi.

Wiele rodzin stopniowo przechodzi na dietę wegetariańską, dowiadując się o jej zaletach. Jeśli nadal regularnie podajecie mięso, możecie spróbować wprowadzić jak najwięcej bezmięsnych posiłków, przejrzeć nowe książki kucharskie i poeksperymentować z nowymi składnikami, którymi można zastąpić mięso. Niektóre z nich, jak bezmięsne hamburgery i parówki, znajdziecie w zamrażarce w sklepie spożywczym lub w sklepie ze zdrową żywnością. Jeśli zdecydujecie się przejść na dietę wegetariańską, warto zapoznać się z faktami na temat odżywiania, by ułożyć jadłospis zapewniający wszystkie składniki pokarmowe. Osoby stosujące dietę wyłącznie roślinną powinny codziennie przyjmować preparat multiwitaminowy zawierający witaminę B_{12} (patrz str. 221).

Obawy związane z mlekiem krowim.
Mleko i jego przetwory stanowią główne źródło wapnia i witaminy D amerykańskich dzieci, ponadto zaś zapewniają dużą część białek i tłuszczów. W dzieciństwie większości z nas powtarzano, że mleko jest zdrowe, więc trudno nam sobie wyobrazić, że mogłoby stanowić zagrożenie dla zdrowia albo że lepsze od niego mogą być inne źródła składników odżywczych. Specjaliści zgadzają się w kwestii niektórych obaw związanych z nabiałem, inne – co podkreślę – są bardziej kontrowersyjne.

Produkty mleczne zawierają często dużo tłuszczów nasyconych, które przyczyniają się do rozwoju miażdżycy oraz nad-

wagi. Co więcej, według amerykańskiego Narodowego Instytutu Zdrowia Dziecka i Rozwoju Człowieka, mleko jest wiodącym źródłem tłuszczu w diecie amerykańskich dzieci – wyprzedza hamburgery, frytki, ser i chipsy. Można kupić odtłuszczone mleko i jogurty, ale większość serów, lodów i innych przetworów mlecznych ma bardzo dużo tłuszczu – i jest to zły rodzaj tłuszczu. Tłuszcze niezbędne do rozwoju mózgu znajdują się w olejach roślinnych. Mleko, zarówno chude, jak i pełnotłuste, zawiera tych zdrowych tłuszczów bardzo mało.

Z produktami mlecznymi, nawet tymi odtłuszczonymi, wiążą się też inne obawy. Nabiał może pogarszać zdolność organizmu do przyswajania żelaza, a także powodować utratę krwi z przewodu pokarmowego u małych dzieci oraz tych starszych dzieci, które mają alergię na mleko krowie. (Mleko krowie n i e jest bezpieczne dla niemowląt poniżej dwunastego miesiąca życia. Mieszanka mleczna na bazie mleka krowiego powinna być wzbogacona żelazem, żeby organizm mógł przyswoić je w wystarczającej ilości; mieszankę o niskiej zawartości żelaza można podawać tylko przez krótki czas, a najlepiej wcale.) Problemy te w połączeniu z faktem, że mleko krowie zawiera niewiele własnego żelaza, mogą prowadzić do niedoboru żelaza (związek pomiędzy żelazem a rozwojem mózgu opisano na stronie 219).

Produkty mleczne mogą nasilać lub wręcz wywoływać inne problemy zdrowotne. Należą do nich: astma i inne choroby układu oddechowego, infekcje ucha, wyprysk (przewlekła choroba skóry objawiająca się swędzeniem i łuszczeniem) i zaparcia. Nie wiadomo dokładnie, dlaczego właściwie problemy te występują, ale w niektórych przypadkach istotną rolę odgrywa alergia na białko mleka krowiego. Jeśli w rodzinie istnieje skłonność do astmy lub egzemy, bardzo prawdopodobne, że przyczynia się do niej mleko. Usunięcie nabiału z diety czasem eliminuje te problemy; całkowite unikanie mleka krowiego może im zapobiec.

Istnieją przekonujące dowody na to, że u dzieci genetycznie obciążonych picie mleka krowiego może zwiększyć ryzyko zachorowania na cukrzycę typu 1 (dziecięcą). Część białka mleka krowiego przypomina strukturą chemiczną białko występujące w trzustce człowieka, uczestniczące w produkcji insuliny. U niektórych dzieci reakcja alergiczna na białko mleka krowiego może sprawić, że trzustka nie będzie w stanie produkować insuliny, czego wynikiem jest cukrzyca.

Istnieją również dowody – moim zdaniem dość przekonujące – że dieta obfitująca w krowie mleko naraża starszych mężczyzn na raka prostaty. Po raku skóry jest to drugi najczęściej występujący u mężczyzn nowotwór.

Dorastając, wiele dzieci cierpi na bóle brzucha, wzdęcia, rozwolnienie i gazy wywoływane przez znajdujący się w mleku cukier – laktozę. Objawy te wynikają z faktu, że w późnym dzieciństwie wiele osób traci zdolność trawienia cukru występującego w mleku. W naturze dorosłe zwierzęta nie piją mleka i prawdopodobnie nie jest to również wskazane dla dorosłych ludzi.

Mleko krowie, wapń i kości. Dzieciństwo i młodość to najważniejsze okresy w rozwoju kości. Standardowo zaleca się spożywanie przez dzieci 900 mg wapnia dziennie, co odpowiada trzem szklankom mleka.

Częściowo dzięki sprytnej i wszechobecnej reklamie wszyscy „wiedzą", że mleko jest ważnym źródłem wapnia. Jednak naukowcy dyskutują o zaletach i wadach picia mleka krowiego jako sposobu na utrzymanie kości w dobrym zdrowiu. W kilku dobrze opracowanych badaniach nie stwierdzono ż a d n e g o związku pomiędzy ilością mleka krowiego wypijanego przez dzieci, a ilością wapnia odkładanego w kościach. Jest to naprawdę nadzwyczajne odkrycie. Jeśli picie mleka krowiego jest ważne dla rozwoju kości, można by oczekiwać, że ludzie pijący więcej mleka będą mieli silniejsze kości, ale tak nie jest. Co więcej, Stany Zjednoczone mają zarazem bardzo wysokie spożycie mleka na głowę mieszkańca i bardzo wysoki wskaźnik występowania osteoporozy.

Istnieje kilka możliwych wyjaśnień takiej sytuacji. Pierwsze mówi, że spożycie wapnia jest tylko jednym z wielu czynników wpływających na gęstość kości. Bardzo ważna jest też aktywność fizyczna. Znaczenie ma nie tylko to, ile wapnia dostaje się do organizmu, ale też to, ile z niego ucieka. Dieta bogata w mleko i nabiał często obfituje również w sód w formie soli i słonych produktów przetworzonych. Wiele napojów bezalkoholowych zawiera dużo sodu. U niektórych osób rezultatem spożywania dużych ilości sodu jest wydalanie wapnia z moczem. Białko występujące w mleku i mięsie często zawiera duże ilości pewnych aminokwasów, powodujących utratę wapnia przez nerki. Jeśli chodzi o rozwój kości, niewykluczone, że równie dobrze – albo wręcz lepiej – jest spożywać mniej wapnia przy jednoczesnym ograniczeniu spożycia sodu i białka zwierzęcego.

Zdrowe produkty bogate w wapń. Inne źródła wapnia są bardziej wartościowe niż nabiał. Większość zielonych warzyw liściastych i roślin strączkowych zawiera wapń w formie przyswajanej przez organizm równie dobrze lub lepiej niż mleko. Oprócz wapnia zawierają zaś witaminy, żelazo, złożone węglowodany i błonnik, których w mleku krowim na ogół nie ma. Warzywa i rośliny strączkowe stanowią zdrowe źródło wapnia i mają inne wartości odżywcze. Przejrzyjcie listę produktów bogatych w wapń na stronie 235.

To bardzo mało prawdopodobne, żeby dziecko uzyskało wystarczająco dużo wapnia z samych tylko warzyw liściastych; musiałoby np. jeść ogromne ilości jarmużu. Jednak wapnia dostarczają też inne rośliny, na przykład fasola (patrz str. 228). Napoje sojowe lub ryżowe wzbogacone wapniem są równie smaczne z płatkami śniadaniowymi jak mleko krowie (kiedy się do nich przyzwyczaić), a nie zawierają białka i tłuszczów pochodzenia zwierzęcego. Napoje takie, a także wzbogacone wapniem soki pomarańczowe i grejpfrutowe, dostarczają tyle samo wapnia na jednostkę masy ciała, ile mleko krowie.

ROZSĄDNE ODŻYWIANIE

W ciągu kilku ostatnich dziesięcioleci dużo się dowiedzieliśmy o tym, jak za pomocą właściwej diety pomóc dzieciom zachować dobre zdrowie. Kiedyś uważaliśmy warzywa, ziarna zbóż i rośliny strączkowe za dodatki do dania głównego. Mięso i nabiał stanowiły nasze ulubione potrawy i niespecjalnie martwiliśmy się ilością tłuszczów i cholesterolu w diecie dzieci. Dziś jesteśmy mądrzejsi. Badania jasno wykazują, że warzywa, ziarna zbóż, rośliny strączkowe i owoce powinny się znaleźć na pierwszym planie. Dostarczają dzieciom składników odżywczych niezbędnych do prawidłowego rozwoju, nie zawierając przy tym cholesterolu i tłuszczów zwierzęcych, stanowiących przyczynę tak wielu problemów.

Niestety niewielu z nas wychowało się na diecie, której głównymi składnikami były warzywa, ziarna zbóż i rośliny strączkowe, dlatego nie zawsze wiemy, jak zaplanować kompletny posiłek. Oto kilka pomocnych wskazówek. Niektóre z nich i tak podpowie wam zdrowy rozsądek; inne mogą was zaskoczyć. Każda z nich jest ważna.

Zielone warzywa liściaste. Brokuły, jarmuż, szpinak, rukiew wodna, botwina (burak liściowy), kapusta pekińska, kapusta pak choi i inne zielone warzywa są pełne łatwo przyswajalnego wapnia, żelaza i wielu witamin potrzebnych dzieciom. Każdego dnia dziecko powinno spożyć dwie albo trzy porcje zielonych warzyw liściastych. Powinny być gotowane bardzo krótko, niektóre tylko jedną albo dwie minuty, aż będą jaskrawozielone. Starszemu dziecku można je doprawić odrobiną soli morskiej, ale małym dzieciom najlepiej nie dodawać soli, żeby nie polubiły słonego smaku.

Inne warzywa. Warzywa powinny stanowić 25 do 30 procent diety. Warto wybierać świeże, uprawiane bez nawozów sztucznych warzywa sprzedawane na rynku przez rolników, a jeszcze lepiej wyhodować własne. Warzywa z gospodarstwa ekologicznego, ekologicznego działu w supermarkecie albo z rynku są pozbawione pestycydów. Uprawianie części warzyw w domu, przy pomocy dzieci, to znakomity sposób uzyskania zdrowych produktów i przyjemnego spędzenia czasu.

Im świeższe warzywa, tym więcej składników odżywczych zawierają. Warzywa mrożone i konserwowe również zachowują wiele cennych składników, a są tańsze. Warzywa nie znudzą się dzieciom,

jeśli zdobędziecie się na różnorodność zarówno w ich doborze, jak i w sposobie przygotowania. Prawidłowo przygotowane warzywa poprawią apetyt dziecka i sprawią,
że posiłki będą atrakcyjniejsze.

Warto podczas posiłku podać więcej
niż jedną jarzynę z tych, które dziecko
lubi. Maluch może preferować konkretny
sposób przyrządzania warzyw, na przykład surową rukiew w sałatce zamiast gotowanej. Zmuszanie dzieci do jedzenia warzyw, których nie lubią, na dłuższą metę
się nie sprawdza. Lepiej często propono-
wać nowe, interesujące warzywa, zachęcając dziecko do eksperymentowania.

Rośliny strączkowe. Warzywa strączkowe są bogate w białko, wapń i wiele
innych składników odżywczych i powinny regularnie pojawiać się na stole. Tofu
i tempeh, otrzymywane z ziaren soi, można dodać do wielu dań głównych i zup.
Posiłek składający się z fasoli i brązowego
ryżu – lub jakakolwiek inna kombinacja
roślin strączkowych i ziaren zbóż – zapewni dziecku mnóstwo białka i błonnika,
a bardzo mało tłuszczu.

Owoce, nasiona i orzechy. Mogą być
smakowitymi przekąskami i dodatkami do
posiłków. Ugotowane owoce są lepiej trawione. Jabłka, gruszki i inne owoce sezono-
we, hodowane w najbliższej okolicy, są najlepsze, a rośliny uprawiane bez nawozów
sztucznych są zdrowsze niż te, które miały
kontakt z pestycydami. (Produkty z upraw
ekologicznych są droższe, ale ogólnie rzecz
biorąc, dieta bogata w warzywa może być
tańsza niż dieta bogata w mięso.) Prażone i zmielone nasiona i orzechy są łatwiejsze do strawienia. Masło migdałowe i eko-
logiczne masło orzechowe to przysmaki
dla dzieci, a zarazem zdrowy zamiennik
cukierków czy lodów. (Żeby uniknąć alergii, dobrze jest wprowadzić orzeszki ziem-

ne do diety, dopiero gdy dziecko ukończy
pierwszy rok życia; to samo odnosi się do
migdałów i innych orzechów.)

Pełne (nieoczyszczone) ziarna zbóż.
Pełne ziarna zbóż powinny stanowić znaczącą część diety dziecka. Krótkoziarni-
sty brązowy ryż, kasza jęczmienna, płatki
owsiane, kasza jaglana, razowy (z pełnego
ziarna) makaron i pełnoziarnisty chleb zawierają złożone węglowodany, które są sycące, pożywne i stanowią wspaniałe źródło
energii dla rosnących dzieci. Dostarczają
też białka, błonnika i ważnych witamin.

Tłuszcze i oleje. Najzdrowszy jest olej
sezamowy, oliwa z oliwek, olej kukurydziany, olej lniany i wielonienasycone oleje roślinne. Niewielką ilością posmarujcie
dno patelni albo użyjcie oleju roślinnego w aerozolu. Tłuszcze roślinne są dużo
zdrowsze niż tłuszcze pochodzenia zwierzęcego, ale mimo to należy ich używać jedynie w niewielkich ilościach. Margaryna
może być równie szkodliwa jak masło, ponieważ w procesie produkcyjnym powstają tłuszcze (tłuszcze trans; patrz str. 217)
potencjalnie równie szkodliwe dla tętnic
jak tłuszcze nasycone. Na przykład do pieczonych ziemniaków można zamiast margaryny lub masła podać musztardę, salsę
lub warzywa ugotowane na parze. Dżem
z cynamonem nie musi być oddzielony od
grzanki warstwą masła, a chleb pełnoziarnisty jest pyszny bez żadnych dodatków.

Mięso, ryby i drób. Chude mięso, ryby
i drób mogą dostarczyć wysokiej jakości
białka i energii. Amerykański Departa-
ment Rolnictwa grupuje te produkty razem z suszoną fasolą, orzechami i jajkami.
Dorośli powinni jeść produkty z tej grupy trzy razy dziennie, dzieci dwa. Jednak
każda porcja powinna być niewielka: tylko
55–85 gramów, czyli objętościowo mniej

więcej tyle co talia kart. Można się delektować kawałkiem mięsa tak niewielkich rozmiarów, ale zrezygnować z ćwierćkilogramowego steku (to więcej niż trzy porcje).

Łatwo jest włączyć mięso do zdrowej diety. Zacznijcie od odkrawania widocznego tłuszczu od wołowiny i wieprzowiny oraz usuwania skóry z drobiu. Mała ilość mięsa może dodać smaku dużej potrawie z ryżu lub warzyw. Dzięki małej porcji pierwszorzędnego mięsa lub ryby posiłek staje się elegancki bez zbędnych kosztów i cholesterolu. Mięso może być gwiazdą sztuki kulinarnej, ale najlepiej wypada na tle warzyw; nie powinno się znaleźć na scenie samotnie.

Cukier. Rafinowany cukier to węglowodan prosty, pełen kalorii, o niewielkiej wartości odżywczej. Zamiast niego dieta dziecka – a także dorosłego – powinna obfitować w węglowodany złożone, występujące w ziarnach zbóż, fasoli i warzywach. Zamiast słodyczy zdrowo jest wybrać świeże owoce i soki owocowe. Gotując owoce, warto zamiast wody i cukru użyć soku jabłkowego. Można też zagotować trochę rodzynków i wykorzystać uzyskany wywar. Jako środek słodzący można stosować syrop ryżowy albo słód jęczmienny. Gotując słodkie warzywa, jak dynia, kukurydza czy marchewka, nie trzeba dodawać cukru. Początkowo warzywa te nie wydadzą wam się słodkie, w tym sensie, że nie będą smakować jak cukier. Jednak jeśli zrezygnujecie z cukru, docenicie prawdziwy smak słodkich warzyw i owoców.

Sól. Ziarna zbóż można gotować ze szczyptą soli morskiej, a przy stole można w ogóle zrezygnować z soli. Jedyną zaletą zwykłej soli kuchennej jest to, że jest wzbogacona jodem, niezbędnym składnikiem odżywczym. Rośliny mają różną zawartość jodu; bardzo bogate w ten pierwiastek są wodorosty. Zamiast soli morskiej można stosować sos sojowy, miso* albo zmielone ziarna sezamu wymieszane ze szczyptą soli morskiej. Nadmiar soli może utrudnić utrzymanie zrównoważonej gospodarki wapniowej, ponieważ powoduje przechodzenie wapnia przez nerki do moczu.

Napoje. Jedynym napojem, którego dzieci naprawdę potrzebują, jest czysta woda. Dla urozmaicenia można im robić „herbatki" z ziaren zbóż, ziół lub soków owocowych, a także podawać napoje ze słodkich warzyw: dyni, cebuli, marchewki lub kapusty. Pamiętajcie, że kawa zawiera kofeinę, podobnie jak czarna i zielona herbata oraz wiele popularnych napojów dla dzieci sprzedawanych w sklepach. (Również czekolada zawiera sporo kofeiny.) Można w zamian zaproponować dziecku bezkofeinową herbatę ziołową albo zbożową „kawę" z prażonego jęczmienia.

Słodycze. Ciastka i ciasteczka, tłuste krakersy i słodkie pieczywo szybko zaspokajają głód dziecka na krótki czas, ale nie dostarczają minerałów, witamin, błonnika ani białka. Te słodycze i przekąski są też największym źródłem niewidocznego tłuszczu. Oszukują dzieci, sprawiając, że czują się syte, pomimo iż w rzeczywistości ich potrzeby nie są zaspokajane, a jednocześnie odbierają im apetyt na wartościowsze jedzenie.

Nie musicie się uprzedzać do tłustych, rafinowanych produktów do tego stopnia, żeby nie pozwolić dziecku na zjedzenie kawałka tortu podczas przyjęcia urodzinowego czy przy innej wyjątkowej okazji. Niebezpieczne jest częste spożywanie potraw tego typu i pozbawianie dzieci składników odżywczych. Nie podawajcie takich

---

* Pasta ze sfermentowanej soi, używana w kuchni japońskiej (przyp. tłum.).

przysmaków bez powodu. Nie ma sensu przyzwyczajać dziecka do obfitych deserów po każdym obiedzie.

Słodkie potrawy, takie jak dżemy, galaretki i cukierki, zawierają nadmierne ilości cukru. Szybko zaspokajają głód, odbierając apetyt na zdrowsze jedzenie, sprzyjają otyłości i próchnicy zębów. Podawajcie dzieciom płatki śniadaniowe i owoce bez dodatku cukru. Jeśli czasem wygodniej jest wam podać owoce z puszki, odlejcie syrop albo kupujcie owoce konserwowane w soku owocowym bez dodatku cukru.

Cukierki, napoje gazowane i lody zazwyczaj dzieci jedzą pomiędzy posiłkami, gdy są poza domem z przyjaciółmi. Jeśli nie przyzwyczaicie swojej pociechy do jedzenia tych potraw w domu, jest mniej prawdopodobne, że poza domem będzie je jadła w dużych ilościach.

PROSTE POSIŁKI

Układanie prawidłowego jadłospisu, choć na pozór skomplikowane, jest w gruncie rzeczy dużo łatwiejsze, niż zwykliśmy sądzić. Idealna dieta opiera się na owocach, warzywach, pełnych ziarnach zbóż, grochu i fasoli. Mięso, drób i ryby można podawać w małych porcjach lub wyeliminować je zupełnie. Jeśli dajecie dziecku mleko i produkty mleczne, możecie zastąpić je niektórymi innymi omówionymi wcześniej źródłami wapnia lub podawać je dodatkowo. Jeśli wasze dziecko jest na ściśle wegańskiej diecie, nie zapomnijcie o codziennym podawaniu preparatu multiwitaminowego i dowiedzcie się jak najwięcej o tej diecie. Niezależnie od diety, jaką stosujecie, możecie skonsultować się z doświadczonym dietetykiem lub zaufanym znajomym, który pomoże wam wybrać najlepszą drogę. Ogólnie rzecz biorąc, należy codziennie spożywać następujące produkty:

◆ Warzywa – zielone lub żółte trzy do pięciu porcji. Najlepiej część z nich spożyć na surowo.

◆ Owoce – dwie do trzech porcji, przynajmniej połowę na surowo. Owoce i warzywa można jeść wymiennie.

◆ Rośliny strączkowe (fasola, groch, soczewica) – dwie do trzech porcji.

◆ Pełnoziarnisty chleb, krakersy, płatki śniadaniowe lub makaron – dwie lub więcej porcji.

Proponowane posiłki. Są to jedynie wskazówki. Możecie dostosować je do preferencji dziecka i zwyczajów panujących w waszej rodzinie. Pomiędzy posiłkami można podawać soki owocowe lub sok pomidorowy. Do posiłku można podać pełnoziarnisty chleb na zakwasie. Kiedy zdecydujecie, jaka dieta będzie najlepsza dla waszego dziecka, dowiedzcie się w przedszkolu lub szkole, czy konieczne będzie dostarczanie posiłków dla niego.

Śniadanie

◆ Owoce, sok owocowy albo zielone warzywa liściaste
◆ Pełnoziarniste płatki śniadaniowe, chleb, grzanki lub naleśniki
◆ Smażone tofu z zielonymi warzywami
◆ Mleko sojowe
◆ Zupa jarzynowa

Obiad

◆ Sycące danie, np. fasolka w sosie pomidorowym; zupa z krakersami, grzankami lub kaszą jęczmienną; razowe płatki pszenne lub płatki owsiane; zupa jarzynowa z kaszą jaglaną lub jęczmienną; pełnoziarnisty chleb z pastą z tofu albo masłem orzechowym; ziemniaki; zielone warzywa liściaste gotowane na parze, z wody lub smażone

◆ Warzywa lub owoce, surowe lub gotowane
◆ Prażone ziarna słonecznika
◆ Mleko sojowe, herbata bezkofeinowa lub sok jabłkowy

Kolacja

◆ Zielone warzywa liściaste, krótko gotowane w niewielkiej ilości wody
◆ Fasola lub produkt sojowy, np. tofu lub tempeh
◆ Ryż, chleb, makaron lub inny produkt zbożowy
◆ Surowe owoce lub mus jabłkowy
◆ Sok lub woda.

Urozmaicanie posiłków. Wielu rodziców skarży się, że nie wie, jak urozmaicać obiady. Przede wszystkim można kierować się ogólną zasadą podawania trzech elementów:

1. Sycące, wysokokaloryczne dania
2. Owoc lub warzywo
3. Zielone warzywo liściaste (jarmuż, brokuły, por) ugotowane na jeden z wielu możliwych sposobów.

Rolę sycącego dania dla dziecka kończącego drugi rok życia mogą pełnić kanapki. Można je robić z chleba żytniego, razowego, owsianego, na zakwasie lub wielozbożowego. Należy unikać masła, margaryny i majonezu, które są pełne tłuszczu i ubogie w składniki odżywcze. Lepsze jest masło orzechowe – w niewielkich ilościach. Na kanapkach i ziemniakach można rozsmarować musztardę, którą dzieci przeważnie

lubią. Keczup zawiera dużo cukru; salsa może być pyszna, a jest dużo zdrowsza.

Do kanapek można użyć jednego lub kilku dodatków, np. surowych warzyw (sałaty, pomidora, tartej marchwi, kapusty), gotowanych owoców, siekanych suszonych owoców, masła orzechowego, pasty z tofu i niskotłuszczowego majonezu bez jajek.

Dość sycącym daniem jest bulion, zupa z dużą ilością kaszy jęczmiennej lub brązowego ryżu albo zupa jarzynowa, z jarzynami w kawałkach lub przecierana, z grzankami z razowego chleba. Zbilansowany posiłek to także zupa z soczewicy, grochu łuskanego lub fasoli w połączeniu z produktem zbożowym i zielonymi warzywami.

Zwyczajne krakersy pełnoziarniste bez soli można podawać same lub z jednym z wymienionych powyżcj dodatków do kanapek.

Ziemniak to dobry, sycący, niskotłuszczowy produkt. Pieczonego w skórce ziemniaka można podać z warzywami, fasolką w sosie pomidorowym, musztardą, pieprzem albo salsą. Odrobina keczupu lub salsy skłoni niejedno dziecko do jedzenia warzyw.

Płatki śniadaniowe i kaszki można urozmaicać, dodając plasterki surowych owoców, gotowane owoce lub siekane suszone owoce. Odradzam dodawanie cukru.

Zamiast sycącego głównego dania i deseru z gotowanych lub surowych owoców można podać gotowane zielone lub żółte warzywo bądź sałatkę z warzyw albo owoców. Znakomitym, sycącym deserem jest banan.

Makaron, na gorąco lub na zimno, to świetne źródło węglowodanów złożonych i błonnika. Może być wymieszany z warzywami gotowanymi na parze lub sosem pomidorowym. Niektóre dzieci nie lubią produktów zbożowych i makaronu. Wystarczą im składniki odżywcze pochodzące z różnych owoców, warzyw i roślin strączkowych. Stopniowo polubią produkty zbożowe, jeśli nie będzie się ich zmuszać do jedzenia. W wielu sklepach spożywczych można dostać makaron bez dodatku jajek. Najlepszy jest makaron z mąki z pełnego przemiału. Makaron można dodać do podsmażonych warzyw albo do rosołu z dodatkiem zielonych warzyw.

Świat warzyw. Warzywa są tak ważne, że należy im się wyjątkowe miejsce na talerzu dziecka. W pierwszym roku życia niemowlę spróbowało prawdopodobnie wielu gotowanych warzyw: szpinaku, groszku, cebuli, marchwi, szparagów, botwiny (buraka liściowego), dyni, pomidorów, buraków, selera naciowego, ziemniaków. Sześciomiesięczne dziecko może jeść większość warzyw gotowanych dla pozostałych domowników, po przetarciu lub zmiksowaniu. Te same warzywa można kupić gotowe w słoiczku. Przeczytajcie informacje o składnikach odżywczych umieszczone na opakowaniu i wybierzcie ten produkt, który wyda wam się najbardziej zbliżony do naturalnego. Wystrzegajcie się pokarmów dla niemowląt rozrzedzonych wodą albo zawierających skrobię czy tapiokę. Są uboższe w składniki odżywcze niż te, które przygotowujecie w domu.

Pod koniec pierwszego roku można podawać warzywa o mniej gładkiej konsystencji, z grudkami i kawałkami. Groszek trzeba nieco rozgnieść, żeby dziecko nie połykało go w całości. Gotowane na parze warzywa, takie jak marchew, ziemniaki i fasolka szparagowa, można pokroić na kawałki i dać dziecku do rączki.

Zamiast białych ziemniaków można czasem podać słodkie ziemniaki (bataty) lub jamsy (ignam, pochrzyn). Jeśli przez pierwszy rok staraliście się podawać dziecku warzywa lekkostrawne, możecie stopniowo wprowadzić mniej popularne, czasem cięższej strawne, jak fasolę lima (rozgniecioną), brokuły, kapustę, kalafiora, rzepę i pasternak. Jeśli wytrwale będziecie je serwować, nie zmuszając jednak dziecka do jedzenia, być może w końcu je polubi.

Przed ukończeniem dwóch lat nie podawajcie ziaren kukurydzy. Młodsze dzieci nie gryzą ich; przechodzą przez przewód pokarmowy nietknięte. Podawajcie tylko miękką kukurydzę. Odkrawając ziarna od kolby, nie tnijcie zbyt blisko, niech każde ziarno zostanie przecięte. W wieku trzech–czterech lat, gdy zaczniecie podawać całe kolby, przetnijcie każdy rządek ziaren wzdłuż, żeby wszystkie ziarna były otwarte.

Pomiędzy pierwszymi a drugimi urodzinami wprowadza się przeważnie lekkostrawne warzywa surowe. Najlepsze są obrane ze skórki pomidory, pokrojona na kawałeczki fasolka szparagowa, tarta marchew i oskrobany, pokrojony na kawałki seler naciowy. Warzywa powinny być dokładnie umyte. Wprowadzajcie je powoli, żeby sprawdzić, czy dziecko dobrze je toleruje. Zamiast sosu sałatkowego użyjcie soku pomarańczowego lub osłodzonego soku z cytryny. (Unikajcie kawałków marchwi i innych twardych warzyw, którymi dziecko mogłoby się zakrztusić.)

W tym samym czasie można wprowadzić soki owocowe i warzywne. Nie są tak zdrowe jak całe owoce i warzywa, ponieważ prawie nie zawierają błonnika. Dobre są sokowirówki, które zatrzymują błonnik w soku. Przewaga soku nad gotowanymi warzywami jest taka, że podczas gotowania niszczone są witaminy. Jeśli dziecko chwilowo odmawia jedzenia warzyw, spróbujcie podawać zupy jarzynowe: z grochu, pomidorów, selera naciowego, cebuli, szpinaku, buraków, kukurydzy oraz zupy wielowarzywne. Niektóre gotowe zupy jarzynowe dostępne w sklepach zawierają dużo soli, więc musicie uważnie czytać etykiety. Wiele gotowych zup trzeba rozcieńczyć wodą w proporcji 1:1. Podane dzieciom prosto z puszki bez rozcieńczenia mogą być szkodliwe, ponieważ stężenie soli jest w nich zbyt wysokie.

Warzywa należą do produktów najbogatszych w składniki odżywcze, ale jeśli dziecko nie chce ich jeść, nie martw się. Dalej podajemy sposoby, które pomogą ci poradzić sobie z tym problemem.

CO ZROBIĆ, BY JEDZENIE BYŁO PRZYJEMNOŚCIĄ

Bawcie się jedzeniem. Kucharz nie może gotować smacznych posiłków bez wielu różnorodnych składników; dzięki nim potrawy są bardziej apetyczne. Niech wasze dziecko pozna najróżniejsze kolory, konsystencje i smaki.

Niech podczas posiłków nie rozprasza was telewizor ani telefon. W niektórych rodzinach przed jedzeniem odmawia się modlitwę lub przez kilka minut medytuje, tworząc atmosferę dziękczynienia i wspólnoty. Posiłkom nie powinny towarzyszyć połajanki, nawet jeśli czasem maniery przy stole pozostawiają nieco do życzenia lub coś się rozleje, co jest nieuniknione.

Nie oceniajcie posiłków wyłącznie pod kątem kalorii, witamin czy minerałów. Ważne są też tłuszcze, białka, węglowodany, błonnik, cukier i sód. Pamiętajcie, że nie trzeba podczas każdego posiłku dostarczać organizmowi wszystkich niezbędnych składników. Liczy się równowaga osiągnięta w ciągu całego dnia lub dwóch.

Na dłuższą metę każdy potrzebuje diety zrównoważonej pod względem produktów nisko- i wysokokalorycznych, a także pod innymi względami. Jeśli ktoś pamięta tylko o jednym aspekcie diety, często prowadzi to do problemów. Zdarzają się na przykład nastolatki, które fanatycznie się odchudzają. Unikają wszelkich produktów, które ich zdaniem zawierają więcej niż kilka kalorii, i próbują żyć na surówkach, soku, owocach i kawie. Jeśli trwa to zbyt długo, wpędzają się w chorobę. Skrupulatni rodzice, którzy

nabrali błędnego przekonania, że witaminy są dobre, a skrobia zła, na kolację serwują dziecku surówkę z marchwi i grejpfruta. Takim posiłkiem nie najadłby się nawet królik. Pulchna mama z pulchnej rodziny, wstydząca się cherlawego potomka, karmi go wyłącznie tłustymi potrawami, rezygnując z warzyw, roślin strączkowych i ziaren zbóż. W rezultacie dziecko jest pozbawione minerałów i witamin.

Tymczasowe zamienniki warzyw. Wyobraźmy sobie dziecko, które od tygodni odmawia jedzenia warzyw w jakiejkolwiek postaci. Czy mu to zaszkodzi? Warzywa to najcenniejsze źródło minerałów, witamin i błonnika, ale wiele owoców dostarcza tych samych składników odżywczych. Również pełne ziarna zbóż zawierają niektóre białka oraz wiele witamin i minerałów, które czerpiemy z warzyw. Dlatego nie róbcie problemu z faktu, że dziecko od jakiegoś czasu odmawia jedzenia warzyw. Niech posiłki nadal przebiegają w miłej, swobodnej atmosferze. Jeśli naprawdę się martwicie, raz dziennie podajcie dziecku preparat multiwitaminowy. Samo wróci do jedzenia warzyw, jeśli nie zmienicie posiłków w walkę o władzę – w takim wypadku może odmówić jedzenia warzyw po prostu po to, żeby pokazać wam, kto tu rządzi.

Poskramianie namiętności do słodyczy. Miłość do słodyczy i tłustych potraw często rodzi się w domu, gdzie każdy posiłek kończy się obfitym deserem, cukierki zawsze są pod ręką, a największa nagroda to duże ilości niezdrowego jedzenia. Kiedy rodzice mówią: „Nie dostaniesz lodów, dopóki nie zjesz surówki", przekazują dziecku niewłaściwe przesłanie, używając słodyczy jako łapówki. Zamiast tego nauczcie swojego malucha, że najsmaczniejszą przekąską jest banan albo brzoskwinia.

Dzieci przeważnie lubią jeść to co rodzice. Jeśli pijecie dużo napojów gazowanych, jecie dużo lodów i cukierków, a w domu zawsze pełno jest chipsów, wasze pociechy tego właśnie będą się domagać. (Myślę, że słodycze przynoszone okazjonalnie przez babcię albo dziadka można potraktować jako wyjątek.)

Jedzenie między posiłkami. Kierujcie się zdrowym rozsądkiem. Wiele małych dzieci, a także niektóre starsze, pomiędzy posiłkami domaga się przekąski (inne nigdy tego nie robią). Jeśli jest to właściwy rodzaj przekąski, podany o rozsądnej godzinie i w odpowiedni sposób, nie powinien wpłynąć na główne posiłki ani prowadzić do problemów z odżywianiem. Kiedy główne posiłki zawierają dużo węglowodanów w formie ziaren zbóż i warzyw, jest dużo mniej prawdopodobne, że dzieci pomiędzy posiłkami zgłodnieją.

Niedobrze jest między posiłkami podawać mleko, ponieważ często odbiera dziecku apetyt. Najlepszym rozwiązaniem są owoce i warzywa. Zdarzają się jednak dzieci, które nie są w stanie zjeść dużo naraz, więc między posiłkami bywają bardzo głodne i zmęczone; im mogą wyjść na dobre bardziej kaloryczne przekąski.

Większości dzieci najlepiej podać przekąskę nie później niż półtorej godziny przed następnym posiłkiem, ale i tu istnieją wyjątki. Niektóre dzieci dostają na drugie śniadanie sok owocowy, ale i tak przed obiadem głód sprawia, że stają się rozdrażnione i odmawiają jedzenia. Szklanka soku pomarańczowego albo pomidorowego dwadzieścia minut przed obiadem może poprawić im humor i apetyt. To, co i kiedy podać dziecku pomiędzy posiłkami, zależy od zdrowego rozsądku i indywidualnych potrzeb dziecka.

Niektórzy rodzice narzekają, że ich pociecha nie chce jeść podczas posiłków, ale doprasza się o jedzenie pomiędzy posiłkami. Problem ten nie pojawia się dlatego, że rodzice pobłażliwie podchodzą do podawania przekąsek. Wręcz przeciwnie: we wszystkich znanych mi przypadkach rodzice zachęcali lub zmuszali dziecko do jedzenia podczas posiłków, a przez resztę dnia go nie dokarmiali. To właśnie przymus odbiera dziecku apetyt. Po całych miesiącach takiego postępowania sam widok jadalni wystarcza, żeby dziecko zaczęło odczuwać skurcze żołądka. Natomiast kiedy posiłek się zakończy i dziecko czuje się bezpieczne (choć zjadło niewiele), żołądek wraca do formy i wkrótce zaczyna zachowywać się tak jak każdy zdrowy, pusty żołądek: dopomina się o jedzenie. Rozwiązanie nie polega na odmawianiu dziecku przekąsek, ale na sprawieniu, żeby posiłki były przyjemne i ślinka sama napływała mu do ust. W końcu czym tak naprawdę jest posiłek? Jest to jedzenie specjalnie przygotowane tak, żeby było apetyczne. Kiedy przekąski kuszą dziecko bardziej niż posiłki, coś jest nie tak.

ŹRÓDŁA WAPNIA
(przybliżona ilość w miligramach na porcję)

100
1 kubek gotowanego jarmużu typu „kale"
(o liściach kędzierzawych)
1 kubek gotowanej fasoli białej albo fasolki w sosie pomidorowym z puszki
100 g tofu
1 kubek twarożku
1 łyżka czarnej melasy
1 bułka drożdżowa
1 i 1/2 kubka gotowanych słodkich ziemniaków (batatów)

150
1 kubek gotowanych brokułów
30 g sera mozzarella albo feta
1 kubek gotowanego jarmużu typu „col-
lards" (o liściach gładkich)
1 kubek miękkich lodów
5 średnich suszonych fig

200
1 kubek liści buraka albo rzepy

30 g sera żółtego edam albo gouda
85 g sardynek z puszki z ośćmi lub łososia
z puszki

250
30 g sera szwajcarskiego
1/2 kubka twardego tofu
1 kubek gotowanego rabarbaru

300
1 kubek mleka krowiego
1 kubek jogurtu
1/2 kubka sera ricotta
1 kubek wzbogaconego wapniem mleka
sojowego lub ryżowego*
1 kubek wzbogaconego wapniem soku pomarańczowego lub jabłkowego.

Źródło: Jean A. T. Pennington, *Bowes and Church's
Food Values of Portions Commonly Used*, Harper &
Row, New York 1989.

* Sprawdźcie informację na etykiecie; niektóre
rodzaje zawierają 200 mg na kubek, nie 300.

PROBLEMY Z JEDZENIEM I ZABURZENIA ODŻYWIANIA

POCZĄTKI PROBLEMÓW Z JEDZENIEM

Dlaczego tak wiele dzieci źle się odżywia? Najczęściej dlatego, że tak wielu rodziców sumiennie stara się zmusić je do prawidłowego odżywiania! Nie obserwuje się zbyt wielu problemów z jedzeniem u szczeniaków ani też w tych miejscach, w których matki nie wiedzą wystarczająco dużo na temat diety, żeby się nią przejmować. Niektóre dzieci rodzą się z wilczym apetytem, który nie słabnie nawet wtedy, gdy są smutne lub chore. Inne mają umiarkowany apetyt, wahający się w zależności od stanu zdrowia i nastroju. Niemal wszystkie niemowlęta rodzą się z wystarczającym apetytem, który pozwala im rosnąć zdrowo i we właściwym tempie.

Problem w tym, że dzieci rodzą się również z instynktem nakazującym opierać się przymusowi i unikać potraw, z którymi wiążą się jakieś niemiłe wspomnienia. Kolejna komplikacja polega na tym, że apetyt dziecka zmienia się niemal z minuty na minutę. Przez pewien czas malec może nieustannie mieć ochotę na dynię lub nowe płatki śniadaniowe; miesiąc później uważa je za obrzydliwe.

Mając to na uwadze, można zrozumieć, dlaczego na różnych etapach rozwoju po-

---

📖 KLASYCZNY SPOCK

Kiedy problem z jedzeniem już się pojawi, rozwiązanie go wymaga czasu, cierpliwości i wyrozumiałości. Rodzice martwią się i denerwują. Trudno im zachować spokój, kiedy pociecha odmawia jedzenia, choć to właśnie ich niepokój i natarczywość stanowią główną przyczynę braku apetytu. Nawet gdy ogromnym wysiłkiem woli zmienią swoje zachowanie, apetyt dziecka może nie wrócić przez wiele tygodni. Maluch musi powoli pozbyć się wszystkich nieprzyjemnych skojarzeń, jakie wywołują w nim posiłki.

Apetyt jest jak mysz, a nalegania rodziców jak kot, który przegania ją z powrotem do dziury. Nie można wytłumaczyć myszy, że może zdobyć się na odwagę, bo kot patrzy w inną stronę. Kot musi na dłuższy czas zniknąć.

jawiają się problemy z jedzeniem. Niektóre niemowlęta buntują się już w pierwszych miesiącach życia, jeśli rodzice próbują je zmusić do wypicia zbyt dużej ilości mleka, jeśli pierwsze pokarmy stałe wprowadza się nagle i nie mają szansy się do nich przyzwyczaić albo jeśli są karmione, kiedy nie mają na to ochoty. W wieku półtora roku dzieci często stają się bardziej wybredne, ponieważ nie przybierają już tak szybko na wadze, mają bardziej zdecydowane poglądy, a czasem dlatego, że wyrzynają im się ząbki. Nakłanianie do jedzenia tylko odbiera im apetyt i pogarsza sytuację. Problemy z jedzeniem bardzo często pojawiają się podczas rekonwalescencji. Pełni niepokoju rodzice wmuszają jedzenie malcowi, który jeszcze nie odzyskał apetytu po chorobie, a wywierana przez nich presja wywołuje prawdziwy jadłowstręt.

Nie wszystkie problemy żywieniowe zaczynają się od nakłaniania do jedzenia. Dziecko może przestać jeść, bo jest zazdrosne o nowego braciszka lub siostrzyczkę albo się czymś martwi. Niezależnie od pierwotnej przyczyny, niepokój rodziców i zmuszanie do jedzenia przeważnie pogłębiają problem i sprawiają, że dziecko nie odzyskuje apetytu.

Rodzice też mają uczucia. A kiedy muszą się uporać z przewlekłym problemem żywieniowym, uczucia te są bardzo intensywne. Najbardziej rzuca się w oczy niepokój, że dziecko będzie miało niedobór składników odżywczych albo utraci odporność na zwyczajne infekcje. Lekarz powtarza, że dziecko, które ma problemy z jedzeniem, nie jest bardziej podatne na choroby niż jego rówieśnicy, ale rodzicom trudno w to uwierzyć (to prawda, że kiedy dziecko jest niedożywione przez bardzo długi czas, jego układ odpornościowy

u l e g a osłabieniu). Często mają poczucie winy, wyobrażając sobie przy tym, że zdaniem krewnych, teściów, sąsiadów i lekarza zaniedbują swoje obowiązki. Prawdopodobnie tak nie jest; większość tych osób rozumie, przez co przechodzą, ponieważ w ich rodzinie też znalazłoby się co najmniej jedno wybredne dziecko.

Do tego dochodzi nieunikniona frustracja i gniew na smarkacza, który zupełnie udaremnia ich wysiłki, żeby dać mu to, co dla niego najlepsze. To uczucie jest najbardziej nieprzyjemne, ponieważ sprawia, że świadomi rodzice wstydzą się za siebie.

Co ciekawe, wielu rodziców, których pociechy mają problemy z jedzeniem, przypomina sobie, że w dzieciństwie miało takie same problemy. Doskonale pamiętają, jak nieskuteczne było nakłanianie i zmuszanie, ale nie są w stanie postępować inaczej. Niepokój, wyrzuty sumienia i irytacja to częściowo pozostałości tego, co odczuwali w dzieciństwie.

Dziecko rzadko znajduje się w niebezpieczeństwie. Warto pamiętać, że dzieci wyposażone są w znakomity wrodzony mechanizm mówiący im, ile i jakich produktów potrzebują do normalnego wzrostu i rozwoju. Rzadko widuje się poważne przypadki niedożywienia, niedoboru witamin lub infekcji wynikające z wybredności w jedzeniu. Oczywiście podczas badań kontrolnych należy omówić z lekarzem przyzwyczajenia żywieniowe dziecka. Współpraca z pomocnym lekarzem zmniejszy presję ciążącą na rodzicach i niepokój towarzyszący opiece nad wybrednym malcem. Preparat multiwitaminowy podawany raz dziennie dostarczy dziecku wszystkich niezbędnych witamin i minerałów.

JAK POSTĘPOWAĆ Z NIEJADKIEM

Sprawcie, żeby posiłki były przyjemne. Waszym celem nie jest z m u s z e n i e dziecka do jedzenia, tylko pobudzenie jego apetytu, tak by c h c i a ł o jeść. Postarajcie się nie komentować tego, jak je – nie wywierajcie presji ani prośbą, ani groźbą. Nie chwalcie za zjedzenie nadzwyczaj dużej porcji i nie róbcie zawiedzionej miny, że zjadło za mało. Z czasem powinniście w ogóle przestać o tym myśleć – to byłby prawdziwy postęp! Kiedy dziecko przestaje odczuwać presję, może zacząć zwracać uwagę na własny apetyt.

Czasem słyszy się radę: „Bez słowa postawcie przed dzieckiem talerz; po półgodzinie zabierzcie talerz, niezależnie od tego, ile zjadło; nie dawajcie mu nic aż do następnego posiłku". To prawda, że zazwyczaj dziecko je, gdy jest głodne. Takie postępowanie jest więc właściwe, jeśli nie towarzyszy mu złość, nie jest traktowane jako kara i atmosfera jest przyjemna – czyli rodzice nie robią zamieszania, nie okazują zaniepokojenia i są przyjacielscy. Czasem jednak rozgniewani rodzice z trzaskiem stawiają dziecku talerz przed nosem, mówiąc przy tym ponuro: „Jeśli nie zjesz tego w pół godziny, zabieram talerz i nie dostaniesz nic aż do kolacji!" Potem stoją nad dzieckiem, wpatrując się w nie. Takie pogróżki utwierdzają dziecko w uporze i odbierają mu wszelkie resztki apetytu. Buntownicze dziecko wyzwane na pojedynek o jedzenie zawsze przetrzyma rodziców.

Nie chodzi o to, żeby dziecko jadło, bo przegrało w walce, w której zmuszaliście je do jedzenia albo zabieraliście mu talerz; chodzi o to, żeby jadło, bo ma na to ochotę.

Zacznijcie od podawania potraw, które dziecko lubi najbardziej. Niech ciekne mu ślinka, kiedy zbliża się pora posiłku, tak żeby nie mogło się go doczekać. Pierwszy krok polega na podawaniu przez dwa-trzy miesiące zdrowych potraw, które dziecko lubi najbardziej, i unikaniu tych, których zdecydowanie nie lubi, oraz oferowaniu jak najbardziej zrównoważonej diety.

Jeśli dziecko nie lubi jednej grupy pokarmowej, a inne produkty je dość chętnie, można zastąpić elementy nielubianej grupy innymi – na przykład zamiast warzyw podawać owoce – aż apetyt wróci albo zmieni się podejrzliwe nastawienie malca do jedzenia i napięta atmosfera podczas posiłków (patrz str. 243).

Zaakceptujcie decyzje dziecka. Ktoś może powiedzieć: „Dzieci, które nie lubią tylko jednego produktu, tak naprawdę nie sprawiają problemów. Natomiast moje dziecko je wyłącznie masło orzechowe, banany, pomarańcze i oranżadę. Raz na jakiś czas zje kromkę białego chleba albo dwie łyżeczki groszku, ale niczego innego nie tknie".

Jest to trudniejszy problem, ale zasada pozostaje ta sama. Możecie podać pokrojonego banana i kromkę wzbogaconego chleba na śniadanie; trochę masła orzechowego, dwie łyżeczki groszku i pomarańczę na obiad; kromkę wzbogaconego chleba i kolejnego banana na kolację. Jeśli dziecko poprosi o dokładkę jakiegoś produktu, zgódźcie się. Żeby upewnić się, że dostaje wszystkie składniki odżywcze, raz dziennie podajcie mu preparat multiwitaminowy. Przez wiele dni proponujcie te same produkty w różnych kombinacjach. Nie pozwólcie tylko na picie oranżady i spożywanie innych niezdrowych produktów. Wypełnienie żołądka cukrem odbiera i tak już niewielki apetyt na bardziej wartościowe potrawy.

Jeśli po upływie dwóch miesięcy dziecko zaczyna czerpać przyjemność z posiłków, dodajcie dwie łyżeczki (nie więcej) potrawy, którą kiedyś jadło (ale nie takiej, której nienawidziło). Nie komentujcie tego dodatku, niezależnie od tego, czy go zje, czy zostawi. Za parę tygodni ponownie podajcie ten sam produkt. W międzyczasie spróbujcie podać inny. Tempo dodawania nowych produktów będzie zależało od apetytu dziecka i jego stosunku do wprowadzanych potraw.

Nie wyróżniajcie pewnych produktów. Pozwólcie dziecku, by trzy razy dołożyło sobie jednej potrawy – pod warunkiem że ma wysokie walory odżywcze – a innych nie tknęło. Jeśli chce deseru, choć nie zjadło drugiego dania, nie protestujcie. Mówiąc: „Nie dostaniesz deseru, dopóki nie skończysz warzyw", odbieracie mu apetyt na warzywo lub drugie danie i sprawiacie, że ma jeszcze większą ochotę na słodycze. Rezultat jest więc odwrotny do zamierzonego. Problem deserów najlepiej rozwiązać, podając tylko owoce, z wyjątkiem jednego lub dwóch dni w tygodniu. Jeśli posiłek kończy się deserem, powinni go dostać wszyscy domownicy.

Nie chodzi o to, żeby dziecko do końca życia tak wybiórczo jadło posiłki. Jednak jeśli ma problemy z jedzeniem i już teraz podejrzliwie traktuje niektóre produkty, macie największą szansę na przywrócenie równowagi, gdy dacie mu odczuć, że nie zależy wam specjalnie na tym, co je.

Poważnym błędem rodziców jest naleganie, żeby dzieci z problemami żywieniowymi spróbowały „tylko troszkę" produktu, na który nie mają ochoty, po prostu z obowiązku. Zmuszenie dziecka do zjedzenia czegoś, co napełnia je odrazą, choćby niewielką, zmniejsza szansę, że kiedykolwiek zmieni zdanie i polubi daną rzecz. Ponadto sprawia, że posiłki przestają być przyjemne, i generalnie odbiera malcowi apetyt. Naturalnie nie wolno go zmuszać, żeby na kolejny posiłek zjadł to,

co zostawił poprzednio. W ten sposób na pewno wpakujecie się w tarapaty!

Nakładajcie na talerz mniej, niż dziecko jest w stanie zjeść. Każdemu niejadkowi należy serwować małe porcje. Piętrząca się na talerzu góra jedzenia przypomina mu, ile będzie musiał zostawić, i odbiera apetyt. Natomiast widząc niewielką porcję, dziecko myśli: „To przecież za mało". Właśnie do tego dążycie. Niech jedzenie stanie się czymś, na czym mu zależy. Dziecku o naprawdę słabym apetycie podawajcie porcje wręcz miniaturowe: łyżeczkę fasolki, łyżeczkę warzyw, łyżeczkę ryżu albo ziemniaków. Kiedy skończy, nie pytajcie z zapałem: „Chcesz więcej?" Niech samo poprosi o dokładkę, nawet jeśli dopiero po kilku dniach zjadania miniaturowych porcji przyjdzie mu to do głowy. Dobrze podawać malutkie porcje na malutkim talerzyku, żeby dziecko nie czuło się upokorzone, widząc przed sobą ogromny talerz z odrobiną jedzenia.

Zostańcie w pokoju... lub wyjdźcie. Czy rodzice powinni zostać w pokoju, gdy dziecko je? Zależy to od przyzwyczajeń dziecka oraz od tego, do jakiego stopnia rodzice potrafią kontrolować swoje zachowanie. Jeśli zawsze siedzieli z dzieckiem podczas posiłku, ich zniknięcie na pewno wytrąci je z równowagi. Jeżeli tylko potrafią się odprężyć, być mili i nie wspominać o jedzeniu, nic nie stoi na przeszkodzie, żeby towarzyszyli dziecku podczas posiłku, niezależnie od tego, czy sami również w tym czasie jedzą. Jeśli jednak mimo usilnych starań nie potrafią nie zwracać uwagi na jedzenie dziecka lub powstrzymać się od napominania go, być może lepiej będzie nie pokazywać mu się podczas posiłków. Powinni zniknąć ze sceny nie nagle i ze złością, ale taktownie i stopniowo, żeby malec uznał to za naturalne.

Bez przedstawień, łapówek i gróźb.
Na pewno rodzice nie powinni robić przedstawienia, żeby nakłonić dziecko do jedzenia: opowiadać fragmentu bajki po każdym przełkniętym kęsie lub stawać na głowie, gdy skończy szpinak. Choć perswazja tego typu może sprawić, że dziecko podczas danego posiłku zje kilka kęsów więcej, na dłuższą metę jego apetyt się pogorszy. Rodzice będą musieli wkładać coraz więcej wysiłku w osiągnięcie tego samego rezulta-

tu, aż wreszcie dla pięciu kęsów będą odgrywać wyczerpujący wodewil.

Nie obiecujcie dziecku, że kiedy zje obiadek, dostanie deser, cukierka, medal czy inną nagrodę. Nie proście, żeby jadło za ciocię, żeby zrobiło przyjemność mamie i tacie, żeby urosło duże i silne, żeby nie zachorowało albo żeby opróżnić talerz. Nie straszcie karami fizycznymi ani utratą przywilejów.

Powtórzmy raz jeszcze: nie uciekajcie

▥ KLASYCZNY SPOCK

Rodzice nie muszą się godzić na wszystko. Tak często powtarzam, żeby pozwolić dziecku jeść dlatego, że ma na to ochotę, że niektórzy rodzice wyciągają z tego błędne wnioski. Pamiętam mamę borykającą się z problemami żywieniowymi siedmioletniej córeczki: nakłaniała ją do jedzenia, kłóciła się z nią, wreszcie zmuszała. Kiedy zrozumiała, że w ten sposób tłumi prawdopodobnie normalny apetyt i pragnienie jedzenia zrównoważonych posiłków i że najlepszym sposobem rozwiązania problemu jest zaniechanie walki podczas posiłków, wpadła w drugą skrajność i zaczęła we wszystkim dogadzać córce. Dziewczynka żywiła urazę spowodowaną wieloletnią walką. Kiedy tylko zorientowała się, że mama we wszystkim jej ustępuje, zaczęła to wykorzystywać. Wsypywała do miseczki z płatkami całą zawartość cukiernicy, kątem oka przyglądając się niememu przerażeniu mamy. Przed każdym posiłkiem mama pytała ją, na co ma ochotę. Jeśli dziewczynka odpowiedziała: „Na hamburgery", posłusznie kupowała je i podawała na obiad. Naturalnie dziecko reagowało na to słowami: „Nie chcę hamburgera, chcę parówki", a mama biegła po nie do sklepu.

Trzeba znaleźć złoty środek. Można oczekiwać od dziecka, żeby do stołu przychodziło punktualnie, grzecznie traktowało innych jedzących, powstrzymywało się od nieprzyjemnych uwag na temat jedzenia oraz oświadczania, że czegoś nie lubi, miało maniery odpowiednie do wieku. Dobrze jest, kiedy rodzice, planując posiłki, w miarę możliwości biorą pod uwagę preferencje dziecka (a także pozostałych domowników) lub raz na jakiś czas zapytają, czy ma ochotę na jakiś specjalny przysmak. Jednak niedobrze jest dawać dziecku odczuć, że tylko jego zdanie się liczy. Rodzice mają prawo i powinni ograniczyć spożycie cukru, słodyczy, napojów gazowanych, ciast i innych niezbyt zdrowych potraw. Wszystko to można osiągnąć bez kłótni, jeśli tylko rodzice wierzą, że postępują właściwie.

się do błagań, przekupstwa ani przymusu. Oczywiście rodzice mogą podczas obiadu opowiedzieć coś lub puścić muzykę, jeśli taki mają zwyczaj, ale tylko pod warunkiem, że pozostaje to bez związku z jedzeniem dziecka.

PROBLEMY SZCZEGÓLNE

Dziecko, które nie je samodzielnie. Czy rodzice powinni karmić niejadka? Odpowiednio zachęcane, dziecko usamodzielnia się mniej więcej między dwunastym a osiemnastym miesiącem życia. Jeśli jednak zaniepokojeni rodzice nadal karmili je w wieku dwóch, trzech czy czterech lat, czemu towarzyszyło prawdopodobnie intensywne nakłanianie do jedzenia, nie rozwiążą problemu, mówiąc po prostu: „A teraz jedz sam".

W tym wieku dziecko nie czuje już potrzeby, żeby jeść samodzielnie; uważa za naturalne, że się je karmi. Jest to dla niego ważny dowód miłości i troski rodziców. Jeśli nagle przestaną, zranią jego uczucia. Może zupełnie przestać jeść na dwa–trzy dni, dłużej niż rodzice potrafią siedzieć bezczynnie i obserwować sytuację. Kiedy ustąpią i znów zaczną je karmić, okaże im swoje niezadowolenie. Gdy ponownie spróbują zrezygnować z karmienia, dziecko będzie już znało swoje silne strony i ich słabości.

Dziecko dwuletnie lub starsze powinno jak najszybciej zacząć samodzielnie jeść. Jednak osiągnięcie tego wymaga delikatności i może potrwać kilka tygodni. Nie może odnieść wrażenia, że pozbawiacie je przywileju. Powinno usamodzielnić się dlatego, że tego pragnie.

Niech każdego dnia wszystkie posiłki składają się z jego ulubionych potraw. Postawcie przed nim talerz i wyjdźcie na minutę albo dwie do kuchni lub do drugiego pokoju, jakbyście czegoś zapomnieli. Każdego dnia zostawajcie tam dłużej.

Wróćcie i pogodnie je nakarmcie, bez żadnych komentarzy, niezależnie od tego, czy zjadło coś podczas waszej nieobecności czy nie. Jeśli się niecierpliwi, gdy jesteście w drugim pokoju, i woła, żeby je nakarmić, idźcie do niego natychmiast z przyjacielskimi przeprosinami. Prawdopodobnie postęp nie będzie stały. W ciągu tygodnia lub dwóch dziecko może zacząć samodzielnie jeść podczas jednego z posiłków, ale nalegać, żebyście karmili je podczas pozostałych. Nie kłóćcie się z nim. Jeśli je tylko jeden pokarm, nie nakłaniajcie go do spróbowania innych. Jeśli wydaje się z siebie zadowolone, kiedy samodzielne jedzenie dobrze mu idzie, pochwalcie je, że jest takim dużym chłopcem bądź dużą dziewczynką, ale nie okazujcie zbytniego entuzjazmu, żeby nie nabrało podejrzeń.

Wyobraźmy sobie, że od mniej więcej tygodnia zostawiacie dziecko sam na sam z jego ulubionym jedzeniem przez dziesięć do piętnastu minut, a ono nadal nie próbuje samo jeść. Teraz musicie sprawić, żeby było bardziej głodne. Stopniowo, w ciągu trzech lub czterech dni, zmniejszcie porcje o połowę. Dzięki temu powinno nabrać apetytu na tyle, że nie będzie się mogło doczekać, żeby samemu coś zjeść, jeśli będziecie taktowni i mili.

Myślę, że kiedy dziecko regularnie zjada samo połowę posiłku, czas zachęcić je do odejścia od stołu, zamiast podawać mu resztę. Nie szkodzi, że zostawi część jedzenia. Głód szybko sprawi, że zacznie jeść coraz więcej. Jeśli nadal będziecie podawać mu drugą połowę posiłku, być może nigdy nie usamodzielni się w pełni. Po prostu powiedzcie: „Wydaje mi się, że już się najadłeś". Jeśli poprosi, żebyście je nakarmili, podajcie mu jeszcze dwa albo trzy kęsy, żeby nie powodować konfliktu, a potem swobodnie zasugerujcie, że to już koniec posiłku.

Kiedy dziecko od paru tygodni je samodzielnie, nie wracajcie do nawyku karmienia go. Jeśli któregoś dnia jest bardzo zmęczone i prosi, żeby je nakarmić, z roztargnieniem podajcie mu kilka łyżeczek, a potem zasugerujcie, że najwyraźniej nie jest głodne. Podkreślam to, ponieważ wiem, że rodzicom, którzy przez całe miesiące lub lata martwią się o to, jak je ich dziecko, i którzy zbyt długo karmią je łyżeczką, zanim w końcu pozwolą mu jeść samodzielnie, trudno się oprzeć pokusie, by powrócić do karmienia, gdy tylko zaczyna tracić apetyt albo jest chore. Wtedy trzeba całą pracę zaczynać od zera.

Odruch wymiotny. Dziecko, które po ukończeniu roku toleruje jedynie przeciery, prawdopodobnie było karmione na siłę lub przynajmniej energicznie nakłaniane do jedzenia. Nie chodzi właściwie o to, że nie potrafi przełknąć jedzenia w kawałkach. Reaguje odruchem wymiotnym, ponieważ jest z m u s z a n e do przełykania. Rodzice takich dzieci mówią często: „To dziwne, potrafi przełknąć kawałki potraw, które bardzo lubi, a nawet duże kawałki mięsa odgryzane od kości".

Leczenie odruchu wymiotnego przebiega w trzech etapach. Pierwszy polega na zachęceniu dziecka, żeby jadło zupełnie samodzielnie (patrz poprzedni punkt). Drugi polega na sprawieniu, żeby przestało traktować jedzenie podejrzliwie (patrz str. 239). Trzeci natomiast to nadzwyczaj powolne wprowadzanie pokarmów o stałej konsystencji. Niech przez wiele tygodni, a w razie konieczności nawet mie-

sięcy, je wyłącznie przeciery, aż zupełnie przestanie się bać jedzenia i zacznie mu ono sprawiać przyjemność. Nie podawajcie w tym czasie nawet mięsa, jeśli nie lubi go w postaci drobno zmielonej. Innymi słowy, tempo zmian musi być uzależnione od możliwości dziecka.

Sporadycznie zdarzają się dzieci o tak wrażliwych gardłach, że nawet jedząc przeciery, mają odruch wymiotny. Niekiedy przyczyną jest kleista konsystencja. Spróbujcie nieco rozrzedzić przecier mlekiem lub wodą albo też drobno siekać warzywa i owoce, zamiast je miksować.

W większości szpitali pracują logopedzi i terapeuci zajęciowi specjalizujący się w problemach z odruchem wymiotnym i połykaniem. Praca z nimi może przynieść dobre efekty.

Dzieci szczupłe. Szczupłość ma różne przyczyny. U niektórych dzieci jest to uwarunkowane genetycznie, dziedziczą szczupłą sylwetkę po jednym lub obojgu rodzicach. Od urodzenia dostawały wystarczająco dużo jedzenia, nie są chorowite ani nerwowe. Po prostu nigdy nie mają ochoty dużo jeść, zwłaszcza tłustych potraw.

Inne dzieci są chude, ponieważ apetyt odebrało im zbyt intensywne nakłanianie do jedzenia (patrz str. 238). Jeszcze inne dzieci nie mogą jeść z nerwów. Dzieci, które boją się potworów, śmierci czy porzucenia przez jedno z rodziców, mogą stracić apetyt. Pełne złości kłótnie lub fizyczne starcia pomiędzy rodzicami mogą bardzo wytrącić dziecko z równowagi i odebrać mu ochotę na jedzenie. Zazdrosna dziewczynka, która cały dzień ugania się za starszą siostrą, próbując dotrzymać jej kroku, spala dużo energii i nie odpręża się również podczas posiłków. Jak widać, dziecko żyjące w ciągłym napięciu szczupleje z dwóch powodów: ma mniejszy apetyt, a jednocześnie zużywa więcej energii.

Wiele dzieci na całym świecie jest nie-dożywionych, ponieważ ich rodzice nie są w stanie zdobyć porządnego jedzenia lub sobie na nie pozwolić. Nawet w boga-tych Stanach Zjednoczonych wiele dzie-ci – być może nawet jedno na cztery – nie-kiedy nie może liczyć na zaspokojenie gło-du. Brak pewności, że na stole znajdzie się wystarczająca ilość jedzenia, nie tylko uniemożliwia fizyczny rozwój dziecka, ale też źle wpływa na jego zdolność uczenia się w szkole. To, że dzieci chodzą głodne, to prawdziwy skandal.

Niedożywienie może być spowodowa-ne przewlekłą chorobą. Dzieci, które schu-dły podczas poważnej choroby, zazwyczaj szybko zwiększają masę ciała, jeśli nie na-kłania się ich do jedzenia podczas rekon-walescencji, kiedy jeszcze nie wrócił im apetyt.

Nagła utrata masy ciała to powód do niepokoju. Jeśli dziecko w krótszym lub dłuższym czasie bardzo chudnie, należy dokładnie je zbadać, i to jak najszybciej. Najczęstszą przyczyną utraty masy ciała jest cukrzyca (innymi objawami są nad-mierny głód, pragnienie i częste oddawa-nie moczu), zmartwienia spowodowane poważnymi konfliktami w rodzinie, no-wotwory oraz obsesyjna potrzeba odchu-dzania się u nastolatków. (Anoreksja zo-stała opisana na stronie 248.)

Opieka nad szczupłym dzieckiem. Szczupłe dziecko powinno naturalnie prze-chodzić regularne badania kontrolne. Jest to szczególnie istotne, jeśli wygląda na zmęczone, traci na wadze albo nie przy-biera tak, jak powinno. Chudość, niedo-stateczny przyrost masy ciała i zmęczenie mogą być objawami problemów emocjo-nalnych lub choroby fizycznej, a często i jednego, i drugiego. Jeśli dziecko jest znerwicowane lub przygnębione, należy udać się do poradni zdrowia psychicznego dla dzieci, centrum pomocy rodzinie al-bo poradni psychologiczno-pedagogicznej i omówić sytuację z wychowawcą dziecka. Warto się zastanowić, jak wyglądają re-lacje dziecka z rodzicami, rodzeństwem, przyjaciółmi i kolegami ze szkoły. Jeśli wdaliście się z dzieckiem w walkę o je-dzenie, spróbujcie się odprężyć i przestać wywierać presję na dziecko i na siebie sa-mych.

Pojadanie pomiędzy posiłkami może pomóc tym chudym dzieciom, których żo-łądek jest zbyt mały, żeby pomieścić dużą ilość jedzenia naraz, a które chętnie jedzą często. Niekorzystne byłoby nieustanne jedzenie niezdrowych przekąsek; zamiast tego podajcie pożywne drugie śniadanie, podwieczorek i przekąskę w porze kładze-nia się spać. Rodziców kusi, żeby chude-mu dziecku podsuwać niezdrowe potrawy obfitujące w kalorie, a zawierające niewie-le składników odżywczych, w charakterze łapówki albo po prostu dla przyjemności ujrzenia, jak wreszcie coś je. Jednak lepiej jest podawać jedzenie o wysokich walo-rach odżywczych.

Zdrowe dziecko może być chude pomi-mo dużego apetytu. Prawdopodobnie ta-ką ma urodę. Wiele szczupłych dzieci wo-li potrawy stosunkowo ubogie w kalorie, jak warzywa i owoce, a stroni od tłustych deserów. Jeśli wasze dziecko od niemow-lęctwa jest szczupłe, ale nie wygląda na to, żeby miało problemy zdrowotne i co roku przybiera wystarczająco dużo na wadze, odprężcie się. Widocznie tak po prostu ma być.

Dzieci otyłe. W ciągu pięćdziesięciu lat od pierwszego wydania tej książki geny nie zmieniły się, a otyłość stała się prawdziwą epidemią. W Stanach Zjednoczonych wię-cej dzieci niż kiedykolwiek ma poważną nadwagę. Jednocześnie coraz więcej dzie-ci zapada na rodzaj cukrzycy, który normalnie dotyka jedynie otyłych dorosłych. Tłuściutkie niemowlęta często wyrastają na szczupłe dzieci, a potem szczupłych dorosłych. Jednak dziecko, które w wieku szkolnym – sześciu lub siedmiu lat – ma dużą nadwagę, prawdopodobnie będzie cierpieć w dorosłym życiu na otyłość i będzie narażone na wszelkie związane z tym zagrożenia, w tym wysokie ciśnienie krwi, atak serca i chorobę nowotworową.

Do przyczyn rosnącej otyłości należy zmniejszenie godzin wychowania fizycznego w szkole, brak bezpiecznych miejsc do zabawy i programów rekreacyjnych dla dzieci oraz coraz powszechniejsze spędzanie czasu przed telewizorem i komputerem. Wiele osób uważa, że przyczyną otyłości jest niewłaściwe funkcjonowanie tarczycy lub inne zaburzenia hormonalne, ale to rzadkie przypadki, zwłaszcza jeśli dziecko jest przynajmniej średniego wzrostu. Wiele czynników może zwiększyć ryzyko, że dziecko będzie otyłe; należą do nich cechy dziedziczne, temperament, apetyt i nastrój. Jeśli oboje rodzice mają nadwagę, ryzyko, że to samo spotka dziecko, wynosi aż 80 procent. Z tego powodu wiele osób uważa geny za główną przyczynę otyłości. Jest jasne, że tryb życia, w tym nadmierne spożycie tłuszczu i brak aktywności fizycznej, odgrywa równie ważną rolę.

Inny ważny czynnik to apetyt. Dziecko o ogromnym apetycie, preferujące kaloryczne potrawy, takie jak chipsy, mięso, ser, ciasta i ciasteczka, będzie oczywiście grubsze niż dziecko preferujące warzywa, owoce i produkty zbożowe. Nasuwa się jednak pytanie: dlaczego niektóre dzieci łakną dużych ilości sycących potraw? Nie znamy wszystkich przyczyn, ale wiemy, że niektóre dzieci z natury lubią jeść. Rodzą się z dużym apetytem i nigdy go nie tracą, niezależnie od tego, czy są zdrowe czy chore, spokojne czy zmartwione, czy podawane im jedzenie wygląda apetycznie czy też nie. Być może lubią tłuste jedzenie, ponieważ dostają je jako specjalny przysmak i nagrodę za dobre zachowanie albo dowód miłości rodziców. Już w wieku dwóch–trzech miesięcy są otyłe i często takie pozostają przez całe dzieciństwo, a nawet dłużej.

Niekiedy czynnikiem jest nastrój. Dziecko nieszczęśliwe w pierwszej lub drugiej klasie szkoły podstawowej może poprawiać sobie humor jedzeniem. W tym okresie dzieci stają się mniej uzależnione emocjonalnie od rodziców. Jeśli nie potrafią nawiązać przyjaźni z innymi dziećmi, czują się osamotnione. Słodkie i tłuste potrawy częściowo wynagradzają im to osamotnienie. Zmartwienia powodowane nauką i innymi problemami również mogą sprawić, że dzieci za dużo jedzą.

Otyłość w okresie dorastania. Nadwaga często pojawia się podczas dojrzewania. To normalne, że w okresie skoku rozwojowego wzrasta apetyt. Rolę może też odgrywać samotność. W tym wieku wiele dzieci krępuje się zmian zachodzących w ich ciele, co może negatywnie wpłynąć na ich relacje z rówieśnikami.

Niezależnie od pierwotnej przyczyny otyłość bywa błędnym kołem. Im grubsze jest dziecko, tym trudniej mu czerpać przyjemność z gier i zabaw ruchowych; im mniej się rusza, tym więcej energii ciało odkłada w postaci tłuszczu. Drugie błędne koło polega na tym, że grube dziecko, które nie ma śmiałości wziąć udziału w zabawach kolegów, czuje się coraz bardziej wyobcowane, często staje się obiektem drwin i rzeczywiście zaczyna być wykluczane z zabaw.

Zapobieganie i leczenie otyłości. Dla każdego dziecka otyłość to poważny problem. Ponieważ często wiąże się z dolegliwościami fizycznymi i umysłowymi, należy walczyć z nią, kiedy tylko się pojawi. Jeśli w pierwszym roku życia niemowlę staje się zbyt pulchne, zamiast zachwycać się, że jest urocze, należy natychmiast zmienić jego dietę. Często można zaspokoić apetyt dziecka dużą ilością warzyw, owoców, produktów pełnoziarnistych i roślin strączkowych i znacznie zredukować ilość spożywanych cukrów, tłuszczów i produktów sporządzonych z wysoko przetworzonej (białej) mąki. Jeśli zdecydujecie się na dietę tego rodzaju, działajcie w porozumieniu z lekarzem, żeby nie popaść w drugą skrajność.

Nie każde pulchne dziecko jest nieszczęśliwe. Wiele dzieci, również tych wesołych i odnoszących sukcesy, ma naturalną tendencję do przybierania na wadze w wieku siedmiu–dwunastu lat. Niewiele z nich wpada w poważną nadwagę; po prostu troszkę za bardzo obrastają w tłuszczyk. Większość jest pucołowata przez pierwsze dwa lata gwałtownego rozwoju w okresie dojrzewania, a potem szczupleje. Wiele dziewcząt bez większego wysiłku chudnie w okolicach piętnastych urodzin. Wiedząc, że nieznaczna pulchność w szkole podstawowej jest powszechna i często znika bez śladu, łatwiej wam będzie nie robić z tego problemu.

Odchudzanie się. Co zrobić, gdy dziecko jest zbyt grube? Natychmiast nasuwa się odpowiedź: „Zastosować dietę odchudzającą". Łatwiej to powiedzieć, niż wykonać. Pomyślcie, jak trudno jest dorosłym przestrzegać diety, nawet gdy są bardzo niezadowoleni ze swojej masy ciała. Jeśli rodzice postanowią podawać dziecku potrawy niskotłuszczowe, cała rodzina będzie musiała obejść się bez tłustego jedzenia, w przeciwnym bowiem razie dziecko z nadwagą musi obejść się smakiem, podczas gdy pozostali domownicy zajadają się

tym, czego ono pragnie najbardziej. Dzieci widzą, że jest to wyraźnie niesprawiedliwe, a poczucie niesprawiedliwego traktowania zwiększa ich apetyt na smakołyki. To, co osiągną w jadalni, przekreślą, zaglądając pomiędzy posiłkami do lodówki i do restauracji typu fast-food.

Odchudzanie nie musi być tak straszne, jak to powyżej odmalowałem. Taktowni rodzice mogą bez zbędnego zamieszania zrobić wiele, żeby nie narażać borykających się z nadwagą dzieci na pokuszenie. Mogą wyeliminować kaloryczne, tłuste desery. Mogą zrezygnować z trzymania w kuchni ciast i ciasteczek i zastąpić je świeżymi owocami, które można podjadać między posiłkami. Mogą całej rodzinie podawać niskotłuszczowe dania, zawierające dużo warzyw, owoców, ziaren zbóż, fasoli i grochu. Kiedy cała rodzina przechodzi na dietę wegetariańską i ogranicza do minimum spożycie olejów roślinnych, problemy z nadwagą zazwyczaj się zmniejszają, podobnie jak inne problemy zdrowotne. Nie jest to dieta w potocznym rozumieniu tego słowa, mająca na celu szybkie schudnięcie, ale stała zmiana w sposobie odżywiania się rodziny, nowy sposób jedzenia, który dostarcza większej ilości składników odżywczych i który dziecko z czasem zaakceptuje. Zmniejszenie masy ciała to tylko dodatkowa korzyść zdrowych nawyków żywieniowych.

Należy zachęcać dziecko, żeby dowiedziało się jak najwięcej o różnych wartościowych produktach: skąd pochodzą, jak się je przygotowuje, w jakich kulturach się je spożywa. Powinno również uczestniczyć w wybieraniu i kupowaniu jedzenia. Zakupy w supermarkecie to świetna okazja, żeby przekazać dzieciom wiedzę o różnych rodzajach żywności i zasadach właściwego odżywiania.

Dziecko, które wykazuje wolę współpracy przy zmianie trybu życia na zdrowszy, należy zachęcić do rozmowy z lekarzem, najlepiej w cztery oczy. Dyskusja z profesjonalistą da dziecku poczucie, że decyduje o swoim życiu jak człowiek dorosły. Każdy lepiej przyjmuje porady dotyczące diety od osoby postronnej. Dzieci nie potrzebują lekarstw na otyłość. Leczenie polega na zmianie nawyków żywieniowych, przejściu od potraw kalorycznych do potraw zdrowych.

Jako że przejadanie się jest często objawem samotności lub nieprzystosowania, najbardziej konstruktywną rzeczą, jaką możecie zrobić, jest sprawienie, żeby w domu, w szkole i wśród rówieśników dziecko czuło się jak najbardziej szczęśliwe i zadowolone. Jeśli pomimo waszych wysiłków ma poważną nadwagę albo zbyt szybko przybiera na wadze, powinniście skontaktować się z lekarzem.

W okresie dorastania częstym problemem jest odchudzanie się przez dzieci na własną rękę. Grupa dziewczynek w podnieceniu postanawia przejść na przedziwną dietę, o którejś gdzieś usłyszały. W ciągu paru dni głód zmusza większość z nich do złamania postanowienia, ale jedna lub dwie mogą kontynuować dietę z fanatyczną gorliwością. Zdarza się, że dziewczynka traci na wadze w alarmujący sposób i nie jest w stanie wrócić do normalnej diety, pomimo iż tego pragnie (w następnym rozdziale opisano problemy z anoreksją). Grupowa histeria na punkcie odchudzania się obudziła w niej głęboki jadłowstręt. Zdarzają się też dziewczynki, które na wcze-

snym etapie dojrzewania ogłaszają wszem i wobec, że są zbyt grube, chociaż w rzeczywistości są tak szczupłe, że widać im wszystkie żebra. Dziecko opanowane obsesją odchudzania się potrzebuje pomocy psychiatry lub psychologa dziecięcego.

Jeżeli rozważacie odchudzanie dziecka, z wielu powodów waszym pierwszym krokiem powinna być rozmowa z lekarzem. Jego pierwszym zadaniem jest określenie, czy odchudzanie jest potrzebne i wskazane. Nastolatki szybciej zaakceptują radę lekarza niż rodziców. Jeśli okaże się, że dieta odchudzająca to dobry pomysł, na pewno powinien ją przepisać lekarz lub dietetyk, który weźmie pod uwagę upodobania dziecka i rodzinny jadłospis, żeby opracować dietę nie tylko zdrową, ale również praktyczną. Wreszcie – jako że utrata masy ciała stanowi obciążenie dla zdrowia – każda osoba planująca odchudzanie powinna być regularnie badana, żeby upewnić się, że nie chudnie zbyt szybko (bezpieczne tempo to zazwyczaj pół kilograma tygodniowo) i że jest silna i zdrowa.

Diety odchudzające powinny koncentrować się raczej na zmianie rodzaju jedzenia (oraz zwiększeniu regularnej aktywności fizycznej) niż jego ilości. Kiedy niskotłuszczowe dania roślinne – potrawy z makaronu, fasoli, warzyw, ryżu – zastąpią tłuste dania smażone, mięsa i nabiał, utrata masy ciała jest przeważnie możliwa bez głodzenia się i bez anoreksji, która bywa rezultatem rygorystycznej diety niskokalorycznej.

ZABURZENIA ODŻYWIANIA

W naszej kulturze wywiera się na kobiety ogromną presję, żeby były szczupłe. Szczególnie telewizja i czasopisma kobiece bombardują nas wizerunkami nienatu-

ralnie chudych modelek. Wiele osób dochodzi do wniosku, że coś jest z nimi nie tak, jeśli wyglądają inaczej. Już w szkole podstawowej dziewczynki silnie czują tę presję. Aż 60 procent dziewczynek w wieku dziesięciu–jedenastu lat uważa, że są za grube i powinny się odchudzać. Dużo nastolatek cierpi na zaburzenia odżywiania. Podstawowa wiedza na temat anoreksji i bulimii pomoże wam zmniejszyć ryzyko, że problemy te dotkną wasze dziecko, a także wcześnie uzyskać pomoc w razie potrzeby.

Definicje i przyczyny. Pojęcie zaburzeń odżywiania (lub zaburzeń łaknienia) przeważnie odnosi się do anoreksji i bulimii. Anoreksja (jadłowstręt psychiczny) polega przede wszystkim na obsesyjnym odchudzaniu się, którego rezultatem jest znaczna utrata masy ciała. Bulimia polega przede wszystkim na niekontrolowanym jedzeniu (napadach żarłoczności), po którym następują umyślnie wywołane wymioty, nadużywanie środków przeczyszczających albo inne skrajne sposoby ograniczenia przyrostu masy ciała.

Zaburzenia odżywiania są powszechne. Anoreksja i bulimia dotykają od 2 do 9 procent kobiet (trudno jest określić dokładną liczbę, ponieważ osoby z zaburzeniami łaknienia często je ukrywają). Choć większość zaburzeń odżywiania pojawia się u nastolatek i młodych kobiet, około 5 do 10 procent chorych to mężczyźni.

Naukowcy nie wiedzą dokładnie, dlaczego niektórzy cierpią na te zaburzenia, a inni nie, choć nowe badania sugerują, że może to być uwarunkowane genetycznie. Anorektycy często na pozór odnoszą sukcesy (na przykład mają dobre stopnie w szkole), ale w głębi duszy czują się nieudolni. Mogą mieć problemy z wyrażaniem emocji, zwłaszcza gniewu. Sposobem na to staje się autodestrukcyjne odchudzanie się. Mają poczucie, że choć nie są w stanie kontrolować swojego życia, mogą przynajmniej kontrolować utratę masy ciała.

Uzależnienie od szczupłości. Zaburzenia odżywiania można potraktować jak rodzaj uzależnienia, nie od używki, ale od czynności odchudzania albo objadania się. Tak jak w przypadku uzależnienia od alkoholu albo narkotyków, zaburzenia odżywiania często zaczynają się jako coś pozytywnego (niewielka utrata masy ciała jest korzystna, a relaks z lampką wina przyjemny). U niektórych objadanie się i odchudzanie to próby samodzielnego poradzenia sobie z depresją lub traumatycznym przeżyciem. Początkowo wydaje się, że takie podejście działa. Potem uzależnienie zaczyna być silniejsze, przejmuje kontrolę nad każdym aspektem życia. Tak jak alkoholik stale zastanawia się, skąd wziąć następnego drinka, anorektyk nieustannie planuje pozbycie się kolejnych kilkudziesięciu gramów, a bulimik myśli o tym, jak stracić kilka kilogramów, lub wstydzi się niedawnego obżarstwa.

Osoba z zaburzeniem odżywiania nie może po prostu postanowić, że od dziś zacznie jeść normalnie, tak jak narkoman nie może po prostu przestać brać. Choć niektóre kobiety mówią, że samodzielnie poradziły sobie z anoreksją czy bulimią, sądzę, że zdarza się to niezmiernie rzadko. Zaburzenia odżywiania niemal zawsze wymagają profesjonalnego leczenia, często przez zespół specjalistów, składający się między innymi z lekarzy, psychologów i dietetyków. Powrót do zdrowia rzadko jest szybki i łatwy. Jednak terapia i ciężka praca umożliwia ludziom z zaburzeniami odżywiania dojście do siebie.

Zmiany w psychice. Anoreksja to coś więcej niż przesadne odchudzanie się. Osoba cierpiąca na anoreksję – najczęściej są to nastolatki lub młode kobiety – wierzy, że ma nadwagę, nawet gdy rzuca się w oczy, że jest zbyt chuda. Urojenie to utrzymuje się, pomimo iż rodzice, przyjaciele i lekarze powtarzają jej, że ma niedowagę, a także wtedy, gdy staje się coraz słabsza i zaczyna chorować. Skrajny strach przed tyciem opanowuje jej myśli. Otyłość jest najgorszą tragedią, jaką jest w stanie sobie wyobrazić, nic innego nie jest równie ważne.

W terminologii medycznej anoreksja oznacza utratę apetytu, ale w rzeczywistości wiele osób z anoreksją bez przerwy jest głodnych. Stale walczą z uczuciem głodu, bo chcą być chude jak patyk – tylko taka figura wydaje im się normalna. Mogą mieć obsesję na punkcie jedzenia i gotować wyszukane posiłki, których potem nie są w stanie przełknąć. Niektóre fanatycznie uprawiają gimnastykę dwa lub trzy razy dziennie; jeśli zaś przypadkiem zjedzą coś tuczącego, ćwiczą jeszcze więcej, żeby spalić dodatkowe kalorie. Anoreksja często towarzyszy innym problemom psychiatrycznym, takim jak np. ciężka depresja. Osoby z tym zaburzeniem mogą odsunąć się od krewnych i przyjaciół, którzy widzą ich autodestrukcyjne zachowanie, ale nie są w stanie go zmienić.

Zmiany fizyczne. Zmianom zachowania i myślenia osób cierpiących na anoreksję towarzyszą zmiany fizyczne. Anoreksję rozpoznaje się, kiedy dana osoba schudła tak bardzo, że dużo brakuje jej do normy przewidzianej dla jej wieku i wzrostu. Wraz z utratą tłuszczu obniża się poziom hormonów i ustają (lub nie pojawiają się) krwawienia miesiączkowe u młodych kobiet. Mężczyźni cierpiący na anoreksję również mają nienormalny poziom hormonów płciowych. W miarę jak niedożywienie się pogarsza, kości tracą wapń i stają się słabsze. Dochodzi do uszkodzenia mięśni, w tym serca i innych organów. Średnio u jednej na dziesięć osób anoreksja powoduje przedwczesną śmierć.

Leczenie. Jako że anoreksja to złożone zaburzenie z elementami fizycznymi, psychologicznymi i dietetycznymi, najlepiej, gdy leczenia podejmie się doświadczony lekarz lub zespół, w którego skład może wejść psycholog lub psychiatra, terapeuta rodzinny i dietetyk. Spróbujcie znaleźć poradnię specjalizującą się w kompleksowym leczeniu zaburzeń odżywiania.

Priorytetem jest zwiększenie masy ciała. Osoby z poważną niedowagą najczęściej wymagają hospitalizacji w celu upewnienia się, że przyrost masy ciała przebiega bezpiecznie. Pomóc mogą różne rodzaje psychoterapii, których celem jest najczęściej zmiana sposobu, w jaki chory postrzega swoje ciało, oraz jego opinii na temat tego, co oznacza bycie atrakcyjnym i odnoszenie sukcesów. Chory musi nauczyć się czerpać satysfakcję z przebywania z przyjaciółmi, obcowania ze sztuką i innych rozrywek, a także wyrażania swoich uczuć w sposób niedestrukcyjny. W leczeniu depresji bądź innych problemów psychiatrycznych towarzyszących zaburzeniu odżywiania mogą pomóc odpowiednio dobrane leki.

Zapobieganie zaburzeniom odżywiania. Zaburzenia odżywiania rzadko pojawiają się bez zapowiedzi. Tak jak w przypadku wielu innych problemów, zaczyna się od drobnostki, a potem sytuacja się pogarsza. Zapobiegać niemal zawsze jest łatwiej, niż leczyć. Poniższe zasady stosują się zarówno do chłopców, jak i do dziewczynek, w szkole podstawowej, gimnazjum i liceum.

Od początku należy skoncentrować się na zdrowym odżywianiu i regularnych ćwiczeniach fizycznych, nie na dążeniu do utraty masy ciała. Zbyt gorące pragnienie osiągnięcia szczupłej sylwetki może prowadzić do bulimii i anoreksji. Co więcej, presja ze strony rodziców nakłaniających dziecko do schudnięcia miewa często dokładnie odwrotny skutek, prowadzi do przejadania się i tycia.

Szanujcie naturalną budowę dziecka. Jeśli jest przeciętne (niezbyt szczupłe i niezbyt grube), dajcie mu do zrozumienia, że waszym zdaniem jest idealne. Jeśli członkowie waszej rodziny są raczej pulchni, niewiele zyskacie, próbując zmienić sylwetkę dziecka. Zamiast tego skoncentrujcie się na zdrowych rozrywkach i rozsądnym jedzeniu.

Nie dokuczajcie dziecku, nawet w żartach, dlatego że jest przysadziste i krępe. Oczywiście nie chcecie go zranić, ale dzieci są nadzwyczaj wrażliwe na tym punkcie. Biorą sobie takie żarty do serca i zaczynają wierzyć, że muszą się odchudzać. Jako rodzice jesteśmy tak samo podatni na wszechobecne w naszej kulturze przekonanie, że chude jest piękne (chcemy naturalnie, żeby nasze dzieci były piękne i odnosiły sukcesy). Jest jednak bardzo ważne, żebyśmy tego przekonania nie wyrażali głośno.

Jeśli wasze dziecko jest z natury szczupłe, to wspaniale, ale nie powtarzajcie w kółko, jak cudownie jest być chudym. Dzieci z natury szczupłe mogą być bardziej narażone na anoreksję, ponieważ ich organizm łatwiej spala kalorie. Jeśli nieustannie chwali się je i podziwia za to, że mają szczupłą sylwetkę, silna może się okazać pokusa, żeby szczupłość uczynić celem samym w sobie.

Porozmawiajcie z dziećmi o tym, w jaki sposób telewizja, kino i reklamy w czasopismach gloryfikują chudość. „Spójrzcie na tę aktorkę" — możecie powiedzieć, oglądając wspólnie telewizję. „Jaka ona jest chuda! Większość normalnych, zdrowych ludzi nie ma takiej figury". Do was należy udaremnienie próby sprzedaży produktów przez firmy promujące jeden konkretny ideał urody, opierający się na chudości.

Nawet kreskówki dla dzieci gloryfikują jeden typ budowy ciała (cienka talia, duży biust postaci kobiecych, szerokie ramiona i klatka piersiowa oraz bardzo cienka talia postaci męskich). Oglądając filmy rysunkowe, dzieci przyswajają ten ideał urody. Jest to jeszcze jeden powód, by ograniczyć oglądanie telewizji przez małe dzieci (lub zupełnie z niego zrezygnować).

Nie przegapcie wskazówek, że wasze dziecko dużo myśli o swojej sylwetce. Jeśli fascynują je modelki albo cienkie jak patyk aktorki, spróbujcie zachęcić je do rozwijania innych zainteresowań – na przykład sztuki lub muzyki – które nie koncentrują się tak bardzo na budowie ciała. Jeśli zaczyna mówić o odchudzaniu się, postarajcie się zogniskować jego myśli na dążeniu do zdrowia, nie do utraty masy ciała. Nawet dla pulchnych dzieci dieta odchudzająca rzadko jest najlepszym wyjściem. Lepiej jest jeść rozsądnie i każdego dnia nieco czasu poświęcić na aktywność fizyczną.

Bądźcie szczególnie uważni, jeśli wasze dziecko bierze lekcje baletu albo uprawia sport, w którym ważna jest budowa ciała, jak gimnastyka artystyczna albo zapasy (z powodu ograniczeń wagowych). Trener dzieci i nastolatków powinien za swój najważniejszy obowiązek uważać upewnienie się, że mali atleci i artyści są zdrowi. Nie powinien sugerować diety odchudzającej i powinien wraz z rodzicami wypatrywać oznak niezdrowego odchudzania się.

Niektóre badania wykazały, że dzieci z zaburzeniami odżywiania to często perfekcjoniści. Takie dzieci odnoszą większe sukcesy niż ich rówieśnicy, ale są mniej szczęśliwe. W przypadku małego perfekcjonisty ważne jest, by nie zmuszać dziecka do odnoszenia sukcesów. Pomóc może nakierowanie uwagi dziecka na sporty zespołowe zamiast indywidualnych, które często wiążą się z większym stresem.

Jeśli dziecko bierze lekcje tańca lub muzyki, poszukajcie nauczyciela, który podkreśla radosną autoekspresję, nie perfekcyjną technikę. Doceniajcie dobre oceny dziecka, ale nie zapomnijcie głośno pochwalić jego innych zalet – na przykład zdrowego rozsądku albo lojalności w stosunku do przyjaciół – żeby nauczyło się, że wyniki w nauce nie przesądzają o tym, jakim jest człowiekiem.

Przeanalizujcie własne zachowanie. Jeśli stale się odchudzacie, uczycie dziecko, że z masą ciała należy walczyć i kontrolować ją. Jeśli musicie schudnąć, prawdopodobnie najlepiej postrzegać swoją dietę i mówić o niej jako o części całego planu prowadzenia zdrowszego trybu życia, nie tylko sposobie na poprawienie wyglądu. Skoncentrowanie się na zdrowiu daje dziecku lepsze przesłanie i prawdopodobnie na dłuższą metę dla was również okaże się skuteczniejsze.

CZĘŚĆ TRZECIA

Wychowanie a zdrowa i silna psychika dziecka

CZEGO POTRZEBUJĄ DZIECI

PIERWSZE ZWIĄZKI Z LUDŹMI

Relacje z ludźmi i światem zewnętrznym. Co stymuluje normalny, wszechstronny rozwój emocjonalny, społeczny i intelektualny? Niemowlęta i dzieci z natury interesują się ludźmi i przedmiotami. Kochający rodzice obserwują niemowlę i zachęcają je do interakcji, entuzjastycznie reagując uśmiechem na jego pierwsze uśmiechy. Podobne sceny powtarzają się całymi miesiącami, gdy tylko dziecko nie śpi. Rodzice karmią, gdy maleństwo jest głodne, pocieszają, gdy jest nieszczęśliwe. Wszystko to wzmacnia w dziecku poczucie, że jest otoczone dobrą opieką i że łączy je więź z innymi ludźmi.

Te pierwsze uczucia są podstawą zasadniczego zaufania, które zadecyduje o kształcie przyszłych relacji dziecka ze światem zewnętrznym. Nawet jego zainteresowania i późniejsza zdolność radzenia sobie z nauką i pracą zależą od tego fundamentu miłości i ufności.

Dziecko musi wiedzieć, że istnieje przynajmniej jeden kochający, godny zaufania dorosły, do którego należy. Daje mu to podstawowe poczucie bezpieczeństwa, dzięki któremu jest gotowe sprostać wyzwaniom dorastania: iść do szkoły, podejmować trudne wyzwania, radzić sobic z przeszkodami i rozczarowaniami. Kiedy dziecko otoczone jest miłością i opieką, w naturalny sposób dają o sobie znać jego pozytywne cechy. Ma wystarczająco dużo wiary w siebie i motywacji, żeby opanować umiejętności niezbędne do rozwinięcia wrodzonych uzdolnień, które odkrywa w wyniku różnorodnych przeżyć.

Dzieci chcą zaprzyjaźnić się ze światem. Od wieków połączenie tego pragnienia z reakcjami wrażliwych, kochających rodziców wystarcza, żeby wyrosły na inteligentnych, zdolnych, towarzyskich i serdecznych młodych ludzi. Żeby wychować szczęśliwe dziecko, wystarczy pełen miłości, czułości i wzajemnego szacunku związek z rodzicami.

POTRZEBY EMOCJONALNE

Opieka w pierwszych latach życia. Osobowość dziecka najaktywniej kształtuje się w pierwszych dwóch–trzech latach życia, a kluczowy wpływ na kierunek jej rozwoju ma postawa rodziców lub opiekunów. Niemowlęta, którymi opiekują się kochający i pełni entuzjazmu rodzice, niekiedy z pomocą innych osób, rozwijają się najlepiej. Natomiast maluchy z sierocińców, w których pracuje za mało opiekunów, spędzające całe dnie samotnie w łóżeczku, marnieją fizycznie, umysłowo i emocjonalnie. Niektóre z nich nigdy w pełni nie nadrabiają tych strat. (Dowiedzieliśmy się tego ze szczegółowych badań amerykańskich sierocińców w latach pięćdziesiątych. Niestety, te same wnioski wyciągnęliśmy w ostatnich latach, badając dzieci adoptowane z sierocińców znajdujących się w innych częściach świata.)

🏛 KLASYCZNY SPOCK

Cieszcie się dziećmi – to najlepsza metoda wychowawcza. Tak jak każde dziecko inaczej wygląda, tak samo każde nieco inaczej się rozwija. Niektóre są silne fizycznie i cechują się dobrą koordynacją, szybko uczą się siadać, wstawać i chodzić – to prawdziwi mali sportowcy, ale opanowanie precyzyjnych ruchów palców i nauka mówienia może im zabrać więcej czasu. Zdarza się, że maluchy, które nadzwyczaj sprawnie turlają się, wstają i raczkują, bardzo późno uczą się chodzić. Czasem niemowlęta wyprzedzające rówieśników pod względem rozwoju fizycznego długo czekają na pierwsze ząbki. Dzieci, które nic nie mówią tak długo, że ich rodzice zaczynają się niepokoić, w przyszłości mogą się okazać bardzo uzdolnione. Z kolei dzieci o zupełnie przeciętnej inteligencji niekiedy zaczynają mówić bardzo wcześnie.

Celowo podaję przykłady dzieci o niejednorodnym tempie rozwoju, żeby pokazać, jak różnorodne cechy i wzorce wzrostu składają się na każdą istotę ludzką.

Jedno niemowlę rodzi się z grubymi kośćmi, przysadziste i krępe, a drugie zawsze będzie drobne i delikatne. Niektórzy ludzie mają wrodzoną skłonność do tycia. Nawet gdy w wyniku choroby chudną, po powrocie do zdrowia szybko przybierają na wadze. Żadne zmartwienia nie są w stanie odebrać im apetytu. Inni zaś zawsze są szczupli, choć mają pod dostatkiem pożywnego jedzenia i niczego im w życiu nie brakuje.

Kochajcie swoje dzieci i cieszcie się nimi, niezależnie od tego, jakie są, jak wyglądają, co robią. Zapomnijcie o tym, czego im brakuje. Nie mówię tego tylko dlatego, że jestem sentymentalny, jest to również rada praktyczna. Dzieci doceniane – nawet jeśli mają pospolitą urodę, są niezdarne albo niezbyt bystre – są pewne siebie i szczęśliwe. W pełni wykorzystują swój potencjał i wszystkie nadarzające się okazje do odniesienia sukcesu. Natomiast dzieci, które nigdy nie były w pełni akceptowane przez rodziców i zawsze miały poczucie, że coś jest z nimi nie tak, dorosną pozbawione wiary w siebie. Nigdy nie będą w stanie w pełni wykorzystać swojego intelektu, umiejętności czy urody. Jeśli rozpoczęły życie z upośledzeniem fizycznym albo umysłowym, w okresie dzieciństwa spotęguje się ono dziesięciokrotnie.

Rodzice okazują dzieciom miłość, dumę i radość z drobnych osiągnięć, dają im mądre zabawki, odpowiadają na pytania i pozwalają na swobodną zabawę, jeśli tylko nie czynią przy niej szkód; czytają swoim pociechom i rozmawiają z nimi o wszystkim, co je otacza. Takie postawy i zajęcia sprzyjają rozwojowi emocjonalnej głębi i żywej inteligencji.

To, czy dziecko wyrośnie na optymistę czy pesymistę, osobę serdeczną czy chłodną, ufną czy podejrzliwą, zależy w dużej mierze – choć nie tylko – od postawy dorosłych, na których przez pierwsze dwa lata spoczywała odpowiedzialność za sprawowanie nad nimi opieki. Dlatego tak ważna jest osobowość rodziców i głównych opiekunów.

Niektórzy zachowują się tak, jakby dzieci były z natury złe, zawsze w nie wątpią, bez przerwy krytykują. Dzieci wychowywane w ten sposób tracą wiarę w siebie i wzrastają w nieustannym poczuciu winy. Człowiek o wrogim nastawieniu znajdzie tuzin powodów na godzinę, żeby okazać dziecku wrogość, a ono w odpowiedzi również stanie się wrogie. Inni chcą malca zdominować i niestety często im się to udaje.

W pierwszym roku życia potrzeby niemowlęcia są zaspokajane niemal wyłącznie dzięki troskliwości dorosłych, ich intuicji i chęci do pomocy. Jeśli są oni niewrażliwi albo obojętni, maleństwo może się stać apatyczne i przygnębione.

Ciągłość opieki. Dla małych dzieci najważniejsza jest ciągłość opieki. Już w wieku kilku miesięcy kochają i darzą zaufaniem jedną lub najwyżej kilka osób, które opiekują się nimi przez większość czasu; obecność tych osób daje im poczucie bezpieczeństwa. Nawet sześciomiesięczne niemowlę wpadnie w poważne przygnębienie, przestanie się uśmiechać, straci apetyt

oraz zainteresowanie przedmiotami i ludźmi, jeżeli to z rodziców, które się nim zajmowało, zniknie na dłuższy czas. Przygnębieniem, choć być może nie tak wielkim, zareaguje też na odejście osoby, która regularnie pomagała głównemu opiekunowi. Małe dzieci wielokrotnie przenoszone z jednej rodziny zastępczej do drugiej mogą częściowo utracić zdolność obdarzania ludzi głęboką miłością i zaufaniem, jakby ciągłe rozczarowania były dla nich zbyt bolesne.

Dlatego też główny opiekun dziecka powinien albo kontynuować opiekę nad nim przez pierwsze dwa lub trzy lata, albo też bardzo powoli i stopniowo przekazać swoje obowiązki następcy. Następca natomiast powinien się zobowiązać, że będzie się z nich wywiązywał przez dłuższy czas. W przypadku opieki grupowej, jeżeli grupą zajmują się dwie lub więcej osób, każde dziecko powinno być przypisane do jednego lub najwyżej dwóch opiekunów, tak aby relacja pomiędzy nimi przypominała tę między dzieckiem a rodzicem.

Potrzeby emocjonalne po ukończeniu trzeciego roku życia. Dzieci zdają sobie sprawę ze swego braku doświadczenia i z uzależnienia od rodziców. Liczą na to, że rodzice je poprowadzą, zapewnią im bezpieczeństwo i obdarzą miłością. Instynktownie obserwują rodziców i wzorują się na nich. W ten sposób kształtuje się ich osobowość, siła charakteru, pewność siebie i zdolność radzenia sobie z przeciwnościami losu. Utożsamiając się z rodzicami, dzieci uczą się, jak być dorosłymi obywatelami, pracownikami, małżonkami i rodzicami.

Największym darem, jaki rodzice mają do zaofiarowania, jest miłość, wyrażana na niezliczone sposoby: ciepły wyraz twarzy, spontaniczne przytulenie, radość z osiągnięć dziecka, pocieszanie, gdy się zraniło albo przestraszyło, upewnianie się, że jest bezpieczne, oraz przekazywanie mu szczytnych ideałów, dzięki którym wyrośnie na odpowiedzialnego człowieka.

Dzieci zaczynają wierzyć w siebie, kiedy ich rodzice i opiekunowie traktują je z szacunkiem należnym wszystkim ludziom. Ta pewność siebie pozwala im przez resztę życia akceptować siebie i innych. Szacunek okazywany przez rodziców uczy dzieci okazywania szacunku.

Nauka bycia mężczyzną lub kobietą. W wieku trzech lat chłopcy i dziewczynki zaczynają przyglądać się rolom pełnionym przez rodziców. Chłopiec wyczuwa, że jego przeznaczeniem jest być mężczyzną, więc koncentruje się na obserwowaniu taty – jego zainteresowań, zachowania, sposobu mówienia, rozrywek, stosunku do pracy, relacji z żoną, synami i córkami, innymi mężczyznami. Dziewczynka w tym wieku potrzebuje ojca równie mocno, choć może to być mniej widoczne. W życiu będzie nawiązywać relacje między innymi z chłopcami i mężczyznami. To właśnie obserwując ojca, wyrabia sobie pogląd na to, jacy powinni być mężczyźni. Człowiek, w którym kiedyś się zakocha i którego poślubi, prawdopodobnie w jakimś stopniu będzie osobowością i postępowaniem przypominał jej ojca: będzie na przykład tak samo apodyktyczny lub łagodny, lojalny lub niewierny, napuszony lub pełen humoru.

Córeczka podziwia i pod wieloma względami naśladuje mamę. Duży wpływ na dziewczynkę będzie miało to, jak jej matka czuje się w roli kobiety, żony, matki, pracownicy. Relacje między rodzicami wpłyną na przyszły związek dziewczynki z jej mężem. Mama jest też pierwszą wielką miłością synka. To ona kształtuje jego romantyczny ideał kobiety, w sposób bardzo oczywisty albo bardzo subtelny. Od tego ideału będzie zależało, kogo wybierze na żonę i jak będą się układały jego stosunki z żoną.

Lepiej mieć dwoje rodziców. Dla dziecka lepiej jest, jeśli mieszka z dwojgiem rodziców (z których jedno może być przybrane), jeśli rodzice kochają się i szanują nawzajem. Tacy rodzice wspierają się emocjonalnie; gdy jedno z nich opanuje obsesyjny, nieuzasadniony niepokój o dziecko, drugie pomoże mu spojrzeć na sytuację obiektywnie i rozładować napięcie. W dorosłym życiu dziecko będzie miało na czym wzorować stosunki z partnerem. Jeśli rodzice są różnych płci, dzieci zyskują tak idealistyczny, jak i realistyczny obraz obu płci. Jeśli nie, trzeba się postarać, żeby taki obraz uzyskały z innych źródeł.

Nie oznacza to jednak, że samotna matka lub ojciec nie może wychować szczęśliwych dzieci; wielu osobom się to udaje. Dziecko, które nie ma ojca, tworzy sobie jego obraz w wyobraźni na podstawie swoich wspomnień, opowieści mamy oraz pozytywnych cech sympatycznych mężczyzn ze swojego otoczenia. Taki syntetyczny ojciec dość dobrze sprawdza się w roli niezbędnego dziecku wzorca mężczyzny. Podobnie dziecko pozbawione mamy buduje jej obraz na podstawie wspomnień, opowieści rodzinnych i relacji z kobietami. Na pewno ogromnym błędem ze strony osoby samotnie wychowującej dziecko byłoby pochopne wchodzenie w związek małżeński z nieodpowiednim partnerem tylko po to, żeby dać dziecku drugie z rodziców.

RODZICE JAKO PRZYJACIELE

Przyjaźń i akceptacja. Chłopcy i dziewczynki muszą mieć szansę spędzania czasu z rodzicami, którym ich towarzystwo sprawia przyjemność. Niestety, pracujący rodzice często po powrocie do domu nade wszystko pragną odpocząć po męczącym dniu. Jeśli zrozumieją, jak ważna dla dzieci jest ich życzliwość, łatwiej zdobędą się na wysiłek, żeby przynajmniej przywitać się z nimi, odpowiedzieć na pytania i wykazać zainteresowanie tym, co ich pociechy mają do powiedzenia. Nie oznacza to, że sumienny ojciec czy matka ma obowiązek, nie zważając na zmęczenie, zmuszać się do wielogodzinnych zabaw z dziećmi. Lepiej pogawędzić z nimi przez piętnaście minut, a potem powiedzieć: „Teraz chciałbym przeczytać gazetę", niż przez cały wieczór bawić się z miną męczennika.

Chłopiec potrzebuje przyjaźni ojca. Czasem ojcu tak bardzo zależy na tym, żeby mieć idealnego syna, że uniemożliwia im to przyjemne spędzanie czasu. Mężczyzna, który pragnie, żeby jego syn został sportowcem, od najwcześniejszych lat uczy go gry w piłkę. Naturalnie żaden rzut, żaden chwyt nie będzie bezbłędny. Stale przez tatę krytykowany, nawet przyjaznym tonem, chłopiec zaczyna się czuć nieswojo. Gra przestaje mu sprawiać przyjemność. Chłopiec nabiera poczucia, że jest do niczego, w oczach taty i własnych. Jeśli jest z natury pewny siebie i towarzyski, we właściwym czasie sam zainteresuje się sportem. Aprobata ojca pomoże mu bardziej niż trening. Gra w piłkę z tatą to dobry pomysł, jeśli proponuje ją dziecko, a jej celem jest wyłącznie zabawa.

Chłopiec nie staje się mężczyzną w sensie duchowym tylko dlatego, że od urodzenia ma ciało mężczyzny. Czuje się mężczyzną i zachowuje się jak mężczyzna, ponieważ wzoruje się na zaprzyjaźnionych dorosłych mężczyznach i starszych chłopcach. Nie może wzorować się na kimś, kto go nie lubi i nie akceptuje. Jeśli tata jest zawsze zniecierpliwiony i zirytowany, chłopiec prawdopodobnie będzie się czuł nieswojo nie tylko w jego towarzystwie, ale też w towarzystwie innych mężczyzn.

Dlatego ojciec, który chce, żeby syn dobrze czuł się w roli mężczyzny, nie powinien ganić go za to, że płacze, drwić, gdy bawi się z dziewczynkami, ani zmuszać do uprawiania sportów. Powinien z przyjemnością spędzać z nim czas, dawać mu odczuć, że są do siebie podobni, dzielić z nim tajemnice, czasem zabierać na wycieczki.

Dziewczynka także potrzebuje przyjaźni ojca. Przyjazny ojciec odgrywa w rozwoju dziewczynki inną, ale równie ważną rolę. Córka jedynie w niewielkim stopniu wzoruje się na nim, ale czując jego aprobatę, lepiej odnajduje się w roli dziewczynki, a potem kobiety. Żeby nie czuła się gorsza od chłopców, powinna wierzyć, że tata z chęcią zagra z nią w piłkę, zabierze na ryby, pod namiot albo na mecz, niezależnie od tego, czy ona przyjęłaby takie zaproszenie. Jego zainteresowanie jej zajęciami, osiągnięciami, opiniami i aspiracjami daje jej wiarę w siebie.

Podziwiając typowo męskie cechy taty, dziewczynka przygotowuje się do życia w świecie, w którym połowa populacji to mężczyźni. Relacje z ojcem w dzieciństwie oraz relacje pomiędzy rodzicami wywrą silny wpływ na jej stosunek do chłopców i mężczyzn, na to, w kim się w przyszłości zakocha i za kogo wyjdzie za mąż, wreszcie na jej małżeństwo.

Mama przyjaciółka. Chłopcy i dziewczęta potrzebują towarzystwa mamy. Nie może się ono ograniczać do wspólnego wykonywania obowiązków domowych. Dzieci powinny spędzać z nią wolny czas, tak samo jak z ojcem. Mogą to być wycieczki do muzeum, kina, na imprezy sportowe, piesze wędrówki, wspólna gra w piłkę albo wycieczki rowerowe. Najważniejsze, żeby mama nie uważała tego za przykry obowiązek, ale żeby sprawiało jej to taką samą przyjemność jak dzieciom.

Rodzice samotnie wychowujący dzieci. Dzieci odnoszą korzyści z pozytywnych relacji z mamą i tatą. A co, jeśli – jak się często zdarza – mają tylko jedno z rodziców albo rodzice są tej samej płci? Czy na pewno ucierpi na tym psychiczny rozwój dziecka?

Odpowiedź na to pytanie brzmi: Nie.

Choć prawdą jest, że dzieci potrzebują zarówno męskich, jak i żeńskich wzorców osobowych, nie muszą ich jednak mieć pod tym samym dachem. Najbardziej ze wszystkiego dzieci potrzebują czułości i miłości, stałej obecności w ich życiu osoby, która wspiera je duchowo i uczy poruszania się po świecie. Dziecko wychowywane przez osobę samotną zaspokajającą te potrzeby jest w dużo lepszej sytuacji niż takie, które mama i tata zaniedbują, bo sami są nieszczęśliwi. Większość dzieci mających tylko jedno z rodziców znajduje wzorce osobowe poza domem – ulubionego wujka albo ciocię, bliskiego przyjaciela rodziny.

Wiemy, że dzieci są odporne: kiedy zaspokajamy ich podstawowe potrzeby, rozkwitają. Najważniejsza w życiu dziecka jest miłość, stałość i troska. Dzięki nim dziecko poradzi sobie w najróżniejszych konstelacjach rodzinnych (patrz str. 323).

ROLA OJCA

Dzielenie się odpowiedzialnością. W naszym społeczeństwie wychowywanie dzieci wciąż postrzegane jest jako zadanie kobiety, mimo iż mężczyźni w coraz większym stopniu uczestniczą w opiece nad dziećmi i prowadzeniu domu. Nie ma powodu, dla którego ojcowie nie mieliby równie dobrze jak matki opiekować się dziećmi, w równej mierze przyczyniać do ich rozwoju i zapewniać im bezpieczeństwa. Dzielenie się odpowiedzialnością przynosi korzyści wszystkim członkom rodziny, nawet jeśli nie jest to podział równo pół na pół. Część tych korzyści zostanie jednak zaprzepaszczonych, jeśli ojciec uważa, że w ten sposób robi żonie przysługę, ponieważ sugeruje to, że w gruncie rzeczy nie odpowiada za wychowanie dziecka, tylko jest nadzwyczaj wspaniałomyślny. Najlepiej wychowywać dziecko w duchu równości i partnerstwa.

Ojciec pracujący na pełen etat zrobi najwięcej dla dzieci, żony i siebie samego, jeśli weźmie na siebie połowę lub więcej zadań związanych z opieką nad dziećmi (a także pomoże w obowiązkach domowych) po powrocie z pracy i w weekendy, nawet jeśli żona nie pracuje zarobkowo. Pod wieczór energia i cierpliwość mamy prawdopodobnie są na wyczerpaniu (to samo tyczyłoby się taty, gdyby to on spędzał z dziećmi cały dzień). Dobrze jest, gdy dzieci doświadczają różnych stylów wychowywania i sprawowania kontroli, stylów, które nie wykluczają się nawzajem i nie są sobie przeciwstawiane, ale wzajemnie się uzupełniają i wzbogacają.

Kiedy ojciec bierze udział w pracach domowych i uważa to za rzecz naturalną, nie tylko odciąża mamę i zapewnia jej towarzystwo. W ten sposób pokazuje, że zajęcia te są istotne dla dobra rodziny, że wymagają umiejętności i wiedzy i że kiedy jest w domu, stanowią jego obowiązek w takim samym stopniu jak jej. To właśnie muszą ujrzeć synowie i córki, żeby nauczyć się szanować umiejętności i role mężczyzn i kobiet.

Co może zrobić ojciec? Jeśli chodzi o opiekę nad dzieckiem, tata może podawać butelkę, karmić pokarmami stałymi, przewijać (już zbyt długo ojcom udaje się wymigiwać od zmieniania woniejących pieluszek pod pozorem, że brakuje im niezbędnej do tego inteligencji, sprawności manualnej oraz koordynacji wzrokowo–ruchowej), wybierać ubranko, ocierać łzy, wycierać nosek, kąpać, kłaść do łóżeczka, czytać bajkę, naprawiać zabawki, przerywać kłótnie, pomagać w odrabianiu lekcji, wyjaśniać panujące w domu zasady i wyznaczać obowiązki. Ojcowie mogą też uczestniczyć w całej gamie prac domowych: zakupach, przygotowywaniu, gotowaniu i podawaniu posiłków, zmywaniu naczyń, ścieleniu łóżek, sprzątaniu, praniu i prasowaniu. Mama doktora Spocka zaczęła go uczyć wykonywania tych prac, gdy miał siedem lat.

Coraz częściej się zdarza, że to tata zostaje w domu, a mama pracuje na pełen

---

🏛 KLASYCZNY SPOCK

W Stanach Zjednoczonych dwudziestego wieku płaca i prestiż tradycyjnie były dla mężczyzn najważniejszymi wartościami. Moim zdaniem położenie na nie takiego nacisku odegrało główną rolę w skierowaniu wielu mężczyzn na błędną drogę nadmiernej rywalizacji, nadmiernego materializmu, zaniedbywania zainteresowań kulturalnych, relacji z żoną, dziećmi, przyjaciółmi i społecznością lokalną; prowadzi też do wielu problemów zdrowotnych związanych ze stresem.

Wierzę, że zarówno chłopców, jak i dziewczynki powinno się wychowywać w przekonaniu, że rodzina jest źródłem najbogatszej i najtrwalszej satysfakcji. Kobiety nie odczuwałyby wówczas takiej presji, by akceptować tradycyjnie męskie ideały, a mężczyźni, wolni od obsesji pracy i prestiżu, mogliby opanować kobiece umiejętności i przyswoić sobie kobiece wartości. Dzień, w którym ojcowie i matki uznają opiekę nad dziećmi za równie ważną jak praca zawodowa i robienie kariery, a wszystkie decyzje dotyczące pracy zaczną podejmować po rozważeniu ich wpływu na życie rodziny, będzie naprawdę wspaniałym dniem.

Rozmawiałem w życiu z wieloma rodzicami. Gdy dzieci dorosły i wyprowadziły się z domu, ani jedna matka i ani jeden ojciec nigdy nie powiedzieli mi, że żałują, iż spędzili tyle czasu ze swoimi dziećmi, gdy były małe. Bardzo wielu ubolewało natomiast, że nie wygospodarowali więcej czasu dla rodziny, kiedy mieli ku temu okazję.

etat. Mężczyźni ci biorą na siebie większą część obowiązków związanych z opieką nad dziećmi i prowadzeniem domu, gdy dzieci są malutkie. Badania wykazują, że dzieci wychowywane przez „pana mamę" na ogół wyrastają na osoby tak samo emo-cjonalnie i umysłowo zrównoważone jak dzieci wychowywane w bardziej tradycyjnych rodzinach. Obawy, że chłopcy wyrosną przez to na maminsynków, a dziewczynki będą mało kobiece, nie znajdują potwierdzenia w faktach.

POCZUCIE WŁASNEJ WARTOŚCI

Poczucie własnej wartości, nie nadmierne zadowolenie z siebie. Już od dzieciństwa każdy ma prawo zakładać, że jest sympatyczny, kochany i że wystarczy, jeśli będzie się jak najbardziej starał. Nie oznacza to jednak, że dzieci mają być z siebie zadowolone i podziwiane przez otoczenie p r z e z   c a ł y   c z a s. Rodzicom wydaje się czasem, że powinni stale prawić dzieciom komplementy, niezależnie od tego, czy rzeczywiście na nie zasłużyły, w przeciwnym bowiem razie stracą wiarę w siebie. Tak nie jest.

Częścią poczucia własnej wartości jest wiara w siebie. Pochwały mogą dodać dziecku wiary w siebie, ale jeśli są nieszczere, ono natychmiast to wyczuje. Jednym ze sposobów kształtowania poczucia własnej wartości jest nauczenie malca radzenia sobie z całą gamą emocji i pokazanie, że rodzice również potrafią sobie z nimi radzić. Dziecko na zmianę obsypywane komplementami i obelgami, w zależności od nastroju rodziców, nie będzie miało poczucia własnej wartości. Stanie się niespokojne i niepewne. Konsekwencją i stanowczym wyznaczaniem granic osiągniecie więcej niż komplementami bez pokrycia.

Pozytywne wspieranie poczucia własnej wartości. Dzieci nie muszą otrzymywać komplementów za każdym razem, gdy grzecznie się zachowają lub odnio-są niewielki sukces. Wyobraźmy sobie na przykład dziecko, które rodzice zachęcają do nauki pływania, wychwalając je pod niebiosa za każdym razem, gdy tylko zanurzy głowę pod wodę. Po godzinie malec nadal co minutę żąda: „Patrzcie, jak pływam!", choć nie uczynił żadnych postępów; nabrał tylko apetytu na pochwały i bycie w centrum uwagi. Nadmiar komplementów nie sprzyja budowaniu niezależności (choć jest dużo mniej destrukcyjny niż jego przeciwieństwo, czyli lekceważenie i nieustanne łajanie).

Poza unikaniem lekceważenia i łajania najlepszym sposobem budowania zdrowego poczucia własnej wartości jest okazywanie dziecku r a d o ś c i   k o c h a n i a. Oznacza to nie tylko pełną oddania miłość, która sprawia, że jesteście gotowi do poświęceń, ale też czerpanie przyjemności z przebywania z dzieckiem i wysłuchiwania jego opowieści i żartów, spontaniczne pochwalenie rysunku albo osiągnięć sportowych. Radość kochania możecie też okazać nieoczekiwanym drobnym prezentem, zaproszeniem na wycieczkę albo wspólny spacer. Trzeba też malca traktować z szacunkiem, jak drogiego przyjaciela. Nie możecie być grubiańscy, nieuprzejmi czy obojętni, powinniście być grzeczni i mili. Nie mamy prawa zachowywać się w stosunku do dzieci niegrzecznie, szorstko ani lekceważąco tylko dlatego, że są od nas młodsze.

Błędem najczęściej popełnianym przez rodziców, którzy okazują dzieciom szacunek, jest to, że nie oczekują szacunku w zamian. Tak jak dorośli, dzieci są swobodniejsze i szczęśliwsze w kontaktach z ludźmi, którzy szanują sami siebie i oczekują podobnego szacunku od innych. Nie oznacza to, że musicie być nieprzyjemni. Kiedy dziecko głośno beka przy obiedzie, łagodne przypomnienie mu, że powinno zasłonić usta, jest skuteczniejsze niż krzyki. Szacunek powinien być wzajemny.

🏛 KLASYCZNY SPOCK

Łatwiej mi wyjaśnić problemy związane ze zbyt niską niż ze zbyt wysoką samooceną, być może dlatego, że moja matka szczególnie gorliwie pleniła u swoich dzieci zarozumiałość, którą uważała za wstrętną samą w sobie i za punkt wyjścia do rozwoju poważniejszych wad. Jeszcze dziś pamiętam, jak jedna z jej przyjaciółek pochwaliła mój wygląd, gdy byłem nastoletnim chłopcem. Po jej wyjściu mama od razu powiedziała do mnie: „Benny, nie jesteś przystojny. Masz tylko miły uśmiech". Wszystkie jej dzieci – a miała ich sześcioro – wyrosły w poczuciu, że są nieco nieatrakcyjne i nie do końca spełniają jej oczekiwania.

Kiedy byłem dzieckiem, tak często ganiono mnie za „niegrzeczność", że za każdym razem, gdy wracałem do domu z podwórka albo ze szkoły, czułem, jak ogarniają mnie wyrzuty sumienia. „Co zrobiłem źle?" – zastanawiałem się, choć w gruncie rzeczy bardzo rzadko robiłem coś złego, byłem wręcz małym świętoszkiem. Moja matka była tak krytyczna i z taką zaciętością tropiła przewinienia, że podobnie jak pięcioro mojego rodzeństwa cierpiałem na chroniczne poczucie winy. Kiedy sporadycznie zdarzyło mi się coś przeskrobać, mama natychmiast poznawała to po mojej minie i żądała wyjaśnień. Nigdy nie próbowałem niczego się wypierać, przekonany, że to nie ma sensu. Wierzyłem, że ma magiczną zdolność wykrywania uchybień i że im wcześniej przyznam się do winy, tym szybciej będę miał za sobą proces, wyrok i karę.

Opisuję, jak wyglądało to w mojej rodzinie, żeby wyjaśnić, dlaczego moim zdaniem pierwszym i najważniejszym etapem budowania poczucia własnej wartości jest nie tyle prawienie komplementów, ile unikanie niszczenia naturalnej pewności siebie, z którą dzieci się rodzą. W ten sposób nie ryzykuje się, że zbyt wiele pochwał wprawi dziecko w zarozumiałość i przesadne zadowolenie z siebie.

Nawet w czasach mojego dzieciństwa większość dzieci nie czuła się aż tak bezwartościowa jak ja i moje rodzeństwo. Dziś jeszcze mniej dzieci ma nawet umiarkowane poczucie winy. Pomimo to odnoszę wrażenie, obserwując funkcjonowanie wielu rodzin, że podstawą dyscypliny wciąż są nagany lub przynajmniej ton głosu, który mówi: „Na pewno zrobisz coś złego".

Presja na osiąganie sukcesów za wszelką cenę. Choć udowodniono, że przy dużym wkładzie pracy można dwulatka nauczyć czytać, a roczne dziecko rozpoznawać obrazki na kartkach, lepiej tego nie robić. Niektórzy rodzice, uzbrojeni w nadzieję, że wystarczą odpowiednie zabawki od niemowlęctwa oraz właściwa stymulacja umysłu w domu i szkole, próbują sztucznie stworzyć nad wiek rozwinięte, genialne dziecko. Jednak takie ambicje rodziców, choć zrozumiałe w kraju, w którym tak wysoko ceni się inteligencję, są błędne i mogą przynieść niezamierzone negatywne skutki. Nie same zdolności umysłowe tworzą człowieka. Mogą nie wystarczyć do zapewnienia mu sukcesu w życiu, jeśli nie towarzyszy im ciepło, zdrowy rozsądek i szacunek dla ludzi. Zbyt wczesne oczekiwanie sukcesu od dziecka zawsze ma swoją cenę: relacje między rodzicami a dzieckiem mogą się stać napięte i zogniskowane na osiągnięciach intelektualnych, zamiast na bliskości emocjonalnej, a dziecko może zaniedbać niektóre aspekty rozwoju, dążąc do perfekcji w jednej wybranej dziedzinie.

Próba wychowania superdziecka to poważny, choć zrozumiały błąd, popełniany przez wielu rodziców. Naturalnie wszyscy pragniemy, żeby nasze dzieci w pełni wykorzystały swoje uzdolnienia i nauczyły się jak najwięcej. Jednak zbyt wcześnie podejmowane próby sztucznego rozwijania talentu są nierozważne i niekiedy szkodliwe. Nie ma dowodów na to, że zmuszanie dziecka do osiągania sukcesów w pierwszych latach przynosi korzyści w późniejszym życiu. Dziecko, które wszystkiego uczy się wcześniej od rówieśników, niekoniecznie będzie mądrzejsze niż jego kolega, który później rozwinął skrzydła. Tymczasem koszt sztucznie stymulowanego przedwczesnego rozwoju bywa wysoki. Próba osiągnięcia szybkich sukcesów w jednej dziedzinie – na przykład w nauce czytania – niemal zawsze sprawia, że dziecko pozostaje w tyle w innej dziedzinie, na przykład w nawiązywaniu relacji z innymi dziećmi. Dzieci najlepiej się rozwijają, kiedy pozwala się ich wrodzonym uzdolnieniom i naturze dojrzewać we własnym tempie.

GRANICE WPŁYWU RODZICÓW

Kierując się tym, co do tej pory powiedziałem, można odnieść wrażenie, że rodzice w pełni kontrolują rozwój psychiczny dziecka, tak jednak nie jest. Na stan psychiki wpływ wywiera wiele czynników. Niektóre z nich są wewnętrzne, jak na przykład dziedziczne choroby psychiczne i fizyczne oraz temperament. Ważnym czynnikiem są siły działające w rodzinie; w ogromnym stopniu na emocjonalny rozwój dziecka wpływa rodzeństwo oraz kolejność urodzenia. Jeszcze inne siły działają w sąsiedztwie, w szkole i w społeczeństwie, czyli tam, gdzie wpływ rodziców

jest często bardzo ograniczony. Ta książka koncentruje się na rodzicach nie dlatego, że pozostałe czynniki są nieistotne – czasem to one właśnie odgrywają kluczową rolę – ale dlatego, że nad swoim postępowaniem macie największą kontrolę. Mimo to dobrze jest zdawać sobie sprawę z innych czynników wpływających na rozwój umysłowy dziecka, ponieważ wasza reakcja na nie m o ż e mieć duże znaczenie.

Cechy dziedziczne. Wiemy, że geny wpływają na wiele zaburzeń umysłowych i emocjonalnych. W zależności od choroby, wpływ ten może być duży albo mały. Jeśli na przykład oboje rodzice cierpią na chorobę afektywną dwubiegunową (nazywaną też zespołem maniakalno-depresyjnym), ryzyko, że dziecko również będzie ją miało, wynosi ponad 50 procent. Lęki, zaburzenia obsesyjno-kompulsywne i schizofrenia też mają związek z dziedzicznością, podobnie jak zespół zaburzeń koncentracji uwagi i nadpobudliwości psychoruchowej (*attention deficit hyperactivity disorder*, ADHD) i wiele innych.

Tak naprawdę możliwe jest, że geny odgrywają rolę w k a ż d y m problemie psychicznym, zwiększając lub zmniejszając podatność dziecka na trudności życiowe (czyli to, co psychologowie nazywają czasem „środowiskiem"). Różnicami podatności można częściowo wyjaśnić, dlaczego dwoje dzieci wychowywanych przez tych samych rodziców w tym samym domu rozwija się psychicznie według dwóch zupełnie odmiennych wzorców. Jednocześnie trzeba pamiętać, że nawet w jednej rodzinie sytuacja życiowa (środowisko) różnych dzieci może być różne.

Dziedziczność funkcjonuje również w sposób bardziej subtelny, wpływając na temperament lub zachowanie dziecka. Jedno dziecko jest radosne i towarzyskie, inne spokojne i spostrzegawcze. Jedno reaguje na najdrobniejsze zmiany temperatury, poziomu hałasu albo natężenia światła, inne wcale ich nie zauważa. Jedno zawsze z zadowoleniem wita zmiany, inne na każdą nową sytuację reaguje negatywnie i trzeba je przekonywać, żeby zmieniło zdanie.

O dzieciach, które są poważne, uparte i często nastawione negatywnie, mówi się, że mają trudny charakter lub – co brzmi jeszcze gorzej – że są trudne. Naturalnie charakter dziecka jest trudny albo łatwy tylko w odniesieniu do oczekiwań dorosłych. Na przykład temperament więk-

szości sześcioletnich chłopców, których rozpiera energia, jest uważany za trudny w szkole, gdzie trzeba siedzieć bez ruchu. Nie można wybrać temperamentu dziecka, ale rozumiejąc go i akceptując, można nauczyć się reagować w sposób, który pomoże mu ułożyć stosunki z rodzicami, z rówieśnikami i z innymi dorosłymi.

Rodzeństwo. Poradniki dla rodziców często ignorują istotną rolę, jaką w wychowaniu dziecka odgrywa jego rodzeństwo. Tymczasem, jeśli wrócicie myślami do własnego dzieciństwa, prawdopodobnie zgodzicie się, że rodzeństwo – lub jego brak w wypadku jedynaków – ma ogromny wpływ na kształtownie się osobowości. Być może wzorowaliście się na starszym bracie albo siostrze, którzy waszym zdaniem wszystko robili dobrze, a może postanowiliście postępować inaczej niż oni, żeby znaleźć własne miejsce w świecie. Jeśli mieliście szczęście, bracia i siostry udzielali wam wsparcia, ale jeśli stosunki z rodzeństwem nie układały (lub nie układają) wam się zbyt dobrze z powodu konfliktu osobowości, wiecie, jakie to nieprzyjemne.

Rodzice mogą do pewnego stopnia osłabić zazdrość pomiędzy rodzeństwem (patrz str. 355), ale to, czy bracia i siostry naprawdę się lubią, czy tylko tolerują, w dużej mierze uzależnione jest od przypadku. Mała różnica wieku i zgodność charakterów może zaowocować przyjaźnią na całe życie. Konflikt temperamentów zaś może sprawić, że przebywając ze sobą, dzieci nigdy nie będą mogły się odprężyć i czuć zupełnie swobodnie.

Rodzice często mają do siebie pretensje, że ich uczucia do dzieci nie są jednakowe. Oczekują rzeczy niemożliwej. Dobrzy rodzice kochają dzieci jednakowo w tym sensie, że są oddani każdemu z nich, chcą dla każdego jak najlepiej i gotowi są do poświęceń, by je uszczęśliwić. Ponieważ jednak dzieci różnią się od siebie, rodzice nie są w stanie obdarzać każdego z nich identycznym uczuciem. To ludzkie, normalne i nieuniknione, że każde z naszych dzieci wzbudza w nas inne uczucia, że z niektórych ich cech jesteśmy dumni, a inne nas drażnią. Gdy to zrozumiemy i zaakceptujemy, pozbędziemy się poczucia winy i będziemy mogli do każdego dziecka odnosić się z należytą miłością i uwagą.

Kolejność urodzenia i różnica wieku. To fascynujące, jak kolejność urodzenia wpływa na osobowość. Na przykład najstarsze dzieci często są przywódcami i organizatorami, skoncentrowanymi na rozwiązywaniu konkretnych problemów. Najmłodsze dzieci często są spontaniczne, zaabsorbowane sobą i nieco nieodpowiedzialne. Rola średniego dziecka jest słabiej zdefiniowana, więc często musi próbować określić się poza rodziną. Jedynacy zazwyczaj mają cechy charakterystyczne zarówno dla dziecka najstarszego (np. są ambitni i odnoszą sukcesy), jak i najmłodszego (np. stale próbują zwrócić na siebie uwagę).

Oczywiście są to jedynie uogólnienia. Dynamika każdej rodziny jest niepowtarzalna. Jeśli na przykład dzieci dzieli różnica wieku większa niż pięć lat, najmłodsze dziecko pod wieloma względami może zachowywać się jak jedynak. Jeśli pomiędzy dziećmi jest tylko rok różnicy, mogą zachowywać się jak bliźnięta. Jeśli najstarsze dziecko nie chce objąć roli przywódcy, może ją wziąć na siebie inne z rodzeństwa. Rodzice będący najstarszymi dziećmi mogą mieć najlepsze układy z pierworodnym, a najmłodsze może ich drażnić (tak jak kiedyś młodsze rodzeństwo). Jako rodzice możecie rozumieć te oddziaływania, ale tak naprawdę nie jesteście w stanie ich kontrolować.

Rówieśnicy i szkoła. Po ukończeniu szóstego, siódmego roku życia na znaczeniu zyskuje grupa rówieśnicza. Sposób mówienia i ubierania się, tematyka rozmów, wszystko to ulegnie wpływowi, a może nawet znajdzie się pod absolutną kontrolą dzieci z sąsiedztwa, szkoły i telewizji. Jeśli w modzie są akurat workowate spodnie i rozwiązane sznurówki, żadni rodzice nie będą w stanie sprawić, żeby szorty i mokasyny stały się nagle obiektem pożądania.

Czasem oddziaływanie sąsiedztwa i rówieśników może poważnie zagrozić zdrowiu psychicznemu dziecka. Na przykład dzieciom dręczonym (lub dręczącym innych) grożą długotrwałe zaburzenia zachowania. Dziecko, któremu nie układa się w szkole i które nie ma przyjaciół, może popaść w depresję. Jako rodzice często musicie odsunąć się na bok i pozwolić dziecku samodzielnie uporać się z problemem w relacjach z kolegami. W innych przypadkach zaś konieczna jest interwencja (patrz str. 449).

WYCHOWYWANIE DZIECI
W SPOŁECZEŃSTWIE NĘKANYM PROBLEMAMI

Społeczeństwo amerykańskie jest niezwykle zestresowane. Zwykłe napięcia panujące w rodzinie są na wiele sposobów wzmacniane: nasze społeczeństwo jest nadmiernie konkurencyjne i materialistyczne, wielu pracujących rodziców czerpie mniej sa tysfakcji i przyjemności z pracy, a znalezienie dobrej dziennej opieki dla dziecka jest coraz trudniejsze. Mniej jest autorytetów duchowych i moralnych niż kiedyś, kruszą się tradycyjne podpory, jakimi była bliższa i dalsza rodzina oraz społeczność lokalna, a coraz większa liczba ludzi boi się pogarszającego się stanu środowiska naturalnego i napiętych stosunków międzynarodowych.

W Stanach Zjednoczonych informacji o lokalnych, stanowych i ogólnokrajowych grupach zajmujących się najważniejszymi dla rodziców problemami udzielić może Children's Defense Fund (Fundusz Obrony Dzieci), 25 East Street, NW, Washington DC 20001 (witryna internetowa pod adresem www.childrensdefense.org). Już od ponad dwudziestu lat Fundusz współpracuje z Kongresem nad programami związanymi z zaspokajaniem najważniejszych potrzeb dzieci i rodzin.

🏛 KLASYCZNY SPOCK

Wierzę, że żeby zmniejszyć napięcia i zrobić krok w kierunku bardziej stabilnego społeczeństwa, trzeba dokonać dwóch zmian. Po pierwsze, wychowując nasze dzieci, musimy przekazywać im inne, bardziej pozytywne ideały. Dzieci, którym wpojono silne wartości, wykraczające poza ich własne potrzeby – wartość współpracy, dobroci, uczciwości, tolerancji dla zróżnicowania – w przyszłości będą pomagać innym, wzmacniać relacje międzyludzkie i zabiegać o to, by świat był bezpieczniejszy. Życie w zgodzie z tymi wartościami napełni je daleko większą dumą i poczuciem spełnienia niż powierzchowny sukces polegający na zarabianiu dużych pieniędzy czy posiadaniu luksusowego samochodu. Druga zmiana to wyzwolenie rządu spod wpływu ogromnych korporacji, niewiele troszczących się o jednostki ludzkie, środowisko naturalne czy pokój na świecie, a zainteresowanych tylko i wyłącznie maksymalnym zyskiem. Musimy dużo bardziej zaangażować się w politykę, żeby rząd zaczął służyć potrzebom wszystkich obywateli.

PRACA A OPIEKA NAD DZIEĆMI

RODZINA A KARIERA

Przekonanie, że miejsce kobiety jest w domu, zastąpiła opinia, że kobieta pracuje tylko wtedy, gdy ma pracę zarobkową. Ani jedno, ani drugie nie ma sensu. Wychowywanie dzieci to praca twórcza i pełna wyzwań – ale jeśli mama wie, że kariera lub praca zawodowa da jej poczucie spełnienia, nie powinna z niej rezygnować w imię poświęcenia dla dziecka. Na dłuższą metę takie ofiary nie przynoszą dzieciom korzyści; dzieci nade wszystko potrzebują szczęśliwych rodziców. Natomiast ojców, dla których wychowywanie dzieci jest źródłem największej satysfakcji, należy zachęcać do pozostawania z nimi w domu. Coraz więcej mężczyzn rezygnuje w tym celu z pracy zarobkowej.

Opieka nad niemowlęciem. Obecnie większość amerykańskich dzieci poniżej pierwszego roku życia spędza przynajmniej część dnia pod opieką osoby innej niż jedno z rodziców. Jednak pomimo iż powierzanie niemowlęcia osobie trzeciej od wielu lat stanowi normę, nadal wywołuje kontrowersje. Co jakiś czas publikowane są wyniki kolejnych badań dowodzących, że jest to szkodliwe albo nieszkodliwe dla przeciętnego dziecka. Badania te mogą zainteresować socjologów, ale niespecjalnie pomogą rodzicom, którzy muszą podjąć decyzję. Nie jesteście przeciętnymi rodzicami przeciętnego dziecka. Z badań wynika w gruncie rzeczy tylko to, że opieka nad dzieckiem powinna być wysokiej jakości (więcej informacji dalej).

Rodzice często mają mieszane uczucia, gdy muszą na parę godzin dziennie rozstać się z maleństwem. Czasem zależy im na powrocie do pracy, choćby tylko dla towarzystwa dorosłych, z którymi można porozmawiać w ciągu dnia. Często jednak jest im przykro, że muszą zostawić dziecko, martwią się, że podczas ich nieobecności coś się stanie lub że maluszek o nich zapomni, zazdroszczą mamom, które zostają ze swoimi pociechami, albo mają poczucie winy. Czują, że muszą wybrać pomiędzy pracą a dzieckiem. Jest to niezwykle trudna decyzja. Wiele matek nie ma jednak innego wyjścia, po prostu muszą zarabiać na życie. Mama dwutygodniowego niemowlęcia, planująca powrót do pracy za miesiąc, powiedziała mi: „Ja już za nim tęsknię". Jeżeli możecie wziąć dłuższy urlop, żeby spędzić z waszym nowo narodzonym dzieckiem więcej czasu, może to być najlepsze rozwiązanie, nawet gdyby wiązało się z koniecznością ograniczenia wydatków.

🏛 KLASYCZNY SPOCK

Czy należy oddać dziecko do żłobka? Myślę, że jest to osobista decyzja, którą należy podjąć na podstawie potrzeb rodziny. Jeśli chcecie oddać dziecko do żłobka, nie czujcie się z tego powodu winni. Poradzi sobie znakomicie, jeśli tylko opieka będzie na wysokim poziomie. Na dłuższą metę dzieciom najlepiej służy to, że rodzice są szczęśliwi i czerpią satysfakcję z codziennych zajęć. Dużo lepiej jest być w dobrym żłobku niż w domu z samotną, nieszczęśliwą mamą, która nie znosi całych dni spędzać z maluchem. Z drugiej strony, jeśli wolicie zostać w domu z dzieckiem tak długo, jak to możliwe, jest to również znakomity wybór. Myślę, że zwolennicy każdego z tych rozwiązań krzywdzą rodziców, sugerując, że jest tylko jedno właściwe wyjście z sytuacji. Najlepsze jest to rozwiązanie, które zaspokaja potrzeby waszej rodziny.

Ustawa o urlopach rodzinnych i zdrowotnych (Family and Medical Leave Act). Ta amerykańska ustawa z roku 1993, będąca rezultatem nacisków ze strony wielu grup zajmujących się prawami dzieci, to dobry przykład postępowej polityki prorodzinnej. Wymaga od wszystkich pracodawców zatrudniających więcej niż 50 osób udzielenia matce albo ojcu dwunastu tygodni bezpłatnego urlopu po urodzeniu lub adopcji dziecka. Myślę, że dwanaście tygodni to minimum. W innych krajach wysoko rozwiniętych matki mogą dużo dłużej zostać z dzieckiem przed powrotem do pracy*. Mimo to wiele Amerykanek uważa, że nie mogą sobie pozwolić na wykorzystanie całych dwunastu tygodni.

Jak długi powinien być urlop macierzyński? Ogólnie rzecz biorąc, im dłuższy, tym lepiej. Jeśli was na to stać, warto zostać z dzieckiem przez trzy do sześciu miesięcy. Daje mu to szansę na przyzwyczajenie się do regularnego rytmu jedzenia i spania oraz do trybu życia rodziny. Matka ma natomiast czas na przystosowanie się do zmian fizycznych i psychicznych po porodzie, opanowanie karmienia piersią i wprowadzenie jednego lub dwóch karmień butelką w godzinach pracy. Czteromiesięczne niemowlęta wykazują więcej zainteresowania otaczającym je światem, więc rodzicom łatwiej jest pogodzić się z kilkugodzinną rozłąką.

Pamiętajcie, że dzieckiem może się zająć tata. Jeśli mama może wziąć sześć tygodni urlopu po porodzie, a tata przejmie obowiązki na następne sześć tygodni, da wam to dwanaście tygodni, zanim opiekę będziecie musieli przekazać osobie trzeciej*.

---

* W Polsce od 13 stycznia 2002 pracodawca zobowiązany jest udzielić matce 16 tygodni urlopu macierzyńskiego przy pierwszym porodzie, 18 tygodni przy każdym następnym porodzie lub 26 tygodni w przypadku urodzenia więcej niż jednego dziecka. Ponadto jedno z rodziców może wziąć trzyletni urlop wychowawczy (przyp. tłum.).

---

* W Polsce matka musi wykorzystać co najmniej 14 tygodni urlopu macierzyńskiego. Z pozostałej części urlopu może zrezygnować tylko wtedy, gdy przejmie ją ojciec dziecka (przyp. tłum.).

SPĘDZANIE CZASU Z DZIECKIEM

Wartościowy czas. Kiedy oboje z rodziców lub rodzice samotnie wychowujący małe dzieci pracują poza domem, zazwyczaj starają się tak zorganizować godziny pracy, żeby jak najwięcej czasu spędzać ze swoimi pociechami. W rodzinach, w których jest dwoje rodziców, dzieci zadowolą się uwagą tylko jednego z nich naraz. Przedszkolakom można pozwolić trochę później iść do łóżka, jeśli mogą dłużej pospać rano albo odbyć drzemkę w przedszkolu. Liczba spędzonych wspólnie godzin nie jest tak ważna, jak ich jakość i nastrój. To właśnie kryje się pod pojęciem „wartościowego czasu".

Z praktycznego punktu widzenia wartościowy czas polega na okazywaniu sobie bliskości, czułości i miłości. Możecie to robić podczas jazdy samochodem, podczas posiłków lub innych wspólnych zajęć. Wyprawy na zakupy zawsze można wzbogacić o rozmowy, słuchanie tego, co druga osoba ma do powiedzenia, i przekazywanie wiedzy. Wartościowy czas nie musi więc oznaczać robienia czegoś nadzwyczajnego. To właśnie drobne codzienne czynności, nie wyprawy do cyrku, mają najgłębszy wpływ na rozwój dziecka.

Sama idea wartościowego czasu jest dobra. Zdarza się jednak, że sumienni, ciężko pracujący rodzice czują się zobligowani do rozmawiania, zabawiania i czytania książeczek, gdy już dawno wyczerpała się ich cierpliwość i nie sprawia im to najmniejszej przyjemności. Może się zdarzyć, że rodzice, którzy regularnie ignorują własne potrzeby i marzenia, żeby spędzać z dziećmi wartościowy czas, zaczną żałować swoich wyrzeczeń. Znika wtedy atmosfera przyjaźni i przychylności. Poza tym dziecko, które wyczuwa, że jest w stanie zmusić rodziców do spędzania z nim więcej czasu, niż mają ochotę, może się stać nieznośnie wymagające.

Kolejny problem polega na tym, że niektórzy rodzice źle interpretują pojęcie „wartościowego czasu", sądząc, że naprawdę nie ma żadnego znaczenia, ile czasu spędzają ze swoją pociechą, jeśli tylko czas ten jest maksymalnie wypełniony. A jednak ważna jest także l i c z b a godzin spędzanych wspólnie podczas wykonywania bardzo przyziemnych czynności. Dzieci muszą po prostu przebywać w pobliżu rodziców, obserwować ich w działaniu, dzień po dniu wzorując się na nich i wiedząc, że stanowią ważną część ich życia. Sztuka polega na znalezieniu złotego środka: spędzaniu z dziećmi jak najwięcej czasu, ale nie kosztem własnych potrzeb.

Specjalne chwile. „Specjalne chwile" to przyjemny sposób upewnienia się, że codziennie spędza się z dzieckiem trochę wartościowego czasu. Mogą być krótkie, wystarczy pięć do piętnastu minut. Dla każdego dziecka rezerwuje się osobne specjalne chwile. Są specjalne nie dlatego, że zajmujecie się czymś specjalnym, ale dlatego, że spędzacie je tylko z dzieckiem, obdarzając je niepodzielną uwagą. Nigdy nie należy ograniczać specjalnych chwil za karę. Dziecko zasługuje na nie po prostu dlatego, że jest wasze i że je kochacie. Jest to bardzo skuteczny sposób budowania więzi.

Pokusa rozpieszczania. Pracujący rodzice są czasem bardzo spragnieni towarzystwa dziecka. Do tego dochodzi poczucie winy, że tak rzadko je widują. Żeby mu to zrekompensować, obsypują je prezentami i łakociami, ulegają wszelkim jego zachciankom, ignorując przy tym własne potrzeby i pragnienia, i w ogóle pozwalają mu na wszystko. Zaspokajanie wszystkich kaprysów dziecka nie daje mu satysfakcji, sprawia natomiast, że staje się zachłanne.

Pracujący rodzice mogą być życzliwi i okazywać dziecku dużo czułości, ale mają też prawo być zmęczeni i mieć własne pragnienie. Muszą pamiętać, że nie należy codziennie obdarowywać dziecka prezentami, że powinni rozsądnie wydawać pieniądze i oczekiwać od dzieci grzeczności i szacunku. Innymi słowy, powinni zachowywać się tak samo jak ci rodzice, którzy swoimi pociechami zajmują się przez cały dzień. Nie tylko wyjdzie to dzieciom na zdrowie, ale też sprawi, że będą z przyjemnością spędzać czas w towarzystwie rodziców.

RÓŻNE RODZAJE OPIEKI

Niektórzy rodzice są w stanie tak ustalić godziny pracy, że przez większość czasu jedno z nich jest w domu, a na pozostałe godziny wynajmują opiekunkę. Jeśli takie rozwiązanie jest niemożliwe, można wybrać jeden z czterech rodzajów opieki dziennej: powierzenie dziecka jednemu z krewnych, wynajęcie niani, małe przedszkole rodzinne albo opiekę grupową. Każde z tych rozwiązań ma swoje wady i zalety.

Zmiana godzin pracy. Często najlepszym wyjściem jest ustalenie takich godzin pracy, żeby oboje rodzice mogli pracować na pełny etat, a zarazem przez większość czasu chociaż jedno z nich było w domu. Osoby zatrudnione w zakładach przemysłowych mogą czasem przenieść się na inną zmianę. Niektórzy pracodawcy akceptują nieregularne godziny pracy. Oczywiście rodzice muszą spędzać razem czas przeznaczony na sen i przynajmniej parę godzin z dzieckiem, kiedy nie śpi. Na parę pozostałych godzin można wynająć opiekunkę. Idealną osobą może być krewna, z którą rodzice dobrze się dogadują.

Inne rozwiązanie to rezygnacja jednego lub obojga rodziców z pełnoetatowej pracy na dwa–trzy lata, do czasu, gdy dziecko będzie mogło iść do żłobka lub przedszkola. Jest to oczywiście niemożliwe w wypadku tych rodzin, w których oboje rodzice muszą pracować, żeby sprostać wydatkom rodzinnym.

Opieka w domu (niania). Niektórzy pracujący rodzice angażują nianię, która opiekuje się dzieckiem w ich własnym domu. Jeżeli spędza ona z maluchem kilka godzin dziennie, może mieć niemal tak duży wpływ na rozwój jego osobowości jak rodzice. Dlatego trzeba znaleźć nianię, która okaże dziecku taką samą miłość, zainteresowanie i przychylność jak rodzice, a jednocześnie będzie potrafiła tak jak oni kontrolować jego zachowanie.

Najważniejsze jest usposobienie opiekunki. Powinna być czuła, wyrozumiała, swobodna, rozsądna i pewna siebie. (Oczywiście można też do opieki nad dzieckiem wynająć mężczyznę.) Powinna kochać dzieci i z przyjemnością spędzać z nimi czas, nie zadręczając ich jednocześnie nieustannym nagabywaniem. Powinna sprawować nad nimi kontrolę, nie uciekając się ciągle do strofowania i krytyki. Innymi słowy, powinna mieć z dziećmi dobry kontakt. Rozmowę z kandydatką dobrze jest przeprowadzić w obecności dziecka. Jej zachowanie więcej powie o stosunku do dziecka niż słowa. Unikajcie osób gniewnych, krytycznych, przesadnie drobiazgowych, bez poczucia humoru i rozmiłowanych w naukowych teoriach na temat wychowania dzieci.

Błędem często popełnianym przez rodziców jest szukanie przede wszystkim osoby z dużym doświadczeniem. To naturalne, że wolą zostawić dziecko z kimś, kto umie poradzić sobie z kolką czy krupem. Jednak choroby i skaleczenia to tylko epizody w życiu dziecka. Liczą się zwyczajne minuty i godziny każdego dnia. Doświadczenie nie szkodzi, jeśli towarzyszy mu właściwa osobowość, ale w przeciwnym razie znaczy niewiele.

Ważniejsze od doświadczenia są czystość i dokładność. Przygotowania mieszanki mlecznej dla niemowlęcia nie można powierzyć komuś, kto nie zrobi tego poprawnie. Należy jednak pamiętać, że wiele pozornie roztargnionych osób potrafi pracować bardzo starannie, gdy jest to istotne. Lepsza jest niania zbyt wyluzowana niż zbyt drobiazgowa.

Niektórzy rodzice szukają opiekunki z odpowiednim wykształceniem, ale nie jest ono tak istotne jak inne cechy, zwłaszcza w wypadku opieki nad małymi dziećmi. Inni boją się zatrudnić osobę, która słabo posługuje się ich językiem ojczystym. Jednak większości dzieci nie sprawia problemu fakt, że rodzice mówią do nich w innym języku niż niania. Jeżeli zajmie się ona dzieckiem przez dłuższy czas, być może uda mu się już w pierwszych latach życia nauczyć dwóch języków, co oczywiście będzie dla niego korzystne.

Niekiedy niedoświadczeni młodzi rodzice decydują się na kandydatkę, z której nie są do końca zadowoleni, ponieważ wydaje im się, że nikogo lepszego nie znajdą, albo imponują im jej naukowe wywody. Rodzice powinni szukać tak długo, aż znajdą osobę, która naprawdę im się spodoba.

Problemy z opiekunkami. Częsty problem polega na tym, że osoba sprawująca opiekę nad dziećmi faworyzuje najmłodsze z nich, zwłaszcza jeżeli urodziło się już po jej pojawieniu się w rodzinie. Zdarza się na przykład, że babcia nazywa malca „dzieckiem babuni". Jeżeli nie potrafi zrozumieć, jak szkodliwe jest takie postępowanie, powinna odejść. Protekcja szkodzi zarówno dziecku faworyzowanemu, jak pozostałym dzieciom.

Może też pojawić się często spotykana – i bardzo ludzka – obawa o to, czyje jest dziecko. Niektóre opiekunki próbują zmonopolizować opiekę nad dzieckiem, zepchnąć rodziców na drugi plan i pokazać, że wiedzą wszystko najlepiej. Robią to czasem zupełnie nieświadomie i trudno zmienić ich zachowanie. Z drugiej strony naturalna jest zazdrość rodziców, którzy widzą, jak dziecko obdarza opiekunkę uczuciem i staje się od niej zależne. Zaczynają być przez to nadmiernie krytyczni, a nawet traktować ją lekceważąco. Jeżeli opiekunka jest w miarę dobra, dziecko na pewno przywiąże się do niej i rodzice muszą się pogodzić z ukłuciami zazdrości. Powinni jednak uświadomić sobie swoje uczucia, uczciwie się do nich przyznać i zaakceptować sytuację.

Najistotniejsza dla opiekunów i rodziców jest więc umiejętność szczerego postawienia sprawy, wzajemnego wysłuchania swoich opinii i krytyki, omówienia problemów, szanowania zalet i dobrych intencji drugiej strony i współpraca dla dobra dziecka.

Krewni. To wspaniale, jeśli ktoś z rodziny – na przykład babcia albo dziadek – może się zająć dzieckiem. Jednak wszystkie opisane powyżej problemy odnoszą się do członków rodziny w takim samym stopniu jak do opiekunek, które nie są z rodziną spokrewnione. Każdy członek rodziny pomagający w opiece nad dzieckiem musi pamiętać, że to w y jesteście rodzicami i w a s z a opinia jest decydująca. Jeśli jesteście co do tego zgodni, powierzenie dziecka komuś z rodziny może być świetnym rozwiązaniem.

Ośrodki dziennej opieki. Ośrodki dziennej opieki zapewniają grupową opiekę nad dziećmi poza domem w czasie, gdy rodzice pracują, najczęściej pomiędzy 8.00 a 18.00. Niektóre są subsydiowane przez państwo lub firmy prywatne. Od takiego ośrodka można oczekiwać tego samego co od przedszkola: określonego programu edukacyjnego, wykwalifikowanych nauczycieli i profesjonalnego wyposażenia. Koncepcja ośrodków dziennej opieki nad dziećmi pojawiła się w Stanach Zjednoczonych w okresie drugiej wojny światowej, kiedy rząd federalny chciał zachęcić matki małych dzieci do pracy w przemyśle wojennym. Początkowo ośrodki te przeznaczone były głównie dla dzieci w wieku od dwóch do pięciu lat; obecnie często przyjmują też młodsze dzieci, w tym niemowlęta. Organizowane są także popołudniowe zajęcia dla przedszkolaków, pierwszo- i drugoklasistów.

Ośrodki dziennej opieki zazwyczaj działają przez cały rok. Oferują niezmienne, uporządkowane otoczenie i określony program edukacyjny, który możecie ocenić. Jednak ten rodzaj opieki jest kosztowny. Poza tym istnieje tendencja do częstych zmian kadrowych, więc prawdopodobnie waszym dzieckiem nie będzie się stale zajmować ta sama osoba. Placówki różnią się poziomem przygotowania pracowników, liczbą dzieci przypadających na jednego opiekuna i oczywiście jakością – podobnie jak w wypadku innych rodzajów opieki. Często są licencjonowane, a niekiedy akredytowane (patrz str. 276).

Domowe przedszkole. Małe przedszkola, w których opiekunka z jedną albo dwiema osobami do pomocy zajmuje się kilkorgiem dzieci u siebie w domu, są bardzo popularne. W Stanach Zjednoczonych dużo więcej dzieci korzysta z przedszkoli domowych niż z dużych ośrodków dziennej opieki. Przedszkole domowe może być bardziej praktyczne, tańsze i oferować bardziej elastyczne godziny. Mniejsza liczba osób i rodzinna atmosfera sprawiają, że małe dziecko czuje się w nim bezpieczniej. Zmiany kadrowe zazwyczaj nie stanowią problemu, więc dzieci mają szansę stworzenia ufnej więzi z jedną lub dwiema opiekunkami, co jest bardzo korzystne.

Z drugiej strony wiele przedszkoli domowych nie ma licencji ani akredytacji (patrz str. 276). Dlatego trudniej się upewnić, że przestrzegane są w nich podstawowe zasady bezpieczeństwa i higieny. Ponadto, jako że obecnych jest mniej dorosłych, większe jest ryzyko nadużyć lub zaniedbywania dzieci. Dlatego zdecydujcie się na oddanie dziecka do przedszkola domowego tylko wtedy, gdy macie całkowite zaufanie do osoby prowadzącej, a ona nie ma nic przeciwko temu, żebyście w dowolnej chwili odwiedzali przedszkole i zostawali tak długo, jak macie ochotę. Waszemu dziecku chodzenie do przedszkola powinno sprawiać przyjemność. Kiedy je odbieracie, opiekunka powinna powiedzieć wam, co dziecko robiło podczas waszej nieobecności.

Czy oddawanie dziecka do ośrodków dziennej opieki jest dla nich korzystne? W Stanach Zjednoczonych pytanie, czy dla bardzo małych dzieci taka forma opieki jest korzystna czy też szkodliwa, wzbudza ogromne kontrowersje. Niektórzy utrzymują, że przez pierwsze kilka lat życia dziecko nie powinno przebywać w grupie. Wyrażają obawy, że dzieci, które w pierwszych latach życia są otaczane opieką przez wiele osób, w późniejszym życiu będą miały trudności z nawiązywaniem relacji z ludźmi. Uważają też, że oddani rodzice są najlepszymi nauczycielami.

Zwolennicy opieki dziennej odpowiadają, że istnieje wiele dobrych metod wychowywania małych dzieci. Przytaczają przykłady kultur, w których niemowlętami zajmuje się rodzeństwo i dalsza rodzina, bez widocznych złych skutków. Przypominają, że żadne badania nie potwierdziły szkodliwego wpływu dobrej dziennej opieki na rozwój emocjonalny dziecka. Wysyłając swoją latorośl do żłobka, pracujący rodzice nie powinni niesłusznie obwiniać się o to, że ją krzywdzą. Niemowlęta to stworzenia dość odporne i nie ma powodu, dla którego opieka dzienna wysokiej jakości miałaby być dla nich szkodliwa. Dzieciom potrzebni są oddani im dorośli, niezależnie od tego, czy jest to samotna matka lub ojciec czy też grupa opiekunów w przedszkolu. Liczy się stałość związków emocjonalnych, a tę może im zapewnić tak dom, jak i dobry żłobek czy przedszkole.

Co więcej, skrupulatnie przeprowadzane badania wykazują, że opieka dzienna wysokiej jakości – w małych grupach doglądanych przez starannie dobranych, wykwalifikowanych nauczycieli – nie szkodzi większości dzieci. Kontakt z troskliwymi dorosłymi i innymi dziećmi w bezpiecznym, dostarczającym wielu bodźców otoczeniu rozwija ciekawość świata i pomaga w uczeniu się. Jeżeli jednak grupy są duże, a nauczycielom brak odpowiedniego przygotowania, skutki mogą być odwrotne do zamierzonych. Szczególnie godzien uwagi jest jeden wniosek: dzieci korzystające przez dłuższy czas z dziennej opieki często bardziej interesują się rówieśnikami niż dorosłymi i chętniej nawiązują z nimi kontakty. Ponadto niektórzy chłopcy zachowują się bardziej agresywnie. Dzieci pozostające w domu są bardziej zorientowane na dorosłych, a mniej na rówieśników. Czy różnice te wpływają na późniejsze funkcjonowanie dziecka w szkole,

a ich skutki są widoczne również w dorosłym życiu? Tego nikt nie wie.

Wszyscy są zgodni, że niezwykle istotna dla dobra dziecka jest jakość dziennej opieki. Niezbędna jest przychylna, kształcąca, stymulująca, konsekwentna opieka, którą może zapewnić jedynie dobrze wykwalifikowany, stały zespół w placówce, która dysponuje odpowiednimi funduszami. Niestety, żłobków i przedszkoli o tak wysokim standardzie jest stanowczo za mało, a te nieliczne są zbyt drogie dla przeciętnej rodziny. Jedynym rozwiązaniem jest wywieranie na władze lokalne i państwowe stałego nacisku w celu wspierania wysokiej jakości programów opieki nad dziećmi.

Opieka nad dzieckiem wymaga współpracy opiekunów. Wszyscy dorośli zajmujący się dzieckiem powinni ze sobą współpracować. Rodzice i opiekunowie muszą dzielić się informacjami i wzajemnie wspierać. Jeśli danego dnia w przedszkolu wasze dziecko ciężko pracowało nad opanowaniem jakiejś umiejętności – na przykład rysowania kredkami – powinniście dowiedzieć się o tym, odbierając je wieczorem. Jeśli zaś dziecko w nocy wielokrotnie budziła burza z piorunami, powinniście rano powiedzieć o tym przedszkolance.

Kiedy byłem młodym lekarzem studiującym rozwój dziecka, wielu ważnych lekcji udzielili mi nauczyciele ze żłobka, do którego uczęszczała moja córeczka. Dokładałem starań, żeby codziennie rano albo wieczorem spędzić w żłobku piętnaście, dwadzieścia minut, siedząc na podłodze z nauczycielami i dziećmi. Dużo nauczyłem się o wychowywaniu dzieci, obserwując tych doskonałych profesjonalistów w akcji. Jeśli uda się wam nawiązać z opiekunami dziecka relacje oparte na współpracy i wzajemnym szacunku, skorzysta na tym nie tylko dziecko, ale i wy.

WYBÓR RODZAJU OPIEKI

Lista możliwości. Przede wszystkim sporządźcie listę żłobków i przedszkoli znajdujących się w waszej okolicy. Najpierw popytajcie przyjaciół, czy mogą wam polecić jakąś placówkę, z którą mieli styczność. Dzięki witrynie internetowej Child Care Aware (www.childcareaware.org) amerykańscy rodzice mogą znaleźć lokalne organizacje zajmujące się problemami opieki dziennej, które pomogą im dokonać wyboru. Dysponują one adresami placówek zajmujących się opieką nad dziećmi, a także informacjami o licencjach i akredytacjach, rozmiarach grup oraz innych ważnych aspektach opieki.

Telefony i odwiedziny. Zadzwońcie do placówek wymienionych na waszej liście i sprawdźcie, czy odpowiada wam ich oferta. Poproście o nazwiska i numery telefonów rodzin, które zgodziły się udzielić referencji. Zadzwońcie do nich i wypytajcie o szczegóły opieki, w tym stosunek do kar cielesnych i innych sposobów wprowadzania dyscypliny. Odwiedźcie wybrane żłobki lub przedszkola i sprawdźcie, czy stosunek opiekunów do dzieci jest ciepły i motywujący, czy dzieci znajdują się cały czas pod kontrolą i czy są bezpieczne, czy zajęcia są odpowiednie do poziomu rozwoju dzieci. Czy dzieci są odprężone? Czy ufają nauczy-cielom i zwracają się do nich o pomoc? Czy współpracują z innymi dziećmi i czy często się biją? Dobre stosunki między dziećmi są odzwierciedleniem dobrych stosunków między dziećmi a nauczycielami.

Regularnie odwiedzajcie wybraną placówkę. Niezapowiedziane wizyty w ciągu dnia upewnią was, że wszystko jest w porządku. Rodzice powinni być w żłobku czy w przedszkolu mile widziani, a wizyty dozwolone o każdej porze.

Licencjonowanie i akredytacja. Licencjonowany żłobek lub przedszkole zapewnia poziom bezpieczeństwa wymagany przez państwo. Placówki licencjonowane muszą na przykład spełniać określone normy dotyczące bezpieczeństwa w razie pożaru i ograniczania zakażeń. Żeby uzyskać akredytację, placówka musi spełniać bardziej rygorystyczne normy dotyczące jakości opieki, w tym przygotowania personelu, rozmiaru grup, wielkości pomieszczeń, wyposażenia i zajęć edukacyjnych. Osoba wysoko wykwalifikowana ma większe szanse zrozumieć potrzeby waszego dziecka i zareagować na nie w sposób najkorzystniejszy dla jego rozwoju. Akredytację zapewniają w Stanach Zjednoczonych organizacje państwowe, takie jak National Association for the Education of

Maksymalna liczebność dzieci grupach

Wiek dziecka	Maksymalna liczba dzieci na jednego dorosłego	Maksymalna liczba dzieci w jednej grupie
Niemowlęta (od urodzenia do 12 miesięcy)	4	8
Małe dzieci (12 do 24 miesięcy)	4 lub 5	12 (z 3 opiekunami) lub 10 (z 2 opiekunami)
Dwulatki (24 do 30 miesięcy)	6	12
Dwuipółlatki (30 do 36 miesięcy)	7	14
Trzy-, cztero- i pięciolatki	10	20
Dzieci w zerówce	12	24
Dzieci w wieku od 6 do 12 lat	15	30

Young Children (Państwowe Stowarzyszenie Kształcenia Małych Dzieci). Więcej informacji o licencjach, akredytacjach i ogólnie opiece nad dziećmi można uzyskać z witryn internetowych www.naeyc.org i www.childcareaware.org

Wielkość grup. Jedną z najważniejszych cech wysokiej jakości placówki opiekuńczej jest to, że każde dziecko jest otaczane indywidualną opieką. W tym celu grupy czy klasy nie mogą być zbyt duże, a jeden dorosły nie może być odpowiedzialny za zbyt wiele dzieci. Im mniejsze dzieci, tym więcej uwagi trzeba im poświęcać. National Association for the Education of Young Children zaleca następującą maksymalną liczebność grup (patrz str. 276).

ZAJĘCIA POZASZKOLNE

Po ukończeniu szóstego roku życia, a w jeszcze większym stopniu po ukończeniu ośmiu lat, dzieci dążą do niezależności i czerpią z niej przyjemność. W poszukiwaniu autorytetów i towarzystwa zwracają się do innych dorosłych niż rodzice, zwłaszcza do dobrych nauczycieli, oraz do innych dzieci. Chociaż przez całe godziny potrafią zajmować się same sobą, nie potrzebując wsparcia osoby dorosłej, korzystna jest dla nich świadomość, że mają swoje miejsce, zwłaszcza po szkole. Sąsiad lub sąsiadka może zająć się dzieckiem do powrotu jednego z rodziców z pracy. Popołudniowe zajęcia w świetlicy są korzystne dla wszystkich dzieci, zwłaszcza zaś dla tych, których rodzice pracują.

Dzieci z kluczem na szyi. Z braku dobrych i niedrogich świetlic miliony amerykańskich dzieci popołudnia spędzają samotnie. Po lekcjach wracają do domu, własnym kluczem otwierają sobie drzwi i same zajmują się sobą do powrotu rodziców z pracy.

Odpowiedzialne, niezależne dziecko może samo się sobą zaopiekować, jeżeli czuje się bezpieczne i ma się czym zająć. Staranne planowanie doda pewności siebie i rodzicom, i dzieciom. Te ostatnie muszą wiedzieć, w jaki sposób w razie potrzeby skontaktować się z rodzicami i do kogo zwrócić się o pomoc w nagłym wypadku. Trzeba dać im wyraźne instrukcje bezpiecznego postępowania w niektórych sytuacjach, na przykład co powiedzieć, odbierając telefon albo gdy ktoś zapuka do drzwi. Muszą wiedzieć, co im wolno – na przykład jak długo mogą oglądać telewizję – a co jest zabronione.

Choć mogłoby się wydawać, że starsze dzieci lepiej niż maluchy potrafią się o siebie zatroszczyć, nie zawsze jest to prawda. Nastolatki, które dużo czasu spędzają bez nadzoru, częściej robią rzeczy ryzykowne, na przykład palą papierosy, biorą narkotyki, piją alkohol i uprawiają seks. Nastolatki (tak samo jak dwulatki) często lepiej się czują, jeśli wyznaczy się im stanowcze granice, pomimo iż reagują protestem.

OPIEKUNKI DOCHODZĄCE

Dochodząca opiekunka do dziecka może być dobrodziejstwem dla rodziców i pomóc dziecku w osiągnięciu niezależności, jednak zarówno wy, jak i wasze dziecko powinniście ją dobrze znać. Załóżmy, że jest to kobieta (choć nie ma powodu, żeby nie zatrudnić w tej roli mężczyzny). Jeśli chodzi o nocną opiekę nad dzieckiem, które się nie budzi, wystarczy, że będzie to osoba rozsądna i solidna. Jednak w przypadku dzieci, które regularnie budzą się w nocy, opiekunka musi być osobą znaną i lubianą przez dziecko. Większość dzieci reaguje strachem, obudziwszy się w obecności nieznajomego.

Szukając dobrej opiekunki lub solidnej agencji pośredniczącej, możecie poprosić o rekomendację znajomych, których opinii ufacie. Obserwujcie postępowanie opiekunki w stosunku do waszych dzieci i upewnijcie się, że rozumie i kocha dzieci i potrafi poradzić sobie z nimi uprzejmie i stanowczo. Postarajcie się najpierw zaangażować ją kilka razy, kiedy jesteście w domu. Maluchy będą dzięki temu miały okazję oswoić się z nią, zanim sama zaczynie się nimi zajmować. Najlepiej byłoby korzystać z usług tylko jednej lub dwóch opiekunek.

Żeby uniknąć nieporozumień, warto założyć stały zeszyt dla opiekunki. Należy w nim zapisać rozkład dnia dziecka, prośby i pytania, które może zadać (jego własnymi słowami), numer telefonu lekarza i sąsiada, do którego można zadzwonić w nagłym wypadku, kiedy jesteście nieosią-

galni, porę spania, czym opiekunka może się poczęstować, gdzie znajdzie pościel, piżamki i inne potrzebne rzeczy, jak włączyć i wyłączyć ogrzewanie. Przede wszystkim jednak opiekunka musi być osobą, którą znacie i której dziecko ufa.

Wiek opiekunki. Dojrzałość i osobowość liczą się bardziej niż wiek. Zdarzają się czternastolatki wystarczająco zaradne i godne zaufania, choć nie byłoby w porządku oczekiwać tak wiele od większości dzieci w tym wieku. Dorośli natomiast mogą się okazać niesolidni, szorstcy i nieudolni. Niektóre starsze osoby mają smykałkę do zabawiania maluchów, inne są za mało elastyczne lub nerwowe, żeby się dostosować do obcego dziecka. W wielu miejscowościach Stanów Zjednoczonych Czerwony Krzyż lub lokalne szpitale organizują kursy dla opiekunek, uczące między innymi zasad bezpieczeństwa i udzielania pierwszej pomocy. Dobrym pomysłem jest wybranie opiekunki, która ukończyła taki kurs. W przypadku młodej osoby – na przykład licealistki – uspokajająca jest świadomość, że jej rodzice są w domu i w sytuacji naprawdę kryzysowej będą mogli przyjść jej z pomocą.

DYSCYPLINA

CZYM JEST DYSCYPLINA

Dyscyplina to nie to samo co kara.
Większość ludzi używając słowa „dyscyplina", ma na myśli wymierzanie kar. Choć kary stanowią część dyscypliny (oby jak najmniejszą), na nich się nie kończy.

Słowo „dyscyplina" pochodzi od łacińskiego *discipulus*, czyli „uczeń". Właściwym celem dyscypliny jest n a u c z e n i e dziecka, jak się zachowywać zgodnie z zasadami, których przestrzegania oczekuje od niego społeczeństwo i dzięki którym wyrośnie na człowieka aktywnego społecznie i mającego poczucie spełnienia.

Oczywiście można wprowadzić rygorystyczny system nagród i kar, pod wpływem którego dzieci – jak małe robociki – przez większość czasu będą idealnie posłuszne. Jednak jaki wpływ wywrze taki system na osobowość dziecka, jego samoocenę, jego szczęście, jego uczucia do ludzi?

Z drugiej strony dziecko, którego każda zachcianka jest zaspokajana, a każdy uczynek – dobry czy zły – nagradzany pochwałami, może do pewnego stopnia czuć się szczęśliwe, ale większość ludzi dobrowolnie nie zbliży się do niego na odległość trzech metrów.

Stoicie więc przez niezwykle trudnym zadaniem, jakim jest nauczenie dziecka zasad akceptowanego społecznie zachowania, ale nigdy kosztem jego wiary w siebie i optymizmu.

Surowość czy łagodność? Dla wielu młodych rodziców jest to zasadnicze pytanie. Większość z nich po pewnym czasie znajduje złoty środek, niektórzy jednak stale borykają się z tym problemem, niezależnie od tego, ile mają doświadczenia.

Stosowanie łagodnych metod wychowawczych nazywa się niekiedy permisywizmem. Słowo to różni ludzie różnie rozumieją. Dla niektórych oznacza po prostu swobodny, wyrozumiały styl kierowania zachowaniem dziecka; dla innych – niemądre zaspokajanie wszelkich jego zachcianek, pozwalanie mu na wszystko i dawanie mu wszystkiego, czego zapragnie.

Wybór pomiędzy surowością a łagodnością nie jest najważniejszy. Kochający rodzice, którzy w razie potrzeby nie obawiają się okazać stanowczości, mogą osiągnąć dobre rezultaty zarówno za pomocą umiarkowanej surowości, jak i umiarkowanej łagodności. Z drugiej strony tak surowość wypływająca z nieprzyjaznych uczuć, jak nadmierna pobłażliwość, podszyta strachem i niepewnością, może przynosić kiepskie rezultaty. W gruncie rzeczy ważne jest to, w jakim duchu rodzice kierują zachowaniem dziecka i jaką postawę mu wpajają.

Postępujcie zgodnie ze swoimi przekonaniami. Rodzice z natury skłaniający się ku surowości prawdopodobnie tak właśnie powinni wychowywać swoje dzieci. Umiarkowana surowość – wymaganie dobrych manier, natychmiastowego wykonywania poleceń i utrzymywania porządku – nie szkodzi dzieciom, jeżeli wzrastają w szczęśliwej i przyjaznej atmosferze, a rodzice są dla nich dobrzy. Surowość jest szkodliwa, gdy rodzice są despotyczni, szorstcy, nieustannie wyrażają swoją dezaprobatę i nigdy nie biorą poprawki na wiek i osobowość dziecka. Dzieci wychowywane przez nich staną się albo uległe i bezosobowe, albo nieżyczliwe i małoduszne.

Rodzice skłaniający się ku pobłażliwości, nie przejmujący się brakiem manier, jesli dziecko generalnie jest przyjaźnie nastawione, i nieszczególnie wymagający pod względem punktualności czy czystości, również mogą wychować swoje pociechy na ludzi uczynnych i liczących się z uczuciami innych, jeżeli nie wahają się

okazać stanowczości w sprawach, które są dla nich naprawdę ważne.

Kiedy nadmierna pobłażliwość prowadzi do problemów wychowawczych, przyczyną zazwyczaj nie są zbyt niskie wymagania, tylko fakt, że rodzice prośby swoje wyrażają nieśmiało i z poczuciem winy, albo nieświadomie zachęcają dziecko do przejęcia kontroli nad całą rodziną.

Rodzice nie są pewni, wymagając od dzieci właściwego zachowania – ponieważ opacznie zrozumieli teorie o pozwalaniu dziecku na autoekspresję, z natury są skłonni do poświęceń albo się boją, że dzieci nie będą ich lubić – zazwyczaj mają też do swych latorośli pretensje, że są niegrzeczne. Ciągle się denerwują, nie wiedząc, jak zareagować. Również ich dzieci czują się nieswojo. Mają poczucie winy i boją się, a jednocześnie stają się coraz bardziej złośliwe i wymagające. Na przykład maluchy, którym spodobało się późne chodzenie spać, a rodzice nie mają odwagi

🏛 KLASYCZNY SPOCK

Problem permisywizmu. Choć oskarżano mnie o permisywizm, ja sam wcale nie uważam się za permisywistę, i to samo mówią osoby, które z mojej książki korzystały i z którymi na ten temat rozmawiałem. Natomiast wszyscy, którzy oskarżają mnie o permisywizm, przyznają, że książki nie przeczytali i nigdy by z niej nie skorzystali. Oskarżenia te pojawiły się po raz pierwszy w roku 1968, dwadzieścia dwa lata po ukazaniu się pierwszego wydania, a ich autorem był znany duchowny, który gorąco oponował przeciw mojej krytyce wojny w Wietnamie. Powiedział, że ponieważ radziłem rodzicom, żeby „natychmiast spełniać życzenia" niemowląt i dzieci, wyrosły one na nieodpowiedzialnych, niezdyscyplinowanych, niepatriotycznych młodych ludzi, sprzeciwiających się zaangażowaniu ich kraju w wojnę w Wietnamie. W mojej książce nie zalecam natychmiastowego spełniania życzeń. Zawsze doradzałem rodzicom, żeby szanując dziecko, żądali szacunku w zamian, żeby stanowczo i jasno kierowali jego zachowaniem i oczekiwali od niego współpracy i grzeczności.

im tego zabronić, mogą stać się nieprzyjemnymi tyranami, całymi godzinami nie pozwalającymi mamie i tacie zasnąć. Naturalnie rodzice nie znoszą, gdy się ich tyranizuje. Jeśli nauczą się swoje oczekiwania wyrażać stanowczo i konsekwentnie, będą zdumieni, jak szybko dzieci staną się posłuszne, a oni sami lepiej się poczują.

Innymi słowy, na dłuższą metę uczucia rodziców do dzieci nie będą w pełni pozytywne, jeśli nie uda im się skłonić ich do odpowiedniego zachowania, a dzieci nie będą szczęśliwe, jeśli nie będą się odpowiednio zachowywać.

Rodzice, którzy unikają dyscyplinowania dziecka. Czasem jedno z rodziców próbuje uniknąć kierowania zachowaniem dziecka i kontrolowania go (choć nie przeszkadza im to bawić się z nim), wprowadzanie dyscypliny pozostawiając mężowi lub żonie. Matki, którym brak pewności siebie, często rozwiązują problemy wychowawcze słowami: „Tylko poczekaj, aż ojciec wróci do domu!" Zdarza się, że to ojciec chowa się za gazetę albo udaje, że ogląda telewizję, gdy w domu nastąpi sytuacja kryzysowa. Niektórzy z nich na wyrzuty małżonki odpowiadają, że nie chcą, by dzieci żywiły do nich urazę. Wolą być z nimi na stopie koleżeńskiej. Dobrze jest, gdy rodzice są przyjaźnie nastawieni i bawią się z pociechami, ale dzieci potrzebują rodziców, którzy postępują jak rodzice. Będą w życiu miały wielu przyjaciół, ale tylko jedną mamę i jednego tatę.

Kiedy rodzice boją się pokierować zachowaniem dzieci lub robią to niechętnie, dzieci czują się zawiedzione. Tak jak winorośl, potrzebują oparcia, żeby się rozwijać. Gdy rodzice są niezdecydowani i w żadnej sprawie nie okazują stanowczości, dziecko wciąż sprawdza, jak daleko może się posunąć, utrudniając życie sobie i rodzicom, aż ci ostatni w końcu dadzą się

sprowokować do wymierzenia kary. Potem najczęściej jest im wstyd i znów ustępują z pola walki.

Ojciec unikający dyscyplinowania zmusza żonę, by robiła to za nich oboje, ale i tak nie udaje mu się stworzyć z dzieckiem związku opartego na przyjaźni. Dzieci wiedzą, że niegrzeczność drażni dorosłych. Kiedy mają do czynienia z ojcem, który udaje, że jej nie dostrzega, czują się nieswojo. Mogą sobie wyobrażać, że ukrywa gniew dużo silniejszy niż w rzeczywistości. Niektóre obawiają się go bardziej, niż gdyby uczestniczył w kierowaniu ich zachowaniem i wyrażał swoje rozdrażnienie otwarcie. Miałyby wtedy szansę nauczyć się, co wywołuje jego niezadowolenie i jak sobie z nim poradzić. Przekonałyby się, że są w stanie je przetrwać. Dałoby im to poczucie bezpieczeństwa, tak jak wtedy, gdy pokonują strach i uczą się jeździć na rowerze albo pływać.

Zamieszanie w kwestii dyscypliny. W tradycyjnych społeczeństwach, w których dzieci wychowuje się tak samo od pokoleń, większość rodziców nie ma wątpliwości, jak postępować z dziećmi i jak je dyscyplinować. Tymczasem w Stanach Zjednoczonych teorie wychowawcze zmieniają się tak szybko, że wielu rodziców jest zdezorientowanych. Do wielu zmian przyczyniła się nauka. W ubiegłym wieku psychologowie, psychiatrzy i inni naukowcy dokonali wielu ważnych odkryć w zakresie psychologii dziecka. Stwierdzili na przykład, że najbardziej ze wszystkiego dzieci potrzebują miłości rodziców; że przez nikogo nie zachęcane ciężko pracują, żeby stać się dorosłymi i odpowiedzialnymi ludźmi; że te, które sprawiają najwięcej kłopotów, często cierpią na brak miłości, nie na brak kar; że gorliwie się uczą, jeśli metody nauczania są dostosowane do ich wieku, a nauczyciele wyrozumiali; że zazdrość o rodzeństwo i złość na rodziców są do pewnego stopnia naturalne; że dziecinne zainteresowanie fizjologią człowieka i pewnymi aspektami seksu jest normalne; że ostre tłumienie uczucia gniewu i zainteresowania seksem może prowadzić do nerwic; że myśli nieświadome mają na nas równie duży wpływ jak myśli świadome; że każde dziecko jest indywidualnością i należy mu na to pozwolić.

Dziś wszystko to brzmi trywialnie, ale kiedyś były to przełomowe odkrycia, często sprzeczne z wielowiekowymi przekonaniami. Nie można zmienić tylu opinii o naturze i potrzebach dzieci, nie wprawiając przy tym nikogo w konsternację. Najmniej zagubieni byli rodzice, którzy mieli szczęśliwe dzieciństwo. Nowe idee mogły ich zainteresować, ale kiedy przyszło do wychowywania dzieci w praktyce, postępowali mniej więcej tak samo jak kiedyś ich rodzice. Dorastanie w szczęśliwej rodzinie to naturalny sposób uczenia się, jak wychowywać dzieci.

Współczesne teorie wychowawcze przysparzają kłopotów tym rodzicom, którzy nie są zadowoleni ze sposobu, w jaki byli wychowywani. Wielu odczuwa jednocześnie rozżalenie i wyrzuty sumienia na myśl o napiętych stosunkach ze swoimi rodzicami. Nie chcą, żeby ich dzieci myślały tak samo o nich, więc są otwarci na nowe idee. Jednak często doszukują się w nich znaczeń, które nie były intencją naukowców. Mogą na przykład założyć, że dzieci potrzebują tylko i wyłącznie miłości, że nie trzeba ich do niczego zmuszać, że należy im pozwolić na swobodne wyrażanie złości na rodziców i inne osoby, że kiedy coś idzie źle, winę ponoszą rodzice, że kiedy dzieci są niegrzeczne, rodzice nie powinni unosić się gniewem i karać ich, tylko okazać im jeszcze więcej miłości.

Jeśli próbuje się wszystkie te błędne przekonania realizować, życie jest nie do zniesienia. Dzieci stają się wymagające i nieprzyjemne, a przy tym borykają się z wyrzutami sumienia z powodu złego zachowania. Rodzice starają się zachować nadludzką cierpliwość. Kiedy dziecko jest niegrzeczne, przez pewien czas tłumią gniew, ale w końcu wybuchają. Potem czują się winni i zakłopotani, co prowadzi do kolejnych złych zachowań ze strony dziecka.

Niektórzy rodzice – choć sami są ludźmi niezwykle kulturalnymi – pozwalają, żeby dzieci zachowywały się okropnie, nie tylko wobec nich, ale też wobec osób postronnych. Można odnieść wrażenie, że nie widzą, co się dzieje. Uważna obserwacja wykazuje, że niektórzy z nich jako dzieci zawsze byli zmuszani do idealnego zachowania i tłumienia wszelkich negatywnych uczuć. Teraz odczuwają niejaką przyjemność, pozwalając swoim pociechom wyrazić całą złość, którą musieli powściągać, kiedy byli w ich wieku. Cały czas utrzymują przy tym, że postępują zgodnie z najlepszymi nowoczesnymi teoriami wychowawczymi.

Poczucie winy rodziców prowadzi do problemów z dyscypliną. W wielu sytuacjach rodzicom zdarza się odczuwać wyrzuty sumienia w stosunku do swojej pociechy. Niektóre przypadki są oczywiste: matka powracająca do pracy, choć nie ma pewności, czy nie jest to jednoznaczne z zaniedbywaniem dziecka; rodzice dziecka upośledzonego fizycznie albo umysłowo; rodzice dziecka adoptowanego, przekonani, że zasługuje ono na nadludzkie wysiłki z ich strony; rodzice w dzieciństwie tak często krytykowani, że teraz zawsze czują się winni, jeśli nie są w stanie udowodnić swojej niewinności; rodzice, którzy studiowali psychologię, znają czyhające na nich pułapki i uważają, że muszą się spisać lepiej niż inni.

Niezależnie od przyczyny, wyrzuty sumienia przeszkadzają w wychowywaniu dziecka. Rodzice mają tendencję do stawiania zbyt niskich wymagań swym latoroślom, a zbyt wysokich sobie. Często się starają zachować anielski spokój, choć ich cierpliwość dawno się wyczerpała, a dziecko wyraźnie wymyka się spod kontroli i bezwzględnie należy je przywołać do porządku. Wahają się wtedy właśnie, gdy malec najbardziej potrzebuje silnej ręki.

Dziecko, tak jak dorosły, doskonale wie, że posuwa się za daleko, nawet kiedy rodzice przymykają na to oczy. Czuje się winne. Chciałoby, żeby ktoś je powstrzymał. Jeśli tak się nie stanie, prawdopodobnie jego zachowanie pogorszy się, jakby dziecko pytało: „Jak bardzo niegrzeczny muszę być, żeby ktoś mnie powstrzymał?"

W końcu cierpliwość rodziców się wyczerpuje i ulegają prowokacji, krzyczą na dziecko lub karzą je. Wraca spokój. Jednak dręczeni wyrzutami sumienia rodzice wstydzą się, że poniosły ich nerwy. Zamiast zostawić sprawy swojemu biegowi, próbują cofnąć karę albo pozwalają, żeby dziecko zemściło się na nich. Być może pozwalają mu na niegrzeczność podczas odbywania kary, być może przerywają karę w połowie albo udają, że nie widzą, gdy dziecko znów się źle zachowuje. Zdarza

się nawet, że dziecko samo nie próbuje się mścić, więc rodzice zaczynają subtelnie je do tego prowokować – oczywiście nie zdając sobie z tego sprawy. Może się wam to wydawać skomplikowane lub nienaturalne. Jeśli nie potraficie sobie wyobrazić, że moglibyście dziecku na wszystko pozwalać albo – co gorsza – zachęcać je do niegrzeczności, oznacza to tylko tyle, że nie macie problemu z poczuciem winy. A jednak nie jest to rzadki problem. Wielu wzorowych rodziców sporadycznie pozwala, by dziecko wymknęło im się spod kontroli, kiedy czują, że byli w stosunku do niego niesprawiedliwi lub zaniedbywali je, ale większość szybko odzyskuje równowagę. Jednak gdy mama albo tata mówi: „Drażni mnie wszystko, co to dziecko robi albo mówi", to dość pewny znak, że mają nadmierne wyrzuty sumienia, są zbyt ulegli i pobłażliwi, a dziecko reaguje na to bezustannymi prowokacjami. Tak irytujące zachowanie nie może być przypadkowe.

Jeśli rodzicom uda się ustalić, w jakich sferach są zbyt pobłażliwi, i zacząć stosować bardziej stanowcze metody wychowawcze, mogą z radością stwierdzić, że ich dziecko nie tylko lepiej się zachowuje, ale też jest dużo szczęśliwsze. Okazują mu więcej miłości, a ono ją odwzajemnia.

KARY

Czy kary są konieczne? Wielu dobrych rodziców uważa, że raz na jakiś czas muszą dzieci ukarać. Inni radzą sobie, nie uciekając się do kar. Dużo zależy od tego, jak sami byli wychowywani. Jeśli sporadycznie byli karani, gdy na to zasłużyli, naturalnie uważają, że w podobnej sytuacji należy dziecko karać. Jeśli rodzice trzymali ich w ryzach, pozytywnie kierując ich zachowaniem, prawdopodobnie im również bę-

dzie odpowiadać ten styl wychowywania dzieci.

Niegrzecznych dzieci jest sporo. Rodzice niektórych często stosują kary, rodzice innych – nigdy. Dlatego nie możemy powiedzieć, że kary zawsze są skuteczne albo że przeciwnie, to ich brak zawsze daje dobre rezultaty. Wszystko zależy od ogólnej dyscypliny wprowadzonej przez rodziców.

Zanim omówimy szczegółowo problem kar, musimy zdać sobie sprawę, że nigdy nie powinny one stanowić głównego elementu dyscypliny – mają tylko przypominać, że rodzice traktują swoje słowa poważnie. Wszyscy widujemy dzieci często karane, a mimo to nieposłuszne.

Głównym źródłem dobrej dyscypliny jest dorastanie w kochającej rodzinie, bycie kochanym i uczenie się odwzajemniania miłości. Zwykle staramy się być dobrzy i pomocni, ponieważ lubimy ludzi i chcemy, żeby oni także obdarzali nas sympatią. (Wielu zatwardziałych kryminalistów to osoby, które w dzieciństwie nigdy nie były wystarczająco kochane. Wielu z nich maltretowano i wielu było świadkami przemocy.) Około trzecich urodzin dzieci stopniowo przestają zagarniać dla siebie wszystkie zabawki i zaczynają się nimi dzielić, nie dzięki ciągłym przypomnieniom rodziców – choć one także mogą pomóc – ale dlatego, że w wystarczającym stopniu rozwinęły się ich uczucia w stosunku do innych dzieci i wspólna zabawa sprawia im przyjemność.

Kolejny istotny element to gorące pragnienie dzieci, żeby jak najbardziej upodobnić się do rodziców. Pomiędzy trzecim a szóstym rokiem życia najbardziej zależy im na grzeczności, uprzejmości i odpowiedzialności. Bardzo poważnie traktują opiekowanie się lalkami, zabawę w dom i chodzenie do pracy, bo to właśnie robią ich rodzice.

Stanowczość i konsekwencja. Zadaniem rodziców jest stanowcze i konsekwentne kierowanie dziecka na właściwą drogę. Choć dzieci uczą się kultury osobistej głównie poprzez miłość i naśladownictwo, rodzicom i tak zostaje dużo do zrobienia. Używając pojęć z dziedziny motoryzacji, można powiedzieć, że dziecko uruchamia silnik, ale prowadzą rodzice.

Niektóre dzieci są trudniejsze niż inne – bardziej aktywne, impulsywne, uparte – i dopilnowanie, żeby nie zboczyły z właściwej drogi, wymaga większego wysiłku.

Dzieci zazwyczaj mają dobre chęci, ale potrzebują przewodnika. Rodzice muszą powtarzać im: „Przechodząc przez ulicę, trzymamy się za ręce"; „Nie możesz się tym bawić, mógłbyś zrobić komuś krzywdę"; „Podziękuj pani sąsiadce"; „Chodźmy już do domu, mam dla ciebie na obiad niespodziankę"; „Musimy tu zostawić pociąg, to jest pociąg Harry'ego i on chce się nim bawić"; „Już czas iść spać, żebyś urosła duża i silna" i tak dalej, i tak dalej.

Efekty zależą od tego, czy rodzice są w miarę konsekwentni (nikt nie jest konsekwentny w stu procentach), czy swoje słowa traktują poważnie (a nie tylko narzekają) oraz czy wydają polecenia i zakazy, ponieważ istnieje ku temu ważny powód (a nie tylko dlatego, że mają ochotę sobie porządzić).

Kiedy kara ma sens? Nie można siedzieć i przyglądać się, jak małe dziecko coś niszczy, a potem go za to karać. Do kary można się uciec sporadycznie – jeśli w ogóle – kiedy stanowczość przestaje wystarczać.

Kara jest skuteczna, jeśli wywołuje zamierzony efekt bez szkodliwych skutków ubocznych. Jeśli ukarane dziecko złości się, buntuje i zachowuje jeszcze gorzej niż dotychczas, kara najwyraźniej nie działa. Jeśli dziecko jest zrozpaczone, prawdopodobnie jest zbyt surowa. Każde dziecko reaguje nieco inaczej.

Zdarza się, że dziecko przypadkiem lub przez nieuwagę stłucze talerz albo podrze spodnie. Jeśli dobrze układają mu się stosunki z rodzicami, jest tak samo nieszczęśliwe jak oni i niepotrzebna jest dodatkowa kara. Być może będziecie je nawet musieli pocieszyć. Karanie malca, który żałuje swojego postępku, może uciszyć jego wyrzuty sumienia i nastawia go obronnie.

Jeśli starsze dziecko ciągle bawi się talerzami i tłucze je, sprawiedliwym wyjściem może być nakazanie mu odkupienia ich z kieszonkowego. W dziecku powyżej szóstego roku życia rozwija się poczucie sprawiedliwości; będzie potrafiło dostrzec, że kara jest zasłużona. Jednak w wypadku młodszych dzieci lepiej oszczędnie korzystać z legalistycznych kar typu „a teraz musisz ponieść konsekwencje", a w ogóle nie należy ich stosować, jeśli dziecko nie ukończyło jeszcze trzech lat. Nie chcecie przecież wzbudzić w malcu ogromnego poczucia winy. Waszym zadaniem jest uchronienie go od pakowania się w tarapaty, a nie występowanie w roli surowego sędziego po fakcie.

Za wszelką cenę unikaj gróźb. Groźby osłabiają dyscyplinę. Może się wydawać, że powiedzenie: „Jeśli będziesz jeździł po ulicy, zabiorę ci rower", jest rozsądne. Jednak w pewnym sensie jest to wyzwanie – przyznajecie w ten sposób, że dziecko może nie posłuchać. Jeśli z doświadczenia wie, że nie rzucacie słów na wiatr, większe wrażenie wywrze na nim stanowczy zakaz jeżdżenia po ulicy. Z drugiej strony, jeśli wiecie, że konieczne może się okazać zastosowanie surowej kary, na przykład odebranie na kilka dni ukochanego roweru, lepiej zawczasu udzielić ostrzeżenia. Niemądre jest rzucanie czczych pogróżek, których nigdy się nie realizuje, szybko niszczy to bowiem autorytet rodziców. Straszenie potworami albo policjantami nigdy tak naprawdę nie działa, a często prowadzi do poważnych problemów z zachowaniem. Nie chcecie przecież, żeby wasze dziecko nieustannie się bało.

Kary cielesne (klapsy). Bicie dzieci, żeby „dać im nauczkę", to tradycyjny sposób dyscyplinowania w wielu częściach świata. Również większość amerykańskich rodziców popiera dawanie klapsów, choć większość ekspertów jest temu przeciwna. Istnieje wiele powodów, żeby unikać kar cielesnych. Przede wszystkim uczy się w ten sposób dzieci, że osoba większa i silniejsza może postawić na swoim niezależnie od tego, czy ma rację. Niektóre bite dzieci czują się usprawiedliwione, kiedy biją mniejszych od siebie. Tradycja dawania klapsów może być jedną z przyczyn, dla których w Stanach Zjednoczonych jest dużo więcej przemocy niż w którymkolwiek innym porównywalnym kraju.

Kiedy dobry kierownik w biurze czy brygadzista w fabryce jest niezadowolony z pracy jednego ze swoich podwładnych, nie rzuca się nań z krzykiem ani nie grzmoci go w siedzenie. Z szacunkiem, choć stanowczo, wyjaśnia, jakie są jego oczekiwania, i to zazwyczaj wystarcza. Dzieci są takie same, pragną być odpowiedzialne i sprawiać rodzicom przyjemność. Najlepsze rezultaty osiągniecie pochwałami i stawianiem wysokich wymagań.

W przeszłości większość dzieci była bita, zakładano bowiem, że to zmusi je do właściwego zachowania. W dwudziestym wieku, w miarę jak specjaliści badali dzieci w Ameryce i innych krajach, stopniowo zdali sobie sprawę, że dzieci mogą być posłuszne i grzeczne, choć nigdy nie karano ich fizycznie. Sam znam setki takich dzieci. W niektórych krajach kary cielesne nie są znane.

Rodzice często usprawiedliwiają fakt, że biją swoje dzieci, tym, że sami byli bici i „nie zaszkodziło im to". Z drugiej strony, niemal wszyscy pamiętają silne uczucie wstydu, gniewu i żalu w reakcji na bicie. Podejrzewam, że wyrośli na ludzi zdrowych psychicznie pomimo bicia, nie dzięki niemu.

Inne kary. Wiele innych kar to po prostu logiczne konsekwencje zachowania dziecka. Gdy niemowlę chwyta mamę za nos i ciągnie, mama może posadzić je na podłodze. Kara polega na separacji od mamy (choć odległość między nimi nadal jest niewielka). Rodzice używający tej łagodnej kary szybko uczą niemowlęta kontrolowania chęci ciągnięcia za wszystko, czego mogą dosięgnąć, nawet jeśli jest to czyjaś twarz. Zdarza się, że małe dziecko bije tatę po twarzy, żeby zwrócić na siebie uwagę. Rezultatem takiego zachowania często jest paradoksalna scena: tata uderza dziecko po ręce, mówiąc przy tym: „Nie wolno bić". Skuteczniejszą reakcją jest wykrzyknięcie: „Au! To boli!", odsunięcie dziecka od siebie i zajęcie się przez parę minut czym innym. Złe zachowanie nic dziecku nie dało – zamiast znaleźć się w centrum uwagi, zostało zignorowane.

Inna forma kary, skuteczna w przypadku dwulatków, to parominutowa izolacja. Wyobraźmy sobie malucha, który uparcie próbuje z gniazdek elektrycznych wyciągnąć plastikowe zaślepki, co jest absolutnie zakazane. Mały upárciuch ignoruje napomnienia słowne, a kiedy próbujecie zainteresować go inną zabawą, radośnie biegnie z powrotem do gniazdka. Uważa, że to wspaniała zabawa. Zamiast wbrew swojej woli brać udział w tej zabawie, umieśćcie dziecko w kojcu, mówiąc po prostu: „Przerwa", i zostawcie je na parę minut. Większość dwulatków nie znosi, gdy nie pozwala im się na zabawę, którą uznały za interesującą, więc możecie się spodziewać głośnych protestów. Ale ta łagodna kara to skuteczny sposób nauczenia dziecka, że nie żartujecie.

Bardziej formalne wykluczenie dobrze sprawdza się w przypadku przedszkolaków i dzieci w pierwszych klasach szkoły podstawowej. Wykluczenie oznacza izolację od ludzi i rozrywek. W domu można wybrać krzesło, oddalone od centrum wydarzeń; niezbyt daleko, żebyście nie stracili dziecka z oczu. Kiedy ogłaszacie wykluczenie, dziecko musi siedzieć na krześle, dopóki nie pozwolicie mu wstać. Możecie wykorzystać minutnik nastawiony na tyle minut, ile lat ma dziecko. (Dłuższa kara nie ma sensu, bo małe dziecko prawdopodobnie zapomni, dlaczego siedzi na krześle, będzie smutne i rozżalone.) Jeśli maluch wstanie, zanim minutnik zadzwoni, nastawiacie go raz jeszcze i musi odsiedzieć swoje od początku.

Niektórzy rodzice stwierdzają, że skuteczne jest umieszczenie dziecka w jego pokoju i oznajmienie, że może wyjść, kiedy będzie skłonne do współpracy. Teoretycznie wadą takiego rozwiązania może być skojarzenie sypialni z więzieniem. Z drugiej strony, dziecko uczy się dzięki temu, że przebywanie w towarzystwie to przywilej, który może utracić, i że kiedy jest się zdenerwowanym, warto pobyć trochę samemu i uspokoić się.

Najlepiej, żeby kara wymierzana starszemu dziecku wypływała bezpośrednio z przewinienia. Jeśli dziecko zostawia zabawki porozrzucane po całym pokoju, choć stanowczo nakazaliście, żeby je pozbierało, można zabawki zabrać i na kilka dni umieścić w niedostępnym miejscu. Jeśli dziewczynka nie wkłada brudnych ubrań do przeznaczonego na nie kosza, rano może się okazać, że nie ma czystej bluzki do szkoły (dla niektórych nastolatek jest to bardzo sroga kara). Starsze nastolatki, które późno wracają do domu, nie zadzwoniwszy, żeby o tym uprzedzić, mogą na pewien czas utracić przywilej wychodzenia wieczorem z domu, dopóki nie udowodnią, że potrafią zachowywać się odpowiedzialnie. Skuteczne kary kierują się logiką, którą dostrzega nawet ukarane dziecko. Uczą istotnej życiowej prawdy: każdy czyn ma konsekwencje.

Rodzice nadużywający kar potrzebują pomocy. Kiedy spotykam rodziców, którzy mówią, że muszą nieustannie karać dziecko, wiem, że potrzebują pomocy. Niektórym rodzicom kontrolowanie dziecka przychodzi z ogromną trudnością. Mówią, że dziecko jest nieposłuszne albo po prostu złe. Oglądając taką osobę w akcji – załóżmy, że jest to mama – zauważa się przede wszystkim, że tak naprawdę wcale nie stara się nad dzieckiem zapanować, choć tego chce i wydaje jej się, że tak jest. Grozi, beszta i karze, ale albo nigdy nie wprowadza gróźb w życie, albo realizując je, nie uzyskuje od dziecka oczekiwanego zachowania, albo wreszcie karze skutecznie raz, ale pięć minut później puszcza ten sam wybryk płazem. Niektóre matki ganiąc i wymierzając kary, nie mogą powstrzymać się od śmiechu. Inne powtarzają dziecku, że jest złe, i w jego obecności pytają sąsiadkę, czy kiedykolwiek widziała gorszego bachora.

Tacy rodzice nieświadomie zakładają, że nieposłuszeństwo nie ustanie, i nie wierzą, że są w stanie skutecznie mu zapobiec. Nie zdając sobie z tego sprawy, zachęcają do niegrzeczności. Upomnienia i kary to tylko wyraz frustracji. Skarżąc się sąsiadom, mają nadzieję usłyszeć potwierdzenie, że ich dziecko jest po prostu niemożliwe. Sfrustrowani rodzice często sami mieli nieszczęśliwe dzieciństwo, nigdy nie wpojono im przekonania, że w gruncie rzeczy są dobrzy i sympatyczni. W rezultacie nie wierzą w siebie i w swoje dzieci. Rodzice ci potrzebują pomocy wyrozumiałego specjalisty.

WYZNACZANIE GRANIC

Można być jednocześnie stanowczym i przyjaznym. Malec musi wiedzieć, że mama i tata, choć są mili, mają swoje prawa, umieją być stanowczy i nie pozwolą na nierozsądne lub niegrzeczne zachowanie. Dziecko woli takich rodziców. Dzięki ich stanowczości uczy się radzić sobie w kontaktach z ludźmi.

Rozpieszczone dzieci nie są szczęśliwe nawet we własnym domu. Kiedy zaczynają poznawać świat, czy to w wieku dwóch, czterech czy sześciu lat, spotyka je nieprzyjemny wstrząs. Stwierdzają, że nikt nie bije przed nimi czołem; są wręcz nielubiane za swoją samolubność. Albo przez całe życie będą otoczone niechęcią, albo na własnych błędach nauczą się zdobywać ludzką sympatię.

Nawet wzorowi rodzice często dają się dzieciom wykorzystywać przez pewien czas, aż wyczerpie się ich cierpliwość, a potem się na nie złoszczą. Nie musi tak być. Jeśli rodzice mają zdrowy szacunek do samych siebie, potrafią się obronić, nie tracąc przyjaznego nastawienia. Jeśli na przykład córeczka nalega na kontynuowanie zabawy, choć jesteście wykończeni, nie bójcie się powiedzieć pogodnie, lecz stanowczo: „Nie mam już siły. Teraz poczytam sobie książkę. Może ty też coś poczytasz?"

A może synek nie chce wyjść z auta kolegi, który musi już wracać do domu? Spróbujcie zainteresować go czym innym, ale pamiętajcie, że nie musicie bez końca być mili. Wyjmijcie chłopca z auta i przytrzymajcie, nawet jeśli przez minutę będzie głośno protestować.

Uczucie złości jest normalne. Kiedy dziecko zachowuje się wobec was niegrzecznie – na przykład dlatego, że je skarciliście albo jest zazdrosne o brata czy siostrę – należy natychmiast przywołać je do porządku. Jednocześnie możecie malca zapewnić, że wiecie, iż czasem się na was złości (wszystkim dzieciom zdarza się gniewać na rodziców). Może się to wydawać sprzeczne z udzieloną właśnie reprymendą, ale przyjęcie do wiadomości uczuć dziecka nie jest jednoznaczne z usprawiedliwianiem złego zachowania. Warto, by dziecko wiedziało, że rodzice zdają sobie sprawę z jego negatywnych emocji, ale nie są z ich powodu wściekli i nie porzucają go. Pomoże mu to przezwyciężyć gniew i sprawi, że nie przytłoczy go poczucie winy ani przerażenie. Wprowadzenie rozróżnienia pomiędzy wrogimi uczuciami a wrogim zachowaniem sprawdza się w praktyce. Umiejętność nazwania własnych uczuć i świadomego decydowania, czy postępować zgodnie z nimi, stanowi wręcz podstawę zdrowia psychicznego. Pomagając dziecku znaleźć właściwe słowa na opisanie emocji, pomagacie mu w rozwoju inteligencji emocjonalnej, kluczowej, żeby odnieść w życiu sukces.

Nie pytajcie: „Czy chcesz…?" Po prostu róbcie, co trzeba. Łatwo wpaść w nawyk pytania malca: „Masz ochotę usiąść i zjeść obiadek?" „Ubierzemy się teraz?" „Chcesz siusiu?" Rodzicom zdarza się też prosić o wyrażenie zgody: „Już czas iść, dobrze?" Problem polega na tym, że automatyczna odpowiedź dziecka pomiędzy pierwszymi a trzecimi urodzinami często brzmi: „Nie". Wtedy biedni rodzice muszą przekonać brzdąca do zrobienia czegoś, co jest i tak nieuniknione.

Nie warto strzępić języka na takie dyskusje, lepiej w ogóle nie dawać dziecku wyboru. Kiedy nadchodzi czas obiadu, poprowadźcie je albo zanieście do stołu, cały czas mówiąc o czymś, czym się do tej pory zajmowało. Kiedy widzicie, że musi

zrobić siusiu, zaprowadźcie je do łazienki albo przynieście nocnik. Zdejmijcie mu spodenki, nie wspominając nawet o tym, co zamierzacie zrobić.

Przerywając dziecku absorbujące zajęcie, starajcie się zrobić to niepostrzeżenie. Jeśli piętnastomiesięczny maluch jest zajęty wkładaniem jednego pustego klocka w drugi, możecie zanieść go do stołu razem z klockami i zabrać je, dopiero wręczając mu łyżeczkę. Jeśli dwulatek w porze kładzenia się spać bawi się pluszowym pieskiem, powiedzcie: „A teraz położymy pieska spać". Jeśli trzylatek jeździ samochodzikiem po podłodze, a nadeszła pora kąpieli, zasugerujcie długą podróż samochodzikiem – do łazienki. Okazując zainteresowanie jego zajęciami, skłonicie go do współpracy.

Uwagę starszego dziecka trudniej jest odwrócić, ponieważ ma ono większą zdolność koncentracji. Lepiej pogodnie uprzedzić, co je czeka. Czterolatkowi, który poświęcił wiele czasu na zbudowanie garażu z klocków, możecie powiedzieć: „Teraz wjedź samochodami do garażu, chcę, żeby wszystkie były w środku, zanim pójdziesz spać". Jest to skuteczniejsze niż zaskakiwanie go bez ostrzeżenia, kiedy najciekawsza część zabawy dopiero przed nim, albo upominanie ze złością w głosie.

Takie podejście wymaga jednak cierpliwości, której nie zawsze nam starcza. Nie ma rodziców o nieskończonej cierpliwości.

Nie próbuj wszystkiego tłumaczyć. Zdarza się, że małe dzieci (w wieku od roku do trzech lat) zaczynają się niepokoić, gdy są zbyt często napominane. Mama dwuletniego chłopca zawsze próbuje kontrolować jego zachowanie, tłumacząc, czym grozi: „Synku, nie dotykaj lampy pana doktora, bo ją zepsujesz i pan doktor nic nie będzie widział". Chłopczyk, zmartwiony, przygląda się lampie, mrucząc: „Doktor nie widział". Minutę później próbuje otworzyć drzwi na ulicę. Mama przestrzega go: „Nie wychodź! Zgubisz się i mamusia cię nie znajdzie". Biedny malec rozmyśla nad tym nowym niebezpieczeństwem i powtarza: „Mamusia nie znajdzie". To źle, że słyszy o tylu nieszczęśliwych zakończeniach. Zachęca to wyobraźnię do podsuwania najczarniejszych scenariuszy. Dwulatek nie powinien zadręczać się konsekwencjami swojego postępowania. W tym wieku ma się uczyć, robiąc coś i patrząc, jaki odnosi to skutek. Nie chodzi o to, że nigdy nie można słownie przestrzec dziecka, ale nie należy nieustannie bombardować go informacjami, które przekraczają jego zdolność pojmowania.

Inny przykład: nadgorliwy ojciec uważa, że powinien trzyletniej córeczce wszystko dogłębnie wyjaśniać. Kiedy mają wyjść na dwór, nie przyjdzie mu do głowy po prostu włożyć jej kurteczkę i wyjść. Zaczyna: „Włożysz teraz kurtkę, dobrze?" „Nie" – odpowiada mała. „Ale przecież chcemy wyjść na dwór, na świeże powietrze". Dziewczynka wie, że ojciec czuje się w obowiązku wszystko jej tłumaczyć. Prowokuje ją to do dyskusji na każdy temat. Replikuje więc pytaniem: „Dlaczego?", choć tak naprawdę wcale nie jest ciekawa przyczyny. „Świeże powietrze sprawia, że jesteś silna i zdrowa i nie chorujesz". „A dlaczego?" I tak dalej, i tak dalej, przez cały dzień. Bezsensowne rozmowy i wyjaśnienia nie skłonią jej do posłuszeństwa ani nie wzbudzą szacunku do mądrości ojca. Czułaby się szczęśliwsza i bezpieczniejsza, gdyby promieniował pewnością siebie i w przyjazny, niemal mechaniczny sposób kierował jej zachowaniem podczas wykonywania codziennych czynności.

Kiedy dziecko jest malutkie, po prostu usuwajcie je z sytuacji niebezpiecznych lub zabronionych, odwracając jego uwagę czymś interesującym, a nieszkodliwym, albo po prostu biorąc je na ręce. Gdy trochę podrośnie, przypominajcie mu o zakazie stanowczym „nie", a potem odwracajcie jego uwagę. Jeśli chce znać przyczynę, wyjaśnijcie ją prostymi słowami. Nie zakładajcie jednak, że musicie się tłumaczyć z każdego wydawanego polecenia. Dziecko wie, że brak mu doświadczenia, i liczy na to, że ochronicie je przed niebezpieczeństwem. Czuje się bezpieczne, kiedy nim kierujecie, zakładając, że robicie to w sposób taktowny i nie przesadzacie.

UCZUCIA RODZICÓW NIE SĄ BEZ ZNACZENIA

Wszyscy rodzice czasem się denerwują. Kiedy niemowlę płacze godzinami, mimo iż wytrwale staracie się je uspokoić, nie dacie rady bez końca mu współczuć. W takiej sytuacji maleństwo wydaje się wam nieprzyjemnym, upartym, niewdzięcznym

---

🏛 KLASYCZNY SPOCK

Myślę, że idealistycznie nastawieni młodzi ludzie, którzy mają zostać rodzicami, zakładają, że będą dysponowali nieograniczoną cierpliwością i miłością do swojej niewinnej kruszynki. Niestety, żaden człowiek nie jest do tego zdolny.

stworzeniem i nie możecie nic poradzić na to, że wzbiera w was gniew – intensywny gniew. Albo też starszy chłopiec zrobił coś, o czym wiedział doskonale, że jest zabronione. Może tak go zafascynował jakiś szczególnie dla was cenny kruchy przedmiot albo tak bardzo pragnął przyłączyć się do dzieci po drugiej stronie ulicy, że nie mógł się powstrzymać od nieposłuszeństwa. A może był niezadowolony, że czegoś mu nie daliście, albo zły na niemowlę, że zwraca na siebie tyle uwagi, więc postąpił źle, po prostu by zrobić wam na przekór.

Kiedy dziecko łamie rozsądną regułę, którą doskonale rozumie, trudno pozostać chłodnym uosobieniem sprawiedliwości. Dla wszystkich dobrych rodziców odróżnianie dobra od zła jest niesłychanie istotne. Nauczono was tego w dzieciństwie. Ustanowiona przez was reguła została złamana, należący do was przedmiot został stłuczony. Synek, na którego charakterze tak bardzo wam zależy, zrobił coś złego. To nieuniknione, że jesteście oburzeni. Dziecko tego oczekuje i nie zrani go wasza reakcja, jeżeli będzie sprawiedliwa.

Czasem długo trwa, zanim zrozumiecie, że tracicie nad sobą panowanie. Chłopiec zachowuje się irytująco od momentu, gdy usiadł do śniadania: krytykuje jedzenie, na wpół umyślnie przewraca szklankę mleka, pomimo zakazu bawi się jakimś przedmiotem i psuje go, dokucza młodszej siostrze – wszystko to nadludzkim wysiłkiem próbujecie zignorować. Wreszcie po kolejnym przewinieniu, które samo w sobie nie jest aż takie złe, nagle wybuchacie gniewem, a gwałtowność tego wybuchu zaskakuje nawet was samych. Patrząc wstecz na tę serię wykroczeń, widzicie, że dziecko przez cały ranek dopraszało się stanowczości z waszej strony. Choć mieliście dobre chęci, to właśnie wysiłki, żeby zachować cierpliwość, sprowokowały je do

kolejnych wybryków, ponieważ w gruncie rzeczy pragnęło, żeby przywołać je do porządku.

Bywa, że gniewamy się na dzieci, ponieważ jesteśmy spięci i sfrustrowani z zupełnie innych powodów. Ojciec wraca na przykład do domu zdenerwowany problemami w pracy. Krytykuje żonę, ta karci syna za coś, co zazwyczaj nie spotyka się z jej dezaprobatą, a on z kolei dokucza młodszej siostrze.

Lepiej się przyznać do gniewu. Mówiliśmy o tym, że wszyscy rodzice od czasu do czasu tracą cierpliwość i wpadają w złość. Równie ważne jest związane z tym pytanie: Czy potrafią zaakceptować własny gniew? Rodzice, którzy nie są dla siebie przesadnie surowi, zazwyczaj są w stanie przyznać się do rozdrażnienia. Dobra i z natury szczera matka, którą synek od dłuższego czasu męczy, potrafi pół żartem, pół serio powiedzieć do przyjaciółki: „Chyba nie wytrzymam z nim ani minuty dłużej", albo: „Chętnie bym mu porządnie wlała". Choć nie wprowadza tych słów w czyn, nie wstydzi się przyznać do negatywnych emocji przed życzliwą przyjaciółką ani przed sobą samą. Nazwanie swoich uczuć i rozmowa pozwalają rozładować napięcie i przynoszą ulgę. Pomagają też z dystansem przyjrzeć się niegrzecznemu zachowaniu chłopca i położyć mu kres.

Najbardziej cierpią ci rodzice, którzy poprzeczkę ustawiają niemożliwie wysoko i odczuwają złość w momentach, gdy ich zdaniem dobrzy rodzice powinni być cierpliwi. Kiedy wyczuwają w sobie negatywne emocje, uparcie się ich wypierają bądź też mają wyrzuty sumienia, których nie są w stanie znieść. Jednak próba stłumienia tych uczuć sprawia, że ujawniają się w innej formie: na przykład jako wewnętrzne napięcie, zmęczenie albo ból głowy.

Inny sposób pośredniego wyrażania złości to nadopiekuńczość. Matka, która nie jest w stanie przyznać, że odczuwa niechęć do dzieci, może zamiast tego wyobrażać sobie czyhające na nie wszędzie niebezpieczeństwa. Zamartwia się zarazkami i wypadkami drogowymi. Próbuje chronić dzieci, nie odstępując ich ani na krok, przez co często zbytnio się od niej uzależniają.

Przyznanie się do gniewu wszystkim poprawia samopoczucie. Generalnie rzecz biorąc to, co unieszczęśliwia rodziców, unieszczęśliwia też dziecko. Kiedy rodzice uważają, że uczucie niechęci jest zbyt okropne, żeby się do niego przyznać, dziecko zaczyna się go bać. W poradniach zdrowia psychicznego widujemy maluchy przerażone wyimaginowanymi niebezpieczeństwami – lękające się owadów, chodzenia do szkoły czy rozłąki z rodzicami. Wnikliwe badanie wykazuje, że lęki te są przykrywką zwyczajnej niechęci do rodziców, której dzieci nie chcą sobie uświadomić.

Ujmując rzecz z innej perspektywy, dzieci są szczęśliwsze w towarzystwie rodziców, którzy nie boją się przyznać do negatywnych uczuć, dzięki temu bowiem mogą zaakceptować własną złość. Wyrażenie uzasadnionego gniewu oczyszcza atmosferę i sprawia, że wszyscy czują się lepiej. Oczywiście nie zawsze niechęć do dziecka jest uzasadniona. Zdarzają się szorstcy i nieczuli rodzice, którzy słownie lub fizycznie znęcają się nad dzieckiem o każdej porze dnia bez powodu i bez poczucia wstydu. Nieustanny zalew niczym nie usprawiedliwionej złości to nie to samo co sporadyczna irytacja rodziców, których sumienność i oddanie dzieciom jest niezaprzeczalne.

Kochający rodzice, którzy przez większość czasu odczuwają złość, wyrażaną otwarcie albo nie, znajdują się prawdopodobnie pod ogromną presją emocjonalną i powinni skonsultować się ze specjalistą w dziedzinie zdrowia psychicznego. Rzeczywista przyczyna gniewu może mieć zupełnie inne źródło. Stan nieustającego rozdrażnienia często jest oznaką depresji. Depresja, dotykająca wielu rodziców – szczególnie mamy małych dzieci – to poważna choroba, na szczęście skutecznie poddająca się leczniu.

Zniecierpliwienie i aprobata to elementy wychowywania dzieci. Bardzo ludzka tendencja do intensywnego reagowania na zachowanie dzieci jest pozytywna, ponieważ dzięki niej pielęgnujemy w naszych pociechach te same zalety, które nasi rodzice pielęgnowali w nas. Robimy to automatycznie, nie zastanawiając się nad tym, ponieważ w dzieciństwie tak dogłębnie przyswoiliśmy sobie pewne ideały. W przeciwnym razie wychowywanie dzieci byłoby dziesięć razy trudniejsze.

Rodzice mają największe wyrzuty sumienia, kiedy jedno z dzieci drażni ich dużo bardziej niż pozostałe, choć wydaje się, że nie ma ku temu szczególnego powodu. Matka może powiedzieć: „Ona ciągle mnie irytuje, a ja stale staram się być dla niej miła i nie dostrzegać jej złego zachowania".

Poczucie winy z powodu stałego zniecierpliwienia wobec jednego z dzieci może być powodem komplikacji w naszych stosunkach z nim. Poczucie winy rodziców jest dla dziecka trudniejsze do zniesienia niż ich irytacja.

MANIERY

Dobre maniery przychodzą natural-
nie. Tak naprawdę pierwszy krok nie polega na uczeniu dzieci mówienia „proszę"
i „dziękuję". Najważniejsze jest sprawienie,
żeby lubiły ludzi i miały wysokie poczucie
własnej wartości. W przeciwnym razie
trudno będzie nauczyć je nawet powierz-
chownej grzeczności.

    Równie ważne jest to, żeby nie wpra-
wiać ich w zakłopotanie w obecności obcych dorosłych. Zwłaszcza w przypadku
pierwszego dziecka skłonni jesteśmy natychmiast przedstawiać je nieznajomym
i oczekiwać, że coś powie. Jednak dwulatka wprawia to w zażenowanie. Widząc, że
się z kimś witacie, od razu zaczyna się czuć
nieswojo, wie bowiem doskonale, że za
chwilę znajdzie się w centrum uwagi. Przez
pierwsze trzy, cztery lata życia dziecko

potrzebuje czasu, żeby zapoznać się z nieznajomym, pokierujcie więc konwersacją
w zupełnie innym kierunku. Maluch będzie się przez parę minut przysłuchiwał
rozmowie rodziców z nieznajomym, a potem włączy się do niej uwagą w stylu: „Woda wypłynęła z sedesu i zalała całą podłogę". Nie są to może maniery godne lorda
Chesterfielda, ale za to są autentyczne:
dziecko chce się podzielić fascynującym
doświadczeniem. Jeśli jego postawa w odniesieniu do nieznajomych nie zmieni się,
wkrótce nauczy się nawiązywać przyjaźnie
w bardziej konwencjonalny sposób.

    Ważne jest też, żeby dzieci dorastały
w rodzinie, której członkowie zawsze liczą się z uczuciami innych. W ten sposób
uczą się dobroci. Chcą mówić „dziękuję",
ponieważ reszta rodziny tak mówi, i mówi

🏛 KLASYCZNY SPOCK

    Niektórzy nazywają nasze społeczeństwo niecywilizowanym i jeśli się
rozejrzycie wokół, możecie się z tym zgodzić. Wydaje się, że przeklinanie
przez dorosłych i dzieci jest coraz powszechniej akceptowane, podobnie jak
krzyczenie na siebie z byle powodu i wchodzenie przed innych w kolejce.
Mam wrażenie, że obowiązuje zasada: „Każdy sobie rzepkę skrobie. Zagar-
nij dla siebie tyle, ile się da".

    Pamiętam czasy, kiedy ludzie byli grzeczniejsi, tempo życia wolniejsze,
a parcie do przodu za wszelką cenę nie było największą ambicją. Upadek
kultury ma różne przyczyny. Wielu dzisiejszych rodziców uważa, że zwracanie uwagi na maniery jest staroświeckie, a dzieciom trzeba pozwolić na
naturalny rozwój. Niektórzy obarczają mnie nawet odpowiedzialnością za
taki „permisywizm" – oskarżenie to wydaje mi się paradoksalne, ponieważ
jest dokładnie odwrotnie. Uważam, że uczenie dobrych manier powinno być
nieodłącznym elementem wychowywania dzieci. Dobre maniery sygnalizują dzieciom, że w społeczeństwie obowiązują określone zasady postępowania, a grzeczność sprawia, że wszyscy są szczęśliwsi i bardziej się
kochają.

to szczerze. Przyjemność sprawia im podawanie dłoni na powitanie i używanie słowa „proszę". Grzeczność rodziców w stosunku do siebie nawzajem oraz do dziecka stanowi niezastąpiony wzór do naśladowania.

Warto wpoić swoim pociechom grzeczność i szacunek dla uczuć innych, nawet jeśli nie zawsze jest to łatwe, szczególnie w przypadku młodszych dzieci. Warto się zastanowić, co jest dla was najważniejsze.

Jakie przejawy grzeczności i manier chcielibyście widzieć u swoich dzieci? Pamiętajcie, żeby przede wszystkim dawać dobry przykład. Jeśli atmosfera będzie przyjazna, maluchy będą dumne, że mogą się nauczyć uprzejmości. Co ważniejsze, wszyscy lubią dzieci dobrze wychowane, a unikają niegrzecznych i bezmyślnych. Uznanie w oczach ludzi sprawi, że dzieci staną się jeszcze bardziej przyjacielskie.

DZIADKOWIE

Dziadkom wolno patrzeć na wnuki bezkrytycznie. Rodzicom, którzy muszą wziąć na siebie odpowiedzialność za wychowywanie dzieci, trzeba od czasu do czasu przypomnieć, jak wspaniałe są ich pociechy. Z perspektywy nabytej z wiekiem i odległością dziadkowie często mogą rodziców zapewnić, że trudności z zachowaniem dziecka to tylko drobne wyboje na drodze, a nie pasma górskie nie do przebycia. Zdarza się, że dziadkowie muszą zastąpić rodziców, którzy pracują lub chorują. Dziadkowie, którzy biorą na siebie odpowiedzialność za wychowywanie dzieci przez dłuższy czas, stają przed szczególnymi wyzwaniami.

Wsparcie dla rodziców. Dziadkowie mogą na wiele sposobów pomóc młodym rodzicom. Mogą też czerpać ogromną przyjemność z przebywania z wnukami. Często pytają tęsknie: „Dlaczego nie cieszyliśmy się swoimi dziećmi tak jak teraz wnukami? Chyba za bardzo się staraliśmy i odczuwaliśmy tylko brzemię odpowiedzialności".

W wielu częściach świata babcie uważa się za ekspertów i młode mamy uznają za naturalne, że kiedy mają wątpliwości odnośnie do pielęgnacji niemowlęcia lub potrzebują pomocy, udają się do swojej matki. Kiedy mama ma tego rodzaju zaufanie do babci, może od niej uzyskać nie tylko radę, ale i wsparcie. Jednak w naszym kraju młoda matka często najpierw zwróci się do lekarza, a niektórym kobietom nigdy nie przyszłoby do głowy, żeby zapytać babcię o zdanie. Dzieje się tak częściowo dlatego, że jesteśmy przyzwyczajeni do omawiania naszych problemów osobistych ze specjalistami – lekarzami, pedagogami, terapeutami rodzinnymi, pracownikami socjalnymi, psychologami, duchownymi. Wierzymy też w szybki postęp nauki, wydaje nam się więc, że ktoś, kto dobrze wykonywał swoją pracę dwadzieścia lat temu, dziś jest zbyt zacofany.

Taka postawa często wynika też z faktu, że wielu młodych rodziców dopiero niedawno weszło w dorosłość. Chcą udowodnić światu i sobie samym, że potrafią kierować własnym życiem. Obawiają się, że dziadkowie będą chcieli nimi dyrygować, jak gdyby nadal byli od nich zależni. Nie chcą znowu znaleźć się w tej sytuacji.

Napięcia to rzecz normalna. W niektórych rodzinach pomiędzy rodzicami a dziadkami panuje niezmącona harmonia. W innych toczą się zażarte walki. W większości stosunki stają się nieco napięte, zazwyczaj w kwestii opieki nad pierwszym dzieckiem, ale z czasem wracają do normy, w miarę jak wszyscy przystosowują się do nowej sytuacji.

Szczęście mają te młode kobiety, którym wystarcza pewności siebie, żeby w razie potrzeby poprosić babcię o pomoc. Sugerowane rozwiązanie zaakceptują, jeśli uznają je za słuszne, lub taktownie prze-

milczą i postąpią wedle własnego uznania. Jednak większości młodych rodziców
początkowo brak tej pewności siebie. Jak
niemal każdy w nowej pracy, są wrażliwi
na punkcie ewentualnej niekompetencji
i źle znoszą krytykę.

Większość dziadków przeżywała w swoim czasie to samo i pamiętając o tym, stara
się nie wtrącać. Z drugiej strony jednak mają doświadczenie, uważają, że potrafią trafnie ocenić sytuację, z całego serca kochają
wnuki i nie mogą się powstrzymać od wyrażania własnych opinii. Widzą, że od czasu, kiedy zajmowali się własnymi dziećmi,
zaszły ogromne zmiany – powszechne stało się na przykład oddawanie niemowląt do
żłobków czy późniejsze uczenie korzystania z toalety. Nawet gdy zaakceptują nowe
metody, może im przeszkadzać nadgorliwe
(ich zdaniem) wprowadzanie ich w życie.

Myślę, że jeśli młodzi rodzice mają wystarczająco dużo odwagi, mogą ułożyć sobie stosunki z dziadkami, pozwalając im
wyrażać własne opinie, a nawet zachęcając
do tego. Na dłuższą metę szczere dyskusje
są lepsze niż zawoalowane aluzje i krępujące przemilczenia. Mama, pewna, że dość
dobrze radzi sobie z opieką nad niemowlęciem, może powiedzieć: „Zdaję sobie sprawę, że ta metoda nie wydaje ci się do końca
odpowiednia, więc omówię ją raz jeszcze
z lekarzem, by się upewnić, że dobrze zro-
zumiałam jego zalecenia". Nie oznacza to
poddania się; mama zastrzega sobie prawo
do podjęcia ostatecznej decyzji. Przyjmuje
jedynie do wiadomości dobre intencje babci i jej widoczny niepokój. Wykazując się
rozsądkiem, młoda mama przekona babcię,
że potrafi rozwiązać nie tylko ten, ale i inne
problemy, które pojawią się w przyszłości.

Babcia może pomóc mamie uporać się
z nowymi zadaniami, okazując jej zaufanie
i w miarę możliwości popierając wybrane przez nią metody postępowania. Dzięki temu mama nie będzie miała oporów

przed poproszeniem o radę w razie wątpliwości.

Dziadkowie w roli opiekunów. Kiedy
zostawia się dzieci pod opieką dziadków,
czy to na pół dnia, czy na dwa tygodnie,
trzeba szczerze z nimi porozmawiać i osiągnąć rozsądny kompromis. Rodzice muszą
mieć pewność, że opieka będzie sprawo-
wana zgodnie z ich przekonaniami w najważniejszych kwestiach. Z drugiej strony
nie można oczekiwać od dziadków, żeby
na każdym kroku kierowali dzieckiem dokładnie tak samo jak rodzice. Dzieciom nie
zaszkodzi, jeśli dziadkowie będą wymagać
od nich więcej szacunku, podawać posiłki
o innych porach, bardziej lub mniej dbać
o higienę. Oczywiście jeśli rodzice zupełnie nie aprobują metod wychowawczych
stosowanych przez dziadków, nie powinni
zostawiać dzieci pod ich opieką.

Niektórzy rodzice z rozdrażnieniem
przyjmują rady. Napięcia mogą być szczególnie intensywne, jeśli na przykład młoda
mama w dzieciństwie była przez swoich
rodziców ostro krytykowana. Nieuchron-
nie prowadzi to do braku pewności siebie,
manifestującego się zniecierpliwieniem
w reakcji na krytykę i dążeniem do udowodnienia swojej niezależności za wszelką cenę. Czasem mama z niezwykłym entuzjazmem podchodzi do nowych metod
wychowawczych i szczegółowo się do nich
stosuje. Ma wrażenie, że stanowią zdrową
odmianę od tego, co pamięta z własnego dzieciństwa. Jest to również sposób
okazania dziadkom, jacy są staroświeccy.
Rodzice, którzy stale wytrącają dziadków
z równowagi, powinni zadać sobie pytanie,
czy przypadkiem nie robią tego umyślnie,
nie zdając sobie z tego sprawy.

Apodyktyczna babcia. Zdarza się niekiedy babcia tak przyzwyczajona do nieustannego dyrygowania dziećmi, że nie po-

trafi zmienić swojego postępowania, gdy te dzieci same zostają rodzicami. Początkowo młodzi rodzice mogą mieć problemy z zachowaniem odpowiedniego dystansu. Wyobraźmy sobie na przykład córkę, która boi się rad matki. Złoszczą ją, ale nie ma odwagi wyrazić swoich uczuć. Jeśli postąpi zgodnie z jej sugestią, czuje się zdominowana. Jeśli ją odrzuci, czuje się winna. Jak ma się bronić w takiej sytuacji?

Przede wszystkim powinna sobie powtarzać, że teraz ona jest matką i może wychowywać swoje maleństwo tak, jak uważa za stosowne. Jeśli ogarniają ją wątpliwości co do stosowanych metod wychowawczych, rozwiać je może lekarz. Z pewnością świeżo upieczoną mamę powinien wspierać mąż, zwłaszcza jeśli to jego matka ingeruje w wychowanie dziecka. Jeśli tata uważa, że w pewnych sytuacjach jego matka ma rację, powinien powiedzieć to żonie w rozmowie w cztery oczy; jednocześnie jednak musi okazać, że popiera żonę i jest przeciwny ingerencjom w ich życie.

Młodej matce wyjdzie na dobre, jeśli stopniowo przestanie unikać babci i obawiać się jej rad. Taka reakcja pokazuje, że jest zbyt słaba, żeby bronić swoich racji. Jeszcze trudniej się nauczyć, jak się nie irytować i nie wybuchać gniewem. Mama ma prawo czuć się rozdrażniona, ale tłumiona irytacja i wybuchy gniewu stanowią dowód, że ze strachu przed babcią zbyt długo jej ulegała. Apodyktyczna babcia najczęściej wyczuwa lęk i wykorzystuje go. Mama nie powinna się czuć winna, że rozzłościła babcię, jeżeli było to nieuniknione. Kłótnie z babcią nie są jednak konieczne – a przynajmniej nie więcej niż jedna czy dwie. Trzeba nauczyć się wypowiadać swoje racje spokojnym, pewnym siebie tonem, nie wpadając w złość: „Lekarz powiedział mi, żebym karmiła ją w ten sposób", „Nie lubię go przegrzewać" bądź „Nie chcę, żeby długo płakała". Spokojny,

pewny siebie ton głosu jest zazwyczaj najskuteczniejszym sposobem przekonania babci, że mama ma odwagę bronić swoich poglądów.

W tych sporadycznych przypadkach, kiedy napięcia ciągną się przez długi czas, rodzice – a być może również dziadkowie – mogą się skonsultować ze specjalistą: mądrym lekarzem rodzinnym, psychiatrą, pracownikiem socjalnym lub rozsądnym duchownym. Podczas indywidualnych rozmów strony będą mogły przedstawić swój punkt widzenia. W końcu mogą się spotkać, żeby wspólnie omówić sytuację. Jednak bez względu na wynik dyskusji powinno być jasne, że to na rodzicach spoczywa odpowiedzialność za wychowanie dziecka i to oni mają prawo do podejmowania ostatecznych decyzji.

Dziadkowie w roli rodziców. Często się zdarza, że dzieci wychowują dziadkowie, ponieważ rodzice są chorzy psychicznie albo uzależnieni. Dziadkowie często biorą na siebie tę odpowiedzialność z mieszanymi uczuciami: kochają wnuki, są źli na dzieci, a być może odczuwają też wyrzuty sumienia i rozgoryczenie. Wychowywanie wnuków może być źródłem ogromnej satysfakcji, ale często jest wyczerpujące. Dziadkowie w takiej sytuacji mogą pragnąć normalności, to znaczy możliwości rozpieszczania wnuków w ciągu dnia i powrotu do własnego, cichego domu pod wieczór.

Dziadkowie sprawujący opiekę nad dziećmi często martwią się też, co się stanie, jeśli zdrowie im nie dopisze. Nie otrzymują od państwa takiej samej pomocy jak rodzice zastępczy. Bardzo wiele może zdziałać wsparcie rodziny i społeczności lokalnej. W wielu amerykańskich miastach znajdują się kluby dla dziadków, w których można uzyskać wskazówki na temat wychowywania dzieci i spotkać osoby będące w podobnej sytuacji.

SEKSUALNOŚĆ

UŚWIADAMIANIE SEKSUALNE

Edukacja seksualna zaczyna się wcześnie, czy tego chcesz czy nie. Edukacja seksualna kojarzy się powszechnie z pogadanką w szkole albo poważną rozmową z jednym z rodziców w domu. Jest to zbytnie zawężenie tematu. Dziecko poznaje różne aspekty życia przez całe dzieciństwo, nie zawsze w sposób pożądany przez rodziców. Wiedza o seksie to coś więcej niż odpowiedź na pytanie, skąd się biorą dzieci. Obejmuje również związki pomiędzy mężczyznami i kobietami oraz ich role w świecie.

Oto kilka przykładów negatywnych. Wyobraźmy sobie chłopca, którego ojciec źle traktuje matkę. Nie wystarczy poinformować chłopca podczas lekcji w szkole, że małżeństwo to związek dwojga ludzi, oparty na wzajemnej miłości i szacunku. Doświadczenie mówi mu, że jest inaczej. Kiedy dowiaduje się o fizycznym aspekcie małżeństwa, czy to od nauczyciela, czy od innych dzieci, informację tę dopasowuje do obrazu mężczyzny krzywdzącego kobietę.

Albo też dziewczynka dorastając, czuje się niechciana, ponieważ uważa, że rodzice wolą jej młodszego braciszka. Nie lubi mężczyzn, bo uważa, że wszystko zawsze uchodzi im płazem, podczas gdy kobiety są kozłami ofiarnymi, i że sytuacji tej nie da się zmienić. Nie ma znaczenia, ile przeczyta książek i ile usłyszy pogadanek o seksie i o małżeństwie. Wszystko, czego się dowie lub czego doświadczy, dopasuje do utrwalonego w świadomości wzorca: mężczyzna wykorzystuje kobietę, a ona nie może nic na to poradzić.

Tak więc dzieci rozpoczynają edukację seksualną, gdy tylko zaczną wyczuwać, jak układają się stosunki pomiędzy matką a ojcem, jakie są uczucia rodziców w stosunku do synów i córek i jakie są różnice w budowie ciała ich oraz ich rodziców, rodzeństwa, a także rówieśników przeciwnej płci.

Edukacja seksualna dla niemowląt. Edukację seksualną można rozpocząć, jeszcze zanim dziecko nauczy się mówić i zadawać pytania. Podczas kąpania i przewijania można wyrabiać w sobie nawyk mówienia bez skrępowania o częściach ciała, w tym narządach płciowych: „Teraz wytrę ci srom" albo „Umyjemy ci penis!" Używanie prawidłowej terminologii – srom i prącie, nie „si-si" albo „to" – do pewnego stopnia znosi tabu, jakim otoczone są narządy płciowe. Z czasem również rodzice z mniejszym zakłopotaniem zaczynają mówić o genitaliach, co stanowi dobre przygotowanie na przyszłość.

Dzieci zaczynają zadawać pytania w wieku trzech lat. Maluchy zaczynają lepiej się orientować w problematyce płci w wieku dwóch i pół, trzech i pół roku. Jest to etap pytania „dlaczego", kiedy wszystkiego są ciekawe. Prawdopodobnie będą chciały wiedzieć, dlaczego chłopcy są zbudowani inaczej niż dziewczynki. Nie myślą o tym w kategoriach seksu, jest to po prostu kolejne z serii ważnych pytań. Jednak jeśli na tym etapie powstaną niewłaściwe skojarzenia, później wywrą wpływ na sposób postrzegania seksu i dzieci będą miały zniekształcony obraz rzeczywistości.

Skąd się biorą dzieci? W okolicach trzeciego roku życia na pewno padnie to pyta-nie. Łatwiej i lepiej jest od razu powiedzieć prawdę niż zacząć od bajki, którą później trzeba będzie prostować. Spróbujcie odpowiedzieć z taką samą prostotą, z jaką pytanie zostało zadane. Małe dzieci dezorientuje zbyt duża ilość informacji naraz. Najłatwiej im pojąć odpowiedzi proste i krótkie. Możecie na przykład powiedzieć: „Dzieci rosną w specjalnym miejscu w ciele mamy, nazywanym macicą". To na razie wystarczy.

Może za kilka minut, a może dopiero za kilka miesięcy wasza pociecha zażąda więcej szczegółów: Jak dziecko dostaje się do środka mamy? Jak stamtąd wychodzi? To pierwsze pytanie może wprawić w zakłopotanie rodziców, którzy wyciągają pochop-

---

🏛 KLASYCZNY SPOCK

Seks powinien być przeżyciem zarówno duchowym, jak cielesnym i dzieci muszą wiedzieć, że rodzice tak uważają. To właśnie sprawia, że zakochanie się to tak intensywne przeżycie emocjonalne. Zakochani chcą się sobą opiekować, być dla siebie dobrzy, pocieszać się nawzajem. W końcu chcą też mieć razem udane dzieci. Jeśli są religijni, pragną zawrzeć związek małżeński przed Bogiem. Takie aspiracje po części decydują o tym, że związek jest trwały i pełen ideałów.

Oczywiście nie sposób tego wytłumaczyć rocznemu dziecku, choć intensywna miłość i zależność pomiędzy nim a rodzicami kładzie podwaliny pod przyszłe postawy. Jednak w wieku trzech, czterech czy pięciu lat, gdy dziecko hojnie obdarza miłością mamę i tatę, dobrze jest, gdy słyszy i widzi, że rodzice nie tylko obejmują się i całują, ale też są dla siebie mili, pomocni i pełni szacunku.

Kiedy w tym wieku i później rodzice wyjaśniają, skąd biorą się dzieci i na czym polega rola ojca, ważne jest, żeby z uczuciem mówili o tym, jak ważna w tym procesie jest miłość, jak chcą sobie nawzajem pomagać, dawać prezenty, mieć razem dzieci, wspólnie się nimi opiekować i jak łączy się to z czułością fizyczną i pragnieniem umieszczenia nasienia z penisa w pochwie. Innymi słowy, rodzice powinni dopilnować, by anatomiczne i fizjologiczne wyjaśnienie aktu seksualnego łączyło się ściśle z aspektem romantycznym i duchowym.

ny wniosek, że dziecko oczekuje informacji o poczęciu i stosunku płciowym. Oczywiście wcale tak nie jest. Wie, jak jedzenie trafia do brzucha, i zastanawia się, czy dziecko trafiło tam tą samą drogą. Prosta odpowiedź brzmi, że dziecko rośnie z malutkiego nasionka, które zawsze było w mamie. Upłynie jeszcze kilka miesięcy, zanim dziecko zacznie się zastanawiać, jaką rolę odgrywa tata, i będzie w stanie to pojąć.

Niektórzy uważają, że o roli ojca, polegającej na umieszczeniu nasienia w ciele mamy, należy wspomnieć już przy pierwszym pytaniu o to, skąd się biorą dzieci. Być może to dobry pomysł, zwłaszcza w przypadku małego chłopca, który może odnieść wrażenie, że mężczyzna jest w procesie reprodukcji zupełnie zbędny. Jednak większość ekspertów zgadza się, że nie ma potrzeby tłumaczyć trzy- czy czterolatkowi fizycznych i emocjonalnych aspektów współżycia płciowego. Maluchy nie oczekują aż tak precyzyjnych wyjaśnień. Wystarczy zaspokoić ich ciekawość w zrozumiały dla nich sposób i – co ważniejsze – dać im poczucie, że mają prawo zadawać pytania na każdy temat.

Na pytanie, jak dzieci wydostają się z mamusi, wystarczy odpowiedzieć, że kiedy są już dostatecznie duże, wychodzą przez otwór specjalnie do tego przeznaczony, czyli pochwę. Należy podkreślić, że nie jest to ten sam otwór, przez który wydostaje się na zewnątrz kał czy mocz.

Jest dość prawdopodobne, że małe dziecko natknie się na ślady menstruacji i pomyśli, że mama się zraniła. Powinna wyjaśnić, że wszystkie kobiety co miesiąc krwawią, a przyczyną nie jest zranienie. Powyżej trzeciego roku życia można dodać coś o celu menstruacji.

Dlaczego nie bocian? Mogłoby się wydawać, że opowiedzenie historyjki o bocianie jest dużo prostsze i mniej kłopotli-

we. Ale nawet w wieku trzech lat maluch, którego mama albo ciocia jest w ciąży, domyśla się, gdzie rośnie niemowlę, obserwując zmieniającą się figurę kobiety i podsłuchując fragmenty rozmów. Fakt, że rodzice nerwowo mówią mu coś sprzecznego z prawdą, prawdopodobnie zdziwi go i zmartwi. Jeśli zaś w wieku trzech lat niczego jeszcze nie podejrzewa, dowie się prawdy – lub półprawdy – w wieku pięciu, siedmiu czy dziewięciu lat. Lepiej nie zaczynać od wersji nieprawdziwej, narażając się na to, że dziecko uzna was za kłamców. Gdy zorientuje się, że z jakiegoś powodu nie śmieliście powiedzieć mu prawdy, poczuje się nieswojo i powstanie pomiędzy wami bariera, utrudniająca wzajemne kontakty. W przyszłości może mieć opory przed zwróceniem się do was z prośbą o wyjaśnienie wątpliwości. Trzylatkowi warto powiedzieć prawdę również dlatego, że zadowoli się prostą odpowiedzią. Zdobędziecie wprawę i położycie podwaliny pod późniejsze odpowiedzi na trudniejsze pytania.

Czasem małe dzieci, którym powiedziano, gdzie rosną niemowlęta, wprawiają rodziców w zakłopotanie, zachowując się tak, jakby wierzyły jednocześnie w historyjkę o bocianie. Mogą mieszać ze sobą kilka różnych teorii, jest to zupełnie naturalne. Mają wybujałą wyobraźnię i w jakimś stopniu wierzą we wszystko, co usłyszą. Nie próbują – tak jak dorośli – znaleźć jednej właściwej odpowiedzi i odrzucić pozostałych jako błędnych. Musicie też wiedzieć, że dzieci nie zapamiętują wszystkiego za pierwszym razem. Uczą się po troszku, zadając wciąż to samo pytanie, aż uzyskają pewność, że dobrze wszystko zrozumiały. Muszą pokonać najpierw jeden etap rozwoju, zanim przejdą do następnego.

Przygotuj się na niespodziankę. Przygotujcie się z góry na to, że pytania dziecka przybiorą nieoczekiwaną formę i padną w nieoczekiwanej chwili. Rodzice często wyobrażają sobie uroczą scenkę w porze kładzenia się spać, kiedy dziecko jest w nastroju do zwierzeń. W rzeczywistości jest dużo bardziej prawdopodobne, że pytanie padnie w supermarkecie albo gdy rozmawiacie na ulicy z ciężarną sąsiadką. Gdyby tak się stało, pohamujcie impuls uciszenia dziecka. Jeśli możecie, odpowiedzcie natychmiast. Jeśli nie, powiedzcie swobodnie: „Później ci wyjaśnię. O takich sprawach wolimy rozmawiać, gdy jesteśmy sami".

Podczas rozmowy nie przybierajcie uroczystego tonu. Kiedy dziecko pyta, dlaczego trawa jest zielona albo dlaczego psy mają ogony, odpowiadacie zupełnie spontanicznie – pytają przecież o rzecz najbardziej naturalną w świecie. Spróbujcie na pytania związane z prokreacją odpowiadać z taką samą spontanicznością. Pamiętajcie, że choć dla was temat jest nacechowany emocjonalnie i wprawia was w zakłopotanie, dzieckiem powoduje zwyczajna ciekawość. Nawet jeśli jesteście zażenowani, maluch nie przejmie się tym, jeśli udzielicie mu szczerej odpowiedzi.

Inne pytania – „Dlaczego niemowlęta nie rodzą się przed ślubem?" lub „A do czego potrzebny jest tatuś?" – mogą nie pojawić się przed ukończeniem przez dziecko czwartego albo piątego roku życia, chyba że obserwuje zwierzęta albo ma przyjaciół, którym urodził się mały braciszek bądź siostrzyczka. Wtedy możecie wyjaśnić, że nasienie z prącia taty trafia do macicy mamy, specjalnego miejsca, w którym rośnie niemowlę. Może upłynąć trochę czasu, zanim malec spróbuje wyobrazić sobie tę sytuację. Kiedy będzie na to gotowy, możecie mu wspomnieć o miłości i pieszczotach.

Dziecko, które nie zadaje pytań. Jak postępować z dzieckiem, które ma już

cztery albo pięć lat, ale nigdy nie pyta, skąd biorą się dzieci? Rodzice zakładają czasem, że w ogóle nie przyszło mu to do głowy, co świadczy o jego niezwykłej niewinności. Jednak większość specjalistów pracujących z dziećmi miałaby wątpliwości. Jest bardziej prawdopodobne, że maluch odnosi wrażenie – może niezamierzone przez rodziców – iż kwestie te są wstydliwe. Zwróćcie uwagę na pytania pośrednie, aluzje i drobne żarty, za pomocą których pociecha bada wasze reakcje.

Na przykład siedmiolatek, który rzekomo nic nie wie o ciąży, może trochę z zakłopotaniem, a trochę żartobliwie skomentować rozmiar brzucha ciężarnej mamy. Jest to dla rodziców dobra okazja, by wytłumaczyć mu, co się dzieje – lepiej późno niż wcale. Mała dziewczynka na etapie zastanawiania się, dlaczego nie jest zbudowana tak samo jak chłopcy, czasem bardzo się stara siusiać na stojąco. Niemal każdego dnia podczas rozmów z dzieckiem o ludziach i zwierzętach trafiają się okazje, które czujni rodzice mogą wykorzystać, żeby pomóc dziecku zapytać o to, co chciałoby wiedzieć. Rodzice mają wtedy szansę uspokoić je wyjaśnieniem, nawet jeśli nie padło bezpośrednie pytanie.

Jak może pomóc szkoła? Jeśli mama i tata odpowiedzieli na pierwsze pytania związane z płcią, nie okazując większego zażenowania, dzieci dorastając, będą powracać do nich z prośbą o dokładniejsze informacje. Szkoła też może pomóc. W wielu szkołach pozwala się dzieciom w zerówce lub pierwszej klasie opiekować królikami, świnkami morskimi czy białymi myszkami. Dzięki temu mogą zapoznać się ze wszystkimi aspektami zwierzęcego życia – jedzeniem, rywalizacją, parzeniem się, rodzeniem i karmieniem młodych. W pewnym sensie taką wiedzę łatwiej jest zdobywać, obserwując zwierzęta. Jest to też uzupełnienie informacji uzyskanych od rodziców. Maluchy będą prawdopodobnie chciały omówić i wyjaśnić w domu to, czego dowiedziały się w szkole.

W piątej klasie warto w prosty sposób przekazać dzieciom wiedzę o fizjologii człowieka, w tym reprodukcji. Niektóre dziewczynki w tym wieku wkraczają w okres dojrzewania i potrzebują konkretnych informacji o tym, co się z nimi dzieje. Dyskusja w szkole, podejmująca temat z naukowego punktu widzenia, powinna pomóc dziecku w poruszeniu tego tematu w domu, już w bardziej osobistej rozmowie.

Edukacja seksualna, obejmująca duchowy aspekt związku dwojga ludzi, powinna być częścią szerszej edukacji moralnej i zdrowotnej od zerówki do ukończenia liceum. Najlepiej jeśli będzie ona harmonijnie prowadzona przez rodziców i nauczycieli.

ROZMOWY O SEKSIE Z NASTOLATKAMI

Czy edukacja seksualna zachęca do podejmowania współżycia? Wielu rodziców obawia się, że rozmowa o seksie ośmieli nastoletnie dziecko do rozpoczęcia współżycia. Nic bardziej błędnego. Jest dokładnie odwrotnie. Im więcej nastolatek dowie się z rozmów z rodzicami i nauczycielami oraz z pozbawionych przekłamań książek, tym mniejszą będzie miał ochotę na zdobywanie wiedzy na własną rękę. Odarcie seksu z tajemnicy sprawia, że staje się on dla nastolatków mniej atrakcyjny. Dobrze jest też porozmawiać o wstrzemięźliwości – o tym, dlaczego i jak mówić: „Nie, dziękuję". Wiele badań wykazuje jednak w przekonujący sposób, że samo tylko promowanie wstrzemięźliwości nie prowadzi do zmniejszenia liczby nieodpowiedzialnych aktów seksualnych bez użycia środków antykoncepcyjnych. Nauka o seksie i seksualności wtedy tylko jest skuteczna, gdy obejmuje całość zagadnienia, od antykoncepcji i fizjologii rozmnażania przez sposób prezentowania seksu w mediach, emocjonalne i duchowe aspekty współżycia oraz wartości religijne i inne, aż po wstrzemięźliwość.

Rozmawiaj, nie wygłaszaj kazań. Tak w przypadku nastolatków, jak i młodszych dzieci najlepiej, żeby temat seksu naturalnie pojawiał się w rozmowach, zamiast ograniczać się do jednego uroczystego wykładu. Łatwiej jest rozmawiać z nastolatkami o seksie, jeśli związane z nim kwestie zawsze były omawiane bez zażenowania (patrz str. 299). Jednym ze sposobów inicjowania rozmowy na ten temat jest komentowanie obrazów erotycznych pojawiających się dosłownie wszędzie wokół nas: w telewizji, w gazetach, w czasopismach. Jeśli nastolatek wie, że nie krępują was rozmowy o seksie, nie wpadnie w panikę, gdy w pierwszej czy drugiej klasie liceum poruszycie ten temat. Dobrym pomysłem jest przeprowadzenie takiej rozmowy w samochodzie, gdy na przykład wieziecie dziecko na jakąś imprezę. Możliwość wyglądania za okno sprawia, że oboje jesteście mniej zakłopotani, a nastolatek nie może po prostu wstać i wyjść z samochodu.

Skoncentruj się na dobrych stronach. Nadmierne podkreślanie zagrożeń związanych ze współżyciem to łatwy do popełnienia błąd, zwłaszcza jeśli sami rodzice zostali nauczeni bać się seksu. Nerwowa matka może tak przerazić córkę perspektywą zajścia w ciążę, że biedna dziewczyna będzie się bała wszelkich kontaktów z chłopcami. Albo też ojciec może wpoić synowi przesadny lęk przed chorobami wenerycznymi. Dorastające dziecko powinno oczywiście wiedzieć, jak się zachodzi w ciążę i jak rozwiązłość zwiększa ryzyko zachorowania na choroby przenoszone drogą płciową, ale te niepokojące aspekty współżycia nie powinny wysuwać się na pierwszy plan. Seks powinien się nastolatkom wydawać przede wszystkim zdrowy, naturalny i piękny.

W rozmowach należy poruszyć temat antykoncepcji, w tym odpowiedzialność zarówno chłopców, jak i dziewcząt. Jeśli problem jest dla was tak krępujący, że po prostu nie jesteście w stanie swobodnie o nim mówić, poproście inną dorosłą osobę, której ufacie i wy, i wasze dzieci, żeby zrobiła to za was.

Zaufaj dziecku. Rodzice z natury martwią się o swoje dzieci i ciężko im uwierzyć w to, co dobrze wiedzą specjaliści badający zachowania młodych ludzi: szczęśliwe, rozsądne, odnoszące sukcesy nastolatki rzadko kiedy wpadają w tarapaty z powodu seksu. Zdrowy rozsądek, szacunek dla samych siebie i życzliwe nastawienie do ludzi, wykształcone w latach dzieciństwa, utrzymują je na właściwym kursie, nawet gdy żeglują przez zupełnie nowe etapy rozwoju. By ująć rzecz z innego punktu widzenia: te nastolatki, które wpadają w tarapaty z niewłaściwymi partnerami, zazwyczaj przez całe lata miały problemy z sobą i z innymi ludźmi.

Dziewczęta i dojrzewanie. Temat dojrzałości płciowej dobrze jest omówić, zanim nastąpią pierwsze zmiany. U dziewczynek dojrzewanie rozpoczyna się około dziesiątego roku życia, choć u niektórych zmiany pojawiają się już w wieku ośmiu lat. Wchodząc w okres dojrzewania, dziew-

czynka musi wiedzieć, że przez następne dwa lata rozwijać się będą jej piersi, pojawi się owłosienie w okolicach narządów płciowych i pod pachami, będzie szybciej rosła i przybierała na wadze, a jej skóra zmieni wygląd i być może pojawi się na niej trądzik. Mniej więcej za dwa lata po raz pierwszy zacznie miesiączkować. (Więcej informacji o dojrzewaniu znajdziecie na stronie 124.)

Nie bez znaczenia jest, jak rozmawia się z córką o miesiączce. Niektóre matki mówią głównie o tym, jaka jest uciążliwa, ale błędem jest straszenie w ten sposób niedojrzałej, wrażliwej dziewczynki. Inne matki podkreślają, jak delikatna staje się w tym okresie kobieta i jak bardzo musi na siebie uważać. To również robi złe wrażenie, zwłaszcza na tych dziewczynkach, które narzekają, że ich bracia są zawsze uprzywilejowani, a także na tych, które przesadnie martwią się o swoje zdrowie. Dziewczęta i kobiety mogą podczas miesiączki prowadzić zupełnie zdrowy, normalny, energiczny tryb życia. Tylko niektórym dokuczają tak silne bóle, że dziewczynka musi zrezygnować z normalnych zajęć, ale na szczęście istnieją skuteczne sposoby łagodzenia tych dolegliwości.

Dobrze jest podkreślić, że podczas miesiączki macica przygotowuje się na przyjęcie dziecka. Dziewczynce czekającej na pierwszą miesiączkę można podarować pudełko podpasek. Dzięki temu poczuje się bardziej dorosła i gotowa stawić czoło życiu, zamiast biernie czekać, co życie postawi na jej drodze.

Chłopcy i dojrzewanie. Również z chłopcem trzeba omówić temat dojrzałości płciowej, zanim wkroczy on w okres dojrzewania, czyli przed ukończeniem dwunastu, a może nawet dziesięciu lat. Wyjaśnijcie, że erekcje i zmazy nocne to coś naturalnego. Zmazy nocne, nazywane też mo-

krymi snami lub polucjami, polegają na
wytrysku nasienia (płynu gromadzącego
się w gruczole krokowym) podczas snu,
często pod wpływem marzeń sennych
o zabarwieniu erotycznym. Rodzice, którzy wiedzą, że zmazy nocne są nieuniknione oraz że czasem chłopcy odczuwają
przemożne pragnienie masturbacji, mogą
uspokoić syna, mówiąc, że jest to normalne, jeżeli nie zdarza się zbyt często. Prawdopodobnie jest jednak błędem określa-

nie konkretnych limitów. Problem polega
na tym, że nastolatki często martwią się
swoją seksualnością i wyobrażają sobie,
że są odmienne albo nienormalne. Powiedzenie: „Tyle razy to norma, tyle razy to za
dużo" prawdopodobnie sprawi, że będą
jeszcze więcej myśleć o seksie. Chłopcom
należy powiedzieć, że częste zmazy nocne
są tak samo normalne jak rzadkie i że niektórym zupełnie zdrowym chłopcom nie
zdarzają się one wcale.

ROZWÓJ SEKSUALNOŚCI

Zmysłowość i seksualność. Zmysłowość oznacza czerpanie przyjemności z doznań zmysłowych. Seksualność zawęża tę
sferę do narządów płciowych. Niemowlęta to stworzenia zmysłowe. Ogromną i nie-
skrępowaną przyjemność sprawia im korzystanie z całego swojego ciała, a zwłaszcza ust i organów płciowych. Jedzą z entuzjazmem, cmokają, gdy są syte, głośno

protestują, gdy czują głód. Uwielbiają przyjemności cielesne: przytulanie, głaskanie, całowanie, łaskotanie i masowanie. Wszystko, co robią, robią dla przyjemności.

Z czasem – w zależności od tego, jak
otoczenie reaguje na ich zmysłowość –
niemowlęta zaczynają kojarzyć pewne emocje i idee z przyjemnymi doznaniami. Jeśli
maluszkowi, który pociera swoje narzą-

🏛 KLASYCZNY SPOCK

Od dnia narodzin aż do śmierci jesteśmy istotami na wskroś seksualnymi.
Seksualność jest wrodzona, stanowi część naszej natury, ale sposób, w jaki się objawia, zależy w dużym stopniu od wpojonych wartości rodzinnych,
kulturowych i społecznych. W niektórych kulturach ludzka seksualność stanowi fundamentalny i naturalny element codziennego życia. Na amerykańską kulturę natomiast ogromny wpływ wywarli nasi purytańscy przodkowie,
pozostawiając nam w spadku niepokój co do seksualności i sposobów jej
wyrażania. Jeśli rozejrzycie się wokół i zastanowicie nad tym, jak w naszej
kulturze wykorzystywana jest seksualność – dla reklamy, dla podniety, dla
zysku – możecie odnieść wrażenie, że stajemy się coraz mniej purytańscy.
Myślę jednak, że jest to tylko złudzenie. W rzeczywistości zainteresowanie
naszego społeczeństwa seksem jest obsesyjne, ponieważ jest tłumione. To
właśnie wypieranie się naturalnej seksualności sprawia, że jest eksploato-
wana we wszystkich dziedzinach życia.

dy płciowe, powie się „Nie! Nie rób tak! To brzydko!", zacznie łączyć to doznanie z dezaprobatą. Być może przestanie to robić, ale pragnienie przyjemności oczywiście nie zniknie, a niemowlę nie będzie wiedziało, dlaczego tak przyjemne zajęcie jest zakazane.

Dorastając, dzieci muszą dostosować swoje pragnienie odczuwania przyjemności zmysłowych do norm obowiązujących w społeczeństwie. Uczą się na przykład, że można dłubać w nosie albo drapać się w pewne części ciała, ale tylko wtedy, gdy nikt nie patrzy. Stopniowo zaczynają rozumieć pojęcie prywatności. Małe dziecko będzie się domagać prywatności w łazience, choć nie przyjdzie mu nawet do głowy, że może być coś niestosownego w bieganiu po domu bez ubrania. Dzieci w wieku szkolnym zazwyczaj pojmują prywatność podobnie jak dorośli.

Masturbacja. Pomiędzy czwartym a ósmym miesiącem niemowlęta odkrywają narządy płciowe, tak samo jak wcześniej odkryły paluszki u rąk i nóg: badając na chybił trafił różne części ciała. Gładzenie narządów płciowych sprawia im przyjemność; dorastając, będą o tym pamiętać i od czasu do czasu umyślnie dotykać tych okolic.

Pomiędzy osiemnastym a trzydziestym miesiącem dzieci zaczynają uświadamiać sobie różnice pomiędzy płciami, koncentrując się zwłaszcza na członku chłopca i jego braku u dziewczynki. (Tak właśnie widzą to dzieci, zanim się dowiedzą, że dziewczynka ma pochwę i macicę, w której może urosnąć dziecko, a której chłopcy nie mają.) Naturalne zainteresowanie narządami płciowymi w tym okresie prowadzi do częstszej masturbacji.

W wieku trzech lat dzieci, którym nie zabroniono masturbowania się, będą to od czasu do czasu robić. Poza gładzeniem genitaliów rękami mogą pocierać udem o udo, rytmicznie kołysać się w przód i w tył albo wypychać do przodu miednicę, siedząc na oparciu kanapy albo krzesła bądź leżąc na pluszowej zabawce. W tym wieku dzieci mogą też dotykać narządów płciowych, żeby się uspokoić, gdy są spięte lub przestraszone albo gdy się boją, że coś złego stanie im się w tę część ciała.

W wieku szkolnym większość dzieci nadal się masturbuje, mniej otwarcie i rzadziej. Niektóre robią to często, inne sporadycznie. Dzieci się masturbują, ponieważ jest to przyjemne, a także dlatego, że uspokaja je to i przynosi pociechę, gdy muszą się uporać z różnymi lękami.

Wczesna ciekawość seksualna. Przedszkolaki często otwarcie interesują się ciałem rówieśników płci przeciwnej i jeśli im się na to pozwoli, spontanicznie je sobie pokazują i dotykają się nawzajem, zaspokajając ciekawość płciową. U dzieci w wieku szkolnym normalne jest porównywanie wielkości penisa przez chłopców oraz wyglądu i wielkości łechtaczki przez dziewczynki – wynika to z ogólnej potrzeby ustalenia, w jakim stopniu dorównuje się rówieśnikom. Niektóre dzieci przeprowadzają tego rodzaju śledztwo, inne nie.

Ile skromności w domu? Wystarczył niecały wiek, żeby amerykańskie obyczaje zatoczyły pełne koło, od nadmiernej skromności epoki wiktoriańskiej do wiele odsłaniających kostiumów kąpielowych, a nawet całkowitej nagości uważanej w wielu domach za naturalną. Małe dzieci obojga płci często widują się nawzajem nago: w domu, na plaży, w przedszkolnej łazience. Nie ma powodu sądzić, że takie obnażanie się ma jakiekolwiek negatywne skutki. Dzieci interesują się nawzajem swoimi ciałami, tak jak interesują się wieloma rzeczami w otaczającym je świecie.

Jednak kiedy małe dzieci regularnie widują rodziców nago, może to być poważniejszy powód do niepokoju, głównie dlatego, że ich uczucia do rodziców są tak intensywne. Chłopczyk kocha mamę o wiele bardziej niż znane sobie małe dziewczynki. Do ojca odczuwa pełen podziwu szacunek i postrzega go jako rywala w dużo większym stopniu niż któregokolwiek kolegę. Dlatego widok mamy może go nadmiernie stymulować, a okazja do codziennego porównywania się z tatą, które siłą rzeczy wypada na jego niekorzyść, może wykształcić w nim poczucie niższości. To poczucie może utrzymywać się długo po tym, jak i on będzie miał narządy płciowe dorosłego mężczyzny. Czasem chłopiec jest tak zazdrosny, że czuje, iż chciałby wyrządzić tacie krzywdę. Ojcowie mający zwyczaj chodzić nago po domu opowiadają czasem, że gdy golą się rano, ich trzy- albo czteroletni synowie próbują złapać ich za prącie. Chłopiec czuje się potem winny i przestraszony. Mała dziewczynka, która regularnie widuje ojca nago, również może być nadmiernie pobudzona tym widokiem.

Nie oznacza to, że wszystkie dzieci niepokoi nagość rodziców. Wielu to nie przeszkadza, zwłaszcza jeśli rodzice zachowują się zdrowo i naturalnie, nie lubieżnie czy ostentacyjnie. Ponieważ jednak nie jesteśmy w stanie zawsze przewidzieć reakcji dziecka, myślę, że kiedy dziecko ukończy dwa i pół, trzy lata, lepiej jest, gdy rodzice zakrywają w ich obecności narządy płciowe. Wcześniej dobrze jest, gdy dzieci towarzyszą rodzicom w łazience, dzięki czemu mogą zobaczyć, do czego służy sedes. Niekiedy zdarza się, że ciekawskie dziecko zaskakuje jedno z rodziców nago w łazience. Nie trzeba okazywać zdenerwowania czy gniewu, wystarczy powiedzieć: „Poczekaj, proszę, na zewnątrz, aż się ubiorę".

Kiedy powinniście zacząć nalegać na przestrzeganie prywatności? Tu wyznacznikiem powinny być wasze odczucia. Jeśli czujecie się nieswojo, gdy dziecko widzi was nago, prawdopodobnie czas zwrócić na to uwagę. Dziecko wyczuje wasze skrępowanie, a to zwiększy emocjonalny ładunek sytuacji.

Po ukończeniu sześciu czy siedmiu lat większość dzieci zaczyna się domagać większej prywatności, przynajmniej czasem. Jako że w tym wieku są w stanie dużo lepiej poradzić sobie z samodzielnym korzystaniem z toalety i higieną osobistą, nie ma powodu, by nie respektować ich próśb o zachowanie prywatności.

RÓŻNICE MIĘDZY PŁCIAMI I HOMOSEKSUALIZM

W wieku dwóch lat chłopcy wiedzą, że są chłopcami, a dziewczynki wiedzą, że są dziewczynkami, i zazwyczaj akceptują płeć, która im przypadła. Na tym wczesnym etapie rozwoju chłopcom często zdarza się myśleć, że mogą rodzić dzieci, a dziewczynkom, że powinny mieć penis. Takie pragnienia nie świadczą o głębokich zaburzeniach w sferze psychiki, ale o tym, że zdaniem małego dziecka wszystko jest możliwe. Jeśli ktoś chce mieć penis, no cóż, może go mieć!

Tożsamość płciowa rozwija się pod wpływem czynników biologicznych i społecznych. Testosteron i estrogeny, czyli główne hormony decydujące o tym, czy organizm jest męski czy żeński, wywierają również wpływ na rozwój mózgu. Mózg mężczyzny jest inny niż mózg kobiety, ale różnice pomiędzy płciami w takich kwestiach jak poziom agresji czy zdolności językowe są w rzeczywistości dużo mniejsze niż różnice pomiędzy poszczególnymi ludźmi. Innymi słowy, jest mnóstwo wrażliwych, pokojowo usposobionych chłopców oraz mnóstwo asertywnych dziewczynek uwielbiających rywalizację.

Skąd biorą się różnice kulturowe pomiędzy mężczyznami a kobietami?
Ludzie mają tendencję do chwalenia chłopców za ich osiągnięcia, a dziewczynek za wygląd. Dziewczęce ubranka są tak projektowane, żeby dorośli wykrzykiwali: „Jak ślicznie wyglądasz!" Jest to miły komplement, ale daje dziewczynce poczucie, że jest podziwiana głównie za wygląd, nie za osiągnięcia. Książeczki dla dzieci często pokazują chłopców zajętych budowaniem różnych rzeczy albo wyruszających na poszukiwanie przygód, podczas gdy dziewczynki przyglądają im się lub bawią lalkami. Dziewczynki często się ostrzega, żeby nie wspinały się na drzewa czy dach garażu, bo nie są wystarczająco silne i łatwo mogłyby zrobić sobie krzywdę. Chłopcom daje się samochodziki, sprzęt sportowy, zestaw małego technika i małego doktora. Dziewczynkom daje się lalki, przybory do szycia, biżuterię i zestaw małej pielęgniarki. Nie ma nic złego w takich prezentach, zwłaszcza jeśli dziecko samo o nie prosi. Problem się pojawia, gdy dorośli konsekwentnie narzucają takie rozróżnienie, sugerując, że kobiety (czy mężczyźni) są dobre tylko w określonych zajęciach.

Chłopcom przydziela się prace w garażu, piwnicy albo ogrodzie, dziewczynki pracują w domu. Prace domowe są oczywiście ważne dla całej rodziny, więc należy odnosić się do nich z szacunkiem, ale jeśli wykonują je jedynie kobiety w społeczeństwie, które tak wysoki prestiż przyznaje mężczyznom, przedstawiciele obu płci będą patrzeć na nie z góry.

Chłopcy często próbują ukryć poczucie niekompetencji lub wręcz niższości, dokuczając dziewczynkom, mówiąc, że nie potrafią szybko biegać albo celnie rzucać piłką, więc nie mogą grać w ich drużynie. Niestety, niektórzy rodzice i nauczyciele także mówią dziewczynkom, że z natury nie są predysponowane do studiowania matematyki czy fizyki albo wykonywania pracy inżyniera. Wkraczając w okres dojrzewania, dziewczęta są przekonane, że nie dorównują mężczyznom w takich dziedzinach, jak myślenie abstrakcyjne, planowanie kompleksowe i kontrolowanie emocji. Akceptowanie takich stereotypów niszczy wiarę w siebie i może spowodować upośledzenie tych właśnie zdolności, których zdaniem wielu osób (obojga płci) kobietom brakuje.

Homoseksualizm i homofobia. W naszym społeczeństwie od 5 do 10 procent dorosłych mężczyzn i kobiet to homoseksualiści. Jako że homoseksualizm jest wciąż jeszcze piętnowany, wielu gejów i lesbijek ukrywa swoją orientację seksualną, dlatego trudno jest dokładnie ocenić ich liczbę.

Gejów i lesbijki coraz częściej można dostrzec w kulturze popularnej – filmach, czasopismach i telewizji – a osoby publiczne, jak muzycy, kreatorzy mody, sportowcy, a nawet politycy coraz częściej przyznają się do homoseksualizmu. Pomimo to, a może dlatego właśnie, wiele osób nadal odczuwa irracjonalny strach przed homoseksualizmem. Strach ten nazywany jest homofobią. W najpopularniejszej formie jest to obawa heteroseksualistów, że sami mogą być homoseksualni albo że geje i lesbijki są nienormalni. Strach ten może prowadzić do robienia z homoseksualistów kozłów ofiarnych; do utrzymywania, że tylko oni są winni epidemii AIDS albo że rodzice nie powinni pozwolić dzieciom na kontakty z homoseksualnymi dorosłymi. W formie najbardziej brutalnej homofobia prowadzi do aktów nienawiści oraz wprowadzania ustawodawstwa ograniczającego prawa gejów i lesbijek.

Niektórzy rodzice uważają, że jeśli ich dzieci będą miały kontakt z homoseksualnymi dorosłymi, mogą same stać się homoseksualistami, ale nie ma dowodów na to, że orientację seksualną dzieci można zmienić albo wpłynąć na nią własnym przykładem. Coraz więcej badań wskazuje na to, że ludzie rodzą się z określoną orientacją seksualną. Wiadomo w każdym razie, że o podstawowej orientacji seksualnej decydują pierwsze lata życia. Niezależnie od tego, z jakim stylem życia dziecko się styka, a przed jakim jest chronione, jego pierwotna orientacja seksualna pozostanie niezmieniona.

Jeśli dziecko pyta o gejów i lesbijki albo ogólnie omawiacie temat seksu z dzieckiem powyżej szóstego roku życia, powinniście wyjaśnić wprost, że niektórzy mężczyźni i kobiety zakochują się i mieszkają z osobami tej samej płci. Jeśli w waszej rodzinie homoseksualizm uważany jest za grzech, musicie do tego tematu podchodzić szczególnie delikatnie, ponieważ wasze dziecko może być homoseksualne. Na wypadek, gdyby tak rzeczywiście było, rozmawiajcie o tej kwestii tak, żeby nie opanował go wstyd i żeby nie miało oporów przed zwierzeniem się wam i poproszeniem o pomoc.

Obawy dotyczące homoseksualizmu i przynależności płciowej. Kiedy rodzice uważają, że ich synek jest zniewieściały albo że dziewczynka jest nazbyt męska, mogą się zastanawiać, czy dziecko nie wyrośnie na homoseksualistę. Powszechne uprzedzenia co do homoseksualizmu wywołują u rodziców lęk i obawy. Jednak orientacja seksualna – homoseksualna

bądź heteroseksualna – to zupełnie inna kwestia niż kulturowa tożsamość płci (omówiona powyżej). To, że dziecko chce się bawić z dziećmi innej płci, podobają mu się ich zajęcia i zabawki, nie mówi nam nic o jego przyszłej orientacji seksualnej. Niewielki odsetek dzieci niezależnie od zachowania w pierwszych latach życia wyrasta na homoseksualistów, a większość jest heteroseksualna.

To normalne, że chłopcom sprawia przyjemność pieczenie ciast, sprzątanie, bawienie się lalkami, czasem zabawa w mamę, a nawet udawanie, że rodzą dzieci. Jeśli chłopiec pragnie w y ł ą c z n i e sukienek i lalek, bawi się w y ł ą c z n i e z dziewczynkami i powtarza, że chce być dziewczynką, obawy o jego tożsamość płciową są uzasadnione. Podejrzewam, że większość, jeśli nie wszystkie przypadki prawdziwych problemów na tym tle, ma przyczyny biologiczne lub genetyczne; obecnie nikt nie wie tego na pewno. Niezależnie od przyczyny, problemy z określeniem własnej przynależności płciowej prawdopodobnie będą źródłem bólu dziecka i zmartwień rodziny. Z problemem tym należy się zwrócić do specjalisty.

Jeśli dziewczynka często bawi się z chłopcami i niekiedy wyraża życzenie, żeby być chłopcem, prawdopodobnie reaguje w ten sposób na docinki i sugestie, że dziewczynki nie są wystarczająco dobre, silne czy mądre, i sprawdza swoje ograniczenia, albo też w pozytywny sposób utożsamia się z ojcem albo bratem. Jednak jeśli bawi się w y ł ą c z n i e z chłopcami i z a w s z e jest nieszczęśliwa, że jest dziewczynką, dobrze jest zabrać ją do specjalisty, który pomoże wyjaśnić problem i zaoferuje wsparcie jej i jej rodzinie.

Czy konieczne jest wzmacnianie ról przypisywanych płciom? Tym, co daje chłopcu silne poczucie tożsamości płciowej, nie są samochodziki ani kowbojskie kapelusze, ale pozytywne relacje z ojcem we wczesnym dzieciństwie. Relacje te sprawiają, że chce być taki jak tata.

Męskość chłopca nie jest wzmacniana, kiedy ojciec z niepokojem odrzuca jego prośby o kupienie lalki bądź w inny sposób okazuje, że martwią go dziewczęce upodobania synka. Chłopiec może wręcz wyczuć, że on i jego ojciec nie są dość męscy. Ojciec pewny swojej tożsamości płciowej może pomóc chłopcu w rozwoju „macierzyńskiej strony ojcostwa", wspierając zabawę lalkami.

W podobny sposób dziewczynka widzi w mamie obraz samej siebie. Matka, która zachęca dziewczynkę do różnych zajęć i przełamywania ograniczeń, a także sama to robi, wychowa córkę silną i pewną siebie. Jeżeli natomiast boi się, że jest mało kobieca i nieatrakcyjna, może przesadzić w podkreślaniu kobiecości córki. Dając jej do zabawy wyłącznie lalki i garnki oraz nieodmiennie ubierając ją w urocze sukienki z falbankami, wysyła jej fałszywe sygnały na temat kobiecej tożsamości.

Ważne jest też, żeby dziewczynka miała pozytywne relacje z ojcem. Jeśli ojciec zaniedbuje lub ignoruje córkę, nie chce grać z nią w piłkę albo zabierać pod namiot i na ryby, może jej wpoić poczucie niższości i wzmocnić stereotypy płciowe. To nor-

🏛 KLASYCZNY SPOCK

Mówiąc o utożsamianiu się dzieci z rodzicami, trzeba pamiętać, że chłopiec utożsamia się przede wszystkim z ojcem, ale też z matką – w mniejszym stopniu czy też, ujmując rzecz precyzyjniej, pod pewnymi względami. Jestem przekonany, że dlatego zostałem pediatrą, iż moja mama tak bardzo kochała niemowlęta. Po mnie urodziła jeszcze pięcioro dzieci i pamiętam, jak ogromną przyjemność sprawiało mi podawanie butelek i uciszanie marudzącej siostrzyczki wożeniem tam i z powrotem po werandzie w białym wiklinowym wózku.

Pamiętam małe pacjentki utożsamiające się z tatą ornitologiem albo immunologiem (ich mamy się tymi rzeczami nie interesowały). Na utożsamianie się z rodzicami wpływają zainteresowania i postawy, nie identyfikujemy się w stu procentach z jednym z rodziców. W tym sensie każdy w jakimś względzie czy stopniu utożsamia się z płcią przeciwną. Dzięki temu dorastając i wykształcając bogatszą, bardziej elastyczną osobowość, jesteśmy w stanie zrozumieć przedstawicieli płci przeciwnej. Społeczeństwo również odnosi korzyści, dopuszczając we wszystkich zawodach mieszankę postaw.

Ponieważ nie ma czegoś takiego jak stuprocentowe utożsamienie się z jedną płcią, najlepiej jest pozwolić dzieciom dorastać z naturalną mieszanką tożsamości, postaw i zainteresowań, jeżeli same ją akceptują. Jest to lepsze niż sprawianie, żeby wstydziły się i lękały rodzicielskiej dezaprobaty.

malne, że mali chłopcy chcą się bawić lalkami, a małe dziewczynki samochodami, i należy im na to pozwolić. Pragnienie chłopca, żeby bawić się lalkami, wynika nie ze zniewieściałości, ale z tego, że chce naśladować rodziców. W przyszłości pomoże mu to być dobrym ojcem. Nie ma nic złego w tym, żeby chłopcy i dziewczynki nosili odzież w stylu unisex – na przykład dżinsy i T-shirty – jeśli tego chcą, albo też żeby dziewczynki nosiły sukienki, jeśli takie mają preferencje.

Jeśli chodzi o obowiązki domowe, dobrze jest przydzielać takie same zadania chłopcom i dziewczynkom, tak jak moim zdaniem mężczyźni i kobiety powinni wykonywać te same zajęcia w domu i poza nim. Chłopcy mogą równie dobrze ścielić łóżka, sprzątać pokoje i zmywać naczynia jak ich siostry. Dziewczynki mogą brać udział w pracach na podwórku i myciu samochodu. Nie oznacza to, że chłopcy i dziewczynki nie mogą zamienić się obowiązkami, albo że ich podział musi być idealnie równy; po prostu nie powinno być jawnej dyskryminacji ani rozróżnień. Duży wpływ na dzieci będzie miał przykład obojga rodziców.

MEDIA

ŻYCIE Z MEDIAMI

Czy należy się martwić? Telewizja, kino i muzyka popularna są obwiniane za upadek cywilizacji zachodniej i ogólną degrengoladę. Ale czy rzeczywiście są przyczyną (rzekomego) załamania się moralności, nad którym lamentuje wiele osób, czy też po prostu odzwierciedlają gusta ludzi? Istnieje wiele powodów, żeby nie martwić się mediami. Pokolenie za pokoleniem, rodzice się niepokoją, słysząc uwielbianą przez ich dziecko muzykę i obserwując inne rozrywki, choć za nieszkodliwe uważają piosenki i opowieści z czasów własnej młodości. Ludzie mają naturalną tendencję do chwalenia tego, na czym wyrośli, i odrzucania wszelkich nowinek. Muzyka popularna i inne media są źródłem przeżyć, którymi można się dzielić w autobusie i na szkolnych korytarzach. Ta dziecięca kultura to zdrowy element normalnego procesu szukania przez dzieci i nastolatki własnej, niezależnej tożsamości i własnych odpowiedzi na wieczne wyzwania rzucane przez życie.

Mimo to nie da się zaprzeczyć, że media mogą mieć silny i niepokojący wpływ na zachowanie dzieci. Dwaj chłopcy, którzy zastrzelili trzynaście osób, a potem popełnili samobójstwo w liceum w Columbine w Kolorado 20 kwietnia 1999 roku, inspirowali się przynajmniej częściowo grami wideo i stronami internetowymi gloryfikującymi zabijanie. Kiedy się pomyśli o przemocy wypełniającej telewizyjny wszechświat – przeciętne dziecko przed ukończeniem czternastego roku życia jest świadkiem ośmiu tysięcy morderstw – i posłucha tekstów wielu przebojów, trudno nie martwić się wpływem mediów na dzieci. Rodzice potrzebują wiedzy, zdrowego rozsądku i odwagi, żeby pomóc dziecku korzystać z mediów, unikając zagrożeń.

TELEWIZJA

Medium wysokiego ryzyka. Ze wszystkich mediów wszechobecna telewizja ma na dzieci najsilniejszy wpływ. Młodzi ludzie poświęcają średnio trzy godziny dziennie na oglądanie telewizji i kolejne trzy al-bo więcej na inne rozrywki przed ekranem lub monitorem. Według niektórych oszacowań, każdego roku oglądają średnio 10 tysięcy morderstw, napadów i gwałtów, 20 tysięcy reklam i 15 tysięcy scen erotycznych, przy czym tylko w 175 z nich wspomina się o antykoncepcji. Niemal jedna trzecia dzieci w wieku od dwóch do siedmiu lat i dwie trzecie starszych dzieci ma telewizor w swoim pokoju.

To prawda, że niektóre programy, zwłaszcza w telewizji publicznej, mają walory edukacyjne: uczą, bawiąc, zachęcają do dobroci i życzliwości, odwołują się do wyższych instynktów dziecka. Niestety, stanowią mniejszość. Większość programów dla dzieci ma na celu sprzedaż produktów i przykucie uwagi odbywającą się w zawrotnym tempie i często pełną przemocy błazenadą.

Subtelny, ale niepokojący aspekt wpływu telewizji na widzów to lansowanie bierności i braku kreatywności. Oglądanie telewizji nie wymaga żadnego wysiłku umysłowego. Siedzicie po prostu i pozwalacie obrazom przepływać przed waszymi oczami. Inaczej jest z czytaniem, które zmusza do korzystania z wyobraźni. Widz staje się pasywnym odbiorcą wszelkich podawanych przez telewizję obrazów. Niektórzy uważają, że bezczynne oglądanie telewizji zmniejsza zdolność koncentracji, utrudniając dzieciom naukę w szkole.

Kolejny skutek uboczny zbyt częstego oglądania telewizji to otyłość, ogólnokra-

jowa epidemia w dzisiejszych Stanach Zjednoczonych. Oglądając telewizję, dzieci spalają niewiele kalorii, a cały czas są bombardowane reklamami kalorycznych przekąsek i niezdrowego jedzenia. Badania wykazały bezpośredni związek pomiędzy oglądaniem telewizji a otyłością: im więcej czasu dziecko spędza przed telewizorem, tym większe ryzyko, że będzie miało poważną nadwagę. Niemal niemożliwe jest schudnięcie, jeśli większość dnia spędza się, siedząc bez ruchu. Telewizja pokazuje zniekształconą wersję rzeczywistości, w której kobiety są nienaturalnie chude, a mężczyźni obdarzeni nieprawdopodobnymi mięśniami. Nic dziwnego, że w porównaniu z nimi tak wiele nastolatków uważa się za nieatrakcyjnych.

Dzieci, które oglądają dużo telewizji, mogą dojść do wniosku, że pijąc alkohol i paląc papierosy, będą atrakcyjne i podziwiane. Bohaterowie popularnych filmów często palą. Zażywanie narkotyków przedstawiane jest jako dowód odwagi i śmiałości, nie głupoty i nieodpowiedzialności.

Kolejny powód do obaw to przemoc. Wiele badań sugeruje, że dzieci oglądające sceny przemocy na ekranie telewizora zachowują się bardziej agresywnie w sto-

🏛 KLASYCZNY SPOCK

Sytuacja wygląda następująco: zostawiamy nasze pociechy pod opieką elektronicznej opiekunki na dwadzieścia trzy godziny tygodniowo. Opiekunka mówi dzieciom, że przemoc to dopuszczalny sposób rozwiązywania problemów, że seks jest najbardziej podniecający, kiedy nie towarzyszy mu miłość, a poza tym nie ma żadnych negatywnych konsekwencji, i że posiadanie najnowszych produktów jest miarą sukcesu i szczęścia. Podobieństwo pomiędzy światem, który elektroniczna opiekunka próbuje sprzedać naszym latoroślom, a światem, w którym chcielibyśmy żyć, jest niewielkie. Dlaczego więc mielibyśmy powierzyć jej dzieci?

sunku do rówieśników, jednocześnie czując się bardziej zagrożone. Oczywiście nie oznacza to, że k a ż d e dziecko oglądające filmy akcji będzie kopiować podpatrzone w nich zachowania. Ryzyko, że takie dziecko zachowa się w sposób agresywny, jest jednak bez wątpienia większe. Oglądanie typowej telewizyjnej papki jest tak samo ryzykowne jak bawienie się na środku ulicy albo jazda samochodem bez pasów bezpieczeństwa.

Dlaczego większość programów telewizyjnych jest zła?
Wiele osób błędnie sądzi, że przemysł telewizyjny sprzedaje reklamy. W rzeczywistości produktem sprzedawanym przez stacje telewizyjne jest uwaga widzów. Im więcej tego produktu są w stanie zgromadzić, tym więcej pieniędzy zarabiają na reklamach. Ponieważ telewizja ma przyciągnąć naszą uwagę (nie dba o edukację, moralność czy rozrywkę, chyba że to właśnie przyciąga uwagę widzów), jasne jest, dlaczego większość programów stara się dotrzeć do jak najszerszego kręgu odbiorców, co zwykle oznacza pogoń za sensacją.

Fakt, że telewizja jest pomyślana w taki sposób, żeby przyciągnąć i utrzymać uwagę widzów, wyjaśnia, dlaczego oglądanie jej tuż przed pójściem spać to zły pomysł. Zamiast uspokajać, telewizja rozbudza. Nie możecie zasnąć, dopóki nie zmęczycie się tak bardzo, że po prostu nie jesteście w stanie utrzymać otwartych oczu. Większość dzieci, które trafiają do mnie z naprawdę poważnymi problemami z zasypianiem, przed położeniem się do łóżka ogląda telewizję.

Czy potrzebny ci telewizor?
Niewielu rodziców postanawia zupełnie zrezygnować z posiadania telewizora. Jednak ci, którzy się na to decydują, zazwyczaj są ze swojego wyboru zadowoleni. Dzieciom nie brakuje telewizji, jeśli nigdy nie wpa-

dły w nawyk oglądania jej. Wypełniają dni innymi zajęciami. Rodzicom często wydaje się, że telewizja ułatwia im życie, ponieważ potrafi na dłuższy czas zająć dziecko. Jednak kiedy się zastanowicie, jak często kłócicie się o to, ile czasu może spędzać przed telewizorem i jakie programy wolno mu oglądać, a potem dodacie do tego nakłanianie go do wyłączenia telewizora, żeby mogło odrobić lekcje albo wykonać obowiązki domowe, prawdopodobnie stwierdzicie, że pozbycie się telewizora byłoby mniej kłopotliwe.

Przejmij kontrolę.
Jeśli należycie do większości i postanowiliście mieszkać z telewizorem, najważniejsze jest to, żebyście mieli nad nim kontrolę. Jeśli w pokoju dziecka jest telewizor – przenieście go i ustawcie w takim miejscu, żebyście mogli łatwo kontrolować, co i kiedy jest oglądane.

Niektóre dzieci siedzą przyklejone do ekranu telewizora od momentu powrotu ze szkoły po południu do późnego wieczora, kiedy muszą iść spać. Nie chcą zrobić sobie przerwy na obiad, odrabianie lekcji ani nawet na przywitanie się z rodziną. Rodziców kusi, żeby pozwolić na nieustanne oglądanie telewizji, ponieważ dzięki temu mają spokój.

Lepiej wspólnie ustalić rozsądne i niepodważalne zasady określające, ile czasu dziecko może spędzić na dworze i z przyjaciółmi, ile na odrabianiu zadań domowych, a ile przed telewizorem. W większości rodzin wystarczy godzina albo dwie po odrobieniu lekcji i wypełnieniu innych obowiązków domowych.

W przypadku małych dzieci jest to łatwe rozwiązanie, ponieważ wasza kontrola nad nimi jest niemal absolutna. Wybierzcie piękne filmy na wideo, które mogą oglądać na okrągło. Nie przyjdzie im nawet do głowy, że z telewizora można korzystać w inny sposób. Kiedy oglądają telewizję komercyjną, upewnijcie się, że program jest dla nich odpowiedni. Jeśli czasem wyręczacie się telewizorem jako nianią, powinniście się upewnić, że program telewizyjny spełnia wasze wymagania. Kategorycznie zabrońcie dzieciom oglądania programów zawierających sceny przemocy.

Małe dzieci jedynie częściowo odróżniają fikcję od rzeczywistości. Możecie wyjaśnić, że ludzie nie powinni się krzywdzić i zabijać, dlatego nie chcecie, żeby oglądały, jak to robią. Nawet jeśli dziecko oszuka was i obejrzy niedozwolony program w tajemnicy, będzie miało świadomość, że tego nie aprobujecie. W pewnym stopniu ochroni je to przez znieczulającym efektem przemocy na ekranie. Najprawdopodobniej w głębi duszy poczuje ulgę, że trzymacie je z dala od brutalnych programów. Bardzo duży odsetek dzieci przyznaje, że bardzo się boi tego, co widzi w telewizji. Komu to potrzebne?

W przypadku starszych dzieci, które mogą oglądać telewizję pod waszą nieobecność, błogosławieństwem może być tak zwany „V-chip". Zgodnie z amerykańskim prawem wszystkie nowe telewizory o ekranie wielkości co najmniej 13 cali wyposażone są w V-chip, układ elektroniczny, dzięki któremu rodzice mogą blokować dostęp dzieci do niektórych programów na podstawie opublikowanej klasyfikacji pod względem przemocy, seksu i sytuacji odpowiednich dla widzów dorosłych.

Starsze dziecko prawdopodobnie zbuntuje się przeciw próbom wprowadzenia cenzury: „Wszyscy oglądają te kreskówki, dlaczego mnie nie wolno?" Po prostu obstawajcie przy swoim. To prawda, że dziecko może i tak obejrzeć zakazany program u kolegi, ale dajecie mu w ten sposób do zrozumienia, że program ten jest niezgodny z wartościami wyznawanymi w waszej rodzinie, dlatego nie chcecie, żeby go oglądało.

Oglądaj telewizję z dzieckiem. Dobrym sposobem radzenia sobie z niezdrowym przesłaniem telewizji jest oglądanie jej z dzieckiem i uczynienie z niego widza wyrobionego i krytycznego. Możecie wspólnie się zastanowić, czy to, co właśnie obejrzeliście, w jakikolwiek sposób przypomina rzeczywisty świat. Jeśli w walce ktoś dostaje cios w twarz i tylko się po nim otrząsa, możecie powiedzieć: „To uderzenie musiało naprawdę boleć. Czy twoim zdaniem było bolesne? Telewizja wcale nie przypomina prawdziwego życia, prawda?" W ten sposób dziecko uczy się też współczuć ofierze, zamiast identyfikować się z agresorem. Oglądając reklamę, możecie powiedzieć: „Czy sądzisz, że to, co mówią, to prawda? Moim zdaniem próbują tylko skłonić nas do kupienia tego produktu". Chcecie, żeby dziecko rozumiało cel reklam i ich intencję, czyli manipulowanie widzami. Oglądając scenę erotyczną, możecie powiedzieć, że w prawdziwym życiu wygląda to inaczej – zazwyczaj seks uprawiają ludzie, którzy od dawna znają się i kochają.

🏛 KLASYCZNY SPOCK

Moim zdaniem logicznym wyjściem jest pozbycie się telewizora. W ten sposób dzieci i pozostali członkowie rodziny nie mogą polegać na biernych formach rozrywki i – jak ludzie przez tysiące lat – uczą się twórczo i aktywnie poszerzać swoje zainteresowania, czytając, pisząc i rozmawiając.

Oglądanie telewizji możecie wykorzystać, żeby nauczyć dziecko patrzeć na świat w sposób bardziej realistyczny i zdrowy, a telewizję traktować jak fikcję. Dzięki temu uodporni się na wpływ mediów i nie będzie bezkrytycznie akceptować ich przesłania.

Zaangażuj się. Prosty krok to pisanie do stacji telewizyjnych listów mówiących, co wam się w programach dla dzieci podoba, a co nie. Kiedy stacja telewizyjna otrzymuje jeden list, zakłada, że dziesięć tysięcy widzów myśli podobnie. Dlatego wasz głos tak bardzo się liczy.

GRY WIDEO I KOMPUTEROWE

Gry wideo i komputerowe dlatego są tak absorbujące i potencjalnie niebezpieczne dla dzieci, że nagradzają każdą czynność natychmiastową reakcją. Umieść kursor w odpowiednim miejscu, we właściwej chwili naciśnij przycisk, a coś wybucha – dostajesz za to punkty. Jedna z podstawowych koncepcji psychologicznych mówi, że zachowanie konsekwentnie nagradzane będzie powracać z coraz większą częstotliwością. Gry wideo dostarczają takiej właśnie gratyfikacji. Pedagodzy wiedzą, że ucząc, najlepiej jest tak dobrać poziom trudności, żeby zadanie zawsze stanowiło wyzwanie, ale jednocześnie nie było przyczyną frustracji. Gry wideo robią to automatycznie.

Innymi słowy, gry wideo i komputerowe są idealnymi narzędziami nauczania. Niestety, najczęściej uczą dzieci szybkiego, precyzyjnego strzelania i niczego więcej. W miarę postępu technologii obrazy na ekranie są coraz bardziej realistyczne i dzieci strzelają do postaci coraz bardziej przypominających prawdziwych ludzi. Im więcej strzelają, tym mniejszym przerażeniem i odrazą napełnia je idea zabijania. Nie stają się zupełnie bezduszne – tylko mniej wrażliwe. Myśląc o lecących pociskach, odczuwają przede wszystkim podniecenie, nie strach czy wstręt. Gry wideo w dużo większym stopniu niż filmy potrafią przemówić do wyobraźni dziecka

i nauczyć je emocjonalnej akceptacji przemocy, ponieważ czynią z niego aktywnego uczestnika.

Czy gry mają jakiekolwiek zalety? Wykonywanie dłońmi i palcami precyzyjnych ruchów w odpowiedzi na bodźce wzrokowe rozwija koordynację wzrokowo-ruchową, przygotowując dzieci do zawodów wymagających dobrego refleksu (jak na przykład pilot myśliwca albo nowojorski taksówkarz). W przypadku chłopców o niewielkich umiejętnościach społecznych i niewielkich osiągnięciach sportowych mistrzostwo w grach wideo i komputerowych jest sposobem zdobycia prestiżu i akceptacji rówieśników. Jeśli w szkole wszyscy rozmawiają wyłącznie o najnowszej strzelance, trudno jest być jedynym dzieckiem, któremu nie wolno grać.

No i oczywiście nie wszystkie gry polegają na sianiu zagłady i zniszczenia. Niektóre pozwalają dzieciom eksperymentować z budowaniem domów, miast czy kolejek górskich. Inne rozwijają umiejętności wizualne albo logiczne myślenie, a niektóre przez zabawę uczą nawet matematyki albo czytania. Nietrudno odróżnić te bardziej pokojowe gry od strzelanek. Zazwyczaj wystarczy spojrzeć na opakowanie.

Tak jak w wypadku telewizji, najważniejsze jest przejęcie kontroli przez rodziców. Myślę, że większości dzieci kontakt z grami wideo nie zaszkodzi, ale rodzice powinni przygotować się na to, że będą musieli ustalić pewne ograniczenia. Jeśli wasze dziecko zazwyczaj gwałtownie protestuje przeciw ograniczeniom, najlepszym rozwiązaniem może się okazać całkowity zakaz grania. Jeśli dziecko fascynuje się przemocą, nieustannie ćwiczy ciosy karate albo strzela z wyimaginowanego karabinu maszynowego, sugerowałbym wyeliminowanie wszystkich gier zawierających sceny przemocy. Jego głowa już przepełniona jest obrazami walki. Niech rozwija wyobraźnię, grając w co innego: kolejki górskie są ekscytujące, choć nie można z nich strzelać.

KINO

Straszne filmy. Zabieranie do kina dzieci poniżej siódmego roku życia jest ryzykowne. Słyszycie na przykład o pełnometrażowym filmie animowanym, która powinien być idealny dla małego dziecka. Tymczasem w kinie okazuje się, że jedna ze scen śmiertelnie malca przeraziła. Musicie pamiętać, że cztero- czy pięciolatek nie potrafi do końca odróżnić fikcji od rzeczywistości. Czarownica na ekranie jest dla niego tak samo żywa i przerażająca jak dla was włamywacz z krwi i kości. Możecie bez obawy zabrać dziecko poniżej siedmiu lat do kina tylko wtedy, gdy wy albo ktoś, kto rozumie psychikę małego dziecka, obejrzał film i jest przekonany, że nie ma w nim nic niepokojącego. Nawet wtedy małemu dziecku powinien zawsze towarzyszyć wyrozumiały dorosły, który może wyjaśnić wszelkie niepokojące sceny i pocieszyć w razie potrzeby.

Jakie filmy są odpowiednie dla dzieci? Oczywiście nie ma tu żelaznych reguł. Odpowiedź zależy od poziomu rozwoju i dojrzałości dziecka, jego reakcji na przerażające historie, jego pragnienia chodzenia do kina oraz wartości wyznawanych w waszej rodzinie. Czy chcecie zupełnie unikać scen przemocy czy tylko tych szczególnie drastycznych? Kiedy waszym zdaniem dziecko jest na tyle dojrzałe, żeby oglądać sceny erotyczne, i jakie czynności są w tych scenach dopuszczalne?

Lepiej być zbyt restrykcyjnym niż zbyt liberalnym w wyborze filmów dla dziecka. Dużo bardziej zaszkodzi mu obejrzenie sceny przerażającej lub nieodpowiedniej, na którą nie jest gotowe, niż zakaz obejrzenia filmu, do którego dojrzało. Konflikty na tym tle wykorzystajcie jako punkt wyjścia do dyskusji i wysłuchania argumentów dziecka: dlaczego uważa, że jest wystarczająco dojrzałe i koniecznie musi ten film zobaczyć? Przedstawcie swój punkt widzenia: pozbawiony miłości, brutalny seks w żadnym wieku nie jest odpowiedni. Dziecko i tak będzie niezadowolone, ale przynajmniej bezpośrednio przekażecie mu swoje wartości i dowiecie się więcej o jego sposobie postrzegania świata.

ROCK AND ROLL I RAP

Jeśli coś łączy muzykę nastolatków na przestrzeni dziesięcioleci, jest to pragnienie, żeby obowiązujące konwencje postawić na głowie, zbuntować się przeciw istniejącemu stanowi rzeczy. Przeznaczona dla dzieci piosenka, która nie gorszy rodzi-

🏛 KLASYCZNY SPOCK

Doskonale pamiętam, jak w pierwszych latach rock and rolla rodzice gorszyli się tańcem Elvisa Presleya. Pokazywano go w telewizji tylko od pasa w górę, żeby jego wirujące biodra nie demoralizowały rzesz młodocianych widzów. Dziesięć lat później palono płyty Beatlesów rzekomo deprawujących umysły rozkochanych nastolatek.

W ostatnich latach winą za wzrost przestępczości wśród nastolatków obarcza się wulgarne i brutalne teksty niektórych piosenek. Im bardziej świat się zmienia, tym bardziej pozostaje niezmienny.

---

ców, prawdopodobnie nie odniesie sukcesu. Muzyka jest dla nastolatków sposobem odcięcia się od tradycji starszego pokolenia i określenia własnej tożsamości; daje im poczucie przynależności kulturowej.

Nie oznacza to, że gorszące nas piosenki obiektywnie rzecz biorąc, wcale nie są gorszące. Teksty gloryfikujące agresję, brak szacunku do kobiet i zażywanie narkotyków budzą zupełnie zrozumiały niepokój. Czy możliwe jest uchronienie dzieci przed takimi treściami? Na pewno można z nimi porozmawiać o tekstach: „Dlaczego ta piosenka mówi o kobietach w obraźliwy sposób? Dlaczego bez szacunku mówi o policji? Co twoim zdaniem ta piosenka tak naprawdę mówi o seksie?" Podczas takiej dyskusji możecie przedstawić swoją opinię na temat przesłania piosenki: „Nie podobają mi się piosenki, które mówią, że narkotyki to coś dobrego". Musicie o ulubionych wykonawcach swojej pociechy wyrażać się taktownie i z szacunkiem, nawet jeśli uważacie, że ich utwory do złudzenia przypominają wrzaski kotów za oknem, ale powinniście też wyrazić swoje zdanie, nie obrażając dziecka i jego pokolenia. Jeśli od początku odniesiecie się do współczesnej muzyki rozrywkowej krytycznie, dziecko zaklasyfikuje was jako beznadziejnie staroświeckich i zignoruje to, co macie do powiedzenia.

Inaczej niż w wypadku kina i telewizji, nie ma naukowych dowodów na to, że obraźliwe słowa utworów muzycznych mają wpływ na dzieci. Przeważnie wlatują jednym uchem, a wylatują drugim. Nie należy jednak ignorować i przemilczać ordynarnych tekstów piosenek. Jest to kolejna okazja, żeby zagłębić się w świat dziecka i wysłuchać jego przemyśleń i opinii.

Teledyski. Do większości domów dociera telewizja kablowa, a wraz z nią teledyski. Wiele z nich zawiera wizerunki natury erotycznej, często graniczące z pornografią. Powszechna jest przemoc, w tym przemoc w stosunku do kobiet. Łącząc frapujące obrazy z chwytliwymi melodiami, teledyski opanowują wyobraźnię. Dlatego nie powinno dziwić, że stwierdzono związek pomiędzy oglądaniem teledysków a agresją i uprawianiem seksu przez nastolatki. Rozwiązaniem może być ograniczenie dostępu do teledysków przez pozbycie się telewizji kablowej; innym rozwiązaniem jest oglądanie ich z dzieckiem i wykorzystanie tej okazji, żeby go czegoś nauczyć. Niektóre teledyski przedstawiają odpowiedzialne zachowania i rozwiązywanie konfliktów bez użycia przemocy. Jeśli akurat na takie trafcie, powiedzcie dziecku, że je aprobujecie.

INTERNET

Wyobraźcie sobie, że wasze dziecko mówi: „To na razie! Jadę samotnie do niezwykłego, wspaniałego miasta. Wrócę za godzinę lub dwie". W mieście tym jest wszystko: nowi znajomi, nieograniczona liczba miejsc do zwiedzenia, muzea poświęcone wszelkim tematom, które jesteście w stanie sobie wyobrazić, a także tematom zupełnie niewyobrażalnym.

Jak powinniście zareagować? Kiedy minie pierwsza fala paniki, przede wszystkim weźcie pod uwagę dojrzałość dziecka. Czy rzeczywiście może samo poruszać się po obcym mieście? Jeśli tak, to czy wierzycie, że nie pójdzie samo w miejsca niebezpieczne, gdzie mogłoby je spotkać coś złego? Które muzea są odpowiednie dla osoby w jego wieku? O której powinno wrócić?

Internet jest takim właśnie miastem. Jako odpowiedzialni rodzice, czy wam się to podoba czy też nie, będziecie musieli się z tym pogodzić. Dla dzieci Internet jest ekscytującą szansą doświadczenia niezależności i wolności, rodzajem próby generalnej przed prawdziwą wizytą w prawdziwym mieście, tylko przy mniejszym ryzyku i z mnóstwem przyjaciół do towarzystwa.

Plusy i minusy. Dzieci wiedzą, że Internet daje możliwość łatwego dostępu do praktycznie nieograniczonej ilości informacji. Potencjał edukacyjny Internetu jest ogromny. Istnieją tak zwane „czaty" (z ang. *chat rooms*, czyli „pokoje pogawędek"), w których każdy uczestnik ma jednakowe prawo wzięcia udziału w dyskusji na dowolny temat. Są na przykład czaty dla dzieci niepełnosprawnych, dzięki którym mogą porozumieć się z dziećmi na całym świecie, które borykają się z takimi samymi problemami. Na innych czatach nastolatki rozmawiają o problemach świata – jak wojny czy globalne ocieplenie – dzielą się opiniami i projektami rozwiązań. Internet pomaga dzieciom przełamać izolację i stworzyć rodzaj globalnej wioski. Dla niektórych już choćby z tego względu jest bardzo ważny i daje wiele radości.

Jednak oprócz korzyści z Internetem wiążą się zagrożenia, zwłaszcza w wypadku dzieci. Niestety, w wirtualnym świecie Internetu spotkać można osoby żerujące na dziecięcej niewinności i niedojrzałości. Rozmowa na czatach przeznaczonych dla dzieci może zamienić się w lubieżny monolog udającego dziecko dorosłego. Internetowa anonimowość służy niekiedy niezdrowym celom osób próbujących wykorzystać dzieci. Ponadto łatwo w sieci uzyskać dostęp do wielu stron poświęconych przemocy albo pornografii.

Mniej drastyczne, ale w pewnym sensie tak samo niepokojące jest ryzyko związane z ogromną liczbą internetowych reklam. Wiele najciekawszych witryn internetowych zostało stworzonych w celu wypromowania jakiejś marki albo firmy. Rezultatem częstego obcowania z materiałami reklamowymi tego typu może być zwiększony materializm albo skłonność do postrzegania wielkich korporacji wyłącznie jako dobrotliwe olbrzymy.

Niektórzy rodzice tak bardzo obawiają się niebezpieczeństw związanych z Internetem, że zabraniają korzystania z niego w ogóle. Jednak dzieci powinny nauczyć się poruszania po „infostradzie". Jeżeli są do tego właściwie przygotowane i rozsądne, czeka na nie skarbiec wiedzy. Jeżeli nie nabiorą wprawy w posługiwaniu się komputerem do komunikowania się z ludźmi i zdobywania informacji, znajdą się w niekorzystnym położeniu – zarówno w pracy, jak i w życiu towarzyskim.

Nauczcie się obsługiwać komputer.
Poproście dziecko, żeby nauczyło was poruszać się po Internecie, jeśli już to umie, albo uczcie się razem. W ten sposób przynajmniej przez pewien czas będziecie mogli wspólnie wędrować po Internecie, zastanawiając się, co chcielibyście zobaczyć, dyskutując o tym, co należy, a czego nie wolno robić, i dowiadując się, jakie maniery obowiązują w sieci. Wspólne doświadczenia dadzą wam szansę omówienia pewnych kwestii w sposób, który pozostanie dla was niedostępny, jeśli nie dowiecie się niczego o Internecie. Zorientujecie się, jakie istnieją czaty i strony informacyjne oraz w jaki sposób działają. Wiedza ta pozwoli wam lepiej ocenić, co rzeczywiście stanowi zagrożenie, a kiedy jesteście tylko staroświeccy i przewrażliwieni.

Nadzoruj i wyznaczaj granice. Dobrze jest, żeby rodzice wyraźnie określili podstawowe zasady korzystania z Internetu, a potem pilnowali ich przestrzegania. W przypadku nastolatka nadzór może oznaczać sporadyczne spojrzenie przez ramię, gdy korzysta z sieci. Młodsze dzieci potrzebują bardziej bezpośredniego kontaktu i rozmowy o tym, co robią. Powinniście być przy nich przez większość czasu. Czaty nie są dla nich odpowiednie, chyba że pod ścisłą kontrolą.

Jakie ograniczenia czasowe będą sprawiedliwe? Tak jak z telewizją, powinniście zdecydować, przez ile godzin dziennie można korzystać z Internetu. Niedobrze jest, gdy dziecko tak się angażuje w wirtualny świat komputera, że zaniedbuje prawdziwe rozmowy, doświadczenia i przyjaciół. Ustawienie komputera we wspólnym pokoju, nie w sypialni dziecka, ułatwia nadzór i wyznaczanie granic.

Naczelne zasady bezpiecznego poruszania się po Internecie. Tak jak

podczas przechodzenia przez ulicę, jeżdżenia rowerem czy prowadzenia samochodu, istnieją naczelne zasady, których dzieci muszą przestrzegać, żeby ustrzec się sieciowych niebezpieczeństw.

1. Nigdy nie podawaj swoich danych: adresu, numeru telefonu czy nazwy szkoły osobie, której nie znasz osobiście.
2. Nie wysyłaj swoich zdjęć osobie, której nie znasz osobiście.
3. Nigdy nie podawaj nikomu swojego hasła. Chociaż może ci się wydawać, że osoby poznane na czacie to twoi przyjaciele, w rzeczywistości są to nieznajomi. Musisz zachować taką samą ostrożność jak w wypadku nieznajomych na ulicy.
4. Jeśli czyjaś wypowiedź wprawi cię w zakłopotanie, przerwij rozmowę i powiedz o tym wydarzeniu osobie dorosłej.
5. Postępuj zgodnie z netykietą*: traktuj ludzi grzecznie i uprzejmie. Wypowiedzi obraźliwe lub niegrzeczne są niedopuszczalne, nawet gdy pozostajesz anonimowy.

Seks w sieci. W Internecie jest dużo treści pornograficznych. Można wielu z nich uniknąć, korzystając z opcji kontroli rodzicielskiej oferowanych przez firmy internetowe lub kupując specjalny program blokujący. Wiele firm oferujących usługi sieciowe proponuje rodzicom sposoby ograniczenia dostępu dziecka do wybranych i nadzorowanych stron informacyjnych i czatów. W podobny sposób działają programy blokujące, które nie pozwalają dziecku na przypadkowe czy celowe korzystanie z czatów i stron przeznaczonych dla dorosłych. Niektóre programy mają dziennik, w którym możecie sprawdzić, jakie strony odwiedziło dziecko.

---

* Ang. *netiquette*: termin powstały poprzez połączenie słów *net* – sieć i *etiquette* – etykieta (przyp. tłum.).

Pomimo to, jeśli wasze dzieci korzystają z Internetu, prawdopodobnie wcześniej czy później zetkną się z materiałami erotycznymi; nie da się obronić przed nimi w stu procentach. Zamiast udawać, że pornografia nie istnieje, skorzystajcie z okazji, żeby czegoś dziecko nauczyć. Zanim samo zacznie surfować w sieci, powiedzcie mu, na co może natrafić. Wyjaśnijcie, że pornografia to biznes: niektórzy dorośli płacą, żeby zobaczyć zdjęcia innych dorosłych nago. Pomóżcie dziecku zrozumieć, dlaczego mieszanie interesów z seksualnością jest niewłaściwe. Powiedzcie mu, co zrobić, jeśli przypadkiem trafi na witrynę pornograficzną: opuścić tę stronę, wyłączyć komputer i powiedzieć wam, co zaszło.

Pamiętajcie: rozmawianie z dziećmi o seksie nie zachęca ich do uprawiania seksu. Wręcz przeciwnie, rzeczowo omawiając ten temat, likwidujecie związany z nim dreszczyk emocji, tajemnicy i odkrycia. Dajcie też dziecku odczuć, że zawsze może do was przyjść i porozmawiać (na stronie 299 znajdziecie informacje o tym, jak rozmawiać z dziećmi o seksie).

Technologia może wam pomóc ochronić dziecko przed większością sieciowego śmiecia, ale nic nie zastąpi odpowiedzialności i ideałów, dzięki którym dziecko będzie w stanie samodzielnie podejmować właściwe decyzje. Dla dziecka właściwie wychowanego Internet może się stać magicznym latającym dywanem wiodącym do świata informacji i nowych doświadczeń.

KONSTELACJE RODZINNE

W miarę jak nasze społeczeństwo staje się bardziej liberalne, stwierdzamy, że dzieci mogą się zdrowo rozwijać w najróżniejszych rodzinach: z jednym z rodziców lub obojgiem, z dwiema mamusiami albo dwoma tatusiami i w wielu innych konstelacjach. Jednocześnie odmienność w coraz mniejszym stopniu jest piętnowana, rzadziej jest więc powodem wstydu i stresu. Większa łatwość tworzenia niekonwencjonalnych rodzin oznacza, że więcej osób może się poświęcić wychowywaniu dzieci, wkładając w to zajęcie całe swe serce i talent.

Kiedy zignorujemy etykietki mówiące, że dana rodzina jest „odmienna", możemy wreszcie spojrzeć na dzieci i ich rodziców jako na odrębne jednostki. Mimo to jednak dobrze jest zastanowić się nad szczególnymi wyzwaniami i zaletami różnych struktur rodzinnych oraz niektórych sposobów radzenia sobie z problemami.

🏛 KLASYCZNY SPOCK

Mówi się, że w Ameryce instytucja rodziny ginie. Myślę, że to nieprawda. Rodzina na pewno się zmienia. Od połowy lat osiemdziesiątych XX wieku niecałe 10 procent amerykańskich rodzin składa się z ojca, który chodzi do pracy, matki, która zostaje w domu, i dwojga dzieci. Jednak rodzina, niezależnie od tego, kim są jej członkowie, pozostaje ośrodkiem naszego życia. Właśnie od rodziny otrzymujemy najwięcej miłości, troski i wsparcia. Myślę, że to liczy się najbardziej, niezależnie od tego, czy oboje rodzice pracują, tylko jedno z nich, czy rodzina obejmuje dzieci z poprzedniego małżeństwa, czy może dzieci spędzają w niej tylko weekendy i wakacje.

ADOPCJA

Przyczyny adopcji. Ludzie adoptują dzieci z różnych pobudek. Rodzice powinni zdecydować się na adopcję tylko wtedy, gdy oboje kochają dzieci i bardzo pragną mieć własne. Wszystkie dzieci, biologiczne czy adoptowane, muszą czuć, że należą do mamy i taty i są przez nich kochane głęboko i na zawsze. Adoptowane dziecko może łatwo wyczuć brak miłości jednego lub obojga rodziców, ponieważ od początku brakuje mu poczucia bezpieczeństwa, zwłaszcza jeśli nieraz już doświadczyło rozłąki z opiekunami. Wie, że z jakiegoś powodu biologiczni rodzice je oddali, i może się w skrytości ducha obawiać, że rodzice adopcyjni pewnego dnia zrobią to samo.

Adopcja jest błędem, kiedy pragnie jej tylko jedno z rodziców albo kiedy oboje robią to wyłącznie z powodów praktycznych, na przykład po to, żeby ktoś zaopiekował się nimi na starość. Niekiedy kobieta, która obawia się, że traci męża, chce adoptować dziecko, łudząc się, że w ten sposób odzyska jego miłość. Adopcje z takich pobudek są krzywdzące dla dzieci, a i rodzicom rzadko wychodzą na dobre.

Rodzice czasem rozważają adoptowanie drugiego dziecka dla towarzystwa nieszczęśliwemu i nietowarzyskiemu jedynakowi. Dobrze jest najpierw omówić sytuację z psychologiem albo ośrodkiem adopcyjnym. Adoptowane dziecko prawdopodobnie będzie się czuło wyobcowane. Jeśli rodzice za wszelką cenę będą się starali okazać mu czułość i troskę, może to ich biologiczne dziecko wytrącić z równowagi, zamiast mu pomóc. Dla wszystkich zainteresowanych taka decyzja jest ryzykowna.

Pułapki czyhają też na osoby, które chcą „zastąpić" zmarłe dziecko. Potrzebują czasu, żeby poradzić sobie z bólem. Nie należy decydować się na adopcję z pobudek innych niż pragnienie obdarzenia dziecka miłością. Nie szkodzi, że rodzice adoptują malca w podobnym wieku i o podobnym wyglądzie do tego, które zmarło, ale na tym powinni zakończyć porównania. Niesprawiedliwe i niezdrowe jest zmuszanie człowieka, żeby odgrywał w życiu kogoś innego. Na pewno poniesie porażkę w roli ducha. Nie należy mu nieustannie przypominać, co robiło zmarłe dziecko, ani też porównywać ich głośno czy nawet tylko w myślach. Pozwólcie, żeby było sobą. (To samo odnosi się do dziecka urodzonego po śmierci brata albo siostry.)

W jakim wieku dziecko powinno zostać zaadoptowane? Dla dziecka im wcześniej, tym lepiej. Z wielu złożonych przyczyn wczesna adopcja nie jest możliwa w wypadku tysięcy maluchów mieszkających w domach zastępczych i sierocińcach. Badania wykazały, że również adopcja starszych dzieci może być udana. Wiek dziecka nie powinien przeszkodzić w adopcji. Ośrodek adopcyjny pomoże starszym dzieciom i potencjalnym rodzicom zdecydować, czy adopcja jest dla nich dobrym wyjściem.

Wybierz dobry ośrodek adopcyjny. Prawdopodobnie najważniejszy jest wybór ośrodka adopcyjno-opiekuńczego. Negocjowanie z biologicznymi rodzicami bezpośrednio albo za pośrednictwem niedo-

---

🏛 **KLASYCZNY SPOCK**

Rodzice nie powinni zbyt długo czekać. Jeśli przez wiele lat marzą o złotowłosej dziewczynce wypełniającej dom śpiewem, rozczaruje ich nawet najlepsze dziecko. Nie jest to tylko kwestia wieku, lecz przede wszystkim indywidualnych zdolności spełnienia potrzeb konkretnego dziecka. Problem ten należy omówić z ośrodkiem adopcyjnym.

świadczonej osoby trzeciej jest zawsze ryzykowne. Biologiczni rodzice mogą zmienić zdanie i próbować odzyskać dziecko. Nawet gdy prawo stoi po stronie rodziców adopcyjnych, konflikt może zrujnować szczęście rodziny adopcyjnej i poczucie bezpieczeństwa dziecka.

Dobry ośrodek przede wszystkim pomoże biologicznej mamie i jej krewnym podjąć właściwą decyzję o oddaniu dziecka do adopcji lub zatrzymaniu go. Ośrodek na podstawie własnych doświadczeń i wiedzy oceni też, które pary należy odwieść od adopcji. Pracownik ośrodka może pomóc dziecku i rodzinie w okresie przystosowania. Celem wszystkich zainteresowanych jest sprawnie, żeby dziecko stało się pełnoprawnym członkiem rodziny adopcyjnej. Mądre ośrodki i mądre regulacje prawne wymagają przejścia przez okres przystosowania, żeby adopcja mogła zostać uznana za zakończoną. Jednym ze sposobów sprawdzenia kwalifikacji ośrodka adopcyjno-opiekuńczego jest zasięgnięcie informacji w wojewódzkim wydziale polityki społecznej, który prowadzi rejestr takich placówek.

Adopcje w szarej strefie (dzikie adopcje). Większość dzieci czekających na adopcję to dzieci starsze. Oznacza to, że większość ludzi, którzy chcą adoptować niemowlę albo bardzo małe dziecko, nie będzie mogła tego zrobić albo będzie musiała bardzo długo czekać. Może ich kusić, żeby adoptować niemowlę za pośrednictwem prawnika lub lekarza zamiast ośrodka adopcyjno-opiekuńczego. Wiele osób myśli, że nie będą miały żadnych problemów, jeśli adoptują dziecko w ten sposób (w odróżnieniu od adopcji nielegalnej). Często jednak napotykają później trudności tak prawnej, jak i emocjonalnej natury, kiedy na przykład biologiczna matka postanowi odzyskać dziecko.

Dzieci z niepełnosprawnościami. Coraz większa liczba rodziców pozostających w nieformalnym związku postanawia wychować swoje dzieci, dlatego coraz mniej jest małych dzieci, które potrzebują nowego domu. Na rodziców czekają jednak inne dzieci, przeważnie w wieku szkolnym. Niektóre mają rodzeństwo, z którym nie chcą się rozstać. Niektóre są niepełnosprawne fizycznie, emocjonalnie lub umysłowo. Niektóre zostały sierotami w wyniku wojny. Jak wszystkie dzieci, potrzebują miłości i mogą dać rodzicom wiele szczęścia.

Jednak trzeba się o nie specjalnie troszczyć. Ponieważ są starsze, mogły być już w niejednej rodzinie zastępczej czy domu dziecka. Straciły rodziców (biologicznych, potem zastępczych), więc czują się zagrożone i boją się kolejnego odrzucenia. Wyrażają to na różne sposoby, na przykład nieustannie sprawdzając, czy ich zachowanie może spowodować, że zostaną odesłane z powrotem. Lęki tego typu stawiają przed rodzicami adopcyjnymi szczególne wyzwania. Jeśli rodzice spodziewają się perturbacji (zamiast oczekiwać wdzięczności), te właśnie dzieci mogą im dać najwięcej szczęścia. Do obowiązków ośrodka adopcyjno-opiekuńczego należy skoncentrowanie się na szukaniu domów dla dzieci szczególnej troski, w większym nawet stopniu niż na szukaniu niemowląt dla rodzin adopcyjnych.

Rodzice pozostający w nieformalnym związku. W przeszłości większość ośrodków adopcyjnych brała pod uwagę jedynie pary żyjące w związku małżeńskim, nie mające biologicznych dzieci. Obecnie wiele z nich jest otwartych na samotnych rodziców, osoby pozostające w stałych związkach homoseksualnych, rodziców innej rasy niż dziecko oraz innych kandydatów nie spełniających tradycyjnych wymagań. Dzieciństwo mija szybko, a dużo lepiej mieć jedno z rodziców t e r a z niż możliwość znalezienia dwojga rodziców kiedyś w przyszłości. Ponadto ośrodki stwierdzają, że sukces adopcji zależy w mniejszym stopniu od układów rodzinnych, a w większym od osobowości rodziców. W grę wchodzą też inne względy: niektóre dzieci są tak okaleczone emocjonalnie, że mogą się czuć bezpieczniej, mając tylko jedno z rodziców określonej płci; inne maluchy szczególnie potrzebują uwagi i opieki, ich potrzeby lepiej spełni więc samotna matka nie posiadająca partnera albo rodzina niekonwencjonalna.

Otwarta adopcja. W ostatnich latach coraz częściej zdarza się, że matka biologiczna (a czasem również biologiczny ojciec) i rodzice adopcyjni dużo więcej dowiadują się o sobie nawzajem. Waha się to od ogólnego opisu przekazywanego obu stronom przez ośrodek adopcyjny aż do spotkania w ośrodku. Czasem matka biologiczna może wybrać adopcyjnych rodziców. Czasem umożliwia się matce biologicznej śledzenie rozwoju dziecka, na przykład raz na rok albo częściej otrzymuje ona zdjęcie dziecka i list od rodziców adopcyjnych.

Chociaż doświadczenia z otwartą adopcją są dość krótkie, wygląda na to, że otwartość często jest dla wszystkich korzystna.

Wiele dzieci radzi sobie z faktem, że mają zarówno matkę biologiczną, jak i matkę, która się nimi opiekuje. Znając matkę biologiczną, dziecko nie musi się zastanawiać: „Jaka ona jest? Co by o mnie myślała?" Nawet smutna prawda – na przykład że matka ma poważne problemy – często mniej niepokoi dziecko niż idealizowane lub demonizowane wyobrażenia.

Kiedy powiedzieć dziecku? Kiedy powiedzieć adoptowanemu dziecku, że jest adoptowane? Na pewno wcześniej czy później się dowie, niezależnie od tego, jak mocno rodzice strzegą tajemnicy. Dla starszego dziecka, a nawet dla dorosłego, nieoczekiwane odkrycie, że jest się dzieckiem adoptowanym, niemal zawsze stanowi szok. Może na wiele lat zniszczyć jego poczucie bezpieczeństwa.

Nie należy czekać, aż dziecko osiągnie konkretny wiek. Od początku rodzice powinni pozwalać, żeby temat adopcji naturalnie i swobodnie pojawiał się w rozmowach pomiędzy nimi, rozmowach z dzieckiem i ze znajomymi. W takiej atmosferze dziecko będzie mogło zadawać pytania, kiedy temat zacznie je interesować. Dorastając, po trochu zacznie rozumieć, na czym polega adopcja.

🏛 KLASYCZNY SPOCK

Nie wiemy jeszcze, jak „otwarte" układy sprawdzają się na dłuższą metę, zwłaszcza te, w których matka biologiczna pozostaje w stałym kontakcie z rodzicami adopcyjnymi. Myślę, że dobrze jest, gdy matka biologiczna i rodzice adopcyjni więcej wiedzą o sobie, ponieważ rozwiewa to wiele obaw obu stron. Nie jestem jednak pewien, jaki wpływ emocjonalny na dziecko i wszystkich zainteresowanych dorosłych będą miały wieloletnie kontakty. Wydaje mi się, że mogą utrudnić matce biologicznej emocjonalne oderwanie się od dziecka, a rodzicom adopcyjnym mogą dać poczucie, że dziecko nie do końca do nich należy.

Niektórzy rodzice adopcyjni popełniają błąd, próbując ukryć fakt adopcji, inni przeciwnie – kładąc na nią nadmierny nacisk. To naturalne, że większość rodziców adopcyjnych początkowo ma wyolbrzymione poczucie odpowiedzialności, jakby musieli być perfekcyjni, żeby zasłużyć na to, by powierzono ich opiece cudze dziecko. Jeśli zbyt gorliwie starają się wytłumaczyć dziecku, że jest adoptowane, może się ono zacząć zastanawiać: „Czyżby było coś złego w tym, że jest się adoptowanym?" Gdyby zaakceptowali fakt adopcji równie naturalnie, jak akceptują kolor włosów dziecka, nie robiliby z niego problemu. Powinni powtarzać sobie, że zostali wybrani przez ośrodek adopcyjny, więc prawdopodobnie będą bardzo dobrymi rodzicami i dziecko ma ogromne szczęście, że do nich trafiło. Nie powinni obawiać się nieobecnych rodziców biologicznych. Rodzice adopcyjni muszą poradzić sobie ze swoimi lękami, w przeciwnym razie przekażą je dziecku.

Odpowiadanie na pytania dziecka. Wyobraźmy sobie trzyletnią dziewczynkę, która usłyszała, jak mama wyjaśnia komuś, że ją adoptowała. Dziewczynka pyta: „Co to znaczy «adoptowała», mamusiu?" Mama może odpowiedzieć na przykład tak: „Dawno temu bardzo chciałam mieć córeczkę, żeby ją kochać i opiekować się nią. Dlatego poszłam do miejsca, w którym było dużo malutkich dzieci, i powiedziałam: «Poproszę małą dziewczynkę z brązowymi włoskami i błękitnymi oczkami». Dostałam taką dziewczynkę – to byłaś właśnie ty. Powiedziałam: «To jest właśnie córeczka, o której marzyłam. Chciałabym ją adoptować i zabrać do domu, żeby już zawsze była ze mną». Właśnie tak cię adoptowałam". Na początek jest to dobre wyjaśnienie, ponieważ podkreśla pozytywny aspekt adopcji: mama dostała dokładnie to, czego pragnęła. Opowieść zachwyci dziecko i będziecie musieli powtarzać ją jeszcze wiele razy.

Inaczej trzeba podejść do dzieci adoptowanych w starszym wieku, które mogą pamiętać rodziców biologicznych i zastępczych. Ośrodek adopcyjno-opiekuńczy powinien pomóc dziecku i rodzicom poradzić sobie z tą sytuacją. Trzeba zdać sobie sprawę, że pytania będą powracać na różnych etapach życia dziecka. Należy odpowiedzieć na nie tak prosto i szczerze, jak to możliwe. Rodzice powinni pozwolić dziecku otwarcie wyrażać swoje uczucia i obawy.

Pomiędzy trzecim a czwartym rokiem życia dziecko będzie prawdopodobnie chciało wiedzieć, skąd się biorą dzieci. Najlepiej jest odpowiedzieć zgodnie z prawdą, na tyle prostymi słowami, żeby trzylatek mógł to łatwo zrozumieć. Jednak gdy wyjaśnicie, że niemowlęta rosną w macicy mamy, adoptowane dziecko zastanawia się, jak to pogodzić z opowieścią o wybieraniu dziecka w ośrodku. Zapyta od razu albo kilka miesięcy później: „Czy ja urosłam w twoim brzuszku?" Wtedy możecie wyjaśnić córeczce prosto i rzeczowo, że urosła w brzuszku innej mamy, a potem została adoptowana przez was. Dziecko na początku trochę się w tym pogubi, ale później wszystko zrozumie.

W końcu zada trudniejsze pytanie: dlaczego biologiczni rodzice je oddali. Sugestia, że go nie chcieli, mogłaby zachwiać jego zaufaniem do wszystkich rodziców, a zmyślony powód może je w przyszłości niepokoić w trudny do przewidzenia sposób. Najlepsza i być może najprawdziwsza odpowiedź brzmi: „Nie wiem, dlaczego nie mogli się tobą opiekować, choć jestem pewna, że chcieli". W okresie, kiedy dziecko przyzwyczaja się do tej myśli, trzeba je często przytulać i przypominać mu, że teraz już zawsze będzie wasze.

Informacje o rodzicach biologicznych. To naturalne, że wszystkie adoptowane dzieci są bardzo ciekawe informacji o swoich rodzicach biologicznych, niezależnie od tego, czy mówią o tym otwarcie. W przeszłości ośrodki adopcyjne jedynie bardzo ogólnie informowały rodziców adopcyjnych o stanie zdrowia fizycznego i psychicznego rodziców biologicznych i całkowicie ukrywały ich tożsamość. Częściowo miało to na celu ułatwienie rodzicom adopcyjnym odpowiedzenie „nie wiem" na niezwykle trudne pytania zadawane przez dziecko na temat swojego pochodzenia i przyczyny odrzucenia, a częściowo ochronę prywatności rodziców biologicznych (którzy najczęściej nie byli małżeństwem i trzymali fakt ciąży w tajemnicy).

Dziś się uznaje, że człowiek ma prawo znać swoje pochodzenie, i sądy czasem nakazują ośrodkowi ujawnienie tożsamości rodziców biologicznych adoptowanemu nastolatkowi lub dorosłemu, który się o to ubiega. Spotkanie czasem ma dobroczynny wpływ na burzę uczuć i obsesyjną ciekawość adoptowanej osoby, czasem zaś stanowi wstrząs dla adoptowanej osoby, rodziców adopcyjnych i rodziców biologicznych. Każda prośba o informacje musi zostać szczegółowo omówiona z pracownikami ośrodka adopcyjno-opiekuńczego, z uwzględnieniem wszystkich za i przeciw, niezależnie od tego, czy sprawa kiedykolwiek trafi do sądu.

Adoptowane dziecko musi w stu procentach należeć do rodziny. Adoptowane dziecko może się w skrytości ducha obawiać, że jego rodzice adopcyjni, jeśli zmienią zdanie albo jeśli będzie się źle zachowywać, pewnego dnia je oddadzą, tak jak kiedyś zrobili to rodzice biologiczni. Rodzice adopcyjni powinni o tym zawsze pamiętać i przysiąc, że nigdy, pod żadnym pozorem, nie powiedzą ani w żaden sposób nie zasugerują, że pomysł oddania dziecka kiedykolwiek przyszedł im do głowy. Jedna groźba bezmyślnie wypowiedziana w gniewie może zniszczyć zaufanie dziecka na zawsze. Powinni zapewniać dziecko, że jest ich na zawsze, kiedykolwiek ta kwestia przyjdzie mu do głowy – czyli także wtedy, gdy pyta o adopcję. Błędem jest jednak zamartwianie się o poczucie bezpieczeństwa dziecka i przesadne podkreślanie w rozmowach miłości do niego. Największe poczucie bezpieczeństwa daje adoptowanemu dziecku sama miłość, bezwarunkowa i naturalna. Liczą się nie słowa, lecz muzyka.

Adopcja zagraniczna. Około jednej czwartej dzieci adoptowanych w Stanach Zjednoczonych urodziło się poza nimi. Okazja adoptowania dziecka z innego kraju stanowi odpowiedź na modlitwy wielu rodziców. Jednak dzieci adoptowane z zagranicy i ich nowe rodziny stają przez szczególnymi wyzwaniami. Wiele z tych dzieci jest niedożywionych, nie przeszło wymaganych szczepień i cierpi na różne schorzenia. Zazwyczaj można je łatwo wyleczyć. Jednak niektóre mają też poważne zaburzenia rozwojowe i emocjonalne, z którymi trudniej sobie poradzić.

Większość dzieci adoptowanych z zagranicy miała ciężkie życie. Wiele mieszkało w instytucjach, które ledwie spełniały ich podstawowe potrzeby fizyczne i emocjonalne. Te, które miały kochających rodziców zastępczych, musiały znieść ból rozstania z nimi. Generalnie im dłużej dziecko mieszkało w domu dziecka lub podobnej instytucji, tym większe ryzyko trwałych szkód fizycznych, intelektualnych i emocjonalnych. Trzeba jednak pamiętać, że większość dzieci adoptowanych z zagranicy wyrasta na osoby zdrowe emocjonalnie i fizycznie. Mogą początkowo być zagubione i odczuwać ból i smutek, ale w końcu powstaje silna, oparta na miłości więź pomiędzy nimi a ich nowymi rodzicami. Niemal wszystkie według amerykańskich norm mają oznaki opóźnienia w rozwoju, ale większość wyrównuje braki w ciągu dwóch, trzech lat.

Dużo zależy od zmieniających się warunków historycznych i politycznych w kraju pochodzenia dziecka. Kraj ten może na przykład postanowić, że obcokrajowcy będą mogli adoptować jedynie dzieci z dużymi upośledzeniami fizycznymi. Kilka miesięcy później prawo to może ulec zmianie. Z powodu tych zmian ogromną pomocą dla rodziców może być ośrodek adopcyjno-opiekuńczy specjalizujący się w adopcjach zagranicznych*.

Dzieci adoptowane z zagranicy często wyglądają zupełnie inaczej niż ich adopcyjni rodzice, dlatego mogą spotkać się z nietaktownymi komentarzami albo otwartymi uprzedzeniami. Jeśli nie znają języka kraju, do którego zostały adoptowane, nagła niemożność komunikowania się zwiększa jeszcze stres związany z adopcją. Biologiczna spuścizna dzieci łączy je z inną kulturą. Na pytanie, do jakiego stopnia tę więź podtrzymywać, muszą odpowiedzieć rodzice adopcyjni, a w przypadku starszych dzieci – one same.

Dla wielu rodziców adopcja dziecka z innego kraju ma konsekwencje polityczne i etyczne. Rodzice rozumieją, że korzystają z faktu, że w kraju pochodzenia dziecka panują straszne warunki. Dziecko ma szansę prowadzić lepsze życie, ale kosztem oderwania od własnej ojczyzny i kultury. Niektóre rodziny pod wpływem takich zmartwień postanawiają działać, na przykład wysyłając pieniądze i pomoc rzeczową dla dzieci, które nadal mieszkają w danym kraju.

Wiele dzieci adoptowanych z zagranicy radzi sobie znakomicie. Trudna prawda jest taka, że niektóre sobie nie radzą. Specjaliści w zakresie pediatrii rozwojowej i behawioralnej oraz inni eksperci mogą pomóc rodzicom rozważyć wszystkie za i przeciw. Tylko rodzice wiedzą, jak bardzo pragną dziecka i jak wiele niepewności i trudności są w stanie znieść. Rodzice decydujący się na wychowanie dziecka z poważnymi problemami to bohaterowie. Rodzice, którzy po głębokim namyśle dochodzą do wniosku, że nie sprostaliby temu wyzwaniu, również są godni szacunku.

SAMOTNI RODZICE

Ponad jedna czwarta amerykańskich dzieci mieszka z tylko jednym z rodziców. W ciągu swojego życia ponad połowa dzieci doświadczy rozłąki z jednym z rodziców, czy to z powodu rozwodu (patrz str. 346), czy też dlatego, że rodzice nigdy nie byli małżeństwem. Niemal dziewięć na dziesięć osób samotnie wychowujących dzieci to kobiety. Większość samotnych matek i ich dzieci żyje poniżej minimum socjalnego.

W przeszłości „samotna matka" i „panna z dzieckiem" znaczyło to samo. Jednak nie zaliczyłbym kobiety żyjącej bez ślubu ze stałym partnerem do samotnych matek. Podobnie mężatka, której mąż rzadko przebywa w domu – ponieważ jest w trasie, w wojsku czy w więzieniu – musi sprostać wielu spośród tych samych wyzwań co kobieta, która w ogóle nie ma partnera.

---

* W Polsce adopcję zagraniczną prowadzą trzy ośrodki znajdujące się w Warszawie (przyp. tłum.).

🏛 KLASYCZNY SPOCK

Jakkolwiek by na to spojrzeć, wychowywanie dzieci to trudna praca, a samotne wychowywanie dzieci to praca jeszcze trudniejsza. Samotni rodzice nie mają partnera, który wspierałby ich i brał na siebie część nieustającej, codziennej odpowiedzialności za opiekę nad dziećmi. Wszystko zależy od ciebie i wszyscy na tobie polegają. Nie odpoczywasz i nie miewasz urlopu. Tylko ty zarabiasz i tylko ty martwisz się o finanse. Czasem masz poczucie, że po prostu nie masz tyle energii fizycznej i psychicznej, żeby dalej to ciągnąć.

Kobieta decydująca się na samotną opiekę nad jednym lub kilkorgiem dzieci podejmuje się niezwykle ambitnego zadania. Nawet gdy dysponuje się wsparciem rodziny i przyjaciół i ma dobrą pracę, wychowywanie dzieci potrafi być czasem przytłaczające, jako że cała odpowiedzialność spoczywa na barkach jednej osoby. Mama zmuszona do samotnej opieki nad dziećmi w wyniku rozwodu, separacji, śmierci partnera lub porzucenia musi dodatkowo uporać się z bólem po jego stracie, a dodatkowo często z biedą. Wsparcie przyjaciół, rodziny i lokalnej społeczności może wiele zmienić – sprawi, że życie, choć bardzo trudne, stanie się łatwiejsze do zniesienia.

Samotne rodzicielstwo to nie piknik, ale ma swoje dobre strony. Łączy cię szczególnie bliska więź z dziećmi. Odkrywasz w sobie zdolności, których istnienia nigdy nie podejrzewałaś. Doświadczenie to czyni z ciebie osobę silniejszą i mądrzejszą. Kiedy wszystko dobrze się układa – jak dzieje się w wielu przypadkach – masz ogromne poczucie spełnienia.

Pułapki samotnego rodzicielstwa. Jedną z pułapek czyhających na samotnych rodziców jest niechęć do okazywania stanowczości. Wielu ma poczucie winy, ponieważ ich dzieci mają tylko mamę albo tylko tatę. Martwią się, że nie są w stanie

zapewnić im wszystkiego, co jest potrzebne do zdrowego rozwoju, i żałują, że nie mogą spędzać z nimi więcej czasu. Silna jest w takiej sytuacji pokusa, żeby latorośle rozpieszczać, zaspokajając wszystkie ich zachcianki.

Obsypywanie dziecka prezentami i nieustanne zwracanie na niego uwagi nie jest ani konieczne, ani rozsądne. Wręcz przeciwnie: niedobrze jest koncentrować się na nim przez większość czasu spędzanego razem, jak gdyby było udzielnym księciem. Malec może zająć się jakimś hobby, odrobić lekcje albo pomóc w pracach domowych, gdy mama zajmuje się swoimi sprawami. Nie oznacza to, że nie mają ze sobą kontaktu. Jeśli panuje między nimi harmonia, mogą przez cały czas rozmawiać albo sporadycznie wymieniać uwagi, w zależności od nastroju.

Inna pułapka to pokusa traktowania dzieci jak najlepszych przyjaciół i zwierzanie im się z najgłębszych uczuć. Nasze pociechy muszą uporać się z własnym rozwojem emocjonalnym, a konieczność zastępowania osoby dorosłej utrudnia ten proces. Normalne dziecko może wziąć na siebie dodatkowe prace domowe i zapewnić mamie nieco wsparcia emocjonalnego, ale nie może nieustannie odgrywać roli dorosłego bez poważnego uszczerbku dla swojego rozwoju emocjonalnego.

Samotna matka. Weźmy za przykład dziecko, które mieszka tylko z mamą. Niemądrze byłoby twierdzić, że nieobecność taty nie ma dla malca znaczenia albo że mamie łatwo jest mu ją wynagrodzić. Jednak jeśli postępuje właściwie, dziecko wyrośnie na dobrze przystosowane.

Najważniejsze jest nastawienie mamy. Samotna matka może się czasami czuć opuszczona, uwięziona w domu albo zła i niekiedy swoje uczucia wyładowuje na dziecku. Jest to naturalne i nie uczyni mu większej krzywdy. Ważne jest, żeby nadal starała się prowadzić normalne życie, miała przyjaciół, rozrywki, karierę i zajęcia poza domem i nie pozwoliła, żeby jej życie skoncentrowało się wyłącznie na dziecku. Jest to trudne, jeśli musi się opiekować niemowlęciem albo starszym dzieckiem, nie mając nikogo do pomocy. Na pewno jednak może zaprosić znajomych do siebie albo zabrać niemowlę do przyjaciółki, jeśli malec potrafi spać w obcym miejscu. Będzie dla niego lepiej mieć wesołą, towarzyską mamę niż perfekcyjny rozkład dnia. Nic mu to nie da, że wszystkie jej zajęcia, myśli i uczucia zogniskują się na jego osobie.

Jeśli ojciec jest nieobecny, dzieci – małe i duże, chłopcy i dziewczynki – potrzebują przyjaznych stosunków z mężczyznami. W pierwszym i drugim roku życia trzeba im często przypominać, że istnieją takie stworzenia jak sympatyczni mężczyźni, o niższych głosach, inaczej ubrani i inaczej się zachowujący niż kobiety. Wystarczy miły sprzedawca, który uśmiecha się do malucha i zagaduje do niego. Po ukończeniu trzeciego roku życia spędzanie czasu w towarzystwie mężczyzn staje się coraz ważniejsze. Dzieci muszą mieć możliwość przebywania z mężczyznami i starszymi chłopcami oraz tworzenia więzi z nimi. Dziadkowie, wujkowie, kuzyni, drużynowi, nauczyciele, księża, pastorzy, rabini i przyjaciele rodziny mogą pełnić rolę zastępczego ojca, jeśli lubią towarzystwo dziecka i widują się z nim regularnie.

Dzieci powyżej trzeciego roku życia prawdopodobnie stworzą sobie idealny obraz ojca, który będzie dla nich inspiracją, niezależnie od tego, czy go pamiętają czy nie. Sympatyczni mężczyźni, z którymi się spotykają i bawią, nadadzą temu wyobrażeniu konkretną formę, wpłyną na jej kształt i sprawią, że będzie miała dla dzieci większe znaczenie. Mama może pomóc, okazując szczególną gościnność krewnym płci męskiej, wysyłając syna czy córkę na obóz, na którym wychowawcami są mężczyźni, w miarę możliwości wybierając szkołę, w której uczą nie tylko nauczycielki, ale również nauczyciele, oraz zachęcając dzieci do wstępowania do klubów i organizacji prowadzonych przez mężczyzn.

Chłopiec wychowujący się bez ojca szczególnie potrzebuje okazji i zachęty do zabawy z innymi chłopcami, najlepiej codziennie w wypadku dzieci powyżej drugiego roku życia. Maluch powinien zajmować się głównie własnymi, dziecięcymi sprawami. Jeśli mama nie jest z nikim mocno związana, odczuwa silną pokusę, żeby uczynić z syna najbliższego duchowego towarzysza, narzucić mu swoje zainteresowania i rozrywki, dzielić się z nim poglądami. Jej świat może mu się wydać bardziej pociągający i łatwiejszy niż świat chłopców, w którym musiałby sam szukać swojego miejsca. Stanie się dzieckiem o upodobaniach osoby dorosłej, przez co będzie miał mniej wspólnego z rówieśnikami. Nie ma nic złego w tym, że mama dobrze się bawi z synkiem, jeśli jednocześnie pozwala mu wybierać własną drogę i dzieli j e g o zainteresowania, a nie tylko przybliża mu s w o j e. Dobrze jest regularnie zapraszać do domu innych chłopców i zabierać ich ze sobą na wycieczki.

Samotny ojciec. Wszystko, co powiedziałem o matce samotnie wychowującej dzieci, odnosi się również do ojców znajdujących się w tej sytuacji. Często napotykają oni dodatkowy problem. W naszym społeczeństwie nieliczni ojcowie czują się zupełnie swobodnie w roli opiekuna. Wielu mężczyzn wyrosło w przekonaniu, że człowiek troskliwy jest miękki, a przez to zniewieściały. Dlatego wielu ojcom trudno jest, szczególnie na początku, zapewnić łagodną pociechę i pieszczoty, których potrzebują dzieci, zwłaszcza te małe. Jednak z czasem nabierają doświadczenia i stają na wysokości zadania.

PRZYBRANI RODZICE

To nie przypadek, że w wielu bajkach czarnym charakterem jest macocha albo ojczym. Stosunki pomiędzy przybranymi dziećmi a przybranymi rodzicami najeżone są wzajemnymi nieporozumieniami, zazdrością i urazami. Dziecko, które po rozwodzie zostało z mamą, ma ją tylko dla siebie. Tworzy się między nimi niezwykle bliska i zaborcza więź. Nagle pojawia się obcy mężczyzna i kradnie serce mamy, jej łóżko i przynajmniej połowę jej wolnego czasu. Dziecko nie może zareagować inaczej, jak obrażając się na intruza, niezależnie od tego, jak bardzo ojczym stara się mu przypodobać. Rozżalenie często przybiera ekstremalne formy. Dziecko potrafi naprawdę zajść ojczymowi za skórę, a ten ma ochotę odpowiedzieć taką samą wrogością. Stosunki pomiędzy dorosłymi szybko stają się napięte, bo sytuacja sprawia wrażenie beznadziejnej i wygląda na to, że trzeba będzie dokonać wyboru pomiędzy partnerem a dzieckiem. Przybrani rodzice muszą sobie przede wszystkim uświadomić, że wzajemna wrogość jest niemal nieunikniona i ani nie odzwierciedla tego, jakimi są ludźmi, ani też nie decyduje o tym, jak ostatecznie ułożą się ich stosunki. Napięcia często trwają miesiącami, a nawet latami, i znikają stopniowo. Rzadko zdarza się, że nowy tata albo nowa mama zostaje łatwo zaakceptowana.

▥ KLASYCZNY SPOCK

Wiele lat temu napisałem artykuł na temat przybranych rodziców, który wydawał mi się niezwykle mądry. Potem w roku 1976 zostałem ojczymem i zdałem sobie sprawę, że zupełnie nie potrafię stosować się do własnych wskazówek. W artykule radziłem macochom i ojczymom, żeby unikali dyscyplinowania dziecka, a tymczasem nieustannie karciłem moją jedenastoletnią pasierbicę za to, że niegrzecznie się do mnie odzywa, i próbowałem zmusić ją do przestrzegania ustanowionych przeze mnie zasad. Był to jeden z najbardziej bolesnych związków w moim życiu i on właśnie nauczył mnie najwięcej.

Dlaczego to takie trudne? Istnieje wiele powodów, dla których stosunki w rodzinie, w której jest macocha albo ojczym, są tak stresujące dla większości dzieci, przynajmniej początkowo.

◆ **Ból po stracie.** Większość dzieci w takich rodzinach doświadczyła bolesnej straty: czasem jednego z rodziców, czasem przyjaciół w wyniku przeprowadzki. Poczucie straty wpływa na początkowy stosunek dziecka do ojczyma albo macochy.

◆ **Lojalność.** Dziecko może się zastanawiać: „Kogo mam teraz uważać za swoich rodziców? Czy jeśli okażę przywiązanie ojczymowi, oznacza to, że nie kocham już taty? Jak mam podzielić swoje uczucia?"

◆ **Utrata kontroli.** Żadne dziecko nie postanawia, że chce mieć przybranych rodziców. Tę decyzję podejmują za nie dorośli. Dziecko odnosi wrażenie, że targają nim siły i ludzie, nad którymi nie ma kontroli.

◆ **Przyrodnie rodzeństwo.** Obecność przyrodniego rodzeństwa pogłębia stres. Dziecko zastanawia się: „A co, jeśli moja mama kocha mojego przyrodniego brata bardziej niż mnie? Dlaczego muszę się dzielić moją własnością albo moim pokojem z zupełnie obcym dzieckiem?"

Pozytywne strony posiadania przybranych rodziców. Problemy są powszechne, ale nie tylko one składają się na pełny obraz sytuacji. Istnieją też potencjalne korzyści. Choć na początku z reguły jest ciężko, większość członków rodziny w końcu dostosowuje się do nowych okoliczności. Przyrodnie rodzeństwo, a także przybrani rodzice i dzieci, często nawiązują bliskie i trwałe relacje. Mają ze sobą wiele wspólnego, wszyscy przeżyli wszak proces rozpadu i odbudowywania rodziny. „Podwójne obywatelstwo" dwóch odrębnych rodzin może wzbogacić rozumienie i akceptację różnorodności i odmienności kulturowej.

Wskazówki dla przyrodnich rodziców. Pewne ogólne zasady mogą się okazać pomocne, choć niekiedy trudno je wprowadzić w życie. Pierwsza z nich mówi, że rodzice powinni z góry ustalić, jak będą traktować dzieci, i mieć realistyczne oczekiwania w stosunku do swojej rodziny.

Trzeba zrozumieć, że dzieciom potrzeba dużo czasu na przywyknięcie do nowej sytuacji. Konsekwentnie wymagajcie od nich przestrzegania zasad dotyczących kładzenia się spać, wykonywania obowiązków domowych i odrabiania lekcji. Dajcie im szansę oswojenia się z tymi zasadami.

Lepiej, żeby przybrani rodzice nie zaczynali od dyscyplinowania dziecka. Próby egzekwowania obowiązków domowych, punktualnego wracania do domu i chodzenia spać na pewno skończą się uznaniem go za srogiego intruza, nawet jeśli identyczne reguły egzekwują rodzice biologiczni.

Z drugiej strony nie jest dobrze, jeśli rodzice okazują uległość, gdy przybrane dziecko narusza ich terytorium, na przykład niszcząc ich rzeczy. Rodzice powinni wyznaczyć granicę w sposób przyjazny, ale stanowczy: „Nie podoba mi się, gdy ranisz siebie albo niszczysz swoje rzeczy, i nie podoba mi się również, gdy niszczysz rzeczy należące do mnie". Nie możecie robić problemu z każdego wrogiego spojrzenia, musielibyście gderać przez całą dobę. Ignorujcie drobne zniewagi i zachowajcie swoje komentarze na poważne naruszenie zasad.

Kiedy szukać pomocy. Stres związany z wychowywaniem przybranych dzieci często nadweręża stosunki pomiędzy małżonkami do takiego stopnia, że grozi rozpadem małżeństwa. Dlatego mądrze jest zwrócić się o pomoc do specjalisty przy pierwszych oznakach poważnych kłopotów, nie czekając na eskalację problemu. Psychiatrzy i psychologowie zajmujący się dorosłymi i dziećmi na pewno wielokrotnie mieli do czynienia z problemami rodzin takich jak wasza i będą umieli wam pomóc. Pomoc może przybrać formę poradnictwa dla rodziców, terapii małżeńskiej lub rodzinnej albo indywidualnego poradnictwa dla jednego lub kilkorga dzieci. Pomocne mogą się też okazać grupy dla przybranych rodziców, organizowane przez poradnie zdrowia psychicznego dla dzieci.

Więcej informacji znajdziecie w części dotyczącej rozwodu na stronie 346.

RODZICE HOMOSEKSUALNI

W Stanach Zjednoczonych aż dziesięć milionów dzieci mieszka z trzema milionami homoseksualnych rodziców. Liczby te prawdopodobnie będą rosnąć. Coraz więcej par homoseksualnych decyduje się na rodzicielstwo poprzez adopcję, sztuczne zapłodnienie, zatrudnienie matki zastępczej albo stworzenie rodziny zastępczej. Ponadto niektórzy mężczyźni i kobiety mający dzieci z tradycyjnego małżeństwa odkrywają, że są homoseksualni. Choć niektórzy z nich pozostają małżeństwem, dopóki dzieci nie dorosną, inni rozwodzą się i nadal wychowują dzieci wspólnie z byłym współmałżonkiem.

Jeśli nie jesteście homoseksualni, być może zastanawiacie się, czy taki rodzaj rodziny jest dobry dla dzieci. Jeśli jesteście homoseksualni, wiecie z pierwszej ręki, jakich trudności doświadcza niekonwencjonalna rodzina. Doświadczenia rodziców homoseksualnych bywają różne w zależności od tego, gdzie mieszkają. W niektórych społecznościach rodziny takie są akceptowane bez problemu; w innych wszelkie odstępstwa od stereotypu spotykają się z potępieniem, więc o swojej sytuacji rozmawiacie tylko w ścisłym gronie rodzinnym, co jeszcze bardziej utrudnia wam życie.

Wpływ na dzieci. Przeprowadzono wiele badań nad rozwojem dzieci wychowywanych przez rodziców homoseksualnych i dużo się na ten temat dowiedzieliśmy. Testy przystosowania psychicznego nie wykazują znaczących różnic pomiędzy dziećmi wychowywanymi przez rodziców heteroseksualnych a homoseksualnych. Tak jak w każdej rodzinie, najważniejsze dla dziecka jest to, jak kochający i troskliwi są rodzice oraz czy zdają sobie sprawę z jego potrzeb. Jako że geje i lesbijki mogą być tak samo ciepli i czuli (a także tak samo patologiczni) jak osoby heteroseksualne, nie dziwi fakt, że ich dzieci nie różnią się pod względem zdrowia psychicznego.

Badania te wykazują też, że ryzyko, iż dzieci rodziców homoseksualnych wyrosną na osoby homoseksualne, jest takie samo jak w wypadku dzieci wzrastających w tradycyjnych rodzinach. Ponadto dzieci te są często bardziej tolerancyjne w stosunku do innych orientacji seksualnych i bardziej wrażliwe na status mniejszości. Większość badań wykazuje, że geje i lesbijki wkładają szczególnie dużo wysiłku w dostarczenie dzieciom silnych wzorców osobowych, zarówno męskich, jak i żeńskich, zarówno hetero-, jak i homoseksualnych. Co więcej, wykorzystywanie seksualne zdarza się statystycznie rzadziej w rodzinach homoseksualnych. W większości przypadków sprawcą wykorzystywania seksualnego w rodzinie jest mężczyzna heteroseksualny.

Dzieci gejów i lesbijek stają przed tymi samymi wyzwaniami co przedstawiciele innych mniejszości. Zdarza się, iż koledzy w szkole wyśmiewają się z nich, gdy dowiedzą się o ich sytuacji rodzinnej. Zaczepki mogą przybrać szczególnie okrutną formę, jeżeli nauczyciele, inni pracownicy szkoły i rodzice uczniów nie starają się dowiedzieć więcej o rodzinach homoseksualnych i przekazać tej wiedzy swoim rodzinom.

U dzieci, których tożsamość właśnie się formuje, to, że są postrzegane przez kolegów jako nienormalne i stanowiące zagrożenie dla tradycyjnej kultury, może być powodem konfliktów emocjonalnych. Oczywiście takie przejścia mogą wzmocnić osobowość i nauczyć empatii (często tak się właśnie dzieje), proces ten jednak może być bardzo bolesny zarówno dla rodziców, jak i dla dzieci. Wiele szkół stara się wyeliminować wyśmiewanie się z kogokolwiek, ucząc szacunku dla wartości i stylu życia innych grup kulturowych. W takich szkołach dręczenie dzieci z rodzin niekonwencjonalnych zdarza się znacznie rzadziej.

Dane naukowe są jasne: dzieci zazwyczaj radzą sobie równie dobrze w rodzinach niekonwencjonalnych, jak w rodzinach tradycyjnych. Dobrzy rodzice to dobrzy rodzice. Byłoby najlepiej, gdybyśmy zamiast analizować naturę związku między rodzicami, zaczęli się zastanawiać, czy zapewniają dzieciom miłość, poczucie bezpieczeństwa i troskliwą opiekę.

Napastliwi rówieśnicy. Jako rodzice homoseksualni stajecie przed tym samym problemem co inni przedstawiciele mniej-szości: potencjalne drwiny z waszego dziecka.

Tak jak większość rodziców, chcielibyście chronić dzieci przed zranieniem, nawet jeśli w rzeczywistości nie jest to możliwe. Sugerowałbym, by rozmawiać z dziećmi, kiedy są jeszcze małe, swobodnie wyjaśnić sytuację waszej rodziny i tego, jak różni się ona od większości innych rodzin. Ze starszym dzieckiem możecie porozmawiać o tym, że niektórzy ludzie boją się odmienności i spraw, których nie rozumieją. Strach okazują naigrywaniem się i złośliwością. Możecie odegrać kilka scenek, żeby dziecko wiedziało, jak się zachować, gdyby przytrafiło mu się coś takiego, i żeby umiało wyjaśnić specyfikę waszej rodziny innym dzieciom w taki sposób, żeby przekonać je do siebie. Tak jak w przypadku każdego innego problemu, najistotniejsza jest otwarta i szczera rozmowa z dzieckiem.

Sugerowałbym także – zakładając, że nie kryjecie się ze swoimi preferencjami – wizytę w szkole dziecka i rozmowę z wychowawcą o jego stosunku do rodzin niekonwencjonalnych, o tym, czy zauważył jakieś konflikty z innymi dziećmi i czy porusza takie problemy na lekcjach.

Wszyscy rodzice i wszystkie dzieci stają przed specyficznymi wyzwaniami. Waszym celem nie powinno być unikanie wszelkich stresów i trudności – to niemożliwe, z czego na pewno zdajecie sobie sprawę. Zamiast tego powinniście dążyć do wykorzystania negatywnych doświadczeń, żeby nauczyć dziecko tolerancji, empatii i względów dla cudzych uczuć.

Kwestie prawne. Niedawne wyroki sądowe napełniły nadzieją rodziców homoseksualnych. W Kanadzie małżeństwa pomiędzy osobami tej samej płci są obecnie legalne; a Sąd Najwyższy Stanów Zjednoczonych potwierdził prawo dorosłych do związków homoseksualnych bez obawy przed prześladowaniami. Mimo to kwestie prawne nadal utrudniają życie rodzicom homoseksualnym.

Jako że Stany Zjednoczone nie uznają małżeństw homoseksualnych, podejmowanie decyzji w sprawach dotyczących dzieci, na przykład w szpitalnej izbie przyjęć, pod nieobecność tego z rodziców, który sprawuje legalną opiekę, może być kłopotliwe. Trzeba zapytać prawnika, jakie regulacje obowiązują aktualnie w waszym miejscu zamieszkania. W wielu stanach wprowadza się większe prawa dla gejów i lesbijek. Warto orientować się w najnowszych zmianach dotyczących sytuacji prawnej rodziców homoseksualnych.

Szukanie wsparcia. Dla rodziców homoseksualnych napisano wiele przydatnych poradników. Szczególnie cenię sobie *The Lesbian and Gay Parenting Handbook* dr April Martin (1993, wydawnictwo Harper). Na końcu tej książki znajdziecie adresy i numery telefonów amerykańskich grup rodziców homoseksualnych, które mogą wam udzielić informacji i wsparcia. W wielu społecznościach funkcjonują grupy wsparcia dla dzieci i rodziców. Istnieją również wspaniałe książki dla dzieci omawiające problemy rodzin gejów i lesbijek.

Pomoc dla heteroseksualistów.
W ostatnich latach coraz więcej mówi się o rodzicach homoseksualnych i coraz więcej rodziców heteroseksualnych pozbywa się związanych z nimi obaw. Inni wciąż są niepewni. Czy dziecko, które ma mamusię i tatusia, będzie się dziwić, że jego kolega ma dwie mamusie albo dwóch tatusiów? Odpowiedź jest prosta: nie. To zaskakujące, jak łatwo dzieci akceptują proste fakty, kiedy im się je prosto wyjaśni.

Dziecko może natomiast poczuć się zagubione, jeśli nauczono je, że homoseksualizm jest czymś złym, a spotkało wspaniałe dzieci miłych homoseksualnych rodziców. Trudno mu będzie pogodzić wiedzę opartą na własnych doświadczeniach z tym, co mu wpojono.

Sprzeciwianie się wychowywaniu dzieci przez gejów i lesbijki często bierze się moim zdaniem z przekonania, że kontakt z homoseksualistami zachęca dzieci do homoseksualizmu. Nie ma na to żadnych dowodów. Orientacja seksualna jest prawdopodobnie uwarunkowana biologicznie (patrz str. 307). Czasem sprzeciw wynika z religijnego przekonania, że homoseksualizm jest grzechem. Homoseksualnym dzieciom wychowywanym w takiej religii trudno będzie zaakceptować same siebie i swoją wiarę.

🏛 KLASYCZNY SPOCK

Istnienie rodzin homoseksualnych to okazja do nauczenia dziecka, że istnieją różne rodzaje rodzin, a cenić należy to, co naprawdę ważne: nie zastanawiać się, czy inne rodziny są odmienne, ale czy wyznają podobne wartości, czy są dobre, troskliwe i ciepłe. Takie lekcje tolerancji i akceptowania różnorodnych konstelacji rodzinnych przydadzą się dziecku, kiedy będzie musiało radzić sobie z eksplozją różnorodności kulturowej świata dwudziestego pierwszego wieku.

STRESY I TRAUMATYCZNE PRZEŻYCIA

Dla dziecka dwudziestego pierwszego wieku nawet życie codzienne może być źródłem ogromnego stresu. Wydarzenia na świecie przemocą wdzierają się w życie rodzin, niezależnie od tego, jak bardzo są kochające i troskliwe. Telewizja otwiera dzieciom oczy na terroryzm, trzęsienia ziemi, wojny i globalne ocieplenie. W wypadku wielu dzieci tragedie zdarzają się blisko domu. Wykorzystywanie fizyczne i seksualne odciska straszne piętno. Przemoc domowa stanowi dla dzieci prawdziwy dramat, nawet jeśli to nie one odnoszą obrażenia fizyczne. Mniej ekstremalny, ale i tak bardzo intensywny jest stres spowodowany śmiercią kogoś z rodziny albo tymczasową lub stałą nieobecnością jednego z rodziców w wyniku separacji czy rozwodu.

Kiedy pomyśleć o wszystkich tych stresujących i traumatycznych przeżyciach, trzeba uznać za niezwykłe, że tak wiele dzieci wyrasta na osoby silne, kochające i optymistyczne. Odporność czerpią z potężnego wewnętrznego dążenia do szczęścia i zdrowia oraz ze związków – czy nawet pojedynczego związku – z dorosłymi, którzy się o nie troszczą i w nie wierzą. My, dorośli, musimy o tym pamiętać, próbując pomóc dzieciom uporać się z życiem w stresującym świecie.

ZNACZENIE STRESU

Stres to reakcja fizyczna. Organizm reaguje na stan zagrożenia, uwalniając hormony stresu: adrenalinę i kortyzol. W małych dawkach wspomagają one koncentrację i wytrzymałość (na przykład podczas długiego, trudnego egzaminu z matematyki). Wysoki poziom tych hormonów wywołuje tak zwaną reakcję „walcz lub uciekaj". Wyobraźcie sobie, że atakuje was wściekły pies. Serce bije w przyspieszonym tempie, ciśnienie krwi gwałtownie wzrasta, mięśnie się naprężają, następuje zahamowanie mniej istotnych dla podtrzymania życia procesów (jak na przykład trawienie), uwaga zostaje maksymalnie skupiona, a czas zdaje się płynąć w zwolnionym tempie.

Stres wpływa na funkcjonowanie mózgu. W wyniku silnego stresu tworzy się specjalne połączenie nerwowe pomiędzy bodźcem zagrożenia a układem reakcji na stres. Dlatego gdy następnym razem zadziała ten sam bodziec, reakcja nastąpi jeszcze szybciej. To specjalne połączenie sprawia też, że wszystko, co przypomina pierwotny bodziec zagrożenia, może wywołać nieodpowiednią reakcję organizmu.

To właśnie dzieje się u osób cierpiących na zespół stresu pourazowego (*posttraumatic stress disorder*, PTSD). Zespół ten jest powszechny u żołnierzy wracających z wojny (kiedyś nazywano ten stan „nerwicą frontową"), a także u dzieci będących ofiarami lub świadkami przemocy. Reakcji charakterystycznej dla sytuacji stresowych towarzyszą często wyraziste wspomnienia pierwotnego traumatycznego przeżycia, które mogą dręczyć dzieci na jawie i wywoływać wyraźne, przerażające koszmary senne.

Podatność na stres. Nie każdy identycznie reaguje na stresujące sytuacje. Mniej więcej jedno na siedmioro dzieci jest szczególnie podatne na stres. Nawet jako niemowlęta reagują na każdą nową osobę i na każdy nowy przedmiot uwolnieniem hormonów stresu. Jako starsze dzieci są ostrożne i nieśmiałe, dopiero po pewnym czasie oswajają się z nową sytuacją i często cierpią na lęki lub związane z nimi problemy. Wrażliwość na stres jest wrodzona i często rodzinna. Naukowcy są już bliscy odkrycia, który gen lub które geny są za to odpowiedzialne. U dzieci podatnych na stres objawy mogą pojawić się w odpowiedzi na działanie każdego poważnego stresora, jakim może być na przykład trzęsienie ziemi lub atak psa.

Wiedząc, że wasze dziecko jest szczególnie wrażliwe na stres, możecie mu pomóc, nie dopuszczając do sytuacji, w których poziom stresu jest zbyt wysoki, żeby się z nim uporać. Możecie na przykład wyłączyć telewizor, kiedy w wiadomościach mowa jest o wojnie czy trzęsieniu ziemi, a zamiast tego omówić sytuację przy obiedzie, co stanowi dużo mniej intensywne przeżycie. Za każdym razem, gdy dziecku uda się uporać z lekko stresującą sytuacją, jego umiejętność radzenia sobie ze stresem i wiara w siebie rosną.

TERRORYZM I KLĘSKI ŻYWIOŁOWE

Wydarzenia 11 września 2001 roku stanowiły dramatyczne przypomnienie, że żyjemy w niebezpiecznym świecie. Wcześniej byliśmy świadkami serii strzelanin w amerykańskich szkołach oraz terroryzmu w krajowym wydaniu w Oklahoma City*. W nieco bardziej odległej przeszłości obawialiśmy się zagłady nuklearnej, której widmo nadal majaczy na horyzoncie. Na mniejszą skalę każda powódź, tornado i trzęsienie ziemi niszczy iluzję bezpieczeństwa dotkniętych nimi rodzin i dzieci.

Dzieci, które przeżyły klęskę żywiołową, bezpośrednio albo przez ciągłe oglądanie drastycznych obrazów w telewizji, prawdopodobnie będą miały objawy stresu. Po 11 września na przykład wielu przedszkolaków rysowało płonące samoloty albo budowało z klocków budynki i rozbijało o nie zabawkowe samolociki. Zabawa tego rodzaju jest dla małych dzieci sposobem przejęcia kontroli nad przerażającą rzeczywistością. Oznaką zdrowego radzenia sobie ze stresem jest tworzenie szczęśliwych zakończeń. Samolot ląduje bezpiecznie, budynek się nie przewraca, dziecko odchodzi z uczuciem ulgi.

Zabawa dziecka, u którego dane przeżycie wywołało uraz psychiczny, wygląda

---

* W 1995 roku w zamachu bombowym na budynek federalny zginęło 168 osób, w tym 19 dzieci. Sprawcą był Amerykanin Timothy McVeigh (przyp. tłum.).

inaczej: samoloty wciąż na nowo się rozbijają, budynki wciąż na nowo się przewracają, a dziecko, kończąc zabawę, jest wyczerpane i jeszcze bardziej przerażone. Taka pełna powtórzeń, kompulsywna zabawa świadczy o tym, że dziecko potrzebuje pomocy doświadczonego psychologa albo terapeuty.

Reakcja na klęski żywiołowe. Klęski żywiołowe i katastrofy powodowane przez ludzi zagrażają podstawowej umowie pomiędzy rodzicami a dziećmi, która mówi, że rodzice zapewnią dzieciom bezpieczeństwo. Dlatego bardzo ważne jest zapewnienie dzieci, że dorośli – mama, tata, wojewoda, prezydent – robią wszystko, co w ich mocy, żeby nikomu więcej nie stała się krzywda. Rodzice muszą też chronić dziecko przed pogłębianiem urazu w wyniku wielokrotnego oglądania w telewizji relacji z wydarzenia. Choć wyłączenie telewizora po 11 września lub podczas niedawnej wojny w Iraku było niezwykle trudne, tak właśnie robili mądrzy rodzice.

Powód lęku dziecka może być inny, niż sądzicie; dobrze jest najpierw uważnie dziecka wysłuchać, a potem spróbować odpowiedzieć na jego konkretne pytania i rozwiać obawy. Dzieci czerpią poczucie bezpieczeństwa z niezmienności otoczenia i rozkładu dnia, dlatego bardzo pomocny jest szybki powrót do uspokajającego trybu codziennego życia: śniadanie, szkoła, czytanie przed snem.

Ważne jest wreszcie, by zwrócić uwagę, jak my sami reagujemy na stres. Dzieci idą za przykładem rodziców. Zorientują się, że jesteście bardzo wytrąceni z równowagi. Warto rozmawiać o tym, co czujecie, żeby dziecko wiedziało, co jest przyczyną waszego zdenerwowania (w przeciwnym razie prawdopodobnie dojdzie do wniosku, że to jego wina). Bardzo ważne jest zwrócenie się o pomoc do przyjaciół, członków rodziny, duchownych lub członków lokalnej społeczności. Specjalista często może pomóc uporać się z objawami stresu występującymi u was i u waszych dzieci (patrz str. 419).

PRZEMOC FIZYCZNA

Gniew na dziecko. Większości rodziców zdarza się od czasu do czasu tak się rozgniewać na dziecko, że mają ogromną ochotę zrobić mu krzywdę. Możecie rozzłościć się na niemowlę, które płacze całymi godzinami, chociaż zrobiliście wszystko, co w ludzkiej mocy, żeby je pocieszyć; albo na dziecko, które zepsuło cenny przedmiot tuż po tym, jak zakazaliście mu go dotykać. Unosicie się zrozumiałym gniewem, ale zazwyczaj kontrolujecie się na tyle, żeby nie wyładować swojej frustracji na dziecku. Po takim incydencie możecie się czuć zawstydzeni i zakłopotani. Pamiętajcie, że większość rodziców

przeżyła coś podobnego. Porozmawiajcie z partnerem albo z lekarzem, żeby uzyskać pomoc i wsparcie.

Źródła przemocy. W ostatnich latach przeprowadzono wiele badań nad maltretowaniem dzieci. Przemoc może być emocjonalna, fizyczna lub seksualna. Zdarza się we wszystkich klasach społecznych. Wcześniaki i chore niemowlęta, wymagające troskliwszej opieki, częściej są maltretowane. Dziewczynki są molestowane seksualnie częściej niż chłopcy, zazwyczaj przez heteroseksualnych mężczyzn.

🏛 KLASYCZNY SPOCK

Pamiętam, jak będąc jeszcze studentem medycyny, podniosłem mojego sześciomiesięcznego synka, bez końca płaczącego w środku nocy, i krzyknąłem: „Zamknij się!", z trudem powstrzymując się od zrobienia mu krzywdy. Od tygodni nie spał w nocy; jego mama i ja byliśmy wyczerpani i bliscy utraty zmysłów.

Dorosły, który krzywdzi dziecko, zazwyczaj chwilowo utracił kontrolę nad swoimi emocjami i zachowaniem. Ci, którzy często tracą nad sobą kontrolę, zwykle w dzieciństwie byli maltretowani lub zaniedbywani. Brak im wsparcia emocjonalnego i fizycznego ze strony rodziny i przyjaciół i najczęściej mają nieracjonalnie wysokie oczekiwania w stosunku do maltretowanego dziecka. Terapia, zwłaszcza dołączenie do grupy rodziców z podobnymi problemami, może im pomóc. Muszą zrozumieć, że fizyczne atakowanie dziecka uczy je rozwiązywania problemów za pomocą siły fizycznej. Bite dzieci często biją innych.

Prawo a przemoc. Prawo dotyczące maltretowania i zaniedbywania dzieci ma na celu ochronę dzieci. Prawo stara się pomóc rodzicom poprzez terapię poradzić sobie z presją codziennego życia. Niemal zawsze dąży się do tego, żeby dziecko mogło zostać w domu, gdy rodzice są poddawani leczeniu, choć jeśli ryzyko jest zbyt wysokie, dziecko trafia do rodziny zastępczej do czasu, aż rodzina biologiczna będzie mogła ponownie przejąć nad nim opiekę.

Przemoc fizyczna a tradycje kulturowe. W wielu częściach świata dawanie klapsów, bicie, a nawet biczowanie uchodzi za normalny środek wychowawczy, nie za znęcanie się nad dzieckiem. Rodzice, którzy nie stosują kar fizycznych, uważani

są za złych rodziców. Kiedy przeprowadzają się do Stanów Zjednoczonych, często trudno im zaakceptować fakt, że bicie własnych dzieci jest sprzeczne z prawem. Pewna matka powiedziała mi: „Moje dzieci mnie nie szanują, bo wiedzą, że nic im nie mogę zrobić".

Być może rodzice imigranci powinni wziąć pod uwagę, że w kraju, z którego pochodzą, wiele rzeczy robiono inaczej niż w kraju, do którego się przeprowadzili. Jest tu inny klimat, jedzenie, domy, ubrania, praca. To logiczne, że inne są też metody wychowywania dzieci. Sposoby dyscyplinowania skuteczne w małej wiosce mogą nie być tak skuteczne w wielkim mieście (patrz str. 279). Rodzicom bardzo trudno zrezygnować ze sposobów wychowywania dzieci, które wydają im się właściwe i dobre, nawet jeśli nakazuje im to prawo.

Niektóre praktyki mogą zostać błędnie zinterpretowane jako maltretowanie. W południowo-wschodniej Azji na przykład powszechne jest stawianie baniek. Ogrzana bańka umieszczana jest na skórze dziecka. W miarę ochładzania się powietrza w bańce, skóra jest wciągana do środka, co wywołuje miejscowe przekrwienie. Celem stawiania baniek jest uleczenie choroby, nie ukaranie dziecka. W miarę jak lekarze dowiadują się więcej o wychowywaniu dzieci w innych kulturach, coraz rzadziej zdarza im się wziąć tradycyjne metody leczenia za próbę skrzywdzenia dziecka.

WYKORZYSTYWANIE SEKSUALNE

Trzeba zdać sobie sprawę, że za większość przypadków molestowania seksualnego dzieci odpowiedzialni są nie obcy zboczeńcy, tylko bliskie osoby: przybrani rodzice, przyjaciele rodziny, opiekunowie lub inni znajomi. Bardziej narażone są dziewczynki, choć ofiarami padają też chłopcy.

Co powiedzieć dzieciom. Można poprosić policjanta o wygłoszenie w szkole pogadanki i ostrzeżenie dzieci przed nieznajomymi, którzy oferują im słodycze albo przejażdżki. Jednak pogadanka wygłoszona przez osobę bez specjalnego przeszkolenia może tylko wzbudzić w dzieciach chorobliwy strach, nie przynosząc żadnej korzyści. Sugerowałbym, żeby sami rodzice ostrzegali dzieci w sposób, który uznają za stosowny w danej sytuacji.

Ostrzeżenia nie powinny przerażać. Możecie powiedzieć małemu dziecku (w wieku od trzech do sześciu lat) – najlepiej wtedy, gdy zada związane z tym tematem pytanie albo gdy stwierdzicie, że bawi się w seksualne zabawy z innym małym dzieckiem – że jeśli starsze dziecko spróbuje dotknąć jego intymnych części ciała (na przykład łechtaczki albo pochwy), nie powinno na to pozwolić. (Na stronie 299 opisano, jak rozmawiać z dziećmi o narządach płciowych.) Powinno powiedzieć: „Nie chcę, żebyś to robił" i natychmiast poinformować rodziców o zajściu. Potem można dodać: „Może się zdarzyć, że dorosły będzie próbował cię dotknąć. Powiedz, że nie chcesz, żeby to robił. Albo może chcieć, żebyś ty go dotknęła. Nie powinnaś tego robić. Powiedz mu, że nie chcesz, a potem powiedz mi, co się stało. To nie będzie twoja wina". To ostatnie dodaje się, ponieważ dzieci często nie mówią o takich zajściach z powodu poczucia winy, zwłaszcza gdy osobą molestującą był ktoś z rodziny lub znajomy rodziców.

Kiedy należy być podejrzliwym. Rodzicom trudno jest wykryć, a lekarzom zdiagnozować wykorzystywanie seksualne, ponieważ poczucie wstydu, winy i zakłopotania każe dzieciom milczeć, a oznak fizycznych często brak. Jeśli dziecko odczuwa ból narządów płciowych lub odbytu, krwawi, ma objawy infekcji albo urazu psychicznego, trzeba wziąć pod uwagę możliwość molestowania seksualnego i przeprowadzić badanie lekarskie. (Jednocześnie warto pamiętać, że infekcje pochwy u dziewczynek przed okresem dojrzewania rzadko są rezultatem wykorzystywania seksualnego.)

Większość dzieci molestowanych seksualnie zachowuje się nietypowo, na przykład ich zachowania seksualne są niewłaściwe dla ich wieku rozwojowego. Niektóre w obecności innych dzieci naśladują stosunek płciowy pomiędzy osobami dorosłymi. Takie zachowanie różni się od normalnych dziecięcych eksploracji seksualnych typu: „Pokaż mi, co tam masz, to ja ci pokażę, co ja mam". Jeśli dziecko onanizuje się w sposób niepohamowany albo w miejscach publicznych, świadczy to o nienormalnie intensywnym zainteresowaniu czynnościami seksualnymi (patrz str. 306).

Inne zachowania związane z wykorzystywaniem seksualnym dzieci i młodzieży są mniej specyficzne; należy do nich zamykanie się w sobie, nadmierny gniew lub agresja, uciekanie z domu, lęki (zwłaszcza przed sytuacjami związanymi z molestowaniem), zaburzenia apetytu, snu, powrót do moczenia się lub brudzenia łóżka w nocy oraz pogorszenie się wyników w nauce. Oczywiście przyczyną takich zmian zachowania u dzieci i nastolatków nie musi być molestowanie i zazwyczaj rzeczywiście wynikają one z innych stresujących sytuacji. Należy brać pod uwagę możliwość, że dziecko jest wykorzystywane, ale nie obawiać się tego tak obsesyjnie, żeby doszukiwać się objawów w każdej zmianie zachowania. Lekarz może wam pomóc w interpretacji nietypowego zachowania dziecka.

Szukanie pomocy. Jeśli podejrzewacie, że wasze dziecko jest molestowane seksualnie, skontaktujcie się z lekarzem. W wielu dużych miastach działają wyspecjalizowane zespoły lekarzy, psychologów i pracowników socjalnych, umiejących przeprowadzić wszechstronną ocenę dzieci, które mogły paść ofiarą wykorzystywania. Celem oceny jest ustalenie, czy doszło do molestowania, i zebranie dowodów mających na celu skazanie osoby winnej – co jest niezwykle ważne, żeby zapobiec dalszemu molestowaniu w przyszłości – bez pogłębiania urazów psychicznych dziecka.

Częścią oceny jest też ustalenie, czy dziecko cierpi na wymagające leczenia problemy medyczne, jak na przykład infekcje.

Molestowane dziecko często boryka się ze wstydem i poczuciem winy. Rodzice mogą mu pomóc, zapewniając, że to nie jego wina i że zrobią wszystko, co w ich mocy, żeby molestowanie nigdy już się nie powtórzyło. Jest niezwykle ważne, żeby wykorzystywane dziecko wiedziało, że rodzice są po jego stronie i robią wszystko, co w ich mocy, żeby je chronić.

Dziecko będące ofiarą molestowania powinno też zostać poddane badaniu i leczeniu przez psychologa. Może wystarczy krótka terapia, a może trzeba ją będzie powtórzyć później, ponieważ psychiczne efekty molestowania mają tendencję do powracania. Dojście do siebie pod względem psychicznym po takim przeżyciu jest możliwe, ale często trwa wiele lat.

PRZEMOC DOMOWA

W każdej rodzinie zdarzają się różnice zdań. W zbyt wielu rodzinach różnica zdań przeradza się w krzyki, potem groźby, popychanie, bicie lub bardziej ekstremalne formy przemocy. Dopiero niedawno zdaliśmy sobie sprawę z tego, jak duży wpływ ma przemoc w rodzinie na obserwujące ją dzieci, nawet jeśli same nie są zagrożone. Widząc, jak jedno z rodziców krzywdzi drugie, dzieci najczęściej czują się przerażone, rozwścieczone i bezsilne. Podczas bójki kulą się w rogu pokoju. Potem nie chcą się rozstać z jednym z rodziców – najczęściej z mamą – jak gdyby bały się spuścić ją z oka.

Później – rodzicom bardzo trudno jest to zrozumieć – dziecko może wziąć na siebie rolę agresora, uderzyć mamę i obsypać ją tymi samymi wyzwiskami, których uży-

wał ojciec. Zszokowanie i przerażenie mamy, która widzi, jak jej ukochane dziecko zmienia się pod wpływem napastliwego ojca, jest zupełnie zrozumiałe. Małe dzieci będące świadkami przemocy czasem tracą apetyt (trudno jest zmusić się do jedzenia, gdy jest się bardzo zdenerwowanym), mają problemy ze snem, nie mogą się skoncentrować w szkole i stają się agresywne.

Co możesz zrobić? Przede wszystkim należy położyć kres przemocy. Często oznacza to, że mama i dzieci muszą opuścić dom rodzinny – decyzja niesłychanie trudna, ale często nieunikniona. (Mówię „mama", ponieważ najczęściej ofiarami są kobiety, ale przemoc domowa bywa też skierowana w drugą stronę.) W Stanach Zjednoczonych organizacja National Coalition

Against Domestic Violence (Krajowa Koalicja przeciw Przemocy Domowej) ma całodobową infolinię, dzięki której można uzyskać natychmiastową pomoc i skierowanie do najbliższego hostelu czy noclegowni. W witrynie internetowej tej organizacji (www.ncadv.org) można znaleźć konkretne informacje: jak położyć kres przemocy, znaleźć bezpieczne schronienie, zaplanować czynności prawne i uzyskać wsparcie*. Dzieci z zaburzeniami zachowania, które są wynikiem przemocy w rodzinie, często potrzebują profesjonalnej pomocy, żeby otrząsnąć się po traumatycznych przeżyciach i odzyskać poczucie bezpieczeństwa i radość życia (patrz str. 419).

ŚMIERĆ

Śmierć jest nieunikniona. Każde dziecko musi się z tym pogodzić. Dla niektórych pierwsze takie doświadczenie to śmierć złotej rybki, dla innych śmierć dziadka. W wielu kulturach śmierć postrzega się jako coś naturalnego i nie próbuje się separować jej od codziennego życia. Natomiast my mówiąc o śmierci, wciąż czujemy się niepewnie.

Jak wytłumaczyć małemu dziecku, co to jest śmierć. W wieku przedszkolnym na pojmowanie śmierci wpływa magiczny sposób myślenia. Dzieci w tym wieku mogą na przykład wierzyć, że śmierć jest odwracalna, że któregoś dnia zmarły powróci. Mają też tendencję do obwiniania się o wszystko, co wydarza się w ich świecie, w tym śmierć, i mogą obawiać się kary za niedobre myśli, które miały pod adresem zmarłego człowieka czy zwierzęcia. Mogą też uważać, że śmierć jest zaraźliwa, jak przeziębienie, i martwić się, że wkrótce umrze kolejna osoba.

Jako że w tym wieku dzieci pojmują wszystko dosłownie, bardzo ważne jest, żeby nie porównywać śmierci do snu. Niejedno dziecko zacznie się bać zasypiania w przekonaniu, że i ono umrze, albo też zaproponuje: „No to obudźmy wujka!" Podobnie stwierdzenie: „Wujek odszedł na zawsze" może napełnić dziecko przerażeniem, że opuszczą je inne kochane osoby. Pamiętam dziecko, które zaczęło bać się latania po tym, jak usłyszało, że zmarły krewny „odszedł do swojego domu w niebie".

Małe dzieci myślą konkretnie: „Jak wujek będzie oddychał pod ziemią?" Rodzice pomogą dziecku, odpowiadając tak samo konkretnie: „Wujek nie będzie oddychał. Nie będzie też jadł ani mył zębów. Umarł, a to znaczy, że jego ciało przestało działać; nie może się ruszać ani robić nic innego. Kiedy ktoś umrze, nie może z powrotem wrócić do życia". Małym dzieciom należy powtarzać, czasem wielokrotnie, że w żaden sposób nie przyczyniły się do śmierci wujka.

Już w wieku trzech czy czterech lat dzieci są w stanie zrozumieć, że śmierć jest częścią cyklu życia. Ludzie rodzą się, rosną, starzeją się i umierają.

Śmierć i wiara. Wszystkie religie w jakiś sposób tłumaczą śmierć: mówiąc o niebie i piekle, reinkarnacji czy duszach podróżujących po ziemi. Myślę, że rodzice powinni wyjaśnić dzieciom, że takie wyobrażenia oparte są na w i e r z e, czyli specjal-

---

* W Polsce działa Ogólnopolskie Pogotowie dla Ofiar Przemocy w Rodzinie „Niebieska Linia" (www.niebieskalinia.pl). Pomoc można uzyskać pod numerem telefonu 0 801 12 00 02 (przyp. tłum.).

🏛 KLASYCZNY SPOCK

Dorośli czują się nieswojo, myśląc o śmierci, nic dziwnego więc, że tak trudno im pomóc dzieciom oswoić się z myślą o niej. Niektórzy wolą wszystkiemu zaprzeczyć. Ten pies leżący bez ruchu na poboczu? „On tylko odpoczywa. Nic mu nie jest. Co było dzisiaj w szkole?" Inni unikają konkretów i koncentrują się na tym, co niematerialne: „Aniołki przyleciały i zabrały dziadka. Teraz jest w niebie z babcią". Jeszcze inni zupełnie unikają tego pytania: „Nie myśl o tym. Nikt nie umrze. Co ci przyszło do głowy?"

nym sposobie postrzegania świata. Dzieci muszą się nauczyć cenić własną wiarę, ale przy tym zaakceptować fakt, że ludzie o innej wierze mogą rozumieć świat nieco inaczej.

Pogrzeby. Wielu rodziców zastanawia się, czy pozwolić małemu dziecku na uczestnictwo w pogrzebie krewnego lub bliskiego przyjaciela rodziny. Myślę, że dziecko w wieku trzech lub więcej lat może pójść na pogrzeb i towarzyszyć rodzinie podczas pochówku na cmentarzu, jeśli mu na tym zależy, jeśli rodzicom to nie przeszkadza i jeśli przygotują je na to, czego będzie świadkiem. Dzieci wynoszą z pogrzebów to samo co rodzice: potwierdzenie, że śmierć jest realna, i szansę pożegnania się ze zmarłym w gronie przyjaciół i rodziny.

Ważne jest, żeby dziecku przez cały czas towarzyszył dobrze mu znany dorosły, emocjonalnie przygotowany do odpowiedzi na wszelkie pytania i w razie potrzeby do zabrania dziecka do domu, jeśli się zdenerwuje.

Radzenie sobie z bólem po stracie bliskiej osoby. Niektóre dzieci okazują ból płaczem, inne stają się nadmiernie pobudzone albo na krok nie odstępują mamy, jeszcze inne pozornie wcale się nie przejmują i dopiero po pewnym cza-

sie okazuje się, że boleśnie odczuły stratę. Rodzice mogą pomóc dziecku uporać się z bólem, przyznając, że strata przyjaciela albo dziadka jest bardzo smutna i że bardzo przykro jest uświadomić sobie, że ta osoba nigdy już nie wróci. Nie musicie udawać, że nie jesteście wytrąceni z równowagi. Okazując, że odczuwacie silne emocje, pozwalacie dziecku zaakceptować swoje uczucia. Właściwie radząc sobie z własnymi uczuciami – na przykład rozmawiając o nich – uczycie dziecko radzenia sobie ze smutkiem i bólem w sposób najbardziej skuteczny ze wszystkich: własnym przykładem.

Gdy dziecko pyta o waszą śmierć. Prawdopodobnie najbardziej przerażająca dla dziecka jest śmierć rodziców. Jeśli niedawno umarł ktoś z waszej rodziny albo dziecko poważnie zadaje pytania związane ze śmiercią, możecie założyć, że prawdopodobnie w gruncie rzeczy martwi się, że j e d n o z w a s mogłoby umrzeć.

Należy przede wszystkim dziecko uspokoić (chyba że rzeczywiście jedno z was cierpi na nieuleczalną chorobę). Możecie powiedzieć, że nie umrzecie, dopóki nie dorośnie i (przy łucie szczęścia) będzie miało własne dzieci. Wtedy właśnie, gdy będziecie już staruszkami, nadejdzie dla was pora śmierci. Większość dzieci uspokaja świadomość, że to straszne wydarzenie nadejdzie dopiero w niewyobrażalnie odległej przyszłości. Wiedzą, że nie są jeszcze dorosłe, więc nie muszą się bać, że umrzecie. Choć nie macie stuprocentowej pewności, że będziecie żyć tak długo – a więc wasze zapewnienie może się okazać fałszywe – musicie stwierdzić to autorytatywnie. Małe dzieci nie rozumie-

ją koncepcji prawdopodobieństwa. Teoretycznie prawdziwe stwierdzenie, że wasza śmierć w najbliższej przyszłości jest wysoce nieprawdopodobna, nie da dziecku poczucia bezpieczeństwa. Nigdy nie należy dzieci okłamywać, ale prawdę trzeba przedstawić w taki sposób, żeby została zrozumiana. Dziecku potrzebna jest pewna obietnica, że nie umrzecie.

ROZŁĄKA Z RODZICAMI

Dzieci czerpią poczucie bezpieczeństwa ze związku z rodzicami. Kiedy zostaną od nich odseparowane, nawet na krótki czas, stres może spowodować długotrwałe trudności. Małe dzieci postrzegają czas inaczej niż dorośli. „Tylko kilka dni" to dla nich wieczność.

Uraz spowodowany rozłąką. Jeśli mama wyjedzie na kilka tygodni, na przykład po to, żeby zająć się swoją chorą matką, jej sześcio- czy ośmiomiesięczne niemowlę prawdopodobnie wpadnie w przygnębienie, zwłaszcza jeśli do tej pory tylko ona się nim zajmowała. Niemowlę staje się wyraźnie smutne, traci apetyt, nie reaguje na znane i nieznane osoby i najczęściej leży na plecach, obracając główkę w obie strony, porzuciwszy próby siadania i eksplorowania otoczenia.

W wieku dwóch, dwóch i pół roku rozłąka nie powoduje już przygnębienia. Zamiast niej pojawia się gwałtowny, głęboki niepokój. Jeśli mama albo tata musi nagle wyjechać albo podejmuje pracę, nie przygotowawszy dziecka na pojawienie się opiekunki albo pójście do żłobka, dziecko może nie okazywać stresu, gdy nie ma przy nim rodziców, i sprawiać wrażenie, że lubi opiekunkę (z perspektywy czasu dojdziecie do wniosku, że przesadna

grzeczność dziecka nie była naturalna), ale gdy mama albo tata wraca, tłumiony lęk wydobywa się na powierzchnię. Dziecko biegnie przytulić się do mamy i już nie chce się z nią rozstać. Płacze przerażone, gdy tylko mama wyjdzie do drugiego pokoju. Nie pozwala opiekunce się zbliżyć, a nawet niegrzecznie ją odpycha. W porze kładzenia się spać przykleja się do mamy jak rzep i nie sposób go położyć w łóżeczku. Gdy mamie uda się wreszcie oswobodzić i skierować w stronę drzwi, dziecko bez wahania wdrapuje się po szczebelkach łóżeczka, choć nigdy przedtem nie ośmieliło się na taki wyczyn, wyskakuje i biegnie za nią. Jest to prawdziwie rozdzierający obraz paniki. Nawet jeśli rodzicom uda się nakłonić dziecko do pozostania w łóżeczku, może rozbudzone siedzieć w nim całą noc.

Jeśli mama musi na kilka dni wyjechać albo dziecko musi iść do szpitala, maluch może ukarać mamę, nie poznając jej, gdy ją wreszcie zobaczy. Kiedy ją rozpozna, może z wściekłością na nią krzyknąć albo ją uderzyć.

Co możesz zrobić? Młodszemu dziecku przypnijcie zdjęcie nieobecnego taty w miejscu, gdzie dobrze je widać z łóżeczka; dajcie mu do przytulania jakąś część jego garderoby (pamiętajcie jednak o ryzyku uduszenia w przypadku niemowląt); niech tata nagra taśmę z ulubionymi bajkami i piosenkami dziecka. Rozłąka powinna być jak najkrótsza. Niech dzieckiem zajmie się ktoś z rodziny, nie obca osoba.

Starszemu dziecku można podarować kalendarz i odznaczać każdy dzień do powrotu taty. Rozmawiajcie o tym, co będziecie wtedy robić. Często rozmawiajcie przez telefon, piszcie listy i e-maile. Jeśli rozłąka ma trwać wiele miesięcy, skojarzcie powrót taty z oczekiwaną zmianą pór roku albo innym charakterystycznym dla dziecka wydarzeniem. Zamiast mówić:

„Tatuś wróci w czerwcu", mówcie: „Najpierw będzie zima, potem zrobi się ciepło i zaczną kwitnąć kwiaty, a potem tatuś wróci do domu". Czytajcie historie o rodzinach, które musiały się rozstać, a potem znów się spotkały (moja ulubiona to klasyczna książka Roberta McCloskeya *Make Way for Ducklings*). Jeśli data powrotu taty jest niepewna (jak często się zdarza, gdy na przykład został wysłany za granicę z misją wojskową), jeszcze ważniejsza jest częsta wymiana e-maili, listów, telefonów, wspominanie wspólnie spędzonych chwil i rozmawianie o tym, co będziecie wspólnie robić w przyszłości.

ROZWÓD

Separacje i rozwody są obecnie na porządku dziennym. W Stanach Zjednoczonych przeprowadza się około miliona rozwodów rocznie. Przyjazne rozwody zdarzają się w powieściach i w kinie, ale w życiu większość separacji i rozwodów dotyczy dwojga ludzi bardzo na siebie złych.

Poradnictwo małżeńskie. Większość rozwodów wytrąca z równowagi wszystkich członków rodziny przynajmniej na parę lat. Oczywiście może to być rozwiązanie lepsze niż stałe konflikty i atmosfera wrogości. Istnieje trzecie wyjście: poradnictwo małżeńskie albo rodzinne bądź terapia rodzinna, w przychodni, ośrodku pomocy rodzinie, przychodni psychologiczno-pedagogicznej lub u prywatnego terapeuty. Oczywiście najlepiej, gdy zarówno mąż, jak i żona regularnie korzystają z poradnictwa, żeby lepiej zrozumieć, co poszło źle i jaką rolę w konflikcie odegrało każde z nich. Do kłótni potrzeba dwojga, ale nawet jeśli jedno z małżonków nie chce przyznać, że częściowo ponosi winę, war

to, żeby drugie skorzystało z poradnictwa i zdecydowało, czy warto małżeństwo ratować, a jeśli tak, to w jaki sposób. W końcu każdy związek zaczyna się od silnych, pozytywnych uczuć. Wiele rozwiedzionych par przyznaje, że żałują, iż nie próbowali intensywniej rozwiązać swoich problemów i uratować małżeństwa.

Zazwyczaj gdy między dwojgiem ludzi dochodzi do konfliktu, każde uważa, że wina leży głównie po drugiej stronie. Osoba postronna często widzi, że żadne z nich nie jest czarnym charakterem, ale też żadne nie umie obiektywnie ocenić swojego postępowania. Może się zdarzyć, że oboje małżonkowie nieświadomie chcą być rozpieszczani jak ukochane dziecko, zamiast wnosić swój wkład w małżeństwo. W innym przypadku apodyktyczna osoba nie zdaje sobie sprawy, do jakiego stopnia próbuje zdominować partnera, a ten z kolei swoim zachowaniem zdaje się tego domagać. Bardzo często zdrada nie jest wynikiem prawdziwego uczucia do innej osoby, tylko sposobem ucieczki przed ukryty mi obawami albo nieuświadomioną próbą wzbudzenia zazdrości partnera.

Jak powiedzieć dzieciom. Dzieci zawsze są świadome konfliktów pomiędzy rodzicami i martwią się nimi, niezależnie od tego, czy rozważa się możliwość rozwodu czy nie. Powinny mieć poczucie, że mogą omówić sytuację z rodzicami, razem lub pojedynczo, żeby uzyskać jej obraz bardziej prawdziwy niż ponure wytwory dziecięcej wyobraźni. Żeby wierzyć w siebie, dzieci muszą najpierw wierzyć w oboje rodziców, dlatego mądrzy rodzice opierają się naturalnej pokusie, żeby z goryczą obwiniać się nawzajem. Zamiast tego mogą ogólnikowo wyjaśnić dziecku powód kłótni, nie wskazując winnego: „Złościmy się o każdy drobiazg"; „Kłócimy się o to, jak wydać pieniądze"; „Mamusia denerwuje się, kiedy tatuś pije alkohol".

Dobrze by było, żeby dzieci nie słyszały, jak słowo „rozwód" wykrzykuje się w złości. Kiedy rozwód jest niemal pewny, należy go omówić, nie raz, ale wiele razy. Świat małych dzieci stanowi ich rodzina, czyli głównie tata i mama. Rozpad rodziny to dla nich koniec świata. Dlatego trzeba im wyjaśniać rozwód dużo ostrożniej niż osobie dorosłej: wytłumaczyć, że będą mieszkać przeważnie z mamą, a tata będzie mieszkał w pobliżu (albo daleko), że nadal będzie je kochał i będzie ich tatą, że regularnie będą go odwiedzać i że w każdej chwili mogą do niego zatelefonować albo napisać list. Bardzo ważne jest również wielokrotne powtarzanie dziecku, że w żaden sposób nie przyczyniło się do rozwodu rodziców. Małe dzieci często wyobrażają sobie, że rodzice rozstają się z ich powodu.

Równie ważne jak wytłumaczenie dzieciom, na czym polega rozwód, jest danie im szansy zadawania nieograniczonej liczby pytań. Będziecie zdumieni, ile żywią

błędnych przekonań: na przykład, że rozwodzicie się z ich winy albo że stracą oboje rodziców. Dobrze jest te nieporozumienia natychmiast wyjaśnić, ale nie zdziwcie się, jeśli małe dzieci powrócą do swoich mylnych wyobrażeń.

Wszystkie dzieci wykazują oznaki napięcia. W jednym z badań dzieci poniżej szóstego roku życia najczęściej obawiały się porzucenia, miały problemy ze snem, powracały do nocnego moczenia, a w ciągu dnia miały napady złości i agresji. Dzieci w wieku siedmiu i ośmiu lat wyrażały smutek i poczucie osamotnienia. Dziewięcio- i dziesięciolatki lepiej rozumiały realia rozwodu. Wyrażały wrogość w stosunku do jednego lub obojga rodziców i skarżyły się na bóle brzucha i głowy. Nastolatki mówiły o bólu wywołanym rozwodem, o swoim smutku, gniewie i wstydzie. Niektórym dziewczynkom trudno było nawiązać dobre stosunki z chłopcami.

Aby skutecznie pomóc dzieciom, należy jak najczęściej dawać im możliwość mówienia o swoich uczuciach i zapewniać je, że są normalne, że to nie one są przyczyną rozwodu i że oboje rodzice nadal je kochają. Jeśli rodzice sami cierpią za bardzo, żeby prowadzić z dziećmi takie rozmowy, należy znaleźć profesjonalnego terapeutę, do którego dzieci będą mogły chodzić regularnie.

Reakcje rodziców. Matki, którym przyznano prawo do opieki nad dziećmi, zazwyczaj stwierdzają, że pierwszy rok albo dwa po rozwodzie to bardzo trudny okres. Dzieci są bardziej spięte, wymagające i marudne; po prostu mniej sympatyczne. Matka sama musi podejmować wszystkie decyzje, godzić skłócone dzieci, planować i brać odpowiedzialność za realizację planów. Najczęściej jest zmęczona łączeniem pracy zawodowej z opieką nad dziećmi i domem. Brakuje jej towarzystwa dorosłych, w tym romantycznych związków z mężczyznami. Zdaniem większości matek najgorszy jest lęk, że nie uda im się zarobić na życie i właściwie zająć się rodziną. (Nawet jeśli przyznano im alimenty, nie można zagwarantować, że zawsze na czas otrzymają pieniądze.) Wiele kobiet mówi, że czuły wielką satysfakcję, gdy udało im się udowodnić samym sobie, że są w stanie utrzymać rodzinę bez niczyjej pomocy. Daje im to pewność siebie i poczucie kompetencji, którego nigdy przedtem nie miały.

Jeden ze sposobów na ograniczenie wydatków, dzielenie odpowiedzialności za opiekę nad domem i dziećmi oraz znalezienie towarzystwa to zamieszkanie z inną rozwiedzioną kobietą. Wiele rozwódek uważa to rozwiązanie za praktyczne i satysfakcjonujące. Oczywiście zanim zamieszkają razem, powinny się dobrze poznać. Ojcowie, którym przyznano opiekę nad dziećmi, mają te same problemy, więc nie ma powodu, dla którego nie mieliby rozważyć takiego wyjścia.

Wiele osób wyobraża sobie, że rozwiedzeni ojcowie, którym nie przyznano opieki nad dziećmi, a więc nie mają żadnych obowiązków względem rodziny oprócz alimentów i wizyt, świetnie się bawią i nieustannie umawiają z kobietami. Jednak badania pokazują, że większość takich ojców jest przeważnie nieszczęśliwa. Przygodne romanse okazują się płytkie i bez znaczenia. Są nieszczęśliwi, że nie mają wpływu na ważne i mniej ważne sprawy dotyczące dzieci. Brakuje im ich towarzystwa. Co więcej, brakuje im próśb o radę i pozwolenie, od których udzielania są ojcowie. Weekendowe odwiedziny dzieci często ograniczają się do rutynowego wyjścia do fast foodu i kina, co może stanowić rozrywkę dla dzieci, ale nie zaspokaja potrzeby prawdziwego związku, jaką odczuwa

tata. Ojcom i dzieciom może być trudno rozmawiać w nowej sytuacji.

Opieka nad dziećmi. W dwudziestym wieku aż do połowy lat siedemdziesiątych uważano, że w najlepszym interesie dziecka, przynajmniej do okresu dojrzewania, jest mieszkanie z matką, i jej właśnie przyznawano prawo do opieki nad dziećmi (chyba że była do niej niezdolna). (W dziewiętnastym wieku i wcześniej, gdy rozwody należały do rzadkości, opiekę zazwyczaj przyznawano ojcu, jako że dzieci uważane były za jego własność.)

W ostatnich latach coraz częściej się dostrzega, że wielu ojców jest tak samo zdolnych do wychowywania dzieci jak matki, i sędziowie coraz częściej biorą to pod uwagę, decydując, komu przyznać prawo do opieki. Niestety, wiele rozwodów przeprowadza się w atmosferze ogromnej niechęci. Rodzice rywalizują o opiekę nad dziećmi, zapominając o dobru dziecka. Oboje uważają, że lepiej będą się nim opiekować.

Należy wziąć pod uwagę następujące czynniki: kto zajmował się dziećmi przez większość czasu, szczególnie w wypadku niemowląt i małych dzieci, które będą bardzo tęsknić za opiekunem, do którego przywykły. Jakie relacje łączą każde z dzieci z każdym z rodziców. Jakie są ich preferencje, szczególnie w przypadku starszych dzieci i nastolatków. Jak ważne jest dla dziecka, żeby mieszkać razem z rodzeństwem (zazwyczaj szczególnie istotne dla bliźniąt).

Kiedy – a dzieje się tak zwykle w okresie dojrzewania – stosunki z tym z rodziców, który sprawuje opiekę, zaczynają być napięte, dziecko może dojść do wniosku, że u drugiego byłoby mu lepiej. Czasem warto, żeby przynajmniej na pewien czas przeprowadziło się do drugiego z rodziców. Jednak istnieje podejrzenie, że dziecko, które wielokrotnie przenosi się od mamy do taty i z powrotem, próbuje zostawić problemy za sobą, zamiast je rozwiązać. Dlatego należy się dowiedzieć, co je tak naprawdę dręczy.

Wspólna opieka nad dziećmi. W przeszłości zakładano przeważnie, że rozwodzący się rodzice będą w sądzie walczyć o opiekę nad dziećmi, alimenty na dzieci i współmałżonka oraz podział majątku. Im bardziej uda się uniknąć antagonizmu, zwłaszcza w kwestii opieki, tym lepiej dla dzieci. W ostatnich latach coraz bardziej popularna staje się wspólna opieka, dzięki której temu z rodziców, któremu nie przyznano opieki nad dzieckiem (częściej ojcu), nie grozi ograniczenie praw do widywania się z dziećmi. Co nawet ważniejsze, nie ma on poczucia, że rozwiódł się z dziećmi i nie jest już w pełni ich ojcem. Poczucie to często prowadzi do stopniowego zaprzestania kontaktów z dziećmi.

Mówiąc o wspólnej opiece, niektórzy prawnicy i rodzice mają na myśli dosyć równy podział opieki nad dziećmi, na przykład cztery dni z jednym z rodziców, trzy dni z drugim, albo jeden tydzień z jednym, drugi tydzień z drugim. Takie rozwiązanie może być niepraktyczne dla rodziców albo niewygodne dla dzieci. Dzieci powinny nadal chodzić do tej samej szkoły, przedszkola czy żłobka. Dzieci lubią rutynę i jest ona dla nich korzystna.

Lepiej jest myśleć o wspólnej opiece jako o duchu współpracy pomiędzy rozwiedzionymi rodzicami dla dobra dzieci. Powinni konsultować ze sobą plany, decyzje i reakcje na najważniejsze prośby dzieci, żeby żadne z nich nie czuło się pominięte. (Niektóre decyzje może być łatwiej podjąć przy pomocy terapeuty, który zna dzieci.) Powinni spędzać czas z dziećmi w taki sposób, żeby z każdym z rodziców miały jak najbliższy kontakt. Będzie to zależało od takich czynników, jak odległość pomiędzy miejscami zamieszkania rodziców, ich sytuacja, położenie szkoły i preferencje dzieci w miarę dorastania. Oczywiście jeśli jedno z rodziców przeprowadzi się na drugi koniec kraju, wizyty będą się musiały odbywać w wakacje. W przerwach między odwiedzinami można utrzymywać kontakt pocztą elektroniczną lub zwykłą albo telefonicznie.

Wspólna opieka ma sens wtedy, gdy oboje rodzice wierzą, że dla dobra dzieci są w stanie zapanować nad negatywnymi uczuciami do siebie nawzajem. W przeciwnym razie będą się nieustannie sprzeczać. Wtedy lepiej jest, żeby prawo do opieki nad dziećmi miało jedno z rodziców, a sędzia ustalił reguły widzeń.

Szczegółowe ustalenia dotyczące wspólnej opieki. Rodzice mogą ustalić, ile czasu dziecko będzie spędzać z każdym z nich. Nazywa się to wspólną opieką fizyczną bądź opieką naprzemienną. Możliwy jest również układ, w którym rodzice mają wspólną opiekę, ale dziecko mieszka głównie z jednym z nich. Często nazywa

---

🏛 KLASYCZNY SPOCK

Dzięki wspólnej opiece oboje rodzice wiedzą, że są ważni w życiu dziecka. Choć jest to prawnie wiążący kontrakt, najważniejszy jest duch współpracy pomiędzy rodzicami.

się to wspólną opieką prawną. Rodzice sprawujący wspólną opiekę prawną razem podejmują najważniejsze decyzje w życiu dziecka – wybór szkoły, wyjazdy na kolonie i obozy, kwestie zdrowotne i religijne.

Jeśli rodzice potrafią współpracować, wspólna opieka ma bardzo pozytywne konsekwencje dla dzieci. Badania nad rozwodami pokazują, że ogólnie rzecz biorąc, dzieci są lepiej przystosowane społecznie, psychicznie i osiągają lepsze wyniki w nauce, gdy oboje rodzice odgrywają istotną rolę w ich życiu.

Ustalanie planu odwiedzin. Pięć dni z mamą i weekendy z tatą to praktyczne i powszechne rozwiązanie, choć mama może czasem chcieć spędzić z dziećmi relaksujący weekend, a tata może chcieć czasem mieć weekend dla siebie. Te same zasady odnoszą się do wakacji szkolnych. W miarę jak dzieci dorastają, przyjaciele, sport lub inne rozrywki mogą je ciągnąć do jednego albo drugiego domu. Dlatego każdy plan musi być elastyczny.

Najważniejsze jest, żeby to z rodziców, które nie sprawuje nad nim prawnej opieki, nie odwoływało odwiedzin bez ważnego powodu. Dzieci czują się zranione, gdy mają wrażenie, że inne zobowiązania są ważniejsze od nich. Tracą zaufanie do zaniedbującego je taty albo mamy i wiarę we własną wartość. Jeśli trzeba spotkanie odwołać, należy to zrobić z jak największym wyprzedzeniem i najlepiej jednocześnie ustalić inny termin. Najważniejsze jest, żeby nie odwoływać odwiedzin często i bez uprzedzenia.

Odwiedziny powinny się odbywać w swobodnej atmosferze. Gdy nadchodzi pora spotkania z dzieckiem, niektórzy rodzice czują się onieśmieleni albo skrępowani. Często próbują problem

rozwiązać, zapewniając dziecku rozrywki – wyjścia do restauracji i do kina, na imprezy sportowe i wycieczki. Nie ma nic złego w takich zajęciach, ale specjalne rozrywki nie są konieczne podczas każdej wizyty. Takie zachowanie sugeruje, że rodzice boją się ciszy i dlatego za wszelką cenę próbują dziecko czymś zająć.

Odwiedziny dzieci mogą być tak samo swobodne i rutynowe jak pobyt w domu. Oznacza to czytanie, odrabianie lekcji, jeżdżenie na rowerze i wrotkach, grę w koszykówkę i piłkę nożną na podwórku, łowienie ryb i zajmowanie się swoim hobby. Rodzice mogą brać udział w tych zajęciach, które sprawiają im przyjemność, zyskując idealną okazję do rozmowy z dzieckiem. Dzieci mogą oglądać ulubione programy telewizyjne (choć odradzałbym spędzanie całego weekendu przed telewizorem). Przez część dnia mama bądź tata może się zająć własnymi sprawami.

Rodzice często stwierdzają, że dzieci, zwłaszcza młodsze, są rozdrażnione, przenosząc się od jednego z nich do drugiego. Szczególnie wracając ze spotkania z mamą albo tatą, którzy nie mają nad nimi prawnej opieki, mogą być poirytowane ze zmęczenia. Czasem dziecko po prostu ma problemy z przystosowaniem się do nagłej zmiany otoczenia. Każdy wyjazd i powrót przypomina mu, nawet jeśli jest to nieuświadomione, odejście jednego z rodziców.

Rodzice mogą pomóc, wykazując cierpliwość w okresie przejściowym, niezawodnie stawiając się we właściwym czasie i miejscu, żeby dziecko odebrać albo oddać, i unikając konfliktów podczas tych wymian.

Dziadkowie po rozwodzie. Dla dziecka ważne jest utrzymywanie z dziadkami takiego samego kontaktu jak przed rozwodem. Utrzymywanie poprawnych stosunków z rodzicami byłego małżonka może być bardzo trudne, zwłaszcza jeśli jedna ze stron albo obie czują się zranione i obrażone. Czasem rodzic opiekujący się dzieckiem mówi: „Dzieci mogą widywać twoich rodziców, gdy cię odwiedzają. Ja nie chcę mieć z nimi nic wspólnego". Ale rzadko można w ten sposób zorganizować urodziny, wakacje i inne specjalne okazje. Pamiętajcie, że dziadkowie często stanowią dla dzieci wspaniałe źródło wsparcia i ciągłości, więc utrzymywanie z nimi kontaktów jest warte dodatkowego wysiłku. Należy też uszanować emocjonalną potrzebę dziadków pozostawania w kontakcie z wnukami.

Unikajcie zrażania dzieci do byłego partnera. Jest niezwykle istotne, żeby żadne z rodziców nic próbowało dyskredytować drugiego w oczach dzieci, choć mogą mieć na to ochotę. Oboje rodzice czują się winni za rozpad małżeństwa, przynajmniej nieświadomie. Jeśli uda im się przekonać przyjaciół, krewnych i dzieci, że to druga strona ponosi winę, zmniejszają się ich własne wyrzuty sumienia. Dlatego kusi ich, żeby o byłym małżonku opowiadać jak najgorsze historie, pomijając przy tym własne przewinienia. Problem polega na tym, że dzieci wyczuwają, iż mają cechy obojga rodziców. Jeśli zaakceptują fakt, że jedno z nich jest łajdakiem, założą jednocześnie, że częściowo to po nim odziedziczyły. Po za tym to naturalne, że chcą mieć oboje rodziców i być przez oboje kochane. Czują się nieprzyjemnie nielojalne, słuchając, jak jedno z nich krytykuje drugie. Tak samo bolesne dla dzieci jest nakłanianie przez jedno z rodziców, żeby ukrywać coś przed drugim.

W wieku dorastania dzieci wiedzą, że nikt nie jest idealny, i choć mogą być bardzo krytyczne, wady rodziców nie dotyka-

ją ich aż tak głęboko. Niech same odkryją te wady. Nawet dzieci w tym wieku lepiej jest nie przeciągać na swoją stronę, krytykując partnera. Wystarczy najmniejsza prowokacja, żeby emocje nastolatków rozgorzały. Jeśli rozzłoszczą się na to z rodziców, które do tej pory preferowały, mogą zrobić zwrot o sto osiemdziesiąt stopni i zdecydować, że wszystkie nieprzychylne komentarze, które w przeszłości słyszały o drugim z nich, są niesprawiedliwe i nieprawdziwe. Na dłuższą metę mama i tata mają największą szansę utrzymać miłość dzieci, jeśli pozwolą im kochać oboje rodziców, w oboje wierzyć i z obojgiem spędzać czas.

Błędem jest wyciąganie z dziecka informacji, co działo się podczas odwiedzin u drugiego z rodziców. Dziecko czuje się nieswojo i postępowanie takie może obrócić się przeciw przesłuchującemu.

Randki rodziców. Dzieci, których rodzice niedawno się rozwiedli, świadomie bądź nieświadomie pragną, żeby z powrotem się zeszli i myślą o nich tak, jakby wciąż byli małżeństwem.

Umawianie się na randki prawdopodobnie zostanie przez nie uznane za niewierność, a nowy partner za intruza. Dlatego najlepiej postępować ostrożnie i taktownie przedstawić nowego znajomego. Warto dać dzieciom kilka miesięcy na oswojenie się z nieodwołalnością rozwodu. Zwracajcie baczną uwagę na to, co mówią. Po pewnym czasie możecie poruszyć temat swojej samotności i zasugerować, że chcielibyście umówić się z kimś na randkę. Nie chodzi o to, żeby pozwolić dzieciom na kontrolowanie swojego życia; po prostu dajcie im do zrozumienia, że niewykluczone, iż zaczniecie się z kimś umawiać, w sposób łatwiejszy do zaakceptowania niż przedstawienie od razu konkretnej osoby.

Małe dzieci mieszkające z mamą i rzadko albo nigdy nie widujące ojca, mogą błagać ją, żeby wyszła za mąż i dała im nowego tatusia, ale mogą też – i prawdopodobnie tak właśnie będzie – okazać zazdrość, gdy tylko zobaczą, że nawiązuje ona bliższe stosunki z obcym mężczyzną lub wychodzi za mąż. To samo odnosi się do taty sprawującego opiekę nad małymi dziećmi dopraszającymi się nowej mamusi.

Długofalowy wpływ na dzieci. Dzieci, które przeżyły rozwód rodziców, nigdy nie wychodzą z tego bez szwanku. Niektóre długo nie mogą się uporać z poczuciem złości, straty i niepewności, ale wiele w końcu wiedzie szczęśliwe i pełne życie. Najlepiej układa się dzieciom, które nadal mają pełne miłości relacje z obojgiem rodziców. Jeśli nie jest to możliwe, pomocna może być profesjonalna terapia.

CZĘŚĆ CZWARTA

Najczęstsze problemy rozwojowe i wychowawcze

RYWALIZACJA MIĘDZY RODZEŃSTWEM

ZAZDROŚĆ

Relacjom między rodzeństwem nieodłącznie towarzyszy zazdrość. Jeśli nie jest zbyt intensywna, pomaga dzieciom wyrosnąć na ludzi bardziej tolerancyjnych, niezależnych i szczodrych. Jednym ze sposobów radzenia sobie z zazdrością jest obrócenie jej w opiekuńczość w stosunku do braciszka albo siostrzyczki. W wielu rodzinach zazdrość z czasem przekształca się w przyjazną rywalizację, wzajemne wsparcie i lojalność.

Być może znacie rodziny, w których dzieci nigdy się nie lubiły i w dorosłym życiu nie utrzymują ze sobą kontaktów. Rodzice mogą częściowo wpłynąć na kształt relacji pomiędzy rodzeństwem, ale szczęście również odgrywa dużą rolę. Niektóre dzieci po prostu dobrze się czują w swoim towarzystwie i lubiłyby się nawet wtedy, gdyby nie były spokrewnione. Inne mają zupełnie odmienne osobowości – jedno lubi hałas i zgiełk, drugie spokój i ciszę – więc trudniej im jest przyjaźnić się ze sobą.

Jednakowa miłość, inne traktowanie. Ogólnie rzecz biorąc, im lepsze stosunki pomiędzy rodzicami, tym mniej zazdrości pomiędzy rodzeństwem. Dziecko, któremu rodzice okazują miłość i troskę, ma mniej powodów, żeby odczuwać roz-

żalenie, gdy zajmują się jego bratem albo siostrą. Czuje się bezpieczne, ma bowiem poczucie, że rodzice je kochają i akceptują takim, jakie jest.

To, że rodzice jednakowo kochają wszystkie dzieci, nie oznacza, że muszą identycznie je traktować. Dobrze jest zapamiętać sobie zasadę: „Każdy w rodzinie powinien dostać to, czego potrzebuje, a czasem potrzebujemy różnych rzeczy". Młodsze dziecko musi wcześniej iść do łóżka. Starsze musi mieć więcej obowiązków domowych.

Kiedy rodzice albo krewni próbują dzieci traktować identycznie, zapominając o tym, jak bardzo różnią się od siebie, zazdrość często przybiera na intensywności. Mama próbująca za wszelką cenę postępować jednakowo w stosunku do zazdrosnych maluchów mówi na przykład: „Proszę, Susie, oto mały czerwony wóz strażacki dla ciebie. A tutaj taki sam wóz strażacki dla ciebie, Tomie". Zamiast się cieszyć, każde z dzieci podejrzliwie ogląda obie zabawki, żeby sprawdzić, czy aby na pewno są w każdym szczególe takie same. Jest tak, jakby mama powiedziała: „Kupiłam ci to, żebyś się nie skarżyła, że faworyzuję twojego braciszka", zamiast: „Kupiłam ci to, bo wiedziałam, że ci się spodoba".

Unikaj porównań i szufladkowania. Im mniej pochlebnych lub niepochlebnych porównań pomiędzy rodzeństwem, tym lepiej. Mówienie: „Dlaczego nie jesteś taki grzeczny jak twoja siostrzyczka?" sprawia, że chłopiec nabiera niechęci do siostry i do grzecznego zachowania w ogóle. Pocieszając nastolatkę słowami: „Nie przejmuj się, że nie chodzisz na randki tak często jak twoja siostra, jesteś od niej dużo mądrzejsza, a to liczy się najbardziej", lekceważycie jej przygnębienie z powodu mniejszego powodzenia u chłopców i sugerujecie, że nie powinna czuć tego, co przecież czuje. To tylko zaostrza rywalizację.

Rodziców kusi, żeby dzieci zaszufladkować. Jedno staje się „małym buntownikiem", drugie „aniołkiem". Pierwsze może dojść do przekonania, że musi się sprzeciwia autorytetom, w przeciwnym razie bowiem straci swoją tożsamość w rodzinie. Natomiast „dobre dziecko", mimo iż czasem ma ochotę zrobić coś niegrzecznego, boi się, że jeśli nie będzie odgrywać przeznaczonej mu roli, straci miłość rodziców. Może być rozgoryczone, że „buntownik" cieszy się swobodą, której jemu brakuje.

Kłótnie pomiędzy rodzeństwem. Jeśli tylko każde z dzieci potrafi się obronić, najlepiej, żeby rodzice nie wtrącali się do ich kłótni. Jeżeli spróbują wskazać winnego, jeden z wojowników na pewno poczuje się zazdrosny.

W większym lub mniejszym stopniu sprzeczki małych zazdrośników spowo-

dowane są pragnieniem, żeby zostać ulubieńcem rodziców. Kiedy rodzice bez wahania ujmują się za jedną ze stron konfliktu, decydując, kto ma rację, a kto jej nie ma, zachęcają dzieci do kolejnych kłótni w przyszłości. Kłótnie stają się turniejem o poparcie mamusi i tatusia. Każde z dzieci chce zdobyć przychylność rodziców i zobaczyć, jak drugie dostaje burę.

Jeśli czujecie, że musicie kłótnię przerwać – żeby dzieci się nie pozabijały, żeby zapobiec jawnej niesprawiedliwości albo żeby przywrócić spokój – lepiej jest zażądać zawieszenia broni, odmówić wysłuchiwania argumentów stron, nie angażować się w rozstrzyganie, kto miał rację (chyba że jedna ze stron zagrała bardzo nie fair), skoncentrować się na tym, co zrobić w następnej kolejności, i zażądać puszczenia wszystkiego w niepamięć. Możecie zasugerować kompromis albo zająć uwagę dzieci czymś innym. Czasem walczących trzeba rozdzielić i odesłać do różnych miejsc, neutralnych, nudnych i jak najbardziej od siebie oddalonych.

Kiedy kłótnie pomiędzy rodzeństwem stają się coraz poważniejsze, często jest to sygnał, że potrzebna jest terapia rodzinna (patrz str. 421). Starsze dzieci, którym powierzono opiekę nad młodszymi braćmi i siostrami, mogą uciec się do przemocy albo gróźb, próbując utrzymać je w ryzach. W takim przypadku lepiej dzieci zostawiać pod opieką wynajętej opiekunki albo dorosłego krewnego bądź też zapisać je na zajęcia pozalekcyjne (patrz str. 269).

RÓŻNE OBLICZA ZAZDROŚCI

Rozpoznawanie zazdrości. Kiedy maluch podnosi klocek i zamierza się nim na niemowlę, nie ma wątpliwości, że powoduje nim zazdrość. Inne dziecko może się

zachować w mniej oczywisty sposób. Przygląda się niemowlęciu bez entuzjazmu i bez słowa. Może swoje rozżalenie skupić na rodzicach – na przykład metodycznie rozsypuje po dywanie ziemię z doniczek, żeby zrobić im na złość. Dziecko o innym temperamencie staje się osowiałe i niesamodzielne, zabawa w piaskownicy albo klockami przestaje mu sprawiać przyjemność, chodzi za mamą, trzymając się jej spódnicy, i ssie kciuk.

Niekiedy zdarza się maluch, którego zazdrość jest jakby wywrócona do góry nogami. Sprawia wrażenie zaabsorbowanego niemowlęciem. Jedyne, co przychodzi mu do głowy na widok psa, to: „Dzidzia lubi pieska". Spostrzegłszy kolegów jadących na rowerkach, komentuje: „Dzidzia też ma rowerek". Niektórzy rodzice mówią wtedy: „My nie mamy problemów z zazdrością. John bardzo lubi swoją nową siostrzyczkę". Dobrze, że dziecko okazuje niemowlęciu miłość, ale nie oznacza to, że nie jest zazdrosne. Zazdrość może się ujawniać pośrednio albo tylko w określonych sytuacjach. Chłopiec może nieco zbyt mocno przytulać siostrzyczkę. Być może w domu odnosi się do niej przyjaźnie, ale staje się opryskliwy, gdy na ulicy zachwycają się nią nieznajomi. Przez wiele miesięcy może nie okazywać swoich uczuć, aż pewnego dnia niemowlęciu uda się doraczkować do jednej z jego zabawek i wziąć ją do rączki. Czasem uczucia odmieniają się w dniu, w którym niemowlę stawia pierwsze kroki.

Nadmierna troska o niemowlę to po prostu inny sposób radzenia sobie ze stresem. Zrodzona jest z tej samej mieszaniny uczuć – miłości i zazdrości – która innym dzieciom każe cofnąć się w rozwoju albo wpadać w ataki gniewu. Mądrze jest założyć, że zazdrości zawsze towarzyszy miłość, niezależnie od tego, czy jest widoczna na zewnątrz. Nie powinniście ignorować zazdrości, tłumić jej siłą ani zawstydzać dziecka, które ją odczuwa. Musicie tylko sprawić, żeby pozytywne uczucia zwyciężyły.

Radzenie sobie z różnymi formami zazdrości. Kiedy starsze dziecko atakuje niemowlę, rodzice są zszokowani i mają ochotę je zganić. Taka reakcja, choć zrozumiała, jest nieskuteczna z dwóch powodów. Dziecko jest negatywnie nastawione do niemowlęcia, ponieważ boi się, że rodzice już go nie kochają. Gniewna reakcja może zostać odebrana jako potwierdzenie, że niemowlę obdarzane jest większą miłością, pogłębić istniejące już obawy i zachęcić do dalszego okrucieństwa. Nagana zaś skłoni dziecko do ukrywania zazdrości. Tłumiona zazdrość bardziej szkodzi dziecku i trwa dłużej niż zazdrość wyrażana otwarcie.

Jako rodzice macie trzy zadania: ochronić niemowlę, pokazać starszemu dziecku, że nie wolno mu działać, kierując się zazdrością, oraz zapewnić je, że nadal je kochacie i że tak naprawdę jest dobre. Widząc, jak chłopczyk zbliża się do niemowlęcia z ponurym wyrazem twarzy i bronią w ręce, musicie oczywiście natychmiast go złapać i stanowczo powiedzieć, że nie wolno krzywdzić niemowlęcia. (Za każdym razem, gdy uda mu się zaatakować maleństwo, czuje się winny i nieszczęśliwy.)

Taka sytuacja daje wam okazję do nauczenia dziecka, że jego uczucia są zrozumiałe i akceptowalne; niedozwolone jest tylko wprowadzanie ich w czyn. Gdy już chłopca złapiecie, możecie przytulić go i powiedzieć: „Wiem, jak się czasem czujesz. Wolałbyś, żeby mamusia i tatuś nie zajmowali się niemowlęciem. Ale nie martw się, kochamy cię tak samo jak twoją siostrzyczkę". Jeśli w takiej chwili chłopczyk zda sobie sprawę, że rodzice akceptują jego gniewne uczucia (choć nie jego agresywne postępowanie) i nadal go kochają, jest to dla niego najlepszy dowód, że nie musi się martwić, a już na pewno nie musi robić siostrzyczce krzywdy.

Jeśli chodzi o dziecko umyślnie rozsypujące ziemię z doniczki po podłodze, możecie naturalnie odczuwać rozdrażnienie i gniew i prawdopodobnie je zganicie. Jednak kiedy zdacie sobie sprawę, że jego postępowaniem kierowało głębokie przygnębienie i strach, możecie później mieć ochotę je pocieszyć. Spróbujcie zapamiętać, jakie konkretnie wydarzenie sprowokowało dziecko do takiego zachowania.

Wycofanie jest niepokojące. Dziecko bardziej wrażliwe i introwertyczne, które pod wpływem zazdrości staje się osowiałe, potrzebuje czułości, pociechy i zachęty do wyrażania swoich emocji nawet bardziej niż takie, które reaguje agresją. Kiedy dziecko nie śmie wprost okazać, co je martwi, może poczuć się lepiej, jeśli ze zrozumieniem powiecie: „Wiem, że czasem jesteś zły na swoją siostrzyczkę i na mnie za to, że się nią zajmuję". Jeśli sytuacja mimo to się nie zmienia, rozważcie wynajęcie na pewien czas opiekunki, która zajmie się niemowlęciem, żeby się przekonać, czy starsze dziecko odzyska radość życia, gdy obdarzy się je indywidualnym zainteresowaniem.

Jeśli wygląda na to, że dziecko nie jest w stanie uporać się z zazdrością, objawiającą się jako ciągłe nieposłuszeństwo, osowiałość albo obsesyjna fascynacja niemowlęciem, warto się skonsultować z psychiatrą, psychologiem albo pediatrą specjalizującym się w zagadnieniach zachowania i rozwoju dzieci. Terapeuta może być w stanie wydobyć zazdrość na powierzchnię, żeby dziecko zdało sobie sprawę z tego, co je niepokoi, i wyrzuciło to z siebie.

Jeśli zazdrość intensyfikuje się w okresie, gdy niemowlę jest na tyle duże, żeby zabierać zabawki innym dzieciom, dobrym rozwiązaniem może być przeniesienie starszego do jego własnego pokoju, w którym będzie miało poczucie, że jemu samemu, jego zabawkom i jego budowlom z klocków nic nie grozi. Jeśli osobny pokój nie wchodzi w grę, znajdźcie dużą skrzynię albo szafkę na jego rzeczy, z zamkiem, z którym niemowlę się nie upora. Ochroni to zabawki, a posiadanie zamka, który tylko starsze dziecko może otworzyć, da mu poczucie, że jest ważne i ma kontrolę nad sytuacją. (Unikajcie skrzyń z ciężkimi pokrywami oraz szafek, którymi dziecko mogłoby przytrzasnąć sobie paluszki; patrz str. 81).

Dzielenie się zabawkami. Czy należy nakłaniać lub zmuszać starsze dziecko do dzielenia się zabawkami z niemowlęciem? Nawet jeśli posłucha, istnieje ryzyko, że pogłębi to jego rozgoryczenie. Lepiej zasugerować, żeby oddało niemowlęciu jakąś zabawkę, z której wyrosło. Zaapelujcie do jego dumy z tego, że jest już duże, i pozwólcie mu okazać niemowlęciu szczodrość, na którą w gruncie rzeczy nie ma ochoty. Żeby taki gest miał znaczenie, musi być powodowany wewnętrznym impulsem: dziecko musi najpierw poczuć się bezpieczne, kochane i kochające. Zaborczość wypływa z poczucia zagrożenia; zmuszenie dziecka do dzielenia się zabawkami wzmocni tylko jego przekonanie, że jest wykorzystywane i niedoceniane.

Generalnie rzecz biorąc, zazdrość wobec niemowląt odczuwają najsilniej dzieci poniżej piątego roku życia, uzależnione od rodziców i niemal pozbawione zainteresowań poza gronem rodzinnym. Dziecko powyżej szóstego roku życia zaczyna oddalać się od rodziców i szukać własnego miejsca w gronie kolegów i nauczycieli, więc utracenie pierwszoplanowej pozycji nie jest dla niego aż tak bolesne. Byłoby jednak błędem zakładanie, że starsze dziecko nie bywa zazdrosne. Ono również potrzebuje uwagi i dowodów miłości rodziców, szczególnie na początku. Jeśli jest nadzwyczaj wrażliwe albo nie znalazło jeszcze swojego miejsca w świecie, być może trzeba będzie z nim postępować równie delikatnie jak z małym dzieckiem.

Dzieci przybrane, które i tak mogą mieć wrażenie, że stale znajdują się na grząskim gruncie, po pojawieniu się rodzeństwa mogą potrzebować dodatkowego wsparcia i czułości. U nastolatki pragnienie, żeby stać się kobietą, może wzbudzić zazdrość o ciążę matki i jej nowo narodzone dziecko. Młodzi ludzie często są wstrząśnięci odkryciem, że ich rodzice nadal ze sobą współżyją. Typowy komentarz brzmi: „A myślałam, że są już na to za starzy".

Poczucie winy nie pomaga. Trzeba tu dodać ostrzeżenie, które może się wydawać sprzeczne z powyższymi uwagami. Świadomi rodzice czasem za bardzo martwią się zazdrością pomiędzy rodzeństwem i tak usilnie starają się jej zapobiec, że starsze dziecko, zamiast poczuć się bezpiecznie, zaczyna odczuwać niepokój. Niekiedy rodzice czują się winni, że zdecydowali się na drugie dziecko, stają na głowie, żeby udobruchać starsze, i wstydzą się, gdy przyłapie ich na zajmowaniu się młodszym. Jeżeli dziecko zorientuje się, że rodzice odczuwają niepokój i skruchę, również zacznie się czuć nieswojo. Pełne wyrzutów sumienia zachowanie rodziców wzmacnia jego podejrzenia, że dzieje się coś niedobrego, i zachęca je do złośliwości w stosunku do niemowlęcia i rodziców. Innymi słowy, rodzice powinni być jak najbardziej taktowni w stosunku do starszego dziecka, ale nie muszą się nieustannie zamartwiać, przepraszać, ustępować ani tracić poczucie własnej godności.

ZAZDROŚĆ O NOWO NARODZONE DZIECKO

Uczucie rywalizacji może być silniejsze u dziecka pierworodnego, które do tej pory znajdowało się w centrum uwagi i nie miało żadnej konkurencji. Kolejne dzieci już od urodzenia uczą się dzielić zainteresowaniem rodziców. Wiedzą, że są tylko jednym z kilkorga dzieci. Nie oznacza to jednak, że drugie czy trzecie dziecko ni-

🏛 KLASYCZNY SPOCK

Wyobraźcie sobie taką sytuację: pewnego dnia mąż przyprowadza do domu nieznajomą. Mówi do żony: „Najdroższa, kocham cię tak samo jak do tej pory, ale teraz zamieszka z nami także ta pani. Będę jej poświęcał mnóstwo czasu i uwagi, bo mam fioła na jej punkcie, ale ona jest taka bezradna i potrzebuje mnie bardziej niż ty. Czyż to nie wspaniałe? Czyż nie jesteś zachwycona?" Jak sądzicie, czy reakcja żony byłaby życzliwa?

Słyszałem o chłopczyku, które wybiegł z domu za położną, krzycząc: „Zapomniała pani zabrać swoje dziecko!"

gdy nie będzie rywalizować z kolejnym maleństwem. Więcej zależy od postępowania rodziców niż od liczby dzieci.

Zazdrość może ranić, ale może też pomagać. Zazdrość i rywalizacja wywołują silne emocje nawet u ludzi dorosłych. Maluchowi, który nie potrafi sobie z nimi radzić, jeszcze bardziej dają się we znaki. Choć zazdrości nie da się zupełnie zapobiec, można dużo zrobić, żeby ją osłabić, a nawet przekształcić w uczucia pozytywne. Jeśli dziecko zda sobie sprawę, że nie ma potrzeby obawiać się rywala, wzmocni to jego charakter i przygotuje do radzenia sobie z sytuacjami wymagającymi rywalizacji w późniejszym życiu, zarówno w pracy, jak i w domu.

Ważne jest nie to, że dziecko odczuwa zazdrość, co jest normalne, ale to, jak radzi sobie z tym uczuciem. Wyrażanie emocji słowami pomaga przejąć nad nimi kontrolę. Możecie powiedzieć: „Wiem, że jesteś zła i zazdrosna, ale krzywdzenie braciszka nic ci nie da". Nie zaszkodzi dodać: „Ciebie też kocham. Kocham i ciebie, i twojego braciszka". Gdy dwuletnia dziewczynka zamierza się na niemowlę, możecie chwyciwszy ją za rękę, zmienić uderzenie w głaskanie ze słowami: „On cię kocha". Niezależnie od wieku, dziecko boryka się

z mieszanymi uczuciami; pomóżcie miłości wypłynąć na wierzch.

Pierwsze tygodnie i miesiące. W jednym z wcześniejszych rozdziałów omówiono sposoby przygotowania dziecka na narodziny rodzeństwa (patrz *Rodzeństwo*, strona 13). Pierwsze tygodnie i miesiące to okres, kiedy rodzice muszą się zdobyć na wiele taktu. Zbagatelizujcie pojawienie się w waszym domu niemowlęcia. Nie zachowujcie się, jakbyście byli tym faktem szczególnie podekscytowani. W miarę możliwości zajmujcie się niemowlęciem pod nieobecność starszego dziecka. Spróbujcie kąpać młodsze i czasem karmić je wtedy, gdy starsze wyszło na spacer albo śpi.

Bardzo małe dziecko może odczuwać intensywną zazdrość, widząc, jak mama karmi dziecko, szczególnie jeśli karmi piersią. Dajcie mu butelkę albo pierś, jeśli ma na to ochotę. Zabawny jest widok starszego dziecka próbującego z zazdrości o niemowlę ssać butelkę. Myśli, że jest w niej ambrozja, ale gdy pociągnie łyk, na jego buzi pojawia się rozczarowanie. To tylko mleko, a na dodatek płynie za wolno i ma dziwny posmak gumy. Dziecko może próbować ssania butelki przez kilka tygodni, ale jest mało prawdopodobne, że uprze się pić z niej przez dłuższy czas, jeśli rodzice chętnie mu ją dają i na inne sposoby pomagają mu uporać się z zazdrością. Jeśli starsze dziecko jest w pobliżu, gdy karmicie niemowlę, pozwólcie mu podejść. Jeśli jednak z zadowoleniem bawi się w innym pokoju, nie przyciągajcie jego uwagi. Nie chodzi o to, żeby zupełnie uniknąć uczucia rywalizacji, ponieważ jest to niemożliwe, ale o to, żeby zminimalizować je przez pierwszych parę tygodni, kiedy starsze dziecko oswaja się z okropną dla niego rzeczywistością.

Inni ludzie również mają wpływ na uczucie zazdrości. Kiedy ktoś z rodziny przychodzi do was z wizytą, powinien powstrzymać się od pytania natychmiast: „A gdzie dzidziuś?" Lepiej zachowywać się tak, jakby niemowlę nie istniało, usiąść i pogawędzić ze starszym dzieckiem. Później, gdy zajmie się ono czym innym, można podejść do niemowlęcia.

Problemem mogą być dziadkowie okazujący nadmierne zainteresowanie noworodkiem. Kiedy starsze dziecko wychodzi na spotkanie dziadka niosącego pięknie opakowaną ogromną paczkę i słyszy: „Gdzie jest twoja śliczna siostrzyczka? Przyniosłem jej prezent", radość z wizyty zmienia się w rozgoryczenie. Nie wszystkich gości znamy na tyle dobrze, żeby pouczać ich, jak mają się zachować. Rodzice mogą przygotować kilka niedrogich upominków i wręczać jeden z nich starszemu dziecku za każdym razem, gdy w domu pojawia się ktoś z prezentem dla niemowlęcia.

Jak pomóc dziecku dorosnąć? Zabawa lalkami może być dla starszego dziecka – tak chłopca, jak i dziewczynki – źródłem pociechy, gdy mama zajmuje się niemowlęciem. Dziecko będzie chciało podgrzać butelkę dla lalki dokładnie tak samo, jak mama podgrzewa butelkę dla niemowlęcia, będzie także pragnęło podobnych ubranek i przyborów jak te używane przez mamę. Jednak zabawa lalką nie powinna zastąpić pomocy w opiece nad braciszkiem czy siostrzyczką, a jedynie ją uzupełnić.

Małe dziecko często reaguje na pojawienie się rodzeństwa pragnieniem, żeby przynajmniej czasem być znowu niemowlakiem. Takie cofnięcie się w rozwoju jest normalne. Zdarza się na przykład, że choć dziecko umiało już korzystać z toalety, teraz znowu zaczyna się moczyć albo robić kupkę w majtki. Inne zaś gaworzy i udaje, że nie potrafi nic samo zrobić. Myślę, że dobrze jest ustąpić dziecku w chwilach, kiedy pragnienie to wydaje się nadzwyczaj silne. Rodzice mogą zanieść malca do jego pokoju i rozebrać, traktując to jak zabawę. W ten sposób przekona się, że niewiele traci, bo doświadczenia, które w wyobraźni wydawały mu się wspaniałe, w rzeczywistości rozczarowują.

Pragnienie dorastania i rozwijania się zazwyczaj szybko przezwycięża pragnienie cofnięcia czasu, jeśli tymczasowy regres spotyka się ze współczuciem i zrozumieniem rodziców. Najlepiej na epizody cofnięcia się w rozwoju zwracać jak najmniejszą uwagę i koncentrować się na rozbudzaniu w dziecku dążenia do dorosłości. Możecie mu przypominać, jakie jest duże, silne, mądre i zręczne, dzięki czemu potrafi zdziałać o wiele więcej niż niemowlę. Nie chodzi o to, żeby stale chwalić dziecko z przesadnym entuzjazmem, ale o to, żeby pamiętać o komplemencie, gdy nań zasłużyło. Unikałbym też wywierania na dziecko zbyt silnej presji, żeby dorosło. Jeśli nieustannie będziecie nazywać „dziecinnym" wszystko, czego pragnie, a „dorosłym" wszystko, na co nie ma ochoty, może z tego wyciągnąć tylko jeden wniosek: lepiej jest być niemowlakiem.

Ważne jest też unikanie porównań sugerujących, że wolicie starsze dziecko od niemowlęcia. Poczucie, że jest faworyzowane, może mu dać chwilową satysfakcję, ale na dłuższą metę stronniczość rodziców nie gwarantuje poczucia bezpieczeństwa, dziecko będzie się bowiem obawiać, że zmienią preferencje. Rodzice powinni oczywiście okazywać swoją miłość do niemowlęcia. Jednocześnie dobrze jest dawać starszemu dziecku jak najwięcej okazji do odczucia dumy ze swojej dojrzałości i przypominać mu, że bycie niemowlęciem ma swoje wady.

Przekształcanie rywalizacji w życzliwość. Jednym ze sposobów poradzenia sobie z bólem spowodowanym pojawieniem się młodszego rywala jest zachowywanie się tak, jakby grało się w innej lidze. Starsze dziecko staje się trzecim z rodziców. Kiedy jest złe na niemowlę, karci je; kiedy czuje się bezpieczne, zachowuje się tak jak wy: uczy maleństwo różnych rzeczy, daje mu zabawki, chce pomagać w karmieniu, kąpaniu i ubieraniu, pociesza, kiedy jest nieszczęśliwe, i chroni przed niebezpieczeństwami.

Zachęcajcie dziecko do takiego postępowania. Podpowiedzcie, jak może pomóc, kiedy samo na to nie wpadnie, i okażcie, że naprawdę doceniacie jego wysiłki. Czasem pomoc nie jest tylko pozorna, ale prawdziwie przydatna: rodzice bliźniąt, spragnieni jakiegokolwiek wsparcia, często z zaskoczeniem odkrywają, jak wiele może zrobić trzyletnie dziecko – chociażby przynieść ręcznik, pieluszkę czy butelkę z lodówki.

Małe dziecko niemal zawsze chce brać niemowlę na ręce, a rodzice niechętnie na to pozwalają w obawie, że je upuści. Ale jeśli dziecko siedzi na podłodze (na dywanie albo na kocu), na fotelu albo na środku łóżka, niewielkie jest ryzyko, że niemowlęciu coś się stanie, nawet gdyby rzeczywiście upadło.

W ten sposób rodzice mogą pomóc dziecku zamienić uczucie rozżalenia w chęć współpracy i autentyczny altruizm. Stres związany z pojawieniem się rodzeństwa można przekształcić w nowe umiejętności: rozwiązywania konfliktów, współpracy i dzielenia się. Sprostanie wyzwaniu, jakim jest utrata statusu jedynej miejscowej atrakcji, to lekcja, która się w życiu opłaci.

SZCZEGÓLNE POTRZEBY RODZEŃSTWA

Jeśli niemowlę ma kolkę albo z innego powodu trzeba mu poświęcać więcej czasu, starsze dziecko będzie potrzebowało dodatkowych dowodów, że rodzice kochają je tak samo jak do tej pory. Rodzice mogą tak się podzielić obowiązkami, żeby zawsze jedno z nich mogło zająć się starszym. Trzeba je też zapewniać, że nic, co zrobiło albo pomyślało, nie przyczyniło się do choroby braciszka czy siostrzyczki. Pamiętajcie, że małe dzieci często są przekonane, że wszystko na świecie dzieje się z ich powodu.

Rodzeństwo dzieci specjalnej troski – przewlekle chorych albo z problemami rozwojowymi takimi jak autyzm – również wymaga dodatkowej uwagi. Rodzice muszą się postarać, żeby dzieci b e z szczególnych potrzeb czuły się częścią rodziny i wiedziały, że są dla nich ważne. Dobrze jest, kiedy zdrowe dziecko może pomóc w opiece nad chorym rodzeństwem, ale ono również potrzebuje wsparcia i czasu na normalne rozrywki dzieciństwa: zabawę z przyjaciółmi, sport, lekcje gry na pianinie, zwyczajne wygłupy. Zdrowe dziecko przynajmniej czasem musi mieć rodziców tylko dla siebie.

Spełnianie potrzeb dziecka niepełnosprawnego oraz codziennych potrzeb jego rodzeństwa jest ogromnie stresujące dla rodziców i może być dla małżeństwa ciężką próbą. Nie sposób zaspokajać wszystkich potrzeb każdego członka rodziny. Należy pamiętać, żeby nie przesadzać z wymaganiem ofiar od zdrowego dziecka. Bardzo trudno jest znaleźć złoty środek. Pomoc osób spoza najbliższej rodziny – krewnych, przyjaciół, specjalistów, uczestników środowiskowych programów wsparcia – często to umożliwia.

Bracia i siostry dzieci niepełnosprawnych często wyrastają na osoby gniewne lub smutne, z problemami emocjonalnymi i behawioralnymi. Ale mogą też dojrzeć i stać się osobami szczodrymi, patrzącymi na świat z właściwej perspektywy i mającymi w życiu jasno określone cele, co na pewno wyjdzie im na dobre.

UZEWNĘTRZNIANIE EMOCJI

NAPADY ZŁOŚCI

Skąd się biorą napady złości? Niemal wszystkie dzieci pomiędzy pierwszym a trzecim rokiem życia miewają napady złości (patrz str. 88 i 98). Wiedzą, czego chcą, i mają poczucie własnej odrębności. Widząc, że ich plany zostały pokrzyżowane, wpadają w gniew. Mimo to zazwyczaj nie atakują rodziców, którzy im w czymś przeszkodzili, być może dlatego, że są tak ważni i duzi. Poza tym instynkt walki u małego dziecka nie jest jeszcze dobrze rozwinięty.

Zamiast tego, kiedy gotują się ze złości, nie przychodzi im do głowy nic lepszego niż wyładowanie jej na sobie samym albo na podłodze. Rzucają się na ziemię, wrzeszczą, kopią, walą w podłogę pięściami, a czasem nawet głową.

Sporadyczne napady złości nie mają większego znaczenia; to naturalne, że dziecko czasem czuje się sfrustrowane. Zaskakująco dużo napadów powodowanych jest zmęczeniem, głodem lub znalezieniem się w sytuacji przekraczającej możliwości pojmowania dziecka. (Do tej kategorii zalicza się większość napadów złości w czasie zakupów.) Mając do czynienia z napadem tego typu, rodzice mogą zignorować pozorną przyczynę i skoncentrować na rzeczywistej: „Jesteś zmęczony i głodny, prawda? Chodźmy do domu, zjesz coś, prześpisz się i poczujesz się dużo lepiej".

Nie można całkowicie uniknąć napadów złości. Rodzice musieliby być obdarzeni ponadnaturalnymi zdolnościami, żeby wykazać tyle cierpliwości i taktu. Kiedy rozpęta się sztorm, postarajcie się zachować spokój i pomóżcie dziecku się uspokoić. Nie poddawajcie się i nie ulegajcie jego żądaniom, inaczej zacznie celowo urządzać takie przedstawienia za każdym razem, gdy czegoś chce. Nie kłóćcie się z nim – nie jest w odpowiednim nastroju, żeby dostrzec, że źle postępuje. Wpadając w gniew, zmuszacie dziecko do podsycania kłótni. Dajcie mu możliwość wycofania się z honorem. Niektóre dzieci najszybciej się uspokajają, gdy rodzice zostawią je w spokoju i zajmą się swoimi sprawami, jak gdyby niegrzeczne zachowanie nic ich nie obchodziło. Inne maluchy, bardziej zdeterminowane i dumne, wrzeszczą i rzucają się przez godzinę, chyba że rodzice wcześniej wyciągną rękę na zgodę. Kiedy tylko minie najgorsze, zasugerujcie jakieś przyjemne zajęcie i przytulcie dziecko, by okazać, że chcecie się z nim pogodzić.

Napad złości na środku uczęszczanej ulicy może być krępujący. Podnieście dziecko – z uśmiechem, jeśli jesteście w stanie zdobyć się na uśmiech – i zabierzcie w ciche, ustronne miejsce, gdzie oboje będziecie mogli ochłonąć.

Częste napady złości. Dziecko często wpadające w złość może mieć sprzyjające frustracji wrodzone cechy temperamentu. Może na przykład być bardzo wrażliwe na zmiany temperatury, poziom hałasu albo dotyk nowych ubrań na skórze. Może wpadać w gniew za każdym razem, gdy rodzice zakładając mu skarpetki, nie dopilnują, żeby szew na palcach znajdował się dokładnie w wybranym miejscu. Inne dzieci są bardzo wytrwałe. Kiedy pochłonie je jakieś ciekawe zajęcie, bardzo trudno je od niego oderwać. Ta cecha charakteru może się okazać korzystna w szkole, gdzie wytrwałość często nagradzana jest dobrymi ocenami. Jednak u małego dziecka upór tego typu gwarantuje jeden czy dwa napady złości dziennie.

Inna cecha charakteru przyczyniająca się do częstych napadów złości to intensywność wyrażania uczuć. Dzieci nią obdarzone zachowują się w bardzo teatralny sposób. Kiedy są szczęśliwe, krzyczą z radości; kiedy są nieszczęśliwe, szlochają z rozpaczy. Jeszcze inny rodzaj dzieci podatnych na napady złości to te, które są bardzo wrażliwe na nowych ludzi i nowe miejsca. Dopiero po kilku, kilkunastu minutach przestają się czuć nieswojo. Zmuszone do dołączenia do grupy, gdy nie są na to jeszcze gotowe, mogą wpaść w gniew.

Jeśli wasze dziecko często ma napady złości, spróbujcie odpowiedzieć na następujące pytania: Czy ma dużo okazji do swobodnej zabawy na świeżym powietrzu? Czy są tam przedmioty, które można popychać, ciągnąć lub na które można się wspinać? Czy w domu ma do dyspozycji wystarczająco dużo zabawek i rzeczy, którymi może się bawić? Czy wasz dom jest bezpiecznym miejscem dla dziecka? Czy nieświadomie nie zachęcacie go do buntu, każąc mu przyjść się ubrać, zamiast bez słowa włożyć mu koszulkę? Czy widząc, że chce mu się siusiu, pytacie, czy chce iść do łazienki, zamiast po prostu je tam zaprowadzić? Czy kiedy musicie przeszkodzić mu w zabawie, ponieważ czas już wrócić do domu albo coś zjeść, uprzedzacie je parę minut wcześniej, żeby mogło przerwać w dogodnym momencie? Czy prowadząc dziecko do domu, mówicie o czymś przyjemnym, co tam zrobicie? Czy widząc nadciągającą burzę, ponuro na nią czekacie, czy też staracie się odwrócić uwagę dziecka i zająć je czym innym?

Wyuczone napady złości. Niektóre dzieci nauczyły się, że napad złości jest najlepszym sposobem wyciągnięcia od rodziców tego, na co ma się ochotę. Trudno odróżnić napady mające na celu manipulowanie rodzicami od napadów powodowanych frustracją, głodem, zmęczeniem lub strachem. Jedna ze wskazówek to ustanie napadu natychmiast, gdy tylko dziecko dostanie to, czego żąda. Poza tym wybuch może być poprzedzony marudzeniem połączonym z domaganiem się czegoś. Oczywiście w odpowiedzi na tego rodzaju napady rodzice muszą pozostawać nieugięci. Jeżeli powiedzieli: „Nie dostaniesz teraz ciasteczek", to nie mogą dwie minuty później dawać dziecku ciasteczek tylko dlatego, że zachowało się niegrzecznie.

Konsekwentne postępowanie jest skuteczne, jeśli unika się niepotrzebnych konfliktów. Jeżeli jesteście przekonani, że jedzenie ciasteczek przed obiadem to zły pomysł, to stanowczo zabrońcie jedzenia ciasteczek przed obiadem i tej reguły się trzymajcie. Jeżeli natomiast nie jest to dla was istotne, być może lepiej od razu się zgodzić – zmiana decyzji pod wpływem napadu złości uczy dziecko, że jest to skuteczny sposób manipulowania wami.

Wielu rodziców zauważa, że choć dzieci się złoszczą, gdy odmówi im się ciasteczek, rzadko kiedy zdarza się to, gdy zapina się je w foteliku samochodowym. Dlaczego? Ponieważ rodzice i tak zawsze konsekwentnie je zapinają, więc dzieci wiedzą, że kłótnie nie mają w tej sytuacji sensu.

Napady złości u starszych dzieci. Napady złości u dwulatków są na porządku dziennym. Zresztą każdemu, i dziecku, i dorosłemu, zdarzy się czasem, że poniosą go nerwy. Po ukończeniu czwartego, piątego roku życia u większości dzieci częstotliwość wybuchów gniewu maleje do jednego albo dwóch na tydzień. Mniej więcej jedno na pięcioro dzieci natomiast nadal wybucha gniewem często – trzy lub więcej razy dziennie – albo na długo – wybuchy trwają ponad piętnaście minut. Często spowodowane jest to jedną z wymienionych powyżej przyczyn: trudny temperament albo próba wymuszenia czegoś na rodzicach. Czasem jednak napady złości są objawem poważniejszego problemu.

Powszechną przyczyną są opóźnienia w rozwoju mowy. Dzieci złoszczą się, ponieważ nie są w stanie wyrazić swoich potrzeb i pragnień. Mogą się czuć odcięte od innych dzieci i dorosłych, samotne i rozdrażnione. Ponieważ nie potrafią swoich emocji ubrać w słowa, jedynym wyjściem jest dla nich wybuch złości.

Z wiekiem dzieci uczą się mówić same do siebie, żeby się uspokoić. Jeśli się nad tym zastanowicie, prawdopodobnie stwierdzicie, że i wy mówicie do siebie, na głos albo w duchu, kiedy musicie się uspokoić albo dodać sobie odwagi. Dziecko, którego umiejętności językowe są za słabo rozwinięte, nie może wykorzystać tej skutecznej metody pocieszania się i kontrolowania swego zachowania. Dlatego częściej zdarza mu się wyrażać negatywne emocje wybuchami gniewu.

Inną przyczyną częstych napadów złości u starszych dzieci są problemy rozwojowe: upośledzenie umysłowe, autyzm, zaburzenia zdolności uczenia się. Kiedy dziecko jest poważnie chore, rodzicom trudno jest okazać mu stanowczość. Niestety, rezultatem mogą być częste napady złości. W przypadku takich problemów – a także zawsze wtedy, gdy napady złości wymykają się spod kontroli, nie sposób zmienić sytuacji odpowiednimi metodami wychowawczymi i mimo upływu czasu problem utrzymuje się – warto poprosić o pomoc doświadczonego specjalistę (patrz str. 419).

PRZEKLINANIE I NIEGRZECZNE ODZYWKI

Brzydkie słowa. Około czwartego roku życia dzieci mogą przejść etap fascynacji słownictwem „toaletowym". Radośnie obrażają się nawzajem wyrażeniami typu: „Ty wielka ogromna kupo!" oraz: „Spuszczę cię w sedesie!" Wydaje im się, że są niesłychanie dowcipne i odważne. Powinniście uznać to za normalny etap rozwoju, który zazwyczaj szybko mija. Z mojego doświadczenia wynika, że najdłużej zachwycają się takimi wyzwiskami te maluchy, których rodzice są wyraźnie wstrząśnięci i oburzeni oraz grożą im najgorszymi konsekwencjami za używanie brzydkich słów.

Rezultat często jest odwrotny do zamierzonego. Dziecko myśli sobie: „O, odkryłem świetny sposób rozdrażnienia rodziców. Ale fajnie! Teraz mam nad nimi władzę". Rodzice zaś coraz bardziej się denerwują.

Najłatwiejszym sposobem powstrzymania małego dziecka od używania brzydkich słów jest ignorowanie ich. Jeśli wylatują w przestrzeń, nie wywołując żadnej reakcji, dziecko najprawdopodobniej szybko się nimi znudzi.

Przeklinanie w wieku szkolnym.

Wszystkie starsze dzieci uczą się przekleństw i wulgaryzmów od kolegów. Wiedzą, że słowa te są brzydkie, na długo zanim poznają ich znaczenie. W typowo ludzki sposób powtarzają je, żeby pokazać, że są obyte w świecie i nie boją się być niegrzeczne. Sumienni rodzice zazwyczaj są zszokowani, słysząc takie słowa z ust pozornych niewiniątek.

Jak powinni zareagować dobrzy rodzice? Tak jak w przypadku trzy- i czterolatków, lepiej nie okazywać, jak bardzo jesteście wstrząśnięci. Ma to zbyt silny wpływ na bojaźliwe dzieci, które zaczynają się martwić i lękać przebywania w towarzystwie kolegów używających wulgarnego języka. Natomiast większość dzieci przynajmniej ukradkiem nie posiada się z radości, że udało im się zszokować rodziców. Niektóre bezustannie będą teraz kląć w domu w nadziei, że uda im się wywołać raz jeszcze ten sam efekt. Inne pod wpływem gróźb przestają przeklinać w domu, za to robią to poza domem. Pokazywanie dzieciom, że w ich mocy leży wywołanie skandalu, to jak wręczanie im fajerwerku ze słowami: „Tylko go nie podpal, na litość boską".

Nie musicie jednak pokornie siedzieć bez słowa. Możecie stanowczo powiedzieć dziecku, że podobnie jak większość ludzi nie lubicie słuchać takich słów i nie chcecie, żeby ich używało. Koniec dyskusji. Jeśli dziecko okazuje nieposłuszeństwo, logiczne jest wykluczenie go z waszego towarzystwa (patrz str. 279).

Nastolatki.
Zajmijmy się wreszcie problemem przeklinania przez niektóre nastolatki, które obficie wtrącają wulgaryzmy do rozmów. Takie „wypełniacze" ma-

ją wiele funkcji: wyrażają obrzydzenie albo pogardę (uczucia powszechne u wielu młodych ludzi), podkreślają wagę tematu, pozwalają rozładować emocje, okazać szczere lekceważenie arbitralnych i staroświeckich społecznych tabu. Jednak przeklinanie w tym wieku jest przede wszystkim oznaką przynależności do grupy rówieśników.

Przegracie w każdej dyskusji o tym, czy przeklinanie jest dobre czy złe, a dziecko już wie, że niektóre z jego zachowań sprawiają wam przykrość. Rozsądnie jest jednak oczekiwać, że nastolatek ograniczy używanie brzydkich słów do sytuacji, w których nie będzie to dla nikogo obraźliwe ani szkodliwe dla niego. Nie wolno mu na przykład przeklinać w waszej obecności, w obecności młodszego braciszka, w szkole. Tak jak w wypadku małych dzieci, jeśli zrobicie z tego duży problem, prawdopodobnie tylko dacie nastolatkowi łatwy sposób udowodnienia swojej niezależności i szansę, by poczuł, że ma władzę. Zwłaszcza w odniesieniu do dziecka w tym wieku dobrze jest skoncentrować się raczej na tym, co mówi, niż na tym, w jakie ubiera to słowa.

Niegrzeczne odzywki.
Tak jak w przypadku przeklinania, trzeba się skoncentrować na tym, co dziecko mówi, nie na tym, jak to mówi. Małe dzieci często próbują pyskować, żeby sprawdzić, jak daleko mogą się posunąć i ile mają władzy (patrz str. 279). Dobrze jest pokazać, że je usłyszeliście, ale nie zmienicie zdania: „Wiem, że chcesz się jeszcze trochę pobawić, ale musimy już pozbierać zabawki" (pomagając dziecku w sprzątaniu).

Jeśli jesteście w stosunku do dziecka uprzejmi, macie prawo oczekiwać w zamian uprzejmości. Czasem trzeba mu powiedzieć albo przypomnieć, że sposób, w jaki się wyraża, jest niegrzeczny. Często najskuteczniejsze jest oświadczenie obojętnym tonem: „Kiedy mówisz do mnie w ten sposób, czuję, że mnie nie szanujesz. To wprawia mnie w gniew". Inny sposób to zapytanie dziecka, co miał oznaczać jego ton: „Czy próbowałaś być sarkastyczna? Chciałbym dobrze zrozumieć, co próbujesz mi powiedzieć".

GRYZIENIE

Gryzące niemowlaki. To naturalne, że roczne niemowlę próbuje ugryźć mamę lub tatę w policzek. Ząbkowanie sprawia, że ma ogromną ochotę gryźć, a pragnienie to jest najbardziej intensywne, gdy maluch jest zmęczony. Niewielkie znaczenie ma też gryzienie przez dziecko roczne albo dwuletnie drugiego dziecka, niezależnie od tego, czy intencje były przyjazne czy złośliwe. W tym wieku dzieci nie są w stanie słowami wyrazić emocji, więc uciekają się do prymitywnych sposobów wyrażania swojej frustracji lub chęci dominacji. Poza tym nie są w stanie postawić się w sytuacji ofiary; przeważnie nie zdają sobie sprawy z tego, jaki ból zadają drugiemu dziecku.

Jedno z rodziców albo opiekunka może powiedzieć stanowczym tonem: „To boli! Bądź delikatny", a potem na krótką chwilę położyć niemowlę na podłodze albo odseparować od rówieśników. Chodzi o zasygnalizowanie mu, że takie zachowanie sprawia wam przykrość, nawet jeśli dziecko jest jeszcze za małe, żeby zrozumieć, dlaczego tak jest.

Gryzące przedszkolaki. Jeśli gryzienie pojawia się pomiędzy drugim a trzecim rokiem życia, musicie przyjrzeć się bliżej temu problemowi. Zastanówcie się, jak często dziecko gryzie i jak poza tym układają się jego stosunki z ludźmi. Jeśli przez większość czasu jest nieszczęśliwe i gryzie kolegów, oznacza to, że coś jest nie tak. Być może w domu jest zbyt surowo karane, a jego swoboda zanadto ogra-

niczana. Być może jest nerwowe i spięte. Być może nie miało okazji przyzwyczaić się do innych dzieci i wyobraża sobie, że są niebezpieczne i groźne. Być może jest zazdrosne o nowe niemowlę, a swój strach i rozżalenie przenosi na inne małe dzieci, traktując je jak rywali.

Kiedy gryzieniu towarzyszą inne agresywne i niepokojące zachowania, jest to objaw poważniejszego problemu. Właśnie tym poważniejszym problemem powinniście się zająć, nie samym gryzieniem.

Jednak najczęściej ugryzienie w wykonaniu skądinąd wzorowego dziecka zaskakuje jak piorun z jasnego nieba i jest normalnym rozwojowym potknięciem, nie poważnym problemem psychologicznym. Większość rodziców gryzoni bardzo się martwi, wyobrażając sobie, że ich słodkie maleństwo wyrośnie na okrutnika, ale gryzienie przeważnie jest zachowaniem tymczasowym, którego próbuje nawet najłagodniejsze dziecko.

Jak zareagować? Przede wszystkim spróbować zapobiec gryzieniu. Czy dziecko gryzie zawsze o tej samej porze? Jeśli tak, wystarczy o danej godzinie zwrócić na nie baczniejszą uwagę. Czy dziecko często czuje się sfrustrowane, ponieważ jest najmniej utalentowane w grupie przedszkolnej albo dlatego, że nie wyznaczacie mu konsekwentnych granic? Możecie rozważyć zmianę rozkładu dnia. Zwracajcie na malca uwagę i chwalcie go, gdy jest grzeczny. Niektóre dzieci mogą liczyć na prawdziwe zainteresowanie rodziców tylko wtedy, gdy coś stłuką albo kogoś ugryzą. Dużo lepiej jest intensywnie zajmować się dzieckiem wtedy, gdy zachowuje się poprawnie.

Widząc, że frustracja dziecka rośnie, zainteresujcie je inną czynnością. Jeśli jest wystarczająco duże, możecie później omówić z nim ten problem, mówiąc mu, jak bardzo boli ugryzienie i co innego może zrobić, kiedy opanowuje je ochota, żeby kogoś ugryźć.

Jeśli dziecko już kogoś ugryzło, dobrze jest przede wszystkim zainteresować się ofiarą, ignorując napastnika. Po pocieszeniu ugryzionego stanowczo dajcie gryzącemu do zrozumienia, że jesteście z niego niezadowoleni. Powiedzcie mu, że nie wolno tego robić. Potem posadźcie dziecko koło siebie na kilka minut, żeby dobrze zapamiętało tę zasadę. Jeśli próbuje odejść, przytrzymajcie je za rękę albo mocno obejmijcie. Unikajcie długich wykładów.

„Odgryzanie się". Niektórzy rodzice ugryzieni przez niemowlę albo roczne dziecko zastanawiają się, czy powinni zrewanżować mu się tym samym. Lepiej kontrolować zachowanie dziecka z pozycji przyjaznego szefa, niż schodząc do jego poziomu, gryząc, bijąc i krzycząc. Poza tym małe dziecko ugryzione albo uderzone prawdopodobnie ponownie ugryzie was albo uderzy, traktując to jako walkę lub zabawę bądź też w przekonaniu, że skoro wy możecie się zachowywać w ten sposób, to nie ma powodu, żeby ono zachowywało się inaczej. Kiedy widzicie po oczach dziecka, że ma ochotę was ugryźć, najlepiej odsunąć się od niego i okazać mu wyraźnie, że wam się to nie podoba i nie pozwolicie mu na to.

Gryzienie po ukończeniu trzech lat. Około trzecich urodzin dzieci przeważnie przestają gryźć. Umieją już wyrażać swoje pragnienia i rozładowywać frustrację za pomocą słów. Lepiej też kontrolują swoje impulsy. Dzieci, które w tym wieku nadal gryzą, mogą się borykać z poważniejszym problemem rozwojowym albo behawioralnym. Doświadczony lekarz, pielęgniarka lub inny specjalista może udzielić wam pomocy (patrz str. 419).

NADPOBUDLIWOŚĆ PSYCHORUCHOWA
Z ZABURZENIAMI KONCENTRACJI (ADHD)

Co to jest nadpobudliwość? Mówiąc o nadpobudliwości, większość ludzi ma na myśli zespół nadpobudliwości psychoruchowej z zaburzeniami koncentracji uwagi, znany pod angielskim skrótem ADHD (*attention deficit hyperactivity disorder*). Najbardziej powszechnie przyjęta definicja tej choroby wymienia jej trzy podstawowe elementy: zaburzenia koncentracji uwagi, impulsywność i nadruchliwość. Oznacza to, że dziecku nadpobudliwemu trudno jest skupić się przez dłuższy czas na czynności, która niespecjalnie je interesuje; trudno mu kontrolować zachowania impulsywne, więc w klasie wykrzykuje na głos odpowiedzi na pytanie nauczyciela albo bije kolegę, który je zdenerwował; trudno mu wysiedzieć spokojnie na lekcji albo przy obiedzie, więc nieustannie się rusza i wierci. ADHD rozpoznaje się, gdy problemy są na tyle nasilone, że poważnie przeszkadzają dziecku w codziennym życiu. Dziecko bardzo energiczne, pełniące rolę klasowego błazna albo mające zły kontakt z rówieśnikami, ale radzące sobie w szkole i w domu, nie cierpi na zespół nadpobudliwości psychoruchowej.

Czy ADHD istnieje? Mimo wielu kontrowersji, niemal wszyscy specjaliści zgadzają się, że niektóre dzieci cierpią na chorobę mózgu, która sprawia, że są skrajnie nadpobudliwe ruchowo, impulsywne oraz niezdolne do koncentracji. Nie ma natomiast zgody co do tego, ile jest takich dzieci. Według kryteriów diagnozowania ADHD opublikowanych przez Amerykańskie Towarzystwo Psychiatryczne, dużo amerykańskich dzieci jest nadpobudliwych – od 5 do 10 procent.

Problem polega na tym, że opublikowane kryteria diagnozowania nadpobudliwości opierają się na odpowiedziach udzielanych przez rodziców i nauczycieli na niejasno sformułowane pytania. Na przykład jedno z kryteriów mówi, że dziecko – zdaniem rodziców albo nauczyciela – „często ma trudności z organizowaniem zajęć i czynności". Nie ma jasnej definicji pojęć „często", „trudności" oraz „zajęcia i czynności". Czy „często" oznacza raz dziennie czy przez cały dzień? Czy naprawianie kosiarki – coś, co wiele dzieci z ADHD potrafi zrobić z łatwością – to „zajęcie lub czynność", czy też termin ten odnosi się wyłącznie do nauki w szkole? Nic dziwnego, że rodzice i nauczyciele często nie zgadzają się co do tego, czy dziecko jest nadpobudliwe.

Tak więc choć nie ma wątpliwości, że wiele dzieci nie radzi sobie w szkole i w domu, a ich problemy należą do trzech sfer charakterystycznych dla ADHD – nadruchliwości, zaburzeń koncentracji oraz impulsywności – nie wiadomo, w ilu przypadkach powodem jest wadliwe funkcjonowanie mózgu. Podejrzewam, że mózg wielu takich dzieci jest zupełnie zdrowy, tylko niedostosowany do robienia tego,

czego obecnie od wszystkich dzieci oczekujemy: siedzenia bez ruchu, uważnego słuchania i wykonywania przez cały dzień zadań ograniczających się do poruszania długopisem po papierze.

Czy złe metody wychowawcze powodują ADHD? Nie ma wątpliwości, że dzieci z zaburzeniami uwagi, nadmiernie ruchliwe i impulsywne wystawiają rodziców na ciężką próbę. Niektórzy rodzice dzieci z ADHD to świetni wychowawcy, wielu jest przeciętnych, a zdarzają się też tacy, którzy po prostu sobie nie radzą. Nie ma jednak dowodów na to, że niewłaściwe metody wychowawcze w y w o ł u j ą zespół nadpobudliwości psychoruchowej. Dziecko rozpieszczone – które nigdy nie nauczyło się akceptować odmowy ani czekać na spełnienie swoich zachcianek – może zachowywać się w sposób przypominający ADHD. Jednak większość dzieci z ADHD była traktowana stanowczo i dyscyplinowana, tylko nie reagowała tak jak większość ich rówieśników.

Czasem może się wydawać, że dziecko ma ADHD, choć w rzeczywistości tak nie jest. Niekiedy jest to spowodowane czynnikami fizjologicznymi, na przykład powodującymi kilkusekundową utratę przytomności wiele razy dziennie. Niekiedy rolę odgrywają czynniki zewnętrzne, na przykład program szkolny o wiele za trudny albo o wiele za łatwy dla danego dziecka. Najczęściej w grę wchodzi kombinacja różnych czynników: być może dziecko ma zaburzenia emocjonalne i zaburzenia uczenia się, w jego domu panuje stresująca atmosfera, a w szkole jego klasa wymyka się nauczycielom spod kontroli. Nawet wykwalifikowanym lekarzom trudno jest rozwiązać tę łamigłówkę, więc wielu z nich odczuwa pokusę, żeby dziecku przykleić etykietkę nadpobudliwego i zapisać leki. Jednak leki podawane przy zespole nadpobudliwości psychoruchowej często pogłębiają pewne problemy – jak napady padaczkowe albo lęki – a na inne nie pomagają. Dlatego bardzo ważne jest, żeby rodzice i lekarze powoli i uważnie podejmowali decyzję o tym, czy dziecko cierpi na nadpobudliwość psychoruchową.

Objawy przypominające ADHD mogą wywołać:

♦ problemy psychiatryczne, w tym depresja, zaburzenia obsesyjno-kompulsywne oraz reakcja na traumatyczne przeżycia i ból po stracie;

♦ problemy ze słuchem i wzrokiem;

♦ zaburzenia zdolności uczenia się (dzieci dyslektyczne często źle zachowują się w szkole; patrz str. 455). Zaburzenia te zwykle występują razem z nadpobudliwością, a czasem są z nią mylone;

♦ zaburzenia snu (przemęczone dzieci często mają problemy z koncentracją i mogą działać impulsywnie; patrz str. 129 – spanie w okresie dorastania);

♦ problemy medyczne, na przykład napady padaczkowe albo skutki uboczne leków.

Diagnozowanie ADHD. Nadpobudliwości psychoruchowej nie da się zdiagnozować za pomocą analizy krwi czy obrazowania mózgu. W gabinecie lekarskim dzieci z ADHD często zachowują się normalnie, bo bardzo się starają. (Dzieci z zespołem nadpobudliwości potrafią być grzeczne; nie potrafią natomiast być grzeczne stale.) Dlatego lekarze muszą polegać nie tylko na własnych obserwacjach, ale również na danych uzyskanych od rodziców i nauczycieli. Według standardów zawodowych opublikowanych w roku 2000 przez Amerykańską Akademię Pediatrii, lekarz próbujący zdiagnozować zespół nadpobu-

dliwości psychoruchowej powinien uzyskać informacje od przynajmniej jednego z rodziców i jednego z nauczycieli, w formie rozmowy, ankiety albo pisemnej charakterystyki. Należy zebrać wywiad o rozwoju i ewentualnych zaburzeniach psychicznych dziecka, a także chorobach występujących u członków rodziny, jak również porozmawiać z dzieckiem i dokładnie je zbadać. Lekarz, który rozpoznaje ADHD, spędziwszy kwadrans w towarzystwie dziecka, postępuje niewłaściwie.

Często rozpoznanie stawia pediatra lub lekarz rodzinny w porozumieniu z psychologiem albo psychiatrą, niekiedy przy wykorzystaniu testów psychologicznych i szczegółowej oceny zdolności uczenia się.

Postępowanie z dziećmi, u których rozpoznano ADHD. Istnieje wiele metod leczenia zespołu nadpobudliwości psychoruchowej u dzieci. Najczęściej wskazane jest zastosowanie kilku metod naraz. Błędem jest na przykład ograniczenie się do podania dziecku leków, bez podjęcia próby zmiany sposobu, w jaki rodzice i nauczyciele radzą sobie z jego trudnym zachowaniem.

Rozpoznanie ADHD nie oznacza automatycznie, że dziecku trzeba podawać leki. Istnieje jednak wiele dowodów, że jest to najskuteczniejszy sposób radzenia sobie z podstawowymi objawami nadpobudliwości: zaburzeniami koncentracji uwagi, impulsywnością i nadmierną ruchliwością. W niedawnych obszernych badaniach wykazano, że dzieci leczone farmakoterapią i psychoterapią nie odniosły większych korzyści (jeśli chodzi o wymienione objawy podstawowe) niż dzieci leczone jedynie farmakologicznie. Jednak doradztwo psychologiczne i inne terapie niefarmakologiczne są ważne z dwóch powodów. Po pierwsze, pomagają dzieciom uporać się z problemami wywoływanymi przez ADHD, jak trudności w nawiązywaniu przyjaźni i radzenie sobie z frustracją. Po drugie, terapie niefarmakologiczne pomagają dzieciom w problemach z nauką i zachowaniem, które często towarzyszą nadpobudliwości, choć nie stanowią jej podstawowych objawów. Leki przeciwko ADHD nie likwidują zaburzeń zdolności uczenia się; w ich przypadku potrzebne są specjalne zajęcia.

Leki przeciwko ADHD. Nadpobudliwość psychoruchową najczęściej leczy się stymulantami (środkami pobudzającymi). Tak jak kofeina, stymulanty zwiększają czujność, pobudzając części mózgu odpowiedzialne za koncentrację uwagi; i tak jak kofeina, przyspieszają bicie serca i mogą – szczególnie w dużych dawkach – wywoływać uczucie lęku albo eksytacji. Dwa najczęściej stosowane stymulanty to metylofenidat (dostępny m.in. pod nazwami handlowymi Ritalin, Concerta i Metadate) oraz amfetamina (dostępna m.in. pod nazwami handlowymi Adderall, Dextrostat i Dexedrine)*. Przeprowadzono wiele badań nad działaniem stymulantów i ustalono, że są skuteczne u niemal 80 procent dzieci z ADHD.

Czy stymulanty są bezpieczne? Wielu rodziców boi się leczyć nadpobudliwość farmakologicznie. To zrozumiałe, że boimy się podawania dzieciom środków modyfikujących funkcjonowanie mózgu, zwłaszcza jeśli leczenie ma trwać przez wiele lat. Ponadto krąży wiele błędnych informacji o Ritalinie i innych lekach przeciwko ADHD, które wywołują nieuzasadnione obawy.

Wygląda na to, że stymulanty nie uzależniają w taki sposób, jak heroina czy kokaina. Dzieci, które nagle przestają przyjmować Ritalin, nie odczuwają narkotykowego „głodu" ani nie mają objawów zespołu odstawienia. Niektórzy ludzie co prawda nadużywają środków pobudzających, żeby osiągnąć narkotykową euforię, ale na leczone dzieci stymulanty mają wpływ uspokajający, nie ożywiający. Osoby z ADHD częściej wpadają w alkoholizm i inne uzależnienia, ale jest mało prawdopodobne, że powodują to leki. To właśnie dzieci nieleczone mogą w alkoholu albo narkotykach szukać ucieczki od smutku i poczucia braku nadziei wynikającego z nieustannych problemów w szkole, w domu i w kontaktach z rówieśnikami. Leczenie farmakologiczne zmniejsza ryzyko popadnięcia w alkoholizm albo narkomanię.

Stymulanty miewają efekty uboczne: bóle brzucha i głowy, zmniejszenie apetytu, problemy ze snem. Jednak najczęściej są one łagodne i znikają po odpowiednim dostosowaniu dawki. Dzieci zażywające stymulanty nie powinny być otępiałe ani zachowywać się jak zombi – są to objawy przedawkowania. Należy albo zmniejszyć dawkę, albo poszukać innego leku. Wiem, że lek działa prawidłowo, kiedy pytam zażywające go dziecko, jak się czuje, a ono odpowiada mi: „Po prostu jestem sobą". Kluczem do bezpiecznego korzystania z leków – wszelkich leków – jest zażywanie ich pod ścisłą kontrolą lekarza. Dzieci przyjmujące leki przeciwko ADHD powinny odwiedzać gabinet lekarski przynajmniej cztery razy do roku, a częściej na początku terapii, gdy ustalana jest właściwa dawka.

Dzieci przyjmujące leki przeciwko ADHD nie muszą zażywać ich przez całe życie, choć w okresie dorastania wiele decyduje się na kontynuację terapii. Z wiekiem nadruchliwość maleje, ale trudności z koncentracją utrzymują się i przyjmowanie leków nadal jest korzystne. Niektórzy uczą się do tego stopnia kontrolować swoje zachowanie, że leki nie są im potrzebne.

---

* Amfetamina jest uznana za narkotyk, stosuje się ją wyłącznie z zalecenia lekarza i w ograniczonym zakresie (przyp. red. nauk.).

Co dzieje się z dziećmi chorymi na ADHD? Dzięki dobrej opiece medycznej i edukacji dzieci z ADHD mogą odnieść w życiu sukces. W miarę jak dorastają, cechy, które przysparzały im tyle trudności w szkole – spontaniczność, energia, umiejętność myślenia o trzech rzeczach naraz – mogą się stać atutem w miejscu pracy. Dzieci borykające się z innymi problemami towarzyszącymi ADHD, jak depresja czy poważne zaburzenia zdolności uczenia się, mają w życiu trudniej i potrzebują więcej wsparcia.

Jeśli nie jesteście pewni, czy wasze podejście do ADHD jest dobre, przyjrzyjcie się poczuciu własnej wartości dziecka. Dziecko, które wierzy w siebie, ma przyjaciół, lubi szkołę i dobrze mu się w życiu układa. Dziecko, które nie jest z siebie zadowolone, które często mówi o sobie, że jest głupie albo że inne dzieci go nie lubią, potrzebuje pomocy. Z czasem niska samoocena może stać się problemem poważniejszym niż sama nadpobudliwość.

Co możecie zrobić? Jeśli podejrzewacie, że wasze dziecko ma ADHD, porozmawiajcie ze swoim lekarzem albo innym specjalistą (patrz str. 419). W *Źródłach* (str. 623) zamieszczono listę organizacji oferujących rodzicom wsparcie oraz pomocnych książek. Tak jak w przypadku innych przewlekłych chorób rozwojowych albo fizycznych, im więcej wiecie, tym lepiej jesteście w stanie współpracować z lekarzami, nauczycielami i innymi specjalistami na rzecz zdrowego rozwoju dziecka.

BRUD I BAŁAGAN, OCIĄGANIE SIĘ, MARUDZENIE

BRUD I BAŁAGAN

Pozwalajcie dzieciom się brudzić. Dzieci bardzo lubią się brudzić i wychodzi im to na dobre. Kopanie w ziemi i piasku, brodzenie po kałużach, rozpryskiwanie wody w umywalce, turlanie się po trawie i ugniatanie błota w dłoniach – wszystkie te zachwycające zajęcia wzbogacają je duchowo i sprawiają, że stają się lepszymi ludźmi. Taki sam wpływ na dorosłych ma piękna muzyka i miłość.

Kiedy małe dzieci, surowo ostrzegane, żeby się nie brudzić i nie robić bałaganu, ostrzeżenia te biorą sobie głęboko do serca, stają się spięte i nieufne w stosunku do ukochanych rozrywek. Jeśli zaczną naprawdę obawiać się brudu, staną się przesadnie ostrożne również w innych kwestiach i nie wyrosną na swobodnych, ciepłych, kochających życie ludzi, którymi miały być.

Nie twierdzę, że musicie pozwalać dzieciom na robienie bałaganu i brudzenie, kiedy tylko przyjdzie im na to ochota. Ale gdy musicie je powstrzymać, nie próbujcie ich straszyć ani budzić w nich obrzydzenia, tylko zaproponujcie bardziej praktyczne zajęcie. Jeśli koniecznie muszą robić placki z błota, niech najpierw zdejmą odświętne ubranka i włożą coś starego. Jeśli dorwą się do leżącego odłogiem pędzla i chcą nim malować dom, wręczcie im wiaderko wody w charakterze farby i niech malują szopę w ogrodzie albo kafelki w łazience.

Bałagan w domu. Kiedy dzieci są na tyle duże, żeby robić bałagan, są też na tyle duże, żeby po sobie sprzątać. Na początku potrzebują dużo pomocy; później coraz lepiej dają sobie radę same. Dziecko pozostawiające po sobie bałagan być może przyzwyczaiło się do tego, że ktoś inny – często mamusia – po nim sprząta; albo też czuje się przytłoczone ogromem czekającego je zadania. Potrzebuje wskazówek i pomocy w podzieleniu go na mniejsze etapy: „Najpierw poszukaj wszystkich drewnianych klocków i włóż je do tego pudełka".

Gdy dzieci odmawiają sprzątania po sobie, rozsądnie jest pozbawić je przywileju bawienia się zabawkami, które od kilku dni leżą porozrzucane po pokoju (na stronie 286 opisano stosowanie kar tego typu). Jeżeli w rezultacie musicie usunąć większość zabawek dziecka, to przynajmniej niewiele zostało przedmiotów, o które można się potknąć. Zabawki na dłuższy czas schowane po wyjęciu z szafy wydadzą się „nowe" i przez pewien czas będą maluchowi sprawiać jeszcze więcej radości.

Nieporządek w pokoju. Sypialnia waszego dziecka to zupełnie inna historia.

Jeżeli ma własny pokój, to powinno być za ten pokój odpowiedzialne. Z punktu widzenia rodziców oznacza to, że muszą powstrzymać się od komentowania chaosu, którego nie zaakceptowaliby w żadnej innej części domu. Jeżeli bałagan nie grozi plagą pasożytów, nie stanowi zagrożenia pożarowego i nie uniemożliwia wejścia do pokoju, nie czyni szkody nikomu oprócz jego mieszkańca. Dziecko, które nieustannie musi szukać ukochanych spodni albo pasujących skarpetek, w końcu uczy się odkładać rzeczy na miejsce.

Przekazanie dziecku odpowiedzialności nie oznacza, że nie możecie mu od czasu do czasu łagodnie przypomnieć o sprzątaniu, a nawet zaoferować pomocy. Po osiągnięciu pewnego poziomu bałaganu wiele dzieci po prostu nie wie, od czego zacząć. Jest to jednak problem dziecka i ono powinno również go rozwiązać.

GUZDRANIE SIĘ

Jeżeli kiedykolwiek obserwowaliście, jak mama albo tata próbuje rano popędzić ociągające się dziecko, prawdopodobnie przysięgaliście, że nigdy nie wpędzicie się w takie tarapaty. Rodzice proszą i grożą; gderaniem nakłaniają do wstania z łóżka, umycia się i ubrania, zjedzenia śniadania, wyjścia do szkoły.

Guzdranie się nie jest cechą wrodzoną, choć niektórym dzieciom wyraźnie potrzeba silniejszego kierownictwa. Dzieci uczą się ociągać, ponieważ są nieustannie popędzane: „Pospiesz się i skończ jeść obiad"; „Ile razy muszę ci mówić, żebyś przygotowała się do pójścia spać?" Łatwo wpaść w nawyk popędzania dzieci, ale może to u nich wywołać pełen roztargnienia opór. Rodzice mówią, że muszą gderać, w przeciwnym razie dziecko w ogóle nic nie zrobi. Jest to błędne koło, któremu początek daje przeważnie postępowanie rodziców – szczególnie jeśli są niecierpliwi albo nie dają wystarczająco dużo czasu dzieciom, które przecież z natury robią wszystko powoli.

Nauka w pierwszych latach życia. Początkowo, kiedy dziecko nie potrafi jeszcze wykonywać poleceń, kierujcie nim podczas rutynowych czynności. Kiedy dorośnie na tyle, że chce samo przejąć niektóre obowiązki, pozwólcie mu na to jak najszybciej. Gdy się zapomni, znów nim pokieruj-

---

🏛 KLASYCZNY SPOCK

Możecie odnieść wrażenie, że moim zdaniem dzieci nie muszą się podporządkowywać żadnym regułom. Przeciwnie, uważam, że powinny siadać przy stole, gdy posiłek jest gotowy, a rano wstawać o odpowiedniej porze. Chciałbym tylko podkreślić, że kiedy pozwoli im się przez większość czasu działać z własnej inicjatywy i spokojnie przypomina o obowiązkach, gdy nie wypełniają ich same, ale też niepotrzebnie nie popędza, zazwyczaj uczą się pokonywać wrodzoną powolność.

cie. Niech wie, że dotarcie na czas do szkoły to jego obowiązek. Może lepiej pozwolić mu raz i drugi spóźnić się na lekcje albo przegapić autobus i w ogóle do szkoły nie iść, żeby się przekonało, jak bardzo będzie mu przykro. Dzieci nie znoszą się spóźniać jeszcze bardziej, niż ich rodzice nie znoszą guzdrania się. Nic nie motywuje ich do pośpiechu lepiej niż chęć zdążenia na czas.

Postępowanie z guzdrzącym się dzieckiem. Starsze dziecko guzdrze się zazwyczaj dlatego, że nie umie organizować sobie czasu albo łatwo się dekoncentruje. Ma zamiar się ubrać, ale po drodze do szafy znajduje zabawkę, którą trzeba się pobawić, lalkę, którą trzeba położyć do łóżeczka, i książeczkę, którą trzeba przeczytać. Piętnaście minut później radośnie się bawi – nadal w piżamie. Jedna ze strategii polega na przygotowaniu wspólnie z dzieckiem tabelki z obrazkami (albo słowami, jeśli umie czytać), wymieniającej wszystkie rzeczy, które trzeba zrobić, żeby rano przygotować się do wyjścia do szkoły. Listę należy zalaminować, żeby dziecko mogło zmywalnym pisakiem odhaczać każdy z etapów, w miarę jak je wykonuje. Nastawcie minutnik i zachęćcie dziecko, żeby spróbowało uporać się z zadaniem, zanim zadzwoni. Jeśli mu się uda, dajcie mu drobną nagrodę. Najcenniejsze nagrody stanowią naturalną konsekwencję wykonania zadania: ubranie się i przygotowanie na czas, bez poganiania, oznacza, że zostaje parę minut na przeczytanie książeczki, zagranie w grę wideo albo pooglądanie telewizji przed wyjściem do szkoły.

MARUDZENIE

Nawyk marudzenia. Marudzenie jest powszechne w wieku przedszkolnym i pierwszych klasach szkoły podstawowej (patrz str. 99). Teraz chciałbym skoncentrować się na problemie nieustannego marudzenia, które unieszczęśliwia i dzieci, i rodziców. Takie zachowanie wynika z nawyku ciągłego domagania się różnych rzeczy, ukształtowanego w ciągu wielu tygodni, a nawet miesięcy. Pozbycie się go również wymaga czasu.

Marudzące dziecko może mówić różne rzeczy – „Nudzi mi się", skarży się w deszczowy dzień, albo: „Dlaczego nie mogę obejrzeć jeszcze tego programu?" – ale ten błagalny, jęczący, drażniący ton jest stale ten sam. Powtarzają się też prośby. Dotyczą one przeważnie rzeczy albo czynności, które wszystkie dzieci lubią, problem w tym, że są wyrażane na okrągło i w sposób, którego nie można zaakceptować.

Wiele dzieci marudzi tylko w obecności jednego z rodziców. Marudzenie często jest wyrazem nie tylko nawyku albo nastroju, ale również postawy wobec danego rodzica albo lekko zaburzonych relacji z nim. Często zdarza się też, że rodzice dwojga lub więcej dzieci tolerują marudzenie tylko jednego z nich.

Dlaczego niektórzy rodzice tolerują marudzenie? Niektórzy rodzice uważają, że muszą akceptować marudzenie, ponieważ borykają się z poczuciem winy, na przykład dlatego, że nie dają dziecku tego, czego potrzebuje, albo dlatego, że za mało je kochają. Wyjątkowo sumienni rodzice, często w dzieciństwie krytykowani przez swoich rodziców i w rezultacie mający poczucie braku kompetencji, często kiedy zaczynają wychowywać własne dzieci, nie mogą się pozbyć poczucia winy z powodu braku wiedzy na ten temat i obawy, że zrobią coś źle.

Istnieje wiele powodów, dla których matka lub ojciec nieświadomie czują się winni wobec jednego ze swoich dzieci. Może nie byli przygotowani na ciążę, czuli niechęć do nie narodzonego jeszcze dziecka, może jako noworodek przysparzało wielu kłopotów ciągłym płaczem, a może dziecko przypomina im kogoś z rodziny, kto uprzykrzał im życie i wzbudzał w nich zarówno ogromną wrogość, jak i poczucie winy – emocje kształtujące teraz zachowanie rodziców w stosunku do dziecka. Rodzice źle traktowani w dzieciństwie często boją się okazywać pociechom zbytnią surowość. Dlatego wyznaczenie rozsądnych granic może im przychodzić z trudnością.

Jak położyć kres marudzeniu? Jeśli wasze dziecko ma nawyk marudzenia, możecie podjąć pewne ściśle określone praktyczne kroki. Przede wszystkim zastanówcie się, czy swoją postawą zachęcacie je do marudzenia. Być może mówicie wymijająco, z wahaniem, uległością albo poczuciem winy, odczuwając jednocześnie poirytowanie, nieuniknione, gdy czujemy się stroną pokrzywdzoną. Jest to najtrudniejszy krok, ponieważ rodzice zazwyczaj zdają sobie sprawę wyłącznie z nieustannych żądań dziecka i swojego zniecierpliwienia.

Jeśli w swoim zachowaniu nie dostrzegacie niepewności, zastanówcie się, czy niechcący nie nagradzacie marudzenia, na przykład zwracając na nie zbyt dużo uwagi albo w końcu mu ulegając, żeby tylko się skończyło.

Ustalcie tyle zasad, ile trzeba, żeby odpowiedzieć na wszystkie powtarzające się prośby, a potem przestrzegajcie ich z determinacją i konsekwencją. Dziecko ma zawsze chodzić spać o określonej godzinie, wolno mu oglądać jedynie określone programy telewizyjne, przyjaciół może zapraszać na kolację albo na noc określo-

🏛 KLASYCZNY SPOCK

Spędziłem kiedyś dzień z rodziną, w której mama bardzo rzeczowo traktowała troje ze swoich czworga dzieci. Były grzeczne, uczynne, samodzielne i pogodne. Jednak najmłodsza, pięcioletnia dziewczynka nie dawała mamie spokoju. Skarżyła się na nudę, głód, pragnienie i zimno, mimo iż sama łatwo mogła poradzić sobie z tymi drobnymi problemami.

Za każdym razem mama przez pewien czas ją ignorowała, a potem sugerowała, żeby dziewczynka sama wzięła sobie to, na co ma ochotę. Mówiła to jednak tonem niezdecydowanym albo przepraszającym. Nigdy nie przybierała zdecydowanej postawy, nawet po godzinie nieustannego marudzenia. Chwilami zaczynała nawet sama marudzić, żeby dziewczynka przestała marudzić. W rezultacie powstawał bezsensowny, zawodzący duet.

W pewnym sensie takie marudzenie nie stanowi poważnego powodu do niepokoju, ale na pewno uprzykrza życie pozostałym członkom rodziny i ich przyjaciołom i może prowadzić do ogromnej frustracji tego z rodziców, które najczęściej go wysłuchuje.

ną liczbę razy w miesiącu. Są to rodzinne przykazania ustanowione przez życzliwych dyktatorów. Nie podlegają dyskusji.

Jeśli dziecko marudzi, że nie ma co robić, mądrzej jest nie dać się wciągnąć w wynajdywanie mu najrozmaitszych rozrywek, ponieważ w takim nastroju dziecko będzie się rozkoszować pogardliwym odrzucaniem ich jedna po drugiej. Nie dając się wciągnąć w jałową dyskusję, przerzućcie odpowiedzialność z powrotem na dziecko słowami: „No cóż, ja mam teraz mnóstwo pracy, a potem zajmę się czymś przyjemnym". Innymi słowy: „Rób to, co ja: znajdź sobie coś do roboty. Nie oczekuj, że będę się z tobą kłócić albo dostarczać ci rozrywek".

Możecie też zapowiedzieć dziecku, że nie będziecie reagować na prośby wypowiadane jęczącym tonem. Powiedzcie po prostu: „Proszę, natychmiast przestań marudzić". Jeśli dziecko nadal marudzi i grozi, że sytuacja jeszcze się pogorszy, jeżeli nie ulegniecie, możecie zastosować wykluczenie (patrz str. 286).

Możecie uzasadnić swoją decyzję: „Nie zamówimy pizzy na kolację, bo jedliśmy pizzę na obiad" albo: „Musimy teraz iść do domu, żeby się przespać". Jednak czasem (często!) rodzice po prostu podejmują decyzję, a dzieci muszą się z nią pogodzić. „Nie kupimy tej zabawki, bo dziś nie kupujemy zabawek". Pewni siebie rodzice nie wdają się w nie kończące się kłótnie z dziećmi na temat wyznaczonych granic. Jeśli im się na to pozwoli, dzieci przeciągają tego typu rozmowy w nieskończoność i na każdym kroku negocjują kolejną prośbę. Oznajmijcie swoją decyzję, wyznaczcie granice i zakończcie dyskusję życzliwie, ale definitywnie.

Dzieciom wolno czasem poprosić o coś specjalnego, a rodzice mogą tę prośbę spełnić, jeśli uważają, że jest rozsądna. Jednak ważne jest też, żeby dzieci nauczyły się akceptować odpowiedź „nie" albo „nie dzisiaj". Marudne żądania to znak, że wasze dzieci jeszcze nie opanowały tej ważnej sztuki.

NAWYKI

SSANIE KCIUKA

Co oznacza ssanie kciuka? Ssanie kciuka przez niemowlęta oznacza co innego niż ssanie kciuka przez starsze dzieci. Wiele dzieci ssie kciuk, palce albo piąstkę jeszcze przez narodzeniem. W końcu to właśnie ssąc, odżywiają się, a także rozładowują napięcie fizyczne i emocjonalne. Niemowlęta, które często ssą pierś, przeważnie rzadziej ssą kciuk, ponieważ ich potrzeba ssania jest zaspokajana przy piersi. Nie wszystkie niemowlęta rodzą się z równie silną potrzebą ssania. Niektóre nigdy nie ssą piersi dłużej niż piętnaście minut, a mimo to nigdy nie wkładają kciuka do buzi. Inne zaczynają ssać na sali porodowej i tak już zostaje. Jeszcze inne ssą kciuk w pierwszych tygodniach, a potem przestają. Większość niemowląt ssących kciuk zaczyna to robić przed ukończeniem trzeciego miesiąca.

Ssanie kciuka różni się od żucia kciuka, palców czy rączki, co robią niemal wszystkie niemowlęta od momentu, kiedy zaczną ząbkować (zazwyczaj pomiędzy trzecim a czwartym miesiącem życia). W okresie ząbkowania dziecko często na przemian ssie kciuk i coś żuje.

Ssanie kciuka u starszego niemowlęcia i dziecka. W połowie pierwszego roku życia ssanie kciuka zaczyna pełnić inną funkcję: jest to nawyk uspokajający, który pojawia się w szczególnych chwilach. Dziecko ssie kciuk, gdy jest zmęczone, znudzone, sfrustrowane albo śpiące. Jeżeli nie jest w stanie poradzić sobie z czymś w bardziej dojrzały sposób, powraca do wczesnego niemowlęctwa, kiedy ssanie było największą przyjemnością jego życia. Bardzo rzadko się zdarza, żeby dziecko, które ma więcej niż kilka miesięcy, po raz pierwszy zaczęło ssać kciuk.

Czy rodzice powinni jakoś zareagować? Prawdopodobnie nie ma takiej potrzeby, jeśli dziecko jest na ogół towarzyskie, szczęśliwe i ma dużo zajęć, a ssie palec głównie w porze spania i niekiedy w dzień. Samo w sobie ssanie kciuka nie świadczy o tym, że dziecko jest nieszczęśliwe, nieprzystosowane albo niekochane. W rzeczywistości większość dzieci ssących kciuk jest bardzo szczęśliwa; maluchy pozbawione miłości nie mają tego nawyku.

Jeśli dziecko przez większość czasu ssie kciuk, zamiast się bawić, rodzice powinni się zastanowić, czy nie zrobić czegoś, żeby nie musiało tak często szukać ukojenia w ssaniu. Niektóre dzieci nudzą się, ponieważ za rzadko widują inne dzieci, mają za mało przedmiotów, którymi mogłyby się bawić, albo całe godziny spędzają w kojcu. Półtoraroczny chłopczyk może pozostawać w ciągłym konflikcie z mamą, jeśli ta cały czas zabrania mu robienia rzeczy, które najbardziej go fascynują, zamiast odwrócić jego uwagę dozwolonymi zabawami. Albo też chłopiec może mieć towarzystwo innych dzieci i swobodę bawienia się w domu, ale jest zbyt bojaźliwy, żeby włączyć się do zabaw. Obserwuje i ssie kciuk. Podając te przykłady, chcę pokazać, że jeśli w ogóle należy jakoś reagować na zbyt częste ssanie kciuka, to sprawiając, żeby życie dziecka było bardziej satysfakcjonujące.

Wpływ ssania kciuka na zdrowie. Fizyczne dolegliwości wywoływane ssaniem kciuka są łagodne. Powszechne jest stwardnienie skóry na ulubionym kciuku albo palcu (zniknie samo). Wokół paznokcia mogą występować drobne infekcje, które przeważnie łatwo wyleczyć (patrz str. 529). Najpoważniejsze są problemy ze zgryzem. To prawda, że ssanie kciuka często powoduje wypychanie przednich górnych zębów do przodu, a przednich dolnych do tyłu. Stopień skrzywienia zależy od tego, jak często dziecko ssie kciuk, a w jeszcze większym stopniu od tego, w jakiej pozycji go trzyma. Dentyści zwracają uwagę, że takie przechylenie zębów mlecznych nie ma wpływu na zęby stałe, które zaczynają wychodzić w okolicach szóstego roku życia. Jeśli – jak się zwykle dzieje – przed ukończeniem szóstego roku życia dziecko przestanie ssać kciuk, niewielkie jest ryzyko trwałego skrzywienia zgryzu.

Zapobieganie ssaniu kciuka. Nie musicie się martwić, gdy niemowlę ssie kciuk przez parę minut przed każdym karmieniem. Prawdopodobnie robi to po prostu z głodu. Jeżeli próbuje ssać kciuk natychmiast po zakończeniu karmienia oraz często pomiędzy karmieniami, możecie zacząć się zastanawiać nad sposobami zaspokojenia jego potrzeby ssania.

Jeżeli niemowlę zaczyna ssać kciuk, palec albo rączkę, najlepiej nie przerywać mu bezpośrednio. Zamiast tego dajcie mu więcej okazji ssania piersi, butelki albo smoczka. Jeżeli dziecko nie należy do tych, które konsekwentnie ssą kciuk od momentu przyjścia na świat, zdecydowanie najskuteczniejszą metodą zapobiegania temu nawykowi jest częste podawanie smoczka gryzaczka w pierwszych trzech miesiącach życia. W wypadku dziecka karmionego sztucznie można użyć smoczka z mniejszą dziurką, żeby opróżnienie butelki zajęło mu więcej czasu. Jeśli zaś dziecko jest karmione naturalnie, można pozwolić mu ssać pierś dalej, choć już się najadło.

Jeżeli dziecko ma nawyk ssania kciuka, lepiej bardzo powoli zmniejszać liczbę karmień. Nie tylko długość każdego karmienia, ale też liczba karmień decyduje o tym, czy dziecko zaspokaja potrzebę ssania. Dlatego jeśli ssie kciuk, pomimo iż maksymalnie wydłużacie karmienia piersią albo butelką, nie należy pochopnie rezygnować z kolejnych karmień. Jeśli trzymiesięczne niemowlę przesypia ostatnie wieczorne karmienie, ale często ssie kciuk, to być może lepiej wstrzymać się jeszcze przez dwa miesiące, zakładając, że obudzone chętnie ssie.

Metody nieskuteczne. Dlaczego nie należy krępować niemowlętom rączek, żeby powstrzymać je od ssania palca? Byłoby to dla niego bardzo stresujące i spowodowałoby jeszcze większe problemy, a ponadto prawdopodobnie nie oduczyłoby go ssania palca, ponieważ nie zaspokoiłoby potrzeby ssania. Niektórzy zdesperowani rodzice usztywniają łokieć niemowlęcia szyną albo smarują kciuk płynem o paskudnym smaku, nie tylko przez parę dni, ale wręcz miesiącami. Niestety, w dniu, w którym zdejmują szynę albo przestają smarować kciuk, natychmiast wędruje on z powrotem do buzi.

Oczywiście niektórzy rodzice odnieśli sukces, stosując takie metody. Prawdopodobnie ich dziecko nigdy nie ssało kciuka zbyt intensywnie. Wiele dzieci sporadycznie ssie kciuk i szybko pozbywa się tego nawyku niezależnie od tego, czy rodzice coś w tej sprawie robią. Natomiast u zaprzysięgłych „ssaczy kciuka" szyny, niesmaczne smarowidła i inne czynniki odstraszające rzadko rozwiązują problem na dłuższą metę.

Zrywanie z nawykiem. Szyny na łokcie, rękawiczki i smarowanie kciuka płynem o niedobrym smaku nie pomogą starszym dzieciom w zerwaniu z nawykiem ssania, tak jak nie pomagają niemowlętom. Mogą go wręcz utrwalić, angażując dziecko w walkę z rodzicami. To samo można powiedzieć o upominaniu dziecka albo wyciąganiu mu kciuka z buzi siłą. A co z często stosowanym podstępem polegającym na wręczaniu dziecku zabawki w momencie, gdy wkłada kciuk do buzi? Na pewno warto, żeby miało interesujące zabawki i nie nudziło się, ale jeśli za każdym razem, gdy jego kciuk zbliży się do buzi, będziecie do niego doskakiwać i wpychać mu zabawkę w ręce, szybko się zorientuje, o co chodzi.

Może więc przekupstwo? Jeśli wasze dziecko jest jednym z tych niewielu, które nadal ssą palec w wieku pięciu lat, i martwicie się, że może to mieć zły wpływ na wyrzynające się zęby stałe, macie spore szanse na sukces, jeśli dobrze wybierzecie łapówkę. Cztero- albo pięcioletniej dziewczynce, która chce pozbyć się tego nawyku, można pomóc, malując jej paznokcie jak dorosłej kobiecie. Ale rzadko który dwu- czy trzylatek ma wystarczająco silną wolę, żeby dla nagrody pokonać instynkt. Zrobicie wielką aferę, a nic nie zyskacie.

Jeśli wasze dziecko ssie kciuk, zadbajcie, żeby jego życie było szczęśliwe. Na dłuższą metę pomoże przypominanie, że któregoś dnia będzie na tyle dorosłe, by mogło samo przestać. Przyjazna zachęta sprawi, że postara się zerwać z nawykiem, gdy tylko będzie w stanie, ale nie dręczcie go nieustannie.

Najważniejsze, żebyście spróbowali przestać o tym myśleć. Jeśli będziecie się nadal martwić, nawet nie wspominając o problemie głośno, dziecko wyczuje wasze napięcie i zareaguje na nie. Pamiętajcie, że z czasem dzieci same z siebie przestają ssać kciuk, niemal zawsze przed pojawieniem się stałych zębów. Nie dzieje się to nagle. Przez pewien czas dziecko ssie kciuk coraz rzadziej, potem częściowo wraca do tego nawyku, gdy jest chore albo musi się przystosować do nowej sytuacji. Przeważnie nawyk zanika zupełnie pomiędzy trzecimi a szóstymi urodzinami.

Niektórzy dentyści zakładają dzieciom na górne zęby metalowe druty, przez co ssanie kciuka staje się nie tylko nieprzyjemne, ale wręcz niemożliwe. Powinna to być ostatnia deska ratunku. To kosztowne rozwiązanie odbiera dziecku kontrolę nad własnym ciałem w wieku, kiedy jest ona dla niego bardzo istotna.

INNE NIEMOWLĘCE NAWYKI

Głaskanie i ciągnięcie za włosy. Większość dzieci ssących kciuk do ukończenia pierwszego roku życia albo dłużej jednocześnie coś głaszcze. Malec może trzeć i skubać jedwabną apaszkę, kocyk czy pieluchę albo pluszową zabawkę. Inny głaszcze się po uchu bądź kręci pukiel włosów. Jeszcze inny trzyma kawałek materiału blisko twarzy, być może jednocześnie pocierając wolnym palcem nos lub wargę. Takie ruchy przypominają zachowanie małych niemowląt, łagodnie dotykających skóry albo ubrania mamy podczas ssania piersi czy butelki. Przyciskając coś do twarzy, przypominają sobie uczucie, jakiego doznawały przy piersi.

Niekiedy niemowlę wpada w nawyk głaskania i ciągnięcia kosmyków swoich włosów. Rezultatem mogą być mało atrakcyjne łyse placki oraz niepokój rodziców. Takie zachowanie jest prawdopodobnie jedynie nawykowe i nie świadczy o zaburzeniach emocjonalnych czy fizycznych. Najlepszym rozwiązaniem jest obcięcie włosków na krótko, żeby dziecko nie miało za co złapać. Do czasu, gdy włoski odrosną, nawyk prawdopodobnie zniknie.

U starszych dzieci istnieje większe prawdopodobieństwo, że obsesyjne ciągnięcie się za włosy jest objawem lęku albo napięcia psychicznego, więc warto skonsultować się z psychologiem albo innym specjalistą (patrz str. 419).

Przeżuwanie. Sporadycznie się zdarza, że niemowlę albo małe dziecko wpada w nawyk ssania i żucia własnego języka tak długo, aż zwróci ostatni posiłek, podobnie jak robi to krowa. Nazywa się to „przeżuwaniem" i jest bardzo rzadkie. Czasem zaczyna się, kiedy ogranicza się ruchy rąk niemowlęcia, które ssie kciuk. Zamiast tego maluszek zaczyna ssać własny język. Radziłbym, żeby takiemu dziecku natychmiast umożliwić ssanie kciuka, zanim przyzwyczai się do przeżuwania. Upewnijcie się, że niemowlę ma wystarczająco dużo towarzystwa, zabawy i miłości. Przeżuwanie może być też oznaką nadzwyczaj silnych napięć w stosunkach pomiędzy niemowlęciem a rodzicami. W takim przypadku pomóc może profesjonalne doradztwo psychologiczne (patrz str. 419).

RYTMICZNE RUCHY

Kołysanie się, uderzanie głową. W wieku od ośmiu miesięcy do czterech lat jedno na siedmioro zdrowych dzieci regularnie kołysze się, uderza w coś głową albo wykonuje inny rytmiczny ruch. Nagłe pojawienie się takiego nawyku może być wywołane ząbkowaniem albo infekcją ucha. Siedząc na krześle albo kanapie, dziecko mocno uderza o oparcie, a potem odbija się do przodu. Inne na czworakach rytmicznie kiwa się w przód i w tył, opadając na pięty. Jeszcze inne leżąc w łóżeczku, kołysze głową z boku na bok albo uderza nią rytmicznie w jakąś twardą powierzchnię, na przykład wezgłowie łóżeczka. Ten ostatni nawyk martwi rodziców najbardziej, ponieważ boją się, że dziecko zrobi sobie krzywdę. Nie ma powodu do niepokoju; takie rytmiczne ruchy są powszechne, ale rzadko na tyle silne, żeby dziecko zrobiło sobie krzywdę.

Co oznaczają rytmiczne ruchy? Zazwyczaj nawyk ten pojawia się w drugiej połowie pierwszego roku życia, kiedy niemowlę ma już rozwinięte naturalne poczucie rytmu. Dziecko wykonuje takie rytmiczne ruchy przeważnie wtedy, gdy jest zmęczone, śpiące lub sfrustrowane, podobnie jak w wypadku ssania kciuka albo głaskania miękkiej zabawki. Takie zachowania mają na celu uspokojenie się. Być może odzwierciedlają pragnienie, żeby znowu być kołysanym i noszonym przez rodziców, tak jak w okresie wczesnego niemowlęctwa.

Te same ruchy, zwłaszcza uderzanie głową, są bardzo częste i intensywne u dzieci emocjonalnie zaniedbywanych lub fizycznie maltretowanych, a także u niektórych dzieci autystycznych albo cierpiących na inne poważne zaburzenia rozwojowe. Jeżeli takie zachowania powtarzają się u waszego dziecka z dużą regularnością, dobrze jest omówić je z lekarzem.

OBGRYZANIE PAZNOKCI

Co oznacza obgryzanie paznokci. Czasem jest objawem napięcia, czasem tylko nawykiem bez szczególnego znaczenia. Częściej obgryzają paznokcie dzieci nerwowe i mające tendencję do zamartwiania się; poza tym przeważnie jest to rodzinne. Dzieci często obgryzają paznokcie, gdy się denerwują, na przykład kiedy czekają na wywołanie do odpowiedzi w szkole albo oglądają straszną scenę w filmie.

Dobrze jest ustalić, dlaczego dziecko jest zestresowane, i usunąć przyczynę stresu. Czy za często je popędzacie, poprawiacie, ostrzegacie lub karcicie? Czy oczekujecie od niego zbyt dobrych wyników w nauce? Dowiedzcie się od wychowawcy, jak sobie radzi w szkole. Jeżeli dziecko denerwuje się, oglądając przemoc i słysząc o niej w kinie, radiu i telewizji, należy zabronić mu oglądania i słuchania niewłaściwych programów. (Decyzja taka jest zresztą wskazana w wypadku większości dzieci.)

Walka z obgryzaniem paznokci. W wieku szkolnym motywacją, żeby zaprzestać obgryzania, często jest dezaprobata rówieśników albo pragnienie, żeby mieć ładne paznokcie. Możecie tę motywację wspie-

rać i służyć radą, ale najlepiej pozwólcie dziecku samodzielnie walczyć z obgryzaniem paznokci. Jest to problem dziecka i ono powinno go również rozwiązać.

Gderanie i karanie zazwyczaj nie powstrzymuje dzieci od obgryzania paznokci na dłużej niż pół minuty, ponieważ rzadko zdają sobie sprawę, że to robią. Na dłuższą metę może to je dodatkowo zestresować albo sprawić, że zaczną postrzegać obgryzanie paznokci jako problem rodziców. Gorzki płyn do smarowania paznokci może pomóc, jeśli dziecko chce go używać, żeby nie zapomnieć, że próbuje zerwać z tym nawykiem. Jeśli jednak stosuje się go wbrew woli dziecka, poczuje się ukarane. Będzie to dla niego jeszcze jeden powód do zmartwień i może utrwalić nawyk.

Spójrzcie na sytuację z odpowiedniej perspektywy. Jeżeli wasze dziecko jest dosyć szczęśliwe i zrelaksowane, nie musicie się zbytnio przejmować obgryzaniem paznokci. Jeśli jednak jest to jedno z wielu niepokojących zachowań, dobrze jest zwrócić się o pomoc do specjalisty (patrz str. 419). Martwić się należy przyczyną stresu dziecka, nie samym obgryzaniem paznokci.

JĄKANIE SIĘ

Co powoduje jąkanie się? Niemal każde małe dziecko przechodzi okres, w którym mówienie i wysławianie się sprawia mu wysiłek; powtarza słowa albo waha się, a potem zaczyna mówić za szybko. Jest to normalny etap rozwoju mowy. Mniej więcej jedno na dwadzieścioro dzieci ma większe trudności, powtarza wiele słów albo części słów, niektóre wydłuża, na innych zupełnie się zacina. U niektórych dzieci widoczne jest napięcie mięśni twarzy. Na szczęście łagodne albo umiarkowane przypadki jąkania się zazwyczaj z czasem same przechodzą. Tylko jeden procent dzieci ma poważne, długotrwałe problemy z jąkaniem.

Nie wiemy dokładnie, co powoduje jąkanie się. Prawdopodobnie niektóre dzieci rodzą się z tendencją do jąkania. Tak jak wiele innych problemów z mową i językiem, jąkanie się częściej występuje u chłopców niż u dziewczynek. Często jest to cecha rodzinna, podejrzewa się więc istnienie czynnika genetycznego. Badania obrazowe wykazały różnice w wielkości pewnych obszarów mózgu u jąkających się dorosłych.

Kiedyś uważano, że jąkanie się jest objawem stresu. Rzeczywiście, dzieci niemal zawsze jąkają się mocniej, gdy są zdenerwowane. Jednak wiele dzieci doświadcza bardzo intensywnego stresu, a mimo to nigdy się nie jąka, więc nie może to być jedyna przyczyna.

Z jąkaniem nie ma nic wspólnego przyrośnięcie języka (kiedy wędzidełko, fałd skóry łączący język z dnem jamy ustnej, jest zbyt krótkie, żeby pozwolić na swobodne ruchy języka).

Dlaczego jąkanie jest tak częste w trzecim roku życia? Istnieją dwa możliwe wyjaśnienia. W tym wieku dziecko bardzo ciężko pracuje, żeby nauczyć się mówić. Kiedy było młodsze, budowało krótkie zdania, nad którymi nie musiało się zastanawiać: „To auto", „Chcę iść". Dwulatek próbuje mówić dłuższymi zdaniami, żeby wyrazić nowe pojęcia. Trzy albo cztery razy próbuje zacząć zdanie tylko po to, żeby urwać w połowie, bo brakuje mu słów. Rodzice, zmęczeni nieustanną paplaniną, nie zwracają na niego większej uwagi. Z roztargnieniem potakują: „Aha, aha", nie odrywając się od swoich zajęć. Frustrację dziecka zwiększa fakt, że nie jest w stanie utrzymać uwagi widowni. Na mowę może

---

🏛 KLASYCZNY SPOCK

Mały chłopczyk zaczął się jąkać, kiedy mama wróciła ze szpitala z nową siostrzyczką. Nie okazywał otwarcie zazdrości, nigdy nie próbował małej uderzyć ani uszczypnąć, po prostu zaczął się zachowywać nieswojo. Dwuipółletnia dziewczynka zaczęła się jąkać po wyjeździe krewnej, która długo mieszkała z rodziną. Po dwóch tygodniach jąkanie zniknęło – na pewien czas. Gdy rodzina przeprowadziła się do nowego domu, mała tęskniła za starym miejscem zamieszkania i jąkanie powróciło, choć i tym razem nie trwało długo. Dwa miesiące później tatę powołano do wojska. W rodzinie zapanowała nerwowa atmosfera i dziewczynka znów zaczęła się jąkać. Rodzice mówią, że ich dzieci wyraźnie bardziej się jąkają, gdy są zdenerwowane. Myślę, że dzieci, do których podczas dnia zbyt wiele się mówi i którym opowiada się zbyt wiele bajek, które nakłania się do mówienia i recytowania i które są zmuszane do popisywania się, jąkają się częściej. Jąkanie może się również pojawić, kiedy rodzice postanowią zaostrzyć dyscyplinę.

też wpływać upór, który jest naturalnym elementem tego etapu rozwoju.

Reagowanie na jąkanie się. Kiedy dziecko do was mówi, okazujcie mu uwagę, w przeciwnym razie zacznie się denerwować. Proszenie, żeby mówiło wolniej i powtórzyło wszystko jeszcze raz, sprawia tylko, że jest bardziej świadome problemu i mocniej się jąka. Spróbujcie reagować na treść wypowiedzi, nie na jej formę. Narzućcie sobie spokojny, zrelaksowany sposób mówienia i pomóżcie innym członkom rodziny mówić tak samo. (Nie warto jednak silić się na powolność, najlepiej mówić naturalnie.) Jąkanie pogarsza się, kiedy dziecko ma wrażenie, że musi w ciągu kilku sekund przekazać wszystko, co ma do powiedzenia. Wprowadźcie w rodzinie zasadę, że wszyscy mówią po kolei i dają innym czas na wypowiedzenie się.

Prawdopodobnie pomoże każda metoda obniżenia poziomu stresu dziecka. Czy ma dużo okazji do zabawy z kolegami, z którymi dobrze się dogaduje? Czy w domu i na dworze ma wystarczająco dużo zabawek i przyborów sportowych? W towarzystwie dziecka odprężcie się i pozwólcie mu przejąć kontrolę. Bawcie się, r o b i ą c różne rzeczy, zamiast o nich m ó w i ć.

Regularny tryb życia, mniejsza presja, żeby dobrze wypaść, i mniejszy pośpiech dobrze robią na jąkanie. Jeżeli dziecko było wytrącone z równowagi kilkudniową rozłąką z wami, postarajcie się przez kilka tygodni unikać kolejnych rozstań. Jeżeli za dużo do dziecka mówicie albo zbyt usilnie namawiacie je do mówienia, zrezygnujcie z tego.

Kiedy szukać pomocy? Jako że większość dzieci przechodzi etap, kiedy mówienie sprawia im trudność i wymaga wysiłku, a jąkanie często przechodzi samo, trudno ocenić, kiedy należy udać się z dzieckiem do specjalisty. Dobrze jest kierować się zasadą, żeby natychmiast szukać pomocy, jeśli dziecko bardzo mocno się jąka, a także w przypadku silnego jąkania się oraz w przypadku k a ż d e g o jąkania się, jeśli po czterech, sześciu miesiącach nie widać żadnej poprawy.

Jak odróżnić lekkie jąkanie się od silnego? Dziecko lekko się jąkające nie przejmuje się tym specjalnie i nie jest skrępowane, nie widać zbytniego napięcia mięśni twarzy, a ton głosu jest normalny. Jąka się tylko pod wpływem stresu, nie wtedy, kiedy jest odprężone.

W wypadku silnego jąkania się dziecko często bardzo się martwi i wstydzi. Może nawet zupełnie przestać mówić. Zazwyczaj widać duże napięcie mięśni twarzy, a ton głosu jest wyższy (następna oznaka napięcia); dziecko jąka się w zasadzie przez cały czas, nawet gdy jest odprężone. Przebywając z dzieckiem, które bardzo mocno się jąka, prawdopodobnie sami czujecie się spięci.

Tak jak w wielu sytuacjach związanych z wychowywaniem dzieci, dobrze jest kierować się głosem serca (albo instynktem): jeżeli trudności dziecka z mówieniem was martwią, to znak, że powinniście poszukać pomocy.

Im wcześniej dziecko otrzyma pomoc wykwalifikowanego logopedy, tym lepiej (patrz *Źródła*, str. 623). Istnieją techniki pomagające dziecku nauczyć się płynniej mówić. Nawet jeśli terapia logopedyczna nie zlikwiduje jąkania się, może powstrzymać jego rozwój. Intensywne jąkanie się może być dla dziecka bardzo przykre i mieć konsekwencje trwające całe życie. Dobry terapeuta może pomóc dziecku i jego rodzinie zrozumieć problem i podejść do niego w zdrowy sposób.

KORZYSTANIE Z TOALETY, MOCZENIE SIĘ I BRUDZENIE

GOTOWOŚĆ DO KORZYSTANIA Z TOALETY

Przygotuj się. Dużo mówi się o gotowości dziecka do korzystania z toalety, zapominając, że gotowi muszą być również rodzice. Wielu z niepokojem myśli o „nocnikowaniu". Moim zdaniem przynajmniej częściowo wynika to z faktu, że w naszej kulturze wypróżnianie się i oddawanie moczu uważane są za czynności wstydliwe i napawające obrzydzeniem.

Kolejnym powodem do niepokoju jest przekonanie, że istnieje tylko jeden właściwy sposób i jeden właściwy moment uczenia dziecka korzystania z toalety. Ponadto pracujący rodzice często czują presję z zewnątrz, żeby jak najwcześniej przeprowadzić trening czystości, zmniejszając w ten sposób zakres obowiązków opiekunki albo umożliwiając maluchowi pójście do przedszkola, które nie przyjmuje dzieci w pieluchach.

Niektórzy rodzice mylnie utożsamiają „nie zmuszać" z „nie uczyć". Można nauczyć dziecko korzystania z toalety, do niczego go nie zmuszając. Sztuka polega na tym, żeby naukę dostosować do poziomu dojrzałości dziecka i jego motywacji.

Przed rozpoczęciem nauki korzystania z toalety zastanówcie się nad swoim stosunkiem do… no cóż, mówiąc wprost, kupy. Jeżeli macie do niej stosunek negatywny, dobrze jest zdawać sobie z tego sprawę i dołożyć starań, żeby nie utrudniło to dziecku nauki. Wyobraźcie sobie na przykład, że przewijacie swoją dwuletnią córeczkę, która akurat okropnie się pobrudziła. Zamiast rozwodzić się nad tym, jaka jest brudna i jak brzydko pachnie, spróbujcie powiedzieć coś w stylu: „Ojej, ale duża kupka! Gdybyś zrobiła ją na nocniczek, nie musiałabyś teraz leżeć i czekać, aż cię wytrę i założę czystą pieluszkę. Następnym razem, gdy będziesz chciała kupkę, powiedz mi o tym; pomogę ci usiąść na twoim specjalnym nocniczku". Taka pogodna, rzeczowa postawa sprawdza się tylko wtedy, gdy mówicie tonem neutralnym i pełnym zainteresowania, nie obrzydzenia (które dziecko może zinterpretować jako skierowane pod swoim adresem, nie pod adresem produktów przemiany materii).

Ważny krok. Początki korzystania z toalety zazwyczaj przypadają na okres, kiedy małe dzieci w coraz większym stopniu zdają sobie sprawę ze swojej odrębności i niezależności. Pragną coraz większej samodzielności i kontroli nad wszystkim, co robią. Uczą się, co należy do nich, i odkrywają, że mogą decydować, czy swoją własność zatrzymać, czy oddać. Z naturalną fascynacją obserwują, co opuszcza ich ciało, i są zadowolone, mogąc w coraz większym stopniu kontrolować, kiedy opuszcza i dokąd idzie.

Podczas treningu czystości dzieci uczą się sprawować kontrolę na dwoma otworami ciała, które do tej pory funkcjonowały automatycznie. Napełnia je to tak ogromną dumą, że początkowo próbują siadać na nocniku co kilka minut. Akceptują pierwszy poważny obowiązek przydzielony im przez rodziców. Udana współpraca w tej sferze daje rodzicom i dzieciom nowy rodzaj wzajemnego zaufania. Dziecko, które do tej pory z lekkim sercem brudziło się tak jedzeniem, jak odchodami, teraz zaczyna czerpać satysfakcję z czystości.

Wydaje wam się może, że ucząc dziecko korzystać z toalety, osiągniecie tylko tyle, że przestanie brudzić pieluchy. To dużo, ale jeszcze ważniejszy jest fakt, że około drugich urodzin dziecko zaczyna przedkładać czystość nad brud. Jest to fundament trwającego całe życie upodobania do umytych rąk, schludnych ubrań, porządku w domu, dobrej organizacji pracy. W pewnej mierze to właśnie ucząc się korzystania z toalety, dzieci zyskują poczucie, że jeden sposób robienia czegoś jest właściwy, a inny nie. Pomaga im to w nauczeniu się odpowiedzialności i systematyczności. W ten sposób trening czystości odgrywa ważną rolę w kształtowaniu osobowości dziecka oraz budowaniu zaufania pomiędzy dzieckiem a jego rodzicami. Dlatego jeśli wykorzystacie naturalne dążenie dziecka do tego, żeby stać się dorosłym i samowystarczalnym, nauka korzystania z toalety będzie dla obu stron dużo łatwiejsza.

Kontrolowanie wypróżnień w pierwszym roku życia. Przez pierwszy rok niemowlę nie jest świadome swoich funkcji fizjologicznych i nie potrafi wypróżniać się na żądanie. Kiedy jego odbytnica jest pełna, zwłaszcza zaraz po posiłku, gdy jelita wykazują wzmożoną aktywność, prze-

suwająca się treść jelitowa napiera na wewnętrzny zwieracz odbytu, powodując jego rozluźnienie. Pobudza to mięśnie brzucha do ściskania i wypychania kału. Innymi słowy, niemowlę n i e d e c y d u j e, że chce się wypróżnić, jak robi to starsze dziecko albo dorosły, ale robi to automatycznie.

Niektóre niemowlęta w pierwszym roku życia zawsze wypróżniają się o tej samej porze, często wkrótce po posiłku. Czujni rodzice mogą dostrzec drobne zmiany w zachowaniu dziecka, sygnalizujące, że zaraz się załatwi. Mogą więc każdego dnia o tej samej porze sadzać dziecko na nocniczku, żeby „złapać kupkę". Po kilku tygodniach układ nerwowy niemowlęcia zostaje uwarunkowany, żeby wypychać treść pokarmową z jelita, gdy tylko dziecko poczuje pod sobą nocnik. Jest to trening, ale nie nauka: dziecko nie zdaje sobie sprawy z tego, co się dzieje. Nie współpracuje świadomie. Potrzeba dużo czujności i wytrwałości, żeby w taki sposób wytrenować dziecko, i ważne jest, żeby robić to ze spokojem i pozytywnym nastawieniem. Jeśli rodzice odczuwają frustrację lub niecierpliwość, w umyśle dziecka te negatywne emocje zostaną skojarzone z siedzeniem na nocniku – a tego właśnie chcecie uniknąć.

Kontrolowanie wypróżnień pomiędzy dwunastym a osiemnastym miesiącem życia. W tym wieku dzieci stopniowo zaczynają zdawać sobie sprawę z tego, że się załatwiają. Przerywają wykonywane zajęcie i na moment zmienia się ich wyraz twarzy, choć nie są jeszcze gotowe, żeby dać sygnał rodzicom.

Z uwielbieniem przyglądają się temu, co trafiło do pieluszki, na podłogę albo przypadkiem do nocnika, i traktują swoje dzieło z wyraźną zaborczością. Są dumne z rzeczy, którą samodzielnie stworzyły. Być może z przyjemnością wąchają kupkę, tak jak nauczono je wąchać kwiatki. Duma z własnych odchodów i ich zapachu oraz radość z brudzenia się nimi to charakterystyczne reakcje w tym wieku.

Jednym z aspektów zaborczego stosunku do własnego kału, zauważanym przez osoby, którym udało się schwytać go do nocnika, jest niechęć do oddania go rodzicom. Inny aspekt to niepokój na widok, jak odpływa spuszczany w toalecie. Dla niektórych maluchów jest to tak szokujące, jakby ktoś spuścił w toalecie ich rączkę.

Później, około osiemnastego miesiąca, zaborczy stosunek do odchodów ustępuje naturalnemu upodobaniu do czystości. Nie musicie uczyć dziecka, że czynności fizjologiczne są obrzydliwe. Instynktownie woli być czyste, co stanowi dla niego motywację, żeby nauczyć się korzystania z toalety i nie wracać do pieluch.

Pośrednie oznaki gotowości. W drugim roku życia zaczynają się pojawiać inne oznaki gotowości, które nie zawsze kojarzymy z nauką korzystania z toalety. Dzieci zaczynają dawać prezenty. Czerpią z tego ogromną satysfakcję, choć zazwyczaj natychmiast chcą prezent odebrać. Sprzeczne uczucia widać wyraźnie, gdy wyciągają do gościa rękę z zabawką, ale nie chcą jej puścić. To właśnie w tym wieku dzieci z fascynacją wkładają przedmioty do pudełek i patrzą, jak znikają, a potem na nowo się pojawiają. Małe dzieci z ogromną dumą uczą się wszystkiego, co mogą zrobić samodzielnie, i bardzo lubią być chwalone za swoje osiągnięcia. Stopniowo zaczynają naśladować coraz więcej czynności wykonywanych przez rodziców oraz starsze rodzeństwo. Może to stanowić motywację do rezygnacji z pieluch.

Bunt. Dzieci, które na początku drugiego roku życia zaczęły używać nocnika, często nagle zmieniają zdanie. Chętnie na nim

siadają, ale nic nie robią. Natychmiast po wstaniu załatwiają się w kącie pokoju albo w majtki. Rodzice mówią czasem: „Wygląda na to, że moje dziecko zapomniało, o co w tym wszystkim chodzi".

Nie wierzę, że dzieci tak łatwo zapominają. Moim zdaniem chwilowo górę bierze ich zaborczy stosunek do stolca i po prostu nie chcą go oddać. Na początku drugiego roku życia zaczynają odczuwać coraz silniejsze pragnienie robienia wszystkiego samodzielnie i na swój sposób. Może im się wydawać, że rodzice odgórnie narzucili im korzystanie z toalety. Dlatego powstrzymują się od wypróżnienia, aż wstaną z nocnika, który symbolizuje poddanie się i utratę czegoś, co do nich należy.

Jeśli opór utrzymuje się przez wiele tygodni, dziecko może zacząć powstrzymywać się nie tylko na nocniku, ale też – jeśli mu się uda – przez resztę dnia. Jest to zaparcie o podłożu psychogennym. Bunt może nastąpić, praktycznie rzecz biorąc, na każdym etapie nauki korzystania z toalety, ale najczęściej pomiędzy dwunastym a osiemnastym miesiącem życia, nie później. Może to być dla was sygnał, żeby odczekać przynajmniej parę miesięcy i dać dziecku poczucie, że z własnej woli kontroluje oddawanie moczu i kału, a nie poddaje się tylko żądaniom rodziców.

Gotowość pomiędzy osiemnastym a dwudziestym czwartym miesiącem. W tym wieku u większości dzieci można zauważyć wyraźne oznaki gotowości. Są bardziej świadome faktu, że stanowią istoty niezależne od rodziców. W rezultacie wiele zaczyna się trzymać matczynej spódnicy; często pojawia się też pragnienie sprawiania przyjemności rodzicom i spełniania ich oczekiwań, co bardzo pomaga w nauce korzystania z toalety. W tym wieku dzieci odczuwają ogromną dumę, ucząc się rzeczy, które mogą zrobić samodzielnie, i sprawia im przyjemność, gdy chwali się ich osiągnięcia. Zaczynają rozumieć, że wszystko ma swoje miejsca, i zaczyna je interesować porządkowanie swoich zabawek i ubranek.

W coraz większej mierze zdają sobie sprawę z funkcjonowania swojego ciała, więc wyraźniej czują, że mają ochotę się wypróżnić lub że właśnie się wypróżniają. Na kilka sekund przerywają zabawę, a potem zachowują się nieswojo. Pokazują albo dźwiękiem sygnalizują rodzicom, że mają brudną pieluszkę, jakby prosząc, żeby je przewinąć. Możecie łagodnie przypominać dziecku, żeby mówiło wam, że chce się zała-twić. Oczywiście na początku będzie wam o tym mówiło dopiero po fakcie. Z czasem zacznie dostrzegać parcie na stolec, sygnalizujące, że jest gotowe do wypróżnienia. Bez takiej świadomości własnego ciała trudno jest samodzielnie korzystać z toalety.

Ponadto dzieciom w tym wieku łatwiej jest się poruszać. Są w stanie wszędzie wejść lub się wspiąć, więc na pewno umieją usiąść na nocniku i tam zostać. Umieją same ściągnąć pieluchę albo majtki.

Dziecko, które osiągnęło ten etap rozwoju, prawdopodobnie jest gotowe na opanowanie trudnej sztuki kontrolowania pracy pęcherza i jelit.

ŁAGODNE PODEJŚCIE

Nic na siłę. Jeśli poczekacie, aż dziecko będzie gotowe, nie będziecie musieli go zmuszać do używania nocnika. Badania prowadzone w latach pięćdziesiątych XX wieku przez wielkiego pediatrę T. Berry'ego Brazeltona wykazały, że u dzieci uczonych korzystania z toalety w ten sposób niewielkie było ryzyko moczenia łóżka i nietrzymania kału. Problemy takie były zaś częste u dzieci, które poddano bardziej surowemu podejściu, stanowiącemu wówczas standard.

Uczenie dzieci korzystania z toalety, gdy są na to gotowe, sprawia, że cały proces jest przyjemniejszy dla obu stron i przebiega w mniej stresującej atmosferze, a konflikty są rzadkie. Dzieci uczone w ten sposób są z siebie dumne i gotowe na kolejne wyzwania rozwojowe.

Na czym polega takie podejście? Pozwólcie dziecku zapoznać się z nocnikiem, nie wywierając żadnej presji, żeby coś do niego zrobiło. Jeżeli pozwalacie mu patrzeć, jak korzystacie z toalety, samo się zorientuje, do czego służy nocnik, i może spróbuje naśladować wasze zachowanie. Możecie czynić taktowne sugestie i prawić komplementy, ale nie okazujcie dezaprobaty, gdy coś się maluchowi nie uda. Jeżeli siada na nocniku, nie próbujcie go nakłaniać, żeby został na nim dłużej, niż ma ochotę; w ten sposób na pewno sprawicie, że siedzenie na nocniku wyda mu się karą. Konkretne wskazówki znajdziecie w dalszej części tego rozdziału.

Przy zastosowaniu łagodnego podejścia większość dzieci przestaje potrzebować pieluch w dzień mniej więcej w wieku dwóch i pół roku, a w nocy – pomiędzy trzecimi a czwartymi urodzinami. Najistotniejszy jest fakt, że dzieci z własnej woli zaczynają kontrolować funkcjonowanie pęcherza i jelit, kiedy są w stanie to zrobić, ponieważ chcą dorosnąć. Metoda ta wymaga od rodziców cierpliwości oraz zaufania do dziecka.

Nie oznacza to, że rodzice nie powinni niczego od dziecka oczekiwać. Kiedy podejmą decyzję, że dziecko ma się nauczyć korzystania z toalety, w wieku dwóch,

dwóch i pół roku, powinni niezmiennie oczekiwać tego samego: że dziecko będzie korzystać z toalety, tak jak robią to starsze dzieci i dorośli. Należy to oczekiwanie wyrazić w formie łagodnej pochwały, gdy dziecko odniesie sukces, oraz zachęty, nie złości albo krytyki, gdy nie słucha albo przydarza mu się wpadka.

Sedes czy nocnik? Można kupić nakładkę na normalny sedes, ale siedzące na niej dziecko znajduje się wysoko i jest mu niewygodnie, więc trudno mu się odprężyć. Dobrym pomysłem może być nakładka z podstawką na stopy, a dodatkowo solidny stołeczek, za pomocą którego dziecko może samodzielnie usiąść na sedesie.

Lepszym rozwiązaniem jest mały plastikowy nocnik. Dzieci mają bardziej przyjazny stosunek do małego mebelka, który stanowi ich prywatną własność i na którym mogą samodzielnie usiąść. Ich stopy opierają się o podłogę, a niewielka wysokość nic napełnia strachem. Nie należy używać osłony, która ma chronić chłopców przed rozpryskiwaniem moczu. Nakładka taka jest czasem dołączona do nocnika albo nakładki sedesowej. Chłopiec może się zranić, siadając albo wstając, a jeśli tak się stanie, nie będzie już chciał tego nocnika lub nakładki używać.

Pierwszy etap. Pierwszy etap nauki n i e p o w i n i e n polegać na zdjęciu pieluchy i posadzeniu dziecka na nocniku. Byłoby to zbyt nagłe i nieoczekiwane. Dużo lepiej jest przynajmniej przez kilka tygodni przyzwyczajać dziecko do nocnika jako interesującego mebla, na którym można usiąść w ubraniu, a nie urządzenia służącego do odbierania bezcennej kupki.

Drugi etap. Kiedy dziecko zaakceptuje nocnik, możecie mimochodem zasugerować, żeby spróbowało się do niego załatwić, tak jak rodzice załatwiają się do sedesu. (W tym wieku dzieci łatwo się niepokoją, kiedy się je popędza albo zmusza do czegoś, do czego nie są przyzwyczajone.) Pokażcie mu, jak siedzicie na dużym sedesie, a w tym samym czasie ono może siedzieć na nocniku.

Jeśli dziecko postanowi wstać z nocnika i odejść, natychmiast mu na to pozwólcie. Niezależnie od tego, ile czasu spędziło na nocniku, przyda mu się to doświadczenie. Dziecko powinno myśleć o siedzeniu na nocniku nie w kategoriach uwięzienia, ale dobrowolnego rytuału odprawianego z dumą.

Jeśli dziecko nie chce usiąść na nocniku bez pieluszki, odczekajcie jeszcze tydzień, zanim znów to zasugerujecie. Możecie mu ponownie wyjaśnić, że mamusia i tatuś – a także nieco starsi koledzy czy koleżanki dziecka – właśnie w ten sposób korzystają z sedesu. Często dziecko daje się przekonać, widząc, jak z nocnika korzysta jego rówieśnik. (Jeśli ma starsze rodzeństwo, prawdopodobnie widziało już, jak siada się na nocniku albo na sedesie.)

Kiedy kilka razy omówiliście już pomysł załatwiania się do nocnika, zdejmijcie dziecku pieluszkę w porze, kiedy zazwyczaj się wypróżnia, zaprowadźcie je do nocnika i zasugerujcie, żeby spróbowało z niego skorzystać. Możecie zachęcić je do siadania na nocniku pochwałami albo drobnymi nagrodami, ale nie spędzajcie zbyt dużo czasu, namawiając je i zmuszając, jeśli nie ma na to ochoty. Spróbujcie o innej porze albo innego dnia. Pewnego dnia, gdy uda mu się zrobić kupkę do nocnika, zrozumie, o co w tym wszystkim chodzi, i zacznie współpracować.

Kiedy kupka znajdzie się w pieluszce, zdejmijcie ją, zaprowadźcie malca do nocnika i pokażcie mu, jak wkładacie ją do nocnika. Wyjaśnijcie raz jeszcze, że mamusia i tatuś siadają na sedesie, żeby się załatwić, że nocnik to jego własny sedes i że pewnego dnia będzie się do niego załatwiał tak jak rodzice.

Jeśli nie udało wam się złapać do nocniczka kupki ani siusiu, odczekajcie parę tygodni, a potem łagodnie spróbujcie raz jeszcze. Przyjmijcie optymistyczną postawę, nie wyolbrzymiajcie problemu i nie wywierajcie zbyt wielkiej presji.

Na tym etapie nie spuszczajcie zawartości pieluchy w toalecie, dopóki dziecko nie zajmie się czymś innym i nie odejdzie. Większość dzieci rocznych i dwuletnich początkowo fascynuje się procesem spuszczania wody i chce to robić samodzielnie. Później niektóre zaczynają się bać gwałtownego strumienia wody i w rezultacie boją się też siadać na sedes. Prawdopodobnie lękają się, że wpadną do środka i wciągnie je wodny wir. Jeśli dziecko jest młodsze niż dwa i pół roku, dobrze jest opróżniać nocnik i spłukiwać wodę, gdy ono już wyjdzie z łazienki.

Trzeci etap. Kiedy dziecko zainteresuje się siadaniem na nocniku i robi to chętnie, wysadzajcie je dwa, trzy razy dziennie, zwłaszcza wtedy, gdy zauważycie najmniejszą chociażby oznakę gotowości do oddania moczu albo kału. Nawet jeśli chłopczyk musi się tylko wysiusiać, na tym etapie radziłbym, żeby siadał na nocniku, zamiast stać. Jeśli uda wam się coś złapać do nocnika, na przykład po posiłku albo wtedy, gdy pieluszka przez kilka godzin była sucha, pochwalcie go, że jest taki dorosły – „zupełnie jak tatuś" (mamusia, braciszek, siostrzyczka, uwielbiany przyjaciel) – ale nie przesadzajcie. W tym wieku dzieci nie lubią być zbyt uległe.

Kiedy będziecie pewni, że dziecko jest gotowe na przejście do kolejnego etapu – samodzielnego siadania na nocniku – pozwólcie mu przez pewien czas bawić się bez żadnych ubrań od pasa w dół. Postaw-

cie nocnik blisko, w domu albo w ogródku, i wyjaśnijcie, że teraz ma sam na nim siadać, kiedy poczuje potrzebę. Jeśli nie stawia oporu, co godzinę albo dwie możecie mu przypomnieć, żeby usiadł na nocniku. Jeśli się tym znudzi, zacznie buntować albo przydarzy mu się wpadka, załóżcie mu z powrotem pieluchy i czekajcie.

Czy jest to właściwa metoda? Ukazuje się bardzo dużo poradników na temat nauki korzystania z toalety. Wiele z nich obiecuje szybkie rezultaty. Po co czekać cierpliwie, skoro możecie uporać się z tym problemem szybko? Dlaczego nie powiedzieć dziecku, czego od niego wymagacie, i po prostu oczekiwać, że to zrobi?

Jeśli wasze dziecko jest bardzo posłuszne, prosta prośba o to, by załatwiało się na nocnik, może wystarczyć. Jednak jeśli wasze dziecko często opiera się waszym żądaniom, co jest naturalne u maluchów, nauka korzystania z nocniczka może się zmienić w prawdziwą wojnę.

A wojnę tę przegracie wy, rodzice. Małe dzieci mają większą od rodziców władzę w dwóch dziedzinach: jedzenia i wydalania. Jeśli dziecko się uparło, że nie zje tego, co podaliście na stół, i nie będzie się wypróżniać, rodzice niewiele są w stanie zrobić. Kiedy dziecko powstrzymuje się od wypróżnień, treść pokarmowa często wysycha i twardnieje, a co za tym idzie – staje się trudna do wydalenia (patrz dalej). Dziecko zyskuje wtedy kolejny powód, żeby odmówić siadania na nocniku, i problem się pogarsza.

Wielu rodziców uważa, że muszą jak najwcześniej nauczyć dziecko korzystania z toalety, żeby mogło iść do żłobka. Z drugiej strony opiekunki w żłobku, zajmujące się na co dzień małymi dziećmi, często mają duże doświadczenie w uczeniu korzystania z toalety i mogą wam służyć pomocą. Trening czystości to doskonały przykład wyzwania rozwojowego, z którym łatwiej jest sobie poradzić, gdy rodzice i opiekunowie pracują wspólnie.

Z wielu technik szybkiego treningu czystości skuteczność jednej jest dowiedziona badaniami naukowymi. Psychologowie Nathan Azrin i Richard Foxx szczegółowo opisują swoją metodę w książce *Toilet Training in Less Than a Day* („Trening czystości w niecałą dobę"). Podejrzewam, że wielu rodzicom trudno jest postępować zgodnie z zawartymi w niej instrukcjami, zwłaszcza że dzieci nie zawsze reagują tak, jak teoretycznie powinny. Mogą się zbuntować i rozzłościć. Podejście to jest najskuteczniejsze wtedy, gdy oprócz książki rodzice mogą skorzystać z pomocy doświadczonego specjalisty, który pomoże im wprowadzić jej zalecenia w życie.

Strach przed bolesnymi wypróżnieniami. Czasem stolec jest bardzo twardy i trudny do wydalenia. Jeśli są to drobne, zbite grudki, zazwyczaj nie sprawiają bólu, bardzo bolesne jest natomiast wydalenie twardego stolca w jednym kawałku o dużej średnicy.

Podczas wypróżniania może dojść do nieznacznego pęknięcia – tzw. szczeliny odbytu, która może trochę krwawić. (Jeśli zauważycie krew w pieluszce, poinformujcie o tym lekarza.) Pęknięcie to prawdopodobnie będzie się powiększać przy każdym kolejnym wypróżnieniu. Jest to bolesne i może uniemożliwić zagojenie się rany przez wiele miesięcy. Łatwo zrozumieć, że dziecko, które raz się zraniło, boi się, że stanie się to ponownie, więc próbuje powstrzymać wypróżnienia. Może wpaść w błędne koło: jeśli przez kilka dni się powstrzymuje, następny stolec będzie prawdopodobnie duży i twardy.

Jeśli dziecko ma zaparcia, prawdopodobnie bardzo trudno będzie je nauczyć korzystania z toalety, więc przede wszystkim zajmijcie się zaparciem (patrz str. 571). Dodanie do codziennej diety suszonych śliwek albo wywaru z suszonych śliwek zazwyczaj jest skuteczne. Można też spróbować mieszaniny otrębów, przecieru z jabłek i wywaru z suszonych śliwek. Świetnie wpływa na przemianę materii, a dzieci ją uwielbiają. Skuteczne mogą się okazać płatki śniadaniowe, chleb i krakersy z owsa bądź pszenicy z pełnego ziarna. Pomóc może też zachęcenie dziecka do siedzenia ze skrzyżowanymi nogami w ciepłej wodzie w wannie dwa razy dziennie przez dziesięć do piętnastu minut. Okolice odbytu można delikatnie smarować maścią z wazeliny i lanoliny tak często, jak to konieczne.

Jeśli te proste sposoby nie zmiękczą stolca, poproście lekarza albo pielęgniarkę o przepisanie środka poślizgowego lub rozluźniającego stolec. Niektórzy rodzice natychmiast sięgają po lewatywę, być może dlatego, że okazała się skuteczna, gdy mieli podobne problemy. Jednak lewatywa może być dla dziecka nieprzyjemnym przeżyciem, a wykonywana regularnie może powodować komplikacje natury medycznej. Prawdopodobnie skuteczne okażą się łagodniejsze środki. Radziłbym najpierw porozmawiać z lekarzem.

Dziecko się boi, że podczas oddawania stolca poczuje taki ból jak poprzednio. Powiedzcie mu, że rozumiecie jego obawy, ale że nie musi się już martwić, ponieważ kupka będzie teraz miękka. Dziecko, które nadal się boi i nie chce się załatwiać albo nadal czuje ból, powinno przejść badanie lekarskie w celu wykluczenia szczeliny odbytu.

KONTROLOWANIE ODDAWANIA MOCZU

Jednoczesna kontrola wypróżnień i oddawania moczu. Jedna z korzyści opisanego powyżej łagodnego podejścia polega na tym, że gdy dziecko czuje się gotowe do przejęcia kontroli, zazwyczaj niemal jednocześnie zaczyna kontrolować i wypróżnienia, i oddawanie moczu. W początkach trzeciego roku życia ma wystarczającą świadomość i umiejętność fizyczne, żeby kontrolować pracę jelit i pęcherza. Potrzebny jest więc tylko jeden dodatkowy element: pragnienie, żeby korzystać z toalety jak dorośli. Rodzice nie muszą się zbytnio starać, żeby nauczyć dziecko kontroli nad oddawaniem moczu.

Stosunek do kału i moczu. Dzieci rzadko protestują przeciw siusianiu na nocnik w dzień. Nie mają do moczu tak zaborczego stosunku jak do stolca. Większość dzieci uczy się kontrolować oddawanie moczu w tym samym czasie albo nieco później niż wypróżnienia. Być może ciało stałe łatwiej jest im powstrzymać niż płyn (jak zapewne dobrze wiecie, dużo trudniej jest kontrolować wypróżnienia w czasie biegunki). Z czasem pęcherz zaczyna funkcjonować w bardziej dojrzały sposób, niezależnie od starań rodziców. W pierwszym roku życia pęcherz opróżnia się regularnie, a między piętnastym a osiemnastym miesiącem mocz jest w nim zatrzymywany na parę godzin, mimo iż dziecko nie rozpoczęło jeszcze treningu czystości. Zdarzają się sporadycznie dzieci, które mając rok, same z siebie przestają siusiać w nocy.

Podczas snu pęcherz zatrzymuje mocz dłużej, dlatego dziecko może się budzić suche po dwugodzinnej drzemce, choć minie jeszcze wiele miesięcy, zanim nauczy się kontrolować pęcherz w ciągu dnia.

Jeszcze przez kilka miesięcy po objęciu kontroli nad oddawaniem moczu dziecko może niekiedy moczyć się w dzień. Zdarza się to, gdy jest zajęte zabawą i nie chce jej przerywać.

Majtki z chłonnym wkładem. Kiedy dziecko nauczy się kontrolować wypróżnienia i oddawanie moczu, załóżcie mu specjalne majtki z grubszą warstwą materiału w kroku, które będzie mogło samo ściągnąć. Ten kolejny krok do niezależności zmniejszy ryzyko, że dziecko oduczy się korzystania z nocniczka. Nie próbujcie jednak zakładać dziecku majtek, jeśli nie potrafi skutecznie się kontrolować przez większość czasu – nic nie zyskacie, a majtki stracą na wartości jako oznaka niezależności.

Opory przed oddawaniem moczu poza domem. Zdarza się, że dwuletnie dziecko tak przyzwyczaja się do własnego nocniczka albo sedesu, że nie potrafi się załatwić nigdzie indziej. Nie jesteście w stanie skłonić go do tego ani prośbą, ani groźbą. W końcu prawdopodobnie zsiusia się w majtki, za co nie wolno go ganić. Pamiętajcie o takiej możliwości, jeśli wybieracie się w podróż, i w razie potrzeby bierzcie własny nocnik bądź nakładkę.

Jeśli malec ma pęcherz tak przepełniony, że odczuwa ból, i nie jest w stanie się wysiusiać, a nie możecie wrócić do domu, posadźcie go na pół godziny w wannie z ciepłą wodą i powiedzcie, że może do niej nasiusiać. To powinno zadziałać.

Lepiej wcześnie przyzwyczaić dziecko do siusiania w różnych miejscach. Istnieją nocniki turystyczne, do których można dziecko przyzwyczaić w domu i zabierać ze sobą, gdy idzie się do kogoś z wizytą. Niektóre dzieci wychodząc z domu, lepiej się czują w pieluchach, możecie pozostawić im decyzję.

Siusianie na stojąco. Rodzice martwią się czasem, że dwuletni chłopiec nie chce siusiać na stojąco. Nie szkodzi, że chłopiec będzie siadał na nocniku, aż poczuje się na nim bezpiecznie. Kiedy siada, mniejsze jest ryzyko, że nie trafi do nocnika. Wcześniej czy później nauczy się siusiać na stojąco, widząc, że tak robi jego tata i starsi chłopcy.

Zdejmowanie pieluchy na noc. Wielu rodziców zakłada, że dzieci uczą się nie siusiać w nocy, bo późnym wieczorem są wysadzane na nocnik. Pytają: „Skoro podczas dnia prawie nie miewa wpadek, kiedy powinniśmy zacząć go uczyć spania bez pieluch?" To nieporozumienie, powstrzymywania moczu w nocy nie można się tak po prostu nauczyć. Bardziej prawdziwe byłoby stwierdzenie, że dziecko przestaje siusiać w nocy, kiedy jego pęcherz jest wystarczająco dojrzały (zakładając, że malec nie jest nerwowy albo buntowniczy). Dowodzi tego fakt, że jedno na sto dzieci regularnie przestaje siusiać w nocy przed ukończeniem roku, pomimo iż rodzice wcale nie próbowali go uczyć korzystania z toalety i w dzień dziecko nadal chodzi w pieluchach. Niektóre dzieci pod koniec drugiego roku życia albo na początku trzeciego przestają siusiać w nocy, zanim zaczną kontrolować oddawanie moczu w dzień. Podczas snu pęcherz zatrzymuje mocz dłużej, ponieważ nerki automatycznie mniej go produkują i jest on bardziej skoncentrowany.

Większość dzieci przestaje siusiać w nocy około trzecich urodzin, choć mniej więcej jedno na pięcioro w wieku pięciu lat nadal czasem się moczy. Statystycznie rzecz biorąc, chłopcy osiągają ten etap później niż dziewczynki, a dzieci nerwowe później niż dzieci spokojne. Późna rezygnacja z nocnych pieluch to często cecha rodzinna. (Więcej o moczeniu nocnym patrz str. 400).

Nauka właściwego podcierania się i mycia rąk. Kiedy dziecko okaże zainteresowanie podcieraniem się, będziecie musieli z nim negocjować: niech wyciera się samo, a potem pozwoli wam poprawić, aż nauczy się poprawnie robić to samodzielnie. Małą dziewczynkę już teraz należy uczyć podcierania się od przodu do tyłu, żeby zapobiec infekcjom układu moczowego. Chłopcy też często potrzebują pomocy przy wycieraniu pupy.

Mycie rąk jest elementem nauki korzystania z toalety. Małe dzieci potrzebują sto-

---

🏛 **KLASYCZNY SPOCK**

Nie sądzę, aby rodzice musieli podejmować jakieś szczególne wysiłki, by dziecko przestało siusiać w nocy. Naturalny proces osiągania pełnej sprawności pęcherza oraz świadomość, że mocz powinien trafiać do toalety, w większości przypadków wystarczą. Oczywiście nie zaszkodzi, gdy rodzice okażą, że są dumni z dziecka, jeśli łóżeczko pozostanie suche przez całą noc. Jeśli sześć do ośmiu miesięcy po osiągnięciu przez malca panowania nad potrzebami fizjologicznymi w dzień dziecko zechce spać bez pieluszek, możecie okazać zadowolenie, że chce spróbować, i pozwolić mu na to.

łeczka, żeby dosięgnąć umywalki. Małym rączkom łatwiej jest używać małych mydełek, takich jak te, które można znaleźć w pokojach hotelowych. Żeby skutecznie umyć rączki, trzeba przez przynajmniej 15 sekund energicznie pocierać je mydlaną pianą – dla małego dziecka to dość długo. Żeby ten czas upłynął przyjemnie, a dziecko przyzwyczaiło się wystarczająco długo myć ręce, wymyślcie odpowiednio długą piosenkę o myciu rączek albo opowiadajcie historyjkę o każdym z paluszków.

REGRES UMIEJĘTNOŚCI KORZYSTANIA Z TOALETY

Spodziewajcie się trudności. Większość dzieci uczy się kontrolować funkcjonowanie jelit i pęcherza małymi kroczkami. Oprócz postępów możecie się spodziewać okresów zastoju i kroków wstecz. Problemy emocjonalne, choroba, podróż, przyjście na świat rodzeństwa – wszystko to może sprawić, że nawet dziecko, które pozornie nie ma problemów z korzystaniem z toalety, może wrócić do poprzednich zwyczajów. Unikajcie karcenia i karania. Kiedy przydarzy się wpadka, dziecko potrzebuje zapewnienia, że wkrótce odzyska kontrolę nad funkcjami ciała i że wiecie, iż zależy mu bardzo na dorosłości w tej sferze.

Zapominanie umiejętności kontrolowania wypróżnień po zapanowaniu nad potrzebą oddawania moczu. Wiele dzieci, częściej chłopców, odmawia wypróżniania się na nocnik, choć umieją już na nim siusiać. Kiedy muszą oddać stolec, chowają się w kącie albo upierają się, żeby założyć im pieluszkę. Niektóre boją się toalety albo mają zaparcia. Inne po prostu nie są w stanie spełnić tak wielu życzeń rodziców jednocześnie.

Taka sytuacja może być bardzo frustrująca dla rodziców, którzy wiedzą, że ich dziecko mogłoby skorzystać z nocnika, gdyby tylko chciało. Tabelki z naklejkami, nagrody, groźby, przekupstwo, błagania – nic nie odnosi skutku. W najgorszym wypadku dziecko powstrzymuje się od wypróżnień, przez co stolec staje się duży, twardy i bolesny do wydalenia. To jest kolejny powód, żeby odmówić załatwiania się (patrz str. 395). Problem ten często się pojawia, gdy rodzice nie pozwalają dziecku załatwiać się w pieluszkę, co jest dla niego najwygodniejsze.

Najlepsza znana mi metoda to niewywieranie na dziecko presji, żeby korzystało z nocnika. Zamiast tego pozwólcie mu przez cały czas nosić pieluchy. Dajcie mu do zrozumienia, iż ufacie, że kiedy będzie gotowe, samo zdecyduje się usiąść na nocniku. Na tym poprzestańcie. Jedno z badań wykazało, że takie podejście w ogromnej większości przypadków skutkuje w ciągu kilku miesięcy. Jeżeli po ukończeniu czwartego roku życia dziecko nadal nie chce oddawać stolca do sedesu, dobrze jest skonsultować się z pediatrą albo psychologiem mającym doświadczenie w pracy z rodzicami uczącymi dzieci korzystania z toalety.

POPUSZCZANIE KAŁU

Normalne wypadki. To naturalne, że małym dzieciom zdarza się zabrudzić bieliznę albo nawet zrobić kupkę w majtki. Czasem zapominają porządnie się wytrzeć, czasem zaś są tak pochłonięte zabawą, że ignorują parcie na stolec, aż jest za późno. Rozwiązanie tych problemów jest proste: łagodne przypomnienie o porządnym wycieraniu pupy oraz nawyk chodzenia do toalety parę razy dziennie powinny wystarczyć. W przypadku bardzo aktywnego dziecka dobrze jest mieć w łazience kilka czasopism albo książeczek z obrazkami, żeby miało co robić, siedząc na nocniku.

Nietrzymanie kału przez starsze dziecko. Po ukończeniu czwartego roku życia nietrzymanie kału (łac. *encopresis*) to poważniejszy problem. Typowy jest przypadek dziecka w wieku szkolnym, które zaczyna brudzić bieliznę kałem długo po tym, jak nauczyło się korzystać z toalety. Rodzice nie rozumieją, dlaczego dziecko nawet tego nie zauważa i upiera się, że nie czuło wypróżnienia. Jeszcze trudniej im zrozumieć, dlaczego dziecko twierdzi, że nie czuło żadnego zapachu. Nie jest to kwestia psychologiczna. Kiedy odbytnica i mięśnie (nazywane zwieraczami), które zazwyczaj przytrzymują w niej kał, są stale rozciągnięte, tracą zdolność skutecznego kurczenia się, a dziecko przestaje odczuwać, że ma pełną odbytnicę. Ludzie zazwyczaj nie czują zapachu własnego ciała (na przykład nieprzyjemnego oddechu z ust), nie ma więc nic dziwnego w tym, że dziecko nie czuje zapachu kału w majteczkach.

Oczywiście zapach ten zauważają inne dzieci. Mogą bezlitośnie wyśmiewać się z dziecka, nazywać je śmierdzielem i unikać. Dlatego zanieczyszczanie się kałem to z punktu widzenia psychiki dziecka i jego stosunków z rówieśnikami sytuacja poważna, mogąca spowodować wstyd i upokorzenie. Borykające się z tym problemem dziecko, które twierdzi, że nic go to nie obchodzi, po prostu próbuje się bronić przed bolesną rzeczywistością.

Przyczyny popuszczania kału. Zazwyczaj jest to rezultat ostrego zaparcia (patrz str. 571). Stolec zbierający się w jelitach i odbytnicy z czasem tworzy duże bryły suchego, przypominającego glinę materiału, który rozciąga mięśnie jelit. Rozciągnięte mięśnie niezbyt dobrze przesuwają kał, więc zbiera się go coraz więcej. Niekiedy duża bryłka wydostaje się na zewnątrz, co zwykle sprawia ból. Zdarza się też, że płynny stolec przedostaje się pomiędzy suchymi bryłkami i wypływa przez rozciągniętą odbytnicę. Dziecko naprawdę nie zdaje sobie z tego sprawy.

Przyczyny zaparcia mogą być różne: mniejsze spożycie płynów podczas choroby, pojedyncze bolesne wypróżnienie, które sprawiło, że dziecko uporczywie powstrzymuje się od oddawania stolca, zmuszanie do korzystania z toalety, niektóre leki, narodziny rodzeństwa, rozwód albo śmierć w rodzinie bądź inne stresujące wydarzenie. Inne zmiany, jak pójście do nowej szkoły albo wyjazd na kolonie, mogą sprawić, że dziecko będzie się czuło niepewnie, jeśli łazienki nie zapewniają wystarczającej prywatności. Pierwotna przyczyna mogła zaistnieć tak dawno temu, że została już zapomniana. Pozostało tylko zaparcie.

W rzadkich przypadkach nietrzymanie kału nie jest spowodowane zaparciem. Dziecko wydala uformowane stolce o prawidłowej konsystencji. Taka forma nietrzymania kału prawdopodobnie jest oznaką zaburzeń emocjonalnych albo stanowi reakcję na poważny stres. Dzieciom z tym problemem może pomóc specjalista w zakresie zachowania dzieci (patrz str. 419).

Co możesz zrobić. Żeby leczenie było udane, trzeba zacząć od wyjaśnienia dziecku, że problem tkwi w „awarii kanalizacji", nie jest to jego wina. Lekarz albo pielęgniarka mogą pomóc, wyjaśniając dziecku naturę problemu prostymi słowami. Narysowanie rysunku i podpisanie jego najważniejszych elementów – ust, żołądka, jelit, stolca w jelitach, odbytnicy i zwieraczy – pozwala dziecku zobaczyć, co się dzieje, i uczy je właściwych słów, potrzebnych, by o tym mówić.

Następny etap polega na leczeniu zaparcia za pomocą kombinacji zmiany diety, przemyślanych działań prowadzących do utrwalenia nawyku korzystania z toalety, ćwiczeń fizycznych i często leków (patrz str. 571). Kiedy zaparcie trwa długo, przysparzając stresów rodzinie, a leczenie okazuje się nieskuteczne, warto udać się z dzieckiem do psychiatry lub psychologa.

Ważne jest, żeby rodzice byli nastawienie realistycznie i optymistycznie. Nietrzymanie kału to problem, nawet jeśli dziecko twierdzi, że mu to nie przeszkadza, ale da się wyleczyć. Najważniejsze, aby wszyscy w rodzinie wzajemnie się wspierali, nie ranili, by żaden z domowników nie wprawiał w zażenowanie ani nie krytykował dziecka. Najskuteczniejsze jest podejście „jeden za wszystkich, wszyscy za jednego" i współpraca dziecka, rodziców i lekarza.

MOCZENIE NOCNE (ENUREZA)

Każdy moczy się w nocy, dopóki nie nauczy się kontrolować pęcherza. Większość dziewczynek osiąga ten etap w okolicach czwartych urodzin, większość chłopców rok później. Nikt nie wie, dlaczego dziewczynki opanowują tę umiejętność wcześniej (wcześniej też uczą się mówić i kontrolować swoje zachowanie, więc być może przyczyna tkwi we wcześniejszym dojrzewaniu mózgu). W wieku ośmiu lat około ośmiu procent dzieci – jedno na dwanaście – nadal moczy się w nocy. Dlatego widząc trzecioklasistę borykającego się z tym problemem, mogę go zapewnić, że prawdopodobnie przynajmniej jeden z jego kolegów z klasy znajduje się w tej samej sytuacji.

Rodzaje moczenia. Istnieją trzy rodzaje problemów z moczeniem (łac. *enuresis*). Najbardziej powszechna jest sytuacja, w której dziecko jest suche w dzień, ale nie zawsze w nocy. Lekarze nazywają to pierwotnym moczeniem nocnym. Zdarza się też, że dzieci, które od dawna – przynajmniej od pięciu, sześciu miesięcy – nie siusiały w nocy, nagle znów zaczynają to robić; lekarze nazywają to wtórnym moczeniem nocnym. Trzeci rodzaj to moczenie dzienne.

Dobrze jest zdawać sobie sprawę z istnienia tych trzech typów moczenia, ponieważ mają różne przyczyny i różnie się je leczy. W szczególności wtórne moczenie nocne (po okresie prawidłowej kontroli oddawania moczu w nocy) i moczenie dzienne częściej niż pierwotne moczenie nocne powodowane jest problemami medycznej natury, jak infekcje albo cukrzyca. Sporadycznie silny stres psychiczny, związany na przykład z wykorzystywaniem seksualnym, również może wywołać u dziecka moczenie nocne. Z tych powodów uważam, że każde dziecko z moczeniem wtórnym lub dziennym powinno się znaleźć pod opieką lekarza.

Jest jeden wyjątek od tej reguły: małe (cztero- albo pięcioletnie) dziecko, które przez kilka miesięcy nie moczyło się w nocy, może zacząć znowu to robić w reakcji na stres spowodowany narodzinami rodzeństwa, przeprowadzką albo inną ważną zmianą w życiu. Często wystarczy cierpliwość i wsparcie duchowe, żeby po kilku tygodniach dziecko poczuło się lepiej i znów zaczęło przesypiać noce na sucho.

Dalej omawiam głównie moczenie nocne.

Przyczyny. Dużą rolę odgrywają geny. Często rodzice do późnego dzieciństwa lub okresu dorastania mieli problemy z moczeniem nocnym. Jeśli oboje rodzice jako dzieci moczyli się, prawdopodobieństwo, że to samo spotka ich dzieci, wynosi 75%. Rodzice często sądzą, że dzieci się moczą, ponieważ śpią mocniej niż ich koledzy i trudniej je obudzić, ale badania tego nie potwierdzają. Dzieci, które się moczą, nie mają też mniejszych pęcherzy niż ich rówieśnicy. Możliwe jednak, że ich pęcherze łatwiej się opróżniają, kiedy nie są jeszcze całkowicie wypełnione.

Sporadycznie moczenie nocne jest powodowane chorobą, na przykład zakażeniem dróg moczowych. Zazwyczaj dzieci moczące się są zdrowe. Dość często zdarza się jednak, że jednocześnie mają zaparcie. Pęcherz znajduje się tuż obok odbytnicy, w miednicy. Jeśli odbytnica jest wypełniona twardym stolcem, uciska pęcherz, utrudniając oddawanie moczu. W rezultacie pęcherz reaguje, kiedy znajduje się w nim niewielka ilość moczu, zamiast rozciągnąć się, żeby pomieścić go więcej. Często po wyleczeniu zaparcia (patrz str. 571) moczenie nocne ustaje. Natomiast próby poradzenia sobie z moczeniem nocnym bez wyleczenia zaparcia często zawodzą.

Przeważnie jednak przyczyną moczenia nocnego jest po prostu to, że dziecko nie nauczyło się jeszcze, jak przespać noc bez siusiania. W miarę upływu czasu z każdym rokiem jedno na siedmioro moczących się dzieci samodzielnie nauczy się nie siusiać w łóżku. W pozostałych przypadkach można skutecznie ten proces przyspieszyć.

Uczenie się przesypiania nocy na sucho. Przede wszystkim dziecko musi zrozumieć, w czym problem. Ludzie unikają moczenia się na dwa sposoby: albo budzą się w środku nocy i idą do łazienki, albo powstrzymują oddawanie moczu. Powstrzymanie się od oddania moczu wymaga aktywności dwóch mięśni, nazywanych zwieraczami. Zaciskając się, blokują cewkę moczową, przez co mocz nie może wypłynąć; gdy się rozluźniają, cewka moczowa otwiera się. Jeden zwieracz jest kontrolowany świadomie: ten, którego używacie, próbując wytrzymać do najbliższej toalety. Drugi jest kontrolowany nieświadomie, jak wiele innych mięśni funkcjonujących na autopilocie. Podczas snu mięsień ten musi być stale zaciśnięty albo łóżko będzie mokre. Suchość w nocy zależy od czujności mózgu na sygnały z pęcherza wypełniającego się moczem i wysyłającego te informacje do nieświadomego zwieracza, żeby pozostawał zaciśnięty.

Jeśli dziecko umie jeździć na rowerze, można przez analogię wyjaśnić mu, na czym polega przesypianie nocy na sucho. Tak jak w przypadku jazdy na rowerze, wymaga to praktyki. Kiedy mózg nauczy się zachowywać równowagę na rowerze, nie musicie już świadomie o tym myśleć; po prostu wskakujecie na rower i jedziecie. To samo jest z moczeniem nocnym. Kiedy wytrenujecie mózg, możecie po prostu zasnąć, a automatyczny pilot zrobi resztę.

Postępowanie w przypadku moczenia nocnego. Do metod zdroworozsądkowych należy zapalanie nocnej lampki w przedpokoju, żeby dziecku łatwo było dostać się do łazienki, i przypominanie mu, żeby nie piło zbyt dużo godzinę albo dwie przed snem. Niektórzy rodzice nalegają, żeby dziecko w ogóle nie piło nic po kolacji, ale ten bardziej drastyczny sposób trudno jest wyegzekwować, a i tak rzadko jest skuteczny. Unikanie napojów zawierających kofeinę, jak cola i herbata, również może pomóc, ponieważ kofeina zwiększa wydzielanie moczu.

Wielowarstwowe ścielenie łóżka to sprytna metoda umożliwiająca dziecku spanie w suchym łóżku bez utraty niezależności. Materacyk dziecka przykryjcie ceratową osłoną, na nią połóżcie prześcieradło, na prześcieradło kolejną ceratę, a na wierzch jeszcze jedno prześcieradło. Kiedy górne prześcieradło zmoczy się w nocy, dziecko może je zdjąć wraz z ceratą, zmienić piżamkę i spać na dolnym prześcieradle.

Wielu lekarzy leczy moczenie nocne farmakologicznie. Jeden ze stosowanych w tym celu leków, imipramina*, czasem w dużo wyższych dawkach jest podawana dorosłym chorym na depresję. Inny – desmopresyna – zawiera hormon, który spowalnia produkcję moczu w nerkach. Oba mogą skutecznie na pewien czas zmniejszyć moczenie nocne. Istnieją jednak wady takiego rozwiązania. Przedawkowanie każdego z tych leków może być niebezpieczne. Desmopresyna jest kosztowna. Żaden z tych leków zaś tak naprawdę nie rozwiązuje problemu. Kiedy dziecko przestanie je

zażywać, jest bardzo prawdopodobne, że znów zacznie się moczyć w nocy.

Lepszym pomysłem jest zaufanie zdolności uczenia się mózgu. Często sytuacja poprawia się, gdy dzieci wizualizują sobie to, co chciałyby, żeby stało się w nocy. W miarę jak pęcherz wypełnia się moczem, do mózgu wysyłany jest impuls. Mózg reaguje albo budząc dziecko, albo napinając zwieracz zatrzymujący mocz w pęcherzu. Dziecko może wyobrazić sobie małego ludzika obsługującego centralkę w mózgu. Gdy kablem (nerwami) przychodzi wiadomość, że pęcherz jest pełny, ludzik podskakuje i dzwoni dzwonkiem albo robi coś innego, żeby mózg nie dopuścił do wydalenia moczu. Dziecko wizualizujące taką scenę kilkakrotnie przed pójściem spać ma większą szansę, że nie zmoczy się w nocy.

Dostępne są urządzenia wyposażone w elektroniczny czujnik wykrywający obecność moczu. Alarm sygnałem dźwiękowym albo wibrowaniem budzi dziecko, gdy tylko zacznie się moczyć. W niemal trzech czwartych przypadków pomaga dzieciom nauczyć się przesypiania nocy bez wpadek. Nie wiąże się z nim żadne ryzyko. Alarm kosztuje mniej więcej tyle samo co miesięczna dawka desmopresyny. Lekarz mający doświadczenie w postępowaniu z dziećmi, które się moczą, może pomóc wam się upewnić, że prawidłowo stosujecie urządzenie. Na stronie 623 dowiecie się, gdzie można kupić takie urządzenie.

Korzyść z podejść niefarmakologicznych jest też taka, że rozwiązanie problemu staje się zasługą dziecka. Następnym razem, gdy stanie przed trudnym wyzwaniem, przypomni sobie o tym sukcesie. W ten sposób moczenie nocne pomaga dziecku w rozwoju.

---

* Obecnie rzadko używana (przyp. red. nauk.)

DZIECI Z NIEPEŁNOSPRAWNOŚCIAMI

NIEOCZEKIWANA PODRÓŻ

Wychowywanie dziecka niepełnosprawnego lub przewlekle chorego to dla rodziny nieoczekiwana podróż. Droga jest bardziej stroma, drogowskazy mniej wyraźne, a cel mniej znajomy niż w wypadku większości dzieci. Początkiem tej podróży może być obawa, że nie wszystko jest tak, jak być powinno, albo też szok związany z zupełnie niespodziewaną diagnozą. Tak czy inaczej, pierwsze kroki wiodą rodziców przez posępny krajobraz poczucia straty: straty zdrowego dziecka, dziecka z ich marzeń. Cechy tego krajobrazu są dla każdego inne. Wiele osób napotyka ostre szczyty gniewu, ruchome piaski poczucia winy, doliny smutku i równiny odrętwienia.

Rodzice, którym uda się znaleźć drogę przez tę pustynię – a większości się to udaje – stają przed nowymi przeszkodami, tak praktycznej, jak i emocjonalnej natury. Do praktycznych problemów należy znalezienie dla dziecka dobrej opieki medycznej, zapewnienie mu możliwości uczenia się oraz znalezienie środków finansowych, żeby za to zapłacić. Wyzwanie emocjonalne polega na konieczności włożenia serca i duszy w opiekę nad niepełnosprawnym dzieckiem i jednocześnie znalezieniu energii i czasu dla pozostałych dzieci, partnera i samego siebie.

Podróż ta może, ale nie musi być samotna. Około jednej trzeciej amerykańskich dzieci cierpi na przewlekłe problemy medyczne lub rozwojowe, jedno na dziesięcioro dzieci jest niepełnosprawne w stopniu co najmniej umiarkowanym, a jedno na sto jest niepełnosprawne w stopniu ciężkim. Może się wydawać, że jedno na sto to niewiele, ale oznacza to, że wiele tysięcy rodzin podróżuje tą samą drogą. Rodziny i wspierający je specjaliści tworzą silną i pełną akceptacji społeczność, bogatą w wiedzę, mądrość i zaangażowanie. Jeśli istnieje rada, która przyda się wszystkim rodzicom dzieci o szczególnych potrzebach zdrowotnych lub rozwojowych, brzmi ona: szukajcie pomocy i wsparcia tej społeczności. Każda rodzina musi podążać własną ścieżką, ale droga będzie łatwiejsza, jeśli pozwolicie, by rodziny, które szły w tym samym kierunku przed wami, posłużyły wam za przewodników.

Jeszcze jedno na temat waszej podróży: krajobraz może być surowy, a droga wyboista, ale natraficie na miejsca oszałamiająco piękne i obfite źródła słodyczy, które dadzą wam siłę. Najprawdopodobniej odkryjecie, że dysponujecie siłą, której istnienia nie podejrzewaliście.

Kim są dzieci z niepełnosprawnościami? W przeszłości mówiło się, że dziecko jest niepełnosprawne, albo nadawało mu etykietkę w zależności od choroby: dziecko z zespołem Downa, dziecko autystyczne. Dziś staramy się kłaść większy nacisk na dziecko niż na chorobę. Dlatego coraz częściej mówi się o dzieciach z niepełnosprawnościami zamiast o dzieciach niepełnosprawnych albo specjalnej troski.

Do dzieci z niepełnosprawnościami zalicza się dzieci z szeroką gamą problemów. Należą do nich dzieci z powszechnymi problemami zdrowotnymi, takimi jak astma albo cukrzyca; dzieci z umiarkowanie rzadkimi chorobami, takimi jak zespół Downa czy mukowiscydoza; dzieci z niezwykle rzadkimi schorzeniami takimi jak choroba syropu klonowego; dzieci z komplikacjami związanymi z przedwczesnym porodem, takimi jak porażenie mózgowe, głuchota lub ślepota; dzieci, których mózg został uszkodzony w wyniku urazu albo infekcji; wreszcie dzieci z fizycznymi wadami rozwojowymi takimi jak rozczep wargi, rozszczep podniebienia, karłowatość lub szpecące znamiona wrodzone. W sumie na spektrum niepełnosprawności składa się około trzech tysięcy różnych chorób.

Każdy rodzaj niepełnosprawności wiąże się z określonymi problemami i terapiami. Oczywiście dzieci z niepełnosprawnościami i ich rodziny są bardzo różne, więc często nierealistyczne jest mówienie o dzieciach niepełnosprawnych, jak gdyby stanowiły jednolitą grupę. Można jednak pokusić się o pewne uogólnienia.

RADZENIE SOBIE W RODZINIE

Różni rodzice różnie sobie radzą. Jedni przyjmują podejście analityczne i starają się dowiedzieć jak najwięcej o chorobie dziecka; drudzy wolą powierzyć komu innemu rolę eksperta. Jeden okazuje intensywne emocje, drugi z nieprzeniknionym wyrazem twarzy sprawia wrażenie, jakby niewiele czuł. Jeden ma poczucie winy i wpada w depresję; drugi obwinia ludzi oraz cały świat i wpada we wściekłość. Jeden traci nadzieję, drugi zostaje działaczem politycznym.

W danej rodzinie różne strategie radzenia sobie z niepełnosprawnością dziecka mogą się nawzajem uzupełniać albo stać się dodatkowym źródłem stresu. Choć powoli się to zmienia, w naszej kulturze nadal przeważa przekonanie, że prawdziwi mężczyźni nie płaczą. Matki często są wytrącone z równowagi, ponieważ mają wrażenie, że ojców choroba dziecka nic nie obchodzi – nie okazują emocji na wieść o niepełnosprawności.

Ojcowie natomiast mają poczucie, że matki przesadzają z emocjami i dramatyzują, co tylko pogarsza sprawę. Bardzo ważna jest świadomość, że ludzie reagują różnie, i umiejętność dostrzeżenia prawdy: oboje rodzice są stanem dziecka głęboko przejęci. Kiedy rodzice rozumieją i wzajemnie akceptują swoje strategie radzenia sobie z niepełnosprawnością ukochanej pociechy, oboje czują, że mają wsparcie i są silniejsi.

Spodziewaj się żalu. Wszyscy rodzice niepełnosprawnych dzieci odczuwają ból i żal. Jest to zupełnie normalne i zrozumiałe. Muszą opłakać utratę idealnego potomka, którego sobie wymarzyli, zanim nauczą się akceptować prawdziwe dziecko, które mają.

Często czyta się o etapach żałoby – szok, zaprzeczenie, smutek, gniew – jak gdyby każdy przechodził je wszystkie, jeden po drugim, po kolei. W rzeczywistości więk-

🏛 KLASYCZNY SPOCK

Nie ma idealnych rodziców dzieci z niepełnosprawnościami. Konieczne są nieustanne kompromisy: czasem musicie zrobić sobie przerwę i odzyskać spokój; czasem macie poczucie, że zaniedbujecie jednego członka rodziny, zaspokajając potrzeby innego; czasem wydaje się wam, że nie dacie rady sprostać temu wyzwaniu. Wszystko to jest naturalne: nie jesteście w stanie zrobić wszystkiego. Dobra wiadomość jest taka, że nie musicie robić wszystkiego. Jeszcze nigdy nikomu się to nie udało.

szość rodziców przechodzi przez wszystkie te etapy naraz. Czasem jedno uczucie jest bardziej intensywne, czasem inne, ale wszystkie są obecne. Dlatego możecie stwierdzić, że bez widocznego powodu, na środku supermarketu niespodziewanie wpadacie w złość albo przygnębienie, aż zdacie sobie sprawę, że to ból nagle dał o sobie znać z jakiegoś powodu.

Żal staje się niepokojący, gdy rodzice się w nim zamykają i nie są w stanie ruszyć dalej: złoszczą się na wszystkich, wpadają w taką depresję, że nie mogą rano wstać z łóżka, stale odmawiają przyjęcia do wiadomości prawdy o stanie dziecka. Takie reakcje nie są niczym niezwykłym na początku, ale stanowią powód do obaw, jeśli uniemożliwiają rodzicom funkcjonowanie albo utrzymują się przez wiele miesięcy i nie widać poprawy.

Częścią żalu jest zwrócenie się do wewnątrz; to normalne, że odczuwa się czasem potrzebę samotności. Jednak niedobrze jest się izolować. Ból zaczyna mijać, gdy się nim podzielić. Zdolność cierpienia wspólnie z partnerem, przyjaciółmi, rodziną, członkami tego samego Kościoła bądź specjalistą to dobra oznaka. Ludzie nie powinni cierpieć samotnie.

Strzeż się poczucia winy. Inna powszechna reakcja to poczucie winy. Ro-

dzice myślą: „Na pewno zrobiliśmy coś źle" i bez końca się nad tym zastanawiają, pomimo zapewnień specjalistów, że po prostu mieli pecha. Mama może w głębi duszy być przekonana, że jej dziecko urodziło się ze zdeformowaną rączką, ponieważ w ciąży zażywała aspirynę (choć jedno z drugim nie ma nic wspólnego). Tata wciąż na nowo przeżywa scenę wypadku i wymyśla sobie: „Gdybym tylko nie pozwolił mu jeździć rowerem po tej ulicy, nic by się nie stało".

Poczucie winy nie pozwala ruszyć z miejsca. Zaabsorbowanym przeszłością rodzicom brak energii, żeby poradzić sobie z teraźniejszością. Wyrzuty sumienia stają się wygodną wymówką: „Raz już zawaliłem sprawę, więc nie można ode mnie oczekiwać, że coś z tym zrobię". Unikajcie tej pułapki. Jeśli wpadnie w nią jedno z was, drugie musi pomóc mu wydobyć się na powierzchnię.

Wystrzegaj się specjalizacji. Często się zdarza, że jedno z rodziców przejmuje inicjatywę w opiece nad dzieckiem niepełnosprawnym, zabiera je do lekarza, chodzi na spotkania grup wsparcia dla rodziców i dowiaduje się wszystkiego o chorobie. Problem z taką specjalizacją polega na tym, że drugie z rodziców – często tata – może się czuć coraz bardziej pominięte i brak mu będzie swobody w opiece nad dzieckiem. To z rodziców, które się nie wyspecjalizowało, może też stwierdzić, że ma mniej do powiedzenia „specjaliście", pogrążonemu w świecie niepełnosprawności. Utrzymywanie się takiej niezdrowej sytuacji może zniszczyć małżeństwo.

Aby uniknąć takiej pułapki, należy opiekować się dzieckiem na zmianę. Jeśli jedno z rodziców zostaje w domu, żeby zajmować się dzieckiem w dzień, drugie powinno postarać się nim zająć po pracy i w weekendy, a także wziąć czasem wolne, żeby pójść do lekarza i na spotkanie grupy wsparcia. Może się to wydawać niesprawiedliwe – w końcu to z rodziców, które pracuje zarobkowo, również przez cały dzień jest zajęte i zasługuje na odpoczynek – ale to konieczne, jeśli rodzice mają pozostać małżeństwem i funkcjonować jako jeden zespół.

Znajdźcie czas dla pozostałych dzieci. Opieka nad dziećmi niepełnosprawnymi wymaga szczególnego wysiłku fizycznego i emocjonalnego ze strony rodziców, ale jeśli niepełnosprawność jednego z dzieci stanie się ogniskiem zainteresowania rodziny, jego bracia i siostry na pewno będą odczuwali rozgoryczenie. Mogą się zastanawiać, dlaczego żeby przyciągnąć uwagę rodziców, trzeba mieć aż tak poważny problem. Niektóre dzieci zaczynają pakować się w tarapaty, jakby wołały: „A co ze mną? Ja też jestem waszym dzieckiem!" Inne stają się nienaturalnie odpowiedzialne, jak gdyby w ten sposób mogły wynagrodzić rodzicom niedoskonałość brata czy siostry i zdobyć ich miłość. Żadna z tych reakcji nie uszczęśliwi waszych pociech na dłuższą metę.

Wszystkie dzieci wymagają troski, nawet jeśli nie jest to „specjalna" troska. Potrzebują codziennej miłości i zainteresowania rodziców. Nie oznacza to, że rodzi-

ce muszą z nimi spędzać mnóstwo czasu; wystarczy tyle, żeby każde z dzieci czuło się ważne. Często się zdarza, że trzeba opuścić przedstawienie szkolne albo mecz piłki nożnej z powodu nagłej wizyty u lekarza. Jednak dobrze jest, jeśli czasem to właśnie rutynowe badanie lekarskie zostanie przeniesione na inny termin.

Pomocne może być zaproszenie zdrowego rodzeństwa na badania albo sesje terapeutyczne dziecka chorego, jeśli sobie tego życzy. Odziera to z tajemnicy zainteresowanie, jakim otaczają niepełnosprawne dziecko rodzice. Rodzeństwo widzi, jak nudne i męczące są to procedury. Jeśli nie ma ochoty towarzyszyć wam w wizytach w klinice albo gabinecie terapeuty, w miarę możliwości uszanujcie jego decyzję. Jest bardziej prawdopodobne, że dziecko z własnej woli i z dobrego serca zaoferuje wam pomoc, jeśli będzie miało coś do powiedzenia w tej sprawie.

Niełatwo jest być bratem albo siostrą dziecka niepełnosprawnego. Jednak może to być także pozytywne doświadczenie, uczące empatii i współczucia, tolerancji dla odmienności, odwagi i odporności.

Dbaj o swoje związki z ludźmi dorosłymi. Warto zadbać o związek z partnerem. Statystyki skłaniają do zadumy: w obliczu znacznej niepełnosprawności dziecka jedna trzecia małżeństw nie wytrzymuje presji, jedna trzecia pozostaje bez zmian, a jedna trzecia wzmacnia się i wzbogaca, gdy rodzice wspólnie stawiają czoło wyzwaniom. Żeby związek mógł się rozwijać, niezbędne jest porozumienie i wzajemne zaufanie. Przede wszystkim zaś trzeba włożyć w związek dużo pracy i zaangażowania i zainwestować weń energię.

Prawdopodobnie zmienią się też wasze stosunki z przyjaciółmi i sąsiadami. Wychowywanie dziecka z niepełnosprawnościami może się okazać doświadczeniem bardzo samotnym, jeśli na to pozwolicie. Może też wzbogacić wasze relacje z kręgiem znajomych. Wielu rodziców odkrywa, że mają prawdziwych przyjaciół: to ci, którzy w tych trudnych chwilach mają dla nich miłość i wsparcie, nie ci, którzy zaczynają ich unikać. Będziecie lepszymi rodzicami, jeśli nie zaniedbacie innych ważnych w waszym życiu rzeczy. Potrzebujecie przyjaciół i zasługujecie na to, żeby ich mieć, spotykać się z nimi i dobrze się bawić. Musicie czasem oderwać się od codziennych obowiązków.

Chwila wytchnienia daje wolność. W jednym z badań pytano rodziców dzieci z niepełnosprawnościami, czego najbardziej w życiu potrzebują. Odpowiedź brzmiała: chwili wytchnienia – kogoś, kto przez pewien czas zajmie się dzieckiem, żeby mogli wyjść do kina czy na zakupy, odwiedzić znajomych i rodzinę. Chwili wytchnienia można szukać w profesjonalnej agencji, wśród przyjaciół w kościele czy synagodze, a także w kręgu rodziny.

Nie wmawiajcie sobie, że nie powinniście nigdy zostawiać dziecka. Ono musi się nauczyć rozłąki z wami, tak jak każde dziecko, a wy musicie czuć się pewnie, zostawiając je pod opieką innych dorosłych.

Dbaj o siebie. Żeby być dobrymi rodzicami, musicie być dobrymi ludźmi. Większość męczenników w końcu zaczyna nienawidzić swojego męczeństwa i idei, za którą się poświęca. Najlepszą opieką otoczycie dziecko wtedy, gdy poczujecie się szczęśliwi i spełnieni. Nikt nie powie wam, jak to osiągnąć. Dla niektórych rodziców najlepszym rozwiązaniem jest zapewnienie dziecku znakomitej opieki i powrót do pracy. Inni wolą poświęcić mu więcej czasu. Niezależnie od tego, jak zdecydujecie się dysponować swoją energią, na pewno niektórzy członkowie waszej rodziny i znajomi będą zdania, że należało podjąć inną decyzję. Nie możecie zadowolić wszystkich, więc nie przywiązujcie zbyt dużej wagi do ich opinii. Nie ma jednej właściwej decyzji. Zróbcie to, co jest najlepsze dla was.

DO DZIEŁA

Opieka nad dzieckiem z niepełnosprawnością może łatwo przyprawić was o poczucie braku nadziei i rozpacz. Antidotum na takie uczucia jest działanie. Naprawdę możecie dużo zrobić.

Dowiedzcie się jak najwięcej o chorobie dziecka. Im lepiej ją zrozumiecie, tym mniej będzie tajemnicza, tym lepiej będziecie rozumieli lekarzy, tym bardziej będziecie w stanie pomóc terapeutom. Napiszcie do organizacji zajmujących się tym problemem. Sprawdźcie źródła na ten temat w miejscowej bibliotece. A przede wszystkim porozmawiajcie z lekarzem,

pielęgniarką środowiskową i pracownikiem opieki społecznej.

Zorganizuj sobie pracę. Obowiązki rodziców dzieci z niepełnosprawnościami mogą być przytłaczające: wizyty u lekarzy, sesje terapeutyczne, badania diagnostyczne, spotkania z nauczycielami i tak dalej. Jeśli nie chcecie, aby te obowiązki zdominowały wasze życie, musicie działać efektywnie. Wielu rodziców zaopatruje się w segregator, w którym przechowują informacje o tym wszystkim, co już zostało zrobione i co zaszło. Zabierają go ze sobą na wszystkie umówione spotkania. Zaplanujcie jak najwięcej wizyt jednego dnia i poszukajcie kliniki albo szpitala, w którym można zorganizować wiele wizyt jedna po drugiej w krótkim czasie bez konieczności pokonywania dużych odległości.

Przyjazna medycyna. Dla dzieci niepełnosprawnych korzystne jest, że zajmuje się nimi jeden lekarz – zazwyczaj lekarz pierwszego kontaktu – który rozumie chorobę dziecka, wie, jaką pomoc medyczną i socjalną może ono uzyskać, i może koordynować opiekę nad nim. Lekarz ten powinien dobrze znać dziecko i jego rodzinę, jej silne i słabe punkty, i powinien pomóc rodzicom w podjęciu kroków mających na celu wspieranie zdrowia całej rodziny. W ostatnich latach Amerykańska Akademia Pediatrii i inne organizacje specjalistyczne nazywają taki rodzaj opieki „medycznym domem" dziecka (ang. *medical home*). Oczywiście każde dziecko zasługuje na indywidualną opiekę i wsparcie, przy uwzględnieniu potrzeb całej rodziny, jednak w przypadku dzieci specjalnej troski „medyczny dom" jest wręcz niezbędny.

Lekarze oferujący opiekę w ramach „medycznego domu" często są specjalnie przeszkoleni. Mogą być członkami Towarzystwa Pediatrii Rozwojowej i Behawioralnej. Dowiedzcie się, czy wasz lekarz świadczy tego typu usługi lub może wskazać oferującego je specjalistę.

Przyłącz się do grupy wsparcia dla rodziców. Grupy dla rodziców służą wiedzą, rekomendacjami najlepszych lekarzy i terapeutów oraz wsparciem emocjonalnym. Istnieją krajowe organizacje zajmujące się większością niepełnosprawności. Niektóre są wymienione w *Źródłach* (str. 623), inne może wskazać lekarz. Warto odwiedzić najbliższą bibliotekę albo przeszukać Internet. Być może niedaleko was jest lokalny oddział. Nawet jeśli nie ma grupy

poświęconej wyłącznie chorobie waszego dziecka, być może jest grupa dla rodziców dzieci z różnymi niepełnosprawnościami.

Znakomitym źródłem w języku angielskim jest czasopismo „Exceptional Parent" („Wyjątkowi Rodzice"), regularnie publikujące artykuły godne zaufania, zawierające dużo informacji i inspirujące. Jego witrynę internetową można znaleźć pod adresem www.eparent.com.

Bądź rzecznikiem swojego dziecka. Może się zdarzyć, że będziecie musieli wziąć na siebie rolę negocjatora, by załatwić coś w rozmaitych biurach i poradniach specjalistycznych. System szkolnictwa może nie zapewniać programu, który według was jest najlepiej dostosowany do potrzeb waszego dziecka. Firmy ubezpieczeniowe mogą wzbraniać się przed płaceniem za część badań albo terapii. Niektóre społeczności są niewrażliwe na potrzeby osób z niepełnosprawnościami i nie zapewniają im dostatecznego wsparcia.

W takich sytuacjach nieustępliwi, wytrwali i świadomi rodzice mogą wiele zdziałać. Istnieje wiele organizacji, których głównym celem jest kształcenie rodziców i zapewnianie im wsparcia, dzięki czemu mogą być skutecznymi rzecznikami swoich dzieci. Porozmawiajcie z lekarzem dziecka albo przejrzyjcie listę krajowych organizacji w *Źródłach* (str. 623).

Nie zniechęcajcie się, jeśli początkowo spotkacie się z oporem. Z czasem staniecie się bardziej skuteczni. Nie musicie też działać sami. Jedyny głos silniejszy od głosu upartych rodziców to głos g r u p y upartych rodziców. Dołączcie do stowarzyszenia rodziców; niech wasze głosy staną się częścią chóru, który będzie mógł wpływać na ustawodawców i sądy.

Zaangażujcie się w swojej społeczności. Wiele społeczności i grup religijnych pomaga osobom z niepełnosprawnościami. Przedstawcie swoje dziecko sąsiadom, członkom parafii, całej społeczności. Pomóżcie im zrozumieć potrzeby dzieci z niepełnospraw-

nościami. Ucieszy was ogromne wsparcie, które od nich uzyskacie, gdy dowiedzą się o waszej sytuacji i dostrzegą w waszym dziecku indywidualną istotę ludzką.

WCZESNA INTERWENCJA I NAUCZANIE SPECJALNE

Wczesna interwencja. Zgodnie z amerykańskim prawem każdy stan ma obowiązek koordynowania wczesnej interwencji terapeutycznej. W ramach wczesnej interwencji dziecko z niepełnosprawnościami może między innymi uczęszczać na terapię zajęciową, fizyczną i logopedyczną. Wczesna interwencja obejmuje również pomoc rodzinom w znalezieniu i opłaceniu zajęć terapeutycznych – albo dzięki prywatnemu ubezpieczeniu zdrowotnemu, albo poprzez programy finansowane przez państwo. Stanowa agencja koordynująca we współpracy z rodzicami ma za zadanie stworzyć dla każdego dziecka indywidualny plan terapii, precyzujący potrzeby dziecka i jego rodziny oraz sposoby ich zaspokojenia. W tworzeniu tego planu oraz opiece nad dzieckiem może oczywiście uczestniczyć jego lekarz, jeśli świadczy usługę „medycznego domu" (patrz str. 408).

Niezwykłe – i niezwykle pozytywne – jest podkreślenie przez prawodawców, że dzieci funkcjonują w rodzinie, więc żeby zaspokoić ich potrzeby, trzeba wziąć pod uwagę całą rodzinę. System wczesnej interwencji jest niezwykle ważny dla wszystkich dzieci poniżej trzeciego roku życia. Lekarz dziecka powinien być w stanie umożliwić wam skorzystanie z tego systemu*.

---

* W Polsce 10 maja 2005 weszło w życie rozporządzenie w sprawie organizowania wczesnego wspomagania rozwoju dzieci. Wczesne wspomaganie ma na celu „pobudzanie psychoruchowego i społecznego rozwoju dziecka od chwili wykrycia niepełnosprawności do podjęcia nauki w szkole" (przyp. tłum.).

Ustawa o kształceniu osób z niepełnosprawnościami i nauczanie specjalne. Amerykańskie prawo reguluje również kształcenie dzieci z niepełnosprawnościami powyżej trzeciego roku życia przez poszczególne stany. Ustawa o kształceniu osób z niepełnosprawnościami jest rezultatem działania rodziców dążących do tego, by ich pociechy nie były ignorowane ani wykorzystywane przez system szkolnictwa. Ustawa mówi, że wszystkie dzieci mają prawo do „bezpłatnej i odpowiedniej edukacji publicznej" w „jak najmniej restrykcyjnym środowisku". Zgodnie z tym standardem, szkoły mają zapewniać dzieciom z niepełnosprawnościami niezbędne wsparcie, żeby umożliwić im jak najpełniejsze uczestnictwo w zwyczajnych zajęciach szkolnych i imprezach towarzyskich. Jeżeli na przykład dziecko niedosłyszy, szkoła musi zapewnić mu aparat słuchowy, który umożliwi mu pełne uczestnictwo w lekcjach.

Ustawa o kształceniu osób z niepełnosprawnościami daje rodzicom prawo i obowiązek upewnienia się, że zaspokajane są szczególne potrzeby ich dzieci. Rodzice mają prawo zażądać przebadania dziecka; jeżeli okaże się, że ma szczególne potrzeby, szkoła musi opracować dla niego indywidualny program nauczania, opisujący potrzeby dziecka oraz propozycje zaspokojenia ich przez szkołę. Rodzice podpisują program; mają też prawo się odwołać, jeśli się z nim nie zgadzają. (Na stronie 456 znajdziecie więcej informacji o ustawie o kształceniu osób z niepełnosprawnościami.)

Integracja. Kiedyś uważano, że dzieci z nie-pełnosprawnościami utrudniającymi uczest-nictwo w zwyczajnych lekcjach – na przykład niedosłyszące albo niedowidzące – powinny od początku uczęszczać do szkoły specjalnej, a jeśli takiej nie ma w pobliżu, to powinny zo-stać umieszczone w specjalnej szkole z inter-natem. W ostatnich dwudziestu latach czyni się coraz większe wysiłki, żeby dzieci z nie-pełnosprawnościami uczyły się w zwykłych szkołach, w zwykłych klasach.

Prawidłowo prowadzona integracja przy-nosi korzyści wszystkim dzieciom, tym z niepełnosprawnościami i tym zdrowym. Integracja prowadzona bez uwzględnie-nia szczególnych potrzeb dziecka może spowodować, że nie wykorzysta ono swo-jego potencjału edukacyjnego. Ustawa opisana powyżej (oraz na stronie 456) daje rodzicom możliwość upewnienia się, że ich dzieci są dobrze kształcone.

NIEDOROZWÓJ UMYSŁOWY

Piętno. Niedorozwój umysłowy to piętno, dużo mocniejsze niż niemal jakiekolwiek inne zaburzenie. Taka diagnoza brzmi jak obelga. Przez lata ludzie używali wielu róż-nych terminów na opisanie dzieci i doro-słych, których zdolności intelektualne są poniżej normy: upośledzenie, opóźnienie rozwoju, zaburzenia poznawcze i tak dalej*. W moim odczuciu tworzenie takich po-jęć to nieudana próba ukrycia, o czym tak naprawdę mowa. Wydaje mi się, że należy zmienić nie terminologię, ale sposób my-ślenia. Niedorozwój umysłowy to choroba, tak jak ślepota albo głuchota, która utrud-nia ludziom samodzielne funkcjonowanie w społeczeństwie. Specjalistyczna pomoc umożliwia prowadzenie pełnego, satysfak-cjonującego i produktywnego trybu życia. Ludzie z niedorozwojem umysłowym mo-gą kochać i być kochani, mogą mieć swój wkład w życie społeczności. Ich choroba nie powinna być powodem do wstydu.

Opóźnienia w rozwoju a niedorozwój umysłowy. Wiele niemowląt i małych dzie-ci późno osiąga niektóre kamienie milowe

rozwoju, jak samodzielne chodzenie albo mówienie pełnymi zdaniami. Dziecko roz-wijające się bardzo powoli może zostać uznane za opóźnione w rozwoju. Etykiet-ka ta niewiele mówi o przyczynach opóź-nienia i rokowaniach na przyszłość. Małe dzieci często rozwijają się skokami, a wiele dzieci opóźnionych w rozwoju w końcu do-równuje rówieśnikom, często bez pomocy terapeutów czy innych specjalistów.

Inne pozostają opóźnione i z czasem staje się jasne, że uczą się i nabywają wiele umie-jętności w wolniejszym tempie niż przecięt-ne dzieci. W końcu prawdopodobnie zosta-ną uznane za niedorozwinięte umysłowo. U małych dzieci z poważnym opóźnieniem rozwojowym albo z chorobami, o których wiadomo, że wpływają na rozwój mózgu, niedorozwój umysłowy może zostać rozpo-znany w pierwszym roku albo dwóch życia. U wielu dzieci upośledzenie umysłowe jest rozpoznawane dopiero w szkole.

Definicja niedorozwoju umysłowego. Definicja niedorozwoju umysłowego zmie-niła się. Obecnie jest on rozpoznawany nie tylko na podstawie testów na inteligencję, ale również tego, jak dobrze dziecko radzi sobie z czynnościami codziennego życia:

---

* W Polsce zaleca się używanie terminu niepełno-sprawność intelektualna (przyp. red. nauk.).

czy potrafi samo o siebie zadbać (zaspokoić głód, zatroszczyć się o higienę osobistą i ubranie), wyrazić swoje potrzeby i pomysły, poradzić sobie z nauką, wykonać obowiązki domowe. Kiedyś dzielono niedorozwój umysłowy na lekki, umiarkowany i znaczny. Choć trudno jest zupełnie uniknąć używania tych terminów, obecnie specjaliści koncentrują się bardziej na tym, ile pomocy dziecko potrzebuje, żeby dać sobie radę w życiu. Czy wymaga szczególnego wsparcia tylko czasem, tylko w niektórych sytuacjach (na przykład w szkole), czy też przez większość czasu, w większości sytuacji? Rozpoznanie niedorozwoju umysłowego to dziś nie tylko etykietka, ale opis rodzaju i intensywności pomocy, której dziecko potrzebuje, żeby robić postępy i funkcjonować w życiu.

Przyczyny niedorozwoju umysłowego. Gdy niedorozwój jest znaczny, często można wskazać jego przyczynę. Przykładem jest gładkomózgowie (zaburzenie prawidłowego rozwoju kory mózgowej) albo różyczka, wirusowe zakażenie niegroźne w dzieciństwie, które może jednak spowodować uszkodzenie mózgu rozwijającego się płodu, jeśli zachoruje na nie ciężarna kobieta. Wiele chorób genetycznych, na przykład zespół Downa (patrz str. 416), powoduje niedorozwój umysłowy.

Jednak gdy upośledzenie jest lekkie, często trudno jest wskazać przyczynę. Wiemy, że wiele czynników wpływa na rozwój mózgu, na przykład narażenie na działanie ołowiu albo rtęci (patrz str. 517) lub niedożywienie w pierwszych latach życia. Narażenie na działanie alkoholu w życiu płodowym to znana przyczyna niedorozwoju umysłowego i prawdopodobnie palenie w ciąży ma podobne, choć mniej wyraźne skutki. Wiemy, że statystycznie jedno i drugie powoduje obniżenie ilorazu inteligencji. Jednak w przypadku konkretnego dziecka nie można powiedzieć, że narażenie na działanie takiego czy innego czynnika spowodowało niedorozwój umysłowy. Wiele jest przypadków idiopatycznych, co oznacza po prostu, że nie znamy ich przyczyny.

Dzieci z lekkim niedorozwojem umysłowym często pochodzą z domów, w których nie oferuje im się wystarczającej stymulacji intelektualnej. Nie jest jasne, czy brak stymulacji p o w o d u j e upośledzenie; prawdopodobnie w grę wchodzi więcej czynników. Jest jednak jasne, że wysokiej jakości programy przedszkolne przyczyniają się do rozwoju intelektualnego dzieci z takich domów. Zachęcanie rodziców, żeby czytali niemowlętom na głos, oraz dawanie im na początek książeczek z obrazkami pobudza rozwój językowy małych dzieci, kluczowy element ilorazu inteligencji. To, że dodatkowa stymulacja jest korzystna, nie oznacza, że należy winić rodziców za niedobory umysłowe dziecka. Oznacza to tylko, że mózg jest bardzo elastycznym narządem i właściwie pobudzany może rozwinąć się w zaskakujący sposób.

Czego potrzebują dzieci z niedorozwojem umysłowym? Wszystkie dzieci najpełniej wykorzystują swoje możliwości w atmosferze akceptacji i miłości. Również dzieci niedorozwinięte umysłowo potrzebują stymulacji i wyzwań dostosowanych do ich możliwości, nawet jeśli oznacza to wyzwania normalnie stawiane młodszym dzieciom. Na przykład siedmio- albo ośmioletnie dziecko może potrzebować okazji do zabawy w udawanie, choć jego rówieśnicy bardziej interesują się grami planszowymi. Dzieci upośledzone umysłowo powinny się bawić z kolegami, których towarzystwo sprawia im przyjemność i za którymi nadążają, nawet jeśli miałyby to być dzieci dużo od nich młodsze. W szkole należy je umieścić w klasie, w której będą się dobrze czuły i będą w stanie coś osiągnąć.

Wybór szkoły. Niezwykle istotny jest wybór właściwej szkoły. Warto skonsultować się z psychologiem albo psychiatrą dziecięcym, prywatnie, w poradni zdrowia psychicznego dla dzieci, w poradni psy-

chologiczno-pedagogicznej albo za pośrednictwem placówki opiekuńczo-wychowawczej. Nie należy umieszczać dziecka w klasie, która jest dla niego za bardzo zaawansowana. Każdego dnia, którego nie potrafi dorównać kolegom, jego pewność będzie malała, a konieczność powtarzania roku albo przeniesienia się do niższej klasy z pewnością je zniechęci.

🏛 KLASYCZNY SPOCK

Opóźnione umysłowo dziecko, którego rodzice nie mają wyższego wykształcenia i szczęśliwie żyją w skromnych warunkach, często radzi sobie lepiej niż dziecko rodziców z wyższym wykształceniem albo takich, którzy mają wysokie aspiracje odniesienia życiowego sukcesu. Ci ostatni częściej zakładają, że najistotniejsze są dobre oceny w szkole, ukończenie studiów i zdobycie prestiżowej pracy. Wiele potrzebnych i godnych szacunku zawodów mogą wykonywać osoby o inteligencji niższej niż przeciętna. Każdy ma prawo wzrastać w warunkach, które umożliwią mu przystosowanie się i zdobycie kwalifikacji do wykonywania najlepszego zawodu, na jaki wystarcza mu inteligencji.

Każdy, kto miał okazję obserwować grupy opóźnionych w rozwoju dzieci, wie, że są zazwyczaj swobodne, przyjazne i urocze, zwłaszcza te, które w domu spotykają się z naturalną akceptacją. A kiedy zajęte są dostosowaną do ich możliwości zabawą albo nauką, ich zachowanie cechuje taka sama gorliwość i zainteresowanie jak dzieci o przeciętnej lub wybitnej inteligencji. Innymi słowy, jeżeli wyglądają „głupio", to dlatego, że czują się nieswojo w danej sytuacji, nie dlatego, że mają niski iloraz inteligencji. W końcu większość z nas wyglądałaby głupio na zaawansowanym wykładzie z teorii względności.

Rodzice dziecka o przeciętnej inteligencji nie muszą pytać lekarza ani czytać książek, żeby dowiedzieć się, jakie są zainteresowania ich pociechy. Po prostu patrzą, jak się bawi swoimi i cudzymi rzeczami, i zgadują, co jeszcze mogłoby jej się spodobać. Widzą, czego próbuje się nauczyć, i starają się jej delikatnie pomóc. Tak samo powinno być w przypadku dzieci niedorozwiniętych umysłowo. Obserwujcie je, żeby zobaczyć, co sprawia im przyjemność. Dajcie im odpowiednie zabawki. Pomóżcie im nawiązać kontakt z dziećmi, z którymi lubią się bawić, najlepiej codziennie. Uczcie je tych umiejętności, w których trzeba im pomóc.

Niedobrze jest opóźniać pójście dziecka do szkoły z powodu niedorozwoju umysłowego. Programy przedszkolne mogą bardzo pomóc dzieciom z opóźnieniami rozwojowymi.

Dziecko ze znacznym upośledzeniem umysłowym. Trudniejsza jest sytuacja w przypadku dziecka, które w wieku osiemnastu lub dwudziestu czterech miesięcy nadal nie potrafi siedzieć i okazuje niewielkie zainteresowanie ludźmi i przedmiotami. Taki malec przez cały czas wymaga opieki jak niemowlę. To, czy pozostanie w domu, czy trafi do odpowiedniej instytucji, zależy od stopnia upośledzenia, temperamentu dziecka, jego wpływu na rodzeństwo oraz tego, czy kiedy zacznie się bardziej interesować światem, będzie w stanie znaleźć kolegów oraz zabawy, które je zainteresują. Trzeba będzie się dowiedzieć, czy w którejś z pobliskich szkół jest specjalna klasa, która je zaakceptuje i będzie mu odpowiadać. Przede wszystkim zaś rodzice będą musieli odpowiedzieć na pytanie, czy są w stanie podołać opiece nad nim i czerpać z niej tyle satysfakcji, żeby kontynuować ją latami. Kiedyś zakładano, że upośledzone dziecko zostanie odesłane do specjalnej szkoły albo będzie chodzić do specjalnej klasy. Dziś się zakłada, że dzieci upośledzone będą mieszkać w domu i chodzić do zwyczajnej szkoły, uzyskując wsparcie niezbędne, żeby dać sobie radę w życiu.

Dojrzewanie i wchodzenie w dorosłość. Dzieci niepełnosprawne umysłowo także dorastają. W okresie dojrzewania dziecko z niedorozwojem umysłowym będzie musiało sprostać tym samym sprzecznym pragnieniom i obawom, które prześladują i zachwycają inne nastolatki, a także dodatkowym wyzwaniom. Ponieważ ich niezależność jest ograniczona, z praktycznego punktu widzenia trudniej im będzie utrzymywać kontakty towarzyskie – chodzić do kina, spotykać się z przyjaciółmi. Nastolatki z niedorozwojem umysłowym mogą mieć trudności ze zrozumieniem zasad społecznych rządzących relacjami płciowymi. Nie ułatwia im życia fakt, że wielu ludzi zakłada, iż osoba z upośledzeniem nie ma albo nie powinna mieć poczucia seksualności. Nieprzerwana edukacja seksualna i nauka o stosunkach międzyludzkich od najmłodszych lat (patrz str. 299) jest ważna dla przeciętnie rozwijających się dzieci, a jeszcze ważniejsza dla dzieci niedorozwiniętych umysłowo.

Wielu rodziców martwi się, że dziecko z upośledzeniem umysłowym nie znajdzie sobie miejsca w świecie dorosłych. Szkoły coraz częściej zapewniają nauczanie specjalne do dwudziestego pierwszego roku życia, a także usługi umożliwiające młodym ludziom znalezienie odpowiedniej pracy i mieszkania.

Można znaleźć dużo więcej informacji na wszystkie poruszone powyżej tematy; na początek zajrzyjcie do *Źródeł* na stronie 623.

AUTYZM

Czas nadziei i obaw. Dzisiaj wiemy więcej o autyzmie niż kiedykolwiek przedtem. Rozumiemy, że powodowany jest nienormalnym rozwojem mózgu, nie błęda-mi wychowawczymi. Istnieje nadzieja, że wczesne i intensywne nauczanie specjalne może pomóc dzieciom z autyzmem nauczyć się komunikować i myśleć bardziej elastycznie. Większa jest wiedza i optymizm związany z leczeniem, większa liczba dobrych programów leczenia, a specjaliści coraz wcześniej rozpoznają chorobę, zwiększając w ten sposób szansę poprawy.

Zła wiadomość jest taka, że liczba dzieci z autyzmem wydaje się rosnąć. Mówię „wydaje się", ponieważ nie jesteśmy pewni, w jakim stopniu za ten wzrost odpowiedzialna jest większa świadomość problemu, a w jakim rzeczywista zmiana częstości występowania tej choroby. Popularna teoria, że autyzm jest wynikiem szczepień, jest bardzo nieprawdopodobna (patrz str. 490). Istnieje jednak wiele innych możliwości, a nie wszystkie zostały dokładnie zbadane. Wczesne intensywne nauczanie specjalne pomaga coraz większej liczbie dzieci w robieniu stopniowych postępów, ale wielu rodziców wciąż się łudzi, że cudowne sposoby leczenia przyniosą całkowite uzdrowienie. Kiedy te nadzieje legną w gruzach, a do tej pory zawsze tak było, rozczarowanie jest bardzo gorzkie. Realistycznie należy oczekiwać, że autystyczne dziecko przez całe życie będzie stawało przed szczególnymi wyzwaniami.

Co prawda dziś wiemy o autyzmie więcej niż kiedykolwiek przedtem, ale wciąż jeszcze dużo musimy się nauczyć. Poniższe informacje to tylko krótki wstęp. Jeśli wasze dziecko albo dziecko, które kochacie, jest autystyczne, będziecie chcieli się dowiedzieć dużo więcej. Zacznijcie od *Źródeł* na stronie 623.

Co to jest autyzm?

Dzieci z autyzmem mają zaburzenia w trzech sferach: komunikacji, relacji z ludźmi i zachowania. Przeciętnie rozwijające się dzieci czasem mają problemy w jednej z tych sfer; autyzm charakteryzuje pewien wzorzec problemów. Oto przykłady:

Komunikacja. Dzieci z autyzmem mogą nie gaworzyć w wieku, kiedy robi to większość ich rówieśników (pomiędzy szóstym a dwunastym miesiącem), i długo nie posługiwać się słowami. Kiedy mówią, często powtarzają słowa bez znaczenia i z trudnością przychodzi im prowadzenie rozmowy. Dzieci autystyczne mają też problemy z komunikacją niewerbalną. Nie używają kontaktu wzrokowego, żeby okazać, że słuchają, ani nie pokazują palcem przedmiotów, które uważają za interesujące.

Relacje z ludźmi. Autystyczne niemowlęta nie przytulają się i nie wyciągają rączek, żeby je podnieść. Niektóre nie lubią zabaw połączonych z łaskotaniem, uwielbianych przez większość maluchów. Dzieci z autyzmem często ignorują rówieśników albo zachowują się w nieodpowiedni sposób, ponieważ nie potrafią odczytać sygnałów mówiących: „Teraz chcę się bawić" albo: „Zostaw mnie w spokoju". Rodzicom mogą okazywać czułość w dziwne sposoby, na przykład wpadając na nich, kiedy chcą się przytulić.

Zachowanie. Dzieci z autyzmem często wpadają w fascynację jedną albo dwiema czynnościami, które zaczynają powtarzać na okrągło. Jedno dziecko ustawia samochodziki jeden za drugim, zawsze w tej samej kolejności, albo nieustannie włącza i wyłącza światło. Inne całymi godzinami wkłada taśmę do magnetowidu, a potem ją wyjmuje. Jakakolwiek próba oderwania go od tego zajęcia grozi wybuchem złości. Szczególnie fascynujące wydaje im się kręcenie różnymi przedmiotami. Dzieci autystyczne często kręcą się w kółko, trzepoczą albo kręcą dłońmi, rytmicznie kołyszą się w przód i w tył. Mogą w nieoczekiwany sposób reagować na dźwięki, zapachy albo dotyk. Na przykład często lubią być mocno przytulane, choć nie znoszą delikatnego dotknięcia.

Spektrum autyzmu. Istnieje całe spektrum zaburzeń autystycznych, od lekkich po znaczne. Terminologia może być myląca: całą grupę nazywa się czasem „całościowymi zaburzeniami rozwoju"*, ale termin „całościowe zaburzenie rozwoju, bliżej nie określone"** odnosi się konkretnie do autyzmu atypowego, niepełnoobjawowego.

Do spektrum autyzmu należy między innymi zespół Aspergera. Dotknięte nim dzieci mówią poprawnie, ale mają trudności z niuansami społecznego użycia języka. Na przykład ich intonacja jest monotonna lub śpiewna albo mówią jak mali profesorowie, choć w zasadzie nie są w stanie prowadzić towarzyskiej rozmowy na błahe tematy.

Najcięższe przypadki autyzmu łączą się ze znacznym upośledzeniem umysłowym, problemami ze słuchem lub powtarzającymi się napadami padaczkowymi. Choć takie dzieci mogą nigdy nie nauczyć się komunikacji werbalnej, wrażliwi nauczyciele i terapeuci często mogą im pomóc w opanowaniu innych sposobów komunikowania się i nawiązywania relacji z ludźmi.

Na czym polega autyzm? Istnieje wiele teorii. Jedna z nich, która wydaje mi się przekonująca, mówi, że autyzm wpływa na sposób przetwarzania przez mózg informacji zmysłowych, co można porównać do źle odbierającego telewizora. Niektóre sygnały docierają bez problemu, niektóre zostają zniekształcone, a niektóre w ogóle się gubią. Możliwe, że podstawowe trudności osób autystycznych – z komunikacją, relacjami z ludźmi i zachowaniem – stanową reakcję na te wymieszane sygnały, próbę poradzenia sobie przez dziecko z niezrozumiałym, przerażającym światem.

Niektóre z bardziej dramatycznych objawów, na przykład gwałtowne wybuchy złości, mogą być wyrazem skrajnej frustracji i cierpienia wywołanego psychiczną izolacją od ludzi. Fascynacja wirowaniem, inny częsty objaw, może odzwierciedlać nieprawidłowości w funkcjonowaniu zmysłu równowagi. Dziecko może unikać kontaktu wzrokowego, zamiast na rozmówcę patrząc na kilka dobrze znanych przedmiotów, ponieważ ludzka twarz przekazuje zbyt dużo informacji naraz, co dla dziecka autystycznego jest przytłaczające i nieprzyjemne.

Jako że autyzm zniekształca sposób, w jaki dziecko widzi, słyszy, czuje, smakuje, wszystkie codzienne doznania, które normalnie sprzyjają budowaniu więzi z rodzicami – wymiana spojrzeń, dzielenie się ciastkami, wspólne słuchanie muzyki – mogą izolować dziecko. Wyzwaniem dla rodziców jest przezwyciężenie zniekształconych doznań zmysłowych i nawiązanie kontaktu z dzieckiem, pokonanie jego zachowań ochronnych, jak unikanie wzroku rozmówcy, i nauczenie go komunikowania swoich myśli i uczuć.

Wczesne oznaki autyzmu. Wczesne rozpoznanie znacznie poprawia rokowania. Już w pierwszych miesiącach rodzice mogą odnieść niejasne wrażenie, że coś jest z dzieckiem nie tak. Kiedy później się nad tym zastanawiają, uświadamiają sobie, że niemowlę nie patrzyło w ich oczy, tak jak robią to inne niemowlęta, albo nigdy nie sprawiało mu przyjemności łaskotanie. Istnieją też inne wczesne objawy. W wieku dwunastu miesięcy można zaobserwować, że dziecko nie wskazuje przedmiotów pal-

---

* Ang. *pervasive developmental disorders* (PDD), po polsku nazywane również rozległymi, głębokimi lub globalnymi zaburzeniami rozwoju (przyp. tłum.).

** Ang. *pervasive developmental disorder, not otherwise specified* (PDD-NOS) (przyp. tłum.).

cem, żeby zwrócić na nie uwagę rodziców; w wieku piętnastu miesięcy nie używa słów w celu wyrażenia pragnień lub prostych myśli; w wieku dwóch lat nie łączy ze sobą dwóch słów w celu utworzenia prostego zdania. Żaden z tych symptomów nie świadczy definitywnie o autyzmie (często identyczne objawy ma utrata słuchu oraz inne problemy rozwojowe). Jednak jeśli któryś z nich zauważycie, powinniście się postarać, by waszą pociechę zbadał specjalista. Nie dajcie się zbyć zapewnieniem, że „dziecko z tego wyrośnie".

Terapia dzieci z autyzmem. Podstawą terapii dzieci z autyzmem jest intensywne wczesne nauczanie z naciskiem na komunikację. Programy, o których wiadomo, że mogą zwiększyć umiejętności językowe i umiejętność nawiązywania kontaktu z ludźmi, zazwyczaj wymagają pracy kilka godzin dziennie, siedem dni w tygodniu.

Dzieci mogą korzystać z kilku programów, a oprócz tego odbywać indywidualne lekcje i pracować z wynajętymi nauczycielami. Ponieważ wysiłek ten jest tak intensywny, jest niemal nieuniknione, że jedno z rodziców poświęca cały swój czas opiece i kształceniu dziecka. Bardzo ważne jest znalezienie właściwej równowagi, tak aby inni członkowie rodziny również angażowali się w opiekę nad autystycznym dzieckiem, a relacje rodzinne były pielęgnowane.

Nie znaleziono leku przeciwko autyzmowi. Stosuje się jednak różne leki, żeby zredukować objawy złości, lęku i zachowań obsesyjnych, które sprawiają, że życie rodzinne jest nie do zniesienia, lub przeszkadzają dziecku w nauce.

Rodzice dziecka autystycznego muszą się dużo nauczyć, żeby pokierować kształceniem dziecka. W *Źródłach* (str. 623) znajdują się organizacje, od których można zacząć.

ZESPÓŁ DOWNA (TRISOMIA 21)

Dziecko z zespołem Downa boryka się z wyzwaniami rozwojowymi i problemami zdrowotnymi. Już na najwcześniejszym etapie życia częste są problemy z karmieniem i opóźnienia w rozwoju. Większość dzieci z zespołem Downa jest upośledzona umysłowo, w stopniu od lekkiego do znacznego. Ich rozwój fizyczny jest powolny i nigdy nie osiągają przeciętnego wzrostu. Często zdarzają się problemy ze słuchem i wzrokiem, infekcje uszu i zatok, zaburzenia snu, niski poziom hormonu tarczycy, wady serca, przewlekłe poważne zaparcia, choroby stawów. Dziecko może nie mieć żadnego z tych problemów, może mieć ich kilka albo wiele.

Mimo to życie dziecka z zespołem Downa i jego rodziny może być pełne i satysfakcjonujące. Perspektywy są tak optymistyczne w dużej mierze dzięki odważnym rodzicom, którzy nie zgodzili się na ukrywanie swoich dzieci i zażądali, żeby społeczeństwo przyznało pełne prawa dzieciom i dorosłym z zespołem Downa oraz wszelkimi innymi niepełnosprawnościami.

Definicja i ryzyko wystąpienia. Zespół (syndrom) to grupa objawów często występujących razem. Nazwa pochodzi od nazwiska Johna Langdona Downa, który po raz pierwszy opisał tę chorobę w roku 1865. Niemal sto lat później odkryto przyczynę – nadmiar materiału genetycznego, dodatkowy chromosom 21. Większość osób z zespołem Downa ma trzy chromosomy 21 zamiast dwóch (stąd inna nazwa tej choroby: trisomia 21). Sporadycznie przyczyną jest mały fragment dodatkowego chromosomu 21, który przeniósł się do innego chromosomu – w genetyce nazywa się to translokacją. W przypadku translokacji większe jest ryzyko, że drugie dziecko tych samych rodziców również będzie miało zespół Downa.

Jedno na 800 dzieci rodzi się z zespołem Downa, więc można go zaliczyć do częstych zaburzeń genetycznych. Im kobieta jest starsza, tym większe ryzyko, że jedno z jajeczek będzie zawierało dodatkowy chromosom 21. W przypadku matki powyżej trzydziestego piątego roku życia prawdopodobieństwo urodzenia dziecka z zespołem Downa wynosi 1:250.

Rozpoznanie zespołu Downa. Chorobę można rozpoznać w pierwszym trymestrze ciąży poprzez badanie płynu owodniowego (amniopunkcja) albo części łożyska (biopsja kosmówki). Większość położników zaleca jeden z tych testów ciężarnym powyżej 35. roku życia. Również podczas badania USG w ciąży można dostrzec u płodu cechy, które pozwalają rozpoznać zespół Downa.

Po porodzie rysy twarzy i inne ustalenia wynikające z badania lekarskiego mogą sugerować zespół Downa, ale ostateczne rozpoznanie zależy od wyników badania krwi. Na rezultaty trzeba czasem czekać tydzień albo dwa.

Postępowanie. Żadne leki, diety, preparaty uzupełniające ani inne środki nie wyleczą zespołu Downa. Cudowne leki i rewolucyjne terapie pojawiają się z dużą regularnością; jak dotąd ich skuteczność nigdy nie została potwierdzona badaniami naukowymi. Rodzice powinni ostrożnie podchodzić do wszystkich nowych środków, pamiętając, że każde kolejne rozczarowanie będzie ich coraz więcej kosztować. Najlepiej nauczyć się akceptować dziecko takie, jakie jest, nawet gdy szuka się sposobów poprawy jakości jego życia.

Dla dzieci z zespołem Downa korzystne jest życie w „medycznym domu" (patrz str. 408) pod opieką oddanego lekarza, który może pomóc rodzicom przewidzieć najróżniejsze problemy zdrowotne, z którymi dziecko będzie się borykać, oraz znaleźć potrzebnych mu specjalistów i terapeutów. Warto jest włożyć wysiłek w znalezienie lekarza, który ma odpowiednie kwalifikacje i doświadczenie w pracy z dziećmi niepełnosprawnymi, a w szczególności z zespołem Downa. Jest bardziej prawdopodobne, że taki lekarz będzie miał dostęp do specjalnych siatek centylowych pomagających w wykryciu problemów ze wzrostem u dzieci z zespołem Downa (rosną one w innym tempie niż przeciętne dzieci).

Planowane kształcenie powinno być dostosowane do zainteresowań dziecka, jego temperamentu i stylu uczenia się. Oczywiście dotyczy to wszystkich dzieci, ale u dzieci z zespołem Downa jest szczególnie istotne. Włączenie dzieci z zespołem Downa do normalnych klas często się sprawdza, choć przeważnie wymaga specjalnego wsparcia ze strony wykwalifikowanego specjalisty od nauczania albo psychologa szkolnego.

Opieka nad dziećmi z zespołem Downa jest najlepsza, gdy rodzice, lekarze i nauczyciele współpracują ze sobą. To nieuniknione, że rodzice stoją na czele tego zespołu. Uczestnictwo w grupie wsparcia dla rodziców może im dostarczyć informacji i zachęty, których potrzebują, żeby skutecznie opiekować się dzieckiem.

INNE NIEPEŁNOSPRAWNOŚCI

W rozdziale tym opisano najczęstsze choroby, których rezultatem są szczególne
potrzeby medyczne i rozwojowe. Zespół
nadpobudliwości psychoruchowej z zaburzeniami koncentracji uwagi (ADHD),
bardzo częsty problem, opisano w rozdziale o uzewnętrznianiu emocji (patrz
str. 365). Zaburzenia zdolności uczenia się
opisano w części dotyczącej nauki i szkoły
(patrz str. 423). Jeśli szukacie informacji
o innych częstych bądź rzadkich przypa-
dłościach, jak głuchota, zespół Tourette'a
czy mukowiscydoza, zajrzyjcie do *Źródeł*
na stronie 623.

SZUKANIE WSPARCIA

DLACZEGO LUDZIE SZUKAJĄ WSPARCIA

Specjaliści w wielu różnych dziedzinach są przygotowani do tego, by rozumieć i leczyć problemy behawioralne i emocjonalne dzieci. W dziewiętnastym wieku psychiatrzy zajmowali się głównie chorymi umysłowo; być może dlatego jeszcze dzisiaj niektórzy wahają się przed wizytą u psychiatry. Obecnie wiemy jednak, że poważnym chorobom często początek dają drobne dolegliwości, więc specjaliści od zdrowia psychicznego zwracają większą uwagę na problemy życia codziennego. W ten sposób mogą najwięcej osiągnąć w najkrótszym czasie. Nie ma powodu czekać z wizytą u psychologa lub psychiatry, aż zaburzenia dziecka staną się poważne, tak jak nie ma powodu zwlekać z wizytą u internisty, aż rozwinie się zapalenie płuc.

PIERWSZE KROKI

Być może potrzebujecie pomocy, ale nie wiecie, do kogo się zwrócić. Jeżeli ufacie pediatrze dziecka, zacznijcie od wizyty u niego. W wielu miastach znajdują się ośrodki oferujące poradnictwo psychologiczne dzieciom i rodzinom. Poszukajcie ich w książce telefonicznej. Także duchowni często służą poradnictwem albo pomagają rodzinom nawiązać kontakt ze specjalistą. Możecie też zadzwonić do najbliższego szpitala i poprosić, żeby połączono was z odpowiednim oddziałem.

To, do jakiego specjalisty powinniście się zwrócić, zależy od rodzaju problemu. Dalej znajdziecie krótki opis różnych specjalności, który pomoże wam podjąć decyzję. Żeby się dowiedzieć więcej i znaleźć specjalistę w swoim miejscu zamieszkania, skontaktujcie się z profesjonalną organizacją w danej dziedzinie lub poszukajcie w Internecie.

Wybór specjalisty. Kiedy leczenie jest głównie farmakologiczne, zazwyczaj najlepiej udać się do psychiatry dziecięcego albo specjalisty w zakresie pediatrii behawioralnej i rozwojowej. Jednak w większości przypadków tytuł czy stopień naukowy nie jest tak istotny, jak osobowość noszącej je osoby. Poproście przyjaciół i rodzinę o rekomendacje. Porozmawiajcie ze specjalistą sami, zanim zabierzecie do niego dziecko. Ważne jest, żebyście i wy, i wasze dziecko czuli się w jego obecności swobodnie.

Ośrodki pomocy rodzinie. W większości miast znajduje się przynajmniej jeden ośrodek albo centrum pomocy rodzinie; w większych miastach często jest ich kilka. Istnieją ośrodki wyznaniowe, pomagające wszystkim rodzinom, niezależnie od ich przekonań religijnych. Pracownicy tych placówek są przeszkoleni do pomocy rodzicom z wszystkimi typowymi problemami rodzinnymi: wychowywaniem dzieci, konfliktami małżeńskimi, problemami finansowymi i mieszkaniowymi, przewlekłymi chorobami, szukaniem pracy oraz kwestiami zdrowotnymi. Często zatrudniają konsultantów – psychiatrów lub psychologów – którzy pomagają w trudniejszych przypadkach.

Wielu rodziców wyrosło w przekonaniu, że ośrodki pomocy rodzinie zajmują się wyłącznie wypłacaniem pieniędzy i osobami pozbawionymi środków do życia. Tymczasem nowoczesne ośrodki tak samo chętnie pomagają w rozwiązywaniu drobnych problemów, jak problemów poważnych i tak samo chętnie pomagają tym rodzinom, które stać na uiszczenie opłaty, jak i tym, które nie mogą sobie na to pozwolić.

Pediatria rozwojowa i behawioralna. Specjaliści w zakresie pediatrii rozwojowej i behawioralnej to pediatrzy, którzy spędzili dodatkowe dwa lub trzy, lata studiując problemy rozwojowe i behawioralne dzieci oraz opiekując się takimi dziećmi. Niektórzy specjalizują się w problemach rozwojowych (jak niedorozwój umysłowy albo autyzm; patrz str. 410 i 413); inni w problemach behawioralnych (jak moczenie nocne albo nadpobudliwość, patrz str. 400 i 370). Jeżeli nie do końca rozumiecie to rozróżnienie, nie jesteście sami. Najlepiej się dowiedzieć, jakie kwalifikacje i doświadczenie ma dany lekarz.

Większość specjalistów w zakresie pediatrii rozwojowej i behawioralnej ma doświadczenie w ocenianiu i leczeniu powszechnych problemów z zachowaniem i emocjami dzieci. Podobnie jak psychiatrzy, posiadają kwalifikacje umożliwiające farmakologiczne leczenie problemów z zachowaniem. (Najlepiej jest, jeśli bardzo poważnymi problemami, na przykład schizofrenią, zajmują się psychiatrzy.)

Psychiatrzy. Są to lekarze medycyny, którzy specjalizują się w leczeniu zaburzeń psychicznych i emocjonalnych. Ich pomoc jest najcenniejsza w przypadku dzieci z poważnymi problemami, na przykład schizofrenią. Psychiatra dzieci i młodzieży jest dodatkowo przeszkolony w radzeniu sobie z problemami typowymi dla tej grupy wiekowej. Psychiatrzy często pracują w zespołach, zajmując się leczeniem farmakologicznym, gdy inni specjaliści – psychologowie lub pracownicy socjalni – zajmują się poradnictwem i prowadzą psychoterapię.

Psychologowie. Psychologowie pracujący z dziećmi są przeszkoleni w takich dziedzinach, jak badanie inteligencji i zdolności oraz przyczyny i leczenie problemów z nauką, zachowaniem i emocjami. Licencjonowany psycholog musi mieć tytuł doktora i odbyć staż kliniczny (polegający na pracy z pacjentami pod opieką superwizora).

Pracownicy socjalni. Po uzyskaniu licencjatu przez przynajmniej dwa lata uczęszczają na wykłady i zajęcia kliniczne, by uzyskać tytuł magistra. Żeby uzyskać tytuł licencjonowanego pracownika socjalnego (*licenced clinical social worker*), kandydat z tytułem magistra musi prowadzić poradnictwo lub terapię pod opieką superwizora oraz zdać stanowy egzamin licencyjny. Pracownicy socjalni mogą ocenić stan dziecka i rodziny oraz sytuację dziecka w szkole, a także zająć się problemami behawioralnymi dziecka i innych członków rodziny.

Psychoanalitycy. Są to psychiatrzy, psychologowie i inni specjaliści z zakresu zdrowia psychicznego, którzy leczą problemy emocjonalne poprzez zgłębianie nieuświadomionych konfliktów i mechanizmów obronnych oraz poprzez relację pacjenta z psychoanalitykiem. Wielu psychoanalityków stosuje również inne terapie i leki. Psychoanalitycy dziecięcy (tak jak psychologowie) często oprócz rozmowy wykorzystują zabawę i sztukę do komunikowania się z młodymi pacjentami i często pracują też z rodzicami. Prawdziwi psychoanalitycy mają wyższe stopnie naukowe, studiowali i przeszli psychoanalizę i przez wiele lat pracowali pod opieką superwizora. Jednak nie istnieje system licencjonowania tego zawodu i każdy może zgodnie z prawem nazwać się psychoanalitykiem. Dlatego przez rozpoczęciem leczenia ważne jest dokładne zapoznanie się z kwalifikacjami danej osoby. Witryna internetowa Amerykańskiego Towarzystwa Psychoanalitycznego zawiera szczegółowy i jasny opis psychoanalizy oraz listę psychoanalityków (patrz *Źródła*, str. 623).

Terapeuci rodzinni. Najważniejszym założeniem terapii rodzinnej jest to, że w rodzinie wszyscy są ze sobą powiązani. Trudne zachowanie dziecka często powoduje problemy w całej rodzinie, a rezultatem problemów w rodzinie często są zaburzenia dziecka. Dlatego najlepszym sposobem wpłynięcia na zachowanie dziecka jest polepszenie funkcjonowania całej rodziny.

Terapeutami rodzinnymi mogą być psychologowie, psychiatrzy, pracownicy socjalni albo inni specjaliści, którzy ukończyli dodatkowe szkolenie w zakresie terapii rodzinnej. W większości stanów, żeby uzyskać licencję, trzeba mieć przynajmniej tytuł magistra, przez dwa lata prowadzić terapię rodzinną pod ścisłą opieką superwizora oraz zdać standardowy egzamin.

Licencjonowani terapeuci i pedagodzy szkolni. Profesjonalny terapeuta w większości stanów musi mieć tytuł magistra w zakresie poradnictwa psychologicznego oraz dwa lub trzy lata praktyki pod opieką superwizora: 2000–4000 godzin. Pedagodzy szkolni mają specjalne przeszkolenie do pracy w szkołach. Zakres szkolenia licencjonowanych terapeutów i pedagogów szkolnych jest podobny do szkolenia wielu terapeutów rodzinnych lub magistrów psychologii.

RODZAJE TERAPII

Ważne jest uświadomienie sobie, że istnieje wiele różnych rodzajów terapii. Stereotypowy obrazek pacjenta na kozetce opisującego swoje sny, podczas gdy brodaty psychoanalityk robi notatki, to nic więcej tylko stereotyp. Niektóre terapie próbują pomóc pacjentom lepiej zrozumieć swoje życie i motywację, w tym wydarzenia wczesnego dzieciństwa. Inne koncentrują się bardziej na tym, co dzieje się tu i teraz, i starają się modyfikować zachowanie pacjentów, zmieniając ich sposób myślenia o sobie samych i innych ludziach – takie podejście nazywane jest terapią poznawczo-behawioralną (TPB). Badania prowadzone w ostatnich kilku latach wykazały, że TPB może być zaskakująco skuteczna. Na przykład dziecko cierpiące na depresję może nauczyć się rozpoznawać negatywne, nadmiernie krytyczne myśli, które powtarza pod swoim adresem, i zastępować je myślami bardziej realistycznymi i pełnymi nadziei.

Małe dzieci, którym trudno jest ubrać emocje w słowa, często odnoszą korzyść z terapii zabawą. W przypadku starszych dzieci sprawdza się terapia przez sztukę (arteterapia) i terapia narracyjna, polegająca na tworzeniu historyjek czy opowiadań, które pomagają uporać się z problemem. W leczeniu zaburzeń zachowania bardzo skuteczne może być podejście behawioralne, koncentrujące się na identyfikowaniu przyczyn i konsekwencji zachowań negatywnych i pozytywnych. Większość terapii behawioralnych zawiera element szkolenia rodziców, to znaczy konkretnych zaleceń i nauki skutecznego modyfikowania zachowań dziecka.

Terapia rodzinna często jest bardzo pomocna, w połączeniu z jedną z wymienionych wyżej terapii indywidualnych. Najważniejsze, żeby pamiętać o istnieniu różnorodnych możliwości. Zastanawiając się nad wyborem terapeuty, zapytajcie go, jakie stosuje terapie, żeby się upewnić, że wam odpowiadają.

WSPÓŁPRACA

Rodzice powinni zaplanować współpracę z wybranymi specjalistami. Niektórzy terapeuci ograniczają zaangażowanie rodziców do przyprowadzenia dziecka i odebrania go po terapii. Większość zachęca jednak rodziców do dużo bardziej aktywnego udziału. W terapii rodzinnej cała rodzina jest pacjentem.

Jak najwcześniej powinniście uzgodnić ze specjalistą najważniejsze cele terapii. Jakich zmian możecie się spodziewać i kiedy? Potem od czasu do czasu możecie sprawdzić, czy robicie oczekiwane postępy. W kwestiach konkretnych, jak moczenie nocne czy napady złości, wystarczy być może kilka sesji; rozwiązanie innych problemów może potrwać dłużej. Czasem dzieci i rodzice spotykają się z tym samym specjalistą od czasu do czasu przez wiele lat.

Jedna z korzyści jasnego określenia swoich oczekiwań już od początku polega na tym, że łatwiej jest podjąć decyzję, gdy coś idzie źle. Nie możecie oczekiwać natychmiastowego rozwiązania problemów, które wykształcały się przez długi czas. Poza tym sytuacja często pogarsza się, zanim się poprawi. Po wybraniu specjalisty, z którym chcecie współpracować, dobrze jest przez pewien czas podtrzymywać współpracę, nawet jeśli niekiedy nie jesteście pewni rezultatów. Z drugiej strony, jeśli upłynęło wiele miesięcy i nie nastąpiły pozytywne zmiany, a oczekiwaliście, że nastąpią, można – a nawet trzeba – porozmawiać z terapeutą o zmianie podejścia albo znalezieniu innego specjalisty.

Krok w tył, nawet zmiana terapeuty, to jeszcze nie koniec świata. Najważniejsze jest, żebyście i wy, i wasze dziecko mieli optymistyczne nastawienie i wierzyli, że sytuacja się poprawi. Myślę, że na dłuższą metę taka postawa ma fundamentalne znaczenie.

CZĘŚĆ PIĄTA

Nauka i szkoła

NAUKA I MÓZG

NAJNOWSZA WIEDZA O MÓZGU

Dziś wiemy już o mózgu tyle, że zaczynamy rozumieć, w jaki sposób uczą się niemowlęta i dzieci. Rozumiemy na przykład, dlaczego niemowlęta uczą się najszybciej, gdy mają szansę posługiwania się wszystkimi zmysłami. Rozumiemy, dlaczego w kółko powtarzają pewne zachowania – potrząsają grzechotką albo chcą wciąż słuchać tej samej bajki żeby pewnego dnia zupełnie stracić nimi zainteresowanie. Rozumiemy, dlaczego łatwiej im opanować pewne umiejętności w określonym wieku, na przykład nauczyć się drugiego języka przed ukończeniem dziesiątego roku życia. Zaczynamy też wykorzystywać naszą wiedzę o rozwoju mózgu, opracowując nowe terapie dla dzieci z trudnościami w nauce.

Najnowszą wiedzę o mózgu można w sposób uproszczony przedstawić w kilku zdaniach. Wszelkie przejawy myślenia to czynności mózgu. Działając, mózg zmienia się w taki sposób, żeby swoje czynności wykonywać bardziej efektywnie. Choć nigdy nie przestaje się zmieniać, z wiekiem traci elastyczność. Dlatego też doświadczenia pierwszych lat życia są tak ważne, żeby zapewnić mózgowi dobry start, przygotowując grunt pod naukę trwającą całe życie.

Geny i doświadczenia. Przez całe dziesięciolecia naukowcy wierzyli, że mózg niemowlęcia rozwija się zgodnie ze szczegółowym planem zawartym w genach. Dziś wiemy, że geny wyznaczają jedynie zarys; szczegółów dostarcza doświadczenie. Przeżycia dziecka decydują o tym, jak się kształtuje i jak funkcjonuje mózg.

Doświadczenie, a nie geny, musi określić połączenia nerwowe w mózgu między innymi dlatego, że mózg jest zbyt skomplikowany. Zawiera około stu miliardów neuronów (komórek nerwowych), z których każdy łączy się z mniej więcej dziesięcioma tysiącami innych neuronów. W sumie liczbę połączeń synaptycznych w mózgu można oszacować na dziesięć bilionów. 46 chromosomów składających się na ludzki genom po prostu nie może zawierać tyle informacji, żeby zdefiniować każde z tych połączeń.

Geny odpowiadają za ogólną strukturę. Na wczesnym etapie rozwoju sprawiają, że neurony dzielą się i rosną w niewiarygodnym tempie, przemieszczają się w okolice swoich ostatecznych pozycji i zaczynają się ze sobą łączyć. Części mózgu kontrolujące podstawowe funkcje ciała, takie jak oddychanie albo bicie serca, muszą naturalnie rozwinąć się wcześnie. Jednak inne funkcje, jak umiejętność rozumienia języka i mówienia, rozwijają się dużo później. Funkcje te i umożliwiające je złożone obwody neuronowe rozwijają się pod wpływem doświadczeń życiowych.

Innymi słowy, rodzimy się z „nie dokończonym" mózgiem. To dobrze. Gdyby w momencie narodzin mózg był kompletny, nie adaptowałby się tak łatwo do różnych sytuacji. Na przykład dziecko, które od urodzenia słyszy wokół siebie język chiński, rozwija obwody neuronowe niezbędne do przetwarzania dźwięków tego właśnie języka; w wieku dwunastu miesięcy w dużym stopniu utraciło już zdolność rozróżniania niektórych angielskich dźwięków, nie występujących w chińskim. Podobnie dziecko dorastające w otoczeniu angielskojęzycznym traci zdolność przetwarzania chińskich dźwięków nie używanych w angielskim, w miarę jak coraz lepiej radzi sobie z dźwiękami angielskimi. Inne zmysły podlegają podobnej adaptacji. Dzieciom dorastającym w nowoczesnych domach łatwiej jest dostrzec linie i kąty proste niż ich rówieśnikom zamieszkującym okrągłe lepianki.

Narząd nie używany zanika. Jak to się dzieje, że mózg tak świetnie się adaptuje? W dużym stopniu dzięki temu, że nie używane obwody zanikają. Myślenie polega na przekazywaniu impulsów z jednej komórki nerwowej do drugiej przez maleńkie szczeliny synaptyczne. Za każdym razem, gdy nastąpi przekazanie impulsu, połączenie pomiędzy tymi dwiema komórkami staje się silniejsze. Silniejsze synapsy przetrwają, a słabsze zostaną usunięte jak niepotrzebne gałęzie krzewu róży przycinane przez ogrodnika.

W pierwszych latach życia w mózgu tworzy się dużo więcej synaps, niż potrzeba. Potem, wraz z rozwojem mózgu, wiele z nich zanika. Dwudziestodwuletni student ma mniej synaps niż dwuletnie dziecko. Odrzucając niepotrzebne, nie używane synapsy, mózg staje się szybszy i skuteczniejszy. Jednocześnie coraz trudniej jest mu się rozwijać w zupełnie nowych kierunkach. Dlatego wspomniany student bez problemu uczy się skomplikowanych pojęć z dziedziny historii, którą studiuje, ale bardzo trudno przychodzi mu rozpoznawanie dźwięków języka mandaryńskiego, co wymagałoby od mózgu pracy na zupełnie nie znanym mu terenie, z czym dwulatek daje sobie radę z łatwością.

Zasada, że „narząd nie używany zanika", jest tak ważna w wychowywaniu dzieci, ponieważ oznacza, że niemowlęta muszą mieć jak najwięcej różnorodnych doznań, żeby ich mózg stał się jak najbardziej elastyczny. Muszą dotykać, uderzać, smakować, rysować, budować, rozkładać, wskakiwać, zeskakiwać, trzymać, rzucać – zebrać całą gamę różnorodnych doświadczeń. Trzeba do nich mówić i okazywać, że się ich słucha. Z wiekiem połączenia nerwowe wzmocnione doświadczeniami pierwszych lat życia pozwalają dzieciom zdobywać nową wiedzę w najróżniejszych dziedzinach.

Jeszcze raz! Jeszcze raz! Zasada, że narząd nie używany zanika, pomaga wyjaśnić, dlaczego niemowlęta i małe dzieci „zacinają się" na pewnych czynnościach i powtarzają je na okrągło. Na przykład w wieku dziesięciu miesięcy niemowlę chwyta szczebelki łóżeczka i wytężając pulchne rączki i nóżki, podciąga się do pozycji stojącej. Niepewne, co dalej zrobić, puszcza się i opada na pupę, żeby minutę później znów się podciągnąć. Powtarza to tak długo, aż zacznie marudzić albo zmęczone zaśnie.

Niemowlę ćwiczy w ten sposób nie tylko mięśnie, ale i mózg. Za każdym razem, gdy powtarza proces podciągania się i wstawania, wzmacnia zestaw synaps, które w końcu zapewnią mu równowagę i koordynację niezbędną do chodzenia. Oczywiście kiedy niemowlę opanuje umiejętność samodzielnego stania, zupełnie traci zainteresowanie zabawą w podciąganie się do pozycji pionowej i przechodzi do kolejnego etapu.

Takie powtarzanie można dostrzec w każdej dziedzinie rozwoju. Niemowlęta mają silną wewnętrzną potrzebę uczenia się. Rodziców uspokoi być może świadomość, że obsesyjna fascynacja dziecka wkładaniem klocków do wiaderka albo żądanie czytania tej samej bajki pięćset razy to tylko dowód, że mózg pracuje nad wykształceniem odpowiednich połączeń synaptycznych.

Uczenie się a emocje. Przyzwyczailiśmy się uważać emocje za coś zupełnie innego niż logika. W rzeczywistości te dwie sfery są ze sobą ściśle powiązane. Kiedy niemowlę się uczy, przeważnie jest zaciekawione, pobudzone i szczęśliwe. Pozytywne emocje stanowią paliwo napędzające eksplorację świata i naukę. Tak pozytywne, jak i negatywne emocje umożliwiają uczenie się. Dzieci zwracają uwagę tylko na nowe rzeczy; wszystko, co nowe, jest dla nich źródłem wiedzy, ponieważ wywołuje dobrą albo złą reakcję. (W późniejszym życiu możemy wprawdzie zmusić się do zwracania uwagi na pewne rzeczy, ponieważ wiemy, że to konieczne, ale nigdy nie uczymy się tak efektywnie jak wtedy, gdy jesteśmy emocjonalnie zaangażowani.) Systemy neuronowe odpowiedzialne za powstawanie emocji są ściśle powiązane z systemami odpowiedzialnymi za logiczne myślenie. Kiedy (co się rzadko zdarza) systemy te nie są ze sobą połączone, tak że dana osoba myśli wyłącznie logicznie, rezultatem są bardzo poważne zaburzenia zdolności uczenia się.

U niemowląt i małych dzieci uśmiech, głośny śmiech, gruchanie albo po prostu intensywne przyglądanie się stanowi potwierdzenie, że się uczą. Miłość, którą obdarzacie dziecko – noszenie na rękach, przytulanie, łaskotanie, śpiewanie i mówienie – stanowi pożywkę dla wzrostu emocjonalnego, a jednocześnie wzmacnia chęć i zdolność uczenia się.

JAK MYŚLĄ DZIECI

Jean Piaget. W jaki sposób niemowlęta i dzieci uczą się rozumieć świat? Jedną z najwcześniejszych i nadal najlepszych odpowiedzi na to pytanie sformułował szwajcarski psycholog Jean Piaget. Piaget początkowo formułował teorie na podstawie obserwacji trójki własnych dzieci. Resztę życia spędził, próbując poprzeć swoje teorie badaniami naukowymi, ale to obserwacje codziennego rozwoju dzieci dały im początek. Wy możecie zrobić to samo.

Piaget uważał, że w rozwoju człowieka występują wspólne dla wszystkich etapy.

Dzięki uważnemu określeniu tych etapów wyjaśnił, jak obdarzone niewielką umiejętnością abstrakcyjnego myślenia niemowlę uczy się logicznie rozumować, tworzyć hipotezy tłumaczące, w jaki sposób działają różne rzeczy, oraz formułować własne opinie i zachowywać się w sposób, którego nigdy przedtem nie widziało i o którym nie słyszało.

Mali naukowcy. Zdaniem Piageta niemowlęta i dzieci to mali naukowcy. Wierzył on, że rodzimy się z potrzebą zrozumienia świata i że uczymy się go rozumieć, nieustannie przeprowadzając eksperymenty. Weźmy na przykład czteromiesięczne niemowlę, które siedząc w wysokim krzesełku, upuszcza na podłogę kawałki jedzenia, a potem szuka ich wzrokiem. Eksperymentuje z ideą grawitacji, a także z ideą, że przedmioty nadal istnieją, chociaż znikają nam z oczu, co psychologowie nazywają trwałością przedmiotu.

Dopóki dziecko nie przeprowadzi tego eksperymentu i nie powtórzy go wielokrotnie, tak naprawdę istnieje dla niego tylko to, co widzi, słyszy i czego dotyka w danym momencie. Co z oczu, to i z myśli. W pierwszych miesiącach życia niemowlęta zaczynają uczyć się o stałości przedmiotu metodą prób i błędów. W wieku trzech miesięcy niemowlak przypadkiem upuszcza smoczek albo butelkę i sekundę później z zaskoczeniem odkrywa przedmiot na podłodze. Dzieje się tak za każdym razem. Powoli zaczyna mu świtać, że przedmiot na podłodze jest tym samym przedmiotem, który przed chwilą trzymało w rączce.

Mały naukowiec bierze się do roboty. Celowo zrzuca różne przedmioty na podłogę i natychmiast spogląda w dół, żeby sprawdzić, czy je tam zobaczy. Powtarza eksperyment. Udało się! Rzuca więc jeszcze raz i jeszcze raz, i jeszcze raz.

Wreszcie, kiedy jest usatysfakcjonowany wynikami badania spadających przedmiotów, dochodzi do wniosku, że jeśli coś przed chwilą widział, a teraz zniknęło, to musi być na podłodze. Jeśli nie ma tego czegoś na podłodze, to prawdopodobnie już nie istnieje. Dopiero na następnym etapie, około ósmego miesiąca, niemowlę zaczyna lepiej rozumieć, na czym polega trwałość przedmiotów, i zaczyna ich szukać również w innych miejscach.

Z tego samego powodu niemowlęta uwielbiają bawić się w „akuku": jest twarz, nie ma twarzy, jest twarz. Niemowlę może się tak bawić w nieskończoność, ponieważ zabawa ta pomaga odpowiedzieć na najbardziej frapujące na tym etapie rozwoju pytanie. Kiedy już malec się upewni, że twarz istnieje nawet wtedy, kiedy jej nie widać, zabawa w „akuku" idzie w zapomnienie, a w modę wchodzi nowa gra, odpowiednia do aktualnego etapu rozwojowego.

Stadium inteligencji sensoryczno-motorycznej. Piaget nazywał pierwsze dwa lata życia stadium inteligencji sensoryczno-motorycznej. Miał przez to na myśli, że niemowlęta i małe dzieci uczą się poprzez działanie, wykorzystując swoje umiejętności sensoryczne (czyli zmysły) i motoryczne (czyli siłę mięśni). Ucząc się trzymać grzechotkę, niemowlę dowiaduje się, że grzechotki nadają się do trzymania. Potrząsając nią, uderzając o krzesełko i wkładając do buzi, odkrywa jej inne zastosowania. Zabierzcie mu grzechotkę i przykryjcie ją tetrową pieluszką. Czy maluszek próbuje ją ściągnąć? Jeśli tak, to znaczy, że zorientował się już, iż przedmioty (a w każdym razie grzechotki) można chować, a potem znajdować. (Od tego momentu trudniej wam będzie odebrać mu przedmiot, którym waszym zdaniem nie powinien się bawić.)

Dzieci poznają też zależności przyczynowo-skutkowe. Jeśli przywiążecie jeden koniec sznurka do kostki cztero- albo pięciomiesięcznego niemowlęcia, a drugi do karuzelki zawieszonej nad łóżeczkiem, maluszek szybko nauczy się ruszać nogą, żeby wprawić karuzelkę w ruch. (Pamiętajcie, by zabrać sznurek, gdy zostawiacie niemowlę samo; mógłby się nim udusić.) Właśnie to zrobił Piaget w jednym ze swoich sławnych eksperymentów. Później niemowlęta uczą się osiągać pożądane efekty za pomocą przedmiotów, na przykład kijkiem przysuwają sobie zabawkę, której nie mogą dosięgnąć. Na jeszcze późniejszym etapie odkrywają, że ukryte przyczyny miewają skutki. Dobrym przykładem ukrytej przyczyny są nakręcane zabawki. Mniej więcej pomiędzy osiemnastym a dwudziestym czwartym miesiącem życia większość dzieci zaczyna się orientować, na jakiej zasadzie działają.

Na etapie inteligencji sensoryczno-motorycznej niemowlęta zaczynają rozumieć słowa i używać ich, żeby nazwać przedmioty i zakomunikować swoje potrzeby. Jednak słowa stają się elastycznym narzędziem pomocnym przy myśleniu dopiero wtedy, gdy dziecko potrafi połączyć je w interesujące kombinacje: „Klocek tutaj!" albo: „Nie ma ciastka!" Kiedy to się stanie, stadium inteligencji sensoryczno-motorycznej dobiega końca.

Dla rodziców ważne jest to, że rozwój mózgu przebiega etapami. Błędem są próby przyspieszenia tego procesu poprzez ominięcie stadium sensoryczno-motorycznego i przejście od razu do zaawansowanego, słownego sposobu myślenia. Całe to uderzanie, mazanie i brudzenie się jest niemowlętom potrzebne, żeby przygotować mózg do kolejnego etapu rozwoju.

Stadium przedoperacyjne. Piaget używał słowa „operacja" na określenie myślenia opartego na zasadach logicznych. Dzieci pomiędzy drugim a czwartym rokiem życia znajdują się jego zdaniem w stadium przedoperacyjnym, ponieważ nie potrafią myśleć logicznie. Na przykład trzylatek może myśleć, że deszcz pada, bo niebo jest smutne, albo że zachorował, bo był niegrzeczny. Dziecko w stadium przedoperacyjnym potrafi patrzeć na świat wyłącznie ze swojego punktu widzenia. Jest egocentryczne, choć niekoniecznie samolubne. Kiedy tatuś jest smutny, córeczka może mu przynieść swoją ulubioną przytulankę (jej to przecież pomaga).

Małe dziecko nie ma też dobrze rozwiniętego pojęcia ilości. Piaget wykazał to za pomocą słynnego eksperymentu, w którym dał małym dzieciom niskie, szerokie naczynie pełne wody. Potem wlał wodę do wysokiej, wąskiej szklanki. Niemal wszystkie dzieci powiedziały, że w szklance jest więcej wody, ponieważ wygląda na większą. To, że tę samą wodę przelewano z naczynia do szklanki i z powrotem, nie wpłynęło na ich opinię. Każdy lekarz, który próbował przekonać dwulatka, że igła, którą będzie mu robił zastrzyk, jest bardzo mała, wie, że dla dziecka w stadium przedoperacyjnym rzeczywisty rozmiar przedmiotu nie jest nawet w przybliżeniu tak ważny jak to, jak duży się wydaje. Z tego samego powodu wiele małych dzieci jest tak zdezorientowanych, że boją się, że wciągnie je odpływ wody z wanny.

Stadium operacji konkretnych. Większość dzieci w pierwszych klasach szkoły podstawowej, od szóstego do dziewiątego, dziesiątego roku życia, potrafi myśleć logicznie, ale nie abstrakcyjnie. Piaget nazywał to wczesne myślenie logiczne operacjami konkretnymi, czyli logiką w odniesieniu do przedmiotów, które można dostrzec i których można dotknąć. Ten rodzaj myślenia widać w podejściu dzieci do pojęć dobra i zła. Sześciolatek na przykład uważa prawdopodobnie, że w danej grze może obowiązywać tylko jeden regulamin. Zmiana reguł nie byłaby właściwa, nawet gdyby zgodzili się na nią wszyscy gracze, ponieważ oznaczałoby to złamanie regulaminu. Dziewięciolatek może uważać rozbicie okna rzuconą na ślepo piłką za przestępstwo dużo poważniejsze niż kradzież czekoladki, ponieważ okno dużo więcej kosztuje. Fakt, że rozbicie okna było zupełnie nieumyślne, podczas gdy kradzież czekoladki była rozmyślna, może w ogóle nie przyjść mu do głowy w stadium operacji konkretnych.

Inna dziedzina, z którą dziecko w tym stadium może mieć problemy, to rozumienie motywacji działania innych ludzi. Fascynujące jest przeczytanie historyjki dziecku w pierwszych klasach szkoły podstawowej i poproszenie go o wyjaśnienie, d l a c z e g o pewne osoby zrobiły to, co zrobiły. Szybko się zorientujecie, że to, co dla was jest oczywiste, sprawia ogromną trudność bystremu ośmiolatkowi. Spróbujcie przeprowadzić to ćwiczenie za pomocą klasycznej historii takiej jak *Pajęczyna Szarloty* E. B. White.

Myślenie abstrakcyjne. Pod koniec szkoły podstawowej dzieci zaczynają częściej myśleć o pojęciach abstrakcyjnych, takich jak sprawiedliwość lub przeznaczenie. Ich myślenie staje się dużo bardziej elastyczne i potrafią wyobrazić sobie wiele różnych rozwiązań problemów fizycznych czy społecznych. Są w stanie rozumować od zasad do konkretów i odwrotnie. Abstrakcyjne myślenie tego typu często każe nastolatkom kwestionować nauki i wartości rodziców, przez co dyskusje przy obiedzie stają się czasem dość zacięte. Nastolatki bardzo idealistyczne, co sprawia, że mogą się stać znaczącą siłą polityczną.

Nie wszystkie nastolatki osiągają to s t a - d i u m   o p e r a c j i   f o r m a l n y c h, jak nazwał je Piaget. Mogą wykorzystywać myślenie abstrakcyjne w pewnych dziedzinach, ale nie we wszystkich. Na przykład kochający komputery piętnastolatek może myśleć abstrakcyjnie o zaporach i protokołach współdzielenia plików, ale konkretnie o przyjaźni z dziewczynami. W pewnym sensie jego myślenie może być wręcz przedoperacyjne. Może na przykład, co jest dość powszechne u nastolatków, wierzyć wbrew logice, że jest niezniszczalny. Dlatego pali papierosy i wsiada do samochodu z kolegami, którzy są pod wpływem alkoholu.

Świadomość, na jakim poziomie myśli dziecko – przedoperacyjnym, operacji konkretnych czy operacji formalnych – może pomóc rodzicom skuteczniej porozumiewać się z pociechami.

Dzieci są inne niż dorośli. Zrozumienie rozwoju poznawczego dziecka prowadzi do ważnej konkluzji: dzieci to nie mali dorośli. Rozumieją świat zupełnie inaczej niż większość dorosłych. W zależności od etapu

---

🏛 KLASYCZNY SPOCK

Wiem z doświadczenia, że rodzice miewają problemy z dziećmi, ponieważ nie zdają sobie sprawy z tego, jak odmiennie od nich dzieci postrzegają świat. W konsekwencji oczekują od dziecka zrozumienia rzeczy, których ono nie jest w stanie zrozumieć. Dlatego czasem prawią dwulatkowi długie kazania o tym, dlaczego trzeba się dzielić zabawkami. Choć dzielenie się czymkolwiek na tym etapie nie mieści się w głowie żadnemu dziecku, nie oznacza to, że zawsze tak będzie. Takim samym nieporozumieniem jest mówienie nastolatkom, żeby nie paliły, ponieważ mogą dostać raka płuc i umrzeć za czterdzieści lat. Dużo lepiej jest zwrócić ich uwagę na natychmiastowe konsekwencje ich postępowania: brzydki zapach z ust, gorszą kondycję i głupkowaty wygląd. W ich świecie tylko to się liczy.

rozwoju, mogą być bardziej egocentryczne, bardziej nieugięte bądź bardziej idealistycz-

ne. To, co nam wydaje się zupełnie logiczne, dziecku może się wydać absurdalne.

RODZAJE INTELIGENCJI

Opisane powyżej teorie Piageta w dużym stopniu wyjaśniają dziecięce myślenie, ale nie mówią wszystkiego. Dzięki pomysłowym eksperymentom wiemy, że bardzo małe niemowlęta zdolne są do niezwykłych wyczynów pamięci, a nawet prostych działań matematycznych, o co nigdy ich nie podejrzewaliśmy.

Kolejny postęp to stwierdzenie, że sprawność językowa i analityczna, o której mówił Piaget, a którą mierzy się standardowymi testami IQ, to tylko jeden z wielu typów inteligencji. W rzeczywistości każdy z nas ma wiele rodzajów inteligencji. Inne rodzaje to inteligencja przestrzenna, muzyczna, kinestetyczna (ruch ciała), interpersonalna (związki z ludźmi), intrapersonalna (zrozumienie samego siebie) i przyrodnicza (zrozumienie i klasyfikacja elementów środowiska naturalnego).

Nierówna inteligencja. Kluczem do zrozumienia różnych rodzajów inteligencji jest zdanie sobie sprawy z faktu, że inteligencja polega na przetwarzaniu informacji przez mózg. Informacje wszelkiego rodzaju przepływają przez mózg nieustannie: na przykład informacje o tonie i rytmie mowy czy muzyki albo położeniu własnego ciała w przestrzeni. Różne części mózgu przetwarzają i łączą te dane na różne sposoby. Jeden obszar mózgu może działać, podczas gdy inny nie jest aktywny. Osoby, u których uszkodzony został obszar mózgu kontrolujący mowę, mogą nie być w stanie mówić, choć potrafią wyśpiewywać słowa, ponieważ za ich zdolności muzyczne odpowiedzialny jest inny, nie uszkodzony obszar.

Nawet ludzie z nieuszkodzonym mózgiem mają różne poziomy inteligencji różnych typów. Jedno dziecko najlepiej się uczy, słuchając, inne obserwując, trzecie trzymając coś w dłoni, a jeszcze inne odgrywając dany koncept całym ciałem. Ktoś może być uzdolniony językowo, ale nie mieć najmniejszego pojęcia, ile napiwku dać kelnerowi w restauracji. Kiedy te rozbieżności pomiędzy poziomami różnych typów inteligencji są wyraźnie widoczne, rezultatem mogą być specyficzne trudności w uczeniu się (patrz str. 454).

Zastanówcie się nad własnymi zdolnościami i ograniczeniami. Na pewno dojdziecie do wniosku, że w pewnych dziedzinach jesteście bardziej utalentowani niż w innych. Ja na przykład mam łatwość wypowiadania się, ale nie byłbym w stanie trafić w piłkę do baseballu, nawet gdyby od tego zależało moje życie. Potrafię grać na instrumencie muzycznym, ale nie jestem w stanie narysować konia tak, żeby przypominał konia (choć kiedyś próbowałem przez wiele miesięcy).

Zwracając uwagę na różne rodzaje inteligencji dziecka, możecie zauważyć, że niektóre rzeczy, których – jak sądziliście – unika z lenistwa, w rzeczywistości są dla niego dużo trudniejsze, niż sądziliście. Możecie też dostrzec dziedziny, w których jest utalentowane, chociaż talent nie zawsze przekłada się na dobre stopnie w szkole. Patrząc na dziecko bardziej kompleksowo i biorąc pod uwagę różne rodzaje inteligencji, jesteście w stanie docenić i pielęgnować mocne strony dziecka, a także swoje własne.

GOTOWOŚĆ SZKOLNA

Wszystko, co robicie, żeby dziecko było bezpieczne i zdrowe, dobrze się zachowywało i dobrze z wami bawiło, przygotowuje je do odniesienia sukcesu w szkole. Dla małych dzieci ważne są też okazje do zabawy z rówieśnikami oraz przyzwyczajanie się do przebywania z dorosłymi innymi niż rodzice. O tym, że dziecko jest gotowe do pójścia do szkoły, świadczy dojrzałość rozwojowa na podstawowym poziomie, zwłaszcza umiejętność słuchania i mówienia, oraz chęć dowiadywania się różnych rzeczy. Dzieci muszą się też oswoić z literami i dźwiękami, pokochać opowiadanie bajek i zapragnąć opanowania umiejętności czytania.

Niektóre dzieci, spędziwszy pierwszych pięć lat życia w domu, idą od razu do zerówki. Większość osiąga jednak gotowość szkolną w wyniku działań zespołu rodziców i opiekunów przedszkolnych współpracujących w celu ułatwienia im rozpoczęcia nauki w szkole.

CZYTANIE NA GŁOS

Celem edukacji jest nie tylko nauczenie dzieci czytania i pisania, ale uczynienie z nich osób wykształconych. Ludzie wykształceni czytając, uczą się o rzeczach, które ich interesują, a pisząc, dzielą się swoimi opiniami. Wykształcone dzieci postrzegają czytanie i pisanie jako coś ekscytującego i godnego opanowania. Najczęściej mają bogatą wyobraźnię i różnorodne zainteresowania. Wykształcenie poszerza świat dziecka. Bardzo często zaś zaczyna się od tego, że rodzice czytają mu na głos.

Jeżeli mieliście to szczęście, że czytano wam, gdy byliście dziećmi, to są duże szanse, że będziecie dzielić tę przyjemność ze swoimi pociechami. Nawet jeśli wam w dzieciństwie nie czytano, prawdopodobnie słyszeliście, że warto czytać dzieciom na głos. Mniej jasne mogą być dla was szczegóły: dlaczego, kiedy i jak.

Po co czytać na głos? To prawda, że niektóre dzieci świetnie sobie radzą w szkole, chociaż rodzice nigdy im nie czytali. Jednak szansa, że dziecko odniesie sukces w czytaniu i pisaniu, jest większa, jeżeli zaczynając szkołę, jest już przyzwyczajone do obcowania ze słowem drukowanym i ma pozytywny stosunek do książek.

Kiedy siadacie z dzieckiem i z książką, dzieje się wiele wspaniałych rzeczy. Na przykład rozmawiając o ilustracjach, używacie wielu nie znanych dziecku, interesujących słów. Wielokrotnie czytając te same książeczki, dajecie maluchowi szansę nauczenia się, jak tych słów używać, tworząc ciekawe zdania. Ćwiczycie jego umiejętność słuchania i koncentracji uwagi. Pomagacie mu dostrzec związek pomiędzy literami, na które patrzy, a słowami, które słyszy. Najważniejsze ze wszystkiego jest zaś radosne spędzanie czasu z kochającymi rodzicami, dzięki którym ilustrowane książeczki ożywają, a czytanie staje się silnym przeżyciem.

Rodziny dwujęzyczne. Dzieci, które wzrastając, słyszą wokół siebie dwa języki, mają prawdziwą przewagę. Choć często dłużej trwa, zanim nauczą się jasno wyrażać swoje myśli, kiedy już zaczną, szybko zaczynają płynnie posługiwać się oboma językami.

Rodzice powinni rozmawiać z dziećmi i czytać im w swoim języku ojczystym. Ważne, by mówić do dziecka poprawnie – w jakimkolwiek języku. Dziecku, które nigdy nie nauczyło się dobrze mówić w żadnym języku (ponieważ nie miało okazji słyszeć, jak ktoś się nim poprawnie posługuje), jest dużo, dużo trudniej.

Można kupić książeczki na przykład po angielsku z tłumaczeniem wydrukowanym na tej samej stronie: w ten sposób dzieci i rodzice mogą uczyć się razem.

Czytanie noworodkom. Niemowlęta lubią słuchać głosu osoby czytającej im książeczkę i lubią być trzymane na rękach. Wielu rodziców, którzy zaczęli od czytania noworodkowi, robi to potem przez wiele lat. Ich dzieci często potem uwielbiają książki, choć nie jestem pewien, do jakiego stopnia ma to związek z doświadczeniami pierwszego miesiąca życia.

Czytając noworodkom, dajemy im szansę wsłuchiwania się w ludzką mowę. Słuchając, jak rodzice do nich mówią, niemowlęta zaczynają się uczyć języka. Dobre umiejętności językowe najlepiej przygotowują dzieci do nauki czytania i pisania. Ponadto słuchając, niemowlęta uspokajają się.

Jeśli chcecie czytać niemowlęciu, nie ma większego znaczenia, co wybierzecie. Niech to będzie coś, co was interesuje – książka o uprawie ogródka czy żeglarstwie nada się równie dobrze jak powieść. Jeszcze lepiej wybrać książkę, która zainteresuje oboje rodziców. Możecie na zmianę czytać ją sobie na głos, tuląc swoje nowo narodzone maleństwo.

Czytanie starszym niemowlętom. W wieku sześciu miesięcy niemowlę prawdopodobnie będzie podekscytowane widokiem nowej książeczki z ilustracjami w żywych kolorach. Może wyciągać do niej rączki, klepać ją i gruchać. Może chcieć ją trzymać, machać nią, uderzać albo ją żuć. Może z podnieceniem „mówić". Nie martwcie się, że wasza pociecha tak obcesowo obchodzi się ze swoimi pierwszymi lekturami. Dzieci stopniowo uczą się szanować książeczki i dbać o nie, w miarę jak zaczynają rozumieć ich szczególną wartość.

Wybierzcie kartonowe książeczki z prostymi, kolorowymi obrazkami. Dzieci uwielbiają książeczki ze zdjęciami innych dzieci. Wybierzcie proste wierszyki. Możecie czytać na głos książkę dla dorosłych, jeśli wasze niemowlę to lubi (jak dzieje się to w przypadku wielu maluchów), często przerywając, żeby z nim porozmawiać. W tym wieku niemowlęta nie rozumieją słów, ale lubią dźwięki.

Około dziewiątego miesiąca niemowlęta zaczynają okazywać własną wolę. Tak jak chcą samodzielnie jeść, tak samo chcą przejąć kontrolę nad swoimi książeczkami. Jeśli pora czytania zmienia się w porę bitwy, zmieńcie taktykę. Przygotujcie dwie książeczki, jedną dla czytającego dorosłego, drugą dla dziecka. Skróćcie czas czytania. Nie szkodzi, że przez część czasu dziecko będzie się książeczką bawić, przewracać strony, uderzać nią. Co jakiś czas możecie pokazać maleństwu szczególnie ciekawy obrazek, głosem okazując zainteresowanie.

Bawcie się obrazkami w chowanego, zakrywając ulubioną postać, a potem pytając: „A gdzie jest piesek?" Jeśli książeczka napisana jest wierszem, czytajcie go z zachowaniem rytmu. Poruszajcie ciałem (i trzymanym na kolanach niemowlęciem) w rytm słów. Jeżeli w książce są narysowane dzieci, dotknijcie obrazka, a potem dotknijcie swojego maluszka w tym samym miejscu.

Niektóre niemowlęta lubią słuchać przez dłuższy czas (pięć, dziesięć minut albo dłużej). Aktywniejsze dzieci skupiają się tylko na minutę albo krócej. Czas nie jest istotny. Ważne jest czerpanie przyjemności ze wspólnego spędzania czasu i czytania książki. Jeżeli niemowlę wydaje się znudzone (albo jeśli w y zaczynacie się nudzić), wybierzcie inną książeczkę albo zajmijcie się czym innym.

Czytanie w wieku poniemowlęcym. Pomiędzy dziewiątym a dwunastym miesiącem niektóre niemowlęta zaczynają rozumieć, że przedmioty mają nazwy. Kiedy już ugruntuje się w nich to przekonanie, chcą poznać nazwy wszystkiego. Książka z obrazkami to idealny przyrząd do zabawy w nazywanie. Oglądając dobrze znaną książeczkę, pytajcie: „Co to?" Po chwili udzielcie odpowiedzi. Jeśli wasze dziecko uwielbia tę zabawę, to dlatego, że jego umysł jest otwarty na naukę. Nie od razu

usłyszycie, jak powtarza wszystkie nowe słowa, ale w ciągu kolejnego roku albo dwóch prawdopodobnie zaskoczy was bogactwem swojego słownictwa.

Z czasem dzieci coraz większą uwagę zwracają na to, co przedstawiają obrazki. Pomiędzy dwunastym a piętnastym miesiącem życia może im nie przeszkadzać, że trzymają książeczkę do góry nogami. Od mniej więcej osiemnastego miesiąca zaczynają odwracać ją w taki sposób, żeby obrazki były ułożone prawidłowo.

Wiele małych dzieci uwielbia ruch. Te, które jeszcze nie chodzą, nadal kochają kołysanie, łaskotanie i przytulanie towarzyszące głośnemu czytaniu. Te, które umieją chodzić, mogą wytrzymać na siedząco tylko kilka minut, ale często sprawia im przyjemność przysłuchiwanie się z drugiego końca pokoju. Chodzące maluchy często noszą ze sobą książeczkę, którą wręczają dorosłemu, żeby im poczytał. Maluch, który odkrył już, że ma wolną wolę, może nalegać na czytanie w kółko tej samej książeczki i protestować, jeśli wybierzecie inną.

Żeby uniknąć konfliktów, ustawcie książeczki na nisko położonej półce, z której dziecko będzie mogło je samo wyjąć i włożyć z powrotem. Ograniczcie wybór do trzech albo czterech książeczek – dziecko nie będzie się czuło przytłoczone, a wy będziecie mieli mniej do zbierania z podłogi.

W wieku osiemnastu miesięcy wiele dzieci już pewnie chodzi. Ich ulubioną rozrywką jest teraz chodzenie z jakimś przedmiotem w ręku; często jest to właśnie książeczka. Małe dziecko wiedząc, że książka zapewni mu uwagę rodziców, podchodzi do jednego z nich, kładzie mu lekturę na kolanach i żąda stanowczo: „Czytaj!"

Czytanie dwulatkom. Zbliżając się do drugich urodzin, dzieci czynią ogromne postępy w rozwoju języka. Książki pomagają w nauce języka, dając dwulatkowi wiele okazji do nazywania przedmiotów i do rozmowy z dorosłymi. Rodzice wskazując obrazek, pytają: „Co to?" W zależności od reakcji dziecka, albo wymieniają nazwę wskazanej rzeczy, albo chwalą dziecko za prawidłową odpowiedź, albo delikatnie je poprawiają: „Nie, to nie jest piesek, to jest koń".

Ten rodzaj nauczania jest szczególnie efektywny, ponieważ powtarza się wielokrotnie. Dla małego dziecka powtarzanie jest kluczem do nauki. Te same obrazki pojawiają się wciąż na nowo, zawsze w towarzystwie tych samych słów na tych samych stronach, co do pewnego stopnia daje maluchowi kontrolę nad książeczką. Dziecko oczekuje, że na następnej stronie pojawi się konkretny obrazek albo słowo – i rzeczywiście tak się dzieje!

Wasza latorośl nie tylko poznaje nowe słowa, ale i uczy się, w jaki sposób łączą się w zdania, a zdania w opowieści. Rezultatów tej nauki nie dostrzeżecie w ciągu najbliższych miesięcy, ale w wieku dwóch i pół, trzech lat maluch może zacząć w zabawie używać złożonych wyrażeń pochodzących z bajek: „Dawno, dawno temu" albo „A co było dalej?" Ziarna bogactwa językowego sieje się wcześnie poprzez częste obcowanie z książkami i bajkami.

Niszczyciele. Niemowlęta i małe dzieci mało delikatnie obchodzą się z książeczkami. Spodziewajcie się pogniecionych kartek i rozdarć tu i ówdzie. Rysowanie po książeczce to coś, czego niemal każdy maluch próbuje raz czy drugi w swej czytelniczej karierze. Choć z naszego punktu widzenia są to zachowania destrukcyjne, często jest to dla dziecka sposób zaangażowania się w książeczkę, zostania w pewien sposób jej współautorem.

Łagodne przypomnienie, że z książeczkami trzeba się obchodzić delikatnie, jest skuteczniejsze niż łajanie (które może przekonać dziecko, że książeczki w ogóle przysparzają zbyt wielu problemów). Jeszcze lepiej jest wręczyć maluszkowi niepotrzebny papier i kredki i pozwolić mu rysować do woli. Rysowanie to pierwszy krok na drodze do czytania. Przyglądając się nabazgranym przez swoją pociechę kształtom, z czasem zaczniecie dostrzegać, że niektóre z nich przypominają litery.

Różne style uczenia się. Maluch wzrokowiec może wiele minut przyglądać się obrazkom w książce. Wybierzcie książeczkę, w której ilustracje przedstawiają postacie częściowo schowane. Dziecko będzie uwielbiało szukanie na każdej stronie ukrytej kaczuszki.

Maluch słuchowiec uwielbia przysłuchiwać się brzmieniu słów. Szczególnie atrakcyjna jest dla niego poezja, ze względu na rymy i rytm. Historyjka z powtarzającym się motywem (np. „Zwierciadełko, powiedz przecie, kto jest najpiękniejszy w świecie" w bajce o królewnie Śnieżce) zachwyca wiele maluchów, a ponieważ jest przewidywalna, mogą się włączyć do czytania książeczki. Dzięki temu, że wiedzą, co się stanie, mają poczucie, że książeczka należy do nich.

Wiele małych dzieci najlepiej się uczy poprzez dotyk i ruch ciała. Jeżeli w opowieści pojawiają się jakieś ruchy (kołysanie się łodzi na falach albo dziecka na huśtawce, galop konia, mama mieszająca zupę), możecie wraz z dzieckiem odgrywać ten ruch. Mówienie, dotykanie, ruszanie się i granie sprawia, że książeczka oddziałuje na wszystkie zmysły waszej pociechy.

Dzieci uczą się najlepiej, kiedy są aktywnie zaangażowane. Uwielbiają okazje do odgrywania fragmentów bajek, którym się przysłuchują. Dlatego jeżeli czytacie o dżinnie i latającym dywanie, możecie wyciągnąć z szafy stary czajniczek i dywanik (albo prześcieradło). Dziecko będzie wiedziało, co z nimi zrobić.

Czytanie przedszkolakom. Przedszkolaki mają wspaniałą wyobraźnię. W ich umysłach magia jest możliwa i obecna w świecie. Kiedy są szczęśliwe, słońce wychodzi zza chmur. Ponieważ nie mają zbyt wiele doświadczenia w obcowaniu ze światem, są w stanie uwierzyć w wiele rzeczy, które starsze dzieci odrzucają (na przykład w Świętego Mikołaja). W pewnym sensie żyją w świecie tworzonym w wyobraźni.

Dlatego jest zupełnie naturalne, że przedszkolaki uwielbiają książeczki. Kiedy przedszkolak słucha bajki, jego twarz wyraża całkowite zaabsorbowanie, a oczy rozszerzają się. Niektóre dzieci muszą nieustannie się ruszać (niewyczerpana energia niektórych przedszkolaków to prawdziwy żywioł), a i tak pochłaniają każde słowo. Można poznać, że dziecko porwał wyobrażony świat książki, gdy reaguje na wydarzenia w niej prawdziwymi emocjami. Postaci z książek ożywają w jego zabawach. Wyrazy z książek wzbogacają jego słownictwo.

Tak jak my wszyscy, przedszkolaki lubią mieć wrażenie, że kontrolują sytuację. Można im na przykład pozwolić wybrać książkę. Chociaż niektórym nie sprawia problemu wybranie jednej książeczki z całej półki, innym trzeba wybór ograniczyć na przykład do trzech książeczek, żeby nie czuły się niepewnie. Innym sposobem sprawowania kontroli jest uczenie się książeczek na pamięć. Dzieci mogą nie pamiętać każdego słowa, ale często są w stanie uzupełnić słowo na końcu linijki, zwłaszcza jeśli się rymuje.

Kiedy dziecko chce w kółko czytać tę samą książeczkę, jest to znak, że coś w tej książeczce jest dla niego bardzo ważne. Może to być jakaś idea (na przykład idea pokonywania przeszkód w bajce o kocie w butach), obraz (przedstawiający obutego kota w kapeluszu z piórkiem) albo nawet pojedyncze słowo. Kiedy dziecko zrozumie to coś do końca, zazwyczaj przechodzi do kolejnej książeczki.

Jest wiele sposobów uczenia przedszkolaków, że książeczki mogą być źródłem przyjemności:

- Niech książki będą w całym domu: w salonie, w łazience, przy stole kuchennym, a zwłaszcza w pokoiku dziecka.

- Niech pora kładzenia się spać bądź budzenia się rano (albo jedna i druga) stanie się czasem wspólnego czytania. Pozwólcie dziecku zdecydować, kiedy ma dość. (Przerwijcie czytanie również wtedy, kiedy wy macie dość.) To wspaniale, gdy dzieci kochają książki, ale jest też ważne wyznaczenie pewnych granic, jak w przypadku innych rozrywek.

- Ograniczcie oglądanie telewizji. Osobiście uważam, że najlepiej jest, gdy przedszkolaki w ogóle nie oglądają telewizji. Obrazowe sceny w telewizji (nawet, a może zwłaszcza w kreskówkach) przytłaczają wrażliwą wyobraźnię dziecka, nie pozostawiając miejsca na łagodniejsze, choć mimo to fascynujące obrazy z książek.

- Idźcie do najbliższej biblioteki. Niektóre filie wyposażone są w małe stoliki i krzesełka oraz ogromny wybór książeczek dla najmłodszych, a w wielu z nich organizuje się głośne czytanie książeczek i zabawy dla dzieci. Wycieczka do biblioteki może być czymś szczególnym, nawet jeżeli robicie to co tydzień.

- Nie miejcie poczucia, że musicie za wszelką cenę dobrnąć do końca. Jeżeli dziecko traci zainteresowanie, najlepiej przerwać albo wybrać inną książeczkę. Być może ta porusza tematy o zbyt dużym ładunku emocjonalnym. Wiercenie się albo zasypianie może być sposobem powiedzenia: „Usłyszałem już wystarczająco dużo".

◆ Zachęćcie dziecko do uczestnictwa. Dzieci najwięcej wynoszą z czytania na głos i prawdopodobnie odnoszą najwięcej korzyści emocjonalnych z aktywnego uczestnictwa. Mogą komentować albo przerywać, żeby porozmawiać o czymś, co przyszło im do głowy albo co poczuły. Czytanie na głos nie powinno przypominać występu, tylko dyskusję.

◆ Wymyślajcie historyjki i zachęćcie przedszkolaka, żeby wam w tym pomagał. Jeśli ułożycie opowieść, która naprawdę wam się spodoba, zapiszcie ją. Możecie w ten sposób stworzyć własną książeczkę do czytania na głos.

Czytanie starszym dzieciom. Nie musicie rezygnować z czytania na głos, gdy dziecko jest starsze. Jeżeli i wam, i dziecku sprawia to przyjemność, jest wiele powodów, żeby robić to nadal. Wspólne doświadczenia, przyjemne i interesujące, wzmacniają wasz związek. Zasób pozytywnych uczuć pomaga się uporać z konfliktami i innymi napięciami, które stanowią nieodłączny element dorastania.

Czytanie na głos podtrzymuje zainteresowanie książkami. Pomiędzy pierwszą a trzecią czy czwartą klasą szkoły podstawowej dzieci nadal rozwijają umiejętność czytania. W tym czasie książki na tyle proste, żeby mogły przeczytać je samodzielnie, są przeważnie zbyt proste, żeby je zaciekawić. Czytając na głos, pomagacie dziecku czerpać przyjemność z trudniejszych książek, podtrzymując jego zainteresowanie, dopóki samo nie opanuje umiejętności czytania.

Czytanie na głos jest szczególnie ważne w przypadku dziecka, które ma problemy z nauką czytania. Niektórym dzieciom czytanie przychodzi z łatwością. Dla innych, o porównywalnej inteligencji, początkowo jest to duże wyzwanie, często dlatego,

że ich mózg później osiąga poziom dojrzałości niezbędny do czytania. Z czasem – najczęściej przed ukończeniem trzeciej klasy – dzieci te dorównują równolatkom i świetnie dają sobie radę. Jednak zanim się to stanie, czytanie prawdopodobnie będzie im sprawiało trudność i wiele z nich dojdzie do wniosku, że nigdy nie będą w tym dobre. Jednak jeżeli rodzice czytają im na głos, jest bardziej prawdopodobne, że pozostaną otwarte na radość, jaką książki mogą wnieść do ich życia. Wytrwają, będą ciężko pracować i w końcu opanują umiejętności niezbędne do samodzielnego czytania.

Czytanie na głos kształci umiejętność słuchania. Dobrze jest od czasu do czasu przerwać i porozmawiać z dzieckiem o czytanej opowieści. Przede wszystkim upewnijcie się, że rozumie, co się w niej dzieje. Jeśli nie, wyjaśnijcie mu fabułę, motywacje postaci, nowe słowo czy też inną niezrozumiałą rzecz. Ponadto zadając pytania otwarte, wzmacniacie u dziecka umiejętność myślenia o tekście, który słyszy, i rozumienia go. Zapytajcie, dlaczego dana postać postąpiła tak, jak postąpiła, albo co się teraz jego zdaniem stanie.

Czytanie na głos wzbogaca słownictwo. W książkach używa się słów, których niemal nigdy nie słyszy się w mowie potocznej. Jedna z najlepszych książek dla dzieci, *Pajęczyna Szarloty* autorstwa E. B. White, napisana jest w większości prostym językiem, ale i w niej można znaleźć ciekawe słowa, takie jak „niesprawiedliwość", „wyśmienity" czy „uniżony". Nie zdziwcie się, gdy usłyszycie, jak wasze dziecko mówiąc, używa tych „książkowych" słów. Wiele dzieci uwielbia bawić się nowymi słowami. W ten sposób ćwiczą umiejętności, które pomogą im w szkole.

Opowieści to budulec wyobraźni. Dzieci biorą fragmenty zasłyszanych historii i wykorzystują je, tworząc własne. Jeżeli chcecie, żeby wasze dziecko miało bogatą wyobraźnię, dajcie mu szansę wysłuchania wielu dobrych opowieści. To samo się dzieje, gdy maluchy oglądają telewizję: włączają obejrzane sceny do zabaw, ale ponieważ sceny w telewizji są dużo bardziej wyraziste niż słowne opisy w książkach, dzieci nie muszą tak intensywnie korzystać z własnej wyobraźni. W rezultacie często po prostu kopiują to, co zobaczyły w telewizji, zamiast tworzyć własne historie.

Książki pomagają budować charakter. Wielu nauczycieli i psychologów wierzy, że za pomocą książek dzieci najlepiej uczą się odróżniać dobro od zła. Widząc zachowanie różnych postaci – jak traktują przyjaciół, co robią, kiedy chcą czegoś, co do nich nie należy – uzyskują jasny obraz tego, jakie zachowanie jest godne podziwu, a jakie nie. Przesłanie płynące z książek może na nich zrobić ogromne wrażenie i w przyjemny sposób wzmocnić wartości, które wpajacie dziecku w domu.

Uprzedzenia rasowe i płciowe. Z książek płynie silne przesłanie, z tego, co opisują i w jaki sposób. Książki z szacunkiem przedstawiające ludzi wszystkich ras, kultur i narodowości oraz unikające stereotypów płciowych pomagają dzieciom postrzegać siebie i resztę ludzkości z akceptacją i optymizmem. Coraz więcej książek dla dzieci akceptuje fakt, że żyjemy w społeczeństwie wielu kultur.

Oceniając książkę, zastanówcie się nad jej fabułą. Czy kobiety lub osoby o kolorze skóry innymi niż biały pełnią podrzędne role? Czy wierzenia i praktyki kulturowe są przedstawione poprawnie? Czy sposób opisywania różnych stylów życia narzuca negatywne osądy? Przyjrzyjcie się ilustracjom. Czy postacie narysowane są stereotypowo? Czy ludzie czarni mają ciemne zabarwienie skóry, lecz rysy twarzy charakterystyczne dla rasy białej? Takie ustępstwo utrudnia dzieciom uświadomienie sobie, że ludzie różnią się wyglądem zewnętrznym. Przyjrzyjcie się postaciom. W jaki sposób są przedstawione? Kto ma władzę? Kto jest bohaterem? Kto jest czarnym charakterem?

Jakie przesłanie płynie z książki? Czy gloryfikuje ona przemoc albo zemstę? Opowieści, w których jedyną zaletą głównego bohatera jest siła fizyczna, nie pomagają dzieciom docenić własnych pozytywnych cech. Natomiast bohaterowie okazujący współczucie, pomysłowość i odwagę dają dzieciom poczucie, że i one na swój sposób mogą być bohaterami.

PRZEDSZKOLE

Filozofia przedszkola. Cele przedszkola wykraczają poza opiekę nad dziećmi w czasie, gdy ich rodzice pracują, oraz przygotowywanie do nauki czytania, pisania i liczenia w szkole podstawowej. Przedszkole ma pomóc małym dzieciom wszechstronnie się rozwinąć i uczynić z nich osoby bardziej wrażliwe, zaradne i twórcze, zapewniając im różnorodne i wartościowe doświadczenia. Do doświadczeń tych zalicza się często taniec, rytmikę, malowanie obrazków pędzelkiem albo palcami, lepienie z gliny, budowanie z klocków, energiczne zabawy na dworze oraz zabawę w dom, która jest w gruncie rzeczy zabawą w rodzinę. W idealnym przedszkolu są też spokojne zakątki, w których dziecko może pobawić się samo albo odpocząć. Przedszkole stara się rozwijać całą gamę umiejętności: naukowych, społecznych, artystycznych, muzycznych i fizycznych. Nacisk jest kładziony na inicjatywę, niezależność, współpracę (dyskutowanie i dzielenie się zabawkami zamiast walki o nie) oraz wykorzystywanie pomysłów dziecka w zabawie.

Termin „przedszkole" oznacza placówkę, do której uczęszcza się przed osiągnięciem wieku szkolnego. Ale przedszkole tak naprawdę nie jest czymś, co poprzedza szkołę; to j e s t szkoła. Przedszkole nie powinno koncentrować się na przygotowaniu dziecka do odniesienia sukcesu w „prawdziwej" szkole później, ale raczej na jego potrzebach edukacyjnych w danej chwili.

Opieka przedszkolna różni się od opieki w żłobku nad dziećmi poniżej trzeciego roku życia oraz od opieki nad starszymi dziećmi w tych porach dnia, kiedy kształcenie jest mniej ważne. Dziecko spędza w przedszkolu tę część dnia, podczas której najważniejszym celem jest kształcenie dostosowane do poziomu rozwojowego dziecka. (Oczywiście w przedszkolu zaspokajane są również potrzeby fizyczne i emocjonalne dziecka, a i poza nim dziecko nieustannie się uczy.)

Czego się uczą dzieci w przedszkolu?

Wiele trzy- i czterolatków to już starzy wyjadacze, jeśli chodzi o opiekę poza domem; inne maluchy dopiero muszą się nauczyć przyjemnie spędzać czas z dala od rodziców. Niezależnie od dotychczasowych doświadczeń z opieką poza domem, idąc do przedszkola, wszystkie dzieci stają przed podobnymi wyzwaniami. Muszą się nauczyć kontrolowania swoich uczuć i wyrażania ich. Muszą dawać sobie radę w grupie i wprowadzać w życie swoje pomysły. Potrzebują okazji do odgrywania roli przywódców oraz do pójścia za przewodnictwem innych. W najbardziej naturalny sposób uczą tego przedszkola z grupami dzieci w różnym wieku.

Trzy- i czterolatki cechuje naturalna ciekawość otaczającego je świata. Są już w stanie wiele rzeczy zrozumieć i wiele się nauczyć: jak kiełkują nasiona, jak płynie woda, jakie to uczucie wyrabiać glinę, jak zmieniają się kolory, gdy miesza się farby, dlaczego jedna wieża z klocków stoi, a druga się przewraca, i tak dalej. Dobre przedszkola dają swoim uczniom wiele okazji do praktycznego poznawania świata.

Przede wszystkim zaś dzieci w przedszkolu u c z ą s i ę u c z y ć. W dobrej szkole zaczynają postrzegać uczenie się jako kreatywną eksplorację, nie nudne zapamiętywanie, a szkołę zaczynają uważać za miejsce, w którym czują się swobodne i bezpieczne.

Gotowość do przedszkola.

Dobre przedszkola cieszą się z różnorodności. Nie każdy maluch musi być elokwentny, utalentowany artystycznie i mieć nienaganne maniery. Dorastając, każde dziecko staje przed innymi wyzwaniami. Wykwalifikowani nauczyciele wychowania przedszkolnego umieją pracować z dziećmi o różnych zdolnościach i potrzebach.

Idąc do przedszkola, wiele dzieci buduje proste zdania, składające się z trzech do pięciu słów. Potrafią wyrazić swoje potrzeby i opowiedzieć o tym, co się działo niedawno. Rozumieją większość tego, co się do nich mówi, i potrafią postępować zgodnie z trzyczęściowymi wskazówkami. Są w stanie przez kilka minut przysłuchiwać się opowieści, a potem o niej porozmawiać. Jednak zdarza im się nie zrozumieć wyrażenia, które dorosłemu wydaje się zupełnie jasne. Jeśli na przykład powiecie: „Jestem taki głodny, że zjadłbym konia z kopytami", trzylatek może zauważyć, że ludzie nie jedzą koni.

W wieku trzech lat dzieci popełniają błędy w wymowie. Generalnie rzecz biorąc, powinniście być w stanie zrozumieć trzy czwarte albo więcej tego, co mówią.

Dzieci, które mają problemy z artykulacją albo się jąkają (powszechny problem w tym wieku, patrz str. 385), mogą odczuwać frustrację, kiedy ludzie ich nie rozumieją. Wyrozumiały i cierpliwy nauczyciel może bardzo pomóc.

Niektóre, choć nie wszystkie, przedszkola wymagają, by dziecko bez problemów korzystało z toalety. Przebywanie w towarzystwie kolegów, którzy chodzą do ubikacji jak dorośli, jest fantastyczną zachętą dla maluchów nadal noszących pieluchy. Większość ciężko pracuje nad opanowaniem sztuki korzystania z toalety i przeważnie udaje im się to w ciągu kilku tygodni. Wiele małych dzieci nadal potrzebuje pomocy przy wycieraniu pupy, a przynajmniej trzeba im przypomnieć, żeby dokładnie się wytarły, a potem umyły rączki. Przedszkolanki rozumieją, że umiejętność samodzielnego korzystania z toalety to ogromny kamień milowy w rozwoju małego dziecka i z chęcią będą współpracować z rodzicami, żeby pomóc dziecku osiągnąć ten cel.

Jedzenie jest częścią każdego dnia w przedszkolu. W wieku trzech lat dzieci zazwyczaj potrafią jeść rączkami i pić z kubeczka oraz rozumieją podstawowe zasady zachowania przy stole. Dzieci z niepełnosprawnościami rozwojowymi (takimi jak porażenie mózgowe) mogą potrzebować indywidualnej pomocy podczas jedzenia w ramach swojego programu nauczania.

Dobrze jest, gdy dziecko interesuje się samodzielnym rozbieraniem i ubieraniem choćby w niewielkim zakresie: na przykład samo zakłada kurteczkę albo kalosze. Przedszkolanki chętnie pomogą zapiąć guziki, zamki czy zatrzaski. Nie szkodzi, jeśli niektóre dzieci przez pewien czas potrzebują więcej pomocy.

Jak wygląda doskonałe przedszkole. Dobry nauczyciel przedszkolny pełni wiele ról: troskliwego opiekuna, instruktora przygotowującego grunt pod przyszłą naukę, trenera wychowania fizycznego, przewodnika po twórczym świecie sztuki, muzyki i literatury. Im lepiej zrozumiecie, na czym polega praca nauczycieli przedszkolnych, tym łatwiej wam będzie znaleźć doskonałe przedszkole i docenić je. Ważną wskazówką jest to, co widać, zanim jeszcze maluchy postawią stopę w przedszkolu: wygląd pomieszczeń.

Sala przedszkolna nie powinna wyglądać jak klasa dla starszych dzieci. Zamiast ustawiać w niej rzędy ławek, trzeba ją podzielić na części poświęcone różnym zajęciom: malowaniu, budowaniu z klocków, zabawom tematycznym, czytaniu, zabawie w dom.

W typowym przedszkolu dzieci mają mnóstwo okazji do przechodzenia z jednej części pomieszczenia do innej w zależności od zainteresowań. Ważną częścią ich kształcenia jest nauka decydowania, czym chcą się zająć, a potem zajmowanie się tym przez pewien czas. Dobra przedszkolanka przypatruje się dzieciom, wie, gdzie które jest i czym się w danej chwili zajmuje. Jeśli dziecku trudno jest wybrać, pani pomaga mu zaangażować się w jakąś zabawę. Jeśli zbyt długo zajmuje się jedną rzeczą, pomaga mu przejść do innego zajęcia.

Wygląd sali zmienia się codziennie. Jednego dnia w części poświęconej sztuce są farby do malowania palcami, drugiego dnia materiały do robienia wyklejanek, jeszcze kilka dni później – zszyte arkusze papieru, z których można zrobić książeczki. To, jak długo trwa dane zajęcie, zależy od zainteresowania dzieci.

Oprócz stałych obszarów poświęconych konkretnym rodzajom zajęć niektóre części sali odzwierciedlają projekty albo specjalne zainteresowania grupy przedszkolnej. W jednym miesiącu jest to sklep spożywczy, w którym dzieci mogą robić zakupy, wydawać resztę i przeprowadzać inwentaryzację; w kolejnym pojawia się poczta, a potem piekarnia.

Wybór tematyki uzależniony jest od innych zajęć przedszkolaków. Na przykład po wizycie w pizzerii dzieci mogą jeden kącik zamienić w restaurację. Bierze się pod uwagę wartości i troski dzieci: na przykład ich zainteresowanie środowiskiem naturalnym odzwierciedla się poprzez sadzenie roślinek w skrzynkach i zbieranie eksponatów podczas wycieczki po najbliższej okolicy.

Planując i wprowadzając zmiany, nauczyciel przedszkolny słucha dzieci. Rozumie, że przedszkole nie należy do niego, tylko do nich. Zastanawiając się i rozmawiając o tym, jak wykorzystać swoją przestrzeń, dzieci uczą się ważnych procesów negocjacji i współpracy.

Ważne jest również otoczenie przedszkola. Do dyspozycji przedszkolaków musi być miejsce do aktywnej zabawy na dworze. Na dobrze zaprojektowanym placu zabaw znajduje się bezpieczny teren do biegania, wspinania się, jeżdżenia rowerkiem i zabaw wyobrażeniowych. Przedszkolanka nie traci z oczu żadnego dziecka, widzi, kto co robi i jak długo. W razie potrzeby służy wskazówkami, czasem włącza się do zabawy, ale wie również, kiedy ograniczyć się do cichej obserwacji.

Nauczyciel potrafi też twórczo wykorzystać najbliższe i nieco dalsze okolice. Spacer wokół kwartału staje się okazją do studiowania kształtów różnych liści, materiałów, z których wykonane są budynki, wyglądu i znaczenia znaków drogowych. Te obserwacje wzbogacają dyskusje i projekty wykonywane w przedszkolu, sprawiając, że okolica przedszkola staje się jego przydatnym i ciekawym rozszerzeniem.

Pierwsze dni w przedszkolu. Towarzyski czterolatek czuje się w przedszkolu jak ryba w wodzie i nie potrzebuje łagodnego wprowadzenia. Inaczej może być w przypadku wrażliwego trzylatka, nadal blisko związanego z rodzicami. Gdy mama zostawi go pierwszego dnia, może początkowo nie marudzić, ale po pewnym czasie za nią zatęsknić. Kiedy odkryje, że jej nie ma, może się przestraszyć, a następnego dnia odmówić wyjścia z domu.

W przypadku tak niesamodzielnego malucha lepiej stopniowo przyzwyczajać go do przedszkola. Przez kilka dni mama może zostać w pobliżu, gdy dziecko się bawi, a po pewnym czasie zabrać je do domu. Każdego dnia mama i dziecko zostają na dłużej. W tym czasie dziecko przywiązuje się do przedszkolanki i innych dzieci, dzięki czemu będzie się czuło bezpiecznie, gdy mama przestanie z nim zostawać.

Czasem dziecko przez kilka dni wydaje się szczęśliwe, nawet po tym, jak mama wyszła. Potem przydarza mu się kontuzja i nagle pragnie jej obecności. W takim przypadku przedszkolanka może pomóc mamie zadecydować, czy powinna przez parę dni zostawać z dzieckiem. Przebywając w przedszkolu mama powinna trzymać się na uboczu. Chodzi o to, żeby dziecko zapragnęło stać się częścią grupy i zapomniało, że zależy mu też na obecności mamy.

Czasem mama niepokoi się bardziej niż dziecko. Jeśli ze zmartwioną miną trzykrotnie się z nim żegna, dziecko zaczyna myśleć: „Mama wygląda, jakby mogło mi się tutaj stać bez niej coś złego. Lepiej będzie, jeśli nie pozwolę jej odejść". To naturalne, że mama się martwi, jak jej malec, który po raz pierwszy pozostaje sam, poradzi sobie w nowej sytuacji. Nauczyciele wychowania przedszkolnego często mogą udzielić dobrych rad, gdyż niejednokrotnie już mieli do czynienia z takimi sytuacjami. Spotkanie z rodzicami przed rozpoczęciem roku daje przedszkolankom szansę zapoznania się z waszym dzieckiem oraz pomaga rodzicom i nauczycielom zaufać sobie nawzajem i od samego początku współpracować bez konfliktów.

Dziecko, które początkowo odczuwa prawdziwy lęk przed rozłąką, może się nauczyć, że daje mu to kontrolę nad pełnymi współczucia rodzicami. Zdarza się, że w coraz większym stopniu wykorzystuje tę kontrolę.

Kiedy dziecko niechętnie albo z obawą wraca do przedszkola, choć jest w nim pod dobrą opieką, rodzice powinni pewnie i stanowczo wyjaśnić mu, że każdy musi codziennie chodzić do przedszkola albo szkoły. Na dłuższą metę lepiej jest pozwolić dziecku wyrosnąć z niesamodzielności, niż się jej poddać. Jeżeli dziecko jest skrajnie przerażone, sytuację należy omówić ze specjalistą w zakresie zdrowia psychicznego dzieci.

Zachowanie w domu. Niektóre dzieci w pierwszych dniach lub tygodniach chodzenia do przedszkola stają się nieznośne. Duża grupa, nowi przyjaciele i nowe zajęcia wzmagają napięcie i wyczerpują. Jeśli początkowo wasze dziecko jest bardzo zmęczone, nie oznacza to, że nie jest w stanie przyzwyczaić się do przedszkola, tylko że musicie iść na kompromis, dopóki się nie zaadaptuje. Wspólnie z przedszkolanką zastanówcie się, czy nie byłoby najlepiej, gdyby malec przez pewien czas spędzał w przedszkolu mniej godzin. Dobrym wyjściem może być późniejsze przychodzenie do przedszkola. Wcześniejsze zabieranie go do domu jest mniej skuteczne, bo nawet łatwo męczące się dziecko będzie niechętnie przerywać znakomitą zabawę.

Problem zmęczenia we wczesnych tygodniach nasila się, jeśli dziecko jest zbyt pobudzone albo nerwowe, żeby zasnąć w porze drzemki. Zatrzymanie dziecka w domu raz albo dwa na tydzień może rozwiązać ten tymczasowy problem. Nie-

które małe dzieci potrafią zapanować nad sobą w przedszkolu pomimo zmęczenia, a potem po powrocie do domu wyżywają się na rodzinie. Wymaga to dodatkowej cierpliwości i rozmowy z przedszkolanką.

Dobry nauczyciel przedszkola powinien być – i zazwyczaj jest – osobą bardzo wyrozumiałą. Rodzice nie powinni mieć oporów przed omówieniem z nim problemów dziecka, niezależnie od tego, czy mają bezpośredni związek z przedszkolem. Nauczyciel spojrzy na sprawę z innej perspektywy, a ponadto prawdopodobnie już się z podobnym problemem spotkał.

Presja w przedszkolu. Edukacja łączy się z rywalizacją, której nie opierają się nawet przedszkola. Ambitni rodzice często postrzegają dobre przedszkole jako niezbędny pierwszy krok na drodze do dyplomu prestiżowego uniwersytetu. Niektóre przedszkola odpowiadają na presję przyszłych sukcesów, wprowadzając bardziej zorientowaną na naukę organizację pracy, program i metody nauczania. Przedszkolanki uczą alfabetu, literowania prostych słów i rozwiązywania prostych zadań matematycznych. Część każdego dnia przeznaczona jest na „pracę siedzącą" (siedzenie przez dłuższy czas na krzesełku i koncentrowanie się na wyznaczonym zadaniu). Celem tych wysiłków jest przygotowanie dzieci do wspięcia się na kolejny szczebel drabiny edukacyjnej.

Co jest złego w takim podejściu? Większość małych dzieci chce swoim nauczycielom sprawić przyjemność. Jeśli każe im się recytować nazwy liter, posłusznie to zrobią. Wiele rzeczywiście nauczy się liter, a po wielokrotnym powtórzeniu będzie w stanie rozpoznać kilkanaście wyrazów. Niektóre bardziej zaawansowane maluchy nauczą się literowania prostych słów. Wiele z nich w zerówce będzie robić ogromne wrażenie na dorosłych.

Jednak badania wykazują, że pod koniec drugiej klasy dzieci te nie będą czytać lepiej od rówieśników. Zmarnują dużo czasu i energii na naukę czegoś, co na dłuższą metę nie przyniesie im żadnych korzyści. Co gorsza, wiele z nich dojdzie do wniosku, że czytanie i liczenie to zajęcia okropnie nudne i trudne, których nigdy nie podjęłyby się z własnej nieprzymuszonej woli.

Nie oznacza to, że nie można uczyć liter i cyfr, ale nauka musi stanowić część doświadczenia mającego dla dzieci znaczenie. Na przykład zamiast ćwiczeń polegających na uczeniu się liter namalowanych na wielokrotnie pokazywanych fiszkach, zainteresowanie literami i słowami pobudza w naturalny sposób słuchanie czytanych na głos książeczek i rozmawianie o nich. Zachęcone dzieci zwracają uwagę na znaki i etykietki, rzeczy, które napotykają w życiu, a które są dla nich ciekawe i ważne. Wymyślają historyjki. Panie mogą zapisywać te historyjki, a potem odczytywać je na głos. Dzieci aktywnie uczestniczą w zajęciach i mają satysfakcjonujące poczucie, że coś osiągnęły.

Przedszkolanki potrafią skupić uwagę dzieci na pisaniu i liczeniu, czynnościach, które stanowią część niemal każdego zajęcia. Jeśli w sali znajduje się chomik, każde dziecko nauczy się odczytywać jego imię umieszczone na tabliczce nad klatką. Przedszkolanka może przygotować kalendarz pokazujący pory karmienia pupila i zachęcić dzieci do zapisywania się w nim i liczenia, za ile dni przypadnie ich kolej. Tak oto dzieci poznają litery i liczby w toku normalnych zajęć.

Dlaczego nadmiernie akademickie podejście do przedszkola jest niewłaściwe? Ponieważ przeszkadza w zabawie, przez którą dzieci n a p r a w d ę się uczą, rozwijają umiejętności społeczne i pobudzają wyobraźnię. Wielokrotnie powtarzając to samo nudne ćwiczenie, dzieci dowiadują się, że nauka jest czymś, co robi się z poczucia obowiązku albo posłuszeństwa. Ćwiczenia w formie zabawy uczą dzieci kochać naukę.

SZKOŁA I PROBLEMY SZKOLNE

Pewien oddany swojej pracy dyrektor szkoły powiedział mi kiedyś: „Każde dziecko ma talent; naszym zadaniem jest odkrycie go i pielęgnowanie". Myślę, że jest to dość dobra definicja edukacji. Słowo „edukacja" pochodzi od łacińskich słów oznaczających wyprowadzanie, czyli wydobywanie na światło dzienne wewnętrznych zalet i mocnych stron dziecka. Różni się to od przekonania, że nauczyciele muszą napełnić dzieci wiedzą, jakby były one pustymi dzbankami. John Dewey, słynny pedagog sprzed wieku, powiedział: „Prawdziwa edukacja uwalnia ludzką duszę". Wierzę, że tak właśnie jest.

PO CO NAM SZKOŁA

W szkole uczymy się przede wszystkim dawać sobie radę w świecie. Różne przedmioty szkolne to jedynie środek do celu. Jednym z zadań szkoły jest uczynienie tych przedmiotów tak interesującymi i rzeczywistymi, żeby dzieci chciały się uczyć i zapamiętywać zdobywane informacje do końca życia.

Nic nie przychodzi nam z wiedzy, jeśli nie jesteśmy szczęśliwi, nie układają nam się stosunki z ludźmi i nie umiemy zdobyć wymarzonej pracy. Dobry nauczyciel próbuje zrozumieć każde dziecko, pomóc mu w pracy nad tym, w czym jest słabsze, umożliwić mu wszechstronny rozwój. Dziecko pozbawione wiary w siebie potrzebuje odnieść sukces. Popisujący się psotnik potrzebuje nauczyć się, jak zyskiwać uznanie ciężką pracą. Maluch nie umiejący nawiązywać przyjaźni potrzebuje się dowiedzieć, jak być towarzyskim i atrakcyjnym. Dziecko sprawiające wrażenie leniwego potrzebuje motywacji.

W jaki sposób nauczyciele sprawiają, że szkoła jest ciekawa. Szkoła ma ograniczone możliwości, jeśli operuje w ramach sztywnego programu, według którego każdy uczeń w tym samym czasie czyta od strony siódmej do strony dwudziestej trzeciej w podręczniku, a potem robi ćwiczenia na stronie sto dwudziestej ósmej książki do matematyki. Sprawdza się to w przypadku przeciętnego ucznia, ale jest zbyt nudne dla zdolnych i zbyt trudne dla mniej uzdolnionych. Dla nienawidzącego książek chłopca jest to okazja, by siedzącej przed nim dziewczynce powpinać spina-

---

🏛 KLASYCZNY SPOCK

W dawnych czasach uważano, że szkoła musi tylko nauczyć dzieci czytania, pisania i liczenia oraz wbić im do głowy pewne fakty o świecie. Pewien nauczyciel opowiadał, że w dzieciństwie kazano mu zapamiętać definicję przyimka, która brzmiała mniej więcej tak: „Przyimek jest wyrazem, zazwyczaj określającym umiejscowienie, kierunek, czas albo inny związek abstrakcyjny, służącym do łączenia rzeczownika albo zaimka, w znaczeniu przymiotnikowym albo przysłówkowym, z jakimś innym wyrazem". Oczywiście wkuwając na pamięć tę formułkę, niczego się nie nauczył. Uczymy się tylko wtedy, gdy nabywane informacje coś dla nas znaczą.

---

cze w warkocz. Nic to nie daje chłopcu samotnemu ani dziewczynce, która musi się nauczyć pracy w zespole.

Wychodząc od tematu interesującego wszystkie dzieci, nauczyciele mogą uczyć przeróżnych przedmiotów. Weźmy za przykład trzecią klasę, która w danym semestrze uczy się o Indianach. Im więcej dzieci dowiadują się o różnych plemionach, tym więcej chcą wiedzieć. Czytając czytankę, naprawdę chcą ją zrozumieć. W ramach lekcji matematyki uczą się, jak liczyli rdzenni Amerykanie i czego używali w charakterze pieniędzy. W ten sposób matematyka nie jest odrębnym przedmiotem, tylko praktyczną częścią życia. Geografia to nie kropki na mapie, ale tereny, które plemiona indiańskie zamieszkiwały i przez które wędrowały. Na lekcji biologii dzieci robią barwnik z jagód i farbują nim tkaninę albo rozmawiają o tym, jak Indianie przystosowywali się do różnych ekosystemów.

Ludzie czasem czują niepokój, gdy nauka jest zbyt ciekawa, wydaje im się bowiem, że dzieci muszą się przede wszystkim uczyć robienia rzeczy nieprzyjemnych i trudnych. Jednak jeśli zastanowicie się, kto z waszych znajomych odniósł nieprzeciętny sukces, stwierdzicie, że zazwyczaj są to ci, którzy kochają swoją pracę. Każda praca w dużej części polega na harówce, ale godzimy się na to, ponieważ łączy się ona z tym, co fascynujące. Darwin był kiepskim uczniem. Potem zainteresował się historią naturalną, przeprowadził jedne z najbardziej mozolnych badań na świecie i na ich podstawie opracował teorię ewolucji. Licealista może nie widzieć sensu uczenia się geometrii, nienawidzić jej i nie radzić sobie z nią. Ale jeśli chce zostać pilotem linii lotniczych, zaczyna rozumieć, do czego służy geometria, zdaje sobie sprawę, że dzięki niej można uratować życie załogi i pasażerów, i gorliwie zabiera się do pracy nad tym przedmiotem.

Skuteczni nauczyciele rozumieją, że każde dziecko musi się nauczyć samodyscypliny, jeśli ma być pożytecznym dorosłym. Jednak nie można dzieci zakuć w dyscyplinę, jakby to były kajdanki; jest to coś, co musi się w nich wykształcić jak kręgosłup, najpierw poprzez zrozumienie celu danej pracy, a potem poprzez odpowiedzialność wobec innych za skutki swoich działań.

Szkoła a świat. Szkoła chce, żeby jej uczniowie poznawali świat doświadczalnie, dzięki temu bowiem dostrzegają związek pomiędzy nauką w szkole a prawdziwym życiem. Szkoła organizuje wycieczki do pobliskich przedsiębiorstw, zaprasza ciekawych ludzi do wygłaszania pogadanek, zachęca do dyskusji w klasie. Klasa ucząca się o żywności może mieć okazję zapoznania się z niektórymi etapami uprawy, zbioru, transportu i sprzedaży warzyw. Klasa ucząca się o sprawowaniu władzy może odwiedzić ratusz i obserwować posiedzenie rady miasta.

Dobra szkoła chce także uczyć demokracji, nie tylko jako patriotycznego ideału, ale jako sposobu życia i osiągania zamierzonych celów. Dobry nauczyciel wie, że nie może uczyć demokracji z książki, jeżeli w klasie postępuje jak dyktator. Zachęca uczniów do zastanawiania się, jak radzić sobie z projektami i pokonywać napotykane trudności. Pozwala im decydować, kto powinien wykonać określoną część pracy. W ten sposób uczą się doceniać nawzajem swój wysiłek. Uczą się pracować, nie tylko w szkole, ale również poza nią.

Kiedy nauczyciele na każdym kroku mówią uczniom, co i jak mają robić, uczniowie pracują tak długo, jak długo nauczyciel jest w klasie. Gdy tylko wyjdzie, wielu z nich zaczyna się wygłupiać. Uważają, że za przebieg lekcji odpowiedzialny jest tylko nauczyciel, a oni nie. Dzieci, które pomagają wybrać i zaplanować pracę i współpracują ze sobą, wykonując ją, osiągają niemal tak samo dużo, gdy nauczyciel wyjdzie z klasy, jak wówczas, gdy jest obecny. Rozumieją cel swojej pracy i etapy niezbędne do jej ukończenia. Każdy chce wykonać powierzone mu zadanie, ponieważ jest dumny z tego, że obdarzono go zaufaniem, i czuje się odpowiedzialny wobec pozostałych.

Jest to najdoskonalszy rodzaj dyscypliny. Taki trening, taka postawa rodzi najlepszych obywateli i najbardziej wartościowych pracowników.

Jak szkoła pomaga dzieciom z trudnościami. Elastyczny, interesujący program nie tylko sprawia, że nauka wydaje się atrakcyjna, ale też może zostać dostosowany do indywidualnych potrzeb uczniów. Wyobraźmy sobie dziewczynkę, która pierwsze dwa lata spędziła w szkole uczącej poszczególnych przedmiotów osobno. Trudno jej było nauczyć się czytania i pisania, miała zaległości w stosunku do reszty klasy i było jej wstyd, że jest taką nieudacznicą. Mówiła, że nienawidzi szkoły. Jej stosunki z innymi dziećmi nigdy nie układały się zbyt dobrze, nawet zanim pojawiły się trudności w szkole. Poczucie, że w oczach innych jest głupia, dodatkowo pogorszyło sytuację. Miała pretensje do całego świata. Raz na jakiś czas popisywała się przed klasą, wymądrzając się. Nauczyciel uważał, że stara się być niegrzeczna. W rzeczywistości w ten niefortunny sposób próbowała zwrócić na siebie uwagę. Był to zdrowy impuls mający na celu uniknięcie izolacji.

Dziewczynka przeniosła się do szkoły, która chciała nie tylko pomóc jej w nauce czytania i pisania, ale także w znalezieniu swojego miejsca w grupie. Nauczyciel w prywatnej rozmowie z mamą dowiedział się, że dziewczynka dobrze radzi sobie z narzędziami i uwielbia malować i rysować. Znalazł sposób, żeby mogła zademonstrować te zdolności przed klasą. Dzieci malowały duży obraz z życia Indian, który miał zawisnąć na ścianie, oraz pracowały wspólnie nad makietą indiańskiej wioski. Nauczyciel postarał się, żeby dziewczynka brała udział w tych projektach. Takie prace z pewnością mogła wykonać dobrze.

W miarę upływu dni dziewczynka zaczęła coraz bardziej interesować się Indianami. Żeby dobrze namalować przydzieloną jej część obrazu i poprawnie wykonać swoją część makiety, musiała jak najwięcej dowiedzieć się z książek. Chciała nauczyć się czytać, więc pracowała ciężej. Jej nowi koledzy nie uważali, że jest głupia, bo nie umie czytać. Myśleli raczej o tym, jak bardzo pomogła tworzyć rysunek i makietę. Niekiedy chwalili jej pracę i prosili ją o po-

moc. Dziewczynka ożywiła się. Przecież od tak dawna tęskniła za uznaniem i przyjaźnią. Gdy poczuła się akceptowana, stała się bardziej przyjacielska i towarzyska.

NAUKA CZYTANIA

Pytanie, jak najlepiej uczyć dzieci czytania, wzbudza wiele kontrowersji. Na początku dwudziestego wieku wierzono powszechnie, że nie należy zbyt wcześnie uczyć czytania, może to bowiem wprowadzić zamieszanie w niedojrzałych umysłach. W latach sześćdziesiątych naukowcy zdali sobie sprawę, że nawet bardzo małe dzieci dużo się uczą o czytaniu, obserwując rodziców. Ponadto te, którym dano kredki i papier, często eksperymentowały z pisaniem liter i słów. Uczyły się też odczytywać znajome wyrazy na opakowaniach produktów żywnościowych i znakach ulicznych na długo przed tym, zanim rozpoczęły naukę w szkole. Pedagogom tak się spodobała idea „spontanicznej nauki czytania i pisania", że niektórzy doszli wręcz do wniosku, iż formalne nauczanie tych umiejętności jest niepotrzebne.

Jednak w ostatnim dziesięcioleciu specjaliści w dziedzinie edukacji powrócili do przekonania, że dzieci należy uczyć alfabetu. Na szczęście powrót do metod fonetycznych nie spowodował całkowitego

odejścia od teorii spontanicznego kształtowania się umiejętności czytania i pisania. Zamiast tego pedagodzy zdali sobie sprawę, że dzieci muszą doświadczyć i jednego, i drugiego. Trzeba im czytać; muszą układać własne historyjki i dyktować je rodzicom i nauczycielom, którzy potem odczytają je na głos; muszą mieć mnóstwo czasu na zabawę z literami i słowami. Korzyść przynosi im również bezpośrednie uczenie – choć nie nudną metodą wielokrotnego powtarzania i żmudnych ćwiczeń – w jaki sposób litery symbolizują dźwięki i jak dźwięki łączą się ze sobą, tworząc słowa. Są to wnioski płynące z przełomowego raportu amerykańskiej Krajowej Rady Badań Naukowych z roku 1998 *Zapobieganie trudnościom w czytaniu u małych dzieci*. Możemy żywić nadzieję, że raport ten zakończy wojnę o najlepsze sposoby uczenia czytania, które od tak dawna utrudniają życie nauczycielom, i umożliwią większej liczbie dzieci doskonałe opanowanie umiejętności czytania i pisania.

WYCHOWANIE FIZYCZNE

Zdrowie fizyczne to coś więcej niż tylko brak chorób. Oznacza ciało silne, zwinne, o dobrej koordynacji ruchowej, a także umiejętność radosnego korzystania z tych darów. Wielu trzy- i czterolatków demonstruje te podstawowe elementy zdrowia fizycznego. Jednak z wiekiem dzieci coraz

więcej czasu spędzają, siedząc w szkole albo odrabiając lekcje w domu, a ich kondycja fizyczna często się pogarsza.

W przeszłości szkoły państwowe przeważnie wymagały codziennych zajęć wychowania fizycznego. Ostatnio jednak zmalała liczba dzieci codziennie uczęszczających na takie zajęcia. Niewielu licealistów ma codziennie lekcje wychowania fizycznego, a w mniej niż połowie gimnazjów prowadzi się ten przedmiot przez wszystkie trzy lata.

Zalety wychowania fizycznego. W przeszłości lekcje wychowania fizycznego koncentrowały się na uczeniu dzieci gier zespołowych opartych na współzawodnictwie. Ostatnio poświęca się więcej uwagi rozwijaniu zdrowych nawyków oraz kondycji, w nadziei, że dzieci uczynią regularną aktywność fizyczną częścią swojego trybu życia. Regularne ćwiczenia zwiększają zdolność koncentracji uwagi, niezależnie od tego, czy dziecko cierpi na nadpobudliwość psychoruchową. Regularny wysiłek fizyczny stanowi bezpieczny i skuteczny sposób leczenia łagodnych depresji i wydaje się, że poprawia również nastrój osób, które depresji nie mają. Wypróbowując wiele różnych rodzajów aktywności fizycznej – pływanie, bieganie, gimnastykę, inne sporty – dzieci mogą odkryć, któ-

re odpowiadają im najbardziej. Wraz ze wzrostem wytrzymałości i poprawą koordynacji ruchowej, dzieci czerpią z nich coraz więcej przyjemności i jest bardziej prawdopodobne, że będą je nadal uprawiać.

Dzieci uczą się też sportowego zachowania, pracy w zespole, tolerancji dla osób mniej sprawnych oraz dla własnych ograniczeń. Dzieciom z trudnościami w nauce albo zaburzeniami zdolności uczenia się wychowanie fizyczne daje okazję zaprezentowania się z najlepszej strony i zyskania wiary w siebie. Dla wielu dzieci energiczne i wymagające zręczności zajęcia fizyczne stanowią ważny sposób autoekspresji. Podczas gdy niektóre dzieci rysują albo piszą pamiętniki, inne szukają bardziej ruchowego sposobu wyrażenia silnych emocji. Odnoszą ogromną korzyść z kontaktu z nauczycielem wychowania fizycznego albo trenerem rozumiejącym emocjonalną stronę aktywności fizycznej i sportu i potrafiącym zaoferować im wsparcie.

RODZICE I SZKOŁA

Pięćdziesiąt lat temu kształcenie dzieci uważano za wyłączną domenę profesjonalistów; rodzice mieli wychowywać, a uczenie pozostawić nauczycielom. Jednak pedagodzy w coraz większym stopniu rozumieją, że sami nie dadzą sobie rady. Udział rodziców jest niezbędny. Kolejne badania pokazują, jak ważne jest zaangażowanie rodziców, żeby dziecko osiągało sukcesy nie tylko we wczesnych latach życia, ale przez całą karierę szkolną.

Udział rodziców. Kiedy rodzice angażują się w kształcenie dzieci, lepiej czują się one w szkole i postrzegają ją jako miejsce,

w którym wyznaje się te same wartości co w domu rodzinnym. Nauczycielom łatwiej jest porozumieć się z zaangażowanymi rodzicami i jest bardziej prawdopodobne, że o problemach dziecka z nauką, zachowaniem albo stosunkami towarzyskimi poinformują ich odpowiednio wcześnie, kiedy łatwiej jest je rozwiązać. Ponadto rozwiązania problemów tego typu niemal zawsze są skuteczniejsze, gdy obejmują wkład tak rodziców, jak i nauczycieli. Poza wspieraniem edukacji dziecka w domu, zaangażowanie rodziców może polegać na ochotniczej pomocy w szkole. Zaangażowani rodzice nie tylko uczestniczą w wywiadówkach (co naturalnie jest ważne), ale też starają się poznać nauczycieli dziecka. Chętnie zgłaszają się do pomocy w szkole, uczestniczą w wycieczkach i imprezach okolicznościowych.

Grupy rodziców, takie jak komitet rodzicielski czy rada szkoły, mają duży wkład w życie szkoły. Pracując wspólnie, rodzice mogą szkole dostarczyć ważnych informacji o życiu jej uczniów. O jakich zmartwieniach uczniowie wspominają w domu? Co jest w szkole dobrego, a co można by poprawić? Również wtedy, gdy w domu wydarzy się coś traumatycznego, jak śmierć jednego z dziadków albo rozwód, powiedzcie o tym dyrektorowi szkoły i nauczycielom dziecka, żeby mogli okazać mu wsparcie i dostrzec ewentualne oznaki stresu.

W domu stwórzcie dobre warunki do nauki. Większość dzieci potrzebuje dobrze oświetlonego, spokojnego miejsca pracy (choć niektóre lepiej koncentrują się w hałasie). Potrzebują też wystarczająco dużo czasu. Może to oznaczać ograniczenie zobowiązań towarzyskich bądź innych zajęć edukacyjnych. Niektóre dzieci mają tak napięty plan lekcji muzyki, treningów sportowych, zajęć artystycznych i spotkań religijnych, że lekcje odrabiane są zawsze pospiesznie, w ostatniej chwili, późnym wieczorem. Konieczne może się również okazać ograniczenie czasu spędzanego przed telewizorem, na grach wideo i przy komputerze.

Bądźcie dla dzieci wzorem. Będą miały lepszy stosunek do nauki, widząc, że ich rodzice nadal się uczą. Wyznaczcie wysokie, ale realistyczne oczekiwania. Jak ujął to jeden z moich kolegów: „Moje dzieci wiedzą, że muszą zrobić wszystko, co w ich mocy. Ponieważ stać je na piątki, wiedzą, że oczekuję piątek". W przypadku innych dzieci realistyczne jest oczekiwanie czwórek albo pilnego uczęszczania na zajęcia wyrównawcze. Niezależnie od poziomu, dzieci odnoszą sukces, kiedy same sobie wyznaczają cele rygorystyczne, ale możliwe do osiągnięcia.

Rodzice rzecznikami swoich dzieci. Niektórzy rodzice czują się bezradni w obliczu systemu szkolnictwa sprawiającego wrażenie bezosobowego i obojętnego kolosa. Inni znajdują się w swoim żywiole, gdy mają pokierować edukacją dziecka. Kierowanie niekoniecznie oznacza kontrolę absolutną. Skuteczni rodzice wiedzą, że muszą współpracować z nauczycielami i dyrektorami, a czasem także z lekarzami albo terapeutami. Są uprzejmi i grzeczni, ale nalegają na prawo dziecka do jak najlepszego wykształcenia. Znają swoje prawa i łączą się w wysiłkach z innymi skutecznymi rodzicami. Dążą do zapewnienia dzieciom pozytywnej edukacji. Nie wszyscy pracownicy szkół lubią takich rodziców (wymagających i dociekliwych), ale zazwyczaj szanują ich i ciężko pracują, żeby sprostać ich żądaniom.

Wspomnienia ze szkoły. Punktem odniesienia są dla was na pewno wasze doświadczenia. Oczywiście od czasu, kiedy wy chodziliście do szkoły, wiele się zmieniło, ale to naturalne, że czynicie porównania. Jeżeli mieliście to szczęście, że uczyliście się w dobrych szkołach, możecie mieć bardzo wysokie oczekiwania w stosunku do szkoły dziecka. Myślę, że niektórzy dorośli idealizują swoje wspomnienia szkolne, więc nic w szkole dziecka nie dorównuje ich ideałom. Z drugiej strony wasze doświadczenia mogły być w dużym stopniu negatywne, a wasz stosunek do systemu szkolnictwa pesymistyczny. Ważne jest wolne od uprzedzeń i optymistyczne założenie, że doświadczenia waszego dziecka będą lepsze. To możliwe. Wasza współpraca ze szkołą, aktywna, zaangażowana i przemyślana, pomoże to osiągnąć.

ODRABIANIE LEKCJI

Odrabianie lekcji nie musi przypominać wojny. Jeżeli weźmiecie na siebie rolę trenera, a nie poganiacza niewolników, odrabiając lekcje, wasze dziecko pozna wartość ciężkiej pracy, a wy dużo się o nim dowiecie. Jednak żeby być skutecznym trenerem, trzeba znać reguły gry, a to oznacza rozumienie sensu zadawania zadań do domu przez nauczyciela.

Po co są zadania domowe? Nauczyciele zadają zadania domowe z trzech powodów: żeby dzieci przećwiczyły umiejętności albo wiedzę wyniesioną z lekcji, żeby przygotowały się do kolejnej lekcji albo żeby popracowały nad projektem wymagającym więcej czasu lub korzystania ze źródeł zewnętrznych (jak biblioteka, Internet bądź rodzice). Początkowo głównym celem jest przyzwyczajenie dzieci do pracy poza szkołą oraz nauczenie ich organizowania swojego czasu. W późniejszych latach szkoły podstawowej, a zwłaszcza w liceum, dzieci, które odrabiają więcej lekcji, lepiej wypadają na testach standaryzowanych. To zrozumiałe, że gdy nauczyciele wyznaczają wysokie standardy nauczania, w tym wysokie wymagania wobec prac domowych, dzieci więcej się uczą.

Jak dużo powinno być zadane? Nie ma żelaznych zasad mówiących, ile należy dzieciom zadawać do domu. Amerykańskie Krajowe Towarzystwo Edukacyjne i Krajowy Komitet Rodzicielski opracowały następujące zalecenia: około dwudziestu minut dziennie w pierwszych latach szkoły podstawowej (od pierwszej do trzeciej klasy), około czterdziestu minut od czwartej do szóstej klasy, około dwóch godzin w gimnazjum i liceum.

W niektórych szkołach zadaje się więcej niż w innych, ale nie gwarantuje to lepszych wyników, zwłaszcza w szkole podstawowej i gimnazjum. Po przekroczeniu pewnej granicy zadania domowe stają się nie tylko przytłaczające, ale też eliminują inne wartościowe zajęcia: zabawę, sporty, lekcje muzyki, hobby i odpoczynek. Więcej nie zawsze znaczy lepiej.

Pomoc przy odrabianiu lekcji. Co zrobić, gdy dzieci proszą o pomoc w odrabianiu lekcji? Jeżeli czegoś nie rozumieją i zwracają się do rodziców z prośbą o wyjaśnienie, nie zaszkodzi go udzielić. (Nic nic sprawia rodzicom większej satysfakcji niż udowodnienie dzieciom, że naprawdę coś wiedzą.) Jeśli jednak dziecko prosi, żebyście odrabiali za nie lekcje, ponieważ nie rozumie zagadnienia, warto porozmawiać z nauczycielem. Dobry nauczyciel woli pomóc dzieciom w zrozumieniu problemu, aby mogły same sobie poradzić z zadaniem domowym. Jeśli jednak jest zbyt zajęty, żeby poświęcić więcej czasu waszemu dziecku, być może będziecie musieli zrobić to sami; nawet wtedy powinniście tylko pomóc dziecku w zrozumieniu polecenia, ale nie wyręczać go w pracy. Będzie miało wielu nauczycieli i wiele nauczycielek, ale tylko jedną mamę i jednego tatę. Ta rola powinna być dla was nadrzędna.

Czasem nauczyciel mówi rodzicom, że ich dziecko nie daje sobie rady i potrzebuje korepetycji. Czasem rodzice sami dochodzą do takiego wniosku. Bądźcie ostrożni. Jeżeli szkoła może polecić dobrego korepetytora, na którego was stać, zatrudnijcie go. Zbyt często rodzice kiepsko spisują się w roli korepetytorów nie dlatego, że za mało wiedzą albo za mało się starają, ale dlatego, że za bardzo się przejmują i denerwują, gdy dziecko czegoś nie rozumie.

Jeżeli dziecko już ma problemy z odrabianiem lekcji, niecierpliwi rodzice mogą stanowić kroplę przepełniającą kielich. Inny problem polega na tym, że rodzice mogą rozwiązywać zadanie inną metodą niż stosowana przez nauczyciela. Jeżeli zadanie sprawia dziecku trudność, rozwiązywanie go innym sposobem może je jeszcze bardziej zbić z tropu.

Nie chodzi o to, że rodzice nigdy nie powinni dziecka uczyć; czasem taki układ sprawdza się bardzo dobrze. Najpierw omówcie sytuację z nauczycielem i rozważcie możliwość zmiany, jeśli rozwiązanie się nie sprawdzi. Osoba udzielająca dziecku korepetycji powinna regularnie kontaktować się z jego nauczycielem.

PROBLEMY W SZKOLE

Radzenie sobie z nauką to pierwszy poważny obowiązek, jaki nakładamy na dzieci. Dlatego do problemów szkolnych powinniśmy przywiązywać taką samą wagę jak do wysokiej gorączki: Jest to wskazówka, że coś jest nie tak i że natychmiast należy podjąć kroki zmierzające do ustalenia przyczyny i poprawienia sytuacji. Niezależnie od przyczyny, jeśli problemy się utrzymują, dziecko na pewno zacznie myśleć o sobie jak najgorzej. Kiedy uwierzy, że jest głupie, leniwe albo złe, dużo trudniej będzie mu się zmienić.

Przyczyny problemów szkolnych. Często nie ma jednej przyczyny, tylko wiele problemów, które się łączą, osłabiając zdolność dziecka do radzenia sobie z nauką. Uczeń przeciętny może osiągać słabe wyniki w klasie zbyt ambitnej, w której znajduje się pod zbyt dużą presją; zdolnego ucznia może dręczyć nuda i brak motywacji w klasie przerabiającej materiał zbyt wolno. Dziecko dręczone przez kolegów może nagle nabrać niechęci do szkoły i zacząć przynosić gorsze stopnie. Kłopoty ze słuchem i wzrokiem, przewlekła choroba, trudności w uczeniu się (patrz str. 454) oraz ADHD (patrz str. 370) prowadzą zwykle do poważnych problemów. Dzieci z zaburzeniami snu mogą być stale przemęczone i niezdolne do koncentracji uwagi. Nie-

wybaczalnie wysoka liczba dzieci chodzi do szkoły głodna. Do przyczyn psychologicznych należą zmartwienia związane z chorobą albo niewłaściwym podejściem rodziców, rozwodem, molestowaniem fizycznym bądź seksualnym.

Rzadko się zdarza, że przyczyną niepowodzeń w szkole jest zwyczajne lenistwo. Dzieci, które zaprzestały wysiłków w nauce, nie są leniwe. Dzieci z natury są ciekawe i entuzjastyczne. Jeżeli straciły chęć do nauki, to znaczy, że istnieje problem, którym trzeba się zająć.

Problemy w szkole to nie tylko kwestia ocen. Uczeń, który dostaje same szóstki, ale jest perfekcjonistą stale tak zdenerwowanym, że boli go brzuch i boi się chodzić do szkoły, ma problem. Uczeń, który dostaje głównie piątki, ale pracuje tak ciężko, że nie ma czasu na przyjaciół ani rozrywki, może potrzebować pomocy w nauczeniu się, jak organizować swój czas.

Rozwiązywanie problemów. Porozmawiajcie z dzieckiem o jego problemie w przyjaznej atmosferze, unikając połajanek. Bądźcie łagodni i pomocni. Zapytajcie je, jak ocenia to, co dzieje się w szkole. Niech szczegółowo opisze swoje sądy i odczucia. Spotkajcie się z nauczycielem i dyrektorem. Najlepiej potraktować ich jako współpracowników, nie wrogów. Choć nauczyciel czy szkoła mogą być częścią problemu, zacznijcie od założenia, że są po waszej stronie. Porozmawiajcie z lekarzem oraz ze specjalistą w dziedzinie pediatrii rozwojowej i behawioralnej, psychologiem dziecięcym specjalizującym się w problemach szkolnych (patrz str. 419). Znajdźcie lekarza – waszego lekarza rodzinnego albo specjalistę – który pomoże wam zebrać wszystkie informacje i zorientować się, do kogo najlepiej udać się po pomoc.

Interwencja w szkole. Pedagodzy i nauczyciele mogą zrobić wiele, żeby zminimalizować albo wręcz wyeliminować problemy szkolne. Kiedy problemem jest presja klasy na osiąganie dobrych wyników w nauce, możecie spróbować posłać dziecko do innej klasy, w której wymagania nie są tak wysokie. Jeśli dziecko jest dręczone przez kolegów, nauczyciele muszą interweniować wobec całej klasy i nauczyć ją, że koledzy powinni się o siebie nawzajem troszczyć, nigdy nie powinni się ranić fizycznie ani psychicznie i muszą reagować, kiedy ktoś rani ich kolegę. Taka pozytywna edukacja jest bardzo pomocna, zwłaszcza wtedy, gdy prowadzi się ją w całej szkole (patrz str. 116). W przypadku trudności w uczeniu się pomocne bywa nauczanie specjalne (patrz str. 457), a w przypadku nadpobudliwości psychoruchowej – kombinacja leków i terapii behawioralnej (patrz str. 370). Lepsza komunikacja pomiędzy rodzicami a nauczycielami często pomaga w rozwiązaniu problemów z zachowaniem dziecka.

Niedojrzałemu dziecku może pomóc powtórzenie zerówki albo pierwszej klasy. Później jednak powtarzanie klasy nie jest skutecznym sposobem rozwiązywania problemów szkolnych. Częściej jest to bolesna katastrofa. Konsekwencje społeczne i emocjonalne oraz obniżenie poczucia własnej wartości często prowadzą do te-

go, że dziecko porzuca szkołę, zwłaszcza w przypadku młodzieży w wieku gimnazjalnym.

Pomoc dzieciom poza szkołą. Rodzice mogą wiele zrobić poza szkołą, żeby pomóc dziecku mającemu poważne problemy z nauką. Większość dzieci jest ciekawa otaczającego je świata. Kiedy dzielicie tę ciekawość i wspieracie ją, wzrasta zainteresowanie dziecka nauką. Poznajcie zainteresowania dziecka. Pozwólcie, żeby was poprowadziło, i wypatrujcie entuzjazmu, gdy mówi o konkretnych tematach. Podtrzymujcie jego zainteresowanie, organizując wycieczki, podsuwając książki i realizując projekty wybrane przez dziecko.

Stosunki pomiędzy rodzicami a nauczycielami. Łatwo utrzymywać dobre stosunki z nauczycielem, jeśli wasze dziecko jest jego ulubieńcem i dobrze sobie radzi w szkole. Jednak gdy wasza pociecha ma kłopoty, sytuacja wymaga więcej taktu. Nawet najlepsi rodzice i nauczyciele są tylko ludźmi. I jedni, i drudzy są dumni z tego, co robią, i mają zaborczy stosunek do dziecka. I jedni, i drudzy, niezależnie od tego, jak są rozsądni, w cichości ducha uważają, że dziecko radziłoby sobie lepiej, gdyby druga strona inaczej z nim postępowała. Rodzice powinni od razu sobie uświadomić, że nauczyciel jest równie wrażliwy jak oni i że osiągną dużo więcej, jeśli będą przyjaźnie nastawieni i chętni do współpracy.

Niektórzy rodzice boją się stawić czoło nauczycielowi, zapominając, że równie często nauczyciel boi się ich. Głównym zadaniem rodziców jest jasne przedstawienie przeszłości dziecka, jego zainteresowań i pozytywnych oraz negatywnych reakcji, a następnie współpraca z nauczycielem w celu ustalenia, jak najlepiej wykorzystać te informacje w szkole. Nie zapomnijcie wyrazić nauczycielowi uznania za te działania, które naprawdę na nie zasługują.

Niekiedy dziecko i nauczyciel mają bardzo różne temperamenty i nic się nie da z tym zrobić. Dyrektor szkoły po zapoznaniu się z sytuacją powinien podjąć decyzję, czy należy ucznia przenieść do innej klasy.

Rodzice powinni unikać obwiniania nauczyciela za to, że ich latorośl nie odnosi sukcesów w nauce. Jeśli dziecko usłyszy, że rodzice krytykują nauczyciela, nauczy się winić innych za swoje porażki i unikać brania na siebie odpowiedzialności za swój wkład w powstanie problemu. Mimo to możecie okazać współczucie: „Wiem, jak bardzo się starasz" albo: „Wiem, jak bardzo jesteś nieszczęśliwa, gdy nauczyciel jest z ciebie niezadowolony".

TRUDNOŚCI Z NAUKĄ

Jeszcze nie tak dawno temu problemy dziecka z czytaniem, pisaniem i liczeniem tłumaczono na dwa sposoby: albo „za mało się stara", albo „jest mniej zdolne od rówieśników". Teraz wiemy, że niektóre dzieci cierpią na zaburzenia zdolności uczenia się.

Na czym polegają specyficzne trudności z nauką? Wiele inteligentnych dzieci pomimo usilnych starań ma kiepskie oceny. Zdarza się to zarówno chłopcom, jak i dziewczynkom. Ale to chłopcy częściej szukają pomocy specjalistów. Dzieci te często dobrze mówią i są utalentowane w dziedzinach nie związanych ze szkołą, jak sztuka albo mechanika. Zazwyczaj ich największym problemem jest czytanie; niekiedy dziecko dobrze czyta, ale ma trudności z matematyką.

Dla wielu z tych dzieci problemy z nauką są bardzo frustrujące. Często myślą o sobie, że są głupie, choć wcale tak nie jest. Czasem w wyniku frustracji tracą nadzieję na sukces i zaczynają nienawidzić szkoły, twierdząc, że to szkoła jest głupia.

Specyficzne trudności w nauce mogą być spowodowane zaburzeniami rozwoju mózgu dziecka, które utrudniają mu odniesienie sukcesu w szkole. Nie zalicza się do nich problemów wynikających z zanie-dbań edukacyjnych, poważnych problemów ze wzrokiem i słuchem, problemów emocjonalnych, takich jak depresja albo lęki, oraz niepełnosprawności fizycznych, takich jak porażenie mózgowe. W parze z tymi problemami idą często trudności w uczeniu się.

Wiele dzieci, które mają problemy z nauką, cechuje wysoka inteligencja, choć niektóre mają iloraz inteligencji niższy od przeciętnego. Dziecko z niskim ilorazem inteligencji można zaklasyfikować jako mające specyficzne trudności z nauką, jeżeli jego umiejętność czytania i liczenia jest gorsza, niż można by oczekiwać na podstawie jego ilorazu inteligencji.

Co czują dzieci, które mają specyficzne trudności z nauką? Dzieci z tym zaburzeniem wiedzą, że coś jest z nimi nie tak, ale nie wiedzą co. Nauczyciele i rodzice powtarzają im, żeby więcej pracowały. Czasem wielkim wysiłkiem osiągają jakiś sukces. Dziecko może poświęcić pięć godzin na zadanie domowe, które powinno mu zająć pół godziny, i dostać dobrą ocenę. Nauczyciel się zastanawia, dlaczego uczeń nie zawsze równie starannie odrabia lekcje, i dochodzi do wniosku, że przyczyną jest lenistwo. Tymczasem wyczerpane dziecko prawdopodobnie uważa, że jest głupie. Zrozumiałe jest też, że może nabrać niechętnego stosunku do nauczyciela, którego nie sposób zadowolić.

Na pewno zauważyliście, jak łatwo trudności z nauką mogą się przerodzić w problem emocjonalny albo behawioralny. Niektóre dzieci biorą na siebie rolę klasowego błazna albo buntują się przeciwko dyscyplinie narzucanej przez nauczyciela, żeby odwrócić uwagę od swoich problemów. Ich zdaniem lepiej jest być niegrzecznym niż głupim. Inne dzieci cierpią w milczeniu. „Zapominają" oddać zadanie domowe i nigdy nie zgłaszają się do odpowiedzi. Frustrację mogą rozładowywać, wdając się w bójki na boisku.

Dysleksja. Najczęstszą formą trudności z nauką są zaburzenia umiejętności czytania i pisania, nazywane specyficznymi trudnościami w czytaniu i pisaniu, dysleksją rozwojową albo po prostu dysleksją. Będę używał terminu „dysleksja", ponieważ jest najkrótszy.

Na dysleksję cierpi dziecko, które ma większe trudności z nauką czytania, niż można by oczekiwać na podstawie jego ilorazu inteligencji. Jeżeli problem rozwiążują okulary, nie jest to dysleksja. Jeżeli problem rozwiązuje leczenie zespołu nadpobudliwości psychoruchowej (ADHD) albo zaburzeń emocjonalnych, również nie można mówić o dysleksji.

Niektóre dzieci dyslektyczne przestawiają litery, pisząc, albo skarżą się na ból oczu podczas czytania. Problemy te mogą, choć nie muszą być objawem dysleksji. Wiele dzieci bez dysleksji ma te same problemy. Zwłaszcza przestawianie liter jest zupełnie normalne u dzieci uczących się pisać i czytać, do ukończenia siedmiu, ośmiu lat.

Inne trudności z nauką. Każdej umiejętności potrzebnej do odniesienia sukce-su w szkole odpowiada jakieś zaburzenie uczenia się. Oto częściowa lista umiejętności i rezultatów ich braku.

* *Czytanie.* Dzieci muszą się nauczyć odnosić symbole graficzne (litery i ich ciągi) do dźwięków, które reprezentują, a następnie połączyć te dźwięki i przyporządkować je do znanych im słów. Problemy z radzeniem sobie z dźwiękami stanowią podłoże większości przypadków dysleksji.

* *Pisanie.* Dzieci muszą być w stanie automatycznie pisać litery, nie zastanawiając się nad ich kształtem. Jeżeli muszą się zatrzymywać i zastanawiać nad każdą literą, ich pismo będzie powolne i niezgrabne i nie będą w stanie na czas wykonać prac pisemnych.

* *Matematyka.* Umiejętność radzenia sobie z podstawowymi działaniami matematycznymi – dodawaniem i odejmowaniem – jest związana z podstawową zdolnością wizualizacji rzeczy w przestrzeni i oceny ich ilości. Dzieci z problemami w tym zakresie mogą cierpieć na dyskalkulię, specyficzne zaburzenie umiejętności arytmetycznych.

* *Pamięć.* Na umiejętność zapamiętywania składa się zdobywanie informacji, przechowywanie ich oraz odzyskiwanie w odpowiedzi na pytanie typu: „Kto wynalazł żarówkę?" Rezultatem problemów z którymkolwiek z tych procesów – zdobywaniem, przechowywaniem i odzyskiwaniem – są trudności w uczeniu się.

Wiele innych specyficznych umiejętności może sprawiać problemy, na przykład rozumienie i ekspresja mowy, porządkowanie przedmiotów, szybkie przywoływanie informacji z pamięci krótkotrwałej, planowanie ruchów itp. Często dziecko ma trudności z kilkoma umiejętnościami (chociaż może być dobre w innych dziedzinach).

Nikt z nas nie jest uzdolniony we wszystkim. Kiedy istnieje ogromna przepaść pomiędzy tym, w czym jesteście dobrzy, a tym, co słabo wam idzie, możecie mieć zaburzenia uczenia się.

Diagnozowanie specyficznych trudności z nauką. Jeżeli podejrzewacie, że wasze dziecko ma zaburzenia uczenia się, umówcie się na badania diagnostyczne na własną rękę albo za pośrednictwem szkoły. W Stanach Zjednoczonych w większości dużych szpitali znajduje się klinika, w której zespół specjalistów zajmuje się kompleksowymi badaniami diagnostycznymi. W skład zespołu wchodzi zazwyczaj pediatra specjalista w dziedzinie rozwoju dzieci oraz pedagog, psycholog i pracownik socjalny. Kompleksowe badanie może potrwać nawet kilka godzin. Powinniście otrzymać szczegółowy raport opisujący trudności dziecka, diagnozę oraz szczegółowe zalecenia odnośnie do dalszego kształcenia i leczenia. Badanie tego typu może kosztować kilkaset dolarów i nie zawsze wchodzi w zakres ubezpieczenia zdrowotnego.

Badanie można również zorganizować za pośrednictwem szkoły. Amerykańska ustawa o kształceniu osób z niepełnosprawnościami nakazuje szkołom zapewnienie wieloczynnikowego badania każdego dziecka, co do którego się podejrzewa, że może mieć zaburzenia uczenia się. Badanie wieloczynnikowe obejmuje testy kompetencji szkolnych (jak dobrze dziecko radzi sobie z czytaniem i liczeniem), inteligencji (standardowy test IQ) oraz innych aspektów, takich jak wzrok, słuch i mowa. Zespół badający dziecko przeważnie składa się z jego nauczyciela, psychologa, pedagoga, logopedy i rodziców. Jeżeli istnieją jakieś problemy medyczne, prosi się o udział lekarza. Zespół jest odpowiedzialny za opracowanie szczegółowego programu wspierania edukacji dziecka. Zgodnie z prawem programu tego nie można wprowadzić w życie, dopóki rodzice nie wyrażą na to zgody. Program należy również regularnie rewidować, wprowadzając zmiany odzwierciedlające zmieniające się potrzeby dziecka.

Federalna ustawa o kształceniu osób z niepełnosprawnościami. Począwszy od lat siedemdziesiątych XX wieku, w Stanach Zjednoczonych przegłosowano wiele ustaw regulujących obowiązki szkół w odniesieniu do nauczania dzieci o specjalnych potrzebach edukacyjnych. Najnowsza z nich to ustawa o kształceniu osób z niepełnosprawnościami z roku 1997 – Individuals with Disabilities Education Act, czyli IDEA. Ustawa ta dotyczy dzieci z całą gamą problemów medycznych i rozwojowych, do których należą ADHD, dysleksja oraz problemy z mową i językiem. Oprócz tych powszechnych problemów ustawa odnosi się również do rzadszych schorzeń, jak znaczne upośledzenie wzroku lub słuchu, czy takie problemy neurologiczne, jak porażenie mózgowe oraz wiele problemów umysłowych i emocjonalnych. Każdy problem, który uniemożliwia dziecku funkcjonowanie w przeciętnej klasie, regulowany jest tą ustawą.

Główne założenie ustawy jest takie, że każde dziecko ma prawo do „bezpłatnej i odpowiedniej edukacji publicznej w jak najmniej restrykcyjnym środowisku". Dobrze jest przeanalizować to zdanie. „Bezpłatnej" oznacza, że koszty kształcenia dziecka pokrywają władze hrabstwa, stanu albo władze federalne (a zazwyczaj po części wszystkie te organy.) „Odpowiedniej" oznacza, że dziecko dostaje to, co jest mu niezbędne do nauki. Jeżeli potrzebny mu jest drogi aparat słuchowy, to powinno go dostać. Jeżeli potrzebne mu jest specjalne krzesło do nauki, powinno je dostać. Jeżeli potrzebuje asystenta, żeby funkcjonować w klasie, prawo mówi, że szkoła musi go zapewnić. „Jak najmniej restrykcyjne środowisko" oznacza, że dziecka nie należy izolować od kolegów z powodu niepełnosprawności. Kiedyś powszechne było umieszczanie dzieci „nienormalnych" w jednej klasie „specjalnej". Dziś stanowiłoby to pogwałcenie prawa federalnego.

Postępowanie w przypadku trudności z nauką. Pierwszym i najważniejszym krokiem jest uznanie przez wszystkich zainteresowanych, że przyczyną problemów dziecka są rzeczywiste zaburzenia. Dopiero wtedy nauczyciele i rodzice mogą docenić, jak ciężko dziecko pracuje, i pochwalić jego wysiłki, zamiast krytykować efekty. Dzieci muszą słyszeć, że nie są głupie; mają tylko pewne trudności, z którymi muszą się uporać. Przy pomocy rodziców i nauczycieli – nie muszą ze swoimi problemami borykać się samotnie – ich sytuacja może się poprawić.

Konkretne postępowanie zależy od typu trudności. W wypadku dysleksji najskuteczniejsze jest intensywne uczenie liter oraz dźwięków, które te litery reprezentują. Dziecko może używać wszystkich zmysłów, dotykać liter drewnianych, wycinać litery z papieru, lepić je z ciasta, piec i smakować. Cały czas wypróbowuje się nowe metody i wiele z nich wydaje się obiecujących. Poza bezpośrednim zmaganiem się z problemem pedagodzy specjalni uczą dzieci, jak kompensować trudności. Na przykład uczeń, któremu czytanie sprawia problem, może słuchać książek na kasetach; uczeń z nieczytelnym charakterem pisma może prace domowe pisać na komputerze. Nauczyciele pomagają też dzieciom skupić się na swoich uzdolnieniach i rozwijać je.

Jeżeli potrzebujecic więcej informacji o specyficznych trudnościach w uczeniu się, możecie zacząć od witryn internetowych wymienionych w *Źródłach* (str. 623).

NIELUBIANE DZIECKO

Z punktu widzenia dziecka dobre oceny rzadko kiedy są tak ważne jak akceptacja rówieśników. Prawdopodobnie każdemu dziecku zdarza się po powrocie ze szkoły oświadczyć: „Nikt mnie nie lubi". Dziecko, które codziennie ma takie wrażenie, boryka się z poważnym problemem. Nielubianemu dziecku każdy dzień przynosi nowe próby. Jest poniżane i wyśmiewane, pada ofiarą szkolnych dręczycieli, jako ostatnie jest wybierane do drużyny sportowej. W najgorszych przypadkach tragicznym efektem takiej sytuacji jest narastające poczucie izolacji i wyobcowania, niska samoocena, depresja i brak nadziei na przyszłość.

Nielubiane dziecko często nie spełnia oczekiwań kolegów i rówieśników i odróżnia się od nich zachowaniem. Może nie rozumieć, czego się oczekuje od członków jego grupy rówieśniczej, i nie zdawać sobie sprawy z tego, jak postrzegane są przez kolegów jego czyny i słowa. Innymi słowy, dziecko wyraźnie nielubiane często ma ograniczoną inteligencję interpersonalną. Inne dzieci tego nie rozumieją. Wiedzą tylko, że nielubiane dziecko nie umie się bawić tak jak one, nie przestrzega reguł gry i nalega, żeby cały czas wszystko robić tak, jak ono sobie tego życzy.

Choć rówieśnicy bywają okrutni, specjaliści poważnie traktują ich opinie, sta-

nowią one bowiem wskazówkę, że nielubiane dziecko może mieć poważny problem, którym należy się zająć.

Jak pomóc nielubianemu dziecku?

Jeżeli wasze dziecko nie jest lubiane, po-
traktujcie sprawę poważnie. Nie lekceważ-
cie sytuacji. Obserwujcie jego zachowanie
wobec innych dzieci i spróbujcie ustalić,
jak często zachowuje się inaczej od nich,
prowokuje je albo izoluje się. Jeżeli nadal
będziecie zaniepokojeni, porozmawiajcie
z innymi rodzicami, nauczycielami i troskliwymi dorosłymi, którzy przeprowadzą
z wami szczerą rozmowę o zachowaniu
waszej pociechy. Jeżeli dziecko jest bardzo
wyobcowane i niepopularne, zazwyczaj
zaleca się spotkanie z psychiatrą albo psychologiem dziecięcym. Najlepszym sposobem rozwiązania problemu jest zazwyczaj
kombinacja terapii i wysiłków troskliwych
rodziców oraz innych zainteresowanych
dorosłych (na przykład nauczycieli i przyjaciół) w celu zminimalizowania szkodliwych efektów izolacji i złego traktowania,
aż postępowanie dziecka się zmieni.

Mogą wam pomóc niektóre z poniż-
szych wskazówek. Zaproście do siebie jednego z kolegów dziecka, żeby mogło się
z nim pobawić, albo zabierzcie ich do parku,
kina albo innego ciekawego miejsca. Zaproszenie tylko jednego kolegi zapobieg-

nie wykluczeniu waszego dziecka z grona
rówieśników. Podczas tych wypraw obserwujcie zachowanie dziecka. Po wyjściu
potencjalnego przyjaciela łagodnie zasugerujcie, co mogłoby zmienić w swoim zachowaniu, żeby być bardziej atrakcyjne.

Nielubiane dziecko, niezależnie od wieku, zawsze jest traktowane lepiej, kiedy zabawy nadzoruje osoba dorosła. Dlatego zapiszcie dziecko na zajęcia grupowe: treningi
sportowe, imprezy kościelne, lekcje tańca.
Wyjaśnijcie swój problem prowadzącemu
zajęcia i poproście o pomoc. Nie będzie
to problem nowy ani niezwykły dla osoby,
która dużo pracuje z dziećmi. Do wejścia
w okres dojrzewania dziecko znajdzie jedną
albo dwie osoby o podobnych zaintereso-
waniach, z którymi się zaprzyjaźni. Będzie
to dla niego źródłem pociechy i pomoże
mu w nawiązywaniu kolejnych przyjaźni.

Kiedy dziecko doświadczy przykrości
od kolegów, znajdźcie czas, żeby wysłuchać go ze zrozumieniem. Nie krytykujcie
go i nie gańcie. Niech wasz dom zawsze będzie bezpiecznym schronieniem, a wasze
rozmowy niewzruszonym źródłem pociechy, miłości i wiary w siebie. Pamiętajcie,
że zrozumienie rodziców i ich bezwarunkowa miłość, wsparcie innych dorosłych
i w niektórych przypadkach profesjonalne badanie i leczenie mogą bardzo pomóc
nielubianemu dziecku.

UNIKANIE SZKOŁY

O unikaniu szkoły mówimy, gdy dziecko
(niezależnie od przyczyny) nie chce chodzić do szkoły. Niektóre dzieci w szkole podstawowej, a nawet później, mogą
mieć poważne trudności z chodzeniem do
szkoły, a nawet się jej bać. W każdym przypadku trzeba ustalić konkretną przyczynę
takiego stanu.

Lęk przed rozłąką. Najczęstszą przyczyną unikania zajęć w przedszkolu lub
w zerówce jest lęk przed rozłąką z rodzicami. Nie wszystkie dzieci w tym wieku
osiągnęły taki stopień rozwoju, że czują się
swobodnie oddalone przez dłuższy czas
od mamy. Mimo to wymagamy od pięcio-
latków, żeby przyszły do obcego budynku,

w którym mogą początkowo czuć się zagubione. Ponadto oczekujemy, żeby powierzyły się opiece nieznajomych dorosłych, którymi będą się musiały dzielić z grupą równie nieznajomych dzieci. Większość maluchów przystosowuje się do tej sytuacji, ale nie wszystkie.

Jak należy postąpić? Jeżeli rodzice i nauczyciele rozumieją, że ich celem jest nauczenie dziecka separacji od domu rodzinnego i przystosowania się do przedszkola, szkoły i świata zewnętrznego, mogą dużo osiągnąć. Jeśli natomiast interesuje ich tylko formalna edukacja, mogą przegapić okazję umożliwienia dziecku emocjonalnego rozwoju.

Tak jak w przypadku wszystkich problemów z zachowaniem, przede wszystkim trzeba podjąć próbę zrozumienia dziecka. Być może jest niedojrzałe, reaguje na przesadne obawy rodziców albo cierpi na przewlekłą chorobę. Jego zachowanie może mieć różne przyczyny i to od nich należy uzależnić reakcję. Niektórzy nauczyciele nalegają na pozostawienie dziecka w przedszkolu, pomimo iż zalewa się łzami; inni proszą, żeby jedno z rodziców przez parę dni zostawało z nim, dopóki nie przyzwyczai się do nowego otoczenia i ludzi. (Mam nadzieję, że polityka zakazywania matkom i ojcom wstępu do klasy pierwszego dnia w zerówce albo pierwszej klasie wkrótce ustąpi miejsca bardziej elastycznemu podejściu opartemu na zrozumieniu indywidualnych potrzeb dzieci.)

Obawy i zmartwienia. W pierwszych latach szkoły podstawowej i później dość często się zdarza, że różne obawy i zmartwienia sprawiają, że dziecko nie chce zostać w szkole. Niektóre dzieci nie chcą chodzić do szkoły, ponieważ nie mają przyjaciół albo są wyśmiewane na boisku. Jeżeli wasze dziecko jest izolowane z powodu wyraźnych różnic rasowych albo kultu-

rowych, konieczna może być konsultacja z nauczycielem, zmiana klasy albo szkoły. Ale jeśli dziecko odczuwa przesadną niechęć przed dołączeniem do grupy albo jego zachowanie jest postrzegane przez większość dzieci jako dziwne, należy rozważyć skierowanie dziecka do dziecięcego psychiatry lub psychologa. Brak akceptacji kolegów jest jedną z najczęstszych oznak problemów emocjonalnych.

Dzieci mogą też unikać szkoły, bo martwią się, co się w tym dzieje czasie w domu. Gdy rodzice się kłócą bądź są nieobecni albo gdy opiekunowie w szkole są niemili, dziecko może trzymać się kurczowo mamy i taty. Czasem zmartwienia dziecka o bezpieczeństwo i zdrowie rodziców, kiedy ono jest w szkole, nie są oparte na rzeczywistych doświadczeniach, a są jedynie wyrazem jego poczucia winy z powodu wrogich uczuć wobec innych. Choć może się to wydawać nieprawdopodobne, psychiatrzy ustalili, że zdarza się dość często.

Nastolatki. Nieustannie się zamartwiają zmianami zachodzącymi w ich ciele, a rezultatem może być unikanie szkoły. U tych, które rozwijają się wcześniej albo później niż rówieśnicy i w związku z tym fizycznie się od nich różnią, obawa o własny wygląd może przysłonić wszystko inne. Pewna dwunastoletnia dziewczynka była załamana, bo nauczyciel wspomniał mimochodem, że jest wyższa od niego. Potwierdziło to jej przekonanie, że jest nieatrakcyjna i dziwna, przez co każdy dzień spędzony w szkole stał się torturą. Dzięki znacznemu wsparciu rodziców i terapeutów pozostała w szkole, choć nie obyło się bez emocjonalnego cierpienia. W liceum nadal martwiła się swoim wzrostem. Była przekonana, że chłopcy uważają ją za nieatrakcyjną.

Poziom absencji może być wyższy w dni, kiedy są lekcje wychowania fizycznego. Dla dziecka dojrzewającego i jednocześnie borykającego się z innymi problemami emocjonalnymi, które podkopują jego pewność siebie i samoocenę, nie do zniesienia jest myśl o ubieraniu się i rozbieraniu na oczach innych i wykonywaniu czynności fizycznych, które wyeksponują rzeczywiste albo urojone defekty. Unikanie szkoły wydaje się wówczas jedynym rozwiązaniem.

Unikać szkoły mogą też starsze nastolatki. Do najczęstszych przyczyn należą otyłość lub inne defekty fizyczne, wstyd spowodowany poważnymi trudnościami w nauce oraz strach przed odrzuceniem przez płeć przeciwną.

Co robić? Bez względu na wiek dziecka, uporczywe unikanie szkoły to sytuacja kryzysowa, wymagająca natychmiastowego działania. Rodzice, nauczyciele i pedagodzy szkolni muszą dołożyć wszelkich starań, żeby ustalić przyczynę. Konieczna może być profesjonalna pomoc. Dopiero po ustaleniu przyczyny należy rozpocząć stosowanie środków zaradczych. Tymczasem powinniście nalegać, żeby dziecko regularnie uczęszczało na zajęcia. Jeśli pozwoli mu się na unikanie szkoły, później będzie mu jeszcze trudniej do niej wrócić i przysporzy mu to dodatkowych cierpień.

STUDIA

PO CO SĄ STUDIA

Dyplom uniwersytecki w każdej rodzinie oznacza co innego. Dla niektórych rodziców fakt, że dziecko dostało się na studia – jakiekolwiek – i ukończyło je, stanowi powód do dumy. Inni są rozczarowani, że ich latorośl nie została przyjęta na najbardziej prestiżową uczelnię. To, ile wiedzy wyniesie się ze studiów, zależy przynajmniej w takim samym stopniu od studenta jak od szkoły i wykładowców. Nietrudno jest znaleźć osoby znakomicie wykształcone na mało znanych uniwersytetach, a także takie, którym renomowane uczelnic dały niewiele.

W dzisiejszym technologicznym społeczeństwie dyplom ukończenia studiów to przepustka do większości zawodów gwarantujących przyzwoite zarobki. Dzieciom dorastającym w biedniejszych domach uniwersytet daje najpewniejszą nadzieję na awans społeczny. Uniwersytet powinien również dawać młodym ludziom szansę na rozwinięcie skrzydeł, rozwój intelektu, eksplorację świata idei, odnalezienie samych siebie.

WYBÓR STUDIÓW

Proces wyboru. Rodzicom zależy na rezultacie: na tym, żeby dziecko trafiło na dobrą uczelnię, na której nie tylko odniesie sukces, ale też będzie szczęśliwe. Ważny jest jednak również sam proces dokonywania wyboru. Dla większości nastolatków wybór kierunku studiów to pierwsza okazja samodzielnego podjęcia poważnej życiowej decyzji, szansa na zastanowienie się nad swoimi celami i rozważenie priorytetów. Byłoby dobrze, gdyby potraktowały sprawę poważnie, ale nie aż do tego stopnia, żeby bezustannie się zamartwiać.

Pomóżcie dziecku przygotować się do podjęcia decyzji. Na początek powinno się dowiedzieć, w jakich terminach należy składać podania na różne uczelnie. Dzięki temu będzie wiedziało, ile ma czasu, i będzie mogło zaplanować, kiedy co zrobić. W Stanach Zjednoczonych bez problemu można się dowiedzieć wszystkiego o każdej amerykańskiej uczelni: w wielu szkołach średnich i większości bibliotek publicznych można przejrzeć przewodniki po uczelniach, zawierające informacje o kierunkach studiów, studentach, wykładowcach oraz stypendiach w ponad dwóch tysiącach instytucji. (Nie ma sensu kupować tych przewodników, ponieważ szybko się dezaktualizują.) Niemal wszystkie uczelnie wyższe mają też własne witryny internetowe.

A co, jeśli wasze dziecko popełni błąd? Podjęcie właściwej decyzji gwarantuje szczęśliwszy, bardziej obfitujący w sukcesy okres studiów, ale i w wyniku złego wyboru można się dużo nauczyć. Wiele osób zaczyna studia, po czym dochodzi do wniosku, że nie spełniają one ich oczekiwań, i przenosi się na inny kierunek lub na inną uczelnię. Zmiana szkoły jest kłopotliwa, ale to jeszcze nie koniec świata. Jeśli będziecie o tym pamiętać, być może presja, jaką wszyscy odczuwacie, będzie mniejsza.

Czynniki, które należy wziąć pod uwagę. Przy wyborze uczelni najważniejsze pytanie brzmi: „Co powinny mi dać studia?" Dobrze jest to ważne pytanie rozbić na mniejsze, łatwiejsze do ogarnięcia elementy składowe. Dalej wymieniam różne czynniki mogące wpłynąć na wybór uczelni. Wykorzystajcie tę listę w rozmowie z dzieckiem, ale pamiętajcie, że to do niego należy podjęcie ostatecznej decyzji.

Rodzaj szkoły. Większość amerykańskich nastolatków decyduje się na czteroletnie studia kończące się uzyskaniem tytułu B.A. (*bachelor of arts*) albo B.S. (*bachelor of science*). Są jednak inne możliwości, na przykład krótsze programy oferowane przez szkoły pomaturalne i półwyższe. Studia czteroletnie oferują największą elastyczność w kwestii dalszej edukacji lub kariery, ale mimo to nie dla każdego jest to najlepsza decyzja. Trzeba też pamiętać, że wybór studiów nie jest nieodwołalny; można najpierw ukończyć szkołę pomaturalną lub półwyższą, a potem przenieść się na studia czteroletnie.

Duża czy mała? Duże uczelnie oferują szeroką gamę przedmiotów akademickich i zajęć fakultatywnych. Choć na wielu dużych uniwersytetach wykładają cieszący się największą estymą profesorowie, przeciętny student widuje ich co najwyżej w dużych salach wykładowych; większość zajęć prowadzą asystenci. W mniejszych instytucjach może być mniej sławnych profesorów, ale są oni bardziej dostępni. Duże uczelnie zapewniają większy wybór zajęć fakultatywnych i imprez towarzyskich, ale w mniejszym kampusie może być łatwiej poznać innych studentów. Niektórzy czują się zagubieni na dużej uczelni, inni czują się za bardzo ograniczeni w małej.

Koszt*. W zasadzie dzięki stypendiom wszystkie uczelnie powinny być dostępne dla wszystkich studentów, ale w rzeczywistości wybór droższej szkoły może wiązać się z większymi wyrzeczeniami. Z czysto finansowego punktu widzenia, uniwersytety stanowe mogą się wydawać dużo korzystniejsze niż większość szkół prywatnych, w których czesne jest co najmniej trzy razy większe. Jednak jeśli student zdobędzie duże stypendium naukowe lub inny rodzaj pomocy finansowej na prywatnej uczelni, może się ona okazać nie tylko w granicach jego możliwości finansowych, ale wręcz tańsza od uniwersytetu stanowego.

Umiejscowienie. Niektórzy najlepiej czują się w zgiełku wielkiego miasta; inni pogrążają się w nauce i niewiele uwagi poświęcają temu, co dzieje się poza murami szkoły. Wasz nastolatek może bardzo pragnąć wyjazdu na studia do konkretnej części kraju. Jeśli na przykład uwielbia jazdę na nartach, wybierze uczelnię, w której po-

---

* W Stanach Zjednoczonych studenci płacą czesne zarówno w szkołach prywatnych, jak i publicznych (stanowych) (przyp. tłum.).

bliżu można uprawiać ten sport. Jeśli zaś ma skłonności do depresji związanej ze zmianą pór roku, nie będą mu odpowiadać miejsca, w których zima jest długa, a niebo często zachmurzone. Kolejną kluczową sprawą jest oddalenie od rodziny. Jak ważne jest dla was i dla waszego dziecka to, żeby spędzać ze sobą czas częściej niż raz albo dwa razy do roku?

Kierunek studiów*. Choć wiele osób idzie na studia, nie mając jasno sprecyzowanych preferencji i często się zdarza, że już w trakcie studiów zmieniają przedmioty kierunkowe, większość ma przynajmniej ogólne pojęcie o tym, co ich interesuje. Szkoła, w której jest wysoki poziom nauk humanistycznych, ale słabe nauki przyrodnicze, może być idealna dla miłośnika poezji renesansowej. Z drugiej strony zdarza się, że poeta decyduje się przenieść na wstępny kurs medycyny i nagle zaczyna się pasjonować fizyką i chemią. Uczelnia, na której wszystkie przedmioty są na jednakowo wysokim poziomie, daje studentom większe możliwości zmiany kierunku studiów bez konieczności zmiany szkoły.

Zajęcia fakultatywne. Nastolatki pasjonujące się określonym sportem albo innymi zajęciami, których nie obejmuje program studiów, często kusi, żeby wybrać szkołę wyróżniającą się w tej sferze. Lepiej jednak, gdy istnieje więcej zbieżności pomiędzy mocnymi stronami szkoły a zainteresowaniami studenta. W przeciwnym razie może być nieszczęśliwy przez wiele godzin każdego dnia, gdy nie zajmuje się swą ulubioną dziedziną.

Przynależność religijna. Niektórzy studenci nie mają wątpliwości, że wybiorą uczelnię o silnej przynależności religijnej. Inni muszą zdecydować, jak ważne jest dla nich połączenie kształcenia religijnego ze studiami świeckimi. Mogą dojść do wniosku, że najbardziej odpowiada im przyłączenie się do aktywnej społeczności religijnej na świeckim uniwersytecie. Albo też religia w ogóle nie będzie czynnikiem branym przez nich pod uwagę.

Różnorodność. Jedną z zalet studiów jest to, że dają okazję uczenia się od innych studentów oraz o nich. Z drugiej zaś strony niektórzy studenci czerpią wsparcie od kolegów wyznających podobne wartości i światopogląd. Odnosi się to w jednakowym stopniu do różnorodności rasowej i etnicznej, geograficznej i politycznej, wreszcie seksualnej (uczelnia koedukacyjna czy też tylko męska bądź żeńska; silna społeczność gejów i lesbijek lub jej brak).

Reputacja. Niektóre uczelnie mają reputację imprezowych; inne starają się być poważne albo politycznie postępowe. Trudno jest to zgadnąć na podstawie informatora uczelni, ale przewodniki wspominają o specyficznym charakterze danej szkoły – no i oczywiście na to właśnie warto zwrócić uwagę, odwiedzając kampus.

Inne pytania. Poza pytaniami o osobiste wartości, o których była mowa wyżej, dobrze jest odpowiedzieć na pytania dotyczące faktów:

- Ilu jest kandydatów na jedno miejsce?
- Jaką trzeba mieć średnią ocen ze szkoły średniej, ile punktów trzeba uzyskać na egzaminie wstępnym?
- Ilu kandydatów otrzymuje pomoc finansową i w jakiej postaci?
- Jakie stypendia i pożyczki można uzyskać? Czy uczelnia organizuje programy umożliwiające łączenie studiów z pracą zarobkową?

---

* Wszyscy studiują przedmioty ogólne (*general*) i kierunkowe (*major*); przedmioty kierunkowe na niektórych uczelniach wybiera się dopiero po ukończeniu drugiego roku studiów. Można też zmienić kierunek w trakcie studiów (przyp. tłum.).

- Czy kampus jest bezpieczny? Uczelnie mają obowiązek składać raporty o przestępczości w kampusach.

- Jak wygląda kampus? Architektura inspirująca jednych, na innych może wywierać przygnębiające wrażenie.

- Co z zakwaterowaniem? Niektóre uczelnie wymagają, żeby studenci pierwszych lat mieszkali w akademikach; w niektórych obowiązkowe jest wykupienie posiłków. Może być trudno ocenić wygląd akademika – nie mówiąc o stanie kanalizacji – nie odwiedzając go.

- Czy stowarzyszenia studenckie stanowią ważną część życia uczelni?

- Czy kwatery poza kampusem są łatwo dostępne i ile kosztują?

- Ilu średnio studentów podejmuje naukę każdego roku, ilu kończy studia i w ciągu ilu lat?

- Spośród tych studentów, którzy szukają pracy w swoim zawodzie, ilu odnosi sukces? Warto też zapytać o konkretne miejsca pracy.

- Ilu spośród studentów, którzy ubiegają się o przyjęcie na studia doktoranckie, zostaje zaakceptowanych? Na jakich kierunkach?

Doradcy uczniów. Amerykańskie szkoły średnie zatrudniają doradców, którzy pomagają nastolatkom przeanalizować swoje cele i zaplanować studia w taki sposób, żeby te cele osiągnąć. Pomagają wybrać właściwy kierunek studiów i zajęcia fakultatywne, zadać właściwe pytania i uzyskać informacje niezbędne do podjęcia decyzji, która uczelnia będzie najlepsza. Jeżeli macie wrażenie, że w y chcecie to zrobić dla swojego dziecka – macie rację. Szkolni doradcy nie mają rodziców zastępować, tylko uzupełniać ich starania.

EGZAMINY WSTĘPNE

W naszej kulturze, która tak wysoko ceni rywalizację, przywiązuje się ogromną wagę do wyników testów. Nic dziwnego, że egzaminy wstępne na studia – SAT, ACT i inne – tak często wywołują u nastolatków silny lęk. Wielu rodziców wydaje setki, jeśli nie tysiące dolarów na prywatne korepetycje w nadziei, że dzięki nim dziecko osiągnie lepszy wynik.

Nazwy testów mogą być mylące. Kiedyś SAT było skrótem od Scholastic Aptitude Test (Test Zdolności Akademickich), a ACT od American College Testing (Amerykańskie Testy Uniwersyteckie). Ostatnio jednak organizacje nonprofitowe, które te testy przygotowują, zdecydowały, że będą one nosić nazwy SAT i ACT, nie posiadające żadnego rozwinięcia.

Sytuację dodatkowo komplikuje fakt, że istnieją teraz testy SAT I i SAT II. SAT I i ACT to testy zdolności. SAT II to test osiągnięć. (Wcześniej nosił nawet nazwę Achievement Test, czyli właśnie „test osiągnięć".)

Zdolności a osiągnięcia. Celem testów zdolności jest mierzenie umiejętności słownego i matematycznego rozumowania niezależnego od faktów. Typowe pytanie na teście zdolności wymaga na przykład zrozumienia związku pomiędzy dwoma słowami („radość" i „śmiech"), a następnie znalezienia pary słów powiązanych ze sobą w taki sam sposób („smutek" i „łzy").

Testy osiągnięć mierzą poziom wiedzy ucznia z konkretnego przedmiotu: matematyki, hiszpańskiego czy historii. Czy uczeń wie na przykład, jakie były najważniejsze idee przewodnie mowy gettysburskiej?

Do testów osiągnięć należą również testy Advanced Placement, czyli AP, coraz bardziej popularne wśród uczniów oraz biur rekrutacyjnych uczelni. (Program Advanced Placement umożliwia uczniom szkół średnich zaliczenie kursu uniwersyteckiego.)

Co jest złego w testach? Choć pojawia się coraz więcej firm przygotowujących do testów, same testy stają się przedmiotem krytyki. Wielu znawców uważa, że zarówno SAT, jak i ACT dyskryminują kobiety i mniejszości. Na przykład kobiety mają statystycznie niższe wyniki SAT, choć na pierwszym roku studiów uzyskują wyższe oceny.

Większość biur rekrutacyjnych większą uwagę przykłada do ocen ze szkoły średniej niż do wyników testów standaryzowanych. Biorą też pod uwagę poziom trudności przedmiotów nauczanych w szkole średniej oraz pracę zgłoszeniową lub list motywacyjny i rekomendacje nauczycieli i trenerów. Kiedy zbierze się wszystkie te informacje, trudno powiedzieć, w jakim stopniu na decyzję pracownika biura rekrutacyjnego wpływają wyniki testów standaryzowanych.

Ponad czterysta uczelni nie wymaga już zdawania egzaminów SAT ani ACT. (Ich listę można znaleźć pod adresem internetowym www.FairTest.org). Zamiast tego kandydaci składają wypracowanie ze szkoły średniej, na podstawie którego biuro rekrutacyjne może ocenić jakość pracy ucznia oraz surowość wystawiania ocen przez szkołę średnią, do której uczęszczał.

Pomimo to większość uczelni nadal polega na testach standaryzowanych, więc niewykluczone, że wasze dziecko będzie musiało do nich podejść, nawet jeśli w teorii jesteście im przeciwni. Żeby się dowiedzieć, które testy są wymagane przez które uczelnie, przejrzyjcie informatory i przewodniki po uczelniach oraz ich witryny internetowe.

Przygotowanie do testów. Stowarzyszenie College Board (które opracowuje testy SAT I, SAT II i AP) zapewnia, że korepetycje w niewielkim stopniu podnoszą wyniki testu SAT I – przeciętnie tylko o 25 do 40 punktów. Natomiast krytycy testu SAT utrzymują, że uczniowie, którzy mogą sobie pozwolić na wiele godzin korepetycji, uzyskują znacznie wyższe wyniki, co daje im niezasłużoną przewagę nad biedniejszymi kolegami.

Obie strony zgadzają się, że wielokrotne podchodzenie do testu znacznie polepsza wyniki. (Koszt podejścia do testu wynosi około 25 dolarów, więc wiele osób może pozwolić sobie na zdawanie ich dwukrotnie.) W wielu bibliotekach publicznych można za darmo lub za niewielką opłatą poprawić umiejętności zdawania testów.

OSZCZĘDZANIE NA STUDIA

To prawda, że celem pomocy finansowej jest umożliwienie każdemu ukończenia studiów. Jednak pomoc finansowa najczęściej (w 60 procentach przypadków) ma formę pożyczki, więc wielu studentów kończy studia z dyplomem, ale w długach.

Kluczem oszczędzania na studia jest to, by zacząć jak najwcześniej, żeby uzyskać jak najwyższą składaną stopę procentową. Oceniając potrzeby finansowe studenta, rząd federalny zakłada, że każdego roku około 5 procent oszczędności rodziców powinno zostać przeznaczonych na wydatki na studia; szacowane potrzeby finansowe – a wraz z nimi wartość przyznanej pomocy – są pomniejszane o tę sumę. Rząd nie bierze pod uwagę oszczędności w formie własności nieruchomości ani też oszczędności w żadnej formie, jeśli dochód rodziny wynosi mniej niż 50 000 dolarów rocznie.

Z jednej strony, jeżeli przysługuje wam dofinansowanie, posiadanie oszczędności w banku kosztuje, ponieważ rząd federalny ocenia wasze potrzeby finansowe jako odpowiednio mniejsze. Z drugiej strony, jeśli nie zaczniecie odpowiednio wcześnie oszczędzać, możecie zostać zmuszeni do wzięcia pożyczki studenckiej. Jeśli tak się stanie, może się okazać, że suma odsetek, jaką wy albo wasze dziecko płacicie, jest wyższa, niż kosztowałoby was zaoszczędzenie pieniędzy.

Jeśli właścicielem konta, na którym gromadzone są oszczędności, jest dziecko, możecie zaoszczędzić na podatkach, ponieważ stawka podatkowa waszego dziecka prawdopodobnie będzie mniejsza niż wasza. Jednak sumy zaoszczędzone na jego nazwisko radykalnie zmniejszą jakąkolwiek przyznaną pomoc finansową, ponieważ rząd federalny zakłada, że każdego roku 35 procent oszczędności dziecka może zostać wykorzystane na opłacenie studiów. Dlatego oszczędzanie na jego nazwisko prawdopodobnie ma sens jedynie wtedy, gdy jesteście pewni, że zarabiacie dużo za dużo, żeby przyznano wam pomoc finansową.

Istnieje kilka sponsorowanych przez rząd planów oszczędnościowych, oferujących ulgi podatkowe za oszczędzanie na studia. Studia są kosztowne, ale dzięki pomocy finansowej i pożyczkom studenckim każde dziecko powinno móc sobie na nie pozwolić.

CZĘŚĆ SZÓSTA

Zdrowie i bezpieczeństwo

OGÓLNE PROBLEMY MEDYCZNE

LEKARZ WASZEGO DZIECKA

Opieką medyczną otaczają dziecko pediatrzy i lekarze rodzinni. Dla uproszczenia będę w odniesieniu do nich wszystkich używał określenia „lekarze".

Jesteście partnerami. Lekarz zna się na medycynie, a wy znacie swoje dziecko. Często specjalista może udzielić rady i zaproponować leczenie tylko na podstawie informacji, których wy mu dostarczycie; a jesteście w stanie ich dostarczyć tylko wtedy, gdy możecie swobodnie zadać mu każde pytanie, nie obawiając się, że się obrazi albo potraktuje was protekcjonalnie. Porozumienie musi być obopólne. Pamiętajcie, że dążycie do tego samego celu – chcecie, żeby dziecko było zdrowe, szczęśliwe i odnosiło sukcesy.

Zadawanie pytań. Większość świeżo upieczonych rodziców ma opory przed zadawaniem pytań, które ich zdaniem mogą się okazać zbyt proste albo niemądre. Jednak jeśli dręczą was wątpliwości, macie prawo do ich wyjaśnienia. Większość lekarzy i pielęgniarek z przyjemnością odpowie na wszystkie pytania, im prostsze, tym lepiej. Przed każdą wizytą w gabinecie lekarskim spiszcie nurtujące was problemy, żeby o niczym nie zapomnieć.

Często się zdarza, że w odpowiedzi na pytanie rodziców lekarz zaczyna udzielać szczegółowych wyjaśnień, ale odbiega od tematu, nie wytłumaczywszy tego, co najważniejsze. Nieśmiała mama może nie mieć odwagi wrócić do pytania i jej wątpliwości nie zostają rozwiane. Lepiej odważnie i jasno przedstawić problem, żeby lekarz mógł wam pomóc albo – w razie potrzeby – odesłać do innego specjalisty.

Po powrocie z gabinetu lekarskiego do domu rodzice często uświadamiają sobie, że zapomnieli zadać jeszcze jakieś istotne pytanie, a wstydzą się od razu umawiać na kolejną wizytę. Lekarze nie mają nic przeciwko temu, są do takich sytuacji przyzwyczajeni.

Problemy pojawiają się również pomiędzy zaplanowanymi wizytami. Jeśli jesteście pewni, że nie ma pośpiechu, możecie poczekać do następnej wizyty. Jeśli jednak macie jakiekolwiek wątpliwości, powinniście się skontaktować z lekarzem. Problem może być mało istotny, ale lepiej usłyszeć, że nie ma powodu do obaw, niż przez długi czas się zamartwiać.

Różnice zdań. Zazwyczaj rodzice i lekarz szybko nabierają do siebie zaufania i nawiązują dobre stosunki. Ponieważ wszyscy jesteśmy tylko ludźmi, sporadycznie zdarzają się nieporozumienia i napięcia.

🏛 KLASYCZNY SPOCK

Szczerość jest najważniejsza. Uważam, że jeśli jesteście niezadowoleni z porad albo postępowania lekarza, natychmiast musicie go o tym rzeczowo i spokojnie poinformować. Jak najszybsze rozprawienie się z problemem jest lepsze niż duszenie w sobie narastającej irytacji.

Zdarza się jednak, że rodzice i lekarz nie są w stanie znaleźć wspólnego języka, choć usilnie starają się być szczerzy i skorzy do współpracy. W takim wypadku lepiej to otwarcie przyznać i poszukać innego lekarza. Wszyscy specjaliści, nawet ci odnoszący największe sukcesy, wiedzą, że nie są w stanie znaleźć płaszczyzny porozumienia z każdym pacjentem, i akceptują ten fakt.

Obopólna szczerość pozwala większości z nich uniknąć, a pozostałe łatwo wyjaśnić.

Najlepiej otwarcie wyrażać swoje uczucia. Jeśli jesteście niezadowoleni, zmartwieni albo zaniepokojeni, powiedzcie o tym lekarzowi. Niektórzy rodzice są za bardzo onieśmieleni, żeby zakwestionować diagnozę lekarza albo sposób, w jaki obchodzi się z dzieckiem podczas badania. Problemy te można rozwiązać tylko wtedy, gdy się je wypowie. Jeśli je przemilczycie, będziecie czuć coraz większy niepokój i być może stracicie bezpowrotnie szansę na porozumienie z lekarzem. Większość lekarzy i pielęgniarek nie jest aż tak zakompleksiona i drażliwa, żeby oczekiwać od rodziców całkowitego posłuszeństwa i uległości.

Zasięganie opinii drugiego lekarza. Jeśli dziecko cierpi na chorobę, która bardzo was martwi, i chcielibyście zasięgnąć opinii drugiego eksperta, zawsze macie prawo o to poprosić. Wielu rodziców waha się w obawie, że wyrażą w ten sposób brak zaufania do swojego lekarza i zranią jego uczucia. Jednak w medycynie szukanie opinii drugiego specjalisty jest powszechnie praktykowane i lekarz powinien taką prośbę przyjąć ze spokojem. Lekarze – tak jak wszyscy ludzie – wyczuwają skrępowanie osób, z którymi mają do czynienia, nawet jeśli osoby te nie mówią głośno o swoich uczuciach. Przemilczenia utrudniają lekarzom pracę. Konsultacje z drugim specjalistą zazwyczaj oczyszczają atmosferę.

REGULARNE BADANIA KONTROLNE

Najlepszym sposobem upewnienia się, że wasze maleństwo zdrowo się rozwija, są regularne badania kontrolne u lekarza. Większość amerykańskich przychodni zaleca pierwszą wizytę w ciągu dwóch tygodni po porodzie, następnie w wieku dwóch, czterech, sześciu, dziewięciu, dwunastu, piętnastu, osiemnastu i dwudziestu czterech miesięcy, a później raz na rok – taki terminarz zaleca Amerykańska Akademia Pediatrii. Jeśli chcecie odwiedzać lekarza częściej, nie wahajcie się poprosić o dodatkowe wizyty.

Podczas wizyty kontrolnej lekarz zapyta was, jak rozwija się dziecko. Zważy je i zmierzy, żeby sprawdzić, jak rośnie. Przeprowadzi dokładne badanie, polegające na oglądaniu, dotykaniu, opukiwaniu i osłuchiwaniu małego pacjenta w celu wykrycia ewentualnych nieprawidłowości. Przez pierwsze półtora roku niemal podczas każdej wizyty dziecko będzie szczepione (patrz str. 487). Nawet jeśli malec jest zupełnie zdrowy, regularne wizyty pozwolą wam nawiązać bliższą, opartą na zaufaniu znajomość, rozwiać wszelkie wątpliwości i wysłuchać mądrych rad. Lekarze zazwyczaj mogą dużo doradzić w kwestii karmienia i diety, problemów z zachowaniem i snem oraz bezpieczeństwa – tematów omawianych również w tej książce.

TELEFON DO LEKARZA

Kto odbiera telefony? Dowiedzcie się, jaka jest praktyka waszej przychodni w odniesieniu do telefonów informujących o chorobie dziecka. W większości przychodni w ciągu dnia telefony odbiera pielęgniarka, która odpowiada na wszelkie pytania dotyczące choroby dziecka i decyduje, czy powinien je obejrzeć lekarz. Zorientujcie się, czy w poradni jest jakaś ustalona pora na porady telefoniczne w ciągu dnia. Warto z niej skorzystać, zwłaszcza jeśli choroba wymagająca konsultacji lekarza dopiero się rozpoczyna. U wielu dzieci konkretne objawy choroby pojawiają się po południu i większość lekarzy woli dowiedzieć się o nich jak najwcześniej, żeby móc odpowiednio zaplanować sobie pracę.

Inaczej jest wieczorami i w weekendy. Wszystkie przychodnie dysponują numerem telefonu, pod który możecie zadzwonić, jeśli niepokoi was stan dziecka. Osoba odbierająca telefony powiadamia o nich dyżurnego lekarza albo pielęgniarkę. Jeśli macie szczęście, traficie na dyżur swojego pediatry, ale jest bardziej prawdopodobne, że dyżurny lekarz nie będzie znał ani was, ani waszego dziecka. Może to prowadzić do problemów, zwłaszcza gdy oceni stan dziecka na mniej groźny, niż jest w rzeczywistości.

Kiedy dzwonić? Po odchowaniu kilkorga dzieci będziecie już mieli niezłe pojęcie o tym, które objawy wymagają natychmiastowego kontaktu z lekarzem, a które mogą poczekać do rana albo do następnego rutynowego badania kontrolnego.

Świeżo upieczeni rodzice czują się pewniej, mając pod ręką listę objawów wymagających telefonu do lekarza. Jednak żadna taka lista nie może być nawet w przybliżeniu kompletna. Istnieją przecież tysiące chorób i urazów. Zawsze musicie się kierować własnym zdrowym rozsądkiem. Warto przyjąć zasadę, że jeśli bardzo się martwicie, powinniście zadzwonić, nawet jeśli podejrzewacie, że nie jest to konieczne. Na początku lepiej jest dzwonić za często niż za rzadko.

Z całą pewnością najważniejsze jest to, żeby jak najszybciej skonsultować się z lekarzem, przynajmniej telefonicznie, gdy niemowlę albo starsze dziecko wygląda albo zachowuje się tak, jakby było chore. Mam przez to na myśli objawy takie jak: niezwykłe zmęczenie, senność lub apatia; nietypowe rozdrażnienie, niepokój lub podenerwowanie; niezwykła bladość. Należy o tym pamiętać zwłaszcza w pierwszych dwóch, trzech miesiącach, kiedy poważnej chorobie niemowlęcia często nie towarzyszy gorączka ani inne konkretne objawy.

Jeśli wasze dziecko wygląda na chore, powinniście skontaktować się z lekarzem nawet wtedy, gdy nie występują żadne konkretne objawy choroby. Podobnie jeśli dziecko dobrze wygląda, jest skore do zabawy, aktywne, rozbudzone i ożywione, poważna choroba jest mało prawdopodobna, niezależnie od towarzyszących objawów.

Konkretne objawy wymagające konsultacji z lekarzem. Pewne objawy trzeba jednak skonsultować z lekarzem niezależnie od okoliczności.

Gorączka. Jeżeli temperatura niemowlęcia, które nie ma jeszcze trzech miesięcy, przekracza 38°C (w odbycie, patrz str. 475), natychmiast zadzwońcie do lekarza, choćby wyglądało i zachowywało się normalnie. U niemowląt z trochę podwyższoną, a nawet normalną temperaturą, bardzo poważna choroba może się rozwinąć w krótkim czasie. U starszych dzieci zazwyczaj ważniejsze od gorączki jest ogólne samopoczucie. Po ukończeniu trzeciego albo czwartego roku życia wysoka temperatura często towarzyszy łagodnym infekcjom. Przyjmijcie zasadę konsultowania się z lekarzem, jeśli temperatura u niemowlęcia przekroczy 38,0°C. Nie musicie do niego dzwonić w środku nocy, kiedy starsze dziecko ma temperaturę 38,5°C i nieznaczny katar, ale poza tym zachowuje się normalnie.

Przyspieszone oddychanie (tachypnoe). Dzieci oddychają szybciej niż dorośli. Dla niemowląt górna granica normy to zazwyczaj czterdzieści oddechów na minutę, dla małych dzieci dwadzieścia, dla dzieci w wieku dziesięciu lub więcej lat dziesięć. Najlepiej liczyć oddechy przez pełną minutę, przy czym na jeden oddech składa się wdech i wydech. Jeśli zmierzycie częstotliwość oddechów zdrowego dziecka, we śnie i podczas czuwania, gdy zachoruje,

łatwiej wam będzie ocenić, czy się zmieniła. Czasem malec przez krótki czas oddycha w nieco przyspieszonym tempie, a potem znów wolniej. Dzieci naprawdę ciężko chore – na przykład na zapalenie płuc – często mają stale przyspieszony oddech. Jeżeli wasza pociecha nie wygląda na chorą, nie wpadajcie w panikę po jednym pomiarze. Poczekajcie trochę, spróbujcie zbić gorączkę (jeśli występuje) i ponownie sprawdźcie tempo oddychania.

Trudności z wdechem. Dziecko oddycha z dużą trudnością, wciągając mięśnie brzucha, klatki piersiowej i szyi. Jest to znak, że nabranie powietrza w płuca wymaga szczególnego wysiłku. Coś mu w tym przeszkadza. Niektóre niemowlęta mogą pochrząkiwać podczas wydechu albo wydech może być przedłużony i wymagać większego wysiłku.

Głośne oddychanie. Dzieci z zakażeniem dolnych dróg oddechowych albo astmą często oddychają głośniej. Możecie mieć trudności z dokładnym określeniem źródła dźwięku. Czasem wywołuje go po prostu zbierający się w nosku śluz, nie problem z płucami. Innym razem może to być pochodzący z tchawicy stridor, czyli świst wdechowy – głośniejszy przy wdechu niż przy wydechu. Czasem dźwięk pochodzi z niżej położonego odcinka dróg oddechowych, z okolicy płuc. Jeżeli dźwięki są wysokie i niemal melodyjne, może to być świst wydechowy, często występujący u dzieci astmatycznych. Jeśli nadal widać zaciąganie ścian klatki piersiowej i oddech dziecka jest przyspieszony, ale dziecko oddycha coraz ciszej, możliwe, że przez zablokowany odcinek dróg oddechowych przedostaje się zbyt mało powietrza. Jest to stan nagły (zagrażający życiu chorego). Chrapliwość głosu w połączeniu z trudnościami w oddychaniu zawsze należy natychmiast zgłosić lekarzowi, szczególnie, gdy dziecko jednocześnie się ślini.

Ból. Ból sygnalizuje, że w organizmie dzieje się coś złego. Jeżeli nie jest zbyt nasilony i nie towarzyszą mu inne objawy (np. gorączka), prawdopodobnie możecie spokojnie poczekać, obserwując dziecko. Jednak gdy wydaje się intensywny, nie można dziecka uspokoić albo sprawia ono wrażenie chorego, zadzwońcie do lekarza. W razie jakichkolwiek wątpliwości należy zadzwonić.

Nietypowe wymioty należy od razu zgłosić lekarzowi, zwłaszcza jeśli dziecko sprawia wrażenie chorego, zachowuje się albo wygląda inaczej niż zwykle. Zadzwońcie do lekarza bezzwłocznie, jeżeli dziecko wymiotuje krwią. Oczywiście do nietypowych wymiotów nie zalicza się ulewania po posiłkach, powszechnego u niemowląt.

Poważną biegunkę, zwłaszcza gdy w stolcu widać krew albo niemowlę wydala luźny, wodnisty stolec w dużych ilościach, należy natychmiast zgłosić lekarzowi. W łagodniejszych przypadkach można poczekać. Jeżeli widzicie oznaki odwodnienia (zmęczenie, zmniejszone wydzielanie moczu i łez, suche usta), powiedzcie o nich lekarzowi. Zadzwońcie bezzwłocznie, jeśli w kale albo moczu widać krew.

Uraz głowy wymaga interwencji lekarza, jeśli dziecko traci przytomność, źle się czuje i wygląda na chore, jeśli w miarę upływu czasu sprawia wrażenie coraz bardziej apatycznego i rozkojarzonego albo wymiotuje.

Zatrucia. Jeżeli wasze dziecko zjadło coś, co może mu zaszkodzić, natychmiast skontaktujcie się z lekarzem (patrz str. 761).

Wysypka. Porozmawiajcie z lekarzem, jeśli wasze dziecko ma przeciągającą się albo nietypową wysypkę. Łatwo jest popełnić błąd. Gdy dziecko z wysypką sprawia wrażenie chorego albo wysypka jest rozległa, powinniście natychmiast zadzwonić do lekarza.

Pamiętajcie, powyższa lista nie jest kompletna. W razie jakichkolwiek wątpliwości – dzwońcie do lekarza!

Zanim zadzwonisz. Osoba odbierająca telefon może mieć trudności z określeniem, czy wasze dziecko jest naprawdę chore i powinno natychmiast zostać zbadane, czy też może poczekać do następnego ranka, kiedy przychodnia będzie otwarta. Dlatego przekazywane przez was informacje są naprawdę ważne. Przed wybraniem numeru upewnijcie się, że potraficie odpowiedzieć na poniższe pytania (możecie zanotować odpowiedzi):

1. Jakie są niepokojące objawy? Kiedy się pojawiły? Jak często się powtarzają? Czy są jakieś inne objawy?
2. Jakie są parametry życiowe dziecka – czy ma temperaturę, problemy z oddychaniem, jest blade? (Zawsze, gdy podejrzewacie, że dziecko jest chore, powinniście zmierzyć mu temperaturę; patrz str. 475.)
3. Jak próbowaliście zaradzić problemowi? Czy to pomogło?
4. Czy dziecko sprawia wrażenie bardzo chorego? Czy jest żwawe czy apatyczne? Czy wzrok ma bystry czy nieprzytomny? Czy jest wesołe i ma ochotę się bawić, czy płacze i jest nieszczęśliwe?
5. Czy dziecko miało w przeszłości problemy natury medycznej, które mogą być powiązane z obecną sytuacją?
6. Czy dziecko przyjmuje jakieś leki? Jakie?
7. Jak bardzo jesteście zaniepokojeni?

Trafność telefonicznej diagnozy będzie zależała od precyzji dostarczonych przez was informacji. Lekarze i pielęgniarki są tylko ludźmi i czasem zapominają o coś zapytać, zwłaszcza późno w nocy. To od was zależy, czy informacje przekazane telefonicznie pozwolą im na podjęcie odpowiedniej decyzji.

GORĄCZKA

Kiedy można mówić o gorące? Przede wszystkim trzeba sobie uświadomić, że temperatura ciała zdrowego dziecka nie jest stała i nie zawsze wynosi dokładnie 37°C. Czasem trochę rośnie, czasem trochę opada, w zależności od pory dnia i od tego, czym akurat zajmuje się dziecko. Zazwyczaj najniższa jest wcześnie rano, a najwyższa późnym popołudniem. Różnica ta jest jednak nieznaczna. Większa różnica jest pomiędzy temperaturą dziecka odpoczywającego a aktywnego. Temperatura zupełnie zdrowego małego dziecka może wzrosnąć do 37,5°C, a nawet 37,8°C po wysiłku fizycznym.

U niemowlęcia, które nie ukończyło jeszcze trzeciego miesiąca życia, temperatura przekraczająca 38°C może być objawem choroby i należy ją zgłosić lekarzowi. (Jeśli niemowlę było zbyt ciepło owinięte, rozwińcie je i ponownie zmierzcie temperaturę.) U starszego dziecka objawem choroby jest prawdopodobnie temperatura wyższa niż 38,5°C. Generalnie rzecz biorąc, im wyższa temperatura, tym większe prawdopodobieństwo, że dziecko jest poważnie chore, a nie jest to tylko łagodne przeziębienie albo infekcja wirusowa. Jednak niektóre dzieci dostają wysokiej gorączki nawet wtedy, gdy przechodzą łagodną infekcję, a inne nie mają gorączki, pomimo iż są poważnie chore. Sama gorączka jest szkodliwa dla dziecka dopiero wtedy, gdy przekroczy 41°C, co u większości dzieci nigdy się nie zdarza.

Co wywołuje gorączkę? Gorączka to jedna z form reakcji organizmu na większość chorób zakaźnych i wiele innych. Pomaga w walce z zakażeniem, ponieważ niektóre drobnoustroje łatwiej giną w wyższej temperaturze. Normalnie temperatura ciała jest kontrolowana przez niewiel-

ki obszar w mózgu zwany podwzgórzem. Kiedy ciało zanadto się rozgrzewa, podwzgórze wywołuje pocenie się, a tym samym obniżenie temperatury ciała w wyniku odparowywania. Kiedy ciało za bardzo się oziębia, podwzgórze wywołuje dreszcze, generujące ciepło poprzez aktywność mięśni. System ten działa bardzo podobnie do domowego termostatu. W odpowiedzi na infekcję układ odpornościowy wyzwala związki chemiczne, które włączają termostat w mózgu. Dziecko z temperaturą 37,8°C może mieć dreszcze i mówić, że mu zimno, albowiem jego wewnętrzny termostat ustawiony jest na 38,8°C. Działanie leków przeciwgorączkowych, takich jak paracetamol, polega na blokowaniu produkcji związków chemicznych wywołujących gorączkę, co pozwala ciału na powrót do normalnej temperatury. Kiedy gorączka zaczyna opadać, dziecko może się pocić, co jest oznaką, że do mózgu dotarła informacja o nadmiernej temperaturze ciała.

Wielu rodziców zakłada, że gorączka sama w sobie jest niekorzystna, i chce podawać lekarstwa, żeby ją obniżyć. Warto jednak pamiętać, że gorączka to nie choroba, tylko jeden ze sposobów radzenia sobie z infekcją przez organizm. Pomaga też śledzić przebieg choroby. Lekarz może dążyć do obniżenia temperatury, ponieważ dziecko nie może spać i szybko się męczy, ale może też pozostawić gorączkę własnemu losowi i skoncentrować się na leczeniu zakażenia.

W przypadku większości chorób wywołujących gorączkę temperatura jest najwyższa późnym popołudniem i najniższa rano, ale nie dziwcie się, jeśli będzie wysoka rano, a niska po południu. Istnieją choroby, przy których gorączka zamiast wzrastać i opadać stale utrzymuje się na tym samym, wysokim poziomie. Do najbardziej powszechnych należą zapalenie płuc i różyczka (patrz str. 584). Bardzo chore niemowlę może mieć temperaturę obniżoną, nie podwyższoną. Nieznaczne obniżenie temperatury (nawet do 36°C) zdarza się czasem pod koniec choroby, a także rano u zdrowych niemowląt i małych dzieci. Nie jest to powód do niepokoju, jeśli dziecko dobrze się czuje.

Mierzenie temperatury. Doświadczeni rodzice często są w stanie określić, czy dziecko ma gorączkę, dotykając jego czoła dłonią albo ustami. Problem polega oczywiście na tym, że nie sposób przekazać lekarzowi (ani nikomu innemu), jak ciepłe wydaje się dziecko.

Jestem gorącym zwolennikiem cyfrowych termometrów elektronicznych. Są szybsze, dokładniejsze i łatwiej na nich odczytać temperaturę niż na tradycyjnym termometrze rtęciowym. Są niedrogie, kosztują około 30 złotych. Nie ma ryzyka, że się stłuką, a toksyczna rtęć trafi do środowiska. Jeśli macie szklany termometr, powinniście się go pozbyć, ale nie wyrzucajcie go po prostu do śmieci. Rtęć to trucizna, która nie powinna trafić na wysypi-

sko, tylko zostać unieszkodliwiona wraz z innymi niebezpiecznymi odpadami.

Elektroniczny termometr wystarczy wytrzeć, włączyć i włożyć. Przyjazne piknięcie sygnalizuje zakończenie pomiaru temperatury. W przypadku niemowląt najdokładniejszy jest pomiar w odbycie. Odrobiną wazeliny lub innego łagodnego kremu posmarujcie końcówkę termometru, połóżcie sobie niemowlę na kolanach albo przytrzymajcie jedną ręką jego nóżki i wsuńcie końcówkę do odbytu dziecka na głębokość około półtora centymetra. Po ukończeniu piątego czy szóstego roku życia większość dzieci potrafi przytrzymać termometr pod językiem z zamkniętymi ustami przez minutę. Możecie też mierzyć dziecku temperaturę pod pachą, ale pomiar nie jest tak dokładny jak w jamie ustnej albo w odbycie. U jednego dziecka naczynia krwionośne leżą płytko pod skórą, więc temperatura mierzona pod pachą jest wyższa; u drugiego leżą głębiej, więc temperatura jest niższa. Jeśli istotna jest dokładność pomiaru, najlepiej jest mierzyć temperaturę w odbycie albo w ustach.

Nowoczesne termometry elektroniczne umożliwiające pomiar temperatury w uchu

są drogie i właściwie nie mają dodatkowych zalet, chyba że dziecko nie jest w stanie wytrzymać ani chwili bez ruchu. Termometry paskowe przykładane do skóry nie są zbyt dokładne.

Termometr myje się ciepłą wodą i mydłem. Potem można go przetrzeć spirytusem, nie zapominając o opłukaniu zimną wodą, żeby zlikwidować smak alkoholu przed kolejnym użyciem.

Przez ile dni mierzyć temperaturę?

Zdarza się, że dziecko ma poważne przeziębienie z gorączką. Lekarz bada malucha albo otrzymuje regularne raporty o jego stanie i prosi, żeby rodzice dwa razy dziennie mierzyli mu temperaturę. Wreszcie gorączka opada i dziecko zaczyna wracać do zdrowia, z łagodnym kaszlem i lekkim katarem. Lekarz mówi rodzicom, żeby wypuścili je na dwór, gdy tylko przeziębienie zupełnie minie. Dwa tygodnie później rodzice dzwonią, ponieważ dziecko nie może już wytrzymać zamknięte w czterech ścianach: katar i kaszel dawno zniknęły, ale gorączka wciąż wzrasta każdego popołudnia do 37,5°C. Jak już mówiłem, u energicznego dziecka taka temperatura może mieścić się w normie. Dziesięć dni przebywania w domu i zamartwiania się temperaturą stanowiły błąd i stratę czasu.

W większości przypadków, gdy temperatura przez kilka dni nie przekracza 38,3°C, należy zapomnieć o istnieniu termometru, chyba że lekarz prosi was o zmierzenie temperatury dziecka albo wydaje wam się, że jego stan się pogorszył. Dzieci nie należy posyłać do szkoły, dopóki ich temperatura nie ustabilizuje się na normalnym poziomie przez całą dobę i nie poczują się lepiej. Nie trzeba czekać, aż znikną wszystkie objawy przeziębienia. Nie wpadajcie w nawyk mierzenia temperatury dziecka, gdy jest zdrowe.

Postępowanie w przypadku gorączki (przed rozmową z lekarzem). Pomiędzy pierwszymi a piątymi urodzinami dzieci mogą mieć gorączkę 40°C lub więcej przy łagodnej infekcji – przeziębieniu, podrażnionym gardle czy grypie. Z drugiej zaś strony niebezpiecznej chorobie nie zawsze towarzyszy temperatura wyższa niż 38,5°C. Dlatego nie sugerujcie się wyłącznie temperaturą. Jeśli dziecko wygląda na chore albo dziwnie się zachowuje, skontaktujcie się z lekarzem, niezależnie od tego, czy maluch ma gorączkę czy też nie.

Czasem dziecko, które ma gorączkę, wyjątkowo źle się czuje. Jeżeli pierwszego dnia choroby temperatura przekracza 40°C, możecie ją nieco obniżyć lekami takimi jak paracetamol albo ibuprofen (ale nie aspiryną – patrz str. 589). Są dostępne w postaci tabletek albo płynów. Dawkujcie lek zgodnie z informacją na opakowaniu. Pamiętajcie, że dawka zależy od wieku i masy ciała dziecka.

Lek obniżający gorączkę należy podać tylko raz, chyba że po trzech czy czterech godzinach nadal nie udało wam się skontaktować z lekarzem – wówczas możecie podać drugą dawkę. (Nie zapomnijcie, że lekarstwa te powinniście przechowywać w miejscu niedostępnym dla dziecka, w pojemniku, którego nie będzie w stanie otworzyć. Mimo iż można je kupić bez recepty, nie są nieszkodliwe; przedawkowanie może mieć skutki śmiertelne.)

Można dziecko wykąpać w letniej wodzie albo przetrzeć jego skórę wilgotną ściereczką lub gąbką. Celem tych zabiegów jest zwiększenie ukrwienia skóry poprzez pocieranie oraz ochłodzenie ciała przez parowanie wody z jego powierzchni. Tradycyjnie skórę przecierano spirytusem, ale liberalne stosowanie go w niewielkim pomieszczeniu może się wiązać z wdychaniem zbyt intensywnych oparów alkoholu. Woda działa równie dobrze, a jest tania

OSTRZEŻENIE

Chorym dzieciom i nastolatkom nigdy nie należy podawać preparatów kwasu acetylosalicylowego, czyli np. aspiryny i polopiryny, chyba że przepisze je lekarz. W przypadku gorączki, przeziębienia czy objawów grypowych można podać paracetamol albo ibuprofen i inne środki nie zawierające kwasu acetylosalicylowego. Jeśli okaże się, że dziecko ma infekcję wirusową, szczególnie grypę lub ospę wietrzną, zażywanie salicylanów może zwiększyć ryzyko wystąpienia zespołu Reye'a – rzadkiej i bardzo niebezpiecznej choroby (patrz str. 589).

i bezpieczna. Metody te przynoszą jedynie chwilową ulgę, ponieważ termostat ciała nadal jest nastawiony na wysoką temperaturę i szybko spowoduje nawrót gorączki.

Kiedy dziecko ma wysoką gorączkę i wypieki, w normalnej pokojowej temperaturze, nie okrywajcie go zbyt ciepło, czasem wystarczy samo prześcieradło. Dziecku będzie w ten sposób wygodniej; a przy okazji przyczyni się to do obniżenia temperatury.

Gorączka a drgawki. Rodzice często martwią się, że utrzymująca się gorączka może prowadzić do wystąpienia drgawek. To nieprawda. U małych dzieci gwałtowny wzrost temperatury na początku choroby może sporadycznie wywołać drgawki (patrz str. 594). Próby obniżenia wysokiej temperatury u dziecka mają na celu poprawę jego samopoczucia, a nie zapobieganie drgawkom.

DIETA PODCZAS CHOROBY

Lekarz zaleci odpowiednią dietę, biorąc pod uwagę upodobania dziecka oraz naturę choroby. Poniższe zasady mają tylko pomóc wam do czasu uzyskania pomocy medycznej.

Przeziębienie bez gorączki. Podczas przeziębienia bez gorączki dieta może być zupełnie normalna. Jednak nawet przy łagodnym przeziębieniu dziecko może stracić apetyt, ponieważ cały czas przebywa w domu, nie zażywa tyle ruchu co zwykle, niezbyt dobrze się czuje i połyka śluz, co może wywoływać nudności. Nie nakłaniajcie dziecka, by jadło więcej, niż chce. Jeśli je mniej niż zazwyczaj, podajcie mu

pomiędzy posiłkami dodatkowe napoje. Niektórym się wydaje, że im więcej dziecko pije, tym szybciej wyzdrowieje. Nie ma powodu zabraniać dziecku picia takich ilości, na jakie ma ochotę, ale nadmierne ilości płynów nie są korzystniejsze niż ilości rozsądne.

Dieta podczas gorączki (zanim skontaktujecie się z lekarzem). Gdy temperatura przekracza 39°C, występuje w przebiegu przeziębienia, grypy, zapalenia gardła lub jednej z chorób zakaźnych, dziecko zwykle na początku traci apetyt, zwłaszcza na pokarmy stałe. Przez pierwszy dzień albo dwa można w ogóle ich nie podawać, jeśli dziecko nie sprawia wrażenia głodne-go, ale często proponujcie mu coś do pi-cia. Woda, sok pomarańczowy i ananaso-wy to najpopularniejsze napoje. Woda nie zawiera składników odżywczych, ale w tej chwili jest to nieistotne. Może właśnie z te-go powodu chore dzieci często najchęt-niej piją właśnie wodę. To, czy mają ocho-tę na inne płyny, zależy od ich upodobań i stanu.

Jeśli z powodu choroby dziecko ma po-drażnioną jamę ustną, może nie chcieć soków z owoców cytrusowych, które są kwaskowate i szczypią. Niektóre dzieci uwielbiają sok grejpfrutowy, domową le-moniadę z wody, soku cytrynowego i cu-kru, sok gruszkowy, sok winogronowy i sła-bą herbatę. Lody wodne na patyku są do-brym źródłem płynów. Starsze dzieci lu-bią napoje gazowane, na przykład imbiro-we lub owocowe. Coca-cola i napoje tego typu często zawierają kofeinę, więc lepiej ich unikać. Mleko i jego przetwory mogą powodować zwiększone wydzielanie ślu-zu i uczucie dyskomfortu podczas infekcji górnych dróg oddechowych.

Najważniejsza zasada brzmi: nie nakła-niajcie chorego dziecka do jedzenia, jeśli nie ma na nie ochoty, chyba że lekarz z ja-kiegoś powodu zalecił inaczej. Wmuszo-ne jedzenie najprawdopodobniej zostanie zwrócone, spowoduje ból brzucha albo problemy z odżywianiem.

Gdy występują wymioty. Wymioty towa-rzyszą wielu różnym chorobom; dzieje się tak dlatego, że podrażniony żołądek nie jest w stanie normalnie trawić pożywie-nia. Dieta zależy od wielu czynników i po-winna zostać przepisana przez lekarza. Jeśli jednak nie możecie od razu się z nim skontaktować, postępujcie zgodnie z po-niższymi wskazówkami.

Zacznijcie od małych łyków wody albo przeciwdziałającego odwodnieniu prepa-ratu Pedialyte*, czyli wody z taką ilością soli i cukru, która jest najlepiej wchłaniana (patrz str. 621, **Preparaty elektrolitowe**). Początkowo podawajcie tylko 15 ml (jedną łyżkę stołową) co piętnaście, dwadzieścia minut. Stopniowo zwiększajcie ilość, jeże-li dziecko toleruje napój, aż do 120 ml (pół szklanki) mniej więcej raz na pół godziny. Jeśli to nie powoduje wymiotów, spróbuj-cie niewielkiej ilości rozcieńczonego so-ku jabłkowego albo herbatki ziołowej (na przykład mięty** albo rumianku). Wiele dzieci dobrze toleruje też lody wodne.

Można podać dziecku również pokar-my stałe. Zacznijcie od czegoś prostego: krakersa albo grzanki, kawałka banana al-bo łyżki musu jabłkowego. Unikajcie mle-ka i jego przetworów, które mogą być trud-niejsze do strawienia.

Gdy występuje biegunka. W przypadku dziecka dwuletniego lub starszego ryzyko wystąpienia poważnej albo długotrwałej biegunki jest mniejsze. Zanim skontaktuje-cie się z lekarzem, najlepiej dawać dziecku to, co zwykle, jeśli ma ochotę. Badania wy-kazały, że tradycyjna w przypadku rozwol-nienia dieta składająca się z płynów o wyso-kiej zawartości cukru (jak oranżada czy sok jabłkowy) w rzeczywistości powoduje nasi-lenie i przedłużenie biegunki, więc obecnie nie jest zalecana. W przypadku silnej bie-gunki rozważcie podanie dziecku prepara-tu elektrolitowego (patrz str. 621); jednak najpierw należy omówić to z lekarzem.

Najważniejsze przy biegunce jest upew-nienie się, że dziecko pije wystarczająco dużo, żeby się nie odwodnić. Do odwod-nienia dochodzi, gdy dziecko przyjmuje mniej płynów, niż traci w wyniku biegunki i wymiotów. Pierwszą oznaką jest apatia.

---

* W Polsce niedostępny (przyp. tłum.).

** Mięta nie zawsze jest dobrze tolerowana (przyp. red. nauk.).

Suche usta, zapadnięte oczy i zmniejszenie napięcia skóry u niemowlęcia to również objawy odwodnienia. Jeśli nie pomagają preparaty elektrolitowe podawane doustnie, może się okazać konieczne podłączenie kroplówki w gabinecie lekarskim albo w szpitalu.

Problemy z jedzeniem pod koniec choroby. U dziecka, które przez wiele dni ma gorączkę i mało je, następuje utrata masy ciała. Nieprzyzwyczajeni do takich sytuacji rodzice są zmartwieni. Kiedy wreszcie gorączka opada, a lekarz mówi, że można wrócić do normalnej diety, niecierpliwią się, żeby jak najszybciej dziecko odkarmić. Często jednak napotykają zdecydowany opór. Jeśli będą zmuszać malca do jedzenia przy każdym posiłku, przez wiele dni, jego apetyt może nie wrócić.

Wasza pociecha nie zapomniała, jak się je, ani też nie jest zbyt osłabiona, żeby sobie z tym poradzić. Chociaż temperatura wróciła do normalnego poziomu, organizm wciąż jeszcze próbuje uporać się z infekcją, co ma wpływ na żołądek i jelita. Gdy dziecko widzi pierwszy po chorobie posiłek, układ pokarmowy ostrzega je, że nie jest jeszcze gotowy.

Kiedy wmusza się posiłki dziecku, które odczuwa nudności z powodu choroby, narasta w nim wstręt do jedzenia. W ciągu zaledwie kilku dni może powstać poważny problem z jedzeniem, który zwykle trwa bardzo długo.

Gdy tylko żołądek i jelita wrócą do normy po chorobie i będą w stanie normalnie trawić, maluch zgłodnieje bardziej niż zwykle. Zazwyczaj po chorobie dzieci przez tydzień albo dwa są wygłodzone i nadrabiają zaległości. Czasem dwie godziny po posiłku proszą o następny. W wieku trzech lub więcej lat mogą się domagać konkretnych pokarmów, których ich wygłodzony organizm potrzebuje najbardziej.

Rodzice postąpią najlepiej, jeśli w okresie rekonwalescencji będą swoim pociechom podawać tylko te napoje i potrawy, na które dzieci mają ochotę, nie nakłaniając do jedzenia i cierpliwie czekając na sygnał, że są gotowe zjeść więcej. Jeśli po tygodniu od ustąpienia choroby apetyt dziecka nie powróci, należy ponownie porozumieć się z lekarzem.

PODAWANIE LEKARSTW

Niekiedy podanie dziecku lekarstwa to prawdziwa sztuka. Przede wszystkim trzeba mu je podsunąć ot tak, od niechcenia, jakby w ogóle nie przyszło wam do głowy, że mogłoby zaprotestować. Przepraszając i wyjaśniając, przekonacie je tylko, że powinno się wzbraniać. Wkładając maluchowi łyżeczkę do buzi, mówcie o czym innym. Większość małych dzieci odruchowo otwiera usta, jak pisklęta w gnieździe. W przypadku niemowląt często dobry efekt daje podawanie płynnych leków strzykawką: lekarstwo należy wciągnąć do strzykawki i delikatnie wpuścić do buzi, po wewnętrznej stronie policzka ku tyłowi.

Tabletki nierozpuszczalne można rozkruszyć na drobny proszek i zmieszać z jakąś zawierającą grudki smaczną potrawą, na przykład musem jabłkowym. Wymieszajcie lekarstwo z małą ilością musu, na wypadek gdyby dziecko nie miało ochoty na więcej. Gorzkie pigułki można wymieszać z łyżeczką musu jabłkowego, syropu ryżowego albo mleka ryżowego. (Niektóre potrawy utrudniają wchłanianie pewnych leków; zanim puścicie wodze wyobraźni, skonsultujcie się z farmaceutą.)

Podając lek wymieszany z napojem, bezpieczniej jest wybrać taki, którego dziecko nie pija na co dzień. Jeśli sok pomarańczowy nagle nabierze dziwnego smaku, dziecko może przez wiele miesięcy traktować go podejrzliwie.

Maści i krople do oczu można czasem aplikować, gdy dziecko śpi. Małemu dziecku można je też podać, ułożywszy je na swoich kolanach tak, by nie mogło wierzgać nóżkami. Główkę dziecka należy delikatnie, ale stanowczo umieścić między swoimi kolanami, przytrzymując ją jedną ręką – drugą aplikujemy lek. (Pozycja ta jest też dobra do zakraplania noska i odsysania śluzu.)

Środków przeczyszczających nigdy (a zwłaszcza w przypadku bólu brzucha) nie należy podawać bez porozumienia z lekarzem. Niektórzy błędnie sądzą, że najczęstszą przyczyną bólu brzucha jest zaparcie, dlatego chcą przede wszystkim podać środek przeczyszczający. Istnieje wiele przyczyn bólu brzucha (patrz str. 567), a w przypadku niektórych z nich, jak zapalenie wyrostka robaczkowego czy niedrożność jelit, podawanie środków przeczyszczających może pogorszyć sytuację. Niebezpieczne jest leczenie bólu brzucha silnymi lekami, gdy nie wiadomo, czym jest spowodowany.

Podawanie lekarstw bez porozumienia z lekarzem. Nie należy podawać dziecku żadnych lekarstw bez konsultacji z lekarzem ani przedłużać ich podawania. Oto kilka przykładów, które pokazują, dlaczego może to być niebezpieczne. Dziecko jest przeziębione i kaszle, lekarz przepisuje mu syrop przeciwkaszlowy. Dwa miesiące później dziecko znów zaczyna kaszleć, a rodzice na własną rękę kupują ten sam syrop. Przez tydzień wydaje się,

że stan dziecka się poprawia, potem jednak kaszel pogarsza się tak bardzo, że konieczne okazuje się wezwanie lekarza. Ten natychmiast stwierdza, że tym razem dziecko nie jest przeziębione, tylko ma zapalenie płuc, które rozpoznałby już tydzień wcześniej, gdyby rodzice do niego zadzwonili.

Rodzice, którzy kilkakrotnie tymi samymi metodami pokonali przeziębienie, ból głowy czy ból brzucha, zaczynają się czuć jak eksperci, którymi w pewnym ograniczonym zakresie rzeczywiście są. Nie są jednak tak jak lekarze nauczeni uważnego stawiania diagnozy. Dla rodziców dwa przypadki bólu głowy czy brzucha są takie same. Dla lekarza mogą mieć zupełnie inne znaczenie i wymagać zupełnie odmiennego leczenia.

Rodzice, których dzieci leczone były antybiotykiem, odczuwają czasem pokusę, żeby użyć go ponownie, gdy zauważą podobne objawy. Uważają, że lek jest skuteczny, wiedzą, jak go podawać i dawkować, to dlaczego nie spróbować? Przede wszystkim lek może być już nieskuteczny, dziecko może potrzebować innej dawki albo zupełnie innego leku. Po drugie, antybiotyki mogą utrudnić rozpoznanie choroby, gdy rodzice zwrócą się w końcu do lekarza. Po trzecie, u dzieci sporadycznie występują poważne reakcje na leki: gorączka, wysypka, niedokrwistość. Powikłania tego typu są na szczęście rzadkie, ale najczęściej się zdarzają, gdy lek jest używany często, szczególnie zaś wtedy, gdy jest używany niewłaściwie. Dlatego należy leki podawać wyłącznie wtedy, gdy lekarz uzna, że są niezbędne. Nawet środek tak popularny jak paracetamol może powodować poważne problemy, jeśli zażywany jest zbyt często. Z tych samych powodów nigdy nie należy dziecku dawać leków poleconych przez sąsiada, znajomą czy krewnego.

Odporność na antybiotyki. Nadużywanie antybiotyków doprowadziło do tego, że pojawiły się bakterie odporne na wiele popularnych leków. W żłobkach na przykład, gdzie w ciągu roku przeciętne dziecko może mieć dziesięć albo więcej chorób z gorączką, wiele infekcji ucha nie mija po standardowej dawce antybiotyków. Niekiedy, choć bardzo rzadko, trzeba podwoić dawkę lub zmienić antybiotyk, żeby uzyskać efekt leczniczy. Często lekarz może nie być pewien, czy daną infekcję spowodowały bakterie czy wirusy. W takim przypadku często lepiej poczekać i zobaczyć, jak rozwinie się sytuacja, niż od razu podawać antybiotyk, który może nie pomóc (wirusy nie reagują na antybiotyki), za to na pewno doprowadzi do rozwoju odpornych na jego działanie bakterii.

Odporność na antybiotyki wzrasta również wtedy, gdy dziecko dostaje niepełną dawkę antybiotyków – wystarczającą do „zabicia" słabszych bakterii, ale pozwalającą silniejszym, bardziej odpornym bakteriom dalej się rozwijać. Żeby temu zapobiec, gdy podajecie dziecku antybiotyk, zawsze dawajcie mu całą zalecaną dawkę przez cały zalecany okres leczenia.

Recepta na leki generyczne (odtwórcze). Lekarz może na recepcie zamiast konkretnej nazwy leku wpisać nazwę związku chemicznego. Dzięki temu pacjent zamiast reklamowanego leku markowego może kupić tańszy lek, zawierający tę samą substancję czynną. Porozmawiajcie z lekarzem o receptach na tańsze preparaty danego leku. Przeważnie – choć nie zawsze – zastąpienie drogich leków oryginalnych lekami odtwórczymi to dobry pomysł.

IZOLOWANIE PODCZAS CHORÓB ZAKAŹNYCH

Istnieje wiele sposobów przenoszenia chorób zakaźnych. Nie można ich złapać przez samo przebywanie w tym samym pomieszczeniu co chory, zarazki muszą w jakiś sposób przenieść się z osoby chorej na zdrową. Niektórymi chorobami bardzo łatwo się zarazić (należy do nich ospa wietrzna), innymi zaś trudniej; na przykład wirus HIV przenosi się tylko poprzez krew i inne płyny ustrojowe.

Ogólnie rzecz biorąc, dziecko z chorobą zakaźną bezpiecznie jest zatrzymać w domu, dopóki gorączka się nie obniży, a lekarz nie uzna, że nie ma już ryzyka dalszego zarażania. Dobrze jest ograniczyć do minimum kontakty fizyczne (całowanie i przytulanie) malca z domownikami, z wyjątkiem jednej osoby, która się chorym opiekuje. Pozwala to uniknąć rozprzestrzeniania się choroby. Dziecko należy izolować również po to, żeby nie miało kontaktu z przenoszonymi przez innych drobnoustrojami, które mogłyby skomplikować przebieg choroby.

Dorośli krewni chorego przeważnie nie muszą ograniczać wychodzenia z domu. Zastanówcie się jednak, zanim złożycie wizytę znajomym, mającym podatne na zarażenie dzieci. Prawdopodobieństwo, że się od was zarażą, jest bliskie zeru, jeżeli nie dojdzie do bezpośredniego kontaktu. Mimo to możecie zostać obarczeni winą, jeśli nawet rok później ktokolwiek w ich rodzinie zachoruje.

Najlepszym sposobem zapobiegania rozprzestrzenianiu się chorób jest częste i dokładne mycie rąk. Nauczcie dzieci, żeby dłonie myły aż do nadgarstków, nie zapominając o przestrzeniach pomiędzy palcami, i żeby robiły to przez co najmniej minutę – w każdym razie przez dłuższy czas. Dziecku będzie łatwiej sięgnąć do umywalki, gdy podstawicie mu stołeczek. Małe rączki łatwiej jest myć małym mydełkiem, takim jak te, które można znaleźć w hotelowych łazienkach. Rozstawcie po całym domu pudełka chusteczek, zachęcając do częstego wycierania nosków, a także kosze na śmieci, żeby zużyte chusteczki nie lądowały na podłodze.

OPIEKA NAD CHORYM DZIECKIEM

Strzeżcie się rozpieszczania. To naturalne, że otaczamy chore dzieci szczególną troską i poświęcamy im więcej uwagi. Nie mamy nic przeciwko temu, że co chwila żądają czegoś do picia albo do jedzenia, a jeśli przyniesiony napój im nie smakuje, natychmiast wracamy do kuchni po inny. Z radością przynosimy im nowe zabawki, żeby były zadowolone i spokojne. Maluch szybko przyzwyczaja się do takiego traktowania, zaczyna rodzicom rozkazywać i oczekiwać błyskawicznej obsługi. Na szczęście większość dzieci już po kilku dniach czuje się lepiej. Rodzice przestają się martwić i spełniać nierozsądne żądania swojej pociechy. Po kilku dniach wszystko wraca do normy.

Jeśli choroba trwa długo, nieustanna troska i specjalne traktowanie mogą mieć zły wpływ na dziecko. Malec przybiera postawę roszczeniową, jeżeli zaś jest na to zbyt dobrze wychowany, staje się pobudliwy i kapryśny jak gwiazda ekranu. Szybko uczy się czerpania przyjemności z choroby i okazywanego mu współczucia. Jego zdolność zgodnego współżycia z ludźmi słabnie jak długo nie używany mięsień.

Zwyczajna opieka. Dobrze jest jak najszybciej powrócić do normalnego traktowania chorego dziecka. Chodzi o tak drobne sprawy, jak przybieranie przyjaznego i swobodnego, nie zaś zmartwionego wyrazu twarzy, gdy wchodzicie do pokoju

dziecka; pytanie go o samopoczucie takim tonem, jakbyście oczekiwali odpowiedzi pozytywnej, nie negatywnej; powtarzanie tego pytania nie częściej niż raz dziennie. Kiedy już się zorientujecie, co dziecko ma ochotę zjeść i wypić, podawajcie mu te produkty swobodnie. Nie pytajcie nieśmiało, czy mu smakuje, i nie zachowujcie się, jakby jedząc i pijąc, wyświadczało wam przysługę. Za wszelką cenę powstrzymajcie się od nakłaniania latorośli do jedzenia i picia, chyba że lekarz zaleci inaczej. Apetyt chorego dziecka łatwo jest jeszcze bardziej zepsuć wmuszaniem i namawianiem.

Kupując nowe zabawki, wybierajcie takie, które zachęcają do samodzielnej aktywności i używania wyobraźni: klocki i zestawy konstrukcyjne, zestawy do szycia, tkania i nawlekania paciorków, przybory do malowania, budowania modeli i kolekcjonowania znaczków. Wręczajcie małemu pacjentowi tylko jedną nową rzecz naraz. Wiele zajęć można zorganizować bez dodatkowych nakładów finansowych: wycinanie zdjęć ze starych czasopism, wklejanie ich do albumu, szycie, budowanie farmy, miasteczka albo domku dla lalek z kartonu i taśmy klejącej. Nie zaszkodzi nieznaczne przekroczenie limitu oglądania telewizji i grania w gry wideo, ale oddawanie się tym rozrywkom przez zbyt długi czas może wprawić dziecko w apatię albo zachęcić je do przedłużania choroby, żeby móc dłużej folgować swoim przyzwyczajeniom.

Jeśli dziecko musi leżeć w łóżku przez długi czas, lecz czuje się na tyle dobrze, że może się uczyć, warto zatrudnić nauczyciela, korepetytora albo krewnego, który dobrze się sprawdza w roli nauczyciela, by jak najszybciej zaczął przerabiać z dzieckiem materiał szkolny. Każdego dnia warto trochę czasu spędzić z dzieckiem, ale nie musicie przebywać z nim bezustannie. Powinno wiedzieć, że rodzice muszą się zajmować czymś innym, choć w nagłym wypadku są osiągalni. Jeżeli choroba dziecka nie jest zaraźliwa, a lekarz zezwolił na odwiedziny, regularnie zapraszajcie inne dzieci, żeby się z nim bawiły i jadły posiłki.

Najtrudniejszy może być okres, gdy wasza pociecha zdrowieje, ale nie powróciła jeszcze do pełni sił. Musicie sami ocenić, na ile potrzebuje ona jeszcze szczególnego traktowania. Najlepiej jest pozwolić dziecku prowadzić życie najbardziej zbliżone do normalnego, jak to możliwe w jego sytuacji. Powinniście oczekiwać odpowiednich zachowań w stosunku do was i reszty rodziny. Unikajcie zmartwionego tonu głosu i zatroskanych spojrzeń.

POBYT W SZPITALU

Dziecko, które w wyniku nagłej choroby albo urazu trafia do szpitala, najczęściej jest zdezorientowane i przerażone. Nieustanna obecność przy nim jednego z rodziców albo innego członka rodziny może mieć ogromny wpływ na jego psychikę. Dzieci, które muszą w szpitalu przejść zaplanowaną operację, na przykład usunięcie migdałków, mogą bardzo się denerwować w oczekiwaniu na to, co nastąpi. Głośne wyrażenie swoich obaw i wysłuchanie słów otuchy może im bardzo pomóc. Niektóre dzieci z chorobami przewlekłymi i z niepełnosprawnościami wymagają częstej hospitalizacji. Dla nich i dla ich rodzin nieoceniony może się okazać kontakt z osobami, które specjalizują się w przygotowaniu dzieci do pobytu w szpitalu i zabiegów medycznych.

Dlaczego pobyt w szpitalu jest dla dziecka stresujący. Pomiędzy pierwszym a czwartym rokiem życia dziecko najbardziej na świecie boi się rozłąki z rodzicami. Za każdym razem, kiedy kończą się odwiedziny i rodzice wychodzą ze szpitala, malec ma wrażenie, że traci ich na zawsze. Pomiędzy odwiedzinami może być niespokojny i przygnębiony. Kiedy rodzice przychodzą, może im czynić milczące wyrzuty, początkowo nie chcąc się z nimi przywitać. Towarzystwo rodziców podczas całego pobytu w szpitalu pomoże uniknąć wielu lęków i stresów. Miejsce rodziców może zająć babcia, dziadek albo inny zaufany dorosły członek rodziny.

Po ukończeniu czwartego roku życia dziecko zaczyna bardziej się obawiać czekających je zabiegów, obrażeń ciała i bólu. Na nic będą zapewnienia mamy i taty, że szpital to raj na ziemi. Jeżeli po takich zapewnieniach dziecko spotka coś nieprzyjemnego, a na pewno tak się stanie, straci zaufanie do rodziców. Z drugiej zaś strony, jeśli opowie mu się o przykrych aspektach pobytu w szpitalu, to oczekiwanie przyniesie mu więcej cierpienia niż sam pobyt.

Rodzice powinni przede wszystkim zachowywać się spokojnie, rzeczowo i z taką pewnością siebie, na jaką ich stać, nie przesadzając jednak, żeby nie popaść w fałsz. Jeżeli dziecko nigdy nie było w szpitalu, prawdopodobnie będzie sobie wyobrażać, co je spotka, być może lękając się najgorszego. Rodzice mogą je uspokoić, ogólnikowo opisując życie w szpitalu, nie wdając się jednak w dyskusje o tym, czy będzie boleć bardzo czy tylko troszeczkę.

Dobrym pomysłem jest opisanie czekających w szpitalu przyjemności: książek i zabawek przyniesionych z domu, telewizora nad łóżkiem i przycisku wzywającego pielęgniarkę. Na wielu oddziałach dziecięcych są sale przeznaczone do zabawy, wypełnione najróżniejszymi grami i wspaniałymi zabawkami.

Koncentrowanie się na przyjemniejszych aspektach codziennego życia w szpitalu ma sens, ponieważ nawet w najcięższej chorobie dziecko będzie większość czasu spędzało, próbując sobie znaleźć jakąś rozrywkę. Nie unikałbym rozmów o leczeniu, ale dałbym dziecku do zrozumienia, że zabiegi stanowią tylko część szpitalnej rzeczywistości.

Wiele szpitali dziecięcych umożliwia wcześniejsze zapoznanie się ze szpitalem dzieciom, których hospitalizacja jest planowana. Kilka dni przed przyjęciem do szpitala mogą odwiedzić go z rodzicami, obejrzeć różne oddziały i zadać nurtujące je pytania. Często przybliża się dzieciom pobyt w szpitalu za pomocą pokazów przezroczy i przedstawień kukiełkowych.

Pozwólcie dziecku mówić o swoich obawach. Najważniejsze jest danie dziecku możliwości zadawania pytań i opowiadania o tym, jak wyobraża sobie pobyt w szpitalu. Małe dzieci wyobrażają sobie rzeczy, które dorosłym nigdy nie przyszłyby do głowy. Przede wszystkim często wydaje im się, że muszą mieć operację albo iść do szpitala dlatego, że były niegrzeczne: nie chciały nosić ciepłych butów czy leżeć w łóżku podczas choroby albo złościły się na innych członków rodziny. Dziecko może być przekonane, że żeby usunąć migdałki podniebienne, trzeba mu będzie rozciąć gardło, albo odciąć nos, żeby usunąć trzeci migdałek. Dlatego zachęćcie je do zadawania pytań. Przygotujcie się na wysłuchanie najdziwniejszych obaw i starajcie się malca uspokajać.

Znieczulenie. Jeżeli wasze dziecko ma przejść operację, a wy macie wpływ na niektóre decyzje, omówcie z lekarzem kwestię wyboru anestezjologa i środków znie-

🏛 KLASYCZNY SPOCK

Kiedy powiedzieć dziecku. Jeśli nie istnieje ryzyko, że dowie się z innego źródła, małemu dziecku lepiej jest powiedzieć o planowanym pobycie w szpitalu dopiero kilka dni wcześniej. Nic mu nie da zamartwianie się całymi tygodniami. Wobec rozsądnego siedmiolatka lepiej zdobyć się na szczerość kilka tygodni przed hospitalizacją, zwłaszcza jeżeli coś podejrzewa. Na pewno niezależnie od wieku nie należy dziecka okłamywać, kiedy zadaje pytania, i nigdy nie należy go zwabiać do szpitala, udając, że wybieracie się zupełnie gdzie indziej.

czulających. Stosunek dziecka do znieczulenia może mieć największy wpływ na to, czy operacja wytrąci je z równowagi, czy też nie zrobi na nim większego wrażenia. Często jeden z pracujących w szpitalu anestezjologów ma szczególnie dobre podejście do dzieci, potrafi dodać im otuchy i wprowadzić w znieczulenie, nie wywołując lęku. Jeśli macie wybór, warto się postarać, żeby waszym dzieckiem zajął się właśnie taki lekarz. Czasem można przedyskutować wybór rodzaju znieczulenia, co również ma wpływ na psychikę dziecka. Ogólnie rzecz biorąc, dziecko boi się najmniej, gdy znieczulenie zaczyna się od wdychania gazu. Naturalnie to lekarz na podstawie swojej wiedzy podejmuje ostateczną decyzję, jeśli jednak uważa, że z medycznego punktu widzenia nie istnieją konkretne wskazania, trzeba wziąć pod uwagę aspekt psychologiczny.

Wyjaśniając dziecku, na czym polega znieczulenie, nie mówcie mu, że zaśnie. Może to spowodować u niego problemy z zasypianiem po operacji. Zamiast tego wyjaśnijcie, że znieczulenie polega na wywołaniu szczególnego rodzaju snu, z którego wybudzi je anestezjolog, gdy tylko operacja się skończy. Zostańcie z dzieckiem, dopóki znieczulenie nie zadziała. Badania wykazały, że dzięki obecności

jednego z rodziców podczas wprowadzania w znieczulenie maluch dużo mniej się denerwuje i potrzebuje mniej leków uspokajających.

Odwiedziny. W miarę możliwości rodzice dzieci do piątego roku życia powinni pozostać z nimi w szpitalu, zwłaszcza w ciągu dnia. Jeżeli nie jest to możliwe, powinni codziennie swą pociechę odwiedzać. W większości szpitali istnieje obecnie zaplecze umożliwiające jednemu z rodziców albo innemu dorosłemu towarzyszenie maluchowi również w nocy*.

Jeśli rodzice mogą odwiedzać malca tylko sporadycznie, sytuacja może się skomplikować. Widok rodziców przypomina dziecku, jak bardzo za nimi tęskni. Może rozpaczliwie płakać, kiedy wychodzą, a nawet przez cały czas odwiedzin. Mama i tata mogą odnieść wrażenie, że dziecko jest nieszczęśliwe przez cały czas. W rzeczywistości maluchy zdumiewająco łatwo przystosowują się do życia w szpitalu pod nieobecność rodziców, pomimo iż źle się czują i przechodzą nieprzyjemne zabiegi.

---

* W Polsce przygotowywane jest rozporządzenie regulujące zasady pozostawania rodziców z chorym dzieckiem w szpitalu (przyp. M.K.).

Nie należy jednak wyciągać z tego wniosku, że rodzice powinni się trzymać od szpitala z daleka. Dziecko czerpie poczucie bezpieczeństwa ze świadomości, że mama i tata zawsze do niego wracają. Gdy musicie wyjść, zachowujcie się jak najbardziej swobodnie i pogodnie. Zmartwienie na twarzach rodziców wprawia dziecko w lęk.

Spóźniona reakcja na pobyt w szpitalu. Czasem wydaje się, że małe dziecko bez problemu przeszło hospitalizację. Tymczasem po powrocie do domu zaczyna się zachowywać w niepokojący sposób: albo nie odstępuje rodziców na krok i wszystkiego się boi, albo też staje się agresywne. Są to reakcje nieprzyjemne, ale normalne. Zazwyczaj wystarczy cierpliwość, wsparcie duchowe i spokojne zapewnianie, że teraz już wszystko będzie dobrze, żeby dziecko pogodziło się ze wspomnieniami o pobycie w szpitalu i zajęło się znowu swoimi dziecięcymi sprawami.

SZCZEPIENIA

JAK DZIAŁAJĄ SZCZEPIONKI

Szczepionki pobudzają układ odpornościowy do produkcji przeciwciał zwalczających wirusy i bakterie. W normalnych warunkach po przechorowaniu infekcji układ odpornościowy zapamiętuje drobnoustroje, które ją wywołały, dzięki czemu jest lepiej przygotowany do walki z nimi w przyszłości. Szczepionki dają te same korzyści bez przechodzenia choroby.

Choroby, przeciw którym można się zaszczepić. Obecnie większość dzieci w Stanach Zjednoczonych przechodzi szczepienia przeciw jedenastu chorobom,

a wiele dostaje również dodatkową dwunastą szczepionkę. Przed ukończeniem drugiego roku życia dzieci powinny zostać zaszczepione przeciw następującym chorobom, wymienionym poniżej wraz z ich niektórymi poważniejszymi powikłaniami.

- *Błonica (dyfteryt)*: w gardle może powstać gruba warstwa nalotu, poważnie utrudniająca oddychanie.

- *Krztusiec (koklusz)*: podczas tej choroby często występują ataki kaszlu tak silne, że dziecko nie może normalnie jeść, spać ani oddychać przez wiele tygodni.

🏛 KLASYCZNY SPOCK

W czasach mojego dzieciństwa wszyscy rodzice panicznie bali się, że ich pociechy zarażą się wirusem polio, wywołującym chorobę Heinego-Medina. Choroba ta zabijała rocznie około 25 tysięcy osób, głównie dzieci. Ostrzegano nas przed korzystaniem z publicznych kranów z wodą pitną, przebywaniem w tłumie latem i wszelkimi infekcjami wirusowymi. Wszystko to należy już do przeszłości. Od roku 1979 w Stanach Zjednoczonych nie odnotowano ani jednego naturalnego zachorowania na chorobę Heinego-Medina. Reszta świata pozostaje nieco w tyle, ale podąża tym samym szlakiem. Czarna ospa została całkowicie wyeliminowana z naszej planety.

Eliminacja tych chorób to prawdziwy medyczny cud, jedno z największych osiągnięć ludzkości, a zawdzięczamy je szczepieniom.

- *Tężec*: mięśnie, w tym mięśnie krtani i oddechowe, kurczą się, utrudniając, a nawet uniemożliwiając oddychanie.

- *Odra*: może jej towarzyszyć nie tylko nieprzyjemna wysypka, ale też wysoka gorączka, zapalenie płuc, a nawet zapalenie mózgu.

- *Świnka (nagminne zapalenie przyusznic)*: towarzyszyć jej może gorączka, bóle głowy, powiększenie węzłów chłonnych oraz bolesny obrzęk jąder.

- *Różyczka*: przeważnie przebiega łagodnie u dzieci, ale może spowodować poważne wady wrodzone u płodu, jeśli zarazi się nią kobieta w ciąży.

- *Choroba Heinego-Medina (polio, nagminne porażenie dziecięce)*: może powodować niedowład kończyn.

- *Zakażenie bakteriami Hib (Haemophilus influenzae b)*: może spowodować problemy ze słuchem, uszkodzenie mózgu, problemy w obrębie dróg oddechowych.

- *Wirusowe zapalenie wątroby typu B (żółtaczka wszczepienna)*: zakażenie, którego rezultatem może być trwałe uszkodzenie wątroby albo rak wątroby.

- *Pneumokokowe zakażenia* płuc (zapalenie płuc) i mózgu (zapalenie opon mózgowo-rdzeniowych).

- *Ospa wietrzna*: charakterystyczna dla ospy wietrznej jest wysypka, możliwe powikłania to zapalenie płuc albo opon mózgowo-rdzeniowych.

- *Grypa*: charakterystyczne objawy to między innymi gorączka i bóle mięśni, ale zdarzają się też przypadki ciężkiego zapalenia płuc, zwłaszcza u dzieci z chorobami przewlekłymi i u ludzi starszych.

Choć jest to długa lista, nie wymienia wszystkich chorób wywoływanych przez bakterie i wirusy, na które działają szczepionki. Na przykład bakterie Hib i pneumokoki mogą zaatakować każdy narząd ciała. Wirus ospy wietrznej może wielokrotnie w ciągu życia wywoływać półpasiec, charakteryzujący się swędzącą i bolesną wysypką. Długo można by tak wyliczać. Chodzi o to, że warto zapobiegać chorobom, na które istnieją szczepionki. (O wielu z tych chorób możecie przeczytać w rozdziale *Najczęstsze choroby wieku dziecięcego*.)

Szczepionka przeciwko grypie, ostatni punkt powyższej listy, jest zalecana dzieciom z chorobami przewlekłymi, w tym astmą i chorobami serca. Zaszczepić można każde dziecko, którego rodzice uznają, że bolesny zastrzyk to niewygórowana cena za ochronę przed chorobą, oraz każde dziecko, które nie ukończyło drugiego roku życia.

Inne szczepionki. Istnieje wiele innych szczepień nie wymienionych powyżej. Na przykład w niektórych regionach warto szczepić dzieci przeciwko wirusowemu zapaleniu wątroby typu A, czyli żółtaczce pokarmowej. U dzieci podróżujących do Afryki, Azji oraz Ameryki Południowej i Środkowej często wymagane są dodatkowe szczepienia. Lekarz doradzi wam, przeciw jakim chorobom zaszczepić dziecko.

RYZYKO ZWIĄZANE ZE SZCZEPIENIAMI

Rozważcie wszystkie za i przeciw.
Dużo wiadomo o powikłaniach poszcze-piennych. Niestety, krąży też wiele infor-macji błędnych. Wielu rodziców niepokoi się, niektórzy są wręcz przerażeni. Naj-ważniejsze jest jednak to, że korzyści pły-nące z zapobiegania chorobom zakaźnym są dużo większe niż ryzyko związane ze szczepieniami. Wszyscy odpowiedzialni le-karze i eksperci zgadzają się z tym wnio-skiem.

Jedną z nowszych szczepionek jest szcze-pionka przeciw bakteriom Hib. Przed jej wprowadzeniem dwadzieścia tysięcy ame-rykańskich dzieci poniżej piątego roku ży-cia chorowało na ciężkie zakażenia bak-teriami Hib, w tym zapalenie opon mózgo-wo-rdzeniowych. W roku 2000 liczba ta zmalała do około 50. Pierwszym dziec-kiem, którym opiekowałem się jako stu-dent medycyny, było śliczne niemowlę, po-zbawione słuchu w wyniku zakażenia Hib. Inne dziecko trafiło na ostry dyżur z tak poważnym obrzękiem krtani, że prawie nie mogło oddychać, i od razu znalazło się na stole operacyjnym, gdzie w jego tchawicy umieszczono rurkę. Spędziło w szpitalu dwa tygodnie. W ciągu ostatnich dziesię-ciu lat nie widziałem ani jednego przypad-ku zakażenia bakteriami Hib.

Niepożądane działania szczepionek są zazwyczaj łagodne. Zastrzyk boli bardziej niż uszczypnięcie, ale mniej niż uderzenie się w palec u nogi. Miejsce wkłucia może być obolałe, a sporadycznie pojawia się twardy obrzęk, który znika dopiero po pa-ru miesiącach. Rzadko występuje wysoka gorączka. Bardzo rzadko (mniej więcej raz na sto tysięcy przypadków) dziecko zaczy-na się zachowywać w niepokojący sposób: płacze całymi godzinami, nie reaguje nor-malnie, ma drgawki. Zachowania te nie-pokoją rodziców, a w odosobnionych przy-padkach rzeczywiście prowadzą do po-ważnych, długotrwałych problemów zdro-wotnych. Ale – podkreślam raz jeszcze – choroby, którym szczepienia zapobiegają, byłyby d u ż o powszechniejsze i cięższe.

Jak powstają szczepionki. Większość szczepionek produkuje się z wirusów bądź bakterii zabitych (np. inaktywowana szcze-pionka przeciw polio, tzw. szczepionka Salka) lub podzielonych na fragmenty (np. acelularne szczepionki przeciw krztuśco-wi, Hib, WZW B i zakażeniom pneumo-kokami). Niektóre szczepionki zwalczają toksyny, trujące substancje produkowane przez bakterie (błonica, tężec); przeciw-ciała zwalczające toksyny pomagają też w niszczeniu samych bakterii. Inne szcze-pionki – przeciw odrze, śwince, różyczce i ospie wietrznej – przygotowywane są z wi-rusów żywych, atenuowanych, czyli osła-bionych do takiego stopnia, że nie są w sta-nie wywołać choroby u zdrowych dzieci albo powodują chorobę o łagodnym prze-biegu, ale doprowadzają do wytworzenia odporności. Szczepionki te nie są odpo-wiednie dla dzieci o bardzo osłabionym układzie odpornościowym (co powodują na przykład niektóre metody leczenia raka) ani też dla dzieci mieszkających z osobami o osłabionym układzie odpornościowym.

Szczepionki są coraz bezpieczniejsze.
Kiedyś szczepionkę przeciw chorobie Hei-nego-Medina podawano doustnie (tzw. szczepionka Sabina), ale ta forma szcze-pionki zawierała żywe wirusy, wywołują-ce każdego roku kilka przypadków cho-roby. Obecnie zapobiegamy tym rzadkim reakcjom, stosując szczepionki inaktywo-wane (szczepionka Salka). Niestety, taka szczepionka jest podawana w postaci za-strzyku.

Szczepionka przeciw krztuścowi znana była z powodowania bólów, obrzęków, zaczerwienienia i gorączki. Jej nowa, acelularna* wersja jest dużo łagodniejsza.

Narażenie na działanie rtęci przed narodzeniem lub w pierwszych latach życia może powodować uszkodzenie mózgu (patrz str. 517). W przeszłości w skład kilku szczepionek wchodził środek konserwujący o nazwie tiomersal, zawierający rtęć. Badania nie wykazały szkodliwości tiomersalu w szczepionkach, niemniej jednak dla bezpieczeństwa szczepionki powszechnie dawane dzieciom nie zawierają już tego środka, a rtęć można w nich znaleźć najwyżej w ilościach śladowych.

Szczepionki a autyzm. Wygląda na to, że liczba dzieci autystycznych szybko rośnie, choć nikt nie wie dlaczego (patrz str. 413). Rozsądne jest pytanie, czy może to mieć związek ze szczepionkami i ich składnikami. Wiele teorii i plotek ogniskuje się na skojarzonej szczepionce przeciw odrze, śwince i różyczce (MMR). Jednak dokładne badania nie wykazały żadnego związku pomiędzy MMR a autyzmem. Nie ma na przykład różnicy pomiędzy liczbą zachorowań na autyzm u dzieci, które szczepionkę MMR otrzymały, a dziećmi, które nie były szczepione.

W roku 2001 grupa ekspertów Instytutu Medycyny amerykańskiej Narodowej Akademii Nauk uznała, że szczepionka MMR n i e j e s t odpowiedzialna za większość przypadków autyzmu, choć nie wykluczyła możliwości, że powoduje autyzm w niektórych rzadkich przypadkach. Bez MMR liczba zachorowań na odrę wzrosłaby w zawrotnym tempie, a w rezultacie dużo więcej dzieci cierpiałoby na uszkodzenie mózgu niż w wyniku szczepień. Eksperci zalecili kontynuację podawania dzieciom MMR. Zgodzili się z nimi specjaliści z Amerykańskiej Akademii Pediatrii i Centrum Kontroli Chorób.

Szczepionki obarczano też winą za wywoływanie innych schorzeń, w tym choroby Leśniowskiego-Crohna (przewlekłego zapalenia jelit). Nie potwierdziły tego dokładne badania.

Gdzie uzyskać dokładne informacje?
Amerykańskie prawo wymaga, żeby każdy lekarz prowadzący szczepienia wręczał rodzicom arkusz informacyjny o każdej podawanej szczepionce. Arkusze te, opracowywane przez Centrum Kontroli Chorób, są bardzo jasne i precyzyjne. Poproście pediatrę dziecka o informacje wcześniej, żebyście mogli przygotować się do zbliżających się szczepień. W *Źródłach* (str. 623) wymieniono również kilka znakomitych witryn internetowych.

KALENDARZ SZCZEPIEŃ

Dlaczego moje maleństwo musi dostać aż tyle zastrzyków? Niemowlęta są najbardziej podatne na większość chorób, przed którymi chronią szczepionki.

Dlatego wczesne szczepienia mają sens. Jednak u wielu z nich konieczne jest powtórzenie zastrzyku, żeby układ odpornościowy dziecka reagował z odpowiednią siłą. Dlatego w pierwszym roku życia wiele szczepionek powtarza się, żeby jak najwcześniej zyskać jak najskuteczniejszą ochronę.

---

* Acelularna, inaczej bezkomórkowa, czyli nie zawierająca całych komórek bakterii krztuśca, a jedynie ich fragmenty (przyp. tłum.).

Większość amerykańskich lekarzy kieruje się kalendarzem szczepień Centrum Kontroli Chorób, zatwierdzonym przez Komitet Doradczy do spraw Szczepień, Amerykańską Akademię Pediatrii oraz Amerykańską Akademię Lekarzy Rodzinnych. Centrum Kontroli Chorób publikuje też szczegółowe wskazówki określające, których niemowląt szczepić nie należy, a które powinny otrzymać dodatkowe szczepienia, na przykład przeciwko grypie.

Krótko o skrótach. Wiele szczepionek określa się skrótami albo nazwami handlowymi. W rozszyfrowaniu ich pomoże wam poniższy słowniczek. (Żeby dowiedzieć się więcej o samych chorobach, zajrzyjcie na stronę 583.)

♦ *DTaP* (*diphtheria, tetanus, acellular pertussis*): szczepionka skojarzona przeciw błonicy, tężcowi i krztuścowi.

♦ *HepB* (*hepatitis B*): szczepionka przeciw wirusowemu zapaleniu wątroby typu B.

♦ *Hib*: szczepionka przeciw chorobom wywoływanym przez bakterie *Haemophilus influenzae* typu b.

♦ *ComVax, PedvaxHIB*: skojarzone szczepionki Hib i WZW B.

♦ *IPV* (*inactivated polio vaccine*): inaktywowana szczepionka przeciw chorobie Heinego-Medina, tzw. szczepionka Salka.

♦ *MMR* (*measles, mumps, rubella*): skojarzona szczepionka przeciw odrze, śwince i różyczce.

♦ *Varicella, Varivax*: szczepionki przeciw ospie wietrznej.

♦ *PCV* (*pneumococcal conjugate vaccine*), *Pneumovax*: szczepionki przeciw infekcjom pneumokokowym.

♦ *Td* (*tetanus, diphtheria*): szczepionka przeciwtężcowa z niewielką dawką szczepionki przeciwbłoniczej, opracowana dla dzieci powyżej siódmego roku życia.

Przykładowy kalendarz szczepień*. Ochrona jest najlepsza, gdy dzieci szczepione są terminowo. Kalendarz zezwala na pewną elastyczność. Lekarze i rodzice mogą podjąć decyzję o opóźnieniu niektórych szczepień nawet o parę miesięcy, na przykład po to, by były między nimi większe odstępy czasowe, albo dlatego, że dziecko jest chore w okresie, gdy powinno zostać zaszczepione. Jeśli szczepienia bardzo się opóźnią, lekarze mogą pomóc w nadrobieniu zaległości. Dąży się do tego, żeby podstawowe szczepienia wykonać przed ukończeniem przez dziecko drugiego roku życia.

Kalendarz szczepień na pewno będzie się zmieniał, w miarę opracowywania i zatwierdzania nowych szczepionek. Gdy to czytacie, być może kojarzenie wielu szczepionek pozwoliło już znacznie zredukować liczbę otrzymywanych przez dziecko zastrzyków. Niewykluczone, że kiedyś wszystkie szczepionki będą podawane doustnie, bez bólu. Tymczasem możecie wiele zrobić, żeby pomóc dziecku uporać się z bólem i strachem przed zastrzykami.

---

* Obowiązujący w Polsce aktualny kalendarz szczepień jest zamieszczony na str. 633 oraz na stronie internetowej Ministerstwa Zdrowia (www.mz.gov.pl).

BÓL I STRACH PRZED ZASTRZYKAMI

Bliskość fizyczna. Niemowlęta czują się bezpieczne w ramionach rodziców. Jednodniowy noworodek, któremu nakłuwa się piętę w celu pobrania krwi, mniej płacze i okazuje mniej fizycznych oznak stresu, gdy podczas zabiegu mama mocno go przytula. Maluch może być zwrócony twarzą w stronę mamy, przytulony klatką piersiową do jej piersi, z ramionami i nogami owiniętymi wokół jej tułowia. Ta pozycja sprawdza się do ukończenia przez dziecko pięciu lub sześciu lat.

Skuteczne sposoby uspokajania niemowląt to podanie smoczka, kołysanie i głaskanie.

Głos. Niemowlętom jest wszystko jedno, co mówicie. Wasz ton głosu sprawia, że czują się bezpiecznie. Dzieci w wieku poniemowlęcym i przedszkolnym bardziej przeżywają oczekiwanie na zastrzyk niż sam zastrzyk. Żeby mniej się bały, warto mówić im, co się za chwilę stanie, na przykład: „Teraz pani doktor przetrze ci skórę spirytusem – jest zimny, prawda?"

Przestraszone dzieci często ignorują przeczenie. Rodzice mówią: „Nie krzycz", a dziecko słyszy tylko: „Krzycz!" Rodzice mówią: „Przestań płakać", a ono słyszy:

„Płakać!" Lepiej używać tylko pozytywnych słów: „No już, już, wszystko będzie dobrze, zaraz koniec".

Daj dziecku wybór. Niektóre dzieci chcą patrzeć, co robi pielęgniarka czy lekarz, inne wolą nic nie widzieć. Możliwość dokonania wyboru daje dziecku poczucie kontroli nad sytuacją. Można też pozwolić dziecku krzyczeć, jeśli mu to pomaga: „Jeśli chcesz, możesz krzyknąć, ale musisz siedzieć bez ruchu. Poczekaj, aż poczujesz ukłucie".

Odwrócenie uwagi. Bardzo skuteczną techniką w odniesieniu do małych dzieci jest opowiadanie bajek, śpiewanie piosenek albo oglądanie książek z obrazkami. Dzieci mają bujną wyobraźnię. Wyobrażając sobie, że oddają się swojemu ulubionemu zajęciu – bieganiu, szybkiej jeździe na rowerze, skakaniu po łóżku – odczuwają mniej bólu. Dwie znakomite techniki odwracania uwagi, działające na czteroi pięciolatki, to dmuchanie w wiatraczek i puszczanie baniek mydlanych. Jeśli wasze dziecko lubi puszczać bańki, na wizytę w przychodni zawsze zabierajcie ze sobą buteleczkę płynu do puszczania baniek

---

🏛 KLASYCZNY SPOCK

Przygotowując dziecko do szczepienia, najlepiej jest szczerze i jasno wyjaśnić mu, co się stanie, w sposób dostosowany do jego wieku i możliwości pojmowania. Powiedzcie, że zastrzyk będzie trochę bolał („jak silne uszczypnięcie"), ale ochroni je przed chorobą, która bolałaby dużo bardziej. Zapewnijcie, że może płakać, jeśli ma ochotę, i że ma prawo odczuwać złość na lekarza i na was. Myślę, że nawet niemowlęta, które nie rozumieją waszych słów, uspokajają się, słysząc wasz głos, gdy przytulając je, wyjaśniacie, dlaczego muszą dostać zastrzyk.

i słomkę (sprytni lekarze mają takie rzeczy w swoim gabinecie).

Jak pomóc dziecku, które boi się zastrzyków. Jeśli wasze dziecko boi się zastrzyków, poproście je, żeby narysowało, co jego zdaniem się stanie. Nie dziwcie się, że obrazek przedstawia maleńką postać obok ogromnej, przerażającej strzykawki. Pomóżcie dziecku uświadomić sobie, że w gruncie rzeczy igła do robienia zastrzyków jest bardzo mała.

Dzieci często radzą sobie z tym, co je przeraża, poprzez zabawę. Dajcie dziecku zabawkową strzykawkę i stetoskop i pozwólcie mu zbadać lalkę, której trzeba podać lekarstwo. Robiąc lalce zastrzyki, dziecko kontroluje sytuację i dzięki temu mniej się boi.

Jeśli jego lęk nadal jest silny, porozmawiajcie z lekarzem albo pielęgniarką. W większości amerykańskich szpitali pracują specjaliści, których zadaniem jest oswajanie dzieci z zabiegami medycznymi. Warto taką osobę odwiedzić, żeby dziecko poczuło się pewniej. Małe dziecko, które dostało zastrzyk i zadowolone wraca z przychodni, nauczyło się czegoś bardzo ważnego: jest w stanie poradzić sobie z sytuacjami, które napawają je strachem.

PRAKTYCZNA WSKAZÓWKA

Świadectwo szczepień. Wyjeżdżając na wakacje albo zmieniając lekarza, dobrze jest mieć świadectwo (podpisane przez lekarza albo pielęgniarkę) dokumentujące wszystkie szczepienia dziecka, a także spis leków, na które jest uczulone. Często się zdarza, że na wakacjach dziecko się zrani i wymaga dodatkowej ochrony przed tężcem. Leczący je lekarz musi wiedzieć, czy zostało zaszczepione przeciw tej chorobie. Świadectwo szczepień jest też potrzebne dziecku, które idzie do żłobka, przedszkola, szkoły, a później na uniwersytet albo do wojska.

ZAPOBIEGANIE WYPADKOM

ZAPEWNIANIE DZIECIOM BEZPIECZEŃSTWA

Pierwszym i najważniejszym zadaniem rodziców jest zapewnienie dzieciom bezpieczeństwa. Bez niego niewiele są warte inne aspekty wychowania – miłość, dyscyplina, wpajanie wartości, zabawa i nauka. Obiecujemy naszym latoroślom, że będą bezpieczne, więc tego właśnie oczekują. Podstawą zdrowia psychicznego jest żywione w dzieciństwie przekonanie, że chroni nas ktoś od nas potężniejszy.

Troska o dzieci wypływa z najbardziej podstawowych instynktów. Kiedy niemowlę płacze, rodzice czują potrzebę przytulenia go. Łatwo sobie wyobrazić, jak taka reakcja ochronna pomagała naszym prehistorycznym przodkom przetrwać we wrogim otoczeniu. Jednak i we współczesnym świecie nie brak zagrożeń. Z powodu nieszczęśliwych wypadków umiera więcej dzieci powyżej pierwszego roku życia niż z powodu wszystkich chorób razem wziętych. Każdego roku ponad dziesięć milionów dzieci wymaga opieki medycznej z powodu nieszczęśliwego wypadku. Ponad pięć tysięcy z nich umiera. Jedna szósta dzieci hospitalizowanych w wyniku nieszczęśliwego wypadku wychodzi ze szpitala z trwałą niepełnosprawnością.

Liczby te są przerażające, choć i tak nastąpiła ogromna poprawa w porównaniu z latami poprzednimi, głównie dzięki programom edukacyjnym i zaostrzeniu norm bezpieczeństwa. Pomimo to jest jasne, że na dzieci czyha wiele niebezpieczeństw.

Oczywiście mówię o tym nie po to, żeby was straszyć, ale żeby pomóc wam przedsięwziąć rozsądne środki ostrożności. Im więcej będziecie wiedzieć o zagrożeniach w świecie i w waszym własnym domu, tym lepiej będziecie w stanie chronić dzieci, nie rezygnując przy tym z normalnego życia.

Wypadkom można zapobiegać. Wielu z nas wydaje się, że nieszczęśliwych wypadków nie da się uniknąć: „To był wypadek, nie mogłem nic zrobić". A przecież wielu urazów doznawanych w wyniku tak zwanych nieszczęśliwych wypadków można łatwo uniknąć. Zdarzają się, bo dorośli do nich dopuszczają. Weźmy na przykład samochód wyposażony w pasy nieodpowiednie dla małych dzieci, czyli w praktyce każdy samochód bez specjalnego fotelika dla dziecka. Jeżeli podróżujące nim dziecko ginie w wypadku, jego śmierć nie była nieunikniona. Można ją było przewidzieć i najprawdopodobniej zapobiec tragedii.

Kto najczęściej pada ofiarą nieszczęśliwych wypadków. Na samym szczycie listy znajdują się dzieci podróżujące samochodami. Powszechne są też wypadki z udziałem pieszych i rowerzystów, oparzenia, uduszenia, zatrucia, udławienia, upadki i nieumyślne postrzelenia. Od wieku dziecka zależy, które wypadki najczęściej kończą się śmiercią. Poniżej pierwszego roku życia są to uduszenia i zakrztuszenia. Pomiędzy pierwszym a czwartym rokiem życia więcej dzieci tonie. Po ukończeniu piątego roku życia w wypadkach najczęściej giną dzieci podróżujące samochodami.

Pewne rodzaje wypadków zwykle powodują problemy zdrowotne, ale nie śmierć. Upadki z dużych wysokości i kolizje ze stolikami kończą się rozcięciami, siniakami i złamanymi kośćmi. Rezultatem upadku na rowerze może być poważne uszkodzenie mózgu, chyba że dziecko jeździ w kasku. Zatrucie ołowiem, zdarzające się dość często, rzadko zabija, ale powoduje zaburzenia uczenia się, które mogą ograniczyć możliwości dziecka.

Nie można zapobiec wszystkim wypadkom, ale nasza obecna wiedza pozwala nam znacznie zmniejszyć ryzyko dla większości dzieci.

Zasady zapobiegania wypadkom. Ludzie mają naturalną skłonność do myślenia: „Mnie się to nie przydarzy". Dlatego w pierwszej kolejności trzeba uwierzyć, że naszym dzieciom może się stać coś złego. Potem należy postępować zgodnie z trzema podstawowymi zasadami skutecznego zapobiegania wypadkom.

Zabezpieczcie dom. Niektóre niebezpieczeństwa trzeba po prostu usunąć z domu, w którym mieszka małe dziecko: niskie stoliki z ostrymi kantami, nie zabezpieczone schody, meble ustawione koło otwartych okien. Sporządźcie spis potencjalnych zagrożeń (pomoże wam lista znajdująca się na str. 515) i posiłkując się nim, systematycznie przeszukujcie swój dom.

Uważajcie na dziecko. Nawet w bezpiecznym otoczeniu dzieci nie można zostawić bez dozoru. Maluchy, które dopiero nauczyły się chodzić, chętnie podejmują ryzyko i są pozbawione wyobraźni, dlatego szczególnie potrzebują opieki osoby dorosłej. Oczywiście nie możecie każdej chwili spędzać, przyglądając się dziecku, ale niektóre miejsca są szczególnie niebezpieczne. W dobrze zabezpieczonym pokoju do zabawy możecie odetchnąć, ale na dworze, w łazience czy w kuchni zachowujcie czujność.

Bądźcie szczególnie ostrożni w stresujących chwilach. Wypadki się zdarzają, gdy zmienia się rozkład dnia, a uwaga rodziców rozprasza się. Kiedy teściowie wpadają z niezapowiedzianą wizytą, a wam mija termin oddania ważnego projektu, musicie zmusić się do zwracania uwagi na to, gdzie zostawiliście nożyczki, czy teść odstawił do zamkniętej szafki swoją fiolkę tabletek na serce i czy kubek gorącej kawy, potrzebnej wam do życia niezbędnie, nie stoi zbyt blisko krawędzi stołu.

Bezpieczeństwo w domu i na dworze. Planując bezpieczeństwo dziecka, dobrze jest podzielić zagrożenia na dwie grupy: w domu i poza domem. Ja także w ten właśnie sposób zgrupowałem tematy. Oczywiście żadna lista zagrożeń nie może być kompletna, ponieważ przybierają one tak różne postaci. Dlatego przeczytajcie przedstawione tutaj rady, ale kierujcie się przede wszystkim własnym zdrowym rozsądkiem. Przejrzyjcie też rozdziały w części pierwszej książki – *Twoje dziecko rok po roku* – w której opisano środki ostrożności odpowiednie dla dzieci w zależności od wieku.

Część 1: Bezpieczeństwo poza domem

JAZDA SAMOCHODEM

Urazy odnoszone przez pasażerów. W wypadkach samochodowych ginie więcej dzieci niż w jakichkolwiek innych. Nie sposób przecenić znaczenia barkowych pasów bezpieczeństwa dla dorosłych i starszych dzieci oraz prawidłowo umocowanych fotelików samochodowych dla niemowląt i małych dzieci. We wszystkich pięćdziesięciu stanach prawo wymaga, żeby dzieci poniżej czwartego roku życia podczas jazdy samochodem były przypięte w foteliku ochronnym*. W ponad połowie stanów zapięte pasy muszą mieć wszystkie osoby jadące z przodu. Niektórzy rodzice twierdzą, że ich dzieci nie zgadzają się na zapięcie pasów. Jest to bezwartościowa wymówka. Każde dziecko zrobi to, czego się od niego bezwzględnie wymaga. Wystarczy, że raz zrobicie wyjątek, a zacznie się kłócić za każdym razem, gdy wsiądziecie do samochodu; będzie to wyczerpujące tak dla was, jak i dla niego. Najbezpieczniej jest wprowadzić regułę, że samochód nie ruszy, dopóki wszyscy nie będą przypięci pasami bezpieczeństwa albo szelkami fotelika.

Przypinanie dzieci w fotelikach samochodowych albo pasami bezpieczeństwa ma dodatkową korzyść: unieruchomione zachowują się spokojniej.

Wybór i montaż fotelika samochodowego. Dla niemowląt przeznaczone są foteliki skierowane tyłem do kierunku jazdy, dla nieco starszych dzieci foteliki skierowane przodem, a dla przedszkolaków i dzieci w wieku szkolnym podwyższające

siedziska bez oparcia. Fotelik, który brał udział w wypadku, może na zewnątrz wyglądać normalnie, ale rozpaść się podczas kolejnego zderzenia. Dlatego przed nabyciem używanego fotelika upewnijcie się, że nigdy nie brał udziału w wypadku. Przeczytajcie instrukcje dołączone do fotelika i postarajcie się jak najlepiej go umocować. Jeśli macie taką możliwość, poproście specjalistę o sprawdzenie, czy fotelik jest prawidłowo zamontowany. W Stanach Zjednoczonych działają placówki, w których wykwalifikowani inspektorzy bezpłatnie sprawdzają bezpieczeństwo dziecięcych fotelików samochodowych; ich adresy można znaleźć w witrynie internetowej Krajowej Agencji Bezpieczeństwa Ruchu Drogowego pod adresem www.nhtsa.gov. Instytucja ta jest najlepszym źródłem godnych zaufania informacji o bezpieczeństwie dzieci i dorosłych podróżujących samochodami. Informacji udzielają też jednostki straży pożarnej.

Niedawno ukończyłem kurs dla techników bezpieczeństwa fotelików samochodowych. Po całym tygodniu nauki i ćwiczeń nadal miałem problemy z właściwym umocowaniem niektórych modeli fotelików. Inspektorzy wykrywają nieprawidłowości montażu ośmiu na dziesięć fotelików. Innymi słowy, jeśli zgłosicie się na kontrolę, sprawicie, że bezpieczeństwo waszego dziecka znacznie wzrośnie.

Foteliki dla niemowląt. Począwszy od pierwszej podróży ze szpitala do domu, dziecko powinno być zawsze przewożone w foteliku samochodowym spełniającym stosowne normy bezpieczeństwa. Stosowania fotelików ochronnych wymaga nie tylko pra-

---

* W Polsce dzieci do 12 roku życia muszą podróżować w foteliku ochronnym, a pasy bezpieczeństwa muszą zapinać wszyscy pasażerowie (przyp. tłum.).

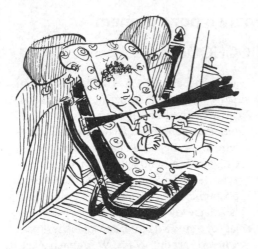

wo, ale i zdrowy rozsądek. Może wam się wydawać, że w razie wypadku utrzymalibyście niemowlę na swoich kolanach, ale to nieprawda. Podczas zderzenia przy prędkości 65 kilometrów na godzinę na ważące 5 kg niemowlę działa siła 100 kG. Umieszczenie niemowlęcia pod swoim własnym pasem bezpieczeństwa, barkowym albo biodrowym, jest jeszcze bardziej niebezpieczne, ponieważ w razie wypadku moglibyście zgnieść je własnym ciałem.

Dopóki dziecko nie skończy dwunastu miesięcy i nie będzie ważyło co najmniej 9 kilogramów, jest bezpieczne tylko w foteliku ochronnym zamontowanym na tylnym siedzeniu samochodu tyłem do kierunku jazdy. (Niezależnie od wieku najbezpieczniejszym miejscem w samochodzie jest środkowe siedzenie tylnej kanapy.) Dziecko dziesięciomiesięczne ważące 13 kilogramów powinno nadal jeździć tyłem do kierunku jazdy, podobnie jak dziecko czternastomiesięczne ważące 8,5 kilograma. Dziecko, które nie ukończyło roku i nie ma 9 kilogramów, jest narażone na poważne urazy kręgosłupa i szyi, jeśli umieści się je przodem do kierunku jazdy. Możecie wybrać fotelik, który montować można tylko tyłem do kierunku jazdy (niektóre modele służą również do noszenia

niemowląt), albo też taki, który można zamocować przodem, gdy dziecko osiągnie odpowiedni wiek i masę ciała.

Jest niesłychanie ważne, żeby niemowlęta oraz dzieci poniżej dwunastego roku życia nigdy nie jeździły na przednim siedzeniu samochodu wyposażonego w poduszki powietrzne (które znajdują się w niemal wszystkich nowych samochodach). Poduszki powietrzne ratują życie dorosłym, ale wybuchają z siłą, która może poważnie zranić albo zabić dziecko.

Foteliki dla starszych dzieci. Gdy dziecko skończy rok i waży co najmniej 9 kg, może zacząć jeździć przodem do kierunku jazdy. Jeśli kupiliście fotelik, który można zakładać w obu kierunkach, obróćcie go i zamocujcie zgodnie z instrukcją.

Nowsze modele montowane są za pomocą systemu LATCH, w którym fotelik przytrzymywany jest u góry dodatkowym paskiem mocującym*. Kupując fotelik dla starszego dziecka, możecie wybrać taki,

---

* Kraje europejskie przyjęły system ISOFIX, w którym stosuje się dolne, sztywne elementy mocujące, bez górnego paska (przyp. tłum.).

który później będzie mu służył jako podwyższenie, oszczędzając wam kolejnego
zakupu.

Najlepsze są foteliki wykorzystujące tzw.
pięciopunktowe pasy bezpieczeństwa, które przechodzą nad każdym z ramion, nad
każdym z bioder i między nogami. Niektóre foteliki nadal robi się z plastikowymi
osłonami zamiast pasów; nie są one równie
dobre, chociażby dlatego, że jeśli podczas
wypadku dziecko poleci gwałtownie do
przodu, osłona może je uderzyć w twarz.

Po zamontowaniu fotelika zgodnie z instrukcjami najlepiej jest poprosić licencjonowanego inspektora bezpieczeństwa
fotelików samochodowych o skontrolo-
wanie efektów waszej pracy. Dzieci powinny jeździć w foteliku, aż osiągną masę
ciała około 18 kilogramów. Wtedy mogą
się przesiąść na podwyższające siedzisko.

Siedziska (podkładki) podwyższają-
ce bez oparcia. Siedziska przeznaczone są dla dzieci, które wyrosły z fotelików
ochronnych. Oficjalne zalecenia mówią,
że dziecko powinno siedzieć na podwyższeniu, dopóki nie będzie ważyło 36 kilogramów albo miało 1,45 metra wzrostu.
Bez podkładki dziecko będzie zjeżdżało
w dół siedzenia, tak że pas biodrowy będzie biegł przez jego brzuch. Podczas wypadku może uszkodzić narządy wewnętrzne albo kręgosłup. Gdy dziecko siedzi na
podwyższeniu, pas przebiega przez kości miednicy. Podczas wypadku wywiera
nacisk na te silne kości zamiast na miękkie narządy wewnętrzne. Ponadto dzięki podwyższeniu pas barkowy wygodnie
układa się na ramieniu, nie na szyi, więc
jest mniej prawdopodobne, że dziecko
będzie go próbowało zsunąć. Ściśle rzecz
biorąc, dziecko na siedzisku podwyższa-
jącym musi być przypięte pasem biodro-
wo-barkowym. Sam pas biodrowy niewystarczająco skutecznie utrzymuje dziecko

podczas wypadku. Wielu rodziców omija
etap siedziska, ponieważ chce uniknąć kolejnego wydatku. Jednak siedziska podwyższające są dużo tańsze od innych typów fotelików ochronnych, a w ogromnym stopniu poprawiają bezpieczeństwo
i wygodę dziecka.

Najważniejsze zasady:

◆ Nigdy nie sadzajcie dziecka poniżej
  dwunastego roku życia na miejscu wy-
  posażonym w działającą poduszkę po-
  wietrzną.

◆ W każdym wieku najbezpieczniejszym
  miejscem jest środek tylnej kanapy.

◆ Wprowadźcie zasadę, że samochód nie
  ruszy, dopóki wszyscy nie będą zapięci.

◆ Trzymanie dziecka na kolanach podczas jazdy samochodem i zapinanie go
  swoim pasem bezpieczeństwa jest niebezpieczne i niezgodne z prawem.

◆ Nawet gdy wydaje wam się, że poprawnie zamocowaliście fotelik, istnieje duże ryzyko błędu. Montowanie fotelików
  jest dużo trudniejsze, niż się powszechnie sądzi. Poproście licencjonowanego technika fotelików samochodowych
  o sprawdzenie mocowania.

W samolocie. Nie ma konkretnych zaleceń dotyczących bezpieczeństwa podróży i używania fotelików w samolotach. Dzieci poniżej drugiego roku życia podróżują za darmo, ale nie mają własnego miejsca. W rezultacie nie będziecie mogli posadzić malca w foteliku ochronnym, chyba że obok was będzie akurat wolne miejsce. Oczywiście trzymanie dziecka na kolanach w samolocie nie jest równie bezpieczne jak przypięcie go w foteliku samochodowym, ale nie aż tak ryzykowne jak w samochodzie, bo samoloty zazwyczaj nagle się nie zatrzymują. Nawet jeśli nie chcecie płacić za dodatkowe miejsce dla niemowlęcia, podróż samolotem będzie i tak bezpieczniejsza niż samochodem. Weźcie ze sobą fotelik – niezależnie od tego, czy wykorzystacie go w samolocie czy nie, przyda wam się do podróżowania, gdy dotrzecie na miejsce.

Dla dzieci, które nie ukończyły drugiego roku życia, dostępne są specjalne łóżeczka, ale można ich używać tylko na miejscach znajdujących się przed wyjściem awaryjnym. Dla dzieci powyżej dwóch lat trzeba kupić bilet. Zaleca się wzięcie na pokład fotelika dla dzieci lżejszych niż 18 kg. Federalny Zarząd Lotnictwa (FAA) nie zaleca przypinania dzieci za pomocą szelek i kamizelek.

ULICE I PODJAZDY

Wypadki z udziałem pieszych. Najczęstsza przyczyna tragicznych zgonów dzieci w wieku 5–9 lat to potrącenie przez samochód. Dzieci w wieku szkolnym są narażone najbardziej, ponieważ często muszą przechodzić przez ruchliwe ulice, a jeszcze nie mają wystarczających umiejętności, by sobie z nim radzić. Ich widzenie obwodowe nie jest w pełni rozwinięte, nie potrafią poprawnie ocenić prędkości nadjeżdżających samochodów ani odległości, w jakiej się znajdują, a wiele z nich nie wie, kiedy można bezpiecznie przejść przez ulicę.

Badania wykazują, że dorośli z reguły przeceniają umiejętność radzenia sobie przez dzieci z przechodzeniem przez jezdnię. Najtrudniej jest rodzicom nauczyć dzieci, że kierowcy często ignorują czerwone światła, a przejścia dla pieszych nie są w stu procentach bezpieczne. Do jednej trzeciej wypadków z udziałem pieszych dochodzi na oznakowanych przejściach. Kolejna strefa wysokiego ryzyka to parkingi; kierowca wyjeżdżający tyłem z miejsca parkingowego może nie zauważyć przechodzącego za samochodem dziecka.

Oto kilka zasad dotyczących bezpieczeństwa pieszych:

◆ Gdy tylko dziecko zacznie chodzić po chodniku, uczcie je, że z krawężnika może schodzić tylko wtedy, gdy trzyma was za rękę.

◆ Zawsze pilnujcie przedszkolaków, które bawią się na dworze, i pilnujcie, żeby nigdy nie bawiły się na podjazdach ani jezdniach.

◆ Dzieciom w wieku 5–9 lat wielokrotnie wyjaśniajcie zasady przechodzenia przez jezdnię. Idąc razem z nimi, zachowujcie się w sposób godny naśladowania. Wyjaśnijcie, jak działa sygnalizacja świetlna i przejścia dla pieszych, oraz dlaczego muszą popatrzeć w lewo, w prawo i jeszcze raz w lewo, mimo iż pali się zielone światło i znajdują się na przejściu.

◆ Pamiętajcie, że dopiero w wieku 9–10 lat dziecko osiąga poziom rozwoju, na którym jest gotowe do przechodzenia bez nadzoru dorosłych przez ruchliwą ulicę.

♦ Wspólnie z dzieckiem poszukajcie w waszej okolicy bezpiecznych miejsc do zabawy. Wielokrotnie wyjaśniajcie, że nigdy nie wolno wybiegać na jezdnię podczas zabawy, niezależnie od tego, jak ważne się to wydaje w danej chwili.

♦ Zastanówcie się, którędy chodzi wasze dziecko, zwłaszcza do szkoły, na plac zabaw i do kolegów. Pobawcie się w odkrywców: przejdźcie się w miejsca, do których chodzi najczęściej, szukając najbezpieczniejszych tras z najłatwiejszymi przejściami. Nauczcie dziecko, że powinno chodzić tylko najbezpieczniejszą trasą.

♦ Znajdźcie czas na zaangażowanie się w działalność społeczną na rzecz bezpieczeństwa w waszym miejscu zamieszkania. Zastanówcie się, czy na drodze

dziecka do szkoły jest wystarczająco dużo świateł i oznaczonych przejść przez ulicę. Jeśli budowana jest nowa szkoła, przeanalizujcie ruch drogowy w jej okolicy. Czy wystarczy chodników, świateł i przejść dla pieszych?

♦ Bądźcie szczególnie ostrożni na parkingach, nalegajcie, żeby małe dzieci trzymały was za rękę. Kiedy wkładacie zakupy do bagażnika, niech wasza pociecha siedzi w wózku albo w samochodzie.

Podjazdy. Dzieci naturalnie lubią się bawić na podjazdach, ale mogą to być miejsca bardzo niebezpieczne. Trzeba je nauczyć, żeby schodziły na bok, gdy tylko zauważą samochód wjeżdżający na podjazd albo z niego wyjeżdżający. Przed wycofaniem samochodu kierowca powinien z a w s z e obejść go dookoła, żeby upewnić się, że nie bawią się za nim małe dzieci. Spojrzenie przez tylną szybę nie wystarczy, dziecko bardzo łatwo jest przeoczyć.

WYPADKI ROWEROWE

Niebezpieczeństwa związane z jazdą na rowerze. Każdego roku w Stanach Zjednoczonych wypadki rowerowe powodują 250 zgonów i 350 tysięcy innych bardzo poważnych obrażeń u dzieci poniżej 14 roku życia. Wypadki najczęściej zdarzają się po szkole, a przed zapadnięciem zmroku. Przestrzeganie podstawowych zasad bezpieczeństwa może pomóc w zapobieżeniu większości poważnych obrażeń odnoszonych podczas jazdy na rowerze. Pamiętajcie, że 60 procent z nich to urazy głowy, z którymi zawsze wiąże się ryzyko urazu mózgu, które często kończy się jego trwałym uszkodzeniem. Prawidłowe stosowanie kasków rowerowych mo-

że zmniejszyć częstotliwość występowania urazów głowy o 85 procent.

Wybór kasku. Kask powinien mieć solidną, twardą powłokę zewnętrzną i mocną styropianową warstwę wewnętrzną. Zapięcie kasku powinno być trzypunktowe. Szukajcie etykietki mówiącej, że kask posiada nieobowiązkowy atest ASTM, ANSI albo SNELL.

Kask powinien być dobrze dopasowany, stabilnie trzymać się na głowie dziecka, nie przesuwać się do przodu i do tyłu ani na boki. Zmierzcie obwód głowy dziecka centymetrem i wybierzcie odpowiedni rozmiar zgodnie z informacją na opakowaniu. Żeby dobrze dopasować kask, potrzebny wam będzie rozmiar w centymetrach; nie polegajcie na kategoriach wiekowych. Generalnie rzecz biorąc, kaski „dla najmłodszych" są odpowiednie dla dzieci rocznych i dwuletnich, kaski dziecięce od trzeciego do szóstego roku życia, kaski „młodzieżowe" od siódmego do jedenastego. Potem trzeba będzie kupić kask dla dorosłych. Kaski dla dorosłych produkuje się w rozmiarach małym, średnim, dużym i XL.

Po wypadku albo silnym uderzeniu kask trzeba wymienić. Większość firm za darmo wymieni wewnętrzną warstwę amortyzującą, jeśli prześlecie im kask. Bezpieczny kask dla dziecka można kupić już od 20 dolarów (65 złotych).

Rady i zasady: jak bezpiecznie jeździć rowerem. Najważniejsza zasada brzmi: „Nigdy nie jeździć bez kasku". Dotyczy to również rodziców. Nie możecie oczekiwać, że dzieci będą postępować zgodnie z tą zasadą, jeśli nie będziecie im służyć przykładem. Do 9–10 roku życia dzieci

powinny jeździć tylko po chodniku, wcześniej nie potrafią bowiem podejmować decyzji w sposób na tyle dojrzały, żeby dać sobie radę z ruchem drogowym na jezdni. Później należy je nauczyć podstawowych zasad ruchu drogowego, żeby kierowały się tymi samymi przepisami, co kierowcy samochodów.

Najbezpieczniej jest kupić dziecku rower, którego wielkość jest dla niego odpowiednia, nie taki, do którego dopiero dorośnie. Ogólnie rzecz biorąc, dzieci nie są gotowe do jazdy na dwukołowym rowerze przed ukończeniem 5–7 lat. Wybierzcie rower z hamulcem nożnym (torpedo) dla dzieci w wieku do 9–10 lat; młodsze nie mają wystarczająco dużo siły i koordynacji, żeby poradzić sobie z hamulcami ręcznymi. Na rowerze, kasku i ubraniu dziecka umieśćcie elementy odblaskowe, dzięki czemu będą lepiej widoczne na drodze. Jest to szczególnie istotnie w przypadku dzieci, które jeżdżą rowerem o świcie i o zmierzchu. Do jazdy w nocy wymagane są światła, ale jazda po zmroku nie jest w ogóle wskazana dla dzieci.

Foteliki rowerowe. Oto kilka dodatkowych zaleceń dla rodziców wożących dzieci w fotelikach rowerowych. Wybierzcie fotelik z szelkami, oparciem chroniącym główkę dziecka oraz podnóżkami chroniącymi nóżki przed szprychami. Zanim zabierzecie dziecko na wycieczkę, przećwiczcie jeżdżenie z obciążonym fotelikiem. Ćwiczcie na otwartej przestrzeni, gdzie nie ma samochodów i innych rowerzystów, żeby przyzwyczaić się do dodatkowego ciężaru i nabrać pewności w utrzymywaniu równowagi z dzieckiem w foteliku. Nigdy nie woźcie dziecka młodszego niż rok albo ważącego więcej niż 18 kilogramów.

Dziecko zapięte w foteliku rowerowym powinno zawsze nosić kask. Nigdy nie zostawiajcie dziecka samego w foteliku. Rowery nie są zaprojektowane, żeby stać z pełnym fotelikiem. Wiele urazów powodowanych jest przez upadek ze stojącego roweru. Jeźdźcie po bezpiecznych, niezatłoczonych ścieżkach rowerowych, nie po ulicy. Nie jeźdźcie po zmierzchu. Pamiętajcie o noszeniu kasku.

WYPADKI NA PLACACH ZABAW

Co roku ponad 200 tysięcy dzieci trafia do szpitalnych izb przyjęć z urazami odniesionymi na placu zabaw. Często są to poważne obrażenia: złamania, zwichnięcia, wstrząśnienia mózgu, obrażenia narządów wewnętrznych. Niektóre kończą się śmiercią. Przyczyną śmiertelnych wypadków na placach zabaw jest często uduszenie: luźny sznurek do zaciągania kaptura albo sam kaptur zahacza się o drabinki podczas upadku i dusi dziecko. Urazy, które nie kończą się śmiercią (złamane kości itp.), często są odnoszone na boiskach szkolnych i w parkach; wypadki śmiertelne częściej zdarzają się w ogródkach i na podwórkach. Najbardziej narażone są dzieci w wieku 5–9 lat.

Co możesz zrobić? Przyjrzyjcie się placom zabaw w waszej okolicy, w parkach i szkołach. Sprawdźcie, czy przyrządy są w dobrym stanie, a powierzchnie pod drabinkami i huśtawkami wykonane z materiałów amortyzujących upadki: gumowych mat, piasku, drobnego żwiru albo trocin. Takie podłoże musi być systematycznie odnawiane, ponieważ z czasem ubija się i rozsypuje. Jeśli plac zabaw wymaga modernizacji albo naprawy, skontaktujcie się z lokalnymi władzami odpowiedzialnymi za utrzymanie parków albo władzami waszego okręgu szkolnego. W razie potrzeby rozważcie włączenie się w działalność społeczną na rzecz bezpieczeństwa dzieci w waszej okolicy. To nadzwyczajne, jak wiele ludzie potrafią osiągnąć razem.

W domu sprawdźcie, czy sprzęt do zabawy jest solidny i w dobrym stanie. Upewnijcie się, że dzieci bawiące się na placu zabaw nie mają na sobie luźnych ubrań, w tym kurtek i bluz z kapturem i sznurkami. Niektórzy producenci odzieży dobrowolnie zrezygnowali z używania sznurków w ubraniach dla dzieci, zgodnie z zaleceniami Federacji Konsumentów (w Stanach Zjednoczonych).

Na placu zabaw kilkuletnie dzieci sprawdzają swoje możliwości i nabywają nowych umiejętności. Wiele urazów wynika z braku koordynacji i wprawy w utrzymywaniu równowagi. Niezbędna jest obecność dorosłego opiekuna, a w przypadku nieustraszonych dwu- i trzyletnich miłośników ryzyka baczne nadzorowanie zabaw na drabinkach i innym sprzęcie.

BEZPIECZEŃSTWO PODCZAS UPRAWIANIA SPORTU I REKREACJI

Szacuje się, że 20 milionów amerykańskich dzieci bierze udział w zorganizowanych zajęciach sportowych poza szkołą, a 25 milionów uczestniczy we współzawodnictwie szkolnym. Uprawianie sportu korzystnie wpływa na kondycję fizyczną i koordynację, uczy samodyscypliny i pracy w zespole. Można jednak zapłacić wysoką cenę: ból, opuszczone treningi i mecze, a w najpoważniejszych przypadkach niepełnosprawność.

Kto jest najbardziej narażony? Małe dzieci są szczególnie podatne na kontuzje podczas treningów i zawodów, ponieważ ich ciało ciągle rośnie. Przed okresem dojrzewania ryzyko kontuzji w wyniku uprawiania sportu jest takie samo u chłopców jak u dziewczynek. Później, w miarę jak chłopcy stają się coraz silniejsi i masywniejsi, to oni odnoszą obrażenia częściej i są to obrażenia poważniejsze. Około 75 procent kontuzji sportowych przydarza się chłopcom.

Najwyższy wskaźnik wypadków mają sporty kolizyjne i kontaktowe. Na szczycie listy znajdują się futbol amerykański, koszykówka, baseball i piłka nożna wśród sportów uprawianych przez chłopców oraz softball, gimnastyka, siatkówka i hokej na trawie wśród sportów uprawianych przez dziewczynki. Na tej drugiej liście na pewno pojawi się wkrótce koszykówka, w którą gra coraz więcej dziewczynek. Urazy powstałe wskutek nieprzerywania gry mimo kontuzji albo zmęczenia mogą stać się przyczyną przewlekłych dolegliwości, takich jak zapalenia ścięgien lub stawów. Urazy głowy, choć rzadsze, mogą powodować poważniejsze problemy.

Sprzęt ochronny. W wielu sportach sprzęt chroniący oczy, głowę, twarz i usta jest koniecznością. Ochraniacze na zęby pomagają zapobiegać urazom zębów, najpowszechniejszym urazom twarzy powstającym podczas uprawiania sportu. Ochraniacze na zęby amortyzują też ciosy, które mogłyby spowodować wstrząśnienie mózgu albo złamanie szczęki. Warto chronić oczy, grając w piłkę, np. w koszykówkę.

Konkretne dyscypliny

Baseball. Należy nosić odpowiednie ochraniacze na oczy, głowę, twarz i usta. Baseballiści powinni nosić buty z kolcami gumowymi, nie metalowymi. Można zmniejszyć ryzyko kontuzji, używając bezpiecznych baz i montując ochronne ogrodzenia przy ławkach rezerwowych. Młodych graczy należy uczyć, jak trzeba padać, i nie wolno pozwalać im na rzucanie się głową naprzód. Piłki bardziej miękkie od standardowych powodują mniej poważne urazy głowy i klatki piersiowej. Młodzi gracze powinni też wykonywać ograniczoną liczbę rzutów, żeby zapobiec trwałej kontuzji ramienia i łokcia.

Piłka nożna. Małe dzieci, dopiero uczące się grać, nie powinny odbijać piłki głową. Nikomu nie służy wielokrotne uderzanie się w głowę, a na tym przecież polega główkowanie. Bramka musi być solidnie przymocowana do ziemi, żeby nie mogła przewrócić się na graczy. Dzieciom nie można pozwolić na wspinanie się na bramki, które nie są umocowane do podłoża.

Jazda na rolkach i deskorolce. Tysiące dzieci rocznie odnosi urazy podczas jazdy na rolkach lub deskorolce; najczęściej są to skręcone albo złamane nadgarstki, łokcie, kostki i kolana. Ryzyko można zminimalizować, nosząc ochraniacze na kolana,

łokcie i nadgarstki. Urazom głowy, które zazwyczaj są poważniejsze, można zapobiec, nosząc kask. Obecnie dostępne są kaski uniwersalne, odpowiednie dla różnych dyscyplin sportu, zapewniające dodatkową ochronę tyłu głowy. Norma bezpieczeństwa dla kasków uniwersalnych to N-94. Jeśli wasze dziecko nie ma kasku uniwersalnego, kask rowerowy zapewni mu odpowiednią ochronę podczas jazdy na rolkach albo deskorolce. Upewnijcie się, że dziecko jeździ tylko po równych powierzchniach o twardej nawierzchni

z dala od ruchu drogowego, nie po jezdniach i podjazdach. Sprawdźcie, czy umie bezpiecznie hamować za pomocą hamulca znajdującego się z tyłu rolek.

Jazda na sankach. Do zimowych zabaw należy zjeżdżanie na sankach z ośnieżonych pagórków. Jest to zaskakująco niebezpieczna rozrywka. Zanim zaczniecie, przeczytajcie poniższe wskazówki.

◆ Dokładnie obejrzyjcie pagórek, z którego chce zjeżdżać dziecko. Wypatrujcie takich zagrożeń jak drzewa, ławki, stawy, rzeki, kamienie i nadmierne strominy.

◆ Podnóże pagórka powinno być oddalone od ruchu drogowego i akwenów wodnych.

◆ Sanki nadmuchiwane są szybkie i nie można nimi kierować; zachowajcie szczególną ostrożność, gdy dzieci ich używają. Sanki z mechanizmem sterującym są bezpieczniejsze.

◆ Nigdy nie pozwalajcie dziecku poniżej czwartego roku życia zjeżdżać bez nadzoru. W przypadku starszych dzieci podejmijcie decyzję po obejrzeniu pagórka.

◆ Unikajcie zatłoczonych pagórków i nie sadzajcie zbyt wielu dzieci na jedne sanki.

◆ Dziecko może nosić kask ochronny, ale niech mu się nie wydaje, że dzięki niemu może jeździć nieostrożnie.

MROZY I UPAŁY

Mrozy. Gdy na dworze jest zimno, dzieci powinny nosić ubrania suche i ciepłe, najlepiej wiele warstw „na cebulkę", ze szczególnym uwzględnieniem dłoni i stóp. Jeśli temperatura wynosi mniej niż 5°C, niemowlęta nie powinny długo przebywać na

dworze. Sprawdzajcie, czy nie drżą z zimna. Utrzymujące się drżenie jest oznaką, że czas wrócić do domu. Do poważnych problemów zdrowotnych powodowanych niską temperaturą należą hipotermia (wychłodzenie) i odmrożenia.

Hipotermia to rezultat utraty ciepła w wyniku długotrwałego wystawienia na działanie niskiej temperatury. Znaki ostrzegawcze u niemowląt to zimna, czerwona skóra i apatia. U starszych dzieci występuje drżenie, senność, dezorientacja i bełkotliwa mowa. Jeśli temperatura dziecka spadnie poniżej 35°C, należy skontaktować się z lekarzem i natychmiast zacząć rozgrzewać dziecko. Skuteczne są ciepłe napoje i ciepłe kąpiele albo dokładne wytarcie malca i postawienie go koło kominka albo kaloryfera.

Odmrożenie najczęściej dotyczy uszu, policzków, nosa, brody oraz palców u rąk i nóg. Oznaki odmrożenia to utrata czucia i przebarwienie skóry, która w odmrożonym miejscu może się zrobić biała albo szarożółta. Odmrożenia mogą trwale uszkodzić ciało. Odmrożony obszar trzeba zanurzyć w ciepłej – nie gorącej – wodzie albo ogrzać własnym ciałem. Skóra uszkodzona odmrożeniem jest bardzo delikatna. Masowanie i tarcie, a w przypadku odmrożonych stóp chodzenie może spowodować dalsze uszkodzenia; ogrzewanie przy piecu, kominku, kaloryferze albo poduszce elektrycznej może spowodować poparzenie. Na pewno dużo lepiej jest zapobiegać niż leczyć. Mokre rękawiczki i skarpetki zwiększają ryzyko wystąpienia odmrożeń, więc ważne jest, żeby dziecko było w miarę ciepło ubrane w suchą odzież.

Upały. Niemowlęta i dzieci do ukończenia czwartego roku życia są wrażliwe na wysokie temperatury. Powinny w ciągu dnia często pić, nosić na główce czapeczkę przeciwsłoneczną, unikać nadmiernego wysiłku, a podczas najgorętszej części dnia – pomiędzy 10.00 a 14.00 – w miarę możliwości pozostawać w domu. Bez względu na kolor skóry wszystkie dzieci powinny być smarowane kremem przeciwsłonecznym, chroniącym przed szkodliwym działaniem promieni słonecznych (patrz dalej). Oprócz oparzeń najpowszechniejszym problemem związanym z upałem są u małych dzieci potówki, a najpoważniejszymi – porażenie cieplne i udar cieplny.

Potówki to podrażnienie skóry spowodowane nadmiernym poceniem się, gdy na dworze jest gorąco i wilgotno. Wyglądają jak skupisko czerwonych pęcherzyków. Najlepszym sposobem postępowania jest dbanie o to, że podrażnione miejsce było suche, i unikanie kremów, które nawilżają skórę, pogarszając jej stan.

Skurcze cieplne, porażenie cieplne i udar cieplny. Najczęściej dotyczą one dzieci poniżej piątego roku życia i osób starszych, ale nawet zdrowe nastolatki są na nie narażone, jeśli przez długi czas ćwiczą w upale, pijąc przy tym za mało wody. Do oznak porażenia cieplnego należą: silne pocenie się, bladość, skurcze mięśni, zmęczenie lub słabość, zawroty lub bóle głowy, nudności lub wymioty oraz omdlenia. Udar cieplny to problem jeszcze poważniejszy, objawiający się czerwoną, gorącą, suchą lub spoconą skórą, silnym, przyspieszonym pulsem, rwącym bólem głowy lub zawrotami głowy, dezorientacją i utratą przytomności.

Kluczem jest zapobieganie. Dopilnujcie, żeby dzieci często odpoczywały w cieniu, przyjmując płyny. Już przy pierwszych oznakach słabości, nudności lub nadmiernego pocenia nakłońcie je do odpoczynku. Uważajcie zwłaszcza wtedy, gdy dzieci są grubo ubrane albo wilgotność powietrza jest wysoka, te dwa czynniki bowiem zwiększają ryzyko przegrzania organizmu. N i g d y nie zostawiajcie niemowlęcia ani małego dziecka samego w samochodzie. Nawet w pochmurny dzień temperatura w środku może niebezpiecznie wzrosnąć w bardzo krótkim czasie.

BEZPIECZEŃSTWO PODCZAS PRZEBYWANIA NA SŁOŃCU

Dorastając, większość z nas myślała, że przebywanie na słońcu jest zdrowe. Opaleni wyglądamy świetnie i czujemy się wspaniale. Dziś jesteśmy mądrzejsi. Skarżymy się na zmarszczki, plamy na skórze i piegi, o których wiemy, że zostały spowodowane zbyt częstym przebywaniem na słońcu w młodości. Dowiedzieliśmy się, że wiele złośliwych nowotworów skóry u osób dorosłych to skutek oparzeń słonecznych w dzieciństwie. Nawet zaćma, na którą cierpi wiele osób starszych, częściowo spowodowana jest wystawieniem na działanie słonecznego promieniowania ultrafioletowego (UV). Żeby zaoszczędzić dzieciom problemów w późniejszym życiu, trzeba je chronić przez zbyt częstym i zbyt długim przebywaniem na słońcu. Nie jest to szczególnie trudne, ale wymaga stałej czujności.

Kto jest narażony? Im jaśniejsza skóra, tym większe ryzyko. Osoby czarnoskóre i te o ciemnej karnacji są lepiej chronione przed słońcem dzięki większej zawartości w skórze melaniny, czyli ciemnego pigmentu, ale i one powinny zachować ostrożność. Niemowlęta, których skóra jest cienka i zawiera mało pigmentu, również są narażone. Wszelkie zajęcia w wodzie lub blisko niej – siedzenie koło basenu, leżenie na plaży, pływanie łódką – dwukrotnie zwiększa ryzyko oparzenia słonecznego, ponieważ dzieci wystawione są zarówno na działanie promieni słonecznych padających z góry, jak i tych odbitych od wody. Kiedy skóra dziecka zaczyna być ciepła i czerwona, jest już za późno, żeby zapobiec oparzeniu. Musicie być przewidujący i ograniczyć przebywanie na słońcu, zanim pojawią się pierwsze objawy.

Ceń cień. Przede wszystkim chrońcie dziecko przed bezpośrednim działaniem promieni słonecznych, zwłaszcza pomiędzy godziną 10.00 a 14.00, kiedy słońce operuje najsilniej, jego promienie są najbardziej szkodliwe. Dopilnujcie, żeby dziec-

ko nosiło odpowiednią odzież i nakrycie głowy. Dobrze jest kierować się zasadą, że jeśli wasz cień jest krótszy niż wy, to słońce jest na tyle silne, żeby was poparzyć. Pamiętajcie, że promieniowanie ultrafioletowe może uszkodzić skórę i oczy nawet w mgliste i zachmurzone dni. Na plaży używajcie parasola. Podczas grillowania na świeżym powietrzu chowajcie się pod drzewo. Noście koszule z długimi rękawami, długie spodnie, czapki i kapelusze, wszystko, co może posłużyć jako warstwa ochronna pomiędzy słońcem a skórą. Nie każdy materiał dobrze blokuje promienie słoneczne i można się na słońcu spiec nawet przez koszulę. Woda również nie chroni przed promieniami słonecznymi, więc bądźcie szczególnie ostrożni podczas kąpieli.

Nie obejdzie się bez filtra. W kremach przeciwsłonecznych z filtrem znajdują się trzy rodzaje czynnych substancji chemicznych: estry PABA, cynamoniany i benzofenony. Upewnijcie się, że na opakowaniu wymieniono co najmniej jedną z nich. Kremy z filtrem mogą podrażniać skórę niemowląt poniżej szóstego miesiąca życia; najlepiej, żeby tak małe dzieci w ogóle nie przebywały na słońcu. W przypadku dziecka, które ukończyło sześć miesięcy, stosujcie krem o współczynniku ochrony przeciwsłonecznej (SPF) co najmniej 15. Przez warstwę kremu o takim współczyn-

niku przedostaje się tylko jedna piętnasta szkodliwych promieni, więc piętnaście minut na słońcu odpowiada jednej minucie bez kremu.

Używajcie kremu wodoodpornego. Smarujcie skórę dziecka co najmniej pół godziny przed wyjściem na słońce, starając się żadnego miejsca nie pominąć. Uważajcie jednak w okolicach oczu – kremy przeciwsłoneczne mogą podrażniać oczy. Często powtarzajcie smarowanie, mniej więcej co pół godziny. Dziecko o jasnej karnacji mieszkające w słonecznym klimacie powinno być smarowane kremem przeciwsłonecznym każdego dnia rano, a potem drugi raz przed wyjściem na dwór po lekcjach.

Okulary przeciwsłoneczne. Wszyscy powinni je nosić, nawet niemowlęta. Szkodliwy wpływ promieniowania ultrafioletowego na oczy daje o sobie znać dopiero w późniejszym życiu, więc nie możecie czekać z interwencją, aż pojawią się problemy. Nie musicie kupować kosztownych okularów, wystarczy, że na etykiecie znajduje się informacja o blokowaniu promieni UV. To, jak ciemne są szkła, nie ma żadnego związku z ochroną przez promieniowaniem UV; muszą być pokryte specjalnym filtrem blokującym promieniowanie ultrafioletowe. Większość niemowląt dobrze toleruje okulary, a nosząc je od pierwszych miesięcy życia, przyzwyczajają się do nich.

UKĄSZENIA OWADÓW

Ukąszenia owadów zawsze są nieprzyjemne, a niekiedy niebezpieczne. Gorączka Zachodniego Nilu, która aktualnie szerzy się w Stanach Zjednoczonych, to tylko jedna z wielu chorób przenoszonych przez komary (patrz str. 599).

Co możesz zrobić? Chrońcie dziecko przed wszelkimi ukąszeniami owadów, ubierając je tak, żeby odzież zasłaniała jak największą powierzchnię skóry. Jasne ubrania są mniej atrakcyjne dla owadów. W okresie występowania dużej ilości owadów unikajcie silnie pachnących proszków do prania i szamponów. Stosujcie przeznaczony dla dzieci środek odstraszający owady. Jeśli zawiera DEET (dietylotoluamid), jego stężenie nie powinno przekraczać 10 procent. Nie smarujcie dzieciom dłoni, żeby środek nie dostał im się do oczu ani ust. DEET może być szkodliwy po spożyciu. Po powrocie do domu dokładnie zmyjcie środek.

Komary. Żeby zmniejszyć liczbę komarów, pozbądźcie się stojącej wody z waszej posesji. Wieczorem, kiedy komarów jest najwięcej, nie pozwalajcie małym dzieciom wychodzić na dwór. Zamykajcie drzwi. W oknach pozakładajcie siatki przeciw owadom.

Pszczoły i osy. Jeśli w powietrzu lata dużo os i pszczół, starajcie się nie jeść na dworze. Po jedzeniu myjcie dzieciom ręce, żeby nie wabić owadów. Jeżeli trzeba usunąć gniazdo, najbezpieczniej zatrudnić do tego profesjonalistę.

Kleszcze. Kleszcze z gatunku *Ixodes*, przenoszące chorobę z Lyme (krętkowicę kleszczową), są maleńkie – wielkości główki od szpilki*. Jeśli nie jesteście pewni, czy w waszej okolicy występuje borelioza, zapytajcie lekarza. Szczegółowe informacje o boreliozie można znaleźć w witrynie internetowej Centrum Kontroli Chorób pod adresem http://www.cdc.gov.

Odzież ochronna i środki odstraszające zawierające DEET są pomocne, ale po powrocie z dworu i tak musicie dokładnie sprawdzić, czy na ciele dziecka nie zagnieździł się kleszcz, zwłaszcza jeśli bawiło się w wysokiej trawie albo blisko lasu. Usunięcie kleszcza przed zainfekowaniem jest najlepszym sposobem zapobiegania chorobie. Kleszcza najlepiej jest usunąć pęsetą: złapać go jak najbliżej skóry i szybkim ruchem wyciągnąć. Nie używajcie wazeliny, lakieru do paznokci ani gorących zapałek. Przetrzyjcie skórę środkiem antyseptycznym i zapytajcie lekarza, czy dziecko musi brać antybiotyki.

ZAPOBIEGANIE UGRYZIENIU PRZEZ PSA

Maluchy muszą się nauczyć, że do obcych psów nie należy się zbliżać. Małym dzieciom częściej zdarza się psa przestraszyć albo skrzywdzić, toteż częściej ulegają pogryzieniu. Większość dzieci pogryzionych przez psy ma lat 10 albo mniej.

Najczęściej sprawcami pogryzień są psy rasy pitbull, rottweiler i owczarek niemiecki. Rozwój sytuacji zależy od wielu czynników: zachowania i ułożenia psa, tego, czy jest prowadzony na smyczy, oraz od zachowania dziecka.

Co możesz zrobić? Zanim wybierzecie pieska, zbierzcie informacje o różnych rasach. Agresywne i bardzo czujne psy

nie nadają się na domowego pupila. Wykastrujcie psa, żeby zredukować agresję wynikającą z prób obrony swojego terytorium. Nigdy nie zostawiajcie niemowląt i małych dzieci sam na sam z żadnym psem.

Zasady, którymi powinny kierować się dzieci. Wrażliwe, niespokojne dziecko może potrzebować dużego wsparcia duchowego, zanim w ogóle zbliży się do psa. Odważne i pewne siebie dziecko nale-

---

* W Polsce najczęściej spotykany jest kleszcz pospolity (pastwiskowy), *Ixodes ricinus;* przenosi również kleszczowe zapalenie mózgu (przyp. tłum.).

ży natomiast nauczyć postępowania z psami. Oto kilka zdroworozsądkowych zasad.

◆ Nie podchodź do nieznajomych psów, nawet jeśli są uwiązane.

◆ Zawsze zapytaj właściciela, czy możesz pogłaskać pieska albo się z nim pobawić.

◆ Nigdy nie drażnij psów ani nie wpatruj się psu w oczy. Wiele psów uważa to za rodzaj groźby albo wyzwania.

◆ Nie przeszkadzaj psu, który śpi, je albo opiekuje się szczeniakami.

◆ Jeśli piesek się do ciebie zbliża, nie uciekaj. Prawdopodobnie chce cię po prostu powąchać.

◆ Jeśli pies cię przewróci, zwiń się w kłębek i leż bez ruchu.

◆ Uważaj na psy, jeżdżąc na rowerze albo rolkach.

DZIEŃ NIEPODLEGŁOŚCI I HALLOWEEN

Święta są ekscytujące i często niezapomniane, ale wiążą się również ze szczególnymi zagrożeniami. Przykładem mogą być Święto Niepodległości i Halloween.

Święto Niepodległości (4 lipca). Każdego roku podczas obchodów amerykańskiego Święta Niepodległości sztuczne ognie powodują wśród dzieci niemal sześć tysięcy urazów*. Przeważnie są to obrażenia dłoni, palców, oczu i głowy, które czasem kończą się utratą palca albo kończyny bądź ślepotą. Dzieci i fajerwerki to niedobre połączenie. W wielu stanach fajerwerki są niedozwolone lub nie są zalecane do osobistego użytku. Nawet zimne ognie, pozornie zupełnie nieszkodliwe, mogą spowodować tragedię. Po co ryzykować? Oglądając publiczne pokazy sztucznych ogni, stańcie z daleka i chrońcie uszy małych dzieci przed głośnymi wybuchami.

Halloween (31 października). Upadki, wypadki wśród pieszych i oparzenia zdarzają się często, natomiast ataki wampi-

rów i czarownic rzadko. Najważniejsze jest upewnienie się, że kostium czy maska nie ograniczają dziecku pola widzenia. Bezpieczniejsze od maski jest pomalowanie twarzy specjalnymi farbami albo kosmetykami. Dzieci wędrujące po zmroku od domu do domu i proszące o słodycze powinny nosić ze sobą latarki i nie skracać sobie drogi przez podwórka, gdzie mogą się o coś potknąć. Buty i kostiumy powinny być dopasowane, żeby dzieci się w nich nie potykały, a rekwizyty takie jak zabawkowe miecze i noże powinny być wykonane z elastycznego materiału, którym nie można się zranić. Żeby zapobiec poparzeniom, upewnijcie się, że kostiumy, maski, brody i peruki są wykonane z ognioodpornych materiałów. Luźne ubrania są bardziej narażone na kontakt z płomieniem świecy w tradycyjnej latarni z wydrążonej dyni. Na torbach i kostiumach przyklejcie odblaskową taśmę, żeby dzieci były dobrze widoczne dla kierowców samochodów. Przypomnijcie im, żeby przestrzegały wszystkich przepisów ruchu drogowego i nie wybiegały spomiędzy zaparkowanych samochodów. Młodszym dzieciom powinien towarzyszyć dorosły. Zebrane słodycze wolno zjeść dopiero po po-

---

* W Polsce dotyczy to sylwestra, Nowego Roku i okolicznościowych pokazów ogni sztucznych (przyp. red.).

wrocie do domu. Dzieci poniżej ósmego roku życia mogą wybrać się po słodycze tylko pod opieką dorosłego albo starszego rodzeństwa. Pouczcie dzieci, żeby chodziły jedynie uczęszczanymi drogami, zatrzymywały się tylko przy domach, przed

którymi pali się światło, i nie wchodziły do niczyjego domu, jeśli nie towarzyszy im znajomy dorosły. W wielu okolicach zbieranie słodyczy po domach nie jest już uważane za bezpieczne. Popularną alternatywą stały się halloweenowe przyjęcia.

Część 2: Bezpieczeństwo w domu

DOMOWE NIEBEZPIECZEŃSTWA

W domu czyha na dzieci wiele niebezpieczeństw. Utonięcia to po wypadkach samochodowych druga spośród przyczyn tragicznej śmierci dzieci. Często do utonięcia dochodzi w basenie ogrodowym i w wannie. Oparzenia, trucizny, leki, zadławienia, upadki – naprawdę jest się czego bać. Oczywiście nie ma sensu siedzieć i się martwić, lepiej się przygotować.

Zabezpieczając dom, można znacznie zmniejszyć ryzyko nieszczęśliwego wypadku. Ścisły nadzór jest oczywiście konieczny, tak jak planowanie z wyprzedzeniem. (Szczegółowe zalecenia dotyczące bezpieczeństwa niemowląt i małych dzieci znajdziecie też w rozdziałach *Pierwszy rok życia* i *Roczne dziecko* w części pierwszej.)

BEZPIECZEŃSTWO W WODZIE

Każdego roku w Stanach Zjednoczonych tonie niemal tysiąc dzieci poniżej 14 roku życia – w tej grupie wiekowej jest to druga najczęstsza przyczyna śmiertelnych wypadków. Na każde dziecko, które traci życie w wyniku utonięcia, kolejnych czworo uratowanych od utonięcia jest hospitalizowanych. Wiele z nich ma trwałe uszkodzenia mózgu. Maluchy do czwartego roku życia toną dwa do trzech razy częściej niż starsze dzieci. Wystarczy kilkanaście, a czasem nawet kilka centymetrów wody.

Przedszkolaki najczęściej toną w wannie. Korzystając z nieuwagi rodziców, potrafią wejść do suchej wanny i odkręcić kurki, a wtedy o tragedię nietrudno. Czasem wpadają głową naprzód do sedesu albo do wiadra. Nie należy zostawiać na

dworze pustych wiader, może się w nich bowiem zebrać deszczówka (grozi to nie tylko utonięciem, ale też mnożeniem się komarów). Pamiętajcie o zamykaniu klap sedesów, a żeby maluchy ich nie otwierały, załóżcie plastikowe zabezpieczenia.

Bezpieczeństwo w wodzie. Zapobieganie utonięciom wymaga stałej czujności i nadzoru ze strony rodziców. Również inni opiekunowie dziecka powinni zapoznać się z poniższymi wskazówkami.

◆ Malucha poniżej piątego roku życia nie zostawiajcie samego w wannie nawet na moment. Może się utopić nawet w kilku centymetrach wody. Nie zostawiajcie go też pod opieką starszego rodzeństwa, które nie ukończyło jeszcze dwunastu lat.

Jeśli absolutnie koniecznie musicie odebrać telefon albo otworzyć drzwi, zawińcie mokre, namydlone dziecko w ręcznik i zabierzcie je ze sobą.

◆ Nad wodą nie spuszczajcie dziecka z oczu, nawet jeśli w pobliżu jest ratownik. Jeśli wasza pociecha umie dobrze pływać i jest na tyle rozsądna, żeby nie wpakować się w tarapaty, możecie w wieku 10--12 lat pozwolić jej pływać bez nadzoru dorosłych, ale zawsze w towarzystwie. Nurkować wolno tylko w wodzie głębszej niż 1,5 metra i w obecności dorosłego.

◆ Baseniki dla dzieci powinny być po użyciu zawsze opróżniane i odwracane do góry dnem.

◆ Jeśli macie basen, powinien być ogrodzony ze wszystkich stron. Ogrodzenie powinno mieć wysokość co najmniej 1,5 metra, a jego szczeble powinny się znajdować w odległości nie większej niż 10 cm od siebie. Furtka powinna być zamykana na klucz, wyposażona w mechanizm domykający i zatrzaskujący. Ściana domu nie spełnia roli ogrodzenia, ponieważ dziecko może łatwo wymknąć się przez drzwi albo okno.

◆ Nie polegajcie na alarmie umieszczonym w basenie; włącza się, dopiero gdy ktoś jest w wodzie, a wtedy może już być za późno. Lepszym systemem ostrzegawczym jest alarm przy wejściu na teren basenu.

◆ Podczas burzy wszyscy powinni się trzymać z daleka od basenów i innych zbiorników wodnych.

◆ Nie wchodźcie na zamarznięte stawy i jeziora, dopóki lód nie zostanie oficjalnie uznany za wystarczająco mocny do jeżdżenia na łyżwach.

◆ Nie pozwólcie dzieciom zjeżdżać na sankach w pobliżu wody. Dzieci lubią saneczkować na polach golfowych, gdzie mogą się znajdować potencjalnie niebezpieczne zbiorniki wodne.

◆ Studnie i zbiorniki na wodę powinny być dobrze zabezpieczone.

Lekcje pływania. Być może sądzicie, że lekcje pływania chronią niemowlęta i małe dzieci przed utonięciem, ale nie ma na to żadnych dowodów. Nawet biorąc lekcje pływania, dzieci poniżej piątego roku życia nie mają wystarczająco dużo siły i koordynacji, żeby unosić się na wodzie albo płynąć tak długo, aż niebezpieczeństwo minie. Lekcje mogą wręcz zwiększyć ryzyko utonięcia, dając rodzicom i dzieciom złudne poczucie bezpieczeństwa.

OGIEŃ, DYM I POPARZENIA

Ogień jest trzecią z najpowszechniejszych przyczyn śmiertelnych wypadków dotyczących dzieci. Najbardziej narażone są dzieci poniżej piątego roku życia. Około 75 procent zgonów związanych z pożarem jest spowodowanych zatruciem się dymem, nie oparzeniami. Do około 80 procent zgonów związanych z ogniem dochodzi podczas pożaru domu (a połowa z nich jest spowodowana paleniem papierosów – jeszcze jeden powód, żeby rzucić palenie). Ogień rozprzestrzenia się szybko, więc nie zostawiajcie małych dzieci samych w domu nawet na kilka minut. Jeśli musicie wyjść, weźcie je ze sobą.

20 procent oparzeń nie kończących się śmiercią to poparzenia gorącą wodą z kranu, pozostałe powstają wskutek kontaktu

z gorącym jedzeniem lub piciem. Połowa oparzeń wrzątkiem jest na tyle poważna, że wymaga przeszczepów skóry.

Co możesz zrobić? Skuteczną ochronę zapewnią wam te proste środki bezpieczeństwa:

1. Zainstalujcie wykrywacze dymu na każdym piętrze domu, w korytarzu tuż koło sypialni i koło kuchni. Raz na rok zmieniajcie baterie (np. kiedy przestawiacie zegary na czas letni).

2. Trzymajcie w kuchni gaśnicę proszkową.

3. Ustawcie temperaturę bieżącej wody na 50°C. Przy temperaturze 65–70°C (ustawianej wstępnie przez większość producentów) małe dziecko może w ciągu dwóch sekund nabawić się oparzeń trzeciego stopnia! Przy temperaturze 50°C powstanie oparzeń trzeciego stopnia trwa pięć minut. (Obniżenie temperatury pozwoli wam też zaoszczędzić na opłatach za grzanie wody.) Jeśli mieszkacie w kompleksie mieszkalnym, po-

proście o zmniejszenie temperatury wody w mieszkaniach. Naczynia można umyć w wodzie, której temperatura nie przekracza 55°C. W kabinie prysznicowej, nad wanną, umywalkami i zlewem można zainstalować urządzenia odcinające dopływ wody, gdy jej temperatura przekroczy 50°C.

4. Niebezpieczne są odsłonięte grzejniki, piecyki, kominki, słabo izolowane i łatwe do otwarcia piekarniki. Wokół piecyków, kominków i grzejników albo przed nimi umieśćcie ekrany lub osłony. Obudujcie kaloryfery.

5. Zabezpieczcic wszystkie gniazda elektryczne zaślepkami, żeby dzieci nie mogły nic do nich włożyć, groziłoby to bowiem porażeniem. Nie przeciążajcie gniazd.

6. Wymieńcie zużyte przewody elektryczne. Dokładnie zaklejcie taśmą izolacyjną połączenia pomiędzy kablami a przedłużaczami. Nie przeprowadzajcie przewodów pod dywanikami ani w poprzek korytarzy.

Możecie też zmniejszyć ryzyko oparzeń ogniem i wrzątkiem, wyrabiając w sobie dobre nawyki:

1. Zawsze sprawdzajcie temperaturę wody w wannie tuż przed włożeniem do niej dziecka, nawet jeśli sprawdziliście ją już wcześniej. Dotknijcie ręką kranów, żeby sprawdzić, czy nie są na tyle gorące, żeby się nimi oparzyć.

2. Nigdy nie pijcie gorącej kawy ani herbaty, trzymając dziecko na kolanach. Upewnijcie się, że kubki z gorącymi napojami nie stoją blisko krawędzi stołu, skąd można je ściągnąć. Unikajcie używania obrusów i serwetek, które również można łatwo ściągnąć.

3. Rondle i patelnie zawsze ustawiajcie na kuchence rączką do tyłu. W miarę możliwości używajcie tylnych palników.

4. Zapałki trzymajcie w zamykanych pojemnikach w miejscach położonych tak wysoko, że nie dostanie się do nich nawet najbardziej pełen determinacji trzyczy czterolatek. W tym wieku wiele dzieci przechodzi etap fascynacji ogniem. Trudno im się oprzeć pokusie zabawy zapałkami.

5. Jeśli używacie przenośnych grzejników, upewnijcie się, że nie dotykają zasłon, pościeli ani ręczników.

6. Prawo amerykańskie wymaga, by piżamki dla dzieci powyżej dziewiątego mie-

siąca życia były albo wykonane z materiałów trudnopalnych, albo dopasowane do ciała. (Dopasowane ubranie trudniej jest podpalić, ponieważ nie dostaje się pod nie tlen.) Jeśli pierze się je wielokrotnie w środkach bez fosforanów, z wybielaczem albo bez, mogą stracić swoje ognioodporne właściwości.

Ostatnim wreszcie sposobem zapewniania dzieciom bezpieczeństwa jest uczenie ich, jak zapobiegać pożarom i jak reagować w razie pożaru.

1. Mówcie małym dzieciom, co jest gorące, i ostrzegajcie je przed dotykaniem tych rzeczy.

2. Rozmawiajcie z małymi dziećmi o zasadach bezpieczeństwa. Nauczcie je, że jeśli zapali się na nich ubranie, muszą się zatrzymać, położyć na ziemi i toczyć po niej, żeby zgasić ogień. Druga ważna zasada dotyczy wychodzenia z objętego pożarem pomieszczenia: należy iść na czworakach, pod dymem.

3. Nauczcie dzieci, że jeśli poczują dym i podejrzewają, że jego przyczyną jest pożar, powinny natychmiast wyjść z domu. O wezwanie straży pożarnej mogą poprosić sąsiadów.

4. Przygotujcie plan ewakuacji przewidujący dwie drogi ucieczki z każdego pokoju. Wybierzcie punkt zbiorczy na dworze. Całą rodziną przećwiczcie ewakuację.

ZATRUCIA

To zdumiewające i przerażające, co małe dzieci potrafią włożyć do buzi. Do substancji najczęściej powodujących groźne zatrucia u dzieci należą: aspiryna i inne leki, środki owadobójcze, trutki na szczury, nafta, benzyna, benzen, detergenty, płyny

do polerowania mebli, środki do polerowania samochodu, ług, inne środki alkaliczne używane do udrażniania rur oraz czyszczenia muszli klozetowych i piekarników, olejki eteryczne i środki do spryskiwania roślin. Do potencjalnie szkodliwych substancji przechowywanych w łazienkach należą perfumy, szampony i odżywki do włosów, preparaty do robienia trwałej ondulacji i inne kosmetyki.

Każdego roku amerykańskie ośrodki ostrych zatruć odbierają dwa miliony telefonicznych zgłoszeń o spożyciu przez dzieci substancji potencjalnie trujących. Wszystkie lekarstwa, preparaty sprzedawane na receptę, witaminy i detergenty należy uważać za potencjalnie trujące dla dziecka. Nawet leki, które wasze dziecko regularnie zażywa, mogą być niebezpieczne w zbyt dużych ilościach. Niektóre substancje są niebezpieczne, choć na to nie wyglądają: tytoń (zjedzenie jednego papierosa jest niebezpieczne dla rocznego dziecka), aspiryna, multiwitaminy z żelazem, zmywacz do paznokci, perfumy, detergenty do zmywarek. Zawsze najlepiej się upewnić, dzwoniąc do ośrodka ostrych zatruć, lekarza albo pielęgniarki.

Najbardziej narażone są dzieci od roku do pięciu lat. Ponad połowa zatruć dotyczy dzieci poniżej szóstego roku życia. Najczęściej dochodzi do nich w domu. Dziecko energiczne, odważne i wytrwałe ma większe szanse znalezienia trucizny, ale nawet spokojne maluchy, pozornie nie lubiące ruszać się z miejsca, mogą znaleźć okazję – otwartą buteleczkę tabletek albo apetyczny kwiatek w doniczce – żeby połknąć coś, co nie powinno trafić do ich żołądka.

Zabezpieczanie domu przed dziećmi. Pierwszy krok polega na spojrzeniu na swój dom sokolim wzrokiem, czy raczej wzrokiem dziecięcym. Potem postępujcie zgodnie z poniższymi wskazówkami.

1. Umieśćcie numer ośrodka ostrych zatruć (toksykologii) przy telefonie albo zapiszcie go na kawałku papieru i przyklejcie do aparatu. W miarę możliwości zapiszcie go też w pamięci telefonu, żeby w razie potrzeby połączyć się z nim jednym przyciśnięciem klawisza. Jeśli wasze dziecko połknie truciznę albo coś, co m o ż e być trujące, natychmiast zadzwońcie po radę.

2. Potencjalnie niebezpieczne lekarstwa przechowujcie albo poza zasięgiem rączek dziecka, albo w szafce zamykanej na zamek czy zasuwkę, której nie potrafi otworzyć. Wysoko na drzwiach do łazienki przykręćcie zwyczajną zasuwkę, która uchroni dziecko przed niebezpieczeństwem otrucia, utonięcia i poparzenia wrzątkiem.

3. Znajdźcie w kuchni, łaziencc i pomieszczeniu gospodarczym bezpieczne miejsca na płyny i proszki do czyszczenia, detergenty, środki do udrażniania rur, środki do czyszczenia muszli klozetowych i piekarników, amoniak, wybielacze, środki do usuwania wosku, środki do polerowania metalu, boraks, kulki naftalinowe, benzynę do zapalniczek, pastę do butów i inne niebezpieczne substancje. Bezpieczne miejsce to szafka zamykana na zamek albo umieszczona wysoko, jeżeli nie stoi koło niej nic, na co dziecko mogłoby się wspiąć. Pozbądźcie się trutek na szczury oraz środków owadobójczych; są po prostu zbyt niebezpieczne.

4. W piwnicy albo garażu znajdźcie naprawdę bezpieczne miejsce na terpentynę, rozcieńczalniki, naftę, benzynę, benzen, środki owadobójcze, środki do spryskiwania roślin, środki chwastobójcze, płyn do chłodnic, środki do mycia i polerowania samochodu. Przed wyrzuceniem pojemników opróżnijcie je i wypłuczcie. Dowiedzcie się w lokalnym wydziale ochrony środowiska, jak należy usuwać niebezpieczne odpady.

5. W przeszłości rodzicom radzono mieć pod ręką butelkę syropu z ipekakuany,

powodującego wymioty. Gdyby dziecko połknęło truciznę, mieli mu podać syrop, żeby ją zwymiotowało. Nowe badania wykazały, że używanie środków wymiotnych nie pomaga w leczeniu zatruć, a czasem może nawet pogorszyć sytuację. Jeśli macie w domu syrop z ipekakuany, najlepiej się go pozbyć.

Pomocne nawyki. Dobre nawyki przy wykonywaniu codziennych czynności mogą skutecznie pomóc w zapobieganiu zatruciom. Oto kilka sugestii.

- Odkładajcie lekarstwa w bezpieczne miejsce natychmiast po zażyciu. Najlepsza jest szafka albo szuflada z zamkiem, którego dzieci nie potrafią otworzyć.

- Umieśćcie na lekarstwach etykiety z wyraźnymi napisami, żeby nie dać dziecku niewłaściwego preparatu. Gdy powróci do zdrowia, spuśćcie pozostałe leki w toalecie. Jest mało prawdopodobne, że jeszcze wam się przydadzą, a ich data przydatności może minąć. Niewłaściwe jest przechowywanie starych leków z takimi, których nadal używacie.

- Do ponad jednej trzeciej zatruć dochodzi, gdy dziecko połknie leki na receptę przeznaczone dla dziadków. Przed wizytą u dziadków upewnijcie się, że ich leki są zamknięte albo znajdują się w miejscu dla dzieci niedostępnym.

- Prawa federalne i stanowe wymagają, żeby wszystkie lekarstwa sprzedawane były w pojemnikach zabezpieczonych przed dziećmi. Nie przekładajcie ich do innych pojemników.

- Przechowujcie środki do czyszczenia i inne substancje chemiczne w oryginalnych opakowaniach. Nie przelewajcie środka do pielęgnacji roślin do butelki po napoju gazowanym ani środka do czyszczenia piekarnika do kubka; jest to częsta przyczyna poważnych zatruć.

Trujące rośliny. Patrząc na kwiaty cięte i rośliny doniczkowe, myślimy przede wszystkim o tym, jakie są piękne. Raczkujące niemowlaki i małe dzieci widzą w nich smakowitą przekąskę. Jest to niebezpieczna rozbieżność postaw, ponieważ wiele roślin i kwiatów – ponad 700 gatunków – może spowodować chorobę albo śmierć. Najlepiej jest w ogóle pozbyć się z domu roślin, dopóki dzieci nie wyrosną z etapu wkładania absolutnie wszystkiego do buzi i nie zaczną respektować zakazów. Rośliny trzeba przynajmniej postawić poza ich zasięgiem. Nie spuszczajcie maluchów z oka, kiedy znajdują się w pobliżu roślin na dworze.

Oto częściowa lista roślin, które mogą spowodować śmiertelne zatrucie: kaladium, difenbachia, filodendron, kolokazja, bluszcz, hiacynt, żonkil, narcyz, jemioła, oleander, poinsecja (gwiazda betlejemska), modligroszek, rącznik (kleszczowina, rycynus), ostróżka, pokrzyk wilcza jagoda (belladonna), naparstnica, konwalia, azalia, wawrzyn (laur), rododendron, jagody wawrzynka wilcze łyko, złoty deszcz (złotokap), hortensja, jaśmin, ligustr (żywopłoty), cis, bieluń dziędzierzawa, nasiona wilca, grzyby, psianki, jagody ostrokrzewu.

Niektóre rośliny są toksyczne, ale nie powodują zatruć śmiertelnych, tylko podrażnienie skóry po dotknięciu bądź puchnięcie warg i języka, jeśli się je weźmie do ust. Żeby uniknąć bolesnej reakcji alergicznej, nauczcie się rozpoznawać niebezpieczne gatunki sumaka*.

W miejscowym ośrodku ostrych zatruć albo wydziale zdrowia można się dowiedzieć, czy dana roślina w waszym domu albo ogródku jest trująca albo szkodliwa.

---

* *Poison oak* (*Rhus toxicodendron*, sumak jadowity), *poison ivy* (*Rhus radicans*, sumak pnący) i *poison sumac* (*Rhus vernix*) to rośliny rozpowszechnione w Stanach Zjednoczonych, ale rzadko spotykane w Polsce (przyp. tłum.).

OŁÓW I RTĘĆ

Niebezpieczeństwo zatrucia ołowiem. Ołów jest metalem wszechobecnym w naszym uprzemysłowionym świecie, w tym – jeszcze do niedawna – w farbach do malowania domu, w benzynie i w puszkach do konserw. Od dawna wiemy, że ołów nie jest organizmowi potrzebny, w przeciwieństwie do innych metali, takich jak żelazo czy miedź, które są niezbędne do życia. Jednak dopiero w ostatnich dwudziestu latach zrozumieliśmy, jak bardzo jest szkodliwy, zwłaszcza dla dzieci. W bardzo wysokich stężeniach powoduje poważne uszkodzenia mózgu i inne ciężkie schorzenia. Z punktu widzenia statystyki prawdopodobnie nawet w niskich stężeniach ma niekorzystne działanie na zdolność uczenia się.

Chciałbym położyć nacisk na słowa z punktu widzenia statystyki. Efekty działania niewielkich stężeń ołowiu trudno jest zaobserwować u konkretnego dziecka. Dopiero badania setek albo tysięcy dzieci pokazują, że ołów powoduje obniżenie poziomu inteligencji. Innymi słowy, jeśli dziecko ma nieco podwyższony poziom ołowiu we krwi – od 10 do 20 mikrogramów na decylitr – nikt nie może stwierdzić z całą pewnością, jakie będą tego efekty. Wielu bardzo mądrych ludzi w dzieciństwie miało wysoki poziom ołowiu. Nie oznacza to, że możemy o ołowiu zapomnieć, ale też nie ma sensu wpadać w panikę, gdy poziom ołowiu w krwi waszego dziecka jest nieco wyższy, niż przewiduje norma.

Kto i jak może się zatruć. Zatrucie ołowiem przydarza się głównie dzieciom w wieku od jednego do pięciu lat, które raczkują po podłodze i często wkładają do buzi różne przedmioty. Dzieci głodne albo takie, które w organizmie mają za mało żelaza, przyswajają więcej ołowiu, dlatego właściwe odżywianie jest ważne w zapobieganiu zatruciom ołowiem.

Źródłem ołowiu jest często stara farba z drzwi, ram i parapetów okiennych albo zewnętrznych ścian. Farba się złuszcza, a zawarty w niej ołów zamienia się w pył, który zbiera się na dziecięcych rączkach. Do innych źródeł należy ceramika z ołowianą glazurą (współczesne maszynowe wyroby ceramiczne nie zawierają ołowiu), ołów w rurach zainstalowanych w starszych budynkach i niektóre tradycyjne środki lecznicze.

Co możesz zrobić? Jeśli mieszkacie w budynku wybudowanym przed rokiem 1980 albo w mieście, w którym jest dużo przypadków zatrucia ołowiem, wasze dzieci w pierwszych latach życia powinny mieć regularnie badane stężenie ołowiu we krwi. Jeśli stężenie ołowiu jest wysokie, lekarz może przepisać lek usuwający ten pierwiastek z organizmu; jeśli jest nieco niższy, leczenie polega głównie na usunięciu ołowiu z otoczenia dziecka, upewnieniu się, że malec nie ma deficytu żelaza, i pozwoleniu, by jego organizm sam uporał się z ołowiem. Oto kilka wskazówek postępowania.

- Sprawdźcie, czy farba, którą pomalowane są drzwi, okna i inne miejsca, nie łuszczy się ani nie pęka. Usuńcie to, co łatwo schodzi, a potem połóżcie warstwę nowej farby.

- Nie próbujcie farby ołowiowej zdzierać ani usuwać opalarką bądź szlifierką. Metody te radykalnie zwiększają narażenie na działanie ołowiu. Jeśli musicie usunąć farbę zawierającą ołów, zatrudnijcie profesjonalistę. Na czas jego pracy wyjdźcie z dziećmi z domu.

* Regularnie myjcie podłogi środkiem o dużej zawartości fosforanów, żeby usunąć pył ołowiu.

* Zwracajcie uwagę na wszystkie miejsca, w których spędza czas wasze dziecko: dom, ogródek, werandę, mieszkanie opiekunki, żłobek.

* Jeśli macie stare instalacje wodociągowe (sprzed roku 1950), przed użyciem wody do picia albo gotowania na kilka minut odkręcajcie kran. Dzięki temu nie będziecie używać wody, która długo stała w rurach, zbierając ołów. (Gotowanie wody nie usuwa ołowiu, tylko pogarsza problem.)

* Unikajcie glazurowanej ceramiki, chyba że macie pewność, że nie zawiera ołowiu.

* Podchodźcie sceptycznie do ludowych środków leczniczych, przygotowywanych na podstawie starych przepisów, za które ręczy wasza babka. Niektóre z nich zawierają ołów.

Dowiedz się więcej! Jeśli w waszym otoczeniu znajduje się ołów, musicie zebrać więcej informacji, które nie zmieściłyby się w tej książce. Porozmawiajcie z lekarzem dziecka. Poszukajcie informacji w Internecie i w lokalnym wydziale zdrowia.

Rtęć. Rtęć pod wieloma względami przypomina ołów: jest to metal pospolity w naszym otoczeniu, w wysokich stężeniach powodujący uszkodzenia, a w małych – zaburzenia w rozwoju mózgu. Rtęć z fabryk i kopalni dostaje się do jezior i oceanów. Tam jest przyswajana przez mikroorganizmy, małe ryby, większe ryby, a wreszcie końcowych konsumentów: ludzi. Dlatego kobiety w ciąży i podczas karmienia piersią nie powinny jeść zbyt dużo ryb. Ryb pochodzących z bardzo zanieczyszczonych wód oraz dużych ryb drapieżnych (takich jak miecznik), w których organizmie podczas długiego życia zbiera się dużo rtęci, prawdopodobnie najlepiej unikać w ogóle.

Innym źródłem rtęci są termometry rtęciowe. Kiedy termometr się stłucze, śliczne paciorki płynnej rtęci wytwarzają bezwonne, trujące opary. Najlepiej jest potraktować szklany termometr jak toksyczny odpad, którym rzeczywiście jest: nie wyrzucajcie go, tylko zawieźcie do lekarza albo do szpitala, gdzie zostanie odpowiednio usunięty. Potem kupcie tani, dokładny i bezpieczny termometr elektroniczny (patrz str. 475).

UDŁAWIENIA

Udławienia to czwarta z najczęstszych przyczyn śmierci małych dzieci. Trzeba bardzo uważać, żeby w zasięgu dziecięcych rączek nie zostawiać żadnych małych przedmiotów. Niemowlęta i nieco starsze dzieci wszystko wkładają do buzi i łatwo mogą się udławić guzikiem, ziarnem fasoli czy koralikiem, jeśli dostanie im się do tchawicy.

Niebezpieczne zabawki. Na udławienie się zabawką albo elementem zabawki najbardziej narażone są maluchy poniżej piątego roku życia, ale dziecko w każdym wieku może się udławić, jeśli wkłada do buzi przedmioty nieprzeznaczone do jedzenia. Dobrze jest testować zabawki za pomocą rolki papieru toaletowego: jeśli mieszczą się w środku, to można się nimi udławić. Amerykańska Komisja do spraw Bezpieczeństwa Produktów Konsumenckich testuje zabawki przyrządem bardzo przypominającym rolkę papieru toaletowego, z otworem o nieco mniejszej średnicy. Zabawka, która nie zda egzaminu, czyli zmieści się do środka, na pewno zmieści się też w rolce papieru.

Zwróćcie uwagę na małe części, które mogą się odłamać od zabawki podczas energicznej zabawy. Pociągnijcie za nie. Dzieci poniżej trzeciego roku życia często dławią się kulkami, małymi piłeczkami i kostkami do gry. Utrzymanie zabawek starszego dziecka poza zasięgiem młodszego rodzeństwa lub dziecka, które przyszło z wizytą, zawsze stanowi wyzwanie dla rodziców.

Jednym z przedmiotów najczęściej powodujących udławienie jest pęknięty balonik, którego kawałek łatwo może się dostać do tchawicy. Zdarza się to, gdy balon nadmuchiwany przez dziecko pęknie. Dlatego najlepiej trzymać balony z dala od małych dzieci.

Dławienie się jedzeniem. Po ukończeniu czwartego, piątego roku życia większość dzieci dobrze sobie radzi z tymi samymi potrawami co dorośli. Wcześniej musicie na pewne rzeczy szczególnie uważać. Produkty okrągłe, twarde i śliskie, takie jak orzechy, landrynki, kawałki marchewki, prażona kukurydza, winogrona i rodzynki, są szczególnie niebezpieczne dla małych dzieci. Parówka potrafi zatkać tchawicę jak korek butelkę. Jeden z najbardziej niebezpiecznych produktów to masło orzechowe wyjadane prosto ze słoika łyżeczką albo nożem. Kiedy zostanie wciągnięte do płuc, nic go stamtąd nie wydobędzie. Masło orzechowe trzeba zawsze rozsmarowywać cienką warstwą na chlebie.

Znakomitym sposobem zapobiegania dławieniu się dużymi kawałkami jedzenia jest porządne żucie. Dzieci można tego nauczyć. Jeśli posłużycie im za przykład, na pewno będą was naśladować, zwłaszcza gdy nie będziecie ich popędzać podczas posiłków. Zabierzcie dziecku lizaka albo loda wodnego, jeśli biega z nim po domu. Nie pozwólcie mu jeść na leżąco. Nigdy nie zostawiajcie niemowlęcia samego, gdy pije z podpartej butelki.

Pierwszą pomoc w przypadku dławienia się opisano na str. 535.

UDUSZENIA

W pierwszym roku życia najczęstszą przyczyną śmiertelnych wypadków jest uduszenie. Niemowlę większość czasu spędza w łóżeczku, więc trzeba dołożyć wszelkich starań, żeby było w nim bezpieczne. Na str. 15 i 32 znajdziecie wskazówki dotyczące zapobiegania uduszeniom niemowląt.

Dzieci w wieku poniemowlęcym mogą się udusić sznurkiem od zasłon czy rolet lub kablem elektrycznym. Podwiązujcie sznurki i przewody, owijajcie je wokół kołków na ścianach, chowajcie za ciężkimi meblami albo używajcie zwijarek (małych plastikowych pojemników, w których można schować zwinięte fragmenty przewodów).

W wypadku starszego dziecka trzeba pamiętać, jak niebezpieczne są plastikowe torby. Z jakiegoś powodu wiele dzieci lubi się bawić plastikowymi torbami w ten sposób, że wkładają je sobie na głowę, co miewa tragiczne rezultaty. Przechowujcie wszystkie plastikowe torby razem z innymi niebezpiecznymi rzeczami, w zamkniętej albo niedostępnej szafce czy szufladzie.

BROŃ PALNA W DOMU

W wielu amerykańskich domach znajduje się krótka lub długa broń palna. Rodzicom często się wydaje, że jest im potrzebna do samoobrony, pomimo iż wszystkie badania wykazują, że dzieci (i dorośli) dużo częściej giną z broni znajdującej się w ich domu niż z broni włamywacza. Każdego dnia w Stanach Zjednoczonych ginie dziecko w wyniku przypadkowego postrzelenia. Bez wątpienia najbezpieczniejszą rzeczą, jaką można zrobić z bronią, jest pozbycie się jej.

Małe dzieci mogą paść ofiarą nieumyślnego postrzelenia, jeśli bawią się naładowaną bronią albo robią to ich koledzy. Dzieci w wieku 7–10 lat, które chcą popisać się bronią przed kolegami, mogą niechcący zostać albo zabójcą, albo ofiarą. Być może nie macie ochoty przepytywać rodziców kolegów waszego dziecka, czy mają broń, ale tragiczne statystyki sugerują, że powinniście to zrobić.

Starsze dzieci i młodzież często nie potrafią się kontrolować, zwłaszcza gdy zaczynają eksperymentować z piciem alkoholu. Mając dostęp do broni, podejmują głupie ryzyko. Ponadto nastolatki w depresji lub zażywające narkotyki częściej popełniają samobójstwa, gdy w domu jest broń.

Jeśli macie w domu broń palną. Strzelby i pistolety trzeba przechowywać rozładowane, najlepiej w zamkniętej szafce, a amunicję zamknąć osobno. Ukończenie kursu bezpiecznego obchodzenia się z bronią organizowanego przez policję albo klub strzelecki nie wystarczy. Każdy posiadacz powinien się zainteresować nowoczesnymi technologiami bezpieczeństwa, jak blokada spustu czy „inteligentna" broń, z której może wystrzelić jedynie właściciel.

UPADKI

Upadki są szóstą z najczęstszych przyczyn śmiertelnych wypadków i najczęstszą przyczyną urazów nie prowadzących do śmierci. Najwyższy wskaźnik śmiertelności po upadkach dotyczy dzieci w pierwszym roku życia. Każdego roku z obrażeniami po upadkach trafiają na izbę przyjęć trzy miliony amerykańskich dzieci, a na każde z nich przypada co najmniej dziesięć, które po upadku nie zostały zbadane przez lekarza.

Dzieci spadają zewsząd: z łóżek, stołów do przewijania, okien, ganków, drzew, rowerów, drabinek, schodów, przewracają się na lodzie itd., itp. Maluchy są najbardziej narażone na upadki z okien i ze schodów, starsze dzieci – z dachów, sprzętów na placach zabaw i ze sprzętu sportowego. Większość upadków w domu przydarza się dzieciom poniżej czwartego roku życia, najwięcej w porze posiłków. Do 40 procent upadków dochodzi pomiędzy 16.00 a 20.00.

Schody. Żeby małe dziecko nie spadło ze schodów, trzeba zainstalować barierki zabezpieczające u szczytu i u stóp schodów, a także na schodach prowadzących na ganek, do czasu, kiedy nauczy się pewnie schodzić i wchodzić. Uczcie dzieci, żeby chodząc po schodach, trzymały się barierki, i wy róbcie to samo, dając im dobry przykład. Żeby uniknąć upadków zimą, oblodzone schody i ścieżki posypujcie solą albo piaskiem.

Wypadnięcia z okna. Wypadnięcia z okien zdarzają się najczęściej wiosną i latem, na terenach miejskich. Najczęściej dzieci wypadają z pierwszego albo drugiego piętra, a najpoważniejsze są upadki z trzeciego albo wyższego piętra. Upadkom tym można zapobiegać na wiele sposobów. Możecie oczywiście nigdy okien nie otwierać, ale gdy pogoda jest ładna, nie jest to przyjemne. Warto odsunąć wszystkie zabawki i meble z dala od okien, ale kiedy dziecko podrośnie na tyle, żeby przesunąć sobie krzesło, rozwiązanie to okaże się niewystarczające. Jeśli to możliwe, uchylajcie okno od góry.

Jeśli potraficie majsterkować albo znacie jakiegoś majsterkowicza, możecie przymocować do framugi okna metalowe albo drewniane ograniczniki, uniemożliwiające otworzenie go szerzej niż na 10 cm.

Możecie też zainstalować zabezpieczenia okien. Są to metalowe bramki o szczeblkach oddalonych od siebie o nie więcej niż 10 cm, które wytrzymują działanie siły 70 kG. Zabezpieczcie wszystkie okna w pokoju, ale przynajmniej na jednym umieśćcie zabezpieczenie, które można otworzyć albo zdjąć bez pomocy specjalnego klucza bądź innego narzędzia (którego prawdopodobnie nie moglibyście znaleźć w sytuacji awaryjnej, na przykład podczas pożaru). Bramki zabezpieczające okna przed dziećmi to nie to samo co kraty antywłamaniowe, których przeznaczeniem jest uniemożliwienie osobie dorosłej wejście do środka. Niektóre stany i miasta wymagają stosowania zabezpieczeń okiennych.

Chodzik. Kiedyś uważano, że jest niezbędny, dziś widzi się w nim przede wszystkim zagrożenie. Chodzik daje łatwość poruszania się niemowlęciu, które nie zdaje sobie jeszcze sprawy z niebezpieczeństw.

Łatwo może zjechać ze schodów, a nic nie amortyzuje jego upadku. Wystarczy, że rodzice odwrócą się na moment. Każdego roku wiele tysięcy niemowląt odnosi w ten sposób poważne obrażenia.

Chodziki nie uczą chodzenia. W rzeczywistości maluchy, które dużo czasu spędzają w chodzikach, często z opóźnieniem osiągają siłę i koordynację niezbędną do samodzielnego chodzenia, ponieważ chodzik wykonuje za nie całą pracę. Na popularności zyskują stacjonarne „chodziki" bez kółek (które trafniej byłoby nazwać „stoikami"). Dają dziecku poczucie niezależności, z którym nie wiąże się ryzyko upadku. Upewnijcie się, że nie ma odsłoniętych sprężyn, które grożą uszczypnięciem.

BEZPIECZNE ZABAWKI

Każdego roku tysiące dzieci kaleczy się zabawkami, a setki zabawek jest wycofywanych ze sprzedaży, ponieważ okazały się niebezpieczne. Zabawki zawsze należy wybierać odpowiednio do wieku dziecka. Prawo federalne wymaga, żeby producenci umieszczali etykiety ostrzegawcze na zabawkach z małymi elementami, ale mimo to na rynek trafia wiele nieoznakowanych wyrobów. Dziecko poniżej trzeciego roku życia oraz każde, które lubi wszystko wkładać do buzi, może udławić się takimi zabawkami, jak szklane kulki, balony i małe klocki. Zabawką z ostrymi końcówkami albo krawędziami może skaleczyć siebie albo drugą osobę. Przedmiotami służącymi do rzucania (rzutki, strzałki) albo strzelania (przyssawki) może kogoś zranić w oko. Zabawki elektryczne powinny być używane tylko przez dzieci powyżej ósmego roku życia. Zabawki wykonane z miękkiego plastiku mogą zawierać ftalany, substancje szkodliwe dla nerek, które mogą powodować także inne problemy zdrowotne. Jeśli nie jesteście pewni, czy wyrób zawiera ftalany, zadzwońcie do producenta.

Nawet pudło na zabawki może stanowić zagrożenie. Upewnijcie się, że pokrywa ma podpórkę, dzięki której nie spadnie dziecku na głowę. Nie powinna też się zatrzaskiwać, dziecko bowiem mogłoby zamknąć się w środku i nie móc wyjść.

Informacji o bezpiecznych zabawkach szukajcie w witrynie internetowej Komisji do spraw Bezpieczeństwa Produktów Konsumenckich pod adresem http://www.cpsc.gov oraz w bardzo pomocnej witrynie http://www.toysafety.net.

ZABEZPIECZANIE DOMU

Co kupić? Producenci gadżetów uwielbiają sprzedawać różnego rodzaju zabezpieczenia nerwowym rodzicom. Do moich ulubionych należy gumowa nakładka na kran w kształcie trąby słonia. Przedmiot ten plasuje się wysoko w rankingu przedmiotów pełnych wdzięku i słodyczy, choć z bezpieczeństwem ma niewiele wspólnego. Tylko kilka przedmiotów jest koniecznych, żeby dom uczynić miejscem bezpiecznym dla dziecka. Należą do nich działające wykrywacze dymu ze sprawnymi bateriami, gaśnica w kuchni, zamykane szafki na leki i inne niebezpieczne substancje chemiczne, a jeżeli macie broń palną – blokada spustu i zamykana szafka do przechowywania broni. Bramki u szczytu i u stóp schodów zapobiegną upadkom. Jeśli mieszkacie na pierwszym piętrze albo wyżej, możecie potrzebować zabezpieczeń w oknach.

Na poniższej liście znalazły się przedmioty, które nie są kosztowne, a mogą się przydać. Większość wymieniono już wcześniej. Pamiętajcie, że nic nie zastąpi opieki osoby dorosłej.

◆ Zamknięcia szafek i szuflad w kuchni i łazience.

◆ Haczyki do zamykania drzwi, przykręcone wysoko, żeby uniemożliwić dzieciom wyjście na schody oraz wchodzenie do łazienki i pomieszczeń, w których przechowywane są niebezpieczne substancje i narzędzia.

◆ Rzepy do zamykania sprzętów takich jak lodówki, sedesy czy szafki z przesuwanymi drzwiami.

◆ Zwijarki, dzięki którym przewody można tak skrócić, żeby dzieci nie mogły owinąć ich sobie wokół szyi.

◆ Termometr mierzący temperaturę wody w kranach (nie powinna być wyższa niż 50°C).

◆ Sprężynowe zamknięcia gniazd, zapobiegające porażeniu prądem elektrycznym. (Zamknięcia sprężynowe, na stałe przymocowane do ściany, są lepsze niż małe plastikowe zaślepki: nie gubią się, nie można ich połknąć i automatycznie zamykają gniazdo po wyjęciu z niego wtyczki.)

◆ Osłony narożnikowe na kanty stołów, które łagodzą uderzenia.

Amerykańska Komisja do spraw Bezpieczeństwa Produktów Konsumenckich odpowiada na pytania i wątpliwości dotyczące wszelkich produktów, które konsumenci zamierzają kupić albo już kupili.

PIERWSZA POMOC
W NAGŁYCH WYPADKACH

SKALECZENIA I OTARCIA

Drobne skaleczenia i otarcia najlepiej jest przemyć ciepłą wodą z mydłem. Dokładne przemycie jest podstawowym zabiegiem zapobiegającym infekcji. Po osuszeniu rany czystym ręcznikiem należy ją zabezpieczać przed zabrudzeniem, dopóki się nie wygoi. Przemywajcie skaleczenie raz dziennie aż do całkowitego zagojenia.

Jeśli rana jest na tyle poważna, że jej brzegi rozchodzą się, zwróćcie się do lekarza. Czasem trzeba założyć szwy, które zamykają ranę i zmniejszają ryzyko powstania szpecącej blizny. Należy dbać, żeby szwy były czyste i suche. Każdego dnia trzeba sprawdzić, czy nie ma oznak zakażenia: silniejszego bólu, obrzęku, zaczerwienienia lub wysięku. Obecnie zamiast szwów często stosuje się kleje tkankowe, szybsze, skuteczniejsze i nie wymagające kłucia.

Rany zanieczyszczone brudem albo ziemią oraz rany zadane brudnym przedmiotem, na przykład nożem, należy pokazać lekarzowi. Być może zaleci przypominające szczepienie przeciwtężcowe, zwłaszcza w przypadku głębokich skaleczeń i ran kłutych. Jeśli dziecko otrzymało pełną serię czterech szczepionck di-per-te i miało szczepienie przypominające nie dawniej niż pięć lat temu, być może nie zostanie zaszczepione. W razie wątpliwości zawsze najlepiej zapytać lekarza.

Czasem dzieci przewracają się na stłuczone szkło albo na drewno. Drzazga albo kawałek szkła czy żwiru może pozostać w ranie. Jeśli nie da się łatwo usunąć zanieczyszczeń, najlepiej jest poprosić lekarza o obejrzenie skaleczenia. Zdjęcie rentgenowskie może wykazać obecność w ranie ciała obcego. Ciało obce może się znajdować w każdej ranie, która nie goi się albo w którą wdało się zakażenie (objawiające się zaczerwienieniem, bólem bądź wysiękiem).

DRZAZGI

Po skaleczeniach i siniakach najczęstszą drobną dolegliwością dzieciństwa są prawdopodobnie drzazgi. Wypróbujcie metodę „namoczyć i wydłubać". Miejsce wbicia drzazgi przemyjcie wodą z mydłem, a następnie zanurzcie w dość ciepłej wodzie na co najmniej dziesięć minut. Gdy zanurzenie nie jest możliwe, przyłóżcie gorący kompres. (Co parę minut będziecie musieli podgrzać wodę albo kompres.) Jeżeli koniec drzazgi wystaje ponad skórę, złapcie go pęsetką i delikatnie wyciągnijcie. Jeśli cała drzazga jest wbita pod skórę, będzie potrzebna przetarta spirytusem igła. Wymoczona skóra jest miękka, więc można ją delikatnie przekłuć igłą, robiąc szczelinę na tyle dużą, żeby uchwycić drzazgę pęsetą. Po wyjęciu drzazgi przemyjcie

rankę wodą i mydłem i załóżcie czysty opatrunek.

Nie dłubcie w skórze zbyt długo. Jeśli po pierwszym wymoczeniu nie uda wam się wyjąć drzazgi, powtórzcie moczenie przez kolejne dziesięć minut i spróbujcie raz jeszcze. Jeżeli i tym razem się nie uda, trzeba zwrócić się do lekarza.

UGRYZIENIA

Ugryzienia przez zwierzęta i ludzi. W ślinie wszystkich zwierząt, w tym ludzi, znajduje się dużo bakterii, mogących wywołać infekcję. Rezultatem ugryzienia zazwyczaj jest głęboka rana kłuta, która może być trudniejsza do oczyszczenia niż proste skaleczenie. O wszystkich przypadkach ugryzienia, w których uszkodzona została skóra, należy zawiadomić lekarza. Do czasu uzyskania pomocy medycznej należy postępować tak samo jak w przypadku skaleczeń. Przez kilka minut przemywajcie ranę mydłem pod bieżącą wodą.

Najczęstsze powikłanie ugryzienia przez zwierzę albo człowieka to zakażenie bakteryjne. Żeby mu zapobiec, lekarz opatrujący ranę może przepisać antybiotyk. Nawet jeśli dziecko otrzymuje antybiotyk, poinformujcie lekarza o objawach zakażenia: zaczerwienieniu, opuchliźnie, tkliwości lub wysięku z rany.

Wścieklizna to choroba stanowiąca zagrożenie dla życia. Może być rezultatem pokąsania przez zwierzę, zwłaszcza dzikie (lisa, szopa pracza czy nietoperza). Również zwierzęta domowe – psy i koty – mogą być nosicielami wirusa wścieklizny, jeśli nie zostały zaszczepione. Rzadko się zdarza, żeby przenosiły go domowe myszoskoczki, chomiki czy świnki morskie. Wścieklizna jest nieuleczalna, ale można jej zapobiec, podając specjalną szczepionkę jak najszybciej po ugryzieniu.

Lekarz powie wam, jak postąpić w przypadku konkretnego ugryzienia, i oceni, czy konieczna jest szczepionka przeciw wściekliźnie. Lokalny wydział zdrowia udzieli informacji o ryzyku zakażenia wścieklizną; może też poddać zwierzę obserwacji w celu upewnienia się, że nie występują u niego objawy choroby.

Ukąszenia owadów. Większość nie wymaga leczenia, ale sprawdzajcie, czy nie ma objawów zakażenia (patrz str. 529), które może się rozwinąć w wyniku drapania. Po użądleniu przez pszczołę sprawdźcie, czy w skórze zostało żądło; jeśli tak, delikatnie potrzyjcie to miejsce kartą kredytową albo innym kawałkiem plastiku. Nie używajcie pęsety – moglibyście wcisnąć do skóry więcej jadu. Delikatnie oczyśćcie miejsce ukąszenia i przyłóżcie lód, żeby zmniejszyć obrzęk albo mu zapobiec.

Swędzące miejsce posmarujcie maścią zrobioną z łyżeczki sody oczyszczonej (wodorowęglanu sodu) zmieszanej z kilku kroplami wody. Swędzenie łagodzą doustne leki przeciwhistaminowe (difenhydramina, nazwa handlowa Benadryl, bez recepty). Leki przeciwhistaminowe sprawiają czasem, że dzieci czują się zmęczone albo nadmiernie pobudzone. Ukąszeniom najlepiej jest zapobiegać (patrz str. 508).

KRWAWIENIE

Niewielkie rany. Większość ran przez krótki czas krwawi. Jest to korzystne, ponieważ krew wymywa część wprowadzonych do rany zarazków. Tylko krwawienie obfite albo przedłużające się wymaga specjalnego postępowania. Żeby zatamować krew, przeważnie wystarczy bezpośredni ucisk na ranę i uniesienie skaleczonej kończyny. Dziecko należy położyć i podeprzeć zranioną kończynę jedną albo dwiema poduszkami. Jeśli rana nadal obficie krwawi, trzeba przycisnąć do niej jałową gazę albo czystą szmatkę, aż krwawienie ustanie.

Żeby opatrzyć ranę, która mocno krwawiła albo nadal krwawi, umieśćcie kilka kwadratów jałowej gazy (albo złożonych kawałków materiału) jeden na drugim. Tak przygotowany gruby opatrunek ciasno przyklejamy do rany plastrem albo bandażujemy – większy ucisk na ranę zmniejszy ryzyko ponownego krwawienia.

Poważne krwawienie. Jeśli rana bardzo obficie krwawi, trzeba natychmiast zatamować krwotok. Należy zastosować bezpośredni ucisk na krwawiące miejsce i w miarę możliwości unieść zranioną kończynę do góry. Zróbcie opatrunek z najczystszego dostępnego materiału – jałowej gazy, czystej chusteczki lub najczystszej części odzieży dziecka bądź waszej. Przyciśnijcie opatrunek do rany i uciskajcie ją, dopóki nie przybędzie pomoc albo krwawienie nie ustanie. Nie wolno zdejmować pierwszego opatrunku. Gdy przesiąknie krwią, dołóżcie więcej warstw z wierzchu. Jeśli krwawienie zacznie słabnąć, a dysponujecie odpowiednim materiałem, możecie opatrunek obandażować.

Opatrunek powinien być na tyle gruby, żeby po obandażowaniu uciskał ranę. Jeśli opatrunek nie tamuje krwawienia, należy powrócić do uciskania rany dłonią. Jeśli nie macie pod ręką żadnego materiału, którym moglibyście ucisnąć mocno krwawiącą ranę, naciśnijcie dłonią jej brzegi albo nawet samą ranę.

Bezpośredni ucisk na ranę wystarczy do zatamowania większości krwotoków. Jeśli to nie pomaga, poproście kogoś o wezwanie pogotowia, nie przestając uciskać rany. Czekając na karetkę, ranny powinien się położyć i unieść do góry nogi i zranioną część ciała. Postarajcie się, żeby było mu ciepło.

Krwawienie z nosa. Istnieje kilka prostych sposobów zatrzymania krwawienia z nosa. Często wystarczy jedynie, żeby dziecko przez kilka minut spokojnie posiedziało. Niech nie wydmuchuje nosa ani nie przyciska go chusteczką. Silny krwotok można czasem zatamować, delikatnie ściskając nozdrza przez pięć minut. (Patrzcie przy tym na zegarek: w takich okolicznościach pięć minut wydaje się wiecznością.) Puśćcie je powoli i delikatnie. Jeśli mimo tych zabiegów krwawienie nie ustępuje przez kolejne dziesięć minut, skontaktujcie się z lekarzem.

Krwotoki z nosa są najczęściej powodowane przez urazy nosa, dłubanie w nosie, alergie, przeziębienia i inne infekcje. Jeśli dziecko często miewa krwotoki bez wyraźnej przyczyny, powinien je zbadać lekarz. W przypadku uporczywych krwotoków konieczna może być kauteryzacja (przyżeganie) odsłoniętego naczynia krwionośnego, które stale pęka. Lekarz może ten zabieg przeprowadzić w swoim gabinecie, zazwyczaj wkrótce po ustaniu krwotoku.

Krwawienia z nosa u niemowląt są rzadkie. Każdy taki wypadek należy zgłosić lekarzowi.

OPARZENIA

Głębokość oparzeń. Wyróżniamy trzy rodzaje oparzeń. Oparzenia naskórka, których objawem jest zaczerwienienie, to oparzenia pierwszego stopnia. Oparzenia uszkadzające głębsze warstwy skóry na większej powierzchni, w wyniku czego powstają pęcherze, to oparzenia drugiego stopnia. Oparzenie trzeciego stopnia jest bardzo poważne – uszkadza najgłębiej położone warstwy skóry, często także zakończenia nerwów. Oparzenia trzeciego stopnia to poważne urazy, które często wymagają przeszczepów. Ważna jest też rozległość oparzeń. Lekkie oparzenie dużej powierzchni ciała (na przykład oparzenie słoneczne) często wystarczy, żeby dziecko bardzo źle się czuło.

Niewielkie oparzenia. Oparzenia są przeważnie rezultatem przypadkowego kontaktu z gorącą wodą; oparzyć można się też gorącym olejem, tłuszczem i innymi substancjami. Jeśli oparzenie jest niewielkie, oparzone miejsce należy przez kilka minut trzymać pod zimną bieżącą wodą, aż zdrętwieje. Nie używajcie lodu; może pogorszyć uraz. Nie wolno smarować oparzeń żadną maścią, tłuszczem, masłem, kremem czy wazeliną; środki te zatrzymują ciepło w skórze. Po opłukaniu oparzenia wodą okryjcie je grubym, sterylnym opatrunkiem, który złagodzi ból.

Jeśli powstaną pęcherze, nie należy ich przekłuwać. Dopóki pęcherz jest nienaruszony, wypełniający go płyn jest sterylny. Po przekłuciu do rany dostają się zarazki. Jeśli pęcherz sam pęknie, dobrze jest zwisające płatki skóry usunąć wygotowanymi (pięć minut) nożyczkami do paznokci albo pęsetą. Potem ranę należy przykryć sterylnym opatrunkiem. Pęknięte pęcherze powinien obejrzeć lekarz; może prze-

pisać specjalną maść z antybiotykiem zapobiegającym infekcji. Jeśli pęcherz nie pęka, ale widać oznaki infekcji – na przykład ropną wydzielinę albo zaczerwienienie – skonsultujcie się z lekarzem. Nie wolno smarować oparzenia jodyną ani innym środkiem antyseptycznym, chyba że zaleci to lekarz.

Pomoc lekarska jest szczególnie ważna w przypadku oparzeń twarzy, dłoni, stóp i genitaliów. Opóźnienie leczenia może prowadzić do tworzenia się blizn oraz zaburzeń funkcjonalnych. Wyjątek stanowią łagodne oparzenia słoneczne.

Oparzenia słoneczne. Najlepiej jest ich unikać (patrz str. 507). Ciężkie oparzenia słoneczne są bolesne, niebezpieczne i niepotrzebne. Latem na plaży wystarczy pół godziny bezpośredniego działania promieni słonecznych, żeby spowodować oparzenia u osoby o jasnej karnacji, która nie przygotowała się do przebywania na słońcu.

Żeby złagodzić skutki oparzenia słonecznego, zastosujcie chłodny kompres i podajcie łagodny środek przeciwbólowy, np. ibuprofen albo paracetamol. Jeśli pojawią się pęcherze, postępujcie zgodnie z zaleceniami dotyczącymi oparzeń. Osoba z umiarkowanie ciężkim poparzeniem słonecznym może mieć dreszcze i gorączkę i czuć się chora. W takim wypadku powinniście skonsultować się z lekarzem, jako że oparzenia słoneczne mogą być równie poważne jak oparzenia termiczne. Poparzone części ciała należy całkowicie chronić przed słońcem aż do ustąpienia zaczerwienienia.

Oparzenie prądem elektrycznym. Większość oparzeń prądem zdarza się w domu i jest stosunkowo niegroźna. Stopień oparzenia jest wprost proporcjonalny do natężenia prądu, który przepłynął przez dziecko. Woda i wilgoć zwiększają ryzyko poważnych obrażeń. Dlatego n i e w o l n o włączać żadnych urządzeń elektrycznych w łazience, gdy dziecko się myje albo kąpie.

W wyniku porażenia prądem generowany jest impuls, pod którego wpływem dziecko przeważnie cofa rękę, zanim stanie mu się coś złego. W poważniejszych przypadkach dochodzi do oparzenia, objawiającego się zaczerwienieniem albo pęcherzami. Może też dojść do zwęglenia skóry. Pierwsza pomoc w takich przypadkach jest taka sama jak w przypadku oparzeń termicznych (patrz str. 528).

Prąd elektryczny może przepłynąć przez nerwy i naczynia krwionośne. Obecność rany wlotowej i wylotowej nasuwa podejrzenie, że prąd mógł je uszkodzić. Jeśli dziecko ma objawy neurologiczne – odrętwienie, mrowienie czy ból – powinien je obejrzeć lekarz.

Zdarza się też, że dziecko oparzy się prądem na skutek przegryzienia kabla elektrycznego. W takiej sytuacji może wystąpić małe oparzenie w kąciku ust. Dziecko z takim oparzeniem powinno trafić do lekarza. Wszystkie oparzenia mogą pozostawić blizny, trzeba więc zadbać o to, żeby nie przeszkadzała w uśmiechaniu się albo żuciu.

INFEKCJE SKÓRNE

Niewielkie infekcje skórne. Objawiają się zaczerwienieniem, obrzękiem, podwyższoną temperaturą skóry, bólem lub ropnym wysiękiem. Jeśli dziecko ma ropień, infekcję na opuszce palca albo zainfekowane skaleczenie, powinien je obejrzeć lekarz. Jeśli nie można od razu uzyskać pomocy medycznej, najlepiej zanurzyć objęte infekcją miejsce w ciepłej wodzie albo przyłożyć ciepły, mokry kompres. W ten sposób skóra mięknie i szybciej pęka, co pozwala uwolnić zgromadzoną ropę. Ciepła woda zapobiega przedwczesnemu zamknięciu się rany. Zakażone miejsce należy przykryć dość grubym opatrunkiem i polać go taką ilością ciepłej wody, żeby był zupełnie mokry. Po dwudziestu

minutach zastępujemy mokry opatrunek czystym i suchym. Zakładamy wilgotne kompresy trzy, cztery razy dziennie, jednocześnie próbując skontaktować się z lekarzem albo pielęgniarką. Jeśli macie w domu maść z antybiotykiem, posmarujcie chore miejsce, ale nie rezygnujcie z wizyty u lekarza.

Poważne infekcje. O tym, że infekcja się rozprzestrzenia, świadczą: gorączka, czerwone pręgi biegnące od miejsca zakażenia oraz tkliwość węzłów chłonnych pod pachą albo w pachwinie. Natychmiast zawieźcie dziecko do lekarza albo do szpitala: poważne zakażenia leczy się antybiotykami podawanymi dożylnie.

CIAŁA OBCE W NOSIE I USZACH

Małe dzieci często wkładają do nosa i uszu różne małe przedmioty – koraliki, małe części zabawek i gier, zwitki papieru. Jeśli

przedmiot jest miękki i nie utknął zbyt głęboko, być może uda wam się wyjąć go pęsetą. Nie próbujcie tego z przedmiotem gładkim i twardym, bo niemal na pewno wepchniecie go głębiej. Jeśli dziecko nie potrafi spokojnie usiedzieć, uważajcie z pęsetą – może narobić więcej szkód niż samo ciało obce. Ciało obce może tkwić w uchu lub w nosie nawet wtedy, gdy go nie widać.

Czasem starsze dziecko potrafi wydmuchać obce ciało z nosa, ale nie namawiajcie do tego malucha, któremu zdarza się pomylić dmuchanie z wciąganiem. Może się zdarzyć, że dziecko po pewnym czasie kichnie i przedmiot wyleci. Jeśli macie aerozol do nosa (środek zmniejszający przekrwienie śluzówki), zaaplikujcie go dziecku, a potem poproście, żeby dmuchnęło. Jeśli przedmiot nie wypadnie, zabierzcie dziecko do lekarza rodzinnego albo laryngologa. Ciała obce pozostające w nosie przez kilka dni mogą wywołać krwisty wyciek o nieprzyjemnym zapachu. W przypadku zauważenia takiej wydzieliny zawsze weźcie tę możliwość pod uwagę.

CIAŁA OBCE W OKU

Żeby usunąć okruch albo ziarno piasku z oka dziecka, spróbujcie nakłonić je do zanurzenia otwartego oka w misce albo umywalce pełnej wody i kilkakrotnego mrugnięcia. Pomóc może pociągnięcie górnej powieki w dół i odwinięcie jej na zewnątrz. Jeśli okruch jest widoczny, spróbujcie usunąć go zwilżonym patyczkiem higienicznym. Jeśli pół godziny później dziecku nadal wydaje się, że ma coś w oku, skontaktujcie się z lekarzem. Jeśli oko zostało uderzone z dużą siłą albo ostrym przedmiotem lub dziecko odczuwa ból, okryjcie oboje oczu wilgotną chusteczką i natychmiast poszukajcie pomocy lekarskiej.

SKRĘCENIA

Podczas skręcenia stawu dochodzi do naciągnięcia (nadwerężenia), naderwania albo przerwania więzadeł, ścięgien lub mięśni. Mięśnie przyczepione są do kości grubymi, przypominającymi sznury włóknami zwanymi ścięgnami. Więzadła to silne pasma tkanki wzmacniające stawy. Upadki, kontuzje sportowe oraz różnego rodzaju nietypowe obroty mogą spowodować skręcenie stawu. Taki uraz może być poważny i wymagać podobnego leczenia jak złamania.

Jeśli dziecko skręci kostkę, kolano albo nadgarstek, niech się położy na pół godziny i oprze skręconą kończynę na poduszce. Na miejsce urazu przyłóżcie okład z lodu. Natychmiastowe przyłożenie zimnego okładu zapobiega obrzękowi i zmniejsza ból. Jeśli ból ustąpi, a dziecko może normalnie poruszać kontuzjowaną kończyną, nie odczuwając dyskomfortu, nie ma potrzeby zabierać go do lekarza.

Jeśli wystąpi obrzęk albo tkliwość w miejscu urazu, należy udać się do lekarza. Kość może być pęknięta albo złamana. Nawet jeśli prześwietlenie nie wykaże złamania, konieczne może być unieruchomienie stawu za pomocą gipsu albo szyny, co umożliwi więzadłom i ścięgnom prawidłowe gojenie. Przez kilka dni po urazie dobrze jest ograniczyć ćwiczenia wymagające podnoszenia ciężarów, ale nie należy stawu zupełnie unieruchamiać. Lekarz może przepisać konkretne ćwiczenia. Ważne jest dokładne przestrzeganie zaleceń; przeciążenie uszkodzonego miejsca może odnowić uraz więzadeł, co jest bolesne i sprawia, że staw staje się podatny na urazy przewlekłe, natomiast całkowite unieruchomienie może powodować sztywność i zmniejszony zakres ruchu kończyny.

ZŁAMANIA

Kości dzieci różnią się od kości dorosłych. Kość może ulec złamaniu albo pęknięciu. Złamania u dzieci mogą się różnić od złamań u dorosłych. Kość długa może ulec złamaniu przy końcu, w miejscu, w którym znajduje się ośrodek wzrostu, co przeszkadza w dalszym wzroście. Kość może być pęknięta tylko z jednej strony (złamanie podokostnowe, nazywane „złamaniem zielonej gałązki") albo – tak jak u dorosłych – pęknięcie może przechodzić przez obie powierzchnie kości.

Czasem trudno jest odróżnić skręcenie od złamania. Jeśli kończyna jest wyraźnie zdeformowana – na przykład ramię jest zgięte pod dziwnym kątem – nie ma wątpliwości, że kość jest złamana. Jednak często jedynymi objawami urazu są nieznaczna obrzęk i tkliwość. Siniak w miejscu urazu lub ból utrzymujący się przez wiele dni sugeruje, że kość jest złamana. Często jedynym sposobem upewnienia się jest wykonanie zdjęcia rentgenowskiego.

Jeśli podejrzewacie, że kość może być złamana, postarajcie się, żeby dziecko nią nie ruszało, żeby nie pogarszać urazu. Możecie podać środek przeciwbólowy (paracetamol, ibuprofen albo aspirynę). Jeśli to możliwe, załóżcie szynę, zróbcie okład z lodu i zabierzcie dziecko do lekarza.

Złamanie nadgarstka. Bardzo częstym urazem w dzieciństwie jest złamanie nadgarstka, które może być rezultatem podparcia się wyprostowanym ramieniem podczas upadku z drabinek na placu zabaw albo upadku na lodzie. Nadgarstek od razu zaczyna boleć, ale ponieważ ból nie zawsze jest silny, często dopiero po kilku dniach dziecko trafia do lekarza. Zdjęcie rentgenowskie potwierdza diagnozę, zakłada się gips – i po problemie.

Unieruchomienie złamanej kończyny. Unieruchomienie zmniejsza ból i zapobiega dalszym urazom wynikającym z przemieszczania się złamanej kości. Szyna jest najskuteczniejsza, gdy unieruchamia kończynę powyżej i poniżej złamania. W wypadku urazu kostki szyna powinna obejmować kolano; przy złamaniu dolnej części nogi – biodro; przy złamaniu nadgarstka – od końców palców do łokcia; przy złamaniu przedramienia albo ramienia – od końców palców do pachy.

Żeby zrobić długą szynę, potrzebna jest deska. Krótką szynę dla małego dziecka można zrobić ze złożonej tektury. Zakładając szynę, należy bardzo delikatnie dotykać kończyny i starać się nie poruszyć złamanej kości. Ciasno przywiążcie kończynę do szyny w czterech lub sześciu miejscach chustkami, skrawkami ubrań albo bandażami. Szyna powinna być przywiązana po obu stronach złamania i na obu końcach. Po założeniu szyny przyłóżcie w miejscu urazu okład z lodu. Nigdy nie kładźcie samego lodu bez woreczka bezpośrednio na skórze i kierujcie się zasadą, żeby nie przykładać go na dłużej niż dwadzieścia minut. W przypadku złamania obojczyka zróbcie temblak z dużego trójkąta materiału i zawiążcie go na karku dziecka, tak żeby podtrzymywał przedramię przed klatką piersiową.

URAZY SZYI I PLECÓW

Rdzeń kręgowy to gruba wiązka nerwów łącząca mózg z resztą ciała. Rezultatem uszkodzenia rdzenia kręgowego może być nieodwracalny niedowład, utrata kontroli nad funkcjami wydalniczymi oraz albo utrata czucia, albo nieustający ból. Rdzeń kręgowy chroni przed urazem kolumna z kości – kręgosłupa.

Jeśli kręgosłup zostanie uszkodzony podczas upadku albo innego uderzenia, łatwo może dojść do urazu rdzenia – jeśli nie w wyniku samego upadku, to w wyniku późniejszych prób podniesienia ofiary. Dlatego pod żadnym pozorem nie należy przenosić dziecka, u którego występuje podejrzenie urazu kręgosłupa lub rdzenia kręgowego. Zalicza się do nich wszelkie wypadki, które spowodowały utratę przytomności, oraz wszelkie obrażenia odniesione w wyniku działania dużych sił. Zamiast dziecko podnosić, postarajcie się, żeby było mu jak najwygodniej i żeby się nie ruszało, dopóki nie przyjedzie karetka. Tylko wykwalifikowany personel medyczny może przenosić dziecko, jeśli zachodzi podejrzenie, że ma ono obrażenia kręgosłupa.

Jeśli konieczne jest przeniesienie dziecka przed przybyciem karetki, jedna osoba powinna podtrzymywać jego głowę i szyję. Podczas przenoszenia głowa i szyja powinny stale znajdować się w tej samej pozycji. Ruch ciała dziecka musi być skoordynowany z ruchem głowy. W ten sposób zmniejszycie ryzyko dalszego uszkodzenia rdzenia kręgowego.

URAZY GŁOWY

Niemowlę może doznać urazu głowy, jeszcze zanim zacznie chodzić, na przykład w rezultacie upadku z łóżka albo ze stołu do przewijania. Jeśli zaraz po upadku płacze, ale w ciągu piętnastu minut uspokaja się, nie wymiotuje, zachowuje się, jak gdyby nic się nie stało, i nie ma poważnego obrzęku na głowie, a jego skóra ma normalny kolor, to jest bardzo mało prawdopodobne, że doszło do uszkodzenia mózgu. Guz na głowie tuż po upadku sam w sobie nie jest groźny, jeśli nie towarzyszą mu inne objawy. Wywołało go pęknięcie naczynia krwionośnego tuż pod skórą. Obrzęk innej części czaszki może świadczyć o pęknięciu kości.

W przypadku poważniejszego urazu głowy dziecko wymiotuje, traci apetyt, przez kilka godzin jest blade, ma bóle i zawroty głowy, na zmianę jest to pobudzone, to letargiczne i sprawia wrażenie bardziej śpiącego niż zwykle. Jeśli zauważycie którykolwiek z tych objawów, natychmiast skontaktujcie się z lekarzem. Każde dziecko, które po upadku straciło przytomność, powinno zostać natychmiast zbadane przez lekarza, nawet jeśli nie występują inne objawy.

Po każdym urazie głowy dziecko trzeba uważnie obserwować przez następną dobę albo dwie. Krwotok wewnątrzczaszkowy może spowodować ucisk na mózg, wywołując objawy, które początkowo nie są oczywiste, ale stają się widoczne z upływem czasu. Każda zmiana zachowania, w tym zwiększona senność, pobudzenie albo zawroty głowy, stanowi sygnał alarmowy.

Należy też zwrócić uwagę na to, jak dziecko po urazie radzi sobie w szkole.

Dzieci, które doznały wstrząśnienia mózgu – urazu głowy powodującego utratę przytomności albo pamięci wypadku – mogą mieć trudności z koncentracją i uczeniem się.

Urazy zębów opisano na str. 550.

POŁKNIĘTE PRZEDMIOTY

Przedmioty niejadalne często bez trudności przechodzą przez żołądek i jelita dziecka, czasem nawet niezauważone. Jednak mogą utknąć gdzieś w przewodzie pokarmowym, przeważnie w przełyku (odcinku przewodu pokarmowego łączącym gardło z żołądkiem). Przedmioty stanowiące największe zagrożenie to igły, szpilki, monety i bateryjki. Mogą one wywołać kaszel i zadławienie, ból albo trudności z przełykaniem, niechęć do jedzenia, ślinienie się albo uporczywe wymioty.

Jeśli wasze dziecko połknęło gładki przedmiot – pestkę od śliwki albo guzik – i nie odczuwa dyskomfortu, prawdopodobnie przejdzie on przez jego przewód pokarmowy bez większych problemów (mimo to należy powiadomić lekarza). Oczywiście jeśli dziecko wymiotuje, odczuwa ból bądź wystąpi u niego którykolwiek z wymienionych objawów, natychmiast skontaktujcie się z lekarzem. Bateryjki są szczególnie niebezpieczne, ponieważ wyciekający z nich kwas może uszkodzić śluzówkę przełyku albo jelit. Trzeba je wydobyć.

Przedmioty metalowe widać na zdjęciu rentgenowskim; plastikowe i drewniane – nie zawsze. Konieczne może się okazać obrazowanie metodą rezonansu magnetycznego (MRI) albo wziernikowanie (endoskopia). Wprawny laryngolog albo gastroenterolog (lekarz chorób żołądka i jelit) często potrafi wydobyć połknięty przedmiot wziernikiem.

Nie wolno podawać środków wymiotnych ani przeczyszczających dziecku, które coś połknęło. Nie pomogą, a mogą zaszkodzić. Na stronie 535 (Zadławienie i sztuczne oddychanie) opisano, jak postąpić, gdy przedmiot utknął w tchawicy albo oskrzelach.

ZATRUCIA

Pierwsza pomoc w wypadku zatrucia jest prosta: jeśli dziecko wydaje się chore, wezwijcie pogotowie (numer telefonu 999), a potem zadzwońcie do ośrodka ostrych zatruć. Jeśli dziecko dobrze się czuje, od razu zadzwońcie do ośrodka ostrych zatruć. Inne wskazówki:

1. Zostańcie przy dziecku i sprawdzajcie, czy oddycha bez problemu i czy jest przytomne. Jeśli nie, zadzwońcie po pogotowie (999) z prośbą o natychmiastową pomoc.

2. Usuńcie resztki niebezpiecznej substancji z ust dziecka, żeby zapobiec dalszemu połykaniu. Jeśli to możliwe, idąc z dzieckiem do lekarza, weźcie resztę połkniętej substancji ze sobą, żeby ją zidentyfikować.

3. Nie zwlekajcie z szukaniem pomocy, nawet jeśli dziecko dobrze się czuje. Skutki działania wielu trucizn – na przykład aspiryny – mogą być widoczne dopiero po paru godzinach, ale reagując natychmiast, można im zapobiec.

4. Zadzwońcie do ośrodka ostrych zatruć. Podajcie nazwę leku albo innej substancji połkniętej przez dziecko oraz jej ilość, jeśli jesteście w stanie ją określić.

Zatrucia poprzez skórę. Choć często uważamy skórę za barierę ochronną, trzeba zdawać sobie sprawę, że niektóre leki i trucizny mogą zostać przez nią wchłonięte i osiągnąć w organizmie poziom toksyczny. Jeśli ubranie dziecka zetknie się z potencjalną trucizną, należy je natychmiast zdjąć, a skórę przez piętnaście minut płukać dużą ilością czystej wody (może się wydawać, że piętnaście minut to bardzo długo). Potem delikatnie umyjcie miejsce kontaktu wodą z mydłem i raz jeszcze dobrze opłuczcie. Zdjęte ubranie włóżcie do plastikowej torby i trzymajcie poza zasięgiem dzieci. Zadzwońcie do ośrodka ostrych zatruć albo do lekarza. Je-śli skieruje was do szpitala, weźcie ze sobą ubranie, gdzie zostanie przebadane w celu zidentyfikowania trucizny.

Szkodliwe płyny w oku. Jeśli dziecku przypadkowo dostanie się do oka jakaś potencjalnie szkodliwa substancja, natychmiast wypłuczcie oko. Niech dziecko położy się na plecach i mruga tak szybko, jak tylko potrafi, podczas gdy wy polewacie oko letnią (nie gorącą) wodą ze szklanki trzymanej w odległości 5–7 centymetrów nad okiem. Możecie też spróbować wypłukać otwarte oko pod strumieniem letniej wody z kranu. Płuczcie je przez 15 minut, a potem zadzwońcie do ośrodka ostrych zatruć lub do lekarza. Niektóry płyny, szczególnie żrące, mogą poważnie uszkodzić oko, dlatego niezbędne jest badanie przez okulistę. Starajcie się powstrzymywać dziecko przed tarciem oka.

REAKCJE ALERGICZNE

U dzieci mogą wystąpić reakcje alergiczne na jedzenie, zwierzęta, leki, ukąszenia owadów – właściwie na wszystko. Objawy mogą być lekkie, umiarkowane albo ciężkie.

Lekkie: Dzieci z lekką alergią mogą skarżyć się na swędzenie i łzawienie oczu. Często kichają i mają zatkany nos. Niekiedy mają pokrzywkę – bardzo swędzącą, miejscową obrzęk, wyglądającą jak duży ślad po ukąszeniu komara. Alergiczna wysypka może też mieć postać małych, swędzących krostek. Na lekkie objawy alergii pomagają środki przeciwhistaminowe, na przykład dostępna bez recepty difenhydramina (Benadryl).

Umiarkowane: O umiarkowanych objawach alergicznych mówimy, kiedy do po-krzywki dołączają problemy z oddychaniem, takie jak świszczący oddech i kaszel. Dzieci z takimi objawami powinien natychmiast zbadać lekarz.

Ciężkie: Do ciężkich objawów alergicznych, nazywanych też anafilaksją, należą: obrzęk jamy ustnej i gardła, trudności w oddychaniu spowodowane blokadą dróg oddechowych oraz niskie ciśnienie krwi. Zazwyczaj anafilaksja jest tylko nieprzyjemna i przerażająca; w sporadycznych przypadkach ma bardzo poważne, nawet śmiertelne, konsekwencje. Postępowanie w stanie nagłym polega na podskórnym podaniu zastrzyku adrenaliny (zwanej też epinefryną); dziecko należy natychmiast zawieźć do szpitala. Każde dziecko, u którego wystąpiła reakcja anafilaktyczna, powinien zbadać lekarz, który może przepisać odmierzoną dawkę epinefryny w samoczynnej strzykawce; preparat ten występuje m.in. pod nazwami handlowymi Epi-Pen i AnaKit*. Rodzice i nauczyciele mogą taką strzykawkę nosić przy sobie i w razie potrzeby bezzwłocznie podać dziecku zastrzyk.

Alergolog pomoże wam zdecydować, czy w przypadku waszego dziecka warto przeprowadzić odczulanie.

DRGAWKI I NAPADY PADACZKOWE

Uogólniony napad padaczkowy z drgawkami wygląda przerażająco. Trzeba zachować spokój i pamiętać, że zazwyczaj dziecku nie grozi niebezpieczeństwo. Połóżcie je w bezpiecznym miejscu, w którym nie zrobi sobie krzywdy, na przykład na dywanie w bezpiecznej odległości od mebli. Najlepsza jest pozycja na boku, w której ślina może swobodnie wypływać z ust, a język nie blokuje dróg oddechowych. Nie wkładajcie dziecku nic do ust. Zadzwońcie do lekarza albo po pogotowie. Więcej o drgawkach na stronie 594.

UTONIĘCIA

Nieprzytomne dziecko znalezione w pobliżu jeziora, basenu albo wiadra z wodą trzeba natychmiast reanimować. Najlepiej, żeby zrobiła to osoba, która przeszła szkolenie w zakresie resuscytacji krążeniowo-oddechowej. Żeby przeprowadzić sztuczne oddychanie, postępujcie zgodnie z instrukcjami na stronie 536. Jeśli zacznie wymiotować, należy obrócić je na bok, żeby ochronić płuca. Jeżeli istnieje możliwość, że dziecko nurkowało, załóżcie, że może mieć złamany kręgosłup. Jak najmniej ruszajcie jego głową, żeby uniknąć uszkodzenia rdzenia kręgowego. Dziecko, które tonęło, musi zostać zbadane przez lekarza, nawet jeśli wydaje się, że doszło do siebie. Ciężkie uszkodzenia płuc mogą dać znać o sobie wiele godzin po wypadku i otoczenie dziecka opieką medyczną jest bardzo ważne.

ZADŁAWIENIE I SZTUCZNE ODDYCHANIE

Rodzice, którzy potrafią udrożnić drogi oddechowe i zrobić sztuczne oddychanie, poradzą sobie z większością stanów nagłych zagrażających życiu dziecka. Większość dzieci ma zdrowe serce. Jeśli nastąpiło zatrzymanie akcji serca, to prawdopodobnie dlatego, że dziecko przestało oddychać i do serca nie dopływa tlen. Do powodów nagłego zatrzymania oddechu należy uduszenie, utonięcie oraz zadławienie. (Ciężkie zapalenie płuc, astma i inne choroby mogą niekiedy spowodować zatrzymanie oddechu, ale nie dzieje się to nagle, więc jest mało prawdopodobne, że rodzice będą musieli radzić sobie z tym sami.)

---

* W Polsce dostępna jest autostrzykawka z adrenaliną Fastjekt (przyp. tłum.).

Resuscytacja. Każda osoba dorosła powinna być przeszkolona w udzielaniu pierwszej pomocy i resuscytacji krążeniowo-oddechowej. Kursy pierwszej pomocy są organizowane między innymi przez straż pożarną, Czerwony Krzyż oraz wiele szpitali i klinik. W ich trakcie rodzice uczą się oceniania stanu poważnie chorego dziecka, wzywania pomocy, wykonywania sztucznego oddychania i masażu serca. Poniższe instrukcje nie mają na celu zastąpienia kursu pierwszej pomocy; mają tylko dać ogólne pojęcie, jak należy postąpić. Żeby się nauczyć resuscytacji krążeniowo-oddechowej, trzeba ukończyć kurs pierwszej pomocy.

Zakrztuszenie i kaszel. Kiedy dziecko coś połknęło i ma silny atak kaszlu, dajcie mu szansę wykrztuszenia ciała obcego. Jest to najlepszy sposób usunięcia go z dróg oddechowych. Jeśli dziecko nie jest w stanie oddychać, mówić ani płakać, zostańcie przy nim i poproście kogoś o wezwanie pogotowia. Nie próbujcie wyjmować ciała obcego. Nie klepcie dziecka po plecach, nie obracajcie go do góry nogami i nie próbujcie wkładać mu rąk do ust, żeby wyjąć przedmiot. Moglibyście wepchnąć go głębiej, zamykając drogi oddechowe i zatrzymując oddech. Działania te są właściwe tylko wtedy, gdy drogi oddechowe są zupełnie zablokowane.

Brak kaszlu i oddechu. Jeżeli dławiące się dziecko nie jest w stanie oddychać, płakać ani mówić, oznacza to, że ciało obce całkowicie blokuje drogi oddechowe i powietrze nie dociera do oskrzeli. W takiej sytuacji – ale tylko wtedy, gdy drogi oddechowe są całkowicie zablokowane – postępujcie zgodnie z poniższymi wskazówkami.

*Niemowlę (do pierwszego roku życia) z **całkowitą niedrożnością** dróg oddechowych:*

1. Jeśli niemowlę jest przytomne, włóż rękę pod jego plecy, żeby podtrzymać głowę i szyję. Kciukiem i palcem wskazującym drugiej ręki chwyć dolną szczękę, trzymając przedramię na jego brzuchu.

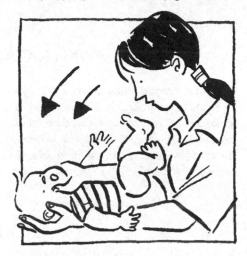

2. Obróć dziecko, tak żeby leżało twarzą w dół, z głową niżej niż tułów. Jego brzuch podtrzymuj ramieniem opartym na swoim udzie.

3. Podstawą dłoni szybko uderz dziecko w środkową część pleców, wysoko pomiędzy łopatkami, nie więcej niż pięć razy.

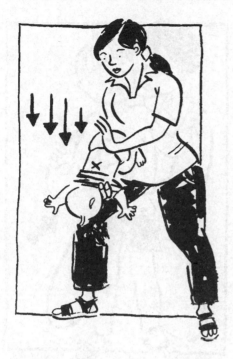

i wskazujący na mostku dziecka, pośrodku klatki piersiowej, tuż pod linią brodawek sutkowych. Wykonaj do pięciu szybkich ucisków klatki piersiowej, próbując wywołać kaszel.

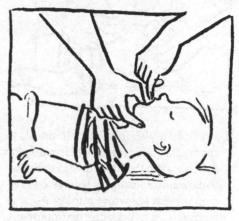

4. Jeśli drogi oddechowe nie zostały udrożnione, odwróć dziecko twarzą do góry, podpierając jego plecy przedramieniem. Pamiętaj, że głowa dziecka powinna być niżej niż stopy. Umieść palec środkowy

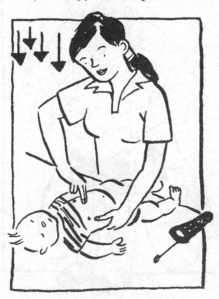

5. Jeśli dziecko nie zaczęło oddychać albo straciło przytomność, poproś kogoś, by wezwał pogotowie, a ty rozpocznij sztuczne oddychanie. Najpierw spróbuj zlokalizować ciało obce w gardle dziecka. Otwórz usta przez włożenie kciuka, a następnie chwyć język i żuchwę między kciuk i palec wskazujący. Kciukiem naciśnij język i podnieś żuchwę. Jeśli coś widzisz, przesuń mały palec po policzku do nasady języka i spróbuj wydobyć przedmiot, używając palca jak haczyka. (Jeżeli nic nie widzisz, nie wkładaj palca do ust dziecka, możesz bowiem niechcący wepchnąć przedmiot głębiej.)

6. Następnie zmień pozycję dziecka tak, aby rozpocząć sztuczne oddychanie: otwórz jego usta, ciągnąc za brodę, a jednocześnie naciskając na czoło.

7. Jeśli dziecko nie zaczęło oddychać, odchyl jego głowę, pociągnij za brodę i przyłóż usta do jego ust i nosa tak, żeby zupełnie je zakryć. Wykonaj dwa wdmuchnięcia, trwające około półtorej sekundy każde, z taką siłą, żeby uniosła się jego klatka piersiowa, ale nie za mocno.

8. Jeśli klatka piersiowa się nie unosi, to znaczy, że powietrze nie dociera do płuc dziecka, a drogi oddechowe są nadal zablokowane. Zacznij raz jeszcze od uderzeń w plecy i powtórz punkty 3–7. Powtarzaj całą procedurę do momentu, gdy dziecko zacznie kaszleć, oddychać albo płakać bądź przybędzie pomoc.

*Dziecko (powyżej pierwszego roku życia) z **całkowitą niedrożnością** dróg oddechowych:*

1. Pamiętaj: najpierw się upewnij, że drogi oddechowe są całkowicie zablokowane. Jeśli dziecko kaszle, mówi albo płacze, obserwuj je, ale nie podejmuj żadnych działań. Jeśli dziecko jest przytomne, zacznij od rękoczynu Heimlicha. Uklęknij albo stań za dzieckiem i ramionami otocz je w pasie. Jedną dłoń zwiń w pięść. Jej kciuk umieść tuż nad pępkiem dziecka, sporo poniżej mostka.

2. Przykryj pięść drugą dłonią i wciśnij pięść w brzuch dziecka, wykonując maksymalnie pięć szybkich ucisków lekko skierowanych ku górze. W przypadku małych dzieci postępuj bardzo delikatnie. Powtarzaj rękoczyn Heimlicha tak długo, aż ciało obce wypadnie z dróg oddechowych. Dziecko powinno wtedy zacząć oddychać albo kaszleć. (Nawet jeśli dziecko zaczęło oddychać i wyglą-

da na to, że czuje się dobrze, wezwij lekarza.)

3. Jeśli po wykonaniu rękoczynu Heimlicha dziecko nadal nie oddycha, otwórz jego usta przez włożenie kciuka, chwyć język i żuchwę między kciuk i palec wskazujący. Spróbuj zlokalizować ciało obce w gardle. Jeśli coś widzisz, przesuń mały palec po policzku do nasady języ-

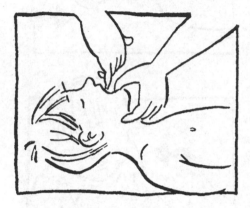

ka i spróbuj wydobyć przedmiot, używając palca jak haczyka. (Jeżeli nic nie widzisz, nie wkładaj palca do ust dziecka, możesz bowiem niechcący wepchnąć przedmiot głębiej.) Powtarzaj rękoczyn Heimlicha, aż ciało obce zostanie usunięte albo dziecko straci przytomność.

4. Jeśli dziecko straci przytomność, wykonaj rękoczyn Heimlicha na dziecku le-

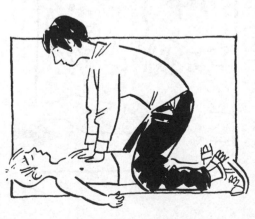

żącym na plecach. Uklęknij u jego stóp (w przypadku dziecka starszego albo większego usiądź na jego wyprostowanych nogach). Podstawę jednej dłoni umieść nad pępkiem, w sporej odległości od mostka. Drugą dłoń umieść na pierwszej w taki sposób, żeby palce obu dłoni były skierowane w stronę głowy dziecka. Wykonaj szybki ucisk brzucha w stronę głowy. W przypadku małych dzieci postępuj bardzo delikatnie. Powtarzaj uciski tak długo, aż ciało obce wypadnie z dróg oddechowych.

5. Jeśli dziecko nadal jest nieprzytomne albo nie możesz usunąć ciała obcego, poproś, by ktoś natychmiast wezwał pomoc. Ułóż dziecko na plecach, otwórz drogi oddechowe odchylając jego głowę do tyłu i unosząc brodę palcami. Ściśnij jego nos, całkowicie zakryj jego usta swoimi i wykonaj dwa wdmuchnięcia. Każde wdmuchnięcie powinno trwać około trzech sekund. Wydychaj powietrze z taką siłą, żeby klatka piersiowa dziecka się uniosła, ale nie za

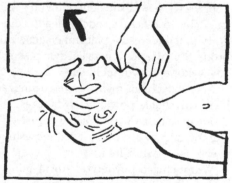

mocno. Jeśli jego klatka piersiowa się nie rusza, spróbuj ponownie otworzyć drogi oddechowe i wykonaj kolejne dwa wdmuchnięcia.

6. Jeśli powietrze nie dociera do płuc dziecka, powtarzaj punkty 4–5. Na zmianę stosuj sztuczne oddychanie usta-usta

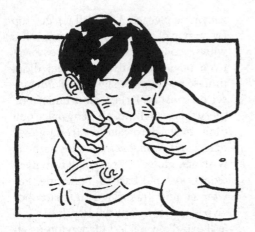

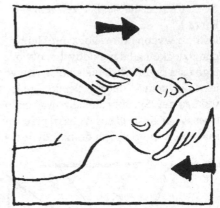

i rękoczyn Heimlicha, aż dziecko zacznie oddychać albo przybędzie pomoc.

Jak wykonywać sztuczne oddychanie.
Każdy twój wydech dostaje się do płuc ofiary. W przypadku dorosłego oddychaj w normalnym tempie. W przypadku dziecka oddechy powinny być nieco szybsze i płytsze. Nigdy nie stosuj sztucznego oddychania u osoby, która oddycha samodzielnie.

Zacznij od otwarcia dróg oddechowych poprzez właściwe ustawienie głowy dziecka. Żeby to osiągnąć, odchyl jego czoło do tyłu, jednocześnie palcami ciągnąc za brodę. Stosuj tę pozycję za każdym razem, gdy wykonujesz wdmuchnięcie.

Małe dzieci mają małe twarze, co umożliwia wdychanie powietrza jednocześnie do ich nosa i ust. (W przypadku dorosłego wdmuchuj powietrze do ust, jednocześnie zaciskając jego nozdrza.)

Wdmuchując powietrze, stosuj minimalną siłę. (Płuca małego dziecka nie są w stanie pomieścić całego twojego wydechu.) Odsuń usta, pozwalając klatce piersiowej dziecka skurczyć się, podczas gdy ty bierzesz wdech. Wykonaj kolejne wdmuchnięcie.

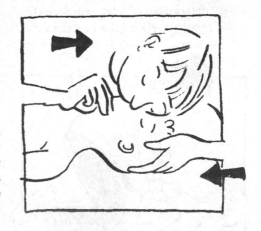

DOMOWY ZESTAW PIERWSZEJ POMOCY

To naturalne, że w sytuacjach awaryjnych denerwujemy się i tracimy głowę. W takiej chwili trudno nam znaleźć numery telefonów, bandaże i inne środki pierwszej pomocy, które mogą się znajdować w rozmaitych szafkach w całym domu. Dobrym pomysłem jest zestaw pierwszej pomocy, z którego będzie można skorzystać w razie wypadku. Wystarczy małe pudełko, które można kupić w najbliższym sklepie z narzędziami albo z drobnymi artykułami gospodarstwa domowego. Jeśli macie małe dzieci, pudełko będziecie musieli schować w niedostępnym dla nich miejscu. Oto, co powinno się znaleźć w zestawie pierwszej pomocy:

Lista telefonów alarmowych, w tym:
Pogotowia (999)*,
1. Ośrodka ostrych zatruć (ten numer dobrze jest przykleić do aparatu telefonicznego),
2. Pediatry opiekującego się dzieckiem,

_____

* We wszystkich krajach Unii Europejskiej służby ratownicze można wezwać, dzwoniąc pod numer alarmowy 112 (przyp. tłum.).

3. Sąsiadów, do których możecie zadzwonić, gdybyście potrzebowali pomocy osoby dorosłej.

Środki pierwszej pomocy:
- Plastry z opatrunkiem,
- Plaster bez opatrunku,
- Gaza wyjałowiona,
- Bandaż elastyczny,
- Opaska na oko,
- Woreczek z lodem (w zamrażalniku),
- Leki, których wasze dziecko może potrzebować w nagłym wypadku,
- Termometr elektroniczny,
- Wazelina,
- Małe nożyczki,
- Pęseta,
- Woda utleniona,
- Maść z antybiotykiem,
- Leki przeciwgorączkowe (nie zawierające aspiryny; paracetamol albo ibuprofen),
- Gruszka do nosa,
- Jednoprocentowa maść z hydrokortyzonem.

ROZWÓJ ZĘBÓW
I HIGIENA JAMY USTNEJ

Rodzice – w trosce o szczęście swoich dzieci – powinni dbać o to, by ich zęby były zdrowe i piękne. Kluczem jest p r o f i l a k t y k a. Co sprawia, że zęby są zdrowe? Czy można zapobiegać próchnicy? Co zrobić, gdy niemowlę ząbkuje? Czy stosować fluoryzację? Kiedy dziecko powinno pierwszy raz iść do dentysty? Jak dbać o zęby stałe i kiedy stosować aparat ortodontyczny? Informacje, które znajdziesz w tej książce, w połączeniu z radami waszego dentysty udzielą wam wyczerpujących odpowiedzi na te pytania.

Zagadnienia związane z zębami, które najbardziej niepokoją rodziców, to – w kolejności chronologicznej – ząbkowanie, kolejność wyrzynania się zębów, próchnica zębów i unikanie urazów jamy ustnej. Najważniejsza jest właściwa pielęgnacja zębów od samego początku – płyną z niej korzyści trwające całe życie.

ROZWÓJ ZĘBÓW

Zęby mleczne. Kiedy i w jakiej kolejności wyrzynają się zęby? U przeciętnego niemowlęcia pierwszy ząbek pojawia się około szóstego miesiąca, ale różnice mogą być znaczne. Jednemu dziecku pierwszy ząbek wyrzyna się w wieku trzech miesięcy, drugiemu dopiero w wieku dwunastu miesięcy, choć i jedno, i drugie dziecko jest zdrowe i rozwija się prawidłowo. To prawda, że niektóre choroby opóźniają wyrzynanie się zębów, zdarza się to jednak niezmiernie rzadko. U większości dzieci wiek, w którym pojawiają się pierwsze zęby, to kwestia indywidualnego, wrodzonego wzorca rozwoju.

🏛 **KLASYCZNY SPOCK**

Kiedy byłem młody, zapytałem pewnego mądrego starszego pana, co trzeba robić, żeby być szczęśliwym. „Dbać o zęby!" – odparł. Nikt nigdy nie udzielił mi lepszej rady.

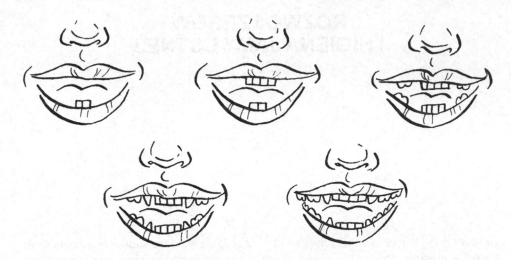

Zazwyczaj jako pierwsze pojawiają się dolne siekacze przyśrodkowe – jedynki. Siekaczami nazywamy osiem zębów przednich (cztery dolne i cztery górne) mających ostre brzegi sieczne. Po kilku miesiącach pojawiają się górne siekacze (jedynki i dwójki), więc przeciętne roczne dziecko ma sześć zębów: cztery górne i dwa dolne. Potem zazwyczaj następuje kilkumiesięczna przerwa w ząbkowaniu, zanim nagle wyrośnie sześć kolejnych zębów: dwa pozostałe dolne siekacze (dwójki) oraz cztery mleczne zęby trzonowe (czwórki). Zęby trzonowe nie rosną tuż obok siekaczy, ale nieco bardziej z tyłu, pozostawiając miejsce na kły.

Po pojawieniu się pierwszych trzonowców następuje kilkumiesięczna przerwa przed wyrżnięciem się kłów (trójek) w wolnych miejscach pomiędzy siekaczami a zębami trzonowymi. Najczęściej dzieje się to w drugiej połowie drugiego roku życia. Ostatnie cztery zęby mleczne to trzonowe piątki, wyrastające tuż za czwórkami, przeważnie w pierwszej połowie trzeciego roku życia. Pamiętajcie, że podane powyżej terminy są przybliżone. Nie należy się martwić, jeśli zęby wyrzynają się z lekkim wyprzedzeniem albo opóźnieniem.

Zęby stałe. Zęby stałe zaczynają się pojawiać około szóstego roku życia. Jako pierwsze wyrzynają się zazwyczaj szóstki, czyli pierwsze stałe zęby trzonowe, które rosną za trzonowcami mlecznymi (piątkami). Pierwsze zęby mleczne, które wypadają, to zazwyczaj dolne jedynki. Wypychające je stałe siekacze kształtują się w miejscu, w którym korzenie zębów mlecznych się rozpuściły (tzw. resorpcja korzeni). Stopniowo wszystkie zęby mleczne zaczynają się chwiać i wypadają, zazwyczaj mniej więcej w tej samej kolejności, w jakiej się pojawiły. Teraz będziecie musieli podjąć trudną decyzję: jaką sumę Wróżka Zębuszka powinna zostawiać pod poduszką, zabierając zostawione tam dla niej mleczaki.

Zęby stałe, które wyrastają w miejscu mlecznych trzonowców, nazywane są zębami przedtrzonowymi. Drugie stałe zęby trzonowe (siódemki) rosną za szóstkami w wieku około 12 lat. Trzecie stałe trzonowce (ósemki, czyli zęby mądrości) czasem nie wyrzynają się do końca; mówi się wtedy o zatrzymaniu zęba. Czasem trzeba je usunąć, żeby nie niszczyły sąsiadujących zębów albo kości szczęki. Wychodząc, zęby stałe często mają nierówne krawędzie (tzw. mamelony). Zęby stałe są też bardziej żółte niż zęby mleczne.

Zęby stałe czasem wyrzynają się krzywe albo nie na swoim miejscu. Być może naprostują się same w wyniku działania mięśni języka, warg i policzków. Jeśli mimo upływu czasu zęby są położone zbyt blisko siebie, rosną krzywo albo zgryz jest nieprawidłowy, konieczne może być leczenie ortodontyczne (aparat ortodontyczny).

ZĄBKOWANIE

Objawy ząbkowania. Niemowlęta różnie przechodzą ząbkowanie. Jedno bierze wszystko do buzi, marudzi, ślini się, ma problemy z zasypianiem i w ogóle przy każdym zębie przez miesiąc albo dwa uprzykrza życie całej rodzinie. U drugiego rodzice odkrywają ząbek, choć nie mieli pojęcia, że maluch ząbkuje. Większość niemowląt zaczyna się ślinić około trzeciego, czwartego miesiąca, kiedy gruczoły ślinowe stają się bardziej aktywne. Ślinienie się nie musi oznaczać rozpoczęcia ząbkowania.

Ponieważ w pierwszych trzech latach życia dzieciom wyrzyna się dwadzieścia zębów, można odnieść wrażenie, że ząbkują niemal nieustannie. Dlatego też tak łatwo jest wszelkie dolegliwości złożyć na karb ząbkowania. Kiedyś wierzono, że ząbkowanie powoduje przeziębienia, biegunki i gorączkę. Oczywiście te dolegliwości są powodowane przez drobnoustroje chorobotwórcze (bakterie i wirusy), nie przez wyrzynanie się ząbków. Efektem ząbkowania są zęby i nic więcej. Jeśli wasze niemowlę ma gorączkę albo sprawia wrażenie chorego, nie zakładajcie, że przyczyną jest ząbkowanie. Po prostu zadzwońcie do lekarza.

Jak pomóc ząbkującemu dziecku? Każdy ząb może przysparzać bólu, ale najgorsze są pierwsze cztery zęby trzonowe, wyrzynające się pomiędzy dwunastym a osiemnastym miesiącem życia. Co zrobić? Przede wszystkim pozwólcie dziecku gryźć! Podsuwajcie mu do gryzienia przedmioty na tyle tępe i miękkie, żeby nie zrobiło sobie krzywdy, gdyby upadło, trzymając je w buzi. Dobre są gumowe gryzaczki o różnych kształtach. Powinniście unikać zabawek wykonanych z cienkiego, łamliwego plastiku, który może się ukruszyć i spowodować zadławienie. Nie wolno też pozwalać dziecku na obgryzanie mebli i innych przedmiotów, jeśli istnieje możliwość, że są pomalowane farbą zawierającą ołów. (Na pewno jest to możliwe, jeśli zostały pomalowane przed rokiem 1980.) Na szczęście obecnie wszystkie meble dla dzieci i zabawki sprzedawane w Stanach Zjednoczonych są malowane farbami nie zawierającymi ołowiu.

Niektóre dzieci lubią gryźć określone rodzaje tkanin. Spróbujcie owiązać skrawkiem materiału kostkę lodu albo kawałek jabłka. Niektórzy rodzice gorąco polecają mrożone rogale. Skuteczne bywają też zamrożone kawałki bananów. Wiele niemowląt uwielbia, gdy raz na jakiś czas mocno pomasuje się im dziąsła. Puśćcie wodze fantazji. Niech maluch gryzie, na co tylko ma ochotę, jeśli tylko jest to bezpieczne. Nie martwcie się obecnością zarazków na gryzaczku albo ściereczce. Niemowlę i tak wkłada do buzi najróżniejsze przedmioty, z których żaden nie jest sterylny. Oczywiście dobrze jest umyć gryzaczek, który upadł na podłogę albo został obśliniony przez psa; warto też raz na jakiś czas wyprać albo wygotować ulubiony kawałek materiału. W sklepach można kupić najróżniejsze preparaty dla ząbkujących

dzieci, które mogą czasem przynieść ulgę, ale przed użyciem ich powinniście poradzić się lekarza.

CO SPRAWIA, ŻE ZĘBY SĄ ZDROWE?

Dieta zdrowa dla zębów. Korony (widoczne części) pierwszych zębów kształtują się w dziąsłach przed narodzeniem. Również kilka zębów stałych zaczyna się kształtować przed narodzeniem, a pozostałe kilka miesięcy później. Właściwy rozwój zębów jest możliwy dzięki właściwej diecie, bogatej między innymi w wapń i fosfor oraz witaminy D i C. Do dobrych źródeł wapnia i fosforu należą warzywa, ziarna zbóż, soki wzbogacone wapniem i mleko (choć dieta beznabiałowa również może być korzystna; patrz str. 223). Do źródeł witaminy D należą wzbogacone mleko, krople witaminowe oraz słońce (patrz str. 222). Mama karmiąca piersią powinna profilaktycznie przyjmować preparat uzupełniający z witaminą D (200 jednostek dziennie). Źródłem witaminy C są owoce, szczególnie czarne porzeczki, owoce cytrusowe, surowe pomidory, kapusta i mleko matki. Nie bez znaczenia są też inne witaminy, w tym witamina A (w owocach żółtych, pomarańczowych i czerwonych) i niektóre witaminy z grupy B (w ziarnach zbóż).

Związki fluoru. Minerałem, który odgrywa szczególnie ważną rolę w rozwoju mocnych, odpornych na próchnicę zębów, jest fluor. Fluor to pierwiastek, który występuje w przyrodzie; znajduje się w naszych zębach i kościach. Niewielka ilość związków fluoru w diecie przyszłej mamy i małego dziecka znacznie zmniejsza ryzyko późniejszej próchnicy zębów. Zawartość fluoru w szkliwie znacząco zwiększa odporność zębów na działanie kwasów. Ponadto

obecność związków fluoru w jamie ustnej zmniejsza aktywność bakterii powodujących próchnicę.

Próchnica zębów znacznie rzadziej występuje w rejonach, w których woda jest bogata w naturalne związki fluoru. Podobny efekt miało dodanie związków fluoru do wody pitnej w większości amerykańskich miast. Dzieci mogą otrzymywać fluor w postaci tabletek albo kropli. Związki fluoru można też stosować bezpośrednio na zęby w formie past, płukanek albo specjalnych preparatów używanych przez dentystów.

Związki fluoru w wodzie. Od dziesięcioleci w wielu miejscowościach do wody pitnej dodaje się fluorki w bardzo małych, bezpiecznych ilościach jako powszechny środek profilaktyczny. Jeśli nie jesteście pewni, czy w waszej wodzie pitnej jest wystarczająco dużo fluoru, zadzwońcie do zakładu wodociągów*. Właściwa ilość to $0,7$ mg^{F-}/l. Jeśli macie własną studnię, zadzwońcie do lokalnego wydziału zdrowia. Jeśli w waszej wodzie jest za mało związków fluoru, wasza rodzina pije głównie wodę butelkowaną albo używacie filtra usuwającego z wody fluor i inne minerały, wszyscy domownicy mogą przyjmować preparaty uzupełniające z fluorem w postaci kropli albo tabletek**.

---

* W Polsce takich informacji udzielają stacje sanitarno-epidemiologiczne (przyp. tłum.).

** Należy sprawdzić stężenie fluoru w powietrzu. Powyżej $0,01$ mg^{F-}/m^3 nie stosuje się preparatów fluoru (przyp. S. K.).

Związki fluoru dla niemowląt. Jeśli niemowlę jest karmione piersią, a mama pije fluorkowaną wodę, to nie ma potrzeby podawania dziecku dodatkowo związków fluoru. Jeśli woda nie jest fluorkowana, rozważcie podawanie dziecku preparatu witaminowego dla niemowląt zawierającego fluor. Mleko modyfikowane zawiera niewiele fluoru, ale jeśli do jego przygotowania używacie fluorkowanej wody, dziecko dostaje wystarczająco dużo tego pierwiastka. W przeciwnym razie rozważcie podawanie fluoru w kroplach.

Nie za dużo, nie za mało. Pediatra oraz dentysta zadbają o to, by dziecko otrzymywało właściwą ilość związków fluoru. Jeśli wasza woda pitna nie zawiera fluoru, lekarz może przepisać odpowiednią dzienną dawkę dla niemowlęcia, różną w zależności od miejsca zamieszkania oraz wieku i masy ciała dziecka. Zbyt duża ilość fluoru może powodować nieładne białe i brązowe plamki na zębach, dlatego ważne jest odpowiednie dobranie dawki. Dziecko może też okresowo otrzymywać miejscowo (na powierzchnię zębów) specjalne preparaty fluorkowe w gabinecie dentystycznym. Pasty do zębów z fluorkami również korzystnie działają na szkliwo, ale bądźcie ostrożni: jeżeli dziecko połyka pastę, co robi większość maluchów, istnieje ryzyko, że jego organizm przyswoi sobie zbyt dużo fluoru. Dlatego używajcie bardzo małych ilości pasty (wielkości ziarnka grochu) i trzymajcie pastę poza zasięgiem bardzo małych dzieci, żeby nie stała się łazienkową przekąską.

WIZYTY U DENTYSTY

Warto, żeby dziecko zapoznało się z dentystą i innymi pracownikami gabinetu dentystycznego. Najlepiej zabrać je do stomatologa, gdy tylko wyrżnie mu się pierwszy ząbek, zazwyczaj przed ukończeniem pierwszego roku życia. Możecie porozmawiać z dentystą o higienie jamy ustnej dziecka i dowiedzieć się więcej na temat kwestii związanych z zębami. Podczas tych wczesnych wizyt profilaktycznych dentysta może wykryć problemy we wczesnym stadium, kiedy można je rozwiązać łatwo, tanio i bez bólu. Co ważniejsze, dziecko będzie miało miłe wspomnienia z gabinetu dentystycznego. W wieku trzech lat będzie tam już stałym bywalcem. W przyszłości wizyty będą głównie profilaktyczne, w odróżnieniu od tradycyjnych sesji borowania i plombowania, których wspomnienie prześladuje tak wielu dorosłych.

PRÓCHNICA ZĘBÓW

Niektóre dzieci mają wiele ubytków, inne prawie żadnych. Dlaczego? Nadal nie znamy wszystkich czynników prowadzących do próchnicy zębów, ale wiemy, że pewną rolę odgrywa dziedziczność, a także dieta kobiety w ciąży, dieta dziecka oraz dostęp czy też brak dostępu do dobrej opieki dentystycznej.

Bakterie i płytka bakteryjna. Główną przyczyną próchnicy jest kwas produkowany przez bakterie żyjące w jamie ustnej. Bakterie łączą się z resztkami żywności, tworząc przylegający do powierzchni zębów materiał zwany płytką bakteryjną albo osadem nazębnym. Im dłużej płytka pozostaje na zębach, tym większa liczba bakterii i ilość produkowanego kwasu. Kwas demineralizuje szkliwo i zębinę, w końcu niszcząc ząb.

Bakterie żywią się cukrami obecnymi w diecie dziecka. Wszystko, co sprawia, że cukry przez długi czas znajdują się w jamie ustnej dziecka, jest dobre dla bakterii i złe dla zębów. Dlatego częste pogryzanie pomiędzy posiłkami sprzyja rozwojowi próchnicy. Szczególnie szkodliwe są lizaki, lepiące się cukierki, suszone owoce, napoje gazowane oraz słodycze takie jak ciastka czy krakersy, które przywierają do zębów.

Ślina zawiera substancje, które pomagają zębom w odpieraniu ataków bakterii. Ponieważ organizm w nocy produkuje mniej śliny, wtedy właśnie powstaje najwięcej ubytków. Dlatego mycie zębów przed pójściem spać jest takie ważne. Potrawy pobudzające produkcję śliny – jak guma do żucia bez cukru – mogą pomóc w walce z ubytkami. W niektórych gumach bez cukru znajduje się też ksylitol i sorbitol, substancje bakteriobójcze, oraz wzmacniająca zęby kazeina.

Próchnica butelkowa. Szczególnie niszczycielskim rodzajem próchnicy jest tak zwana „próchnica butelkowa". Kiedy zęby dziecka przez długi czas mają kontakt z mlekiem modyfikowanym albo mlekiem matki, zawarte w nim cukry przyspieszają rozwój powodujących ubytki bakterii, które następnie niszczą zęby. Najbardziej narażone są górne zęby przednie, ponieważ podczas ssania zęby dolne osłonięte są językiem. Przerwy pomiędzy karmieniami zazwyczaj są na tyle długie, że ślina czyści zęby, ale kiedy niemowlę bardzo długo ma w buzi brodawkę albo smoczek, to naturalne czyszczenie nie zachodzi. Do najcięższych przypadków tego rodzaju próchnicy dochodzi wówczas, gdy dziecko zasypia z butelką w buzi. Podczas snu mleko pokrywa zęby, a bakterie rozmnażają się bez ograniczeń.

Próchnica butelkowa może się pojawić jeszcze przed pierwszymi urodzinami. Czasem jest tak poważna, że trzeba usunąć zepsute zęby. Dlatego n i e n a l e ż y kłaść dziecka do łóżka z butelką mleka, soku ani żadnego innego słodkiego płynu. Jedynym dopuszczalnym w nocy napojem jest woda. Nawet rozcieńczone słodkie napoje sprzyjają próchnicy.

CZYSZCZENIE ZĘBÓW SZCZOTECZKĄ I NICIĄ

Skuteczne szczotkowanie. Jak można zapobiec próchnicy? Sekret tkwi w regularnym, codziennym usuwaniu płytki bakteryjnej, zanim zdąży narobić szkód. Na początek wskazówka dotycząca czyszczenia zębów niemowląt: używajcie szczoteczki z miękkim włosiem. Rozpowszechniony jest mit, że zęby i dziąsła niemowlęcia powinno się przecierać miękką gazą albo szmatką, żeby nie uszkodzić delikatnej tkanki dziąseł. Tymczasem te „delikat-

ne dziąsełka" żują nogi stołowe, łóżeczko, krzesła, rodzeństwo i w ogóle wszystko, co stanie im na drodze. Dziąsła niemowlęcia nie są bardziej delikatne niż skóra aligatora. Zapomnijcie o przecieraniu – weźcie się do szczotkowania. Niemowlęta to uwielbiają.

Zęby dziecka trzeba dokładnie umyć po śniadaniu i przed snem. Raz dziennie należy oczyścić nicią przestrzenie międzyzębowe, najlepiej przed wieczornym szczot-

usunięta została cała płytka bakteryjna. Możecie stopniowo pozwolić dziecku całkowicie się usamodzielnić, kiedy nauczy się poprawnie myć zęby, zazwyczaj pomiędzy szóstym a dziesiątym rokiem życia.

Czyszczenie nicią dentystyczną. Niektórzy rodzice nie widzą potrzeby czyszczenia zębów dziecka nicią dentystyczną. Większość zębów z tyłu jamy ustnej jest położonych bardzo blisko siebie. Nawet niektóre zęby przednie mogą do siebie przylegać. Przerwy pomiędzy nimi są tak małe, że zbiera się w nich jedzenie i płytka bakteryjna. Niezależnie od tego, jak energicznie i dokładnie szczotkuje się zęby, włosie szczoteczki nie jest w stanie usunąć jedzenia i płytki z przestrzeni międzyzębowych. Nić dentystyczna porusza i odkleja resztki pokarmu oraz osad nazębny, dzięki czemu szczoteczka może je wymieść.

kowaniem. Dobrze jest też umyć zęby po obiedzie, żeby usunąć resztki jedzenia. Dwuletnie dzieci chcą wszystko robić samodzielnie, ale wiele z nich dopiero w wieku dziewięciu albo dziesięciu lat osiąga sprawność manualną pozwalającą na skuteczne usunięcie osadu nazębnego. Możecie pozwolić małemu dziecku na samodzielne szczotkowanie od najmłodszych lat, ale prawdopodobnie będziecie musieli po nim poprawiać, żeby się upewnić, że

Warto przyzwyczaić pociechy do delikatnego czyszczenia zębów nicią dentystyczną, gdy tylko zauważycie, że zbiera się pomiędzy nimi jedzenie. Dentysta może wam pokazać, jak trzymać dziecko podczas czyszczenia zębów szczoteczką i nitką. Zanim maluch dojrzeje do samodzielnego szczotkowania i czyszczenia przestrzeni międzyzębowych nicią, codzienne powtarzanie tej czynności wejdzie mu w nawyk.

LAKOWANIE

Lakowanie to kolejna ważna część profilaktyki dentystycznej. W szkliwie wielu zębów są szczeliny i zagłębienia, w których gromadzą się resztki pokarmu i płytka bakteryjna. Większość tych nierówności jest tak mała, że włos szczoteczki nie mieści się w nich, więc nie można ich wyczyścić ani szczoteczką, ani nicią dentystyczną. Rezultatem jest zazwyczaj próchnica, nazywana „próchnicą bruzd". Jednak dentysta często może jej zapobiec, stosując lak składający się z płynnej żywicy, rozprowadzanej po powierzchni zęba w taki sposób, że wypełnia wszystkie bruzdy i zagłębienia. Następnie twardnieje, likwidując nierówności szkliwa. Resztki pokarmu nie mogą dostać się do zalakowanej szczeliny i nie tworzy się w niej płytka bakteryjna. W charakterze uszczelniaczy używa się również innych materiałów, a dentyści nadal szukają idealnej metody chronienia nierówności szkliwa przed próchnicą. Niekiedy lakuje się mleczne trzonowce, ale dentyści robią to wybiórczo. Badania kliniczne pokazują, że lak nie trzyma się zębów mlecznych równie dobrze jak stałych. Lakowanie chroni zęby przez wiele lat. Od diety dziecka i tego, jak pielęgnuje zęby, zależy, kiedy trzeba będzie lakowanie powtórzyć albo poprawić.

URAZY ZĘBÓW

Na urazy narażone są wszystkie zęby, szczególnie zaś zęby przednie. Ząb może zostać złamany, zwichnięty albo wybity. Dentyści bardzo poważnie traktują urazy zębów mlecznych, a tym bardziej urazy zębów stałych, które mogą mieć istotne konsekwencje na całe życie. Rodzice dziecka, u którego mogło dojść do urazu zęba, powinni skonsultować się z dentystą. Niektóre uszkodzenia nie rzucają się w oczy i tylko stomatolog może postawić pełną diagnozę i zastosować odpowiednie leczenie.

Złamanie zęba. Ząb składa się z trzech warstw: zewnętrznej warstwy ochronnej – szkliwa, wewnętrznej struktury podtrzymującej – zębiny oraz miękkiej tkanki wewnątrz zęba, w której znajdują się nerwy – miazgi zębowej (nazywanej potocznie nerwem zęba). Złamanie zęba może objąć jedną z warstw albo wszystkie. Drobne ukruszenie może wymagać jedynie wygładzenia przez dentystę za pomocą instrumentu działającego podobnie jak papier ścierny. Poważniejsze złamanie może się wiązać z koniecznością odbudowy zęba w celu przywrócenia mu dawnej formy, funkcji i wyglądu. Jeśli złamanie obejmuje komorę zęba i miazga jest odsłonięta (zazwyczaj występuje krwawienie z odsłoniętego obszaru), jak najszybciej trzeba udać się do dentysty, który naprawi uszkodzenie i zapobiegnie utracie miazgi. W przypadku obumarcia części miazgi nadal możliwe jest uratowanie zęba przy zastosowaniu leczenia endodentycznego, czyli kanałowego, polegającego na usunięciu martwej miazgi i wypełnieniu oczyszczonych kanałów sterylnym materiałem. Następnie można odbudować ząb w zwykły sposób.

Rozchwianie zęba. W większości przypadków nieco rozchwiany ząb ponownie przyrasta i po kilku dniach odpoczynku stabilizuje się. Czasem jednak jest zwichnięty tak mocno, że konieczne jest szynowanie, czyli usztywnienie zęba na czas gojenia. Czasem korzystne jest przyjmowanie antybiotyków, żeby zapobiec zakażeniu miazgi i tkanki ozębnowej (otaczającej ząb). Dentyści zalecają stosowanie przez pewien czas płynnej diety, co ułatwia proces gojenia.

Wybicie zęba. Niekiedy ząb zostaje wybity z jamy ustnej (nazywa się to zwichnięciem całkowitym). Jeśli dotyczy to zęba mlecznego, zazwyczaj nie zaleca się replantacji, czyli ponownego umieszczenia go w zębodole. Znajdujący się w głębi ząb stały mógłby ulec uszkodzeniu podczas próby replantacji mleczaka. Zęby stałe natomiast należy replantować jak najszybciej, zazwyczaj w ciągu 30 minut, żeby zapobiec obumarciu miazgi zębowej. Przede wszystkim sprawdźcie, czy na pewno jest to ząb stały i czy jest nienaruszony. Delikatnie trzymajcie go za koronę (część widoczną nad dziąsłem), nie za spiczaste korzenie. Bardzo delikatnie opłuczcie ząb pod bieżącą wodą. W żaden sposób nie czyśćcie i nie trzyjcie korzeni; spowodowałoby to uszkodzenie przylegającej do nich tkanki ozębnowej, niezbędnej do ponownego przyrośnięcia. Umieśćcie ząb w zębodole. Jeśli nie możecie tego zrobić, włóżcie ząb do szklanki z mlekiem albo do specjalnego pojemnika. Następnie zabierzcie dziecko do dentysty albo na ostry dyżur stomatologiczny. Trzeba się spieszyć; jeśli ząb był poza jamą ustną przez ponad 30 minut, szanse na udaną replantację gwałtownie maleją.

ZAPOBIEGANIE URAZOM JAMY USTNEJ

Małe dzieci często się potykają, a ich zęby umieszczone są na idealnej wysokości do zderzenia z blatem niskiego stolika. Dlatego zabezpieczcie trasy wędrówek malucha po domu. Zwróćcie szczególną uwagę na to, żeby nie miał możliwości przegryzienia kabli elektrycznych. (Przy okazji włóżcie też zaślepki do wszystkich gniazdek elektrycznych, żeby zapobiec porażeniu prądem.) Nie pozwalajcie dziecku paradować po domu ze szczoteczką do zębów w buzi. Może zrobić sobie poważną krzywdę, jeśli się przewróci.

Ryzyko urazu zębów jest większe w przypadku dziecka uprawiającego sport. Mały basseballista może zostać kopnięty w usta, uderzony piłką albo kijem bądź zderzyć się z biegnącym w stronę bazy graczem drużyny przeciwnej. Podobne wypadki zdarzają się chłopcom i dziewczynkom grającym w piłkę nożną, hokeja na trawie, koszykówkę – uprawiającym niemal wszystkie sporty zespołowe. Dzieci powinny wówczas nosić wygodne ochraniacze na zęby, które można dostać w sklepach sportowych i aptekach. Ochraniacz na zamówienie może wykonać dentysta. Dobrym pomysłem jest też noszenie ochraniacza podczas uprawiania ryzykownych sportów indywidualnych, takich jak jazda na rolkach, jazda na deskorolce czy sztuki walki.

NAJCZĘSTSZE CHOROBY WIEKU DZIECIĘCEGO

Wszyscy rodzice muszą sobie radzić z katarami i kaszlami dziecka. Niewielu maluchom udaje się też uniknąć zapalenia ucha. Dzięki magii szczepień choroby niegdyś powszechne – odra, choroba Heinego-Medina, niektóre infekcje mózgu – są dziś rzadkie albo zniknęły zupełnie. Nadal jednak wiele dzieci cierpi na dokuczliwe dolegliwości, takie jak astma czy atopowe zapalenie skóry. Wiedza o chorobach wieku dziecięcego, tych najczęstszych i tych nieco rzadziej spotykanych, doda wam pewności siebie, gdy wasza pociecha zachoruje. Poniższe informacje nie mogą jednak zastąpić wizyty u lekarza. Jeśli w tym rozdziale nie znajdziecie informacji o interesującej was chorobie, być może została omówiona wcześniej; zajrzyjcie do indeksu.

PRZEZIĘBIENIA

Przeziębienia, wirusy i bakterie. Wasze dziecko prawdopodobnie będzie przechodzić przeziębienia (infekcje górnych dróg oddechowych) dziesięć razy częściej niż wszystkie inne choroby razem wzięte. Obecnie jedynie częściowo rozumiemy istotę przeziębień. Większość z nich wywoływana jest przez wirusy, drobnoustroje tak małe, że nie widać ich pod zwyczajnym mikroskopem. Uważa się, że ponad dwieście różnych wirusów może powodować zwyczajne przeziębienie. Zazwyczaj przeziębienia wirusowe trwają od trzech do dziesięciu dni. Czasem jednak przecierają szlak poważniejszym infekcjom.

Wirusy przeziębienia mogą obniżyć odporność nosa i gardła na bardziej szkodliwe bakterie, na przykład paciorkowce i pneumokoki. Zimą i wiosną zarazki te często znajdują się w nosie i gardle osób zdrowych, ale nie czynią żadnych szkód, ponieważ organizm potrafi się przed nimi obronić. Dopiero gdy wirusy obniżą odporność organizmu, bakterie mają szansę rozmnożyć się i rozprzestrzenić. Mogą wywołać zapalenie ucha środkowego, zatok albo płuc.

Żeby ograniczyć częstość przeziębień, należy unikać bliskiego kontaktu fizycznego z osobami przeziębionymi i często myć ręce (patrz str. 397). Możecie zwiększyć odporność dziecka na przeziębienia, dbając o to, żeby dobrze się odżywiało i wysypiało, a także żeby atmosfera w domu była jak najmniej stresująca (na przykład jak najmniej krzyczeć na dziecko).

Przeziębienia u niemowląt. Na ogół przeziębienia u dzieci poniżej pierwszego roku życia mają łagodny przebieg. Na początku maleństwo może kichać; wydzielina wycieka z noska albo zatyka go, jeśli jest gęsta. Dziecko może też pokasływać, ale raczej nie będzie miało gorączki. Wyciekający z nosa rzadki śluz nie przeszkadza niemowlęciu, chociaż wy żałujecie, że nie możecie wydmuchać za nie nosa. Maluszek może się jednak denerwować, jeśli ma nos zatkany gęstą wydzieliną. Próbuje zamknąć buzię i złości się, bo nie może wtedy oddychać. Zatkany nosek przeszkadza mu najbardziej, gdy próbuje ssać pierś albo butelkę, tak że czasem w ogóle odmawia jedzenia.

Wydzielinę z nosa można usunąć gruszką. Ściśnijcie jej gumową część, włóżcie wąską końcówkę do noska i zwolnijcie uścisk. Śluzówka niemowlęcego noska jest bardzo delikatna, więc nie należy wkładać końcówki zbyt głęboko. Nie ma potrzeby odsysać wydzieliny zbyt często. Róbcie to tylko wtedy, kiedy rzeczywiście jest potrzebne, na przykład przed jedzeniem i przed spaniem. Przed zabiegiem można do każdego nozdrza wpuścić kropelkę albo dwie wodnego roztworu soli. Poczekajcie pięć minut, aż rozpuści wydzielinę, a potem odessijcie ją. Usuńcie śluz najpierw z jednego, potem z drugiego nozdrza (niemowlęta zwykle tego nie znoszą, ale po zabiegu czują się dużo lepiej). W aptece dostaniecie sól fizjologiczną (roztwór soli) w kroplach bez recepty; jest niedroga i nie będziecie musieli przygotowywać roztworu samodzielnie (instrukcje znajdziecie na stronie 556).

Większa wilgotność powietrza czasem zapobiega wysychaniu wydzieliny w nosku niemowlęcia. Jeśli jest mocno zapchany, lekarz może przepisać krople do nosa albo środek podawany doustnie tuż przed karmieniem. Przeziębione niemowlę nie zawsze traci apetyt. Choroba zazwyczaj mija po tygodniu, czasem jednak przeziębienie u małego niemowlęcia może się ciągnąć niewiarygodnie długo, choć jest łagodne. Jeżeli trwa dłużej niż dwa tygodnie, zasięgnijcie porady lekarza.

Oczywiście przeziębienie u niemowlęcia może mieć groźniejszy przebieg, przekształcić się w zapalenie ucha czy zatok albo wywołać inne powikłania. Oznaką, że tak się dzieje, jest pojawienie się gorączki po kilku dniach przeziębienia. Jeśli niemowlę często ma głęboki albo świszczący kaszel, powinno zostać przebadane przez lekarza, niezależnie od temperatury. To samo odnosi się do dziecka, które wygląda na chore. Pamiętajcie, że niemowlę może być ciężko chore bez gorączki, zwłaszcza w pierwszych dwóch albo trzech miesiącach życia. W tym właśnie okresie spada jego odporność na infekcje. Jeśli niemowlę w tym wieku ma temperaturę powyżej 38°C, powinien je obejrzeć lekarz.

Przeziębienia i gorączka po okresie niemowlęcym. U niektórych dzieci przeziębienia dalej mają łagodny przebieg bez gorączki i powikłań, tak jak w okresie niemowlęcym. Zazwyczaj jednak po ukończeniu szóstego miesiąca przeziębienia i infekcje gardła zaczynają przebiegać inaczej.

Oto historia, jakich wiele. Dwuletnia dziewczynka rano czuje się zupełnie dobrze. Około południa wydaje się zmęczona i nie ma apetytu. Po południowej drzemce budzi się marudna, a rodzice zauważają, że ma gorące czoło. Mierzą jej temperaturę – ma 39°C. Kiedy docierają do lekarza, temperatura wynosi już 40°C. Dziewczynka ma wypieki i lekko przymglone oczy, ale poza tym nie wygląda na szczególnie chorą. Może nie mieć ochoty na kolację albo zjeść normalną porcję. Nie ma objawów przeziębienia, a lekarz nie stwierdza nic konkretnego poza lekkim zaczerwienieniem gardła. Następnego dnia dziewczynka ma lekką gorączkę i zaczyna się katar. Być może pojawi się też kaszel. Od tego momentu jest to normalne łagodne przeziębienie, trwające od dwóch dni do dwóch tygodni.

Istnieje kilka wersji tej typowej historii. Czasem dziecko wymiotuje, gdy rośnie mu temperatura. Najczęściej zdarza się to, gdy rodzice niemądrze skłonili dziecko do jedzenia, choć nie miało ochoty. (Kiedy dziecko traci apetyt, zaufajcie mu.) Czasem gorączka utrzymuje się przez kilka dni, zanim pojawią się objawy przeziębienia. Czasem gorączka trwa dzień albo dwa, a potem znika, katar zaś i kaszel wcale się nie pojawiają. Lekarz może zdiagnozować grypę.

Grypa to słowo najczęściej używane na określenie infekcji nie mającej objawów miejscowych (jak katar albo biegunka), tylko ogólne (jak gorączka albo złe samopoczucie). Gdy dziecko przez jeden dzień ma gorączkę, a nazajutrz czuje się dobrze, może wam się wydawać, że było to bardzo krótkie przeziębienie; tymczasem po paru dniach maluch zaczyna kichać i kaszleć.

Dobrze jest pamiętać, że u dziecka powyżej szóstego miesiąca życia przeziębienie może się zacząć nagłą gorączką, i nie wpadać w panikę, kiedy stwierdzicie podwyższenie temperatury. Oczywiście zawsze powinniście zwrócić się do lekarza, kiedy dziecko jest chore i ma gorączkę; czasem jest to oznaka poważnej infekcji. U dzieci pięcio- i sześcioletnich przeziębienie najczęściej zaczyna się najwyżej stanem podgorączkowym.

Gorączka rozpoczynająca się po kilku dniach przeziębienia ma zupełnie inne znaczenie niż gorączka, od której choro-

ba się zaczyna. Zazwyczaj jest to sygnał, że infekcja rozszerza się albo pogłębia. Niekoniecznie oznacza to poważną chorobę i powód do zmartwień, ale dziecko powinien zbadać lekarz, który sprawdzi, czy jego uszy, płuca i układ moczowy są zdrowe.

Wizyty u lekarza. Nie musicie zwracać się do lekarza za każdym razem, gdy wasze dziecko ma katar i lekki kaszel. Powinniście jednak skonsultować z nim nowe objawy, mogące sugerować powikłania: ból ucha, częsty kaszel, gorączkę pojawiającą się po kilku dniach przeziębienia. Powinniście też skontaktować się ze specjalistą, jeśli przeziębieniu towarzyszy przyspieszony oddech, drażliwość lub nadmierna męczliwość (patrz str. 471).

Leczenie. Większość lekarzy i rodziców nie zabrania dzieciom wychodzić z domu ani nie stosuje specjalnego leczenia w przypadku zwyczajnego przeziębienia. Pamiętajcie, że przeziębienia są wywoływane przez wirusy. Antybiotyki stosuje się jedynie podczas infekcji bakteryjnych (które mogą stanowić powikłanie infekcji wirusowych). Nadużywanie antybiotyków sprawia, że szczepy bakterii uodparniają się na nie. W rezultacie kiedy dziecko naprawdę złapie infekcję bakteryjną, antybiotyki mogą się okazać nieskuteczne.

Badania wykazują, że wychłodzenie nie powoduje przeziębienia. Wychłodzenie może jednak pogorszyć samopoczucie, powoduje bowiem wysychanie śluzówki nosa i w ogóle jest wyczerpujące dla organizmu próbującego zwalczyć infekcję. Dlatego jeśli wasze dziecko jest szczególnie podatne na częste albo przedłużające się przeziębienia bądź powikłania, takie jak zapalenie oskrzeli lub uszu, możecie zatrzymać je w domu przez dzień albo dwa, chyba że na dworze jest ciepło.

Nawilżacze powietrza. Kiedy dziecko jest przeziębione, lekarze czasem zalecają zwiększenie wilgotności powietrza w jego pokoju. Przeciwdziała to wysychaniu śluzówek nosa i gardła, działa kojąco. Szczególnie pomaga na suchy, płytki kaszel oraz bardzo gęstą wydzielinę z nosa. Zwiększona wilgotność jest mniej istotna w ciepłe dni, kiedy grzejniki w domu są wyłączone. Cena nawilżaczy waha się od stu kilkudziesięciu złotych za nawilżacze tradycyjne albo ultradźwiękowe do ponad tysiąca złotych za urządzenia oczyszczające powietrze. Wystarczająco dobrze spisuje się zwyczajny nawilżacz wytwarzający chłodną mgiełkę. Niezależnie od typu nawilżacza należy przynajmniej raz na tydzień czyścić zbiornik wody roztworem sporządzonym z jednej szklanki wybielacza chlorowego na cztery litry wody. Zapobiega to rozrostowi w zbiorniku pleśni i bakterii, które byłyby potem rozsiewane po całym pomieszczeniu.

Nawilżacz parowy nawilża powietrze, gotując wodę elektrycznym elementem grzewczym. Gorąca para wodna nie nawilża jednak powietrza lepiej niż zimna mgiełka, natomiast istnieje niebezpieczeństwo oparzenia, jeśli dziecko dotknie pary albo przewróci nawilżacz. Jeżeli zdecydujecie się na kupno nawilżacza parowego, wybierzcie duży model, do którego wlewa się co najmniej litr wody i który wyłącza się automatycznie, kiedy woda się wygotuje.

Krople do nosa. Lekarz może przepisać dziecku krople do nosa. Mówiąc ogólnie, dzielą się one na dwa rodzaje. Pierwsza grupa to wodne roztwory soli. Można je zrobić w domu, rozpuszczając ćwierć łyżeczki soli kuchennej w pół szklanki ciepłej wody. Można też kupić sól fizjologiczną w aptece. Rozpuszcza gęstą wydzielinę z nosa, dzięki czemu dziecko może ją

łatwiej wydmuchać. Sposób aplikowania kropli do nosa opisano na stronie 557.

Druga grupa to krople zawierające środki obkurczające naczynia błony śluzowej nosa. Pomagają one udrożnić nos i ułatwiają odpływanie wydzieliny. Wada tego rozwiązania jest taka, że po pewnym czasie obkurczone naczynia wracają do poprzednich rozmiarów, a niekiedy przekrwienie śluzówki nawet się zwiększa. Nos jest więc jeszcze bardziej zatkany; poza tym zbyt częste powtarzanie zabiegu może podrażniać delikatne błony śluzowe.

Krople obkurczające mogą być przydatne w dwóch sytuacjach. Po pierwsze, czasem nosek niemowlęcia jest tak zatkany, że zaczyna się ono irytować. Nie może spokojnie jeść, zbiera mu się na wymioty, nie może spać. (Pomóc może odessanie wydzieliny gruszką do nosa, bez stosowania kropli.) Przeziębionym starszym dzieciom, które nie mogą spać, mogą pomóc takie krople. Druga sytuacja to późne fazy poważnego przeziębienia albo zapalenia zatok, kiedy nos jest wypełniony gęstą wydzieliną, która sama nie spływa i której nie można wydmuchać.

Krople obkurczające naczynia śluzówki należy stosować tylko wtedy, gdy zaleci je lekarz, i nie częściej niż raz na sześć godzin. Wiele małych dzieci sprzeciwia się wpuszczaniu im kropli do nosa. Tylko w nielicznych przypadkach krople są tak niezbędne, że warto denerwować dziecko, by je zaaplikować.

Lekarz może przepisać doustny środek obkurczający naczynia błony śluzowej nosa. Wielu lekarzy preferuje środki doustne, ponieważ redukują ilość wydzieliny w zatokach i oskrzelach, nie tylko w nosie. Sporadycznie środki obkurczające powodują niepokojące zmiany zachowania u małych dzieci albo mają inne działania niepożądane, dlatego najlepiej jest stosować je tylko pod nadzorem lekarza, mimo iż są to leki dostępne bez recepty.

Jak podawać krople do nosa. Skuteczność kropli znacznie wzrasta, jeśli docierają do wewnętrznej i górnej części przewodów nosowych. Gruszką odessijcie wydzielinę z przedniej części nosa. Połóżcie dziecko na łóżku na plecach, z głową zwieszoną z jednej strony. Wpuśćcie krople i postarajcie się przytrzymać dziecko w tej pozycji przez pół minuty, by krople mogły spłynąć do odpowiedniego miejsca.

Lekarstwa na kaszel. Żadne lekarstwa przeciwkaszlowe nie wyleczą przeziębienia, to znaczy nie wyeliminują wirusów. Środki te mogą najwyżej zmniejszyć podrażnienie tchawicy i rozrzedzić śluz. Osoba, u której występuje infekcja tchawicy albo oskrzeli, musi raz na jakiś czas odkaszlnąć wydzielinę. Lekarz przepisuje syrop, żeby zbyt częsty kaszel nie męczył dziecka, nie przeszkadzał mu w spaniu i jedzeniu. Każde dziecko i dorosły, który ma intensywny kaszel, powinien znajdować się pod opieką lekarza. Lekarz może zalecić bezpieczne lekarstwo (nie wszystkie syropy są takie same). Absolutnie nie wolno podawać dziecku środków przeciwkaszlowych przeznaczonych dla dorosłych.

Odporność na przeziębienia. Wiele osób wierzy, że zmęczenie i wychłodzenie organizmu zwiększa ich podatność na przeziębienia. Nie zostało to jednak udowodnione. Zdrowy rozsądek podpowiada, że tak dzieciom, jak i dorosłym służy odpowiednia ilość wypoczynku i właściwe ubranie w zimne dni.

Gorące i suche powietrze w mieszkaniach zimą wysusza śluzówkę nosa i gardła, co może powodować trudności w oddychaniu, kiedy nos jest wypełniony śluzem. Wiele osób próbuje temu zaradzić, umieszczając na kaloryferach naczynia z wodą. Jest to niemal zupełnie nieskuteczne, a może być niebezpieczne dla ma-

łych dzieci. Temperatura w pokojach powinna wynosić 21°C, a jeszcze lepiej 20°C. Ogrzanie zimowego powietrza do wyższej temperatury sprawia, że staje się ono bardzo suche – suchsze niż na Saharze. Możecie też zwiększyć wilgotność powietrza za pomocą nawilżacza wytwarzającego chłodną mgiełkę.

Dieta a odporność na przeziębienia. Oczywiście wszystkie dzieci powinny się prawidłowo odżywiać. Nie ma jednak dowodów na to, że dziecko, którego dieta i tak jest zrównoważona, przestanie się przeziębiać, gdy dostanie więcej jakiegoś składnika, a mniej innego. W wielu kulturach na przeziębienie tradycyjnie podaje się rosół z kury i istnieją nawet pewne dowody naukowe, że rosół pomaga organizmowi w zwalczaniu niektórych wirusów, choć nie jest to problem dokładnie zbadany.

Witaminy, preparaty uzupełniające i zioła. Nie ma dowodów na to, że przyjmowanie większych niż normalne dawek witaminy C zapobiega przeziębieniom. Przez pewien czas wyglądało na to, że pomocny jest cynk, minerał, którego brakuje w diecie wielu osób, jednak dalsze badania wykazały, że nie wpływa on na podatność zdrowych dzieci na przeziębienia. Osoby z niedoborem cynku prawdopodobnie odniosą korzyści z przyjmowania preparatu uzupełniającego zawierającego ten minerał. Jeżówka (*Echinacea*) jest ziołem, które może być pomocne podczas przeziębienia. Liczne badania, prowadzone głównie w Europie, sugerują, że tabletki i herbatki z wywarem z jeżówki mogą nieco skracać czas przeziębienia.

Wiek jest czynnikiem wpływającym na odporność organizmu. Obecnie coraz więcej dzieci uczęszcza do żłobków

i przedszkoli. Wiele z nich pomiędzy czwartym miesiącem a drugim rokiem życia coraz częściej zapada na przeziębienia, które trwają dłużej i wywołują więcej powikłań. (W miastach na północy Stanów Zjednoczonych przeciętne dziecko przeziębia się siedem razy rocznie; częściej, jeśli ma starsze rodzeństwo chodzące do szkoły.) Po ukończeniu dwóch albo trzech lat zmniejsza się częstotliwość przeziębień i ich nasilenie. Przeciętny dziewięciolatek choruje dwa razy rzadziej niż w wieku sześciu lat, a dwunastolatek dwa razy rzadziej niż w wieku dziewięciu lat. Powinno to pocieszyć rodziców małych dzieci, którym się wydaje, że ich pociechy stale są chore.

Czynnik psychiczny. Istnieją dowody na to, że niektóre dzieci i dorośli są bardziej podatni na przeziębienia w chwilach napięcia emocjonalnego lub smutku. Pamiętam sześcioletniego chłopca, który denerwował się szkołą, ponieważ nie czytał tak dobrze jak jego rówieśnicy. Przez wiele miesięcy w poniedziałek rano dostawał kaszlu. Możecie pomyśleć, że udawał, ale to nie takie proste. Nie był to kaszel suchy i wymuszony, ale prawdziwy, głęboki. W miarę upływu tygodnia kaszel stawał się coraz słabszy i do piątku znikał zupełnie, żeby powrócić w niedzielny wieczór albo w poniedziałek rano. Nie było w tym nic tajemniczego. Naukowcy dowiedli, że emocje i układ odpornościowy są ze sobą ściśle powiązane. Stres obniża odporność organizmu na infekcje, wpływając na białe krwinki i inne elementy układu odpornościowego.

Kontakt z innymi dziećmi. Inny czynnik, który znacząco wpływa na liczbę przeziębień u waszej pociechy, to liczba dzieci, z którymi się bawi, zwłaszcza w zamkniętych pomieszczeniach. Maluch mieszkający w odległym gospodarstwie rolnym przeziębia się rzadziej, bo rzadziej ma styczność z wirusami. Przeciętne dziecko w żłobku, przedszkolu albo szkole podstawowej bez przerwy się z nimi styka. Osoba, która złapała infekcję, będzie ją przekazywać dalej przez co najmniej dobę, zanim sama dostrzeże pierwsze jej oznaki. Czasami zaś jest nosicielem wirusa i przekazuje go dalej, choć sama nie ma żadnych objawów.

Czy można kontrolować rozprzestrzenianie się przeziębień w rodzinie?
Małe dzieci przeważnie łapią wszystkie przynoszone przez domowników przeziębienia, przynajmniej w łagodnej formie, zwłaszcza jeśli dom jest mały i wszyscy korzystają z tych samych pomieszczeń. Wirusy wywołujące przeziębienia i inne infekcje są przenoszone drogą kropelkową podczas kichania i kaszlu, więc rodzice powinni starać się nie kichać, nie kaszleć i nie oddychać bezpośrednio w stronę twarzy dziecka, zwłaszcza jeśli boli ich gardło. Należy pamiętać o myciu rąk mydłem i ciepłą wodą przed przygotowywaniem posiłku dla dziecka (bądź czegokolwiek, co trafi do jego buzi), żeby zapobiec przenoszeniu się dużych ilości drobnoustrojów. Jeśli osoba spoza rodziny ma oznaki przeziębienia albo innej choroby, stanowczo nie pozwólcie jej przebywać w tym samym domu co niemowlę ani podchodzić do wózka na odległość mniejszą niż dwa metry.

ZAPALENIE UCHA

Niektóre dzieci dostają zapalenia ucha przy każdym przeziębieniu, inne nigdy. Prawdopodobieństwo wystąpienia zapalenia ucha jest dużo większe w pierwszych trzech albo czterech latach życia. Ściśle rzecz biorąc, lekkie zapalenie ucha środkowego towarzyszy większości przeziębień u dzieci w tym wieku, ale jest zazwyczaj bezobjawowe i samo przechodzi.

Co to jest zapalenie ucha? Zapalenie ucha (*otitis media*) to infekcja ucha środkowego powodowana przez bakterie albo wirusy. Ucho środkowe to niewielka komora za błoną bębenkową, połączona z tylną częścią gardła kanałem zwanym trąbką Eustachiusza. Kiedy kanał ten jest z jakiegoś powodu niedrożny – na przykład wydzieliną podczas przeziębienia, obrzękiem alergicznym albo powiększonym migdałkiem – płyn z ucha środkowego nie jest w stanie przepłynąć do gardła. Bakterie albo wirusy z tylnej części gardła wędrują w górę trąbką Eustachiusza i wywołują zakażenie płynu nagromadzonego w uchu środkowym. Tworzy się ropa, powstaje stan zapalny, a ucho zaczyna boleć.

Zazwyczaj stan zapalny ucha dopiero po kilku dniach przeziębienia staje się na tyle poważny, żeby powodować ból. Dziecko powyżej drugiego roku życia potrafi już powiedzieć, co je boli. Niemowlę może pocierać ucho albo przez wiele godzin przenikliwie płakać, może (lecz nie musi) mieć gorączkę.

Jeśli wasze dziecko skarży się na ból ucha, jeszcze tego samego dnia skontaktujcie się z lekarzem, zwłaszcza jeśli malec ma gorączkę. Antybiotyki, które w takiej sytuacji się zaleca, są najskuteczniejsze w początkowym stadium zapalenia ucha.

W jaki sposób możecie przynieść dziecku ulgę, jeśli do lekarza uda wam się dotrzeć dopiero za parę godzin? Leżenie na plecach wzmaga ból, więc postarajcie się, żeby dziecko było podparte. Termofor albo elektryczna poduszka mogą pomóc, ale małe dzieci często się w takich sytuacjach niecierpliwią. (Nie pozwólcie dziecku zasnąć na poduszce elektrycznej, gdyż mogłoby się oparzyć.) Paracetamol albo ibuprofen złagodzi ból. Jeszcze skuteczniejsza może się okazać dawka leku przeciwkaszlowego z kodeiną, które lekarz przepisał temu właśnie dziecku. (Lekarstwo przepisane starszemu dziecku albo dorosłemu może zawierać zbyt dużo substancji czynnej.) Kodeina jest nie tylko lekarstwem na kaszel, ale też skutecznym środkiem przeciwbólowym. Jeśli ból ucha jest bardzo silny, możecie zastosować wszystkie wymienione powyżej środki, ale nigdy nie podawajcie więcej niż jednej dawki kodeiny bez konsultacji z lekarzem.

Zdarza się, że błona bębenkowa pęka we wczesnej fazie infekcji i z ucha leci rzadka ropna wydzielina. Możecie ją zauważyć na poduszce rano, mimo iż dziecko nie skarżyło się na ból ani gorączkę. Zazwyczaj jednak błona pęka dopiero po kilku dniach gromadzenia się płynu. Towarzyszy temu gorączka i ból. Jako że w wyniku infekcji na błonę działają duże siły, kiedy pęknie, ból znacznie się zmniejsza. Ropa ma teraz którędy wyciekać i czasem wystarczy to do samoistnego wyleczenia infekcji. Dlatego chociaż ropny wysięk z ucha niemal na pewno jest objawem zapalenia, sugeruje jednocześnie, że infekcja przechodzi albo będzie ją łatwiej zwalczyć antybiotykami. Błona bębenkowa zazwyczaj goi się bez problemu w ciągu kilku dni i nie powoduje dalszych problemów.

Jeśli zauważycie wysięk z ucha, przyłóżcie do małżowiny niezbyt ciasno zwinięty kawałek waty, w którą wydzielina będzie wsiąkać, zmyjcie ropę z zewnętrznej części ucha wodą z mydłem (nie pozwólcie, żeby woda dostała się do środka ucha) i skontaktujcie się z lekarzem. Jeśli wydzielina nadal wycieka, podrażniając skórę dziecka, delikatnie zmywajcie ją z okolic ucha. Pod żadnym pozorem nie wkładajcie dziecku patyczka higienicznego do przewodu słuchowego.

Przewlekłe zapalenie ucha. Niektóre dzieci w pierwszych latach życia mają nawracające zapalenia uszu; a w uchu środkowym stale zbiera się gęsta wydzielina. Lekarz może poradzić sobie z tym problemem na jeden z trzech podanych dalej sposobów, zwłaszcza jeśli infekcje wpływają na słuch dziecka. Po pierwsze, może przepisać antybiotyk, który należy przyjmować codziennie, często przez wiele miesięcy. Antybiotyk podaje się, żeby do zakażenia wydzieliny w uchu środkowym nie dochodziło nawet wtedy, gdy nie może ona spłynąć trąbką Eustachiusza. Niektórym dzieciom to pomaga, innym nie. (Ponieważ coraz lepiej zdajemy sobie sprawę z tego, jak niebezpieczne mogą być bakterie odporne na antybiotyki, coraz rzadziej podaje się antybiotyki rutynowo.) Po drugie, lekarz może sprawdzić, czy przyczyną zbierania się wydzieliny w uchu i powstawania infekcji nie jest alergia. Po trzecie, może skierować dziecko do laryngologa, który rozważy umieszczenie w błonie bębenkowej maleńkich plastikowych drenów. Dzięki nim ciśnienie powietrza w uchu środkowym i na zewnątrz wyrównuje się, co może zmniejszyć ryzyko kolejnych infekcji albo zbierania się płynu oraz sprawić, że dziecko odzyska prawidłowy słuch. Wystawienie na działanie dymu papierosowego zwiększa ryzyko infekcji ucha: jeszcze jeden dobry powód, żeby rzucić palenie albo nigdy nie zaczynać palić.

MIGDAŁKI

W XX wieku migdałki gardłowe i podniebienne winiono za tyle dolegliwości, że wiele osób nadal uważa je za wrogie części ciała, które trzeba usunąć, a im wcześniej, tym lepiej. To niewłaściwe podejście. Migdałki odgrywają ważną rolę w zwalczaniu infekcji i są ważną częścią mechanizmu obronnego organizmu. Są zbudowane z tkanki limfatycznej, tak jak węzły chłonne, które często można wyczuć po bokach szyi albo za uszami dziecka. Wszystkie one, włącznie z migdałkami, nabrzmiewają, gdy rozwija się infekcja, ponieważ próbują unicestwić drobnoustroje i wzmocnić odporność organizmu.

Migdałki podniebienne. Zazwyczaj migdałki podniebienne rosną do ukończenia ósmego roku życia, a potem się kurczą. Dawniej lekarze uważali, że wszystkie powiększone migdałki są chore i należy je wyciąć, ale to nieprawda. Nie ma potrzeby usuwania migdałków, nawet bardzo powiększonych, dziecku, które poza tym jest zdrowe. Częste przeziębienia, bóle gardła i zapalenia ucha to niewystarczające powody do wycięcia migdałków. Usunięcie może być konieczne wtedy, gdy migdałki są tak duże, że blokują drogi oddechowe. Wskazaniem do wycięcia mogą być również przewlekłe infekcje migdałków albo zlokalizowane w migdałkach ogniska zakażenia.

Migdałek gardłowy (trzeci migdałek). Migdałek gardłowy to skupisko tkanki limfatycznej znajdujące się za podniebieniem miękkim, tam, gdzie przewody nosowe łączą się z gardłem. Kiedy znacznie się powiększa, może blokować te przewody i powodować oddychanie przez usta oraz chrapanie. Może też uniemożliwiać odpływanie śluzu i ropy z nosa, powodując długotrwałe przeziębienia i zapalenia zatok. Może wreszcie blokować ujście trąbek Eustachiusza, które odprowadzają wydzielinę z ucha środkowego; rezultatem są przewlekłe zapalenia uszu. Czasem choroby te można leczyć antybiotykami, a czasem konieczne jest chirurgiczne usunięcie migdałka.

Istnieje również choroba zwana obturacyjnym bezdechem podczas snu, polegająca na tak znacznym przeroście migdałka gardłowego, że blokuje on przewody oddechowe podczas snu. Dziecko nie tylko głośno chrapie, co samo w sobie nie jest niebezpieczne, ale też chwilami wcale nie oddycha. Rodzice słyszą długą (dłuższą niż pięć sekund) przerwę w chrapaniu, kiedy dziecko nie jest w stanie ani nabrać powietrza w płuca, ani go wypuścić, i może

się zachowywać, jakby próbowało złapać oddech. Taki stan często wymaga usunięcia trzeciego migdałka w celu udrożnienia dróg oddechowych w nocy. Istnieją też łagodniejsze formy bezdechu: dziecko nie przestaje oddychać, ale poziom tlenu we krwi spada na tyle, że wywiera niekorzystny wpływ na sen.

Sporadycznie laryngolog zaleca usunięcie migdałka gardłowego u dziecka z przewlekłymi albo nawracającymi zapaleniami uszu, żeby wydzielina z ucha środkowego mogła swobodnie spływać trąbką Eustachiusza. Podczas usuwania migdałków podniebiennych czasem wycina się również trzeci migdał. Niekiedy wskazane jest pozostawienie migdałków podniebiennych i wycięcie tylko trzeciego migdałka, który stale upośledza drożność przewodów oddechowych.

Migdałki zawsze do pewnego stopnia odrastają. Nie znaczy to, że operacja się nie udała ani że trzeba ją powtórzyć. Po prostu organizm próbuje odtworzyć skupiska tkanki limfatycznej tam, gdzie przewidziała je natura.

BÓLE GARDŁA I POWIĘKSZONE WĘZŁY CHŁONNE

Ból gardła, któremu nie towarzyszy zapalenie migdałków, nazywany jest zapaleniem gardła. Ból gardła w połączeniu z zakażeniem migdałków to zapalenie migdałków. Przy bólu gardła bardzo ważne jest ustalenie, czy infekcja została wywołana przez wirusy czy też przez bakterie, najczęściej paciorkowce. Infekcje bakteryjne leczy się antybiotykami. Nieleczone paciorkowcowe zapalenie gardła często przechodzi samo, ale może też przekształcić się w dużo poważniejszą infekcję albo wywołać gorączkę reumatyczną, poważną chorobę przewlekłą.

Dzwońcie do lekarza za każdym razem, gdy dziecko boli gardło, szczególnie zaś wtedy, gdy jego temperatura przekracza 38,5°C. W razie jakichkolwiek wątpliwości lekarz wykona posiew wymazu z gardła albo zrobi szybki test na obecność paciorkowców. Jeśli test nie wykaże obecności tych bakterii, to infekcja jest prawdopodobnie wirusowa i przejdzie sama, bez leczenia antybiotykami. Wystarczy odpoczynek, paracetamol i dużo płynów. Ulgę przynosi też płukanie gardła ciepłą słoną wodą oraz ssanie pastylek na ból gardła, jeśli dziecko jest na tyle duże, żeby się nimi nie zakrztusić (ma co najmniej cztery albo pięć lat).

Paciorkowcowe zapalenie gardła. Jest to infekcja bakteryjna wywoływana przez paciorkowce (streptokoki). Dziecko przeważnie przez kilka dni ma wysoką gorączkę i źle się czuje. Migdałki często są zaczerwienione i powiększone. Węzły chłonne szyi są powiększone i czasem bolesne. Na drugi albo trzeci dzień na migdałkach może się pojawić biały nalot. Starsze dzieci mogą się skarżyć na tak intensywny ból gardła, że niemal uniemożliwia przełykanie; inne mają bóle brzucha albo głowy. Co zaskakujące, małym dzieciom ból gardła czasem zupełnie nie przeszkadza. Bakteryjne zapalenie gardła rzadko występuje w pierwszych dwóch latach życia. Zazwyczaj nie towarzyszy mu kaszel ani katar. Dziecko, któremu usunięto migdałki, i tak może zachorować na paciorkowcowe zapalenie gardła.

Paciorkowcowe zapalenie gardła i płonicę (patrz niżej) leczy się antybiotykiem z grupy penicylin podawanym doustnie albo w zastrzyku. Jeśli dziecko jest uczulone na penicylinę, stosuje się inny antybiotyk.

Płonica (szkarlatyna). Jest to paciorkowcowa infekcja z wysypką. Wysypka zazwyczaj pojawia się drugiego albo trzeciego dnia choroby, najpierw na ciepłych i wilgotnych częściach ciała, takich jak boki, pachwiny i plecy. Z daleka wygląda jak jednorodne zaczerwienienie, z bliska można jednak zauważyć, że składa się z maleńkich czerwonych plamek na czerwonawym tle. Skóra w dotyku przypomina drobny papier ścierny. Wysypka może się rozprzestrzenić na całe ciało i policzki, ale okolice ust pozostają blade. Gardło jest zaczerwienione, czasem wręcz zaognione, a po pewnym czasie czerwonej barwy nabiera również język, najpierw na brzegach. Choć płonica

wygląda dużo bardziej dramatycznie niż zwyczajne paciorkowcowe zapalenie gardła, nie jest od niego bardziej niebezpieczna. Leczy się ją tak samo jak inne infekcje paciorkowcowe. W rzadkich przypadkach toksyna wywołująca płonicę może wywołać dużo poważniejszą wysypkę.

Inne przyczyny bólu gardła. Istnieją najrozmaitsze rodzaje lekkich i ciężkich infekcji gardła, wywoływanych różnymi drobnoustrojami chorobotwórczymi, głównie wirusami. Wiele osób czuje lekki ból gardła na początku każdego przeziębienia. Badając gorączkujące dziecko, lekarz często stwierdza, że jedynym objawem choroby jest lekkie zaczerwienienie gardła. Dziecko może nie odczuwać bólu.

W większości przypadków ból gardła szybko mija. Dziecko powinno zostać w domu, jeśli czuje się chore albo ma gorączkę. Należy wezwać lekarza, jeśli dziecko gorączkuje, wygląda na chore albo gardło mocno je boli (nawet przy braku gorączki).

Niektóre dzieci w zimowe poranki często budzą się z bolącym gardłem. Zachowują się, jakby nic im nie było, a ból szybko mija. Ten rodzaj bólu jest spowodowany suchym zimowym powietrzem, nie chorobą, i nie trzeba się nim przejmować. Można mu zapobiec, wstawiając do pokoju dziecka nawilżacz.

Przeziębienia z katarem i zatkanym nosem również mogą powodować ból gardła, zwłaszcza wcześnie rano, ponieważ śluz może w nocy spływać tylną ścianą gardła, powodując podrażnienie.

Powiększone węzły chłonne. Węzły limfatyczne (chłonne) rozsiane po obu stronach szyi mogą boleć i powiększać się pod wpływem każdej choroby gardła, bez względu na jej nasilenie. Najczęstszą przyczyną powiększenia węzłów chłonnych jest bakteryjne albo wirusowe zapalenie migdałków. Sporadycznie infekcja obejmuje też węzły. Są wtedy bardzo powiększone, ciepłe albo bolesne. Lekarz powinien zbadać dziecko, u którego pojawił się obrzęk w okolicach szyi, i w razie potrzeby przepisać antybiotyk.

Po niektórych infekcjach gardła węzły chłonne szyi mogą pozostać lekko powiększone przez wiele tygodni, a nawet miesiące. Przyczyny obrzęku węzłów chłonnych mogą być również inne, na przykład infekcje zębów, infekcje skóry głowy oraz choroby ogólnoustrojowe, takie jak różyczka. Gdy wasze dziecko ma powiększone węzły chłonne, powinniście skonsultować się z lekarzem, jeśli jednak uzna on, że dziecko jest zdrowe, to nie ma powodu do zmartwień.

PODGŁOŚNIOWE ZAPALENIE KRTANI (KRUP) I ZAPALENIE NAGŁOŚNI

Podgłośniowe zapalenie krtani. Charakterystyczne objawy to chrypka, ostry, szczekający albo charczący kaszel oraz duszności, szczególnie podczas wdechu. Objawy te wywołane są obrzękiem krtani i tchawicy, do którego dochodzi w wyniku zakażenia wirusowego. Krup jest przerażający, kiedy widzi się go po raz pierwszy, ale zazwyczaj nie jest tak poważny, jak się wydaje. W pierwszych latach życia może powracać wielokrotnie. Natychmiast zadzwońcie do lekarza, jeśli u waszego dziecka wystąpi jakikolwiek rodzaj krupu.

Czasem wydaje się, że dziecko ma krup, podczas gdy w rzeczywistości dławi się małym przedmiotem, który utkwił mu w tchawicy. Dlatego jest bardzo ważne, żeby dziecko, które nagle zaczęło kaszleć w sposób charakterystyczny dla krupu, zostało przebadane przez lekarza.

Krup rzekomy (kurczowy) to łagodna forma krupu, pojawiająca się nagle w nocy. W ciągu dnia dziecko jest zupełnie zdrowe albo ma bardzo łagodne przeziębienie bez kaszlu. Nagle budzi je gwałtowny atak charczącego kaszlu, ma chrypę, z trudem łapie powietrze. Nie ma gorączki.

Cięższy przebieg ma zazwyczaj krup towarzyszący wirusowemu przeziębieniu z gorączką. Dziecko ma charczący kaszel i duszności. Kiedy wykonuje wdech, zwężone drogi oddechowe wydają głośny świszczący dźwięk, nazywany stridorem. Krup może rozwijać się stopniowo albo pojawić nagle, o dowolnej porze dnia albo nocy. Kaszel krupowy przypomina szczekanie psa albo foki. Kiedy obrzęk dróg oddechowych jest duży, dziecku może być bardzo trudno oddychać.

Dziecko z chrypą, krtaniowym kaszlem i gorączką powinno natychmiast znaleźć się pod baczną i nieprzerwaną obserwacją lekarza, szczególnie gdy towarzyszą im duszności i przyspieszony oddech. Jeśli nie możecie skontaktować się ze swoim lekarzem, poszukajcie innego. Jeśli nie macie dostępu do żadnego lekarza, zawieźcie dziecko do szpitala. W stanie nagłym drogi oddechowe można udrożnić lekami, ale podać je można tylko w szpitalu.

Doraźnie, przed przybyciem lekarza, ulgę dziecku przyniesie wilgotne zimne powietrze. Jeśli macie nawilżacz wytwarzający zimną mgiełkę, skorzystajcie z niego, najlepiej w małym pomieszczeniu, w którym szybciej wzrośnie wilgotność powietrza. Możecie też zabrać dziecko do łazienki i nalać do wanny bardzo gorącej wody, nie po to, żeby wykąpać w niej dziecko, ale po to, by uzyskać jak najwięcej pary wodnej. Najskuteczniejszy jest prysznic. Dwadzieścia minut na kolanach mamy albo taty w zamkniętej, zaparowanej łazience to najlepsza pierwsza pomoc.

Para z nawilżacza jest dużo skuteczniejsza, jeśli skoncentruje się ją pod namiotem. Namiot można zrobić, przykrywając prześcieradłami łóżeczko albo mały stolik ustawiony na łóżku. Można też przyczepić prześcieradła do ściany. Kiedy dziecko zacznie wdychać wilgotne powietrze, jego stan zazwyczaj szybko się polepsza. Dziecku jest jednak trudniej oddychać, kiedy jest przestraszone, więc jeśli prowizoryczny namiot je niepokoi, lepiej go nie stosować. Dopóki utrzymują się objawy krupu, przy dziecku powinna czuwać osoba dorosła. Kiedy objawy ustąpią, trzeba po dwóch, trzech godzinach wstać i sprawdzić, czy dziecko oddycha normalnie.

Krup wirusowy i krup rzekomy czasem wracają w ciągu następnej doby lub dwóch. Pomóc może nawilżanie powietrza w pokoju, w którym śpi dziecko. Ten środek zapobiegawczy należy stosować przez trzy, cztery noce.

Zapalenie nagłośni. Dzięki szczepieniom Hib (*Haemophilus influenzae b*) jest to dziś choroba rzadko spotykana. Zapalenie nagłośni objawia się tak jak krup, tyle że z wysoką gorączką. Nagłośnia to niewielki fragment chrząstki zamykający tchawicę w momencie przełykania pokarmu. W wyniku infekcji obrzęknięta nagłośnia może całkowicie zablokować tchawicę.

Zapalenie nagłośni rozwija się bardzo szybko. Dziecko pochyla się do przodu, ślini, nie chce jeść ani pić i przeważnie nie wydaje żadnych dźwięków, bojąc się, że wywoła typowy dla krupu kaszel. Niekiedy nie chce ruszać głową, ponieważ utrzymuje szyję w pozycji, w której pomiędzy opuchniętą nagłośnią a tchawicą pozostaje najwięcej miejsca na powietrze. Zapalenie nagłośni to medyczny stan nagły, wymagający natychmiastowej interwencji lekarza.

GRYPA, ZAPALENIE OSKRZELI I ZAPALENIE PŁUC

Grypa. Grypa to nieprzyjemna choroba, powodująca ból głowy, gardła i mięśni, gorączkę, kaszel i katar, a czasem wymioty i biegunkę. Zdarza się, że mięśnie łydek bolą tak bardzo, że dziecko nie chce chodzić. Gorączka może się utrzymywać przez tydzień, kaszel nawet dłużej.

Na grypę można zachorować już po kilku dniach od kontaktu z nią; zazwyczaj pierwsze objawy pojawiają się po pięciu-–siedmiu dniach. Chory zaraża, zanim wystąpią u niego objawy choroby, i będzie zarażać aż do ustąpienia gorączki. Dlatego grypa tak szybko się rozprzestrzenia.

Można się zaszczepić przeciwko grypie, ale ponieważ wirusy mutują, każdego roku trzeba opracowywać nową szczepionkę. Dzieci astmatyczne lub cierpiące na inne przewlekłe choroby płuc i serca, cukrzycę i niektóre zaburzenia neurologiczne powinny być szczepione co roku. Korzyść ze szczepienia odnoszą również dzieci zdrowe, zwłaszcza maluchy, które nie ukończyły jeszcze dwóch lat.

Leczenie grypy polega na zapewnieniu dziecku maksymalnej wygody: niech odpoczywa w domu do czasu, aż jego temperatura utrzyma się na normalnym poziomie przez co najmniej dobę; podawajcie mu smaczne napoje co godzinę albo co pół godziny, ale nie zmuszajcie do picia; podawajcie paracetamol albo ibuprofen, by zwalczyć gorączkę i ból. (Nigdy nie dawajcie chorym na grypę dzieciom ani nastolatkom aspiryny; zwiększa ona ryzyko zachorowania na zespół Reye'a; patrz str. 589.)

We wczesnej fazie grypę można leczyć specjalnymi lekami przeciwwirusowymi, które przyspieszają powrót do zdrowia. Z lekarzem należy się skontaktować w pierwszym dniu choroby oraz ponownie w przypadku, gdy dziecko wydaje się bardzo chore, bolą je uszy, ma problemy z oddychaniem albo po kilku dniach jego stan się nie poprawia. Zapalenie ucha, zatok albo płuc, wymagające leczenia antybiotykami, to częste powikłania pogrypowe.

Zapalenie oskrzeli. Oskrzela to część układu oddechowego. U dzieci zapalenie oskrzeli niemal zawsze wywoływane jest przez wirusy. Zazwyczaj towarzyszy mu intensywny kaszel. Czasem dziecku brakuje powietrza. Niekiedy podczas oddychania słychać skrzypiące odgłosy. Rodzice się martwią, sądząc, że jest to odgłos śluzu w płucach. W rzeczywistości śluz znajduje się w gardle, a wydawany przezeń odgłos jest przenoszony do klatki piersiowej.

Łagodne zapalenie oskrzeli, przebiegające bez gorączki, utraty apetytu i z łagodnym kaszlem, to dolegliwość niewiele poważniejsza od kataru. Postępowanie jest takie samo jak w przypadku silnego przeziębienia: odpoczynek, umiarkowana ilość płynów i czuła, troskliwa opieka. Jeśli kaszel przeszkadza dziecku spać, można mu podać środek przeciwkaszlowy. Nie należy podawać antybiotyków, ponieważ nie zabijają one wirusów wywołujących zapalenie oskrzeli.

Jeśli jednak dziecko źle się czuje, nie może zaczerpnąć powietrza albo ma gorączkę wyższą niż 38,5°C, zadzwońcie do lekarza. To, co wydaje się zapaleniem oskrzeli, może być w istocie poważniejszą infekcją, wymagającą leczenia antybiotykami.

Zapalenie płuc. Zapalenie płuc może być wirusowe albo bakteryjne. Bakteryjne zapalenie płuc zazwyczaj pojawia się po kilku dniach przeziębienia albo bez ostrzeżenia. Podejrzenia powinna wzbudzić temperatura przekraczająca 39°C, przyspieszony oddech i częsty kaszel. Dziecko z zapaleniem płuc wydaje czasem chrząkające odgłosy. Antybiotyki zazwyczaj szybko przynoszą poprawę stanu w przypadku bakteryjnego zapalenia płuc, jeżeli leczenie rozpoczęto odpowiednio wcześnie. Zadzwońcie do lekarza, jeśli dziecko ma gorączkę i często kaszle.

Wirusowe zapalenie płuc jest powszechniejsze i przeważnie ma lżejszy przebieg. Często samo przechodzi po dwóch–czterech tygodniach. Chociaż nie można go wyleczyć antybiotykiem, często trudno stwierdzić z całkowitą pewnością, czy dany przypadek ma podłoże wirusowe czy bakteryjne, dlatego zazwyczaj przepisuje się antybiotyki wszystkim dzieciom chorym na zapalenie płuc.

Zapalenie oskrzelików (bronchiolitis). Zapalenie oskrzelików (nie należy go mylić z zapaleniem oskrzeli opisanym obok) to wirusowa infekcja oskrzelików, czyli małych przewodów oddechowych znajdujących się w płucach. Jest to choroba układu oddechowego niemowląt i małych dzieci, zazwyczaj w wieku od dwóch do dwudziestu czterech miesięcy. Dziecko zwykle oprócz kaszlu ma katar, wydaje świszczące odgłosy podczas oddychania, ma przyspieszony oddech i trudności z wydychaniem powietrza. Zapalenie oskrzelików wywołuje kilka wirusów. Jeden z nich to syncytialny wirus oddechowy, nazywany też wirusem RS od angielskiej nazwy *respiratory syncytial virus*. Wiele dzieci przyjmowanych do szpitala ze świstem oddechowym ma właśnie zakażenie wirusem RS.

Zapalenie oskrzelików może mieć przebieg łagodny albo ciężki. Niektórym dzieciom oddychanie sprawia dużo wysiłku. Nie są w stanie normalnie jeść ani odpoczywać i są wyczerpane samym tylko oddychaniem. Większość dzieci z zapaleniem oskrzelików łatwo dochodzi do siebie i można je leczyć w domu; mniej więcej jedno na dwadzieścia wymaga hospitalizacji w celu monitorowania oddechu. Istnieje też nowe lekarstwo zapobiegające infekcjom wirusem RS u niemowląt z grupy wysokiego ryzyka, na przykład tych z przewlekłą chorobą płuc; niestety w sezonie grypowym trzeba je podawać co miesiąc w formie zastrzyku.

Jako że zapalenie oskrzelików sporadycznie prowadzi do poważnych problemów z oddychaniem, ważne jest, by dziecko pozostawało pod opieką lekarza, który będzie obserwował objawy choroby. Większość dzieci wraca do zdrowia w ciągu siedmiu–dziesięciu dni, ale u niektórych może pojawić się świst oddechowy podczas kolejnych przeziębień.

BÓLE GŁOWY

Bóle głowy są powszechne u dzieci i młodzieży. Chociaż ból głowy może być jednym z pierwszych sygnałów wielu różnych chorób, od przeziębienia do poważniejszych infekcji, to zdecydowanie najczęstszą przyczyną jest stres. Jeśli dziecko przez wiele dni uczyło się na pamięć swojej roli w szkolnym przedstawieniu albo po lekcjach ćwiczyło w drużynie gimnastycznej, to kombinacja zmęczenia, napięcia i podekscytowania mogła wywołać zmiany w przepływie krwi do mięśni głowy i szyi, a wraz z nimi bóle głowy.

Kiedy małe dziecko skarży się na ból głowy, od razu skontaktujcie się z lekarzem, ponieważ w tym wieku jest bardziej prawdopodobne, że jest to pierwszy objaw nadchodzącej choroby. Starszemu dziecku na ból głowy można podać odpowiednią dawkę paracetamolu albo ibuprofenu i nakłonić je do odpoczynku – położenia się, spokojnej zabawy lub innego relaksującego zajęcia – do czasu, aż środek przeciwbólowy zadziała. Czasem pomaga okład z lodu. Jeśli po czterech godzinach od zażycia leków ból nie mija albo pojawiają się inne objawy choroby (np. gorączka), należy skontaktować się z lekarzem.

Dziecko, które cierpi na częste bóle głowy, powinno przejść szczegółowe badanie lekarskie, w tym badanie okulistyczne, stomatologiczne i neurologiczne. Warto również uważnie przeanalizować jego dietę oraz zastanowić się, czy nie stresuje go nadmiernie sytuacja w domu, szkole albo w grupie rówieśniczej.

Dzieciom zdarzają się migreny, chociaż rzadziej niż dorośli mają jej charakterystyczne objawy, jak aura albo inne problemy ze wzrokiem bądź osłabienie jednej z kończyn. Regularne i intensywne bóle głowy u dziecka mogą być bólami migrenowymi, szczególnie (choć nie tylko) wtedy, gdy mają je też inni członkowie rodziny.

Jeśli ból głowy jest następstwem upadku albo uderzenia w głowę, natychmiast skontaktujcie się z lekarzem. Ból głowy przy wstawaniu, wczesnym rankiem albo budzący dziecko w nocy, często jest oznaką poważnego problemu. Omówcie z lekarzem dziecka nawracające poranne bóle głowy oraz wszelkie bóle, którym towarzyszą zawroty głowy, nieostre albo podwójne widzenie, nudności i wymioty.

BÓLE BRZUCHA I INFEKCJE JELITOWE

Bóle brzucha najczęściej są lekkie i szybko mijają. Wystarczy przytulić dziecko, a kwadrans później będzie się bawić, jak gdyby nigdy nic. Jeśli ból brzucha trwa godzinę albo dłużej, najlepiej zadzwonić do lekarza. Jeśli ból jest bardzo intensywny, nie czekajcie tak długo. Istnieją tuziny możliwych przyczyn bólu brzucha i rozstroju żołądka. Kilka jest poważnych, większość nie. Ludzie najczęściej przypisują ból brzucha zapaleniu wyrostka robaczkowego albo podejrzewają, że dziecko zjadło coś niestrawnego. Tymczasem i jedno, i drugie zdarza się stosunkowo rzadko. Dzieci często jedzą najdziwniejsze rzeczy w niezwykłych ilościach bez śladu niestrawności.

Przed rozmową z lekarzem zmierzcie dziecku temperaturę (patrz str. 475), połóżcie je do łóżka i nie dawajcie nic do jedzenia. Jeśli jest spragnione, nie zaszkodzą mu małe łyki wody.

Najczęstsze przyczyny bólu brzucha. W pierwszych miesiącach życia niemowlęta często mają kolkę, która może przypominać ból brzucha. Jeśli wasze niemowlę wygląda, jakby bolał je brzuch, jest rozdrażnione albo wymiotuje, najlepiej od razu zadzwonić do lekarza.

Po upływie pierwszego roku życia ból brzucha najczęściej jest sygnałem, że zbliża się przeziębienie, zapalenie gardła albo grypa, zwłaszcza gdy towarzyszy mu wysoka temperatura. Dzieje się tak, ponieważ zakażenie wpływa także na jelita oraz inne części ciała. U małego dziecka niemal każda infekcja może spowodować ból brzuszka. Maluchy często skarżą się na ból żołądka, podczas gdy tak naprawdę mają nudności. Często po chwili zaczynają wymiotować.

Zaparcia są najczęstszą przyczyną nawracających bólów brzucha (patrz str. 571).

Ból tego rodzaju może być tępy i dokuczliwy albo nagły i intensywny (może też zniknąć równie nagle, jak się pojawił). Często jest silniejszy po posiłku. Źródłem bólu wydają się skurcze jelit, próbujących wypchnąć na zewnątrz twardy, suchy stolec.

Ból spowodowany zaparciem często pojawia się, gdy dziecko wstrzymuje stolec podczas nauki korzystania z toalety (patrz str. 395). Starszym dzieciom zaparcia się przydarzają, gdy za mało piją albo gdy są tak zajęte, że „zapominają" pójść do toalety.

Ból brzucha a stres. Ważne jest uświadomienie sobie, że ból o podłożu psychicznym jest rzeczywistym bólem. Dzieci z zaburzeniami odżywiania często się skarżą na ból brzucha, kiedy siadają do posiłku albo zjedzą parę kęsów. Rodzice mogą myśleć, że dziecko używa bólu brzucha jako wymówki, żeby nie jeść. Moim zdaniem jednak jest to prawdziwy ból, wynikający z faktu, że dziecko podczas posiłków jest spięte i jego żołądek również się napina. Leczenie polega na zmianie postępowania rodziców i stworzeniu przy stole takiej atmosfery, żeby posiłki zaczęły sprawiać dziecku przyjemność (patrz str. 233).

Dzieci, które nigdy nie miały zaburzeń odżywiania, ale mają inne zmartwienia, również mogą cierpieć na bóle brzucha, szczególnie w porach posiłków. Jedno dziecko z niepokojem myśli o tym, że zbliża się początek roku szkolnego, i rano zamiast głodu czuje ból brzucha; inne ma wyrzuty sumienia z powodu jakiegoś przewinienia, o którym jeszcze nikt nie wie. Najróżniejsze emocje, od strachu do przyjemnego podekscytowania, mogą mieć wpływ na funkcjonowanie żołądka i jelit. Wywołują nie tylko ból i brak apetytu, ale też wymioty i biegunkę albo zaparcie. Ból tego rodzaju zazwyczaj zlokalizowany jest pośrodku brzucha. Ponieważ nie ma infekcji, temperatura jest w normie.

Ból brzucha spowodowany stresem jest powszechny u dzieci i młodzieży. Często powtarza się dwa albo trzy razy na tydzień. Niemal zawsze zlokalizowany jest w linii środkowej ciała, wokół pępka albo tuż nad nim. Dziecku często trudno go opisać.

Leczenie polega na ustaleniu, jakim czynnikom stresującym podlega dziecko w domu, w szkole, w drużynie sportowej czy w grupie rówieśniczej, a następnie zrobieniu wszystkiego, co możliwe, żeby stres zmniejszyć. Lekarze prowadzą badania nad tą dolegliwością, którą nazwali zespołem nawracającego bólu brzucha. Trzeba koniecznie pamiętać, że dziecko czuje prawdziwy ból, nie wymyśliło go sobie tylko po to, żeby zwrócić na siebie uwagę.

Infekcje (biegunka i wymioty). Wiele infekcji żołądka i jelit może powodować ból brzucha, czasem połączony z wymiotami, czasem z biegunką, czasem z jednym i drugim. W medycynie dolegliwość tę nazywa się „ostrym zapaleniem żołądka i jelit", a potocznie „grypą żołądkowo-jelitową", jest to bowiem choroba zakaźna wywoływana przez nieznane wirusy lub bakterie. Infekcja często przenosi się z jednego członka rodziny na drugiego. Czasem towarzyszy jej gorączka.

Odwodnienie. Odwodnienie – utrata nadmiernej ilości wody z organizmu – może być rezultatem wymiotów, biegunki albo jednego i drugiego. Najczęściej przydarza się niemowlętom i małym dzieciom, których organizm nie gromadzi tak dużych zapasów wody jak organizm starszych dzieci i dorosłych i które nie rozumieją, że podczas choroby muszą więcej pić.

Pierwszą oznaką odwodnienia jest rzadsze niż zazwyczaj oddawanie moczu; w przypadku niemowlęcia niekiedy trudno to ocenić, jeśli jego pieluszka jest zabrudzona płynnym kałem. W miarę postępującego odwodnienia dziecko staje się coraz bardziej apatyczne; płacze bez łez, a jego oczy wyglądają na suche, mogą być zapadnięte i podkrążone; wargi i jama ustna są spieczone i suche; u niemowlęcia zapadnięte jest ciemiączko, czyli miękkie miejsce na czubku głowy. Jeśli wasze dziecko ma któryś z objawów odwodnienia, jak najszybciej skontaktujcie się z lekarzem albo zawieźcie je do szpitala.

Zatrucie pokarmowe jest wynikiem spożycia żywności zawierającej toksyny wytwarzane przez pewne rodzaje bakterii. Potrawa nie zawsze ma nietypowy smak. Zatrucie pokarmowe rzadko zdarza się wtedy, gdy pożywienie jest świeżo przygotowane i dokładnie ugotowane, ponieważ proces gotowania zabija szkodliwe drobnoustroje. Do zatrucia najczęściej dochodzi po zjedzeniu ciastek z kremem i bitą śmietaną, sałatek ze śmietaną, nadzienia do drobiu i niedogotowanego mięsa. Bakterie szybko się mnożą się w tych pokarmach, zwłaszcza jeśli przez wiele godzin znajdują się poza lodówką. Inną przyczyną zatruć są niewłaściwie przygotowane przetwory domowe.

Objawami zatrucia pokarmowego są zazwyczaj wymioty, biegunka i ból brzucha. Czasem występują dreszcze i gorączka. W przeciwieństwie do grypy żołądkowej, która przenosi się z jednego członka rodziny na drugiego, tak że chorują po kolei w ciągu kilku dni, zatrucie pokarmowe dotyka wszystkich w różnym stopniu, ale w tym samym czasie. Jeżeli podejrzewacie zatrucie pokarmowe, powinniście skontaktować się z lekarzem.

Zapalenie wyrostka robaczkowego. Zacznijmy od rozwiania pewnych powszechnych mitów na temat zapalenia wyrostka robaczkowego. Nie zawsze objawia się gorączką. Ból nie musi być ostry. Ból nie zawsze umiejscowiony jest z prawej strony podbrzusza, jeśli atak choroby rozpoczął się niedawno. Nie zawsze występują wymioty. Nie można rozpoznać zapalenia wyrostka robaczkowego na podstawie morfologii krwi.

Wyrostek robaczkowy to małe odgałęzienie jelita grubego, wielkości – mniej więcej – krótkiej dżdżownicy. Zazwyczaj leży w środkowej części dolnego prawego kwadrantu brzucha, ale może znajdować się niżej, bliżej środka brzucha, albo wyżej, aż pod żebrami. Stan zapalny rozwija się stopniowo; proces ten można porównać do rozwoju czyraka. Dlatego wiadomo, że nagły, ostry ból brzucha, który mija całkowicie po kilku minutach, to nie zapalenie wyrostka. Najbardziej niebezpieczne jest pęknięcie wyrostka, tak jak pęka czyrak, i rozprzestrzenienie się zakażenia w jamie brzusznej. Następuje wtedy zapalenie otrzewnej. Szybki rozwój zapalenia wyrostka może doprowadzić do jego pęknięcia w ciągu dwudziestu czterech godzin. Dlatego z każdym bólem brzucha trwającym ponad godzinę należy udać się do lekarza, choć w dziewięciu przypadkach na dziesięć okaże się, że przyczyna jest inna.

W większości typowych przypadków zapalenia wyrostka ból utrzymuje się w okolicach pępka przez kilka godzin. Dopiero później przenosi się na prawą stronę podbrzusza. Dziecko może zwymiotować parę razy albo wcale. Apetyt zazwyczaj maleje, ale i to nie jest regułą. Dziecko może się wypróżniać normalnie albo mieć zaparcie, biegunka pojawia się rzadko. Po kilku godzinach dziecko będzie prawdopodobnie miało nieznacznie podwyższoną temperaturę, choć zapalenie wyrostka może również przebiegać bez gorączki. Dziecko może odczuwać ból przy unoszeniu prawego kolana w górę, przy prostowaniu nogi oraz podczas chodzenia.

Objawy zapalenia wyrostka są zróżnicowane, więc rozpoznanie musi postawić specjalista. Stwierdziwszy, że ból zlokalizowany jest po prawej stronie podbrzusza, lekarz podejrzewa, że to zapalenie wyrostka, ale często musi zrobić badanie krwi, prześwietlenie albo USG, żeby podjąć decyzję.

Czasem nawet najlepszy lekarz nie jest w stanie stwierdzić ze stuprocentową pewnością, że dziecko ma zapalenie wyrostka. Jeśli jednak istnieją co do tego jakieś podejrzenia, zazwyczaj przeprowadza się operację usunięcia wyrostka, ponieważ jeśli rzeczywiście jest to zapalenie, to opóźnianie zabiegu byłoby niebezpieczne. Wyrostek mógłby pęknąć i spowodować zapalenie otrzewnej.

Wgłobienie jelit. Zdarza się, że niemowlę nagle zaczyna wyglądać na chore, wymiotuje i ma ataki bólu brzucha, które powodują, że podciąga nóżki w górę do brzuszka. Czasem silniejsze są wymioty, a czasem ból. Wymioty są obfitsze i powtarzają się częściej niż normalne u niemowląt ulewanie. Skurcze brzucha są nagłe i zazwyczaj ostre. Przerwy pomiędzy nimi wynoszą tylko kilka minut; w tym czasie niemowlę może czuć się dość dobrze albo być senne. Po kilku godzinach (podczas których stolec jest normalny albo rozrzedzony) w stolcu mogą się pojawić krew i śluz; jednak dzieje się tak w mniej niż połowie przypadków. Przyczyną tej powszechnej dolegliwości jest niedrożność jelit, do której dochodzi, gdy niewielka część jelita wsuwa się w sąsiednią część, jak składający się teleskop. Problem ten zdarza się najczęściej u dzieci w wieku od czterech miesięcy do sześciu lat. Jeśli zostanie wcześnie wykryty, często daje się łatwo wyleczyć; jeśli jednak doszło do urazu jelita, konieczny może być zabieg chirurgiczny.

Równie rzadkie, ale też równie poważne są inne rodzaje niedrożności jelit. Część jelita może się zagiąć i uwięznąć w otworze w jamie brzusznej, którym najczęściej jest przepuklina pachwinowa. Do objawów należą zazwyczaj wymioty i ostre skurcze.

Przewlekła biegunka. Przewlekła biegunka występuje najczęściej u małych dzieci, które prawidłowo się rozwijają i nie skarżą się na żadne dolegliwości. Biegunka może się pojawić niespodziewanie albo towarzyszyć infekcji żołądkowej. Dziecko może trzy do pięciu razy dziennie wydalać miękki lub płynny stolec o nieprzyjemnym zapachu, choć zdarza się, że rano miało normalne wypróżnienie. W stolcu może być śluz lub nie strawione resztki pokarmu. Dziecko ma dobry apetyt, chętnie się bawi i ma dużo energii.

Dziecko normalnie przybiera, a wyniki laboratoryjnych badań kału nie wykazują żadnych odstępstw od normy. Zazwyczaj stan taki mija samoistnie w ciągu kilku tygodni. Często można biegunkę wyleczyć, ograniczając ilość soków w diecie dziecka. Winowajcą jest najprawdopodobniej sok jabłkowy. Najlepiej ograniczyć jego spożycie do jednej szklanki dziennie.

Istnieje kilka rzadko spotykanych, poważniejszych chorób układu pokarmowego, które powodują przewlekłą biegunkę niemowląt i małych dzieci. Dlatego najlepiej, żeby dziecko zostało przebadane przez lekarza.

Mukowiscydoza. Do najczęstszych objawów tej choroby należą: kaszel i cuchnące stolce, choć istnieje jeszcze wiele innych symptomów. Typowe jest też wypadanie odbytnicy. Tuż po urodzeniu jelita mogą być niedrożne na skutek zalegania suchej smółki, a u kilkulatka – twardego, suche-

go kału. Niemowlę może się często wypróżniać, a po wprowadzeniu pokarmów stałych jego stolec staje się papkowaty, tłusty i cuchnący. Większość niemowląt z tą chorobą ma dobry, wręcz wilczy apetyt. Ponieważ jednak ich układ trawienny źle funkcjonuje, są niedożywione i słabo rosną. Rozwija się przewlekłe zapalenie oskrzeli, choć w mukowiscydozie o łagodnym przebiegu może to nastąpić dopiero w późniejszym okresie dzieciństwa.

Mukowiscydoza to postępująca choroba genetyczna pewnych gruczołów. Trzustka, której zadaniem jest dostarczanie soków trawiennych do jelit, nie funkcjonuje poprawnie. Wydzielina gruczołów produkujących śluz pokrywający oskrzela jest nienormalnie sucha i kleista. W rezultacie dziecko często choruje na poważne infekcje układu oddechowego.

Podstawą rozpoznania jest pomiar ilości soli w pocie dziecka; istnieją też testy genetyczne. Antybiotyki i inne leki mogą złagodzić infekcje płuc. Przyjmowanie enzymów trawiennych pomaga zwalczyć niedożywienie i niekiedy osiągnąć normalny wzrost. Dziecko z mukowiscydozą powinno znaleźć się pod opieką specjalistycznego ośrodka. Więcej informacji znajdziecie w *Źródłach* (str. 623).

Złe wchłanianie. Polega ono na tym, że składniki odżywcze nie są wchłaniane w jelitach, tylko wydostają się na zewnątrz w postaci biegunki. W rezultacie u dziecka występują niedobory pewnych składników.

Najczęstszą przyczyną złego wchłaniania jest niezdolność trawienia pewnych rodzajów cukru, tłuszczu lub białka. Chorobie tej zawsze towarzyszy biegunka, czasem cuchnąca, czasem piekąca. Często towarzyszą jej skurcze. Zazwyczaj dziecko słabo przybiera na wadze i sprawia wrażenie chorego. Objawy ustępują po wykluczeniu z diety produktu, którego organizm nie toleruje. Ważna jest współpraca lekarzy i rodziców w celu zapewnienia dziecku właściwej diety.

Po każdej długotrwałej biegunce dziecko może mieć problemy z trawieniem laktozy – cukru zawartego w mleku. W przeszłości uważano, że dzieci te mają uczulenie na mleko, ale w gruncie rzeczy nie jest to reakcja alergiczna. To tylko podrażniona wyściółka jelit potrzebuje czasu, żeby się zagoić, zanim powróci do normalnego trawienia. Trudności w trawieniu laktozy w krowim mleku mogą być dziedziczne. Skurcze i biegunka zazwyczaj pojawiają się u dzieci w wieku szkolnym. Leczenie polega na wyeliminowaniu z diety wszystkich produktów mlecznych.

Pasożyty jelitowe. Rodzice wpadają w przerażenie, widząc robaki w stolcu dziecka, ale nie ma powodu do zdenerwowania. Nie oznacza to, że dziecko jest zaniedbane.

Owsiki to najczęściej spotykane pasożyty jelitowe. Wyglądają jak białe nitki długości około ośmiu milimetrów. Żyją w jelicie grubym, a w nocy wędrują do odbytu, by złożyć tam jajeczka. Powoduje to swędzenie odbytu, co może przeszkadzać dziecku w spaniu. (W przeszłości uważano, że robaki są główną przyczyną, dla której dzieci zgrzytają zębami we śnie, ale to nieprawda.) Owsiki można także znaleźć w stolcu dziecka. Precyzyjny opis pasożyta pomoże waszemu lekarzowi w postawieniu diagnozy.

Glista ludzka przypomina wyglądem dżdżownicę. Pierwsze podejrzenia wywołuje odkrycie glisty w stolcu. Glisty zazwyczaj nie wywołują dolegliwości, chyba że w przewodzie pokarmowym dziecka jest ich bardzo dużo.

Tęgoryjce są powszechne w niektórych częściach południowych Stanów Zjednoczonych. Mogą powodować niedożywienie i anemię. Można się ich nabawić, chodząc boso po zainfekowanej ziemi.

Dzieci urodzone w krajach słabiej rozwiniętych oraz dzieci, które przez jakiś czas mieszkały w domu dziecka albo schronisku dla bezdomnych, mogą być nosicielami pasożytów jelitowych, nie mając przy tym żadnych objawów. Problem można wykryć, przeprowadzając w laboratorium mikroskopowe badanie stolca. Pasożytów jelitowych stosunkowo łatwo jest się pozbyć za pomocą leków dostępnych na receptę.

ZAPARCIA

Zaparcie oznacza twardy, suchy, trudny do wydalenia stolec. Liczba wypróżnień dziennie nie przesądza o tym, czy dziecko (lub dorosły) ma zaparcie.

U niemowląt często zdarzają się okresy zaparć związanych ze zmianami w diecie i rozwojem jelit. Podanie dodatkowo pół szklanki wody albo słabego wywaru z suszonych śliwek raz dziennie często pomaga wyregulować przemianę materii. Taka ilość płynu innego niż mleko jest dla niemowląt bezpieczna. Jeśli zaparcie nie mija albo jest bardzo dokuczliwe, poproście o radę lekarza, jako że może to być objaw poważniejszej choroby. (Zdaniem niektórych rodziców żelazo, którym wzbogaca się mleko modyfikowane dla niemowląt, powoduje zaparcia. Badania tego jednak nie potwierdzają, a żelazo jest bardzo ważne z innych względów; patrz str. 219.)

Niezależnie od wieku łagodnym infekcjom często towarzyszy zaparcie. Każda choroba, podczas której chory ma ogólnie złe samopoczucie, może wpłynąć na funkcjonowanie układu trawiennego, zwalnia przemianę materii w jelitach, odbiera apetyt, a czasem powoduje wymioty. Podczas gorączki organizm traci więcej wody przez skórę i oddech, więc jelita mogą wchłaniać więcej wody z kału, przez co staje się on twardy i suchy.

Przewlekłe zaparcia są rzadkie u starszych niemowląt i dzieci, zwłaszcza gdy ich dieta jest zrównoważona, a w jej skład wchodzą pełne ziarna zbóż, warzywa i owoce. Dieta bogata w mięso i przetworzone ziarna zbóż może zapewniać zbyt małe ilości błonnika, żeby wypróżnienia były regularne, a stolec miękki. Rozwiązanie może być proste: zastąpienie białego chleba razowym, a herbatników i ciasteczek świeżymi pomarańczami albo plasterkami brzoskwini. Przemianę materii przyspieszają śliwki świeże i suszone, brzoskwinie, gruszki i morele. Możecie też dodać otręby pszenne do babeczek, musu jabłkowego albo kanapek z masłem orzechowym. Jeśli podajecie otręby albo suszony błonnik w innej postaci, pamiętajcie o podaniu też dwóch lub trzech dodatkowych szklanek wody albo soku owocowego dziennie. Często sprawdza się mieszanka musu jabłkowego, otrębów i wywaru z suszonych śliwek.

Mleko i jego przetwory spowalniają funkcjonowanie jelit niektórych dzieci, czego rezultatem są zaparcia. Ograniczenie nabiału albo wyeliminowanie go z diety często skutecznie rozwiązuje problem. Jeśli zdecydujecie się to zrobić, nie zapomnijcie o zastąpieniu tych składników innymi źródłami wapnia i witaminy D (patrz str. 219). Trzeba też dopilnować, żeby dziec-

ko miało wystarczająco dużo ruchu i żeby każdego dnia mogło spokojnie posiedzieć w toalecie.

Najlepiej nie robić zamieszania w związku z wypróżnieniami dziecka. W wieku dwóch albo trzech lat dzieci zaczynają postrzegać wypróżnienia jako swoją prywatną sprawę, nad którą sprawują kontrolę – co jest przecież zgodne z prawdą. Później robią się wstydliwe i nie lubią eksponować swoich pośladków i produktów przemiany materii. Czasem trudno jest połączyć poszanowanie prywatności dziecka i niechęć do rozdmuchiwania problemu z udzieleniem dziecku pomocy we wprowadzaniu niezbędnych zmian w diecie i zachowaniu.

Jeśli się okaże, że powyższe proste sugestie są nieskuteczne, skonsultujcie się z lekarzem. Zaparcie można leczyć wieloma lekami dostępnymi bez recepty, ale radziłbym podawać je pod kontrolą lekarza. Nawet tak pozornie niewinny środek jak olej parafinowy może utrudniać wchłanianie witamin albo spowodować zapalenie płuc u dziecka, które się nim zachłyśnie (dlatego też nie zaleca się podawania go dzieciom poniżej trzech lat). Dzieci używające środków przeczyszczających czasem się od nich uzależniają. Doświadczony lekarz pomoże wam uniknąć takich pułapek.

Zaparcia o podłożu psychicznym. Istnieją dwa rodzaje zaparć uwarunkowanych psychicznie. Najczęściej pojawiają się w drugim roku życia dziecka. Jeśli dziecko w tym wieku doświadczy jednego lub dwóch bolesnych wypróżnień, może przez całe tygodnie albo nawet miesiące wstrzymywać stolec z obawy przed bólem. Powstrzymywanie się sprawia, że stolec staje się coraz twardszy, i koło się zamyka. Sporadycznie się zdarza, że rodzice wywierają zbyt dużą presję na dziecko uczące się korzystania z nocnika; małe dzieci, przechodzące przez etap niezależności, odruchowo stawiają opór i powstrzymują się od wypróżniania, co prowadzi do zaparć. (Brudzenie się kałem w wyniku zaparcia omówiono na stronie 399.)

Jeśli dziecko między pierwszym a trzecim rokiem życia czuje ból przy oddawaniu stolca, należy od razu zwrócić się do lekarza, żeby uniknąć błędnego koła. Lekarz może przepisać środek zmiękczający stolec. Leczenie zazwyczaj trwa co najmniej miesiąc. W tym czasie dziecko upewnia się, że wypróżnianie się nie sprawia mu bólu.

ZABURZENIA W OBRĘBIE UKŁADU MOCZOWO-PŁCIOWEGO

Zbyt częste oddawanie moczu. Istnieje kilka możliwych przyczyn zbyt częstego oddawania moczu. U dziecka, które do tej pory siusiało normalnie, może ono być objawem choroby, na przykład infekcji układu moczowego albo cukrzycy. Dziecko powinno zostać natychmiast zbadane przez lekarza, należy też zrobić badanie moczu.

Niektóre nawet bardzo opanowane osoby natura wyposażyła w pęcherz, który mieści mniej moczu niż przeciętny pęcherz. Jednak niektóre dzieci muszą częściej oddawać mocz, ponieważ są spięte albo zmartwione (to samo zresztą dotyczy dorosłych). W niektórych przypadkach jest to stan przewlekły; w innych potrzeba częstego oddawania moczu jest reakcją na przejściowy stres. Zdrowy sportowiec przed wyścigiem może chodzić do toalety co piętnaście minut.

Zadaniem rodziców jest ustalenie przyczyny napięć u dziecka – jeżeli na tym polega problem. Być może winna jest atmosfera w domu, być może dziecko ma zaburzone relacje z rówieśnikami lub problemy w szkole; często te czynniki są ze sobą połączone.

Często się zdarza, że nieśmiałe dziecko trafia na nauczyciela, który sprawia wrażenie surowego. Zaczyna się od tego, że zdenerwowane dziecko nie może na tyle rozluźnić mięśni pęcherza moczowego, żeby pomieścił on normalną ilość moczu. Dziecko niepokoi się, gdy musi poprosić o pozwolenie wyjścia do toalety. Jeśli nauczyciel odnosi się do takich próśb nieprzychylnie, problem się zaostrza. Mądrze jest poprosić lekarza o zaświadczenie, w którym wyjaśni on nie tylko to, że dziecko musi często chodzić do toalety, ale też naturę problemu oraz przyczyny takiego a nie innego funkcjonowania pęcherza moczowego. Jeśli nauczyciel jest otwarty, a rodzice taktowni, pomóc może również bezpośrednia rozmowa.

Ból podczas oddawania moczu.
U dziewczynek dość częstą przyczyną bólu podczas oddawania moczu jest zapalenie w okolicach ujścia cewki moczowej, być może spowodowane zakażeniem drobnoustrojami przeniesionymi z kału albo podrażnieniem płynem do kąpieli. Dziewczynce może się wydawać, że co chwilę chce jej się siusiu, ale nie może nic zrobić albo udaje jej się zrobić tylko parę kropel. Należy udać się do lekarza i zrobić badanie moczu w celu upewnienia się, czy nie doszło do zakażenia pęcherza. Do tego czasu ulgę mogą jej przynieść krótkie kąpiele w niewielkiej ilości wody z dodatkiem pół szklanki sody oczyszczonej. Po kąpieli należy delikatnie osuszyć okolice cewki moczowej. Lepiej nie używać płynów do kąpieli, zmiękczających płynów

do płukania tkanin (oraz chusteczek zapachowych do suszarek bębnowych) i perfumowanego papieru toaletowego. Powinno się używać bielizny bawełnianej, nie z tworzyw sztucznych.

Zbyt rzadkie oddawanie moczu. Podczas upałów dziecko, które mocno się poci i za mało pije, może oddawać mocz rzadko, nawet rzadziej niż co osiem godzin. Kiedy już to robi, moczu jest niewiele i ma ciemny kolor. To samo może się zdarzyć podczas gorączki. Kiedy w organizmie jest za mało wody, nerki oszczędzają każdą kroplę i wytwarzają bardzo skoncentrowany mocz. W upały i podczas gorączki trzeba często podawać dziecku napoje pomiędzy posiłkami i przypominać mu o piciu. Jest to szczególnie istotne, jeśli dziecko jest za małe, żeby powiedzieć rodzicom o swoich potrzebach.

Podrażnienie żołędzi prącia. Niekiedy pojawia się niewielkie podrażnienie wokół ujścia cewki moczowej. Może mu towarzyszyć obrzęk na tyle duży, żeby częściowo zamknąć ujście i utrudnić chłopcu oddawanie moczu. Takie podrażnienie to miejscowe pieluszkowe zapalenie skóry. Najlepszą formą leczenia jest częste wystawianie podrażnionego miejsca na działanie świeżego powietrza. Mycie łagodnym mydłem i codzienne kąpiele przyspieszą gojenie. Jeśli dziecko odczuwa ból, ponieważ od wielu godzin nie jest w stanie oddać moczu, można mu zrobić półgodzinną ciepłą kąpiel i zachęcić do oddania moczu w wannie. Jeśli mimo to nie jest w stanie się wysiusiać, należy zwrócić się do lekarza.

Zakażenia dróg moczowych. Infekcje nerek albo pęcherza moczowego mogą wywołać gwałtowny atak choroby z wysoką, nieregularną gorączką, ale częściej mają łagodny przebieg i nie towarzyszy im podwyższona temperatura. Starsze dziecko może się skarżyć na pieczenie podczas częstego oddawania moczu, ale najczęściej żadne objawy nie wskazują na drogi moczowe. Infekcje te są częstsze u dziewczynek i w pierwszych dwóch latach życia. Konieczne jest natychmiastowe leczenie.

Mocz zawierający dużo ropy jest mętny. Niewielka ilość ropy może być niewidoczna gołym okiem. Zainfekowany mocz wydziela woń podobną do stolca. Z drugiej strony mocz zdrowego dziecka również może stracić klarowność, zwłaszcza po ostygnięciu, ze względu na zawartość związków mineralnych. Dlatego nie sposób na podstawie wyglądu moczu jednoznacznie ocenić, czy mamy do czynienia z zakażeniem; warto go także powąchać. Bez względu na barwę i zapach moczu, jeżeli dziecko skarży się na piekący ból podczas oddawania moczu, należy udać się z nim do lekarza. Trzeba zrobić posiew moczu, żeby postawić diagnozę i wybrać antybiotyk.

Gdy infekcja minie, należy zbadać cały układ moczowy dziecka, żeby upewnić się, że nie ma żadnych nieprawidłowości, które w przyszłości mogłyby prowadzić do zakażeń albo problemów z nerkami. Nawracające albo przewlekłe infekcje układu moczowego są częstą przyczyną niewydolności nerek w późniejszym życiu. Za pomocą USG nerek można wykryć wadę rozwojową nerki albo blizny spowodowane przez dawniejsze, bezobjawowe infekcje. Badanie o nazwie cystouretrografia mikcyjna (CUM) wykorzystuje promienie rentgenowskie, żeby wykryć mocz przepływający z pęcherza z powrotem do nerek – jest to częsta nieprawidłowość, powodująca nawracające infekcje nerek. Dziewczynka w wieku szkolnym albo nastolatka, która miała jedną infekcję pęcherza bez powikłań, może nie potrzebować cystouretrografii, ponieważ prawdopodobieństwo, że jej przyczyną była wada układu moczowego, jest niewielkie. Inne dzieci z infekcjami tego układu – chłopcy, dzieci poniżej piątego roku życia oraz każde dziecko z chorobą nerek – powinny przejść to badanie. Po przyjęciu antybiotyków zwalczających infekcję w określonych odstępach czasu wszystkim dzieciom trzeba wykonać posiew moczu co najmniej dwa razy, żeby wykryć przewlekłe albo nawracające infekcje, które mogą wymagać specjalnego leczenia.

Bardzo ważne jest uczenie dziewczynek, żeby po oddaniu moczu albo kału wycierały pupę zawsze od przodu do tyłu. Zapobiega to przenoszeniu zarazków z okolic odbytu do ujścia cewki moczowej (kanału łączącego pęcherz ze światem zewnętrznym). Wycieranie pupy od tyłu do przodu to częsta przyczyna nawracających infekcji układu moczowego u dziewczynek.

Ropa w moczu. Obecność ropy w moczu dziewczynki nie zawsze oznacza infekcję układu moczowego. Ropa może też być wynikiem infekcji pochwy, nawet tak łagodnej, że nie widać oznak podrażnienia i nie występują upławy. Dlatego nigdy nie należy bez dalszych badań zakładać, że obecność ropy w próbce moczu jest objawem infekcji układu moczowego. Pierwszy etap polega na uzyskaniu czystej próbki moczu do analizy. Należy rozdzielić wargi sromowe, szybko i delikatnie przemyć okolice genitaliów kawałkiem mokrej waty i osuszyć dotykając miękkim ręcznikiem albo kawałkiem suchej waty, a potem pobrać mocz do jałowego pojemnika. Ważne jest wykonanie posiewu, czyli badania bakteriologicznego próbki. W przypadku niemowląt lekarz może użyć cewnika, czyli cienkiej plastikowej rurki, żeby pobrać z pęcherza nieco moczu na posiew.

Upławy. U dziewczynek dość często zdarzają się niewielkie upławy z pochwy, które szybko ustępują. Większość z nich wywołują nieistotne drobnoustroje. Niemniej jednak gęste, obfite upławy powodujące podrażnienia mogą oznaczać poważniejszą infekcję, wymagającą szybkiego leczenia. Zbadać należy też łagodne upławy utrzymujące się przez wiele dni. Upławy zawierające ropę i krew mogą być wywołane małym przedmiotem, który dziewczynka włożyła sobie do pochwy. Jeśli nie zostanie usunięty, może spowodować podrażnienie i zakażenie. Jeśli rzeczywiście taka jest przyczyna, rodzice powinni stanowczo poprosić córkę, żeby nigdy więcej tego nie robiła; lepiej jednak nie wywoływać w niej poczucia winy ani nie sugerować, że mogła się poważnie zranić. Badanie własnego ciała i przeprowadzanie na nim eksperymentów jest typowe dla dzieci w tym wieku.

Jeśli kontakt z lekarzem jest w danym momencie niemożliwy, a dziecko odczuwa palący ból towarzyszący lekkim upławom, ulgę może mu przynieść kąpiel w niewielkiej ilości wody z dodatkiem pół szklanki sody oczyszczonej.

Noszenie białej bawełnianej bielizny i przewiewnych ubrań oraz używanie bezzapachowego białego papieru toaletowego może pomóc w zapobieganiu podrażnieniom i leczeniu ich. Należy też pamiętać o właściwym wycieraniu pupy (od przodu do tyłu) i unikaniu płynów do kąpieli.

Nawracające, przewlekłe albo obfite upławy z pochwy u dziecka mogą być oznaką molestowania seksualnego (patrz str. 341). Lekarz może zapytać o to opiekunów dziecka i możliwość molestowania z ich strony. Uważnie zbada pochwę dziecka i wykona posiew wydzieliny. Większość dziewczynek, u których występują upławy, nigdy nie była wykorzystywana seksualnie.

ALERGIE

Alergia na mleko. Specjalne mieszanki mleczne. Uczulenie na mleko występuje rzadziej, niż się powszechnie sądzi. Małe dzieci często mają problemy z brzuszkiem, ale jest to raczej wynikiem niedojrzałości układu pokarmowego niż alergii. Niemowlęta, które są rzeczywiście uczulone, często mają takie objawy, jak silna egzema (wyprysk), przewlekły katar i słaby przyrost masy ciała, najczęściej pochodzą z rodzin alergików. Dla alergicznego dziecka najzdrowsze jest karmienie piersią. Jeśli jednak jest ono karmione sztucznie, lekarz może zalecić zmianę podawanego preparatu. Prawdopodobnie zapisze mieszankę mleczną dostosowaną specjalnie do problemów zdrowotnych dziecka. Badania laboratoryjne mogą czasem potwierdzić alergię; można też po pewnym czasie próbnie podać dziecku mleko. Większość dzieci wyrasta z uczulenia na mleko przed ukończeniem pierwszego lub drugiego roku życia. Rodzice mogą jednak dojść do wniosku, że z różnych względów zdrowsza będzie dla dzieci dieta nie zawierająca nabiału (patrz str. 223).

Katar sienny i inne reakcje alergiczne nosa. Prawdopodobnie znacie kogoś, kto cierpi na katar sienny. Gdy we wschodniej części Stanów Zjednoczonych w połowie sierpnia zaczynają pylić niektóre gatunki traw, osoby takie kichają, mają zatkane, swędzące i cieknące nosy. Dzieje się tak, ponieważ są uczulone na pyłki, które innym nie przeszkadzają. Niektórych katar sienny dopada wiosną, ponieważ mają alergię na pyłki pewnych gatunków drzew. Jeśli co roku w tym samym czasie waszemu dziecku cieknie z nosa i nos swędzi je przez kilka tygodni, porozmawiajcie o tym z lekarzem. Syropy, tabletki albo aerozole przeciwdziałają kichaniu i przekrwieniu śluzówki nosa. Najskuteczniejsze leczenie polega na ograniczeniu do minimum kontaktu z alergenami: zamykajcie okna w samochodzie i w domu, a przynajmniej w sypialni (klimatyzacja usuwa większość pyłków), w okresie pylenia unikajcie spacerów po parku i polach, skróćcie czas przeznaczony na zabawy na dworze w dni, kiedy stężenie pyłków jest największe. W bardzo poważnych przypadkach kataru siennego lekarz może zalecić zastrzyki.

Inne reakcje alergiczne nosa mogą być mniej dramatyczne, ale bardziej kłopotliwe niż katar sienny. Niektóre nosy są wrażliwe na pierze w poduszkach, psią sierść, kurz albo inne substancje. Takie całoroczne alergie powodują, że dziecko ma zatkany albo cieknący nos i musi oddychać przez usta. Przewlekły nieżyt nosa może zwiększyć podatność małego alergika na zapalenie zatok. Jeśli wasze dziecko ma takie problemy, pediatra albo alergolog powinni ustalić przyczynę.

Leczenie jest w każdym przypadku inne i zależy od przyczyny. Jeśli uczulają gęsie pióra, zmieńcie poduszkę. Jeśli psia sierść, być może będziecie musieli oddać psa. Jeśli alergenem jest coś trudnego do uniknięcia, jak trawa, lekarz może zalecić długotrwałe przyjmowanie zastrzyków odczulających. Usunięcie z domu – szczególnie z sypialni – zbędnych ozdób i innych przedmiotów może pomóc w zmniejszeniu ilości roztoczy (patrz str. 578), zwłaszcza jeśli objawy pojawiają się przede wszystkim w nocy i rano. Na dobre usuńcie dywany i zasłony i codziennie myjcie podłogę. Wyeliminujcie z pokoju wełniane rzeczy i pluszowe zabawki.

Możecie kupić specjalne osłony na materac i pościel chroniące przed kurzem, używać materaca i poduszki z pianki albo płóciennego łóżeczka bez żadnej poduszki. Zazwyczaj nie da się usunąć wszystkich rodzajów alergii, więc trzeba się zadowolić każdą, nawet najmniejszą poprawą.

Pokrzywka. Zdarzają się reakcje alergiczne w postaci wypukłych czerwonych pręg albo plam na skórze, często z bladym punktem pośrodku. Taka wysypka najczęściej nieznośnie swędzi. Pokrzywka tym różni się od innych rodzajów wysypki, że często znika i pojawia się w innym miejscu. Czasem jest oczywiste, że jest to reakcja na konkretny składnik diety albo lek. Może ją również wywołać upał, mróz, rośliny, mydła i detergenty, infekcje wirusowe (w tym łagodne choroby przypominające przeziębienie), a nawet silne emocje. Często jednak nie sposób określić przyczyny pokrzywki. Niektórzy mają ją często, inni raz albo dwa w ciągu całego życia. Pierwsza pomoc polega na podaniu leków przeciwhistaminowych (często pomaga difenhydramina, dostępna bez recepty, nazwa handlowa Benadryl). Silniejsze leki są dostępne na receptę.

Sporadycznie pokrzywce towarzyszy obrzęk jamy ustnej i gardła oraz problemy z oddychaniem (anafilaksja). W takim przypadku należy natychmiast wezwać pogotowie. Jest to stan nagły, zagrażający życiu dziecka. Dzieci, które miały już reakcję anafilaktyczną, powinny nosić przy sobie autostrzykawkę z szybko działającym, ratującym życie preparatem, na przykład Epi-Pen albo AnaKit (patrz str. 535).

Alergie a problemy z zachowaniem. W ostatnich latach najróżniejsze problemy z zachowaniem kładzie się na karb uczuleń, na przykład na dodatki do żywności i barwniki spożywcze albo powszechne produkty, takie jak pszenica. Nie ulega wątpliwości, że nieustannie swędzące oczy i ciekący nos mogą dziecko drażnić i przeszkadzać mu w nauce. Ironia losu polega jednak na tym, że leki przeciwhistaminowe używane w leczeniu alergii również mogą powodować problemy z nauką. Difenhydramina (Benadryl i inne marki) jest znana z tego, że dzieci są po niej albo senne, albo nadmiernie aktywne. Nowsze i droższe leki przeciwhistaminowe są ogólnie rzecz biorąc lepsze, ale niektóre dzieci i na nie źle reagują.

Nie ma powodu, by sądzić, że alergie są odpowiedzialne za problemy z nauką i zachowaniem, jeśli nie występują inne objawy uczulenia. Taki związek nie został naukowo udowodniony, a rozmaici uzdrowiciele wysuwają fantastyczne teorie, z którymi wiążą się kosztowne testy i egzotyczne, lecz nieskuteczne metody leczenia. Oczywiście nie zaszkodzi wprowadzenie prostych zmian, takich jak rezygnacja z produktów wysoko przetworzonych albo pszenicy, żeby się przekonać, czy problem zniknie, jeśli oczywiście dziecko będzie otrzymywać niezbędne składniki odżywcze z innych źródeł. Jeśli jednak istnieje podejrzenie, że problemy dziecka z zachowaniem spowodowane są alergią, to przed rozpoczęciem leczenia, którego skuteczność nie została potwierdzona naukowo, należy zasięgnąć opinii lekarza.

ASTMA

Astma odpowiedzialna jest to, że dzieci opuszczają tyle dni nauki i są tak często hospitalizowane. U dziecka chorego na katar sienny wrażliwym narządem jest nos, u astmatyka natomiast oskrzela – małe kanaliki w płucach. Kiedy dociera do nich drażniąca substancja, pojawia się obrzęk i gęsty śluz, co powoduje zwężenie kanalików i utrudnienie przepływu powietrza. Oddychanie staje się trudne i głośne, zwłaszcza wydech. Wypychane przez zwężone drogi oddechowe powietrze wydaje świszczący odgłos. Dziecko kaszle, czasem nawet wtedy, gdy nie ma świstu oddechowego (najczęściej w nocy lub po wysiłku).

Przyczyny astmy. Skłonność do astmy jest dziedziczna. U dzieci, które mają wrażliwe drogi oddechowe, atak astmy jest zazwyczaj nadmierną reakcją na rozmaite warunki otoczenia albo substancje, takie jak dym papierosowy, przeziębienia i infekcje dróg oddechowych (głównie wirusowe), alergie, wysiłek fizyczny, zmiany pogody, stres i określone pokarmy. Niektóre dzieci reagują na wiele czynników, inne tylko na jeden. Rodzice powinni starać się zidentyfikować czynniki, na które reaguje ich dziecko. Dieta również może odgrywać pewną rolę, zwłaszcza u małych dzieci. Dziecko z przewlekłą astmą zazwyczaj przechodzi badania w celu ustalenia, jakie substancje wywołują u niego ataki.

Przewlekła astma u starszego dziecka jest prawdopodobnie wywołana substancjami unoszącymi się w powietrzu, jak łupież konia, sierść psa albo pleśnie. Alergolodzy nazywają te substancje alergenami wziewnymi. Dwa spośród najczęściej występujących alergenów wziewnych pochodzą z karaluchów i roztoczy – maleńkich pajęczaków żyjących w dywanach, zasłonach i obiciach mebli. Ich pancerzyki i odchody kruszą się, tworząc drobny pył, unoszący się w powietrzu i trafiający do płuc dzieci.

Leczenie. Dzieci astmatyczne powinny być otoczone opieką troskliwych lekarzy. Nieleczona astma często się pogłębia. Rezultatem jest opuszczanie lekcji, problemy ze snem oraz poważne ograniczenie aktywności dziecka. Jednak dzięki prawidłowemu leczeniu można się pozbyć objawów astmy.

Metody leczenia zależą od czynników wyzwalających astmę i od jej nasilenia. Pokarmy, na które dziecko źle reaguje, należy wyeliminować z diety. Jeśli przyczyną są alergeny wziewne, postępuje się mniej więcej tak samo jak w przypadku całorocznych alergii nosa (patrz str. 576). Żadne dziecko nie powinno być biernym palaczem, ale jest to szczególnie ważne w przypadku dzieci astmatycznych, dym bowiem podrażnia ich wrażliwe oskrzela.

Dzieci z astmą o bardzo łagodnym przebiegu mogą wymagać leczenia tylko raz na jakiś czas przez krótki okres (doraźne leczenie napadów). Dzieci z astmą o cięższym przebiegu albo przewlekłą będą potrzebowały codziennego leczenia, nawet jeśli akurat nie występują u nich świsty oddechowe (profilaktyka napadów).

Istnieją dwa główne rodzaje leków przeciwko astmie. Leki rozszerzające oskrzela sprawiają, że mięśnie otaczające oskrzela rozluźniają się. Leki przeciwzapalne zapobiegają zapaleniu powodującemu obrzęk wyściółki oskrzeli albo leczą je. Leki rozszerzające oskrzela są skuteczne w przypadku astmy o łagodnym przebiegu. Leki przeciwzapalne są niezbędne przy astmie przewlekłej i ciężkiej, często w połączeniu z lekami rozszerzającymi oskrzela. Leki przeciwko astmie często są podawane w postaci mgiełki, albo z nebulizatora (rozpylacza), albo z inhalatora (małego pojemniczka z aerozolem). Istnieją też skuteczne leki w formie tabletek.

Dziecko, które ma częste, nawracające napady astmy, powinno być objęte stałym programem leczenia profilaktycznego. Jego celem jest umożliwienie dziecku prowadzenia zupełnie normalnego życia, bez ograniczeń aktywności i bez poważnych napadów. Wiele dzieci wyrasta z astmy; inne nadal cierpią na nią jako osoby dorosłe. Trudno jest przewidzieć rozwój wypadków. Wczesne i skuteczne leczenie może zwiększyć szanse na całkowite pozbycie się choroby.

Nadwrażliwość oskrzeli. W pierwszych dwóch, trzech latach życia świszczący oddech i trudności z oddychaniem mogą nie być związane z alergią ani czynnikiem drażniącym, ale z przeziębieniem. Z upływem czasu tendencja ta może się utrzymać albo przejść w astmę.

Leczenie jest takie samo jak w przypadku astmy: podawanie leków rozszerzających oskrzela. Gdy niemowlę ma poważne trudności z oddychaniem, powinno być hospitalizowane, gdyż w warunkach szpitalnych można je intensywniej obserwować i leczyć.

ATOPOWE ZAPALENIE SKÓRY

Atopowe zapalenie skóry (AZS), potocznie nazywane egzemą, objawia się wysypką w postaci szorstkich, czerwonych, łuskowatych placków na bardzo suchej skórze. Wysypka ta jest bardzo swędząca, a drapanie jej pogarsza sytuację. Tak jak katar sienny i astma, atopowe zapalenie skóry ma podłoże alergiczne. Może to być reakcja na alergeny w zjadanych pokarmach albo w materiałach, które bezpośrednio stykają się ze skórą, najczęściej wełnę albo jedwab. Atopowe zapalenie skóry najczęściej występuje u dzieci, których krewni mają AZS albo chorobę o podobnym podłożu, jak astma, katar sienny lub pokrzywka.

Nawet kiedy główną przyczyną atopowego zapalenia skóry jest alergia pokarmowa, podrażnienie skóry od zewnątrz może odgrywać pewną rolę. Ogólnie rzecz biorąc, zimą AZS się pogłębia, ponieważ skóra, i tak zbyt sucha, wysycha jeszcze bardziej. U niektórych dzieci stan skóry pogarsza się podczas upałów, kiedy dziecko mocno się poci. Jeśli niemowlę ma objawy zapalenia skóry tylko w miejscach, w których jego skóra styka się z wełną, może być uczulone bezpośrednio na wełnę; może też być uczulone na jakiś składnik diety, a wełna działa drażniąco. U starszych dzieci od czasu do czasu stan skóry pogarsza się pod wpływem stresu.

U małego niemowlęcia atopowe zapalenie skóry najczęściej pojawia się najpierw na policzkach i czole. Następnie może się rozszerzyć na uszy i szyję. Z daleka skóra (zwłaszcza na uszach) wygląda, jakby była posypana solą. U rocznego dziecka AZS może wystąpić niemal wszędzie: na barkach, ramionach, klatce piersiowej. Pomiędzy pierwszymi a trzecimi urodzinami najbardziej typowa jest wysypka w zgięciach łokci i kolan.

Kiedy egzema jest łagodna albo dopiero się pojawiła, zazwyczaj ma kolor jasnoczerwony albo brązoworóżowy; w miarę jak staje się coraz poważniejsza, zmienia barwę na ciemnoczerwoną. Stałe drapanie się i pocieranie pozostawia ślady i powoduje sączenie z ranek. Wysychając, płyn surowiczy tworzy strupki. W podrapane miejsca często wdaje się zakażenie bakteriami znajdującymi się na skórze, co zwiększa wysięk. Nawet po wygojeniu można wyczuć, że skóra jest szorstka i gruba. U dzieci o ciemnej karnacji wyleczone miejsca mogą być jaśniejsze niż reszta skóry. Z czasem kolor się wyrównuje, ale może to potrwać kilka tygodni.

Leczenie. Najprostsza i najważniejsza rzecz, którą mogą zrobić rodzice, to dobrze nawilżać skórę kilka razy dziennie zwykłym kremem nawilżającym (bez barwników i substancji zapachowych). Poproście lekarza albo aptekarza o najlepszy preparat. W wielu przypadkach wystarczy smarowanie balsamem czy maścią. Mydła używajcie jak najrzadziej, ponieważ zmywa naturalny płaszcz lipidowy ze skóry. Kiedy musicie użyć mydła, wybierzcie takie z dużą ilością środka nawilżającego (wielu lekarzy stosuje Dove) albo środek do mycia nie zawierający detergentów. Dziecko należy kąpać w wodzie ciepłej, nie gorącej, około dziesięciu minut; podczas krótszej kąpieli skóra nie zdąży wchłonąć wody; podczas dłuższej staje się nadmiernie nawilżona, przez co zaczyna bardziej swędzieć. Po kąpieli osuszcie dziecko, delikatnie dotykając skóry ręcznikiem, nie trąc jej. Krem nawilżający najlepiej stosować w pierwszych trzech minutach po kąpieli.

Silne atopowe zapalenie skóry u niemowlęcia może być chorobą bardzo trudną do opanowania. Swędzenie doprowadza malucha do szału. Rodzice stają na głowie, próbując powstrzymać dziecko przed drapaniem się. Wysypka może trwać miesiącami. Ważne jest pilnowanie, żeby paznokcie niemowlęcia zawsze były krótko obcięte (najlepiej używać pilniczka, bo nie pozostawia ostrych krawędzi). Im rzadziej dziecko się drapie, tym mniejsze ryzyko zakażenia. Jeśli niemowlę toleruje białe bawełniane rękawiczki, dobrze jest zakładać je na noc, żeby nie podrapało się przez sen. Pomóc mogą też leki zmniejszające swędzenie.

W przypadku uporczywego zapalenia skóry trzeba ustalić, na które pokarmy dziecko jest uczulone. Niekiedy przyczyną jest mleko krowie. Niektóre niemowlęta można wyleczyć, zupełnie eliminując z ich diety nabiał i przechodząc na mieszankę mleczną na bazie soi lub ryżu albo na inne mieszanki mlekozastępcze. Przyczyn alergii pokarmowej najlepiej szukać pod przewodnictwem doświadczonego lekarza; próby samodzielnego wykrycia alergenu często kończą się dezorientacją. W przypadkach ciężkiego albo uporczywego uczulenia alergen można ustalić za pomocą badań krwi albo testów skórnych. Kiedy rolę odgrywa zewnętrzna substancja drażniąca, również trzeba ją zidentyfikować. Zapalenie skóry bardzo często podrażnia wełna.

Poza kremami nawilżającymi w przypadku atopowego zapalenia skóry często stosuje się hydrokortyzon. Hydrokortyzon należy do grupy leków nazywanych kortykosteroidami, a w skrócie steroidami. (Słowo to często wprawia rodziców w niepokój; tymczasem steroidy używane do leczenia egzemy to nie to samo, co steroidy anaboliczne, za pomocą których niektórzy kulturyści i sportowcy nielegalnie zwiększają masę ciała.) Steroidy zwalczają alergiczne reakcje skórne, do których należy zapalenie atopowe. Hydrokortyzon i podobne do niego steroidy należą do najskuteczniejszych leków przeciwzapalnych.

Hydrokortyzon w stężeniu 0,5 i 1 procent można dostać bez recepty; na większe stężenia i silniejsze leki trzeba mieć receptę. Lekarz często na początek przepisuje silniejszy środek, a potem zastępuje go łagodniejszym, gdy zapalenie zostanie opanowane. Nowsze leki, nie zawierające steroidów, również dają obiecujące wyniki.

Leki przeciwhistaminowe, takie jak difenhydramina (Benadryl), mogą zmniejszyć swędzenie. Czasem konieczne są antybiotyki w postaci maści albo podawane doustnie. Możecie na własną rękę leczyć atopowe zapalenie skóry kremem nawilżającym, jednoprocentowym hydrokortyzonem i difenhydraminą. W cięższych przypadkach niezbędna jest specjalistyczna pomoc medyczna.

Mając dziecko z atopowym zapaleniem skóry, trzeba pamiętać, że jest to pewna skłonność organizmu dziecka. Nie jest to

infekcja, której można się zupełnie pozbyć. Atopowe zapalenie skóry, które zaczyna się we wczesnym okresie niemowlęcym, zazwyczaj zupełnie zanika albo przynajmniej znacznie łagodnieje po roku albo dwóch.

INNE PROBLEMY SKÓRNE

Rozróżnianie wysypek. Jeśli wasze dziecko ma wysypkę, prawdopodobnie będziecie potrzebowali pomocy lekarza. Wysypka u każdego wygląda inaczej, tak że nawet dermatologowi czasem trudno rozpoznać chorobę. Informacje zamieszczone w tej książce mają na celu udzielenie kilku ogólnych wskazówek dotyczących często spotykanych u dzieci wysypek, żeby rodzice nie niepokoili się, próbując skontaktować się z lekarzem. Powszechne wysypki niemowląt, w tym pieluszkowe zapalenie skóry, opisano na stronie 74.

Ukąszenia i użądlenia owadów. Ukąszenia owadów pozostawiają wiele różnych śladów, od opuchlizny większej niż pięciozłotówka po mały punkcik ze strupkiem, któremu nie towarzyszy obrzęk. Większość ukąszeń łączą dwie wspólne cechy: zazwyczaj umieszczone są na odsłoniętej części skóry, a w ich środkowej części, tam gdzie żądło przebiło skórę, znajduje się maleńki otwór lub zgrubienie. Pierwszą pomoc w przypadku ukąszeń owadów opisano na stronie 508.

Kleszcze przenoszą wiele chorób objawiających się wysypką, w tym boreliozę, a w Stanach Zjednoczonych gorączkę plamistą Gór Skalistych. Jeśli tam, gdzie mieszkacie, występują kleszcze, zapytajcie lekarza, jakie środki ostrożności powinniście w związku z tym przedsięwziąć. Kleszcza należy usuwać małą pęsetą. Trzeba go złapać blisko skóry i delikatnie wyciągnąć

jednym ruchem, nie kręcąc nim. Jeśli nie ma pęsety, należy chwycić kleszcza palcami przez chusteczkę, a po usunięciu kleszcza dokładnie umyć ręce.

Świerzb. Zakażenie świerzbowcem powoduje bardzo silne swędzenie. Na skórze pojawiają się skupiska pęcherzyków ze strupkami i mnóstwem śladów zadrapań wywołanych nieustannym swędzeniem. Świerzb zazwyczaj pojawia się na najczęściej dotykanych częściach ciała: zewnętrznej stronie dłoni, nadgarstkach, okolicy łonowej i brzuchu (ale nie na plecach). Świerzb nie jest niebezpieczny, ale bardzo zaraźliwy. Wymaga natychmiastowego leczenia preparatami dostępnymi na receptę.

Grzybica skóry. Jest to powierzchniowa infekcja grzybicza, wywołująca jedną albo więcej okrągłych plam z wypukłymi, szorstkimi, nieco zaczerwienionymi brzegami i czystymi środkami, najczęściej rozmiaru mniej więcej pięćdziesięciogroszówki. Plamy obwiedzione są małymi grudkami. Grzybica nie pojawia się nagle, ale rozwija się powoli. W przypadku grzybicy skóry owłosionej głowy zaobserwować można okrągłe placki łuszczącej się skóry z włosami ułamanymi blisko skóry. Choroba ta jest umiarkowanie zaraźliwa. Leczenie polega zazwyczaj na smarowaniu zmienionych miejsc maścią przez ponad miesiąc. Grzybicę owłosionej skóry głowy leczy się lekami podawanymi doustnie.

Liszajec. Liszajec to bakteryjne zakażenie skóry, zazwyczaj wywoływane przez paciorkowce lub gronkowce. U dziecka w wieku poniemowlęcym liszajec składa się ze strupków albo łusek, częściowo brązowych, częściowo miodowych. Liszajcem może być spowodowany każdy strupek na twarzy. Zakażenie zazwyczaj zaczyna się jako krostka z żółtawym albo białym pęcherzykiem na czubku, najczęściej na twarzy. Pęcherzyk szybko zostaje starty, a jego miejsce zajmuje strupek. Kolejne krostki pojawiają się na twarzy i innych częściach ciała, na które dziecko przenosi infekcję na rękach.

Od razu zabierzcie dziecko do lekarza, by rozpoznać chorobę i rozpocząć leczenie. Liszajec zazwyczaj nie stanowi poważnego problemu medycznego, ale zaniedbany łatwo się rozprzestrzenia i jest zaraźliwy. Kiedy liszajec nie jest leczony, reakcja organizmu na zakażenie paciorkowcami może spowodować poważne uszkodzenie nerek.

Sumak pnący. Roślina ta może wywoływać alergiczną wysypkę w postaci skupisk małych pęcherzyków różnej wielkości na błyszczącej, zaczerwienionej skórze, szczególnie na odkrytych częściach ciała. W łagodnych przypadkach wystarczy posmarować podrażnione miejsce kremem hydrokortyzonowym w stężeniu 1%, a doustnie podać difenhydraminę (Benadryl). Jeśli wysypka objęła dużą część ciała, należy zwrócić się do lekarza.

Wszawica. Łatwiej jest znaleźć gnidy, czyli jajeczka wszy, niż dorosłe osobniki. Gnidy są maleńkie, perłowobiałe i mają jajowaty kształt. Każda jest mocno przyczepiona do włosa blisko jego korzenia. Na karku, na granicy owłosionej skóry głowy, mogą się pojawić swędzące, czerwone krostki. Szczególnie uważnie należy się przyjrzeć przedziałkowi i miejscom za uszami. Wiele osób mylnie uważa, że wszy występują tam, gdzie nie przestrzega się zasad higieny. W rzeczywistości mogą się pojawić u każdego dziecka chodzącego do szkoły, przedszkola albo żłobka. Są nieprzyjemne, ale w gruncie rzeczy nieszkodliwe. Wszawica jest jednak bardzo zaraźliwa i trzeba ją leczyć. Często skuteczne okazują się leki dostępne bez recepty; wiele sprzedawanych jest w komplecie z gęstym grzebieniem do wyczesywania gnid.

W ostatnich latach niektóre wszy nabyły odporności na leki. Jeśli postępowaliście zgodnie z instrukcjami na opakowaniu, a dziecko nadal ma wszy, zwróćcie się do lekarza. Jest wiele lekarstw na receptę, które mogą pomóc. Skuteczność niektórych tradycyjnych środków, np. smarowania głowy dziecka majonezem, nie została dowiedziona. Niezawodnym sposobem jest wybranie wszystkich gnid z włosów dziecka, co do jednej, a potem co kilka dni dokładne oglądanie go w poszukiwaniu nowych. Wymaga to dużo czasu i cierpliwości.

Kurzajki, czyli brodawki, to wynik wirusowego zakażenia skóry. Istnieją różne rodzaje zwyczajnych kurzajek rosnących na rękach, podeszwach stóp, narządach płciowych i twarzy. Kurzajki mogą być płaskie i zaokrąglone albo wysokie i cienkie. Jedna z odmian, mięczak zakaźny, wywołuje okrągłe, gładkie, z wyglądu przypominające wosk guzki wielkości główki od szpilki, białe albo różowe. Często się mnożą, powiększają, a w ich środkowej części tworzy się małe wklęśnięcie. Kiedy jest ich dużo, warto je leczyć, żeby zapobiec dalszemu rozprzestrzenianiu się. W przypadku zwyczajnych kurzajek na rękach i stopach często sprawdzają się leki dostępne bez recepty. Niedawno opublikowany raport donosi, że skuteczna jest uniwersalna taśma klejąca typu „duct tape" (naprawdę!). Hipnoterapia przyspiesza znikanie kurzajek. Często zaś znikają samoistnie.

Opryszczka. Opryszczka to choroba wywoływana przez występujący na całym świecie wirus *Herpes*. Istnieją dwa główne typy tego wirusa. Jeden wywołuje opryszczkę zwykłą*, występującą na wargach lub wokół nich, zazwyczaj nie przenoszoną drogą płciową. Początkowa infekcja często powoduje u małego dziecka chorobę objawiającą się wysoką gorączką, obrzękiem gruczołów i opryszczką na ustach; jest to nieprzyjemna dolegliwość. Starsze dzieci miewają nawracającą opryszczkę wokół ust, tak samo jak dorośli. Może być wywołana tym samym wirusem. U niektórych dzieci opryszczka wargowa pojawia się w okresie stresu, zmęczenia albo choroby; u innych nie wraca nigdy. Dorosły albo dziecko z opryszczką wargową nie powinien nikogo całować, dopóki opryszczka nie zniknie. Krem leczniczy (acyklowir) pomaga, ale nie likwiduje infekcji.

Drugi typ wirusa wywołuje opryszczkę zazwyczaj w okolicach narządów płciowych i niemal zawsze jest przenoszony drogą płciową. Pojawiają się małe pęcherzyki, które mogą pękać, tworząc bolesne owrzodzenia. To właśnie o opryszczce narządów płciowych tak dużo się mówi w mediach. Najbardziej niebezpieczna jest dla niemowląt zakażonych podczas porodu; konieczne jest natychmiastowe leczenie, żeby zapobiec infekcji mózgu.

Mycie wodą i mydłem zabija wirusy opryszczki, więc jeśli rodzice i opiekunowie, u których występuje jeden rodzaj opryszczki, dokładnie myją ręce wodą z mydłem po kontakcie z zakażoną skórą, nie przekażą wirusa dziecku.

CHOROBY ZAKAŹNE

Odra. Przez pierwsze trzy, cztery dni choroba przebiega bez wysypki. Objawy są takie jak przy silnym przeziębieniu. Oczy dziecka są zaczerwienione i łzawią. Wewnętrzna część dolnej powieki jest ognistoczerwona. Dziecko ma silny, suchy kaszel, który się nasila. Gorączka rośnie z dnia na dzień. Wysypka pojawia się czwartego dnia, kiedy temperatura jest już wysoka, w postaci nieokreślonych różowych plamek za uszami. Stopniowo rozprzestrzeniają się na twarz i resztę ciała, stają się większe i ciemniejsze. Gorączka utrzymuje się, na uporczywy kaszel nie pomagają leki, a dziecko może bardzo źle się czuć, gdy pojawia się wysypka, co trwa dzień albo dwa. Potem jego stan powinien zacząć się szybko poprawiać.

Można podejrzewać, że doszło do powikłań, jeśli po dwóch dniach od wystąpienia wysypki gorączka nadal jest wysoka albo spada, ale po paru dniach wraca. Najczęstsze powikłania to zapalenie ucha, oskrzeli i płuc. Odry się nie leczy, można jej tylko zapobiegać. Powikłania mogą być poważne (patrz str. 488); w przeciwieństwie do samej odry niektóre z nich można skutecznie wyleczyć nowoczesnymi lekami.

Jeśli dziecko było szczepione, zachorowanie na odrę jest mało prawdopodobne, ale możliwe. Kaszel i gorączka z wysypką to wskazania do wizyty u lekarza, niezależnie od tego, czy podejrzewacie, że to odra.

Okres wylęgania choroby wynosi od dziewięciu do szesnastu dni. Jest zaraźliwa od momentu, gdy pojawią się objawy przezię-

---

* Potocznie „zimno" albo „febra" (przyp. tłum.).

bienia. Zazwyczaj nie zdarza się powtórne zachorowanie na odrę.

Odrze można i należy zapobiegać, szczepiąc dziecko w wieku dwunastu miesięcy. W wieku czterech lat powinno otrzymać szczepienie przypominające. Jeśli dziecko, które nie było szczepione, miało kontakt z chorobą, można jej zapobiec albo złagodzić jej przebieg, dlatego bardzo ważne jest skontaktowanie się z lekarzem.

Różyczka (*rubella*). Wysypka wywołana różyczką jest podobna do wysypki podczas odry, ale te dwie choroby nie są ze sobą powiązane. Podczas różyczki nie występują objawy przeziębienia (katar i kaszel), chociaż dziecko może się skarżyć na lekki ból gardła. Temperatura przeważnie nie przekracza 39°C i dziecko może czuć się dość dobrze. Wysypka ma postać płaskich różowych plamek, które zazwyczaj już pierwszego dnia pokrywają całe ciało. Na drugi dzień zazwyczaj bledną i zlewają się, tak że wyglądają nie jak plamki, tylko jak zaczerwienienie skóry. Najbardziej charakterystycznym objawem są powiększone i tkliwe węzły chłonne z tyłu czaszki, za uszami i na szyi. Węzły mogą się powiększyć jeszcze przed pojawieniem się wysypki i prawdopodobnie pozostaną powiększone przez pewien czas po ustąpieniu choroby. W niektórych przypadkach wysypka jest tak nieznaczna, że wręcz niezauważalna. Mogą wystąpić bóle stawów, szczególnie u starszych pacjentów.

Okres wylęgania choroby wynosi od dwunastu do dwudziestu jeden dni. Dziecko zazwyczaj nie musi leżeć w łóżku. Diagnozę powinien postawić lekarz albo pielęgniarka, jako że różyczkę łatwo pomylić z odrą, płonicą i niektórymi infekcjami wirusowymi. Różyczki się nie leczy.

Zachorowanie na różyczkę jest niebezpieczne w pierwszym trymestrze ciąży, ponieważ może spowodować poważne wady wrodzone płodu. Kobieta, która w tym okresie zetknęła się z różyczką, powinna natychmiast powiedzieć o tym lekarzowi prowadzącemu ciążę. Wszystkie dzieci w wieku dwunastu miesięcy powinny zostać zaszczepione przeciw różyczce (zazwyczaj szczepionką skojarzoną MMR; patrz str. 487), a w wieku czterech lat otrzymać szczepienie przypominające.

Gorączka trzydniowa. Fachowo zwana „rumieniem nagłym", a potocznie po prostu „trzydniówką", gorączka trzydniowa jest mniej znaną, ale bardzo częstą chorobą zakaźną. Zazwyczaj występuje pomiędzy dwunastym a trzydziestym szóstym miesiącem życia, rzadko później. Dziecko przez trzy albo cztery dni ma stale wysoką gorączkę, nie ma objawów przeziębienia, a jego samopoczucie jest na ogół dobre. (W pierwszym dniu gorączki może wystąpić napad drgawek; patrz str. 477.) Temperatura nagle wraca do normy, a na skórze pojawia się płaska, różowawa wysypka, przypominająca wysypkę podczas odry. W tym stadium choroby dziecko nie wygląda na chore, ale może być marudne. Po paru dniach wysypka znika.

Trzydniówka może być trudna do rozpoznania przed pojawieniem się wysypki, kiedy jednak do tego dojdzie, dziecko nie ma już temperatury i czuje się dobrze. Chorobę tę wywołuje wirus *Herpes*, innego typu niż ten odpowiedzialny za opryszczkę (patrz str. 583). Nie szczepi się dzieci przeciw trzydniówce; nie jest aż tak poważna.

Ospa wietrzna (*varicella*). Pierwszym objawem ospy wietrznej jest zazwyczaj kilka charakterystycznych krostek na tułowiu, twarzy i głowie. Wyglądają jak zwyczajne małe pryszcze, tylko że niektóre mają na czubku maleńkie żółte pęcherzyki wodne („jak krople rosy na płatkach róży"). Nasada krostki i skóra wokół niej jest zaczerwieniona. Delikatny pęcherzyk pęka po paru godzinach i zasycha, tworząc strupek. Przez trzy, cztery dni wyskakują kolejne krostki. Przeważnie swędzą, czasem bardzo. Stawiając diagnozę, lekarz ogląda krostki, szukając świeżej, która jeszcze ma pęcherzyk.

W dniu poprzedzającym pojawienie się krostek starsze dziecko albo dorosły może się źle czuć i mieć ból głowy albo gorączkę. Małe dziecko nie zauważy tych objawów. Z początku gorączka nie jest zwykle wysoka, ale w ciągu następnego dnia albo dwóch może wzrosnąć. Niektóre dzieci wcale nie czują się chore, a ich temperatura nie przekracza 38°C. Inne źle się czują i mają wysoką gorączkę.

Leki mogą czasem skrócić i złagodzić przebieg ospy wietrznej. Możecie zapytać lekarza, czy w przypadku waszego dziecka byłoby to wskazane. Ospę można pomylić z innymi chorobami, na przykład z liszajcem, dlatego powinniście udać się do lekarza, gdy dziecko ma wysypkę, szczególnie jeśli towarzyszy jej gorączka albo maluch źle się czuje.

Lekarz może przepisać łagodny lek przeciwhistaminowy na złagodzenie swędzenia. Paracetamol sprawi, że dziecko poczuje się lepiej, szczególnie jeśli ma gorączkę. (Nie wolno podawać chorym na ospę dzieciom ani nastolatkom aspiryny; zwiększa ona ryzyko zachorowania na zespół Reye'a.) W przypadku swędzenia ulgę przynieść może dziesięciominutowa ciepła kąpiel w wodzie z mąką ziemniaczaną bądź owsianą albo sodą oczyszczoną dwa lub trzy razy dziennie. Do małej wanny wsypcie jedną szklankę, do dużej dwie. Mąkę ziemniaczaną należy umieścić w pojemniku półlitrowym albo litrowym i powoli dodawać zimną wodę, stale mieszając, aż mąka zupełnie się rozpuści. (Zapobiegnie to tworzeniu się grudek.) Tę mieszankę można wlać do wanny z wodą.

Postarajcie się, żeby dziecko nie zdrapywało strupków. Może to prowadzić do wtórnych zakażeń bakteryjnych i tworzenia się blizn. Kilka razy dziennie należy myć dziecku ręce mydłem, a na noc zakładać mu bawełniane rękawiczki, by zapobiec drapaniu się.

Okres wylęgania choroby wynosi od jedenastu do dziewiętnastu dni. Zazwyczaj stosuje się zasadę, że dziecko może wychodzić z domu i wrócić do szkoły dopiero wtedy, gdy na wszystkich krostkach są strupki, zazwyczaj na szósty dzień po pojawieniu się wysypki. W łagodnych przypadkach dziecko może iść do szkoły wcześniej, jeśli wszystkie krostki są pokryte strupkami. Suche strupki nie są zakaźne.

Szczepienie przeciw ospie wietrznej łagodzi przebieg choroby albo nawet jej zapobiega (str. 488). Dziecko lub dorosły o znacznie osłabionym układzie odpornościowym – na przykład chory na AIDS albo dziecko leczone na raka chemioterapią – po kontakcie z ospą wietrzną musi natychmiast trafić do lekarza, żeby zapobiec poważnym powikłaniom.

Inne choroby zakaźne z wysypką. Wysypkę mogą wywołać wirusy przeziębienia i jelitowe (takie jak adenowirus, wirus ECHO czy wirus *Coxsackie*). Skóra często wygląda, jakby pomalowano ją w różowe groszki. Czasem wysypka rozprzestrzenia się z tułowia na twarz, ramiona i nogi. Po paru dniach blednie.

Krztusiec (koklusz). Przez pierwszy tydzień nic nie nasuwa podejrzenia, że dziecko ma krztusiec. Objawy są takie jak przy zwyczajnym przeziębieniu: lekki katar i lekki suchy kaszel. Podejrzenia mogą się pojawić w drugim tygodniu. W nocy dziecko ma długie ataki kaszlu. Na jednym oddechu kaszle osiem do dziesięciu razy. Pewnej nocy po kilku takich długich atakach dziecko wymiotuje albo charakterystycznie „pieje". „Pianiem" nazywa się dźwięk wydawany przez dziecko, kiedy próbuje złapać oddech po ataku kaszlu.

Zdarza się, choć bardzo rzadko, że dziecko zaraża się krztuścem, pomimo iż zostało zaszczepione. Takie przypadki zazwyczaj nie są jednak na tyle poważne, żeby doszło do „piania". Diagnozę wydaje się na podstawie charakterystyki kaszlu w drugim tygodniu (seria odkaszlnięć jedno za drugim bez nabierania oddechu) i występowaniem innych zachorowań w okolicy. Okres wylęgania choroby wynosi od pięciu do czternastu dni. Wszyscy bliscy członkowie rodziny dziecka chorego na krztusiec powinni dostać antybiotyk, żeby zapobiec dalszemu rozprzestrzenianiu się choroby.

Nie wyciągajcie pochopnego wniosku, że wasze dziecko ma krztusiec, tylko dlatego, że w pierwszych dniach przeziębienia ma silny kaszel. W rzeczywistości silny kaszel na początku przeziębienia sugeruje, że jest to inna choroba.

Krztusiec trwa wiele tygodni. W typowym przypadku stadium „piania" trwa cztery tygodnie, w ciężkim – nawet trzy miesiące. Lekarz podejrzewa krztusiec u dziecka w pierwszym roku życia, gdy suchy kaszel trwa dłużej niż miesiąc, a u starszego dziecka, gdy w okolicy były inne przypadki tej choroby.

Kiedy rozpoznanie jest niepewne i trzeba je potwierdzić, pomóc mogą czasem badania laboratoryjne. Leczenie zależy od wieku dziecka i przebiegu choroby. Antybiotyki mogą ograniczać rozprzestrzenianie się krztuśca. Lekarstwa przeciwkaszlowe są często stosowane, ale zazwyczaj pomagają tylko w niewielkim stopniu. Większość dzieci lepiej czuje się na zimnym powietrzu, tak w dzień, jak i w nocy, ale oczywiście trzeba pilnować, żeby nie zmarzły. Czasem mały pacjent mo-

że bawić się na dworze przez cały okres trwania choroby, jeśli nie ma gorączki. Nie powinien tylko bawić się z innymi dziećmi, dopóki nie zakończy przyjmowania erytromycyny (antybiotyku). Niektóre maluchy rzadziej kaszlą, leżąc w łóżku. W przypadku uporczywych wymiotów zamiast trzech pełnych posiłków należy podawać kilka małych; dzieci rzadziej po nich wymiotują. Najbezpieczniej jest karmić dziecko zaraz po zwymiotowaniu, ponieważ zazwyczaj pomiędzy silnymi atakami kaszlu mija trochę czasu.

Jako że krztusiec może być niebezpieczny, zwłaszcza dla niemowląt i małych dzieci, należy skontaktować się lekarzem, gdy pojawi się podejrzenie tej choroby. Istnieją ku temu dwa powody: żeby upewnić się, że rozpoznanie jest właściwie, i żeby zastosować odpowiednie metody leczenia. Niemowlęta powinny być leczone w szczególny sposób. Jeśli w waszym domu jest niemowlę, powinniście unikać krztuśca jak dżumy. Największe ryzyko w tym wieku wiąże się z wyczerpaniem i zapaleniem płuc. (Informacje o szczepieniach przeciwkrztuścowych znajdziecie na str. 487).

Świnka (nagminne zapalenie przyusznic). Świnka to wirusowa choroba gruczołów ślinowych, najczęściej ślinianek przyusznych, leżących w zagłębieniu tuż poniżej ucha. Dzięki szczepieniom jest dziś rzadko spotykana.

Najpierw ślinianka wypełnia zagłębienie; potem powoduje obrzęk całego boku twarzy i wypycha małżowinę ucha do góry. Przesuwając palce w górę i w dół tylnej części żuchwy, można wyczuć, że częściowo przykryta jest twardym obrzękiem, wysuniętym ku przodowi. Kiedy dziecko ma obrzęk z boku szyi, zawsze nasuwa się pytanie: czy to świnka, czy jedna z rzadszych chorób ślinianek (która może nawracać), czy też po prostu powiększony węzeł chłonny. Zwyczajny obrzęk węzłów chłonnych, występujący czasem podczas bólu gardła, umiejscowiony jest niżej na szyi, nie tuż pod uchem. Nie wyczuwa się też twardego obrzęku zakrywającego żuchwę.

Kiedy małe dziecko ma świnkę, przeważnie pierwszym zauważalnym objawem jest obrzęk pod uchem. Starsze dziecko może źle się czuć i skarżyć na ból w okolicy ucha albo z boku gardła, zwłaszcza podczas gryzienia i przełykania, w dniu poprzedzającym wystąpienie obrzęku. Często na początku temperatura podwyższona jest tylko nieznacznie, ale wzrasta na drugi albo trzeci dzień. Obrzęk zazwyczaj pojawia się po jednej stronie, a po paru dniach obejmuje drugą. Czasem druga strona puchnie dopiero po tygodniu, a czasem wcale.

Poza śliniankami przyusznymi zapalenie może objąć inne gruczoły ślinowe. Ślinianki podżuchwowe są wciśnięte pod żuchwę. Ślinianki podjęzykowe znajdują się tuż za podbródkiem. Sporadycznie zdarzają się powikłania po śwince u osoby, która nie miała powiększonych żadnych węzłów chłonnych.

Bardzo lekki obrzęk może zniknąć po trzech, czterech dniach; przeciętnie gruczoły są powiększone przez siedem do dziesięciu dni. U mężczyzn i chłopców, którzy osiągnęli dojrzałość płciową, świnka może objąć jądra (przeważnie tylko jedno). Jeśli choroba obejmie oba jądra, rezultatem może być niepłodność, ale zdarza się to rzadko. Nastoletni chłopcy i mężczyźni powinni unikać kontaktu z chorymi na świnkę. U kobiet i dziewcząt infekcja może objąć jajniki, ale rzadko kiedy ma to wpływ na możliwość zajścia w ciążę i urodzenia dziecka.

Czasem osoba przekonana, że przeszła już świnkę, ma powiększone ślinianki przyuszne. Większość lekarzy uważa w takim przypadku, że albo ta, albo poprzednia choroba spowodowana została przez wirus inny niż wirus świnki lub przez niedrożność przewodu ślinianki. Wszystkie dzieci w wieku dwunastu miesięcy powinny zostać zaszczepione przeciw śwince (zazwyczaj szczepionką skojarzoną MMR; patrz str. 488), a w wieku czterech lat otrzymać szczepienie przypominające.

Jeśli podejrzewacie, że wasze dziecko ma świnkę, skontaktujcie się z lekarzem. Ważne jest prawidłowe rozpoznanie choroby. Jeśli się okaże, że problemem jest jedynie powiększony węzeł chłonny, leczenie będzie przebiegało inaczej.

Błonica (dyfteryt). Dzięki szczepieniom ochronnym choroba ta została niemal całkowicie wyeliminowana. Jeśli wasze dziecko otrzymało wszystkie zalecane szczepienia (patrz str. 487), jest prawie niemożliwe, że na nią zachoruje. Pierwsze objawy błonicy to złe samopoczucie, ból gardła i gorączka. Na migdałkach pojawia się brudnobiały nalot (błona), który może się rozszerzyć na całe gardło. Choroba niekiedy zaczyna się w krtani chrypką i szczekającym kaszlem; dziecko oddycha płytko i z trudnością. Okres wylęgania choroby wynosi tydzień.

Jeśli u dziecka wystąpi ból gardła, gorączka i objawy krupu, natychmiast zadzwońcie do lekarza. Jeśli istnieje podejrzenie błonicy, trzeba będzie zastosować specjalne leki.

Choroba Heinego-Medina (polio). Ta choroba wirusowa została całkowicie wyeliminowana w miejscach, gdzie systematycznie szczepi się dzieci przeciw polio. Każde dziecko powinno otrzymać to szczepienie w pierwszych miesiącach życia (patrz str. 488).

Choroba ta, podobnie jak wiele innych, zaczyna się od złego samopoczucia, gorączki i bólu głowy. Mogą wystąpić wymioty, zaparcie albo lekka biegunka. W większości przypadków choroba nie prowadzi do porażenia, a jeśli już do niego dojdzie, to zwykle jest ono odwracalne. Jeśli po ustąpieniu ostrego stadium choroby porażenie którejkolwiek części ciała nadal się utrzymuje, dziecko musi znajdować się pod stałą opieką medyczną.

GRUŹLICA

Gruźlica to choroba znana od wieków. Jest w pełni uleczalna, a mimo to nadal zabija miliony dzieci i wielu dorosłych w biedniejszych krajach. Dostępność podróży i epidemia AIDS sprawiają, że gruźlicy nie można ignorować nawet w Stanach Zjednoczonych.

Powszechnie znana jest postać gruźlicy, na którą cierpią dorośli. W płucu powstają zmiany nazywane gruzełkami, a u chorego można zaobserwować objawy, takie jak zmęczenie, utrata apetytu, utrata masy ciała, gorączka, kaszel i wykrztuszanie plwociny. Jednak u dzieci gruźlica zazwyczaj objawia się inaczej. W pierwszych dwóch latach życia odporność nie jest tak duża jak później i większe jest ryzyko rozszerzenia się infekcji na inne części ciała. Dlatego nie powinniście dopuścić do kontaktu niemowlęcia z osobą chorą na gruźlicę, dopóki lekarz na podstawie zdjęcia rentgenowskiego nie stwierdzi, że nastąpiło całkowite wyleczenie. Z tego samego powodu każdy domownik z przewlekłym kaszlem powinien iść do lekarza i przejść próbę tuberkulinową. Jeśli rezultat jest dodatni, należy wykonać prześwietlenie klatki piersiowej.

W późniejszym dzieciństwie gruźlica zdarza się częściej, a następstwa są mniej poważne. Nie jest to jednak powód, żeby traktować ją lekceważąco i niepotrzebnie narażać dziecko. Próby tuberkulinowe pokazują, że w niektórych miastach aż 10 procent dzieci przeszło lekkie zakażenie gruźlicą przed ukończeniem dziesiątego roku życia. Większość tych przypadków była tak łagodna, że nikt nie podejrzewał choroby. Na zdjęciu rentgenowskim można czasem zauważyć niewielką bliznę w miejscu, gdzie infekcja zagoiła się w płucu albo w węzłach chłonnych u podstawy płuc.

Czasem jednak dziecięca gruźlica jest na tyle aktywna, żeby wywołać objawy, takie jak gorączka, utrata apetytu, bladość, drażliwość, zmęczenie i niekiedy kaszel. Plwociny jest niewiele i jest połykana. Infekcja może objąć inne narządy: kości, nerki, gruczoły limfatyczne albo opony mózgowe; najczęściej jest zlokalizowana w płucach i węzłach chłonnych u podstawy płuc.

W większości przypadków aktywnej gruźlicy otoczone właściwą opieką dziecko dochodzi do zdrowia stopniowo, w ciągu roku albo dwóch, i pozostaje tylko blizna. Właściwe leczenie specjalnymi lekami przyspiesza gojenie i zapobiega poważnemu rozprzestrzenianiu się infekcji. Dzieci z gruźlicą zazwyczaj nie zarażają i często nie ma potrzeby izolowania ich od rodziny na czas leczenia.

Dojrzewając, dzieci stają się bardziej podatne na dorosłą postać gruźlicy. Należy o tym pamiętać, gdy nastolatek albo młody człowiek jest osłabiony, wyczerpany, traci apetyt i masę ciała, niezależnie od tego, czy ma kaszel czy nie.

Próba tuberkulinowa. Gdy do organizmu wnikną prątki gruźlicy, zaczyna on aktywnie wytwarzać zwalczające je przeciwciała, co w ciągu kilku tygodni wywołuje uczulenie. Wstrzyknięcie tuberkuliny (materiału z martwych prątków gruźlicy) pod skórę osoby uczulonej powoduje pojawienie się nacieku (stwardnienia). Wynik próby tuberkulinowej jest dodatni, jeśli naciek jest odpowiednio duży (średnica przekracza 5 mm). Nie bierze się pod uwagę obszaru zaczerwienienia. Wynik próby powinien odczytać specjalista.

Ogólnie rzecz biorąc, osoby, które przeszły gruźlicę, będą miały odczyn dodatni do końca życia, nawet jeśli zakażenie zostało wyleczone wiele lat temu. Próby tuberkulinowe okresowo prowadzi się w dzieciństwie podczas badań kontrolnych w populacjach, w których notuje się dużo zachorowań na gruźlicę. Próbę wykonuje się również wtedy, gdy dziecko słabo się rozwija, ma przewlekły kaszel albo wykryto gruźlicę u jednego z członków rodziny. Jeśli któryś z domowników dorastał albo przez jakiś czas mieszkał w części świata, w której gruźlica zdarza się często – na przykład w południowo-wschodniej Azji albo w Ameryce Środkowej – byłoby dobrze, gdyby ta osoba i inni członkowie rodziny poddali się próbie tuberkulinowej.

Jeśli wynik jest dodatni, nie ma powodu do paniki. Większość przypadków wykrytych w późnym dzieciństwie albo już jest, albo zostanie wyleczona.

Pierwszy krok to prześwietlenie płuc w celu wykrycia aktywnej infekcji albo blizn. Wszystkie dzieci z dodatnim wynikiem próby tuberkulinowej, nawet te bez objawów aktywnej infekcji, powinny otrzymywać leki przeciwgruźlicze przez co najmniej dziewięć miesięcy. W tym czasie, jeśli zakażenie nie jest aktywne, mogą prowadzić normalne życie. Lekarz może okresowo zalecać prześwietlenia. Nowoczesne terapie farmakologiczne są zazwyczaj skuteczne i nie wywołują poważnych skutków ubocznych.

Oprócz zakażonego dziecka próbę powinni przejść wszyscy domownicy (i inni dorośli, z którymi dziecko styka się regularnie), w celu ustalenia źródła zakażenia. W wielu przypadkach u żadnego z domowników nie wykrywa się gruźlicy i trzeba założyć, że drobnoustroje pochodzą ze źródła znajdującego się poza domem. W innych przypadkach okazuje się, że któryś z dorosłych domowników ma aktywną gruźlicę. Osoba taka powinna się cieszyć, że choroba została wykryta we wczesnym stadium, a pozostali członkowie rodziny, że niebezpieczeństwo zostało zażegnane. Osoba z aktywną gruźlicą nie powinna mieszkać z dziećmi pod jednym dachem, lecz na czas leczenia farmakologicznego powinna zamieszkać gdzie indziej, dopóki lekarz nie zapewni, że nie istnieje już ryzyko zakażenia.

ZESPÓŁ REYE'A

Ta rzadka, lecz poważna choroba może spowodować trwałe uszkodzenie mózgu i innych narządów, a nawet doprowadzić do śmierci. Jej przyczyny nie są do końca poznane, ale zazwyczaj pojawia się po infekcji wirusowej. Wiadomo, że dzieci i nastolatki, którym podczas takiej infekcji, szczególnie zaś grypy lub ospy wietrznej, podaje się aspirynę, zapadają na zespół Reye'a dużo częściej niż te, którym podaje się paracetamol bądź inne leki nie zawierające aspiryny.

STAWY I KOŚCI

Bóle stawów i bóle „wzrostowe". Dzieci często się skarżą na nieokreślone bóle nóg i rąk, których przyczyny nie sposób dociec. Pomiędzy drugim a piątym rokiem życia dziecko może budzić się z płaczem, skarżąc się na ból uda, kolana albo łydki. Zdarza się to zwykle wieczorem i może powtarzać się co noc całymi tygodniami. Niektórzy uważają, że bóle te powodowane są skurczami mięśni albo też przez gwałtowny wzrost kości.

Ogólnie rzecz biorąc, jeżeli ból wędruje z miejsca na miejsce, nie towarzyszy mu obrzęk, zaczerwienienie, miejscowa tkliwość ani utykanie, a dziecko poza tym czuje się dobrze, najprawdopodobniej nie dzieje się nic złego. Jeśli ból zawsze pojawia się w tym samym miejscu tej samej kończyny albo towarzyszą mu inne objawy, należy skonsultować się z lekarzem.

Ból tuż pod rzepką, szczególnie u rosnących nastolatków, często powodowany jest obciążeniem więzadła w miejscu, gdzie łączy się z górną częścią piszczeli; jest to choroba Osgood-Schlattera. Dziecko z bólem bioder zawsze należy zbadać, ponieważ staw biodrowy jest bardzo podatny na kontuzje. Każdy ból stawu, któremu towarzyszy gorączka, wymaga jak najszybszej konsultacji z lekarzem, ponieważ zachodzi ryzyko choroby stawu. To samo dotyczy utykania, którego nie można wytłumaczyć niedawnym upadkiem albo innym urazem – może to być objaw poważnej choroby.

Złamania i zwichnięcia omówiono na stronie 531.

Gorączka reumatyczna. Na skutek zakażenia paciorkowcami (najczęściej zapalenia gardła) organizm wytwarza przeciwciała, aby je zwalczyć. Z jakiegoś powodu owe przeciwciała zwalczają także pewne organy wewnętrzne. Dlatego gorączka reumatyczna przybiera wiele form. Może objąć stawy, serce, skórę i inne części ciała.

Jeśli choroba nie jest leczona, może trwać wiele tygodni, a nawet miesięcy. Ponadto ma tendencję do nawracania za każdym razem, gdy dziecko nabawi się paciorkowcowego zapalenie gardła.

Niekiedy gorączka reumatyczna występuje w ostrej postaci, z wysoką gorączką. Innym razem ciągnie się tygodniami, a temperatura jest tylko nieznacznie podwyższona. U osoby z zaawansowanym ciężkim zapaleniem stawów przenosi się z jednego stawu na drugi, wywołując obrzęk, zaczerwienienie i dotkliwy ból zaatakowanych narządów. Jeśli poważne zmiany chorobowe dotyczą serca, dziecko jest widocznie osłabione, blade i brakuje mu tchu. Czasem może się okazać, że serce zostało uszkodzone w przeszłości przez infekcję tak łagodną, że nie została zauważona. Sporadycznie zakażenia paciorkowcami wywołują nawet objawy psychiatryczne i zaburzenia ruchu.

Innymi słowy, gorączka reumatyczna to niezmiernie zróżnicowana dolegliwość. Oczywiście należy niezwłocznie zwrócić się do lekarza, jeśli dziecko ma ostrą postać jakichkolwiek objawów. Równie ważne jest przebadanie dziecka, u którego występują objawy nieokreślone, jak bladość, zmęczenie, podwyższona temperatura, lekkie bóle stawów lub niewyjaśniona wysypka.

Dysponujemy obecnie wieloma lekami zwalczającymi paciorkowcowe zapalenie gardła i reumatyczne zapalenie stawów bądź serca. Dzieci, które przebyły już atak gorączki reumatycznej, zazwyczaj mogą uniknąć kolejnych ataków i uszkodzenia serca. W tym celu muszą przyjmować antybiotyki doustnie i w zastrzykach, co zapobiegnie nowym infekcjom paciorkowcowym w dorosłym życiu. Gorączce reumatycznej można zapobiec, jeśli zacznie się leczyć paciorkowcowe zapalenie gardła w ciągu tygodnia od pojawienia się pierwszych objawów choroby.

Skolioza (boczne skrzywienie kręgosłupa). Ten rodzaj skrzywienia kręgosłupa pojawia się zazwyczaj pomiędzy dziesiątym a piętnastym rokiem życia. Jest to problem nie tyle postury, ile rozwoju. W Stanach Zjednoczonych wiele szkół organizuje badania przesiewowe w kierunku skoliozy. Mniej więcej jedno na dwadzieścioro pięcioro dzieci ma wykrywalne skrzywienie kręgosłupa. Jest ono dwa razy częstsze u dziewczynek niż u chłopców i może się powtarzać w rodzinie. Przyczyna jest nieznana. Każde skrzywienie kręgosłupa powinien obejrzeć lekarz. W wielu przypadkach wystarczy monitorowanie sytuacji, bez konieczności dalszej interwencji.

Leczenie skoliozy – za pomocą gorsetów i zabiegów chirurgicznych – jest skomplikowane, kosztowne i kontrowersyjne. Jeśli lekarz zaleci dziecku leczenie, pediatra albo rodzice powinni skontaktować się z Towarzystwem Badania Skoliozy Amerykańskiej Akademii Chirurgii Ortopedycznej, żeby zapoznać się z najnowszymi zaleceniami (www.aaos.org).

SZMERY NAD SERCEM

Szmer nad sercem to po prostu odgłos wydawany przez krew przepompowywaną przez serce. Chociaż termin ten wprawia rodziców w niepokój, należy zdać sobie sprawę, że w większości przypadków nie oznacza on żadnej poważnej dolegliwości. Ogólnie rzecz biorąc, szmery można podzielić na trzy grupy: czynnościowe (niewinne), wrodzone i nabyte. Dzieci z wrodzonymi i nabytymi chorobami serca przed zabiegami dentystycznymi i chirurgicznymi powinny brać antybiotyki zapobiegające zagnieżdżaniu się drobnoustrojów chorobotwórczych w sercu.

Szmery niewinne to po prostu odgłosy wydawane przez zupełnie zdrowe serce. We wczesnym dzieciństwie występują bardzo często i zazwyczaj cichną w okresie dorastania. Lekarz powinien wyjaśnić rodzicom, że dziecko ma niewinne szmery sercowe, dzięki czemu gdy później zauważy je inny lekarz, będą wiedzieć, że sytuacja ciągnie się od wczesnego dzieciństwa.

Szmery wywołane wrodzoną chorobą serca zazwyczaj wykrywane są przy urodzeniu albo w ciągu następnych kilku miesięcy (choć sporadycznie się zdarza, że ich obecność stwierdza się dopiero kilka lat później). Szmer tego typu zazwyczaj wywołany jest nie przez zapalenie, ale przez wadę rozwojową serca. Najważniejszy jest nie sam szmer, ale to, czy wada serca zmniejsza jego wydajność. Jeśli tak, niemowlę może mieć sinicę, oddychać zbyt ciężko albo zbyt wolno rosnąć. Dziecko z wrodzonym szmerem nad sercem powinno zostać dokładnie zbadane przez specjalistę. Wiele wad wrodzonych można obecnie skorygować chirurgicznie.

Jeśli dziecko z wrodzonym szmerem nad sercem podczas aktywności fizycznej nie ma sinicy i nie jest nienaturalnie zdyszane, a także rośnie w normalnym tempie, nie należy myśleć o nim jako o inwalidzie ani go tak nie traktować. Powinno jednak unikać infekcji, w szczególności zaś grypy, przeciwko której trzeba je co roku szczepić.

Szmery nabyte w dzieciństwie mogą być następstwem gorączki reumatycznej (patrz str. 590), powodującej zapalenie zastawek serca i mogącej pozostawić na nich blizny. W rezultacie zastawki mogą być nieszczelne albo utrudniać przepływ krwi. Kiedy lekarz słyszy w sercu dziecka szmer, którego wcześniej nie było, może to oznaczać aktywne zapalenie reumatyczne. Jeśli rzeczywiście tak jest, obecne będą też inne objawy infekcji: gorączka, przyspieszone tętno i podwyższona liczba białych krwinek. Dziecko będzie przyjmować leki, dopóki nie znikną wszystkie objawy zapalenia, co może potrwać kilka miesięcy. Jeśli już od jakiegoś czasu nie ma objawów aktywnej infekcji, szmery mogą być rezultatem blizn pozostałych po przebytym zakażeniu.

PRZEPUKLINA I PROBLEMY Z JĄDRAMI

Przepukliny. Z przepukliną mamy do czynienia, gdy narząd albo tkanka wystaje przez otwór w mięśniach albo w skórze. Najczęstszy rodzaj przepukliny – przepuklina pępkowa, czyli wysunięty pępek u niemowląt – omówiony został na stronie 49. Drugim najczęstszym rodzajem jest przepuklina pachwinowa.

W jamie brzusznej znajduje się niewielki kanał wiodący wzdłuż pachwiny (rowka pomiędzy brzuchem a udem) do moszny (u chłopców). Znajdują się w nim naczynia krwionośne i nerwy prowadzące do jąder. Kanał ten przechodzi przez warstwy mięśni tworzące ścianę jamy brzusznej. Przez nienaturalnie powiększony otwór w mięśniach część jelita może zostać przez kanał pachwinowy wypchnięta z jamy brzusznej, gdy dziecko napina się albo płacze. Jeśli jelito zostanie wypchnięte tylko częściowo, w pachwinie pojawia się wypukłość. Jeśli zostanie przepchnięte aż do moszny, moszna się powiększa. Przepuklinę pachwinową może również mieć dziewczynka, choć zdarza się to rzadziej. Ma wtedy formę wypukłości w pachwinie.

W większości przypadków jelito wślizguje się z powrotem do jamy brzusznej, gdy dziecko położy się na plecach. Może być wypychane za każdym razem, gdy dziecko wstanie, albo tylko sporadycznie, gdy napina mięśnie.

Sporadycznie zdarza się uwięźnięcie jelita w otworze, co powoduje zagięcie i zamknięcie naczyń krwionośnych. Ten rodzaj niedrożności jelit powoduje ból brzucha z wymiotami i wymaga natychmiastowej operacji.

Do uwięźnięcia przepukliny pachwinowej najczęściej dochodzi w pierwszych sześciu miesiącach życia. Zazwyczaj jest to przepuklina, która wcześniej nie została zauważona. Przewijając płaczące niemowlę, rodzice zauważają guzek w pachwinie. Najlepiej jest unieść biodra niemowlęcia i ułożyć na poduszce, a następnie przyłożyć na przepuklinę okład z lodu. Dzięki temu jelito ma szansę wślizgnąć się z powrotem do jamy brzusznej. Nie próbujcie wpychać guzka do środka palcami. Nie powinniście w ogóle karmić niemowlęcia, dopóki nie zbada go lekarz. Jeśli konieczna będzie operacja, dziecko powinno mieć pusty żołądek.

Jeżeli podejrzewacie, że wasze dziecko ma przepuklinę, od razu zgłoście to lekarzowi. Obecnie przepuklinę pachwinową zazwyczaj można szybko skorygować chirurgicznie. Jest to prosty zabieg, a dziecko często wychodzi ze szpitala jeszcze tego samego dnia.

Wodniaki. Wodniaki często mylone są z przepukliną, ponieważ w obu przypadkach pojawia się obrzęk moszny. Każde jądro w mosznie jest otoczone delikatną osłonką, zawierającą kilka kropli płynu. U noworodków w osłonce tej często znajduje się więcej płynu, przez co jądro wygląda, jakby było kilkakrotnie większe niż normalnie. Czasem obrzęk pojawia się w późniejszym niemowlęctwie. Wodniak jądra zazwyczaj nie jest powodem do niepokoju. Ilość płynu zmniejsza się z wiekiem, więc nie trzeba podejmować żadnych działań. Sporadycznie u starszych chłopców zdarzają się wodniaki przewlekłe, które trzeba operować, jeśli ich rozmiar jest przyczyną dyskomfortu. To lekarz powinien rozstrzygnąć, czy wasz synek ma przepuklinę czy wodniaka.

Skręt jądra. Jądra wiszą w worku mosznowym na wiązce naczyń krwionośnych, nerwów i nasieniowodów. Czasem jądro obraca się, ściskając wiązkę i odcinając przepływ krwi do jądra. Skręt jądra jest bardzo bolesny, a skóra moszny może przybrać czerwony lub fioletowy kolor. Jest to stan nagły, który wymaga natychmiastowej interwencji chirurga.

Rak jąder. Ryzyko zachorowania na raka jąder rośnie w okresie dorastania. Należy uczyć nastoletnich chłopców, żeby co najmniej raz w miesiącu badali jądra, dotykiem sprawdzając, czy nie pojawiły się w nich guzki albo bolesne miejsca. Wszelkie podejrzane zmiany należy natychmiast zgłosić lekarzowi. Wcześnie podjęte leczenie daje dobre rokowania.

PROBLEMY Z OCZAMI

Wizyty u okulisty. Należy iść z dzieckiem do okulisty (niezależnie od wieku), jeśli oczy uciekają na zewnątrz (zez rozbieżny) lub do wewnątrz (zez zbieżny), ma trudności w nauce, skarży się na bóle, pieczenie albo zmęczenie oczu, ma zaczerwienione oczy, bóle głowy, czytając, zbyt blisko trzyma książkę, uważnie się czemuś przyglądając, przechyla głowę na bok lub badania wykazały wadę wzroku. Badanie ostrości wzroku za pomocą tablic powinien przeprowadzić pediatra w czwartym roku życia dziecka i podczas każdej kolejnej wizyty kontrolnej. Jednak fakt, że dziecko pomyślnie przeszło badania ostrości wzroku, nie gwarantuje, że jego oczy są zdrowe. Jeśli ma objawy przemęczenia oczu, powinno zostać zbadane przez okulistę.

Krótkowzroczność oznacza, że przedmioty położone blisko widziane są ostro, a przedmioty odległe są rozmazane. Jest to najczęstsze schorzenie oczu, skutkujące trudnościami w nauce. Krótkowzroczność najczęściej pojawia się między szóstym a dziesiątym rokiem życia. Może pojawić się nagle, więc nie ignorujcie objawów (trzymanie książki blisko oczu, trudności z czytaniem z tablicy) tylko dlatego, że parę miesięcy wcześniej dziecko miało dobry wzrok.

Zapalenie spojówek (*conjunctivitis*) wywołują różne wirusy, bakterie i alergeny. Większość łagodnych przypadków – oko lekko zaróżowione, wydzielina z oka mało obfita i przezroczysta – powodowanych jest przez zwyczajne wirusy przeziębienia. Zapalenie spojówek, któremu n i e towarzyszy katar, może być objawem poważniejszej infekcji. Skontaktujcie się z lekarzem albo pielęgniarką, szczególnie gdy białko oka jest zaczerwienione, oko boli albo wydzielina jest żółta i gęsta. Bakteryjne zapalenie spojówek można leczyć antybiotykiem w maści albo w kroplach, przepisywanym przez lekarza. Zapalenie spojówek jest bardzo zaraźliwe. Jego rozprzestrzenianie się można znacznie zredukować częstym myciem rąk po kontakcie z zainfekowanym okiem lub wydzieliną.

Jeśli zapalenie nie mija po kilku dniach stosowania leków, być może do oka dostał się pyłek lub inne ciało obce, widoczne tylko przez oftalmoskop.

Jęczmień to infekcja okolicy mieszka włosowego, wywoływana przez zwyczajne bakterie żyjące na skórze. Na jęczmieniu zazwyczaj tworzy się ropny czubek, który pęka. Lekarz może przepisać maść przyspieszającą gojenie i zapobiegającą rozprzestrzenianiu się infekcji. Dyskomfort można zmniejszyć, przykładając ciepłe okłady, co zresztą również przyspiesza gojenie. (Powieki są wrażliwe na temperaturę, więc okłady muszą być ciepłe, ale nie gorące.) Jeden jęczmień często wywołuje kolejny, prawdopodobnie dlatego, że gdy pęka, zarazki rozprzestrzeniają się na inne rzęsy. Dlatego należy powstrzymywać dziecko od pocierania oka i dotykania powieki, kiedy jęczmień ma pęknąć.

Dorosły, który ma jęczmień, powinien dokładnie myć ręce i twarz przed kontaktem z niemowlęciem albo małym dzieckiem, ponieważ zarazki łatwo przenoszą się z jednej osoby na drugą.

Co nie szkodzi oczom. Oglądanie telewizji, siedzenie zbyt blisko telewizora i długie czytanie prawdopodobnie nie ma wpływu na oczy. Częste czytanie przy słabym oświetleniu może jednak pogłębiać krótkowzroczność.

PROBLEMY NEUROLOGICZNE

Drgawki. Drgawki wywoływane są przez niewłaściwe wyładowania elektryczne w mózgu. Efekt wyładowań zależy od ich lokalizacji w mózgu. Myśląc o drgawkach, większość ludzi wyobraża sobie uogólniony atak padaczkowy, obejmujący cały mózg: chory traci przytomność, a jego kończyny wpadają w drgawki. Tymczasem napad może objąć niewielką część mózgu. Chory może zachować przytomność i doświadczyć drgania jedynie części ciała albo też może na krótko stracić świadomość i mieć nieprzytomny wzrok.

Pełnoobjawowy napad drgawek to przerażający widok, zwłaszcza u dziecka. Wywraca oczy do góry, zaciska zęby, a jego ciało albo część ciała drży niepowstrzymanie. Oddycha ciężko, a na ustach może się pojawić piana. Czasem bezwiednie oddaje mocz i kał. Większość napadów drgawkowych nie jest niebezpieczna i po krótkim czasie sama przechodzi, niezależnie od tego, czy podjęto jakieś działania.

Padaczka (epilepsja). Tą nazwą określa się nawracające napady drgawkowe, którym nie towarzyszy gorączka ani inna choroba. Przyczyna jest zazwyczaj nieznana. Dwie najczęściej spotykane formy padaczki to padaczka napadów dużych (*grand mal*) i padaczka napadów małych (*petit mal*). Podczas uogólnionego napadu dużego chory traci przytomność i ma drgawki.

Napad mały, częściowy, może być tak krótki, że chory nie przewraca się i nie traci kontroli nad swoim ciałem. Może na chwilę zesztywnieć albo wpatrywać się w przestrzeń nieobecnym wzrokiem.

Każdy przypadek padaczki należy natychmiast zgłosić lekarzowi. Choć choroba ta jest zazwyczaj przewlekła, leki mogą pomóc w wyeliminowaniu napadów albo zmniejszeniu ich częstotliwości.

Postępowanie podczas napadu uogólnionego. Należy natychmiast zadzwonić do lekarza. Jeśli nie możecie się z nim skontaktować, nie martwcie się. Zanim wam się to uda, drgawki prawdopodobnie miną, a dziecko zaśnie. Niewiele można zrobić dla dziecka, u którego doszło do napadu padaczkowego, oprócz dopilnowania, żeby nie zrobiło sobie krzywdy. Połóżcie je na podłodze albo w innym miejscu, z którego nie spadnie. Obróćcie je na bok, żeby ślina mogła swobodnie wypływać z ust. Upewnijcie się, że wymachując rękami i nogami, nie uderza w coś ostrego. Zmierzcie czas trwania napadu. Zachowajcie spokój, pamiętając, że większość napadów nie trwa dłużej niż kilka minut (choć może wam się wydawać, że minęły godziny) i nie powoduje żadnych szkód. Jeśli napad trwa dłużej niż pięć minut, należy zadzwonić po pogotowie. Jeśli trwa dłużej niż dziesięć minut, konieczne będzie podanie leków. Po napadzie następuje zazwyczaj okres senności, kiedy dziecko nie reaguje i jest zdezorientowane. Jeżeli napadowi towarzyszy gorączka, poczekajcie, aż dziecko w pełni się rozbudzi, a następnie podajcie mu paracetamol doustnie albo w czopku.

Drgawki gorączkowe. Najczęstszą przyczyną drgawek u małych dzieci jest wysoka temperatura. Napady drgawek zdarzają

się u czterech procent dzieci poniżej piątego roku życia. Zazwyczaj występują na początku choroby objawiającej się gorączką, jak przeziębienie, angina bądź grypa. (Drgawki rzadko występują, gdy miną pierwsze dwa dni choroby.) Gwałtowny wzrost temperatury najwyraźniej powoduje pobudzenie układu nerwowego. W tym wieku niektóre dzieci trzęsą się, gdy rośnie im temperatura, nawet jeśli nie mają drgawek. Inne mają halucynacje (widzą maleńkie owady, zwierzęta albo jaskrawe kolory) i są przez pewien czas zdezorientowane. Jeśli pobudzenie układu nerwowego prowadzi do nienormalnych wyładowań elektrycznych w mózgu, następuje napad drgawek.

Dlatego u małego dziecka drgawki podczas wzrostu temperatury nie muszą oznaczać poważnej choroby. Nie należy też się martwić, że dziecko będzie miało podobne napady w przyszłości. Prawdopodobnie są to tylko drgawki gorączkowe. Badania wykazują, że większość dzieci, które doświadczyły tego typu drgawek, wyrasta z nich i nie ma żadnych związanych z nimi problemów.

Oczywiście każde dziecko, które miało napad drgawek, powinien zbadać lekarz, żeby się upewnić, że były to rzeczywiście tylko drgawki gorączkowe, a nie inna choroba.

Nie ma powszechnie przyjętego sposobu leczenia drgawek gorączkowych poza podawaniem leków przeciwgorączkowych na początku każdej infekcji. Niestety często się zdarza, że temperatura rośnie i pojawiają się drgawki, zanim rodzice się zorientują, że dziecko jest chore. Dziecku z nawracającymi napadami drgawek gorączkowych lekarz może przepisać lek, który zapobiegnie dalszym atakom.

ZABURZENIA HORMONALNE

Przyczyną wielu chorób są zaburzenia hormonalne. Jednym z częstszych jest niedoczynność tarczycy. Obniżone wydzielanie hormonów tarczycy zwalnia wzrost fizyczny i rozwój umysłowy dziecka. Może być ospałe, mieć suchą skórę, szorstkie włosy, niski głos i obrzmiałą twarz. Zbyt mała ilość hormonów przyczynia się też do otyłości, ponieważ podstawowa przemiana materii – tempo, w jakim organizm zużywa energię w stanie spoczynku – jest poniżej normy. Odpowiednia dawka leków zawierających hormony tarczycy przynosi nadzwyczajną poprawę.

Niektórzy, naczytawszy się popularnonaukowych artykułów o gruczołach wydzielania wewnętrznego, nabierają przekonania, że każda niska osoba, każdy zły uczeń, każda nerwowa dziewczynka i każdy otyły chłopiec ma problem hormonalny, któremu można zaradzić za pomocą tabletki albo zastrzyku. Założenie to jest sprzeczne z wiedzą naukową. Choroba hormonalna to więcej niż tylko jeden objaw.

W wielu wypadkach w latach poprzedzających osiągnięcie dojrzałości płciowej chłopiec ma nadwagę, jego prącie wydaje się mniejsze niż w rzeczywistości, ponieważ pulchne uda są w porównaniu z narządami płciowymi bardzo duże, a warstwa tłuszczu u podstawy prącia może ukrywać trzy czwarte jego długości. Większość tych chłopców w okresie dorastania rozwija się pod tym względem normalnie, a wielu traci zbędne kilogramy.

Na pewno każde dziecko, które rośnie za wolno albo w nietypowy sposób, jest otępiałe albo skrajnie nerwowe, powinno zostać przebadane przez dobrego lekarza. Jeśli uzna on, że budowa ciała dziecka wynika z wrodzonych wzorców rozwoju albo że przyczyny stanu jego umysłu nie są znane, co dzieje się często (patrz str. 420), to znaczy, że powinniście pomóc dziecku dostosować się do życia, a nie szukać magicznego leku.

ZESPÓŁ NAGŁEJ ŚMIERCI NIEMOWLĘCIA

W Stanach Zjednoczonych mniej więcej jedno na tysiąc niemowląt pada ofiarą zespołu nagłej śmierci niemowlęcia (śmierci łóżeczkowej). Najczęściej niemowlę pomiędzy trzecim tygodniem a siódmym miesiącem życia (najczęściej trzymiesięczne) znajdowane jest martwe w swoim łóżeczku. Nawet sekcja zwłok nie wykazuje żadnej konkretnej przyczyny śmierci, na przykład infekcji albo zaburzenia metabolizmu, którego nie udało się wcześniej rozpoznać.

Niemowlęta należy zawsze kłaść do snu na plecach, nie na brzuchu, chyba że istnieją jakieś przeciwwskazania medyczne.

Zmiana sposobu układania niemowląt do snu spowodowała zmniejszenie liczby przypadków śmierci łóżeczkowej o 50 procent. Jednak nawet przy zachowaniu wszelkich środków ostrożności nie można zapobiec wszystkim przypadkom.

Reakcja na śmierć łóżeczkową. Rodzice są w szoku: nagła śmierć to wstrząs jeszcze większy niż śmierć po długiej chorobie. Przepełnieni poczuciem winy, nie mogą sobie wybaczyć, że nic nie zauważyli, że nie zajrzeli akurat w tym momencie do łóżeczka, że zlekceważyli katar maleństwa. Jednak żadni rozsądni rodzice nie dzwonią do lekarza za każdym razem, gdy ich pociecha jest podziębiona. Nawet gdyby tak zrobili, lekarz nie zaleciłby żadnego leczenia, bo nie byłoby ku temu podstaw. Nikt nie mógł przewidzieć tej tragedii.

Rodzice zazwyczaj są w depresji przez wiele tygodni albo miesięcy, czują się raz lepiej, a raz gorzej. Mają problemy z koncentracją i ze snem, słaby apetyt, objawy kardiologiczne lub bóle brzucha. Czują przemożne pragnienie ucieczki albo przeciwnie, boją się samotności. Jeśli mają inne dzieci, boją się spuścić je z oka, chcą zrzucić z siebie odpowiedzialność za opiekę nad nimi albo traktują je z irytacją. Niektórzy rodzice chcą rozmawiać, inni zamykają się w sobie.

Rodzeństwo zawsze jest wytrącone z równowagi, choć nie zawsze to okazuje. Małe dzieci kleją się do rodziców albo niegrzecznym zachowaniem starają się zwrócić na siebie uwagę. Starsze mogą się wydawać dziwnie nieporuszone, ale z doświadczenia wiemy, że w ten sposób bronią się przed żalem i poczuciem winy. Dorosłym trudno jest zrozumieć, dlaczego dziecko miałoby w takiej sytuacji borykać się z wyrzutami sumienia, ale wszystkie maluchy niekiedy odczuwają nienawiść do brata czy siostry. Są przekonane, że swoją wrogością spowodowały śmierć niemowlęcia.

Jeżeli rodzice unikają rozmów o zmarłym dziecku, ich milczenie może potęgować poczucie winy starszego rodzeństwa. Dlatego warto i należy mówić o tragedii, wyjaśnić, że śmierć spowodowała konkretna choroba niemowląt i że nie była to niczyja wina. Eufemizmy takie jak „dzidzia odeszła" albo „dzidzia się nie obudziła" wzmagają tylko niepokój i dodają tajemniczości całej sytuacji. Najlepiej jest, gdy rodzice łagodnie odpowiadają na wszelkie pytania i komentarze dzieci, dając im poczucie, że mają prawo mówić o swoich najgłębszych zmartwieniach.

Rodzice powinni szukać pomocy w ośrodku pomocy rodzinie albo poradni zdrowia psychicznego, u psychiatry, psychologa lub duchownego. Muszą wyrazić i zrozumieć przytłaczające ich uczucia.

ZESPÓŁ NABYTEGO NIEDOBORU ODPORNOŚCI (AIDS)

Chorobę AIDS* wywołuje ludzki wirus niedoboru odporności (HIV**). Wirus ten osłabia odporność organizmu, dlatego osoba chora na AIDS może umrzeć na infekcję, która u kogo innego szybko zostałaby zlikwidowana przez naturalne mechanizmy obronne. Ocenia się, że na świecie wirusem tym zakażonych jest 20 milionów osób.

HIV przenosi się przez płyny ustrojowe, takie jak krew, nasienie i wydzielina z pochwy. Nie przenosi się przez dotyk ręki ani ciała, pocałunek, mieszkanie w tym samym domu, siedzenie w tej samej klasie, pływanie w tym samym basenie, jedzenie i picie z tych samych naczyń ani siedzenie na tym samym sedesie co chory na AIDS. Produkty krwiopochodne, niegdyś jedno ze źródeł zakażeń HIV, dziś są dokładnie badane pod kątem występowania tego wirusa. Epidemia AIDS rozpoczęła się od homoseksualistów w krajach rozwiniętych; obecnie szerzy się głównie pomiędzy heteroseksualistami, dotyka nieporównanie więcej osób biednych i przedstawicieli mniejszości i sieje zniszczenie w krajach rozwijających się na całym świecie.

---

* Ang. *acquired immune deficiency syndrome* (przyp. tłum.).

** Ang. *human immunodeficiency virus* (przyp. tłum.).

Małe dzieci zazwyczaj zarażają się HIV od swoich mam podczas ciąży albo porodu. Leczenie przeciwwirusowe podczas ciąży może znacznie zmniejszyć ryzyko zarażenia dziecka. Dla wielu dzieci i dorosłych mieszanki silnych leków przeciwwirusowych zmieniły AIDS w chorobę, nad którą można sprawować kontrolę i z którą można żyć wiele lat. Jednak dla milionów ludzi w krajach rozwijających się HIV nadal jest równoznaczny z wyrokiem śmierci.

Jak (i dlaczego) rozmawiać z dziećmi i nastolatkami o AIDS.
Nawet tylko napomykając o tej chorobie, umożliwiacie swoim pociechom zadawanie pytań i uzyskanie waszego wsparcia i pomocy. Najprawdopodobniej słyszały o AIDS w telewizji, na filmach i w szkole.

Nastolatki muszą wiedzieć, że największe ryzyko zarażenia się wirusem HIV wiąże się z używaniem tych samych igieł i z uprawianiem seksu z wieloma partnerami. Im większa liczba partnerów seksualnych, tym większe ryzyko, że jeden z nich ma AIDS albo jest nosicielem wirusa HIV nie mającym objawów choroby. Oczywiście najpewniejszym sposobem zabezpieczenia się przed infekcją jest rezygnacja ze współżycia przed ślubem, ale samo poinformowanie nastolatka o tym fakcie nie jest godnym zaufania środkiem ostrożności (patrz str. 303). Nastolatki powinny też wiedzieć, że prezerwatywy – lateksowe, nie z jelit zwierzęcych – oferują dobrą, choć nie całkowitą ochronę podczas stosunku. Krążki dopochwowe i tabletki antykoncepcyjne nie chronią przed AIDS. Dzieci i nastolatki powinny też rozumieć, jakie ryzyko podejmują narkomani używający tych samych igieł.

Niestety, często o związku pomiędzy AIDS a dożylnym przyjmowaniem narkotyków i stosunkami analnymi dzieci dowiadują się z telewizji i innych mediów. Dlatego tak ważna jest otwartość i szczerość w rozmowach z rodzicami. Rozmawianie z dziećmi o seksie i narkotykach nie sprawia, że chętniej podejmują te niebezpieczne czynności – wręcz przeciwnie.

🏛 KLASYCZNY SPOCK

Uważam, że dwa najlepsze sposoby ochrony przez zakażeniem HIV to edukacja seksualna oraz wiara, że równie ważne jak fizyczne aspekty współżycia seksualnego są jego aspekty duchowe, w tym pragnienie wielu idealistycznych nastolatków, żeby ze współżyciem zaczekać, aż pojawi się głębokie zaangażowanie i oddanie drugiej osobie. Wielokrotnie wyjaśniałem, dlaczego uważam, że należy kłaść nacisk na pozytywne aspekty seksu i miłości, w tym ich stronę duchową. Ma to na celu uniknięcie przypadkowości, która pozwala na podjęcie współżycia po krótkotrwałej znajomości. Głównym argumentem za wczesnym rozpoczęciem edukacji seksualnej jest fakt, że młodsze dzieci dużo chętniej słuchają rodziców. Jeśli młodsze albo starsze dzieci zaczynają martwić się AIDS, powinny się dowiedzieć, jak można się zarazić tą chorobą oraz w jaki sposób można się zabezpieczyć podczas stosunku.

GORĄCZKA ZACHODNIEGO NILU

Gorączka Zachodniego Nilu przeraża wiele osób, choć w rzeczywistości rzadko wywołuje poważne choroby u ludzi. Najpoważniejsza forma tej choroby to infekcja mózgu, objawiająca się osłabieniem mięśni, drgawkami i innymi objawami neurologicznymi. Jej ofiarą pada tylko niewielki ułamek nosicieli wirusa. Wirus gorączki Zachodniego Nilu jest przenoszony przez komary, które przekazują go ptakom i ludziom. Najlepszy sposób ochrony to unikanie ukąszeń komarów: używajcie skutecznego środka odstraszającego owady (patrz str. 508), w miarę możliwości należy nosić ubrania z długimi rękawami i długie spodnie i nie wychodzić z domu o świcie i o zmroku, kiedy jest najwięcej komarów. Warto zamontować w oknach skuteczne siatki przeciw owadom i usuwać z otoczenia miejsca rozmnażania się komarów, jak stare opony i inne sprzęty gromadzące wodę. Objawy gorączki Zachodniego Nilu są zazwyczaj łagodne (jeśli w ogóle występują) i przypominają grypę: gorączka, osłabienie, bóle głowy i mięśni, mdłości, utrata apetytu. Badanie krwi może potwierdzić rozpoznanie, ale nie ma leku na tę chorobę; organizm musi ją zwalczyć sam.

DODATKI

SŁOWNICZEK TERMINÓW MEDYCZNYCH

Lekarze i pielęgniarki starają się unikać medycznego żargonu, ale nie zawsze im się to udaje. Jeśli w przychodni albo w szpitalu czujecie się jak w obcym kraju, pierwszym krokiem do oswojenia się z nim jest opanowanie języka.

abrazja – starcie, otarcie naskórka

ADHD (*attention deficit hyperactivity disorder*) – zespół nadpobudliwości psychoruchowej z zaburzeniami koncentracji uwagi.

afty – nawracające owrzodzenie jamy ustnej lub warg; przyczyna jest zazwyczaj nieznana, może nią być zakażenie wirusowe.

AIDS (*acquired immunodeficiency syndrome*) – zespół nabytego niedoboru odporności, wywoływany przez wirus HIV, który niszczy zdolność organizmu do walki z infekcjami.

alergia – choroba polegająca na tym, że organizm jest szczególnie wrażliwy na pewne substancje, które wywołują reakcje układu odpornościowego. Objawia się zapaleniem, kichaniem, swędzeniem lub wysypką.

alergiczny nieżyt nosa – alergia powodująca katar.

alkoholowy zespół płodowy (*FAS – fetal alcohol syndrome*) – zespół wad wrodzonych spowodowany piciem nadmiernych ilości alkoholu przez kobietę w ciąży; może prowadzić do zaburzeń rozwoju dziecka, trudności w nauce i charakterystycznego wyrazu twarzy.

alopecia – łysienie.

ambliopia – niedowidzenie pomimo normalnego wzroku; u dzieci często powodowane „leniwym okiem", które w pierwszych latach życia nie działało prawidłowo.

amenorrhoea – brak miesiączki.

anemia – patrz niedokrwistość.

anemia sierpowata okrwinkowa – patrz niedokrwistość sierpowatokrwinkowa.

anoreksja – zaburzenie odżywiania (ściślej jedzenia) na podłożu psychicznym, charakteryzujące się nienormalnym lękiem przed otyłością, umyślną znaczną utratą masy ciała w wyniku zmniejszenia ilości spożywanych produktów i zniekształconym postrzeganiem własnego ciała; najczęściej występuje u nastoletnich dziewcząt i młodych kobiet. Nazywana też jadłowstrętem psychicznym.

antybiotyk – substancja chemiczna (jak na przykład penicylina), która spowalnia rozwój bakterii albo zabija je. (Antybiotyki nie wywierają żadnego wpływu na wirusy. Istnieją leki zabijające niektóre wirusy.)

arteria – naczynie krwionośne, przez które krew płynie z serca do tkanek.

arterioskleroza – patrz miażdżyca tętnic.

asfiksja – patrz zamartwica.

aspiracja – wciągnięcie płynu albo ciała obcego do dróg oddechowych.

astma – przewlekła choroba dróg oddechowych, charakteryzująca się nawracającym świstem oddechowym w wyniku skurczu, zapalenia i gromadzenia się śluzu w drogach oddechowych; może być powodowana alergią albo innymi czynnikami, na przykład dymem.

atopowe zapalenie skóry – zapalenie skóry objawiające się czerwonymi pęcherzykami, swędzeniem, łuszczeniem skóry i tworzeniem się skorupy; zazwyczaj w wyniku alergii lub bezpośredniego podrażnienia skóry.

autyzm – choroba układu nerwowego charakteryzująca się zaburzeniami w porozumiewaniu się, zabawie i nawiązywaniu relacji z ludźmi.

bakterie – bardzo małe, okrągłe albo pałeczkowate organizmy, które po wniknięciu do organizmu wywołują infekcje.

bakteriemia – obecność bakterii we krwi.

bezdech – zatrzymanie oddechu na co najmniej dziesięć sekund.

białaczka – nowotwór białych krwinek, charakteryzujący się niedokrwistością, krwawieniami, infekcjami i obrzękiem węzłów chłonnych. Niektóre rodzaje białaczki są obecnie uleczalne.

białkomocz – obecność białka we krwi, spowodowana „nieszczelnością nerek"; występuje w zespole nerczycowym, przewlekłych infekcjach nerek i innych chorobach nerek.

biegunka – wodniste i częste wypróżnienia, zazwyczaj wywołane infekcją wirusową; może też być wynikiem infekcji bakteryjnej lub innej choroby jelit.

bilirubina – żółtawy barwnik powstający podczas rozpadu czerwonych krwinek. Wysoki poziom bilirubiny we krwi powoduje żółtaczkę, często objaw schorzenia wątroby. Lekka żółtaczka jest normalna u noworodków.

błonica – poważna choroba bakteryjna, obecnie rzadka, charakteryzująca się silnym bólem gardła, wysoką gorączką i osłabieniem.

borelioza – choroba wywoływana przez bakterie (krętki) przenoszone przez kleszcze z gatunku *Ixodes*. Do objawów nale-

ży charakterystyczna wysypka, po której pojawia się gorączka, zmęczenie, bóle głowy, stawów i niekiedy – po pewnym czasie – różne objawy neurologiczne. Nazywana też krętkowicą kleszczową albo chorobą z Lyme.

ból owulacyjny – ból brzucha odczuwany w środku cyklu miesiączkowego, prawdopodobnie podczas owulacji.

bulimia – zaburzenie odżywiania na podłożu psychicznym, charakteryzujące się napadami objadania się, po których następuje prowokowanie wymiotów lub przeczyszczanie.

Candida – drożdżaki, które często powodują pieluszkowe zapalenie skóry i infekcje ust u niemowląt.

cellulitis – stan zapalny tkanki podskórnej.

Chlamydia – nietypowa bakteria, żyjąca tylko wewnątrz komórek tkanki ciała; chlamydioza to prawdopodobnie najpowszechniejsza choroba przenoszona drogą płciową; może też wywołać zapalenie płuc i zapalenie spojówek w pierwszym roku życia.

choroba autoimmunologiczna – choroba (jak na przykład toczeń lub gorączka reumatyczna) polegająca na tym, że układ odpornościowy organizmu zwraca się przeciw swoim własnym tkankom i niszczy je.

choroba Heinego-Medina (nagminne porażenie dziecięce) – zakaźna choroba wywoływana przez wirus *Polio*, który atakuje nerwy rdzenia kręgowego odpowiedzialne za ruchy zależne od naszej woli; dzięki szczepieniom w dzieciństwie można jej całkowicie zapobiec.

choroby przenoszone drogą płciową – każda infekcja przenoszona w wyniku współżycia seksualnego albo innego intymnego kontaktu seksualnego. Do chorób tych należą między innymi rzeżączka, kiła, opryszczka narządów płciowych, zakażenie chlamydią i HIV.

ciało obce – przedmiot, który zaklinował się w jamie ciała, na przykład w nosie, w uchu albo w pochwie.

ciemieniucha – tłusta, żółtawa skorupa na skórze, spowodowana nadmierną produkcją łoju; może powodować wysypkę i podrażnienie skóry głowy, twarzy lub pachwin.

cukrzyca typu I (młodzieńcza) – choroba polegająca na tym, że trzustka produkuje za mało insuliny albo tkanki nie reagują na nią. W rezultacie stężenie cukru (glukozy) we krwi za bardzo wzrasta, powodując nadmierne wydalanie moczu, nadmierne pragnienie i głód, utratę masy ciała i osłabienie, jeśli choroba nie jest leczona. Leczenie zazwyczaj polega na podawaniu insuliny w zastrzykach i uważnym monitorowaniu diety.

czerniak – nowotwór wytwarzających pigment komórek skóry; może występować w pieprzykach. Czerniak u osób dorosłych jest częściowo powodowany oparzeniami słonecznymi we wczesnym dzieciństwie.

czerwonka – zapalenie jelit, zwłaszcza okrężnicy, z częstymi, bolesnymi wypróżnieniami; w kale widać krew i śluz. Zazwyczaj jest to zakażenie wywoływane przez bakterie, pasożyty albo pierwotniaki.

czyrak – bolesny, wypełniony ropą guzek pod skórą, często powstający w mieszku włosowym albo gruczole łojowym, wywoływany przez infekcję bakteryjną, często gronkowcową.

doula – kobieta, która zapewnia stałe wsparcie emocjonalne i fizyczne rodzicom (lub tylko mamie) podczas porodu.

drgawki gorączkowe – drgawki występujące tylko przy podwyższonej temperaturze; zazwyczaj nie są groźne i nie prowadzą do padaczki.

drożdżyca – łagodna infekcja grzybicza, zazwyczaj w okolicach jamy ustnej, pieluszki lub pochwy.

dysfagia – trudności w połykaniu; często w wyniku porażenia mózgowego albo anatomicznej wady gardła.

dysplazja oskrzelowo-płucna – choroba niektórych wcześniaków polegająca na powstawaniu blizn w płucach oraz przewlekłym obrzęku i zapaleniu płuc; zazwyczaj stan dziecka poprawia się z wiekiem, w miarę tworzenia się nowej tkanki płucnej.

dystrofia mięśni – grupa dziedzicznych chorób charakteryzujących się stopniowym, postępującym zanikiem mięśni. Istnieje wiele form tej choroby, niektóre ciężkie, inne łagodne.

dyzenteria – patrz czerwonka.

egzema – patrz atopowe zapalenie skóry.

encefalopatia – uogólnione zaburzenia mózgu, powodujące zmiany zachowania i świadomości oraz drgawki; zazwyczaj nie jest zakaźna. Przyczyną może być na przykład zatrucie ołowiem (w bardzo wysokim stężeniu).

encopresis – brudzenie bielizny w wyniku nietrzymania kału, zazwyczaj spowodowane ciężkim zaparciem.

enureza – mimowolne moczenie się po ukończeniu piątego roku życia.

furunkuł – patrz czyrak.

gamma-globulina – produkt krwiopochodny zawierający przeciwciała zwalczające różne choroby bakteryjne i wirusowe; używany w profilaktyce chorób, takich jak zapalenie wątroby czy odra, oraz w leczeniu chorób takich jak zespół Kawasaki i stany niedoboru odporności.

gangrena – patrz zgorzel.

ginekomastia – nadmierny rozwój gruczołów sutkowych u mężczyzn, częsty u chłopców wieku 12–15 lat.

gorączka reumatyczna – choroba autoimmunologiczna następująca po paciorkowcowej infekcji górnych dróg oddechowych, charakteryzująca się zapaleniem mięśnia sercowego, naczyń krwionośnych, stawów, układu nerwowego i skóry. Leczenie polega głównie na zapobieganiu kolejnym infekcjom paciorkowcowym przez codzienne przyjmowanie penicyliny.

gronkowce – bakterie powszechnie wywołujące infekcje o różnym nasileniu (pod wieloma względami podobne do paciorkowców).

gruźlica – zakaźna infekcja płuc, węzłów chłonnych i innych narządów wywoływana przez bakterie *Mycobacterium tuberculosis* (prątki Kocha). Leczenie polega na przyjmowaniu leków przeciwgruźliczych przez co najmniej dziewięć miesięcy.

grypa – choroba charakteryzująca się gorączką, dreszczami, apatią, bólem mięśni i objawami oddechowymi, trwająca od trzech do czternastu dni.

grzybica skóry – grzybicza infekcja skóry charakteryzująca się czerwonawymi, swędzącymi plackami w kształcie pierścieni; mało zaraźliwa.

grzybica stóp – grzybicza infekcja stóp charakteryzująca się zaczerwienieniem i łuszczeniem się skóry pomiędzy palcami.

grzyby – prymitywne organizmy roślinne, do których zaliczają się drożdże, pleśnie i grzyby jadalne. Mogą wywoływać łagodne lub poważne infekcje wymagające leczenia preparatami przeciwgrzybiczymi.

Haemophilus influenzae – bakteria, która może wywołać poważną infekcję u małych dzieci; obecnie bardzo rzadka dzięki wczesnym szczepieniom.

hematokryt – procentowa zawartość krwinek czerwonych w krwi. Niska wartość hematokrytu, często wywołana niedoborem żelaza u małych dzieci, to to samo co anemia.

hemofilia – choroba dziedziczna występująca niemal wyłącznie u chłopców, charakteryzująca się tym, że krew nie krzepnie, więc urazom towarzyszą długotrwałe krwotoki, a krew może się dostawać do stawów i głęboko położonych tkanek.

hemoglobina – znajdująca się w czerwonych krwinkach substancja zawierająca żelazo, przenosząca tlen z płuc do tkanek.

hemoroidy – obrzęk i powiększenie żył w odbytnicy, wywołujące ból, swędzenie i niekiedy krwawienie.

hepatomegalia – powiększenie wątroby.

hipotonia mięśniowa – nienormalnie obniżone napięcie mięśniowe lub aktywność podczas odpoczynku; nazywana też wiotkością mięśni.

HIV (*human immunodeficiency virus*) – ludzki wirus niedoboru odporności wywołujący AIDS.

hypoksja (niedotlenienie) – zmniejszenie ilości tlenu we krwi, zazwyczaj w wyniku problemu z oddychaniem.

jaskra – nadmierne ciśnienie płynu w gałce ocznej; nieleczona prowadzi do ślepoty.

katar sienny – alergia z katarem, kichaniem i łzawieniem, nawracająca co roku o tej samej porze; często wywołana nadwrażliwością na pyłki roślin.

kiła – zakaźna choroba wywoływana przez bakterie (krętki) i przenoszona drogą płciową, która może objąć infekcją wszystkie narządy ciała.

koklusz – patrz krztusiec.

konwulsje (drgawki) – gwałtowne, mimowolne skurcze mięśni w wyniku nienormalnych wyładowań elektrycznych w mózgu.

koślawość kolan – zniekształcenie nóg polegające na tym, że kolana znajdują się zbyt blisko siebie, a kostki zbyt daleko; potocznie mówi się, że dziecko ma kolana iksowate.

krętkowica kleszczowa – patrz borelioza.

krwiomocz – obecność krwi w moczu; krew może pochodzić z dowolnej części układu moczowego, w tym nerek albo pęcherza.

krwioplucie – wykrztuszanie krwi z układu oddechowego; u dorosłych częstą przyczyną jest gruźlica; u dzieci częstsze są inne przyczyny.

krwotok – obfite krwawienie.

krztusiec – zakaźna choroba dróg oddechowych wywoływana przez infekcję bakteryjną, charakteryzująca się napadami silnego kaszlu. Leczenie polega na podawaniu antybiotyku i łagodzeniu objawów.

krzywica – osłabienie kości, zazwyczaj w wyniku przyjmowania zbyt małych ilości witaminy D i ograniczonego przebywania na słońcu.

kurzajka – brodawka wirusowa, infekcja skóry powodująca powstanie okrągłego, wypukłego guzka na skórze; większość kurzajek sama znika w ciągu dwóch lat.

lamblia – pierwotniaki, które mogą wywołać infekcję jelit i spowodować biegunkę oraz bóle brzucha; lamblioza zazwyczaj jest rezultatem picia zanieczyszczonej wody.

leniwe oko – kiedy jedno oko nie ogniskuje się na oglądanym przedmiocie, tylko ucieka do środka lub na zewnątrz (zez); często wymaga noszenia na zdrowym oku opaski w celu skłonienia leniwego oka do pracy.

leukemia – patrz białaczka.

limfocyty – białe krwinki, zwalczające infekcje wirusowe i bakteryjne.

liszajec – bakteryjna (zazwyczaj paciorkowcowa albo gronkowcowa) infekcja skóry, bardzo zaraźliwa, charakteryzująca się powstawaniem na skórze grubej, żółtej skorupy.

łuszczyca – przewlekła choroba skóry charakteryzująca się nawracającymi, czerwonymi, swędzącymi plackami, pokrytymi srebrzystą łuską i grudkami. Przyczyna nie jest znana. Na chorobę tę nie ma lekarstwa. Objawy łagodzi się balsamami nawilżającymi, kremami steroidowymi i ekspozycją na światło słoneczne.

malaria – zakaźna choroba wywoływana pasożytniczym pierwotniakiem żyjącym w czerwonych krwinkach; charakteryzuje się nawracającymi cyklami gorączki, dreszczy i pocenia się; roznoszona jest przez komary.

małogłowie – nienormalnie mała głowa, często powiązana z upośledzeniem umysłowym, ale czasem po prostu cecha rodzinna, której nie towarzyszą żadne zaburzenia rozwoju umysłowego.

mastka – normalna, gęsta, serowata wydzielina, zbierająca się na żołędzi prącia i wokół łechtaczki.

miażdżyca tętnic – choroba polegająca na twardnieniu i zwężaniu się tętnic.

mięczak zakaźny – zakaźna infekcja wirusowa skóry, charakteryzująca się perłowobiałymi guzkami z wklęśnięciem w środku. Są niegroźne, ale jeśli nie są leczone, mogą się utrzymywać miesiącami, a nawet latami.

migrena – specyficzny rodzaj okresowego bólu głowy, zazwyczaj po jednej stronie głowy, z towarzyszeniem nudności, wymiotów i zaburzeń wzrokowych. Migreny są często rodzinne.

mongolizm – dawna nazwa zespołu Downa (trisomii 21).

mononukleoza – infekcja wirusowa (wywoływana przez wirus Epsteina-Barr, przenoszony przez ślinę – stąd potoczna nazwa „choroba pocałunków"), charakteryzująca się powiększeniem węzłów chłonnych (zwłaszcza na szyi), bólem gardła, zmęczeniem, gorączką i wysypką.

mukowiscydoza – choroba dziedziczna polegająca na zaburzeniu funkcjonowania gruczołów, co prowadzi do problemów z płucami i układem trawiennym.

naczyniak krwionośny – łagodny guz składający się z naczyń krwionośnych, zazwyczaj znajdujący się w skórze.

nadciśnienie – nienormalnie podwyższone ciśnienie krwi.

nadczynność tarczycy – nadmierne wydzielanie przez tarczycę hormonu tarczycy. Ciężka nadczynność tarczycy powoduje przyspieszenie akcji serca i oddechu, utratę masy ciała, wytrzeszcz oczu, drażliwość i nadpobudliwość; leczenie jest zazwyczaj farmakologiczne.

nadwerężenie – uraz stawu spowodowany nadmiernym obciążeniem, mniej poważny od skręcenia.

nadwrażliwość oskrzeli – zapalenie i uszkodzenie małych kanalików w płucach, powodowane przez niektóre infekcje, zanieczyszczenia, toksyny, zimne powietrze i dym papierosowy, wywołujące świszczący oddech i kaszel. Chorobę leczy się farmakologicznie.

napad drgawek – nagły napad drgawek rąk i nóg lub utrata przytomności w wyniku niewłaściwych wyładowań elektrycznych w mózgu. Nawracające napady drgawek noszą nazwę padaczki.

niedoczynność tarczycy – niewystarczające wydzielanie przez tarczycę hormonu tarczycy, co powoduje obniżenie napięcia mięśniowego i aktywności, zaparcia, apatię i słaby, chrypliwy płacz; można temu łatwo zaradzić, podając doustnie hormon tarczycy. Badania przesiewowe zaraz po porodzie pozwalają na rozpoznanie tej choroby, zanim dojdzie do uszkodzeń.

niedokrwienie – niedostateczny przepływ krwi do tkanek.

niedokrwistość – zmniejszenie liczby czerwonych krwinek albo ilości hemoglobiny, czyli znajdującego się w czerwonych krwinkach pigmentu, który przenosi tlen.

niedokrwistość sierpowatokrwinkowa – choroba genetyczna, występująca głównie u osób pochodzenia afrykańskiego i śródziemnomorskiego, powodująca zniekształcenie czerwonych krwinek, tak że oglądane pod mikroskopem wyglądają jak sierpy. Zdeformowane komórki klinują się w małych naczyniach krwionośnych, powodując ból i uszkodzenia tkanek. Potocznie nazywana anemią sierpowatą.

nieżyt nosa – zapalenie śluzówki nosa, powodujące wysięk i zatykanie się nosa. Zazwyczaj wywoływany przez wirusową infekcję górnych dróg oddechowych.

nowotwór niezłośliwy (łagodny) – komórki rosnące powoli i nie niszczące otaczających tkanek.

nowotwór złośliwy – komórki rosnące szybko, niszczące otaczające tkanki i mogące przemieszczać się do innych narządów ciała (tworzyć przerzuty).

obrzezanie – chirurgiczne usunięcie napletka.

obrzęk – wynik gromadzenia się w tkankach nadmiernej ilości płynu.

obturacyjny bezdech podczas snu – choroba występująca, gdy dziecko śpi. Drogi oddechowe z tyłu gardła są niedrożne i dziecko nie jest w stanie oddychać pomimo aktywnych wysiłków w tym kierunku; czasem przyczyną jest przerośnięty migdałek gardłowy. Obturacyjny bezdech senny może powodować znaczne problemy, jeśli od razu nie zostanie podjęte leczenie, zazwyczaj polegające na usunięciu migdałka gardłowego i migdałków podniebiennych.

odmiedniczkowe zapalenie nerek – bakteryjna infekcja nerek, objawiająca się gorączką, zmęczeniem i bólem w boku; leczy się ją dużymi dawkami antybiotyku.

odmrożenia – uszkodzenie tkanek, zazwyczaj palców u rąk i nóg, nosa i uszu, w wyniku działania bardzo niskich temperatur.

odra – infekcja wirusowa charakteryzująca się gorączką, dreszczami, wysypką, zapaleniem spojówek i objawami w górnych drogach oddechowych.

odwodnienie – choroba polegająca na utracie nadmiernej ilości wody z organizmu, tak że w tkankach i krwiobiegu jest za mało płynów; zazwyczaj w wyniku wymiotów lub biegunki, gdy chory przyjmuje mniej płynów, niż traci. Zdarza się w upały w wyniku pocenia.

omdlenie – utrata przytomności, zazwyczaj spowodowana chwilowym zmniejszeniem przepływu krwi i tlenu do mózgu.

opryszczka wargowa – mały pęcherzyk na wargach lub koło nich; wywoływany przez wirusa *Herpes* (innego typu niż ten, który zazwyczaj wywołuje opryszczkę narządów płciowych); potocznie nazywana też zimnem albo febrą.

ospa wietrzna – choroba zakaźna wywoływana przez wirus *Varicella*, charakteryzująca się gorączką i swędzącą wysypką w postaci pęcherzyków.

owsiki – zakażenie jelit tymi małymi, cienkimi, białymi pasożytami jest bardzo częste. Zazwyczaj jedynym objawem jest swędzenie w okolicach odbytu. Owsicę skutecznie leczy się lekami podawanymi doustnie.

paciorkowce – bakterie powszechnie wywołujące infekcje o różnym nasileniu.

paciorkowcowe zapalenie gardła – infekcja gardła wywołana przez paciorkowce. Leczy się je penicyliną lub innymi antybiotykami.

padaczka – choroba charakteryzująca się nawracającymi napadami drgawek wywołanych zaburzeniem wpływającym na wyładowania elektryczne w mózgu. Nazywana też epilepsją.

pieprzyk – zabarwiona, nieco wypukła, czasem owłosiona plama na skórze. Pieprzyki są w większości łagodne, ale niektóre mogą z biegiem czasu zmienić się w nowotwory i trzeba je usunąć.

plamica – purpurowe plamy na skórze wywołane krwawieniem. Przyczyną może być mała liczba płytek krwi, infekcja wirusowa, uraz lub – rzadziej – choroba autoimmunologiczna.

plamy mongolskie – szaroniebieskie przebarwienia skóry, występujące najczęściej u niemowląt o ciemnej skórze. Najczęściej pojawiają się na pośladkach i na plecach, ale można je też znaleźć na innych częściach ciała. Z czasem bledną i nie powodują żadnych problemów.

pleśniawki – patrz *Candida*.

płonica – paciorkowcowa infekcja gardła, której towarzyszy uogólniona wysypka w kolorze łososiowym. Płonicy nie uważa się w tej chwili za bardziej niebezpieczną niż inne infekcje paciorkowcowe.

płytka krwi – składnik krwi, który powoduje jej krzepnięcie i zatrzymanie krwawienia, gdy pęknie małe naczynie krwionośne.

pneumokoki (dwoinki zapalenia płuc) – bakterie wywołujące infekcje płuc, uszu i układu nerwowego, charakteryzujące się szybkim rozwojem i wysoką gorączką. Zazwyczaj skuteczne jest leczenie antybiotykami.

pokrzywka – reakcja alergiczna w postaci wypukłych czerwonych pręg albo plam na skórze z bladym punktem pośrodku.

polio – patrz choroba Heinego-Medina.

porażenie czterokończynowe – paraliż ciała od szyi w dół.

porażenie mózgowe – choroba układu nerwowego spowodowana uszkodzeniem mózgu zazwyczaj przed urodzeniem, często z niewiadomej przyczyny, wywołująca zaburzenia funkcjonowania mięśni, poruszania się i postawy ciała.

posocznica – choroba wywoływana przez znajdujące się we krwi bakterie lub produkowane przez nie toksyny. Nazywana też septicemią albo sepsą.

powiększenie węzłów chłonnych – może być wynikiem różnych stanów chorobowych i infekcji, które pobudzają tkankę limfatyczną do walki z chorobą.

półpasiec – bolesne podrażnienie wywoływane przez wirus ospy wietrznej, który żyje uśpiony w nerwach skóry, a potem przemieszcza się w dół nerwu, powodując intensywny ból. Ból ten jest zwykle łagodny u dzieci, ale może być silny u dorosłych.

przełyk – umięśniony przewód, przez który pokarm przechodzi z jamy ustnej do żołądka.

przepuklina – wystawanie tkanki lub narządu przez otwór w mięśniach pod skórą; najczęściej w okolicach pępka (przepuklina pępkowa) albo pachwiny (przepuklina pachwinowa).

przeziębienie – wirusowa infekcja górnych dróg oddechowych, nosa i gardła; nie leczy się go antybiotykami.

reanimacja – patrz resuscytacja krążeniowo-oddechowa.

refluks (odpływ) żołądkowo-przełykowy – wracanie zawartości żołądka do przełyku; może prowadzić do zgagi, wymiotów i aspiracji.

resuscytacja krążeniowo-oddechowa – postępowanie w stanie nagłym, mające na celu podtrzymanie przepływu krwi do mózgu w przypadku zatrzymania krążenia albo oddechu, za pomocą sztucznego oddychania i zewnętrznego masażu serca. (W potocznej polszczyźnie często wymiennie używa się pojęć „resuscytacja" i „reanimacja"; ściśle rzecz biorąc, o reanimacji mówimy, gdy choremu wraca świadomość, natomiast o resuscytacji, gdy przywrócone zostały czynności życiowe bez powrotu świadomości – przyp. tłum.)

ropień – nagromadzenie ropy powstałe wskutek zamkniętego zakażenia, powodującego ból, gorączkę, obrzęk i zaczerwienienie. Żeby wyleczyć ropień, zazwyczaj trzeba go naciąć i pozwolić, by ropa wypłynęła.

rotawirus – wirus stanowiący najczęstszą przyczynę wymiotów i biegunki na świecie, zazwyczaj aktywny w miesiącach zimowych.

rozszczep kręgosłupa – wada wrodzona polegająca na niecałkowitym zamknięciu kości, które otaczają rdzeń kręgowy, często wiążąca się z wodogłowiem i problemami neurologicznymi dolnej części ciała.

rozszczep wargi, rozszczep podniebienia – wrodzona szczelina odpowiednio w wardze lub w podniebieniu.

rozwolnienie – patrz biegunka.

różyczka – infekcja wirusowa charakteryzująca się objawami w obrębie górnych dróg oddechowych oraz wysypką bardzo przypominającą odrę; może powodować wady wrodzone płodu, jeśli zachoruje na nią kobieta we wczesnej ciąży; można jej zapobiegać poprzez szczepienia w dzieciństwie.

rumień – zaczerwienienie skóry wywołane zwiększonym ukrwieniem, zazwyczaj w wyniku zapalenia albo infekcji; obecny również przy oparzeniach słonecznych.

rumień nagły (gorączka trzydniowa, trzydniówka) – wirusowa infekcja niemowląt charakteryzująca się bardzo wysoką gorączką przez trzy do czterech dni; po jej ustąpieniu, gdy dziecko czuje się już dobrze, pojawia się uogólniona różowa wysypka. Leczenie nie jest konieczne.

salmonella – bakteria, która może wywołać silną biegunkę, gorączkę lub bakteriemię. Można być nosicielem salmonelli, nie mając żadnych objawów. Zakażenie może nastąpić po spożyciu niedogotowanego kurczaka albo surowego jajka oraz przez kontakt z żółwiem domowym.

sepsa – patrz posocznica.

septicemia – patrz posocznica.

Shigella – bakteria wywołująca czerwonkę i wysoką gorączkę; zakażenie jest leczone antybiotykami.

siara – rzadki, żółtawy płyn, pełen białek, przeciwciał i minerałów, o niskiej zawartości węglowodanów i tłuszczu, wydzielany przez gruczoły piersiowe przed pojawieniem się pokarmu.

sinica – zmniejszenie zawartości tlenu we krwi, prowadzące do niebieskawego zabarwienia skóry.

skala Apgar – Skala 0–10 używana do oceny stanu noworodka minutę, pięć minut i dziesięć minut po porodzie. Najlepszy wynik to 10; wynik poniżej 6 jest uważany za niski, ale na dłuższą metę wyniki w pierwszej i piątej minucie życia nie są

znaczące. Niski wynik w dziesiątej minucie życia może być powodem do niepokoju.

skolioza – nienaturalne boczne skrzywienie kręgosłupa, którego przyczyna zazwyczaj jest nieznana. Wczesne wykrycie jest kluczem do leczenia.

skręcenie – uszkodzenie stawu spowodowane nadmiernym naciągnięciem, ale nie naderwaniem więzadeł, objawiające się bólem i obrzękiem.

spastyczność – zwiększenie napięcia mięśniowego w wyniku uszkodzenia mózgu, powodujące sztywne i niezgrabne ruchy.

splenomegalia – powiększenie śledziony, często w wyniku ostrej infekcji albo choroby krwi polegającej na szybkim rozpadzie czerwonych krwinek (niedokrwistość hemolityczna).

spodziectwo – wrodzona wada prącia polegająca na lokalizacji ujścia przewodu moczowego (cewki moczowej) na spodniej części prącia lub nawet pod nim; może wymagać korekcji chirurgicznej.

stafylokoki – patrz gronkowce.

stopa końsko-szpotawa – wrodzona wada polegająca na skręceniu stopy do dołu i do wewnątrz.

streptokoki – patrz paciorkowce.

stridor – świszczący oddech wydawany przez dziecko podczas wdychania powietrza; często występuje przy krupie, reakcjach alergicznych, aspiracji ciała obcego i innych infekcjach gardła.

stulejka – bardzo wąski napletek, którego nie można odciągnąć na trzon prącia; stan normalny w pierwszym roku życia, jeśli nie towarzyszą mu inne objawy; jeśli się utrzyma, może wymagać obrzezania.

syncytialny wirus oddechowy (wirus RS, *respiratory syncytial virus*) – główna przyczyna zapalenia oskrzelików u niemowląt. U niemowląt z grupy wysokiego ryzyka można mu zapobiegać lekami podawanymi w zastrzykach.

szczękościsk – wczesny objaw tężca – szczęki zaciskają się pod wpływem działania toksyn tężca. Dzięki szczepieniom tężec jest dziś rzadki.

szkarlatyna – patrz płonica.

szmer nad sercem – świszczący odgłos wydawany przez krew przepompowywaną przez serce; może być objawem nieprawidłowej budowy serca, ale większość szmerów słychać w normalnych, zdrowych sercach.

sztuczne oddychanie – część resuscytacji krążeniowo-oddechowej polegająca na wdmuchiwaniu powietrza do dróg oddechowych ofiary przez drugą osobę albo za pomocą resuscytatora składającego się z worka i maski.

śluz – śliska, ciągliwa, gęsta substancja, wydzielana przez gruczoły, chroniąca wyściółkę dróg oddechowych i innych (błony śluzowe). Komórki te są pobudzane przez drobnoustroje chorobotwórcze do zwiększonej produkcji śluzu.

śmierć łóżeczkowa – patrz zespół nagłej śmierci niemowlęcia.

śpiączka – przedłużający się stan braku świadomości, z którego nie da się ofiary wybudzić; często wywoływany urazem, zatruciem, zakażeniem, wstrząsem albo zaburzeniami serca lub płuc.

świnka (nagminne zapalenie przyusznic) – choroba wirusowa atakująca i powodująca stan zapalny produkujących ślinę gruczołów twarzy i szyi oraz sporadycznie trzustki, jąder, jajników i mózgu. Nie stosuje się specyficznego leczenia.

świst oddechowy – wysoki, gwiżdżący dźwięk wydawany przez powietrze przedostające się przez zwężone drogi oddechowe; występuje przy astmie, zapaleniu oskrzelików, aspiracji obcego ciała i innych dolegliwościach, przy których zwężone są kanaliki oddechowe.

talasemia – dziedziczna choroba krwi, polegająca na zaburzeniu produkcji hemoglobiny, co prowadzi do znacznej niedokrwistości.

tężec – poważna infekcja bakteryjna. Bakterie produkują toksyny, które wywołują kurcz mięśni ust (szczękościsk), a potem innych mięśni ciała; można mu zapobiegać przez rutynowe szczepienia w dzieciństwie i szczepienia przypominające co dziesięć lat.

toczeń (liszaj) rumieniowaty uogólniony – zaburzenie autoimmunologiczne polegające na tym, że układ odpornościowy organizmu atakuje własne tkanki, zwłaszcza skórę, stawy i nerki.

torbiel – mały zamknięty woreczek podskórny, zazwyczaj zawierający płyn.

trzydniówka – patrz rumień nagły.

uczulenie – patrz alergia.

udar cieplny – majaczenie, drgawki lub śpiączka w wyniku przekroczenia przez organizm temperatury 41°C (pomiar w odbycie); zazwyczaj rezultat zbyt intensywnych ćwiczeń podczas upałów, niezmiernie rzadko w rezultacie infekcji.

układ hormonalny – system gruczołów produkujących hormony, do których należy na przykład tarczyca i gruczoły nadnerczowe.

węzły chłonne (gruczoły chłonne) – okrągłe narządy, w których znajduje się duża liczba komórek odpornościowych (limfocytów). Węzły chłonne zazwyczaj powiększają się, gdy organizm walczy z infekcją.

wirus – przenoszący infekcje twór, który może żyć tylko w komórkach żywego gospodarza, w których wywołuje infekcję. Antybiotyki nie działają na wirusy.

wodniak jądra – nagromadzenie płynu wokół jądra, powodujące obrzęk worka mosznowego; zazwyczaj mija samo.

wodogłowie – nienormalne nagromadzenie płynu w mózgu. Nieleczone może wywierać niszczący nacisk na tkankę mózgu; często rozwiązaniem jest umieszczenie małej rurki (drenu), która odprowadza płyn z mózgu do jamy brzusznej lub klatki piersiowej.

wrodzony – istniejący przed porodem lub od porodu i wywołany przez wpływy dziedziczne, genetyczne lub środowiskowe.

wrzód trawienny – miejsce, w którym wyściółka żołądka jest odsłonięta, ogarnięta stanem zapalnym i podrażniona kwasami żołądkowymi; obecnie wiadomo, że wrzody trawienne często wywołuje bakteria *Helicobacter pylori*.

wrzód – bolesny ubytek wyściółki narządu

ciała, na przykład żołądka, zazwyczaj w wyniku zapalenia albo niedostatecznego dopływu krwi.

wstrząs (szok) – zmniejszenie przepływu krwi w wyniku utraty krwi, wiążące się z niedotlenieniem tkanek; charakteryzuje się bladą i wilgotną skórą, niskim ciśnieniem krwi, szybkim biciem serca; może prowadzić do utraty przytomności i śmierci.

wstrząśnienie mózgu (wstrząs mózgu) – tymczasowe zaburzenie świadomości z ograniczoną reaktywnością i przytomnością, trwające kilka sekund, minut albo godzin po urazie głowy; towarzyszyć mu może utrata pamięci o urazie.

wszy – małe, płaskie pasożyty, zazwyczaj zamieszkujące owłosione części ciała, gdzie składają małe białe jajeczka (gnidy), które przywierają do włosów blisko korzenia. Wszawica to powszechna dziecięca dolegliwość, zaraźliwa, ale w gruncie rzeczy niegroźna.

wybroczyny – małe, płaskie, okrągłe, ciemnoczerwone plamy tuż pod skórą, powodowane krwawieniem małych naczynek krwionośnych; przyczyną może być infekcja wirusowa albo poważna infekcja bakteryjna.

wyprysk – patrz atopowe zapalenie skóry.

zakażenie dróg moczowych – bakteryjna (rzadko wirusowa) infekcja pęcherza albo nerek.

zamartwica – stan niedoboru tlenu i nadmiaru dwutlenku węgla we krwi.

zaburzenie prawidłowego rozwoju i wzrastania – o zaburzeniu takim mówi się w przypadku dzieci, których przyrost masy ciała i niekiedy rozwój jest przewlekle i znacznie poniżej przeciętnej; przyczyną może być choroba lub zaburzenia psychospołeczne.

zapalenie – reakcja organizmu na uraz, podrażnienie lub infekcję; skomplikowany proces charakteryzujący się bólem, temperaturą, zaczerwienieniem i obrzękiem spowodowanym napływem składników krwi, takich jak białe krwinki i różne substancje chemiczne, w miejsce ogarnięte stanem zapalnym.

zapalenie krtani – zapalenie krtani powoduje chrypkę lub utratę głosu, zazwyczaj jego przyczyną jest ustępująca samoistnie infekcja wirusowa.

zapalenie migdałka gardłowego (trzeciego) – zapalenie węzła chłonnego znajdującego się z tyłu nosa, nad migdałkami podniebiennymi.

zapalenie migdałków podniebiennych – bakteryjna albo wirusowa infekcja skupisk tkanki limfatycznej znajdujących się z tyłu gardła.

zapalenie narządów miednicy mniejszej – infekcja macicy, jajowodów i dróg rodnych; zazwyczaj występuje u nastolatek w wieku od 15 do 19 lat; wywoływana przez bakterie (najczęściej *Chlamydia*, dwoinkę rzeżączki lub inne drobnoustroje) zstępujące przez pochwę do dróg płciowych; może powodować niepłodność, jeśli nie zostanie natychmiast wdrożone leczenie antybiotykami.

zapalenie nerek – zapalenie tkanki nerek, zazwyczaj objawiające się obecnością krwi w moczu; może być wywołane zaburzeniem autoimmunologicznym (jak w przypadku zapalenia nerek po infekcji paciorkowcowej) lub zakażeniem.

zapalenie opon mózgowo-rdzeniowych – zapalenie błon wyściełających mózg i rdzeń kręgowy, zazwyczaj w wyniku infekcji bakteryjnej lub wirusowej; charakteryzuje się bólem głowy, sztywnością karku i wymiotami. Bakteryjne zapalenie opon mózgowo-rdzeniowych to w medycynie stan nagły, zagrażający życiu pacjenta; wirusowe zapalenie opon mózgowo-rdzeniowych w dużym stopniu ustępuje samo i zazwyczaj nie powoduje poważniejszych problemów.

zapalenie oskrzelików – wirusowa infekcja małych przewodów oddechowych w płucach. Charakteryzuje się świszczącym oddechem i trudnościami w oddychaniu.

zapalenie otrzewnej – zapalenie błony wyściełającej jamę brzuszną i miednicę, zazwyczaj w wyniku infekcji bakteryjnej spowodowanej pęknięciem jelit (na przykład pęknięciem wyrostka robaczkowego).

zapalenie płuc – bakteryjna albo wirusowa infekcja płuc, powodująca kaszel, przyspieszony oddech i czasem gorączkę.

zapalenie pochwy – objawia się bólem lub swędzeniem i upławami; zazwyczaj wynik infekcji bakteryjnej albo wprowadzenia do pochwy ciała obcego.

zapalenie spojówek – zapalenie błonki okrywającej białko oka, połączone z zaczerwienieniem i niekiedy wydzieliną z oka; zazwyczaj wynik infekcji wirusowej albo bakteryjnej bądź alergii.

zapalenie szpiku – infekcja kości, najczęściej bakteryjna; leczenie często trwa wiele tygodni albo nawet miesięcy.

zapalenie ucha środkowego – infekcja ucha środkowego wywołana przez bakterie, wirusy bądź jedno i drugie.

zapalenie wątroby – choroba powodująca żółtaczkę i dyskomfort, zazwyczaj w wyniku infekcji wirusowej albo toksycznej dla wątroby substancji chemicznej czy leku.

zapalenie wsierdzia – zapalenie wyściółki serca, zazwyczaj wywołane infekcją bakteryjną albo gorączką reumatyczną.

zapalenie żołądka i jelit – zapalenie wyściółki żołądka i jelit, zazwyczaj prowadzące do wymiotów i biegunki. Najczęściej powodowane infekcją wirusową, rzadziej infekcją bakteryjną bądź pasożytniczą albo innymi przyczynami.

zaparcie (zatwardzenie) – rzadkie lub utrudnione wydalanie kału, często suchego i twardego.

zastoinowa niewydolność serca – niezdolność serca do przepompowania ilości krwi wystarczającej do zaspokojenia potrzeb organizmu; powoduje zastoje krwi, prowadzące do obrzęku ciała, słabości i braku tchu.

zatrucie pokarmowe – wymioty i biegunka spowodowane spożyciem produktów zawierających bakterie.

zespół łamliwego chromosomu X (*fraX – fragile X syndrome*) – genetyczna choroba występująca głównie u mężczyzn, charakteryzująca się całą gamą problemów z rozwojem, uczeniem się i zachowaniem,

oraz charakterystycznymi rysami twarzy. Wywoływana przez mutację chromosomu X; prawdopodobnie najczęstsza dziedziczna postać upośledzenia umysłowego.

zespół nagłej śmierci niemowlęcia (śmierć łóżeczkowa) – nieoczekiwana śmierć niemowlęcia, zazwyczaj w wieku trzech–czterech miesięcy, z nieznanych przyczyn.

zespół nerczycowy – choroba nerek polegająca na tym, że nerki wydzielają nadmierną ilość białka do moczu, powodując obniżenie stężenia białka we krwi i obrzęk ciała. Pomagają czasem leki, na przykład steroidy.

zespół Tourette'a – zaburzenie objawiające się przewlekłymi tikami ruchowymi (mruganiem, grymasami, rzucaniem głową) i głosowymi (ciągłe odchrząkiwanie lub powtarzanie pewnych słów).

zgorzel – infekcja, zazwyczaj bakteryjna, która powoduje obumieranie i rozkład tkanki, prowadząc do słabego ukrwienia dotkniętego obszaru i rozprzestrzeniania się zakażenia.

złamanie – przerwanie ciągłości tkanki kostnej, zazwyczaj rozpoznawane za pomocą prześwietlenia.

znamię wrodzone – pieprzyk albo przebarwienie skóry obecne od urodzenia.

zwężenie odźwiernika – niedrożność żołądka u niemowląt (zazwyczaj w wieku 3–4 tygodni) w wyniku powiększenia mięśnia okrężnego odźwiernika u ujścia żołądka do jelit; często wymaga korekcji chirurgicznej.

zwichnięcie stawu biodrowego – zazwyczaj zaburzenie wrodzone, polegające na tym, że kość udowa nie jest prawidłowo i bezpiecznie ulokowana w stawie biodrowym; nieleczone może doprowadzić do wadliwego ukształtowania stawu biodrowego.

żółtaczka – żółtawe zabarwienie skóry, błon śluzowych i białek oczu, spowodowane zbyt wysokim stężeniem bilirubiny we krwi, zazwyczaj w wyniku niedojrzałości wątroby u noworodka albo niedrożności dróg żółciowych bądź zapalenia wątroby u starszych dzieci.

PODAWANIE LEKÓW DZIECIOM

Prędzej czy później niemal każde dziecko dostaje gorączki, wysypki, kaszlu albo innych objawów wymagających podania leku. Podstawowa wiedza o najczęściej stosowanych lekach pomoże wam poradzić sobie z powszechnymi dolegliwościami. Jednak rodziców chcących podać dziecku lekarstwo często ogarniają wątpliwości. Producenci leków komplikują sytuację, nadając im różne nazwy. Oprócz nazwy handlowej (jak na przykład Polopiryna), którą prawdopodobnie znacie, każdy lek ma nazwę międzynarodową – często niemożliwą do wymówienia – która identyfikuje zawartą w nim substancję czynną (w tym przypadku kwas acetylosalicylowy). Wiele dostępnych bez recepty leków zawiera kilka substancji czynnych. Na przykład syrop przeciwkaszlowy Robitussin zawiera bromfeniraminę, dekstrometorfan i pseudoefedrynę; każda z tych substancji ma inne działanie. Nie zawsze łatwo jest ustalić, co znajduje się w łyżeczce specyfiku, który podajemy dziecku.

Zamieszczony tu przewodnik podaje nazwy międzynarodowe niektórych najczęściej stosowanych leków, mówi, jakie jest ich przeznaczenie, i wymienia najczęstsze działania niepożądane. Wiele powszechnie stosowanych leków należy do jednej z kilku kategorii, jak antybiotyki, leki przeciwhistaminowe czy leki przeciwzapalne. Informacje o tych lekach zgromadzono w odpowiedniej kategorii.

Przewodnik ten nie zastąpi porady lekarza czy farmaceuty, ale pomoże skutecznie się z nimi komunikować. Kiedy lekarz mówi: „Spróbujmy podać malcowi ibuprofen na ten ból ramienia", pomyślicie: „Aha, Nurofen, tego już próbowaliśmy".

Bardzo ważne jest ostrzeżenie w kwestii działań niepożądanych: niniejszy przewodnik wymienia jedynie niektóre najczęstsze skutki uboczne. Więcej działań niepożądanych wymienionych jest w ulotce dołączonej do leku. W rzeczywistości niemożliwe jest sporządzenie kompletnej listy możliwych działań niepożądanych danego leku, ponieważ organizm chorego może zareagować w nietypowy sposób. Wszelkie nieoczekiwane, nieprzyjemne objawy, które wystąpiły po przyjęciu leku, należy uznawać za jego działanie niepożądane, dopóki nie okaże się, że jest inaczej.

BEZPIECZNE STOSOWANIE LEKÓW

Wszystkie leki należy traktować z szacunkiem. Silne leki dostępne na receptę mogą mieć też silne działania niepożądane, ale leki bez recepty też mogą być niebezpieczne, zwłaszcza gdy dziecko je przedawkuje. Można zmniejszyć ryzyko, stosując kilka zdroworozsądkowych rad:

- Przechowujcie leki w szafce albo szufladzie zamykanej na zamek. Nawet nieśmiałe dziecko potrafi wspiąć się na wysoką szafkę, kiedy powoduje nim ciekawość.

- Nie ufajcie opakowaniom zabezpieczonym przed dziećmi. Mogą być trudniejsze do otworzenia, ale nie ma gwarancji, że uparte dziecko ich nie otworzy.

- Bądźcie czujni, gdy przychodzą do was osoby, które mogą mieć przy sobie leki, albo kiedy to wy odwiedzacie kogoś z dzieckiem. Torebka pozostawiona na niskim stoliku to kuszący cel dla dwulatka.

- Mówcie dziecku, że lek to lek, nie cukierek.

- W stresujących sytuacjach, kiedy wasz rozkład dnia ulega zmianie, pamiętajcie o tym, gdzie znajdują się leki, detergenty, trujące substancje chemiczne i inne niebezpieczne środki. Chaos zwiększa niebezpieczeństwo.

TERMINOLOGIA RECEPT

Wypisując recepty, lekarze używają czasem języka, który może nie być do końca zrozumiały. Pisząc „dwa razy dziennie" (w skrócie 2x1 albo 2 x dz.), mają na myśli „co dwanaście godzin"; „trzy razy dziennie" (3x1 albo 3 x dz.) oznacza „co osiem godzin"; „cztery razy dziennie" (4x1 albo 4 x dz.) – „co sześć godzin". Skrót p.o. (łac. *per os*) znaczy po prostu „doustnie". „W razie potrzeby" oznacza, że można zażyć lek, jeśli wystąpią odpowiednie objawy, ale nie trzeba go brać regularnie. Adnotację „w razie potrzeby 4x1 tab. p.o." należy rozumieć tak, że można połknąć 1 tabletkę co 6 godzin, ale nie jest to konieczne.

Miary również mogą być mylące. Instrukcje dołączone do leków kupowanych bez recepty mówią o łyżeczkach i łyżkach, czasem zakrętkach; na receptach zaś często pojawiają się mililitry (ml) i miligramy (mg). Standardowa łyżeczka ma 5 ml,

łyżka stołowa 15 ml. Lekarz, który zaleca podawanie „jednej łyżeczki trzy razy dziennie", chce, żebyście co osiem godzin podawali pięć mililitrów leku. Oczywiście wasze łyżeczki mogą mieć nieco inną pojemność; najbezpieczniej jest odmierzyć dawkę specjalną miarką albo strzykawką do doustnego podawania leków.

Nie wahajcie się prosić lekarza o rozwianie wszelkich wątpliwości. Jeśli powiedział, że macie brać jedną tabletkę trzy razy dziennie, a na recepcie napisał „2 x dz.", zapytajcie o to. Jeśli napisał „4x1", a wy nie jesteście pewni, czy lekarstwo należy podawać równo co sześć godzin, choć oznacza to konieczność budzenia dziecka w środku nocy, zapytajcie o to. Przed wyjściem z gabinetu upewnijcie się, że rozumiecie wszystkie zalecenia. Informacji może wam też udzielić farmaceuta w aptece. Ostrożności nigdy nie za wiele.

NAJCZĘŚCIEJ STOSOWANE LEKI

Poniżej wymieniono tylko niewielki ułamek stosowanych współcześnie leków. Obszerniejszą listę można znaleźć na stronie http://www.nlm.nih.gov/medlineplus/druginformation.html. Wiele leków sprzedawanych jest pod różnymi nazwami handlowymi; poniżej podano tylko przykłady.

Advil

(bez recepty) patrz Ibuprofen.

Albuterol

(w USA tylko na receptę) *Nazwy handlowe:* Proventil, Ventolin.
Działanie: patrz Leki rozszerzające oskrzela.

Amoksycylina

(w USA tylko na receptę) *Nazwy handlowe:* Amoxil, Trimox.
Działanie: patrz Antybiotyki. Amoksycylina to podstawowy lek na zapalenie ucha.

Amoksycylina/klawulanian

(w USA tylko na receptę) *Nazwy handlowe:* Augmentin.
Działanie: Lek często stosowany, kiedy amoksycylina zawiedzie ze względu na odporność bakterii (patrz wyżej).
Działania niepożądane: Częściej niż amoksycylina powoduje rozstrój żołądka i biegunkę.

Amoxil

(bez recepty) patrz Amoksycylina.

Antybiotyki

(w USA tylko na receptę)
Działanie: Antybiotyki zabijają bakterie, nie pomagają jednak na infekcje wirusowe.
Działania niepożądane: Zwróćcie uwagę, czy nie pojawiają się pleśniawki lub pieluszkowe zapalenie skóry wywołane drożdżakami *Candida*, szczególnie u niemowląt; częste są rozstroje żołądka i wysypki.

Augmentin

(w USA tylko na receptę) Patrz Amoksycylina/klawulanian.

Azytromycyna

(w USA tylko na receptę) *Nazwy handlowe:* Zithromax.
Działanie: patrz Antybiotyki; ten lek jest bardzo podobny do erytromycyny, ale podawany rzadziej (i dużo droższy).
Działania niepożądane: Głównie rozstrój żołądka.

Bacytracyna (maść)

(bez recepty) *Nazwy handlowe:* Neosporin, Polysporin.

Działanie: Łagodny antybiotyk, który można stosować miejscowo na skórę.
Działania niepożądane: Rzadkie.

Beklometazon (wziewny do nosa)
(w USA tylko na receptę) *Nazwy handlowe:* Vancenase, Beconase.
Działanie: patrz Kortykosteroidy wziewne. Kortykosteroidy aplikowane do nosa, jak Vancenase i Beconase, łagodzą objawy kataru siennego.
Działania niepożądane: Rzadkie, gdy lek stosowany jest zgodnie z zaleceniami.

Benzokaina
(bez recepty) *Nazwy handlowe:* Anbesol.
Działanie: Środek przeciwbólowy. W miarę używania działanie staje się coraz słabsze.
Działania niepożądane: Uczucie parzenia, palenia. Przedawkowanie może wywołać zaburzenia rytmu serca.

Bisakodyl
(bez recepty) *Nazwy handlowe:* Dulcolax.
Działanie: Pobudzają jelita do przesuwania do przodu treści jelitowej.
Działania niepożądane: Skurcze, biegunka.

Bromfeniramina
(bez recepty) *Nazwy handlowe:* Dimetapp, Robitussin.
Działanie: patrz Leki przeciwhistaminowe.

Chlorfeniramina
(bez recepty) *Nazwy handlowe:* Actified, Sudafed, Triaminic.
Działanie: patrz Leki przeciwhistaminowe.

Dekstrometorfan
(bez recepty) *Nazwy handlowe:* Robitussin Pediatric Cough i wiele innych.
Działanie: Tłumi odruch kaszlu.
Działania niepożądane: Rzadkie.

Difenhydramina
(bez recepty lub na receptę) *Nazwy handlowe:* Benadryl.
Działanie: patrz Leki przeciwhistaminowe.

Dokuzan
(bez recepty) *Nazwy handlowe:* Dulcolax, Colace.
Działanie: Rozluźnia masę kałową; nie jest przyswajany przez organizm.
Działania niepożądane: Biegunka.

Erytromycyna
(w USA tylko na receptę) *Nazwy handlowe:* EryPed.
Działanie: Antybiotyk, często stosowany u osób uczulonych na penicylinę.
Działania niepożądane: Głównie rozstroje żołądka.

Fenylefryna
(bez recepty) *Nazwy handlowe:* Neo-Synephrine, Alka-Seltzer Plus.
Działanie: patrz Leki zmniejszające przekrwienie śluzówki.

Flunizolid (wziewny do ust)
(w USA tylko na receptę) *Nazwy handlowe:* Aerobid Inhaler.
Działanie: patrz Kortykosteroidy wziewne.

Flutikazon (wziewny do nosa)
(w USA tylko na receptę) *Nazwy handlowe:* Flonase.
Działanie: patrz Kortykosteroidy wziewne.

Flutikazon (wziewny do ust)
(w USA tylko na receptę) *Nazwy handlowe:* Flovent.
Działanie: patrz Kortykosteroidy wziewne.

Fumaran żelaza, glukonian żelaza, siarczan żelaza
(bez recepty lub na receptę) *Nazwy handlowe:* różne.
Działanie: Preparaty żelaza; zwalczają niedokrwistość spowodowaną przez niedobór żelaza.
Działania niepożądane: Przedawkowanie żelaza jest bardzo niebezpieczne, może powodować wrzody i inne problemy. Przyjmując te leki, należy zachować ostrożność.

Gwajafenezyna

(bez recepty) *Nazwy handlowe:* Robitussin, Sudafed.

Działanie: patrz Kortykosteroidy stosowane miejscowo. Hydrokortyzon w stężeniu 0,5 i 1 procent jest dość słaby; dobry na nieznaczne, swędzące wysypki, ma niewiele działań niepożądanych.

Działania niepożądane: Jak w przypadku wszystkich kortykosteroidów, im wyższe dawki i dłuższe stosowanie, tym więcej działań niepożądanych; skonsultujcie się z lekarzem.

Ibuprofen

(bez recepty) *Nazwy handlowe:* Advil, Motrin, Pediaprofen.

Działanie: patrz Niesteroidowe leki przeciwzapalne. Ibuprofen jest skutecznym środkiem przeciwbólowym.

Działania niepożądane: Powoduje rozstroje żołądka, zwłaszcza w dużych dawkach. Przedawkowanie jest niebezpieczne.

Ketokonazol (balsam lub krem)

(bez recepty) *Nazwy handlowe:* Nizoral.

Działanie: Zabija grzyby wywołujące grzybicę skóry i niektóre rodzaje pieluszkowego zapalenia skóry.

Działania niepożądane: Rzadkie.

Klemastyna

(bez recepty)

Działanie: patrz Leki przeciwhistaminowe.

Klotrimazol (krem lub maść)

(bez recepty) *Nazwy handlowe:* Lotrimin.

Działanie: Zabija grzyby wywołujące grzybicę skóry i niektóre rodzaje pieluszkowego zapalenia skóry.

Działania niepożądane: Rzadkie.

Kortykosteroidy wziewne

(w USA tylko na receptę)

Działanie: Kortykosteroidy wziewne to najlepsze leki łagodzące stany zapalne dróg oddechowych w przebiegu astmy.

Działania niepożądane: Kortykosteroidy nadużywane albo używane niewłaściwie są wchłaniane przez organizm w ilościach, które mogą spowodować poważne działania niepożądane; zapytajcie lekarza, jak ich uniknąć, i przestrzegajcie ściśle jego zaleceń.

Kortykosteroidy stosowane miejscowo

(bez recepty albo na receptę)

Działanie: Kremy, maści i balsamy z kortykosteroidami łagodzą swędzenie i zapalenie skóry; są szczególnie przydatne w przypadku atopowego zapalenia skóry i niektórych reakcji alergicznych. Są dostępne w różnych stężeniach.

Działania niepożądane: Skóra może się stać cieńsza i jaśniejsza, lek może zostać wchłonięty przez organizm; działania niepożądane są tym silniejsze, im wyższe stężenie, większy obszar i dłuższy czas stosowania. Używanie słabszych kortykosteroidów przez krótki czas jest zazwyczaj bezpieczne.

Kotrimoksazol

(bez recepty) *Nazwy handlowe:* Lotrimin.

Działanie: Zabija grzyby wywołujące grzybicę skóry i niektóre rodzaje pieluszkowego zapalenia skóry.

Działania niepożądane: Rzadkie.

Kromolin

(w USA tylko na receptę) *Nazwy handlowe:* Intal.

Działanie: Łagodzi stany zapalne dróg oddechowych w przebiegu astmy; nie tak silny jak kortykosteroidy wziewne.

Działania niepożądane: Rzadkie.

Kwas acetylosalicylowy

(bez recepty) *Nazwy handlowe:* Bayer, Ecotrin, wiele innych.

Działanie: patrz Niesteroidowe leki przeciwzapalne.

Działania niepożądane: Podawać tylko pod kontrolą lekarza. U dzieci kwas acetylosalicylowy może wywołać groźną dla życia chorobę wątroby (zespół Reye'a).

Leki przeciwhistaminowe

(w USA w większości bez recepty)

Działanie: Leki te blokują działanie histaminy, istotnego składnika reakcji alergicznych. Powszechnie stosowane w leczeniu kataru siennego, pokrzywki, świądu itp.

Działania niepożądane: U małych dzieci często wywołują nadmierną aktywność i pobudzenie; u starszych – uspokojenie i senność. Nowsze i droższe leki (jak na przykład Claritin albo Zyrtec) mogą mieć mniej działań niepożądanych.

Leki rozszerzające oskrzela

(w USA tylko na receptę)

Działanie: Przeciwdziałają zwężaniu się oskrzeli powodowanemu przez astmę.

Działania niepożądane: Przyspieszenie akcji serca, podwyższenie ciśnienia krwi; nerwowość, rozdrażnienie, lęki, koszmary nocne i inne zmiany zachowania.

Leki zmniejszające przekrwienie śluzówki (obkurczające naczynia błony śluzowej)

(bez recepty)

Działanie: Leki te powodują kurczenie się naczyń krwionośnych w nosie, dzięki czemu błony śluzowe nosa wytwarzają mniej śluzu.

Działania niepożądane: Przyspieszenie akcji serca, podwyższenie ciśnienia krwi, nerwowość, rozdrażnienie, lęki, koszmary senne i inne zmiany zachowania; po paru dniach organizm często przystosowuje się, więc lek przestaje działać. Należy zachować szczególną ostrożność, jeśli jednocześnie przyjmuje się inne leki, które mogą mieć podobne działania niepożądane, na przykład środki pobudzające.

Loperamid

(w USA tylko na receptę; niedozwolony dla dzieci poniżej 6 roku życia) *Nazwy handlowe:* Imodium.

Działanie: Łagodzi biegunkę, zmniejszając skurcze jelit.

Działania niepożądane: Wzdęcia, bóle brzucha.

Loratydyna

(bez recepty) *Nazwy handlowe:* Claritin.

Działanie: patrz Leki przeciwhistaminowe. Loratydyna nie powoduje senności w takim stopniu jak starsze (dużo tańsze) leki przeciwhistaminowe.

Działania niepożądane: Rzadko bóle głowy, suche usta, senność lub nadpobudliwość.

Metoklopramid

(w USA tylko na receptę) *Nazwy handlowe:* Reglan.

Działanie: Zmniejsza refluks kwasów żołądkowych, wzmacniając zwieracz zamykający górną część żołądka.

Działania niepożądane: Senność, nerwowość, mdłości, zaparcia, biegunka.

Mikonazol

(bez recepty) *Nazwy handlowe:* Desenex.

Działanie: Zabija grzyby wywołujące grzybicę stóp i inne wysypki.

Działania niepożądane: Rzadkie.

Montelukast

(w USA tylko na receptę) *Nazwy handlowe:* Singulair.

Działanie: Łagodzi stany zapalne dróg oddechowych w przebiegu astmy.

Działania niepożądane: Bóle głowy, zawroty głowy, rozstrój żołądka.

Motrin

(bez recepty) Patrz Ibuprofen.

Mupirocyna

(w USA tylko na receptę) *Nazwy handlowe:* Bactroban.

Działanie: Zabija bakterie powszechnie wywołujące infekcje skóry.

Działania niepożądane: Rzadkie.

Naproksen

(bez recepty lub na receptę) *Nazwy handlowe:* Aleve.

Działanie: patrz Niesteroidowe leki przeciwzapalne. Naproksen to skuteczny środek przeciwbólowy.

Działania niepożądane: Wywołuje rozstrój żołądka, zwłaszcza w dużych dawkach. Przedawkowanie jest niebezpieczne. Należy przyjmować z jedzeniem; skonsultujcie się z lekarzem, jeśli podajecie lek dłużej niż dwa dni.

Niesteroidowe leki przeciwzapalne
(bez recepty lub na receptę)
Działanie: Leki te łagodzą stany zapalne mięśni i stawów, obniżają temperaturę i działają przeciwbólowo.
Działania niepożądane: Wszystkie mogą wywołać rozstrój żołądka, szczególnie w dużych dawkach; przedawkowanie może być bardzo niebezpieczne. Jeśli używacie dużych ilości albo przez długi czas, skonsultujcie się z lekarzem.

Paracetamol
(bez recepty) *Nazwy handlowe:* Tylenol, Tempra.
Działanie: patrz Niesteroidowe leki przeciwzapalne. Paracetamol działa przeciwbólowo i przeciwgorączkowo.
Działania niepożądane: Znaczne przedawkowanie grozi poważną chorobą wątroby. Jeśli podajecie lek przez dłużej niż dwa dni, skonsultujcie się z lekarzem.

Penicylina
(w USA tylko na receptę) *Nazwy handlowe:* PenVK.
Działanie: patrz Antybiotyki. PenVK doustnie albo penicylina w zastrzyku to podstawowy sposób leczenia paciorkowcowego zapalenia gardła.
Działania niepożądane: Powszechne są reakcje alergiczne, zazwyczaj wysypka z małymi swędzącymi guzkami; poważniejsze reakcje alergiczne są rzadkie, ale się zdarzają. Jeśli macie uczulenie, powiedzcie o tym lekarzowi.

Polimyksyna
(bez recepty) *Nazwy handlowe:* Neosporin.
Działanie: Łagodny antybiotyk stosowany miejscowo na skórę.
Działania niepożądane: Rzadkie.

Preparaty elektrolitowe
Nazwy handlowe: Pedialyte, Oralyte, Infalyte i inne.
Działanie: Stosowane do zapobiegania odwodnieniu u dzieci, które tracą płyny w wyniku wymiotów i biegunki. Preparaty te składają się głównie z wody, soli, potasu i różnych rodzajów cukru w takich proporcjach, żeby jak najwięcej wody przeniknęło z jelit do krwi. Skuteczne są też odmiany smakowe oraz lody wodne.
Działania niepożądane: Brak. Dziecko, które dużo wymiotuje i ma ostrą biegunkę, powinno jednak być otoczone opieką lekarską. Może się odwodnić, nawet jeśli przyjmuje preparat elektrolitowy.

Pseudoefedryna
(bez recepty) *Nazwy handlowe:* Pediacare.
Działanie: patrz Leki zmniejszające przekrwienie śluzówki.

Pyretrum, pyretryny
(bez recepty) *Nazwy handlowe:* RID, NIX, inne.
Działanie: Leki te zabijają wszy.
Działania niepożądane: Rzadkie.

Ranitydyna
(w USA tylko na receptę) *Nazwy handlowe:* Zantac.
Działanie: Zmniejsza produkcję kwasów żołądkowych, łagodząc zgagę (objaw refluksu kwasów żołądkowych).
Działania niepożądane: Bóle głowy, zawroty głowy, zaparcia, bóle brzucha.

Triamcynolon (wziewny do ust)
(w USA tylko na receptę) *Nazwy handlowe:* Azmacort.
Działanie: patrz Kortykosteroidy wziewne

Tylenol
(bez recepty) Patrz Paracetamol.

ŹRÓDŁA

Niemal każdym zmartwieniem, wyzwaniem, problemem i rozpoznaniem zajmuje się co najmniej jedna organizacja; czasem jest ich kilka. Organizacje te pomagają nie tylko uzyskać niezbędne informacje, ale też nawiązać kontakt z rodzicami, którzy borykają się z tymi samymi trudnościami, oraz ze specjalistami w danej dziedzinie.

Na liście poniżej znajdziecie adresy pocztowe, adresy witryn internetowych i numery telefonów. Prawdopodobnie najłatwiej jest znaleźć potrzebną organizację w Internecie. Z Internetu można skorzystać w bibliotekach publicznych. Bibliotekarze są wykwalifikowani w wyszukiwaniu informacji, tak w książkach, jak i w sieci, i zawsze z chęcią udzielają pomocy. Wymienione poniżej organizacje są w większości non profit.

Możecie również zajrzeć na stronę www.DrSpock.com, oferującą pokaźny zbiór artykułów (w języku angielskim) napisanych przez autorów niniejszej książki oraz innych specjalistów zatrudnionych przez firmę Dr Spock Company. Tak jak zawsze w przypadku rad specjalistów, musicie sami zdecydować, czy ich rady sprawdzą się w waszej konkretnej sytuacji.

DUŻE WITRYNY INTERNETOWE Z INFORMACJAMI NA WIELE TEMATÓW

American Academy of Pediatrics (AAP)
141 Northwest Point Boulevard
Elk Grove Village IL 60007-1098
847434-4000
www.aap.org

Pediatrzy polegają na informacjach Amerykańskiej Akademii Pediatrii. Również informacje dla rodziców są godne zaufania. Znajdziecie je w części Parenting Corner.

Centers for Disease Control and Prevention
1600 Clifton Road
Atlanta GA 30333
800311-3435
www.cdc.gov

Ośrodki Zwalczania Chorób to najbardziej szanowana instytucja zajmująca się wszystkim, co ma związek z infekcjami.

Child and Family Web Guide
105 College Avenue
Medford MA 02155
617627-3642
www.cfw.tufts.edu

Zbiór sprawdzonych witryn internetowych i sieciowych arkuszy informacyjnych na wiele różnorodnych tematów: rodzina, edukacja, rozwój dziecka, zdrowie i rekreacja. Na pewno znajdziecie tam dużo pomocnych informacji.

KidsHealthWebsite
www.kidshealth.org

Duży zbiór artykułów na różne tematy dla rodziców, dzieci i nastolatków: są przejrzyste, napisane zrozumiałym językiem i sprawdzone przez lekarzy.

Medline Plus

www.medlineplus.gov

Obszerna witryna sponsorowana przez Narodową Bibliotekę Medyczną i Narodowy Instytut Zdrowia. Zawiera informacje o lekach, encyklopedię i słownik zdrowia oraz książkę adresową lekarzy różnych specjalności.

ORGANIZACJE PROFESJONALNE

Licencjonowani terapeuci
The American Counseling Association
5999 Stevenson Avenue
Alexandria VA 22304
800 347-6647
www.counseling.org

Psychiatrzy
The American Academy of Child and Adolescent Psychiatry
3615 Wisconsin Avenue NW
Washington DC 20016-3007
202 966-7300
www.aacap.org

Psychoanalitycy
The American Psychoanalytic Association
309 East 49th Street
New York NY 10017
212 752-0450
www.apsa.org

Psychologowie
American Psychological Association
750 First Street NE
Washington DC 20002-4242
800 374-2721
www.apa.org

Specjaliści w zakresie pediatrii rozwojowej i behawioralnej
The Society for Developmental and Behavioral Pediatrics
17000 Commerce Parkway, Suite C
Mt. Laurel NJ 08054
856 439-0500
www.sdbp.org

Terapeuci rodzinni
The American Association for Marriage and Family Therapy
112 South Alfred Street
Alexandria VA
22314-3061
703 838-9808
www.aamft.org

ORGANIZACJE ZAJMUJĄCE SIĘ POLITYKĄ RODZINNĄ I SPOŁECZNĄ, ROZWOJEM I WYCHOWYWANIEM DZIECI

Adopcja
National Adoption Information Clearinghouse
330 C Street, SW
Washington DC 20447
888 251-0075
http://naic.acf.hhs.gov

Bezpieczeństwo, pierwsza pomoc
The American Red Cross National Headquarters
2025 E Street, NW
Washington DC 20006
202 303-4498
www.redcross.org

Łatwy sposób znalezienia lokalnego oddziału Czerwonego Krzyża, w którym można przejść szkolenie, uzyskać informacje o bezpieczeństwie i pierwszej pomocy, oddać krew itp.

Bezpieczeństwo jazdy samochodem
NHTSA—Car Safety Information
800 327-4236
www.nhtsa.gov

NHTSA to federalna agencja ustalająca normy bezpieczeństwa. Jest najbardziej godnym zaufania źródłem informacji o fotelikach samochodowych i innych tematach związanych z bezpieczeństwem dzieci w samochodach.

Dziadkowie
American Association of Retired Persons (AARP)
Grandparent Information Center
60 IE Street, NW
Washington DC 20049
800 424-3410
www.aarp.org/grandparents

Informacje, linki do podobnych witryn i bardzo pomocna książka adresowa grup wsparcia dla dziadków wychowujących wnuki.

Dzieci uzdolnione
National Association for Gifted Children
1707 L Street, NW, Suite 550
Washington DC 20036
202 785-4268
www.nagc.org

Council for Exceptional Children
1110 North Glebe Road, Suite 300
Arlington VA 22201-5704
703 620-3660
888 CEC-SPED
www.cec.sped.org

Zajmuje się dziećmi o specjalnych potrzebach edukacyjnych, w tym również z problemami emocjonalnymi. Informacje przeznaczone dla nauczycieli mogą być bardzo pomocne dla rodziców, którzy chcą wziąć aktywny udział w kształceniu dziecka.

Edukacja
Schools and Learning (Ask ERIC)
www.eduref.org

ERIC, Ośrodek Informacji Edukacyjnych, to projekt amerykańskiego Departamentu Edukacji. Jest to ogromny zbiór artykułów i raportów.

Gry pozbawione rywalizacji
Cooperative Games
888 51-EARTH (888 513-2784)
www.abundantearth.com/store/games1.html
Katalog gier opartych na współpracy dla dzieci i dorosłych.

Homoseksualiści
National Gay and Lesbian Task Force
1325 Massachusetts Avenue, NW, Suite 600
Washington DC 20005
202393-5177
www.ngltf.org

Parents, Families and Friends of Lesbians, and Gays, Inc.
PFLAG
1726 M Street, NW, Suite 400
Washington DC 20036
202467-8180
www.pflag.org

Karmienie piersią
La Leche League
1400 North Meacham Road
Schaumburg IL 60173-4808
847519-7730
www.lalecheleague.org

Godne zaufania źródło informacji. Najbliższą grupę wsparcia można znaleźć, wybierając odpowiedni kraj w polu *Local Contacts* u dołu strony głównej.

Opieka nad dziećmi
Child Care Aware
1319 F Street, NW, Suite 500
Washington DC 20004
800 424-2246
www.childcareaware.org

Szybki sposób znalezienia osoby lub placówki zapewniającej wysokiej jakości opiekę nad dziećmi. Również źródło godnych zaufania informacji o opiece nad dziećmi, wybieraniu opiekunek i ośrodków, rozwoju dziecka itp.

Prawa dzieci
The Children's Defense Fund
25 E Street, NW
Washington DC 20001
202 628-8787
www.childrensdefense.org

Wiele szans podniesienia jakości życia dzieci; witryna zawiera obszerną listę organizacji o podobnych poglądach.

Przemoc domowa
National Coalition Against Domestive Violence
PO Box 18749
Denver CO 80218
303839-1882
www.ncadv.org

Przybrani rodzice
Stepfamily Association of America
650 J Street, Suite 205
Lincoln NE 68508
800 735-0329
www.saafamilies.org

Rasizm i nietolerancja
The Southern Poverty Law Center
400 Washington Avenue
Montgomery AL 36104
334 956-8200
www.tolerance.org

Uczenie Tolerancji to project Southern Poverty Law Center, znakomitej organizacji
walczącej z przejawami rasizmu, nieto-
lerancji i uprzedzeń. Witryna jest szczególnie przydatna dzięki stworzeniu osobnych działów dla rodziców, nastolatków
i dzieci.

Rodziny zastępcze
National Foster Parent Association
7512 Stanich Avenue, #6
Gig Harbor WA 98335
800 557-5238
www.nfpainc.org

Linki do organizacji stanowych i lokalnych,
informacje, walka o prawa dziecka.

Rozwój niemowlęcia, opieka nad dzieckiem, wychowywanie dzieci
Zero to Three National Center for Infants, Toddlers, and Families
2000 M Street, NW, Suite 200
Washington DC 20036
202638-1144
www.zerotothree.org

Wspaniała organizacja udzielająca informacji o rozwoju niemowląt i rodzin (od wie-

lu lat jestem jej członkiem). Ich witryna
udostępnia niektóre z najlepszych materiałów edukacyjnych.

Samotni rodzice
Parents Without Partners
1650 South Dixie Highway, Suite 510
Boca Raton FL 33432
561 391-8833
www.parentswithoutpartners.org

Studia
U.S. Department of Education
400 Maryland Avenue, SW
Washington DC 20202
800 USA-LEARN
www.ed.gov/offices/OSFAP/Students

Informacje amerykańskiego Departamentu
Edukacji: jak zaplanować, wybrać i zapłacić za studia. Inna pomocna strona to
www.finaid.org.

Śmierć i umieranie
Children's Hospice International
901 North Pitt Street, Suite 230
Alexandria VA 22314
800 2-4-CHILD
www.chionline.org

Trudności w uczeniu się
Learning Disabilities of America
4156 Library Road
Pittsburgh PA 15234-1349
412 341-1515
www.ldanatl.org

Dobre źródło informacji o trudnościach
w uczeniu się i o nauczaniu specjalnym,
w tym linków do podobnych witryn i źródeł.

Schwab Learning
1650 South Amphlett Boulevard, Suite 300
San Mateo CA 94402
650 655-2410
www.schwablearning.org

Prywatna organizacja non profit udzielająca sprawdzonych, praktycznych informacji.

Znęcanie się nad dziećmi
Parents Anonymous
675 West Foothill Boulevard, Suite 220
Claremont CA 91711-3475
909 621-6184
www.parentsanonymous.org

Znęcanie się nad kolegami
Bullying
www.bullying.co.uk
Bardzo pomocna brytyjska witryna zawierająca obszerny zbiór linków.

INFORMACJE O CHOROBACH I GRUPY WSPARCIA DLA KONKRETNYCH CHORÓB

ADHD
Children With ADD (CHADD)
8181 Professional Place, Suite 150
Landover MD 20785
800 233-4050
www.chadd.org
CHADD to duża, ogólnokrajowa organizacja, udzielająca informacji, walcząca o prawa dzieci i organizująca grupy wsparcia dla rodziców.
Patrz też American Academy of Pediatrics, Child and Family Web Guide, Learning Disabilities of America.

AIDS
CDC National HIV AIDS Hotline
800 342-AIDS
www.cdc.gov/hiv/hivinfo/nah.htm

Alergie
American Academy of Allergy, Asthma, and Immunology
611 East Wells Street
Milwaukee WI 53202
800 822-2762
www.aaaai.org

Anoreksja i bulimia
Anorexia Nervosa and Related Eating Disorders (ANRED)
www.anred.com
Duży zbiór dobrze napisanych artykułów.

Alkohol i narkotyki
Alcoholics Anonymous and Alateen
1600 Corporate Landing Parkway
Virginia Beach VA 23454-5617
888 4AL-ANON (informacje o spotkaniach)
www.al-anon.alateen.org
Dostęp do lokalnych grup. Al-Anon i Alateen pomagają ludziom, którzy mają problem alkoholowy albo mają alkoholika w rodzinie. Patrz też witryna Alcoholics Anonymous: www.aa.org

National Clearinghouse for Alcohol and Drug Information
POB 2345
Rockville MD 20857-2345
800 729-6686
www.health.org

Alkoholowy zespół płodowy
National Organization on Fetal Alcohol Syndrome
900 Seventeenth Street, NW, Suite 910
Washington DC 20006
202 785 4585; 800 66 NOFAS (666-6327)
www.nofas.org

Astma i alergie
Asthma and Allergy Foundation of America
1233 Twentieth Street NW, Suite 402
Washington DC 20036
800 7-ASTHMA
www.aafa.org

Autyzm
Autism Society of America
7910 Woodmont Avenue, Suite 300
Bethesda MD 20814-3067
www.autism-society.org
Bardzo duża organizacja z oddziałami w wielu miejscowościach.

Bliźnięta
National Organization of Mothers of Twins Clubs, Inc.
POB 438
Thompsons Station TN 37179-0438
877-540-2200
www.nomotc.org

Cukrzyca
American Diabetes Association
ATTN: National Call Center
1701 North Beauregard Street
Alexandria VA 223 11
800 DIABETES (342-2383)
www.diabetes.org

Depresja
Patrz Zdrowie psychiczne, strona 628.

Dysleksja
International Dyslexia Association
Chester Building, Suite 382
8600 LaSalle Road
Baltimore MD 21286-2044
800 ABCD123; Office: 410 296-0232
www.interdys.org

Bardzo użyteczna: pozwala znaleźć lokalne grupy wsparcia i informacje o dysleksji.

Dystrofia mięśniowa
Muscular Dystrophy Association—USA
National Headquarters
3300 East Sunrise Drive
Tucson AZ 85718
800 572-1717

Głusi i niewidomi
National Information Clearinghouse on Children who are Deaf-Blind
800 438-9376
www.tr.wou.edu/dblink

Jąkanie się
Stuttering Foundation of America
3100 Walnut Grove Road, Suite 603
POB11749
Memphis TN 38111-0749
800 992-9392
www.stutteringhelp.org

Informacje o ocenie i leczeniu jąkania się oraz ćwiczeniach, które rodzice mogą przeprowadzać w domu; również książki, biuletyny itp.

Moczenie nocne
Ideas for Living, Inc.
1285 North Cedarbrook Road

Boulder CO 80304
800 497-6573
www.pottypager.com

Palco Labs
800 346-4488
www.wetstop.com

Potty Pager i Wetstop to skuteczne alarmy pomagające zwalczyć moczenie nocne. Potty Pager, który przypina się do kieszonki w majtkach chłopca, wibruje. Wetstop, który przypina się na ramieniu piżamy, brzęczy.

Mowa i język
American Speech-Language-Hearing Association (ASHA)
10801 Rockville Pike
Rockville MD 20852
800 638-8255
www.asha.org

Książka adresowa specjalistów, dobrze napisane strony informacyjne o mowie, języku i słuchu oraz wykaz powiązanych organizacji.

Mukowiscydoza
The Cystic Fibrosis Foundation
6931 Arlington Road
Bethesda MD 20814
800 FIGHT CF (344-4823)
www.cff.org

Niedokrwistość sierpowatokrwinkowa
Sickle Cell Disease Association of America
200 Corporate Pointe, Suite 495
Culver City CA 90230-8727
800 421-8453
www.sicklecelldisease.org

Niepełnosprawność
National Easter Seals Society
230 West Monroe Street, Suite 1800
Chicago IL 60606
800221-6827
www.easter-seals.org

Wiele usług dla dzieci i rodzin dotniętych niepełnosprawnością.

**National Information Center
for Children and Youth with Disabilities**
POB 1492
Washington DC 200 13
800 695-0285
www.nichcy.org

Odżywianie i profilaktyka
**Physicians Committee for Responsible
Medicine**
5100 Wisconsin Avenue, NW, Suite 400
Washington DC 20016
202686-2210
www.pcrm.org

Organizacja ta zaleca dla dzieci i dorosłych
dietę wegetariańską opartą na badaniach
naukowych; jest to też znakomite źródło
przepisów i pomocnych wskazówek.

Ołów
Lead Poisoning
800 424 5323
www.epa.gov/lead

Amerykańska Agencja Ochrony Środowiska
(EPA) dostarcza godnych zaufania informacji o zatruciu ołowiem, w tym sposobach ochrony dzieci i bezpiecznego postępowania z ołowiem.

Padaczka
Epilepsy Foundation of America
4351 Garden City Drive
Landover MD 20785-7223
800 332-1000
www.epilepsyfoundation.org

Porażenie mózgowe
United Cerebral Palsy
1660 L Street, NW, Suite 700
Washington DC 20036
800 872-5827
www.ucp.org

Rozszczep kręgosłupa
Spina Bifida Association of America
4590 MacArthur Boulevard, NW, Suite 250
Washington DC 20007-4226
800 621-3141
www.sbaa.org

Rzadkie choroby
**National Organization for Rare
Disorders (NORD)**
55 Kenosia Avenue
POB 1968
Danbury CT 06813-1968
800 999-6673 lub 203 744-0100
www.rarediseases.org

Ta godna zaufania, organizacja non profit
zgromadziła informacje o ponad tysiącu
rzadkich i genetycznych chorób; zajmuje się też konferencjami, nawiązywaniem
kontaktów, publikacjami itp.

Szczepienia
**Centers for Disease Control
and Prevention**
1600 Clifton Road
Atlanta GA 30333
800311-3435
www.cdc.gov

Upośledzenie słuchu
**Alexander Graham Bell Association
for the Deaf and Hard of Hearing**
3417 VoltaPlace, NW
Washington DC 20007
202 337-5220
www.agbell.org

Ta ogólnokrajowa organizacja promuje ko-
munikowanie się osób głuchych i nie-
dosłyszących za pomocą języka mówio-
nego.

**National Institute on Deafness
and Other Communication
Disorders**
NIDCD Office of Health Communication
and Public Liaison
31 Center Drive, MSC 2320
Bethesda MD 20892-2320
800241-1044
www.nidcd.nih.gov

Godne zaufania informacje o głuchocie,
działaniu aparatu słuchowego, infekcjach
ucha itp. NIDCD to filia Narodowego Instytutu Zdrowia.

Upośledzenie umysłowe
The ARC of the United States
1010 Wayne Avenue, Suite 650
Silver Spring MD 20910
301 565-3842
www.thearc.org

Walka o prawa dzieci z upośledzeniem umysłowym i innymi niepełnosprawnościami; nawiązywanie kontaktów.

Upośledzenie wzroku (Ślepota)
American Council of the Blind
1155 Fifteenth Street, NW, Suite 1004
Washington DC 20005
800 424-8666
www.acb.org

American Foundation for the Blind
11 Perm Plaza, Suite 300
New York NY 10001
800 AFB-LINE (800 232-5463)
www.afb.org

National Federation of the Blind
National Organization of Parents
of Blind Children
1800 Johnson Street
Baltimore MD 21230
410 659-9314
www.nfb.org

Urazy głowy
Brain Injury Association of America
8201 Greensboro Drive, Suite 611
McLean VA 22102
800 444-6443
www.biausa.org

Urazy rdzenia kręgowego
National Spinal Cord Injury Association
6701 Democracy Boulevard, Suite 300-9
Bethesda MD 20817
800 962-9629
www.spinalcord.org

Spinal Cord Injury Hotline
2200 North Forest Park Avenue
Baltimore MD 21207
800 526-3456

Skierowania i informacje dla pacjentów z urazami rdzenia kręgowego.

Wcześniactwo i wady wrodzone
March of Dimes Birth Defects
Foundation
1275 Mamaroneck Avenue
White Plains NY 10605
718 981-3000
www.modimes.org

Jednym z założycieli tej organizacji był prezydent Franklin Delano Roosevelt. Początkowo walczyła z chorobą Heinego-Medina; dziś koncentruje się na wcześniactwie, wadach wrodzonych i niskiej masie urodzeniowej. Jeśli dobrze poszukacie, znajdziecie w ich witrynie dużo informacji dla rodziców.

Zdrowie psychiczne
The National Institute of Mental Health
Office of Communications
6001 Executive Boulevard, Room 8184,
MSC 9663
Bethesda MD 20892-9663
866 615-NIMH (6464)
www.nimh.nih.gov

Dużo informacji o depresji, ADHD, lękach i innych problemach zdrowia psychicznego.

Zespół Downa
National Down Syndrome Society
(NDSS)
666 Broadway
New York NY 10012
800 221-4602
www.ndss.org

Największa organizacja ogólnokrajowa. Oferuje znakomite materiały edukacyjne i linki do oddziałów lokalnych.

Zespół łamliwego chromosomu X
The National Fragile X Foundation
POB 190488
San Francisco CA 94119
800 688-8765
www.fragilex.org

Zespół nagłej śmierci niemowląt (SIDS)
Sudden Infant Death Syndrome Alliance
1314 Bedford Avenue, Suite 210
Baltimore MD 21208
800 221-7437
www.sidsalliance.org

Zespół Tourette'a
Tourette Syndrome Association
42-40 Bell Boulevard
Bayside NY 11361
718 224-2999
www.ts-usa.org

Dodatek A
PROGRAM SZCZEPIEŃ OCHRONNYCH

SZCZEPIENIA OBOWIĄZKOWE DZIECI I MŁODZIEŻY WEDŁUG WIEKU

	Wiek	Szczepienie przeciw
1 rok życia	w ciągu 24 godzin po urodzeniu	WZW typu B – domięśniowo *(pierwsza dawka)* GRUŹLICY – śródskórnie szczepionką BCG
	2 miesiąc życia – 6-8 tydzień (po 6 tygodniach od szczepienia przeciw gruźlicy i WZW typu B)	WZW typu B – domięśniowo *(druga dawka)* BŁONICY, TĘŻCOWI, KRZTUŚCOWI *(pierwsza dawka)* – podskórnie lub domięśniowo szczepionką DTP
	przełom 3 i 4 miesiąca życia (po 6 tygodniach od poprzedniego szczepienia)	BŁONICY, TĘŻCOWI, KRZTUŚCOWI *(druga dawka)* – podskórnie lub domięśniowo szczepionką DTP POLIOMYELITIS – podskórnie lub domięśniowo szczepionką inaktywowaną IPV poliwalentną (1,2,3 typ wirusa) *(pierwsza dawka)*
	5 miesiąc życia (po 6 tygodniach od poprzedniego szczepienia)	BŁONICY, TĘŻCOWI, KRZTUŚCOWI *(trzecia dawka)* – podskórnie lub domięśniowo szczepionką DTP POLIOMYELITIS – podskórnie lub domięśniowo szczepionką inaktywowaną IPV poliwalentną (1,2,3 typ wirusa) *(druga dawka)*
	przełom 6 i 7 miesiąca życia (po 6 tygodniach od poprzedniego szczepienia)	WZW typu B – domięśniowo *(trzecia dawka)*
2 rok życia	13-14 miesiąc życia	ODRZE, ŚWINCE, RÓŻYCZCE – podskórnie żywą szczepionką skojarzoną *(pierwsza dawka)*
	16-18 miesiąc życia	BŁONICY, TĘŻCOWI, KRZTUŚCOWI *(czwarta dawka)* – podskórnie lub domięśniowo szczepionką DTP POLIOMYELITIS – podskórnie lub domięśniowo szczepionką inaktywowaną IPV poliwalentną (1,2,3 typ wirusa) – *(trzecia dawka)*.

dokończenie tabeli na następnej stronie

Wiek		Szczepienie przeciw
Okres przed-szkolny	6 rok życia	BŁONICY, TĘŻCOWI, KRZTUŚCOWI – domięśniowo szczepionką **DTaP** zawierającą bezkomórkowy komponent krztuśca POLIOMYELITIS – **doustnie** szczepionką atenuowaną poliwalentną **OPV poliwalentną** (1,2,3 typ wirusa)
Szkoła podsta-wowa i gimna-zjum	10 rok życia	ODRZE, ŚWINCE, RÓŻYCZCE – podskórnie żywą szczepionką skojarzoną
	11 rok życia	ODRZE, ŚWINCE, RÓŻYCZCE – podskórnie żywą szczepionką skojarzoną Szczepieniu podlegają **wyłącznie dziewczęta** nie szczepione w 10 roku życia
	12 rok życia	ODRZE, ŚWINCE, RÓŻYCZCE – podskórnie żywą szczepionką skojarzoną Szczepieniu podlegają **wyłącznie dziewczęta** nie szczepione w 10 lub 11 roku życia
	14 rok życia	WZW typu B – domięśniowo, 3-krotnie w cyklu 0; 1; 6 miesięcy Szczepieniu podlega młodzież w gimnazjum (I lub II klasa). Nie należy szczepić osób uprzednio zaszczepionych podstawowo przeciw WZW typu B w ramach szczepień zalecanych lub obowiązkowych. Nie przewiduje się podawania dawek przypominających. BŁONICY, TĘŻCOWI – podskórnie lub domięśniowo szczepionką Td
Szkoła ponad-podsta-wowa	19 rok życia lub ostatni rok nauki w szkole	BŁONICY, TĘŻCOWI – podskórnie lub domięśniowo szczepionką Td

SZCZEPIENIA ZALECANE
NIE FINANSOWANE ZE ŚRODKÓW ZNAJDUJĄCYCH SIĘ
W BUDŻECIE MINISTRA ZDROWIA

Szczepienie przeciw	Szczególnie zalecane
WZW typu B – domięśniowo; dawkowanie i cykl szczepień wg zaleceń producenta szczepionki	– osobom, które ze względu na tryb życia lub wykonywane zajęcia są narażone na zakażenia związane z uszkodzeniem ciągłości tkanek lub poprzez kontakt seksualny – przewlekle chorym o wysokim ryzyku zakażenia nie szczepionym w ramach szczepień obowiązkowych – chorym przygotowywanym do zabiegów operacyjnych – dzieciom i młodzieży, nie objętym dotąd szczepieniami obowiązkowymi – osobom dorosłym, zwłaszcza w wieku starszym
WZW typu A – domięśniowo; dawkowanie i cykl szczepień wg zaleceń producenta szczepionki	– osobom wyjeżdżającym do krajów o wysokiej i pośredniej endemiczności zachorowań na WZW typu A – osobom zatrudnionym przy produkcji i dystrybucji żywności, usuwaniu odpadów komunalnych i płynnych nieczystości oraz przy konserwacji urządzeń służących temu celowi – dzieciom w wieku przedszkolnym, szkolnym i młodzieży, które nie chorowały na WZW typu A
ODRZE, ŚWINCE, RÓŻYCZCE – podskórnie jedną dawką szczepionki skojarzonej	– osobom nie szczepionym przeciw odrze, śwince i różyczce w ramach szczepień obowiązkowych. U osób wcześniej szczepionych przeciw odrze lub różyczce szczepionkami monowalentnymi należy traktować jako szczepienie przypominające – młodym kobietom, zwłaszcza pracującym w środowiskach dziecięcych (przedszkola, szkoły, szpitale, przychodnie), dla zapobiegania różyczce wrodzonej, szczególnie nie szczepionym w 13 roku życia lub, jeżeli od szczepienia podstawowego w 13 roku życia minęło więcej niż 10 lat
GRYPIE – dawkowanie i cykl szczepień wg wskazań producenta szczepionki	**ze wskazań klinicznych i indywidualnych:** – przewlekle chorym (astma, cukrzyca, niewydolność układu krążenia, oddychania, nerek) – w stanach obniżonej odporności – osobom w wieku powyżej 55 lat **ze wskazań epidemiologicznych:** – pracownikom ochrony zdrowia, szkół, handlu, transportu, budownictwa oraz osobom narażonym na kontakty z dużą liczbą ludzi, bądź pracującym na otwartej przestrzeni
KLESZCZOWEMU ZAPALENIU MÓZGU – dawkowanie i cykl szczepień wg zaleceń producenta szczepionki	– przebywającym na terenach o nasilonym występowaniu tej choroby: w szczególności osobom zatrudnionym przy eksploatacji lasu, stacjonującemu wojsku, funkcjonariuszom straży pożarnej i granicznej, rolnikom, młodzieży odbywającej praktyki oraz turystom i uczestnikom obozów i kolonii

dokończenie tabeli na następnej stronie

Szczepienie przeciw	Szczególnie zalecane
Zakażeniom wywoływanym przez HAEMOPHILUS INFLUENZAE typu b – domięśniowo lub podskórnie; dawkowanie i cykl szczepień wg zaleceń producenta szczepionki	– dzieciom od 2 miesiąca życia nie objętym szczepieniami obowiązkowymi dla zapobiegania zapaleniom opon mózgowo- -rdzeniowych, posocznicy, zapaleniom nagłośni itp.
BŁONICY, TĘŻCOWI – domięśniowo lub podskórnie Td; dawkowanie i cykl szczepień wg zaleceń producenta szczepionki	– osobom dorosłym powyżej 19 roku życia (szczepionym podstawowo) pojedyncze dawki przypominające, co 10 lat, a nieszczepionym w przeszłości – szczepienie podstawowe – osobom w podeszłym wieku, które ze względu na wykonywane zajęcia są narażone na zakażenie
Zakażeniom wywoływanym przez STREPTOCOCCUS PNEUMONIAE – domięśniowo lub podskórnie; dawkowanie i cykl szczepień wg producenta szczepionki	**Szczepionka nieskoniugowana** (polisacharydowa) – osobom w wieku powyżej 65 roku życia – dzieciom powyżej 2 roku życia oraz dorosłym z grup podwyższonego ryzyka zakażeń (w tym chorującym na przewlekłe choroby serca i płuc, cukrzycę, chorobę alkoholową, anemię sierpowatokrwinkową, zespół nerczycowy, nabyte i wrodzone niedobory odporności, osobom po splenektomii, osobom z chorobą Hodgkina) w/g wskazań producenta **Szczepionka skoniugowana** – dzieciom od 2 miesiąca życia do 2 roku życia – wg wskazań producenta – dzieciom w wieku 2–5 lat – w określonych grupach ryzyka np. żłobki, przedszkola i choroby przewlekłe, w tym zaburzenia odporności – wg wskazań producenta
Zakażeniom wywołanym przez NEISSERIA MENINGITIDIS – domięśniowo lub podskórnie; dawkowanie i cykl szczepień wg wskazań producenta szczepionki	**Szczepionka nieskoniugowana** (polisacharydowa) – dzieciom powyżej 2 lat i dorosłym wg wskazań producenta **Szczepionka skoniugowana** – od 2 miesiąca wg wskazań producenta
ŻÓŁTEJ GORĄCZCE	– wyjeżdżającym za granicę, wg wymogów kraju docelowego, zgodnie z zaleceniami Międzynarodowych Przepisów Zdrowotnych. Dotyczy w szczególności krajów Afryki oraz Ameryki Południowej
WIETRZNEJ OSPIE – domięśniowo lub podskórnie; dawkowanie wg zaleceń producenta szczepionki	– osobom, które nie chorowały na ospę wietrzną – dzieciom i młodzieży z ostrą białaczką limfoblastyczną w okresie remisji
WŚCIEKLIŹNIE – domięśniowo lub podskórnie; dawkowanie wg zaleceń producenta szczepionki	– osobom wyjeżdżającym do rejonów endemicznego występowania zachorowań na wściekliznę

Zarejestrowane i dostępne na rynku polskim szczepionki mogą być stosowane w realizacji szczepień obowiązkowych i zalecanych.
Należy stosować je zgodnie ze wskazaniami i zaleceniami producenta.

Dodatek B

KOMENTARZ DOTYCZĄCY DIET WEGETARIAŃSKICH

W standardach opracowywanych przez zespół ekspertów Krajowego Konsultanta Medycznego w dziedzinie pediatrii oraz Komisję Żywienia Dzieci i Młodzieży Komitetu Żywienia Człowieka PAN (1997) przyjęto za obowiązujące następujące zasady żywienia dzieci w okresie wczesnego dzieciństwa i wieku przedszkolnym:

◆ stopniowe wprowadzanie szerokiego asortymentu produktów zapewniających urozmaicenie jadłospisu i pokrycie zapotrzebowania około 90 kcal/kg na wszystkie składniki odżywcze;

◆ do końca drugiego roku życia nie należy ograniczać tłuszczu i cholesterolu jako składników niezbędnych dla prawidłowego rozwoju ośrodkowego układu nerwowego; powyżej drugiego roku życia tłuszcz winien pokrywać do 30% potrzeb energetycznych, głównie w postaci niezbędnych nienasyconych kwasów tłuszczowych (stopniowe zwiększanie udziału olejów roślinnych w diecie);

◆ naturalny, zwykle bardziej zmienny apetyt dziecka i jego samoistna aktywność ruchowa, na którą wydatki energetyczne sięgają około 50% z reguły pozwalają utrzymać odżywienie dziecka w granicach normy (szczuplenie sylwetki dziecka jest zjawiskiem naturalnym, a nie objawem niedożywienia);

◆ tendencja do nadwagi powinna być regulowana dietą (zgodnie z zapotrzebowaniem energetycznym dla wieku) i aktywnością ruchową dziecka; dziecko z otyłością powinno być konsultowane przez specjalistę;

◆ jadłospis powinien być urozmaicony, bogaty w węglowodany złożone (pieczywo, kasze, makarony) i zawierać 3–5 posiłków dziennie, o określonej dla wieku kaloryczności i regularności ich realizacji (należy unikać „dojadania" między posiłkami i ograniczać tzw. posiłki telewizyjne);

◆ należy unikać produktów wysoko przetworzonych, zwykle bogatych w tłuszcze nasycone, cholesterol, sól i cukier, tzw. ekwiwalentów potraw (kształtujących nieprawidłowe nawyki żywieniowe) oraz nadmiernego rozdrabniania pokarmów (np. miksowania), co może wpływać niekorzystnie na rozwój narządu żucia, a nawet opóźniać psychomotoryczny rozwój dziecka;

◆ proporcje białka roślinnego do zwierzęcego u dzieci powinny wynosić 1:2; dieta wegetariańska i inne niekonwencjonalne diety nie zapewniają pokrycia zapotrzebowania energetycznego i niektórych składników odżywczych, np. białka, żelaza, witaminy B_{12}, co prowa-

dzić może do opóźnienia wzrastania
i niedokrwistości;

◆ najlepszym źródłem cukrów prostych
są owoce i warzywa; sacharoza (cukier
i słodycze), jako czynnik próchnicogen-
ny, powinna być ograniczana.

Pod koniec drugiego roku życia dziecko
powinno jeść samodzielnie potrawy o zróż-
nicowanym smaku i konsystencji. Wskazane są raczej częstsze posiłki o mniejszej
objętości. Lepszy apetyt jest zwykle wynikiem zwiększonej aktywności dziecka.
Dzieciom mniej aktywnym ruchowo, zwykle o słabszym łaknieniu, mogą wystarczyć 3 posiłki dziennie.

W wieku przedszkolnym dziecko powinno otrzymać 4–5 pełnowartościowych
posiłków dziennie (3 podstawowe, zabezpieczające 85–90% wartości energetycz-
nej i 2 uzupełniające – II śniadanie i podwieczorek: 10–15%). Liczba posiłków jest
uwarunkowana zapotrzebowaniem dziecka. Wskazane jest różnorodne pieczywo,
kasze, owoce, chude mięso, drób i ryby,
mleko i jego przetwory (kefiry, jogurty)
oraz warzywa i owoce. Spożycie wody
u dzieci młodszych sięga 1,0–1,5 l/dobę.
Płyny, zwłaszcza w porze letniej, należy
uzupełniać między posiłkami.

Po ukończeniu przez dziecko trzech
lat stopniowo należy ograniczać produkty o wysokiej zawartości cholesterolu, np.
3–4 jaja tygodniowo, a tłuszcze zwierzęce
stopniowo zastępować olejami roślinnymi
(w miejsce masła dziecko może otrzymać
wysokiej jakości margarynę). U dzieci
z tendencją do nadwagi wykluczyć należy
słodycze i wszelkie dojadania między posiłkami (jeśli jest to konieczne, to wyłącznie
owoce) oraz napoje gazowane.

Dieta wegetariańska polega na eliminacji z żywienia produktów pochodzenia
zwierzęcego (dieta bez mięsa, ryb i owo-

ców morza), a w niektórych jej wariantach
na spożywaniu wyłącznie produktów naturalnych lub organicznych.

Znane są różne odmiany diety wegetariańskiej, m.in.:

◆ **wegańska** – akceptująca wyłącznie produkty pochodzenia roślinnego (wega-
nizm to filozofia życia),

◆ **lakto-wegetariańska** – dopuszczająca,
poza produktami roślinnymi, spożywanie mleka i jego przetworów,

◆ **lakto-owo-wegetariańska**–akceptująca dodatkowo jaja,

◆ **semi-wegetariańska** – eliminująca wyłącznie mięso „czerwone", z możliwością
spożywania drobiu, ryb i mleka,

◆ **makrobiotyczna zen** – znacznie zmo-
dyfikowany wariant diety wegetariańskiej, w której akceptowane są np. wyłącznie ziarna niektórych zbóż i picie
wody.

Dość często spotyka się również pojęcia
żywności „zdrowej", „naturalnej", „orga-
nicznej" i „niekonwencjonalnej". Zdrowa
żywność to produkty roślinne i zwierzęce,
o nieznacznym stopniu przetworzenia, np.
mąka z przemiału pełnego ziarna. Żywność naturalna to produkty bez syntetycz-
nych składników i innych dodatków. Żywność organiczna to produkty pochodzenia
roślinnego z hodowli nawożonej naturalnymi nawozami, bez pestycydów i herbicy-
dów, lub produkty zwierzęce pochodzące
od zwierząt żywionych paszą naturalną.
Żywność niekonwencjonalna to zarodki
pszenne, kiełki, pestki dyni, drożdże itp.

Wybór któregoś z wymienionych wa-
riantów ograniczeń dietetycznych najczęściej wynika z poglądów religijnych lub
kulturowych. Niekiedy jest uzasadniany
przekonaniem o wartościach zdrowotnych
takiej diety, co bywa argumentowane wieloletnią tradycją rodzinną jej stosowania

z dobrymi efektami (dieta ubogotłuszczowa, niskocholesterolowa, bogatobłonnikowa).

Urozmaicona i prawidłowo zbilansowana dieta wegetariańska może pokryć zapotrzebowanie na składniki odżywcze człowieka dorosłego. U dzieci będących w okresie intensywnego rozwoju ograniczenie wielu podstawowych produktów spożywczych może okazać się jednak niekorzystne, szczególnie w sytuacji, kiedy dokonywanie wyboru następuje przypadkowo, bez racjonalnych podstaw żywieniowych „co należy jeść", a nie tylko „co należy wykluczyć" (Stolarczyk, 1998). U niemowląt częściej występuje krzywica. W późniejszym wieku dzieci pozostające na bardziej restrykcyjnych dietach (np. makrobiotycznej) częściej niż w ogólnej populacji wykazują opóźnienia wzrastania i niższą masę ciała.

Dzieci będące na diecie wegańskiej są szczególnie narażone na niedobory energetyczne i niedobór wapnia, zwłaszcza w okresie przejścia z karmienia piersią na żywienie sztuczne. Dieta bogatobłonnikowa ogranicza wchłanianie cynku, dlatego też nie należy przekraczać ilości błonnika 0,5 g/kg masy ciała/dobę. Występuje również niedobór żelaza.

W doborze produktów spożywczych obowiązuje zasada komplementarności i suplementacji deficytowych składników. Dzieciom tym zaleca się m.in. zwiększenie spożycia tłuszczów roślinnych (o 20–25 g oleju lub dwukrotnie więcej orzechów dziennie) oraz urozmaiconą podaż białka, najlepiej w postaci mleka, które jest również źródłem wapnia, a także żelazo, witaminę B_{12} i witaminę D. Dieta wegetariańska polega na eliminacji z żywienia produktów pochodzenia zwierzęcego (dieta bez mięsa, ryb i owoców morza), a w niektórych jej wariantach spożywanie wyłącznie produktów naturalnych lub organicznych.

prof. dr hab. Marian Krawczyński

Dodatek C

ORGANIZACJE NIOSĄCE POMOC RODZINOM Z DZIEĆMI SPECJALNEJ TROSKI

- Krajowe Towarzystwo Autyzmu. Oddział w Szczecinie. Dzienny Ośrodek Terapeutyczno-Edukacyjny dla Dzieci i Młodzieży z Autyzmem
  ul. Zygmunta Starego 1, 70-504 Szczecin, tel./ fax 0-91 488-56-02, tel. 0-91 488-60-92
  e-mail: ktaszczecin282@ime.pl
- Krajowe Towarzystwo Autyzmu
  ul. Stawki 5/7, 00-183 Warszawa, tel. 0-22 831-32-11, 831-11-65
- Fundacja Pomocy Osobom z Autyzmem MADA
  ul. Wałowa 6, 33-300 Nowy Sącz, tel. 0-18 43-57-78
- Stowarzyszenie na Rzecz Osób Autystycznych
  ul. Ognik 20a, 60-386 Poznań, tel. 0-61 861-68-37
- Fundacja Synapsis – autyzm dziecięcy
  ul. Ondraszka 3, 02-085 Warszawa; tel./fax 0-22 810-74-14
  e-mail: synapsis@magnus.com.pl
- Fundacja J&S Pro Bono Poloniae (program Dysleksja)
  ul. Podchorążych 83/4, 00-722 Warszawa
  e-mail: fundacja@jsprobono.pl
- Fundacja Dzieciom „Zdążyć z Pomocą"
  ul. Łomiańska 5, 01-685 Warszawa, tel. biuro: 0-22 833-88-88
  centrum charytatywne: 0-22 833-10-95, fax 0-22 833-31-00
  e-mail: tuiteraz@medianet.com.pl
- Fundacja na Rzecz Zdrowia Dzieci i Młodzieży
  al. Korfantego 2, 40-004 Katowice, tel./fax 0-32 153-91-41
- Fundacja Osób Niepełnosprawnych
  ul. Zamenhofa 8, 00-160 Warszawa, tel./fax: 0-22 831-40-04, 831-49-92
- Fundacja Dla Dzieci Niepełnosprawnych „Nadzieja"
  ul. Sienkiewicza 6/2, 76-200 Słupsk, tel. 0-59 42-65-31
- Stowarzyszenie na Rzecz Niepełnosprawnych SPEC
  ul. Kościuszki 46, 40-048 Katowice, tel. 0-32 251-73-47
  e-mail: spec@spec.org.pl
- Fundacja na Rzecz Rozwoju Dzieci Niepełnosprawnych „Daj Szansę"
  ul. Piskorskiej 11, 87-100 Toruń, tel. 0-56 648-23-63, fax 0-56 659-91-43
  e-mail: fundacja.dajszanse@free.ngo.pl

- Fundacja Pomocy Młodzieży i Dzieciom Niepełnosprawnym „Hej Koniku"
  e-mail: netka@pf.pl
- Koło Dzieci i Młodzieży Niepełnosprawnej
  przy Wlkp. Związku Inwalidów Narządu Ruchu
  ul. Garbary 33, 61-868 Poznań
- Fundacja „Arka" L'Arche, Wspólnota w Poznaniu. Warsztaty Terapii Zajęciowej
  os. Kosmonautów 19D, 61-641 Poznań, tel. 0-61 826-39-38
- Krajowy Komitet Pomocy Dzieciom Niepełnosprawnym Ruchowo przy ZG TPD
  ul. Solna 12, 61-736 Poznań
- Towarzystwo Walki z Kalectwem
  ul. Paderewskiego 7, 61-770 Poznań
- Fundacja Pomocy Dzieciom Niepełnosprawnym
  ul. Kraszewskiego 8, 60-518 Poznań, tel. 0-61 847-69-14, 841-15-13
- Fundacja Pomocy Dzieciom Niepełnosprawnym „Jesteś Potrzebny"
  os. Zwycięstwa 24/9, 61-651 Poznań, tel. 0-61 823-07-98, 847-64-61
- Stowarzyszenie Pomocy Osobom Niepełnosprawnym „Satis Verborum"
  ul. Wiosenna 15A, 60-592 Poznań, tel. 0-61 847-67-70
- Studenckie Stowarzyszenie Pomocy Niepełnosprawnym
  os. Bolesława Chrobrego 11C/93, 60-681 Poznań, tel. 0-61 822-58-80
- Towarzystwo Wspierania Dzieci i Młodzieży „Sprawni Inaczej"
  ul. Szkolna 1, 44-335 Jastrzębie Zdrój, tel. 0-36 71-90-51
- Fundacja Pomocy Chorym na Padaczkę NEURONET
  ul. Wiertnicza 122, 02-952 Warszawa, tel. 0-22 845-46-94
- Towarzystwo Pomocy Epileptykom
  ul. Zeylanda 8/9, 60-608 Poznań
- Fundacja Pomocy Rodzinom i Chorym na Mukowiscydozę „MATIO"
  ul. Celna 6, 30-507 Kraków, tel. 0-12 296-31-80, tel./fax 0-12 644-39-44;
  ul. Grochowska 175/52, 04-111 Warszawa, tel. 0-22 870-00-61
  (w godzinach 9.00-14.00)
- Polskie Towarzystwo Walki z Mukowiscydozą
  ul. M. Curie-Skłodowskiej 2; 34-700 Rabka Zdrój
- Stowarzyszenie Pomocy Dzieciom Chorym na Schorzenia Dróg Żółciowych i Wątroby
  „Liver"
  ul. Stojałowskiego 39/21, 30-611 Kraków
  e-mail: liver@liver.pl
- Stowarzyszenie „AMICO" Pomocy Osobom Niepełnosprawnym Umysłowo i Ich
  Rodzinom
  ul. R. Kowalskiego 2/48, 92-427 Łódź, tel. 0-42 670-06-12
  e-mail: amico@free.ngo.pl
- Fundacja Dom Rodzinnej Rehabilitacji Dzieci z Porażeniem Mózgowym
  ul. K. Szymanowskiego 1, Opole, tel./fax 0-77 474-32-80, 474-76-55
- Fundacja dla Domu Pomocy Społecznej Dzieci Głęboko Upośledzonych w Krakowie
  ul. Łanowa 43A, 30-725 Kraków, tel./fax 0-12 653-22-61, 653-23-95
- Stowarzyszenie Pomocy Upośledzonym Umysłowo „Nadzieja"
  ul. Grunwaldzka 88, 60-307 Poznań, tel. 0-61 867-17-33

- Polskie Stowarzyszenie na Rzecz Osób z Upośledzeniem Umysłowym
  Koło w Poznaniu
  ul. Św. Trójcy 22, 61-478 Poznań, tel. 0-61 832-00-52
- Fundacja im. B. Jańskiego w Służbie Upośledzonym Fizycznie i Umysłowo
  ul. Dąbrówki 15, 61-501 Poznań, tel. 0-61 832-36-41
- Stowarzyszenie Opieki nad Dziećmi z Zespołem Downa
  ul. Cześnikowska 19A, 60-329 Poznań, tel. 0-61 867-95-81, 867-51-14;
  os. Bolesława Chrobrego 6, 60-681 Poznań, tel. 0-61 822-51-51
  (Ośrodek Rehabilitacyjny dla Dzieci);
  os. Bolesława Śmiałego 106, 60-682 Poznań, tel. 0-61 823-70-51
  (Pracownia Terapii Zajęciowej)
- Stowarzyszenie Przyjaciół Dzieci Specjalnej Troski
  os. Czwartaków 6, 62-020 Swarzędz, fax 0-61 817-40-93
- Stowarzyszenie Pomocy Dzieciom Specjalnej Troski „Ada"
  ul. Prusa 51/1, 43-300 Bielsko-Biała, tel. 0-33 14-37-01, 14-60-03, 15-96-03
- Stowarzyszenie na Rzecz Dzieci i Młodzieży z Porażeniem Mózgowym
  ul. Żurawinowa 5/7, 61-455 Poznań, tel. 0-61 830-25-90
- Fundacja Otwarte Serca (rehabilitacja dzieci z porażeniem mózgowym,
  zespół Downa, schorzenia narządów ruchu)
  Plac Młodych 1, 63-200 Jarocin, tel. 0-62 47-15-17
- Fundacja „Latająca Akademia" Elżbiety Małanicz-Onoszko
  (autyzm, porażenie mózgowe, zespół Downa)
  ul. Wiejska 14/16, 00-490 Warszawa, tel./fax 0-22 843-87-68
  e-mail: latająca@wp.pl
- Stowarzyszenie Troski o Dzieci i Młodzież im. ks. Bronisława Markiewicza
  pn. „Oratorium Twój Dom" (uzależnienia)
  ul. Wojska Polskiego 28, 38-402 Krosno, tel. 0-13 43-662-51
  e-mail: oratorium@otd.pl
- Fundacja Jolanty Kwaśniewskiej „Porozumienie bez Barier"
  ul. Krakowskie Przedmieście 48/50, 00-071 Warszawa
  tel. 0-22 695-13-50 do 54, fax 0-22 695-13-53
  e-mail: radafundacji@j.kwasniewska.aid.org.pl
- Fundacja „Zdrowe Dziecko"
  al. Gen. Wł. Sikorskiego 10, 26-900 Kozienice, tel. 0-48 614-85-47, 614-47-77
  e-mail: fundacja@zdrowe-dziecko.org.pl
- Stowarzyszenie Misie Ratują Dzieci
  ul. Lubicz 25/506, 31-504 Kraków, tel./fax 0-12 619-78-72, 292-84-38
  e-mail: epolek@interia.pl
- Fundacja Burego Misia, Osada Burego Misia
  Nowy Klincz-Wentfie 1, 83-400 Kościerzyna, tel.: 0-58 686-59-97
  e-mail: burymis@pelplin.opoka.org.pl
- Europejska Fundacja Pomocy Dzieciom i Młodzieży – Fundacja Pomocy Dzieciom
  ul. Łomiańska 5, 01-685 Warszawa, tel.: 0-22 33-88-88; 33-10-57; 33-10-75
- Fundacja Gorące Serca
  ul. Bronowicka 38, 30-091 Kraków, tel. 0-12 637-11-41, 636-55-55, fax 636-65-70

- Fundacja Na Ratunek Dzieciom z Chorobą Nowotworową
  ul. Świdnicka 53, 50-030 Wrocław, tel. 0-71 372-36-09
- Stowarzyszenie „Serduszko dla Dzieci"
  ul. Stalowa 18 lok. 25, 03-426 Warszawa, tel. 0-22 619-29-52, 618-90-97
  e-mail: serduszko@free.ngo.pl
- „Powrót z U" Towarzystwo Rodzin i Przyjaciół Dzieci Uzależnionych
  ul. Armii Krajowej 9/1, 45-071 Opole, tel. 0-77 453-83-81
  e-mail: mirek@infogem.com.pl
- Towarzystwo Rodzin i Przyjaciół Dzieci Uzależnionych „Powrót z U"
  ul. Winogrady 150, 61-626 Poznań, tel. 0-61 822-52-78
- Towarzystwo Zapobiegania Narkomanii
  ul. Chmielna 10a m. 21, 00-020 Warszawa, tel. 0-22 827-22-43
- Stowarzyszenie Wyspa
  ul. Więckowskiego 10/2, 50-431 Wrocław, tel./fax 0-71 341-31-90
  e-mail: wyspa.wroc@poczta.onet.pl
- Pogotowie Makowe, tel. 0 800 120 359
- Fundacja Pomocy Osobom Uzależnionym oraz Zagrożonym i Chorym na AIDS
  „Nie jesteś sam"
  ul. Rozłogi 9/15, 01-310 Warszawa, tel. 0-22 664-27-20
- Rodzinna Poradnia Profilaktyki i Terapii Uzależnień MONAR
  ul. Hoża 57, 00-681 Warszawa, tel. 0-22 621-13-59, fax 622-00-10
  (czynna od poniedziałku do piątku w godz. 9.00–17.00)
- Stowarzyszenie Przyjaciół Dzieci Chorych „Serce"
  ul. Długa 33; 58-105 Świdnica 7; skrytka pocztowa 749, tel./ fax 0-74 52-52-90
  e-mail: spdc@kki.net.pl, serce@ swidnica.org
- Fundacja Przyjaciół Dzieci z Chorobami Serca
  ul. Wolności 262, 41-800 Zabrze, tel. 0-32 171-33-02
- Fundacja Dzieci Chorych na Choroby Układu Krwiotwórczego
  ul. Działdowska, 01-184 Warszawa
  tel. 0-22 632-07-23, 632-32-31 wew. 265
- Fundacja Hipoterapia
  ul Salwatorska 14, 30-109 Kraków, tel. 0-12 428-11-10
  e-mail: funhip@free.ngo.pl
- Fundacja Leukemia
  ul. Warchałowskiego 2/26, 02-776 Warszawa, tel./fax 0-22 641-02-09
- Fundacja na Rzecz Dzieci Chorych na Białaczkę i Inne Choroby
  Układu Krwiotwórczego
  ul. 3 Maja 13/15, 41-800 Zabrze, tel. 0-32 171-12-61 wew. 372, 358
- Fundacja Urszuli Jaworskiej
  ul. Międzynarodowa 61, 03-922 Warszawa, tel. 0-22 870-05-21
  e-mail: fundacjauj@jaaz.pl
- Fundacja na Rzecz Dzieci Niewidomych i Niedowidzących
  ul. Tyniecka 7, 30-319 Kraków, tel. 0-12 266-66-80
- Fundacja Pomocy Dzieciom Niewidomym
  ul. Bystra 7, 61-366 Poznań, tel. 0-61 879-96-88

- Polski Związek Niewidomych
  ul. Mickiewicza 29, 60-835 Poznań, tel. 0-61 847-46-16
- Fundacja na Rzecz Dzieci z Zaburzeniami Mowy
  ul. Węgierska 32/5, 65-001 Zielona Góra, tel. 0-68 326-68-25
- Fundacja na Rzecz Profilaktyki i Rehabilitacji Dzieci z Wadami Postawy
  i Uszkodzeniami Narządu Ruchu
  ul. 3 Maja 24, 56-400 Oleśnica, tel./fax 0-71 14-35-16
- Polski Związek Jąkających Się
  ul. Dunajewskiego 6/21, 31-133 Kraków, tel./fax 0-12 22-10-59
  e-mail: pzj@pzj.org.pl
- Polska Fundacja Pomocy Dzieciom Niedosłyszącym „Echo"
  al. Jerozolimskie 101/9a, 02-011 Warszawa, tel. 0-22 844-32-76
  e-mail: mpiatkowska@idn.org.pl
- Stowarzyszenie Pomocy Dzieciom Niedosłyszącym „Marta"
  ul. Curie-Skłodowskiej 24a, 15-276 Białystok, tel. 0-85 42-09-78
- Fundacja Pomocy Dzieciom Niedosłyszącym „Grześ"
  ul. Bydgoska 4A, 61-127 Poznań, tel. 0-61 877-30-87
- Polski Związek Głuchych
  ul. Żydowska 35, 61-761 Poznań, tel. 0-61 851-54-75, 851-66-05
- Polskie Stowarzyszenie Pomocy Dzieciom Chorym na Astmę i Alergię
  ul. Dietla 2, 34-700 Rabka
- Fundacja do Zwalczania i Zapobiegania Chorób Alergicznych „Alergia"
  ul. Niepodległości 606/610, 81-791 Sopot
- Wielkopolski Oddział Polskiego Stowarzyszenia Pomocy Dzieciom Chorym
  na Astmę i Alergię
  ul. Szpitalna 27/33, 60-572 Poznań, tel. 0-61 849-13-13
- Stowarzyszenie Przyjaciół Dzieci z Chorobami Rozrostowymi
  ul. Waszyngtona 17, 15-274 Białystok
  tel. 0-85 42-40-31 wew. 706, 519, 45-05-19
- Stowarzyszenie Wspierania Rozwoju Dzieci i Dorosłych
  os. Rusa 134, 61-245 Poznań, tel. 0-61 877-05-81
- Fundacja „Pomoc Młodym"
  ul. Kozia 8/18, 61-835 Poznań
- Wspólnota Wzajemnej Pomocy „Więź"
  os. Tysiąclecia 12, 61-255 Poznań, tel. 0-61 876-78-40
- Komitet Ochrony Praw Człowieka
  ul. Zamenhofa 63, 61-131 Poznań
- Fundacja „Z Pomocą Rodzinie"
  ul. Kramarska 2, 61-765 Poznań
- Fundacja „Ludzie dla Ludzi"
  Pl. Bernardyński 4, 61-844 Poznań, tel. 0-61 852-30-72
- Fundacja Św. Jana Jerozolimskiego „Pomoc Maltańska"
  ul. Świętojańska 1, 61-113 Poznań, tel. 0-61 813-84-43
- Fundacja Dzieci Pokrzywdzonych Losowo
  ul. Przybyszewskiego 9/5, 60-563 Poznań, tel. 0-61 847-40-38

- Polskie Stowarzyszenie Diabetyków
  os. Armii Krajowej 149A, 61-381 Poznań
- Stowarzyszenie Rodziców Dzieci Chorych na Fenyloketonurię,
  Klinika Gastroenterologii i Chorób Metabolicznych Wieku Dziecięcego
  ul. Szpitalna 27/33, 60-572 Poznań, tel. 0-61 849-14-32, 847-26-85
- Koło Pomocy Dzieciom z Hemofilią TPD
  ul. Słowackiego 13, 60-822 Poznań
- Polskie Towarzystwo Opieki nad Chorymi ze Stomią
  ul. Przybyszewskiego 49, 60-355 Poznań
- Stowarzyszenie Chorych na Stwardnienie Rozsiane
  ul. Serbska 6, 61-696 Poznań
- Stowarzyszenie Pomocy Chorym z Zespołem Turnera
  ul. Nowogrodzka 62A, 00-699 Warszawa, tel. 0-22 622-33-06
- Ogólnopolskie Pogotowie dla Ofiar Przemocy w Rodzinie
  Niebieska Linia: 0-800 120 002
  (linia bezpłatna od poniedziałku do piątku w godz. 10.00-22.00,
  w soboty, niedziele i święta 10.00-16.00).
- Wielkopolskie Stowarzyszenie Pomocy Dziecku, Ojcu i Rodzinie
  skrytka pocztowa 70; 60-988 Poznań 15, tel.: 0-61 810-33-63, 858-10-25
  biuro@jmc.icpnet.pl, info@jmc.icpnet.pl
- Fundacja Pomocy Samotnej Matce PROVITA
  ul. Garbary 22, 61-867 Poznań, tel./fax 0-61 853-05-87, 85-33-281
  e-mail: biuro@matka.org.pl

INDEKS